两岸民商法前沿

当前民法典编纂推进及分则问题

第7辑

主 编：龙卫球　王文杰

执行编辑：

朱虎（特邀）　汪洋（特邀）　聂卫锋（特邀）　曹宇（特邀）

谢地　赵精武　郑臻　毛吾吉达·伊布拉伊江　王江

米伊尔别克·赛力克　程喆

中国法制出版社

CHINA LEGAL PUBLISHING HOUSE

图书在版编目（CIP）数据

当前民法典编纂推进及分则问题 / 龙卫球，王文杰主编．—北京：中国法制出版社，2018．11
（两岸民商法前沿；第7辑）
ISBN 978－7－5093－8095－6

Ⅰ．①当…　Ⅱ．①龙…　②王…　Ⅲ．①民法－法典－研究－中国　Ⅳ．①D923．04

中国版本图书馆CIP数据核字（2018）第236958号

责任编辑　陈　兴　张海洋　　　　封面设计　周黎明

两岸民商法前沿（第7辑）

LIANGAN MINSHANGFA QIANYAN（DI 7 JI）

主编/龙卫球，王文杰
经销/新华书店
印刷/北京京华虎彩印刷有限公司
开本/710毫米×1000毫米　16开　　　　印张/68．25　字数/1156千
版次/2018年11月第1版　　　　2018年11月第1次印刷

中国法制出版社出版
书号 ISBN 978－7－5093－8095－6　　　　定价：188．00元

北京西单横二条2号
邮政编码 100031　　　　传真：66031119
网址：http：//www．zgfzs．com　　　　**编辑部电话：66010405**
市场营销部电话：66033393　　　　**邮购部电话：66033288**

（如有印装质量问题，请与本社印务部联系调换。电话：010－66032926）

前　言

《两岸民商法前沿》的编辑和出版，是北京航空航天大学法学院和台湾政治大学法学院开启的两岸民商法紧密合作交流关系的重要延展。本论集配合一年一度两院合作举办的"两岸民商法前沿"高峰论坛，及时且不间断地汇集两岸民商法学者有关优秀研究成果，使之具有更正式的、便于长期发展的固化形式。

北京航空航天大学法学院和台湾政治大学法学院近年来展开合作，推进两岸民商法革新。两院以务求前瞻为方向，每年就民商法当下发展之论题，携手打造"两岸民商法前沿"高峰论坛，组织两岸民商法精英，开展全方位、多维度的对话交流，拉近两岸私法间距，汇集研究思路，推广前沿成果。最重要的是在"与时俱进"的聚光灯下，观察民商法时代特质，廓清新时期私法与当代社会结构耦合的全新关系，评估既有，刷新未来，重在建设，以期对促进两岸民商事学理、立法或司法加速转型尽绵薄之功。

我们今天已处在一个瞬息万变的时代——按照富于思想洞见的卢曼和托依布纳两位大师的说法，这是一个社会功能高度分化的时代。在这样一个时代，从相对单纯的市民社会视界基础上发源和演化的民商法之诸传统，毫无悬念遭遇着前所未有的挑战。这些挑战既在私人之间关系层面展开，更在制度、社会功能系统多方面显示出来，且不断发展扩大，刺痛着我们固守的传统私法理论、制度与规则神经。于是，如何使民商法顺应当下社会系统结构基本变化，特别是贴近蕴含于其中富于生机的目的需求，成为急迫的现实课题。

我们希望，借助本论集的出版，能够呈现两岸民商法学者群体勇于搏击法学时代浪潮的恢弘气度，以及善于学习、不懈探索、不断自我升华的学术品质。有关民商法前沿研究至少可分为三个维度：世界的，建立在世界范围的思想或经验的比较互动基础上；区域化的，在世界一定区域范围具有特别坚实的实证基础和论证理由；中国特色的，系着力将民商法时代发展与中国建设实际展开移动式对接。我们相信，当亲爱的读者阅读和品味着一篇篇充满挑战和思考魅力的大作时，必定猛然而觉知，一个属于我们的民商法富矿时代，已然悄悄来临！

2018 年 11 月 1 日

卷首语

本书由2017年11月18～19日北京航空航天大学法学院与台湾政治大学法学院在北京主办的“当前民法典编纂推进及分则问题——第七届两岸民商法前沿高峰论坛”的特邀发言与学术报告精选而成。2017年3月15日，中国民法典编纂走完了关键的第一步，第十二届全国人民代表大会第五次会议制定通过了《民法总则》，举世瞩目；与此同时，开始走出编纂民法典各分编的第二步，更加受到世人关注和期待。

第七届两岸民商法前沿高峰论坛紧扣如何继续推进民法典编纂的主题，特别是如何更好保障民法典各分编编纂水平的课题，用两天多场次的安排密集展开对话和研讨。论坛聚集了两岸著名民法学家、知名民商法学者近200人，群贤毕至，一起发力，彰显出中国民商法学界的勃勃生气。与会专家的发言和报告，精彩纷呈，百家争鸣，或高屋建瓴，或鞭辟入里，或绵密分析，或创造论证，在许多重大问题上做出了深入思考，在很多具体问题上进行了深入讨论，极大丰富了下一步民法典编纂的研究内容和对策思路，为立法部门走好民法典编纂第二步提供了巨大的智力支持，也对将来民法典的法律适用和继续完善具有重要借鉴意义。

本辑收录73篇发言稿与论文，划分为“高峰对话：民法典编纂目标、使命与重要问题”“专题研究之一：民法总则的适用与方法论”“专题研究之二：物权法编纂”“专题研究之三：合同法编纂”“专题研究之四：婚姻家庭法、人格权法、侵权责任法编纂”“专题研究之五：商法完善与适用”6个部分。

第一部分是“高峰对话：民法典编纂目标、使命与重要问题”。这一部分选用了4篇大会基调发言和8篇重点发言。本次高峰论坛特邀江平、苏永钦、黄茂荣和孙宪忠四位著名两岸民法学家发表基调演讲，同时也安排了若干具有代表性的民法学者的重点发言，就民法典编纂的目标、使命和若干重要问题进行立论、讨论，以求在宏观层面更加深入理解中国民法典编纂的时代定位和命题问题，从而使之可以更加具有历史和社会感，更加价值清晰，更加贴近时代需求。

中国政法大学终身教授、著名民法学家江平先生的基调报告《人格权立法与民法典编纂体例》，正面回应了极具争议的问题。他主张，民法典分则编纂应该通过努力，在民法分则的编纂过程中加入人格权编，完全民法分则的相关内容，也加强对于公民人格权的周全保护。他认为，当前民法典编纂过程中，人格权问题的探讨始终不可避免，《民法总则》并未解决信息权利保障以外的人格权相关问题。与再次修订《民法总则》和修订《侵权责任法》相比，人格权在民法分则中独立成编的方式来解决人格权保护的相关问题最为可行。首先，这一做法符合一直以来的主干起草想法与现阶段国家政治上积极倡导加强人格权保障的趋向。其次，中国人格权法相对独立，人格权相关争讼通过普通法院、一般民事问题进行处理的，从机制上保证了中国人格权相关问题的“非政治色彩”与民权属性。此外，近年来人格权相关问题已发展成为理论内容较为完备、实践案例较为充足的权利池，相比于过去的“禁止器官买卖”“禁止侵犯名誉权”等单薄规定外，现实中大量、丰富的人格权问题已使得人格权独立成编的议题呼之欲出。

台湾政治大学讲座教授、著名民法学家苏永钦先生以《中国民法典编纂的理由——最佳模式与基本功能》为基调发言，对中国民法典编纂的结构模式、功能的最大合理性进行研究，提出要在新的体系原则思考基础上提升这部新民法典的编纂品质。他说，民法典编纂纯粹的法条汇编意义不大，应从现有的相当程度部门化的各法中挑出最一般性的规定，也就是只让真正的基础民事关系入典，再按总分关系重新编排，才会产出最大的体系效益，也才值得花那么大的力气去编纂上千条本来就已经存在、使用的法条，加冠成为法典。纵使制定法典的工作重新聚焦于体系的安排，如果仍只是循潘德克顿模式进行体系化，也就是以一百多年前工业化初阶的社经体制为其思考出发点，面对通信、生物和人工智能等新科技迄今所展现的破坏式创新（disruptive innovation），已经彻底动摇了现今多数社经体制的社会面貌。总之，应当重新检视五编制法典背后的一些体系原则，有当立法者能找到比五编制更能反映当代需求的分编方式时，才会是一条昂首腾飞的大龙。

台湾大学讲座教授、著名民法学家黄茂荣先生在《民法总则中基本规定的法理》基调发言中，回应了已经出台的《民法总则》中的法理基础问题，提出对于《民法总则》全部体系和具体规定的解释适用的一个重要的方面，就是应该深挖其法理基础并且探求实证化和明确化的路径。何谓法理？他认为，法理在法律位阶上的地位分为由抽象程度所构成的位阶及由符合只价值所构成的位阶。法律体系具有位阶之层级构造，其体系化之建构基础存在于：法律概念之逻辑上高低不等的抽象程度及其立基之规范价值之高低不等的根本程度。如何重视法理？他认为，民法重视法理，体现为在民事法律体系中的定位需要讨论法理与实证法与法理如何具体化两部分内容，法律与实定法之间存在一定的差异，二者既相互依赖，又相互制约。关于法理存在于何处？他认为，是存在于法律条文之中、法律适用具体手段当中还是存在于法律精神当中，都没有明确的定论。无论如何，法律经过实践后，已经具体化的内容是较为确定的，通常包括平等原则、法律的立法意志、法律变更的事理性等。刚刚出台的《民法总则》，其法律内容的扩充，体现了从公平到效率到和谐的追求，这可以理解成为是一种法理层面的追求，但法理真正得以适用却要经过实证化与明确化。

中国社会科学院法学研究所学部委员、中国民法研究会常务副会长孙宪忠研究员以《十九大科学立法要求与中国民法典编纂》为基调论题，再次呼吁重视民法典编纂的科学立法问题。他认为，立法的科学性是民法基本的理论和规则。十九大报告对立法的科学性进行了阐述，明确要求要推进科学立法、民主立法、依法立法，推进良法善治，首先提到的就是科学立法。法律科学化、民法法典化运动至少有五个方面的经验值得借鉴：第一，立法体系的严谨细密，逻辑性强。它解决了庞大民法规范系统协调问题。第二，民法科学性和民法典提升了立法在地域上的发散能力。第三，民法典借助于立法能够较为快捷地实现对新事物的立法能力。第四，法律适用和寻找法律更为快捷，中国的民法典编纂应更为清晰、明了，这样不仅利于审判者进行法律应用，也为法律教学提供便利。第五，有利于法律向世界进行传递。中国民法典编纂仍需冷静思考、谨慎施行，以求立法的科学、合理与完备。结合学习德国民法的经验与中国大陆的经验，仍有一些经验值得总结：第一，是公法和私法区分原则。第二，民法典作为一般法的功能与民法作为特别法的功能进行合理区分。第三，应当将权利划分成相对权利和绝对权利，建立权利系统，以权利为核心建立民法的规范群体以及制度核心，是民法典立法中的基本问题。第四，要重视民法科学的手段，重视行为建立规范或裁判规范。第五，设计交易规则以区分原则为基本逻辑。第六，强调法律关系的逻辑性。民法的立法必须强调主体、客体、权利、义务、责任等整个系统的合理性与科学性。

厦门大学法学院徐国栋教授以《〈民法总则〉第 14 条的涉外性——兼论对世界立法冲突的揭示》为题进行重点发言，评点《民法总则》第 14 条关于涉外性立法的得失，认为其不分本国公民和外国人、无国籍人一体地赋予民事权利能力的不妥。《民法通则》第 10 条规定，公民的民事权利能力一律平等；《民法总则》第 14 条规定，自然人的民事权利能力一律平等。两者的差别何在？前者无涉外性而后者有，因为自然人概念的内涵大，包括外国人和无国籍人。《民法总则》第 14 条把平等享有中国民事权利能力的主体增加了 5.38 倍，而且未附任何对等条件；《民法总则》还取消了《民法通则》第 8 条第 2 款的涉外规定（本法关于公民的规定，适用于在中华人民共和国领域内的外国人、无国籍人，法律另有规定的除外），把第 14 条设定为一个国际法性质的规定。《民法通则》第 8 条第 2 款只是把对本国人制定的规定附条件地类推适用于外国人，该款采用以公民为原点类推的处理方式，但由于民法总则采用自然人概念，该款没有必要存在了。

中南财经政法大学法学院温世扬教授在《“民法物权编”修订起草中的几个重点问题》的重点发言中，认为民法典物权编的起草应该以现行《物权法》为基础，在现行《物权法》的基础上进行修订和完善。并针对 5 个问题提出了主张：第一，物权法定原则的立法表达问题，应当实现物权法定原则的缓和，将习惯纳入到物权法法源的范围中来，通过修正《民法总则》第 116 条的相关规定，使得物权法定原则回归物权编。第二，关于因法律行为引起的不动产物权变动模式的选择问题。登记对抗模式相较强制登记模式更能够体现当事人的内心想法与诚实信用原则，反而更合理地体现了意思自治原则，更符合中国大陆的交易习惯与交易实践。第三，所有权立法问题。首先，可以在总体一元论的模式下，体现国家所有权、集体所有权与个人所有权的“三分法”。其次，是对所有权制度内容的完备。在物权编中应该对先占、添附、拾得遗失物、相邻关系的规则等问题进行完善，比如将越界建筑、空间利用等问题纳入相邻关系的调整范围中来等。第四，关于用益物权的立法。首先，在不动产、动产之上设立用益物权并不违背物权法定原则。其次，典权应当在物权法相关规定中占有一席之位。第五，集体建设用地应该纳入用益物权体系，也即实现建设用地的同地同权问题。在所有权、承包权、经营权三权分置的背景下，土地经营权不宜匆忙入典，而是应当在将上述三权与土地承包经营权全部理顺的情况下，再进行相关论证与实践。

中国人民大学法学院王轶教授以《当前民法典编纂争议问题的讨论方法》为重点发言。他呼吁，无论是何种类型争议的民法问题，寻找到最低限度的讨论共识都是展开有效讨论的基础和前提。运用理性的方法、采用多种法律讨论方法所展开的论证和说明，它的最终目的不一定能够达到说服讨论伙伴的目标，但更重要的目的则是增进和讨论伙伴之间彼此的相互理解。对于中国当前来讲，编纂一部合用的民法典要有扎实的社会调查，以发现在中国社会生活的现实中间究竟存在哪些冲突的利益关系，以往对这些冲突的利益关系采用的协调策略是什么？在采用这些协调策略的时候，设定要实现的协调目标是什么？采用这样的协调策略有没有实现最初所设定的目标，对这一系列的事实判断问题做出符合中国大陆实际的判断，这是能不能编纂一部合用的民法典至关重要的前提。发现了冲突的利益关系之后，面对冲突的利益关系如何基于大多数中国人所分享的价值共识，对冲突的利益关系或者做出利益的取舍，或者安排不同类型利益实现的先后序位，这是价值判断问题。民法典能不能在价值判断做出过程中，以妥当的事实判断结论为基础，体现大多数中国人所分享的价值共识，这对于编纂一部合用的民法典是至关重要的。除此以外，如何通过妥当的立法技术，把价值判断的结论在一部民法典中做出适当的安排，对于编纂一部合用的民法典来讲也是关键的一环。

中国人民大学法学院叶林教授在《〈民法总则〉背景下的商法前景》发言中认为，商事关系应当包括企业经营者、营利和商行为，这些行为构成的结构则是商事关系，商事关系是有特定内涵的概念。《民法总则》虽然提供了规范民事活动的一般准则，但能否满足合理调整商事关系的要求则依然存疑。民事规定可以调整商事领域，但并非是最佳的调整方式。首先，我们经常可以看到，法官在裁判的过程中运用《民法通则》关于基本原则部分的规定。但是我们很大程度上用《民法通则》解释现实当中的问题，是存在一定问题的，以平台为例，我们到底把平台理解为是一个平台纯粹意义的商业经营者，还是承负着某种职责特殊形态存在，这个我们需要在商事领域当中做认真考虑的，而不能仅仅通过民法原则一言以论之。其次，传统商法分为四个部分，涉及人法的部分，财产法的部分，代理法部分以及权利部分。这些分类只能够解决大体的界限划分，具体应用中则存在许多问题。

清华大学法学院申卫星教授重点发言以《中国民法物权编创设居住权制度的立法构想》为题。他认为，在当前民法典编纂的重要时刻，需要有三个方面的重要理解创设居住权制度的重要意义：第一，理清居住权的概念为居住权人对他人所有的房屋全部或者部分及其附属设施享有占有使用的权利。第二，居住权立法有比较广泛的比较法的支持基础。第三，可以功能转换，满足人们对房屋等不动产利用的多样化的需求。他也对居住权的意义做了四点论证：第一，设立居住权制度有助于完善中国多层次的住房保障体系。第二，居住权制度可以更好地体现所有权人的意志。第三，居住权的设立可以更大限度地发挥房产的效应，特别可以解决中国逐步步入老年社会养老的问题。第四，在财产利用形式方面，我们应该在制度设计中给人们留有更多可供选择的形式，居住权满足了财产权制度设计的两端：强所有权、强物权的所有权制度与债权性的租赁制度。在两者之间建立一个过渡性的财产利用居住权制度，可以极好地满足人们的财产利用多样化的需求。

烟台大学法学院房绍坤教授在《论附合的物权法规则》中认为，附合制度肇端于罗马法，在现代物权制度中属于添附制度的重要内容。附合制度仅能规范非基于法律行为的动产所有权的取得与丧失，可因自然力、事实行为或合同被撤销、确认无效或被解除而发生。在判断附合构成要件的诸因素中，物的重要成分应当坚持较严格的认定标准，符合被附合人的利益应当成为附合的构成要件之一。在立法模式的选择上，应以德国模式为蓝本，并积极吸收法国模式的立法经验，特别是所有权保护的观念在立法中应得到充分体现。附合制度规则应与其他民事制度相协调。

中南财经政法大学法学院徐涤宇教授以《关于“民法婚姻家庭编”编纂的几点思考》为题，探讨了民法婚姻家庭编的编纂思考。他认为，家庭法的构造存在三种模式：传统模式、法国法模式和德国法模式。那么，在面临民法典编纂重要时刻的我们，该如何对待婚姻家庭法编纂的相关问题呢？他认为，如何对待人法与家庭法之间的关系，是否应当兼具法国模式与德国模式的特点，将监护制度剔除出婚姻家庭法之外，是应当重点考虑的方面。此外，由于家庭法构造特殊，除了监护制度之外大部分问题都涉及总则与分则之间的关系，大量法律行为制度不能适用到婚姻法当中，在此情况下出现的特例情况如何处理也有待思考。最后，我们应当关注婚姻家庭法发展领域中的新思想与新变化。第一，近代以来各个国家民法对传统家庭的定义慢慢转向以婚姻为起点，而非同居共财等民俗思想。第二，婚生与非婚生子女的地位日趋相近。第三，对家庭概念进行了重新定义。未婚同居、未婚生子以及相应的财产归属问题也逐渐增多。第四，现代科学技术的发展导致了亲子关系发生变化。除了生育与收养这种传统的亲子关系外，人类辅助生殖技术也开始出现，科技发展带来的婚姻家庭领域的新问题，也需要我们在实践中重视与探索。

中国政法大学比较法学院柳经纬教授的《民法典编纂的体系性问题》发言，再次呼吁体系是法典的生命力之所在，编纂一部符合体系性要求的民法典是立法的初衷。《民法总则》的制定在体系性问题上取得一定成效，但也存在相当突出的问题。只有将编纂一部富有体系性的民法典这一立法初衷贯穿于民法典编纂的整个过程，充分尊重民法的知识体系，克服立法的随意性和任意性，才能走出民法典编纂的体系性困境，确保民法典编纂工作不偏离预定的目标和方向，将民法典编纂的任务落到实处。如果忽略民法典编纂的体系性问题，我们将失去一次民法典编纂的历史时机。

第二部分为“专题研究”，又分若干部分。

专题研究之一是“民法总则的适用与方法论”。这一部分总计14篇论文，聚焦新出台的《民法总则》进行评估和研究，特别是针对其涉及的价值基础、体系解释、重点规定的理论发展和实践适用、方法论，以及与其他部分的关系、与其他法律的关系等问题进行了研究。

北京航空航天大学法学院龙卫球教授以《我国民法基本原则的内容嬗变与体系化意义》为题，就刚出台的《民法总则》的原则规定进行体系解释和意义研究。我国《民法总则》关于民法基本原则规定的意义值得关注，特别是在规定模式和内容发展两个方面，将会深刻影响这部民法典的适用。一方面，《民法总则》对于民法基本原则直接宣示的规定形式，体现了对一种民法新体系观的继受和演化。近现代民法特别是建立在概念法学基础上的《德国民法典》，奉行一种概念体系封闭意味的民法体系观。但是，自1907年《瑞士民法典》开始，逐渐发展出与此前有着重要不同的一种民法新体系观：立法者通过在民法典或民事制定法中直接宣示和规定民法基本原则，使得民法从制定法体系建构上来说，不再只是一种“价值中立”的概念形式体系，而是演化为一个由“原则和规则”共同作用的可供动态演绎的法秩序体系。另一方面，《民法总则》在民法基本原则的内容上发生了一些重要变化，体现出当前我国民法在基本价值内容体系上存在一种加速调整的趋势，其中，关于禁止违反法律作为基本原则的提升涉及，彰显出我国民法对于强化民事活动管制的观念趋势；而关于生态环境保护等原则的增设，体现了某些具有外部整体性的社会政治价值对于当代民法价值内容体系的强植入态势。

清华大学法学院韩世远教授的《民法基本原则：体系结构、功能、应用发展》，同样研究了《民法总则》基本原则规定，侧重其在民法适用中的意义。他认为，民法基本原则为民法背后的主要价值或者目标，对于立法者、裁判者以及当事人均具有指导意义。裁判者以及当事人妥当运用民法基本原则，不仅可以帮助解释法律、克服成文法之局限性，也可以帮助解释法律行为、填补合同漏洞等，发挥解释功能、补充功能乃至修正功能。在法律存在具体规则场合，一般不必援引基本原则，以避免“向一般条款逃逸”。唯在极端案型，审慎发挥基本原则的修正功能。在对疑难案件的处理方案进行预判时，如果不同方案背后体现出不同的基本原则，则应结合立法者客观的价值判断，审慎权衡不同原则的分量或者重要性。

台湾大学法学院著名民法学者陈自强教授以《转用案例之检讨》为题，探讨转用物诉权在台湾地区司法实践的发展。这一研究通过转用物之诉的实践复杂性深化了对这种诉权基础与真正不当得利制度基础之间联系和差异的理解。他通过案例研究发现，转用物诉权在台湾地区法如能被承认，被承认的特殊原因似有两类，即民法第 183 条的法律思想及事务处理法的价值判断。前者，乃在受让人无偿而获得利益与原权利人保护必要性利益衡量上，认为应优先保护后者，方法上，乃第 183 条的类推适用。后者，在事务处理领域，事务之本人是最终承担事务处理人交易经济上利益及不利益之人，若无法透过代理法则运用，让本人与第三人发生直接契约关系，则特别在间接代理人无资力的情形，似可在立法论甚至解释论上考虑承认第三人得直接对本人请求，此举可供大陆民法典制度化构参考。

中国政法大学民商经济法学院王涌教授的《法人应如何分类？——评〈民法总则〉的选择》，对于《民法总则》的法人分类进行评析。他认为，《民法总则》之所以最终采营利法人和非营利法人的法人元分类，一是对《民法通则》传统的继承，二是为解决实践中的非营利法人问题，具有合理性。营利法人的一般规定实质上发挥了商法典总则的部分功能。法人分类与法人形态法定主义有密切联系。社团法人和财团法人的分类是法人的构造维度的分类，两者之间的差异在减少，甚至存在重叠。中国非营利法人立法中存在体系的叠床架屋和治理的空心洞的困境，我国应制订一部《非营利法人法》，以弥补这些缺陷。此外，《民法总则》中“非法人组织”的概念存在内在矛盾，不是一个成功创新，“非法人组织”的本质就是法人。民法典不应吝啬法人的供给，最终应废止“非法人组织”的概念。法人是社会自组织的工具，立法机构应在营利法人和非营利法人的元分类下，将各类“非法人组织”纳入两类法人，应当将非法人组织（合伙企业）赋予法人资格改造为无限公司；此外信托也是隐蔽的法人。

台湾地区研究院张永健教授在《从三分天下，到一统江湖——〈民法总则〉法人与非法人组织章欠缺的资产分割理论》提出，《民法总则》在法人类型区划的立法重点不是形式区别法人或非法人，而是设计多种财产独立与资产分割架构不同的组织形态。遗憾的是，《民法总则》应规范而未规范财产独立与资产分割。具体而言，非法人组织定位为民事主体，但其拥有财产的权利能力并不明确——独资企业被清楚归类为非法人组织，就没有独立于自然人之财产。非法人组织与其成员之各自债权人，能否向彼此之特别财产求偿，是否有优先受偿权，也未见规范。法人应三分为社会团体法人、营利法人、捐助法人，因其资产分割方式有异。法人成立要件应该大幅放松，使非法人组织和其他团体以行动或宣示就可取得法人格。

辽宁大学法学院李国强教授在《论成年意定监护法律关系的构成——〈民法总则〉第33条的解释论构成》一文，研究《民法总则》第33条的解释适用。他认为，该条不能完全满足成年意定监护法律关系构成对法律规范的需求，应该适用《民法总则》有关民事法律行为的规则来补足意定监护协议规则的不足，但是很明显法律行为的规则在具体领域的表现主要是合同，所以参照《合同法》的相关规范来解决意定监护协议的效力问题是可行的。意定监护协议并不能像一般的民事合同那样确定行为人的行为能力，需要通过公证等方式来特定。《民法总则》的监护制度没有监护监督人的设置，没有提到履行成年意定监护协议的规则，相关法律如民事诉讼法等也没有配套制度，所以只能从监护人的主体条件等内容去解释意定监护关系功能上的构成。订立意定监护协议之际，双方在不违反法律强制性规定，不违反公序良俗的前提下，可以充分发挥意思自治，自由协商人身保护的内容。

中国政法大学民商经济法学院易军教授在《从〈民法通则〉§54到〈民法总则〉§153——民事法律行为内涵的立法变化》一文中，探讨民事法律行为概念的界定变化，旨在阐析这一变化背后之原因与机理，期能有助于提升对法律行为概念及其制度的精准理解。1986年颁布的《民法通则》一反大陆法系各国或各地区在立法上并不界定法律行为内涵的状况，第54条做了明确界定。《民法总则》第153条亦如此。但二者在“民事法律行为”上呈现出了异质性：一是民事法律行为的主体由“公民或法人”变化为“民事主体”，二是《民法总则》第153条所定之概念中凸显“意思表示”，三是《民法总则》第153条废弃了《民法通则》第54条将民事法律行为明定为“合法行为”的做法，不再强调民事法律行为的“合法性”。前两点相对易于理解，第三点则可谓巨变。自《民法通则》将民事法律行为规定为合法行为以来，学者常谓此种规定“突出国家对民事主体行为自由的干预，从而限制了私法自治”，应该说这一诊断找到了病因，但只是揭示了部分真理。

辽宁大学法学院杜甲华教授在《论〈民法典〉对知识产权的应然选择——基于对〈民法总则〉知识产权条款的分析》中认为：首先，《民法总则》第123条与《民法通则》对知识产权的规定相比具有权利主体设置更加科学、更加合理等优点。一方面扩大了权利主体的范围，自然人可以成为商标权的主体；另一方面规定了7+N个知识产权客体，多于《民法通则》中知识产权客体的数量。其次，《民法总则》将知识产权确定为民事主体的一项专有权利，体现了我国保护知识产权意识的增强，但是该条款对知识产权性质的规定值得商榷。最后，《民法总则》第123条虽然通过兜底条款扩大了对知识产权保护的范围，但该条款关于知识产权的客体的规定的范围与《建立世界知识产权组织公约》和《TRIPs协定》相比却比较狭窄。杜甲华教授提出：仅在《民法总则》部分的123条对知识产权进行规定，难以承载知识产权条款功能的历史使命，应在即将制定的《民法典》中单独设置知识产权编。并且，在多数国家已经制定单独的《知识产权法典》的背景下，应在《民法典》编撰完成之后制定单独的《知识产权法典》。

清华大学法学院汪洋副教授的《私法多元法源的观念、历史与中国实践——〈民法总则〉第10条的理论构造及司法适用》，研究《民法总则》的法源问题，梳理相关观念、历史和特殊实践。从观念上看，法源是具备权威理由或实质理由的裁判依据，形成具备不同分量的法源位阶，分别指向依法裁判与正当裁判的目标。各法学流派依认定的法源不同而对“法”有着不同的理解，私法法源的社会理论基础是进化论理性主义与自生自发秩序，私法因包含阐明与未阐明两种正当行为规则而具有开放性特质。法源理论与民法方法论有勾连也有分工。从历史看，罗马私法发展各阶段几乎涵盖后世知晓的所有法源形态，却最终衰退为法典编纂一种形式。从《民法总则》第10条法源条款实践理解看，“法律”应包含规范法源与准规范法源两大谱系以及具体规则与基本原则两种类型，“习惯”应作弹性理解，习惯与习惯法只是程度差别。此外，对于强制性规范、任意性规则、基本原则、习惯等多元法源，需要建构起一套司法适用的步骤与方法。

上海财经大学法学院李宇副教授在《民法总则与其他民事法的适用关系》提出，《民法通则》《合同法》《侵权责任法》等与《民法总则》之间的关系是民事基本法之间的关系，不是基本法与特别法之间的关系。《民法通则》中的总则性规定已全部被《民法总则》所取代。《民法通则》中的分则性规定，与其他民事基本法不相抵触者，继续适用。其他民事基本法规定，与《民法总则》相抵触者，按照新法优于旧法原则，适用《民法总则》规定；但《婚姻法》《继承法》中关于身份行为的特别规定，依照分则规定优先于总则规定之原则，优先于《民法总则》适用。民事特别法规定优先于《民法总则》规定，但其中重复《民法通则》规定者、依体系或目的应适用新法者，不应继续适用，而应按照新法优于旧法原则，适用《民法总则》规定。《民法总则》不具有溯及力，但有利于民事主体权利或自由保障的规定除外。下位法规定在内容上抵触《民法总则》规定内容者，或超越《民法总则》的法源限定者，属于下位法抵触上位法，不应适用。

华东政法大学法学院李求轶教授在《民法总则与民法分则的对称与非对称》研究认为，当代民法典编纂存在结构调整的复杂性。传统民法典编纂追求的结构主义的对称之美在民法体系之中表现为民法线路的对称和语言术语乃至由特定术语组合成民法体例上的对称。但是对称尽管是事物的共性，但并非绝对性。从结构主义走向解构主义再到重构主义是事物适应时代发展的必然，民法体系上解构原有的民法典结构，从对称走向不对称也是民法典适应时代的必然趋势。

北京理工大学法学院付俊伟副教授在《宪法权利适用于私法的三种思路——以欧盟私法统一为视角》，提出今天当我们论及宪法权利与私法的关系时，我们所应当探讨的并非是宪法权利是否可以适用于私法领域，而是宪法权利在多大程度上可以适用于私法领域，以及私法在何种程度上可以维系其结构自治和独立的传统。受大陆法系国家传统公私法划分的影响，处于公法核心地位的宪法权利与私法一直处于相互隔离的状态之中。然而，自20世纪中叶已来，随着二战以后人权运动的蓬勃兴起和政府对市场经济的广泛干预，人们对基本权利的真实内涵又进行了不断深入的探讨，对人权与法治的学术价值和实践意义也进行了更加理性的思考与建构。传统的公私法划分已逐渐模糊，运用于公民对抗国家的宪法权利也逐步延伸到私法领域，公法与私法之间开始出现了相互融合的发展趋势，也引发了学界对于宪法权利与私法之间关系的激烈讨论。

湖南大学法学院王文胜副教授的《论民法典立法讨论中不同类型问题的轻重缓急》认为，目前要建立起一种有序高效的讨论机制，首先要求民法学界对于“什么样的问题需要和值得我们关注”这一问题达成基本的共识。按照立法机关的规划，我国民法典各分编拟于2018年上半年整体提请全国人大常委会审议并争取于2020年3月审议通过。虽然时间表上所剩的时间已非常有限，但从目前民法学界围绕着民法典的立法所展开的讨论来看，民法学界关于民法典编纂所积累的共识还不算多，民法学界也还没有建立起一种面向民法典编纂的对话和讨论机制，学者自说自话的现象还较为普遍，学者之间要实现相互对话、寻求相互理解和达成共识还比较困难。民法学界能否从现有的自说自话的讨论状态逐渐走向一种集中精力的、集思广益的、有序的、高效的讨论机制，会直接地影响民法学界将以往的研究成果服务于民法典编纂的能力，从而直接地影响我国民法典的编纂水平。因此建议，对民法典立法讨论中所涉及的问题作类型化的思考，并在对比分析的基础上探讨在民法典的编纂过程中哪些问题需要和值得民法学界花大力气去进行讨论。

中国政法大学比较法学院的杨自然副教授在《论英联邦法制体系下“衡平法之禁反言”》：一文中，讨论英联邦法律体系、衡平法及各种不同的禁反言，禁反言与合同法中“约因”（Consideration）之间的关系。普通法系统的精华到底为何？若我们以概括的方式来看普通法系统，其核心表现基本上可分为“法律形式”（Form）及“法律实质”（Substance）。当我们讨论到普通法体系之法律实质，衡平法（Equity）则必须要详为研究。衡平法中“禁反言”（Estoppel）理论，为其主要的核心。“以良心处事”的理论（The principle of conscience）又为禁反言理论的基石。禁反言理论基本上可谓直接深入了普通法系统的核心。该理论对对国际法而言亦非常重要。因为不论在历史上或是当前，国际法受到了英联邦法律体系的重大影响，因此能够了解这方面的理论，很多在国际法方面的理论也可同样得到适用。

专题研究之二是“物权法编纂”。这一部分收集了18篇物权专论，涉及物权一般规定、所有权、用益物权、担保物权等各个专题，或属于立法完善的理论政策的研究，或属于比较法研究的他山之玉，对于正在进行的物权法编纂具有直接的借鉴意义。

中央财经大学法学院陈华彬教授以《我国民法典物权编立法研究》为题，对物权编的整体内容设计提出设想。他认为，物权法是关于财产的所有与其物权的利用的法律，具有强制性、绝对性、对世性及严格性，关涉人民、社会及国家的根本财产利益，故此，《民法典》物权编的立法尤其应当谨严、审慎。首先，缓和物权法定原则的同时，也应持谨慎态度。其次，物权变动规则应予维持，同时也宜吸纳司法解释的经验而予补益。再次，在所有权上，应对所有权的定义、建筑物区分所有权中的若干规则、相邻关系规则、盗赃物、遗失物、取得时效、先占及添附等特殊动产的物权变动予以完善、厘定或确立。第四，于用益物权上，应对用益物权的定义、“三权分置”、空间建设用地使用权、不动产役权及典权分别做出改定、明确及建构，但不宜确立居住权。第五，于担保物权上，宜以追及效力保护抵押权人利益、让与担保不作为典型担保并对《物权法》第202条进行改定。此外，鉴于占有制度于物权法中的关键地位，立法还应较大地扩展、丰富占有规则。

台湾政治大学法学院王千维教授在《由台湾地区“最高法院”2017年度第3次民事庭会议决议看不动产借名登记》，研究了目前令人困扰的不动产借名登记的定性和法律效力。他认为，不动产借名登记契约性质上类似委任的无名契约，属债权契约性质。然而，就出名人对目标物所为之处分行为，台湾地区实务与学说主有权处分者有之，主无权处分者亦有之，并且，又有以登记名义谁属，决定物上请求权行使主体之见解者，足见虽属债权契约性质之不动产借名登记契约，却隐然影响了一定的物权关系。所以，在不动产借名登记之情形，首先所要确立者，乃系目标物所有权之归属，其次则为所有权下之部分权能究循何种途径而由所有权人以外之人行使之。对此，他认为，若借名人以出名人之名义自第三人处取得目标物之所有权者，则由出名人单独取得目标物完全之所有权。此时，借名人仅系基于不动产借名登记契约，对目标物取得债权性质之管理、使用、收益以及处分等权能。另一方面，若借名人将其既有目标物之所有权移转登记在出名人之名下者，则出名人仅取得登记名义，目标物之所有权仍归借名人所有，借名人自得行使台湾地区“民法”第765条所定之所有权之各项权能。

中国人民大学法学院高圣平教授的《统一动产融资登记公示制度的建构》，对于此次物权编建立统一动产登记制度提出总体构思。各国际组织所倡导的动产担保登记制度是以声明登记制为基础而构建的电子化登记系统，意在提醒潜在的交易相对人特定的动产之上可能存在权利负担，并确定竞存权利之间的优先顺位。声明登记制下登记内容很少，登记申请便捷，登记机构仅需对登记申请进行形式审查，登记流程快速可控。目前我国动产担保登记高度分散，且多为纸质化登记系统，相关规则的设计并未体现声明登记制的特点，亟待统一。基于特殊动产管理上的需要，我们的政策选择只能导向特殊动产登记系统与统一的动产融资登记系统并存。这些登记系统应采取基于互联网的电子系统，由当事人自助登记，减少登记机构的人工介入，登记类型亦应涵盖在功能上起担保作用的各类交易。

清华大学法学院程啸教授的《不动产登记簿的权利事项错误与不动产善意取得》，研究两者之间的适用关系。不动产登记簿上的错误应当区分为权利事项错误与非权利事项错误。基于不动产登记簿的推定力效力，当事人对不动产登记簿的权利事项错误产生信赖时，应当受到善意取得制度的保护，故此，权利事项错误才是适用不动产善意取得的前提条件。判断不动产交易中第三人是否善意时，也应当始终围绕着不动产登记簿有无权利事项的错误而展开，而不应脱离不动产登记簿的记载，更不应将受让人应知而因重大过失而未知作为排除善意的情形。

南京师范大学法学院崔拴林副教授的《论准不动产物权登记对抗制度中的善意第三人》，研究了《物权法》第24条的解释适用和完善。《物权法》第24条等条文规定了基于法律行为的准不动产物权变动的登记对抗制度，该制度的立法目的是"先具备对抗要件者为胜出者，能作而不作更强公示（尤其是登记）者为出局者"。第24条的主要规范意旨则为"公示生效加登记对抗"。据此，确定"未经登记不得对抗的善意第三人"范围的基本标准就是：更加信赖和适用更强公示手段的主体更值得保护，因而属于善意第三人。在准不动产多重所有权让与、多重他物权设立以及所有权让与及他物权设立并存中，都存在未经登记不得对抗的善意第三人。

广东外语外贸大学法学院王荣珍教授在《依嘱托转移登记实践中的两个问题及其解决建议》，研究了依法院嘱托转移登记实践操作中的程序错乱和纠正方向。依法院嘱托转移登记实践中存在是否需要当事人再提交登记申请和材料问题、依嘱托登记能否直接适用以解决离婚判决所涉房屋转移登记特别问题。依法院嘱托转移登记中要求提交不动产登记申请书混淆了依嘱托转移登记和依申请转移登记，应予取消，但要求提交不动产转移登记相关材料合法合理。依嘱托登记不能直接适用以解决离婚判决所涉房屋转移登记特别问题，建议当事人利用不动产登记代理制度或者向法院提起排除妨碍诉讼，根据生效法律文书直接申请办理转移登记，或者申请强制执行，由法院嘱托登记。

山西大学法学院汪渊智教授的《我国民法建立取得时效制度的构想》，对于取得时效制度应入物权编再次提出主张。他认为，基于取得时效制度能够促进物尽其用，提高财产利用率，保护交易安全和维护社会秩序，降低诉讼成本、提高司法效率，因而我国有必要建立取得时效制度，从而进一步完善时效制度。我国取得时效应当与消灭时效分别规定，取得时效规定在物权编，消灭时效规定在民法总则编。取得时效可以适用于所有权和用益物权，但不得适用于担保物权、知识产权和人身权。取得时效的构成要件应当区别动产和不动产而分别规定，取得时效完成后，占有人取得了动产所有权或者不动产登记请求权。取得时效应当依据实际情况确定起算点，取得时效的中断除了可适用消灭时效中断的事由外，还应规定较为独特的自然中断事由。

西北政法大学民商法学院的王丽美副教授在《不动产善意取得制度的理论证成》中，研究了《物权法》引入不动产善意取得的合理性。她认为，不动产能否适用善意取得制度，争议之声不绝于耳。其实，善意取得制度作为经济发展中的一项重要制度，具有维护交易安全、降低交易成本、确保实质正义等应然价值。理论上，不动产善意取得制度是由善意取得制度应然价值的发挥、动产善意取得制度基本性质的拓展以及不动产登记公示之公信力共同作用的必然产物，是善意取得制度理论发展的必然结果。

北京邮电大学人文学院的宋良刚副教授等的《赋予遗失物拾得者相应报酬之合理性研究：经济学的角度》，要求改良我们现在的遗失物拾得者报酬制度，提出我国现行《物权法》关于遗失物拾得制度的现行规定值得重新审视与修正。鉴于资源的有限性、稀缺性，从经济的角度也就决定着资源应该被更有效的予以利用。作为为经济发展保驾护航的法律制度，在制度、规则设计之时，对于有限、甚至稀缺之资源，如何在制度层面促进与保证其更加有效、合理的利用，不仅体现制度设计的科学性，而且对社会经济的发展也有着积极的促进作用。因此，法律规则的设计与制度安排对于有限的资源应做到物尽其用。根据成本与效益的基本原理，法律赋予遗失物拾得者获得合理报酬有利于该目标的实现；同时根据预期理论，也能得出相同的结论。

北京理工大学法学院的赵秀梅教授等以《华南地区农村集体土地征收和补偿实证问题研究》的实证视角，以华南地区地方立法文本为研究内容，针对《土地管理法（修正案)》（征求意见稿）所存在的问题，对现行法中农村集体土地征收和补偿制度存在的问题加以研究，提出一些解决方案的建议，期待对我国《土地管理法》的修订有所助益。2015 年 1 月，中共中央办公厅和国务院办公厅联合印发《关于农村土地征收、集体经营性建设用地入市、宅基地制度改革试点工作的意见》。完善土地征收制度，作为“三大政策”之一，被称为农村土地制度改革试点工作的“先行军”。目前我国集体土地征收在实体和程序方面都存在诸多缺陷：没有统一的征收专项立法、没有公共利益的具体判断标准、缺少征收决定做出前的行政听证程序和协议购买程序、缺少征地决定的司法审查程序等；另外，征收补偿的标准过低，等等。

河南大学法学院申惠文副教授的《法律语言学视角中的农村土地三权分置改革》，从特殊视角观察和剖析了目前的农村土地三权分置改革的规范用语问题。他认为，中央改革文件中的“土地所有权、土地承包权和土地经营权”，法律上应表述为“农地所有权、农地使用权和农地耕作权”。中央改革文件提出的“土地所有权、土地承包权和土地经营权”的三权分置政策表达，不符合法律语言准确、严谨的要求。“三权分离”比“三权分置”，更具有话语表达的优势。承包关系长久不变，承包地不再调整，承包费不再缴纳，“承包”的法律语义丧失，不应创设“土地承包权”的概念。“经营土地”背后的权利具有多元性，不应创设“土地经营权”的概念。“农村土地承包法”应更名为“农地权利法”，“土地承包经营权”应更名为“农地使用权”，创设新型用益物权“农地耕作权”。

安徽大学法学院的尤佳副教授在《论建筑物区分所有权共有部分范围之立法完善》中认为：当前实践中，诸如幼儿园、窗前绿地、会所、地下车库等部位，属于业主共有部分还是专有部分，存在较大的争议，不同地区的判决倾向不一。因此，尤佳副教授对于建筑物共有权部分提出若干立法建议：首先，立法应当同时采取法定共有和约定共有。其次，立法应当明确共有部分的定义，分别列举何为重要共有部分；在明确共有部分定义的基础上，规定“共有部分上不得设定专有权”；在登记制度中强化对共有部分的登记。最后，应当借鉴美国与加拿大的立法经验从两方面立法完善约定共有的制度设计。一方面，在要明确开发商负有向不动产登记部门提交权属安排文件的义务，该文件应当成为房屋产权交易合同的必要组成部分与不动产登记的依据。另一方面，要明确区分所有建筑确权行政主管机关，未来立法可以在规划部门和不动产登记部门之间选择。

中国社科院法学研究所的谢鸿飞研究员以《抵押物价值恢复请求权的体系化展开——兼及抵押权保全的立法论》为题，研究抵押物价值恢复请求权的体系内涵。他认为，抵押物价值恢复请求权的目的是在抵押物价值已经减少时，为抵押权人提供救济，主要包括恢复原状、增担保和提前清偿三种方式，其性质宜界定为抵押合同的法定债权。其具体效力应区分债务人抵押与第三人抵押。在第三人抵押情形，除非债权人和债务人约定由债务人负责提供抵押或债务人应确保抵押物价值恒定，或者债务人故意侵害抵押物，债务人不承担价值恢复和提前清偿的义务。增担保权和提前清偿请求权的行使不应损害抵押人的其他债权人。在债务人抵押情形，提前清偿的范围宜界定为全部债权，而不是与抵押物价值减少数额相应的债权；在第三人抵押情形，提前清偿仅限于提前行使抵押权。价值恢复请求权与抵押权人的物权请求权、侵权请求权和物上代位权可能发生竞合或聚合。《物权法》应区分抵押物价值可能减少和已经减少的情形，作不同的抵押权保全制度设计：前者应确认抵押权人的保全处分权和保全费用的优先受偿地位；后者应关注债务人抵押与第三人抵押的差异。

南京财经大学法学院的焦富民教授在《农民住房财产权抵押制度的构建》研究认为，契合“保障农户宅基地用益物权”的政策指引和价值需求，立法上宜按照现代市场法则，改革宅基地制度，彰显其用益物权的属性和财产功能，最终通过立法上的新规制，将农民住房财产权塑造成一种具有物权属性和具有抵押担保功能的财产权。农民住房作为一个集合概念，事实上包括农民房屋及所占宅基地，农民住房财产权包含农民房屋所有权及所占宅基地使用权。农民房屋所有权和宅基地使用权登记是农民住房财产权抵押权设定的前置条件，抵押合同加上登记是农民住房财产权抵押权设定的核心要件。在抵押权实现时，可以通过选择贷款风险补偿基金、强制管理或贷款重组等方式保障农民基本居住权；通过将“依法采取多种方式处置抵押物”限缩为“变卖或拍卖等多种方式处置抵押物”，以体现农民住房财产权与商品房处置的差别化。农民住房财产权处置时的受让人范围，不再限于本集体经济组织内部，可以扩大到本乡镇本县区居民，必要时扩展至设区市和省一级范围内的居民；同时积极探索建立宅基地使用权有偿物权、债权转让机制以及有偿转让利益合理分配机制。

中国海洋大学法学院董学立教授的《担保物权法编纂建议》，再次呼吁担保物权体系化立法的重要性。他认为，我国现有的担保物权法律制度，是由历史上既有且成型的担保物权法律制度发展而来。动产抵押权制度的机械加入，是其发展的主要方面，也由此引起了担保物权法体系的负面效应。按照“三个非不可”的民法典分则编纂原则，“竖切”产生的两项统一制度的缺失，“横刨”产生的在担保物权概念、担保物、担保合同、担保物权设定、担保物权公示、担保物权效力、担保物权实现、担保物权消灭等层面的规范重复、不一致和矛盾以及漏洞等，是未来担保物权法编纂着力解决的问题方面。

北京航空航天大学法学院刘保玉教授在《民法物权编质权制度的修改建议》，对质权的立法完善提出对策思路。相关完善包括：流质禁止的规则有必要加以修改，赋予利益受损者以一定期限和条件下的撤销权应为最佳选择；立法应明确规定承诺转质与责任转质两种转质形态并设立相应的规则；金融创新催生的动态质押模式，亟需从立法上予以承认并加以规制；对权利质权的客体应持开放态度，权利质权的效力亦应及于入质权利的从权利；应收账款的基础法律关系对应收账款质权的影响，应在立法上作出概括性规定；参照抵押权的相关规定，以登记方式设立权利质权后，出质人仍有处分权，但权利质权不受影响。此外，设立质权的合同名称、质物协议折价损害他人利益时撤销权的行使应与抵押权的相关规定保持一致；质权人返还质物的，应视同放弃质权；票据质押等情形下“背书”的特别成立要件也应在立法上予以明确。

西南政法大学民商经济法学院孙鹏教授的《民法典物权编“留置权”立法建议》研究了留置权的立法完善。留置权仅担保承揽、运输、保管、行纪等法律规定的合同债权以及无因管理人、遗失物拾得人的费用偿还请求权。债务人因履行对第三人之义务而将其占有之动产交付债权人，债权人可直接对第三人动产行使留置权；债权人占有动产非因债务人履行对第三人之义务，只能类推善意取得成立留置权。商事留置权中债权与动产应属于相互持续性经营关系，可不受“不与债权人义务相抵触”规则和“比例原则”之限制，但不得对第三人动产行使商事留置权。

中国证监会博士后科研工作站的杨光在《股票担保业务在民事规则适用方面的特殊性及解决思路》一文中认为，经济发展的现实要求在民事规则适用时关注金融担保的特殊性，股票担保具有代表意义。股票担保分为股票质押和融资融券中的股票担保两种类型，我国股票担保具有特殊性。股票担保在设定方面的特殊性表现在标的物价值变动、合同条款的内容和股东名册的公示公信等方面；在效力方面的特殊性表现在所担保的债权范围、所及的标的物范围以及转质等方面；在实现方面表现在实现方式、证券结算原则导致的特殊性以及强制平仓权等方面。但金融担保以传统民事担保制度为基础，在民法典“物权编”中不宜独立成章。

专题研究之三是“合同法编纂”。这一专题包含12篇关于债与合同的专论，或涉及合同与组织法的融合立法思想，或涉及债权转让、新物清偿和代物清偿、债的履行中的受领等债与合同规则的复杂适用问题，或关于增设有名合同的建议，或关于债商关系的思考。

台湾大学法学院著名商法学者王文宇教授以《不完整契约理论对契约法和组织法的启示》为题，提出以不完整契约理论为研究，应在契约法和组织法之间开展融合研究。他认为，市场契约与组织间的内在关联和互动关系，近年已有数字诺贝尔经济学奖得主为文讨论，华人世界的法律人如自外于此领域，未免可惜。现代型商业交易，市场中具有许多长期而复杂的交易安排，如从法律的角度观之，法律对于交易当事人的各种合约安排，赋予相当大的自治空间。即在不违反法律强行规定或影响市场机能等前提下，交易当事人享有充分的“交易自治”，也就是契约自治和组织自治。但是，依照传统法释义学，“契约法”与“组织法”向来属于不同的法学领域（一为民法、一为商法），是以契约法和组织法两者间的关联性与替代性，一向为传统法释义学所忽视。所以，我们法律人应有更深的自我期许，跳脱传统法释义学分门概念的桎梏，宜从跨领域的角度（诸如法学、经济学和组织学等），重新审视契约机制的本质以及契约与商业组织的内在关联，重点要研究不完整契约理论，如何在契约法和组织法的框架中发挥作用，以及对于真实世界的复杂契约安排，例如高科技产业的合作创新合约和策略联盟，能如何运用、分析及解释等等。

台湾东吴大学法学院郑冠宇教授的《让与返还请求权——台湾地区“高等法院”2014年度上字第1419号民事判决》，从台湾司法经验角度检视债权让与通知的要求和效力问题。从学说来看，债权让与虽为处分行为，然由于其并非如同对物权之处分般具有可以公示之外观，因此债权让与之通知就扮演相当重要之地位。债权让与之通知与其效力，在理论上及实务上至今仍有相当不同之见解存在，对当事人之影响，不可谓不巨。尤其在现今金融实务上，将数笔债权一并让与资产管理公司之情形，更属经常，若不对其所生之效力明确厘清，将造成此一制度适用上之困难。他认为，债权让与不以通知债务人为生效要件，台湾地区“民法”第297条第1项关于债权让与通知之规定，乃以保护债务人为目的，主要在避免债务人为二次清偿，债权让与若未通知债务人，债务人仅得在已对原债权人清偿之前提下，拒绝对受让人为清偿，其为债务人拒绝给付之抗辩。且由于债权让与通知之规定，纯系针对债务人个人利益之保护，并非具有公益之性质，因此债务人应有选择之权限，债务人若不为拒绝给付之抗辩，法院自不应代其为主张，以债权让与未经通知债务人为由，驳回受让人之请求。

台湾政治大学讲座教授、著名民法学者黄立先生在《承揽合同之工作物受领问题——以中国台湾地区为视角》一文，研究了承揽工作物的受领问题的法律适用的困惑与解决。关于承揽合同工作物的受领，存在立法的缺漏。台湾地区由于“民法”没有认为是定作人的义务，在“政府采购法”上虽然有规定，却因为契约约定将受领与验收画同等号，常有定作人迟迟不办理验收情况。又欠缺德国民法及VOB/B第12条第2项，承揽人得请求定作人就部分完成之工作，分别受领之约定，使承揽人暴置于现金流量不足的风险。那么，应该怎么完善呢？本文认为，从比较法的角度，德国、瑞士及FIDIC新红皮书的相关规定可以作为解决困境之参考。

台湾大学法学院徐婉宁教授在《新债清偿或代物清偿——论休息日工作“补休”之法律性质及相关争议》以新债清偿和代物清偿为分析框架，对补休的法律性质和法律适用进行探讨。台湾地区“劳基法”于2016年12月21日修正时，为落实周休二日制度，而于同法第36条第1项规定“劳工每7日中应有2日之休息，其中1日为例假，1日为休息日”，依此创设了“一例一休”制度。一例一休制度施行以来，相关的适用争议络绎不绝，甚至引发应再为修法之议。其中关于休息日工作之工资及工时计算，“劳基法”第24条就此为较以往延长工时之情形更为严厉的规范。因此，当劳工于休息日工作时，雇主依劳基法的规定，必须支付高额的延时工资（称“加班费”），而雇主为了避免高额的加班费支付义务，有时会和劳工协议，以让劳工补休的方式来取代加班费的支付。但此种做法是否违反劳基法，以及协议补休后，若劳工未能及时取得补休时，是否可以要求雇主仍依劳基法的规定支付加班费，即有所争议。本文透过探讨以补休取代休息日工作应加给之工资的法律性质，厘清了当补休的权利未获实现时劳雇双方的法律关系为何，俾判断劳工此时是否仍有依劳基法请求加班费之权利。

北京航空航天大学法学院的李昊副教授等在《论保证合同入典及其立法完善》中呼吁此次合同编应加入保证合同类型，并提出完善建议。基于法律体系化和现实生活的需求，民法典应当对保证合同作出规定，将其纳入合同编分则的典型合同中。在保证合同的类型上，应以从属性保证合同为基础，并增加独立保证合同和人事保证合同，共同作为保证合同的属概念；在保证人的资格方面，不以“具备代为清偿能力”作为前提条件；在保证的方式上，以一般保证为原则，连带责任保证为例外，连带责任保证以当事人之间存在特别约定为必要，对保证的方式没有约定或约定不明确的，推定为一般保证；在混合共同担保中，明确规定担保人之间的相互追偿权；在具体制度的设计上，应当分节设置从属性保证合同、独立保证合同和人事保证合同的相关规定。

首都医科大学法学院刘炫麟副教授在《医疗合同典型化研究》，呼吁医疗服务合同应当加入合同编。在合同编的编纂过程中，如何重新审视我国于1999年3月15日制定的《合同法》分则中关于15种典型合同（有名合同）的现有容量问题，即诸如医疗合同等是否有必要予以典型化。如果有必要进行典型化，该如何进行具体的制度安排和内容设计，对这一问题的研讨将有助于民法典合同编的科学编纂。本文认为，基于医疗服务合同的重要性和迫切性，此次合同编应纳入为宜，当然立法中必然涉及许多复杂问题。

河南财经政法大学民商经济法学院徐强胜教授的《金融秩序与民生稳定－借款合同中民间借贷立法的目标与规范》，研究了民间借贷的合同法完善问题，认为如何在当前合同法编纂中将民间借贷较为科学、合理地予以规范就十分重要。我国民间借贷的实践发展表明，其既关系到整个国家的金融和经济秩序，同时也关系到广大居民的民生。1999年《合同法》第十二章设“借款合同”章，专门规范因借款引起的法律行为。不过，由于该章主要借鉴了1996年中国人民银行颁布的《贷款通则》，而该通则系关于金融机构贷款的规定，故《合同法》中“借款合同”部分对于当前盛行的民间借贷规定十分简单。2015年最高人民法院出台了关于民间借贷的司法解释，对其作了较为详细的规定。但其主要目的是为各地法院树立解决民间借贷纠纷的裁判标准，至于这些标准或者认识是否符合我国民间借贷的实际发展需要及民生的稳定则很值得探讨。

四川大学法学院张金海副教授的《论作为违约损害赔偿计算方法的替代交易规则》，对违约损害赔偿计算方法中替代交易规则提出适用和完善研究。替代交易规则是指在债权人因对方重大违约解除了合同，并为了获得与原合同相同的标的而与他人缔约的情况下，如果替代交易的价格与原合同相比不利于债权人，可以请求债务人赔偿两个合同的差价。在判断系争交易是否为替代交易时，应考虑交易的时间、后来的交易是否与原合同服务于相同的利益等因素。为适当地保护债务人的利益，替代交易应当在发出解除通知后的合理时间内以合理的方式进行。如果替代交易不合理，应将交易价格替换为合理的价格。如果没有可靠的根据进行替换，应根据市场价格规则计算损失。

南京航空航天大学人文与社会科学学院王文军副教授的《论继续性合同的解除》认为，继续性合同解除问题值得特殊对待。目前《合同法》解除制度统合德国法上一时性合同的解除与继续性合同的终止，并充分考虑了继续性合同的解除通常不向过去发生效力的特殊性，但是即便如此，仍存在着特殊对待继续性合同解除的必要，因为在继续性合同，防止合同继续性的弊害与维持合同关系的安定性二者之间的紧张关系亟待权衡。《合同法》分则针对某些具体的继续性合同规定有预告解除与非任意解除。预告解除旨在为期间未定的继续性合同保有终期到来的机能，应与任意解除相区别。非任意解除不能被一般法定解除所涵盖，且有将其一般化的必要，现阶段可借整体类推与诚信原则的具体化来实现。

济南大学法学院郝丽燕副教授的《论特定物买卖瑕疵履行时的交付替代物》，提出应关注特定物买卖瑕疵履行时的交付替代物规则。她认为，买受人在“绝对成比例”和“相对成比例”的界限内，可以选择让出卖人交付替代物。在首次给付出现瑕疵时，买受人第一性的救济权利是要求出卖人排除瑕疵（修理）或者交付替代物，不是直接解除合同或者减少价款。买受人作出交付替代物的选择后，不得将交付替代物任意变更为消除瑕疵。我国《合同法》没有区别种类物和特定物交易，其第111条对违约责任方式进行了一体规定，这种规定为理论和实践中进一步承认特定物买卖出现瑕疵履行时可以适用交付替代物提供了可能的空间。但不足之处是没有直接规定或者通过其他间接条款确定“再履行”（消除瑕疵或者交付替代物）的优先地位，这是我国《合同法》修订过程中应当予以考虑的，以保障合同法中“契约严守”原则和“继续履行”原则的贯彻。另外，对特定物的瑕疵履行适用交付替代物受到比例原则的限制，鉴于比例原则需要考虑的因素很多，不可能在立法机关制定的法律中逐一规定，可以通过指导性案例确定不同情况时“合比例”的阈值。

国际关系学院法律系夏庆锋副教授的《民法典合同法编就商事合同的规则完善》认为，在合同法编商事规则的编纂过程中，还应注意纠正商化不足与避免商化过度的问题。《民法总则》的施行使民法典时代指日可待，在各编的修订过程中应考虑民商合一背景下对商事行为的特殊安排，尤其在合同法编的规则设计上，更要体现出对具有商事行为典型性特征的商事合同的考虑。我国《合同法》对商事行为的规定已出现滞后性，如对于商事借贷中利息无约定或约定不明时利息请求权的规定，对于商行为所生债务之利息上限的规定，对于商事合同双方约定流质流押条款的效力认定等。对于商事合同而言，应赋予商事主体更自由的订约权利，以强化商事合同的确定性和可期待性。

西南政法大学民商法学院杨姗副教授在《民法典合同编编纂背景下商事合同效力规则研究——以融资合同为中心》中，从实际的案例中梳理总结了融资合同不同于传统民事合同的效力认定标准，并据此提出认定创新型商事合同效力的裁判思维和理念。融资合同是商事合同中最具创新性的类型，基于投融资双方快速、有效的利益需求，在种类和内容上不断创新。在我国民商合一的法律体系中，合同法尚能满足一般的商事合同的调整需求，但融资合同在外在形式和理论构造上都与民事合同存在区别，所以其效力认定不宜适用一般民事合同的裁判规则，实践中法官就容易陷入沿用传统民事审判的标准和思维来审判商事合同导致的窘境。“估值调整协议”就是典型的例子，对其效力的认定经历了一段从无名到有名、从无效到有效的过程。

专题研究之四是“婚姻家庭、人格权、侵权责任法编纂”。总共汇集了三个领域的9篇论文。重点研究了婚姻家庭立法的定位、完善夫妻共同财产制、处理人格权立法与合同法关系、遗忘权、个人信息的保护以及特殊情形的一些侵权责任等。

西北政法大学民商法学院张伟教授在《民法典编纂视域下婚姻家庭法定位之思考》一文中提出，婚姻家庭法在回归民法中应有相对独立性。他认为，中国婚姻法经历了由独立法律部门法到“回归民法”的不同历史阶段。尽管婚姻家庭法纳入民法典体系已成为主流，但围绕婚姻家庭法与民法的关系仍有立场不一的各种争论和思考。婚姻家庭法虽归于民法典体系但应具有相对独立性，应妥善处理好民法总则与民法分则关系的衔接及协调，特别要协调好民法总则与分则婚姻家庭编（亲属编）的关系及法律适用的冲突等，应恪守和明确家事立法的价值取向和定位，坚守和突出婚姻家庭法的伦理性，重构婚姻家庭伦理的核心价值（利他奉献），树立和增强社会性别意识，培育和提升契约理念及理性意识。

上海财经大学法学院叶名怡教授的《〈婚姻法解释（二）〉第24条废除论——基于实证统计数据的分析》，主张应立即废除该第24条，建立健全日常家事代理、超范围债务“共债共签”以及夫妻单方紧急举债权等制度。他认为，家事代理权的行使范围仅限于日常生活交易，其无法成为《最高人民法院关于适用〈中华人民共和国婚姻法〉若干问题的解释（二）》第24条关于“夫妻共同债务推定”之泛化规定的正当性基础。该第24条就夫妻共同债务的认定以“婚内标准”取代《婚姻法》第41条所规定的“共同生活标准”，有违夫妻共同债务的本质规律性。审判实践证明，该第24条规定的“夫妻共同债务推定”几乎无法被推翻，对非举债方的夫妻一方极其不公。“证明责任内外有别论”或会导致矛盾判决，且往往沦为仅有外部规则被适用的理论依据。以“夫妻共同债务推定”的规定遏制“假离婚、真逃债”现象，手段极端且错误，致使恶意债务、非法债务及虚假夫妻债务急剧增加。

武汉大学法学院罗昆教授以《人格权法与合同法的互动探讨》为题，认为人格权法除需与《民法总则》《侵权责任法》相衔接外，还需与《合同法》衔接。人格尊严保护与消极缔约自由存在冲突，二者的平衡应以我国现有相关法律规定和实践为基础，借鉴域外立法经验来实现。人格权的限制、转让以及行使方式的规定对合同的效力认定在路径与结果两方面存在影响。完善债务不履行侵害人格权的损害赔偿制度需明确规定赔偿项目、合理界定可预见性规则的适用范围。人格权商业化利用的合同法规制路径将妨碍其制度内容表达，人格权法的规制路径更为可行。人格权法属于民法典的重大创新且缺乏足够先例可循，立法应关注并慎重处理人格权法与其他法律制度的互动关系。

对外经贸大学法学院梅夏英教授在《论被遗忘权的法理定位与保护范围之限定》的一文，对个人信息的被遗忘权进行研究。被遗忘权是对他人已公开信息的删除制度，只适用特定的情形，它不适用一般的隐私保护制度。被遗忘权与以信息自主及信息收集、利用制度为内容个人信息权也有不同，它涉及特殊的立法目的和利益考量，也不适用个人信息人格利益的保护。被遗忘权应由个人信息保护法来规制，宜在私法之外从公共维度的视界考量其价值。被遗忘权涉及多种价值的冲突，目前应对其保护范围进行严格限定，在最必要的情形下尝试引进，以逐步建立被遗忘权可能的法律地盘。

北京航空航天大学法学院博士生朱宣烨律师等的《关于个人信息保护民事侵权责任的实证分析——以124个民事案件为出发点》，从实证角度研究以我国近三年涉个人信息的侵权案件判例为样本分析，认为虽然侵权责任是保护个人信息必要的民事救济途径，但是现有的侵权制度无法发挥有效的作用。建议根据个人信息案件的特殊性，制定专门的个人信息侵权责任规范。其表现为：我国没有专门针对个人信息的侵权责任条款，现有的涉个人信息的侵权案件都是借由侵犯隐私权、名誉权、姓名权等案由进行维权，且案件的数量和现实中个人信息被侵害的严重程度不符；涉个人信息的侵权案件中，信息主体在侵权事实认定、损害结果认定以及损害赔偿等方面都处于弱势地位。

北京化工大学文法学院李超副教授的《D. 47. 10. 1. 5：volenti non fit iniuria 的起源？——兼论罗马法中的 volenti non fit iniuria》，对两大法系具有差异的 volenti non fit iniuria 进行了一个溯源研究。Volenti non fit iniuria 是一个古老的法律格言，其基本含义是指某人同意了他人对其实施的伤害行为，那么之后就不能再针对该行为提起诉讼。现代侵权法理论一般将其作为一种免责或者减责事由。在侵权责任法立法过程中学者也试图将其纳入我国的侵权责任法体系，但最终因为分歧巨大而未被立法者所采纳。值得注意的是，虽然 volenti non fit iniuria 是两大法系共有的理论之一，但其在两大法系有着完全不同的含义，因此尽管学者谈的都是 volenti non fit iniuria，谈的却可能是两个不同的问题。值得庆幸的是，无论英美法还是大陆法上的 volenti non fit iniuria，二者都来源于罗马法，因此通过罗马法来还原其原貌，考察其在两大法系不同的演变过程，或许可以帮助我们弥合理论上的分歧，理解其在法律体系中的作用和地位。

福建师范大学法学院杨垠红教授等在《论环境潜伏性毒物侵权责任中科学证据的相信规则——以美国经验为视角》，主张有必要分析我国的司法窘境，并以美国科学证据采纳标准的嬗变为借鉴，建立有关环境潜伏性毒物侵权诉讼中科学证据的采信规则。随着人类对环境污染的日渐积累，环境潜伏性毒物侵权的问题浮出水面，引发关注。这类侵权的特点在于潜伏期长达10年至30年不等，且与科技紧密相关，因此在诉讼中不管是法官还是双方当事人都尤为依赖科学证据。我国目前这类诉讼涉及的科学证据主要是鉴定意见，但司法实践显示法官似乎对鉴定意见的有益性、可靠性和合法性无从审查，不予甄别变采纳的情况也常有。

天津科技大学法政学院赵宁助理教授的《民法视域下重点生态功能区生态补偿

法律机制研究》主张借鉴域外制度，完善我国重点生态功能区生态补偿法律机制研究。国家土地利用规划管制导致重点生态功能区内农民私人利益与在环境公共利益的冲突。目前我国重点生态功能区的土地管理主要采用国家行政强制或法律管制来限制土地利用的传统方式。而当今国际上自然保护地的生态补偿立法趋势运用民事契约厘定生态产品提供主体的权利义务、注重通过生态地役权、促进自然资源适度规模化经营。我国应当以民法的思维方式，通过明晰自然资源物权、建立生态地役权制度和自然资源物权入股合作社重构重点生态功能区市场化生态补偿法律机制。

海南大学法学院石冠彬教授在《间接正犯理论的私法构造：提供第三方插件行为侵犯软件修改权的证成》，研究认为提供第三方插件行为侵犯软件修改权认定属于侵权具有合理基础。软件的合法复制品所有人可以对软件进行必要的修改，这是合理使用制度的延伸，但必要修改权的行使仅限于软件合法复制品所有人自身的使用行为，向他人提供已修改软件或具有修改功能插件的行为均违背著作权合理使用制度的立法初衷，违背软件开发者的意愿且可能使之遭受重大损失，理应认定为侵权行为。现行司法实务认定提供第三方插件行为属于侵权行为时缺乏说理依据，将刑法学间接正犯理论予以私法构造，在知识产权侵权领域中构建完善“工具性侵权理论”，从而将“利用他人合法行为实施侵权”作为独立的侵权类型，能为知识产权领域诸如提供第三方插件行为、提供影视资源以及百度文库等数据库等疑难问题的解决提供充分的说理依据，从而有效保障著作权人的合法权益。

专题研究之五是“商法适用与完善”。该部分收集了8篇专论，就民法典编纂背景下商法空间、方法论等以及公司法、海商法、企业联合相关规则、理论完善进行研究。

北京大学法学院蒋大兴教授的《〈商法通则〉的可能空间？——再论商法与民法规范内容的差异性》，在目前民商合一格局已定背景下，继续追问中国今天已经储备了相当丰富的商法规范，为什么我们不能编纂《商法通则》甚至《商法典》。他认为，尽管有学者认为，以《民法总则》统摄商事特别法是最佳模式，制定《商法通则》会导致民法基本制度的分裂、导致法律规则的叠加、重复，增加法律适用难度，且民事商事难以区分，商事特别法缺乏共性规则等，但是这些理由均不足以否定《商法通则》的存在意义。通过观察法国、韩国、我国澳门特别行政区等国家和地区商法典的总则部分，可以发现虽然现代民法呈现出“商化扩张”的一面，但仍有部分属传统商总的内容游离在民法之外。这些未被民法吸纳的内容，形成《商法通则》的可能空间。中国之所以需要独立的《商法通则》《商法典》是因为实践的需求——无论是商事交易实践、还是商事规制、商事裁判实践都充分在证明：民商混合的思维带来了极大不便，影响了商事关系的优化调整，甚至影响了法院的妥当裁判，损害了商人的交易预期。己所不欲，勿施于人。法典化之可能在于单行法已具备相当规模，《民法总则》与《民法典》的制定逻辑如此，《商法通则》与《商法典》的制定逻辑同样也当如此。

河南大学法学院樊涛教授在《商法的方法——兼论我国商事规范的创设》，提出我国民商立法存有“商法过度”与“商法不足”的弊端，我国应当通过“商法的方法”创设我国的商事规范。一方面，民法规范并非适用于各种私法关系、放之四海而皆准的公理。另一方面，商事纠纷的解决，必须关注商法自身的目的和本质，商法应当具有相对独立的解释与效力规则。

台湾政治大学法学院王文杰教授和詹聪哲博士生合著的《论大陆不良贷款证券化》，研究了证券化为何不是大陆不良债权问题的良方妙解及其问题所在。王文杰教授和詹聪哲博士认为中国大陆银行不良贷款的成因是由于大陆的银行主要为国有银行而银行的借款人主要为国有企业，可以说债务存在于左右手之间，大陆居民在银行的高额储蓄又有银行的刚性担保与政府的隐性担保，因此即便20世纪90年代不良贷款高过银行资本额，银行处于实质破产的状态，仍未出现出现挤兑（bank run)，因此即便现在不良贷款余额再度攀升，也不代表大陆银行体系有流动性风险。然而这不代表金融体系没有问题，相反的，这正代表着资源（资金）一直投注在没有效率的地方（所以借款人才会无法偿还借款)，也因此，不良贷款才会如野草般，春风吹又生。他们认为：在各种不良贷款处置方式中，证券化原本就不会是、也不应是主要的处置方式，但却是重要的辅助处置方式。即便要扮演辅助角色，也必须让市场在不良贷款证券化中发挥决定性的力量。循此思路，重新检视大陆此次重启不良贷款证券化，便能看出由银行间互相持有对方所发行的不良贷款证券、由原发起机构继续担任贷款服务机构，其实是另一种如1999年的政策性剥离不良贷款，仍然是政府主导其运作，只是以比较隐晦的方式来进行。要让市场在不良贷款证券化中发挥决定性的力量，首先要了解证券化的局限，排除不适合证券化的对公不良贷款，让真正适合证券化的不良贷款证券化，建立健全的二级市场，把风险交给有能力、有资力的投资者承担。再者，要完善证券化的法规，制订专法处理现有法令的冲突矛盾。如此才能让不良贷款证券化，在不良贷款的处置中，扮演好它的角色。

台湾中正大学法律学院周振锋副教授的《商业判断法则于台湾地区公司法制适用之若干问题》，认为商业判断法则于司法实务应有适用空间，惟不可否认全盘移植美国判例法仍有相当困难，尤其，该法则精神部分与现行法制有冲突与矛盾之处，或许未来可思考修法一并解决。目前商业判断法则适用与否虽学说与实务短时间无法获得共识，但由于股东诉讼（包括投保中心提起）数量不多，故此问题结论对公司与其经营者而言影响仍相当有限（即经营者与其决定受诉讼检验的概率仍不高)。未来若有放宽股东诉讼的提起，适用商业判断法则似应为必要之配套，否则，股东若能轻易地挑战经营者决定，其负面影响将显而易见。惟应如何发展具有台湾地区法制特色且能与现行规范相称之商业判断法则，未来仍需各界凝具共识。因此建议，在未修法的情形下，透过举证责任倒置之法理，先令原告须负第一次的举证责任，即被告董事执行职务不当系可归责，可归责原因基准则参酌商业判断法则之精神，包含信息不足、具利害冲突、恶意等理由，若原告未能提出合理怀疑，法院将不进一步审酌而判原告败诉。唯如此情形，法院仍对系争经营决定作出相当程度地实质审查，与美国法下之商业判断法则仍有落差。但鉴于程序法与相关诉讼制度本与美国法制有所不同，似也无强求引进与美国法内涵完全相同之商业判断法则。至于举证推翻之事由具体内涵，除部分参考美国法院判决外，仅能仰赖司法实务透过案件累积加以充实。

中国政法大学民商经济法学院李建伟教授和林斯韦博士生在《分期付款的股权转让合同解除权的特殊性——评最高人民法院指导性案例第67号的约束性规范》一文中，提出对于分期付款转让股权合同转让人的解除权的行使，司法裁判应当恪守谦抑性的立场。第67号案例的评析陷入共识缺乏的困境，缘由有二：规范属性方面，混淆约束性规范与说理性补充规范；事实属性方面，忽视第67号案例关键事实的规范属性。分期付款股权转让合同转让人解除权行使的特殊性规则，是第67号指导性案例的约束性规范之所在。虽同为分期付款，相较于以有体物为标的物的买卖合同，股权转让合同具有一系列的特殊性：交付效果具有阶段性，合同成立生效后再分期给付股权转让款的约定不符分期付款的“先交付”特征；标的物也即股权价值具有特殊性，在工商登记变更之前，不存在标的物毁损灭失或被转卖的风险；解除成本具有极大的外部性，转让人解除合同可能造成公司的重大不利益。问题的复杂性还在于，上述的三项特殊性还各有诸多的例外情形，因而法院的裁判思路应由此发生转变，在阶层化地审查该解除权的诸特殊性的同时，利益衡量的介入必不可少。

中国政法大学朱晓娟教授的《论有限责任公司股东资格认定中的公司意思》一文，在梳理现有法律规定及理论研究的基础上，结合司法案例，为股东资格的认定提出了另一可行的视角。她认为，采取实质要件和形式要件的双重股东资格认定标准，容易产生混淆甚至矛盾，为这一问题的解决带来了困难。股东资格认定是我国公司实务中一个典型的问题。不仅单纯的股权确认之诉众多，股权转让纠纷、股东权益纠纷以及追究股东瑕疵出资责任等诉讼中也包含了股东身份认定这一前置性问题。这种状况体现了股东资格认定问题中股东与股东之间以及股东与公司间的利益冲突。股东资格认定问题不解决会造成有限责任公司内部治理困难，对股东的权益造成损害，在涉及第三方时，也会产生交易对象和责任认定的混乱。为此，必须明确股东资格认定的标准。

大连海事大学法学院初北平教授和曹兴国助理教授在《〈海商法〉修改中的民法典因素：制度体系、修法时机及规范设计》一文中认为，海商法的商法属性和民法典“民商合一”的总体编纂思路决定了《海商法》的修订必然广泛涉及民法典因素：既包括宏观层面民法典对《海商法》制度体系和修法时机的影响，也包括微观层面《海商法》与民法典规范间的协调性与适用关系。在制度体系上，《海商法》的修订不应严格受制于民法范畴的限制，而应从商法特性的角度出发，在保留现有体系的基础上，适当兼顾其他与海上运输紧密相关的立法需求；在修法时机上，《海商法》修改的紧迫程度与《海商法》和民法典间的协调性需求看似存在冲突，但却可以在双向沟通、彼此预留嵌合接口的基础上并行不悖；在规范设计上，《海商法》应通过"详略得当"的立法技术保障《海商法》与民法典规范的协调性，并确立海事惯例优先于民法典的适用位阶。

西北工业大学人文与经法学院的王延川教授和硕士研究生刘薇的《企业联合：法律机理与立法选择》一文，提出对于企业联合，未来立法体例上为了体现其特殊性，应该采取单独立法的模式。关于资源配置方式，目前学理上主要区分为契约与组织，企业联合却被忽视。企业联合具有一定的稳定性，表现为长期合约；联合的企业之间在营业方式、技术、财务、人力之间形成互补，从而形成相互依赖的关系合约；企业联合除了具有合作与互补关系之外，还具有竞争关系或潜在的竞争关系。由于法律对企业联合的规定甚少，如果发生纠纷时，就会适用相类似的民法规定或者民法处理思维，但最终的处理结果却并不能让人满意。

本卷得以成书，编者衷心感谢上述各位大家、学者的精彩发言和认真写稿，也对因为各种原因保留版权的作者表示理解，并对由于篇幅原因而未能收录的作者深表歉意。同时，特别感谢北京市才良律师事务所并王才亮律师、浩天信和律师事务所并陈伟勇律师、91科技集团并许泽玮先生、京东集团法律政策研究中心、今日头条法务部、腾讯研究院、国政金服信息（北京）有限公司并何侨和李杰、浙江聚诚实业有限公司并彭上越先生、中航天信航空科技有限公司并刘臣先生等慷慨赞助。北航法学院周友军、周学峰、张渊、庞瑜、邹沛东，研究生院宋晓东等老师对论坛活动做出了重要支持；博士生谢地、郑臻、赵精武、王江、毛吾吉达·伊布拉伊江、米伊尔，硕士生邓环宇、李静彧、邓子承、王明志、景南衡、张秋临、程喆、杜昱非、何傲翾、杨岚、侯泽琦、冯怡琳等对会务和编辑工作做出了突出贡献，在此一并感谢。此外，感谢新华社、法制日报、财新网、工商时报、凤凰网、中国民商法律网等媒体鼎力支持。最后，感谢中国法制出版社以及具体负责的张海洋编辑。

目 录

【专题研究之二：物权法编纂】

【专题研究之五：商法完善与适用】

【高峰对话：民法典编纂推进的目标、使命与重要问题】

“中国民法典编纂推进及分则问题”高峰对话

主持人语：2014年中共十八届四中全会在全面依法治国的总体布局下，做出编纂民法典的重大决策。2017年3月15日，作为民法典编纂第一步的《民法总则》顺利制定通过，随后民法分则诸编的编纂工作进入快车道。2017年11月18日，令人瞩目的第七届两岸民商法前沿论坛在北京航空航天大学法学院召开，海峡两岸主要民商法学家集聚一堂，围绕已经出台的《民法总则》和正在开展的民法典编纂工作进行了密集对话，产生了许多重要观点和交锋，对于下一步民法典编纂工作的高质量推进，有着巨大的参考意义。本栏目选取江平、苏永钦、黄茂荣、孙宪忠、徐国栋、温世扬、王轶、叶林、申卫星、房绍坤、徐涤宇等著名民法学者的现场发言，加以整理推介，以飨读者。

——主持人：龙卫球（北京航空航天大学法学院教授、院长）

关键词：中国民法典、民法典编纂、人格权、民法总则、民法物权编、民法婚姻家庭编

人格权立法与民法典编纂体例

江　平*

中国的民法典编纂已经很好地完成了《民法总则》，接下来的工作当然是分则各部分了。这个时候，关注民法典编纂的体例具有十分重要的意义。那么，接下来到底是哪些分则编呢？除了已经明确提到的物权编、合同编、侵权责任编、婚姻家庭编、继承编之外，有关“等”这个表述还包括什么呢？这是目前特别值得研究的问题。

我认为，当前民法典编纂过程中，人格权问题的探讨始终不可避免，这既是历史发展之必然，又是民法发展之必然。特别要考虑到，当前我国《民法总则》并未解决人格权的相关问题，除却信息权利的保障外，人格权在《民法总则》中表现甚少。《民法总则》并没有完全解决人格权的问题，那么如何使人格权问题得到更好的保障、如何体现人格权的重要性、如何实现民法当中人格权利的彰显呢？

我看有三个思路可以加以解决。第一个思路：再次修订《民法总则》，将人格权相关条款加入其中。但这一思路在理论与实践当中都存在一定的难度。《民法总则》刚刚制定，短时间内进行条文的修改，不仅会造成法律稳定性的破坏，也会使得立法者的权威性受到挑战。第二个思路：在侵权责任法中解决人格权问题。但由于侵权责任法需以规定了主体权利为依托，在尚未有法律明确规定人格权相关问题的前提下，以侵权责任法作为破坏人格权的救济手段并不可行。以侵权责任解决人格权问题并不能够成为最佳选择。如何选择合适的方式对人格权相关问题进行规定就显得十分重要。所以，我认为，第三个思路才是最可行的，即应当通过人格权在民法分则中独立成编的方式来解决人格权保护的相关问题。人格权单独成编的思路之所以最可行，在于以下几点：

首先，在2002年提交全国人大的“民法典草案”中，即有一编为“人格权

---

* 中国政法大学终身教授、前校长，著名民法学家，研究方向为民商法。

编”，并对具体条文进行了详细拟定。现在看来，十九大报告还提出了“保障人民人身权、财产权、人格权”的重要论述。所以，通过人格权独立成编来解决人格权立法问题，不仅符合一直以来的主干起草想法，而且还符合现阶段国家层面积极倡导加强人格权保障的趋向。

其次，对于人格权独立成编的相关问题，有学者提出在政治方面的相关担忧，我认为大可不必。中国人格权法并未如西方国家一般，与宪法联系紧密，而是相对独立并政治色彩淡薄。此外，对于实践当中出现的人格权相关争讼，与西欧诸国采取诉诸宪法法院不同的是，我们国家则是通过普通法院、一般民事问题进行处理的，这也从机制上保证了中国人格权相关问题的“非政治色彩”与民事权利属性。

此外，经过近些年来的发展，人格权相关问题已发展成为理论内容较为完备、实践案例较为充足的丰富权利池，相比于过去简单的“禁止器官买卖”“禁止侵犯名誉权”等单薄规定外，现实中大量、丰富的人格权问题已使得人格权独立成编的议题呼之欲出。

总之，希望通过努力，能够在民法分则的编纂过程中加入人格权编，完全民法分则相关内容，也加强对于公民人格权的周全保护。

中国民法典编纂的理由、最佳模式与基本功能

苏永钦*

中国民法典的编纂是一件历史大事、民法要事、学界盛事。与修订某些具体条文不同，对于此次民法典的编纂，应着重将目光放到为何会编纂民法典、民法典是如何一步步编纂而成以及民法典都有哪些功能等问题上。

首先，是为何编纂。

通过体系化的编纂而形成体系效益，让我们的民法更好用、更完备，是民法典编纂成典的一个重要意义。现代化的民法典是否好用，可以用4个指标进行衡量：寻找规范的快速、储存规范的容量、调整规范的精准与教育专业的成本。这四个指标是判断我们有没有创造出一个好的民法典的重要指征。

从《德国民法典》的制定与发展过程可以看出，德国民法典的体系化，使得其变成一个只规定基础关系的普通法，而其余的内容都放在民法典之外的特别法之中，这就是潘德克顿所指出的民法典中"普通—特别"结构所在。这种只规范私法自治的基础关系，排除管制性规定与技术性规定，最大限度保留弹性的模式是否是我国民法典所要遵循的模式，值得探讨与实践检验。

其次，是如何编纂的过程。

此次民法典的编纂，与中华人民共和国成立前制定全新的民法典不同。当前编纂是在现有各种民事法的基础上进行法典化，成为一种"先点睛再画龙"的模式。民法总则在民法典中起到"统领性作用"，总则之后的物权、合同、侵权责任、婚姻家庭与继承等问题相继独立成编，在保持一定弹性的情况下，最终于2020年形成统一的民法典。

---

* 台湾政治大学讲座教授、台湾地区"司法院"前副院长、大法官。

对于这一过程，我认为有3种模式可供考虑：第一，五法就地重排而以总则冠顶。不多考虑其他分编，只将累计的实务条文化，不足的规范加以补足。第二，以五法为主要素材，以潘德克顿模式的体系逻辑为指引，就其内容做一定程度的筛滤与重新分编，以达到德国民法水平。第三，检视社会变迁与其体系逻辑的时宜性，补其不足并从教义学发展的角度寻找体系效益更高的法典模式。

第一种模式并不能够体现民法典的体系效益，现有法律都有其产生发展的背景，如果只是单纯的物理融合，则很有可能产生“夹层”效应。第二种模式则是德国五编制的经典模式，但笔者认为它有两方面的问题：一是原来的体例过于僵硬，债物二分作为财产法的主要结构是否依然合理？二是涵盖面依然不足，经过100多年来的发展，是否存在新出现的基础民事关系而未被五编制考虑吸收？从这两点来看，目前我们正在编纂的民法典则有超越德国民法典的可能。

这就涉及第三个问题，更高模式下民法典编纂结构特点对应的功能问题。

过去为何要进行债物二分，需要进行两点考虑。一是请求关系与支配关系问题，二是契约自由与物权法定问题。债是请求关系，而物权处理的是特定人对世界的关系，二者在性质、标的、功能、效力与限制各方面都有明显的不同，债物二分的关键问题在于物权法定原则。但是，无论是从全球化社会经济发展的角度考虑，还是信息社会公示便利的角度考虑，债权交易与物权交易分编处理的做法在体系上反而不利于找法与用法，传统的五编制也面临挑战。但一旦放弃物权法定原则，自由形成的权力义务关系可因为物化或者未物化而产生不同的效果，对于交易者来讲则构成了不同交易成本与风险的选择。因此物权编中用了很多条文限制物权规定，应该都依现行规则和合同法的规定放在一起，形成意定财产关系或大合同法，更能彰显私法自治的积极面。另一方面，画出自治界线的各种法定财产关系，如无因管理、不当得利、侵权行为、所有人、占有人关系等，乃至所有权的法定变动、相邻关系等彰显私法自治消极面的各种制度，则可以放在大合同法的后面，形成原则例外关系。

对于民法典增纳的商法与知识产权法，与部门化的民事法一样，这些内容更复杂的单行法在进入民法典的时候也需要进行“净身”，排除非民事基础关系的部分，并且思考如何与法典的既有内容做有机的组合。同时，立法者还得把这些领域的体系化和法典本身的体系化做整体观察，才能找出较佳的整合模式，困难度比合同法、物权法等要大很多，应可考虑做分阶段地整合。

商法入典可以有三种选择：象征性入典、独立成编与拆解组合。近年来，世界各国关于民商整合都存在“大合一”“小合一”“小分立”“大分立”四种类型，明显的主流趋势则是整合度第二高的小合一，这对于我国民法典编纂也具有一定的借鉴意义。

比起商法，知识产权法的入典有更单纯与更复杂之处。单纯之处在于知识产权规范的重心在权利本身，比较接近所有权和人格权，复杂之处则在其挥之不去的

“公共政策”色彩，在切割上有时不是那么容易。但从“大树法则”与“趋势法则”来看，各知识产权确已逐渐从法定的独占地位提升为自足的私权，因此开启了与民法典连结的问题。在整合的方式上，当然还是以拆解重置为宜，而且和商法一样从小合一到大合一，做分阶段处理，较为务实。

人格权纳入民法典则应无理论的争议，其私权定位与“基础性”都非常清楚。相较于知识产权，虽同属法定，人格权的特征却正在通过社会认同而自然形成，不待公权力的确认或创设，因此在规范的数量上不会很多。但独立成编就会有点牵强，且以其跨越财产与身份关系的“统领性”，我个人觉得最好的摆放位置还是总则，可视其规范数量而决定是否独立为一章。

我一直以来赞成有一个财产法通则的思路。不同于债法通则仅从债权关系去提取共性的规定，财产法通则可以跨越债和物的关系去提取，从而和最一般性的总则规定更紧密的接轨，在体系上可填补传统五编制留下来的许多漏洞，并把单纯权利而非关系的所有权、知识产权置于此处，作为下位阶关系规定的前提。此编可把原来体系上即应涵盖债与物的规范，如义务违反、多数权利人义务人、权利义务的移转、义务消灭等规定，往上提取，而与可登记财产、所有权的变动、绝对权的共有、排他保护与信赖保护等，共同组成财产法通则，置于总则之后。此编的内容还有很大的讨论空间，但无论在涵盖面上还是体系与逻辑上，比起债法通则应该都可创造更大的体系效益。

法典其实就是房子的地基和建筑物的梁柱，这部分的工程从设计到执行，如果能在既有经验基础和未来的前瞻评估上为进一步的扩充保留空间，那么就必定更能经得起时间的考验。

先点睛再画龙
——中国大陆如何面对百年一遇的法典时刻？

目　次

前言

四度功败垂成，中国大陆第五波制订民法典的政策[1]，始于中国共产党第十八届四中全会，其决议在“法治经济”部分提到要“编纂民法典”，接下来的规划决定分“两步走”，也就是先制订民法总则，其余各编一起提全国人大常委会分阶段审议，再提全国人大一次审议通过。值得注意的是，2014 年做此决定时，继承法、收养法、婚姻法、合同法、物权法、侵权责任法等，都早已先后完成立法，乃至修正，再加上最早的民法通则，大陆这次已经不是从无到有的变出民法典的全部内容，一如前面四次推动的法典化，或如 1929～1930 年制定的民法典那样，而是在大多数现成有效的法条基础上，编纂成一部民法典[2]。现在总则已经如期于 2017 年 3 月 15 日通过，并于 10 月 1 日开始实施，第二步怎么走，则因为民法总则的提案说明，先点出总则为民法典的开篇之作，要在民法典中以“提取公因式”的方式起到“统领性作用”，务使整部法典“内容协调一致，结构严谨科学”，揭示其高度体系化的用心，继而又指出，总则之后“目前考虑分为物权编、合同编、侵权责任编、婚姻家庭编和继承编等”，既然只是“目前考虑”，而且这个“等”字又留下无限遐想，究竟分成几编，如何与现行各法连结，各编间如何体系化，要不要再增订什么内容以圆体系，好像都还保持一定开放。换言之，第一步踏出去，只是确立了法典化的大方向，第二步则还有集思广益的空间。

从海峡此岸看过去，特别因有总则的制定，对于法典的定性寓意甚深，不禁赞叹其高瞻远瞩、为百年发展定基的宏图[3]。民法总则的立法体例首见于德国，此一总分格式的展开不仅及于法典的各分编，形成普通一特别关系，在整个民事法规上，民法典又因此居于普通法的地位，所有之前之后的民事法规都特别于民法典，未来可以引致民法典（“本法未规定者，适用民法”），但作为普通法的民法典绝对不引致其他（包括制定在前的）民事法规，在 1896 年已经有若干民事立法的德国，其民法典就是”回填地基”工程的先例。同样高度体系化的民法典未必有总则，如瑞士，但有总则的民法典即明示了追求最高度体系化的决心。总则堪称潘德克顿（Pandekten）法典模式的代表作，虽然作为核心的法律行为制度实际上几乎被所有大陆法系国家的民法教义继受，但至少同时代的欧洲法典，如瑞士、奥地利、意大利等仍以其过

---

〔1〕 第 1 次是 1954～1956 年，第 2 次是 1962～1964 年，第 3 次是 1979～1982 年，第 4 次是 2002 年，可参张玉敏主编：《新中国民法典起草 50 年回顾与展望》，法律出版社 2010 年版。

〔2〕 杜涛主编：《民法总则的诞生，民法总则重要草稿及立法过程背景介绍》，北京大学出版社 2017 年版，第 3 页。

〔3〕 从这个角度对于民法总则立法的评论可参，苏永钦：《体系为纲，总分相宜——从民法典理论看大陆新制定的民法总则》，载《中国法律评论》2017 年第 3 期。

于抽象而没有纳入法典，从而也舍弃了本可完美收官的总则。尽管如此，总则的体例还是越过这些近邻而进入一些后发的法典，如苏联、希腊、葡萄牙、波兰，乃至东亚各国。从欧洲示范民法典（DCFR）的趋向应可判断[4]，未来欧盟即使会有共同的民法典，也因为各别民法传统的考虑，不会有一个以法律行为为中心的总则，对于决心深化法治，强化国家治理的中国大陆而言，逻辑严整的开放体系因具备更大储存规范的能量而在响应未来更多重大变迁会有更大的优势，因此真正的挑战，反而应在于如何超越德国民法典体系的不足，而不是效颦主体性弱化的欧盟国家，功亏于一篑。因此特以“先点睛再画龙”来描述这二步走的决策，对于原本已在2011年宣示整体法制全部到位，三年后又基于“深化法治”的思路，决定编纂民法典的中国大陆，相信其以总则为定锚之作，如果不是要为摸石过河的诸多民事法规，像当初的德国民法典一样，回填一个足以支撑更多功能，响应转型社会需求的坚实地基，又是所为何来？因此对这第二步的体系化工程，实不免寄予极大的期待[5]。

此所以在总则通过后的半年，个人有幸应邀到本次两岸民商法论坛做主题发言，便仍就接下来如何构建“龙身”略陈各种可能性，并分析其利弊。可惜后来的发展，很快就显示立法者并无意在体系化上求取超越，那个留有悬念的“等”字，虽然在学者间引发截然不同的解释，而立法者似乎也已决定往新增一编的方向去做，但并非基于体系化的观点[6]，赞成和反对增订人格权编的双方，对于原来共同主张增订的、绝对有助于大大提高体系效益的债编[7]，反而都在避免冲突的考虑下不再坚持，所争者甚小而所弃者极大，而其竟成为大陆制订民法典过程中几乎唯一的重大政策争议，学界所开的大大小小的研讨会则完全沉浸于条文的细节，就知道从官方到学界对于体系化都未抱任何真正的憧憬，总则所蕴含的总分结构，自始只是一个美丽的误会。到了2018年4月，包括物权编、合同编、人格权编、婚姻家庭编、继

---

〔4〕 欧洲示范民法典草案没有把法律行为放在第一卷的一般规定中，而是放在规范合同的第二卷中，称“合同及其他法律行为”，体例与法国民法的修正方向较接近，可参高圣平译：《欧洲示范民法典草案：欧洲私法的原则、定义和示范规则》，中国人民大学出版社2012年版，第153页。

〔5〕 如果要贯彻民法总则立法说明所强调的体系化意旨的话，这种基于新体系理念把既有民法规定加以重编的做法，实质上不啻一种再法典化，朝此方向定性者，如陆青：《论中国民法中的”解法典化”现象》，载《中外法学》2014年第6期。

〔6〕 主张增设人格权编可以王利明教授为代表，参阅王利明：《论人格权独立成编的理由》，载《法学评论》，2017年第6期；《论人格权编与侵权责任编的区分与衔接》，载《比较法研究》，2018年第2期；反对增设则以梁慧星教授为代表，参阅梁慧星：《中国民法典中不能设置人格权编》，载中国法学网最后访问日期：2018年2月7日。前者更强调其实体的重要性，后者则以割裂体系为理由之一。对于立法者分两步走的政策宣示是否已排除增订人格权编，两方也有不同解读。

〔7〕 大陆重要民法学者对于民法典应设债编（总则），共识可说很高，包括前注提到的两位教授，只有对于体系化观点有高度保留的江平明确表示反对，可参江平（总主编），《共和国60年法学论争实录》，民商法卷，柳经纬主编，第12专题：关于债的概念及立法问题的讨论，厦门大学出版社2009年版，第250~271页。

承编与侵权责任编的征求意见稿出台，我们已经可以看到广受世界关注的这部民法典所呈现的基本风貌。嗟叹怅惘之余，以下仍从立法学的角度来看大陆民法典在体系上原有的三种可能性，对三种法典结构分别做简单素描及评价，算是在法典化过程中留一个纪录，也许未来可以证明立法者在此一历史节点是否真的错过了什么。不过在分析三种民法典体例之前，还是先说说为什么原来的各种理由都已时过境迁，只有体系化仍可合理化民法典的继续存在，以及体系化的目的和判准有哪些。

一、为什么还要民法典

现代社会多如牛毛的法律就像城市一样需要规划管理，当城市可以做到方位层次分明，功能配置合理，动线流畅无碍，资源充分利用时，当然可以让更多人有更多空间，做更多样、更方便地使用。任何一个法律领域体系化的最高境界，就是有一部法典，这是欧陆从18世纪以来，各主权国家纷纷投入民法典的制订时，未必都已充分意识到的面向，反而是到了20世纪民法典繁华褪尽后才看得更清楚。如果再把民法体系规则复制于其他较晚出现法领域的事实一并加以考虑，就更能正确衡量民法典在整个法体系中，至少从技术观点来看，无可取代的中心地位。比较观察现有的法典，会发现德国民法典被高度继受的国家虽不像法国、西班牙民法那么多（这一点应该和殖民的历史有关），但在法学上受到影响的国家绝对不少于这些国家，而且如前所述，它跨越的地区与政治意识型态尤其惊人，说明其在法理论证上特别能投法律专业所好，且对社会变迁的调适能力较高，也就是普适性较高。关键未必在于法典的规则制度本身都很高明，而在组织这些规则制度的体系明显超越前人。

相较于其他类型的民法典，潘德克顿模式的优势就在强调其概念精准及数学化的规范结构，法律原则的高度一致性，普通法（基础民事关系）的定位，意识形态的中立及以法律社群为目标用户等，它之所以能跨越不同政府体制、管制与自治的辩证，乃至不同的宗教、文化，应该都与此有关。特别是面对二十世纪的解法典化浪潮，显示十九世纪民法典原本引以为傲的许多功能，包括宣示个人主义、自由主义的纶音，凝聚主权国家的共同体意识，信息集中，淘汰既有杂乱无章的法源等，在几乎都已过时或不彰的今天[8]，民法典所以仍能继续挺立，或者再法典化[9]，应该就在其体系性及普适性带来有如语言文法的诸多效益，已足可正当化它的继续存在。而且

[8] 苏永钦：《寻找新民法》，北京大学出版社2014年版，第5页。

[9] 学者在使用解法典化和再法典化的时候，往往只是隐约采取某种实质的理解，而不仅指比如特别法的数量达到多少，或者民法典修正达到什么程度。Michael McAuley比较清楚的以是否涉及法律背后的“法秩序”（legal order）理念的变动来区隔单纯修正和再法典化，所以解法典化固然不必是民法典在形式上走向解体，再法典化也不一定要新订法典，或在条文修正数量达到二分之一，或条次变更，可参所撰Proposal for a theory and a method of recodification, 49 Loyola Law Review 261 ~285 (2003)。

如我过去多次论证，越是体系取向的纯粹民法典，在高度公私混合的社经体制反而越能经世致用，纯粹民法典和混合型民法典的不同之处，本来就不在前者对于公共政策或者国家角色的冷漠，恰恰相反，让国家的管制和市场的自治都能最大化，反而是这种民法典的真正强项。民法作为国家处理公共事务的手段，完全可以视其主体、客体、事务、地区或阶段而精准的运用，使国家的介入机动而又恰如其分。也因此在创造政策工具时，国家更有必要谨守民法的体系原则，视其介入的层面，如果确实需要增订民事规范时，选择放在最适当的层级。因此本身不预设政策立场的民法典，用于混合社经体制，特别对国营事业比例甚高的国家，反而是最好的工具，唯其有了更逻辑细腻的上层规则，才能大量储存并于社会变迁时往下演绎出符合交易或政策需要的下层规则〔10〕。

我通常用体系效益作为衡量体系化程度高低的指标，所谓效益则又以达到目的的实际能力来认定，规范体系至少有四个清楚的目的：1. 找法——寻找规范的快速；2. 储法——储存规范的容量；3. 立法——调整规范的精准；4. 传法——教育专业的成本。而潘德克顿民法典刚好在这四个目的的达成上，都比其他的体系化方式更为殊胜，比如以总分的逻辑，而不是是按生活领域远近（物近于债）、价值次序先后（人文先于物文）决定分编，或以是否基础民事关系为入典与否的判准，把涉及政策引导或强制的民事规范留给特别法，过于冗长的技术性规范交给卫星法，而不是以其影响生活强度为是否入典的判准，为什么这样会有较高的体系效益，我过去已反复论述，这里不再多谈。总分的结构规则当然也不是潘德克顿民法典唯一的特色，我过去整理过六个形式方面的规则：积木规则、蜂窝规则、星系规则、串联规则、序列规则和标兵规则，以及六个实体方面的规则：中立规则、人性规则、效率规则、文化规则、木马规则和鬼牌规则，都可以从遵循此模式的台湾民法得到印证，此处也不复赘〔11〕。

二、六法合辑意义不大

用上述的判断来看大陆民法典的第二步，如何取舍，确实就清楚得多。以进行体系化的立法者所面对的材料而言，可以想象的编纂方式无非以下三种：第一、原来五法就地重排而以总则冠顶，不多“考虑”其他分编，也不“等”了。最多只把累积的实务条文化，不足的规范补足。第二、以原来五法为主要素材，潘德克顿模式的体系逻辑为指引，就其内容做一定程度的筛滤与重新分编，追上德国民法的水

---

〔10〕 笔者曾以两岸政府面对少子化困境而推动各种老年照护的社会政策时，不约而同地想到以房养老的民事机制为例，提出民法典“储存”更多有利于此类干预工具的需要，详参苏永钦：《寻找新民法》，北京大学出版社2014年版，第7章，从以房养老看物权的自由化。

〔11〕 苏永钦：《寻找新民法》，北京大学出版社2014年版，第84~97页。

平。第三、在德国民法典制订120年后，检视社会变迁与其体系逻辑的时宜性，补其不足并从教义学发展寻找体系效益更高的法典模式。第一种就地重排法显然不符合潘德克顿模式的要求，即使如现在的最新决策加上人格权编，因为不是着眼于体系观点，实质上仍属就地重排，不但总则与各分编之间没有层升的公因式关系，就是分编之间、各分编内部，其总分逻辑也充满矛盾，可称为前潘德克顿的体系化。第三种重新检视五编制及其逻辑，则已是后潘德克顿的体系化。从体系效益的观点来看，前潘德克顿的体系化是只做了一半的法典，有如一条仍未成长的小龙。如果努力追上五编制的水平，虽即可与当代包括台湾地区“民法”在内的许多古典民事的规定并驾齐驱，而转骨为成龙，但这些多有一世纪之久的老法典面对社会的急剧变化，其内在体系与外部体例间尽管已有相当距离，却因受制于体系的锁定效果，真能突破路径依赖而走向再法典化的毕竟还是少数，对于后发而有制订全新法典者未必是最好的典范，所以只有当立法者能找到比五编制更能反映当代需求的分编方式时，才会是一条昂首腾飞的大龙。

把目前的七编制民法典称之为前潘德克顿的体系，应该没有任何冤枉。因为从编与编以及分编内部的总分关系来看，就全无章法：试问为什么物权要放在合同的前面，侵权责任又放在身份法的后面？性质上不是合同的不当得利和无因管理为什么放在合同编的最后？明明早在16世纪Johann Apel就从罗马法的“人”“物”“行为”各卷的议题式规则中读出债权与物权的财产权二分体系〔12〕，为18世纪萨维尼的物权行为独立而无因理论奠基，并完美的提取了“债之关系”的公因式，大陆在改革开放后的民法学也早已对债法的统领各种债之关系有了高度共识，为什么到了21世纪制定的民法典，还不能放在总则和合同、侵权责任之上，而要塞进合同编第5条去准用，好像立法者仍有待未来法学发展后才能做进一步的处理，这样倒退不止百年的立法，到底有什么道理？以德国的五编而言，亲属继承编既以特定亲属间的财产与非财产关系为规范对象，自然放在处理关系不以特定亲属关系为限的债物二编之后。至于债先于物，一方面符合一般事物的序列规则，另一方面，物权关系采法定原则，宁属契约自由原则的例外，先债后物也较符合普通特别关系。此种体系编排的好处，只说找法一端就很清楚，相对于大而全的法典或部门化的法律，按总分编排的法典是分中有序而非合中失绪，一般而言，找法者可从普通法的民法典对系争法律关系作初步的定位，再进一步探究是否涉及特别法，乃至特别法的特别法，常常还会在其他要件特别法未规定时，又层层回到普通法去找，比起按照生活领域的人、物、行为三分思维，且夹杂议题思考的在民法典内置入不少特别管制规定，以至无法用“普通—特别”关系去做何者优先的判断，还要加上“后法—前法”等其他规则来做判断，争议可以少很多。现在的7编，只有总则的内容可当的上总则，

〔12〕 Thomas Hoeren (hrsg.): Zivilrechtliche Entdecker, 2001, pp. 55 - 63.

其他都是总分不明，相对于大陆民法学经过40年发展建构的体系，简直全乱了套。民法典的功能本来是总结教义学的精华，把已经成熟的内在体系外部化，作为教义学进一步精进的基础，现在这样的法典化，等于平白给已经稳定的教义学找麻烦，究竟所为何来？

不符合潘德克顿模式的，还有各法的定性，总则以外的现行五法，反映加入世界贸易前到2011年之间，大陆总体社会经济与国家政策走向的变化，在努力寻求组织的氛围下制定的合同法，就规范的抽象性而言最接近普通法，比较带有特别政策考虑，就某些问题做特殊处理的，都留在特别法处理。但之后的物权法和侵权责任法在风格上就明显不同了，兼收一般和特别规定的部门化色彩，可说相当浓厚，物权法在主体上区分了国家、集体和私人（第4条），并以专章共25个条文（第45～69条）规定国家、集体和私人的所有权；同样在土地上有建筑物，只因土地为国家所有或集体所有而区分建设用地使用权与宅基地使用权，都使本该是高度抽象而可供人民自治或国家管制去具体化的“所有权”“地上权”，可具体化的空间变小。即使因为此处宪法已经对土地所有权作了明确初始分配，使得民事立法把概念放大的意义不大。但至少如有关可以和不可以作为抵押权目标的列举规定，或引致土地物权的管制法规，也都使物权法的普通法特征变得不清楚。这在民法本来是优点的具体规定，在体系取向的民法典就变成了干扰体系的缺点。同样因为尚无法典计划而一次承担多种侵权责任的侵权责任单行法，不做任何公因式的提取就放在民法典内，从体系效益的观点来看也是不小的问题。其中的特别侵权责任如何与相关行政规定在构成要件和效果上做更好的连结还是较小的问题，和民法总则第11条的法典外特别规定在理论上又如何区分？哪些例外的无过错责任已不仅是政策工具，而属于可融入普通法法理的一般例外，哪些仍只宜放在特别法中，都应该重做比较精密的思考。

从现有的相当程度部门化的各法中挑出最一般性的规定，也就是只让真正的基础民事关系入典，才是前面说的“回填”，再按总分关系重新编排，才会产出最大的体系效益，也才值得花那么大的力气去编纂上千条本来就已经存在、使用的法条，加冠成为法典。从这个角度看来，像现在这样，法典化才一开锣，大家就把精力放在个别规定或制度良窳的检讨，恐怕已经严重失焦，即使个别条文改得再好，体系效益不高，就仍然只是一条没长大的小龙。

三、大开大阖才见真章

不过如前所述，纵使今天制订法典的工作重新聚焦于体系的安排，如果仍只是循潘德克顿模式进行体系化，也就是以一百多年前工业化初阶的社经体制为其思考出发点，面对资通讯、生物和人工智能等新科技迄今所展现的破坏式创新（disruptive innovation)，已经彻底动摇了现今多数社经体制的社会面貌，不去重新检视五编制法典背后的一些体系原则，看看当年受到的局限在今天是否还有必要，或者某些当年未被纳入的领域，今天是否已经不能否定其基础民事关系的性质，对于今天交易者或者管制者的找法、储法、立法和传法，难道不会显得捉襟见肘？事实上也正因为这两方面的缺失，使得德国的五编制在今天看来已不能产出最大的体系效益，前者主要指债物二分的体例，至少在物权法定原则的必要性明显动摇以后〔13〕，对于自治和管制在工具选择上造成的限制已经过大。后者值得讨论的首先是商法，独立成典在德国固有悠久传统，但多数国家并未追随，而商法的私法定位，以及其内容有不少可纳入民事基础关系，原无争论，既采民商合一，该入典者即应入典。知识产权即使在一百年前多已从公法的特权或权利私权化，但其规范的公共政策色彩确实相当浓厚，且就民事基础关系所要求的普遍性、持续性、重要性及文化性而言，也多未达到，没有入典的决定不难理解，今天的情况似乎也到了新的阶段。

先说第一个问题，重新检视一下债物二分的体例。德国民法典前草案理由书这部分的执笔者 Reinhold Johow 虽把重点放在萨维尼的请求与支配的二元关系上〔14〕，但物权中其实只有所有权是纯粹的人物支配关系，所有权以外的限制物权，处理的多为所有人与限制物权人间的请求关系，不同的只在这里的请求关系因公示而物化(verdinglicht)，因此并不能和没有物化的请求关系截然二分，从而还不能合理化分编处理〔15〕。事实上限制物权和债的共性反而常因分编而被忽略或扭曲，比如债编的双务契约强调对等给付关系，物权却作不同处理。台湾地区“民法”修正后的第837条仍为：“地上权人，纵因不可抗力，妨碍其土地之使用，不得请求免除或减少租金。”但民法又反映实务见解增订第835－1条：“地上权设定后，因土地价值之升降，依原定地租给付显失公平者，当事人得请求法院增减之。未定有地租之地上权，如因土地之负担增加，非当时所得预料，仍无偿使用显失公平者，土地所有人得请求法院酌定其地租。”此二规定已形成明显矛盾，从地上权仅为“对世化”的基地租赁关系的本质来看，应认为仅于地租未登记而为“伴随的债权关系”时，有其对价关系，此时第837条不当，而第835－1条则较为合理（相当于租赁契约的第442条规定）。但当地租登记而生物权效力时，此一物权化的对价关系反而以第837条的规定较为合理，而第835－1条则因抽离于原因行为的基础而无所谓情事变更可言。同样的，罗马法针对所有权发展出来的时效取得制度，主要处理的是所有人和第三人

---

〔13〕 主要是登记制度涉及的信息成本问题，可参苏永钦：《寻找新民法》，北京大学出版社2014年版，第145～156页；认为物权法定原则仍可维持的观点可参张永健：《物权法之经济分析，所有权（第1册）》，元照出版公司2015年版。

〔14〕 参阅 Wolfgang Wiegand, Die Entwicklung des Sachenrechts im Verhältnis zum Schuldrechts, AcP 190 (1990), 114.

〔15〕 苏永钦：《寻找新民法》，北京大学出版社2014年版，第134～139页。

的关系，碰到和所有权有“内部”关系牵连的限制物权，能否仅从其和第三人的外部关系角度，同等适用时效取得，而不至于不当的牵动和所有人的内部关系，其实大有可疑，但因为必须从权利而非相对关系的角度去考虑，台湾民法也从限制物权原则上同样可能以时效取得出发，规定可以准用，造成实务上不少的问题（特别是地上权）。反过来我们也不能确定，债编通则有关债务不履行的规定是否当然适用于物上之债？

真正可以合理化分编的，反而是视为自明之理而淡化处理的物权法定原则，因为如果没有这个把物权交易从契约自由领域划出去的法定原则——指同样是就特定物建构双方关系的交易，比如他人土地的利用，如果选择物化，则交易的种类和内容都只能依法律的规定，而无自由约定的空间，则债和物分编规定，很明显是不符合民法典体系化的“星系规则”。规则形成丛集，规则丛集之间又会依其规范目标、目的、体系功能与基本原则，越相近者靠得越近，犹如天上的星系团（galaxy groups and clusters）是由星系组成的自引力束缚体系。民法典的构建依循星系规则的道理很简单，因为对找法者而言，只有这样才可以更快速地找到需要的规则，仔细观察各民法典中有名契约摆放的次序，就可以看出一个挨着一个的星系团（财产权让与、用益、工作等）。规则丛集之间常有其相近和相异之处，从规则丛集如何摆放的微小出入，也可以看出立法者心中的评价，其解释即很难不受到此一定位的影响。各种限制物权不和债编的有名契约放在一起，唯一合理的原因就在它们在规范上有截然不同的定性，债权契约的形成有种类和内容的自由，因此明文规定的有名契约只是任意法（ius dispositivus），物权契约却只能依法约定，因此是强制法（ius cogens），放在一起会造成用法的混乱。

但面对信息社会和全球化经济，这个向来没有讲清楚的法定原则还能不能维持，是可以打上一个大问号的。其实物权法定原则当初在德国民法典连规定都被省略，只能在法典理由书上读到，就是根据当下的法教义学认为是自明之理，你也不会在德国民法教科书上读到真正有说服力的理由，即使到了今天这里已经很清楚的涉及宪法问题（财产权和契约自由的保障），一直到美国两位财产法教授 Mirrell 和 Smith 在 2000 年合写了一篇经济分析的文章，才为这么重大的交易限制提供了比较有说服力的理由[16]。虽然和两位教授唱反调的文章也已经很多，这里可以放下不表，无论如何物权法定不再是自明之理，而一旦基于宪法原则上保障契约自由的考虑，或者为了更适切的响应全球化的社会经济发展，或者信息社会提供的公示便利，想想互联网、物联网和云端科技创造的无限可能性，决定放弃这个古老的原则，立法上回归星系规则的操作，债物二分体例的调整就势在必行。因为这时自由形成的权利义

---

〔16〕 参阅 Merrill/Smith, Optimal standardization in the law of property: The numerus clausus principle, 110 The Yale Law Journal 1－70 (2000)

务关系将可因物化或未物化而有不同效果，对于交易者则构成不同交易成本与风险的选择，放在一起在找法和用法上才更方便。以大陆现行法制而言，物权编中用了最多条文的限制物权规定应该都要依星系规则和合同法的规定放在一起，且既非法定，其定位也就变成“有名限制物权合同”，合同编规范的领域也扩张为全部意定财产关系（大合同法），不以债权合同为限，才更能彰显私法自治的积极面。果然如此，很自然的连动安排，就是把画出自治界线的各种法定财产关系，如无因管理、不当得利、侵权行为、所有人占有人关系等，乃至所有权的法定变动、相邻关系等彰显私法自治消极面的各种制度，都放在大合同法的后面，形成原则例外关系。这种以基础民事关系中意定和法定的二分体系替代建立于请求和支配，并以种类、内容决定自由为分水岭的债物二分体系，其实对大陆法系国家的法教义学早已不陌生，而其在找法、储法、立法与传法上也确实可提高极大的效益〔17〕。

不同于债编通则仅从债权关系去提取共性的规定，财产法通则可以跨越债和物的关系去提取，从而和最一般性的总则规定更紧密的接轨，在体系上可填补五编制留下来的许多漏洞，并把单纯权利而非关系的所有权、知识产权置于此处，作为下位阶关系规定的前提。此编还可把原来体系上即应涵盖债与物的规范，如义务违反、多数权利人与义务人、权利义务的移转、义务消灭等规定，往上提取，而与可登记财产、所有权的变动、绝对权的共有、排他保护与信赖保护等，共同组成财产法通则，置于总则之后。新体例当然还有很大的讨论空间，但一定可以创造更大的体系效益。综合前述，原来财产法的债与物编在放弃物权法定而解构后，其重构的方式，就是以合同法为基础，扩大为涵盖物化与单纯债之关系两种选择的意定关系编，再以侵权责任法为基础，扩大为涵盖各种依法发生债权、物权变动的法定关系编，并提取前提或共同的规范共组财产法通则。在这个新结构下，还需要进一步思考应该纳入哪些新的基础关系。

四、增订哪些基础关系

学者谈的最多的就是既有且已发展出相当丰富实务的商法和知识产权法，但迄未制定单行法却从2002年就由部分民法学者抛出来引发广泛讨论的还有人格权法。和部门化的民事法一样，这些内容更复杂的单行法在入典时也要先大幅“减重”，排除非民事基础关系的部分，接着还需要思考的就是如何与法典的既有内容做有机的

---

〔17〕 物权法中“物”的狭隘性可说在德国民法立法时已见端倪，如果回到财产法真正需要区隔规范内容的关键在于“可公示性”的有无，则原来以动产与不动产的二分为主轴的物权法，也会被可否登记的财产利益取代。至于区隔意定和法定，则在不少民法或债法教科书所建构的教义学，也早已如此，比如Dieter Medicus建立的以请求权基础为主轴的民法教义学，可参Jens Petersen, Anspruchsgrundlage und Anspruchsaufbau als Abbildung des inneren Systems der Privatrechtsordnung, FS Medicus, 2009, p. 295.

组合。商法和知识产权法余留的规范内容，包括公法色彩浓厚的规定，虽属民事规定但有浓厚管制特征者（如三倍损害赔偿），以及技术性、细节性的规定，如何重新整合，而与民法典之间仍可保有最大的体系效益，是甚大的考验[18]，立法者还得把余部的体系化和法典本身的体系化做整体观察，才能找出较佳的整合模式，困难度比合同法、物权法等要大很多，应可考虑做分阶段地整合。相对于此，属于新增问题的人格权，在入典的安排上就要单纯得多。

商法学者对于同属私法的民商法间长期处于一种暧昧关系，说合实分，说分又经常回到民法找规范，也多主张制订民法典时不应再回避，但对于如何入典则有非常不同的主张，纪海龙教授比较整理过去25年24部新民法典的法典化策略，按商行为和商组织由民法典或商法（特别法或商法典）规定，包括彻底分离共分成四类："大合一"（商合同与商组织都规定于民法典）、"小合一"（仅商合同规定于民法典，商组织仍留特别法规定）、"小分立"（无商法典，且只是把商事共通原则纳入民法典）、"大分立"（民商各订法典），发现明显的主流趋势是整合度第二高的小合一，共有18部民法典可归类于此[19]。这个经验显示，至少就初步而言，这样的整合可以达到整体较高的体系效益。但在法教义学逐步跟上以后，进一步的整合，当然包括商法余部的体系化，还是有必要的。比起商法，知识产权法的入典有更单纯与更复杂之处。单纯之处在于知识产权规范的重心在权利本身，比较接近所有权和人格权，复杂之处则在其挥之不去的公共政策色彩，在切割上有时不很容易。但从大树法则与趋势法则来看，各知识产权确已逐渐从法定的独占地位提升为自足的私权，GATT 1994年的乌拉圭回合所通过的TRIPs协议，在序言中正式宣告其为"私权"后，即在许多国家开启了与民法典连结的问题。至于如何入典，简单整理各方意见，又可大致分成三类，分别为：象征性入典（籓属模式）、独立成编（诸侯模式）和拆解组合（郡县模式）这三种选择。象征性入典即在法典某处将其"民法"的定位加以宣示，但整体内容，仍不问其是否属于民事基础关系，都仍保留于特别法中，对于原有的部门法和民法典的体系化都不会带来太多麻烦，但实质上等于没有入典，部门法还是部门法，口惠而实不至，自不足取。独立成编的主张，则是把知识产权法先加以整合，再全部入典，自成一编，对于各该法毫无疑问都可以增加一定的体系效益，但入典后即不与其他部分组合，对于民法典的体系效益可能反而造成减损，仍有衡酌的余地。换个角度思考，也许还不如放在民法典外自成法典，法、俄、菲、越等国的经验可供参考。拆解组合模式则是不以独立成编为前提的入典，把知识产权法和民法作真正有机的组合，此一模式虽最能保证整体效益的提升，但短期内仍

---

〔18〕 Thomas Hoeren (hrsg.): Zivilrechtliche Entdecker, 2001, pp. 55-63，谈到民法典与卫星体系的六种可能关系，包括三种分立、三种合一类型，第79~83页。

〔19〕 纪海龙：《现代商法的特征与中国民法典的编纂》，载《中德私法研究》，第15卷，北京大学出版社2017年版，第5页。

难免造成各该法内部体系的混乱。基于以下四个因素，使得主张独立成编的想法在大陆的知识产权法学界取得较高的共识[20]：1. 非关系规范；2. 法定原则；3. 人格权的元素；4. 较高的公益考虑。认为没有必要寻求与其他基础关系共同之处的这种想法，固然可以理解。但若进一步思考，知识产权与民法其他部分其实仍有不少共性，如1. 与物权、人格权间的关联；2. 权利的共有；3. 权利的行使；4. 权利的保护；5. 权利的流转等。若能善用财产法通则去做某种程度的拆解重置，应该还是可以大幅提升体系效益，因此和商法一样从小合一到大合一，做分阶段处理，或许会是值得考虑的务实策略。

至于人格权纳入民法典，则从无理论的争议，其私权定位与“基础性”都非常清楚。真正不确定的只是哪些人格权已为社会公认以及一般人格权应否权利化[21]，在方式上是否独立成编一直也是争议的话题，最近在大陆民法学界甚至有情绪化，乃至政治化的不幸发展，实有必要回归学术理性。宪法保护人格权的规定可以合理化民法从私权的角度为人格权提供进一步的制度性保障，这在宪法的实践还没有高度制度化时，确有可能强化人格权的保障[22]。但人格权虽同属法定，其特征却正在通过社会认同而自然形成，不待公权力的确认或创设，也不需要任何公示，这一点又和知识产权截然不同，因此在规范的数量上应该不会很多，其规范重点也不外乎侵权责任与排除请求权，独立成编可能反而有损体系效益，即以目前征求意见稿的内容而言，从第2章到第6章都是个别人格权内涵的描述，第1章的一般规定则不断引致本法其他部分，作为一个独立的分编，确实没有提高什么体系效益。以其跨越财产与身份关系的“统领性”而言，其实最好的摆放位置还是总则，最多可视其规范数量而决定是否独立为总则的一章即可。

五、不争一时宁争千秋

写到这里，不能不强调的是，借法典化的机会去创新体例，正是体系取向的民

---

〔20〕 可参考2017年10月18日中国知识产权法学研究会公布的《中华人民共和国民法典知识产权编》学者建议稿，共96条，分成7章：1. 一般规定；2. 知识产权的内容、归属与限制；3. 知识产权的取得、变动与消灭；4. 知识产权的行使；5. 知识产权的保护；6. 与知识产权有关的不当竞争；7. 其他规定。

〔21〕 德国制订民法典时曾就这个问题反复辩论，最后多数认为概念内涵仍不够明确而未纳入规定，一直到二战后才由最高法院依基本法第1条、第2条以及欧洲人权公约第8条第1项续造而逐渐明确，可参 Prütting/Wegen/Weinreich, BGB – Komm., 10A., 2015, §12, 31 (Prütting)。中华人民共和国成立前的民法第18条则是参考了瑞士民法第28条，后者没有接受德国学者的警示，从债务法提升到民法第1编人法，可参 Rudolf Gmür, Das schweizerische Zivilgesetzbuch, verglichen mit dem deutschen Bürgerlichen Gesetzbuch, 1965, p. 55。

〔22〕 参阅杨立新：《对民法典规定人格权法重大争论的理性思考》，载《中国法律评论》2016年第1期。

法典正当性之所在，也是德国民法典之后，许多民法典努力的重点，20世纪末的荷兰民法典备受肯定，也多因为其建构的体系有不少创新之处，足可说明。这和刻意追求中国特色是不一样的，如果从先后出现的民法典之间，明显表现的累积和创新元素，而把民法的法典化或再法典化看成人类追求法律理性共同的努力[23]，则大陆民法典需要的合理动能，与其说是中国特色，不如抱着中国回馈世界法律文明的心情，更有意义。

从这个角度来看，现在真正的问题恐怕还是立法者多少存有“徐徐图之”的念头，即尽管明知目前体系上最从简的把既有数法合辑方式效益最低，但基于也许是政治上的考虑，就先做点表面功夫，先求有再求好。这就不能不提一下社会科学已经谈了很久的“路径依赖”（path dependence）理论，大陆法系国家因为高度倚赖法教义学的支撑，法学家和实务家里应外合的为每个法律的条节章编做体系化的释义，虽不具任何规范的拘束力，但对于每个专业法律人都会给予强大的指引，比起英美法系的先例和种种原则，此种路径依赖更具结构性，一旦面对成千上万的教科书、论文和裁判，很难以计量的所谓“沉没成本”（sunk cost），再觉悟要大改时，既有的教义学已经锁定（lock in），谁也无法承担巨大的转轨成本。此类例子我们已经在日本、法国、德国的民法典与我国台湾地区的“民法”近年的改革看到，不待一一细数。难道掌握了重新开始机会的中国大陆，也只能抱残守缺？法典其实就是房子的地基和建筑物的梁柱，这部分的工程从设计到执行，如果都能在既有经验基础和未来的前瞻评估上为进一步的扩充保留空间，则必然更能经得起时间的考验。反之，如果在打地基和起梁柱时只想守成，等到以后小问题变成大问题，再下定决心做一些较大的调整，都已经很难突破其整体格局，路径依赖的结果，最好的情形也就从一个既有的高点持续下降。除非再有机缘去拆除重建，也就是在旧体系实际上崩解后以某种新体系理念取而代之的再法典化（recodification），否则很可能就是仍在旧体系理念不变的基础上东改西改（revision）。

如前所述，人类法治所以能够不断进步，关键就在后来者掌握了变革的机会，中国大陆的这一部民法典，难道不是中国人回馈前人的大好机会？其实我们再回头整个思考一遍，问题的轮廓已经很清晰，现在合辑的想法，只要再加上一个债编总则来总括合同法和侵权责任法，已经可以约略等于回到120年前德国的体例，而其最有说服力的理由，就是这样最符合中国大陆民法教义学的现状，也是大多数民法学

---

[23] 法国民法（1804）→奥地利民法（1811）→荷兰民法（1838）→意大利民法（1865）→葡萄牙民法（1867）→瑞士债务法（1881）→西班牙民法（1889）→日本民法（1890）→德国民法（1896）→日本民法（1898）→瑞士民法（1911）→巴西民法（1916）→苏联民法（1922）→土耳其民法（1926）→中国民法（1930）→意大利民法（1942）→埃及民法（1949）→苏联民法（1964）→荷兰民法（1992）→俄罗斯民法（1994）→德国新债法（2002）→巴西民法（2003）→以色列民法草案（2004）→法国新债法（2016）→中国大陆民法（?）。

者的共识。我们也只要再往前推一步就会同意，这套复制德国民法典制定前潘德克顿法学的民法教义学，在经历了120年的重大社会变迁后，难道真的不再有进步的空间？当年德国民法典是把民法教义学的内在体系通过民主程序的认可变成外部体例，今天他们会觉得怎样都还不到拆除重建的时候，不代表德国如果有机会做结构性的改变，仍然会选择一成不变。中国大陆即使不再是真正从零开始，这一系列单行法形塑的教义学也不能说没有形成一定的路径依赖，但无论如何法典化还是第一遭，有最大的内部正当性和外界期待，去寻找一些突破口〔24〕。换言之，如果体系加上路径依赖，会使得大陆法系国家的法律命定的弹性不足的话，代表体系建构达到最高点的法典制定就变得特别关键。从这个角度来看今天大陆的民法典，机会本身就是一个巨大的优势（后发优势），因为各种理由而不善用这个机会，真的太可惜。而且如前所述，中国大陆今天制订民法典，不必像大陆法系的几个领导国家那样受到太多外部（欧盟架构）的牵制，也是一个不小的优势（主体优势），至于民法专业队伍的庞大，优秀中青年教师蓄势待发，同样是不容低估的优势（规模优势）。

反之，规模乘上法教义学的沉没成本，如果没能掌握现在的机会，优势可能会变成最大的劣势。因此如果不能在体例上有所突破，以法典创造体系效益，也许不要开始反而更好。面对总则已经通过的事实，现在真正需要主事者慎重评估的，恐怕是完成立法的最后时限，如果能用历史任务来看这件事，而不是政治任务，答案肯定就会非常不一样〔25〕。

结语

最后，我想用英国二战领袖丘吉尔在国会讨论到西敏寺因遭战火而需重建时，一句脍炙人口的名言总结："我们形塑房子，之后就是房子形塑我们（We shape our buildings, and afterwards, our buildings shape us.）"当我们需要好好想想盖什么样的大楼才符合未来需要时，洗手间墙壁该用什么颜色的问题，可以不急着讨论。也许当民法学者一头跳进有名合同或物权法这条那条的争议时，真的可以停下来听听法典时刻的召唤，除了是对立法者的召唤外，难道不也包括所有终其一生将要在这幢大楼里传道授业解惑的法学家们，真的要听任这样的召唤随风逝去，法典怎么编随你去，我只在乎几个条文的构成要件或效果，为甲说乙说吵出个结果来？

---

〔24〕 参阅苏永钦：《法制后发国家的思维》，载《法令月刊》第68卷第10期。

〔25〕 民法典的制定当然是一个重大的政治决定，其是否、为何、如何、何时，也都会有政治上的理由与评价，就此可参魏磊杰：《中国民法典编纂的政治学》，载《中国法律评论》，2017年第6期。但正因为当代民法典只有体系化一个任务，尽量抽离公共政策的考虑反而是提高体系效益的要求，使得真正需要的政治决定只剩下"是否"，了解了这一层，主政者就只适合把自己放在历史的高度，确认法典时刻是否已经到来，而把其余问题，基本上交给法律专业。

民法总则中基本规定的法理

黄茂荣*

《民法总则》刚刚出台，其法律内容的扩充，体现了从公平到效率到和谐的追求。这可以理解成为是一种法理层面的追求，但法理的真正得以适用却要经过实证化与明确化。关于民法总则的法理问题，需要明确以下几点：

第一，关于何谓法理。法理的概念与正法思想紧密相连。法律体系是具有位阶的体系构造，法理被认为是构成整套法律建构的基础性要素。但从价值或者功能的角度观察，法理又常常随着所附合之价值的根本性或一般性，而被称为法原理或者法原则。不过，无论是哪种称呼，法理表述都有外来的意义。那么法理的内容究竟为何呢？法理源自法正义观。法律是价值的逻辑系统。逻辑的位阶构造，按概念或类型所包含的特征多跟少决定其抽象程度的高低，根据抽象程度的高低会建立起法律类型的构造。规范还会根据每个价值的位阶那样建构出其位阶的构造。关于何为正义，始终没有明确的规定，往往是因为各个国家的历史背景与文化传统所决定的，普世价值犹如基础规范，必须通过不断的实践与具体，才能够体现出其价值意义。

第二，关于法理存在于何处。是存在于法律条文之中、法律适用具体手段当中还是存在于法律精神当中，都没有明确的定论。无论如何，法理经过实践后，已经具体化的内容是较为确定的，通常包括平等原则、法律的立法意志、法律变更的事理性等。正义、合目的性、法的安定性是当前法理实践当中要考虑的三个首要因素。例如，在有限资源的限制下，不能不顾机会成本问题而不计代价。以税法为例，为了保证税法应用的安定性，在私法实践中，对于类推适用往往采取谨慎的态

---

* 台湾大学讲座教授，台湾地区“司法院”前大法官。

度，以保证相对人权利义务的实现与公平正义的落实。针对事理性而言，法理的重要目的在于确立基本规范与基本要求，法理的相关规定必须要与社会实践相对应，否则就有可能成为人类社会发展的障碍。法律所规范对象的性质，或者说人类社会事物的性质，我们统一以“事理”来称呼，在规范的角度讲，法律所要规范的事项实际上是一种较为普遍而常见的现象，而法理所关注的则是人类社会更为宏观与普适的价值观。法律的发展虽然应当以“治善”为目标，但同时也应当特别注意既存现象。因此，一部可行的实证法，常常必须是理想与现实的折中反映。不能够单纯以既存情况现实条件为理由，根本放弃对法体系的完善之努力。当然更不能够将法理绝对化，忽视现实条件能够允许的极限。审判者应当尊重法理所反映的既存事实的基本情况，在法律解释与法律补充上，也应当统筹考虑需要援引的事实因素。在既有条件下，积极或消极地参引实证法制定的具体内容，于法律补充中斟酌事理的目的，是为了平衡实证法与事理之间的落差，以避免二者之间落差过大而造成的司法脱节现象。

第三，关于法理在现代内容的扩张。即由公平到效率以致和谐。传统上以正义为法规范的基本价值，随着经济学和社会主义的兴起，在正义意义下的法理偏重于法规范之公平面的价值。市场经济的发展使我们认识到经济效率的重要性，没有效率的制度不能够实现我们的理想，因此在法规范领域引入经济效率，以便在公平与效率中衡量之时能够更为科学合理地进行取舍。例如，经济发展与环境保护，生产者利益与消费者保护等。在市场经济与私有制度建立并有效运转之后，财产与经济效益大幅度集中，不可避免地引起了雇主与劳动者、大企业与小企业等对立的市场经济体之间的矛盾。人与环境的关系引起了经济发展与环境保护之间的冲突。这些现象都是所得与财产分配不均造成的。因此，我们必须引入新的规范概念，透过财产分配进行更广维度上、更大程度上的永续发展维护，实现对经济弱者的维护，矫正由于市场经济的发展所带来的贫富不均。由此我们又引入了和谐的规范概念。

第四，关于《民法总则》涵盖的法理因素。《民法总则》第1条关于立法目的的规定集中体现了法理要素，其中关于保护民事主体的合法权益、维护社会和经济秩序、适应中国特色社会主义发展要求与弘扬社会主义核心价值观等规定，都可归类于社会价值之中，通过正当实践会最终实现“和谐”的良好社会效益。所以，我们不妨以和谐，加之公平效率，作为这部现代民法的核心法理价值体系，以充盈与完善民法相关研究，进而充实实证法内容、助益社会发展。

第五，关于法理实证法化及其适用性。理想进入现实，我们还需要将法理实证法化，才能够更具适用性。在法理或一般原则实证法化上，即便在法典化的立法例中，司法裁判的参与也起到了重要功能与作用。无论法理理念有无在法律条文中明文规定，除非这个国家的民法体系采取封闭的立场，使法院不得补充法理内容，否则我们都应当在法律适用中主动适用法理理念。法理在民事裁判中的地位，并不受成文法认可与否的影响。法理可以透过法律解释或法律补充，参与决定现行法的内容，只是若有明文规定，法院可以因有法律明白授权适用法理，而使法律补充不断地开展，直到学说与实务没有异议为止。否则，民法的法理补充则有可能经历关于立法者的意思由法律及习惯构成之规定的规范体系自我封闭与自我容许补充的相关论辩。除了在立法上需要对法理进行解释与补充外，在程序上也需要对法理理念的适用进行规范，将之具体化才能够体现法理在发源上的地位与作用，使之成为实证法的一部分。经过立法者的法律体现与司法实践者的类推适用、目的性限缩、目的性扩张、创设性推演等法律补充的方法，将法律或者一般法原则制度化为实证法的组成部分，是为法理实证法化所需要经历的过程。

科学立法与民法典编纂工作

孙宪忠*

立法的科学性是民法基本的理论和规则。如果说基本的理论不适合形势的需要，可以进行废弃，但立法的科学性则是始终如一要坚持的法理准则。法律科学是人类社会几千年来的结晶，是几千年人类社会国家治理经验的总结。在此提出立法的科学性问题，以期得到学界同仁的重视。习近平指出，要科学立法。十九大报告对立法的科学性进行了阐述，明确要求要推进科学立法、民主立法、依法立法，推进良法善治，首先提到的就是科学立法。十八届四中全会也曾谈到科学立法，在民法典的下一步民法分则立法中间贯彻科学立法的精神，是目前民法典编纂应当格外注意的问题。

探讨立法的科学性问题，就要研究立法科学问题的由来。在人类历史之前只有法学，并无法律科学，法学是法律的学问。法律变成法律科学则是起源于理性法学，理性法学提出了法学科学化的问题，指出法学应当像制造计算机一样操作，以消除立法的任意和司法的随意。在当时的历史背景下，封建君主与天主教神学操纵的立法带有感性、神秘的色彩，作为特权阶层的法官也造成了判案的随意性与极大的法律不公。理性法学是受人文主义思想和启蒙思想的影响而产生的重要思潮，它希望通过机械化类型的电子计算机的操作，把立法者、国家统治者想依靠法律贯彻自己的特权思想进行扼制，同时对拥有裁判权的法官的权力进行控制。艾伦·沃森曾指出，法律体系化效应、法律理性的原则十分重要，法律体系化效应是把大量习惯法和分散的法律编制为一体，找出内在的逻辑变成整体，使立法上的矛盾和漏洞消除、法律形式进行固定的过程，这使得立法者与审判者在法律上的特权被消除。

* 中国民法学研究会常务副会长，全国人大代表。

因此，立法法典化的民法科学恰恰是立法科学形式的体现，也是依法治国过程中的重要经验。看上去冷冰冰的法律条文系统化后，是否起到了立法科学、理性的效果，获得了最大程度的法律效益，值得我们探讨与思考。

我认为，法律科学化、民法法典化运动至少有五个方面的经验值得借鉴：第一，立法体系的严谨细密，逻辑性强。它解决了庞大民法规范系统协调问题。现代社会，民法规范日益增多，民法体系需要具有极强的吸纳特性，民法本身的科学性与体系性可以解决日益庞大的民法规范的体系化问题，民法就是科学。第二，民法科学性和民法典提升了立法在地域上的发散能力。不管是城乡、城市的核心区还是穷乡僻壤抑或偏远边疆，民法能够借助体系化的法律，把统一的法律理念和思想贯彻下去，保证了立法在一国之内能够一起遵循和实现普遍的公平。第三，民法典借助于立法能够较为快捷地实现对新事物的立法能力。与判例法相比，新案例的形成需要历史的积淀，但是立法能够通过人们积极主动地建立规则，对新事物进行普遍吸收，立法者可以通过立法把自己改造社会、推进社会的新思想融入其中。1950 年通过的婚姻法使得中国男女婚姻问题得到了解决，2007 年的物权法实现了普通老百姓财产权利的平等，这就是立法指导思想非常重大的进步。第四，法律适用和寻找法律更为快捷。在科学立法的体系下，法官寻找法律非常快捷，相比于判例法系抑或是条文复杂的大陆法国家，我国的民法典编纂应更为清晰明了，这样不仅有利于审判者进行法律应用，也为法律教学提供便利。第五，有利于法律向世界进行传递。

但是民法的科学化与民法典的体系化不是一个简单的问题。结合学习德国民法的经验与中国大陆的经验，我们从体系性、科学性角度进行探讨，仍有一些经验值得总结：第一，是公法和私法区分原则。这项原则在大陆法系得到了普遍的认可。它规定了民法能做什么，不能做什么，通过这个原则我们可以衡量民法适用的范围问题，解决将“民法看得太大”的问题，做到尊重公法、合理适用民法。第二，民法典作为一般法的功能与民法作为特别法的功能进行合理区分。为何民法是私法的基本法？商法、知识产权法与民法的关系如何？“大私法”的概念如何理解？这些问题都需要进行进一步思考。第三，关于民法权利类型的划分问题。民法是权利立法，民法权利的基本类型划分是依据权利人行使权利的意思和权利实现相对性必然性的结果，将权利划分成相对权利和绝对权利，建立权利系统，以权利为核心建立民法的规范群体以及制度核心，是民法典立法中的基本问题。有学者强调债物二分，支配权、请求权的划分，笔者认为这依然是绝对权与相对权在不同条件、不同角度的区分。第四，在法律规范设置范畴上，我们要重视民法科学的手段。重视规范，是指重视行为建立规范或裁判规范，民法要么是行为规范要么是裁判规范，民法规范没有办法包含政治性的口号，有学者认为在民法中建立宣告性的规则，但实际上宣告性的规则已在《民法总则》中进行规定。《民法总则》第 110 条关于自然人权利条款即人格权条款，大体上都是宣告性的条文，即宣告这个人有什么权利，有什么人格权利，这种权利无法进行交易，因此采取“宣告”即可达到目的。权利本身应当从法理上进行更多理解，但并非是民法本身具有的人格。人格本身是宪法问题，如果我们意识不到这一点，甚至把所有人格问题都交给民法解决，民法是无法解决的，人格权问题是分则的领域，不能将其仅仅纳入到民法的范畴里。第五，涉及交易规则以区分原则为基本逻辑。权利人依据自己的意思表示产生的权利是有区别的，意思表示作为法律根据，有时只能产生请求权，有时只能产生绝对权。处分权、处分行为的区分，不仅在民法中存在，在商法与知识产权法中也占据一定篇幅。区分原则的使用不仅使得实务判案更为科学，也使得我们对于民法的理解更为透彻。第六，强调法律关系的逻辑性。民法的立法必须强调主体、客体、权利、义务、责任等整个系统的合理性与科学性。

中国大陆由于受苏联法律虚无主义的影响，对于法律科学持批评态度，甚至有学者认为，法律的体系化与科学化只是给少数人话语权。但是，法律科学其实不是这么简单的。法律虚无主义认为法律是人民的而不是法学家的，也不是法学教授的，要让人民能够看得懂，但在这样原则的指导下，我们曾经走过很多弯路。1986年的《民法通则》采取了“成熟一个制定一个”“宜粗不宜细宜短不宜长”的立法指导，使得我们的立法丢失了科学要素；2002 年的民法典方案并没有进行任何体系化整合工作，只是将现行法律和一些法律方案简单拼凑在一起，形成了 1209 个法律条文，也产生了一定的问题。反观《民法通则》，土地不可买卖、不可上市、不可交易、不可抵押的条文严重制约了经济的发展，民事活动要服从国家计划的思想依然存在，这些都不利于民法自身与国家经济的发展。

总之，民法典立法科学化的思想一直被反复提及。从民法典立法方案的提出，到十八届四中全会总书记发言，都明确了科学立法、民主立法、依法立法的工作十分重要。民法典立法仍需冷静思考、谨慎进行，以求立法的科学、合理与完备。

《民法总则》第14条的涉外性
——兼论对世界立法冲突的揭示

徐国栋*

今天想就《民法总则》立法的一个条文，即第14条规定分析入手，讨论这部立法的一些得失。这一条文在立法上对于自然人权利能力的规定进行了从不涉外条款到涉外条款的转型。1986年《民法通则》第10条规定，公民民事权利能力一律平等，这个条文只谈到了中国公民范围之内权利能力的平等性，并不涉及外国人与无国籍的人。但刚刚出台的《民法总则》第14条规定，自然人的民事权利能力一律平等。这里，自然人概念的外延远远大于公民概念，除了公民之外，还应当包括外国人和国际人。《民法总则》第14条的规定，实际上肯定了外国人、无国籍人以及中国公民在权利义务上一律平等。这种法条之间的法义冲突是本文研究的重点。

这一涉外规定与我国实在法的冲突是如何形成的，是需要明确的首要问题。《民法总则》第14条在一定程度上弱化了民法“身份法”的特征，而是单纯强调对外开放与包容，这在一定程度上忽视了民法需以国籍享有为前提，以规定公民之间问题为原则，扩张类推适用于外国人为例外。但是，在我看来，《民法通则》的相关规定更为合理。

《民法总则》第14条对于平等主体极度的扩张造成了与中国实在法规定的强烈冲突。首先需要提及的是《个体工商户条例》第2条第1款，其中指明只有中国公民才能够成为个体工商户。第27条做了一定的扩张，允许香港地区与澳门地区永久性居民中的中国公民充当个体户，也即持有中国护照的人可以当中国的个体户。但是，香港地区与澳门地区永久性居民中的中国公民究竟是不是民法上的公民也值

* 教授，法学博士，研究方向为民法、罗马法。

得考究。一国公民指的是根据该国的宪法享受权利、履行义务的人，香港地区与澳门地区永久居民中的中国公民并不根据中国宪法享有权利与承担义务，而是根据基本法享有权利承担义务，因此是否能够成为大陆民法中传统意义上的“公民”，还有待探讨。根据《个体工商户条例》第 2 条和第 27 条规定推论可知，外国人在中国并不能充当个体工商户，所以在这个问题上外国人的权利能力与中国公民是不平等的。

2017 年 6 月 5 日颁布的《国务院办公厅关于印发自由贸易实验区外商投资准入特别管理措施（负面清单）》，规定了外国人涉足的相关行业，这些行业包括农林牧渔业、采矿业、制造业等。仔细研究发现，在大陆允许外国人无限制进入的行业只有少数几个，具体包括住宿与餐饮业、建筑业、公共管理业、社会保障和社会组织、国际组织行业等。这些行业之所以能够允许外国资本进入，是由于我国的自贸区区域相对较小，在这些狭小的商业活动区域里面不存在这些现象，所以法律没有必要规定，但是没有规定并不意味着允许外国人可以自由的进入，在负面清单中对外国人的能力限制有禁止、批准后允许、由中方控股三种。上述规定主要适用于自贸区，是否适用于整个大陆地区，仍有待探讨。

《民法总则》适用的范围是整个领域之内，而负面清单则只适用于自由贸易区。自贸区更类似于自由港的概念，在自贸区外面受到的限制往往在区域之内不存在。因此，我们可以采用举重以明轻的方法来认识该问题，即在所受限制区域更少的自贸区都要进行相关限制，那么在所受限制更多的自贸区以外地区，则当然应该受到限制。事实上，这一推理与《个体工商户条例》的规定是一致的，对于外国人在中国领域内从事经济活动，我们主要是从国家安全、传统资源保护、国家垄断等角度进行考虑，这样做不仅可以保护国内的相关资源的安全性，也可以吸收外资，促进经济的发展。实际上，中国相关法律对非中国国籍的人都采取较为谨慎的态度，甚至区别于平等主义、限制主义、仇外主义等。区别于西方一些国家的“反射主义”原则，负面清单相对比较排外。当然，这种负面清单制度并非中国独有，但其存在与《民法总则》第 14 条相悖，这一点是立法者应当予以检视与探讨的。

中国对待外国人来华的分类标准，总体原则是鼓励高端、控制一般、限制低端。而何为高端、一般、低端，则有详细的说明，每一项措施都有众多考量与意义。比如，限制低端则是为了保障国内第三产业从业者的工作需求。反观国外立法例，则有明显的不同。巴西在 1916 年的民法典第 2 条规定，在民事权利的享有与行使上，本法不区别外国人与内国人。这条友好的法律条文，一方面是由巴西的殖民地、外来移民属性决定的，另一方面则与该国的文化习俗紧密相关。我国的负面清单发布后，很多学者采取了积极支持与肯定的态度，同时再次强调“法不禁止皆自由”的重要性。实际上，这种说法存在一定的问题，法不禁止皆自由的推论，违反了认识论的基本原则，也违反了民法基本原则的功能，民法基本原则是处理那些非设区域的、不禁止、可以做的问题，而并非将重点放在禁止性的事物上面。因此，如何理解“负面清单”，如何将民法总则中有关外国人权利义务的规定进行完善与提升，是有待我们思考与实践的重要问题。

“民法物权编”修订起草中的几个重点问题

温世扬*

毫无疑问，民法典物权编的起草应该以现行《物权法》为基础，在现行《物权法》的基础上进行修订和完善。目前，民法典编纂领导小组下设的物权法起草建议项目组已经向立法机关提交了关于物权法修订的立法建议，相关学者也发表了大量论文进行阐述，在此，我想选择有关要点加以探讨。

第一，物权法定原则的立法表达问题。从立法论的角度来看，物权法定原则应该包括两个层面的问题，一个是存与废的问题，另一个是刚与柔的问题。尽管这两个问题在物权法的起草过程中都有过激烈的讨论，但是《物权法》最后做出的选择是采取了刚性的立场，把物权法定的“法”限定为法律。当前来看，物权法定原则继续保留在物权编中是历史的必然，我们需要关注的则是物权法定原则是否需要缓和以及如何缓和的问题，也即物权法定原则的表达问题。我认为，物权法定原则不可抛弃，但也不可刚性过强，否则会窒息司法自治。因此，缓和物权法定原则成为物权法编编纂应当考虑的问题之一。目前刚刚出台的《民法总则》第116条再次锁定了物权法定原则的含义，也即物权的种类和内容由法律规定，但是，《民法总则》规定是否妥当，如不妥当能否修改、如何修改？我认为，《民法总则》第116条的规定超出了其应有之义，在一定程度上混淆了总则与分则的关系，同时忽视了物权法修订的空间，提前将物权法定原则进行了规定。那么，在物权编的起草过程中，应当如何妥善的处理这个问题，则显得格外重要。在此，我主张，应当实现物权法定原则的缓和，将习惯纳入到物权法法源的范围中来，通过修正《民法总则》第116条的相关规定，使得物权法定原则回归物权编。从具体条文设计上来讲，可以

* 中南财经大学《法商研究》主编，中国民法学研究会副会长。

将条文表述为：物权的种类和内容由法律规定，习惯上的物权受本法保护。

第二，关于因法律行为引起的不动产物权变动模式的选择问题。在物权编的起草过程中，有两个问题需要重新考虑，首先是采取混合模式还是单一模式的问题。现行《物权法》对法律行为引起的不动产变动采登记对抗与登记确权两种模式，但土地承包经营权的设立、土地承包经营权的转让、地役权的设立等，归根结底是形式主义与意思主义的混合产物。在物权编起草的过程中，这种混合模式是否应当继续保留，我持否定态度。这种对于法律行为引起的不动产物权变动，采取一种多元、差异化的混合模式既缺乏法理上的支持，在法律适用上也带来诸多不便。因此，统一模式更适合于当前的立法选择。其次是在统一模式下采登记生效主义还是登记对抗主义的问题。从《物权法》的相关规定来看，对不动产变动采物权生效主义的模式是主导立场，登记对抗原则为例外，目前的立法模式受到德国法、台湾地区相关规定的影响。在物权编起草的过程中，一些学者也提出主张采登记生效模式，不登记不发生物权效力，将登记和物权变动捆绑在一起。但是，这种强制登记模式对我国《物权法》是否适用仍待考察。一般认为，强制登记的主要理由是为了保障交易安全，但是笔者通过研究发现，强制登记并不是维护交易安全的必要条件，也并非充分条件，从英美等国的现行立法例中可见一斑。因此，强制登记的效用如何、效益何在，仍待讨论。而对于登记对抗模式，从本质上来讲它确实意思自治的一种干预，但是，与登记生效更多体现国家对不动产的一种管制思维不同的是，登记对抗模式更能够体现当事人的内心想法与诚实信用原则，反而更合理地体现了意思自治原则。典型的一房二卖这样的失信行为就能够得到有效的遏制。此外，登记对抗主义更符合中国大陆的交易习惯与交易实践。在实践当中，我们存在大量的事实物权现象，比如建设工程优先权的司法解释中就保护了交付大部分房款但尚未登记的买房人的利益，其他司法解释中也有类似的规定。因此，反思登记对抗主义有一定的合理性。

第三，所有权立法问题。所有权的立法主要有两个方面。首先是所有权编的体系结构问题。在《物权法》起草过程中也进行过争论，针对《物权法》起草中出现的一元论、三分法两种主张，最后都采取了较为模糊的态度。在物权法的所有权部分专设一章，规定了国家所有权、集体所有权与私人所有权。总体来看，现行《物权法》所有权编的逻辑体系较为混乱，一元论与三分法都没有充分体现。我认为，上述两种进路并没有显著矛盾，我们可以在总体一元论的模式下，体现国家所有权、集体所有权与个人所有权的“三分法”，在一般规定部分对国家所有权、集体所有权进行宣示性的规定，在所有权取得的部分对国家所有权的特殊取得方式——征收，一并做出规定，在土地与资源所有权部分对国家和集体土地自然资源所有权做出规定。其次是对所有权制度内容的完备。这一问题的重点是所有权取得制度的完善，在这方面，学界已经达成比较广泛的共识，即在物权编中应该对先占、添附、拾得遗失物、相邻关系的规则等问题进行完善，如将越界建筑、空间利用等问题纳入相邻关系的调整范围中来等。

第四，关于用益物权的立法。首先，是否要为动产用益物权留下立法空间，这是对现行物权法规定的重新检讨。我认为，用益物权的现行规定表明，在不动产、动产之上设立用益物权并不违背物权法定原则。其次，典权应当在物权法相关规定中占有一席之位。再次，集体建设用地应该纳入用益物权体系，也即实现建设用地的同地同权问题。在所有权、承包权、经营权三权分置的背景下，土地经营权不宜匆忙入典，而是应当在将上述三权与土地承包经营权全部理顺的情况下，再进行相关论证与实践。

当前民法典编纂争议问题的讨论方法

王　轶*

对于中国当前来讲，编纂一部合用的民法典要有扎实的社会调查，以发现在中国社会生活的现实中间究竟存在哪些冲突的利益关系，以往对这些冲突的利益关系采用的协调策略是什么？在采用这些协调策略的时候，设定要实现的协调目标是什么？采用这样的协调策略有没有实现最初所设定的目标？对这一系列的事实判断问题做出符合中国大陆实际的判断，这是能不能编纂一部合用的民法典至关重要的前提。

发现了冲突的利益关系之后，面对冲突的利益关系如何基于大多数中国人所分享的价值共识，对冲突的利益关系或者做出利益的取舍，或者安排不同类型利益实现的先后序位，这是价值判断问题。民法典能不能在价值判断做出过程中，以妥当的事实判断结论为基础，体现大多数中国人所分享的价值共识，这对于编纂一部合用的民法典是至关重要的。

除此以外，如何通过妥当的立法技术，把价值判断的结论在一部民法典中做出适当的安排，对于编纂一部合用的民法典来讲也是关键的一环。如果对民法典的编纂、民法总则的起草抑或各分编的编纂进行一个梳理，我们会发现一个非常有趣的现象：占绝大多数比例的论述话题是民法问题中的立法技术问题。

对于立法技术问题如何展开有效的讨论，不仅仅是在民法典各分编编纂的过程中要面对的一个关键问题，在已经颁布并且实行的《民法总则》起草的过程中，不少争议的问题也是属于民法问题中的立法技术问题。

---

* 教授，法学博士，中国人民大学法学院院长、中国民法学研究会副会长兼秘书长，教育部长江学者特聘教授，研究方向为民法。

例如，民法的法源问题。在立法机关组织的多次研讨会议上，与会人士讨论的焦点都集中在究竟是否应当将法理明确规定为民法法律渊源的一种具体类型？法理在那些认可它为民法法源的国家和地区究竟发挥什么作用？如果裁判者对纠纷进行处理的时候，在现行法上找不到对纠纷处理的裁断依据，有没有不违背公序良俗的习惯可以援引，对于学说上面的见解，对于比较法上可借鉴的经验，对于其他的司法机构成熟的做法，甚至对于基本法上的精神和原则，究竟应该借助什么样的途径和方式进入裁判者的裁判文书中，供裁判者进行纠纷处理的裁断因素，在一些国家和地区法理中发挥了这种通道桥梁的作用。

据最高司法机关的相关人士介绍，遇到既没有民事实定法上具体的规定，又没有比较法上的有益经验、宪法上的原则可供借鉴与援引，同时也不存在兄弟裁判机构的以往经验作为裁断依据的时候，审判人员也会在民法基本原则的名义之下，以民法基本原则为通道和桥梁，将之作为对具体纠纷去进行裁断的裁断依据。从这一点出发，究竟是否要规定法理为民法的基本渊源，抑或让民法的基本原则在民法法律渊源的范围内发挥补充法源的作用，便是一个民法问题中的立法技术问题。

又比如，在《民法总则》起草的过程中，围绕着法人的类型区分也存在着重大的争议。《民法总则》最终采取了营利法人、非营利法人和特别法人类型的区分方法，究竟在企业法人、机关法人、事业单位法人、社会团体法人、基金会法人、社会服务机构法人、宗教场所法人以及农村集体性经济组织法人、城镇农村合作经济组织法人、基层性群众自治组织法人等法人类型区分的最后一个层级上，设计一个怎样的上一层级法人类型区分，仍然是民法问题中的立法技术问题。

接下来，在各民法典分则编纂的过程中，大量争议属于民法问题中的立法技术问题。比如，江平老师提出的人格权法是否应独立成编等。

与民法问题中的事实判断问题存在有真假之分不同，民法中的立法技术问题既没有真假之分，也没有对错之别，民法中的立法技术问题关键是看立法者设定的所欲实现的立法目标是什么，最能够实现立法者所设定的立法目标的立法技术的方案就应当是最可取的立法技术的方案。除此以外，有老师曾经指出，民法中的立法技术问题还要顾及立法美学的需要，我也认为，立法美学是指哪种立法技术的方案最能够避免法条的重复和烦琐，哪种立法技术方案的可选择性就相对来讲更高一些。此外，立法技术方案在进行比较和讨论的过程中，一个国家、一个地区原以形成的立法传统，以及依循着原有立法传统所形成的司法传统，以立法传统和司法传统为基础和前提所展开的法学教育的背景，这些对于何种立法技术方案更具有可选性，也都具有相当重要的意义和价值。

1986 年《民法通则》从某种意义上来讲，奠定了中国大陆民事立法的传统，与此相适应，大陆的裁判者也形成了与这种立法传统相适应的找法习惯、司法传统的做法，在法科学生的课堂上面，如果我们的解释论是面对中国大陆民事立法和民事司法实际的解释论，这种法学教育的背景也会对选择何种立法技术的方案产生限制和制约的作用。

在讨论民法典各分编编纂过程中立法技术领域中争议问题的时候，首先应厘清立法机关设定的立法目标究竟是什么，然后确定中国大陆既有的民事立法传统、司法传统、法学教育背景究竟是什么，之后再考量何种立法技术的方案最能够避免法律条文的重复和烦琐，以实现立法美学的要求。这样的考量因素，都是在民法问题中间的立法技术问题进行讨论的过程中无法回避的关键点。

当然，在民法典各分编进行编纂的过程中，立法技术问题只会是其中一种类型的问题。无论是何种类型争议的民法问题，寻找最低限度的讨论共识都是展开有效讨论的基础和前提。就算寻找到了最低限度的讨论共识，运用理性的方法、采用多种法律讨论方法所展开的论证和说明，它的最终目的不一定能够达到说服讨论伙伴的目标，但更重要的目的则是增进和讨论伙伴之间彼此的相互理解。

《民法总则》背景下的商法前景

叶 林*

在《民法总则》起草的过程中，商法学者也积极参与并提供了有益见解，但是，《民法总则》中表达了哪些商法思想？《民法总则》中是否存在商事关系？《民法总则》的实践性与结构性如何？这些问题还有待讨论与厘清。

“商事关系”这个事物是不是存在，实际上是一个价值判断问题。无论是B2B、B2C抑或是合同，从现有的商事交易以及官方文件当中，我们都很明确地看到“商事关系”这个名词。那么我们到底应当用什么样核心的词汇描述这一概念？笔者认为，商事关系应当包括企业经营者、营利和商行为，这些行为构成的结构则是商事关系，商事关系是有特定内涵的概念。

改革开放制定的第一部非常重要的合同法是《经济合同法》，该法描述的经济活动是以企业为核心、以经营者为主体展开的所有经营活动，实际上，《经济合同法》是我们研究商事关系所应当重视的源头法条。经济合同法式微之后，民法与经济法之争浮出水面，经济法趋向纵向管理秩序、民商法趋向横向管理秩序成为学界共识，经济合同法也随着《合同法》的起草与出台而湮没于历史之中。1992年，我国确立了社会主义市场经济制度，而改变了以往单纯以商品经济关系统筹一切商业关系的现象，而在2003年左右，则以和谐社会来概括中国政治、经济、文化各领域发展的社会生态。

通过历史梳理我们可以发现，中国法学的研究往往是顺应社会的变化不断发展与改进的，法律的政策性质较强，法律独立性较差，经济社会领域相关法律反映了

* 教授，法学博士，中国人民大学法学院民商法研究所所长、中国商法学研究会副会长，研究方向为民商法。

我国不同历史时期的社会现状。在这一过程中，2011年10月27日国务院新闻办公室发布了《中国特色社会主义法律体系》白皮书，并在其中第一次提出“商法”概念与商法原则，以商法的单独提法区分于传统民商法的概念，体现了《民法通则》遵循主体地位平等的理念，并在厘清概念的同时对既有学说与立法做了相对清晰地描述。其中，提到商法是调整商事主体之间的商事关系的法律，遵循民法基本原则，同时保持商事交易自由、等价有偿、便捷安全等原则（此处并非商法基本原则）。这是最初提到商事关系、商法原则的相关文件。十九大以后，一些新的提法开始出现，包括深化商事制度改革、建立市场准入制度清单，清理废除妨碍统一市场和公平竞争的各种规定和做法等。

笔者认为，中国商业与商事制度的发展受制于两个重要因素：产权制度与行政管理系统。产权制度是指国有企业规模足够之大，行政管理系统是指政府的权力相当之庞大，这两个事物影响了我们营商环境和对商事的理解，因此，很多学者并不愿意将商法称之为商法，而宁肯从经济法角度表述这两个领域。在中国，大陆商事关系的概念是存在的，商法的概念是存在的，商法原则的范畴在相关文件中也表述得很清楚，而对于什么是商主体、什么是商事基本原则的准确描述则有一些遗漏，但大体框架存在。十九大后是否还要沿用2011年的相关说法尚不能够确定。

《民法总则》虽然提供了规范民事活动的一般准则，但能否满足合理调整商事关系的要求则依然存疑。民事规定可以调整商领域，但是否是最佳的调整方式，笔者在此做出几点解释。

首先，我们经常可以看到，法官在裁判的过程中运用民法通则关于基本原则部分的规定，甚至包括在一个揭开法人面纱的案例当中，法院突破了公司法的规定，直接跳到民法里讲诚实信用，进而判决两个关联企业相互承担责任。我们很大程度上愿意用《民法通则》解释现实当中的问题，是存在一定问题的。以平台为例，我们到底把平台理解为是一个平台纯粹意义的商业经营者，还是承负着某种职责的特殊形态存在，这个需要我们在商事领域当中做认真考虑，而不能仅仅通过民法原则一言以论之。此外，民法原则调整商事关系是否合理？我们到底更愿意用《民法总则》部分原则部分解决商事的处理，还是尽可能少用民法的规定而让位商法的规定？笔者认为，它并不是一个最好的东西，但是一个可用的东西。

其次，传统商法分为四个部分，涉及人法的部分，财产法的部分，代理法部分以及权利部分。这些分类只能够解决大体的界限划分，具体应用中则存在许多问题。比如说以“人”为例，在中国的证券市场当中开户的三类主体是没有办法涵盖进商法中“人”的概念里的，实务当中的三类股东，包括信托计划、资管计划、理财产品等，这些人都可以在证券市场上开户，但又不是我们法律上所说的“人”，因此，他们到底是属于法人、自然人还是非法人组织，并未有定论。

再次，在法律行为部分中，关于非表意行为到底如何在民事法律产生变更消灭当中发挥作用是一个重要问题，笔者认为将决议行为纳入到法律行为中来实为不妥，非表意行为是形成机制的问题，而非意思表达问题，用传统的民法原理进行规制，虽无不妥，但也缺乏合理性。此外，商法中的“代理”与民法中也实有不同。此处我们要讲的是代理权的相关问题，而非代理合同的问题。当前的法条规定中，并未写明代理、代理关系与代理权的选择问题，而是笼统的放于一章，并反复出现本人代理与第三人代理反复出现的冗杂现象。笔者认为，应着重强调代理权是否存在、是否设定、是否终止等关键性问题，抓住主要矛盾，在解决代理权的相关问题中凸显商事代理的存在价值。

最后，有关权利的部分，笔者认为物债两分的概念较为原始，并不能够完全适应当前的金融经济节奏。例如股东权利问题，如何放在请求权的范畴中，抑或放在绝对权的范畴中，如何归入物权、债权领域，都欠缺理论上的妥适性与实践上的合理性，因其重在参与与表决，与传统民法的概念有所分离。

通过上述分析可以看出，虽然民法的基本原则可以适用于商法领域，但由于经济活动的高速发展与日新月异，商法领域也需要自己独立的规制体系与概念界定，做到妥善地与民法进行对接，同时保留自身特色。民法很重要，商法更不能轻视，但是我们也许应当少用民法多用商法，因为这样才能满足当前商业社会的大势所趋与形势所迫。

我国民法物权编创设居住权制度的立法构想

申卫星*

在理论界中，关于居住权立法相关问题的讨论一直存在。从《物权法》草案征求意见开始，对于有关居住权条文的大幅度增加就引起理论界热议。在2007年《物权法》最终稿中，我们并没有看到有关居住权立法的相关条文，这也是搁置争议、留待民法典加以解决的总体思路指导下的权衡结果。

但是，在当前民法典编纂的重要时刻，重新思考居住权问题，并非简单的旧话重提，而是完成《物权法》立法过程中尚未解决的问题、制定一部更为完善的民法典的题中之意。需要有三个方面的重要理解。

第一，概念的厘清。居住权概念比较宽泛，很多学者在探讨居住权的时候把一些并非我们要讨论的作为他物权的居住权列为讨论对象，这样只会增加讨论的难度。在概念厘清过程中有两点需要注意：一是居住权是一项他物权制度。因此，当然不包括由于租赁、借用造成的居住现象，也不包括基于夫妻关系、他人关系形成的居住现象，宪法乃至社会法上关于居住权的问题也不在本文的讨论范围内。二是我们应该强调居住权是他物权当中的一项人役权，人役权与地役权相对应，它是为了特定的人设定支配性的财产权。就居住权而言，是居住权人对他人所有房屋的全部或者部分及其附属设施享有占有使用的权利，这是我们要讨论的居住权概念的准确界定。

第二，视野拓展。笔者曾经在2005年《物权法》起草期间，在《中国法学》杂志发表一篇题为《视野拓展与功能转换——论我国设立居住权必要性的共同视角》的文章，其中提到过视野拓展的相关内容。在现今民法典编纂的重要时刻，笔

---

* 教授，法学博士，清华大学法学院院长，研究方向为民法。

者重提视野拓展问题，希望能够为居住权入典提供有益的思路。居住权设立有其重要的比较法的基础。从比较法的角度来看，早期的罗马法的人役权分为用益权、使用权和居住权三种类型，这三种类型有很强的逻辑联系，用益权与使用权是权能上的差别，而使用权和居住权是客体上的差别。从用益权到使用权到居住权是阶梯递减的关系。各国立法中对于居住权，往往写明居住权没有规定的转于本法当中使用权、用益权的规定，无论在法国还是德国都采用这样的立法体例。从法国民法典到葡萄牙、西班牙、意大利民法典，再到受这些国家影响的阿根廷、智利、巴西、秘鲁民法典都规定了包括居住权在内的系统的用益权制度和人役权制度，即便在德国法系的德国、奥地利、瑞士，也有关于居住权的详细规定。甚至在俄罗斯、马耳他，普通法系加拿大魁北克民法典，非洲的埃及、埃塞俄比亚、阿尔巴尼亚，亚洲的泰国、我国澳门地区民法典，都含有居住权的规定。从拓展视野可以看出，居住权立法有比较广泛的比较法的支持基础。

第三，关于功能转换。如果说江平老师当初敏锐地意识到我国现有物权体系种类单一，不能满足人们对房屋等不动产利用的多样化的需求，提出了针对离婚妇女和保姆的有关居住权的立法需求，那么反对者通常是以离婚妇女和保姆的居住权问题在实践当中所见不多为理由而进行反驳的。其实如果进行功能转换，我们就会发现居住权有及其广阔的适用空间。

以下再通过四点论述对居住权问题做进一步说明：

第一，设立居住权制度有助于完善我国多层次的住房保障体系。住房可以分为两大市场，一个是市场化的商品房市场，一个是政府作为公权力机构为弱者提供的保障性住房。笔者曾经参与我国住房保障法的起草，有关廉租房、公租房、经适房这些保障性住房的立法则一直在进行中。但是，经济适用房投机现象严重，还有些居住者自身经济状况良好，并不符合申请经济适用房的条件。这些现象表明在未来商品房以外的住房保障房市场中，应该采取的不是产权式保障，而是租赁式的保障。住房保障制度设计的目标不是居者有其屋，而是住有所居。承租了公租房、廉租房的当事人拥有的权利性质是否仅仅是债权的租赁权，还是应当付与物权性的居住权？两者的作用高下立现。此外，针对小产权房问题，由于集体土地不可进入流通市场，但是购买者对城中村住房购买需求大，许多大城市的住房者在房价高居不下的情况下，选择购买小产权房。笔者认为，解决小产权房的一个方案就是居住者取得物权居住权，这样不仅不违背集体土地宅基地进入集中市场强制性的规定，又满足投资者的需求，还可以稳定降低房地产市场的价格。居住权制度有助于完善我国住房保障体系的多层次设计，即“房子是用来住的而不是用来炒的”。

第二，居住权制度可以更好地体现所有权人的意志。如果我们观察中国当今的婚姻制度，特别是老年人的婚姻制度，法定共有财产之内的财产分配清晰，而对于老年人再婚群体，以及由于担心再婚引发的财产权的纷扰而没有进行婚姻登记就同居的老人们，一方去世以后对于遗属利益的保障，特别是对遗属居住利益的保障成为难题。如果赋予遗属所有权有可能利益过大，如果赋予居住利益，即使经过公证，在没有居住权设定的情况下依然只具有债权效力，子女将房屋出售后，遗属的居住利益将全然落空。因此，我们可以参考比较法上的经验，一个是德国的先位继承制度，一个是英国的终身所有权制度。在德国制度当中允许先指定一个先位继承人，再指定后位继承人，当先位继承人去世之后，财产不作为先位继承人遗产，由先位继承人的继承人继承，而是由后位继承人直接继承，这样使得财产的走向既能满足财富创造人的意志，又能使先位继承人的居住利益得到满足。终身所有权制度效果相同。因此，对于居住权的设计可以既能保障居住权人的居住利益的满足，又能使财富的走向符合财富创造人的意志。

第三，居住权的设立可以更大限度的发挥房产的效应，特别可以解决中国进老年人养老的问题。房产对于中国当代的社会来说是一笔重要的财富，特别是房价日益高涨的情况下，房产的价值日益增加，但是房产的价值对于每一个房屋拥有者来说可以发挥的作用只是在生前居住而已，并不能够发挥其他的功能。如果采取了居住权制度设计，老人可以在生前把房产出售，同时保留物权性的居住权，对于去世之前的老人，可以把自己的房屋（本来应该作为死后的遗产用于继承人继承的）事先进行变现，并可用这笔资金改善生活。此外，如若有多个子女，老人则可以在子女中选择一人出售，同时保留居住权，这样的制度设计既能够让房屋变现，也能够让房产的走向非常清晰，避免房屋纠纷。居住权的制度设计在城市和农村都有相应的实践基础，例如城市中的以房养老骗局，农村中的养老腾宅的现象，就是由于没有可登记的物权性居住权制度造成的，如果有了居住权制度，完全可以在所有权移转的同时登记居住权，保障房屋两种价值的实现。

第四，总结归纳。我国的物权法坚持物权法定原则，虽然是否要进行物权法定原则缓和的声音一直出现，但是到目前为止，《物权法》的司法解释没有出台，《民法总则》第116条规定了物权的种类和内容由法律规定，物权法定原则被坚持并强化。因此，在财产利用形式方面，我们应该在制度设计中给人们留有更多可供选择的形式，而居住权恰好满足了财产权制度设计的两端，一端是强所有权、强物权的所有权制度，另一端是债权性的租赁制度，在两者之间建立一个过渡性的财产利用居住权制度，可以极好地满足人们的财产利用多样化的需求。

论附合的物权法规则

房绍坤*

《物权法》并没有规定添附规则，在此次编纂民法典的过程中则有必要再进行相关考虑。我认为，关于附合的物权法立法应重点关注三个问题。

第一，附合的发生原因。

这个问题直接影响着附合的内涵界定与法律适用。我们知道，附合制度是基于物在客观上的结合，为维护附合物的经济价值而设定的一项制度，但是这种结合的原因是多种多样的。一般认为，附合发生的原因可以是当事人行为，可以是第三人行为，也可以是自然力。这里的行为肯定包括事实行为，但是否包括法律行为则有不同看法，有学者主张法律行为也可以成为发生附合的原因，但我认为不妥。在《物权法》当中，所有权取得的特别规定，如有关拾得遗失物、善意取得的规定等都是基于对非法律行为导致的物权变动的规定。

未来民法典中规定添附制度也是大势所趋，但是从立法逻辑上看，添附制度应当是规范非基于法律行为物权变动的特殊制度之一。添附制度重在明确添附物的归属。《物权法》关于物权变动的一般情况是基于法律行为的物权变动，特殊情况是基于非法律行为的物权变动。这两种物权变动，前一种是继受方式，后一种是原始方式。基于不同原因而产生的物物结合应使用不同的规则，否则就会引起法律适用上的混乱与冲突。我认为，在规定添附制度的时候，要把基于当事人约定导致的物物结合排除于添附之外，仅规定针对非法律行为的物物结合适用添附制度。

第二，附合的构成要件。

---

* 教授，法学博士，烟台大学前校长，研究方向为民法。

关于附合制度的构成要件，学理上也有较多争议，我认为此处有两个问题需注意：

一是物的重要成分应该坚持严格的验证标准。对于不动产附合来讲，要求被附合的动产成为不动产的重要组成部分。是否成为不动产的重要成分，应该斟酌其固定性以及物的重要成分，并依照社会经济观念加以认定。通常来讲，物的重要成分是属于非经拆毁或变更性质而不能分离的成分。动产附合与不动产之固定性技术上达到什么程度，社会经济观念是否具有具体的判断标准，尚为存疑。

从中国大陆最高人民法院司法解释规定来看，目前以能否拆除作为判断是否形成附合的重要标准。当然，能否拆除以及拆除之后是否产生物的损毁或者说属于拆除费用巨大，因为表达上的不确定性导致附合的边界仍然存疑。应当注意的是，这个司法解释并没有照搬传统物权法的附合规则，没有盲目认定装修物与房屋的结合事实本身简单产生附合，而是赋予当事人意思自治空间，因此，更好地体现了对物权的保护。我认为，应当予以坚持。

因此，判断物物结合是否构成附合，要坚持当事人保护与意思自治之间的关系。物物结合花样繁多，随着科技和工艺的发展，拆除与分离并非难事。从附合的法律后果上来讲，附合会使一方权利丧失，另一方权利扩大，这两者都会影响到权利的所有权。从权利保护角度来讲，权利丧失就有权要求返还原则，扩大一方也可以请求排除妨害。灭失和扩大是否符合双方当事人的意愿，却是很难确定的，如果仅仅适用添附规则将弱化对所有权的保护，虽然附合是有价值的，但是不一定符合法律的正义效果和当事人的实际需求。

二是要把符合被附合人的利益作为附合的构成要件。一般认为，在主观上无论行为人出于善意还是恶意都不影响附合的成立，即使当事人是恶意的也仍然可以取得所有权。附合制度是为了维护社会经济的稳定运行，当事人主观状态在所不问。但是学理上也有意见认为，在当事人恶意的情况下是否应否定附合的成立。笔者认为在某些情况下行为人虽为恶意，但是构成附合并不一定完全损害被附合人的利益，所以为维护附合的法律效果，既避免不必要的财产损失，又与被附合人的财产保护不相矛盾，这种情况下把恶意作为附合的成立条件并无必要。并且，如果将恶意作为附合的成立条件，权利人就可能要求返回原物，而在附合情况下要求返回原物在客观上是很难实现的，因此，恶意没有必要成为附合的构成条件。此外，将是否符合被附合人的利益作为附合的构成要件，也即在不符合被附合人利益情况下否定添附规则的适用，从而通过适用物权请求权、侵权请求权等规则对当事人的权利义务进行保护。

三是附合的法律效果。这里需要关注两个问题：第一，附合法律效果的规定是属于强制性规定还是任意性规定？从物权法角度讲，附合法律的效果主要有两方面：一是当事人无权请求恢复原状，二是附合物所有权的归属。前一种效果符合附合物本质要求，应该是强制性规定。但是附合物所有权归属的规定究竟是强制性规定还是任意性规定，理论上争议很大。我认为，附合属于基于非法律行为进行的物权变动，属于所有权的原始取得方式，而原始取得方式都应该由于法律明确规定赋予强制性效力。无论在附合之前还是附合之后，当事人所进行的所有权归属的约定都不能否定附合所有权只能一方取得或者共有的法律后果。当事人约定只是对法律所规定的附合物归属效果另外的约定，实际上是在法律明确规定情况下，当事人通过约定的方式对所有权的变动再一次进行约定，所以这个约定不能改变法律规定。

关于“民法婚姻家庭编”编纂的几点思考

徐涤宇*

家庭法的构造存在三种模式：传统模式、法国法模式、德国法模式。

第一种是传统模式。在大陆婚姻家庭相关法律、我国台湾地区相关规定中都有所体现。婚姻亲子可能构成家庭的核心，但并非本质性要素；本质性要素则是同居共财。也即，婚姻与亲子问题并非核心问题，同居共财才是决定家庭走向的核心问题。因此，在此次中国民法典编纂过程中，要着重考虑传统家庭法文化为我们留下怎样的思考，有哪些是不可忽视的文化特征。在台湾的家庭法中，同样有一个很重要的“家”的概念。大陆《民法总则》里有两户、物权法里有家庭承包户，所谓的家庭共同财产这一说法，如果放在西方的语境中思考，不免产生解释力有限的困惑；而如果用同居共财的思路解决，则更为有效。那么我们不禁思考，这种传统的文化观念反渗法律条文的现象，是否会随着时间变迁而减少？

第二种是法国法的构造模式。婚姻、亲子、监护都是放在自然人的“人法”部分里，处理原则是只见个人不见家庭。按照19世纪法国《民法典》的思想，在国家和个人之间不存在所谓的中间团体，应当消除一切中间团体，因此家庭的一切都以个人为出发点，婚姻、亲子、监护等都是围绕自然人发展意思自治、自觉，家的概念是不存在的，在立法上则表现为一切都是尊重个人主义的表达，因此并无总则与分则的划分，婚姻、亲子、监护等规定都是以有利于个人发展为原则而制定。此外，法国《民法典》的夫妻财产并未放在亲属法中，而是放在第三篇取得财产的第一章，可见立法者将之作为商业化的内容，而人格法中则只关注人格发展与个人意思自治的相关问题。

---

* 教授，法学博士，中南财经政法大学法学院院长，研究方向为民商法。

第三种是德国模式。从立法技术角度讲，德国模式是以婚姻为起点，之后围绕亲子关系为依托，形成了两大核心要素的法律体系构造。从监护角度来讲，它只是家庭法里对家庭制度的额外补充，并不能嵌入家庭法中。德国法子立法技术上贯彻的是以法律关系作为分析的原形进行立法的模式，贯彻了黑格尔的国家高于家庭伦理的相关理论，规定了财产法律关系、家庭法律关系与继承法律关系。德国法强调国家是高于家庭伦理的存在，家庭是高于个人伦理的存在，体现团体主义立法精神。这样的架构也导致了一些违和感，比如总则与分则的关系，总则是基于财产法抽象而来的，类似于主体、法人这样的概念，如何适用于分则的家庭法制度？这有可能会导致民法典一般性规定无法贯彻实施的问题。

那么，在面临民法典编纂重要时刻的我们，该如何对待婚姻家庭法编纂的相关问题呢？笔者认为，如何对待人法与家庭法之间的关系，是否应当兼具法国模式与德国模式的特点，将监护制度剔除出婚姻家庭法之外，是应当重点考虑的方面。有的学者认为，一定要将监护制度放入婚姻家庭编中，并坚决贯彻维护。但是，如果从监护只是家庭的补充角度来讲，监护制度相关条文则应当放在“人法”部分，更应当关注人格发展问题。此外，由于家庭法构造特殊，除了监护制度之外，大部分问题都涉及总则与分则之间的关系，大量法律行为制度不能适用到婚姻法当中，在此情况下出现的特例情况如何处理也有待思考。

最后，我们应当关注婚姻家庭法发展领域中的新思想与新变化。第一，近代以来各个国家民法对传统家庭的定义慢慢转向以婚姻为起点，而非同居共财等民俗思想。第二，婚生与非婚生子女的地位日趋相近。第三，对家庭概念进行了重新定义。未婚同居、未婚生子以及相应的财产归属问题也逐渐增多。第四，现代科学技术的发展导致了亲子关系发生变化。除了生育与收养这种传统的亲子关系外，人类辅助生殖技术也开始出现，科技发展带来的婚姻家庭领域的新问题，也需要我们在实践中重视与探索。

民法典编纂的体系性问题*

柳经纬**

目　次

2017年3月15日，第十二届全国人民代表大会第五次会议审议通过了《中华人民共和国民法总则》（以下简称《民法总则》），我国民法典编纂工作由此迈出了历史性的第一步。按照民法典编纂工作的安排，下一步将是编纂物权、合同、侵权责任、婚姻家庭、继承等民法典分则各编，并于2020年最终形成统一的民法典。

从《民法总则》的立法过程来看，民法典编纂的体系性问题似乎没有得到应有的关注。从2016年6月开始，第十二届全国人大常委会先后三次审议《民法总则（草案）》，至第十二届全国人民代表大会第五次会议审议通过《民法总则》，人们关注的是社会主义核心价值观入典、环境生态保护入典、胎儿权益保护、成年人为自己设立监护、无民事行为能力人的年龄上限、"特别法人"、个人信息保护、紧急救助（"好人条款"）以及英烈人格利益保护等具体问题，未见媒体有关于民法典

* 本文系国家社科基金重点项目"中国民法理论体系构建问题"（批准号：11AFX003）的研究成果。本文以《民法典编纂的体系性困境及出路》为题发表于《甘肃社会科学》2018年第2期。

** 司法文明协同创新中心研究人员，中国政法大学教授、博士生导师。

编纂的体系性问题以及民法总则体例问题的报道。[1]然而，民法典编纂的体系性问题却不容忽视。法典编纂论的始祖边沁指出，法典是“一套内容十分完整、具有严格的逻辑顺序并且用语精确的综合性法律规定的总和”。[2]法国前司法部长巴丹戴尔认为，法典是“有序的立法整体”。[3]内容完整、严格逻辑、用语精确、整体有序都是针对法典的体系性而言的。法典之所以为法典，就在于它具有科学的体系，体系性是法典的生命力之所在。从这个意义上说，我国未来的民法典是否满足了体系性要求，将决定此次民法典编纂立法活动的成败。

民法典编纂的体系性问题涉及民商法律关系的处理、民法典的体例以及法律条文的设置、法律语言的表达等多个层面，十分复杂。笔者无意就这一问题全面展开讨论，这也不是有限篇幅所能说得清楚的。笔者在此联系此次民法典编纂及民法总则制定的实际情况，重点讨论我国编纂民法典的初衷、民法总则的制定对民商事法律体系构建的贡献以及未决的体系性问题，并就如何解决这些难题提出相关建议，以期引起立法机关和理论界对民法典编纂体系性问题的重视，以避免后续的立法活动中出现同样的问题。

一、编纂体系科学的民法典是立法的初衷

中共十八届四中全会通过的《中共中央关于全面推进依法治国若干重大问题的决定》（以下简称《决定》）提出了编纂民法典的立法任务。这是根据我国民商事立法的实际情况和完善社会主义法律体系、实现全面依法治国的历史要求而作出的重大立法部署，编纂一部体系科学的民法典是立法的初衷。

自改革开放以来，我国的民商事立法取得了巨大的成就，直至 2011 年中央宣布“中国特色社会主义法律体系”已经形成之时，我国先后制定了 33 部民商事法律和一大批规范商事活动的行政法规、地方性法规。[4]这些法律、法规几乎涵盖了民商事活动的全部领域，基本解决了民商事领域“无法可依”的问题，实现了十一届三中全会提出的“有法可依”的法制目标。从改革开放之初到中共十八大召开之前，我国曾先后两次组织起草民法典。第一次是 20 世纪 70 年代末到 80 年代初，

---

〔1〕 在全国人民代表大会审议民法总则期间，笔者在接受媒体记者电话采访时曾谈及《民法总则（草案）》存在的体系性问题，但记者十分礼貌地告知不会报道这方面的内容。

〔2〕 [英] 转引自封丽霞：《法典编纂论——一个比较法的视角》，清华大学出版社 2002 年版，第 9～10 页。

〔3〕 [法] 罗贝尔·巴丹戴尔：《伟大的财产》，载《法国民法典》，罗结珍译，法律出版社 2005 年版，中译本代序第 3 页。

〔4〕 参见中华人民共和国国务院新闻办公室 2011 年 10 月公布的《中国特色社会主义法律体系（白皮书）》。

于1982年先后形成了《中华人民共和国民法（草案）》四稿；第二次是在世纪之交，于2002年底形成《中华人民共和国民法（草案）》，并提交第九届全国人大常委会第三十一次会议审议。但是这两次民法典编纂工作均无疾而终，立法机关最终都放弃了法典化的思路，而采取和延续了单行立法的思路。然而，在单行法思路下制定的民商事法律和法规呈现出碎片化的状态。由于缺乏法典化的体系安排，且这些法律、法规又产生于改革开放的不同时期，受不同时期社会经济条件的制约，因此其间存在的立法标准不一、法律规定重复、法律概念不统一、法律规范不一致甚至法律观念相冲突等体系性缺失问题也就难以避免。[5]

中共十八届四中全会通过的《决定》提出了新的法治“十六字方针”，即科学立法、严格执法、公正司法、全民守法。科学立法是法治的基础，其关乎立法的质量。从形式理性而言，法的质量的重要标志是其体系性，缺失体系性的法律不可能是一部高质量的法律，缺失体系性的法律体系也不是完善的法律体系。虽然2011年中央即宣布中国特色社会主义法律体系已经形成，但正如《中国特色社会主义法律体系（白皮书）》所指出的，完善中国特色社会主义法律体系“是一项长期而又艰巨的任务”。民商事法律是法律体系的重要组成部分，完善法律体系自然包括完善民商事法律体系。我国现行民商事法律由于存在体系性缺失问题，因此完善民商事法律体系也就显得更加迫切。

从《决定》的部署来看，编纂民法典列在“完善以宪法为核心的中国特色社会主义法律体系”之（四）“加强重点领域立法”之内，是“完善社会主义市场经济法律制度”的一项重大立法。由此可见，编纂民法典的现实意义十分明显，这就是通过民法典编纂解决现行民商事法律的体系性缺失问题，实现我国民商事法律的体系化。要达到这一目标，民法典本身的体系性就不可或缺，如果民法典本身都无法满足体系性的要求，那么民商事法律体系化也就成为一句空话，完善社会主义市场经济法律制度也就无从谈起。由此可见，编纂一部体系科学的民法典是《决定》部署编纂民法典这一立法任务的初衷。

立法机关编纂民法典的初衷始终是十分明确的。2016年6月27日，《民法总则（草案）》首次提交全国人大常委会审议，全国人大常委会法制工作委员会李适时主任在关于《民法总则（草案）》的说明中就明确指出，“编纂民法典的任务是对现行民事法律规范进行系统、全面整合，编纂一部内容协调一致、结构严谨科学的法典”，编纂“一部体例科学、结构严谨、规范合理、具有中国特色、体现时代精神的民法典”。在关于民法总则的制定问题上，他还强调“尊重立法规律，讲法理，

---

[5] 关于我国现行民商事法律的体系性缺失问题，参见柳经纬：《民商事法律体系化及其路径选择》，载《河南财经政法大学学报》2014年第6期。

讲体系，……确保立法质量”。[6]2017 年 3 月 8 日，全国人大常委会李建国副委员长在关于《民法总则（草案）》的说明中，再次重申了编纂民法典的目标任务是“编纂一部适应中国特色社会主义发展要求，符合我国国情和实际，体例科学、结构严谨、规范合理、内容协调一致的法典”。[7]而且，在李适时主任和李建国副委员长的立法说明中，均一致强调“编纂民法典是健全社会主义市场经济制度，完善中国特色社会主义法律体系的必然要求”。

“不忘初心，方得始终”。重申民法典的编纂初衷十分必要，只有将编纂一部体系性的民法典这一立法初衷贯穿于整个民法典编纂的立法过程，才能确保民法典的编纂工作不偏离预定的目标和方向，才能将中央提出的民法典编纂任务落到实处，为健全市场经济法律制度、完善社会主义法律体系奠定坚实的基础。

二、《民法总则》对民商事法律体系的贡献

《民法总则》共计 11 章 206 条，各章分别为基本规定、自然人、法人、非法人组织、民事权利、民事法律行为、代理、民事责任、诉讼时效、期间的计算和附则。作为民法典编纂工作的第一步，《民法总则》在实现民商事法律体系化方面取得了一定的成效。

（一）确立了折中的民商合一制

民法典编纂的体系性问题首先涉及的是民商事法律关系的处理。在大陆法系的传统中，关于民商事法律关系的处理有“民商分立”和“民商合一”两种体制。在我国民商法学界，虽然主流的观点是坚持“民商合一”，但采“民商分立”观点的也大有人在。[8]作为对这一理论问题的回应，前述李适时主任和李建国副委员长关于《民法总则》的立法说明均表明了我国立法机关所持的态度，即“我国民事立法秉持民商合一的传统，通过编纂民法典，完善我国民商事领域的基本规则，为民商事活动提供基本遵循”。这一论述在立法机关的文件中还是第一次出现，具有重要的意义。它既是对我国以往民事立法在民商关系问题的处理上采取的实际做法的确认，又是对正在进行的民法典编纂活动在民商关系问题处理上所持态度的宣告。

---

〔6〕 李适时：《关于〈中华人民共和国民法总则（草案）〉的说明》，http：//www. npc. gov. cn/npc/lfzt/rlyw/2016－07/05/content_ 1993422. htm，最后访问日期：2016 年 7 月 6 日。

〔7〕 李建国：《关于〈中华人民共和国民法总则（草案）〉的说明》，http：//www. npc. gov. cn/npc/xinwen/2017－03/09/content_ 2013899. htm，最后访问日期：2017 年 3 月 9 日。

〔8〕 参见石少侠：《我国应实行实质商法主义的民商分立——兼论我国的商事立法模式》，载《法制与社会发展》2003 年第 5 期；赵旭东：《民法典编纂与商事立法》，载《中国法学》2016 年第 4 期；范健：《走向〈民法典〉时代的民商分立体制探索》，载《法学》2016 年第 12 期。

《民法总则》也较充分地体现了“民商合一”理念。如《民法总则》第2条关于民法调整对象的规定即涵盖了民事关系和商事关系；第3条至第9条关于基本原则的规定，第10条关于习惯的法源地位的规定，第六章关于民事法律行为的规定，第七章关于代理的规定，第九章关于诉讼时效的规定等，不仅适用于民事活动，也适用于商事活动；第三章关于“营利法人”的规定，第四章关于“非法人组织”的规定，第125条关于股权和其他投资性权利保护的规定，第134条关于“决议行为”的规定，则主要是针对商事主体和商事活动的规定。

需要指出的是，我国采取民商合一制，并非意味着要编纂一部包括公司、票据、海商、保险、信托、证券等商事制度在内的大一统的民法典。根据立法机关关于民法典编纂工作的计划，在我国现行数十部民商事法律中，能够被编入民法典并成为其分则的只有合同法、物权法、侵权责任法、婚姻家庭法和继承法，而公司法、票据法、海商法、保险法、信托法、证券法等商事法律仍保持其单行法的地位。所谓“民商合一”，乃是由民法典与商事单行法构成的完备的民商事法律体系。在这个体系中，民法典与商事单行法之间形成普通法与特别法的关系。在制度上，民法典所规定的民事基本制度为商事单行法提供制度支持；在法律适用上，依据特别法优先适用的原则，优先适用商事单行法的规定，商事单行法无规定的，适用民法典的有关规定。如以大陆法系国家典型的民商合一制与民商分立制为参照，我国既没有在民法典之外另行编纂商法典，也没有将具体商事制度编入民法典，因此我国采取的是一种折中的民商合一制，[9]而不是典型的民商合一制。

（二）确立了“总—分”结构的民法典体例

作为近代以来法典化运动的里程碑，《法国民法典》和《德国民法典》在形式上最显著的区别体现在法典的编制体例上。《法国民法典》没有总则编，而《德国民法典》则设有总则编，美国比较法学者艾伦·沃森将这种区别归结于法学理论传统的不同。他指出，在《法国民法典》之前，法国学者的著作没有类似于总则一类的内容，但在《德国民法典》之前，德国学者的著作有总则的内容，它是“关于《学说汇纂》方面著述著作的一个显著特征”“是自然法学家们为了得到普遍的、基本的法律原则而利用非常抽象的推理方法的结果”。[10]我国自清末法律变革以来，一直受到德国民法的影响。民国时期编纂的民法典沿袭了《德国民法典》的体例。1949年以后，我们虽然废弃了民国时期编纂的民法典，转而接受苏联的民法学理

---

〔9〕 我国民国时期的民商立法采取的就是这种折中的民商合一制。参见李景禧、林光祖：《台湾民商事法研究》，法律出版社1996年版，第8页。

〔10〕［美］艾伦·沃森：《民法法系的演变与形成》，李静冰、姚新华译，中国法制出版社2005年版，第159页、177页、178页。

论，但苏联的民法学在民法典体例上仍然是德国式的，无论是1923年《苏俄民法典》还是1964年《苏俄民法典》均设有总则，德国民法的理论通过苏联的民法学间接地影响着我们对法典的认知，成为我国民法学知识体系的重要内容，并影响到民事立法。1986年通过的我国《民法通则》包含了传统民法总则的内容（自然人、法人、法律行为、时效），只是由于其中有些内容（民事权利、违约责任、侵权责任）超出了传统民法总则的范畴而被命名为“通则”，而不是“总则”。[11]2002年年底提交审议的《中华人民共和国民法（草案）》第一编在内容上基本延续了《民法通则》，称之为“总则”，亦可看出德国式法典体例的影响。

然而，上述内容均不足以构成对我国民法典体例的最终定案。对民法典体例构成定案的是《民法总则》的制定。按照民法典编纂“两步走”的计划，第一步是制定总则编，第二步是制定合同编、物权编、婚姻家庭编和继承编等分则编。《民法总则》的通过，使得德国式的“总则—分则”法典结构成为我国民法典体例的最终定案。

（三）重新确认了民法中债的体系

在传统民法里，债的发生根据包括合同、无因管理、不当得利和侵权行为，合同之债、无因管理之债、不当得利之债和侵权行为之债构成统一的债的体系。在法律上，《德国民法典》以及受德国影响的民法典均设有债编，将合同、无因管理、不当得利和侵权行为纳入其中，构建了一个债的规范体系；未设债编的《法国民法典》也存在一个类似的债的规范体系。[12]

然而，在我国民法学界，始终存在否定传统债的体系的主张。早在改革开放之初，就有学者主张废弃“债”的概念。其认为“债”的概念不符合我国国情，无因管理、不当得利、侵权行为与合同相比“个性大于共性”，用“债”将它们概括在一起没有科学性。[13]因此，其主张废弃债的体系，将侵权行为归入民事责任，与合同相互独立。虽然民法学界主流观点坚持保留“债”的概念，但受上述理论的影响，1986年通过的《民法通则》并没有完全沿袭大陆法系传统的债的体系。如《民法通则》第五章第二节“债权”规定了债的概念（第84条）、合同（第85条）、不当得利（第92条）和无因管理（第93条），没有规定侵权行为；侵权行为被安排在第六章“民事责任”第三节“侵权的民事责任”，从而将侵权行为从债的体系中剥离了出去。对此有学者作了理论上的解释，认为侵权行为的后果既包括

---

〔11〕 关于“民法通则”名称的由来，参见顾昂然：《新中国民事法律概述》，法律出版社2003年版，第11页；江平：《沉浮与枯荣——八十自述》，法律出版社2010年版，第287页。

〔12〕 参见柳经纬：《我国民法典应设立债法总则的几个问题》，载《中国法学》2007年第4期。

〔13〕 参见王作堂、魏振瀛、李志敏、朱启超等编：《民法教程》（北京大学试用教材），北京大学出版社1983年版，第14页。

损害赔偿，又包括赔礼道歉、恢复名誉、停止侵害等，前者属于债，后者则不属于债。基于这种认知，他们进而主张在未来的民法典中，侵权责任应当独立成编。[14] 侵权责任独立成编的主张在2002年提交审议的《中华人民共和国民法（草案）》、2009年颁布的《侵权责任法》以及当下正在进行的民法典编纂工作计划中都得到体现。

在债的体系问题上，《民法总则》没有延续《民法通则》的成例。《民法总则》第118条第2款以定义债权的方式，确认了侵权行为与合同、无因管理、不当得利同为债的发生根据，并于第119～122条分别规定了合同、侵权行为、无因管理和不当得利四种类型的债。这就改变了《民法通则》将侵权行为从债的体系中剥离出去的做法，维护了传统民法债的体系。尤其是《民法总则》第120条规定，“民事权益受到侵害的，被侵权人有权请求侵权人承担侵权责任”，依体系性解释，这是对侵权责任本质上为债的确认。这就从立法上彻底否定了我国民法学界长期以来一直存在的“责任不是债”或“责任不完全是债”的观点，抽掉了侵权责任独立于债的理论基础。

（四）解决了民事法律行为与合同、遗嘱的概念体系不协调问题

20世纪80年代，我国民法学界的主流观点认为，法律行为本质上是一种合法行为。[15] 基于这种认知，《民法通则》第54条规定“民事法律行为是公民或者法人设立、变更、终止民事权利和民事义务的合法行为”，将“合法性”作为法律行为的本质定性。以此为基础，主流观点还认为，无效法律行为不具备法律行为的本质特征（合法性），因此不是法律行为；[16] 甚至认为无效法律行为是一个自相矛盾的概念。[17] 受该理论影响，《民法通则》创设了一套不同于传统民法的民事法律行为概念体系，具体表现为以“无效的民事行为”替代传统民法的“无效法律行为”（第58条），以“可变更可撤销的民事行为”替代“可撤销的法律行为”（第59条）。

《民法通则》所创设的民事法律行为概念体系，基于法律行为的“合法性”定性貌似合乎逻辑，但却不能满足法的体系性要求。首先，这一套新的法律行为概念体系与合同、遗嘱等具体行为的概念体系不协调。众所周知，法律生活中本无法律行为，法律行为不过是合同、遗嘱、收养等行为的理论抽象。因此，法律上所构建的民事法律行为概念体系必须以满足法律实践之需要为原则，与合同、遗嘱等制度的概念体系保持协调。如果无效法律行为不是法律行为，不能称之为法律行为，那

---

〔14〕 王利明主编：《中国民法典草案建议稿及说明》，中国法制出版社2004年版，第443页。

〔15〕 佟柔主编：《民法原理》，法律出版社1983年版，第77页。

〔16〕 佟柔主编：《民法原理》，法律出版社1983年版，第90页。

〔17〕 顾昂然：《新中国民事法律概述》，法律出版社2003年版，第35页。

么依此类推，无效的合同也不是合同，就不能称之为合同；无效的遗嘱也不是遗嘱，也不能称之为遗嘱。但是，如果无效的合同不能称之为合同，无效的遗嘱不能称之为遗嘱，那么它们应该如何称呼？《民法通则》并没有给出答案。于是，在法律实践中，无效的合同还叫合同，无效的遗嘱仍然叫遗嘱。由此可见，《民法通则》创设的法律行为概念体系与合同、遗嘱的概念体系之间不协调。其次，在《民法通则》使用的“可变更可撤销的民事行为”本身也存在着逻辑上不能自洽的问题。因为可变更可撤销的民事行为在被法院或仲裁机关根据行为人的主张予以撤销之前仍是有效的行为；据《民法通则》的逻辑，有效的行为应称为民事法律行为，而不应称为民事行为，然而《民法通则》并没有称之为民事法律行为，而是称之为可变更可撤销的民事行为，与无效的民事行为同类，这在逻辑上也有问题，显然不符合体系性的要求。

在立法实践中，1999 年《合同法》从法律实践的需要出发，采用了合同、无效合同、可变更可撤销合同的概念体系。《合同法》第 52 条规定了合同无效的五种情形，依此认定无效的合同被称为合同；第 54 条规定了合同可变更或可撤销的五种事由，依此认定的可变更可撤销的合同同样被称为合同。由此亦可见，在合同的概念体系上，《合同法》没有延续《民法通则》的思路，而是回到了传统民法的法律行为概念体系上。

《民法总则》在民事法律行为的定性上放弃了“合法性”的观点，其第 133 条规定，“民事法律行为是民事主体通过意思表示设立、变更、终止民事法律关系的行为”，并以此为基础恢复使用传统民法的法律行为概念体系。这具体表现为对于无效、可撤销的行为均不再使用“民事行为”的概念，而使用“民事法律行为”的概念。如《民法总则》第 144 条规定：“无民事行为能力人实施的民事法律行为无效。”第 146 条规定：“行为人与相对人以虚假的意思表示实施的民事法律行为无效。”第 147 条规定：“基于重大误解实施的民事法律行为，行为人有权请求人民法院或者仲裁机构予以撤销。”第 148 条规定：“一方以欺诈手段，使对方在违背真实意思的情况下实施的民事法律行为，受欺诈方有权请求人民法院或者仲裁机构予以撤销。”

《民法总则》所使用的法律行为概念体系，与《合同法》《继承法》所使用的概念体系保持一致，具有重要的体系性价值。

三、《民法总则》未能解决的体系性问题

在看到《民法总则》对民商事法律体系的贡献的同时，也应该重视其中仍存在的体系性问题。这些问题有的是《民法通则》遗留下来的而《民法总则》未能解决的体系性问题，有的则是《民法总则》造成的新的体系性问题。

（一）总则的内容和体例问题

1986年通过的《民法通则》是放弃编纂民法典的思路转而采取单行法的立法思路（“零售”）的产物，[18]其内容“比传统的民法总则要广”，因而被命名为“通则”。[19]具体而言，《民法通则》第五章关于具体类型民事权利的规定，第六章关于违约责任、侵权责任的规定，都超出传统民法典总则编的范围。因此，如果采用“总—分”结构的法典体例，这些内容都应当回归民法典分则或其他单行法，而不应继续保留在总则里。《民法总则》虽然在这方面作了一些努力，如不再设专节规定违约责任，关于侵权责任的规定也少了，关于民事权利的规定也不像《民法通则》那样全面，但是并不彻底。如《民法总则》第五章“民事权利”仍然以罗列的方式规定了具体类型的民事权利，包括人格权、身份权（婚姻家庭关系）、物权、债权、知识产权、继承权等；第八章“民事责任”仍保留了民事责任承担方式和侵权责任的某些内容。这些规定势必给民法典分则编的制定带来体系性的难题。例如，第五章规定了物权和物权的种类、物权法定原则，这就给物权编的制定带来问题，如果物权编不再规定这些内容，那么其内容就不完整；如果规定，则势必重复。《民法总则》第八章关于不可抗力、正当防卫、紧急避险的规定，也会产生类似的问题。

按照传统“总—分”结构的法典体例，总则编是按照“提取公因式”的法典编纂技术，从具体民事法律制度中抽象出来的对具体民事法律制度具有“普遍适用性”的规范体系。所谓“普遍适用性”首先是对民法典分则具有适用性，其次是对民商事单行法具有适用性。按此标准，《民法总则》第五章关于具体类型民事权利的规定就不属于对分则具有“普遍适用性”的规范；第二章第二节“监护”同样不属于具有“普遍适用性”的规范。

总体来看，《民法总则》的内容与《民法通则》大体一致，它不过是《民法通则》的“修订版”。[20]如果说《民法通则》制定之时，当时的主事者对“通则”和“总则”之别还有清晰的认知；那么，当下民法典编纂之际，主事者们对“总则”和“通则”之分则欠缺必要的认知。其所主持制定的《民法总则》虽被命名为“总则”，但并没有回到“总则”的轨道上，而是继续沿着“通则”的轨道狂奔。

不仅如此，如果从制度安排的顺序来看，《民法总则》规定的各项制度之间的逻辑关系还不如《民法通则》严密。《民法通则》各章的顺序为：基本原则、公民（自

---

〔18〕 顾昂然：《新中国民事法律概述》，法律出版社2003年版，第9~10页。

〔19〕 顾昂然：《新中国民事法律概述》，法律出版社2003年版，第10~11页。

〔20〕 在全国人大常委会审议《民法总则（草案）》期间，笔者即表明了这一看法。参见柳经纬：《民法总则不应是〈民法通则〉的“修订版”》，载《法学》2016年第10期。

然人)、法人、民事法律行为与代理、民事权利、民事责任、诉讼时效和附则，各具体制度之间的关系是“主体”→“行为”→“权利”→“责任”（保护）→“时效”，即民事主体通过民事法律行为享有民事权利，侵害民事权利应承担责任（即民事权利受法律保护），民事权利保护受诉讼时效的限制，逻辑关系较为清晰。《民法总则》同样包含这些制度，但将民事权利和民事法律行为的顺序作了调换，其先后顺序为基本规定（相当于通则的基本原则）、自然人、法人、非法人组织、民事权利、民事法律行为、代理、民事责任、诉讼时效、期间的计算和附则。这一安排将民事制度之间的关系变成了“主体”→“权利”→“行为”→“责任”→“时效”。在上述制度的位序上，如果说民事主体之后是民事权利、民事权利之后是民事法律行为尚可说得通的话，那么民事法律行为之后接着是民事责任，在逻辑上就说不通了。

（二）法人的分类问题

法人分类是按照一定的标准将法人划分为若干类型，以构建科学的法人制度体系。科学的法人分类是构建法人制度体系的基础。在传统民法学中，法人首先被划分为公法人和私法人，私法人又被分为社团法人和财团法人，社团法人再细分为营利法人和公益法人。从体系性上看，首先，私法人与公法人的划分，与公法与私法的划分相适应，符合法律体系的要求；其次，以法人设立的基础为标准将私法人划分为社团法人和财团法人，突出了人与财产两个要素在构建法人类型中的基础地位，满足了体系性的要求；最后，社团法人依其设立目的的不同而分为营利法人和公益法人，虽然划分标准清晰，但未能涵盖那些既非营利又非公益的法人（如合作社法人），因而设有“中间法人”的类型以弥补这一层次分类的不足。因此，就体系性而言，传统民法关于法人的分类是比较科学的，至少没有明显的体系性缺陷。

《民法通则》第三章第二节与第三节分别规定了企业法人和机关、事业单位和社会团体法人，这可以看作是其对法人所采取的一种分类。这一分类突出了企业法人的地位，与当时的经济体制改革背景有关。20 世纪 80 年代中期，我国经济体制改革的重点是企业的法人化改革，需要赋予企业以法人地位。因此，《民法通则》第三章重点规定了企业法人制度，并以企业法人为参照，另设一节规定了国家机关、事业单位和社会团体的法人资格。但是，这一分类是粗浅的，谈不上科学性。首先，国家机关是公法人，而不是私法人；事业单位大多担负着政府管理职能，也属于公法人范畴；大多数社会团体在社会生活中扮演的是政治角色，并不属于私法人。将它们与企业法人同列为法人，存在“公”“私”不分的问题。其次，同样以成员为基础的公司和社会团体被归类于不同类型的法人，前者被归入企业法人，后者被归入社会法人；而以财产捐助为基础的基金会和以成员为基础的社会团体则同属于社会团体法人，其分类标准混乱。

《民法总则》并没有解决上述《民法通则》在法人分类上存在的问题。一是其

第87条将事业单位、社会团体都归入非营利法人，第96条将机关、基层群众性自治组织归入特别法人，“公”“私”不分问题依然突出。二是以成员为基础的公司、社会团体和合作社，分别归属于营利法人、非营利法人和特别法人，以财产捐助为基础的基金会和以成员为基础的社会团体归属于非营利法人，《民法通则》在法人分类上存在的问题并没有得到解决。

不仅如此，《民法总则》将法人分为营利法人（第三章第二节）、非营利法人（第三章第三节）和特别法人（第三章第四节）三类，分类标准本身也是混乱的。营利法人对应的是非营利法人，其间的划分标准是法人是否以营利为目的，特别法人对应的是“一般法人”，与是否营利没有关系。因此，《民法总则》采用三分法，将法人分为营利法人、非营利法人和特别法人，分类标准不一，不具有科学性。此外，其采用营利法人与非营利法人的分类，足以涵盖所有的法人。如果按照营利与否的标准，《民法总则》第96条规定的特别法人（机关法人、农村集体经济组织法人、城镇农村的合作经济组织法人和基层群众性自治组织法人）应归属于非营利法人，无须另设法人类型，《民法总则》专设特别法人并无必要。

（三）债的规范体系问题

《民法总则》第118条将合同、不当得利、无因管理和侵权行为均列为债的发生根据，维护了传统民法中债的统一性，但第八章规定了“民事责任”，保留了《民法通则》在债之外另行规定民事责任的旧例。同时，按照立法机关关于民法典体例的安排，民法典分则部分只设合同编和侵权责任编，不设债编或债法总则编。这种安排给债法的体系构建带来了难题。

首先，民事责任主要是违约责任和侵权责任，《民法总则》虽然不再如《民法通则》一般设专节规定违约责任和侵权责任，但其主要内容仍然是违约责任和侵权责任。其中，第179条规定的民事责任承担方式，分别是违约责任和侵权责任的形式；第180条关于不可抗力的规定，既可适用于违约责任也可适用于侵权责任；第181条、第182条规定的正当防卫和紧急避险则适用于侵权责任；第183条规定的见义勇为致人损害的责任问题，第185条规定的侵害英烈人格利益的责任问题，属于侵权责任的范畴；第186条规定的责任竞合问题，属于违约责任的范畴；第187条规定的民事责任优先问题，主要适用于侵权责任领域。至于《民法总则》第177条和第178条规定的多数人责任（按份责任、连带责任），虽然适用于违约责任和侵权责任，但实则超越违约责任和侵权责任，属于债的一般规范。既然《民法总则》第118条规定侵权行为和合同均为债的发生根据，那么第八章“民事责任”的主要内容应归属于债，可以被第118条所涵盖；在第118条之外，另行规定民事责任，显然不利于债法体系的构建。

其次，既然《民法总则》第118条将合同、侵权行为、不当得利、无因管理纳入债的范围，那么就有必要在各种债的基础上抽象出适用于各种债的一般规范。这是构建债法体系的必要，也是法典编纂技术之所谓“提取公因式”的应有之义。在《民法总则》第五章“民事权利”关于债的规定中，除了第118条外，第119条~122条分别规定了合同、侵权行为、不当得利和无因管理，并无债的一般规范的规定；第八章“民事责任”中算得上债的一般规范的也只有第177条、第178条关于多数人责任的规定。也就是说，《民法总则》基本上没有关于债的一般规范的规定。在这种情况下，如何安排债的一般规范，就成了民法典编纂面临的一大难题。

根据民法典编纂的实际情况，一个可能的或许也是立法机关认为比较现实的方案是将债的一般规范安排在合同编，这有两个方面的理由。一是如同《民法总则》以《民法通则》为基础一样，合同编势必也以《合同法》为基础，《合同法》总则部分已经包含债的一般规范，[21]将债的一般规范安排在合同编，省时省力。二是比较而言，将债的一般规范安排在合同编，比安排在侵权责任编更加合适。因为这符合人们关于债的一般规范主要是合同制度的抽象的认知。

如果采取上述方案，那么接下来需要明确的则是在立法上如何解决合同编有关债的一般规范对其他类型债的适用问题。这种情形下，唯一可行的方法是在其他类型债的规定中设置“准用性条款”，即规定侵权责任、无因管理、不当得利之债的有关问题“参照适用”合同编的相关规定。但是，由于债的一般规范对各种类型的债的适用情况不同，在合同之外具体类型的债中规定“准用性条款”并非易事。例如，债的抵销在合同之债中不受限制，但在侵权之债中则受限制，即受害人可以主张抵销，而加害人则不能主张抵销。而且，如果说在侵权责任编规定侵权损害赔偿可“参照适用”合同编的条款还有可行性的话，那么在总则编中规定不当得利之债、无因管理之债“参照适用”合同编的条款则不可行。因为总则编是对民事法律制度具有“普遍适用性”的规范，而不是相反。如果总则编规定的制度需要从分则编寻找其一般规范，那么就谈不上法典的体系性。

（四）诉讼时效制度的和谐问题

受苏联民事立法和民法学理论的影响，《民法通则》没有采用传统民法的“消灭时效”概念，而采用了“诉讼时效”的概念，《民法总则》延续了这一成例。与《民法通则》比较，《民法总则》关于诉讼时效的规定，其内容丰富得多，也合理得多。《民法总则》将普通诉讼时效期间延至3年，并具体规定了诉讼时效中止、中断的法定事由，增加了关于分期履行之债、无行为能力人和限制行为能力人对其

---

[21] 在《合同法》总则中，属于债的一般规范的内容包括：第四章“合同的履行”中合同履行的一般规范（双务合同履行抗辩除外）、债的保全（代位权和撤销权），第五章“合同的变更和转让”（债的移转），第六章“合同的终止”（合同的解除除外），第七章“违约责任”（违约金、定金除外）。

法定代表人的请求权、未成年人遭受性侵害的损害赔偿请求权的诉讼时效期间起算规则的规定，增加了诉讼时效的效力、法院不得主动适用诉讼时效、关于诉讼时效的约定无效、诉讼时效利益不得预先放弃等规定，增加了排除适用诉讼时效的请求权的规定，同时还增加了仲裁时效的规定。但是，《民法总则》关于诉讼时效的规定却破坏了制度内部的和谐。

源自苏联民法的诉讼时效制度，反映的是“人民与国家间的关系、人民与法院间的关系”。〔22〕从概念而言，诉讼时效被定义为权利人请求法院保护其权利的法定期限；〔23〕从效力而言，诉讼时效期间届满，权利人丧失了请求法院保护其权利的权利，即胜诉权。〔24〕由于诉讼时效期间届满，权利人的胜诉权已归于消灭，因此苏联民法学者甚至认为，即使被告没有主张时效抗辩，法院也可以依职权主动适用诉讼时效，驳回原告超过诉讼时效的诉讼请求。〔25〕由此可见，诉讼时效的概念、效力（“胜诉权消灭”）以及法院主动适用诉讼时效，其间的逻辑关系是清楚的，制度也是和谐的，准确地描述了人民与国家（法院）之间在权利保护问题上的关系。

对于诉讼时效制度所反映的这一特殊社会关系，多数民法学者未加以特别关注。但是，随着民法学理论的发展，越来越多的学者注意到诉讼时效效力的合理性问题，认为“胜诉权消灭说”不合理，不符合司法实践的实际情况，主张未来的民法典采用“抗辩权发生说”。〔26〕《民法总则》采纳了学者的主张，于第192条第1款规定，“诉讼时效期间届满的，义务人可以提出不履行义务的抗辩”。与“抗辩权发生说”相应，《民法总则》第193条规定“人民法院不得主动适用诉讼时效的规定”，明确了法院在审理涉及诉讼时效的案件时应当保持中立的地位。

应该肯定的是，《民法总则》采取“抗辩权发生说”、明确法院不得主动适用诉讼时效的规定是立法的进步。因为当事人之间发生纠纷，即便诉诸法院，仍属于平等主体之间的关系，而不会变成权利人与国家（法院）之间的关系。法院作为纠纷的裁决者，在处理当事人之间的纠纷时应保持中立的地位。如果法院以原告的胜诉权已归于消灭为由主动适用诉讼时效，无异于站在被告的立场，是在帮助被告

---

〔22〕 这是已故谢怀栻先生的见解。《民法通则》颁布后，谢先生在中央党校和最高人民法院主办的《民法通则》培训班上担任第十三讲“时效”的讲授任务。他说诉讼时效制度“与资本主义国家的消灭时效的制度有着重要的不同，我们的时效制度是规定人民与国家间的关系，人民与法院间的关系。资本主义的消灭时效是规定个人与个人间的关系，只间接地影响人民与国家的关系。”最高人民法院《民法通则》培训班：《民法通则讲座》，1986年版，第280页。

〔23〕 王作堂、魏振瀛、李志敏、朱启超等编：《民法教程》（北京大学试用教材），北京大学出版社1983年版，第125页。

〔24〕 最高人民法院《民法通则》培训班：《民法通则讲座》，1986年版，第282页。

〔25〕 ［苏联］坚金、布拉图斯主编：《苏维埃民法》第1册，中国人民大学民法教研室译，法律出版社1956年版，第318页。

〔26〕 王利明主编：《中国民法典草案建议稿及说明》，中国法制出版社2004年版，第307页。

"拉偏架"。《民法总则》放弃了"胜诉权消灭说"而采用"抗辩权发生说"，实现了时效制度从规范人民与国家（法院）的关系向规范平等主体之间的关系的回归，其制度价值和意义重大。

然而，《民法总则》第188条关于时效概念的定义，仍延续了《民法通则》第135条"向人民法院请求保护民事权利的诉讼时效期间"的内容。依此规定，所谓诉讼时效，也就是向法院提起诉讼保护其民事权利的有效期间。这与"抗辩权发生说"及法院不得主动适用诉讼时效的规定就极不和谐，这是《民法总则》带来的新的体系性问题。

（五）法律条文设置问题

法典是"有序的立法整体"。此所谓有序，不仅指体例安排有序，也指法律条文设置有序。如果法律条文设置无序，或疏漏，或重复，或欠缺逻辑关系，那必然是体系上的缺失。在法律条文设置问题上，《民法总则》存在的问题十分明显，以下试举几例加以说明。

例一：《民法总则》第21条第2款规定："八周岁以上的未成年人不能辨认自己行为的，适用前款规定。"依此规定，八周岁以上本属于限制民事行为能力人的未成年人如"不能辨认自己行为"的，应认定为无民事行为能力人。这就涉及谁来提请法院认定民事行为能力丧失的程序问题。然而，《民法总则》对此并无规定。虽然《民法总则》第24条规定了民事行为能力丧失的程序性问题，但是该条规定仅适用于成年人，[27]而不适用于未成年人。这明显是立法的疏漏。

例二：《民法总则》第19条、第22条、第145条均有关于民事限制行为能力人实施的民事法律行为的效力的内容，尽管第19条和第22条是从行为人是否可以独立实施行为的角度作出规定，第145条是从行为的效果角度作出规定，二者角度不同，但内容重复却十分明显。条文内容重复明显的还有第135条关于民事法律行为形式（书面、口头、其他形式）的规定和第140条关于意思表示形式（明示、默示）的规定，须知民事法律行为与意思表示实属同义，书面、口头形式也就是明示，其他形式也就是默示。

例三：《民法总则》第19～22条关于无民事行为能力人、限制民事行为能力人的规定都含有"法定代理人"的内容，第23条规定了监护人是无民事行为能力人、限制行为能力人的法定代理人。如果监护人之外并无其他法定代理人，那么只要将第19～22条中的"法定代理人"置换为"监护人"即可达到立法的目的，完全没有必要设置第23条。第19～22条与第23条的设置有"叠床架屋"之嫌。

---

[27] 《民法总则》第24条第1款规定："不能辨认或者不能完全辨认自己行为的成年人，其利害关系人或者有关组织，可以向人民法院申请认定该成年人为无民事行为能力人或者限制民事行为能力人。"

例四：《民法总则》第54条和第55条分别规定了“两户”（个体工商户和农村承包经营户）的主体地位，第56条则分设两款规定了“两户”的财产责任。这种条文安排的不合理之处在于：既然“两户”的主体地位分别以两个条文加以规定，那么其财产责任也应分别加以规定，《民法总则》对主体地位分条规定，而对财产责任则合在一条中规定，明显“无序”。从法律条文表述简洁角度考量，较为合理、有序的安排则是分设两条，每条均设两款，将个体经营户和农村承包经营户的主体地位和财产责任统一在同一个法律条文中予以规定。

例五：《民法总则》第五章“民事权利”内容庞杂，在总则各章中风格迥异，很不协调。从内容来看，第五章既有关于具体类型民事权利（人格权、物权、债权、知识产权、继承权等）的规定，又有关于权利客体（物、个人信息、虚拟财产、作品、专利、商标等）的规定；既有关于民事权益保护的宣示性规定，又有关于民事权利取得和行使的具体规范，形成了与前后具体民事制度各章（自然人、法人、非法人组织、民事法律行为、代理、民事责任、诉讼时效）完全不同的风格。而且第五章关于民事权益保护的宣示性规定（第109条、第111条、第112条、第113条），不过是重申了第3条关于“人身权利、财产权利以及其他合法权益受法律保护”的规定，也有重复之嫌。

例六：《民法总则》第143条规定了民事法律行为的有效条件，即行为人具备相应的民事行为能力，意思表示真实，不违反法律、行政法规的强制性规定，不违背公诉良俗。依此规定，不具备有效条件的行为应认定为无效，但是《民法总则》并没有将不具备上述有效条件的行为都规定为无效行为。例如，重大误解、欺诈、胁迫、乘人之危等行为，属于不具备“意思表示真实”要件的行为，依《民法总则》第147~151条的规定，均为可撤销的行为。可撤销的行为在撤销之前则为有效行为，而非无效行为。由此可见，《民法总则》关于民事法律行为有效条件的规定与关于欠缺有效条件的行为效力的规定之间逻辑关系欠严谨。

四、走出民法典编纂体系性困境的思路与建议

现行的民法典编纂工作安排和《民法总则》的制定给民法典编纂带来了体系性的困境。一方面，如果按照《民法总则》现有的制度安排以及民法典编纂工作的既有安排，民法典的体系性将无以保障；另一方面，如果要确保民法典的体系性，势必重新审视民法典编纂的工作安排，并重新审视《民法总则》。如何走出这一困境，是民法典编纂后续立法活动中需要重点考虑的问题。

对此，笔者认为还是要回到民法典编纂的初衷上。为了编纂一部体例科学的民法典，李适时主任和李建国副委员长在关于民法总则的立法说明中均强调要“讲法理，讲体系”。笔者认为，此所谓“法理”“体系”，主要是指自古罗马以来逐渐形

成的一套相对完备的民法知识体系。这一套民法知识体系包括民法的概念、制度、原理以及民法典的体例、民商关系的体例等。在经历了清末民初对大陆法系私法的继受和改革开放以后新中国民法学的理论转型后，这一套民法知识体系已经被我们所接受，并成为我国民法学知识体系的主体，应当在民法典编纂的立法活动中得到应有的尊重。尊重民法的知识体系，旨在将民法典的编纂纳入民法的知识体系，避免立法的随意性和任意性，以确保立法的质量，这是我们编纂一部符合体系性要求的民法典的基本保障。

我国以往的民事立法实践也表明，试图突破这一知识体系的“创新”并不成功，不足以成为当下编纂民法典应当遵循的经验。例如，《民法通则》关于民事法律行为合法性的规定以及所创设的概念体系，关于建立统领违约责任和侵权责任的民事责任制度，均被认为是我国民事立法的创新。尤其是后者，还被认为是我国民事立法反映“新时代的要求”和“新思潮”的一大特色，〔28〕“是世界民事立法史上的重大突破”。〔29〕然而，它们均因不同程度上背离了大陆法系民法学的知识体系而被后来的理论和立法逐渐抛弃。在民法典编纂中，不仅要吸收过往立法的经验，也要接受其中的教训，尤其是接受突破民法知识体系的教训。

在立法中对民法知识体系缺乏应有的尊重，常常表现为立法的随意性和任意性。上述《民法总则》存在的体系性问题，大多与立法的随意性和任意性有关。例如，《民法总则》第五章“民事权利”简直就是一个“大杂烩”，将具体民事权利、权利客体以及权利行使规则都往里堆，毫无章法可循，立法的随意性和任意性十分明显。又如，《民法总则》第118条将侵权行为纳入债的体系，为了传统民法债的体系，但在第八章“民事责任”有规定了侵权责任的一些内容，分则中不设债法总则，债的体系凌乱不堪，也可以看出立法的随意性和任意性。再如，关于法人的分类，民法总则草案一审稿和二审稿均无特别法人的设置，三审稿开始设特别法人，将机关法人、农村集体经济组织法人、城镇农村的合作经济组织法人、基层群众性自治组织法人归入其中，成为独立于营利法人和非营利法人之外的一类法人，纯然不顾其间的合理性和科学性，也表现出立法的随意性和任意性。此外，《民法总则》无视法律行为和意思表示的同质性，分别规定法律行为和意思表示的形式，也是立法的随意性和任意性的表现。纵观《民法总则》的制定过程，笔者认为立法的随意性和任意性已对民法典的体系性构成了重大的威胁，应予足够重视。

根据立法机关关于民法典编纂工作的部署，民法典在民商关系的处理上采取折中的民商合一制，在体例上采取“总—分”结构。如果说这一立法安排已成定案且可取的话，那么民法典编纂的后续工作就必须以《民法总则》在体系性问题上已经

---

〔28〕 余能斌、马俊驹：《现代民法学》，武汉大学出版社1995年版，第665页。

〔29〕 杨振山：《中国民法教程》修订本，中国政法大学出版社1999年版，第602页。

取得的成效为基础，按照编纂一部“体例科学、结构严谨、规范合理、内容协调一致的法典”的要求，尊重民法的知识体系，克服立法的随意性和任意性，正视《民法总则》未能解决的体系性问题并予以纠正。按照上述思路，后续民法典编纂中需要做的工作很多，包括民商合一体制下的民法典与商事特别法的分工，“总—分”结构下的法典编制的安排，法律条文的有序编排，法律语言的准确表达等。其中，重点是对已经通过的《民法总则》的内容进行必要的调整和重新考虑建立完善的债法体系。对此，笔者的具体建议如下。

第一，按照“普遍适用性”的要求，调整《民法总则》的内容。按照李适时主任和李建国副委员长关于民法总则的立法说明，民法总则编规定的是民事活动必须遵循的基本原则和一般性规则，对分则编具有统领的作用；总则编的一般性规则是按照“提取公因式”的方法，将其他民事法律中具有“普遍适用性”的规定提取出来而形成的规则。也就是说，构成总则的规范必须是对分则编和民事单行法具有“普遍适用性”的规范。这是确定哪些制度和规范应当安排在总则、哪些制度和规范不应安排在总则的标准。依据这一标准，《民法总则》的内容应当进行如下调整。

首先，将第五章“民事权利”中有关具体民事权利的规定移出总则，回归分则编和单行法，不再设“民事权利”章；删去与《民法总则》第3条民事权益保护原则内容相近的关于具体类型民事权益保护的宣示性规定。

其次，在主体（自然人、法人、非法人组织）之后设“权利客体”章，将“民事权利”章有关物、个人信息、网络虚拟财产、知识产权客体的规定移到“权利客体”章，并完善有关客体的规定。

再次，设“民事权利的行使与救济”章，将“民事权利”一章中关于权利行使的规定和“民事责任”一章中关于正当防卫、紧急避险以及见义勇为等规定移到“民事权利的行使与救济”章，并完善权利救济制度尤其是私力救济制度。同时，删去“民事责任”章，将剩余内容移到分则相关编中。

最后，将“自然人”一章中的“监护”移出总则，在“婚姻家庭”编中规定监护制度。监护主要发生在婚姻家庭成员之间，与婚姻家庭制度的联系密切，移到“婚姻家庭编”将有利于更好地发挥婚姻家庭的功能和作用。

按照上述方案调整后的民法总则内容包括基本规定、自然人（不含“监护”）、法人、非法人组织、权利客体、法律行为、权利的行使与救济、诉讼时效（建议放弃诉讼时效的概念，改为“消灭时效”）。

第二，坚持物债二元体制，设“债编”或在“合同编”“侵权责任编”基础上增设“债法总则”编，构建统一的债法体系。民法调整平等主体之间的社会关系。如以权利主体即“我”为中心而展开，经民法调整形成的法律关系可分为两种基本类型，即“我”对特定主体的关系和“我”对不特定主体的关系，前者为相对法律关系（请求权关系），后者为绝对法律关系（支配权关系）。在民法的制度中，债权和物权最为集中地反映了这两类法律关系，因而成为奠定民商事法律体系的基础，其他类型的法律关系均建立在这两类法律关系划分的基础上，它们或者是这两类法律关系在具体领域的存在，或者其法律调整参照适用这两类法律关系的规范。因此，物权与债权是奠定整个民商事法律体系和民法典体系的基石。

在我国民法典编纂的工作计划中，有物权编而无债编，物债二元体系未能得到有效坚持，从而导致债的规范体系支离破碎，债的一般规范无以安身。这就从根本上动摇了民法典体系及民商事法律体系的基础。如果《民法总则》第118条关于债的规定是立法作出的一项制度选择，那么构建统一的债法体系，则是物债二元体系之必需，也是编纂一部体系科学的民法典之必需。

构建统一的债法体系，有两种方案可供选择：一是设债编，内容包括债的一般规范、合同、无因管理、不当得利、侵权行为，将现行的《合同法》《侵权责任法》以及《民法总则》第五章中关于不当得利和无因管理的规定，按照债编的体系要求归入其中；二是考虑到统一的债编篇幅过大，亦可分设债法总则编、合同编、侵权责任编。债法总则的内容主要是债的一般规范，鉴于无因管理和不当得利内容少和篇幅小，可以安排在债法总则编。此前，我国民法学界部分学者提出的民法典草案建议稿采取的是第二种方案。〔30〕从科学性而言，笔者倾向于第一种方案，因为第二种方案存在“总则不纯、分则不全”的问题。〔31〕

无论采取何种方案，债的一般规范都应包括一般规定（债的标的、效力、诚实信用原则和非典型之债〔32〕的法律适用），债的类型（种类之债、金钱之债、选择之债、损害赔偿），债的履行（履行原则、第三人履行、第三人受领、部分履行、履行地、履行期限、期前履行、履行费用），债的不履行（不履行、不适当履行、迟延履行、加害履行、受领迟延），债的保全（代位权和撤销权），债的移转，债的消灭（清偿、提存、抵销、免除、混同），多数人之债（按份之债、连带之债、不可分之债）等内容。〔33〕

---

〔30〕 参见中国民法典立法研究课题组：《中国民法典草案建议稿》，法律出版社2003年版；同前注14，王利明主编书。

〔31〕 在债的法律体系中，无因管理、不当得利应属于债法分则，如规定在债法总则编，是“总则不纯”；如债法分则仅有合同和侵权责任两编，而无不当得利和无因管理，则是“分则不全”。参见柳经纬：《当代中国债权立法问题研究》，中国法制出版社2009年版，第196页。

〔32〕 非典型之债是相对于典型之债而言的，后者包括合同、无因管理、不当得利和侵权行为，前者是指在这四种债之外，存在于民法典其他编以及其他法律中的债。参见柳经纬：《非典型之债初探》，载《中国政法大学学报》2008年第4期。

〔33〕 柳经纬：《当代中国债权立法问题研究》，中国法制出版社2009年版，第203~219页。

五、结语

最后，必须指出的是，在《民法总则》制定的过程中，人们关注的胎儿权益保护、成年人为自己设立监护、无民事行为能力人的年龄上限、个人信息保护、紧急救助（“好人条款”）以及英烈人格利益保护等具体问题，均可通过现行法的修订（如修订《民法通则》）而达到目的，而无须通过编纂民法典来实现。民法典编纂的目的并不是单纯解决这些具体的法律问题，而是要通过法典化实现民商事法律的体系化，为完善我国社会主义法律体系奠定基础。因此，法典的体系性问题不应该被忽略。如果忽略民法典编纂的体系性问题，我们将失去一次民法典编纂的历史时机。但愿这不是“杞人忧天”。

【专题研究之一：民法总则适用与方法论】

我国民法基本原则的内容嬗变与体系化意义

——关于《民法总则》第一章第3~9条的重点解读*

龙卫球**

目　次

一、导言：如何认识《民法总则》民法基本原则规定的双重意义

近日，我国《民法总则》的出台，意味着新中国第一部民法典编纂的序幕已经拉开。两年为期，民法典其余部分的编纂应可告竣，而此部《民法总则》将会成为民法典整体中的“民法总则编”。该“民法总则编”将会被置于全部民法体系之首，作为最具体制性的基础规定，发挥上层纽带作用，与此后即将面世的各分则部分，构成一种“一般与特别”抑或“一般与具体”的两层次体系关系。在这个意义上，《民法总则》的诸项规定均在制定法的体系意义上具有整合功能。

我们注意到，在这样一部居于全部民法体系之首、具有高级整合功能的《民法总则》之中，存在一类居于显著位置的、可以称为民法基本原则规定的规定类型，即第一章“基本规定”中的第3条到第9条。民法基本原则作为民法中的一类规定，具有承载民法基本价值的内在品格和作为一般性规定的外在形式的双重特点。

---

* 本文原载《法治现代化研究》2017年第2期。

** 教授，北京航空航天大学法学院院长，教育部特聘长江学者，工业和信息化部法律顾问。

“原则”一词，首先具有一种实质含义，即它们是“用来概指抽象的基本价值”的。[1]所以，民法基本原则首先彰显着民法的基本价值。其次，“原则”一词，从外在规定形式上，是制定法中的一类一般性规定。例如，《欧洲合同法原则》就是这样对原则进行了定义，“原则……是指欧盟合同法所适用的一般规则。”[2]民法基本原则规定作为一种一般性规定，与民法上其他大多数法律规定有着显著不同。民法上其他大多数规定为具体性规定，表现为规定“因某种具体法律事实发生而导致某种具体法律效果”的样态；[3]但是，民法基本原则规定只是对于民法基本价值进行宣示和表达，而并不指向具体的法律事实或者具体的法律效果。

我们也应当注意到，民法中那些基本原则规定的内容架构，从现代民法到当代民法，无论是立法上还是实践认识上，都处于不断发展变化之中。我国《民法总则》亦然，其在继承《民法通则》基本内容架构的基础上，也呈现了一些重要的变化。那么，我们应当如何看待我国民法基本原则体系的这些内容变化呢？应当如何认识和预期它们的合理性和发展趋势呢？同时，我国《民法总则》继受采取的明确宣示规定民法基本原则的做法，具有一种独特的民法体系构建意义。实际上，这种关于民法基本原则明确宣示的规定方式，并不是早期主要民法典的做法，例如1900年《德国民法典》追求的是一种概念化封闭的所谓“价值中立”体系，因此天然地要求排斥价值宣示，以免对高度形式化体系发生自我反正。民法典明确规定民法基本原则，宣示民法基本价值，是后来逐渐发展出来的一种做法，源自于1907年的《瑞士民法典》，到了20世纪50年代之后，成为新一轮民法典修订或制定中的一种重要体系化革新方式。那么我们应该如何看待这种民法基本原则规定作为新体系化方式的意义呢？应该如何认识它对当代民法新体系观的塑造作用呢？这些是本文的重点所在。

二、《民法总则》民法基本原则规定的制度嬗变

（一）民法基本原则制度的时代品格

民法基本原则本身是民法承载的基本价值所在，较之于具体规则更具有稳定性。所以可以说，今天仍然适用于民法的许多基本原则，数百年前就已经是民法的

---

〔1〕 参见欧洲民法典研究组、欧盟现行私法研究组：《欧洲示范民法典草案：欧洲私法的原则、定义和示范规则》，高圣平译，中国人民大学出版社2012年版，第8页。

〔2〕 参见《欧洲合同法原则》第1：101条第（1）款。这一解释与《国际统一私法协会国际商事合同通则》大体相同，其前言第一段规定：“本原则旨在为国际商事合同制定一般规则”。

〔3〕 参见龙卫球：《民法总论》（第二版），中国法制出版社2002年版，第37页。拉伦茨将这种具体的可以发挥赋予具体法律效果规定功能的法律规定称为规整（Regelung），也叫完全性法条。参见［德］卡尔·拉伦茨：《法学方法论》，陈爱娥译，商务印书馆2003年版，第132页以下。

基本原则。[4]特别是民法上那些决定其内在体制性特点的基本原则，例如人格平等、私法自治等，具有历史的稳定性，甚至像“钻石恒久远”一样具有一种跨越时空的意义，这也是民法自罗马法以来不断复兴、自近代民法以来稳定持续，其经历漫长岁月仍然深入人心的奥秘所在。基于此点，拉伦茨曾经指出，对于民法基本原则而言有时不应过分强调其可演变性，许多所谓关于民法基本原则的变化不过是具有超越时代效力的法律思想具体化的、从属性价值的一些演化而已，“因此，可演变性毋宁比较是指这些原则的从属价值决定，它们的具体化，它们重点的转移及其协作。就此而论，则相应于一般生活方式改变的加速，近几十年来的演变事实上极大。”[5]

但是，我们也应看到，民法基本原则自现代以来确实在发生一些重要的制度演化，特别是近几十年呈现一种加速的趋势。[6]这种加速现象，在20世纪90年代之前凸显得还不够明显，但是，随着20世纪90年代和21世纪初的信息化、全球化突飞猛进，我们当下社会发展的情势突然加速，社会复杂关联的许多形态、程度前所未有，多个世纪以来个体自主自处、市场自行自洽的原理，遭遇了前所未有的社会复杂性和社会性失灵的冲击，平等、自由等传统体制价值的对立面，关于“社会正义”“弱势保护”“社会责任”的要求不断高涨。全球视野下，甚至还在法律政治架构领域产生了倡导“保障人权”“保护文化和语言多样性”“促进生态环境保护”“促进全球或区域合作”等新理念和价值的趋势。这种情况下，关于民法基本原则应进行一些实质性调整的一种更加激进的观点逐渐占据上风。例如，《欧洲示范民法典草案》2009年的正式文本，就提出未来欧洲统一民法典的基本原则应该包括根本原则和其他首要原则（最主要的原则）两大范畴，[7]前者是当代民法的内在体制原则，包括自由、安全、正义和效率；后者除了根本原则，还包括保障人权、促进团结和社会责任、保护文化和语言多样性、保护和促进福祉、促进内部市场发展等外部整体性的政治原则。[8]这些原则，有些可能属于传统民法基本原则的从属性价值发展或具体化，或者属于民法所从属的更高法律原则或政治原则的体现或具体化，但是也有许多确实是属于新时期出现的崭新价值的要求，或者新时代出现的政治原则的要求。

---

〔4〕参见前引（3），卡尔·拉伦茨书，第360页。

〔5〕参见前引（3），卡尔·拉伦茨书，第360页。

〔6〕参见前引（3），卡尔·拉伦茨书，第360页。

〔7〕《欧洲示范民法典草案》“临时纲要版”2008年面世时，就提出了一种当代民法应当确立更加多元的原则体系的观点，列举的可能的基本原则不下15项，包括正义、自由、保障人权、经济福祉、团结和社会责任，构建自由、安全和正义的领域，促进欧盟内部市场发展，保护消费者以及其他需要保护的人，保护文化和语言的多样性、理性、法律的确定性、可预见性、效率，保护合理信赖，以及合理分配制造风险的责任等。参见“临时纲要版”导论第22段和第35段。转引自前引（1），欧洲民法典研究组、欧盟现行私法研究组书，第9页。

〔8〕参见前引（1），欧洲民法典研究组、欧盟现行私法研究组书，第11～13页。

（二）《民法总则》民法基本原则的制度发展

我国民法基本原则的制度内容及其架构，在1986年的《民法通则》时期就富有时代感，特别是关于公平、诚实信用等原则的宣示确立，被认为能够较清晰地反映同时代民法基本价值的新观念要求，适应了复杂社会化条件下对于日益增加的社会正义和信赖的要求，对于近现代民法以来的平等、自愿等传统体制性原则形成了一种富有时代张力的全新价值平衡，而不能看成只是既有基本原则下的一些从属性价值的出现或者添加而已。

此次《民法总则》制定过程中，人们对需要宣示和规定民法基本原则条款，本身并不存在什么争议，几乎所有的机构或者学者建议稿都规定了民法基本原则条款，看起来当代民法应当重视引入原则条款的思想深入人心。当然，我国《民法通则》已经采取了30年的基本原则模式，恐怕也已经使得其成为一种顺其自然的成果。但是，不同建议稿乃至不同版本的立法审议草案，对于应该规定哪些民法基本原则以及应该如何对这些基本原则排序，则存在许多分歧。换言之，对于民法基本原则的内容体系及其范围，不同机构或学者建议稿版本、不同审议稿版本主张不一。各版本对于应当继承《民法通则》已经确立的平等、自愿、公平、诚信、禁止违背公序良俗、民事权益受法律保护等基本原则方面，意见大致相同（虽然存在一些细节上的比如“应当如何表述的差异”等），但是，对于是否需要确立关于民事活动全面法律管制的原则，是否应当纳入一些对于民法来说越来越具有外部整体性基础或限制意义的社会政治价值原则及其范围，比如环境保护原则、和谐社会原则等，则存在广泛争议。

最终，《民法总则》在基本上继承《民法通则》基本原则内容架构的基础上，在较为显著的方面呈现了民法基本原则在进一步社会化方面加速发展的趋势，特别是在使得民法基本价值朝向更加相对化、细分化和多样化表达方面，以及在适时引入一些构成民法必要外部整体性基础或限制的社会政治价值原则方面，呈现出与《欧洲示范民法典草案》非常近似的一面。总体而言，《民法总则》基本原则体系的内容及其演化情况，大概可以归纳为以下几个方面：

其一，继续保留了过去的平等原则（第4条）、自愿原则（第5条）、公平原则（第6条）和诚实信用原则（第7条）。这些原则在《民法通则》中都有规定，但此次却都作为单独的法条加以确立，更加明确和清晰了。

该四条基本原则中，平等原则和自愿原则是民法最重要的固有体制性原则，体现民法一直以来的基本价值所在，而公平原则和诚信原则是现代民法基于社会关系复杂化发展出来的崭新价值，体现社会正义和社会信赖的需求，旨在平衡个人的平等、自由价值与社会的公平、诚信价值之间的关系。这些价值原则以及后面的禁止违反公序良俗原则，构成了民法在当今时代的最为内在的理由基础体系，成为全部具体制度或规则的论证理由和设定依据。

其二，在继承和保留的基础上，将过去已经确立的民事权益受法律保护的原则提到首位（第3条）。在此前草案建议稿或者四审稿为止的审议稿，这一原则都是放在后面的位置，但是最后审议阶段代表提出这个原则应该更加重要，所以提到了第一位。

十二届全国人大法律委员会在最后的《关于〈中华人民共和国民法总则（草案)〉审议结果的报告》第二项中解释了理由："草案第九条对民事主体的民事权利以及其他合法权益受法律保护作了规定。有的代表提出，民事权利受法律保护是民法的基本精神，统领整部民法典和各民商事特别法，建议进一步突出民事权利受法律保护的理念。法律委员会赞成上述意见，建议将草案第九条移至第二条之后。(草案修改稿第三条)。"[9]

从理论上说，保护民事权益是整部民法的目的所在，所以不嫌麻烦和累赘，再次将之确立为民法基本原则也并无不可，鉴于作为目的性原则更加具有终极性，提到众原则之首也理所当然。但我国民法明确宣示该原则并不断凸显其重要地位，应该主要在于认为有矫枉必过正的需要。也就是说，之所以需要强调是因为现实存在纠偏的需要。这种观念认为，我国属于民法后发国家，所以一直以来从上到下民事权益意识都表现得较为淡薄，即使这些年我国民法从形式上逐渐发展起来，并且不断强调要尊重和保障民事权益，但是实际上到目前为止，我们民事合法权益得不到法律保护的现象却依然明显，特别是有关组织和公权力对于民事权益的任性侵犯比较严重，个人之间不尊重甚至漠视相互的民事权益的情况也很突出。所以，此次立法不仅认为有必要确立这一原则，而且还要提前到第3条的显著位置，以便达到振聋发聩的效果。[10]

其三，将过去实际确立的禁止违反公序良俗的原则规定，发展为禁止违反法律和公序良俗的两个方面并置的原则（第8条）。这里提升了禁止违反法律的原则要求，同时也将过去没有明确的"公序良俗"概念加以明确化。

对于全面确立"禁止违反法律和公序良俗"原则，立法过程其实颇有争议。

1986年《民法通则》第7条确立了禁止违反公序良俗的原则规定，但没有规

〔9〕 参见《十二届全国人大法律委员会关于〈中华人民共和国民法总则（草案)〉审议结果的报告》(2017年3月12日第十二届全国人民代表大会第五次会议主席团第二次会议通过)，载"法律图书馆网"，http://www.law-lib.com/fzdt/newshtml/22/20170315212736.htm?from=timeline&isappinstalled=1，最后访问日期：2017年4月1日。

〔10〕 笔者怀疑这种单纯的高举高打的做法会起到充分的预期效果。我们在《民法通则》时代已然把该原则明确宣示出来了，也算是其他国家没有的一次创举，但是经过三十年的实践，似乎达不到我们当初预期的充分效果。所以，除了高举高打，恐怕更重要的是民法内外真实有效的制度设计和具体执行。这方面我们还需要一些深刻的研究。

定“禁止违反法律”的原则要求，并且与其他国家确立的“尊重公序良俗”条款表述也有所不同，体现了我国关于公序良俗的一种特殊理解，甚至把当时国家任意性很强的经济计划等也纳入其中。1999年《合同法》第7条规定：“当事人订立、履行合同，应当遵守法律、行政法规，尊重社会公德，不得扰乱社会经济秩序，损害社会公共利益。”将禁止违反公序良俗，发展为尊重法律和禁止违反公序良俗并置的原则，且对公序良俗的表述略有变化，从提升合同自由的角度拿掉了经济计划等比较意志任性的表述。此次，《民法总则》通过本条将《民法通则》《合同法》上述规定予以继承和提升，不仅在民法基本原则的高度全面确立了禁止违反法律与违反公序良俗，而且关于公序良俗的表述简化了、直接了，直接使用“公序良俗”的弹性概念，不再像过去那样具体化表述；同时还把《合同法》第7条的“遵守”的正面表述转换成“不得”的禁止表述，实现这一原则规范在禁止表述方式上的统一。

该原则对于传统民法上的公序良俗原则，既有继承又有发展，其中最大发展就是把禁止违反法律的要求也加入进来。尊重公序良俗条款，在近代民法以及之后一个时期作为原则开始得到发展，一开始仅在一定范围被适用。[11]但是，20世纪40年代晚期之后，它开始被一些国家民事立法或实践提升为一般条款，以补救传统民法原则指导的民法规范的不足。例如，日本于1947年修正民法时，便以一般条款的形式确立了尊重公共秩序和善良风俗条款，经修正的民法第1条第1项规定：“私权应服从公共利益”。根据这一规定，在私权与公共利益结合的范围，私权行使应与公共利益结合，受公共利益要求约束或限制，其行使必须同时符合社会公共利益。[12]

现代国家民法上，民事活动不得违反法律按理也是应有之义，但是它们却没有从原则表述高度加以强调，这是有原因的，那就是民法对于涉及民事活动的强制规定总是抱有一种深深的怀疑态度，因为担心国家权力会借助立法之名而任意施加各种不必要的干预。民法以追求确认和保护民事权益为目的，以贯彻平等、自由为体制追求，因此应当尽可能鼓励民事活动自由开展，对之进行法律限制必须慎重。总之，民法总体上多是任意法，所以不宜动辄加以原则性的法律限制，而是最好在一些具体的方面引入必要的禁止违反法律的规定来进行具体干预，例如在法律行为领域关于法律行为效力规定中，各国民法往往规定违反强制性法律的法律行为或合同

---

〔11〕 例如，《法国民法典》第6条规定“不得以特别约定违反有关公共秩序和善良风俗”，以及第1135条规定“如原因为法律所禁止，或原因违反善良风俗或公共秩序时，此种原因为不法原因”；《德国民法典》第826条规定“违反善良风俗的方法对他人故意施加损害的人，对受害人负有赔偿损害的义务”；《日本民法典》第90条规定“以违反公共秩序或善良风俗和事项为标的的法律行为，为无效”。

〔12〕 《德国民法典》于1976年修正时以138条第1项规定：“违反善良风俗的法律行为，无效。”第2项规定乘人之危的法律行为亦无效。德国始终没有宣示保护公共利益，究其原因，在于德国学者认为如果在民法上使用公共利益这种过于意识形态化的术语，很可能导致恣意的政治司法行为发生。

无效的具体规定。我国《民法通则》和《合同法》在相关的法律行为效力和合同效力部分也都做出了类似规定。[13]此次，我国《民法总则》起草者将禁止违反法律直接提到民法基本原则高度，在四审稿阶段大概为了避免表述上重复，忽然将法律行为效力部分的相关具体规定删除了，但未做过多解释，结果引起了一些学者的批评。[14]

可见，对于禁止违反法律的原则规定，其实最值得商榷的是其在上升为基本原则的理由上尚欠缺一个清晰有力的说明。从有关民事活动的限制性立法的发展趋势而论，全面确立禁止违反法律原则的合理性仅在于：由于当今社会复杂化的加剧，导致对于有关民法体制原则的社会限制必要不断添加，其中有些需要通过国家介入强制性立法方式来进行解决，既有在民法之内的强制性规定，如物权法、合同法中某些强制性、禁止性规定，也有在民法之外的强制性规定，如一些体现在非以民法为主题的单行法中的旨在限制民事活动的强制性规定。这些强制性规定，不仅仅针对法律行为、合同，也涉及权利行使以及其他许多方面。在这种情况下，将禁止违反法律上升为一项贯彻全部民事活动的原则，确实有一定的事实基础。但是这种提升的意义，需要严格把握，特别是需要注意这种提升本身，并不意味着鼓励国家可以通过立法来对民事活动进行任意限制和干预。

其四，新添了生态环境保护原则（第9条）。旨在平衡民事活动自由与生态环境保护的关系，强调在当今人与自然日趋紧张的关系背景下，民事活动的绝对性应当受到生态环境保护的必要限制，以追求人与自然的关系和谐。

生态环境保护原则的确立，此次也是极具争议的话题。一种观点认为，生态环境资源保护应当成为当今社会的基本价值之一，我国民法应当体现环境保护的要求

---

〔13〕 参见《民法通则》第58条第2项和《合同法》第52条第5项。《最高人民法院关于合同法的司法解释（一）》第4条将合同法上的违法限于法律和行政法规的范畴，即“合同法实施以后，人民法院确认合同无效，应当以全国人大及其常委会制定的法律和国务院制定的行政法规为依据，不得以地方性法规、行政规章为依据”。学理上将这种法律和行政法规进一步区分效力性规定和管理性规定，只有违反效力性规定才使法律行为归于无效。

〔14〕《民法总则》（三审稿）第155条规定：“违反法律、行政法规的效力性强制规定或者违背公序良俗的民事法律行为无效。”这条继承了《合同法司法解释（一）》第155条规定，并纳入学理和司法见解，上升为法律行为的效力的一条规定。《民法总则》终审稿将这一条删除，大概是考虑到第7条在民法基本原则高度已经对禁止违反法律做了一般规定。在十二届全国人大五次会议审议期间，梁慧星教授和时为全国人大代表孙宪忠教授先后发声，对这一删除提出反对见解，请求恢复，同时请求恢复的还有三审稿的第156条：“超越依法登记的经营范围从事经营活动的，除违反法律、行政法规有关限制经营、特许经营或者禁止经营的规定外，不影响民事法律行为的效力。”（参见微信文章——梁慧星：《恢复民法总则（三审稿）第一百五十五条的紧急建议》；孙宪忠：《关于民法总则（草案）的修改建议》）最后，通过的《民法总则》正式稿恢复了相关条文（现行第153条第1款）。可见，《民法总则》第7条和被恢复的第153条第1款之间实际形成了一种上下关系，第153条第1款是将禁止违反法律的原则在法律行为领域予以具体化（以现有学理和司法经验为基础的明确化），具有可直接适用的裁判依据的效力。

明确确立环境保护原则。在一些版本之中，包括在一审稿和二审稿中，生态环境保护原则是作为基本原则规定出来的。[15]但是在三审稿阶段，不同的观点出现了，反对的观点认为，法律存在不同的分工，民法主要功能是保护民事权益，环境保护问题应主要由环境保护法等去解决，所以不宜确立为民法基本原则。作为一种妥协的考虑，三审稿考虑将生态环境保护作为权利行使的原则规定到第五章“民事权利”项下。[16]但到了终审稿，生态环境保护则作为基本民法原则重新回到第一章的“基本原则”体系中，即目前的第9条，成为一项全新的民法基本原则，可谓一次重大突破，使得我国民法成为一部兼顾环境保护要求的更具多元价值的社会化民法典，在追求个人关系的私本位关系合理的同时，应当兼顾个人利益与自然生态利益的关系和谐。我国此次《民法总则》立法过程，正处于国家面临环境污染和生态危机严重困扰的时期，因此促进了是否应在民法基本原则层面确立生态环境保护原则的立法思考。

此外，在立法过程中，还存在其他一些近似的探讨，即在生态环境保护之外，还是否应当将现行政治基础中的，构成民法外部整体性限制的其他一些价值要求，也一并确立为我国民法基本原则、甚至作为目的加以规定。例如，中国法学会版《民法总则草案建议稿》就提出，应该将“维护人的尊严”“尊重和保护人的尊严”“促进人格自由发展”等基本价值，纳入《民法总则》的目的表述。不过，最终《民法总则》没有将它们纳入进来，大概是因为觉得这些虽然属于法律应当追求的政治价值，但民法本身作为保护民事权益和调整民事关系的法律首先存在更加近前的法律价值，民法通过这些近前的价值最终达成法律的总体价值，所以不必在民法目的中表达这些总体价值，否则容易导致价值层次的混乱，且模糊民法制度的直接意义。[17]

其五，其他方面的一些变化。例如，删除了等价有偿原则，也可以认为由公平

---

〔15〕此次关于《民法总则》应当确立环境保护原则的建议，不少来自民法学界外部，特别是环境资源法学科的学者和深受雾霾等环境污染困扰的社会民众。就民法学界而言，徐国栋教授较早就倡导了所谓“绿色民法典”基本思想。参见徐国栋：《绿色民法典草案》，社会科学出版社2004年版。相关观念倡导还可参见徐国栋：《绿色民法典：诠释民法生态主义》，载《中国环境报》2004年4月5日。但从条文设计上主要还是在具体层面比如第五分编第30条“以绿色方式行使物权”加以规范。2016年4月中国法学会版《中华人民共和国民法典民法总则专家建议稿》在基本原则部分也支持确立环境保护原则，见其第8条“人与自然和谐发展原则：民事主体从事活动应当节约资源和能源、保护生态和环境，促进人与自然和谐发展”。《北航建议稿》（龙卫球主持）在第10条第2款与违反法律和公序良俗原则规定相联系，作为该民法基本原则的当代新内涵加以重点规定：“民事活动应当维护尊重自然生态保护，不得破坏自然环境和浪费自然资源。”

〔16〕《民法总则》（三审稿）第133条曾经规定：“民事主体行使民事权利，应当节约资源、保护生态环境；弘扬中华优秀文化，践行社会主义核心价值观。”

〔17〕参见龙卫球、刘保玉主编：《〈中华人民共和国民法总则〉释义与适用指导》，中国法制出版社2017年版，第6页。

原则吸收。其原因在于认为我国社会主义市场经济体系已经比较成熟，人们已经习惯了等价有偿，改革初期那些经常借助行政划拨、行政指令、“拉郎配”进而破坏等价交易的情况已经不多见，所以不必将等价有偿作为一项原则来强调。

三、《民法总则》民法基本原则规定作为民法新体系观的体现和发展

近现代以来，民法在采取民法典形式的前提下，不可避免地存在对于制定法形式的某种体系化需要，这是制定法本身需要形式合理所要求的。但是，近现代以来不同时期制定的民法典，对于民法典制定的体系化结构的观念并不一致。近现代以来稍早一些的民法典，往往建立在极端理性主义的基础上，故而信服一种“统合式”的民法体系观，追求民法制定体系的形式化高度统合。稍晚一些的民法典，例如《瑞士民法典》，特别是当代以来的民法典，逐渐放弃了极端理性主义的立法思考立场，转向关注现实日趋多样的价值需求性，更加尊重现实日趋复杂的合理差异性，在民法体系思考或者构建上，越来越倾向于一种聚合式的民法新体系观，尤其是引入宣示和规范民法基本原则的立法技术，通过发挥一直旨在彰显民法基本价值的特殊规范功能，达成民法规定与相关政治基础、民法规定与自身观念的历史演进之间的密切关联，并使这种关联因为这种价值规范的弹性和不断的体系演化而得以动态化开展，因而具有可持续性。这种民法新体系观在当今民法得到极大发展，使得当代民法在体系构造上，越来越从一种单纯的法律概念规则体系，演化成为一种德沃金所揭示的由“原则和规则”共同作用的可供动态演绎的法秩序体系。[18]

1900 年《德国民法典》秉持的就是“统合式”的民法体系论，它以当时盛行的概念法学为理论支持，体现为一种概念化的高度封闭的体系观。最突出的体现，就是在追求表达上的概念精确化同时，将全部规范纳入一种“总则—分则”的金字塔层级体系，并赋予其中的总则规定以绝对的统合功能，美其名曰“提取公因式”。《德国民法典》坚持民法体系应当通过概念的划分和逻辑的组合加以完成，应当采取封闭的形式设计进行制定法体系建构，认为只有这样才能够成为一部可供精确司法的指南，一切法律问题都可以在其中找到对应的概念，可以借助逻辑思考的办法，得到精确的适用规定。这种体系观特别强调，经由这个公理性的概念体系，既有价值都已经内化到具体规则之中，法律已经表现为一个可精确计算的纯粹体系，所以从适用角度来说具有“价值中立”的特点，不能再一般性地去考虑什么法律所

---

〔18〕 关于原则在法律中的作用，可以参见德沃金的观点。德沃金在 1985 年《关于原则》一书中提出无论从“法律的政治基础”（ThePoliticalBasisofLaw）还是“法律本质在于演绎而非发明”（Lawisamatter-ofinterpretation）本身来看，法律都需要原则指导。SeeRonaldDworkin，AMatterofPrinciple，Massachusetts：HarvardUniversityPress，1985，p. 1.

具有的价值的实质因素。[19]换言之，在法律概念构建之外再也没有多余的法律内容，构建制定法概念体系使用的必须都是精确化的概念，所谓价值问题在立法时就必须完全内含在这些精确的概念之内。以此为基础，《德国民法典》立法者当然不会赞成要以法条形式去宣示什么民法基本原则，因为在其体系观中不仅认为不必要，而且也认为不应该这样，否则就破坏了已经设计好的“价值中立”体系。

《德国民法典》出台之后，这种体系逐渐遭到了德国学者内部的质疑，这些包括利益法学、实践法学以及再后来的评价法学等。其实在《德国民法典》制定时期，其封闭体系观就受到耶林等学者的批评。到了20世纪50年代，这种概念法学的体系观，开始在学理和司法实践层面遭到更加猛烈的批评和修正。著名学者阿瑟（Esser）以判例法和“问题思考”为基础，明确提出民法“开放的体系”观点，认为应当改进概念法学法典化理念主张的“封闭的体系”，力主通过实践的方法论建立一个“发现问题、形成原则和巩固体系三者间循环”的过程，这里提出问题思维、原则思维还有过程动态思维。[20]类似的还有后来科因（Coing）的主张，他也主张法民法制定体系必须保持开放，应该仅仅体现为一种透过研究个别问题所获取的认识状况的概括总结而已，这种开放体系包括原则与规则的关系思维。[21]拉伦茨的评价法学，同样主张在规则体系之内还存在价值内在体系，重视一般性条款的作用，赞成价值评价的必要性。[22]

1907年《瑞士民法典》较早代表了民法典的另一种体系观念。《瑞士民法典》虽然在不少方面接受了《德国民法典》的概念和规则，但是却基于更加面向现实的灵活需要的考虑，果断放弃了德国民法的极端形式主义体系观，转向一种形式上更加开放灵活的同时注重引入价值思考的民法新体系观。一方面，《瑞士民法典》对于德国民法的概念体系进行了改动，其主要做法不仅仅是对于概念精密构造和使用的松动，更加重要的还有对于规范逻辑层次的更少坚持，特别是放弃了德国民法的

---

〔19〕参见RudolfStammler，LehrbuchderRechtsphilosophie，Aufl. 1928，S. 278f；黄茂荣：《法学方法与现代民法》，中国政法大学2001年版，第461页。转引自龙卫球：《民法典体系问题探讨》，载《法制日报》2002年6月30日。

〔20〕阿瑟认为，法律是在历史中以借助一个既有的推理体系的方式逐案发展的，是一个“发现问题、形成原则和巩固体系三者间的循环”的过程。因此，法律体系应该是：将价值用一个体系排列起来，为解决具体个案提供一个法秩序整体的标准。这些标准也用概念加以掌握，但不是那种穷尽定义用以单纯涵摄的概念，而是有些尚需司法裁判予以填补的“框架概念”。参见JosetEsser，GrundsatzundNorminderrichterlichenFortbidungdesPrivatrechts，1956，S. 44，239，7。转引自前引（3），卡尔·拉伦茨书，第48～49页。

〔21〕科因（Coing）认为，这种善于概括思考的体系内容包括：被认识的法律原则及其之间的相互关系，以及在我们在个案、在规定的客体中所认识的事物结构。没有一种体系可以演绎地支配全部问题，每一个现有体系都只是暂时的总结。参见前引（19），龙卫球文；卡尔·拉伦茨，陈爱娥译，台北五南图书出版公司1996年版，第49页。

〔22〕拉伦茨倡导的评价法学的观点，参见前引（21），卡尔·拉伦茨书。

加强版的“抽取公因式”的总则构造，取而代之的是“序言”和“第一编 人法”。另一方面，在“引言”部分引入基本原则条款（如第2条），明确追求确立一种更加具有弹性的开放体系。著名学者拉伦茨评价《瑞士民法典》的这种变化说：“（德国）将这样一个‘总则’抽象出来的做法是否合乎法典的目的？这一点值得怀疑。《瑞士民法典》就有意识地不采用这一做法。”[23]

当代民法对瑞士这种民法新体系观，做出了前所未有的欢迎和进一步发展。总体上，当代民法体系朝向越来越具有开放架构的方向发展，目的上体现为更加注重保留多样性的价值整合要求，立法技术上则越来越呈现出一种强化民法基本原则规定体系的特点。对于有机会制定民法典的国家来说，他们重新采用和发展民法新体系观自然没有障碍。但是，对于那些已经过早确立概念体系封闭或较为封闭的民法典国家来说，它们的办法是：一方面，通过修法添入若干反映当今社会特定价值的某些原则条款（例如诚实信用、社会福利等）的方式，力求在社会发展的前提下，通过这些更加体现社会价值的一般性规定的限制作用，从体系上缓和既有民法典严密外在体系下所内含的体制价值的过于简单绝对或僵化，旨在促成一种价值多元的平衡；另一方面，通过学理和司法判例的作用，同时更重要的是越来越借助实践方法论的作用，通过加大体系解释、目的解释以及司法创制的功能，推动了民法静态体系向适用上的动态体系方向发展。[24]

最近，欧洲统一民法典的起草者们更是主动出击，强势主张新的民法典体系应该是“原则加规则”体系。欧洲民法典研究组和欧洲现行私法研究组2009年所提出的《欧洲示范民法典草案：欧洲私法的原则、定义和示范规则》提出要强化原则的指导功能，强调重视原则条款的作用，同时应注意当今时代原则本身需求的多样化和均衡布局。这部草案提出的民法基本原则包括两个部分，即所谓的“根本原则”和“最主要的原则（首要原则）”。其中，“根本原则”指当代民法应当追求的且可以普遍适用于草案的基本原则，它们本身构成特别规范的论证基础，这些包括自由、安全、正义和效率（注意不再是近代民法的人格平等、私有权神圣、契约自由或意思自治、过错责任这种绝对理念化的价值体系，而是向社会化包括商业化方向做出了较大变化，例如安全、正义、效率）；而所谓最主要原则是指具有很高政治特征的原则，既有作为民法本身规范论证基础的上述“根本原则”，还有其他民法外部整体性评估有关的具有政治特征的原则，这些最主要的原则中具有外部性的

---

〔23〕参见［德］卡尔·拉伦茨：《德国民法通论》（上），邵建东等译，法律出版社2003年版，第40页。

〔24〕关于私法动态体系的发展，参见［奥］瓦尔特·维尔伯格：《私法领域内动态体系的发展》，李昊译，载《苏州大学学报》（法学版）2015年第4期。不过，最近我国学者解亘、班天可撰文认为这种动态体系论不可高估，笔者认为这一研究似乎没有很全面地将判例、司法解释的发展及其对形式体系的开放作用加以衡量。参见解亘、班天可：《被误解和被高估的动态体系论》，载《法学研究》2017年第2期。

包括“保障人权”“促进团结和社会责任”“保护文化和语言的多样性”“保护和促进福祉”以及“促进内部市场发展”等，它们和作为民法内部性的“根本原则”相互重叠。[25]上述原则互相作用，但也可能彼此限制，所以适用中存在均衡考虑的必要性，《欧洲示范民法典草案》2008年首次出版的临时纲要版就强调指出：“这些原则之间会不可避免地存在冲突，示范规则的功能即在于求得妥当的均衡”。[26]

我国民法自《民法通则》以来，就注意正视当代社会复杂化、多样化的现实，与1900年《德国民法典》的概念封闭体系保持距离，自觉地融入当代民法的开放体系架构的意识之中，充分重视规定原则条款，着力打造“原则+规则”的制定法弹性体系。此次《民法总则》在继承《民法通则》基础上更进一步，通过加强和完善民法基本原则规定等，使得我国民法典具有更加贴近时代实际的动态体系感。比较起有关当代民法，我们在维护概念体系方面表现似乎更加保守一些，例如至少在名义上继续维持了“总则+分则”的基本架构。但是即使这样，我们也没有完全照搬德国民法那种概念封闭体系，而是进行了相当的实用化改造，例如分则部分将不会有债法总则编，总则结构上也呈现“通则化”的宽松特点。在此次《民法总则》立法过程中，包括笔者在内的一些学者建议，应该用“通则”概念替代“总则”概念，旗帜鲜明地表达作为当代民法的体系开放特点，[27]追求“保留多样性整合”。[28]最终，《民法总则》没有采纳这种用名建议，而是继续使用了“总则”概念，但是其实际体系却并没有完全追求提取公因式的统合，而是继承发展了1986年《民法通则》所开创的不过分注重逻辑抽象的外在体系观，并在具体概念使用上重视类型列举，尊重例外，保持开口，所以是名为“总则”，实为“通则”。

我国民法从《民法通则》到《民法总则》，在强化规定民法基本原则条款方面，与当代民法的趋势相比，则是有过之而无不及。1986年《民法通则》第一章“基本原则”和现在的《民法总则》第一章“基本规定”，对民法基本原则采取了系统宣示和规定的做法，确立了一个周密、完整的中国民法基本原则体系；此外我国还在具体立法中（比如物权法、合同法、侵权责任法等）规定属于该相应的原则，使得民法原则体系上表现为一个多层次体系。《民法总则》的民法基本原则，

---

〔25〕参见前引（1），欧洲民法典研究组、欧盟现行私法研究组书，第8～13页。

〔26〕参见“临时纲要版”导言第23段。SeeVonBar，Clive，ect.，Principles，DefinitionsandModelRulesofEuropeanPrivateLaw，DraftCommonFrameofReference，Munich，2008.

〔27〕参见北航法学院课题组（龙卫球主持）：《〈中华人民共和国民法典·通则编草案〉建议稿（条文版）》，载“中国法学创新网”，http：//www. fxcxw. org/index. php/home/xuejie/artindex/id/9597. html，最后访问时间：2017年4月1日。另参见龙卫球：《我国民法典编纂的基本思路》，载“北大法宝网”，http：//www. pkulaw. cn/fulltext_ form. aspx？Gid＝335641056，最后访问日期：2017年4月1日。

〔28〕这种“保留多样性整合”的民法体系观点，出自日本学者北川善太郎。参见龙卫球：《“保留多样性整合”的编纂思路——北川教授评点中国民法典草案体例》，载龙卫球：《从撤退开始》，中国法制出版社2007年版，第220页。

处于该种民法全部原则体系架构的最顶端。总之，我国《民法总则》体例上虽然源自大陆法系，仍然重视法律概念的使用和规则形式的体系编排，但是这种重视有限，不再体现为现代民法早期的概念封闭的体系，而是发展为从形式到价值的开放体系架构：一方面在形式上走向通则化或保留多元性整合风格；另一方面也是更为重要的，强化原则规定方式，宣示民法基本价值，充分发挥基本价值的整合或指导功能，将民法构建成为一种“原则 + 规则”结构的弹性体系。

四、结论

我国《民法总则》的民法基本原则规定，值得我们认真加以研究。

民法基本原则规定，其基本内容架构，在继承《民法通则》确立的颇具社会化、多样性的架构体系的同时，继续向进一步的细分化、更加多样化和社会化方向做出了重要调整；从规范形式意义观之，则作为一种颇具特色的制定法技术的体现，在民法体系观方面具有重要表征意义，代表了我国民法对于一种当代民法新体系观的明确追求。

总之，民法基本原则的规定，是认识我国民法制度或规定的内在依据，开解我国民法典体系观，以及理解我国民法适用得以动态化开展的重要密码。[29]

---

〔29〕 意大利当代著名学者里卡多·卡尔迪利（RiccardoCardilli）在 2016 年中国民法学研究会年会上，撰文提出《中华人民共和国民法总则（草案）》一审稿关于原则的规定，与罗马法注重原则的传统相近（包括对于法律正义的追求，以及“诚信生活、不犯他人、各得其所”的原则表达），是一种非常高明的立法技艺，使得中国民法极富有现代感，富有弹性，能够适应社会现实的多样性和变迁的需要。参见［意］里卡多·卡尔迪利：《中华人民共和国民法典和罗马法传统》，载《民法典编纂的理论与实践论文集（中国民法学研究会 2016 年年会）》（上册），第 238 页。

民法基本原则：体系结构、规范功能与应用发展*

韩世远**

目　次

一、引言

民法基本原则，体现民法背后的主要价值或者目标，是民事主体从事民事活动和司法机关进行民事司法活动应当遵循的基本准则。[1]《中华人民共和国民法总则》（以下简称《民法总则》）择其要者，于法律开头数个条文（第4条至第9条）加以规定，以彰显其重要性。当然，这些规定与具体的法律规则所表现的法律规范尚有不同，即其重在表达抽象的观念（平等、自愿、公平、诚信、守法与公序良俗，以及绿色原则等），而没有完整地表述相应的法律后果（当然不能因此认为违反诸此原则无法律后果）。诸此观念，如同“无形之手”，对民事活动、裁判活动等发

* 本文以《民法基本原则：体系结构、规范功能与应用发展》为题发表于《吉林大学社会科学学报》2017年第6期。

** 清华大学法学院教授、博士生导师。

〔1〕 李建国：“关于《中华人民共和国民法总则（草案）》的说明”——2017年3月8日在第十二届全国人民代表大会第五次会议上，载《中华人民共和国民法总则》，法律出版社2017年版，第52~53页。

挥指导作用。上述民法基本原则，是在《中华人民共和国民法通则》《中华人民共和国合同法》（以下简称《合同法》）等基础上，结合30多年来民事法律实践确立的。除了“绿色原则”是新提出的，其他可以说是对于既有民事立法及司法经验的总结。

观察我国裁判实务，存在一种现象，在裁判文书中援引民法基本原则条文，往往并非是判断案件是非曲直的主要根据（另有其他具体规范），而是作为某种陪衬，或者像是宴席上的一盘“凉菜”，无足轻重，即使不援引，也并不实质影响案件的裁判结果。[2]由此引人思考，法官何时得适用基本原则裁判案件？如何依基本原则裁判案件？不同的基本原则之间的关系如何？发生冲突时如何判别何者胜出？诸此问题，不仅关乎民法、法学方法以及法理学和法哲学的基本理论，亦关乎法律适用和司法实践，但理论界与实务界彼此之间及其各自内部认识分歧。当然，这些问题的论证及解决很难在一篇论文中完成，但确实需要推进研究，尽早形成共识。

二、体系结构

无论《民法总则》还是《合同法》，均是并列规定各种基本原则，使人不易认识其间的关系。[3]其实，这些基本原则，依其主要功能，大体上可以分别为两类：其一可称为“私的自治”（private autonomy）的手段，其二则可称为“公的管制”（public regulation）的媒介。[4]现代合同法乃至民法，并非理念型的古典合同法或者以意思自治“一枝独秀”的传统民法，而是或多或少不同程度地结合了公权力对于私人领域的介入，现代民法已非单纯的启蒙时代及法国大革命时期所谓的“慈母之眼”，[5]

---

〔2〕 徐国栋教授以“宣示性运用”一语概括此种现象，认为“拿掉判决书中的这样的关于诚信原则的内容，并不影响其内容的完整。所以，这是对诚信原则的不适当运用。令人遗憾的是，这样的运用在总数中占的比例不小”。徐国栋：《民法基本原则解释：诚信原则的历史、实务、法理研究》，北京大学出版社2013年版，第246页。

〔3〕 近年从合同法或者民法基本原则角度进行的讨论，参见董学立：《民法基本原则研究——在民法理念与民法规范之间》，载《政法论丛》2011年第6期；王轶：《论民法诸项基本原则及其关系》，载《杭州师范大学学报》2013年第3期；彭诚信：《从法律原则到个案规范——阿列克西原则理论的民法应用》，载《法学研究》2014年第4期。

〔4〕 与西方学者交流，对方往往对于中国《合同法》规定这么多基本原则表示不解，在理解这些原则时本能地有着将它们归入某种总括观念（an umbrella term）的愿望。此处的分类正是在这种背景下的一种尝试。

〔5〕 “在民法的慈母般的眼里，每一个个人就是整个的国家。”这是每个学习民法之人耳熟能详的名句，出自孟德斯鸠《论法的精神》。以民法为“慈母之眼”，可以说是十九世纪民法法典化时期的基本理念，它假定每个人都是平等的和自由的，每个人有自己的行为能力，能依自己的意志安排自己的事情，称意思自治或者私法自治，并因此而自己负责。

更进一步结合了国家的“家父之手”。[6]或者说现代合同法或者民法集合了自由（Freiheit）与强制（Zwang）两类元素。[7]有学者提出“管制性民法（regulatory civil law）”的概念；[8]或者说借助诚信原则之类一般条款，发展出具有诸多管制性维度（regulatorisch mehrere Dimensionen）的规范，并由此带来了鲜明的私法实质化（einer stärkeren Materialisierung des Privatrechts）。[9]可谓是注意到了上述现代私法的一个重要特征。

“私的自治”首先表现为自愿原则（《民法总则》第5条），具体表现为合同自由、婚姻自由、遗嘱自由等。以《合同法》为例，立法者考虑到中国曾长期实行计划经济体制，彻底取消了合同自由原则，在向市场经济转轨的过程中，有必要明文规定合同自由原则为基本原则，并在合同法各项制度中切实体现合同自由原则。[10]合同法“建议草案”突出了合同自由原则，并将其作为首要原则。[11]在起草过程中，曾有一种意见认为，在现代法合同自由原则已经衰落，国家出于社会利益的考虑，对合同进行干预，是多数国家的通例。主张多规定强制性法律条文，规定可以对当事人追究没收非法所得、罚款、吊销营业执照等行政责任，恢复在1993年修订经济合同法时已经取消的合同管理机关。[12]当然，这种意见因其并不符合中国市场经济改革的需要，故没有被立法者所采纳。

“平等原则”（《民法总则》第4条）本来在《民法通则》第3条作了规定，《合同法》第3条再次规定，并特别强调“一方不得将自己的意志强加给另一方”，而这种强调与中国社会的现实情形不无关系。其一，在具有隶属关系的当事人之间发生合同关系，比如企业与企业内部的车间或者班组之间可能签订承包合同，[13]或者农户与集体经济组织之间签订土地承包经营合同。之所以将它列在自愿原则前面规定，是因为它是自愿原则的前提。如今，民事主体法律地位平等已成为常识，“平等原则”将来可以也应该进一步发挥为“平等对待”提供规范基础的功能，在

---

[6] 关于法律中的“家父主义”（legal paternalism，或译“家长主义”“父爱主义”），可参考Anthony T. Kronman, *Paternalism and the Law of Contracts*, Yale L. J. 1983 (92): 778－784；孙笑侠、郭春镇：《法律父爱主义在中国的适用》，载《中国社会科学》2006年第1期；黄文艺：《作为一种法律干预模式的家长主义》，载《法学研究》2010年第5期；郭春镇：《论法律父爱主义的正当性》，载《浙江社会科学》2013年第6期。

[7] Vgl. Hein Kötz, Vertragsrecht, Tübingen: Mohr Siebeck 2009, S. 10－36.

[8] ［德］诺伯特·赖希：“何谓欧洲民法的一般原则?”，金晶译，载《财经法学》2015年第6期。

[9] Vgl. Münchener Kommentar zum BGB/*Schubert*, 7. Aufl. 2016, § 242 Rn. 24－25; vgl. auch *Marietta Auer*, Materialisierung, Flexibilisierung, Richterfreiheit, Tübingen: Mohr Siebeck 2005, S. 23－24.

[10] 梁慧星：《民法学说判例与立法研究（二）》，国家行政学院出版社1999年版，第133～134页。

[11] 张广兴：《中华人民共和国合同法的起草》，载《法学研究》1995年第5期。

[12] 梁慧星：《民法学说判例与立法研究（二）》，国家行政学院出版社1999年版，第134页。

[13] 《南京市江浦县工程塑料厂与本厂成型车间承包合同纠纷案》，载《中华人民共和国最高人民法院公报》1985年第1期。

反对性别、种族、残疾等歧视方面发挥作用。果真如此，则此项基本原则也会因此而跨界成为“公的管制”的媒介。

“公的管制”以否定绝对的意思自由为出发点，对于私人的意思自治，从外部施以影响，具体手段不一。从《民法总则》所确立的基本原则来看，公平原则、诚实信用原则、守法及公序良俗原则以及绿色原则可以归入此类，成为其媒介。

公平原则（《民法总则》第6条），要求当事人遵循公平原则确定各方的权利和义务。公平原则，作为对于私的自治的限制，在结果上是要实现合同正义。私法自治的出发点是肯定民事主体是具有完全民事行为能力的理性人，理性人可以对利害得失作出理性的判断，故原则上对于价值的判断采主观立场。可是，立法者之所以强调公平原则，实质上是同时肯定另有客观价值的存在，主观价值与客观价值不宜相去甚远。当然，立法者对于基于客观价值判断公平的做法，持谨慎态度，并没有允许法官直接依据公平原则否定合同效力；而是分别情形，配置不同的具体规则和制度。比如，对于民事法律行为成立时“显失公平”的，并且是一方利用对方处于危困状态、缺乏判断能力等情形所致，是作为可撤销的事由（《民法总则》第151条）；对于履行合同时出现的“显失公平”，则是作为情事变更，允许一方当事人请求法院变更或者解除合同（最高人民法院《合同法司法解释（二）》第26条）。另外，对于双方当事人缔约能力不平等场合，一方滥用合同自由而压榨另外一方的情形（比如不公平的格式条款），除立法上直接规定格式条款或者免责条款无效外（《合同法》第40条、第53条，另外，《合同法司法解释（二）》第10条），在司法解释上还赋予当事人以申请法院撤销格式条款的权利（《合同法司法解释（二）》第9条）。以上情形，主动权通常是掌握在因显失公平而受不利影响的一方当事人手中，尽管法院可以有一定的裁量权。这样谨慎，自然有其道理。其背后的道理之一在于，合同法以单发的合同为理想的规范模型，设立具体的规则。对于继续性合同，只在个别问题上设立特别规则；对于所谓关系性合同，〔14〕并没有纳入考量范围。可是，人无时无刻不生活在持续不断的各种具体关系当中，中国人重视“礼尚往来”，“来而不往非礼也”，在单个的法律行为层面看可能是赠与关系，可是，在长期的交往关系中，则是有来有往，存在着自然的平衡。因而，立法及司法行为的运作，自不可过度以客观价值干涉主观价值。

诚实信用原则（《民法总则》第7条），在大陆法系被称为“帝王条款”。在《民法总则》中，似乎只是“公的管制”四驾马车中的一驾而已。该原则在立法中的具体体现有很多，比如在订立合同阶段，《合同法》规定了缔约过失责任（第42条和第43条），肯定了当事人彼此互负有先合同义务。在合同履行阶段，当事人互负附随义务（第60条）。在合同终了阶段，仍可存在后合同义务（第

---

〔14〕［美］麦克尼尔：《新社会契约论》，雷喜宁、潘勤译，中国政法大学出版社1994年版。

92条）。此外，诚实信用原则还是合同解释的标准或方法之一（《合同法》第125条）。

守法与公序良俗原则（《民法总则》第8条），要求民事主体从事民事活动，不得违反法律，不得违背公序良俗。此类一般条款，[15]将道德规范与法律后果勾连在一起，在操作层面，则是赋予裁判者以裁量权。

绿色原则（《民法总则》第9条）要求，民事主体从事民事活动，应当有利于节约资源、保护生态环境。该规定被认为既传承了天地人和、人与自然和谐共生的优秀传统文化理念，又体现了新发展理论，与我国是人口大国、需要长期处理好人与资源生态的矛盾这样一个国情相适应。[16]

在中国民法中，除了上述在法律条文上表现出来的基本原则之外，也存在若干未在法条上明确表现的基本原则，有的学者分别用“实定的法律原则”和“非实定的法律原则”来指称上述两类不同的法律原则，[17]比如后者在中国合同法上包括但不限于“鼓励交易原则”[18]以及“信赖保护原则”，[19]它们可以从合同法的具体规定中体现出来。

就鼓励交易原则而言，可以通过将《合同法》与此前的《经济合同法》等法律法规进行比较体现出来，比如关于合同成立及生效的要件，关于合同形式要件的放松，关于形式瑕疵可因履行而治愈（第36条、第37条），关于合同条款的规定（弱化必要条款），将欺诈、胁迫等从合同无效事由转变为合同可撤销事由等。

就信赖保护原则而言，比如《合同法》关于要约撤销的限制规则（第19条），关于表见代理（第49条）和表见代表（第50条）的规则，关于撤销权消灭的规则（第55条），关于债权人在合理期限内未要求履行则不可以要求履行的规则（第110条第3项）等。此外，在实务中，法院还在一些判决中体现出了对于“权利失效（Verwirkung）”规则的采用，[20]也体现出了信赖保护原则。如果说

---

〔15〕 对于一般条款与基本原则的辨析，可参考王利明：《法律解释学导论——以民法为视角》，法律出版社2009年版，第436页以下。

〔16〕 李建国：《关于〈中华人民共和国民法总则（草案）〉的说明——2017年3月8日在第十二届全国人民代表大会第五次会议上》，载《中华人民共和国民法总则》，法律出版社2017年版，第53页。

〔17〕 舒国滢：《法律原则适用的困境——方法论视角的四个追问》，载《苏州大学学报（哲学社会科学版）》2005年第1期。

〔18〕 参见王利明：《合同法的目标与鼓励交易》，载《法学研究》1996年第3期；王利明：《民商法研究》（第三辑），法律出版社1999年版，第393页以下。

〔19〕 参见朱广新：《信赖责任研究——以契约之缔结为分析对象》，法律出版社2007年版；马新彦：《现代私法上的信赖法则》，社会科学文献出版社2010年版。

〔20〕 山东省青岛市崂山区人民法院民事判决书（2009）崂民二商初字第415号；山东省青岛市中级人民法院（2010）青民二商终字第562号。朱铁军：《合同解除权不应滥用》，载《人民司法》（案例）2011年第12期。关于权利失效的基本理论构成及比较法，可参见王泽鉴：《民法学说与判例研究》（第一册），台北自版1991年版，第335页以下。

鼓励交易原则仅为合同法的一项非实定的法律原则，那么信赖保护原则显然并不局限于合同法有其体现，在《物权法》（第 106 条善意取得）、《民法总则》（比如第 52 条死亡宣告撤销与子女被收养的效力；第 172 条表见代理）等法律中均有体现。

三、规范功能

民法基本原则，向来被认为既是民法的立法原则，又是执行法律、进行民事活动和处理民事问题的根本准绳。[21]由此可见，诸此基本原则对于立法者、[22]民事主体（合同当事人）以及裁判者（法官、仲裁员）均具有指导意义。民事主体及裁判者在实践中如何应用基本原则，将成为本文关注的重点。

以合同法为例，依立法机关负责人士所作说明，合同法的基本原则有二大作用，其一是指导作用。合同法的基本原则指导立法工作者如何制订各项规定，对审判人员如何适用合同法也起着指导作用。基本原则是正确理解具体条文的关键。基本原则的第二个作用是补充作用。对合同法的某个问题，法律缺乏具体规定时，当事人可以根据基本原则来确定，审判机关可以根据基本原则解决纠纷。[23]由此可见，对于裁判者及当事人，合同法基本原则所具有的功能包括：（1）解释功能（interpretation）；（2）补充功能（supplementation）。并没有提到“修正功能”（或称“限制功能”，restriction），对此，后文还将涉及。另外，还应补充一点，合同法基本原则的功能不仅限于对于《合同法》条文的解释、补充乃至限制，对于合同进行解释、补充以及限制，亦属重要，不能忽视。

---

〔21〕 中央政法干部学校民法教研室编著：《中华人民共和国民法基本问题》，法律出版社 1958 年版，第 25 页。或称为“是制定、解释、执行和研究我国民法的出发点和依据”。佟柔主编：《民法原理》，法律出版社 1983 年版，第 13 页。“不仅是民事立法的原则，也是执行民法的原则”。中国政法大学民法教研室编：《中华人民共和国民法通则讲话》，中国政法大学出版社 1986 年版，第 22 页。“合同法的基本原则……是制定、解释、执行和研究合同法的出发点和根本依据，贯穿于整个合同法制度和规范之中。”王利明：《合同法研究》（第一卷），中国人民大学出版社 2011 年修订版，第 152 ~ 153 页。“基本原则体现合同法的基本价值，是合同立法、执法、守法及研究合同法的总指导思想”。崔建远：《合同法》，北京大学出版社 2012 年版，第 13 页。

〔22〕 由此也可以体现出，诸此基本原则相较于具体的实定法具有先在性，并非由于实定法的规定才产生出诸此原则。故对于诸此原则的理解，自应突破法律实证主义（legal positivism）视角的局限。有学者提出区分法原则与法律原则，确有一定道理。J. Esser, *Grundsatz und Norm in der reichterlichen Fortbildung des Privatrechts*, 3. Aufl., Tuebingen: Mohr 1974, S. 90. ［德］罗伯特·阿列克西：《法、理性、商谈：法哲学研究》，朱光、雷磊译，中国法制出版社 2011 年版，第 180 页。

〔23〕 王胜明：《关于合同法的基本原则》，载《中国法学》1999 年第 3 期。

（一）解释功能

基本原则具有解释功能，向为学者所承认和强调。[24]比如《合同法》第42条规定了缔约过失场合的损害赔偿责任，列举了具体发生赔偿责任的情形，包括（1）假借订立合同，恶意进行磋商；（2）故意隐瞒与订立合同有关的重要事实或者提供虚假情况；（3）有其他违背诚实信用原则的行为。此第3项规定，一方面表明缔约过失责任制度的基础在于诚信原则；另一方面，也表明该制度具有开放性。在解释适用第42条时，裁判者必须结合诚信原则，在个案中作具体的判断，使之具体化。

最高人民法院通过司法解释，对《合同法》第42条第3项作了具体化。在《合同法司法解释（二）》第8条规定："依照法律、行政法规的规定经批准或者登记才能生效的合同成立后，有义务办理申请批准或者申请登记等手续的一方当事人未按照法律规定或者合同约定办理申请批准或者未申请登记的，属于合同法第四十二条第（三）项规定的'其他违背诚实信用原则的行为'，人民法院可以根据案件的具体情况和相对人的请求，判决相对人自己办理有关手续；对方当事人对由此产生的费用和给相对人造成的实际损失，应当承担损害赔偿责任。"[25]

关于合同解释，《合同法》第125条第1款明确规定了按照诚实信用原则，确定合同条款的真实意思。比如，如果保险合同涵盖了"非法进入"被保险房屋盗窃，而小偷是谎称电话修理工进入房屋，那么保险人不得主张小偷是被被保险人放进来的因而无须理赔。[26]

（二）补充功能

如果法律存在漏洞，裁判者应当填补法律的漏洞，而不能以法无明文规定便拒绝裁判。填补法律漏洞，固然有一定的方法，比如通过类推适用，或者目的性限缩等。[27]从我国最高人民法院的实践来看，运用民法基本原则，填补法律漏洞，不乏其例。比如，最高人民法院曾在1994年作出一项批复，"债务人有多个债权人时，而将其全部财产抵押给其中一个债权人，因此丧失了履行其他债务的能力，损害了

---

〔24〕新近的研究文献，参见崔建远：《基本原则及制度本质乃解释的基点》，载《求是学刊》2017年第1期。强调法律基本原则或法律制度的本质要求在许多情况下都是解释法律或法律行为的基点。

〔25〕相关判例可参见《广州市仙源房地产股份有限公司与广东中大中鑫投资策划有限公司、广州远兴房产有限公司、中国投资集团国际理财有限公司股权转让纠纷案》最高人民法院民事裁定书（2009）民申字第1068号，载《中华人民共和国最高人民法院公报》2010年第8期。

〔26〕See Jan M. Smits, *Contract Law: A Comparative Introduction*, Edward Elgar (2014), p. 140.

〔27〕参阅王泽鉴：《民法思维：请求权基础理论体系》，北京大学出版社2009年版，第196页以下；梁慧星：《民法总论》（第4版），法律出版社2011年版，第272页。

其他债权人的债法权益，根据《中华人民共和国民法通则》第四条、第五条的规定，应当认定该抵押协议无效。”[28]“至于认定无效的依据，先考虑依据公平原则，认定这个合同无效。经再三斟酌，改为依据诚实信用原则。”“这是以诚实信用原则来填补法律漏洞的第一个实例”。[29]又比如，关于情事变更原则，《合同法》没有明确规定，构成法律漏洞。[30]最高人民法院以司法解释的形式，借助于合同法基本原则，填补了此项漏洞，即《合同法司法解释（二）》第26条，“合同成立以后客观情况发生了当事人在订立合同时无法预见的、非不可抗力造成的不属于商业风险的重大变化，继续履行合同对于一方当事人明显不公平或者不能实现合同目的，当事人请求人民法院变更或者解除合同的，人民法院应当根据公平原则，并结合案件的实际情况确定是否变更或者解除。”

民法基本原则亦得用来对合同的内容进行补充。当事人应当遵循诚实信用原则，根据合同的性质、目的和交易习惯履行通知、协助、保密等义务（《合同法》第60条第2款）。此类义务被称为附随义务，纵然当事人在合同中没有约定，法律上亦基本诚实信用原则而承认在当事人之间存在此类义务，这显然是对当事人约定的一种补充。这种补充，甚至可以存在于前合同阶段（《合同法》第42条、第43条）和后合同阶段（《合同法》第92条）。背后的道理在于，当事人一旦缔约，便应同舟共济，要求双方合理地行为。1931年法国法学家德谟格（René Demogue）曾谓：“合同当事人缔造了一方小天地，它是一个微缩的社会，身处其中的各方均须朝着一个共同的目标努力，这个共同的目标便是他们各方所追求的单个目标的总和。”[31]因而，建设工程施工合同的发包人理应为建设工程获得行政许可；外商投资企业股权转让合同成立后，转让方和外商投资企业理应履行报批义务。

---

〔28〕《最高人民法院关于债务人有多个债权人而将其全部财产抵押给其中一个债权人是否有效问题的批复》（法复〔1994〕2号），载《中华人民共和国最高人民法院公报》1994年第2期。

〔29〕梁慧星：《读条文 学民法》，人民法院出版社2014年版，第103页。

〔30〕在与德国学者交流过程中，有德国学者认为既然立法者意识到了情事变更问题并最终决定不作规定，便很难说构成法律漏洞，故仍应坚持合同严守。不过，中国学说从一开始便认为《合同法》就情事变更存在漏洞，比如梁慧星先生便明确指出：“情事变更原则被删去后，合同成立后发生的显失公平失去解决途径，留下法律漏洞。”梁慧星：《统一合同法：成功与不足》，载《中国法学》1999年第3期；最高人民法院研究室在《合同法司法解释（二）》的释义书中亦有相似立场，认为“在本司法解释未出台之前，除了可以把情势变更当作一个理论上的规则来适用，用来补充法律漏洞，以解决上述问题外，第二个方法可以根据《合同法》规定的公平和诚实信用原则来解决。”最高人民法院研究室编著：《最高人民法院关于合同法司法解释（二）理解与适用》，人民法院出版社2009年版，第197页。

〔31〕See Jan M. Smits, *Contract Law: A Comparative Introduction*, Edward Elgar (2014), p. 139.

（三）修正功能

关于基本原则，特别是诚信原则，是否具有法修正的功能，[32]存在不同认识。合同法“建议草案”曾肯定该项功能，其第6条（诚实信用原则）共三款，规定：“双方当事人行使权利履行义务，应当遵循诚实信用的原则。”“法院于裁判案件时，如对于该待决案件法律未有规定，或者虽有规定而适用该规定所得结果显然违反社会正义时，可直接适用诚实信用原则。”“法院直接适用诚实信用原则裁判案件，必须报请最高人民法院予以核准。”这一规定，涉及法的安定性等基本问题，[33]在立法阶段，立法者持谨慎态度，最终并未采纳上述草案规定。从比较法来看，比如《德国民法典》第242条所规定的诚信原则，并不仅仅局限于在欠缺合适的法规范时的漏洞填补（Lückenfüllung），而且还服务于对于既存法的修正（Korrektur vorhandenen Rechts），而不论其是任意法抑或强行法。[34]应该注意，此所谓法修正功能，并非谓以基本原则改变具体法规则的内容，而是指在个案中，适用具体法规则在结果上违反社会正义时，不适用该具体法规则，而改用基本原则裁判。

尽管基本原则的法修正功能过于敏感而不易被接纳，[35]在实务中仍不乏应用事例，比如前文提及的法院依诚信原则限制一方当事人行使法定解除权（权利失效），便是非常典型的实例。此外，基本原则可否发挥对于法律行为或者合同内容的修正功能呢？由于此项功能会使一方当事人脱离法律行为或者合同的拘束，向来引人注目，也极易引起争议。如前文所说，合同是否公平，原本是当事人基于主观价值判断的事情，法官一般不会轻易凭借公平原则而修正当事人的合同约定。对于诚实信用原则或者公序良俗原则，亦属同理。但事情终归存在例外，值得探究的是，在什么样的情形或者条件下，法官会借助基本原则发挥其修正功能，突破私人意思自治，以求实现个案正义（der Verwirklichung der “Einzelfallgerechtigkeit”）。中国的裁判实务中业已发生此类极端案例（extreme cases），招至法院的干涉，值得关注和思考。

---

〔32〕 中国学者相关问题意识系受日本民法学说影响的结果，参见［日］菅野耕毅：《信義則および権利濫用の機能》，《民法の争点 I》有斐閣1985年版，第8页。另外，参见松冈久和、中田邦博编：《新・コンメンタール民法（財産法）》，日本評論社2012年版，第4页。

〔33〕 相关赞成及反对的意见，参见梁慧星：《民法学说判例与立法研究（二）》，国家行政学院出版社1999年版，第136~137页。

〔34〕 Vgl. Münchener Kommentar zum BGB/*Schubert*, 7. Aufl. 2016, § 242 Rn. 24.

〔35〕 我国学者有力说倾向于采否定说，参见梁慧星：《民法总论》（第4版），法律出版社2011年版，第271页。

案例1：泸州遗赠案

原告X诉称自己与被告Y之夫Z是朋友关系，Z立下遗嘱，将自己价值约6万元的财产在其死亡后遗赠给X。该遗嘱后经公证机关公证。2日后遗赠人Z因病死亡，遗嘱生效，但Y控制了全部财产，拒不给付X受赠的财产。现诉请判令Y给付X接受遗赠的财产。Y辩称，Z所立遗嘱内容侵犯其合法权益；Z生前与X长期非法同居，Z所立遗赠属违反社会公德的无效遗赠行为。

一审法院经审理认为，遗赠属一种民事法律行为，民事行为是当事人实现自己权利、处分自己的权益的意思自治行为。当事人的意思表示一旦作出就成立，但遗赠人行使遗赠权不得违背法律的规定。且根据《民法通则》第7条的规定，民事行为不得违反公共秩序和社会公德，违反者其行为无效。

Z的遗赠行为违反了法律规定和公序良俗，损害了社会公德，破坏了公共秩序，应属无效行为，X要求Y给付受遗赠财产的主张本院不予支持。Y要求确认该遗嘱无效的理由成立。依照《民法通则》第7条的规定，判决驳回X的诉讼请求。〔36〕X不服一审判决，提起上诉。二审法院维持原判。

依据《继承法》（1985年）第16条第3款，“公民可以立遗嘱将个人财产赠给国家、集体或者法定继承人以外的人。”本案中的Z正是通过遗嘱处分自己的财产，意思表示真实。《继承法》第22条规定了遗嘱的无效，而本案遗嘱并不存在相应的无效事由。当然，遗赠是一种单方法律行为，与合同作为双方法律行为存在差异。〔37〕对此种关系，如按照一般规则处理，原告的诉讼请求便应当得到支持。但是，本案的特殊之处在于，X作为受遗赠人，与Z长期非法同居，按照社会道德标准衡量，属于不道德的行为。一审法院如果支持原告的诉讼请求，一定会引起不良的社会效果。正是预见到了这一点，法官放弃适用具体规则，改采基本原则，依公序良俗原则认定遗赠无效。

四、应用发展

《合同法》规定的基本原则，犹如为裁判者提供了一个“工具箱”，由裁判者依需要而取用，灵活应对社会变迁所带来的新问题。另外，合同法以及其他法律、法规有具体规则场合，是否动用基本原则，这类问题纠缠在一起，长期困扰着中国的裁判者。以下借助梳理裁判实例，尝试综合案例研究，以冀发现些许规律。

---

〔36〕 四川省泸州市纳溪区人民法院民事判决书（2001）纳溪民初字第561号。

〔37〕 刘春茂主编：《中国民法学·财产继承》，人民法院出版社2008年版，第363页；陈棋炎、黄宗乐、郭振恭：《民法继承新论》，三民书局2011年版，第343页。

（一）基本原则 vs 具体规则

作为出发点，理论界与实务界一致认可了禁止“向一般条款逃逸”。[38]换言之，在有具体规则可供适用场合，裁判者不应当越过具体规则，直接依基本原则（一般条款）进行裁判。

案例2：河南绑架索债案

甲与第三人有金钱借贷关系，到期后借款人甲仍有部分借款未归还，该第三人以讨债为名，非法限制甲人身自由，令其签订房产转让协议书，将其房产作价若干转让给乙，抵偿债务。甲签约后获得自由，乙实际占有房产。一年半后，甲提起民事诉讼，请求法院确认协议无效，并责令乙退还房产。乙辩称：本案从案发至起诉已一年六个月，甲没有到法院行使撤销权，其撤销权已消灭。

就此案件，法院审理认为，合同当事人的法律地位平等，一方不得将自己的意志强加给另一方，且当事人依法享有自愿订立合同的权利，任何单位和个人不得非法干预。甲与乙签订的协议书系甲在受到非法限制人身自由的情况下进行的，不是其真实意思表示，属无效合同。应依《合同法》第3条、第4条、第52条、第58条之规定，判决房产转让协议无效，乙返还甲房屋。[39]

上述案件，如果按照可撤销合同处理，确实会遇到已过《合同法》第55条第1项撤销权除斥期间的问题。法院裁判的引人注目之处在于，它并非是以胁迫为由作为主张撤销合同的案件，而是《合同法》第3条和第4条中的“不得”规定加上第52条第5项认定合同无效。查看第3条和第4条，确有“一方不得将自己的意志强加给另一方”和“任何单位和个人不得非法干预”的表述，此类表述被认为“最［能］体现该项基本原则特征”；[40]我国学理也有认为，合同法的基本原则是强制性规范，当事人必须遵守，不得以其约定排除其适用。[41]如此看来，上述意见以合同违法为由裁判其无效，似乎不无道理。不过，该裁判还是有问题的，理由如下：

---

〔38〕参见 *Wilhelm Hedemann*, Die Flucht in die Generalklauseln: eine Gefahr fuer Recht und Staat, Tübingen: Mohr 1933；梁慧星：《民法解释学》，中国政法大学出版社1995年版，第312页以下；梁慧星：《民法总论》（第4版），法律出版社2011年版，第272页；王利明：《法律解释学导论——以民法为视角》，法律出版社2009年版，第577～595页；王泽鉴：《民法思维：请求权基础理论体系》，北京大学出版社2009年版，第193页。徐国栋教授梳理我国2011年的民事判决书，发现了一些“向一般条款逃逸”的实例，参见徐国栋：《民法基本原则解释：诚信原则的历史、实务、法理研究》，北京大学出版社2013年版，第249页。

〔39〕河南省洛阳市洛龙区人民法院民事判决书（2012）洛龙民三初字第1546号。

〔40〕王胜明：《关于合同法的基本原则》，载《中国法学》1999年第3期。原文“最难体现”，疑为“最能体现”之音误。

〔41〕参见王利明：《合同法研究》（第一卷），中国人民大学出版社2002年版，第135页；崔建远主编：《合同法》，法律出版社2003年第3版，第15页。

其一，《合同法》明确区分基本原则与具体规则，而原则就是原则，不宜简单地当作规则适用。基本原则，即便其表述看起来像是规则，并未明定当符合所定要件时所会自动发生的法律效果。[42]而一旦其后果只有某一种，它也就演变成为一项具体规则，不再成其为原则。而规则在适用时，呈现的是“全有或者全无（all - or - nothing）”方式，但这并非原则的运作方式。进而，原则具有规则所没有的一个维度，这个维度便是分量或者重要性（the dimension of weight or importance）。[43]意识到基本原则与具体规则的这一区别，裁判者在适用基本原则就相应的法律效果作价值补充的时候，就应当综合考虑，权衡相关原则的分量或者重要性。

其二，在有可供适用的具体规则场合，不应越过具体规则去适用原则，否则，便是在“向一般条款逃逸”，应当禁止。

其三，如无充分且正当的理由，立法者所作的价值判断，不能由法官随意推翻。否则，当法官适用基本原则作价值补充时，就会是法官个人的价值判断取代立法者已有的价值判断发挥主导作用。而这与现代国家通行的分权理论相悖。就上述案件，立法者在规定“具有撤销权的当事人自知道或者应当知道撤销事由之日起一年内没有行使撤销权”的撤销权消灭（《合同法》第55条第1项）时，便已经有了价值判断：法律不保护在权利上睡觉的人。本案法官在未说明充分且正当理由的情形下，绕过上述立法者的价值判断，并不合适。

作一小结，在法律适用中应坚持禁止“向一般条款逃逸”的基本立场。由于违背这一基本立场，案例2在裁判说理上存在错误。与之适成对照，泸州遗赠案（案例1）可得适用的具体规则是1985年的《继承法》，当时的立法者所考虑的典型社会生活情形与今天的情形已有较大差异，当时不像今天这样存在“包小三”的社会情况及经济基础，所以，立法者不太会想到向“小三”作遗赠的问题，这属于因社会发展变迁而后发的法律漏洞。[44]对此，不固守当年的具体规则，而依基本原则裁判，便具有合理性。而案例2则不同，就其所签以物抵债的协议，在1999年的《合同法》中已有可供适用的具体规则，立法者已作出了价值判断和政策选择，依此具体规则裁判，并不至于产生严重冲击人们公平正义观念的结果；而裁判者另行引入新规则，其结果也未必更为公正。在这样的情形下，就不宜越过具体规则，依基本原则裁判。

（二）基本原则 vs 基本原则

在《合同法》规定的基本原则这个“工具箱”内，有的可作为私人自治的手

---

〔42〕 See Ronald Dworkin, *Taking Rights Seriously*, Harvard University Press (1977), p. 25. ［美］罗纳德-德沃金：《认真对待权利》，信春鹰、吴玉章译，中国大百科全书出版社1998年版，第44页。

〔43〕 See Ronald Dworkin, *Taking Rights Seriously*, Harvard University Press (1977), pp. 24 - 26.

〔44〕 参见［德］卡尔·拉伦茨：《法学方法论》，陈爱娥译，商务印书馆2003年版，第256页。

段，有的则可成为公的管制的媒介。选择“工具”不同，裁判结果可能迥异。比如针对一份合同，在发生情事变更场合，如遵循合同自愿以及合同严守原则，则会要求当事人按合同办事；而如果按照诚信原则或者公平原则，则可能要求当事人协议变更或者解除合同。这时，就需要对不同的原则进行具体分析，比较各自的分量，判断哪个原则最终胜出。本文选择两个事例，尝试对此作一些分析。

案例3：群发短信案

在“感恩节”当晚，原告通过被告中国移动上海公司提供的手机短信业务向朋友发送祝福短信，第一批向100人群发成功，但第二批的群发经反复尝试终未成功，此状态持续至次日下午。原告多次拨打被告的服务热线投诉、咨询原因，回答均不一致。原告以被告擅自关闭、停止原告的短信功能，且未告知真正原因为由，起诉要求判令被告履行如实告知理由及依据、赔偿经济损失和精神损失、赔礼道歉等。被告辩称：被告为履行企业的社会责任而实施维护移动通信市场秩序的行为，在原告交涉后，被告已尽快为其恢复了短信发送功能，并未违约。

一审法院认为，被告所实施的维护移动通信市场秩序行为，系承担企业的社会责任，合乎社会公共利益。原告对因此给其造成的不便之处宜予理解，且被告也已及时恢复了原告的短信发送功能，事后及本案审理过程中已向原告告知事发原因并表示歉意。最终，依《合同法》第7条、第60条之规定，判决对原告的诉讼请求不予支持。[45]原告提起上诉，二审法院维持原判。[46]

在该案中，原告主张严格履行合同（《合同法》第8条第1款合同严守），法院裁判援引了《合同法》第7条（公序良俗）。合同严守与公序良俗呈现冲突时，法院认可被告限制“群发”的行为是维护移动通信市场秩序的行为，认为此举合乎社会公共利益，在作利益衡量时认为社会公共利益优于一方当事人的群发通信的利益。法院还援引了《合同法》第60条，要求当事人遵循诚实信用原则，履行容忍义务（对给其造成的不便之处宜予理解）。

案例4：新宇公司诉冯玉梅商铺买卖合同纠纷案[47]

被告与原告签订商铺买卖合同一份，购买原告开发建设的时代广场第二层一间商铺。被告付清了购房款，原告也已将该商铺交付被告使用，但一直未办理产权过户手续。此后，时代广场的两度停业，原告的股权经历二次调整。新的股东决定改变经营方向与方式，将原来的市场铺位式经营，改变为统一经营。为此，原告开始回收已售出的商铺，至诉讼时150余家商铺回收得只剩下被告和另一户业主。原告

---

〔45〕上海市黄浦区人民法院民事判决书（2010）黄民一（民）初字第226号。

〔46〕上海市第二中级人民法院民事判决书（2010）沪二中民一（民）终字第1980号。详见最高人民法院中国应用法学研究所编：《人民法院案例选》2011年第3辑（总第77辑），人民法院出版社2011年版，第163页以下。

〔47〕《中华人民共和国最高人民法院公报》2006年第6期。

认为，本案情形构成情势变更。请求判令解除被告与原告签订的商铺买卖合同，被告将所购商铺返还给原告。原告除向被告退还购房款外，愿意给予合理的经济补偿。被告主张原告请求解除商铺买卖合同，没有法律依据，应予驳回。

裁判结果是，一审依照公平和诚实信用原则，认为合同应当解除。二审认为"一审衡平双方当事人利益，判决解除商铺买卖合同，符合法律规定，是正确的。"维持了一审解除合同的判决。

这起案件的特殊之处在于，是违约方起诉请求解除合同，而非违约方对此表示反对。问题在于，合同应否解除？如果支持了解除，是否就成了违约方可享有解除权？[48]而从《合同法》的规定来看，任意解除权另说，除此之外，尚看不出有违约方解除权的规定。此份案件可谓是一起疑难案件（a hard case），从裁判结果看，合同的解除虽系基于原告的请求，毕竟原告作为违约方（一直没有为被告办理房屋权属登记过户手续）没有约定的或者法定的解除权，故不应归入单方行使解除权解除合同。原告起诉时明确主张了情势变更，并以此为基础请求解除合同。两审法院并没有认可本案属于情势变更，故本案的合同解除亦不属于情事变更场合的司法解除。由于没有明确的法律依据处理此案，一审法院便依据《合同法》基本原则进行裁判，主要依据第5条公平原则和第6条诚实信用原则，这是本案的亮点。一审判决双方签订的商铺买卖合同予以解除（一审判决主文第一项），以及原告赔偿被告逾期办理房屋权属登记过户手续的违约金及其他经济损失48万元（一审判决主文第四项），具有自由裁量的属性，特别是，本案被告没有提起反诉，故被告方提起上诉时特别就此认为"一审法院在没有当事人请求的情况下作出的判决，违背了法律规定"。一审法院其实是在创造性地从事司法活动，该案合同的解除在性质上属于一种法官运用了自由裁量权的司法解除，而且不是以情事变更为基础的司法解除，这在此前的司法实践中是没有遇到的，具有"造法"的性质，也可算是本案的最大意义所在。

二审法院在肯定一审判决解除合同正确的同时，试图补强说理，提到《合同法》第107条的规定反映出继续履行是令违约方承担责任的首选方式，但是，当继续履行不能实现合同目的时则有例外，依据第110条第2项中规定的"履行费用过高"（"根据履约成本是否超过各方所获利益来进行判断"），认为一审判决解除合同正确。严格地说，第110条所规定的"除外"情形，只是履行请求权的除外情形，换言之，在该案中对方（被告）不"可以要求履行"，该规定本身并没有构成解除权的规范基础。而如何从不"可以要求履行"，到清算双方之间的合同关系（解除），这一点在现行法上是欠缺具体规定的。本案解除的基础，依然是一审判决中依据的第5条和第6条，即公平原则和诚实信用原则。

---

〔48〕 孙良国：《违约方的合同解除权及其界限》，载《当代法学》2016年第5期。

总结一下，在一起案件中如果表现出两个或者多个基本原则之间的冲突，比如一方主张继续履行，而另一方则主张解除合同，双方主张的背后呈现的是两类不同的原则：一类是合同严守（《合同法》第8条第1款）；另一类则是公平、诚实信用（权利不得滥用），裁判者便应对不同的原则在该案中所具有的“分量或者重要性”进行评估和权衡。如果是像案例3那样，表现出了不同的利益：一方面是社会公共利益，另一方面是私人利益，裁判者通常会以保护社会公共利益优先于保护个人私人利益。如果双方的利益均属私人利益，就像案例4那样，裁判者就必须尝试其他的论证手段，以证成其最终的裁判结论。这时，所谓政策考量、价值判断、利益衡量乃至经济分析（“履行费用过高”已为此预留空间），均有发挥作用的空间。裁判者在作“法的决定（Rechtsentscheidungen）”的时候，要否考虑其所下判断的实际结果（Realfolgen）？这在当下的中国，似乎不成其为问题，因为法官被要求既要考虑裁判的法律效果，又要考虑裁判的社会效果，要将这两方面的效果统一起来。因而，“结果导向（Folgenorientierung）”的法思考，〔49〕既是一种“不得不然”，又显得是那么的“自然而然”。这从案例4二审判决中也可以看出，裁判者认为，一审在判决解除商铺买卖合同后，一并判决被上诉人新宇公司向冯玉梅返还商铺价款、赔偿商铺增值款，并向冯玉梅给付违约金及赔偿其他经济损失，“这虽然不是应冯玉梅请求作出的判决，但此举有利于公平合理地解决纠纷，也使当事人避免了讼累”。显然，无论一审还是二审，均持一揽子解决纠纷的立场；判决结果的社会效果成为裁判者展开法思考的重要关注点。在案例1中，法院之所以越过具体规则而启用基本原则（《民法通则》第7条）认定遗赠无效，也是慎重地考虑了裁判的社会效果。

有学者提出，围绕私法的思考存在三对基本矛盾：其一，个体主义（Individualismus）抑或集体主义（Kollektivismus），此为私法思考的实质性矛盾；其二，法的安定性（Rechtssicherheit）抑或个案正义（Einzelfallgerechtigkeit），此为私法思考的形式性矛盾；其三，法官受拘束（Richterbindung）抑或法官自由（richterliche Freiheit），此为私法思考的制度性矛盾。〔50〕法官运用民法基本原则或者一般条款进行裁判活动，无疑最能反映这些矛盾。面对诸此矛盾，法律人总想探求一些应对之

---

〔49〕 グンター・トイブナー編：村上淳一/小川浩三訳：《結果志向の法思考》東京大学出版会2011年版。国内学说的相关探讨，可参阅张青波：《以裁判后果论证裁判》，载郑永流主编：《法哲学与法社会学论丛》（第1辑），北京大学出版社2008年版，第45页以下；孙海波：《“后果考量”与“法条主义”的较量》，载《法制与社会发展》2015年第2期；孙海波：《通过裁判后果论证裁判——法律推理新论》，载《法律科学》2015年第3期；杨知文：《后果取向法律解释的运用及其方法》，载《法制与社会发展》2016年第3期。

〔50〕 Vgl. *Marietta Auer*, Materialisierung, Flexibilisierung, Richterfreiheit, Tübingen: Mohr Siebeck 2005, 1. Kapitel „ Die drei Grundwidersprüche des Privatrechtsdenkens “ (S. 10 – 99).

策。在德国，法官借助《德国民法典》第242条所规定的一般条款补充或者修正现行法，须能将其裁判嵌入既存的法秩序而连贯无间，且不允许随意修正法秩序。[51]就我国而言，法秩序的塑造首先仰赖立法者，既有的法律、行政法规打造了法秩序的基本框架。因而，法官的司法行为不应成为“卡迪司法（Kadijustiz）”，法官必须从既有的法律、行政法规中探寻立法者为这个社会确立的价值体系和具体规范意旨，法官的能动性从来都有其边界，法官只不过是具体的案件审理中将抽象的规则具体化，唯在个别场合，能动地填补法律漏洞、进行司法续造。

五、总结

1. 民法基本原则为民法背后的主要价值或者目标，对于立法者、裁判者以及民事主体均具有指导意义。因其相较于《民法总则》《合同法》乃至《民法通则》具有先在性，故对于诸此原则的理解，自应突破法律实证主义视角的局限。

2. 《民法总则》第4条至第9条所并列规定基本原则，在体系结构上可分为两类，一是“私的自治”的手段，另一是“公的管制”的媒介。前者包括平等原则与自愿原则，后者包括公平原则、诚信原则、守法及公序良俗原则以及绿色原则。此外，作为非实定的法律原则，比如信赖保护原则等。

3. 裁判者以及民事主体妥当运用民法基本原则，不仅可以帮助解释法律、克服成文法之局限性，也可以帮助解释法律行为、填补合同漏洞等，发挥解释功能、补充功能乃至修正功能。

4. 对于民法基本原则，裁判者在裁判文书中应尽量避免形式引用，而应在恰当的时候作实质引用，使之发挥实质裁判依据的作用。为此，应注意引用方法。

5. 在法律存在具体规则场合，一般不必援引基本原则，以避免“向一般条款逃逸”。唯在极端案型，审慎发挥基本原则的修正功能。

6. 在对疑难案件的处理方案进行预判时，如果不同方案背后体现出不同的基本原则，则应结合立法者客观的价值判断，审慎权衡不同原则的分量或者重要性。通过政策考量、价值判断、利益衡量乃至经济分析，兼顾法律效果与社会效果，确定裁判方向，并使目光不断穿梭于事实与规范之间，进而完成“找法”或者法律漏洞填补的作业。

---

〔51〕 Vgl. Münchener Kommentar zum BGB /*Schubert*, 7. Aufl. 2016, § 242 Rn. 26.

转用案例之检讨

陈自强 *

目　次

一、问题之说明

许多因分工而产生的多角关系，均可能产生第三人是否能主张契约请求的问题。如Y出租其A车予M，交付M使用后，A车发生故障，M以自己名义委托X修车厂修理，修理完毕，M未支付修车费即将A车取回。之后，M破产，Y终止租约而取回A车。此时，X得否对Y直接请求返还相当于修理A车报酬之利得?

在日本，学说无不认为此涉及转用物诉权（actio de in rem verso）[1]的问题。在此问题意识下，日本学者认为转用物诉权指契约上给付不仅对相对人，对第三人

---

* 陈自强，台湾大学法律学院教授。

[1] 王泽鉴：《不当得利》，2015年版，第15页，翻译为“转用物诉”；周枏：《罗马法原论》（下册），商务印书馆1996年版，第617页。Dawson, Unjust Enrichment, Boston 1951, pp. 85 – 86. 转用物诉权，英文几乎无法翻译，大概是concerning what has been converted to the [father's or master's] account。罗马法所谓“诉权”，在现代或许应称为“请求权”，然因转用物诉权源自罗马法，无论中文或日文翻译均保留“诉”之用语，日译“转用”较“转化”为佳，本文因而使用“转用物诉权”。

也有利益时，给付者对该第三人得直接请求利得偿还[2]。然而，自转用物诉权登上欧洲法律史舞台后，上述案例不过是套用“转用物诉权”的外衣所解决的其中一个问题。不同时空背景下，转用物诉权有不同的内涵，担任不同的功能，扮演不同的角色[3]，上述定义不过是在日本现有法律发展状态下问题的整理。

王泽鉴教授在《不当得利》一书中谈到日本民法发展时说道：“日本不当得利法的发展深受德国法及德国学说的影响，以不当得利法的本质（衡平说）财产损益变动的直接性及所谓转用物诉（actio de in dem verso）为重要研究课题。”[4]提到本文所谓的“转用物诉权”，台湾地区相关专论似付之阙如，相关议题基本上处于无人知晓、无人闻问的状态。这是因为20世纪30年代中国的民法不当得利之规定（第179条到183条）主要继受德国民法，德国民法立法者明示排斥转用物诉权，转用物诉权在台湾地区不见芳踪，其来有自。抑有进者，台湾地区战后不当得利法之发展，深受德国不当得利理论之影响，研究不当得利之学者多为精通德国民法理论者[5]，此间日本民法研究者对日本不当得利理论有别于德国的部分，特别是转用物诉权的递嬗演变经过没有兴趣。转用物诉权成为台湾地区“民法”的弃儿，其来有自。

现代民法典中，有转用物诉权明文规定者，如凤毛麟角。1811年奥地利民法立法者虽有意继受欧洲普通法所承认之转用物诉权，但依现在通说，该规定仅适用在非给付之返还关系，不复有昔日容貌。1804年法国民法同样对转用物诉权无明文规定，甚至没有如德国民法及台湾地区“民法”设有不当得利的一般规定，转用物诉权对法国一般不当得利请求权制度之形成，至少有推波助澜之功。转用物诉权在日本民法亦无明文，对此众人皆曰不可的制度，在学说判例推波助澜之下，取得一席之地，成为现行法的一部分。转用物诉权之法理与思想若非有过人之处，必无法引起奥地利民法立法者、法国及日本学者之注目，其可供借镜之处安在，应有一窥究竟的研究价值。事实上，现代欧陆不当得利能有今日，罗马法返还诉权

[2] 藤原正则：《不当利得法》，信山社2002年版，第377页；武川幸嗣：《转用物诉权》，法学セミナー，第745期，2017年2月，第74页；野泽正充，多数当事人間の不当利得（2）—转用物诉权. 三角关系型，法学セミナー，2009年10月，663号，第85页：“基于契约所为之给付，契约当事人以外之第三人受利益时，损失者对第三人行使的不当得利返还请求权”；更为简洁的定义，参照，加藤雅信，财产法の体系と不当利得法の构造，初版1刷，有斐阁，1986年，第703页：“契约外第三人从契约关系受益时之利得返还请求权”。

[3] 傅广宇：《转化物之诉与不当得利—罗马法渊源及其变迁》，载《清华法学》2015年第1期，第162页以下有详细的说明，相当值得参考。

[4] 王泽鉴：《不当得利》，2015年版，第15页。

[5] 不当得利法专论著述，王泽鉴：《不当得利》，2015年版；姚志明：《无因管理与不当得利》，2014年版；杨芳贤：《不当得利》，三民2009年版；王千维：《在给付行为当事人间基于给付而生财产损益变动之不当性》，新学林2007年版，作者均具有留学德国之背景。

(condictio) 固然最为关键，但转用物诉权与无因管理也功不可没。换言之，转用物诉权虽然不属于罗马法代代相传的返还诉权，而有其独特的发展脉络轨迹，介于不当得利与无因管理的转用物诉权的考察，也是不当得利法律史研究上不容割舍的部分。

古往今来，以转用物诉权名义处理之案例（以下简称转用案例），可谓形形色色，不一而足。本文认为“转用”云尔，不应单纯理解为使用或利用而增益财产，而须有中间人居于受益人及受损人之间，所谓转用案例应以三人关系转用为限。再者，X与M间须存在给付关系为转用案例最低要求。所谓有给付关系存在并不等同于XM间须存在着有效之契约关系，固不待言。关于指示给付关系（补偿关系与对价关系）欠缺或指示欠缺而生的不当得利关系，个人曾在1996年《委托银行付款之三角关系不当得利》一文中有所论述，本文不再赘述[6]。

二、给付串联

给付串联（Leistungskette），即第一出卖人X（如商品制造人）出卖某物于M（如总经销商），M受领该物后再将同一目标物出售于Y（如零售商），并使Y取得目标物之占有，此时，无论第一出卖人X或第二出卖人M，皆系以现实交付之方式，使其买受人取得目标物之所有权。就所有权变动过程而言，给付串联与动产缩短给付情形相同，均系自其出卖人以所有权移转方式取得所有权。除商品辗转买卖外，类似现象也发生在X供应材料给承揽人完成一定工作之情形。

上述情形，任何一位契约当事人不履行债务，基于契约相对性原则，唯有直接契约当事人得诉请履行。M无资力清偿对X之价金债务时，X若尚未给付，得行使同时履行抗辩权（第264条）或不安抗辩权（第265条）拒绝自己之给付。X若已先为给付，而Y尚未支付价金时，则得代位行使M对Y之价金债权（第242条），或基于自己对M之执行名义，强制执行M对Y之价金债权。然无论代位权行使或强制执行，X均无优先于M之其他债权人优先受偿之权利，Y对M之价金债权乃至于收取的价金仍为M之债权人之共同担保。此际，若X对Y有直接请求价金的权利，不啻X得优先于M之债权人获得清偿，M无资力之风险就可避免。

X对Y并无契约关系，无论XM间或MY间之契约是否有效存在，均不发生给付不当得利，更没有非给付不当得利。在给付串联，所有权移转或交付均发生在直接契约当事人间，X并未直接交付予Y，X供货商品或材料给M，乃清偿自己对M之债务，主客观上均非管理M之事务，也无管理M事务之意思，X与Y间并没有无因管理关系发生之可能。此时，仅以Y所取得之目标物最终源头为X为由，承

---

〔6〕 陈自强：《委托银行付款三角关系不当得利》，载《政大法学评论》1996年第56期。

认 X 对 Y 有直接请求权，纵在立法论上也有不当，无待赘言。在现代商品供应链，商品制造后到终端消费者之间，由数销售中间人居中，司空见惯，商品之占有人若需面对制造人乃至于销售中间人之直接请求，则严重影响交易安全及法安定性。于动产缩短给付，目标物虽系由 X 直接交付予 Y，但所有权移转情形与给付串联相同，二者处理应无不同。

三、受托处理他人事务

罗马时代转用物诉权承认之基本思想，从最初避免家父一方面得保有从属之人交易之利得却不负责任，转而着眼于利得归属者与财产管理者之事务管理关系，其后转用物诉权之运用，MY 间事务处理关系最为常见也最为重要。受托事务他人处理关系可大别为直接代理形态之委任、间接代理形态委任，而受托处理他人事务，也可能是复委任，至于未受委任并无义务而处理他人事务，构成无因管理，涉及无因管理法律之适用，拟另文论述，以下将探讨受托处理事务之情形。

处理他人事务，事务处理人与该他人之关系，可能是委任或无因管理，处理他人事务而有为法律行为之必要时，在欧陆法，依是否以本人名义为法律行为，又可有直接代理与间接代理两种情形。

（一）代理法则之运用

受托管理本人事务，而须为法律行为者，本人若授予代理权，受托人得以本人名义为法律行为，此为直接代理。在直接代理，M 受 Y 之委任处理事务并被授予代理权，如 M 受 Y 之委任并被授权以 Y 之名义与 X 订立契约，修理 Y 交 M 保管之车，则 XY 间发生承揽契约关系，X 对 Y 得直接请求支付修车费。此时，并非基于转用物诉权法理，而是基于代理制度之运用，固不待言。

台湾地区“民法”代理一般规定基本上是德国立法例之继受，采显名原则或公开原则[7]。依第 103 条第 1 项：“代理人于代理权限内，以本人名义所为之意思表示，直接对本人发生效力。”代理人所为的意思表示，须以本人名义为之。以本人名义为法律行为，即代理意思的表明，如同一般的意思表示，明示默示皆可，本人为何人，法律行为时虽未明示，但依个案具体情形可知其事时，亦无不可[8]。然而，代理意旨之表明无论为明示或默示，均须有代理人代理意旨之表示，相对人对此表示依诚实信用原则，斟酌交易习惯，了解可能性如何，乃意思表示解释的问

---

[7] 参见，“最高法院”1987 年台上字第 3 号判决：“我‘民法’上之代理，系采显名主义，代理人于代理权限内，必须以本人名义所为之意思表示，始能直接对本人发生效力。”

[8] 陈自强：《契约之成立与生效》，2014 年版，第 322 页。

题。代理人就此毫无表示，代理人实际上有为本人处理事务之意思，而此相对人所明知或可得而知时，是否亦为直接代理的一个情形，尚待推敲。

"最高法院"在1981年台上字第2160号判决中强调："又虽与第三人为法律行为时，未明示其为代理人；而如相对人按其情形，应可推知系以本人名义为之者，固难谓不发生代理之效果，即所谓之'隐名代理'。"同院1989年台上字第543号判决："代理人为代理行为，不以明示本人名义为必要（显名代理），如有其他情形足以推知有此意思者，亦得成立（隐名代理）。"更称明示本人名义之情形为"显名代理"，似乎认为隐名代理乃代理人默示表明代理意旨的情形〔9〕。在"最高法院"1996年台上字第417号判决："至学说上所称之'隐名代理'，系指代理人为法律行为时虽未以本人名义为之，而实际上有为本人之意思，且此项意思为相对人所明知或可得而知者而言。"似乎有意摆脱明示或默示的框架，而取决于被授权之人实际上是否有为本人之意思，且此意思是否为相对人所明知或可得而知。

台湾地区"高等法院"在如下法律问题："张三口头委任李四共同出卖彼此各别所有之土地多笔，李四与王五订立买卖契约时，仅在契约首端记明张三李四出卖该土地，于契约末端出卖人栏，则只列李四为出卖人，而未标明其为张三之代理人，王五以张三拒绝履行契约，对之提起交地及所有权移转登记之诉，是否有理?"讨论意见甲说采肯定说："按代理人以本人名义为之，学者称之为显名代理，直接对本人发生效力，固无疑义。唯各国法律，除显名代理外，尚有隐名代理之规定，即代理人所为之行为，纵未明示为本人为之，若相对人明知或可得而知其为本人为之，或依一切具体情事，可认为系本人之有此意思者，如民4上五三一及民5上五七九号判例（附件一）所示之情形是，亦直接对本人发生效力。本件土地买卖系债权契约，虽仅李四为出卖人，及未标明其为张三之代理人，但契约首端，既曾记张三李四共同出卖该多笔土地，买受人王五即应推定其系明知或可得而知张三为出卖人之一，及李四为张三之代理人，故应直接对张三本人发生效力。""司法院"第一厅研究意见也同意研讨结果采甲说。甲说固然没有具体指出有隐名代理之规定的国家为何，据个人推测，"最高法院"对隐名代理之理解应参考《日本民法》第100条之规定："代理人并未表示为本人之意旨而为意思表示，视为为自己而为，但相对人明知或可得而知代理人系为本人所为时，准用前条第1项规定。"依《日本民法》第99条第1项，但书情形，意思表示对本人发生效力，换言之，将《日本民法》第100条但书之代理，名为"隐名代理"。

在显名主义下，如何理解《日本民法》第100条但书之代理，有意思表示说及相对人保护要件说，前者，认为该条为代理意旨之默示，后者，则主张显名主义乃为不使相对人受不测损害，显名并非不可或缺，若未以本人名义为意思表示，并不

〔9〕同旨，"最高法院"1989年台上字第219号判决、同院81年度台上字第165号判决。

会使本人受不测不利益，不妨使代理行为效力直接归属本人[10]。台湾地区学说对“最高法院”所承认之“隐名代理”之法律性质，类似论争，似未之见。关此，有待他日另撰专文详论。无论如何，隐名代理情形，第三人得向本人为直接请求，不也有转用物诉权之实质？

（二）间接代理

其他处理他人事务，但无代理法则运用之情形，相对人对该他人是否有直接请求权？

M受托管理本人事务，而须为法律行为，但并未被授予代理权，而以自己名义与X订立承揽契约，委托X修理Y所交付保管之车时，属于间接代理案例，本人Y与第三人X并不发生直接关系，M对X负有支付承揽报酬义务，Y对X并不负有支付承揽报酬之义务，Y若向X清偿修车费。M若已清偿修车费，依台湾地区“民法”第546条第1项：“受任人因处理委任事务，支出之必要费用，委任人应偿还之，并付自支出时起之利息。”得请求Y偿还，若尚未清偿，则依同条第2项：“受任人因处理委任事务，负担必要债务者，得请求委任人代其清偿，未至清偿期者，得请求委任人提出相当担保。”得请求Y代为清偿。

间接代理人在受委任处理事务范围内以自己名义，为本人计算所订立之契约，本人与间接代理人契约相对人（第三人）不发生直接契约关系，乃欧陆国家传统，即使第三人明知缔约之相对人系为本人利益所为，亦同[11]。日本民法也有直接代理与间接代理之概念，其间接代理法则与欧陆相同[12]。

现行法架构下，间接代理人为本人取得之权利，应移转于本人（第541条第2项），本人取得权利后，得直接对第三人行使权利。中间人若陷于无资力，第三人固然得代位行使中间人对本人之权利，包括对本人之费用偿还请求权乃至于代清偿请求权。上述权利终究是行使移转而取得之权利乃至于他人（中间人）之权利，若在间接代理，中间人与第三人进行交易，该交易所生之利益与不利益，最终归本人承受与负担，则解释论上或立法论上，赋予第三人对本人之直接请求权，并不违反间接代理之风险分配。本人纵然自中间人取得与第三人交易所得之利益，此利益乃基于与中间人之契约关系，并非无法律上原因，此直接请求权性质上并非不当得

---

〔10〕 山本敬三：《民法讲义 I，总则》，有斐阁2012年版，第355页。

〔11〕 如《意大利民法》第1705条第2项第1句；《葡萄牙民法》第1180条；《西班牙民法》第1717条第1项。

〔12〕 在第三人与本人关系之讨论上，加藤雅信，财产法の体系と不当利得法の构造，初版1刷，有斐阁，1986年，页807-808，主张委托人隐藏于第三人与间接代理人法律行为之背后，委托人参与不明时，不应认为第三人与委托人有直接关系；反之，因自己信用不佳而利用间接代理人之信用而有与第三人之交易时，不妨维持间接代理人之参与，而建构第三人与委托人间直接之法律关系。

利，而为间接代理法则之扩张。

第三人得对本人直接请求，系以中间人对本人有费用偿还请求权为前提，若本人已预付必要费用时（第545条），本人得以费用偿还请求权已消灭为抗辩事由对抗第三人，固不待言。

（三）复委任

受任人处理事务固然应自己处理（第537条本文），但依第537条但书规定，经委任人同意或另有习惯，或有不得已之事由者，得使第三人代为处理，此即复委任。于复委任，受任人与委任人仍保持委任关系，而将委任事务再委任第三人（次受任人）代为处理，其与次受任人成立独立的委任契约。受任人处理委任事务须为法律行为，并由委任人授予代理权，受任人自己也授予代理权予次受任人，即授予复代理权，则次受任人以委任人名义为法律行为，效果直接归属委任人，契约关系发生在第三人与委任人间，并无疑义。

受任人使第三人代为处理委任事务但未授与代理权，次受任人以自己名义为法律行为者，依第539条之规定，委任人对于该第三人关于委任事务之履行，有直接请求权，在法国法系国家，属于直接诉权（action directe）的一种〔13〕。次受任人需面对两个债权人：就其自己的委任契约，对受任人负受任人责任；依第539条之规定，委任人有直接请求权〔14〕。委任人与次受任人并无契约关系，不啻主张他人（受任人与次受任人）契约关系所生之权利。

五、无偿转用

（一）第183条之适用

于指示给付关系，转用人M系基于X之付款指示将钱转入Y之账户。若转用人M并非受X之指示，而系将从X所受领之给付转给Y或为Y之利益而使用，M与X间契约无效时，如X出售A车给M，M赠与Y，X与M均以移转所有权之意思而交付，其后发现X与M间买卖契约无效。此时，X系基于与M之买卖契约将A车所有权移转于M，符合上述转用案例最低要求。因M对X原本依第179条规定负有返还A车所有权及占有之义务，但若M为善意，依第182条第1项免负返还或

〔13〕《法国民法》第1994条第2项、《意大利民法》第1705条第2项、《西班牙民法》第1722条；《希腊民法》第716条第3项、《瑞士债务法》第399条第3项。法国判决甚至将此法则颠倒：受任人不仅得向其委任人请求偿还费用，甚至得向委任人之委任人请求，关此，参照，Kötz，Europäisches Vertragsrecht，2. Aufl.，2015，S. 482－483。

〔14〕史尚宽：《债法各论》，1960年版，第372页。

偿还价额之义务时，依第 183 条之规定："不当得利之受领人，以其所受者，无偿让与第三人，而受领人因此免返还义务者，第三人于其所免返还义务之限度内，负返还责任。" Y 在 M 免负返还义务之范围内对 X 负返还责任[15]。

（二）无偿无权处分

德国民法不仅有类似台湾地区"民法"第 183 条之规定（《德国民法》第 822 条），更对无偿无权处分明文规定因处分直接受利益之人负返还于权利人之义务（《德国民法》第 816 条第 1 项第 2 句）。台湾地区"民法"并未兼而采之，在无偿无权处分，如 X 将机车借 M，M 擅将该车赠与善意之 Y，并依让与合意交付时，M 为无权处分，Y 善意取得该车所有权（第 801 条、第 948 条），X 得否向 Y 请求利益返还，不无疑问。在承认 X 对 Y 得直接请求返还利益的肯定说中，有公平原则说、适用第 183 条说及类推适用第 183 条说之不同。此时，X 对 M 虽有基于借贷契约或侵权行为之损害赔偿请求权，但无不当得利请求权，且因善意取得之规定得让 Y 终局保有该车所有权，Y 取得该车所有权并非无法律上原因，X 对 Y 亦无不当得利请求权，M 并非受领车之所有权利益之人，更无所谓"以其所受领者无偿让与第三人"之情形，于第 183 条之要件不合。善意取得之规定乃衡量原权利人及善意取得人信赖处分人有处分权之外观下所为之价值判断，基本上系以交易行为为其适用之脉络，若善意取得人并未支付对价，反而是原权利人更具有保护之必要性，因而，应类推适用第 183 条之规定，X 得向 Y 请求返还其自 M 所受领之利益[16]。

Y 受有机车所有权之利益既然对 X 及 M 而言均非不当得利，透过类推适用第 183 条所承认之 X 对 Y 之利得返还请求权，性质上亦应非不当得利，依个人所见，乃特殊形态的利得返还请求权，名之转用物诉权似无不可。

（三）其他无偿转用情形

若第 183 条类推适用之正当性，存在于原权利人应受保护，而受让人无偿而获得利益，利益衡量上，以保护前者利益为优先之点上，则无偿无权处分以外的情形，若有相同的利益状态，自应也类推适用。

前述日本转用物诉权限定肯定说，主张唯有契约或享有其他债权之人 X，因债务人 M 支付不能、所在不明等原因债权无法满足时，且 M 与 Y 间之财产利益移动系无偿之情形，方能承认 X 对 Y 之直接请求，不也基于相同的价值判断。日本法并无类似台湾地区"民法"第 183 条之规定的情形下，若能得到承认转用物诉权的

---

〔15〕 关于第 183 条之解释适用，参照，王泽鉴：《不当得利》，2015 年版，第 308 页。

〔16〕 王泽鉴：《不当得利》，2015 年版，第 182 页。

结果，则在有第183条明文的台湾地区，类推适用该条在M与Y间财产移动无偿之情形，似乎为公平原则下所不得不然或理所当然者也。

结语

在台湾地区，转用物诉权议题是否仅有法律史及比较法研究的价值，系于如何看待转用物诉权。在2016年以前的法国，法院即透过转用物诉权发展出一般的不当得利返还请求权，转用物诉权本身即为法律制度[17]。在有不当得利概括条款的国家，转用物诉权如果被认为是独立的法律制度或请求权基础，则势必淬炼出实务上具操作可能的要件及效果，并探讨其法律体系上地位，及与现行制度之关连。个人认为正如同损害赔偿责任须有损害归责事由方能使被害人所受之损害转嫁于赔偿义务人得到正当化[18]，转用物诉权本身并不是足以正当化利得返还请求之法律思想或法律原则，而仅是契约相对性原则的例外表现，即基于一定原因，例外地允许契约当事人X向相对人M之债务人Y直接请求利得返还。法律史上，转用物诉权承认之正当化依据，始终存在着利得说及事务管理说两种基本观点，利得说的基本观点促成现代不当得利制度，然而，在有不当得利一般规定的国家，转用物诉权不应再是不当得利之代言人。

转用物诉权在台湾地区法如能被承认，被承认的特殊原因似有两类，即“民法”第183条的法律思想及事务处理法的价值判断。前者，乃在受让人无偿而获得利益与原权利人保护必要性利益衡量上，认为应优先保护后者，方法上，乃第183条的类推适用。后者，在事务处理领域，事务之本人是最终承担事务处理人交易经济上利益及不利益之人，若无法透过代理法则运用，让本人与第三人发生直接契约关系，则特别在间接代理人无资力的情形，似可在立法论甚至解释论上考虑承认第三人得直接对本人请求。

---

〔17〕 2016年法国债法修正，在“其他之债”，增订“不当得利”之一般规定（第1303条到1303～4条）。关于法国债法修正，参见，陈自强：《法国契约法修正与现代化》，载《月旦法学》2016年第259期。

〔18〕 陈自强：《契约责任与契约解消》，载《契约法讲义Ⅳ》，2016年版，第6页。

法人应如何分类？

——评《民法总则》的选择[*]

王 涌[**]

目 次

一、导语：法人的元分类

法人有林林总总的分类，而所谓元分类是指最基本的分类。

元分类按其功能又可以分为两种：一是理论意义上的元分类，二是立法意义上的元分类。所谓“立法意义上的元分类”应符合两项特征：一是立法所使用的分类，而非仅仅停留在理论上；二是民法典立法层面上所使用的最基本的分类。立法意义上的法人元分类与法人形态法定主义原则紧密相连。

---

* 本文已发表于《中外法学》2017 年第 3 期。

** 中国政法大学民商经济法学院教授、博士生导师。

法人的元分类在法律史上是不断变化和丰富的。

在英美法系，早期普通法上就有法人的元分类，一种是宗教法人与世俗法人之分，另一种是独任法人和集合法人之分。[1] 据梅特兰的考证，最早的独任法人可以追溯至1448年，集合法人则更早。[2]1844年英国颁布《合股公司法》（Joint Stock Company Act），1862年颁布《公司法》（Company Act），关于法人的法律开始走向法典化，走向现代化。立法上的营利法人和非营利法人的元分类开始出现，[3]在英国1862年《公司法》上，公司分为股份有限公司和保证有限公司两种基本类型。[4]前者是营利法人的组织形式，后者是非营利法人的组织形式，[5]但都规定在《公司法》中。其实，英国的《公司法》实质上是一部法人法，而非专门关于商事法人（公司）的法典。

在美国，营利法人和非营利法人的元分类在立法上就表现得更为突出。美国有两部模范法人法，一部是《模范商事法人法》（Model Business Corporation Act）即《公司法》，另一部是《模范非营利法人法》（Model Nonprofit Corporation Act），被各州采用。

与英美法系不同，大陆法系则采社团与财团的法人元分类。社团法人概念源自罗马法，财团法人概念源自教会法，历史悠久。社团和财团作为法典的法人元分类，则肇始于1896年的德国民法典，至今已有120年的历史。[6]

在法典上，法人的元分类是十分重要的，因为法典需要提取公因式，对元分类的法人进行最基本的规定。例如，民法法系国家采社团和财团的法人元分类，民法典对

---

〔1〕 关于普通法上宗教法人（ecclesiastical corporation）与世俗法人（lay corporation）之分、独任法人（corporation sole）和集合法人（corporation aggregate）之分，See Stewart Kyd, A Treatise on The Law of Corporations, Vol. 1, London: J. Butterworth, 1793, p. 22. 这是英国出版于1793年的关于法人的系统著作，影印版见 The Lawbook Exchange Ltd 2006年版；另参见：Cecil Thomas Carr, "Early Forms of Corporations", in Select Essays in Anglo – American Legal History, Boston: Little Brown and Company, 1909, p. 161.

〔2〕 F. W. Maitland, State, Trust and Corporation, Cambridge: Cambridge Press, 2003, p. 12.

〔3〕 英国历史上最早的非营利事业的立法是1601年颁布的《慈善用益法》（The Statute of Charitable Uses），但这是关于慈善信托的最早的法律，而不是关于法人的，因为信托不是法人。

〔4〕 股份有限公司（company limited by shares）和保证有限公司（company limited by guarantee）之分在澳大利亚、爱尔兰、中国香港等国家和地区的公司法也存在。保证有限公司在设立时，成员不需要出资，但需在章程中承诺对公司债务的保证责任范围。公司解散时，成员按其承诺对公司债务承担保证责任。该类公司用于俱乐部、慈善等非营利目的。英国公司法第3条第3款规定了保证有限公司："如果成员的责任被限定在他们承诺当公司清算时向其缴纳出资，则公司是'保证有限公司'。"见 Mayson, French & Ryan on Company Law, 24th ed., Oxford: Oxford University Press, 2007, pp. 48 – 50; Lipton, Herzberg and Welsh, Understanding Company Law, 15th ed., Sydney: Thomson Reuters, 2010, p. 65.

〔5〕《英国慈善法》（Charity Law）规定了慈善法人组织（Charitable Incorporated Organization），而慈善法人组织则采用保证有限公司的形式。

〔6〕 Rudolf Huebner, A History of Germanic Private Law, translated by Francis S. Philbrick & Ernest G. Lorenzen, New York: Augustus M. Kelley Publishers, 1918, p. 153.

社团和财团各作基本规定，为各类具体的社团和财团提供共同的规则。此种立法技术的合理性在于：一是建构一种从一般到特殊的民法体系，层层递进，结构清晰，易于理解；二是节约立法成本，无须在规范各类具体的法人时，再重复制定一般性的规则。

大陆法系民法有从一般到特殊的层级化的立法嗜好，[7]英美法系则不同。英美法系无民法典，所以，没有立法的层级结构，一般采用以一部单行法彻底地解决问题的立法技术，毕其功于一役。英美法系虽有法人元分类，却无多层次分类，追求立法的简明实用，不喜提取公因式，所以，英美法系上所谓法人元分类实质是法人的一次性分类。美国以两部模范法典分别规范营利法人和非营利法人，少有其他特别法。英国则更极端，将营利法人和非营利法人基本上集中在一部《公司法》中予以规定，不喜欢叠床架屋。

综述可见，立法采取何种法人的元分类，并无天经地义的固定模式，不应迷信一种模式。

二、中国民法上的法人元分类的演变

1949 年前，清朝末年的民法草案和中华民国民法典，均仿德日民法典，采社团和财团的法人元分类。但是，中华人民共和国成立后的第一部民法基本法《民法通则》却未采社团和财团的法人元分类，而采企业法人、机关法人、事业单位法人和社会团体法人的元分类，2017 年《民法总则》则采营利法人和非营利法人的元分类，有其特殊的背景和原因。

（一）1986 年《民法通则》担负建构企业法人的政治任务，已蕴含企业法人与非企业法人的元分类

虽然《民法通则》的起草是依循大陆法系的传统，但在一些基本概念的采用上，起草者十分强调中国的实际。1985 年彭真委员长在全国民法通则（草案）座谈会上强调："立法要从中国实际出发，解决中国的实际问题，并且以我们的社会实践来检验"。[8]

1986 年《民法通则》建立法人制度是具有急迫的政治任务背景的——为国有企业改制奠定法人制度的基础。1984 年 10 月中国共产党十二届三中全会《关于经

---

〔7〕 进入当代，欧洲国家的民法典的此种嗜好似乎越来越强烈，例如在 1992 年《荷兰民法典》中，关于消费者买卖合同的规范，在法典中从一般到特殊可经过六个层面：法律行为——债——合同——双务合同——买卖合同——消费者买卖合同，纵向分层达六层。《葡萄牙民法典》中层次就更多。See Martijn W. Hesselink, The New European Legal Culture, Deventer: Kluwer, 2001, p. 10.

〔8〕 彭真：《在全国民法通则（草案）座谈会上的讲话（1985 年 12 月 4 日）》，载《论新中国的政法工作》，中央文献出版社 1992 年版，第 395 页。

济体制改革的决定》指出："要使企业真正成为相对独立的经济实体，成为自主经营、自负盈亏的社会主义商品生产者和经营者，具有自我改造和自我发展的能力，成为具有一定权利的义务的法人"。所以，企业法人概念成为《民法通则》法人分类的现实出发点，自始就蕴含了企业法人和非企业法人元分类。

在民法通则起草时，全国人大法工委起草人员已经将民法通则的四类法人简单分为企业法人和非企业法人，正如顾昂然先生所说："《民法通则》规定的法人包括两类：一类是企业法人；另一类是机关、事业单位和社会团体法人"。[9]他将机关、事业单位和社会团体法人归为与企业法人相对的"另一类"，这与《民法通则》法人部分的章节安排相一致，企业法人独成第二节，而机关、事业单位和社会团体法人合为第三节。

（二）1986年《民法通则》未采用财团法人概念的政治社会背景

除上述的政治背景外，《民法通则》没有采用财团法人的概念还有其他客观因素：

1. 当时已经存在事业单位的概念，该概念在功能上已经涵盖财团法人，差别在于事业单位一般限于国家设立，而非民间设立，财团法人则侧重于私人捐赠设立的非营利组织。

这与古罗马早期无财团法人概念的原因很相似。那时，从事扶贫救困的慈善机构均是政府的机构，是政府内部的部门，所以，无须赋予独立的法律主体资格。之后，公元392年，基督教成为罗马帝国的国教，基督教教会出现，教会从事慈善活动，独立于政府的慈善机构才在罗马帝国出现，被赋予主体地位，罗马法上才产生了具有财团法人性质的概念——universitates bonorum。[10]

2. 当时中国不存在私人、民间或所谓"社会力量"举办的非营利组织，所以，无须财团法人的概念。中国民办的非营利组织是在《民法通则》颁布十年之后才开始出现和发展的。

3. 财团法人概念过于生涩，[11]且财团一词易引发误解，[12]与社会主义意识形态格格不入。

---

〔9〕 顾昂然：《〈民法通则〉的制定情况和主要问题（1986年7月28日最高人民法院民法通则培训班）》，载《立法札记》，法律出版社2006年版，第228页。

〔10〕 John Chipman Gray, The Nature and Source of the Law, 2nd ed., New York: The Macmillan Company, 1912, pp. 58－59.

〔11〕 江平教授语，我记于1996年中国政法大学民商法博士生"民商法专题研究"课堂笔记。此外，"在《民法通则》起草时，有人主张不用'合伙'概念，因为容易联想到贬义词'团伙'"，从这段回忆可见当时《民法通则》的启蒙意义和起草的艰巨。参见滑璇：《江平对谈王泽鉴：中国民法典怎么立》，载《南方周末》2017年4月27日。

〔12〕 在中国的一般语境中，财团是指"资本主义社会里控制许多公司、银行和企业的垄断资本家或其集团"。参见《现代汉语词典》，中国社会科学院语言研究所词典编辑室编，商务印书馆2011年版，第124页。

（三）十八届三中全会《关于全面深化改革若干重大问题的决定》对《民法总则》起草的影响

虽然民事立法是基础性法治工程，尤其法典更具有极强的学术性，但不可忽视的是，民事基本法的立法技术和立法体例的选择与政治背景是有着密切的关系的。即使学术色彩极其浓重的《德国民法典》中的一些具体制度的设计同样也有深刻的政治背景，例如财团法人制度的设计，其直接政治目的是国家为了限制教会的权力。〔13〕在中国，具体的法律制度和立法体例背后的政治根源同样值得重视。

民法典的起草是十八届四中全会《关于全面推进依法治国若干重大问题的决定》确定的政治任务，但《民法总则》法人部分的起草，则更多地受2013年11月中国共产党十八届三中全会《关于全面深化改革若干重大问题的决定》的影响。该决定指出："激发社会组织活力。正确处理政府和社会关系，加快实施政社分开，推进社会组织明确权责、依法自治、发挥作用"。该决定将发展非营利组织提高到一个前所未有的政治高度。非营利法人显然是《民法总则》起草中的一出重头戏，是一项重要的政治任务。

（四）《民法总则》需对过去二十年中国非营利法人的发展进行总结

社会力量举办的非营利组织在中国的蓬勃发展，突破了《民法通则》关于法人的传统分类，该问题亟待解决。在2002年第四次民法典起草时，这一问题就已经凸显。顾昂然先生说："与民事主体问题相关联的还有法人分类，民法通则将法人分为企业法人、机关、事业单位和社会团体法人，现在社会中中介组织越来越多，民办、合资办学校、医院等日益增加，很难归入民法通则划分的四类法人。有关民事主体以及法人分类，如何规定为好，需要进一步研究。"〔14〕

如何将过去二十年实践中出现的非营利法人纳入民法法人分类中，是《民法总则》起草时面临的一个重要问题。其实，《民法总则》起草前，我国立法早已开始使用"非营利法人"的概念，〔15〕《民法总则》非营利法人一节实质上是对中国过去廿年非营利法人实践在法典层面上的总结。

---

〔13〕 Rudolf Huebner, supra note 6, p. 155.

〔14〕 顾昂然：《关于〈中华人民共和国民法（草案）〉的说明（2002年12月23日）》，载《立法札记》，法律出版社2006年版，第358页。

〔15〕 例如2004年《基金会管理条例》第2条："本条例所称基金会，是指利用自然人、法人或者其他组织捐赠的财产，以从事公益事业为目的，按照本条例的规定成立的非营利性法人"。2016年11月《民办教育促进法》修订，开始使用营利性民办学校和非营利性民办学校的分类，见第19条第1款："民办学校的举办者可以自主选择设立非营利性或者营利性民办学校。但是，不得设立实施义务教育的营利性民办学校。"

全国人大法律委员会主任委员乔晓阳先生说："民法通则将法人分为企业法人和机关法人、事业单位法人、社会团体法人四类。随着我国经济社会的发展，新的组织形式不断出现，法人形态发生了较大变化，民法通则的法人分类已难以涵盖实践中新出现的一些法人类型，也不能适应社会组织改革发展方向，有必要进行调整完善"。[16]

全国人大法工委主任李适时先生说："经反复比较，草案按照法人设立的目的和功能的不同，将法人分为营利法人和非营利法人两类，主要考虑：一是营利性和非营利性能够反映法人之间的根本差异，传承了民法通则按照企业和非企业进行分类的基本思路，比较符合我国的立法习惯，实践意义也更为突出；二是将非营利性法人作为一类，既能够涵盖事业单位法人、社会团体法人等传统法人形式，还能够涵盖基金会和社会服务机构等新法人形式，符合我国国情；三是适应改革社会组织管理制度、促进社会组织健康有序发展的要求，创设非营利法人类别，有利于健全社会组织法人治理结构，有利于加强对这类组织的引导和规范，促进社会治理创新"。[17]

总之，营利法人与非营利法人之所以被《民法总则》最终采纳为法人的元分类，是基于三种力量：一是源于《民法通则》的概念路径依赖的历史惯性，二是为解决实践中的非营利法人问题的现实主义思路，三是完成执政党布置的"创新社会体制"的政治任务的立法表现。

三、法人形态法定主义与法人分类

（一）法人形态为什么法定

法人形态为什么采法定主义？其原理与财产权法定主义是一样的，[18]因为法人形态的效力是对世的，不限于设立人之间。外部人判断一个组织是否是法律上的主体，需要客观的法律标准，法人的形态种类需经法律规定确定，方可被外部人识别。经法律确定的法人形态种类，其数目是有限的，内容是固定的。发起人依据法律确定的法人形态类型，设立法人，经法定程序成立法人，产生对世效力。

---

〔16〕 全国人大官方网，http：//www.npc.gov.cn/npc/xinwen/syxw/2017－04/14/content_ 2019851.htm，最后访问日期：2017年4月20日。

〔17〕 李适时：《关于〈中华人民共和国民法总则（草案）〉的说明（2016年6月27日在第十二届全国人民代表大会常务委员会第二十一次会议上）》，载《民法总则立法背景与观点全集》，法律出版社2017年版，第11页。

〔18〕 参见王涌：《财产权谱系、财产权法定主义和民法典〈财产法总则〉》，载《政法论坛》2016年第1期。

（二）法定什么：法人的本质要素和非本质要素

法人形态法定主义首先将法人形态类型限定于一定数目（Numerus Clauses），此谓类型固定，然后，再对各特定类型的法人的本质要素进行规定，法人的本质要素包括如下三项，是法律必须予以规定的内容：

一是规定法人最抽象的质——主体性，这是法人概念最抽象的规定性，各类型的法人在这一点上是绝对相同的，就如同“存在”是万事万物共同具有的最抽象的质。

二是规定特定形态的法人的目的，如行使公法目的或私法目的、营利目的或非营利目的等。法人不同于自然人，自然人本身就是目的，而法人是法律基于特定的目的而建构的，特定目的构成法人概念的第二项规定性。

三是规定特定形态的法人的实体构造，包括机关、资本、名称等，主要是机关构造——内部的意思形成机关、外部的意思表示机关，这是两个不可或缺的机关。一般的，法人的内部的意思形成机关和外部的意思表示机关应有不同的机关分别承担，如公司法上的治理结构，此谓复杂的机关构造，或谓分权制的机关构造。但也有特殊例外，如全民所有制企业，采厂长（经理）负责制，将两者授予厂长（经理）一身；再如英美法上的独任法人（Corporation Sole）也是如此，此谓单一的机关构造，或集权制的机关构造。此外，机关构造还有成员制和非成员制之分。

除上述三项是法人的本质要素外，其他的要素都是法人的非本质要素。

（三）本质要素和非本质要素区分的哲学基础：经拟制说改造的法人实在说

本质要素和非本质要素的区分不是臆断的，它的哲学基础是关于法人的本质的学说。传统的学说有拟制说和实在说两种，但都只揭示了法人本质的某一侧面。

拟制说认为法人是拟制的，是在目的范围内被拟制为法律主体，一旦超越目的范围，该法人就被视为不存在。实在说则认为，法人作为法律主体，是一种有机而实在的存在。拟制说忽视了：法人一经拟制，就成为法律上的一种实在的持续的存在。[19]而实在说忽视了：法人不经法律拟制无以成为法律上的主体。

本文主张经过法人拟制说改造过的法人实在说，或者是经过法人实在说改造过的法人拟制说。它的中心理论是：法人是法律拟制或建构的，否则无法成为法律上的主体，但一经拟制或建构，法人就实在地存在着，[20]其主体性质具有稳定性，即使超越目的范围，它的主体性质也依然存在。

---

〔19〕 法人本质学说中拟制与实在可在《分析哲学中命名理论》（A Theory of Naming）中予以更深入的理解，可参考：Saul A. Kripke, Naming and Necessity, Cambridge: Harvard University Press, 1980.

〔20〕 Eric W. Orts, Business Person-A Legal Theory of the Firm, Oxford University Press, 2013, p. 33.

法人的拟制性质决定了法人的目的性，它必然为特定目的而生，决定了“目的”是法人的本质要素之一。

法人的实在性质决定了法人必须有实体构造，实体构造是其存在的基础，这决定了“实体构造”是法人的本质要素。

当然，某项具体要素是否是法人的本质要素，需要细致的分析。例如法人的责任形式非常重要，是法人的本质要素，但不独立构成一项法人的本质要素，因为责任形式已经包含在法人的主体性要素中：因为法人是独立主体，当然独立承担责任，不累及成员或股东，除非法律有相反规定。再如“是否可以分配利润和剩余财产”，是非营利法人的本质要素，但也不独立构成一项法人的本质要素，因为它已经包含在非营利法人的目的要素中。

再如其他的要素，如营利法人应当纳税，“应当遵守商业道德，维护交易安全，接受政府和社会的监督，承担社会责任”，[21]虽也具有强制性，适用于全部营利法人，但不是营利法人的本质要素，与营利法人的形态无关，是营利法人的外在义务。再如“中小企业”的概念，《中小企业促进法》以及有关部门发布的《中小企业标准暂行规定》所认定的“中小企业”，也不构成独立的企业法人形态，因为“规模”不是法人形态的本质要素。再如社会企业（social enterprise）的概念，它也不构成一种独立的企业法人形态，因为它是以商业运作的方式，实现社会或公益目标，它的特殊性表现在经营者的理念和运营模式，而“运营模式”不是法人形态的本质要素，其形态依然是营利法人。

总之，法人的本质要素是内在要素，具有规范性，对于发起人设立法人的行为具有直接的规范效力，一旦被违反，则不产生特定法人形态成立的法律效果；非本质要素是外在要素，不规范发起人设立法人的行为，而是规范法人成立后的行为，有的甚至无规范性，仅是对现有的法人形态的其他特征的描述。

（四）法人分类：目的维度的分类与构造维度的分类

从上述的法人形态的三项本质要素看，由于主体性是共同的，无差异，无法成为分类的标准，但后两项即目的和实体构造却是不同的，可以成为分类标准。所以，法人分类无论如何复杂，在元标准或本质标准的层面上，只有两种分类标准，一是目的维度的分类，二是构造维度的分类。

所谓目的维度的分类是以法人的目的和功能为标准的分类，具有相同目的和功能的法人归属一类，例如营利法人和非营利法人的分类、公法人和私法人的分类，再如公法人中的机关法人的类属，它是以行使公权力为目的的法人的类属。

所谓构造维度的分类主要是按法人的实体构造特别是机关构造方式为标准的分

---

[21] 《民法总则》第86条。

类，具有相同内部的机关构造的法人归属一类，例如社团法人和财团法人之分，前者的机关中有成员，意志自主，后者则无成员，受外在意志制约。

（五）法人分类中的目的维度和构造维度之间的关系

具有相同目的的法人，其机关构造可能相同，也可能不同。某些类型的法人，其目的维度和构造维度具有同一性，具有相同的目的，也具有相同机关构造。也有一些类型的法人，如非营利法人，目的相同，但机关构造可能不同，或为社团，或为财团。

立法中的一个具体问题是：如果在目的维度上进行法人分类后，立法需基于分类提取公因式，公因式是否既包括目的维度的公因式，也包括机关构造维度的公因式？回答是肯定的。例如《民法总则》关于营利法人的一般条款（公因式）显然既规定了营利目的的界定，即可以分配利润，也规定了营利法人的机关构造。营利法人的形态强制除目的强制外，也包含机关构造结构的强制性——即权力机关、执行机关和监督机关三权分立的强制构造。

当然，在这一问题上，营利法人是很特殊的，因为营利法人必然是社团法人。[22]中国没有财团法人型的营利法人，民法法系国家也无财团法人型的营利法人，原因在于：财团法人在历史上的出现，是为慈善与公益目的而设立，而不是营利目的；其次，财团法人在机关构造上无成员，不分配利润和剩余财产，与营利法人的目的相悖。[23]可见，目的维度上的营利法人天然地捆绑着构造维度上的社团法人，营利法人的公因式也在一定程度上必然包含了社团法人的公因式。

另外，需要注意的问题是：行业分类与目的维度分类和构造维度的分类的关系，例如学校法人、医院法人等，这是行业分类，但以前，却将其归入非营利法人，这是错误的，因为行业与目的并无必然联系，学校和医院既可以是营利的，也可以是非营利的。2016 年 11 月《民办教育促进法》终于厘清了这一问题，第 19 条规定：“民办学校的举办者可以自主选择设立非营利性或者营利性民办学校。”

（六）法人形态法定主义的立法技术：从民法典到单行法

在民法法系国家，法人形态法定主义是通过多层次立法最终完成的。民法典是第一层面，确定法人的元分类，以及在元分类基础上的再分类，并对各法人类型作基本规定，之后，再通过单行法，对具体法人类型作特别规定，甚至再分类。

---

〔22〕 营利法人中的一人公司与国有独资公司似乎不符合社团法人“人的集合体”的本质，但是，相对于财团法人而言，社团法人的本质并不在“多人之集合”，而在于其是否有成员，是否有自我意志，是否受制于外在意志，即使只有一个成员，也符合社团法人的本质。参见本文第五部分的阐述。

〔23〕 在商事领域，投资基金相似于财团法人，其法律性质是信托，不是形式上的法人，但是隐蔽的法人，参见本文第九部分的阐述。

单行法可以对某特定法人形态中的本质要素进行规范，规范的方式有三种可能：一是对本质要素再具体化或特殊化，形成某特定法人形态的“细化的亚形态”；二是补充民法典在某特定法人形态的本质要素上空白，通常是机关构造要素，与民法典共同塑造一种法人形态；三是在某本质要素项下，作与民法典不同的规定，而形成特别法，形成某特定法人形态的“变异的亚形态”。当然，也可以仅对某特定法人形态中的非本质要素进行规范，但不构成法人形态法定主义中的“法定”。

单行法是特别法，一般而言，特别法不应与民法典冲突，由此可以构成从一般到特殊层层递进的法人形态法定主义的立法结构，但在实践中，特别法与普通法冲突难免。由于特别法优先适用于普通法，民法典在性质上不是宪法，作为特别法的单行法极易架空民法典，此为“解民法典”（decodification）现象，[24]民法典关于法人形态的一般规定可能成为一堆具文。例如《民法总则》关于营利法人的治理结构的规定与特别法《全民所有制企业法》不同，是特别法优先还是修改特别法？这是一个问题。

（七）民法典上法人元分类的选择：公因式提取

民法典应如何选择法人元分类，主要应考量两个因素，一是现实需要，二是立法的逻辑体系与成本。如果法人实践中存在的问题主要集中于某类法人或某种法人分类上，立法自然应将其提升至法典中的重要地位；同时，也应考虑法典的逻辑体系的统一性，是否更易于提取最重要的公因式。

《民法总则》的起草十分重视“公因式”的提取。全国人大常委会副委员长李建国先生说：“民法总则草案以1986年制定的民法通则为基础，采取‘提取公因式’的办法，将民事法律制度中具有普遍适用性和引领性的规定写入草案”。[25]关于法人制度，争议集中于法人元分类是采营利法人和非营利法人的分类，还是采社团法人和财团法人的分类？其实，从逻辑上看，不同的分类路径均可涵盖和解决实践问题，“条条大路通罗马”，只是法人类型的排布序列不同，进而导致提取公因式的层次与范围略有不同。某种分类成为元分类，在此基础上所提取的公因式必然是“总公因式”，即整个民法领域内该类法人的公因式，而非限制在某领域的公因式。

法人分类与公因式提取的序列有两种：

一是从社团和财团的法人元分类出发，在社团法人项下再分营利法人和非营利法人；二从营利和非营利的法人元分类出发，在非营利法人项下再分社团法人和财

---

〔24〕［意］那塔利诺·伊尔蒂：《解法典化的时代》，薛军译，载徐国栋主编：《罗马法与现代民法》（第4卷），中国人民法学出版社2004年版，第80～107页。

〔25〕李建国：《关于〈中华人民共和国民法总则（草案）〉的说明（2017年3月8日在第十二届全国人民代表大会上）》，载《民法总则立法背景与观点全集》，法律出版社2017年版，第6页。

团法人。在第一种序列中，将无法提取营利法人和非营利法人的总公因式；在第二种序列中，将无法提取社团法人和财团法人的总公因式。

其实，如果两类“总公因式”的提取都十分重要，民法典采双重的元分类，亦未尝不可。但是，考虑到营利法人在机关构造上的公因式与社团法人的公因式重叠，加之非营利法人问题的现实重要性，立法者的天平向营利法人和非营利法人元分类倾斜，而放弃社团法人和财团法人的元分类，就可以理解了。

四、营利法人与非营利法人分类的意义

《民法总则》采营利法人和非营利法人的元分类，在大陆法系国家的民法典立法例中是独树一帜，虽遭受不少批评，但客观地说，该立法例具有合理性，并未荒腔走板。

（一）总体判断与评价

从法理上看，营利法人和非营利法人本身就是法人的一种基本分类，正如葡萄牙民法学者安德拉德先生所说：“非营利性法人与合营组织是第一种也是最重要的一种法人分类。”[26]

从比较法视野看，营利法人和非营利法人的元分类也非我国独创。美国关于法人的两部最重要的模范法典就是营利法人法典和非营利法人法典，是该立法例的典范。

从立法的实践需求看，《民法总则》采营利法人和非营利法人的元分类，是一举两得的立法体例。一方面，以非营利法人的概念统领了碎片化的非营利法人类型，另一方面，对营利法人进行定义，实质上确定了中国法上的商主体的概念，为进一步制订《商法通则》或《商法典》奠定基础。对于非营利法人的事业，该分类是应得之份，对于商法的发展，则是意外之喜。

（二）中国商法学会的立法建议报告

法人分类是中国民法典起草中的重要问题，法人的分类方法和标准有很多，但最基础的牵一发而动全身的分类是“元分类”。民法典中的法人的元分类将成为一个国家法人制度的顶层设计。在民法法系中，多数国家的民法典采纳了社团法人和财团法人的元分类，《民法总则》是否追随民法法系传统，采用该分类，起草过程中争议纷纭。

---

〔26〕［葡］曼努埃尔．德．安德拉德：《法律关系总论》（第一卷），吴奇琦译，法律出版社 2015 年版，第 85 页。

2015年中国商法学会向全国人大法工委提交的立法建议报告主张：中国民法典可不采纳社团法人和财团法人的元分类，而采营利法人和非营利法人的元分类，并制定一部《非营利法人法》。主要理由如下：[27]

第一，《民法通则》并没有采纳社团法人和财团法人的概念和分类。在《民法通则》颁布之后，在三十年的实践中，我国已经逐步形成了一些独特的非营利法人的类型。除事业单位外，主要有：民办非企业单位、社会团体法人和基金会三类，对应的法规是：

1. 《民办非企业单位登记管理暂行条例》（1998年颁布）

2. 《社会团体登记管理条例》（1998年颁布）

3. 《基金会管理条例》（2004年颁布）

虽无财团法人的概念，非营利法人在我国实践中也在发展，财团法人概念在实践中的重要性并不凸显。《民法通则》以企业法人为中心的法人分类传统应予以继承与发展。

第二，财团法人和社团法人在立法实践中出现"形态接近"现象，甚至出现社团与财团混合型法人，两者的法律差别在逐渐减小。

第三，美国法中也无社团法人和财团法人之分，而代之以营利性法人和非营利性法人的分类。可以参考美国立法例，在民法典中规定营利性法人和非营利性法人的分类，并制定一部《非营利法人法》的单行法，作为非营利法人的基本法。

第四，更为重要的是营利性法人和非营利性法人的分类是中国实践中最急需解决的问题，也是最有实践意义的分类。

其意义不仅仅是理论分类，更在于通过民法典将"非营利法人"创设为一种基本的法人形态，现有的社会团体法人、基金会法人、民办非企业单位（民办事业单位）等均采纳该法人形态。目前，尚无法解决法人资格的非营利组织，如现有的13.9万个宗教活动场所，无须另行立法，直接登记为"非营利法人"，即可解决法人资格问题。今后，出现新类型的非营利组织，都无须单独立法，直接纳入其中即可，即使相关行政管理立法滞后，也不妨碍它们获得法人资格。

总之，对于非营利组织，应将法人资格、结社的行政许可和公益认定等在立法上予以分离，民法典解决非营利组织的法人形态问题，国务院的条例等行政立法解决非营利组织的管理问题如结社许可、公益认定、税收减免等，这是一个可行的立法思路。否则，现有的条块分割的立法模式将严重束缚非营利法人的发展。

此外，在中国实践中，人们缺乏对营利法人和非营利法人的区分的正确认识，

---

〔27〕 王涌：《中国需要一部具有商法品格的民法典》，载《中国法律评论》2015年第4期，第38页。另见：《民法总则法人部分座谈会简报（2015年10月28日）》，载《民法总则立法背景与观点全集》，法律出版社2017年版，第523页。

最错误的认识是：非营利法人的本质是不从事营利活动，而忽略其“不分配利润和剩余财产”的本质法律特征，认识误区危害甚大。

如果民法典采营利法人和非营利法人的分类，并对各自的法律特点特别是非营利法人的法律特点予以明确规定，对于澄清实践中的模糊认识和做法将大有裨益。

非营利法人营利活动的权利应当在民法典中予以肯定，民法典应当明确界定什么是非营利法人，明确规定非营利法人的本质是：“不分配利润、不分配剩余财产”，而不是不从事营利活动。

第五，在民法典营利性法人和非营利性法人的分类基础上，制定《非营利法人法》，将大大节省立法资源，并对统一非营利组织法将有重大意义。现行的民办非企业单位立法、社会团体法人立法和基金会立法各自为政，其实很多问题是一样的，重复立法，耗费立法资源，并引发混乱。如果制定《非营利法人法》有困难，可在民法典中适当增加非营利法人的一般条款，同时国务院制定一部《非营利法人条例》，也是可选择的方案。

第六，更重要的是，采营利性法人和非营利性法人的分类，民法典必将对营利性法人概念作出界定，这将使营业概念的定义在民法典中有了落脚点，成为民法典的商法品格的概念支点。

2016年立法机关在最初的民法总则草案中就采纳了营利法人和非营利法人的元分类，[28]一直没有动摇，直至《民法总则》正式颁布。

（三）《民法总则》中的营利法人的一般条款的意义

《民法总则》采提取公因式的立法技术，制定了营利法人的一般条款，该部分实质上构成了商主体总则的一部分，也实质上构成了我国商法总则的一部分。该部分重点规定了如下四个问题，需要深入分析：

第一，《民法总则》中的营利法人概念的规范意义

《民法总则》第76条定义了营利法人的概念：“以取得利润并分配给股东等出资人为目的成立的法人，为营利法人。营利法人包括有限责任公司、股份有限公司和其他企业法人等。”

该条虽然是概念定义型的条款，但不是简单的技术性条款，它本身即具有丰富的规范意义。该条规定了企业法人的“营利性”，[29]营利性具有怎样的法律规范效力，分析可以从最基本的问题开始：

“营利性”是否限制了企业法人的权利能力范围？

---

〔28〕 赵旭东：《民法总则草案中法人分类体系的突破与创新》，载《中国人大》2016年第14期。

〔29〕《民法总则》草案原使用“营利性法人”和“非营利性法人”，后改为“营利法人”和“非营利法人”。

首先，应强调：在“法人拟制说”下，法人的权利能力范围的概念是有意义的，因为法人在权利能力范围以外活动，被视为法人不存在，法人仅在其目的范围或权利能力范围内被认可为法律主体。

但是，我国的法人立法实质上采纳“法人实在说”，依据是《民法总则》第77条：“营利法人经依法登记成立。”法人一经登记成立，至其解散而终止，其间持续存在，即使从事目的外活动或非法活动，依然是法律上的主体。所以，在“法人实在说”下，所谓法人权利能力范围的概念已经没有意义，权利能力范围就是权利的范围。所以，问题应当这样表述：

“营利性”是否限制了企业法人的权利范围？

该问题又可细分为如下三个问题：

1. 什么是营利目的？以非营利事业为目的，是否可以采取营利法人的组织形式？

《民法总则》第76条界定营利法人时，使用了“目的”一词：“以取得利润并分配给股东等出资人为目的”；第87条界定非营利法人时，也使用了“目的”一词：“为公益目的或者其他非营利目的”。

这里，涉及“营利目的”和“非营利目的”两个重要的概念。营利法人和非营利法人是以目的维度而划分的，如何界定什么是营利目的？什么是非营利目的？

一般说来，“目的”是一主观性质的概念，但是，作为法人形态的本质要素——“目的”，却是一种客观特性，而非主观特性。德国商法通说也否认营利目的的主观特性，它认为：“一个企业是否以营利为目的，纯属内部问题。以营利为目标虽然在实际中是典型的营业概念和商人身份的特征，但在法律上没有必要使它成为一个必要条件”。[30]作为营利法人形态的本质要素——“营利目的”，表现为一种客观特性，即有权“分配利润给股东”，与之相反的是，非营利法人的“非营利目的”则是无权或禁止“分配利润给股东”，都是一种法律关系，而非心理学上的主观状态。

所以，以非营利事业为目的（心理学上的目的），也可以采取营利法人的组织形式，因为在营利法人的形态下，有权向出资人分配利润，这是一种许可和权利，所以，经全体出资人同意可以放弃分配利润，从而在实际功能上接近于非营利法人，但其“形态本质”依然是营利法人。

此种情形通常发生在设立非营利法人十分困难的国家，例如俄罗斯，旨在从事非营利事业的发起人无奈采取公司的形式才获得合法地位，“以营利组织的形式从事慈善活动”。[31]在中国也同样存在类似情况。[32]

---

〔30〕［德］C. W. 卡纳里斯：《德国商法》，杨继译，法律出版社2006年版，第35页。

〔31〕Lester M. Salamon, The International Guide to Nonprofit Law, New York: Wiley, 1997. p. 14.

〔32〕如著名的洪范法律与经济研究所的组织形式一直是股份合作制企业法人，天则经济研究所也是登记为企业法人。再如，由于宗教活动场所一直无法登记为非营利法人，少林寺于1998年注册登记为企业法人。

2. 营利法人设立后，是否可以从事非营利活动？是否可以非营利事业为主要活动？

虽然企业法人是营利法人，但法律并不禁止企业从事非营利活动。正如上述，这里有一个奇妙的逻辑：因为营利法人之“营利性”在于可以分配利润和剩余财产，这不是强制性规定，而是许可性规定，只要经全体出资人同意，可以放弃。此外，所谓从事营利活动之“营利”，或所谓从事非营利活动之“非营利”，皆是主观上的目的，并不是营利法人之“营利性”，也不是非营利法人之“非营利性”。

《慈善法》第111条规定“慈善组织以外的其他组织可以开展力所能及的慈善活动”，实质上肯定了营利法人的权利范围或权利能力范围可以扩展至非营利领域。

这里出现一个重要问题，营利法人开展非营利活动，有无限度？如果经全体出资人一致同意，则无限度。反之，则有限度，因为必然侵害异议出资人的利益。所以，超过限度，即使特别决议也属无效，但是，限度标准是什么？这是一个难度，如何在理论上和法解释学上构建限度标准，是一个重要课题。目前，在实证法上，可以依据《慈善法》上所规定的“力所能及”标准进行理论建构。

那么，营利法人是否可以非营利事业为主要活动？其实，这依然是限度的问题，是限度问题的极端情形。答案依然如上所述，如果经全体出资人同意，则是合法的。否则异议股东在公司法上有多种救济途径，如主张大股东滥用权利，侵害公司利益；或主张相关决议无效等。但是，是否可以违反“法人形态的类型强制”，即《民法总则》第76条，而主张相关决议和合同无效？值得研究。

这一问题对于国有企业是十分重要的，国有企业除承担经济功能即营利目的，还承担社会和政治方面的功能即非营利目的，后者甚至可能超过前者，《民法总则》关于企业法人营利性的规定是否会对国有企业的功能和性质产生影响？

3. 对于公司董事会的职权的性质与范围是否有影响？

明确企业法人的营利性本质，实质上也确定了公司董事会的职权性质与界限——营利性，超越营利性或营业领域的事项，董事会则无职权，相关权力应属于股东会。

但是，《民法总则》第86条同时规定了营利法人的社会责任，该条与《公司法》第5条几乎相同。企业法人社会责任原则将对董事信义义务的标准和责任认定产生一定影响。

第二，《民法总则》第77条规定了营利法人的登记与成立，第68条规定法人经清算和注销登记而终止。这两条在法解释学上是可以做文章的。可以此为基础，主张中国法上采法人实在说的，或者经拟制说改造的法人实在说，这是公司行为能力、侵权能力和犯罪能力存在的基础，十分重要。第77条规定的登记成立，说明登记是法律拟制的工具，通过登记将法人拟制为法律主体；第68条规定法人经清算和注销登记而终止，说明法人成立后一直持续存在，是法律上的实体。

第三，《民法总则》第79～82条规定了营利法人的治理结构，确定了权力、执行和监督三权分立的机构设置，对其他企业法人即非公司型的企业法人的影响。

《民法总则》第87条所谓“其他企业法人”，是指全民所有制企业法人、集体所有制企业法人、股份合作制企业、中外合作法人型企业（非公司）。

虽然全民所有制企业已经基本改制完毕，但在实践中，依然残存。[33]所以，全民所有制企业没有经国企改制而成为历史，它依然是中国经济生活中的一种“活的企业类型”。集体所有制企业情况也类似。

《民法总则》关于营利法人三权分立的治理结构的规定，具体影响可能是：进一步促进“其他企业法人”的改革，将三权分立的治理原则，全面地贯彻在“其他企业法人”的组织结构中。当然，从法律适用的角度看，因为“其他企业法人”的法律规定是特别法，依“特别法优于普通法”的原则，不改革，似乎在法理上也可维持现状。现有的全民和集体所有制企业，仅仅是企业改制后的稀少的存在，终将退出。所以，《民法总则》第79～82条对历史遗留的企业形态的影响，不是一个大问题。

重要的是，该条对“其他企业法人”的影响是面向未来的，未来的立法也可能创设出新型的非公司型的企业法人，则应当遵循第79－82条所规定的三权分立的治理结构。

第四，出资人的权利不得滥用（最低限度的信义义务）

《民法总则》第83条规定：“营利法人的出资人不得滥用出资人权利损害法人或者其他出资人的利益。滥用出资人权利给法人或者其他出资人造成损失的，应当依法承担民事责任。营利法人的出资人不得滥用法人独立地位和出资人有限责任损害法人的债权人利益。滥用法人独立地位和出资人有限责任，逃避债务，严重损害法人的债权人利益的，应当对法人债务承担连带责任。”该条实质上规定了营利法人出资人之间以及出资人与法人之间的最低限度的信义义务，意义重大。

根据此条，人格否认规则将适用于“其他企业法人”，显然主要是全民所有制企业，背后的股东国资委也将适用企业人格否认制度。

遗憾的是，营利法人的一般条款没有规定董事、监事、高级管理人员对于营利法人的信义义务（fiduciary duty），而只是规定了其中一项忠实义务，即第84条“不得利用关联关系损害法人的利益”。如此安排，整体的逻辑脉络的体系性受到影响。

---

〔33〕 浏览中国裁判文书网，搜索“全民所有制企业”关键词，可得11349个查询结果，可见全民所有制企业大量存在。http：//wenshu. court. gov. cn，最后访问日期：2017年4月4日。

(四) 营利法人和非营利法人元分类的缺点

虽然营利法人和非营利法人元分类有其优点，但缺点也是明显的。《民法总则》缺少关于社团的一般性定义，而该定义是民法典上一些重要制度的概念前提，例如"无权利能力社团"。《民法总则》虽然规定了"非法人组织"，但没有规定"无权利能力社团"，前者无法替代后者，"无权利能力社团"应当在未来民法典汇纂时补充规定。

《德国民法典》第54条关于无权利能力社团的规定就是在社团法人一章中，借社团法人的定义来定义"无权利能力社团"。我国民法典应在何种体例下规定"无权利能力社团"？是考虑营利与非营利、社团与财团双元分类并行？还是另觅佳途？值得研究。

五、中国民法抛弃了社团与财团的法人分类?

《民法总则》采营利法人和非营利法人的元分类，但传统民法中的社团法人和财团法人的概念与分类并未被中国民法抛弃，其实它依然存在。在学术上和立法上，需要充分了解社团法人和财团法人概念的历史起源，透视社团法人和财团法人的概念结构的本质，以做出理性而先进的立法选择。

(一) 社团与财团的法人分类的历史起源

1. 社团法人与财团法人分类的概念史起源

民法典上社团法人和财团法人的元分类起源于1896年颁布的德国民法典。

德国民法上的社团法人概念的产生，经历了从"共同态"（Gemeinderschaft）概念至"团体"（Genossenschaft）概念、再至法人（Korporation）概念的发展过程。其中，"共同态"和"团体"是德国民法上的本土概念，[34]而法人概念在德国民法上的最终形成，则得益于罗马法的影响。[35]从14世纪起，德国人就开始尝试以罗马法上的法人理论解释德国法上的团体概念，至16世纪初，在帝国法院和法学者的共同努力下，终于成功。

罗马法将人的集合分为两个截然不同的类型：Universitas 和 Societas，前者有法律人格，即社团，是社团法人概念的雏形，后者无法律人格，如合伙。

---

〔34〕"共同态"是指多数人之集合，就权利之取得和义务之负担，皆采共同一致之态度而达成决议，无意思机关，对外无独立人格。"团体"对外是独立主体，有法律人格，但对内仍然是多数人之集合，权利义务属于各成员，团体则不具有独立性。参见 Rudolf Huebner, supra note 6, pp. 146 – 151.

〔35〕李宜琛:《日耳曼法概说》，中国政法大学出版社2003年版，第31～46页。

康斯坦丁大帝宗教改革后，罗马法在基督教的影响下〔36〕在传统的社团概念之外，开始承认一种新的主体类型——universitates bonorum（财团）：这是为宗教和慈善目的所捐赠的财产，财产本身就是可承担权利义务的独立的法律主体。所谓宗教和慈善目的如设立教堂、修道院、医院、救济院等，它通过生前捐赠或遗嘱捐赠而设立，它可以享有财产权，它可以通过代理人从事活动，如果捐赠人在章程中没有规定代理人，则由治安官代行，它对外转让财产有严格的限制。〔37〕

但是，应该说，对于财团法人概念，首开先河的是基督教的教会法（Canon Law），而非罗马法。教会法创造了财团法人（Anstalt）的概念，在中世纪得以广泛使用，一直至今。在教会法理论中，财团法人是一种永恒的人格，以特定的捐赠财产为基础，为了特定的目的，受制于外在的意志，是依上帝的神旨而设立的，是独立的法律人格。

财团法人的概念从教会法传入了德国法。〔38〕当然，之前德国法上已经发展出相似的概念——Sondervermögen，它特指教会的财产，如教堂的俸禄、教堂建筑物等（Fabrikvermögen），是一种独立的财产。〔39〕

在德国概念法学的努力下，财团法人概念得到进一步的提炼和发展，〔40〕最终德国民法典采纳了财团法人（Stiftung）的概念。

2. 社团与财团分类的社会政治史起源

由于教会法的影响，德国法将财团法人推广到私人捐赠设置的法人，教会法上财团法人概念被扩展至世俗社会，现代财团法人的概念逐渐形成。在这一过程中，还有许多重要的政治、宗教和哲学背景不可忽视：

（1）由于新教的影响，教会对捐赠的垄断得以打破，捐赠向世俗社会转移。

虽然教会法中早已发展出财团法人的概念，但是，教会权力过大，“自五世纪以降，凡贫病者之救济，悉由教会为之，慈善事业殆为教会完全独占”。〔41〕宗教改

---

〔36〕早期罗马法为什么没有财团法人概念，见前注［10］。基督教对罗马法的影响很大，除了引入财团法人的概念外，也引发了查士丁尼国法大全的产生。在查士丁尼之前的几个世纪，一批哲学家在罗马法中引入基自然法法理和原则，使得罗马法更为清晰而精致，但后来基督教对罗马法进行了修改，产生了矛盾和混乱，为了消除矛盾和混乱，查士丁尼任命一批法学家，成立专门的委员会，于公元533年编纂完成了查士丁尼国法大全。See Carlton J. H. Hayes, Frederick F. Clark, Medieval and Early Modern Times: The Age of Justinian to The Eighteenth Century, New York: The Macmillan Company, p. 27.

〔37〕查士丁尼法典Cod. 1. 2. 23. 24. 35. 46. 49. See William Smith, A Dictionary of Greek and Roman Antiquities, LLD. William Wayte. G. E. Marindin. Albemarie Street. 1890.

〔38〕Rudolf Huebner, supra note 6, pp. 154 – 156.

〔39〕所以，基尔克认为：财团法人的概念有德国法的本土根源。见Rudolf Huebner, supra note 6, p. 153.

〔40〕但是，财团以财产为基础，是否应当予以法人资格在德国却存在激烈的争议，Alois Brinz否认财团（stiftung）是法人。见John Chipman Gray, supra note 10, pp. 58 – 59.

〔41〕李宜琛，见前注［35］，第46页。

革之后，新教崛起，新教认为：人只要信仰上帝就可以救赎，救赎无须通过教会，行善也无须通过教会。

特别是“文艺复兴时代，当时人士，自我意识极强，对教会之介在捐款人和法人之间，深感不快。多主张法人之目的及其管理方法，应由捐款人自由决定，且于贫病救济之外从事于教育艺术等文化事业。及宗教改革之势崛兴，对于旧教攻击甚烈。此种捐助财产，遂亦乘势化为完全独立之法人，是为财团法人（Stiftung）”。〔42〕

（2）超越“人的集合”的法人理念的发展，为财团法人概念的发展奠定了法理基础。

首先，罗马法上的法人概念，随罗马法的复兴，被欧洲国家广泛接受。萨维尼说：“罗马法上的法人概念已经具有超越人的集合的性质的萌芽，罗马法在殖民地设立法人，法人是基于国家的意志，而非人的集合”。〔43〕

其次，现代国家主权概念的出现，人们将主权视为一种理念实体，它的生命超越于人的集合，超越于朝代更替，是一种永恒存在的法人。

在超越“人的集合”的法人理念的影响下，法人并不仅指“人的集合”，基督教的财团法人概念在法理上得以被接受。

（3）主权国家的出现。

在自然法的影响下，德国中世纪习惯法上的团体概念被纳入绝对的主权国家的意志下，从教会法传来的财团法人的概念也接受了同样的洗礼。〔44〕“十六世纪后，无论新旧教国家，凡设立财团法人者，皆须取得国家之许可，以代教会之以许。于是财团法人乃脱离教会之监督，改隶国家之管辖。然国家不过就其人格之赋予，有许否之权耳。其财产之用途，管理之方法，悉由捐款人自由决定。”〔45〕《德国民法典》最终采财团法人制度，并具有鲜明的警察国家的特征，〔46〕对财团法人实施严格管制，财团的设立采许可制。第 80 条规定：“设立有权利能力财团，除有捐助行为外，应经财团住所所在地的邦（州）之许可”。

（二）法人意志的两种先验类型：自我意志与外在意志

社团和财团法人的元分类的出现，虽然具有历史的偶然性和曲折性，但从法人

---

〔42〕 同上注，第 47 页。

〔43〕 Savigny, Friedrich Karl von, Jural Relation or, The Roman Law of Perons as Subjects of Jural Relations., translated by W. H. Rattigan, London: Wildy & Sons, 1884, 重印版见 Hyperion Press, pp. 75 – 203. 关于超越“人的集合”的法人理念，另参见 Rudolf Huebner, supra note 6, pp. 154 – 155.

〔44〕 Rudolf Huebner, supra note 6, p. 155.

〔45〕 李宜琛，见前注［35］，第 48 页。

〔46〕 ［德］弗朗茨．维亚克尔：《近代私法史》，陈爱娥、黄建辉译，上海三联书店 2006 年版，第 461 页。

构造的逻辑结构看，法人先验地存在两种必然的意志类型：一类是自我意志，它是法人成员的集体意志，具有自我利益；另一类是外在意志，无成员，无自我利益，法人的目的是实现外在意志。

社团法人和财团法人完美地契合于法人意志二元化的分类。当然，除财团法人外，大陆法系上的机关法人、英美法系上的独任法人等，亦可归属于受制于外在意志的法人类型，因为它们无自我利益。

（三）财团法人的法律本质：外在意志与章程

1. 财团法人的法律本质：财产的集合？

法人意志的两种逻辑类型：自我意志与外在意志决定了社团法人与财团法人之间的本质差异。但是，在教科书中，通说认为：财团的本质是财产的集合，但如此表述无法揭示财团法人在法律上的本质特征，仅有修辞上的效果。现行的梵蒂冈的《教会法典》（Code of Canon Law）也采社团法人和财团法人的元分类，它在定义社团法人和财团法人时，其Can. 115条也规定："教会内的法人是人的集合或物的集合"。[47]

2. 德国法理论中的社团法人和财团法人的差异。

在德国法学史上，在国家和教会的共同努力下，社团法人和财团法人的差异理论出现了。该理论认为："社团法人是成员的集合，其意志是集体的意志，是大多数成员的意志。而财团法人的意志非成员的意志，而是受制于外在的意志，捐赠人或创始人的意志。社团是由自身意思驱动的组织体，财团法人是由他人意思从外部推动的组织体"。[48]

基尔克和科勒从法人的意志和机关两方面阐述了社团与财团的差异。基尔克（Gierke）说："社团是由一项内在意思所创造和掌管，财团则是由一项超然意思所创造和掌管。"科勒（Kohler）说："社团拥有支配机关（社员），财团仅有伺候服务机关（管理人）。"[49]

3. 财团法人的法律本质：章程维度。

社团法人和财团法人的本质差异在于，财团法人制度高度重视捐助人的权力，最终具体表现在两者的章程差异上：

一是章程的制定，社团法人章程由成员制定，财团法人章程由捐助人制定，捐助人是财团法人之父，财团法人的目的由捐助人制定。

许多国家的民法典对此有明确的规定，例如《智利民法典》高度重视财团法

---

〔47〕 Canon 115 § 1 Juridical persons in the Church are either aggregates of persons or aggregates of things. See Code of Canon Law（Latin－English Edition），Canon Law Society of America，1983. P35. 拉丁文原版见：Codex Iuris Canonici，Vatican City：by Libreria Editrice Vaticana，1983.

〔48〕 Rudolf Huebner，supra note 38，p. 155

〔49〕 基尔克和科勒的论述参见（葡）曼努埃尔．德．安德拉德，同前注［26］，第76页。

人的捐助人（创始人）的目的与意思，其第562条规定："须由一定数量的人员管理的公益基金会，应受创始人对之发布的章程约束；如创始人未对此阐明其意思，或者只是不完全地予以阐述，可由共和国总统补充该缺陷。"《德国民法典》第85条则规定："财团之章程，除联邦或各邦州之法律有规定者外，依捐助行为为之。"

二是章程中的关于法人内部机关的规定，社团法人有成员大会，财团法人无成员大会，有理事会。

三是章程的修改，特别是对章程中的目的条款的修改，社团法人社员大会有权修改，财团法人理事会无权修改。

财团法人的目的条款的变更需经国家权力干预，例如《德国民法典》第87条规定："财团之目的不能完成或其完成危及公益时，主管官署得为财团另行指定目的或将财团撤销。"〔50〕《韩国民法典》第46条规定："财团法人目的不能实现时，经主管机关许可，设立人或理事可以参照设立的宗旨，变更其目的或章程的其他规定。"〔51〕

（四）中国法中的事实上的财团法人：基金会和民办非企业（法人）单位

虽然《民法通则》没有使用财团法人的概念，但是，判断在中国法中是否存在财团法人，不能仅仅看法律概念与名词，而应看制度的实质。在中国的非营利组织法中，基金会和民办非企业（法人）单位是实质上的"财团法人"，是国务院法规创设出的事实上的"财团法人"。基金会的财团法人性质容易理解，这里重点分析民办非企业（法人）单位的财团法人性质。

中国的事业单位一直为国家垄断，20世纪90年代国家垄断开始松动，民间力量可以创办事业单位，从事公益、慈善等非营利事业，民办事业单位开始出现。

1996年7月中央政治局常委会专题研究民间组织管理工作，决定将此类组织命名为"民办非企业单位"，归口民政部门统一登记。1997年7月国务院颁布《社会力量办学条例》。1998年10月国务院颁布了《民办非企业单位登记管理暂行条例》，明确了民办非企业单位的内涵和外延，第2条规定：民办非企业单位是"企业事业单位、社会团体和其他社会力量以及公民个人利用非国有资产举办的，从事非营利性社会服务活动的社会组织"。"民办非企业单位"不是严谨的法律术语，术语的改革一直在酝酿中。目前，《民法总则》已将"民办非企业单位"改称为"社会服务机构"。

民办非企业（法人）单位的法律规范空白甚多，但少数几个条文的规定，仍然

---

〔50〕《德国民法》，赵文伋、徐立、朱曦译，五南图书出版有限公司印行1992年版，第14页。

〔51〕《韩国最新民法典》，崔吉子译，北京大学出版社2010年版，第141页。

可以显露其财团法人的本质：

1. 基于捐赠而设立：在设立民办非企业（法人）单位时，出资方被要求签署《捐赠承诺书》。[52]

2. 无成员：相对于社会团体法人，民办非企业（法人）单位无会员大会或者成员代表大会作为权力机关。[53]

3. 目的不可擅自变更：章程修改包括目的条款的变更应经管理机关的审查同意，理事会无权变更。[54]

以上三点完全符合财团法人的本质特征，足以证明民办非企业（法人）单位的财团法人的本质，但是，条例中规定另两种类型——民办非企业（个体）单位和民办非企业（合伙）单位，却是具有成员的，又符合社团的特点，是社团与财团的混合体。

民政部正在修订《民办非企业单位登记管理条例》《社会服务机构登记管理办法》，征求意见稿已经废除个体和合伙型的民办非企业单位，[55]修订后，民办非企业单位的财团法人的特征更加凸显。

（五）《民法总则》中的财团法人（捐助法人）

捐助法人是财团法人的另一种表述，两者是同义语。《民法总则》使用捐助法人概念，显然是为了回避财团法人概念可能引发的歧义。教会法中财团法人概念使用“Anstalt”一词，而德国民法典中财团法人概念使用“Stiftung”一词，“Stiftung”本身有“捐助、捐赠、捐助创办”的含义，除“财团法人”的译法外，我国

---

[52] 在北京市民政局登记民办非企业（法人）单位，所采用的《捐赠承诺书》的内容格式如下：“本人充分了解，本人自愿出资举办民办非企业单位，在民办非企业单位依法成立后，所出开办资金成为该民办非企业单位的独立法人财产，由民办非企业单位独立支配，用于民办非企业单位章程规定的业务范围和事业发展，不得抽回出资。出资行为属社会捐赠，出资后本人不再享有该资产的财产权，不存在分红，不能进行出资转让。民办非企业单位依法注销的，清算后的剩余资产在业务主管单位和登记管理机关的监督下捐赠给性质、宗旨相同的社会公益组织。”

[53] 《民办非企业单位登记暂行条例》第12条规定，民办非企业单位根据其依法承担民事责任的不同方式分为民办非企业单位（法人）、民办非企业单位（合伙）和民办非企业单位（个体）三种。法人型仅是一种，其中，个体型的民办非企业单位本质上十分近似于信托法上的宣言信托（declaratory trust）。

[54] 《民办非企业单位登记暂行条例》第15条第2款规定：“民办非企业单位修改章程，应当自业务主管单位审查同意之日起30日内，报登记管理机关核准。”

[55] 征求意见稿统一了社会服务机构的组织类型，取消了个体型、合伙型，将社会服务机构统一为非营利性法人，见中国新闻网2016年5月26日电。http：//www. chinanews. com/m/gn/2016/05 - 26/7884156. shtml，最后访问日期：2017年4月30日。

学者还将“Stiftung”译为“捐助法人”，也无不妥。[56]

在立法上，《民法总则》将捐助法人的目的限于公益与宗教两种，第92条规定：“具备法人条件，为公益目的以捐助财产设立的基金会、社会服务机构等，经依法登记成立，取得捐助法人资格。依法设立的宗教活动场所，具备法人条件的，可以申请法人登记，取得捐助法人资格。”《民法总则》规定了捐助人的法律地位与权力，是其成功之笔，但是，对于捐助法人的目的变更没有任何规定，需要在配套法规中予以规定。

《民法总则》将宗教活动场所纳入捐助法人具有重要意义。宗教活动场所，主要是指寺、庙、堂、观等具体的宗教活动场所。经过国家宗教事务管理局与全国人大近七年的沟通，宗教活动场所作为捐赠法人的法律地位得以确立。目前，《宗教事务条例修订草案》（送审稿）第23条规定：“宗教活动场所符合法人条件的，经宗教团体同意，报县级以上人民政府宗教事务部门审核同意后，可以办理法人登记。”第25条规定：“宗教活动场所应当成立管理组织，实行民主管理。”这是《民法总则》第92条的精神在法规层面上的细化。当然，在具体实施过程中，现有的宗教活动场所登记为捐助法人，会有一些技术上的问题，例如谁是捐助人？

在宗教界形成双重法人制，即宗教团体法人和宗教活动场所法人，[57]将极大地影响宗教团体与宗教活动场所的法律关系，将形成宗教活动场所的法人财产权制度，完善治理结构。这与历史上财团法人从教会法扩展至世俗社会相比，方向似乎相反，但意义一样重大，对于宗教财产的归属混乱甚至腐败现象将形成实质性的管制。正如李宜琛先生所云：“将宗教活动场所拟制为抽象人格，捐助财产即属此抽象人格所有，则管理人非甘冒侵害他人财产之罪名，无从染指，洵为立法技术之进步。”[58]

捐助法人是我国法上的新概念，所以，存在与现有的相关法律法规衔接的问题，例如：登记为捐助法人的宗教活动场所，是否可以认定为慈善组织？《慈善法》第8条规定：“本法所称慈善组织，是指依法成立、符合本法规定，以面向社会开展慈善活动为宗旨的非营利性组织。慈善组织可以采取基金会、社会团体、社会服务机构等组织形式。”由于该法早《民法总则》一年颁布，其中未明确规定登记为捐助法人的宗教活动场所是否可以认定为慈善组织，但是，第8条明确慈善组织是

---

〔56〕 较早使用“捐助法人”概念的著述主要有，江平：《民法教程》，中国政法大学出版社1988年版，第120页；赵旭东：《论捐助法人在民法中的地位》，《法学》1991年第6期；江平：《法人制度论》，中国政法大学出版社1994年版，第50页，其中写道：“我国民事立法既不以社团法人定类，财团法人概念的使用也就无以对应了。‘财团法人’一语倒有些令人一般公众费解，甚至易使人将其与经济学意义上的资本家财团相混淆，远不如‘捐助法人’更为确切明了。因此，在我国舍弃财团法人之语词，而保留财团法人之实质，‘捐助法人’一语当最为可取。”

〔57〕 此外，《宗教事务条例修订草案》（送审稿）第14条规定：宗教院校也可以申请法人登记。

〔58〕 李宜琛，见前注［35］，第48页。

非营利组织，并且在列举慈善组织的组织形式时，使用“等”字，表明组织形式具有一定的开放性，可以涵盖。

六、非营利法人的立法困境：法系糅合、叠床架屋与空心洞

目前，我国关于非营利法人的法律和法规主要有：《民法总则》《慈善法》《社会团体登记管理条例》《基金会管理条例》《民办非企业单位登记管理暂行条例》《宗教事务条例》，形成了较为复杂的法律体系，如下图：

	非营利法人（《民法总则》）	
	↓	
	1. 事业单位法人	
可认定为慈善组织←	2. 社会团体法人	
可认定为慈善组织←	3. 基金会法人	→可登记为捐助法人
可认定为慈善组织←	4. 社会服务机构法人（民办非企业法人）	→可登记为捐助法人
	5. 宗教活动场所	→可登记为捐助法人

现行的法律体系存在以下的特点：

（一）法系糅合

中国的非营利法人制度是苏联法系、大陆法系和英美法系多元素的糅合。在《民法总则》中，就可以看到各法系的元素，例如：非营利法人概念来自美国法，事业单位法人概念来自苏联，[59]捐助法人是大陆法系的财团法人的概念，而第95条的近似原则（Cy Prés Doctrine）则来自英国衡平法。

《民法总则》第94条还赋予捐助人两种可诉权利：查询权和决议撤销权，它们移植自大陆法系公司法中的股东的知情权和决议撤销权。在大陆法系各国的法律中，财团法人的捐助人有变更法人目的的权力，却无决议撤销权，[60]因为民法典严格区分社团法人和财团法人，仅在社团法人如公司中，才赋予成员以决议撤销权，但中国立法似乎并不顾忌。

---

〔59〕 新中国成立之初，我们模仿苏联的制度安排，将从事社会服务和科研的部门设立为“事业单位”，主要包括学校、科研、文化和医疗机构，在人事薪酬制度上与从事行政管理的政府机关相同，政府文件中通常将两者并列，统称为“行政事业单位”或“机关事业单位”。参见朱恒鹏、周彦：《为什么要取消事业编制》，载《比较》2016年第5辑。

〔60〕 参见褚鋆、吕成刚主编：《欧亚三十二国基金会法律精义》，知识产权出版社2015年版，见各国基金会法律中对组织创始人权利的规定，如德国，第124页。当然，《民法总则》第94条规定的捐助人的查询权和决议撤销权，与英美信托法中受益人的查询权和撤销权也有相似之处。

（二）叠床架屋

我国的非营利法人制度涉及四个层次的概念，最顶层概念是“非营利法人”，中间层概念是“捐助法人”和“慈善组织”，最底层概念是事业单位法人、社会团体法人、基金会法人、社会服务机构法人和宗教活动场所。严格说来，慈善组织不是法人形态法定主义中的概念。

概念的多层级是一种正常现象，日本的非营利法人制度也是叠床架屋，分为三层：第一层是一般社团法人和一般财团法人，第二层是公益法人，第三层是特定非营利活动法人。[61]第二层和第三层概念均与法人形态法定主义无关，是认定法人的一种特殊资格，而非法人形态，正如我国法律中慈善组织的概念，通过认定为慈善组织而获得慈善法和税法上的特别法律待遇，如善款公募和税收优惠等。

但是，我国的非营利法人中的多层级概念，除慈善组织概念外，均是法人形态的概念，显得格外繁杂。其中，民办非企业单位的概念与基金会的概念本质上均属财团法人，两者之间的内涵、外延与功能存在重叠。

（二）空心洞

由于非营利法人的立法，重公法管制，而轻视私法关系，所以，私法规范极少，使得非营利法人立法出现巨大的“空心洞”。非营利法人形态的壳建立起来了，但内部的私法关系却空洞洞的，治理结构更是空洞洞的。

英国的非营利法人主要采保证有限公司，保证有限公司可用于慈善公益、俱乐部、甚至设立“业主管理委员会”，可直接适用《公司法》。《公司法》1200多条文既适用于商事公司，也大多可适用于非营利法人，商事公司和非营利公司同大于异，立法成本极低，公因式的提取非常成功。

美国有《模范非营利法人法》，适用于所有的非营利法人，民法法系上的社团法人和财团法人之分没有成为美国统一立法的障碍。法典共17章，分别规定了非营利法人的成立、目的与权力、名称、住所、成员与出资、成员大会、理事、章程修改、合并、资产处分、代位诉讼、解散、外国（外州）非营利法人等问题，详尽而细致，缜密而系统。

美国非营利法所规定的一系列问题，在中国法上大多都是空白，所以，在实践中，非营利法人发生纠纷，案件数量巨大，却缺少充分的法律规则，已成为司法负担。[62]

---

〔61〕 王名：《日本非营利组织》，北京大学出版社2007年版，第4～6章，第65～108页。另参见王振耀主编：《日本公益法律制度概览》，法律出版社2016年版，第3～5页。

〔62〕 在中国裁判文书网上搜索“民办非企业单位”关键词，有16907个案件，http：//wenshu.court.gov.cn.最后访问日期：2017年4月30日。

行政管理主导的非营利法人立法，是形成目前的局面的原因所在，条例或规章更多地从行政管理的角度进行规范，缺乏法理上的系统性，重视公法管制，而最重要的私法关系被忽视了，特别是控制人利益输送的问题出现规范空白。

在实践中，虽然非营利法人不分配利润，但普遍存在关联交易，[63]侵蚀非营利法人的非营利性。这本应是《民法总则》重点规范的内容，但是在《民法总则》非营利法人的一般规定中，却欠缺关于治理结构、控制人的信义义务的规定，这是一大遗憾。

七、中国需要一部统一的《非营利法人法》

（一）法人形态法定主义立法技术：细碎的类型化与概括的类型化

法典上，有的法人元分类虽然具有立法意义，但形态可再细分，如我国的非营利法人，它更像一种归纳描述，而非一种“最小公分母”的法人形态，它可再细分为若干亚形态；有的法人元分类，在立法上本身就是一种“最小公分母”的法人形态，形态不可再分，如美国法上的非营利法人和英国法上的保证有限公司。从法人形态法定主义的立法技术的视角看，中国立法是细碎的类型化，英美立法是概括的类型化。[64]德国与日本等民法法系国家采社团与财团二元类型化，处于概括类型化和细碎类型化之间。

概括类型化是很好的选择，英国仅规定了保证有限公司，就几乎解决了非营利法人的全部组织形式和利益冲突问题，而美国以一部《模范非营利法人法》，就“一网打尽”几乎全部非营利法人。

中国的立法采细碎类型化，叠床架屋，错综复杂，最后导致两个消极后果：

一是细碎类型化后，导致各细碎类型的目的限定化、封闭化，进而导致立法整体上非营利法人仅向有限目的开放，而走向封闭，限制了非营利法人的广阔功能，诸如业主委员会等重要组织在中国无法纳入非营利法人范畴而登记为法人，进而抑制了民间的非营利活动的积极性。

---

〔63〕 1997年《社会力量办学条例》（已失效）第43条规定了民办学校不分配利润和剩余财产的原则，实践中普遍存在关联交易，以解决产权归属和营利问题。例如新东方学校的案例，俞敏洪成立了“东方教育管理有限公司”，公司对新东方学校没有控制权，但新东方学校委托该公司管理其日常教学、后勤等，形成关联交易，公司从中产生利润。参见臧云鹏、贾鹏云编：《顶级歧途》，中华工商联合会出版社2002年版，第89页。

〔64〕 这与财产权法定主义的立法技术很相似，如信托法的立法技术是对财产权的概括类型化，仅规定信托结构，对财产标的、使用方式等要素不作具体规定，而物权法的立法技术则是对物权的细碎类型化，对财产标的、使用方式等要素做具体规定。

二是细碎类型化后，立法重点集中各细碎的类型的法人的行政管理上，而忽视基本法的制定，最后在非营利法人的治理结构上却留下太多的空心洞，立法效益不高。

（二）制定非营利法人基本法的三个方案

《民法总则》规定了营利法人和非营利法人的元分类，创造了法典层面上的上位概念——非营利法人，但所提取的适用于全部非营利法人的公因式规则只有两条，即第87条中的“不分配所取得利润”，和第95条中的“不得分配剩余财产”和“近似原则”。这仅是非营利法人的最本质的两项要素，其他的均未涉及，公因式提取远远不足。

立法机构可以在《民法总则》的基础上，制定单行的非营利法人基本法，完善我国的非营利法人的法律体系。非营利法人基本法的制定可以有三个方案：

方案一：在保留现行的社会团体法人、基金会法人和社会服务机构法人的分类前提下，制订《非营利法人法》，对非营利法人进行全面提取和创建公因式，统一和完善非营利法人的治理结构，填补现存的立法空心洞。

方案二：从长远看，取消现行的社会团体法人、基金会法人和社会服务机构法人的分类，概括归类于“非营利法人”概念，制定《非营利法人法》，将“非营利法人”本身设定为一个不可再分的“最小公分母”的法人形态类型，统一现行繁杂的非营利法人类型，向所有非营利目的开放，使得未来可能出现的新形态的非营利法人在法律体系中均可寻得位置。

方案三：可以捐助法人的概念统一现有的基金会、民办非企业单位和宗教活动场所，制定《捐助法人法》，对共同面临的问题，进行统一规定，但是，显然没有制定《非营利法人法》更为全面。

（三）现实问题和立法选择

现行法律体系的缺陷是明显的，制定《非营利法人法》是合理选择。

1. 在现有的社会团体法人、基金会法人和社会服务机构法人三足鼎立的非营利法人格局下，每部条例的立法都具有“目的限定的封闭化”特点，即该类型仅仅向具有特定功能和目的的非营利法人的设立开放，是一种封闭化的非营利法人立法例，而非开放的，如果在实践中出现一种在功能上无法归入现有的社会团体、基金会和社会服务机构的新组织类型，则无法登记取得非营利法人资格。

宗教活动场所就是一个典型的案例。宗教活动场所长期以来无法登记为法人，因为它无法归入现行的社会团体、基金会和社会服务机构中的任一类。直到《民法总则》单设捐助法人概念，才解决了问题。如果今后，在实践中，再出现新型的非营利法人，具有新的性质和功能，如何登记取得非营利法人的资格？

在现有的类型封闭化的立法例的基础上，可能的改革方案有两个：一是将社会服务机构法人（民办非企业单位）发展为开放性类型，用以包容新型的非营利法人，[65]二是将捐助法人发展为开放性类型，用以包容新型的非营利法人。

2. 完善非营利法人的治理结构、系统规定非营利法人的私法关系是当务之急，但是，如果按三足鼎立的模式，分别修订三部条例，分别完善和细化社会团体法人、基金会法人和社会服务机构法人的治理结构和私法关系，烦琐杂乱的重复立法是不可避免的，所以，应当走统一立法的道路：将"非营利法人"本身设定为一个不可再分的法人形态类型，涵盖社团法人和财团法人，统一提取公因式，制定统一的《非营利法人法》。当然，在理论上，该立法例会遇到这样的问题：如何可能在社团法人和财团法人的鸿沟上提取公因式？这需要怎样的立法技术？

（四）社团法人和财团法人："形态接近"的立法趋势

1. 社团和财团混合型法人的出现。

不少法人兼具社团和财团的特质，偏离法人的常态类型。因此，除了纯然的社团和财团之外，尚有不规则地混杂构成的法人。社团掺有财团因素，财团掺有社团因素，属于财团型社团或社团型财团。[66]

《智利民法典》第545条就认可了此种具有混合性质的法人。它规定："法人分为两类：社团和公益基金会。可存在兼有两种性质的法人。"[67]再如《马耳他民法典》，其附录二第28条规定："如果一个组织被设立为基金会但具有社团的特征，或者相反；并且既具有登记为基金会的资格，又具有登记为社团的资格，则在本法典中被称为'混合型组织'。"[68]

2. 财团法人中出现"拟制成员"。

财团法人和社团法人在实践中开始接近，在法人机关构造方面，两者的相同点在于，法人机关构造需要同样的基本要素：法人意思表示形成机关和表达机关；两者的差异在于，一是社团法人有成员（社员），财团法人无成员，二是法人目的的变更程序不同。

社团法人中的社员权是一个重要问题，但所谓社团法人中的社员权概念的重要性主要存在于营利性法人中，因为要分配利润；而非营利的社团法人中的社员权的重要性则相对弱，它的功能主要表现在法人意思形成机制中，但财团法人可以通过"拟制成员"建构意思形成机关，所以，两者差异相对缩小。

---

〔65〕从实践来看，民办非企业单位具有一定的包容性，例如自贸区设立的仲裁机构，在无法设立为事业单位时，都登记为民办非企业单位，如在香港则登记为保证有限公司。

〔66〕[葡]曼努埃尔．德．安德拉德，见前注[26]，第76页。

〔67〕《智利共和国民法典》，徐涤宇译，北京大学出版社2014年版，第90页。

〔68〕《马耳他民法典》，李飞译，齐云校，厦门大学出版社2012年版，第480页。

例如日本民法典第39条、第37条规定了财团法人中的理事，但是，在2008年12月1日新公益法人制度实施后，财团法人必须设“评议员会”。[69]所谓“评议员”实质上是拟制的成员，财团法人和社团法人本质上的差别只是意思形成机关的成员来源不同而已。唯一的实质性差别在于，在财团法人中，评议员会无权变更章程中的重要条款特别是目的条款，而社团法人中的社员大会则有权力变更。

另外，在英联邦国家，作为非营利法人的主要组织形式——保证有限公司的立法中，也有类似现象，《爱尔兰公司法》第31条规定：保证有限公司的成员可以是公司发起人，也可以是在公司成立后由现有成员或理事会指定的其他人，类似于日本财团法人中的“评议员”。所谓“成员”，其法律属性发生了实质的变化。[70]

（五）美国的《非营利法人法》：超越社团和财团的立法技术

美国立法者对于《非营利法人法》如何处理社团和财团的关系，并不认为棘手。可能的原因是，财团法人本就不是英美法系的概念；再者，英美法中有慈善信托，承担类似财团法人的功能。当然，美国也有基金会（Foundation）的概念，但基金会有两种法律形式，一是法人形式（非营利法人），二是信托形式（慈善信托charitable trust）。[71]

但是，既然是一部非营利法人，美国立法在逻辑上也无法越过大陆法系的财团法人的问题。美国是如何通过一部《标准非营利法人法》同时规范了民法法系上的社团法人和财团法人的不同问题，立法技术何在?

《标准非营利法人法》的立法技术首先表现在非营利法人的“成员”（members）问题上。第6.01条规定：非营利法人不要求有成员。[72]因此，非营利法人可分为“有成员”和“无成员”两种，有成员的称为“有成员法人”（membership corporation），无成员的称为“无成员法人”（nonmembership corporation），前者实质是社团法人，后者实质是财团法人。

一个非营利法人是否有成员，一般由章程自由决定，但是，法律规定一些特殊功能的非营利法人则必须有成员，例如“业主委员会”（condominium apartment owner

---

〔69〕［日］太田达男：“从公益法人改革看日本新型公益社会的构建”，载王振耀主编：《日本公益法律制度概览》，法律出版社2016年版，第49页。2015年6月8日，笔者访问日本公益法人协会（JACO）时，太田达男先生详细介绍了日本财团法人中的评议员会制度，启发良多。

〔70〕Thomas B. Courtney, The Law of Companies, 3rd ed., Dublin: Bloomsbury Professional, 2012, pp. 1962 - 1964.

〔71〕Howard L. Oleck & Martha E. Stewart, Nonprofit Corporations, Organizations, & Associations, New Jersey: Prentice Hall, 1994, p. 202.

〔72〕Model Nonprofit Corporation Act, Official Text with Official Comments and Statutory Cross - references as of August 2008, by Nonprofit Organizations Committee, American Law Association, 2009, p. 6.

association）是必须有成员的，且须以全体业主为成员；[73]再如工会（labor union）是必须有成员的，以雇员或雇员代表为成员。[74]慈善组织（public charities）一般是无成员的非营利法人，但是，如果它们将捐助人确定为成员，也是合法有效的，因为章程自由的原则使然。有些组织可以登记为无成员的非营利法人，但也可以登记为有成员的非营利法人，例如环境保护组织。

美国非营利法人法的设计非常灵活，超越了大陆法系社团法人和财团法人的僵硬分类，充分发挥章程的自治效力，满足了实践中各色各样的需求，促进了非营利法人的发展。在美国，一个通过捐助行为而设立的非营利法人，却可以登记为有成员的非营利法人，这在大陆法系是难以想象的。

非营利法人可以修改章程。对于有成员法人，章程修正案须经成员投票同意，并经理事会通过。对于无成员法人，理事会有权通过章程修正案。但若是慈善法人，章程或章程细则的修改偏离其原慈善目的的，须依法获得法院或首席检察官的批准。章程修改的程序的不同，隐约显示了背后潜在的社团和财团的差别。

综上所述，美国《标准非营利法人法》通过对法人章程的微妙的差别规范，解决了大陆法系上的社团法人和财团法人的差别问题，并通过统一立法，将共同的治理结构问题在一部法典中全部系统地解决了。美国的经验对于我国制定一部《非营利法人法》具有参考价值。

八、鸠占鹊巢：法人篇为什么不收编非法人组织？

关于民事主体的立法例，《民法总则》相较于《民法通则》变化较大。《民法总则》采二主体说，仅规定自然人和法人两种民事主体，将合伙置于自然人一章中规定。[75]《民法总则》则采三主体说：自然人、法人和非法人组织。

“非法人组织”的概念是《民法总则》新创，之前，立法使用“其他组织”的概念，但考虑到“其他组织”一词含义模糊，歧义较多，被弃而不用。但理论上的问题依然没有澄清：合伙等所谓“非法人组织”在本质上是否已经是法人了？

（一）两大法系中的非法人组织（合伙）

在英国法中，也有非法人组织（unincorporated association）[76]的概念，这是合伙之外的一个独立概念，但与合伙的性质一样，无主体资格，完全受合同法的规

---

〔73〕 Hawaii Nonprofit Corporation Act 524B－102（b）.

〔74〕 Internal Revenue Code，A501（c）（3）.

〔75〕 立法过程参见江平：《沉浮与枯荣：八十自述》，法律出版社2010年版，第289页。

〔76〕 Thomas B. Courtney，supra note 70，p. 21.

范，无独立的诉讼权利，团体财产关系由信托法调整，在侵权法上无侵权责任能力。可见，英国法采取的是二主体说：自然人和法人。

英国法上，合伙没有成为法律主体，主要原因是，历史上英国法的合伙法没有受到欧洲大陆的商人法（Merchant Law）的影响，〔77〕所以，合伙法未采法律实体说（legal entity theory），而采集合说（aggregate theory）。英国法彻底贯彻合伙的非主体性，如合伙与第三人签订合同，只要合伙成员有变动，退伙或入伙，合伙与第三人的合同均需变更或重新签订，因为合伙只是人的集合，不是独立的主体。〔78〕

欧洲大陆深受商人法的影响，商人法上的康孟达（commenda）是商事合伙的早期形态，之后，商事合伙在各国近代商法典中摇身一变，成为“无限公司”，取得法人资格或法律主体资格。在民法法系国家如德国、法国等，《商法典》没有规定合伙企业，只规定了无限公司，以“无限公司”的新外衣确立了商事合伙的地位。我国台湾地区的“公司法”也规定了无限公司，没有合伙企业的概念，与德法立法例一样，立法理由是：“唯无限公司，就实质上观之，乃不外乎一种个人企业或合伙企业而已。本法所以认无限公司为法人，实系一种立法上之政策，俾其对外关系臻于明确，论其对内关系，带有浓厚之合伙性质”。〔79〕

中国大陆的立法例却出现了合伙企业，而非“无限公司”。

合伙的主体地位是困扰中国民法学者很久的问题，合伙特别是合伙企业虽不是法人，但在中国法上享有以自己的名义对外签订合同和诉讼的权利、以自己的名义享有财产权等，与法人无并无二致，民法法人篇为什么不像苏格兰法〔80〕那样收编合伙？直接将合伙企业认定为法人（legal person）？

当然，英格兰立法在规定合伙的地位时，用的词是“legal person”。英美法系中有关法人的术语也多，如 corporation、legal person、legal entity 等。英语中原本就有 corporation 一词，而 legal person 是外来语。德国法学家萨维尼发明 juristische Person 一词，奥斯丁将其译为英文 legal person。〔81〕其实，legal person 和 corporation 两词都指向独立的法律主体，所以，说苏格兰法上合伙是法人，是可以成立的。

再看大陆法系上与“非法人组织”类似的概念。在《德国民法典》中，第一章“人”仅包括两节：自然人和法人，与非法人组织相似的概念是第 54 条“无权

〔77〕 William Holdsworth, A History of English Law, Sweet and Maxwell, 2nd edition 1937, Reprinted 1992, Vol V, p. 84, Vol VIII, pp. 194 – 198.

〔78〕 Geoffrey Morse, Partnership Law, 6th ed., Oxford: Oxford University Press, 2006, p. 5.

〔79〕 柯芳枝：《公司法论》（上），台湾三民书局印行 2004 年版，第 78 页。

〔80〕 In Scotland “a firm is a legal person distinct from the partners of whom it is composed”。见 1890 年的苏格兰的《合伙法》第 4（2）条规定。2004 年 10 月 18 号英国的法律委员会向英国的立法机构提出了关于合伙法的改革报告，建议赋予合伙以法人资格。

〔81〕 Peter Stein: Roman Law in European History, Cambridge: Cambridge University Press, 1999, p. 125.

利能力之社团”的规定：“对无权利能力之社团适用于合伙之规定”。民事合伙规定在第七章“各种债之关系”的第14节，仅视合伙为合同关系和财产法上的共有关系，而非主体。在《德国商法典》中，未见商事合伙的概念，其实，合伙在商法典中已经变身为“无限公司”了，第105条第3款规定：“关于无限公司，以本章无其他规定为限，适用《民法典》关于合伙的规定。”

（二）重申法人实在说：关于非法人组织“部分权利能力”论的疑问

“非法人组织”不是法人，却是民事主体，概念存在内在矛盾，“部分权利能力”成为为之辩护的理论之一。[82]

自然人之外，任何事物只要被法律认可为独立的法律主体，它的本质就是法人，法人与法律主体的概念具有统一性。在逻辑上是不存在“不是法律主体的法人”，同样也不存在“是法律主体的非法人”；在法人与非法人之间，或在法律主体和非法律主体之间不存在中间状态，简而言之，法律主体概念或权利能力概念只有质的规定性，无量的规定性，权利能力的有无之间不存在中间状态，不存在所谓的“部分权利能力”。除非采法人拟制说，所谓“部分权利能力”的概念才有可能。

在法人拟制说下，一个组织被拟制为法人后，它并不是持续存在的实体，它仅在其目的范围内被视为法律主体，在目的范围外，则被视为不存在，所以，出现了有限度的权利能力范围或部分权利能力的概念。同为法人，权利能力范围却有大小之分。

在此逻辑下，就必然存在两个概念：一是抽象的法律主体资格（抽象的权利能力），二是具体的法律主体资格（具体的权利能力），[83]即所谓的权利能力范围。前者一旦获得，即持续地拥有，例如通过登记获得法人资格，或通过登记获得“非法人组织”资格，皆在存续期间持续地拥有抽象的权利能力。在这一点上，法人登记和非法人组织登记，两者的本质是一样的，都是获得了抽象的主体资格。但是，两者的差异在哪里呢？只能在具体的法律主体资格。

对于法人，抽象的法律主体资格与具体的法律主体资格是同一，因为法人在所有的民事活动中均有法律主体资格，无须另外规定；但是，“非法人组织”可能不同，在某一具体的民事活动中，是否具有具体的法律主体资格，需要法律特别规定。

如此看来，“具体的法律主体资格”是可以分割的，该资格的赋予具有“批

---

〔82〕 刘召成：《部分权利能力制度的构建》，载《法学研究》2012年第5期。

〔83〕 有台湾地区学者区分一般权利能力和特别权利能力，参见施启扬：《民法总则》，法律出版社2010年版，第64页。

发”和“零售”两种方式，前者适用于法人，一旦获得法人资格，即“批发式”地获得所有具体的法律主体资格，后者适用于“非法人组织”，虽然已有抽象的法律主体资格，但仍然需要通过多部法律分别地“零售式”地赋予具体的法律主体资格，例如《合同法》第2条赋予合同主体资格，《民事诉讼法》第3条赋予诉讼主体资格，《合伙企业法》第20条赋予财产权主体资格。

“非法人组织”概念在拟制说中寻得了依存的逻辑基础，部分权利能力成为非法人组织的本质，但是，拟制说没有看到法人的实体性——法人一经登记成立，就是一个不可否认的实体和主体了，除非解散之。

在法人实在说下，一个组织一旦被拟制为法律主体，它就是一个持续存在的实体，是一个概念实体，是一个制度实体，也是一个物质实体。即使它超越目的范围，也依然是一个法律主体。虽然法律可以禁止它在某一个领域作为法律主体参与活动的资格，但是，它依然是一个作为法律主体存在的实体。

例如在上述的讨论中，如果非法人组织不具有某具体的法律主体资格，或超越了权利能力的范围，非法人组织依然为之，法律后果什么？其实，不过就是导致法律行为无效，所谓“具体的法律主体资格”或“部分权利能力”的限制，不过构成了一个效力型强制性规范而已，但法律依然将“非法人组织”视为法律主体，只是向其追究法律行为无效的责任而已。可见，即使在所谓的权利能力范围之外，非法人组织的主体性依然存在。

我国采法人实在说，非法人组织概念无法成立。

当然，关于有法人人格和无法人人格之间是否存在中间状态，“不完整法人”(imperfect legal person)的说法也比较常见，[84]但是，是量的维度上——“权利能力范围”的不完整？还是质的维度上——法人人格独立性的不完整？缺少理论论证。[85]

（三）法人概念的符号功能：独立法律主体有无法人符号的细微差别

这里，以合伙企业为例，无论在抽象的法律主体资格还是具体的法律主体资格上，非法人组织与法人无本质差异。

这里，就产生一个概念和逻辑的问题：既然合伙组织与法人在主体资格上并无实质差异，那么法人符号的意义是什么？一个独立的法律主体冠有法人符号和不冠有法人符号的细微差别是什么？

答案是：如果一个组织被赋予法人资格，它就“一揽子”地获得了抽象的和具体主体资格，在任何民事活动中均具有主体资格，而无需其他法律在特定领域如合

---

〔84〕 Monique Koppert, The New Dutch Partnership Act, European Company Law, Volume4, Issue 6, 2007, p. 267.

〔85〕 参见本节“非法人组织的类型谱系”部分和注［96］中的讨论。

同和诉讼等再另赋予其主体资格；如果一个组织没有被赋予法人资格，则应推定它在任何民事活动中均无主体资格，除非法律有特别规定。例如合伙企业，因为《合同法》《民事诉讼法》《合伙企业法》等有特别规定，所以，它获得了几乎所有民事领域的主体资格。可见，无法人资格，并不一定就不能成为法律主体，与法人的差别仅在于无法人资格的组织需要其他法律在特定领域单独赋予其主体资格。相比之下，法人概念的功能就显示出来了，它只是推理的方法不同而已。

法人概念在法律推理中的另一功能是关于组织背后的成员的责任的推理。如果是法人，应推定该组织独立承担责任，独立于其投资者或成员，除非法律有特别规定，例如无限公司，它是法人，但法律规定其股东承担无限责任。如果是非法人组织，则推定它不独立承担责任，其投资者或成员承担无限责任，除非法律有特别规定，例如有限合伙无法人资格，但法律规定有限合伙人承担有限责任。

关于组织的投资者或成员，法律一般会明确规定其责任，但在一些情况下，法律也无明确规定，则需要法律推理，法人概念在推理中的功能就十分重要了。例如1988年实施的《全民所有制工业企业法》第2条规定："企业依法取得法人资格，以国家授予其经营管理的财产承担民事责任"。该条并未明确企业背后的投资人——政府的责任，所以，在实践中，有外商咨询：政府对于全民所有制工业企业承担的是有限责任还是无限责任？江平教授在回答这一问题时，就从法人概念的本质出发，给予答案，他说："全民所有制工业企业是法人，应独立承担责任，法律无相反规定，所以，政府作为投资人应承担有限责任"。[86]如果一个企业不是法人，那么，关于它的投资人的责任的推理完全相反了，推理应当是：因为该企业不是法人，所以，它不独立承担责任，法律如无相反规定，其投资人应承担无限责任。

总之，除在权利和责任的法律推理上略有差别外，非法人组织（合伙企业）与法人并无实质差别，因为在实践中，非法人组织（合伙企业）在特别法的规定下，获得了与法人同样范围的具体权利能力。

（四）"非法人组织"概念是《民法总则》的败笔

首先，《民法总则》关于"非法人组织"的规定存在明显的名实不符的矛盾之处，名为"非法人"，实质具有法人的全部性质：

1. "非法人组织"是规定在第三章法人之后，列为第四章，但第108条规定："非法人组织除适用本章规定外，参照适用本法第三章第一节的有关规定。"第三章第一节是法人的一般规定，该条实质上规定"非法人组织"可以适用法人的一般规定。

---

〔86〕 江平教授语，我记于1996年中国政法大学民商法博士生"民商法专题研究"课堂笔记。

2. 如果说“非法人组织”在所谓的权利能力范围上与法人不同，范围若小，该概念尚具有独特性质，但是，在第五章民事权利中，第 114 条规定：“民事主体依法享有物权”之后，第 118 条、第 123 条分别规定民事主体享有债权和知识产权，民事主体包括非法人组织，因为《民法总则》第 2 条规定：“民法调整平等主体的自然人、法人和非法人组织之间的人身关系和财产关系”，该条已经认定“非法人组织”是民事主体，所以，“非法人组织”的权利能力范围与法人完全同一。

3. 在行为能力上，第 102 条规定：“非法人组织是不具有法人资格，但是能够依法以自己的名义从事民事活动的组织”。第 105 条规定了非法人组织的对外代表机关。显然，它具有完全的行为能力。

4. 在成立的方式上，第 103 条规定：“非法人组织应当依照法律的规定登记。”登记是非法人组织成立的前提，与法人一致。

其次，《民法总则》“非法人组织”概念的外延主要指向合伙企业等需要经登记才成立的商事主体，是严重错位。本来，对于这些商事企业如合伙企业，应仿民法法系商法典国家，将其改造为无限公司并赋予法人资格，但是，《民法总则》以“非法人组织”符咒将它的命运隔绝在法人之外，这不是一种先进的立法理念。《民法总则》背后的知识谱系存在断裂。

再者，《民法总则》“非法人组织”的概念挤压了真正的“非法人组织”的法律空间，鸠占鹊巢。

实践中，真正存在问题的是，是那些没有登记的组织，它们是真正的“非法人组织”。对于它们，是仅赋予程序技术上的诉讼主体资格，还是一定范围内赋予实体上的权利义务的独立主体资格？[87]立法技术是什么？关于这些问题，《民法总则》未触及，而将原来具有一定伸缩性和灵活性的“其他组织”概念扼杀了。变革的最终结果是，总则明确规定的“非法人组织”都是与法人本质重复的概念，而那些模糊的却具有模糊合理性的具有制度弹性的可司法创造（其他组织）的地方，却变成了“一片白茫茫的真干净”。关于未登记的团体之法律地位，《民法总则》沉默了，出现了令人担忧的制度空白。

（五）真正的“非法人组织”概念：以不登记为标准——梅特兰的理论

法人是国家通过特定形式拟制成为法律主体，本质是国家权力的创制，如通过特许创制，或通过登记创制，但是，民间有无数的团体或无法获得国家权力的点化

---

〔87〕 这些问题在英国的合伙法改革研究中有重点讨论：一个组织未经登记，在何种情况下可以被赋予人格。见 The Law Commission Consultation Paper No 159, The Scottish Law Commission Discussion Paper No 111, PARTNERSHIP LAW -A Joint Consultation Paper, pp. 19 – 22. https: //www. scotlawcom. gov. uk/files/4112/7892/7070/dp111_ partnership_ law. pdf，最后访问日期：2017 年 4 月 30 日。

而成为法人，或者欲逃离国家权力的控制，但是，它们是实实在在的团体存在，国家法律对于它们是什么态度？这才是“非法人组织”的真正法律意义。

英国法学家梅特兰（Frederick. W. Maitland）在《非法人团体》（unincorporated body）和《道德人格和法律人格》两文[88]中对此有充分阐述。他引用戴雪先生的演讲：“一群人出于某种共同的目的聚集在一起以一种独特的方式行为，那么他们就创造了一个团体（body），这种团体在本质属性上，不同于那些作为其构成部分的人。”[89]

有的团体被拟制为法人，梅特兰说：“法人人格是一种法律拟制，它是君主的恩赐”，或“源自主权行为（act of sovereign power）”。但是，没有拟制为法人的团体呢？即没有特许没有登记的团体，它们有法律人格吗？梅特兰说：“有社团就有团体的成立（group formation），有关人格的问题也就不能避免，至少在我们还讲究逻辑思维的情况下是如此”。[90]可见，对于未登记的非法人团体，法律对于其人格问题也应予以回应。

德国民法典中的“无权利能力社团”的概念本质也表现为在其成立时无国家权力参与：“设立无权利能力社团仅需一个不拘形式的设立行为和设立人所制定的章程，不需要有当局的参与，也不需要登记”。[91]

在中国实践中，也有大量的未登记的在国家权力之外形成的非法人团体，如民事合伙、业主委员会、校友会、驴友会、老乡会、歌迷会、各种项目的筹备委员会、设立中的公司，等等。在互联网时代，社交网络技术的发达促进结社，不登记的非法人组织迅速滋生，它们具有团体的真正属性，但未登记，遗憾的是，它们纳不进《民法总则》的非法人组织中，规范明显存在空白。

“真正的非法人组织”（非法人团体）的人格问题是法律无法回避的，各国法律以自己的方式解决这一问题。“真正的非法人组织”需要在立法上解决的问题有四个：一是财产归属，二是对外责任，三是对外代表和诉讼地位，四是成员的变更对外部关系的影响。

在英国，梅特兰说：“信托使得非法人团体不用依靠国王所授予的法人身份便能够得到一种持久的身份”。[92]信托使得英国人在国王权力控制范围之外实现了结社自由。英国法以信托法解决了非法人团体的财产结构等问题，[93]非法人团体中代

---

[88] ［英］F. W. 梅特兰：《国家、信托与法人》，樊安译，北京大学出版社2008年版，第66页。

[89] Dicey, “Combination law”, Harvard Law Review, vol. xvii, June 1904, p. 513.

[90] ［英］F. W. 梅特兰，见前注［88］，第76、84、86页。

[91] ［德］卡尔·拉伦茨：《德国民法通论》（上册），法律出版社2003年版，第235页。

[92] ［英］F. W. 梅特兰，见前注［88］，第16页。

[93] Graham Moffat, Trust Law, Cambridge: Cambridge University Press, 2005, chapter 17 “Trust, Contract and unincorporated association”, p. 852.

表人或负责人担任受托人，其他人为受益人，受益人集合在信托的结构中，形成一个团体。

民法法系国家则是以共有理论和连带责任解决非法人团体（无权利能力社团）的财产关系和对外责任问题，并承认事务执行者的对外代表权，适用合伙的规定，此外，《意大利民法典》第37条还规定了“共同基金”解决非法人社团中的财产问题。

关于第四项，英国法一直拒绝合伙（非法人团体）的法律实体性质，坚持纯粹合同关系，所以，团体内部成员的任何变化均导致对外关系的变化；但美国出现立法变化，早期与英国立法相同，[94]1997年颁布的《修订的统一合伙法》（Revised Uniform Partnership）则采合伙实体说：内部成员的变化不导致外部关系的变化。[95]

（六）非法人组织的类型谱系

经过对比较法上复杂的非法人组织立法例的分析，[96]可以形成一个关于非法人组织的类型谱系，如下：

非法人组织类型一：中国《民法总则》非法人组织	——实质上的法人
非法人组织类型二：德国《民法典》无权利能力社团	——有限的法律实体
美国《修订的统一合伙法》合伙	——有限的法律实体
非法人组织类型三：英国法合伙与非法人团体	——合同与信托关系

从上图可见，中国《民法总则》的非法人组织是一个比较极端的立法例。

（七）关于“非法人组织”概念的模糊认识的根源：对商事合伙主体地位理解的错位

严格说来，民法上的“真正的非法人组织”（或无权利能力社团）是不经任何登记的团体，这正是公民在国家权力范围之外的结社自由的表现。《民法总

〔94〕参见美国著名判例：Fairway Development Co. v. Title Insurance Co., 621 F. Supp. 120（N. D. Ohio 1985）。

〔95〕Robert W. Hamilton, Cases and Materials on Corporations including Partnership and Limited Liability Companies, St. Paul: West, 2010, p. 201.

〔96〕我以为：在团体人格的立法上，人格性质从无到完整，存在两端，一端是纯粹的合同关系的人的集合，毫无人格性质，另一端是法人，具有完整的人格性质。两端之间应该存在不断过度的谱系，正如财产权谱系一样。霍菲尔德认为，只有自然人才是法律主体，法人人格是一种程序形式（procedural form），是一种法律技术，用以解决自然人的集合所涉及的复杂法律关系，集合性的法律关系最终是可以化约为个体自然人之间的法律关系的。那么，这种“人格化”的法律技术是否存在谱系？是值得研究的基础理论问题，这里仅列出一个初步的类型化谱系。霍菲尔德的观点见 Wesley Newcomb Hohfeld, Nature of Stockholders´ Individual Liability for Corporation Debts, Columbia Law Review, vol. 9, 1909, p. 285 – 320. 批评意见见 A. Corbin, Legal Analysis and Terminology, Yale Law Journal, vol. 29, 1919, p. 164.

则》第103条规定："非法人组织应当依照法律的规定登记"，所指向的已经不是"真正的非法人组织"了。《民法总则》第102条甚至将非法人组织的外延指向个人独资企业、合伙企业，所指向的就更不是那些无须登记的"真正的非法人组织"了。

立法错位的根源很复杂，但主要根源在于：用民事合伙的理念来理解商事合伙，将商事合伙理解为民事合伙的地位，进而理解为非法人组织的地位，最后，反向推理，将非法人组织的外延指向合伙企业。其实，这也是中国民法学的知识系谱上的一个问题。

历史原因可能在于，20世纪90年代中国立法机关确立的现代企业制度中的三种基本类型：个人独资企业、合伙企业、公司，更多参照英美的立法例[97]，而非民法法系国家的先进立法例，所以，个人独资企业、合伙企业没有作为无限公司法人写入公司法[98]，而是作为两个独立于公司的企业类型予以确立。虽然合伙企业在立法中已是独立法律主体或实质上的法人，但仍以英美法系的合伙理论或民法法系的民事合伙理论来解释合伙企业，认识错位因此产生，进而将商合伙视为"无权利能力的社团"或"非法人组织"，而不作为法人看待，名实分离。

在理论上，需要回答一个基本问题：商合伙是否可能是"真正意义上的非法人组织"？

其实，经登记而成立的商事合伙已不是"真正的非法人组织"，在许多民法法系国家，商事合伙已经改造为无限公司法人了。

英国情况却不同[99]，合伙（商事合伙）是真正的非法人组织，不是法律上的实体（legal entity），更无主体资格，但是，问题是，合伙从事商事活动，在英国难道不需要登记吗？所谓登记在理论上应有三种，需具体分析，一是主体地位登记，如法人登记，二是营业登记，三是税务登记。在英国，合伙从事营业活动，只需要税务登记，无主体地位登记，也无营业登记，除非涉及特殊行业的营业许可，而税务登记丝毫不影响合伙人之间的合同关系，没有使得合伙获得法律主体地位。

我国合伙企业的登记却含有上述全部的三项，合伙企业通过登记已经成为民事主体，所以，它不是真正的非法人组织，本质上是法人。在中国，营业登记是强制的，并且与主体资格相捆绑，背后深层次的原因在于：国务院2002年12月颁布的《无照经营查处取缔办法》事实上确立了一项重要原则——"任何营业行为均需营

---

〔97〕 Brenda Hannigan, Company Law, Oxford: Oxford University Press, 2003, pp. 26 – 27.

〔98〕 德国、瑞士等国不认无限公司为法人，法国、日本等国认其为法人。德语 offene Handelsgesellschaft 一词译为中文时，有译本译为"无限公司"，有译本译为"普通商事合伙"。

〔99〕 英国1862年《公司法》引入了"无限公司"，所以，客观的说，英国同时存在法人化的合伙（unlimited companies）和纯粹合同关系的合伙（partnership），这可能也是英国无须将 partnership 提升为法律主体或法人的原因。参见 Thomas B. Courtney, supra note 70, p. 35.

业登记”，而营业合伙在中国只有一种营业登记形式——合伙企业的设立登记，所以，营业合伙在中国只能是合伙企业，而不可能是“无权利能力的社团”，或者说，不可能是纯粹合同关系的个人合伙。

（八）可能的补救措施：民法典《合同编》将民事合伙的概念改造为真正的“非法人组织”概念

既然《民法总则》的非法人组织不是“真正的非法人组织”，而“真正的非法人组织”又需要民法典的规范，空白如何填补？可以考虑，在未来合同编中写入合伙，扩大合伙的概念的外延，将合伙构造成“真正的非法人组织”的总称概念，同于《德国民法典》中的“无权利能力社团”概念。或者，在民法典最终汇纂时，修订《民法总则》的“非法人组织”概念。

（九）非营利组织中的非法人型组织将被取消：与《民法总则》相反的改革

在《民法总则》浓墨重彩规定“非法人组织”概念时，我国在非营利组织领域里，将取消非法人型的组织，立法音调似乎不太和谐。

目前，基金会和社会团体只能登记为法人，存在非法人型组织的领域是民办非企业单位（社会服务机构），但是，民政部正在修订《民办非企业单位登记管理条例》（《社会服务机构登记管理办法》），征求意见稿已经废除个体和合伙型的民办非企业单位，修订理由充分且先进，[100]这预示着，在非营利组织领域，将只存在法人，而无非法人组织，原先的非法人组织将纳入法人组织中。

但是，在非营利组织领域中，那些“未登记的非营利组织”的法律地位是什么？依然是空白，依然依赖于未来民法典关于“无权利能力社团”的规定或《非营利法人法》的规定。

2015年11月的《慈善法》（草案）第114条曾对“未登记的非营利组织”作出开创性的规定：“以开展慈善活动为宗旨的非营利组织即使没有登记，也可以开展力所能及的慈善活动，但应当遵守本法相关规定，并依法享受相关权益”。但是，最终颁布的《慈善法》却将其修改为第111条：“慈善组织以外的其他组织可以开展力所能及的慈善活动”。后者显然忌讳“没有登记”四字，这样，两种表述的宗旨和寓意，就明显不同了。

---

[100] 征求意见稿统一了社会服务机构的组织类型，取消了个体型、合伙型，将社会服务机构统一为非营利性法人，理由如下：一是与《民办教育促进法》的规定保持一致。二是使申请人的权利义务对等，按照非营利组织的基本要求，社会服务机构的申请人不能从盈余和剩余财产中分配，但个体型、合伙型组织出现财务问题却要承担无限连带民事责任，显失公平。三是要求社会服务机构遵循法人治理结构和运作方式，有利于保持其非营利性。见前注［55］，http：//www.chinanews.com/m/gn/2016/05-26/7884156.shtml，最后访问日期：2017年4月30日。

九、民法典无处安放的信托：隐蔽的法人

中国自2001年颁布《信托法》，信托特别是商事信托发展迅猛，截至2016年年末，信托公司所管理的信托资产总额已达20.22万亿，居四类金融机构中的第二位，仅次于商业银行。信托法日显重要。但是，信托法作为英国衡平法的产物，在大陆法系民法典的结构中处于什么地位？

在理论上，民法典有三种立法例安置信托：一在财产法中，如《阿根廷民法典》第2662条在“不完全的所有权”概念的基础上，引入了信托；[101]二是在合同法中，如2013年《匈牙利民法典》在合同编设有名合同“资产管理信义合同”（Fiduciary Asset Management Contracts），引入信托；三是民事主体中，引入信托，因为信托是一个隐蔽的法人。

信托是一种“寄居型”主体，它寄居于受托人的人格而成为一个隐蔽的法律主体。受托人的人格实质上一分为二，一是其本身的人格，背后是其个人财产，一是信托人格，背后是信托财产，但在表面上两种人格却是合二为一的。

近来，在英美法系，法律趋向以一定的形式承认信托的主体性质，最典型的是美国《统一法定信托实体法案》，[102]它规定：经过法定程序的登记，商业信托可以自己名义取得与持有财产、签订合同、发行证券、起诉应诉等。在部分国家和地区，“信托受托人”职位还可登记为独任法人（corporation sole），[103]实质上也将信托建构成为法人了。

即使法律不明确承认信托的主体性质，但从学理的角度看，也不可否认信托是一种隐蔽的主体。当然，法律若不明确承认信托的主体性质，信托作为一种隐蔽的主体，只能以受托人的名义从事活动，而不能以自己的名义。如果法律授权信托可以自己的名义从事活动，其实就揭开了面纱，将信托脱离隐蔽的主体状态，成为一个显示的主体了。

《民法总则》对于信托，未作规定，这是一个遗憾。

---

〔101〕《阿根廷共和国民法典》，徐涤宇译，法律出版社2007年版，第563～564页。

〔102〕Uniform Statutory Trust Entity Act § 102 cmt.（2009）. 该法案将信托分为制定法上的信托（statutory trust）和普通法上的信托（common－law trust），前者是法律上的人，后者不是。

〔103〕如肯尼亚的《公共受托人法》：The Public Trustee under the Public Trustee Act Cap 168 is the Corporation sole and is therefore self perpetuating and does not need substitution by individuals. http：//www.kenyalawresourcecenter.org/2011/07/trustees.html，最后访问日期：2017年4月30日。

十、结语：不应吝啬法人的供给

法人制度发展早期，法人拟制说和法人人格国家特许说（the concession theory）盛行，法人是一种国家管制的工具。英国法学家戴雪在《19世纪英国的法律和舆论关系的演讲》一书中分析伯明翰繁荣的原因时写道："伯明翰的繁荣归因于它在理论上是一个村镇，而不是一个市政法人，各种权利得以保留，避免了沦为法人的种种不利"。[104]

今天，法人的功能已经发生了实质性的变化。凯尔森说："法人的本质是一种人格化的秩序，是以法律人格为工具调整人的行为秩序"。[105]法人已经超越过去国家管制的功能，而成为构造社会自组织秩序的一个重要工具。

在中国社会和经济改革中，法人制度是"创新社会治理体制"[106]的孵化器，中国民法典应立足先进理念，实现中国法人制度的变革。

在法人制度上，立法者应向社会充分供给法人，促进经济繁荣，激发社会活力，提升人民福祉。有几项重要的改革可以考虑：

1.《民法总则》确立营利法人和非营利法人的元分类，应成为今后我国法人立法的重要指南。

2. 在法人形态的立法上，应采概括类型化的立法技术。将《公司法》定位为营利法人的基本法，将个人独资企业和合伙企业纳入《公司法》，改造为无限公司，赋予法人资格[107]，废止现行的《个人独资企业法》和《合伙企业法》；将《非营利法人法》定位为非营利法人的基本法。

3. 尽快规划制订《非营利法人法》，非营利法人的设立向所有的非营利目的开放。除特殊功能的非营利法人外，其他的均采准则制，放开非营利法人的设立，诸如业主委员会、[108]甚至合作社等重要的民间组织，均可以自愿登记为非营利法人，而获得法人资格。

---

[104] A. V. Dcey, Lectures on the Relation between Law and Public Opinion in England during the Nineteenth Century, New York: Macmillan, 1948, p. 118.

[105] ［奥］凯尔森：《法与国家的一般理论》，沈宗灵译，中国大百科全书出版社1996年版，第112页。

[106] 见中国共产党十八届三中全会《关于全面深化改革若干重大问题的决定》。

[107] 杨会新：《商事主体的多元化——中国法学会商法学研究会2006年年会综述》，载《国家检察官学院学报》2006年第6期。其中记载了10年前中国商法学会的一次学术讨论："中国政法大学王涌教授从分析合伙企业的财产关系入手，主张应当赋予合伙企业法人资格。他认为，用共有理论解释合伙企业的财产关系，导致了财产关系的混乱。合伙企业作为成熟的商事主体，特别是商事活动对商事主体的本身要求，使得合伙企业的独立性，特别是财产的独立性日益突出"。

[108] 在美国，业主委员会可以登记为非营利法人。试举一例：VILAS CONDOMINIUM ASOCIATION, INC.（A Texas Nonprofit Corporation）是美国德克萨斯州一个居民社区业主委员会，它登记为非营利法人。

4. 非营利法人制度改革应以我国营利法人（公司法）制度为榜样，形成“准入开放”和“治理完备”的最优局面，尽快从目前的“准入限制”和“治理空白”的落后状态中走出来。

5. 在民法典最终汇纂时，考虑废止“非法人组织”的概念，将该概念下的相关组织纳入法人中，此外，规定“无权利能力社团”的概念。

6. 民法典法人篇应对信托做一般规定，公益信托和商事信托通过特别的登记程序可以获得法人资格，或者可以信托自身的名义从事民事活动。

总之，法人是一个“好东西”，立法者不应吝啬法人的供给。

资产分割理论下的法人与非法人组织*

——《民法总则》欠缺的视角

张永健**

目　次

一、导论：财产独立与资产分割的分析架构

《中华人民共和国民法总则》于2017年3月通过，其划时代意义不言而喻。然而，即使有数十年的比较法积累和本土法治资源在后撑腰，由于中文（甚至外文）文献都没有清楚的财产独立与资产分割的分析架构，《民法总则》虽然承认了数种具体的"独立财产"（separate patrimony）类型，但却没有直接标志"概括财产"（patrimony）作为民法体系的上位概念。此外，也因为缺乏完整的资产分割理论意识，《民法总则》的法人章和非法人组织章，常见立法挂一漏万，将不同的组织型

---

* 作者感谢刘静莹、朱一宸、戴旻谚的研究协助。本文初稿发表于2017年9月15日、16日于台湾大学举办之"中国大陆民法总则的理论与实务"研讨会，2017年11月11日苏州大学王健法学院"漫修东吴"学术论坛，2017年11月19日北京航空航天大学法学院第七届两岸民商法前沿论坛，2017年11月20日人民大学法学院讲座，承蒙王涌、金锦萍、许可、汪洋、李昊、苏永钦、王文宇、陈聪富、孙森焱、方新军、娄爱华、熊丙万、章程教授提出修正建议。本文之初步想法在2017年3月发表于中国人民大学的民商法前沿论坛，感谢赵廉慧、冉昊、许可非常深入的点评，感谢林郁馨的宝贵意见。赖建桦阅读初稿，给予非常深刻的批评意见，并提出图5的概念，在此深深感谢。

** 台湾地区"中央研究院"法律所研究员、法实证研究数据中心执行长；美国纽约大学（N. Y. U.）法学博士。

态混为一谈。

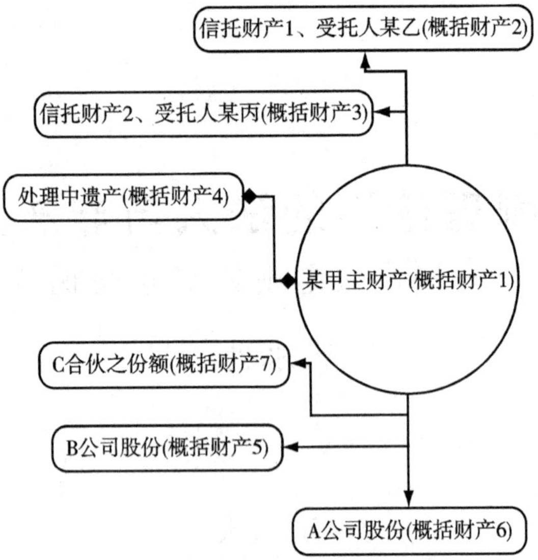

图 1　概括财产示意图

说明：圆形代表某甲主财产，长方形代表某甲之 6 个特别财产。每一条直线和箭头，代表主动的资产分割；以两端菱形连结的概括财产，表示其关系乃被动产生，非由某甲主动。本图预设了在《信托法》下，信托财产属于委托人之见解；此乃为说明方便，并非因为本文赞成此种解释论与立法论之立场。

数据源：本文绘制。

简言之，概括财产是一个人私法与公法上的权利和义务的总汇。一个人出生时，除非刚好获得遗产，否则只有一个概括财产。但随着权利、义务的增长与多样化，随着"资产分割"（asset partitioning），[1]一个人会拥有复数的概括财产。例

---

〔1〕本文关于资产分割理论与其类型谱，是受到以下英文文献启发：Henry Hansmann & Reinier Kraakman, "The Essential Role of Organizational Law", Yale Law Journal, Vol. 110, 2000, p. 387 (hereinafter "Essential Role"); Henry Hansmann & Reinier Kraakman, "Organizational Law as Asset Partitioning", European Economic Review, Vol. 44, 2000, p. 807; Henry Hansmann et al., "Law and the Rise of the Firm", Harvard Law Review, Vol. 119, 2006, p. 1333; Kenneth Ayotte & Henry Hansmann, "Legal Entities as Transferable Bundles of Contracts", Michigan Law Review, Vol. 111, 2012, p. 715; Richard Squire, "The Case for Symmetry in Creditors' Rights", Yale Law Journal, Vol. 118, 2009, p. 806. 但笔者前文在其基础上，又多作阐释并扩展其类型，参见张永健：《财产独立与资产分割之理论架构》，载《月旦民商法杂志》2015 年总第 50 期。本文又进一步拓展了理论架构。但 2015 年的文章详细讨论了"资产分割法定原则"，从信息成本视角，讨论此原则与"物权法定原则"之关连，请读者参照。类似见解，参见许德风：《法人的虚与实》，载《交大法学》2016 年第 4 期。本脚注和脚注 5 构筑了本文奠基的两块文献，但因为两块文献原本是在平行时空上发展，所以采用不同的英文名词，导致本文使用各自翻译的中文名词。如果本文可以重写整串文献，不会使用 asset partitioning（资产分割），而会使用 patrimony partitioning（概括财产分割）。

如，委托人设立信托（一种资产分割方式）[2]后，依据《信托法》第15条，“信托财产与委托人未设立信托的其他财产相区别”，也就是委托人变成有至少两个概括财产，一个是原本个人的主财产，一个是信托财产。[3]诸如信托财产这种在主财产以外的概括财产，笔者跟随王泽鉴老师的用词，称之为“特别财产”（*Sondervermögen*）。[4]参见图1。

（一）财产独立的四种类型

一个自然人拥有复数的概括财产是常见的财产独立（separate patrimony）[5]类型，但不是唯一的类型。另一种财产独立类型是“财产没有所有人（可能有管理人）”，在采用“承认继承制”的国家，如奥地利（民法第797条、第810条、第819条参照）、法国（民法第772条、第780条参照）、意大利（民法第459条、第460条），遗产构成独立财产，直到继承人接受了遗产上的权利、义务。在等待承认期间，遗产没有所有人。此外，加拿大魁北克省的信托规定（魁北克民法第1261条参照），[6]融合

---

[2] 值得特别强调者，资产分割不一定是以部分资产之所有权划归特别财产之方式为之。设定抵押权、质权也是一种资产分割。虽然目标物所有权并未变动，但抵押权人与质权人相对于（主财产之）普通债权人，可以从抵押物这块特别财产优先受偿。所以，抵押、质是近似典型弱型特别财产防御的一个例子。抵押、质（至少在台湾）接近弱型而非强型特别财产防御，是因为一般债权人仍可以在强制执行程序中查封抵押目标，而依据台湾强制执行法第34条第2项，抵押权人不论债权是否已届清偿期，只能参与分配，并优先受偿，但无法阻止抵押物进入查封拍卖程序。抵押和质并非本文图6之典型弱型特别财产防御，是因为主财产的一般债权人，并不需要先以抵押物或质物以外的财产（即主财产）求偿未果，才能要求拍卖抵押物或质物。

[3] 关于信托财产之独立性，参见赵廉慧：《信托法解释论》，中国法制出版社2015年版，第217~243页。

[4] 王泽鉴：《民法总则》，增订新版，台湾自行出版2014年版，第258页。

[5] 本文使用之独立财产概念，受到以下英文文献启发：George L. Gretton，“Trusts without Equity”，International and Comparative Law Quarterly，Vol. 49，2000，p. 599；Reid Hastie et al.，“Juror Judgments in Civil Cases：Effects of Plaintiff's Requests and Plaintiff's Identity on Punitive Damage Awards”，Law and Human Behavior，Vol. 23，1999，p. 445；Kenneth Reid，“Conceptualizing the Chinese Trust”，in Lei Chen & C. H. van Rhee（eds.），Towards a Chinese Civil Code：Comparative and Historical Perspectives，Boston：Martinus Nijhoff，2012，p. 209. “独立财产”一词乃“独立概括财产”之简称。同样的概念家族，因为中文词性不同，也会倒装为“财产独立（性）”。

[6] 楼建波教授引用魁北克民法第1260条（“A trust results from an act whereby a person，the settlor，transfers property from his patrimony to another patrimony constituted by him which he appropriates to a particular purpose and which a trustee undertakes，by his acceptance，to hold and administer.”）与第1261条（“The trust patrimony，consisting of the property transferred in trust，constitutes a patrimony by appropriation，autonomous and distinct from that of the settlor，trustee or beneficiary and in which none of them has any real right.”）与第1278条（“A trustee has the control and the exclusive administration of the trust patrimony，and the titles relating to the property of which it is composed are drawn up in his name；he has the exercise of all the rights pertaining to the patrimony and may take any proper measure to secure its appropriation. A trustee acts as the administrator of the property of others charged with full administration.”），主张信托本身是一个法人，与本文见解不同。参见楼建波：《信托财产的独立性与信托财产归属的关系——兼论中国信托法第2条之解释与应用》，载《广东社会科学》2012年第2期。本文认为，这三条都没有明白规定信托是法人，第1278条给予受托人的“权力”，和英美信托法传统下的受托人权力并无不同。如果信托财产在魁北克法下要成为法人，必须遵照民法第289条以下对法人（legal person）的规定。而法人必须有director，信托却没有。

法国法[7]与英美法，将信托财产设计为没有所有人，只有管理人之财产。[8]捷克2012年新《民法典》(2014年1月1日实施)，也在第1448条以下规定信托，并采取魁北克省的信托设计，使信托财产有管理人（即受托人）但无所有权人。[9]以上两种类型，不是本文探讨的重点。

第三种财产独立性的类型是：一名或多名自然人掏腰包汇聚而成的财产，经法人立案程序后具有法人格，可以自己拥有财产。中国《民法总则》第58条“法人应当有自己的……财产或者经费”，是人尽皆知的例子。但本文第二部分详论，社会团体法人、捐助法人、营利法人因为其特别财产防御方式不同，应作为法人概念下的三种主要子类型。现行学说与实定法分类，未注意两种非营利法人在资产分割方式之巨大不同，而有牛骥同一皂之举。

最后一种类型是“非法人团体之财产”，这是大杂烩，没有明确的财产归属设计，但现实上经常存在。本文第二部分以《民法总则》规范之非法人组织为例，进一步探讨此种类型之不当处。本文归结：民法应该大幅放宽法人成立条件，让非法人组织、其他团体都能纳入其麾下。《民法总则》真正应该制订的规范，是超广义法人的预设财产独立性与预设资产分割方式，并且提供部分（但非全部）具体类型法人的骨干规定，例如其财产独立性与资产分割方式。第四种财产独立类型因而可以被扫入历史的垃圾堆。

---

〔7〕 有法国学者认为，法国民法仍以一主体（人）一 patrimoine 为原则。STRICKLER（Y.），Les Biens，PUF，2006，p. 188－198.（笔者感谢吴宗谋教授赐告此法国法上之发展。）并参见法国民法第2284条。但也有法国学者认为，一人一 patrimoine 已经被其他法制打破，法国法上类似信托的 fiducie 制度仅是另一个例外。See Michael Grimaldi & François Barrière，“Trust and Fiducie”，in Arthur S. Hartkamp & Ewoud H. Hondius（eds.），Towards A European Civil Code，The Netherlands：Kluwer Law International，2010，pp. 1085，1095－1096；Laurent Aynès，“Property Law”，in George A. Bermann & Etienne Picard（eds.），Introduction to French Law，The Netherlands：Kluwer Law International，2008，pp. 147－153.（2007年承认信托所有权［fiduciary ownership］后，就和一人一 patrimoine 原则分离；再者，共同基金并不归属于“人”，是一“人”一 patrimoine 的例外）．但在法国民法正式承认 fiducie 前，魁北克民法典就已经处理信托问题。或许是为了（至少在表面上）维持一人一 patrimoine 的原则，魁北克民法典才将信托财产设计为没有所有人之财产。

〔8〕 See Lusina Ho & Rebecca Lee，Trust Law In Asian Civil Law Jurisdictions：A Comparative Analysis，Cambridge：Cambridge University Press，2013，pp. 262－263；George L. Gretton，“Trusts without Equity”，International and Comparative Law Quarterly，Vol. 49，2000，pp. 599－616 M. W. Lau，The Economic Structure of Trusts，Oxford：Oxford University Press，2011，p. 77；Rainer Kulms，“Trusts”，in Jürgen Basedowet al.（eds.），The Max Planck Encyclopedia of European Private Law，Oxford：Oxford University Press，2012，pp. 1697－1700. 中文文献，参见王文宇：《民商法理论与经济分析（二）》，台湾元照出版公司2003年版，第124页。

〔9〕 See Janis Grasis，Trust Regulation in the Czech Republic：The Model Law for Introduction of the Trust Instrument in the Republic of Latvia”，in European Integration—Realities and Perspectives. Proceedings，the 11th Edition of the International Conference，2016，pp. 46－49；Sebastian Kortmann et al.，“Introduction”，in Sebastian Kortmannet al.（eds.），Towards an Eu Directive on Protected Funds，Deventer：Kluwer Legal Publishers，2009，p. 1.

(二) 主财产防御

运用资产分割，使一个人的概括财产一分为多后，紧接着要考虑各概括财产是否、在何种情形下，须用以支付其他概括财产所负之债务或损害赔偿责任或其他义务。以《公司法》为例，第3条第1款规定："公司是企业法人，有独立的法人财产，享有法人财产权。公司以其全部财产对公司的债务承担责任"。从法人的观点，公司财产属于法人；但从股东概括财产的角度，股东的股份（公司财产的一定比率）是自然人的特别财产（每一家公司的股份就是一个独立的特别财产），而与自然人股东之主财产区隔。[10]所有股东的股份（特别财产）加总后范围等于法人的主财产。公司财产的双重性质，以及与股东主财产之关联，可由图2示意：虚线方框标出了公司主财产。九个实线方框则是九个股东的财产；在虚线框以外者为股东的主财产，虚线框以内者为股东之股份；可能有人将身家全部投进公司中，穷得只剩下股份。

个人主财产与分割出来的特别财产之日后互动关系，可用"主财产防御"（owner shielding）与"特别财产防御"[11]（entity shielding）[12]分别类型化，参见图3。

---

〔10〕股份的性质是争论已久的老话题，无法在本文尽书。股东的股份以及所带来的投票权和其他股东权益（但有股份不一定有投票权；股东权益也不当然按照股份比率决定），是特别财产，而非主财产，有下列原因：（一）如果股份是股东的主财产，不容易概念清楚一贯地解释：在有限责任公司或股份有限公司，为何股东仅就主财产的其中一部分负责？在德国和台湾地区的无限公司，为何股东就一部分主财产可以行使先诉抗辩权，使公司之债权人优先就另一部分主财产（无限公司股份）求偿？（二）股东有二人以上的公司，将股份定性为股东之特别财产，使同公司之股东借由特别财产之接口互动，比较容易理解。（三）当某股东与公司同时破产、清算时，论其实际是公司之债权人优先获得清偿。股东之债权人固然可以在强制执行程序中同时拍卖或变卖股东之股份，但有意购买者通常会知道公司正在清算中，而股份所表彰之价值乃清算完毕后所能获得之剩余财产；故股份之价格受到公司本身债务多寡之影响——换言之，实际情况是公司之债权人等于有优先受偿权，公司了结债务后尚有剩余之价值，才能透过股东债权人的股份变价或直接扣押公司清算完毕发还之现金，使股东债权人获得清偿。若公司没有剩余价值，股东债权人就无法从股份获得任何赔偿。如果股份是主财产，就必须要创造非主财产债权人（即公司债权人）优先于主财产本身债权人（即股东债权人）受偿的类型。理论上固无当然不可之理，但使得整个资产分割理论更为复杂，其经济理由更不容易厘清。

〔11〕邓峰译为"资产屏蔽"。参见邓峰：《普通公司法》，中国人民大学出版社2009年版，第195页。笔者之前译为"资产防御"，参见张永健，见前注［1］，第98页。

〔12〕此两名词在Hansmann & Kraakman最早的文章中分别称为"防卫型资产分割"（defensive asset partitioning）与"积极型资产分割"（affirmative asset partitioning）。See Hansmann & Kraakman, "Essential Role", supra note 1, pp. 394－396. 但两位教授后来与人合写的文章中（Hansmann et al., supra note 1）改用本文之名词，更容易望文生义，本文因而采之。本文将以"资产分割"描述将主财产分出一部分为特别财产之行为，并以"资产分割理论"统称主财产防御与特别财产防御之设计、分析架构、实然理论、应然理论。

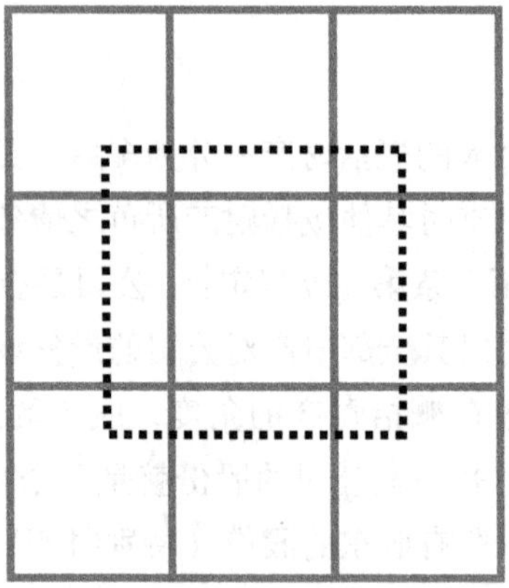

图 2　公司财产的双重性质

数据源：本文绘制。

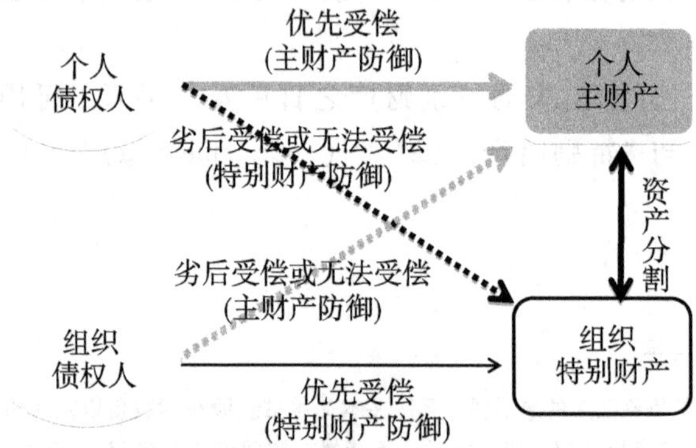

图 3　主财产与特别财产防御示意图

数据来源：本文绘制；改绘自笔者前注 1 文。

“主财产防御”要处理的问题是：以营利组织为例，当公司财产不足以清偿组织债务时，债权人是否可以由股东个人身家取偿？当股东个人主财产不足清偿所有债务时，公司债权人与股东个人债权人是平等受偿还是有优先级？“主财产防御”至少有五种；谱系参见图 4。须强调者，本文列出之类型，是以 Hansmann & Kraakman 文章之分类为基准，再加以扩展而成。本文并未变更其专有名词与分类，以免参照原始文献者混淆。本文的分类并未穷尽所有可能性，主财产拥有人是否对特别财产之债权人有先诉抗辩权，与主财产之债权人是否相对于特别财产之债权人优先自主财产受偿，是两个独立的设计，并不当然要捆绑在一起。立法者在思考主财产防御时，应该区分三个步骤：（1）特别财产债权人是否可以主财产取偿？若否，即为采取完全主财产防御；若是，再问（2）主财产拥有人是否有先诉抗辩权？亦即，特别财产债权人是否应先穷尽对特别财产之追索，才能以主财产取偿？无论答案是肯定或否定，（3）主财产债权人是优先于特别财产债权人受偿，还是两者平等受偿？参考图 5。

以中国大陆地区的法律为例说明主财产防御：

《公司法》第3条第2款的股东有限责任，是一种“完全”（complete）主财产防御：公司债权人无法向股东个人主财产求偿。

《合伙企业法》第38条、第39条之规定，使合伙企业之债权人先以合伙企业财产取偿，再向合伙人个人主财产取偿。[13]若实务上认为（法律似无规定）合伙人个人主财产也不足以清偿所有债务时，其个人债权人得以优先受偿，则合伙企业采用了“弱型”（weak-form）主财产防御。

《公司法》第20条第3款的“刺破公司面纱”原则，[14]则是在股东滥用主财产防御时，将原本的完全主财产防御转为“虚无”或“弱型”——条文规范并不够清楚。《公司法》第63条规定：“一人有限责任公司的股东不能证明公司财产独立于股东自己的财产的，应当对公司债务承担连带责任”，至少股东缺少先诉抗辩权这点，比较接近虚无主财产防御。但股东个人主财产之债权人是否可以在股东资力不足时，优先于其一人公司的债权人优先受偿，并不清楚。

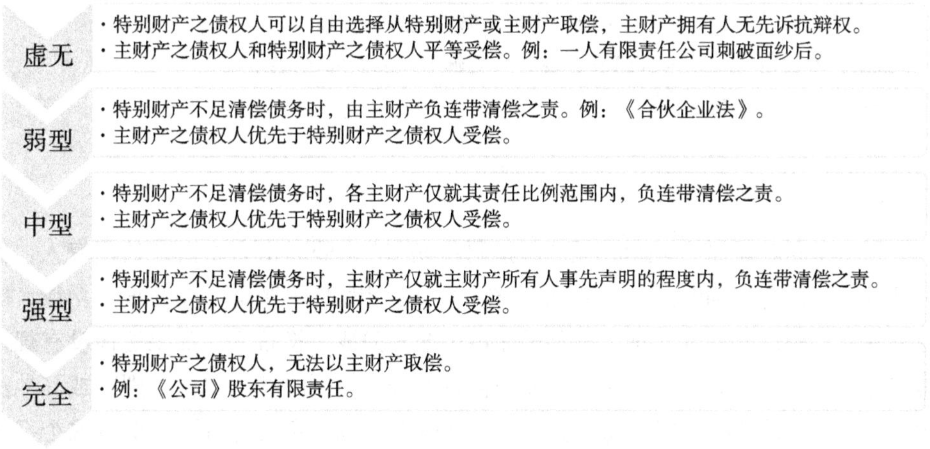

图4　主财产防御类型与定义

说明：本文由 Hansmann & Kraakman[15]见解上发展而成之谱系。

数据源：本文绘制。

---

〔13〕 台湾地区的无限公司在“公司资产不足清偿债务时，由股东负连带清偿之责”——股份作为特别财产和全体股东的主财产，都是清偿债务的担保财产——也是同样的设计。台湾地区“公司法”第60条参照。

〔14〕 邓峰，见前注［11］，第198页；Ruoying Chen, “Evolution of Corporate Law in China: Mission Possible to Reform SOEs?”, in Yun-chien Chang et al. (eds.), Private Law in China and Taiwan, Cambridge: Cambridge University Press, 2017, pp. 245 – 255.

〔15〕 See Hansmann & Kraakman, “Essential Role”, supra note 1, at 395 – 96. 中型和强型是本文命名，但其类型说明，以及在商业组织中之运用，参见 ibid. p. 396.

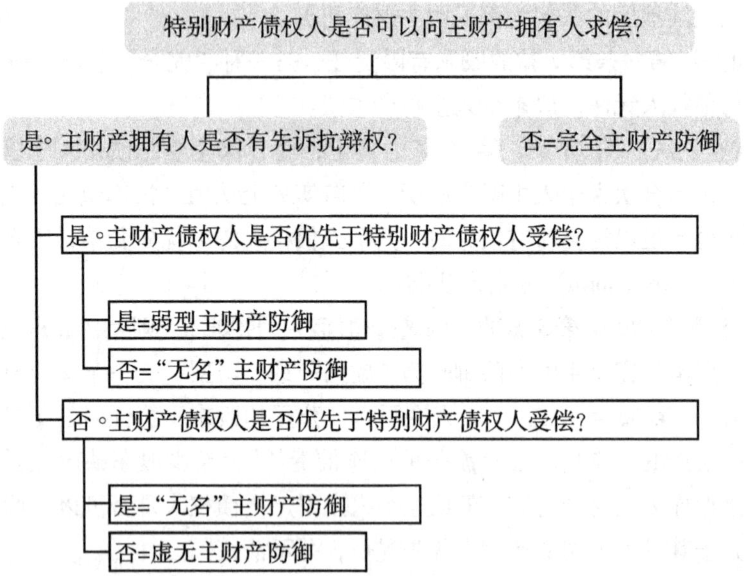

图5　主财产防御之思考步骤

说明：本文由 Hansmann & Kraakman[16] 见解上发展而成之谱系。

数据源：本文绘制。

（三）特别财产防御

和“主财产防御”相对的是“特别财产防御”，处理个人主财产的债权人，何时可以把手伸进特别财产（谱系参见图6）。特别财产防御是法律的核心功能，因为特别财产防御的制度安排几乎不可能透过合同完成。换言之，如果法律没有规定具体的特别财产防御方式，交易者无法自行安排；而同时若《民法总则》或其他法律没有规定预设的特别财产防御方式，则法院只能以“盲人骑瞎马”的方式个案面对。缺乏一锤定音的法律预设或强制规定，又没有清楚的法院判决先例，市场就容易因为缺乏预测可能性而产生无效率（像是交易无法发生，或者增加了交易成本却仍然挂一漏万）。[17]

特别财产防御依其保护程度不同，可以分为数种。同样须强调者，本文明确列出之类型，仍未穷尽。先诉抗辩权与优先受偿权不当然要搭配。立法者仍应以图5的步骤，思考特别财产防御的内容。而图5也只是列出比较单纯的选项而已。图6列出的数种特别财产防御设计，详言之：

---

〔16〕 See Hansmann & Kraakman, “Essential Role”, supra note 1, pp. 395 – 96. 中型和强型是本文命名，但其类型说明，以及在商业组织中之运用，参见 ibid. p. 396.

〔17〕 关于效率的定义，参见张永健：《物权法之经济分析——所有权》，台湾元照出版公司2015年版，第38～54页。

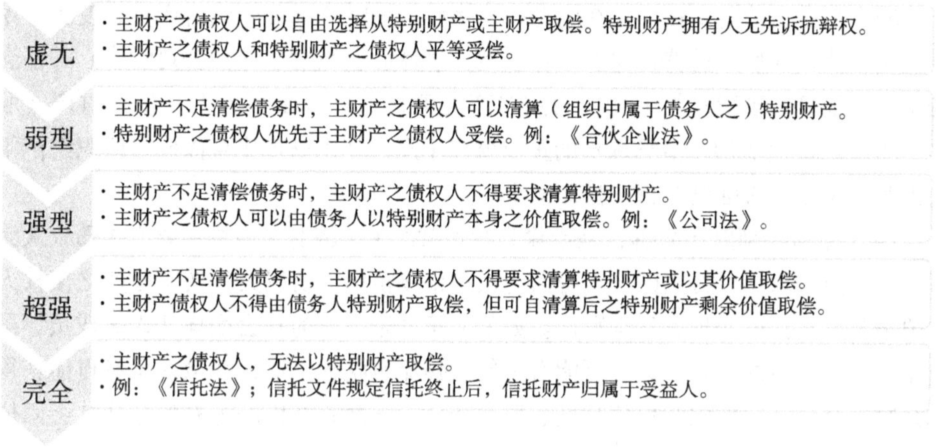

图 6　特别财产防御类型与定义

说明：本文由 Hansmann & Kraakman[18] 见解上发展而成之谱系。

数据源：本文绘制。

（1）虚无特别财产防御：使用夫妻共同财产制者，在婚姻期间，若夫或妻个人就婚姻以外事宜所生债务之债权人，可以自由选择就夫妻共同财产或举债方之个人财产取偿，则为虚无特别财产防御（夫妻共同财产是此处之特别财产）。对此问题，中国《婚姻法》，和最高人民法院的司法解释，均无明确规定；[19]但学说和部分案例则体现了此种虚无特别财产防御。[20]

（2）弱型特别财产防御，是指特别财产之债权人，优先于主财产之债权人，对特别财产求偿；主财产之债权人可以要求“清算”（liquidate）主财产拥有者之特别财产（出资换得之份额）。《合伙企业法》第 41 条、第 42 条、第 74 条对无限合伙和有限合伙就采取弱型特别财产防御：合伙人个人财产是主财产，合伙人之合伙份额是特别财产；合伙人个人的债主，可以强迫清算合伙人的份额、迫使他退伙，但不能硬要合伙全部清算结束，使其他合伙人都无法继续做生意——因为欠债合伙人之外的其他合伙人之份额，不属于欠债合伙人之特别财产。

（3）强型特别财产防御，则是弱型特别财产防御，加上组织之清算保护。公司股东之债权人可以强迫股东出让、变现其股份，但不能强迫公司清算，是常见的例

[18]　See Hansmann & Kraakman, “Essential Role”, supra note 1, pp. 394 – 395.

[19]　对夫妻离婚时相关债务处理之学说探讨，参见王雷：《〈婚姻法〉中的夫妻共同债务推定规范》，载《法律适用》2017 年第 3 期。对夫妻离婚前相关债务处理之学说探讨，参见张驰、翟冠慧：《我国夫妻共同债务的界定与清偿论》，载《政治与法律》2012 年第 6 期。

[20]　参见贺剑：《婚姻法回归民法的基本思路：以法定夫妻财产制为重点》，载《中外法学》2014 年第 6 期。（指出此种法院采取之立场，但批判此种见解）；何丽新：《论非举债方以夫妻共同财产为限清偿夫妻共同债务——从（2014）苏民再提字第 0057 号民事判决书说起》，载《政法论丛》2017 年第 6 期。

子。弱型和强型的差别在于：在弱型，清算后组织财产（如合伙财产）会变少，挖掉退伙合伙人的那一份特别财产。在强型，清算后组织财产（如公司财产）并不会变少，差别只在于股东换人作，而主财产之债权人可以由债务人之特别财产（股份）本身之价值取偿。清算保护的重点就在于众人特别财产集合而成之组织财产不会因为股东债权人强制执行股份而减少。

（4）超强特别财产防御，是指除非特别财产主动清算，否则主财产之债权人无法由特别财产取偿。特别财产本身因为没有市场价值，所以无须使主财产之债权人强迫债务人出让、变现其特别财产。如下文所详论，作为社会团体法人之成员，虽可出席社会团体的活动，甚至可能有一年一顿免费吃喝，法人解散后也有可能获得剩余财产之分派，但因为价值甚低、概率甚微，未闻有在市场上有价转让社会团体法人之成员份额（即特别财产）者。

（5）完全特别财产防御，可以信托为例：委托人个人主财产之债权人，不得以信托财产取偿。超强特别财产防御和完全特别财产防御之差别在于：完全特别财产防御下，特别财产清算后，余额不会回到主财产拥有者身上。按照中国《信托法》第54条规定“信托终止的，信托财产归属于信托文件规定的人；信托文件未规定的，按下列顺序确定归属：（一）受益人或者其继承人；（二）委托人或者其继承人”，因此，只要信托终止后的信托财产不是归属于委托人，信托就是采用完全特别财产防御。但若信托文件规定委托人一个人可以取回信托终止后的信托财产，则此信托乃适用超强特别财产防御。

（四）本文核心主张

以上所举，应该都是人尽皆知的实际应用。然而，缺乏明确的上位概念，就不容易统整看起来凌乱、实际上原理完全相通的各种下位概念。没有从概括财产与资产分割的理论角度设计法律，就容易出现疏漏，例如有明确规范主财产防御，却漏未处理特别财产防御。不幸的是，中国《民法总则》就有这样的疏漏。以下本文第二部分以《民法总则》关于法人、非法人组织之规范为例，具体说明。

本文的解释论主张是，在《民法总则》与相关法规下，若依据资产分割理论作为准绳，则法人的分类应该是“三分天下”：社会团体法人、捐助法人、企业法人在第一层次上直接分为三类，因为其特别财产防御之机制各自不同。资产分割理论没有触及组织形态法（organizational law）之全部面向，例如法人内部治理就不属于资产分割理论之范畴。因此，三分天下之说，是提出新的、以资产为中心的视角。其利弊必然要与其他视角之利弊彼此权衡。但如果资产分割架构至少是“提取公因式”中其中一因，又要如何证立把其中两种法人硬归成社团法人或非营利法人？而无论是传统学说见解中的社团法人或《民法总则》下的非营利法人，难道其下的所有法人，内部治理机制都有足够的共通之处？社会团体法人的内部治理重心放在掌握主导权的成员；企业法人的内部治理往往是关注成千上万不是股东成员的经理人和职员；捐助法人则是决策机构、监督机构、章程之间的角力，此外并无成员，往往没有确切的受益人并有资格影响决策。简言之，中国《民法总则》与日后各编的总则，都必须关注提取出的公因式，是否是关键之因。提取不重要的公因式，反让法律人见树不见林。

本文的立法论主张是，若汇编为民法典时仍有修改机会，应该将非法人组织、无法列入非法人组织之团体，一律并入法人，使所有人民团体均能成为法人，有完全的民事权利能力，是民事主体。笔者近年的论述非常强调“概念经济性”（economy of concept）。〔21〕法律人固然抽象思维能力超越一般人，但在法学理论建构上往往滥用了其驾驭“原则—例外—例外之例外……”概念体系之能力，疏于思考应用其抽象思维能力于建立一以贯之的理论。以过去海峡两岸的主流文献为例，之所以没有人提倡过让法人“一统天下”，是因为法律人愿意在实体法上认定某些团体没有权利能力，而在程序法上赋予其诉讼能力。但若愿意让团体有诉讼能力，何以不给予其权利能力？何以能不赋予其权利能力？两者的背离其实是对（实体法）理论的合理性最大的批判。〔22〕本文以法人统包所有团体的见解，除了概念十分经济，只有原则没有例外，能够贯穿实体法与程序法，同时也兼顾了现行运作中的经济效率。

二、《民法总则》缺漏处处的财产独立与资产分割设计

本部分的核心观察是：《民法总则》缺乏资产分割的理论框架，故对于下列问题往往漏未规范：〔23〕主财产与特别财产之债权人，是否可以对另一块概括财产求偿；该概括财产拥有者是否有先诉抗辩权；债权人相较于彼此是否有优先权。而漏未规范使得立法者未察觉自己为不同组织设计了迥异的资产分割方式，也导致学界对于法人分类的争论仍在两种二分法间打转。从资产分割的角度，法人应该分为三

〔21〕 英文文献参见 Henry E. Smith, “On the Economy of Concepts in Property”, University of Pennsylvania Law Review, Vol. 160, 2012, p. 2097. 中文论述参见：张永健：《占有规范之法理分析》，载《台湾大学法学论丛》2013 年第 42 卷特刊。关于用法律概念减轻思维的工作负担，黄茂荣教授在其巨作《法学方法与现代民法》中也早有阐释。参见黄茂荣：《法学方法与现代民法》，台湾地区自行出版 2009 年版，第 61～62 页。

〔22〕 台湾地区实务作法，甚至容许实体法和诉讼法的概念一致，但与强制执行法的概念断裂。参见笔者对于占有（辅助）人与强制执行对象不一致的批判：张永健，见前注［21］，第 875～876 页。

〔23〕 有学者向笔者指出：《民法总则》不能被认为是漏未规范，因为只要没写，就是预设为完全特别财产防御。本文则认为，此种见解没有法律规范为基础，也不当然有学理说服力。以社会团体法人为例，当其成员欠债，而社会团体法人正好解散，将部分资产退还给每位成员；是否应认为此退回资产无庸用以清偿成员之债务？若认为应用以清偿，则不应采取完全特别财产防御。而众多不同类型的非法人组织，如果因为法制未备就享有完全特别财产防御，则许多心存悻进者，就会把资产投入其控制的非法人组织，而以自己固有主财产从事冒险投机——赚了钱自己收下，赔了钱不用偿还，因为钱都在非法人组织名下。

大类。而且，没有通透地思考各种不具法人人格的组织的资产分割设计，使得《民法总则》不但将三种资产分割方式不同的组织冶于一炉，称之为非法人组织，更将其他虽经登记但仍姿态各异的团体搜罗到非法人组织的大帽子下。这些非典型非法人组织的资产分割类型，必然会称为日后学说实务争论焦点。釜底抽薪的办法是：让法人吞食天地。不但非法人组织无立足之地，现行法下被晾在一旁的“非非法人组织之组织”也成为法人。自然人之外，就是法人，没有例外。

以下开展核心论点，分别详细说明非法人组织、法人的相关问题：

（一）“妾身”仍未明的非法人组织

笔者在2015年写作财产独立与资产分割理论时，[24]提出的第四种财产独立类型（非法人团体拥有财产），是用作剩余类型。台湾地区的实际运作中，有许多不具备法人地位的团体，以团体的名义购置财产，但以法论法却无法真的由缺乏权利能力的团体担当所有权人。[25]笔者当时的呼吁是，此种非法人团体的存在，理论上混淆，实务上难处理，立法者应该正视此问题，并以前三种财产独立类型为模板，使非法人团体的财产归属更明确。

《民法总则》第104条规定“非法人组织的财产不足以清偿债务的，其出资人或者设立人承担无限责任。法律另有规定的，依照其规定”，好似在呼应笔者的呼吁，规定不具备法人人格的团体之财产归属。问题是：不具备完全权利能力的非法人组织，哪里来的财产呢？中国大陆地区《民法总则》第102条第1款规定“非法人组织是不具有法人资格，但是能够依法以自己的名义从事民事活动的组织。”第1款规定似乎暗示着，《民法总则》承认非法人组织“至少”具备“部分权利能力”[26]。但第102条不足以直接推出非法人组织可以自行拥有财产，第104条也无法确定是用外行人观点还是法律人观点写下“非法人组织的财产”。再者，就算这两条的意思是，非法人组织可以自行拥有财产，非法人组织之财产与其成员之主财产，关系为何，仍未见规范。以下进一步梳理《民法总则》触及资产分割的相关规范：

1. 不同的非法人组织，规范不同

《民法总则》不单是抽象规范非法人组织，第102条第2款也举例说明，“非法人组织包括个人独资企业、合伙企业、不具有法人资格的专业服务机构等”。要厘清《民法总则》下非法人组织的资产分割理论，或许可以使用法学上的（小范围）归纳法；[27]也就是分别探究三种具体类型的资产分割设计，归纳出其共通点，作为

---

〔24〕 张永健，见前注［1］，第87~103页。

〔25〕 相关探讨，参见例如陈聪富：《民法总则》，台湾元照出版公司2014年版，第95~96页。

〔26〕 参见朱庆育：《民法总论》，北京大学出版社2016年版，第482~483页。

〔27〕 此种归纳法与逻辑学上所称之归纳法不同，参见王鹏翔、张永健：《被误解的恋情——经济分析与法学方法》，载《经济分析与法学方法研讨会》。

所有非法人组织资产分割设计。[28]独资企业和合伙企业另外有专法规范；不具有法人资格的专业服务机构，主要指律师事务所、会计师事务所等提供专业服务的企业，则是《合伙企业法》中的“特殊的普通合伙企业”。[29]以下逐一检视其资产分割理论：

（1）个人独资企业：依据《独资企业法》第2条“本法所称个人独资企业，是指依照本法在中国境内设立，由一个自然人投资，财产为投资人个人所有，投资人以其个人财产对企业债务承担无限责任的经营实体”，该条把个人独资企业的财产归属（投资人个人），以及虚无主财产防御都规范清楚（另参见该法第31条，同意旨），但漏未规范关键的特别财产防御类型。[30]

（2）合伙企业：依据《合伙企业法》第20条“合伙人的出资、以合伙企业名义取得的收益和依法取得的其他财产，均为合伙企业的财产”。本条和《民法总则》第104条一样，没有明确界定“合伙企业的财产”。有学说认为，中国合伙企业的财产由合伙人共同共有，[31]但此种观点的教义学基础并不雄厚。[32]如果用最素朴的文义解释，看待《合伙企业法》第20条，则合伙会被认定为自己拥有财产。[33]从合伙人资产分割的角度，合伙人之份额为其特别财产，其余财产则属于主财产。而如本文第一部分导论所言，合伙企业在特别财产和主财产防御都采取弱型。[34]

（3）特殊的普通合伙企业，规定在《合伙企业法》第55条以下。《合伙企业法》第57条设计了特殊的主财产防御：如果部分合伙人“在执业活动中因故意或

---

〔28〕 学者认为，中国大陆地区《民法总则》第102条第2款的“等”字，表示尚有其他非法人组织，不属于该款例示的三种之一。参见杨立新：《〈民法总则〉规定的非法人组织的主体地位与规则》，载《求是学刊》2017年第3期；张新宝：《〈中华人民共和国民法总则〉释义》，中国人民大学出版社2017年版，第202页；谭启平：《论民事主体意义上“非法人组织”与“其他组织”的同质关系》，载《四川大学学报（哲学社会科学版）》2017年第4期。

〔29〕 参见杨立新，见前注［28］，第70页。

〔30〕 也就是，若投资人在企业经营之外的私生活负债，无力偿还，其债权人是否能由独资企业财产中取偿。由于独资企业财产与个人主财产的界线很模糊，如果不允许债权人由前者取偿，可能导致经营独资企业者轻易脱产。比较合理的政策决定是采用虚无特别财产防御。

〔31〕 请比较：朱庆育，见前注［26］，第492页引用《合伙企业法》21条1款（“合伙人在合伙企业清算前，不得请求分割合伙企业的财产；但是，本法另有规定的除外”），认为合伙财产为全体合伙人共同共有。

〔32〕 《民法通则》第32条第2款明确规定“合伙经营积累的财产，归合伙人共有”。不过，《民法通则》在民法典通过后是否会废止，尚未可知。民法典的合同篇是否及如何规范合伙合同，也尚未可知。而民法典合伙合同与《合伙企业法》的各自适用范围，也在未定之天。

〔33〕 有学者认为，合伙企业作为非法人组织具有完全民事权利能力。参见杨立新：《〈民法总则〉中部分民事权利能力的概念界定及理论基础》，载《法学研究》2017年第5期。依此论点推衍，应会认为合伙企业可以自行拥有财产。

〔34〕 对此，有称之为“双重优先原则”，参见王利明：《中华人民共和国民法总则详解（下册）》，中国法制出版社2017年版，第427页。

重大过失造成合伙企业债务”，“应该承担无限责任或者无限连带责任”；〔35〕重点是“其他合伙人以其在合伙企业中的财产份额为限承担责任”。以内部人的归责事由，决定其他内部人对外的清偿责任，是很新奇的设计。特殊的普通合伙企业，还必须拥有一个“单独立户管理”的“执业风险基金”（《合伙企业法》第59条参照），这是此种不具有法人资格的专业服务机构的特别财产。

分析至此，归纳法撞墙了。个人独资企业与合伙企业在财产独立性、主财产防御、特别财产防御，设计全部不同。除了两者均非法人、均从事商业活动外，关键的组织特征大异其趣。即使是特殊的普通合伙企业，资产分割方式也与普通合伙企业不完全相同。换言之，归纳法的结果是：三种《民法总则》明确承认的非法人组织，没有任何共通的财产独立性设计。如此，其他非法人组织到底能否拥有财产？

三种例示以外的非法人组织，又是采用何种主财产防御？若由中国《民法总则》第104条第1款第1句的文字读出独立财产，〔36〕并以该条第二句“法律另有规定的，依照其规定”解释了个人独资企业、特殊的普通合伙企业的“其他合伙人”不采取第104条弱型主财产防御〔37〕的依据，〔38〕可进而推论其他未例示的非法人组织，也采取弱型主财产防御。不过，主财产的无限责任是多么大的负担，其承担者却是不明不白的“出资人或者设立人”。独资个人企业和合伙企业，固然还可以依据各自法律规范、登记程序，找出独资者或合伙人作为承担无限责任之主体，但其他非法人组织该如何认定出资人或者设立人？这必须仰赖其他法律在依据《民法总则》第103条第1款制订登记规则时，明确要求登记者必须指定出资人或设立人。

《民法总则》没有规定特定的特别财产防御，例示的非法人组织的相关规范又不同，法院又能如何处理其他未例示非法人组织的特别财产防御问题？或许可以主张因为无规定，所以认定为虚无特别财产防御。或许可以主张类推适用合伙企业之规定，使用弱型特别财产防御。两者都没有坚强的教义学基础。后文会论证：当没有明确规范时，应该预设为虚无特别财产防御。

2. 没有定义的民事主体

上文由具体到抽象归纳不出非法人组织的财产独立性与资产分割方式。本小节由抽象到具体，使用体系解释，但也终究无法得到较确定的答案。

---

〔35〕 本文不理解：《合伙企业法》第57条的“或者”是什么含义？无限连带责任与无限责任在该法中有何区别？

〔36〕 认为非法人组织可以拥有自己财产的学说见解，参见杨立新，见前注［28］，第72页。

〔37〕 第104条采弱型主财产防御，参见同上注，第73页；张新宝，见前注［28］，第203页。主张不应该一律要求出资者或设立人承担无限责任，参见龙卫球、刘保玉：《中华人民共和国民法总则释义与适用指导》，中国法制出版社2017年版，第374～375页。

〔38〕 有学者认为，中国《民法总则》第104条第2句的其他法律规定，是指成员承担有限责任情形。参见龙卫球、刘保玉，同上注，第374页。但应注意者，该但书同时也可以指涉主财产的先诉抗辩权。

中国大陆地区《民法总则》从第3条开始提到“民事主体”一词，但却没有定义之。[39]从第2条提到自然人、法人、非法人组织，之后的第2、3、4章又依序规范自然人、法人、非法人组织，或许可以初步推知中国《民法总则》的立法者应该是认为民事主体有三种，就是自然人、法人、非法人组织。[40]

但若非法人组织是民事主体，则依据中国大陆地区《民法总则》第113条、第114条，非法人组织的财产权利受法律平等保护，且“依法”享有物权。固然，独资企业“依法”没有自己的物权，而（特殊的）普通合伙企业“依法”有自己的企业财产；但其他非法人组织，没有法律明确规范时，是否因此不能（“依法”）享有物权？[41]还是依据第104条而当然可以拥有财产？

总之，中国大陆地区《民法总则》中，非法人组织的财产独立与资产分割设计，模糊、不一、难以解释适用。

3. 农村承包经营户和个体工商户定位不明

在中国大陆地区《民法总则》中，个体工商户和农村承包经营户被放在第二章第四节，也就是以自然人方式规范。[42]但农村承包经营户无论从基础理论和一般通念，都不是人，应该比较适合认定为非法人组织。[43]再者，中国大陆地区《民法总则》第56条第2款界定“农户财产”，显然是超越个人的财产，或许也可以看成非法人组织之财产。不过，该条之农户财产，由该条第2款后段文义（“该部分成员的财产”），也可能不是特别财产，而是所有农户成员的主财产之集合。若是如此，则农村承包经营户没有资产分割，所以没有独立财产。准此，农村承包经营户放在自然人章，也无不可。中国大陆地区《民法总则》第56条第1款的“家庭财产”，看起来也是家庭成员主财产的集合。

然而，有学者认为，家庭财产是指“家庭共有的财产，受全体家庭成员支配和使用”。[44]而且，家庭经营的个体工商户以“家庭共同共有的财产作为唯一的经营基础……产生的债务由家庭共有财产清偿”。[45]若是如此，则家庭应该是一种非法

---

〔39〕 在中国《民法总则》第6章以后经常出现的“行为人”，与“民事主体”是否永远同义，也没有界定。

〔40〕 关于民事主体与列举自然人、法人、非法人组织三种类型的立法技术质疑，参见石佳友：《民法典的立法技术：关于〈民法总则〉的批判性解读》，载《比较法研究》2017年第4期。

〔41〕 有学者认为《民法总则》的“非法人组织”就是以前法律惯用的“其他组织”，而依据《民事诉讼法司法解释》第52条，“其他组织……有一定的……财产”。参见谭启平，见前注[28]。

〔42〕 关于个体工商户不属于企业，参见朱庆育，见前注[26]，第477页。

〔43〕 关于农户成员“整有”（tenancy by the entirety）土地承包经营权的分析，参见张永健：《中国农村土地的产权结构——成员权、三权分置、双层经营体制的法经济学解释》，载《工作论文》2018年。

〔44〕 参见张新宝，见前注[28]，第104页。

〔45〕 参见同上注，第105页。杨立新教授似乎也认为家庭财产是家庭共有财产。参见杨立新：《中华人民共和国民法总则要义与案例解读》，中国法制出版社2017年版，第207页。

人组织，[46]而非自然人，因为家庭财产是独立财产，而且个人似乎不用以家庭共有财产以外的个人主财产清偿个体工商户的债务（即完全的主财产防御）。这样慷慨的资产分割方式，在政策面有待检讨（债权人如何知道哪些财产是家庭财产，哪些是个人主财产？此种政策会增加债权人之信息成本）。有学者认为，[47]此处之家庭财产包括“参与经营的家庭成员的个人财产和她们的共同财产”，与本文见解相同。

4. 其他非法人团体

最后，《民法总则》第103条规定“非法人组织应当依照法律的规定登记。设立非法人组织，法律、行政法规规定须经有关机关批准的，依照其规定”，意思就是，现实上存在，但没有登记的其他非法人团体，并不适用《民法总则》关于非法人组织的规定。此种团体依据俗民观念上存在的团体财产，究竟在法律上要如何定性归属，仍然悬而未解。本部分第三节，将提出一劳永逸的解决方案。

（二）法人：三分天下

《民法总则》在法人概念下，先以营利、非营利区分，而不以社团、财团，或其他方式区分，引起不少争论。[48]从财产独立与资产分割的理论视角，本文则主张法人可以采用三分法：社会团体法人（人的组合，或许伴随资产的组合）、捐助法人（纯资产的组合）、营利法人（企业）。

1. 人的组合，或许伴随资产的组合

所谓“人的组合，或许伴随资产的结合”，典型的例子是非公司的社团，像是同乡会、宗亲会、民法学会。此种人的组合不当然需要伴随资产的组合。如果主事者急公好义、仗义疏财，则社团名下即使没有自己的财产，只有一群志同道合的人，也可以靠主事者出钱出力而永续发展。或者，社团成员可以每次聚会都各自出钱或轮流做东，使社团财务无虞，但又不曾拥有财产。此种人的组合，即便没有独立拥有财产的需求，往往需要有法人格以方便行事。而许多社会团体法人，没有前

---

〔46〕 人大法工委主任李适时认为，中国《民法总则》第56条语境下，农户是民事主体。参见李适时：《中华人民共和国民法总则释义》，法律出版社2017年版，第152页。但农户既非自然人也非法人，在不承认第四种民事主体的前提下，农户只能是非法人组织。在中国《民法总则》第56条语境下，农户和家庭的主体地位相同，因此家庭也只能是非法人组织。

〔47〕 参见龙卫球、刘保玉，见前注［36］，第191～192页；王利明，见前注［33］，第239页。

〔48〕 参见例如王文宇：《揭开法人的神秘面纱——兼论民事主体的法典化》，载《清华法学》2016年第10卷第5期；苏永钦：《体系为纲，总分相宜——从民法典理论看大陆新制订的〈民法总则〉》，载《中国法律评论》2017年第15期。对中国《民法总则》以营利、非营利区分的辩论，参见张新宝：《从〈民法通则〉到〈民法总则〉：基于功能主义的法人分类》，载《比较法研究》2017年第4期；金锦萍：《为什么“营利法人”与“非营利法人”的分类不是最优选择?》，链接 http：//www.ineews.com/zh－tw/612223/最后访问日期：2017年12月31日。

述的大金主或风气，故以捐献或缴纳会费而积累之社团财产支应日常开支；此时，赋予法人格使社团得以独立拥有财产并承担民事责任、进行民事行为，可以简化法律关系——人的组合不会恒常不变，成员可能来来去去，时间经过有世代交替。社会团体若拥有法人格，在单一名义、共同目标底下，可以有“铁打的营盘”（稳定的法人财产）“流水的兵”（成员）。反之，若社会团体没有法人格，没有起字号，则甚至内部人连指称人的组合都有困难。

此种社会团体法人若有财产，其成员之出资脱离成员之主财产。但其出资是否该看成是成员的特别财产，或者仅是社会团体法人自身之主财产，则要看其资产分割如何设计。如果主财产、特别财产防御皆采取完全型，成员之债权人不能以社会团体法人之任何财产取偿（例如要求拿回成员当初之出资或捐献），社会团体法人之债权人也不能向成员之主财产讨债，社会团体法人解散清算后之剩余财产也不会分派给原始或现存成员，则将成员之出资或捐献看作其特别财产，即无意义。试想：A 赠与一把小提琴给 B 后，并不应把小提琴视为 A 之特别财产。

然而，《民法总则》下的社会团体法人，并没有采取双重完全的资产分割设计。主财产防御的设计，《民法总则》第 60 条可以解释为完全主财产防御。只要社会团体法人有严谨的记账方式并搭配适当公示，此种选择应属恰当——至少这可以作为原则，而在例外时允许法院刺破社会团体法人的面纱。

至于特别财产防御，首先，社会团体法人的成员资格“通常”没有市场价格（虽然不排除某些社会团体的成员资格有价格），无从在强制执行程序中拍卖作价。再者，政策上不应容许社会团体法人成员之债权人清算整个社会团体。复次，《民法总则》第 72 条第 2 款规定，除非法律另有规定，法人清算后的剩余财产，要依据章程规定或法人权力机构之决议处理。如果章程规定或决议是捐给某个民法研究基金会，则成员之债权人无论如何都不可能从社团法人取偿；这就是完全特别财产防御。如果章程规定或决议是若有余款按某种方式分配给成员，则幸运的成员债权人还有机会获得补偿；这是超强特别财产防御（图 6）。但是，章程可以修改，决议更是符合章程规范就随时可以作。这实际上等于是中国大陆地区《民法总则》授权社会团体法人自行决定（还可以反悔）采用超强或完全特别财产防御。因为社会团体法人永远有换轨到超强特别财产防御之可能，社会团体法人成员之出资，需要视作成员之特别财产。

然而，如果社会团体法人在成员欠债不还后，因为其他事由而清算，并有剩余财产分配给成员，则此种剩余财产自然应该用于返还债务。所需考虑的反而是个案正义：除非另有法律规定，《民法总则》第 72 条第 2 款给予社会团体法人很大的弹性决定剩余财产归属，如果团体够小、感情够好，或许法人会决议将剩余财产分配给每个成员的子女，从而使成员的债权人无法从剩余财产取偿。但此种情形留待法院使用民法的帝王条款（《民法总则》第6条到第9条参照）处理更为恰当。

在表2中，本文暂将社会团体法人归类为超强特别财产防御。这是基于笔者个人对为数不多的社会团体运作现实的观察。更精确的说法，应该是社会团体法人的特别财产防御方式是浮动的——不但法人个个可能不同，同一法人也可能借由决议而变化其特别财产防御方式。本文的法人三分天下之说，在社会团体法人这一处，会认为此种法人独树一格，不是因为它一定采取某种特别财产防御，而是因为它不像其他两种法人，被规定一定要采取某一种特别财产防御设计。

2. 资产的组合

与第一种类型强烈不同的，是《民法总则》所称之“捐助法人”，包括：基金会、社会服务机构、宗教活动场所（第92条参照）。先以捐助法人中最典型的基金会为例。资产是基金会成立的必要条件，甚至是充分条件。《民法总则》第93条虽要求捐助法人成立理事会、监事会，但如果捐助法人章程写得够苛细（“唯一目的是给予每年高考各省状元10万元人民币为奖励”），正常情况下，谁来当理事、监事都一样。不可或缺者是资产，不是人，捐助法人活动的重点是依据捐助目的使用资产。

捐助法人的财产只需要看成法人本身之主财产，不用同时看成捐助者之特别财产。原因是：第一，《民法总则》第95条〔49〕明确规定，不同于前述人的组合，剩余财产不得分配给出资人、设立人、会员。第二，《民法总则》第60条“独立承担”应该可以解释为完全的主财产防御。第三，捐助法人的特别财产防御并无明确规范；但若将来有明确规定，应该不可能允许捐助人、理事、监事的债权人向基金会要求连带清偿前述人士之个人负债；即采用完全特别财产防御。因此，基金会之财产不必是任何自然人或其他法人的特别财产，只是基金会自己的主财产。此与社会团体法人大大不同。

3. 企业

在台湾地区、德国，公司和一般社团都被归类为社团法人，但本文认为两者关键特征不同。《民法总则》第76条中的“营利法人”，就是本文所称之“企业”。所以，在中国民法语境下，本文区分企业和非营利法人之见解，应该相当符合实定法。

---

〔49〕《民法总则》第95条：“为公益目的成立的非营利法人终止时，不得向出资人、设立人或者会员分配剩余财产。剩余财产应当按照法人章程的规定或者权力机构的决议用于公益目的；无法按照法人章程的规定或者权力机构的决议处理的，由主管机关主持转给宗旨相同或者相近的法人，并向社会公告。”本条的另一个重点是“公益目的”。《民法总则》第87条定义非营利法人时，使用“为公益目的或者其他非营利目的……”非营利目的可以是非常狭隘的私益（《民法总则》第90条所称之“会员共同利益”），不一定是公益，例如张氏宗亲会不在乎其他姓氏者的死活。从《民法总则》第88条、第90条、第92条条文来看，只有社会团体可以不依据公益目的而成立，基金会和社会服务机构必须具备公益目的。这是另一个应该区分非营利法人为捐助法人和社会团体法人之原因。

企业和社会团体法人要分开的论理是：

首先，社会团体应该有两人以上，而一人公司与国有独资公司两种营利法人，可以只有一个成员。一人组织在企业或许应该容许，但在社会团体不具有实益。

再者，如果将公司这种企业看作社会团体法人，按照民法理论与《民法总则》的规范，社会团体的成员自治。但公司的成员就是股东，股东以及其所组成之股东大会，固然多数情形下在商事法的任意规定中是公司的意思决定机关；但实际上，真正重要的决策者往往是董事会，而独立董事不一定持有股份，作为法人代表的董事个人也不一定持有股份。换言之，许多公司的决策者不一定是法人的成员，因此以社会团体法人概括公司，并不周全。

最后，公司作为经济组织，聘用成千上万名每日辛勤工作，但往往不是股东的经理人、中低阶职员。他们的诱因结构、雇佣与委任关系都是企业法制的重要课题。在社会团体法人视角下，此等人士却妾身未明。21 世纪的私法理论应该正视企业的特殊性，更不用说应该重视企业的重要性。因此，《民法总则》将企业作为第一层次的法人类型（营利法人），是更进步的立法。

在独立财产与资产分割的理论架构下，营利法人更与前两种法人不同。有《公司法》在前，《民法总则》并未着墨于公司的独立财产与资产分割。然而，依据《公司法》和其他法律，营利法人的资产除了是企业的主财产，其资产分为股份则在概念上也是股东的特别财产。营利法人的资产应该看成股东财产的原因是：(1) 公司清算时，剩余财产必须依照出资、股份比率分派给股东（《公司法》第 186 条第 2 款）；(2) 股东之债权人可以变卖股东之股份以清偿其主财产所负之债务（《公司法》第 72 条、《最高人民法院关于人民法院执行工作若干问题的规定》第 54 条参照）；(3) 股东之股份可以继承与转让。[50]

营利法人的资产分为股份后，应该看成股东的特别财产，而与捐助法人的设计不同。由前文论述可知，《公司法》下的两种公司，采取完全主财产防御和强型特别财产防御。此种资产分割方式和社会团体法人与财团法人都不相同（参见表 1 和表 2）。因此，营利法人和社会团体法人一定要分别看待。

---

[50] 《最高人民法院关于贯彻执行〈中华人民共和国继承法〉若干问题的意见》第 3 条规定“公民可继承的其他合法财产包括有价证券和履行目标为财物的债权等”，所以股份应属继承目标。关于中国法中遗产范围之探讨，参见张永健：《继承目标之一般理论——中国民法总则第 124 条未回答的问题》，载《清华法律评论》2018 年（此文指出：中国《民法总则》第 124 条与之前所有的法律与司法解释，从未明确规定遗产之所有权归属）。遗产的独立财产类型定位，参见张永健、黄诗淳：《遗产作为独立财产之性质初探——法定限定继承修法后的解释难题与修法建议》，载《中研院法律所研讨会论文》2016 年。继承目标之完整理论探讨，参见张永健、黄诗淳：《保证契约继承性之实务反省与理论建构》，载《工作论文》2017 年。

4. 特别法人

《民法总则》第96条规定的机关法人、农村集体经济组织法人，以及《民法总则》第89条的事业单位法人，是不同形式的公法人；[51]因为其行政职能和公法任务，公法人自然难以纳入纯私法观点下的法人类型谱。光是此种公法人几乎不可能解散清算，其财产可能来自拨用或由税收购得，就使独立财产与资产分割的理论架构难以直接套用。《民法总则》第97条给予行政机关与机构有“机关法人”资格，使其“可以从事履行职能所需要的民事活动”，是很大进步。台湾地区“法律”就正好欠缺这样的一般性规定，因此机关理论上不具有任何权利能力，造成实务说理困难。[52]

《民法总则》第101条的居民委员会，作为“基层群众性自治组织法人”，目前是用在市或市辖区的层级（《中华人民共和国城市居民委员会组织法》第2条参照)。但如果民法总则的居民委员会，能够脱离《中华人民共和国城市居民委员会组织法》的定义的牵绊，而用于组织小区的业主大会[53]（《物权法》第70条、第75条参照)，可以有效解决业主大会的民事主体定位与维修资金的资产分割设计问题。《民法总则》通过前，学说并不认为居民委员会可以取代业主大会，[54]但也多认为现行法对业主大会的定位不明。[55]《民法总则》通过后，也有学者认为对业主团体定位不明，是《民法总则》的一项缺失。[56]

有趣的是，台湾地区的区分所有权人会议（相当于业主大会的概念)，同样也是没有法人资格的非法人团体。但台湾地区的《公寓大厦管理条例》因此对公共基金的归属三缄其口，[57]《物权法》第79条却有明白规定：“建筑物及其附属设施的

---

[51] 参见苏永钦，见前注［48］；朱庆育，见前注［26］，第422、427、433页。

[52] 参见张永健：《动产时效取得——从国家时效取得私有动产案件，到制度兴革建议》，载《月旦法学杂志》2016年总第255期。

[53] 另外有学者认为，作为业主大会执行机构的业主委员会，是非法人组织。参见王利明，见前注［34］，第418页。本文认为业主委员会是意思机关，以意思机关作为民事主体在概念上不妥当，而且也难以解释业主大会的法律地位。

[54] 参见崔建远：《物权：规范与学说——以中国物权法的解释论为中心（上册)》，清华大学出版社2011年版，第433页；最高人民法院：《中华人民共和国物权法条文理解与适用》，人民法院出版社2007年版，第243页。

[55] 参见陈华彬：《民法物权》，经济科学出版社2016年版，第231页；尹田：《物权法》，北京大学出版社2013年版，第357页；梁慧星、陈华彬：《物权法》，法律出版社2010年版，第192页。崔建远，见前注［54］，第434页则认为业主大会是独立的民事主体，虽无独立财产，但可由业主共有财产解决相关义务与责任承受问题。从本文理论架构来看，崔教授的见解可行，但会创造出非常特殊的财产独立与资产分割类型——即一方面没有特别财产，但业主大会的债务、责任又可以连结到业主的主财产，以虚无资产分割方式负连带责任。

[56] 参见王利明、周友军：《我国〈民法总则〉的成功与不足》，载《比较法研究》2017年第4期。

[57] 在台湾地区，公寓大厦的公共基金归属仍然是未解之谜，参见张永健：《“大家的钱是谁的钱？——公寓大厦组织型态与公共基金所有权归属之立法论》，载《月旦法学杂志》2017年总第269期。

维修资金，属于业主共有。”如果业主大会日后可以设立为“基层群众性自治组织法人”，维修资金可以改设计为法人财产。但无论维持业主共有或法人拥有，立法者都必须进一步考虑维修资金的主财产、特别财产防御问题。杨立新教授认为，维修资金“属于全体业主共有，其他人不得主张权利”，[58]这是指完全的特别财产防御。本文同意此种定位，但期待此种学说见解能在中国大陆地区民法中明文化。但如果维修资金不足，负责维修的债权人，是否可以按照业主专有部分的建筑面积比例，要求以业主主财产取偿？此亦未有明文规定，本文认为，或以中型主财产防御为当（参见图4）。准此，必须要维修资金已经全部赔偿或支付，才能要求以业主主财产承担民事责任，而各业主以其专有部分比率为限，负补充的连带清偿责任。当然，中型主财产防御在债务源自于小区和第三人的合同关系时，较为有说服力，因为第三人有机会事先探知小区维修资金的数额，并控制其风险。但若债务源自于侵权行为（维修设施设置不妥，造成维修人员伤亡），则要求侵权行为被害人承担向各业主请求之成本，也未尽公允。理论上，在侵权责任采取弱型主财产防御，则合同责任采取中型主财产防御，并无不可。[59]

最后，农村集体经济组织可以取得法人资格（《民法总则》第99条），村民委员会的基层群众性自治组织也可以取得法人资格（《民法总则》第101条），[60]是否还要坚持以“集体所有”方式安排农村的土地所有权归属？[61]是否可能改以前述两种法人之一拥有农村土地？若是，立法论上较合理的组织结构是由农村集体经济组织此种（公）法人拥有农村土地，村民委员会是农村集体经济组织的意思机关，由村民选举出村委。而立法上自然可以限制农村集体经济组织不得转让农村土地所有权，维持土地公有制。这只是概念简化，不是政策转向。[62]

（三）法人一统江湖：并吞非法人组织与其他团体

《民法总则》愿意突破传统的法学理论，赋予现实中常见的非法人组织一定程度的权利能力，应给予肯定。吾人不妨再更大胆一点，思考下列可能性：任何人只要愿意成立法人，就可以透过文字纪录（如：立生死契）或具体行动（如：歃血为盟、以团体名义订酒店宴席等）设立法人，不用登记、不用审批、不用立案。目

---

〔58〕 参见杨立新：《物权法》，法律出版社2013年版，第219页。

〔59〕 更进一步讨论，参见张永健，见前注［57］。

〔60〕 关于两者功能之不同，参见张新宝，见前注［28］，第199页。但同一地理区域，同样的成员，设立两种法人，是否过度迁就路径相依，而未能简化农村地区的组织架构？

〔61〕 现行法下的集体所有制，其实是双重共有。第一重是农村土地由村集体成员集体所有，并搭配物上分管约定；第二重是农户之内由农户成员“整有”（tenancy by the entirety）。但立法论上若能将农村集体转型为法人，有节省制度费用的好处。参见张永健，见前注［43］。

〔62〕 进一步的专文探讨，参见张永健，见前注［43］。

前的非法人组织，或者构不上非法人组织的团体，都可以成为法人。[63]凡是私法人，就有完全的权利能力。民法的基础理论，可以回归到两种民事主体——自然人和法人。没有中间类型，也没有部分权利能力。

交易秩序会大乱吗？不会！[64]关键在于成立法人本身不当然能使设立者逃避任何责任。法人固然可以自己拥有财产，但不表示法人成员就不用负责任，或者法人成员的债权人就不能要求法人连带负赔偿责任。只有弱型以上的主财产防御、特别财产防御，才会削弱相关债权人取偿的能力。若《民法总则》这样的基础法律，能广开大门，使任何人都可以成立法人，但强制此种“一般法人”采取虚无主财产防御与虚无特别财产防御，则债权人之保障如一，民法理论说理简单一贯，也没有其他流弊。

进一步言之，当“一般法人”成员仅有一人，而既采虚无主财产防御，也采虚无特别财产防御，则主财产与特别财产的界分，仅有概念意义，没有实际效果，因为实际上就是唯一的“一般法人”成员的所有主财产（以及其他没有受到完全特别财产防御保护的特别财产），以及概念上可以划分出来的“一般法人”财产，要负全部的民事责任。不过，当“一般法人”成员有数人时，虽然主财产、特别财产防御两无，特别财产的概念较有实益，因为在此“一般法人”的主财产，是所有成员各自的特别财产之总和，并以此为界面，黏着了所有成员的主财产，使这些成员之主财产和特别财产负连带责任。

与此同时，既有的三种法人类型（即捐助法人、社会团体法人、营利法人）、合伙类型等等，都可以保留（或可统称为“具体类型法人”）。这些具体类型法人的法律设计，最重要的功能就是与前述一般法人不同的资产分割方式。立法者不是仅仅容许单一的一般法人，而是以立法提供多种组织形态供商业经营者选择。选择具体类型法人者，则仍须践行登记、审批、报备等既有程序要求，并向不特定人公示其法人类型。须强调商业经营者不得自行创设新的组织形态（笔者称之为“资产分割法定原则”）[65]，是因为弱型以上的主财产、特别财产防御，都会伤害债权人之利益；容许商业经营者不受节制地自由创设法人类型及其资产分割方式，将使法人成为脱产工具。

本文认为，过往学说不愿意承认非法人组织就是法人，一方面是由于历来学说对法人的狭窄认定，另一方面是隐隐顾虑债权人的利益。但本文指出，只要正确认

---

〔63〕 有学者建议，笔者应该用 entity 而非 legal person 作为一统江湖的领袖。本文认为，立法论下的广义一般法人概念，如何对应到美国法，倒是其次。重点是，本文的一般法人，无论称为什么，都是享有完全民事权利能力的主体。

〔64〕 有学者指出，因为政府不会轻易放弃审批团体的机会，所以本文建议在政治上不可行。本文则认为，不论“一般法人”的主张是否成为立法，不具有法人格的团体永远都大量存在。容许人民团体自由成立具有无限责任的一般法人，很难想象会因此导致人民大量成立团体，并从事政治活动。

〔65〕 参见张永健，见前注［1］。

识财产独立与资产分割之理论架构，就会理解到：法人的内涵仅在于可以用自己名义交易、成为诉讼当事人、拥有财产等，[66]但法人的本质不包含特定的主财产或特别财产防御态样——换言之，法人本质不包括有限责任；[67]主张法人必然是有限责任的论述，忽略了德国、台湾地区的法规范，也没有深厚理论根基。

而海纳百川的法人概念，可以吸纳信托、合伙这些“不当成民事主体其实说理困难，但在现行教义概念下不可能当成法人”的组织类型。为何不呢？尤其是各种合伙企业在中国已经享有完整的权利能力，当成法人是顺水推舟。试想：若在合伙企业法加一条“合伙企业为一种营利性法人”，需要调整任何法律中的实体规范吗？合伙企业的经营方式会改变吗？都不会。唯一会改变的是民法理论说理更清晰与思考更容易。

再者，本文倡议的大容量一般法人，最重要的配套措施是制定广泛适用的资产分割预设规定。在目前各国的法人架构下，只要出现了不符合法人设立程序规定的团体，法院就缺乏明确规则定性团体与团体成员各自应该负担之责任。即使中国大陆地区《民法总则》规定了非法人组织，还是有许多规范空白，也仍然有不符合非法人组织的团体，让法院不知道如何界定团体与成员的个别责任。在本文界定下，所有团体都可以解释为法人，而只要不是任何具体类型法人，就是一般法人。[68]既为一般法人，则一律由团体财产与所有成员财产负连带清偿责任，无论是对团体的债权人或个别成员的债权人而言。这对团体的发展自然可能不利，但这些团体永远都可以选择成为特定的具体类型法人，并践行相关审批手续。另一方面，此种预设规定让法人不会轻易地成为脱产工具，也让法院有明确的预设规定可以适用。知法的市场交易者，也可以依据明确规则，安排其商业活动。

所以，承认非法人组织为法人，[69]只是概念上转个弯，让思考变容易而已。真正严肃重要的理论课题，是思考如何设计各种具体类型法人的主财产与特别财产防御。本文提出的各种主财产与特别财产防御，只是“分析架构”（analytical structure）；其中的分类并未穷尽，立法者或法学理论家一定可以想出其他新的种类。然而，立法者必须在好的“实然理论”（positive theory）基础上，建立“应然理论”（normative theory），以此决定应该对何种组织或法人类型，采取何种资产分割方式。若设计不良，小则市场交易者不爱用，大则成为扰乱经济秩序的帮凶。若设计得宜，则降低

---

〔66〕 参见杨立新，见前注［27］。

〔67〕 关于此问题之正反争论意见，参见蒋大兴：《〈民法总则〉的商法意义——以法人类型区分及规范构造为中心》，载《比较法研究》2017 年第 4 期。

〔68〕 或有认为，当所有团体都是法人，将难以用团体之名称辨识其类型，甚至确知其责任类型。本文则认为此似属多虑。即令现行法所规定之团体命名方式不变，新的一般法人只要规定其命名为“XXXX 无限责任一般法人”即可。或者，规定只有经过特殊审批程序的特殊类型法人，才能使用专属于该类之特定名称。

〔69〕 同样认为《民法总则》法人篇应该收编非法人组织的论据，参见王涌：《法人应如何分类——评〈民法总则〉的选择》，载《中外法学》2017 年第 3 期。

商业经营者的“交易成本”（transaction costs），提升“效率”（efficiency）。笔者已在另文中主张：中国民法典立法时应参考经济分析理论作为实然与应然理论，[70]在此不展开。[71]反对经济分析之论者，有责任提出替代理论，说明如何用经济分析以外之论理，建构财产独立与资产分割的理论框架，并提出具体设计。

三、结论

非法人没有法人人格、没有权利能力，本无法拥有财产。《民法总则》突破传统学说的桎梏，正视现实上众多非法人组织的需求，值得肯定。然而，《民法总则》所举例的三种非法人组织，就有不同的财产独立类型，更有不同的资产分割方式。非法人组织不作为剩余类型，而作为独立之民事主体，恐怕留下的问题比解决的问题多。

《民法总则》突破德国传统的社团、财团分类，以营利、非营利为界，创意值得肯定。本文从财产独立与资产分割设计的异同立论，主张捐助法人、社会团体法人、企业应该鼎足而三。而将来若有机会再修正《民法总则》，应该大幅扩张法人的范畴，使之包括非法人组织与其他团体。大量赋予团体法人格并非洪水猛兽。法人人格确实会因此贬值，但本来民法就没有道理要让法人人格高不可攀。真正重要的工作，是设计各种具体类型法人的主财产与特别财产防御。如表1所示，包括《民法总则》在内的实定法，对许多组织形态的相关设计都还是“白茫茫一片大地真干净”。即使不采用本文兼容并蓄的一般法人主张，也仍然需要补足《民法总则》和其他特别法中的主财产与特别财产防御设计。尤其是特别财产防御不明确处，应该尽量以修法方式补正（或者以司法解释补充），因为特别财产防御难以透过当事人逐一特约达成，必须以立法制定。表2依据本文初步之理论探讨，对不明确之资产分割类型都提出明确建议方案。

主财产与特别财产之关系，由两种极端——个人独资企业和捐助法人——的探讨可知：当某一个人单独拥有的一堆财产相对于该人单独拥有的另一堆财产，是采取虚无主财产防御与虚无特别财产防御，则主财产与特别财产之分，在概念上虽然能区辨，但缺乏实际意义，如同两者处于同一概括财产下。相对地，当某一堆财产相对于另一堆财产，是采取完全主财产防御与完全特别财产防御，则两者已经毫无瓜葛。两堆财产应该看成两个民事主体的主财产，而且并不同时为另一方之特别财产。但在前述两种极端的（在此没有贬义）资产分割方式之外，主财产与特别财产

---

〔70〕 参见张永健：《民法典立法方法论——以〈物权法〉第106条、第107条动产所有权善意取得为例》，载《财经法学》2017年第4期。

〔71〕 Hansmann & Kraakman 教授，在商业组织法领域，已经对选择资产分割类型的考虑，提出详尽的经济分析，see Hansmann & Kraakman, “Essential Role”, supra note 1, at 398 – 405, 423 – 432.

防御类型必须要严格、清楚地界定。本文提出了清楚的分析架构，也点出了实然理论与应然理论的重要性，且看睿智的中国民法立法者，如何应用在后续的立法中。

		特别财产防御					
		虚无	弱型	强型	超强	完全	不明确
主财产防御	虚无	个人经营的个体工商户		一人公司的刺破公司面纱			个人独资企业
	弱型		普通合伙	非一人公司的刺破公司面纱			非法人组织
	中型						
	强型						
	完全		特殊的普通合伙企业中的“其他合伙人”	股份有限公司、有限责任公司		信托	社会团体法人、捐助法人
	不明确						建筑物及其附属设施的维修资金、夫妻共同财产、家庭经营的个体工商户、农村承包经营户

表1　实定法中的资产分割方式

数据源：本文制表。

		特别财产防御				
		虚无	弱型	强型	超强	完全
主财产防御	虚无	非法人组织、个人独资企业、个人经营的个体工商户		一人公司的刺破公司面纱		
	弱型		普通合伙、家庭经营的个体工商户、农村承包经营户	非一人公司的刺破公司面纱		
	中型				建筑物及其附属设施的维修资金	
	强型		抵押、质押			
	完全		特殊的普通合伙企业中的“其他合伙人”	股份有限公司、有限责任公司	社会团体法人	信托、捐助法人

表2　理论中的资产分割方式

数据源：本文制表。

抵押和质押可以被认定为接近强型主财产防御，是因为抵押人和出质人可以额外担任保证人。如果没有额外担任保证人或认为人保和物保属于二事，则抵押和质押是使用完全主财产防御。此外，资产分割理论，顾名思义是以资产为中心的理论视角。因此，资产分割理论以及上面两表所触及的问题，不仅限于组织形态法关心的法人财产归属，还包括担保资产以及维修资金。

论成年意定监护法律关系的构成

——《民法总则》第33条的解释论构成

李国强*

目　次

《民法总则》制度创新的表现之一是全面而具体的规定了新型成年监护制度，比较明显的表现是将成年监护的对象从《民法通则》规定的精神病患者扩大至所有不能辨认和不能完全辨认自己行为的成年人。但是这不是新型成年监护的关键点，因为《民法总则》仍然要通过特别程序认定行为能力欠缺之后才能设定成年监护，这与尊重自我决定权的现代成年监护制度理念相悖。[1]新型成年监护制度的核心理念表现为《民法总则》第35条第3款的内容，主要意义在于明确建构协助决策模式的成年监护制度，强调尊重自我决定权。同时，为更好体现尊重自我决定权，《民法总则》第33条又规定了成年人在有完全行为能力的时候为自己选定监护人的意定监护制度。[2]意定监护是在监护领域对自愿原则的贯彻落实，是具有完全民事

* 吉林大学法学院教授、博士生导师。

〔1〕李国强：《论行为能力制度和新型成年监护制度的协调——兼评〈中华人民共和国民法总则〉的制度安排》，载《法律科学》2017年第3期。

〔2〕《民法总则》第33条规定："具有完全民事行为能力的成年人，可以与近亲属、其他愿意担任监护人的个人或者有关组织事先协商，以书面形式确定自己的监护人。协商确定的监护人在该成年人丧失或者部分丧失民事行为能力时，承担监护责任。"

行为能力的成年人对自己将来的监护事务，按照自己的意愿事先所做的安排。[3]从意定监护规定的表述看，是在监护领域对自愿原则的落实，但第33条并未完整的构成一个法律制度，就意定监护协议如何成立、意定监护如何启动、监护人的职责如何确定等更加具体的内容，都没有规定。[4]一定意义上说，《民法总则》监护制度规范仅完成了建立监护制度的基本框架工作，仅仅规定了监护的基本制度和原则。相对于日本法等关于意定监护制度有较多的具体条文而言，意定监护所涉及的具体问题只能在编纂民法典分编或者制定相关单行法的过程中来进一步完成。[5]在民法典分编立法还未对此作出规定的背景下，本文试图探讨在现行法的框架下如何解释意定监护法律关系的构成。

一、成年意定监护协议的法律性质及规范适用

成年意定监护协议的法律性质问题是说其仅为身份关系的协议还是主要涉及财产关系的合同，当然单独讨论成年意定监护协议的法律性质并无太大实益，但由于《民法总则》第33条没有完全将意定监护法律关系构成的规则规定清楚，[6]导致在涉及意定监护法律关系构成的争议中，规范适用成为一个首先需要考虑的问题，因而涉及意定监护协议法律性质的问题。

（一）成年意定监护协议主要涉及财产关系

传统成年监护制度主要涉及身份关系，意在确定监护人对成年被监护人进行赡养、扶助和保护，这种监护内容在《民法总则》第26条的规定中仍被坚持，但这并不是新型成年监护制度的主要内容，第34条规定的监护职责则明确：监护人的

---

〔3〕 石宏主编：《〈中华人民共和国民法总则〉条文说明、立法理由及相关规定》，北京大学出版社2017年版，第73页。《民法总则》第33条实际上可以说是2007年修订的《老年人权益保障法》第26条的翻版，《老年人权益保障法》第26条规定："具备完全民事行为能力的老年人，可以在近亲属或者其他与自己关系密切、愿意承担监护责任的个人、组织中协商确定自己的监护人。监护人在老年人丧失或者部分丧失民事行为能力时，依法承担监护责任。老年人未事先确定监护人的，其丧失或者部分丧失民事行为能力时，依照有关法律的规定确定监护人。"该条确定了老年人意定监护制度，如果说《老年人权益保障法》基于其社会保障法的属性可以只做原则性规定，那么《民法总则》第33条作为民事基本法就不能做原则性规定。

〔4〕 也有相反观点认为，《民法总则》第33条中，立法者从意定监护的适用主体、监护人的选任规则、监护合同的订立方式、意定监护的生效要件等几个方面，对意定监护的规范内容进行了详细规定，使其具备了较强的可操作性。参见陈甦主编：《民法总则评注》，法律出版社2017年版，第236页。

〔5〕 石宏主编：《〈中华人民共和国民法总则〉条文说明、立法理由及相关规定》，北京大学出版社2017年版，第74页。

〔6〕 日本《关于任意监护契约的法律》有11个条文，我国台湾地区修正现行"民法"规定的意定监护也有6个条文。

职责是代理被监护人实施民事法律行为，保护被监护人的人身权利、财产权利以及其他合法权益等。由此可见，财产关系也应该是监护的主要内容，身份关系的内容虽然未被完全排除，但并不是意定监护协议主要内容，主要理由如下：

第一，传统成年监护限于身份关系，依据《民法总则》第26条的表述，也只有子女对父母才有赡养、扶助和保护的义务，而意定监护协议签订不限于亲属，即使被委托为监护人的主体属于亲属的范围，但是因为协议约定不能排除法定义务，反之也很难把法定义务放置其中，意定监护协议应该主要是对双方关于财产关系处理的安排，也应该会包括涉及对监护人进行照顾和保护的内容，但主要的涉及身份的内容，如重大医疗行为的同意权的行使，则不宜通过协议赋予意定监护人来行使。

第二，成年意定监护主要满足少数特殊民事主体对管理财产的需求。意定监护协议并不是多数人会选择的形式，这首先是因为法定监护能满足多数民事主体的需求，其次还因为意定监护需要对作为委托人的被监护人的特别需求。某种意义上，主要是有较多财产需要管理和处分的老年人才会有这种需求，由意定监护人按照被监护人的特殊要求进行主要是财产关系的管理和处分。

（二）成年意定监护协议可以适用《合同法》规范

在意定监护法律关系的构成中，核心问题是意定监护协议的效力，但《民法总则》第33条并不能解决全部问题，该条文欠缺的有关协议订立和生效做出具体规定，而只能通过总则中法律行为的规范或分则中合同的规范补足其内容。一般意定监护协议也被称为意定监护合同，《民法总则》颁布后，有观点直接把意定监护合同看成无名合同，并且鉴于其主要合同内容以及双方当事人之间的关系，认为其与委托合同相似。[7]但是，意定监护合同是不能直接适用合同规范的，因为《合同法》第2条第2款规定："婚姻、收养、监护等有关身份关系的协议，适用其他法律的规定。"所以从文义上理解，意定监护协议不应由《合同法》调整。前述观点表面上明显与《合同法》第2条第2款的规定不一致，似乎是错误的。但从另一个角度考虑，新型成年监护概念与传统的监护概念的理解是不同的，在1999年《合同法》颁布的时候也并没有意定监护协议的存在，意定监护协议某种意义上并不属于《合同法》第2条第2款规定的监护协议。基于此，参照《合同法》相关规定来解释意定监护协议的相关规则应该是可行的做法。主要理由如下：

第一，成年意定监护协议的核心内容指向财产关系。《民法总则》第34条明确规定监护人的职责是代理为法律行为，保护被监护人的人身权利、财产权利以及其他合法权益等。但是，传统监护主要是对未成年人进行监管和保护，而传统监护制

---

〔7〕 陈甦主编：《民法总则评注》，法律出版社2017年版，第237页。

度中的成年监护也属于替代决策模式的制度，虽然以保护成年障碍者为出发点，但是会轻视或无视成年障碍者自主的意思。[8]而现代成年监护的理念是一种协助决策模式的保护理念，其核心内容是考虑在成年人意思能力欠缺的情况下，实现法律行为的效果，另外还需要加上身体管理、医疗管理等内容，这些内容虽然与身份有一定关联，但是监护尤其是意定监护的核心应该还是帮助被监护人为法律行为，也就是说财产关系才是意定监护协议约定的核心内容。如此而言，应该适用《民法总则》有关民事法律行为的规则来补足意定监护协议规则的不足，但是很明显法律行为的规则在具体领域的表现主要是合同，所以参照《合同法》的相关规范来解决意定监护协议的效力问题是可行的。

第二，意定监护是《合同法》立法之后才有的制度，虽然其内容在于实现监护的功能，但两者理念是不同的。《合同法》不能调整有关法定监护的协议才是第2条第2款的规范目的，对于意定监护协议基于其特殊的构成，可以适用《合同法》的相关规则。也有学者认为，成年意定监护直接来源于被监护人的意志，与亲属关系无涉。[9]其主要内容基本上和委托合同的内容一致，只不过其主要是在委托人一方欠缺行为能力的时候发生履行效力，这符合《合同法》第411条规定的内容，在委托人丧失民事行为能力时，委托合同并不当然终止，如果当事人另有约定可以由受托人继续处理委托事务，则委托合同可以继续履行。

第三，在意定监护协议的具体类型中，约定解决财产关系问题也是一种常态。以意定监护协议的类型来看，主要可以区分为三种：即时生效型、将来生效型、转移型。[10]其中因为意定监护要考虑当事人具有完全的行为能力，所以即时生效型应该是很少出现的类型，将来生效型虽然是意定监护协议的基本类型，但却并不是当事人最常采用的类型，转移型才是一般人为自己安排将来由他人代自己为法律行为的基本类型。在转移型中，协议当事人签订的内容包括现实委托协议并包含将来在委托人一方丧失行为能力的情况下，由受托人继续代理其为法律行为，虽然受托人在委托人丧失行为能力时存在滥用代理权的危险，但其与一般人委托他人处理事务的委托合同的约定并没有任何不同，此时意定监护与委托合同的区别仅在于需要特别规范防止代理权的滥用而已。总而言之，在意定监护中适用有关委托合同的规则是合适的。

因此，对《合同法》第2条第2款“婚姻、收养、监护等有关身份关系的协

---

〔8〕 李国强：《论行为能力制度和新型成年监护制度的协调——兼评〈中华人民共和国民法总则〉的制度安排》，载《法律科学》2017年第3期，第134页。

〔9〕 参见满洪杰：《关于〈民法总则（草案）〉成年监护制度三个基本问题》，载《法学论坛》2017年第1期。

〔10〕 参见李霞：《意定监护制度论纲》，载《法学》2011年第4期。三种类型的区分主要是日本学者的观点，参见新井诚：《任意监护制度的现状和课题》，载《成年监护法研究》2007年第4卷，第19页。

议”理解的时候，应当限缩解释。这里“有关身份关系的协议”，是指不涉及财产内容的纯身份合同，即仅指设立、终止某种身份关系的协议，如收养协议、委托监护协议等。意定监护合同应当通过解释论扩张而被纳入《合同法》的调整范围。

二、意定监护协议成立时需要确定当事人有判断能力

《民法总则》第33条并无关于意定监护协议订立的具体规范，其成立除按照法律行为成立或者合同成立的一般原理为之似乎并无特别安排，但是考虑到协议内容涉及监护这一特殊领域，所以还是必须解释出一些特别的规则要求。《民法总则》第33条强调成立意定监护协议的前提是民事主体是“具有完全民事行为能力的成年人”，鉴于成年人丧失行为能力是需要认定程序予以形式认定，但是存在判断能力低下与形式上具有完全行为能力可能并存，所以必须确定意定监护协议成立时当事人有判断能力。

（一）订立意定监护协议确定被监护人有判断能力的方法

意定监护协议履行时，被监护人应该已经丧失了行为能力，此时很难在事后判断协议订立时被监护人是有行为能力的，所以必须以一定的条件确定订立协议时行为人是有行为能力的。[11]意定监护协议并不能像一般的民事合同那样推定行为人有行为能力进而肯定具有判断能力，除非行为人未成年或被依法认定为行为能力欠缺。

日本任意监护契约是以公证方式作为意定监护合同成立的条件，[12]韩国立法、我国台湾地区的“民法”修正案草案也采相同做法，[13]其所以起到的功能就是确定订立合同时被监护人的判断能力，《民法总则》第33条并未规定需要公证方式订立协议，但可以从两个方面解决这个问题：其一，协议如果依据公证做出，公证人可以做出判定有无判断能力的条件；其二，依据意定监护协议订立时候的被监护人订立和履行其他合同的情况做间接判定，如被监护人在订立意定监护协议同时有其他事实证据可以确定被监护人是有判断能力的，应当可以推定订立意定监护协议时也有判断能力。

依据《民法总则》第33条，意定监护协议不是必须通过公证程序才能成立。但是考虑到前文解释论上的要求，必须通过一定的方式确定委托人有判断能力，如

〔11〕 李霞：《意定监护制度论纲》，载《法学》2011年第4期，第125页。

〔12〕 新井诚·赤沼康弘·大贯正男：《成年后见制度》，有斐阁株式会社2006年版，第182页。

〔13〕 黄诗淳、陈自强主编：《高龄化社会法律之新挑战：以财产管理为中心》，新学林出版股份有限公司2014年版，第33页。

此而言，公证成为一种有效的方式。根据《公证法》第28条的规定，公证机构在对合同做公证时，要审查申请公证的主体是否合格、合同的内容是否违法、合同的条款是否清晰明确。依《公证法》第31条的规定，若当事人为无民事行为能力人或者限制民事行为能力人没有监护人代理申请办理公证的，或者申请公证的事项不真实、不合法的，或者申请公证的事项违背社会公德的，公证机构是不予办理公证的。所以，如果意定监护协议能够获得公证，就说明协议不存在行为能力欠缺的问题。而且，根据《公证法》第36条关于公证效力的规定，经公证的民事法律行为、有法律意义的事实和文书，应当作为认定事实的根据。所以，如果出现被监护人的亲属对签订协议时是否具有行为能力产生争议，那么也可以依据公证予以很好地解决。另外，对于当事人是否真的想订立意定监护协议的问题，既然当事人提出申请公证，在其具备行为能力的情况下，想要订立意定监护协议的真意也就不言而喻了。

（二）确定订立意定监护协议时被监护人有判断能力意在防止事后争议

对于意定监护协议订立的方式，《民法总则》第33条并没有提及，所以按照前文述及的非典型合同的逻辑应当是不要式的，与意定监护协议在内容上最接近的典型合同是委托合同，委托合同还具有诺成、不要式合同的特征，这和第33条规定的成年意定监护协议的表面形式特征是一致的。可是，因为意定监护协议是在本人丧失或者部分丧失民事行为能力之后生效的合同，如果采不要式的方式，在协议生效之后就可能会出现争议。例如，委托人甲与受托人乙缔结了一份意定监护协议，按照第33条的要求甲乙达成合意并书面签订协议，意定监护法律关系即告成立，后来甲被认定丧失行为能力，于是乙开始依约定履行监护事务，此时甲的亲属丙到法院起诉，主张甲在订立合同时是没有判断能力的，要求宣告甲乙之间订立的意定监护协议无效。此时面临的问题是，丙确实很难证明甲在订立协议的时候是否欠缺行为能力，如此即认定协议有效，但是反过来说，在甲丧失行为能力的情况下，甲的亲属丙又主张保护甲的权益，此时乙仅依据书面的监护协议就确定作为甲的监护人也可能有较大问题，因为作为亲属的丙的主张也可能真的关乎甲的权益，但此时如何判断都缺乏明确的依据。所以，仅从司法实践中解决争议的角度看，事前明确签订成年意定监护协议时委托人的判断能力也是必需的。

三、成年意定监护法律关系中的附生效条件

按照《民法总则》第33条的内容，意定监护法律关系的主体只有被监护人（委托人）和监护人（受托人）两方。这看起来与一般的委托合同没有差别，但因为意定监护协议是在被监护人欠缺行为能力的时候才真正履行，所以只有监护人履行协议为监护人职责是不合适的，这里存在很大的监护人不积极履行职责甚至直接

损害被监护人利益的可能，所以如日本的任意监护制度规定，必须由家庭法院选定监护监督人才能开始任意监护，[14]构建了包含家事审判制度在内的全面的效力评价机制。《民法总则》的监护制度没有监护监督人的设置，没有提到履行成年意定监护协议的规则，相关法律如民事诉讼法等也没有配套制度，所以只能从监护人的主体条件等内容去解释意定监护关系功能上的构成，但首先可以明确的一点是成年意定监护只能是在被监护人丧失行为能力的情况下才能够生效，但即使如此还需要考虑监护人的一些条件才能够完全确定意定监护是可以履行的。

（一）意定监护人的主体条件限制

在《民法总则》第33条的规定中，可以被选任为意定监护人的主体包括“近亲属、其他愿意担任监护人的个人或者组织”。但这样的规定，显然是不够严密的。日本法通过排除条件限制一些主体成为意定监护人，包括：其一，未成年人，被家庭法院罢免的法定代理人、保佐人或辅助人，破产者，下落不明的人；其二，对本人提起诉讼的人，及其配偶和直系血亲；其三，有不正当的行为，明显行为不端及其他不适合履行任意监护人任务的事由的人。若符合第一、第二项的规定，是肯定不可以担任任意监护受托人的；若对第三项有疑义，在无法判明是否属于不适任事由时，在听取了受托人的陈述，并对本人进行了提醒、劝告后，本人依然坚持缔约的情况下，则出于对本人意思的尊重，在没有其他合同不合法、无效或者限制能力等撤销事由的情况下，就遵照本人的意思，选任其为任意监护受托人。[15]以实践的效果来看，在监护人的选任范围中，亲属恰恰不是首选。按照日本统计数字，在法定监护中，亲属担任监护人仅为40%，从2012年起，亲属之外的人担任监护人就超过了亲属。[16]

我国也应当对被选定的监护人做一定的限制，以此来保障被监护人的利益不受损害。因为在监护实施的过程中，通常被监护人已经基本丧失了自我保护的能力，其利益的维护，几乎完全依靠监护人来实现；那么，若最初选任的监护人本身都存在威胁被监护人利益的可能的话，其本身的不合理性就不言而喻了。另外，对于《民法总则》第33条的肯定性规定，从法律层面分析，几乎没有任何意义。其一，愿意担任监护人不能反映被监护人利益保护；其二，愿意这样的主观意愿，是不具有说服力的，其更需要有客观的评价标准和条件限制来配套，因为图谋不轨的人，很可能会表现出比一般人更加热情、积极的主观意愿。

---

〔14〕 新井诚·赤沼康弘·大贯正男：《成年后见制度》，有斐阁株式会社2006年版，第196页。

〔15〕 新井诚·赤沼康弘·大贯正男：《成年后见制度》，有斐阁株式会社2006年版，第186页。

〔16〕 最高裁判所事务总局家庭局：《成年监护关系案件的概况（2012年1月—12月）》，最高裁判所2013年，第10页。

（二）通过选任多数意定监护人实现监护功能

在《民法总则》第33条中，没有限定意定监护人的人数，类比《合同法》中的委托合同中选择受托人，被监护人当然可以与多人签订意定监护协议。那么，被监护人根据自身需要，选任多人意定监护人时，对于监护事务的履行方式，就要做出选择，要么是与各个意定监护人分别订立意定监护合同，将意定监护事务分成若干部分，分别由不同的意定监护人单独执行；要么是不把意定监护事务分类，由所有意定监护人共同负责，被监护人与所有意定监护人共同签订一份意定监护合同。这样做的好处是，在经济条件允许的情况下，选任多人意定监护人，可以更好地履行监护事务，同时，也可以在合同中约定“意定监护人之间有相互监督监护事务履行的义务和权利”，在法律没有规定监护监督制度的情况下，也可以通过合同约定三方委托合同关系来实现意定监护的目的，这三方包括本人（委托人）、监护人（受托人）、监督人（第二受托人）。通过这样的方式，在意定监护人之间也可以形成一种监督机制，更好的保障被监护人的利益；另一方面，因为意定监护人并非一人，所以当其中某位监护人出现无法履行监护事务的情况时，也不会导致监护整体上的崩溃。

但这样的方式也是存在弊端的，对于第一种情形，若其中某个意定监护合同终止，而其他的生效的话，就会在监护上出现漏洞，正常情况下，若只签订一份意定监护合同的话，当合同终止或者无法生效时，可以转成法定监护，但有多份合同，且部分生效部分无效的话，就不能当然的转成法定监护了，那么在意定监护合同订立之初，就要考虑到这样的可能性，制订解决之法，如在所有签订的意定监护合同中约定，“若有部分意定监护合同不能生效，则该不能生效合同中约定的意定监护事务由其他意定监护人共同负责，若不能生效的合同超过一半，则转为法定监护，由当时担任监护人的人负责申请事宜”。而在第二种情形，因为意定监护合同是以所有的意定监护人为相对方而签订的，那么当其中有人提出解除合同或者有其他合同终止事由时（如受托人死亡），就会导致意定监护合同整体无法生效或终止，为了预防这样情况的出现，同样也需要在合同中做特别的约定，如“意定监护合同中，个别监护人的退出，不会影响合同的效力”这样的特约，还有为了防止出现多数监护人退出，而担心剩下的意定监护人无法适当地履行监护事务时，还可以特约“若不担任意定监护人的人，超过总数的一半时，则意定监护合同终止，当时还担任意定监护人的人有义务为被监护人申请法定监护”。

四、成年意定监护中监护人的职责限定

日本等域外立法认为意定监护协议的委托事项应该限定为法律行为，不包括事

实行为在内。但是，由于意定监护协议中的委托事项实际来源于本人授予监护人的代理权，《民法总则》和《合同法》并没有将委托事项的范围限定为法律行为，因此，委托事项的范围应当与代理权授予的范围一致，也即应该将意定监护合同的委托事项理解为是从因精神上的障碍致使判断能力低下时起至死亡时止，关乎本人的生活、疗养看护等人身监护的内容以及财产管理等的法律行为与事实行为。

（一）财产管理内容的限定

《民法总则》第33条规定意定监护制度的适用人必须为完全民事行为能力人。也就是说意定监护合同要求委托人在缔结合同之际，需具备缔结合同的判断能力。那么如何理解“具备缔结合同的判断能力”，根据日本意定监护制度的规定，有关财产管理的判断能力应当包括如下内容：其一，本人要能够明确自己当前拥有的财产，并且能够向受托人予以说明。例如：能够自己说明不动产的种类和具体在什么地方、储蓄金存放在哪一金融机构及大致的储蓄金额。其二，理解委托财产管理的意义。委托财产管理意味着将本人的委托财产全盘交付给监护人处理。若本人在缔结合同之际不能很好地认识到这一点，则在后续的监护中很容易产生问题。其三，能够对自己现在所有的财产、现实收入进行核对。[17]三点缺一不可，需兼备。

财产管理的定义较为宽泛，可以说凡是和财产相关的内容均可划括在内。日常生活所必需的事务涉及许多方面，有关财产管理的内容可以将其区分为老年人在基本生活之中无论如何不可或缺的事务和这之外的事务。日本法将前者称之为标准事务，后者称之为特别事务。应当归于特别事务的包括：没有也可以正常生活，有了则会额外增加幸福感和安全感的事务；平时不需要的，在疾病或者受伤等紧急、意外情况下能够为其提供应对措施的事务；虽然对于普通人不是必需的，但是对于某个特定的人是必需的事务。某一具体事务究竟是归入普通事务还是特殊事务不可一概而论，基于民法私法自治和意定监护制度“尊重自我决定权”的理念要求，最终还是要通过当事人的合意来决定。但是，普通事务和特殊事务的履行标准及薪酬支付必然不同，因此笔者认为在缔约之际最好予以明确规定，以免出现履行合同之际本人将某一特定事务认定为普通事务，抱有“因为是普通事务，所以财产管理人理当履行”这样一种即成的期待感，从而产生纠纷，不利于保障本人权益的情形。

实务中涉及财产管理的法律行为主要包括但不限于如下情形：对不动产以及其他重要的财产（例如汽车等准不动产、价值高的财产或是对本人而言意义重大的财产）进行管理、处分；与金融机构相关的交易事项（例如存储、管理储蓄金）；受领养老金、房租、退休金等定期收入；支付房租、公共费用、医院医疗等费用；支

---

〔17〕 三轮まどか：《高龄者の意思能力の有无・程度の判定基准：遗言能力、意定后见契约缔结能力をめぐる裁判例を素材として》，横浜法学（2014）22（3）263－285页。

付生活费和日用品等日常花销；与继承相关的事项（遗产分割、放弃继承等）；与保险相关的事项（缔结保险合同以及受领保险金等）；保管各类权利证书、登记印章等重要证书文件以及购买、处分居住用不动产等。

居住型不动产等特别重要财产的购买，处分直接涉及本人的重大经济利益，与本人的生活息息相关，处置不当很可能会造成本人居无定所的局面，所以相较于其他内容要规定更加严格的限制。对于居住用不动产的处分，日本法定监护规定以家庭裁判所的许可为要件，但是在意定监护之中并没有设置相同的规定。这主要也是基于成年监护制度尊重“自我决定权”的考量，对意定监护人的代理权的授予是本人自己的意思，所以在制度上家庭裁判所没有介入的必要性。笔者认为，为了维护本人的权益，在授权时，也即意定监护协议签订之际，应当要作出尽可能具体且详细的规定，譬如在合同条款中加入“当出现可能深刻影响被监护人生命、生活（如本人重病，急需资金入院救治）的事由时，监护人有权处分居住用不动产”等约定，也可加入意定监护监督人以及村民委员会，居民委员会等基层群众自治组织的监督机能。但无论如何，笔者认为在合同签订之际，也即本人具有完全行为能力之际，充分协商，明确监护人职责是十分必要的。

（二）人身保护内容的限定

《民法总则》第34条对于人身监护进行了概括性规定“保护被监护人的人身权利……”如前所述，意定监护协议类似于授予代理权的委托合同的一种，其事务不仅限于法律行为，还包括具体的护理、照顾服务等事实行为。

实务中与人身保护相关的法律与事实行为包括：本人的具体护理（例如本人对护理的设想，护理人员的选择、变更、护理合同的缔结等，以及具体的护理行为），福利机构入所，签订医疗合同、住院合同等。此外，与这些法律行为相关联的，如申请登记、寄存，申报税金等公法上的行为，以及法律行为附属的事实行为、本人的饮食安排、生活安排等也可划为意定监护合同的内容范畴。人身监护的内容要根据本人的具体情形来具体设计，例如有关送交生活费，有的被监护人虽然因身体等原因，不方便去银行，但是仍然希望能够自己支配生活费，此时护理人员只需为其准备日常的生活用品即可，但也有被监护人自己虽然可以去银行，但却选择将大小事务全部概括委托，此时只需要本人与监护人之间充分协商，予以确定即可。总之，订立意定监护协议之际，双方在不违反法律强制性规定，不违反公序良俗的前提下，可以充分发挥意思自治，自由协商人身保护的内容。

但医疗行为的同意权不宜委托意定监护人来行使，这在日本也是争议问题。〔18〕

---

〔18〕 参见新井诚：《任意监护制度的现状和课题》，载《成年监护法研究》2007年第4卷。

（三）意定监护协议中不可委托事项

成年意定监护协议可以参照《合同法》的规范来确定其法律关系的构成，主要涉及是对委托合同的规范适用，而《合同法》对委托合同的委托范围设定十分宽泛，但是仍然存在诸多不可约定的内容，这些不可委托事项的限定也适用于任意监护协议。主要包括：

第一，原则上来说，意定监护合同是授予代理权的委托合同，委托合同的终止情形包括意定监护合同的解除，意定监护人的解任以及法定监护开始以及意定监护合同当事人死亡等。所以在本人死亡时合同终止，故而意定监护合同的监护人职责不包含代理本人死亡后的事务。但根据委托合同的相关规定，被代理人死亡之后有下列情况之一的，委托代理人实施的代理行为有效：代理人不知道被代理人死亡的；被代理人的继承人均予承认的；被代理人与代理人约定到代理事项完成时代理权终止的；在被代理人死亡之前已经进行，而在被代理人死亡之后，为了被代理人的继承人的利益，需继续完成的。具体在意定监护合同中，前两种情形显然是不存在的，也就是说本人死亡后，意定监护人仍然有职责完成监护人与本人约定某一代理事项在完成时代理权终止以及为了本人的继承人的利益而需要继续完成的事项。

第二，不可以约定本人事务以外的事项。意定监护旨在通过合同的方式，使本人在丧失或者部分丧失民事行为能力之后，能够选择自己满意的人来照顾自己的生活、管理自己的财产，补足本人欠缺能力，从而实现本人生活正常化。因此，意定监护合同所涉事项只能是和自己的人身监护财产管理相关，不得对他人的监护事项进行约定。

第三，依据《合同法》根据第 2 条第 2 款的规定“婚姻、收养、监护等有关身份关系的协议，适用其他法律的规定”。意定监护合同不可以约定遗嘱、婚姻登记、建立收养关系等具有人身属性的事项。

（四）意定监护人不需要承担替代侵权责任

在成年监护制度中，成年监护人是否也要按照《侵权责任法》第 32 条承担责任，在成年监护人主要不是亲属担任的趋势之下，监护人替代责任越来越不合理。[19]意定监护的监护人其职责主要由合同约定，其不能对被监护人的生活干涉过多，同样也很难对被监护人的身心进行全面照顾，在监护人缺乏有效地对被监护管束的现实之下，应当按照一般过错责任归责原则来确定意定监护人是否应该承担侵权责任，不能按照《侵权责任法》第 32 条的规定由意定监护人承担监护人替代责任。

---

〔19〕 王冷然：《从日本的一个判例看成年监护制度和监护人责任的关联性》，载渠涛主编：《中日民商法研究》第 16 卷，法律出版社 2017 年版，第 131 页。

结语

成年意定监护法律关系的构成需要明确其协议的属性，以财产关系为核心的委托内容是其构成的关键，同时就可以突破《合同法》第2条第2款的规定而适用合同法规范来解决意定监护法律关系构成的问题。成年意定监护法律关系需要明确委托人订立合同时有行为能力，其方法是通过公证程序订立协议。在成年意定监护协议履行时，通过限制监护人的主体资格和形成有效的监督机制以确定协议可以得到有效的履行。而在意定监护中，监护人的职责虽大同于一般成年监护，但是在具体内容上有较大区别，意定监护人的职责主要是处理财产事务。

从《民法通则》§54 到《民法总则》§153

——民事法律行为内涵的立法变化

易 军*

目 次

Rechtsgeschäft（法律行为）的概念与制度系大陆法系德国法族最辉煌成就。我

* 中国政法大学民商经济法学院教授。

国自清末法制变革时起，即通过日本师法德国，在民法中引入了“法律行为”的概念及制度。1986年颁布的《民法通则》设置“民事法律行为与代理”一章，并在该章设“民事法律行为”一节。该法一反大陆法系各国或各地区在立法上并不界定法律行为内涵的状况，在立法中明确规定了民事法律行为的概念。此即《民法通则》第54条“民事法律行为是公民或者法人设立、变更、终止民事权利和民事义务的合法行为。”2017年3月15日颁布的《民法总则》亦明定“民事法律行为”的概念。此即该法第153条“民事法律行为是民事主体通过意思表示设立、变更、终止民事法律关系的行为。”除继续使用“民事法律行为”而非“法律行为”的概念、直接在立法中为概念界定之共性外，这两部时间跨度逾31年的民事立法在“民事法律行为”上呈现出了更多的异质性：一是民事法律行为的主体由“公民或法人”变化为“民事主体”，二是《民法总则》第153条所定之概念中凸显“意思表示”，三是《民法总则》第153条废弃了《民法通则》第54条将民事法律行为明定为“合法行为”的做法，不再强调民事法律行为的“合法性”。前两点相对易于理解，第三点则可谓惊天巨变。本文拟聚焦于此，阐析这一变化背后之原因与机理，期能有助于提升对法律行为概念及其制度的精准理解。

自《民法通则》将民事法律行为规定为合法行为以来，我国学界对这一立法方式与思维模式（即民事法律行为 = 合法行为）颇有诟病。学者常谓此种规定“突出国家对民事主体行为自由的干预，从而限制了私法自治”。[1]应该说，这一诊断十分准确，也找到了病因。不过，这些研究只是揭示出了部分真理。上述思维的不当之处，还可从以下视角予以说明：

一、将法律行为规定为“合法行为”混淆了法律行为制度中不同层面的问题

法律行为制度首先要解决法律行为是否成形或构成的问题，即法律行为是否成立问题。只有法律行为成立，才“有”法律行为，因此，法律行为的本质应在法律行为从无到有这一过程中去探寻。大千世界，行为精彩纷呈，一行为之所以能被认属法律行为，关键在于行为人有发生特定私法效果的内心意图并将该意图以可识别的方式表示于外，因此，法律行为的内核，也就是法律行为的本质，正在于行为人创设私法效果的意图、决定、安排或规划，即行为人自主决定。至于它是否合法，

---

〔1〕王利明：《民法总则研究》，中国人民大学出版社2003年版，第510页；柳经纬：《制定民法典需解决的两个基本问题》，载王利明、郭明瑞、潘维大主编：《中国民法典基本理论问题研究》，人民法院出版社2004年版，第86～89页；薛军：《法律行为“合法性”迷局之破解》，载《法商研究》2008年第2期；陈永强：《分析法学视角下的法律行为“合法性”》，载《北方法学》2012年第1期，等等。

是否有合法性，对法律行为之成形而言，其实无关宏旨。[2]

在德国法律行为理论中，“构成要件”（Tatbestand/tatbestandliche Voraussetzungen）与“生效要件”（Wirksamkeitsvoraussetzungen）作为法律行为生命进程中的不同阶段被严格区分。如 Wolf/Neuner 将构成要件称为法律行为之“本质”（Essentialia）。“为了能在要件上识别法律行为，它必须包含一定的本质（bestimmte Essentialia）。而为发生预期的法律效果，必须满足额外的要件，即生效要件。……（在本质方面）每个法律行为至少由一个意思表示构成，且追求发生使法律关系变动的私法效果的目的。此种目的追求意味着，该法律效果并不仅仅是因法秩序如此规定才发生，而首先是每个实施法律行为的人想引起此种法律效果。法律行为通常是一个最终的、目的在于引起一定法律效果的行为（Das Rechtsgeschäft ist also im Regelfall ein finaler, auf die Herbeizufuehrung eines bestimmten Rechtsfolgs zweckhaft gerichteter Akt）。[3] Köhler 认为，法律行为的“构成要件”（Tatbestandsvoraussetzungen）与法律行为的“生效要件”（Wirksamkeitsvoraussetzungen）应予区分。若构成要件不备，则法律行为不能成立。一构成要件齐备的法律行为能否引起预期的法律效果，则依赖于附带性的生效要件，如行为人有行为能力、遵守一定形式等。[4]

Flume 更是明确地指出，为适用有关法律行为之法律规范，须区分两层面问题：一是法律秩序所规定的某一行为类型是否构成旨在自主形成法律关系的行为——法律行为；二是法律秩序所规定的、可被纳入到法律行为这一抽象概念下的行为在个案中能否实现。[5] 即法律行为本身与法律行为能否发生规范效力，系属二事。[6] 因此，认合法性为之法律行为本质的观点实际上是混淆了法律行为制度中不同层面的问题。[7]

---

〔2〕 准确地说，应称为“有效性”而非“合法性”，对此下文有述，在具体分析前，暂依民法通则立法者的思维称为“合法性”。

〔3〕 Wolf/Neuner, Allgeneiner Teil des Bürgerlichen Rechts, 10. Aufl., München 2012, S. 311.

〔4〕 Helmut Köhler, BGB allgemeiner Teil, 39. Aufl., München 2015, S. 37.

〔5〕 Werner Flume, Allgemeiner Teil des Bürgerlichen Rechts Ⅱ das Rechtsgeschäft, 4. Aufl., Berlin1992, S. 25.

〔6〕 这说明，合不合法（实系有不有效），逻辑上必以法律行为成立、发生形式约束力为前提。没有法律行为的产生与成形，探讨其合法性（实系有效性）缺乏起码的基础。因此，我国学界废弃不区分法律行为成立与法律行为有效的一元论，而改采二元论，是迈向合理之境的进步。当然，为达到区分法律行为成立与法律行为有效的目的，是否一定要将前者定性为“事实判断”，而将后者定性为“价值判断”，则值得反思。对此，本书第四章有详细分析。

〔7〕 从民法技术上来说，认“合法性”为法律行为内核与本质，实际上就否认了“法律行为的形式约束力”，否认了当事人之间的合意对双方具有“任何一方皆不得恣意撤回或解消契约”的效力，实际上是否认了当事人自主决定与自我约束的能力。

二、从私人自治的内涵及其与法律行为的关系看，法律行为应包括“不合法”行为

一如哈耶克所述，“自由乃是一为善举的机会，但是只有当它也是一为不良或错误行动的机会时，自由作为为善行的机会才具有真实的意义”，“作为道德品行之条件的行动自由，也包括了采取错误行动的自由”，[8]私人自治亦应作如是观。

既然法律行为只是私人自治的概念工具，即私人自治在法律概念上写照为法律行为，则法律行为亦应容留行为人为在法律或伦理上被论为错误的行为的空间。从这个意义上来看，法律行为不仅应涵盖“合法”行为，也应涵盖“违法”行为。法律行为被定性为合法行为的不妥当之处，便在于它传达了此种价值判断：立法其实只开放了有限的私人自治空间——行为人只有为正确行为的自由，而无为错误行为的自由。这意味着，民事主体私人并未真正地成为自己生活的主人。因此，从法律价值（私人自治）与法律概念（法律行为）之间的关系来看，认法律行为仅为合法行为即有未恰。

三、相较于个人自由意思，与合法性相关的强制因素对法律行为规范效力之发生仅具有辅助性

法律行为是否应是合法行为，实际上与如何看待自治因素与国家（强制）因素在法律行为制度上所处地位问题攸关。私人自治原则固认许私人借法律行为为自主决定，但此“自主决定”只有在法律秩序的拘束下才能发挥作用。[9]自治因素与强制因素对法律行为规范效力的发生均属不可或缺。[10]国家意志当然构成了行为人行为的部分的基本依据，它与行为人关于特定时空情形的知识（knowledge of the particular circumstances of time and place）一起，构成了行为人决策的基础。

不过，值得注意的是，这些体现国家意志的私法（强制性）规范不仅是抽象性的——不能也没有规定具体的行动目的与行为方案，而且也是形式性的——以某人的行为不侵犯他人所拥有的得到同样承认的行动领域为标准，此外，并不要求行为

---

〔8〕［英］弗里德里希·冯·哈耶克：《自由秩序原理》（上），邓正来译，三联书店1997年版，第94页。

〔9〕Werner Flume，Allgemeiner Teil des Bürgerlichen Rechts Ⅱ das Rechtsgeschäft，4. Aufl.，Berlin1992，S，17.

〔10〕一如拉伦茨所言，某项合同规定之所以具有法律效力，总是具有双重的原因：其一为合同双方当事人达成这项约定的共同的、使他们受到自我约束的意志行为，其二为法律制度对这种行为的承认。参见［德］卡尔·拉伦茨：《德国民法通论》（上册），王晓晔等译，法律出版社2003年版，第56页。

人更多。这些规范原则上不创设肯定性义务（positive obligation），属于对行为人行动范围的否定性限制（positive prescriptions）而非肯定性限制（negative prescriptions）。由此可见，“我们对这些规则的遵循，并不是服务于其他人的目的，而且严格来讲，同样也没有理由认为我们是受制于其他人的意志。”“个人在遵守这些法律的时候，实际上仍是在追求他们自己的目的而非立法者的目的。”〔11〕因此，相较于个人的行动目的与自由意思，借法律规范表征的国家意志不是支配性或决定性的，而仅有辅助性或工具性，即“并不依赖特定且已知的目的而是作为一种应对各种出现之情势的手段的属性”，〔12〕是个人可资运用的手段。因此，在思忖法律行为的本质时，将私人自治剔除，独尊国家的强制意志，实系本末倒置。概而言之，私人自治与法律行为当然要在法律的界限内，此亦为法律承认当事人约定内容具有与法律相同效力之前提，但关键是不能拔高“法律”的作用，夸大其影响，定其于一尊，誉其为法律行为之“本质”。

四、《民法通则》构建的“民事行为”概念体系并不精致

或许有人会提出，《民法通则》旨在建立以“民事行为”为核心的“民事行为体系”，因此，指责民法通则将“法律行为＝合法行为”并不妥当。所谓建立以“民事行为”为核心的“民事行为体系”，详细点说，立法者可能有意用“民事行为”这一概念来指称大陆法系国家或地区法上的“法律行为”，而将民事行为中符合法定有效要件的民事行为（即合法的民事行为）特指为“民事法律行为”，亦即，我国大陆与其他国家或地区立法中的“法律行为”相对应的概念乃是“民事行为”，我国大陆民法中的“民事法律行为”乃是“民事行为”的下位概念，相当于后者的“有效法律行为”。〔13〕不过，撇开符合有效要件的法律行为究竟是“合法”还是“有效”不表，如果民法通则的立法者确有废弃大陆法系既有的法律行为术语体系而致力于创建出一套崭新的术语体系的宏图大志，但这一浸润着开天辟地豪情的“开创性工作”并不成功，它至少会面临如下难题：

其一，若真要以“民事行为”来取代“法律行为”，由于“民事法律行为”只是“民事行为”的下位概念，因此，从概念涵盖的周延性计，《民法通则》第四章

〔11〕［英］弗里德里希·冯·哈耶克：《自由秩序原理》（上），邓正来译，三联书店 1997 年版，第 189 页。

〔12〕［英］弗里德里希·冯·哈耶克：《法律、立法与自由》（第一卷），邓正来等译，中国大百科全书出版社 2000 年版，第 25 页。

〔13〕我国大陆就有不少学者运用“民事行为”的概念来构建类如德国法系“法律行为”的制度体系。参见李开国：《民法基本问题研究》，法律出版社 1997 年版，第 127 页以下。洪学军：《民事行为有效推定规则的构造及其运用》，载《现代法学》2006 年第 4 期。

的标题就不应是“民事法律行为和代理”，该章第一节的标题也不应是“民事法律行为”，而应分别是“民事行为与代理”“民事行为”。以之为据的民法总论教科书上的章标题显然就应是“民事行为”，其下首先要阐述的就应是“民事行为的概念”“民事行为的类型”等知识了。但很显然，无论是立法上还是理论上均未将该套新的概念体系一以贯之，仍以“民事法律行为”为中心铺陈其宏大的内容，且概念间有抵牾不协的乱象。[14]仅此即可表明，立法或理论是否真想放弃“法律行为”的中心地位其实是大有可疑。

其二，若以“民事行为”来指称表意行为，那么，若要找一个术语来统辖民事行为（即表意行为）与事实行为，那该术语该如何命名？“民事行为”的术语已相当抽象了，要创造出一个较之更抽象的民法概念，其难度或许不亚于古人攀越蜀道。即使有人提出某种表述，想必也是纷争无穷。

其三，将“Rechtsgeschäft”迻译为“法律行为”是否妥当虽还有争议，如米健教授建议将“Rechtgeschäft”迻译为“法律交易”，[15]也有学者建议采用“设权行为”的表述，[16]但毕竟“Recht”有“客观法”之意，将具有“营利业务”“交易行为”等含义的“Geschäft”译为“行为”也非离题万里。但就“民事行为”的术语而言，不仅难以传神地表达德国法上的“Rechtsgeschäft”的本来含义，而且很难让人望文生义，传达出内涵着“意思表示”的意旨。[17]

其四，在汉语世界内，对以意思表示为核心的行为，台湾地区与澳门地区均名之为“法律行为”，而大陆名之为“民事行为”。这无疑为同受大陆法系深远影响的大陆（内地）、台湾地区、澳门地区的法律交流人为地制造了障碍，说得长远点，为未来大陆（内地）、香港、澳门、台湾地区民事规定的统一制造了麻烦。

其五，退一步讲，即使我国立法在概念的替代上做得相当成功，但其必要性到底有多大，也颇值怀疑。难道仅仅是为了凸显立法上的中国特色？若果真如此，那也是一如苏永钦先生所言：“就像篮球运动，中国球员自然会打出中国的球风，有

---

〔14〕 如由于《民法通则》第58～61条使用了民事行为的概念，那么第54～57条也应使用相同的概念，才能保持概念使用的一致性。再如我国许多学者将合同定性为民事法律行为，而实际上，如果我国大陆有意如上述用民事行为的概念取代德国法系的法律行为的概念，则合同显然应被定性为民事行为而非民事法律行为的范畴。

〔15〕 参见米健：《意思表示分析》，载《法学研究》2004年第1期；米健：《法律交易论》，载《中国法学》2004年第2期。

〔16〕 宋炳庸：《法律行为概念应更名为设权行为》，载《中外法学》1999年第2期；宋炳庸：《“私法自治”应更名为“设权”自治》，载《延边大学学报》2000年第6期。

〔17〕 称谓或术语是负载了价值的符号，不宜随意确定。若能保持术语与其含义的亲缘性，使人能望文知义，当有助于提高该术语的可接近性。如对“诺成合同”这一术语而言，其字面意思为“一（承）诺即成立的合同”，很好地反映了其内涵。形象传神、生动明了。再如“要物合同”“要式合同”“有偿合同”“侵权行为”“意思表示”等术语，不胜枚举。

必要建立富有中国特色的篮球规则吗?”[18]

五、将合法行为之“法”解为“有效要件”无法消除《民法通则》第54条之弊

在大陆法系法律行为制度中，法律行为依其满足有效要件的程度而可二分为“符合有效要件”的法律行为与“不符合有效要件”的法律行为，后者即“效力有瑕疵的法律行为”，具体包括无效法律行为、可撤销法律行为与效力未定法律行为三类，而前者为“有效的法律行为”，即可发生表意人所欲私法效果的法律行为。这里明显也存在着法律行为应“满足”或“符合”有效要件的问题，而有效要件显属“法律”的范畴，由此可见，即使大陆法系民法理论中也存在法律行为应符合“法律”的问题。据此，若能将《民法通则》§54 所明定的“合法行为”理解为“符合有效要件”，则该条是不是就不会再饱受“管制色彩浓厚”的指责？我认为，此种解释固能降低《民法通则》第54条受责难的程度，但也无法根本解决问题：

首先，按此种思路，只有符合有效要件的表意行为才是法律行为，那无效、可撤销与效力未定的表意行为为什么就不是法律行为？其位置应如何安放？

其次，退一步讲，即使认为符合有效要件的法律行为才是法律行为的观点无误，且可通过设置一个“民事行为”的上位概念来涵盖不符合有效要件的诸表意行为，则又会面临上述以“民事行为”而非“法律行为”来统领所有的表意行为形态会遇到的问题。

再次，从文义上讲，“合法”与“符合有效要件”差别显著，能否径直将“合法”解释为“符合有效要件”不无疑义，此已进入法官借助目的性限缩为漏洞填补的阶段。立法者的不恰增加了裁判者的负担。

六、从“合法”之“法”的外延看，将法律行为定性为合法行为均有未恰

《民法通则》第54条既然要求民事法律行为是“合法”行为，那究竟要合什么“法”？从外延来看，该“法”无外乎来自三方面：民法强制性规范、公法（管制规范）以及社会规范（公序良俗）。[19]

就民法上的强制性规范而言，法律行为违反该规范的后果表现为无效、可撤销

---

〔18〕苏永钦：《走入新世纪的私法自治》，中国政法大学出版社2002年版，第98页。

〔19〕当然，在外延上，这里的“法”还可包括宪法，不过，依宪法基本权第三人效力上的“间接效力说”，宪法基本人权规定不能直接在私人之间发生规范效力，因此，法律行为无所谓“合乎宪法”的问题。

与效力未定。无论是可撤销法律行为还是效力未定法律行为，从最终命运来看，它们完全都有发展为有效的生机。仅就可撤销法律行为而言，在一方当事人行使撤销权以前，该法律行为本身就是有效的（至少对撤销权人的相对人是如此），且该法律行为亦可因撤销权除斥期间的经过而确定生效。也就是说，即使不符合私法强制性规范，但法律行为还是存在着向“合法”转化的回旋余地或转圜机会。贸然地将“违反”行为能力健全、意思表示无瑕疵等要求的法律行为判为“不合法行为”岂不是自我拆台？利益可能受损的私人都不以为意，国家又有什么必要将该法律行为评价为“不合法”？民法中的强制性规范基本上旨在界定私人自治的界限，只是从另外一个角度去支撑私人自治而已，因此，严格说来，“自治法中的强制基本上都不是‘违反’的问题，而是未达到自治门槛而不肯定其效力的问题，只有管制法中的强制才是行为的强制，有所谓违反的问题。”〔20〕既无违（反）法的问题，那相应地也就无（符）合法的问题了。如当事人未依物权法定原则而创设新类型物权，只是不能如当事人所愿设定物权而已，但仍能发生债权效力，完全与“违法”无关；再如一未成年人与成年人订立买卖合同将自己的大额财产出卖给后者，该买卖行为并非“违法”，只是该未成年人行为能力有缺陷、未达自治的门槛从而不承认该合同的效力而已。不仅如此，民法不遂行为人所愿系为实践保护未成年人之意旨，“违法”的后果非但未使其蒙受不利，反而予其利益，这显与一般意义上的“违法应承受不利”有异。

就公法规范与公序良俗而言，法律行为当然不能违法与背俗，此即理论上所习称之“法律行为内容的合法性控制”与“法律行为内容的妥当性控制”。但是，虽然公私法互生影响，但首先两者相对独立、各成体系，其规范模式、规范目的等存在重大差异。两者就同一行为所作的判断可能差之千里。如无证经营者（非国家特许经营、禁止经营行业）与他人订立买卖合同，在公法上，该行为被论断为“违法”，可对其罚款、收缴违法所得等，但在私法上，该买卖合同应被评价为有效，无“违法”之虞。在此种评价有异的情形下，若认法律行为“不合法”，那它所违何法？而且，即使一法律行为因违反公法最终被论断为无效，但此一结论的得出乃是民事法官依该规范的意旨为价值衡量的结果，换言之，在裁判作出前，一法律行为是否“违法”其实并不确定，即使“违法”，究竟发生何种私法效果其实也不确定。公序良俗大体上亦可作如是观。

---

〔20〕苏永钦：《再论转介条款——民法典内转介条款的结构功能分析》，载 http：//www. newcivilcode. org/about. html. 哈特指出，“符合行为（conforming action）与规则之间的这种关系被人们用‘服从’（ober）和‘不服从’（disobey）之类词语来表示，这类词语在其规则类似于命令的刑法领域才是比较贴切的。”参见［英］哈特：《法律的概念》，张文显等译，中国大百科全书出版社 1996 年版，第 32 页。

七、国家法对具有法源性之法律行为所作之控制为“有效性”而非“合法性”控制

法律行为作为私人造法行为，具有规范性的品格，国家法对其所作控制不是“合法性”控制，而是“有效性”控制。在公法领域，个人不能参与法律规范的形成，法律藉客观法体系直接对个人的具体行为作“合法性”判断——是否遵照或服从了立法者在行为规范中所作的价值判断。不过，由于法律行为具有规范性这一特质，这就使国家对法律行为所作的控制呈现出与前一控制不同的独特性。私人自治原则授予私人“立法权”，“立法就是行使在创设法律权利和义务方面‘起作用的’或生效的法律权力”，〔21〕法律行为正是立法的外在表现。

当然，无论公权力还是私人立法的“私权力”，权力无限制即为恣意，因此，国家法也要对私人立法的质量加以控制。但是，由于法律行为本身就是“私人之间的法”，因此，国家法与法律行为之间就具有类似于法律体系中上位法与下位法之间关系的位阶关系。在一国法律体系中，上级法律规范对下级法律规范的调整，不是对后者作是否“合法”的“合法性”评价，而是对后者作是否“有效”的“效力性”评价。〔22〕如现代民主国家中，位居法律体系金字塔顶端的宪法对下位法具有合宪性控制功能。下位法违反宪法规范，特别是其基本人权保护意旨，不是被解为“违法”，而是因不被法秩序承认而被评价为“无效”，致不能发挥规范功能。法律行为亦复如此：“未符合授权规则的条件，使得所做之事无效，因而就此事的目的而言也是无效的。”〔23〕由此，当可断言，有效/无效、合法/违法分别是私法与公法评价行为的两套术语体系。以合法/违法来评价法律行为其实是将法律行为与那些无关自治的行为同视，期冀透过国家法对私人行为加以监管与控制，从而否认私人自主立法的空间。

八、法律行为不合法之后果与公法行为不合法之后果迥乎不同

可否将《民法通则》第 54 条所涉“法”理解为“有效要件”？毫无疑问，无论是法律行为，还是不欲设立私法关系的私法行为（如履约、使用自己的物等事实行为），乃至公法行为等，皆有“合乎”或不“合乎”法规从而发生某种法律后果

---

〔21〕［英］哈特：《法律的概念》，张文显等译，中国大百科全书出版社 1996 年版，第 33 页。

〔22〕此为分析法学的基本见解。可参见［奥地利］凯尔森：《法与国家的一般理论》，沈宗灵译，中国大百科全书出版社 1996 年版；［英］哈特：《法律的概念》，张文显等译，中国大百科全书出版社 1996 年版；［英］约瑟夫·拉兹：《法律体系的概念》，吴玉章译，中国法制出版社 2003 年版等。

〔23〕［英］哈特：《法律的概念》，张文显等译，中国大百科全书出版社 1996 年版，第 33 页。

的问题，从这个意义上说，将合乎有效要件的法律行为称为“合法行为”也无不当，但要注意的是，即使采取此项见解，也要认识到，法律行为“合法”或“不合法”的法律后果，与事实行为、公法行为“合法”或“不合法”的法律后果判然有别。

在民法上，法律行为合乎有效要件的后果是有效——发生法律行为实质约束力，法律行为不合乎有效要件的后果是效力瑕疵——无效、可撤销与效力未定。即使可撤销法律行为与效力未定法律行为最终命归无效，但无效也仅表现为不能发生行为人所期的私法效果而已，概而言之，就是不能发生行为人所想要的效果。“这种规则仅仅对这些约定不给予法律承认”。[24]而就法律行为以外的其他行为，尤其是公法行为而言，立法设立强制性的行为规范，强制行为人为或不为一定行为（Gebot od. Verbot），行为人不仅要“知”，而且要“从”。若有违反，即被论断为违法，并以某种不利于行为人的制裁相绳。由此可见，合乎或不合乎“法”的结果，在公私法上迥乎不同（其差异可参见下表）。或许有人会主张，可撤销、效力未定，特别是无效，可看成是未满足法定有效要件的“制裁”，但一如哈特所言，“把一个制裁的概念扩大到包括无效在内，是造成混淆的一个根源（和一个征兆）”，“无效不能被类同于为力戒规则禁止的行为而系于这种规则的惩罚”。[25]因此，仅从有效、无效、可撤销、效力未定等这类效果为私法所独具的角度来看，不宜把法律行为应符合法律要求的属性称为“合法性”，不宜将符合有效要件的那部分法律行为称为“合法法律行为”，也不宜把不符合有效要件的那部分法律行为称为“违法法律行为”，较妥当的表述应是“有效性”“有效法律行为”“效力瑕疵法律行为”等。

私法	“合法”→发生私人所期效果（有效）	“违法”→不生私人所期效果（无效等）
公法	合法→发生法定效果	违法→以公法制裁相绳

结语

无论从哪一视角来看，民法通则将“法律行为=合法行为”皆有不足。《民法总则》断然舍弃了法律行为之合法性特征，复归大陆法系国家或地区对法律行为的一般理解，即法律行为是一项以意思表示为核心的、旨在发生私法效果的行为。此种立法表述的变化彰显了近三十年来中国民事立法与理论研究所取得的进步，而这无疑又为今后中国民法学术进一步优化与精致化法律行为的制度体系奠定了坚实的基础。

---

〔24〕［英］哈特：《法律的概念》，张文显等译，中国大百科全书出版社1996年版，第36页。

〔25〕［英］哈特：《法律的概念》，张文显等译，中国大百科全书出版社1996年版，第35～36页。

论《民法典》对知识产权的应然选择

——基于对《民法总则》知识产权条款的分析

杜甲华[*] 刘 迪[**]

目 次

一、《民法总则》知识产权条款的规定

《中华人民共和国民法总则》（以下简称《民法总则》）于2017年3月15日经第十二届全国人民代表大会第五次会议表决通过。《民法总则》中的第五章是关于民事权利的规定，该章中的第123条是对知识产权条款的规定，其中该条的第1款规定，“民事主体享有知识产权”；该条的第2款规定“知识产权是指权利人依法就下列客体所享有的专有的权利：（一）作品；（二）发明、实用新型、外观设计；（三）商标；（四）地理标志；（五）商业秘密；（六）集成电路布图设计；（七）植物新品种；（八）法律规定的其他客体。”〔1〕

（一）规范含义

通过上述对《民法总则》中知识产权条款的表述可知，首先，知识产权条款在

---

* 辽宁大学法学院教授。
** 辽宁大学法学院硕士民商法研究生。
〔1〕 参见《中华人民共和国民法总则》。

《民法总则》中被置于民事权利一章，并且根据123条的第1款“民事主体依法享有知识产权”这一规定可以得出“知识产权是一项基本的民事权利”的结论。其次，123条第2款规定知识产权的客体包括著作权、专利权、商标权、地理标志权、商业秘密权、集成电路布图设计权、植物新品种权以及法律规定的其他客体，从该表述可知我国《民法总则》对知识产权进行列举式规定，并带有定义性质。

《民法总则》第123条在肯定知识产权为一种私权（民事权利）的同时，还明确规定了知识产权为一种“专有权利”。对知识产权专有性的规定可以从以下两个方面进行解读：第一，在静态意义上知识产权为一种“对世权利”，即该权利为一种绝对权，权利对应义务主体为不特定的多数人。第二，在动态意义上，知识产权为一种“对人权利”，即该权利为相对权，权利对应的义务主体具有特定性〔2〕。从该条款对知识产权客体的概括性规定可知，我国《民法总则》对知识产权“专有性”的规定是从静态意义上进行的，即该条款强调了知识产权在本质上是一种“对世权”“绝对权”的权利属性。在权利位阶上，知识产权为民事权利的下位概念，《民法总则》第123条第1款将知识产权纳入民事权利体系之中，该表述意味着在民事法律关系包含知识产权领域发生的民事法律关系，反之即可得出民事法律关系的基本理论、规则、学说等，同样适用于知识产权领域。

知识产权作为一类权利的集合，123条第2款明确列举了知识产权的七种权利形态，并在第八项通过设立兜底条款的情形对知识产权的其他客体予以规定。笔者认为对该兜底条款应进行如下解读：关于除了前七项所列具体的知识产权客体之外的其他客体，必须通过全国人大或者全国人大常委会制定的法律对其予以规定，才能将其作为知识产权的客体对其予以保护。从上面的叙述可知，该条款将知识产权客体限定在法律规定的范围之内，而排除了行政法规、地方性法规等对知识产权权利客体的规定。

（二）规范模式

关于知识产权定义的模式，主要分为以下三种形式：第一种模式是对现有的权利类型进行高度概括。例如对知识产权进行如下的规定：知识产权是指人们就其智力创造的成功依法享有的专有权利。第二种模式是对现有的权利种类进行列举式规定。〔3〕例如《成立世界知识产权公约》的第2条第8款对知识产权进行如下规定：“知识产权”包括以下有关项目的权利：（1）文学艺术和科学作品；（2）表演艺术家的演出、录音制品和广播节目；（3）在人类一切活动领域内的发明；（4）科学发现；（5）工业品外观设计；（6）商标、服务标记、商号名称和标记；（7）禁止不正当竞

〔2〕张文显：《法理学》，北京大学出版社、高等教育出版社2011年版，第165页。

〔3〕刘春田：《知识产权法》，北京大学出版社、高等教育出版社2014年版，第3页。

争；（8）在工业、科学、文学或艺术领域内其他一切来自知识活动的权利[4]。第三种模式是从权利对象或权利客体的角度对知识产权进行定义。根据上文的叙述可知，我国《民法总则》123 条的规定采取第三种模式，即从权利的客体角度对知识产权进行定义。这一模式的选择是否恰当值得斟酌，首先关于权利对象与权利客体的分歧自始存在，加之“产权”一词本身来自于一个法律规范性不明确的经济学术语，从而导致与知识产权领域的分歧进一步加大。[5]例如，我国台湾地区“智慧财产权”对应的对象为“智慧财产”；日本“知的财产权”对应的对象就是“知的财产”。关于权利的客体，刘春田认为，“知识产权的客体是指基于对知识产权对象的控制、利用和支配行为而产生的利益关系或社会关系，它是法律所包含的内容。”[6]从其论述中可以看出，刘春田认为知识产权的对象为“知识”本身。吴汉东将知识产权的客体定义为“知识产品”其认为权利的客体与对象属于同一范畴。关于《民法总则》知识产权条款设置模式的评析笔者将在下文对其进行详细论述。

（三）规范目的

知识产权具体包括作品、发明、实用新型、外观设计、商标、商业秘密、地理标志、集成电路布图设计、植物新品种权等权利客体。《民法总则》第 123 条即通过列举具体权利客体的方式确认知识产权权利类型。对智力成果的创造者赋予知识产权对其智力成果予以保护，一方面为对知识创造者专有权利的承认，另一方面为通过对产权的承认与保护可以激励民事主体从事知识创造的热情，从而促进社会福祉与人类社会的进步。《民法总则》知识产权条款规定的不同权利客体，有着不同的具体的规范目的，在各方面发挥着其作用。关于 123 条规定的 7 种具体的权利客体在学理上大体可将其分为三种类型：第一种权利类型为著作权及其相关权利（邻接权）、外观设计专利权等，该种权利设立的目的主要在于对文学艺术创作的保护；第二种权利类型为发明专利权、实用新型专利权、集成电路布图设计权、植物新品种权等，该种权利设立的目的在于对科技创新的保护；第三种权利类型为商标权、地理标志权、商业秘密权等，该种权利类型的设立的目的在于维护市场竞争秩序。[7]

---

〔4〕 刘春田：《知识产权法》，北京大学出版社、高等教育出版社 2014 年版，第 4 页。

〔5〕 吴汉东：《知识产权法学》，北京大学出版社 2014 年版，第 12 页。

〔6〕 刘春田：《知识产权法》，北京大学出版社、高等教育出版社 2014 年版，第 9 页。

〔7〕 易继明：《知识产权法定主义及其缓和——兼对〈民法总则〉第 123 条条文的分析》，载《知识产权》2017 年第 5 期。

二、《民法总则》知识产权条款评析

（一）《民法总则》知识产权条款的进步

《民法总则》知识产权条款与《民法通则》相比具有较大的进步，具体表现在以下两个方面：

1. 权利主体更加科学

《民法总则》的第五章为民事权利，第123条第1款“民事主体依法享有知识产权”的规定与该章相呼应，并与其他民事权利在表述上具有一致性（即均采取“民事主体依法享有某某权利”的规定模式）。由该条款可以得出知识产权的权利主体为一般的民事主体，《民法通则》（第94条至第97条为关于知识产权的条款）与《民法总则》相比受国家的经济体制、国家政策等时代因素影响较大。以商标权为例，《民法通则》规定：“法人、个体工商户、个人合伙依法取得的商标专用权受法律保护”从上述条款的规定可以看出《民法通则》通过列举的方式将商标权的权利主体仅限于法人、个体工商户、个人合伙，而将自然人主体排除在外。1993年颁布的《商标法》（第4条规定，企业、事业单位和个体商业者，对其生产、制造、加工、拣选或者经销的商品，需要取得商标专用权的，应当向社保局申请商标注册……）关于知识产权权利主体这一规定与《民法通则》的规定相一致，即均将自然人主体排除在外。2001年与2013年对商标法进行修改秉承与时俱进的精神，将自然人主体纳入商标注册主体的范围之内（2013修订的《商标法》第4条规定：自然人、法人或者其他组织在生产经营活动中，对其商标或者服务需要取得商标专用权的，应当向商标局申请商标注册……）《民法总则》的知识产权条款与最新修订的《商标法》相接轨，并直接将知识产权的主体表述为“民事主体”，笔者认为将知识产权主体扩大至民事主体不仅体现了与时俱进的精神，而且更有利于对知识产权的保护、激励创造、维护市场竞争秩序，故其与《民法通则》相比更具科学性。

2. 设置模式更加合理

《民法通则》从权利的角度逐条对知识产权进行规定（第94条为著作权的相关规定，第95条为专利权的规定、第96条为商标权权的规定、第97条为发明权与发现权的规定）。与此相比《民法总则》知识产权从权利客体角度对知识产权进行规定（第123条第2款规定知识产权包括如下客体：著作权、专利权、商标权、地理标志权、商业秘密权、集成电路布图设计权、植物新品种权以及法律规定的其他客体）。《民法总则》与《民法通则》相比除了在设置角度的不同外，笔者认为其还具有以下合理之处：第一，从权利客体类型来看，《民法总则》增加了地理标志权、商业秘密权、集成电路布图设计权、植物新品种权等权利客体，较《民法通则》规定的权利客体更加丰富。第二，《民法总则》第 123 条第 2 款规定的知识产权是指权利人依法就下列客体所享有的专有的权利中的“依法”一词表明该条款采用法定主义的立场，即知识产权的客体必须由法律进行规定的，并通过列举的方式对知识产权客体进行界定，从而排除了其他法规及民事主体之间通过合意创设新的知识产权类型的可能。第三，该条第 2 款第八项规定的“法律规定的其他客体”，表明该条款采取了开放式列举的立法模式，这一开放性立法模式表明较强的制度包容性，且该灵活的表述形式更有利于对相关知识产权客体的保护。[8]

（二）《民法总则》知识产权条款的缺陷

《民法总则》与《民法通则》相比虽然具有权利主体更加科学、设置模式更加合理等优点，但在某些方面仍然存在一定的缺陷。

1. 权利性质的描述值得斟酌

《民法总则》第 123 条第 1 款（知识产权是权利人依法就下列客体享有的专有权利）对知识产权的性质进行界定，即知识产权具有“专有性”。对知识产权专有性的确定突出了知识产权权利人的地位，强调了知识产权的排他性与禁止性特征，在一定程度上表明了我国加强知识产权的保护的立场，该规定无疑是对长期以来忽视无形资产，而只重视对有形资产保护这一社会观念的矫正。但从理论角度出发，笔者认为该规定值得斟酌。第一，知识产权作为可以与其他权利相区分的一种独立的权利类型，其最本质的属性应为“权利客体的无形性[9]（即权利客体的非物质性）”，而非知识产权的专有性。从知识产权的独占性、地域性、时间性等法律特征均由权利客体的非物质属性衍生而来的这一点也可以看出知识产权的权利属性。因此，突出知识产权专有性的特征而非其基本属性有本末倒置之嫌疑。第二，专有性即排他性及排他性为知识产权与所有权的共同特征，故专有性并非是知识产权这一权利所独有的特征。尽管知识产权与所有权的专有性在效力等方面并非完全相同，但专有性这一特征并不能突出知识产权的特征，即不能将知识产权同其他权利区分开来。[10]第三，我国《民法总则》的立法模式采用从权利对象或权利客体的角度对知识产权进行定义方式，同《建立世界知识产权公约》和《TRIPs 协定》的立法模式较为相似，其对知识产权进行界定时也并未对知识产权的特征和性质进行描述。

2. 权利客体的规定不完善

我国《民法总则》第 123 条第 2 款通过前七项对知识产权客体进行列举规定，并通过第八项对知识产权客体进行兜底规定。该 7 + N 个客体与《民法通则》相比

---

[8] 吴汉东：《知识产权本质的多维解读》，载《中国法学》2006 年第 5 期。

[9] 吴汉东：《知识产权总论》，中国人民大学出版社 2013 年版，第 25 页。

[10] 吴汉东：《知识产权总论》，中国人民大学出版社 2013 年版，第 27 页。

虽然具有较大的进步，但笔者认为该条款对知识产权客体类型的规定仍不够完善，该条款的不完善之处主要表现在以下几个方面：

第一，第123条第1款第1项规定的作品应与著作权相对应的，但现实中我国的著作权采取广义的做法，该著作权不仅包括作品的著作权，而且还包括表演者的表演者权、录音录像作者的著作权和广播组织的广播组织权等权利。而该第1款规定的“作品”无法涵盖表演、录音录像制和广播等客体。

第二，《建立世界知识产权组织公约》和《TRIPs协定》对“商号”均进行规定，而且我国知识产权理论界也对关于商号可以成为知识产权客体达成一致意见，但《民法总则》却对商号这一客体未进行规定，从而使得商号的知识产权保护比较弱化。

第三，《民法总则》知识产权条款未对反不正当竞争进行规定。由第123条的规定可知，我国知识产权条款比较侧重于对知识产权专有性的保护，但对知识产权专有性的过分强调极易导致对知识产权的滥用，从而引发不正当竞争与市场垄断等情况的出现。对不正当竞争的规制作为知识产权法的主要功能之一，从立法实践上看，主要的知识产权国际公约和世界各国知识产权法律体系也均对制止不正当竞争进行了明确规定。从反不正当竞争的角度来看，《民法总则》知识产权条款的规定在很大程度上会给人一种突出对专有性的保护而对反不正当竞争进行忽视的印象。

第四，《民法总则》没有对遗传资源与传统知识的保护进行规定。国际上的知识产权制度倾向于对“创新性”知识产品的保护，而与对创新性知识产品的保护相比，却忽略了对传统资源的保护，由此造成了发达国家与发展中国家在知识产权国际体系的权益失衡。[11]我国作为在遗传资源和传统知识均具有较大优势的发展中大国，近些年也非常重视对此方面的保护。但《民法总则》中知识产权条款未对此进行规定，实则其又一遗憾所在。

三、《民法典》应设置知识产权编

（一）知识产权民事立法模式分析

从比较法上看，在绝大部分国家民事法律体系之中，知识产权法都占据了重要的位置。但是不同国家选择知识产权法与民法典的连接模式不同。根据知识产权的规定与民法典的关系可将知识产权立法模式分为单一模式与全面模式。其中单一模式一般表现为在民法典的总则部分设立单个或者多个与知识产权相关的法律条文，此种模式的代表为《蒙古国民法典》和《越南民法典》。全面模式一般表现为民法

---

〔11〕何华：《论知识产权国际保护体制与中国应对之道》，载《国际问题研究》2008年第1期。

典总则编对知识产权进行全面规定，该全面规定是指总则部分关于知识产权条款的规定不仅条款数目较多，条款分布的范围较为广泛，而且涉及的知识产权内容也较为复杂，此种模式的代表为俄罗斯的《俄罗斯民法典》。从以上两种模式的特点可知，我国的《民法总则》关于知识产权条款的规定采取了类似于《蒙古国民法典》与《越南民法典》的单一模式。但从《蒙古国民法典》与《越南民法典》的总体体系观之可发现一个问题，即其对知识产权的规定并非只来源于总则部分较少的法律条文，也就是说总则部分只承载了较小部分知识产权功能。以《越南民法典》为例，其除了总则部分对知识产权进行规定外，还单独设立了知识产权编，由知识产权编对知识产权一般性问题进行规定，[12]由此可以看出《越南民法典》中统领知识产权单行法的功能主要通过知识产权编来承载。

知识产权在本质上为私权，毫无疑问，知识产权法应当选择恰当的模式来融入我国未来民法典，但选择何种模式才是知识产权法恰当的入典方式，目前学术界尚无定论。《民法总则》延续《民法通则》的规定，可以说对知识产权法入典已然选择了“链接式”，即在民事权利（内容）之中连接知识产权法，并且在民事权利中确定知识产权客体的基本框架。然而问题是，一方面，尽管《民法总则》已经做出明确规定，但其规定仍然存在诸多不合理之处；另一方面，学者们就知识产权与民法典链接模式以及知识产权在民法典之中的内容和体例的安排颇有争议，却鲜能达成应有的共识。因而，在极度缺乏共识的情形下，知识产权法应当选择链接式入典，但如何在民法典之中安排知识产权却难以达成“共识”。

（二）《民法典》设置知识产权编具有正当性

完善的知识产权保护体系对于加强知识产权保护、促进科技创新与技术进步、建设创新型国家具有重大的意义，《民法总则》对知识产权条款设置的目的也在于此。但如前文所述，《民法总则》对知识产权的规定仅有一个条文（第123条），且该条文又存在一些缺陷，因此该条规定能否完成设置其的历史使命是一个值得探讨的问题。

1.《民法典》规定知识产权为立法趋势

从知识产权作为一种无形财产权的变迁看，知识产权属于现代财产权体系的范畴，作为规范财产权制度的基本法律，民法典中规定知识产权问题具有当然的合理性。从当前有关国家民事立法法典化趋向看，我国民法典纳入知识产权方面的规定并非先例。从国外立法看，英美法系国家实行判例制度，没有制定民法典的法律传统和基础。有关知识产权专门立法，体现于制定单行法并通过判例制度不断完善。法、德等大陆法系国家则基于物权和债权重要性建立了以有形物财产权制度为核心的民事法律体系。但是，随着20世纪以来知识产权在一个国家经济社会生活中地

---

[12] 吴汉东：《民法法典化运动中的知识产权法》，载《中国法学》2016年第4期。

位的日益提升，传统民法典不对知识产权做任何规定的立法模式已经发生变化，一些国家民法典制定中开始接纳知识产权方面的规定，甚至还出现了像俄罗斯那样在民法典中将知识产权制度全方位引入，使其与物权、债权、继承权成为并行的一类独立的民事权利。有的国家虽然没有采用全方位纳入式，但在民法典中对知识产权制度作了原则性规定，以体现知识产权的私权属性和知识产权立法的私法地位，建立统一的民事法律制度。还有的国家则采用所谓糅合式立法模式在民法典中引入知识产权制度。这种立法模式是将知识产权视为一种无形财产权规定于所有权制度之中，以整合物权制度。虽然各国立法模式并不完全相同，但不可否认在民法典制定与修改中纳入知识产权规定，已经是一种重要的立法趋势。

2.《民法典》设立知识产权编充分彰显时代精神

从我国既有民事立法及其实施效果来看，民法典纳入知识产权规定更具有必要性和可行性。就知识产权制度规范而言，在《民法通则》中不仅得以纳入，而且是以专节的形式体现的，这不能不说是我国民事基本立法的重要特色，体现了立法者试图建立统一的民事法律制度的良好愿望和对知识产权制度在民事法律中的地位的高度认可。值得指出的是，那个时代我国的知识产权意识和知识产权立法远远不能和当今相提并论。从《民法通则》实施三十年来的效果看，其关于知识产权的专节形式的规定，不仅使得民事基本法保持了权利体系的完整，而且大大有利于推动我国知识产权法律制度的完善。

我国《民法典》的编撰采取“两步走”的立法计划，[13]即第一步制定《民法总则》，第二步对《民法典》进行分编编纂，最终形成完整的《民法典》。关于《民法典》制定的“两步走”立法计划得到理论界的肯定，并且《民法总则》已于2017年3月15由第十二届全国人民代表大会第五次会议表决通过，但关于《民法典》分编编纂问题学术界的争论较大。其中关于《民法典》编纂体例的主流观点为物权编、合同编、侵权责任编、婚姻家庭编和继承编此五编。但也有部分学者认为应该讲知识产权编列入《民法典》，此观点的代表人为吴汉东教授，他认为应将知识产权“入典”，并单独成编。其理由在于：第一，知识产权“入典”是回应知识产权经济发展的制度的需要；第二，知识产权“入典”是完善民法典权利体系的要求；第三，知识产权“入典”是对《民法通则》立法传统继承的需要。[14]并且如前所述，知识产权独立成编“入典”已经被一些国家所采用。因此采取“民法典知识产权编链接式”的立法模式，对知识产权法的一般性规范进行抽象和概括。具体设计大体可以概括为以下几个方面：首先，从著作权、专利、商标权等权利中抽象概括出知识产权制度的一般适用规则。其次，将民法典“知识产权编”的有关

---

〔13〕 张鸣起：《中华人民共和国民法总则的制定》，载《中国法学》2017年第2期。

〔14〕 吴汉东：《知识产权应在未来民法典中独立成编》，载《知识产权》2016年第12期。

权利的取得程序、变动程序、管理程序等特别规范剔除；最后，对知识产权与其他财产权进行界定，以表知识产权所具有的特殊属性。[15]

从以上几方面可以看出，基于知识产权的民事权利属性和知识产权法的私法秉性，以及知识产权的无形财产权特点和国内外已有关于民事立法中关于知识产权的制度规范，在我国民法典中接纳知识产权规范势所必然。在当代，随着知识产权经济的凸显和科学技术在国家经济社会生活中的作用和地位日益增强，知识产权这一私权需要在民事基本法中得以体现和强化。尤其在我国，正实施国家知识产权战略和创新驱动发展战略，强化知识产权的作用，实施强国知识产权政策，促使经济转型升级和经济发展方式改变，成为我国国家战略，需要更加充分地发挥知识产权制度激励创新和促进成果转化与运用的作用。我国民事基本立法自当加强知识产权保护的地位。否则，我们的民法典将无法体现其现代化特色，无法构建自身完整的财产权保护体系和民事权利体系，无法凸显知识产权在我国经济社会生活中日益重要的地位。知识产权"入典"是对知识经济发展的正确回应，法律作为上层建筑由经济基础决定，在高科技经济与经济时代的今天，知识产权对推动科技创新与经济的发展具有重大的意义，因此民法典应当充分彰显时代精神，设立知识产权编。

四、知识产权未来立法展望

（一）《知识产权法典》的立法尝试

在人类法律制度文明发展的进程中，我们通过对法典与其他法的形式进行比较可知，法典在人类法律制度文明中占据着举足轻重的地位，可以说的是在众多法律制度文明的多种形式中，没有任何一种法的形式对国家制度建设与人民社会生活的影响可以超过法典。[16]从世界各国（尤其是以成文法为代表的大陆法系国家）的法治进程与立法经验可以看出，大多以法典的颁布作为法治成熟的标志，因其认为良好的法典可以使得各法条之间以及法条与整个法律体系之间形成整体上的统一协调性以及内部逻辑上的关联性，并因法典具有结构与内容上的合法性而使得其具有稳定性，从1804年的颁布并实施至今的《法国民法典》中可以看出这一点。

知识产权法治发展的进程大概可以概括成以下几个阶段：第一阶段为知识产权法表现为针对特定个人颁发的特许令；第二阶段知识产权法表现为针对特别事项立法；第三阶段知识产权法表现为相关领域比较体系化的单行法；第四阶段知识产权法表现为工业产权法典；第五阶段表现为知识产权法典化趋势。其中1979年斯里

---

〔15〕 吴汉东：《知识产权应在未来民法典中独立成编》，载《知识产权》2016年第12期。

〔16〕 毛金生：《论"统一知识产权法典"的编撰》，载《知识产权》2010年第3期。

兰卡颁布的《知识产权法典》是世界上第一部知识产权法典，其后法国于1992年颁布的《知识产权法典》将专利法、商标法、外观设计法等进行统一的规定，紧随其后菲律宾、越南等亚洲国家也纷纷颁布知识产权法典。随着知识产权法典化的步伐，1994年缔结的《与贸易有关的知识产权协定》（TRIPs协议）也将作品、发明、实用新型、外观设计、商标等知识产权保护的对象统一纳入一部条约中进行统一的规定（在性质上相当于一部《知识产权法典》）。由此笔者对未来知识产权制度发展进行大胆地预见，随着知识经济重要性的不断提升，知识产权法典化必将成为大势所趋。

（二）《知识产权法典》的立法意义

当然，笔者对订立统一的知识产权法典这一建议并非为了与其他国家保持一致，顺应世界知识产权法典化的趋势，而是统一的知识产权法典的订立对于现今的我国来说具有重大的实践意义。

1. 克服部门规章与地方政府规章的利益化倾向及其他局限性

从我国现有的知识产权法律规定进行分析，现有的知识产权法律规定不完善，且在很大程度上存在立法空白。虽然通过部门规章与地方政府规章及其他相关文件可以对知识产权立法空白具有一定程度上的填补功能，但此种部门规章及地方政府规章在制定中通常会对地方利益以及部门利益进行考虑，具有一定的偏向性，并具有一定的地域的限制，因此其很难同法典一样可以适用于整体社会，并兼顾全社会的利益。除此之外，部分行政规章的制定目的在于对行政机关管理职能的强调与对行政相对人的管理，更多的是对行政程序的规定，因而通常会忽视对权利人利益的保护。此时构建知识产权法典，将知识产权法律规范统一置于统一的法典中进行通盘的考虑，即可克服部门规章与地方政府规章的利益化倾向及其他局限性，从而形成内在和谐的规范体系。[17]

2. 完善现有知识产权法律体系

我国在传统上属于大陆法系国家，以成文法为其最本质的特征，司法也必须以现有的成文法为依据。如果缺乏系统完备的知识产权法律体系，在司法实践中就会出现“无法可依”情形，使得法律适用出现尴尬的境地。当然，如果制定完备的知识产权法典，不但有助于对现有知识产权法律进行完善，填补法律空白，从而达到限制法官自由裁量的目的，最终实现克服裁判不公正，预防司法腐败的终极目标。[18]

3. 解决法律冲突的现实问题

知识产权所调整的对象为一种信息，由于信息具有可传播性及消费共享性等特

---

〔17〕 吴汉东著：《知识产权制度：基础理论研究》，知识产权出版社2009年版，第289页。

〔18〕 李雨峰：《知识产权法典化论证质评》，载《现代法学》2005年第6期。

征，从而极易导致一件商品上可能同时出现多种知识产权的现象，以可口可乐为例，其制造方法及其外观设计属于专利法调整的范畴，“可口可乐”作为注册商标属于商标法的调整范围，其板式设计及标识则属于著作权法的调整范畴。从以上的叙述可知，此种交叉甚至重叠的权利很难可以通过其中一部单行法律进行调整，加之目前我国存在多个立法层次，被分割开来的立法模式很难对知识产权的体系化及其逻辑性进行兼顾，因此构建统一的知识产权法典不仅可以对知识产权法律规范进行协调，而且还可以对知识产权法律规范内容分散，存在立法空白，规范间重叠交叉，甚至出现冲突的现象进行解决。

结合以上关于知识产权法律发展的进程的叙述，以及知识产权法典化对我国的现实意义来看，知识产权法典的构建是知识产权法律体系的逻辑要求和法律适用的现实需要，故笔者建议在民法典编纂工作完成之后，应当适时着手于知识产权法典的编纂工作，使得知识产权法律规定进一步体系化。

结语

本文通过对我国《民法总则》第 123 条规定进行剖析，并结合域外国家对知识产权条款的规定模式，对该知识产权条款进行如下评析：首先，《民法总则》中的知识产权条款与《民法通则》中知识产权的规定相比具有权利主体设置更加科学（自然人主体可以作为商标权的主体，即扩大了权利主体的范围）与设置模式更加合理（《民法总则》规定了 7 + N 个知识产权客体多于《民法通则》中知识产权客体的数量）等优点。其次，《民法总则》中知识产权条款规定民事权利一章中，通过第 123 条第 1 款对知识产权专有性这一属性的确定，即将知识产权确定为民事主体的一项专有权利，该条款在一定程度体现了我国对知识产权保护意识的增强，但是该条款对知识产权性质的规定值得商榷。最后，《民法总则》虽然通过兜底条款扩大了对知识产权保护的范围，但该条款关于知识产权的客体的规定的范围与《建立世界知识产权组织公约》和《TRIPs 协定》相比却比较狭窄。本文在对给条款进行评析的同时还对未来的立法提出建议：笔者认为仅在《民法总则》部分的 123 条对知识产权进行规定，难以承载知识产权条款功能的历史使命，由此笔者认为应当在《民法典》中设置单独的知识产权编。更进一步的是，在多数国家已经制定单独的《知识产权法典》的背景下，笔者认为应该在《民法典》编撰完成之后，学习他国的立法经验，制定单独的《知识产权法典》。由于本文主要是在对《民法总则》第 123 条进行评析与未来立法的展望，可能受收集资料与本人学术水平等各方面的限制，得出的结论可能有不合理之处甚至出现错误，对此问题笔者将对该问题继续探究。

私法多元法源的观念、历史与中国实践

——《民法总则》第10条的理论构造及司法适用 *

汪　洋 **

目　次

2017年3月15日颁布的《中华人民共和国民法总则》（以下简称《民法总则》）第10条规定："处理民事纠纷，应当依照法律；法律没有规定的，可以适用习惯，但是不得违背公序良俗。"作为未来我国民法典中的"法源条款"，第10条的核心价值突出表现为习惯从过去《合同法》《物权法》等部门法中的零散规定，上升为总则中的一般性法源，这是我国民法典开放性的重要体现。习惯的发现不再是个人兴趣，它已经成为法院正确适用法律的前提，这对于中国这样具有深厚的文化底蕴和历史传统的国家，实具有重要意义。〔1〕在适用范围上，相比较"民法总则草案"，正式文本以"处理民事纠纷"代替了"民事活动"，更加突出法源条款的裁判规范性质。〔2〕

法源理论的基础在于对"法源"（*legal source*）概念的理解，可以从法创制与法适用两个层面展开。法源作为法的创制机制，是对哪些形式可称为"法"的发现

---

* 本文发表于《中外法学》2018年第1期。

** 清华大学法学院副教授。

〔1〕 陈荣传：《侧看民法总则基本规定章》，载自微信公众号"天同诉讼圈"，https：//mp. weixin. qq. com/s/XF0O6XMx6PDHWIZw4dwVlw，最后访问日期：2017年8月1日。

〔2〕 陈甦主编：《民法总则评注》（上册），法律出版社2017年版，第70页。

与筛选，功能在于控制规范的产生过程，本质上是一种关于政治权力如何控制那些影响社会成员的行为规范体系的产生过程的理论。[3]法源作为法的适用机制，有广义和狭义之分，广义法源为一切能够对裁判产生影响之事实；狭义法源从司法裁判或法律论证的规范性理由意义上，指对法官具有拘束力且法院裁判应当予以援引之对象，即“一切得为裁判之大前提的规范的总称”。[4]

法创制层面与法适用层面的法源理论紧密关联，唯有首先了解法律如何构成，才能进一步谈及法律规范的效力、解释和适用等实证法学的各种问题。法源理论亦是法学流派得以形成的基础，所谓自然法学、法律实证主义、历史法学、利益法学、评价法学等学派之所以并峙而立，某种程度上皆因所持法源理论的不同。[5]本文的主旨和基本思路是，首先，在法适用层面，从法源性质与法源分量两个维度建立法源理论的基本框架；其次，在法创制层面，以前述框架梳理近代以来多元法源的观念史、社会理论基础，指出法源体系保持开放的必然性以及法源与民法方法论的勾连、分工；再次，通过阐述罗马私法多元法源的内涵与兴衰这一私法史上的经典样本，进一步验证前述法源理论的观念基础和分析框架；最后，回到中国问题，论述《民法总则》第 10 条法源条款的理论构造与司法适用问题。

一、法源作为法的适用机制：法源性质与法源分量的双层构造

（一）法源性质

作为法的适用机制，法源理论涉及两个问题，一为“定性问题”，即某法律决定的理由是否具备法源性质；二为“定量问题”，即法源地位的高低或在法源谱系中的位置。[6]

法源性质着眼于解决法官去哪里寻找法律决定之大前提的问题。在宽泛意义上，法源指在法律论证过程中所运用并最终对裁判结论起到支持和证立效果的所有理由。这些理由又被称为裁判依据，可分为实质理由与权威理由。[7]“实质理由”(*substantive reasons*) 通过自身内容来支持某个法律决定，它的支持力完全取决于内

---

〔3〕 石佳友：《民法典的法律渊源体系》，《中国人民大学学报》2017 年第 4 期。

〔4〕 黄茂荣：《法学方法论与现代民法》，中国政法大学出版社 2001 年版，第 371 页；梁慧星：《民法总论》，法律出版社 2017 年版，第 25 页；龙卫球：《民法总论》，中国法制出版社 2002 年版，第 28 页；朱庆育：《民法总论》，北京大学出版社 2016 年版，第 35 页。

〔5〕 朱庆育：见前注［4］，第 36 页。

〔6〕 雷磊：《指导性案例法源地位再反思》，载《中国法学》2015 年第 1 期。

〔7〕 实质理由与权威理由对应着拉兹的排他性法律实证主义中法律权威理论的一阶理由与二阶理由。相关论述参见［美］约瑟夫·拉兹：《法律的权威：法律与道德论文集》，朱峰译，法律出版社 2005 年版。

容本身，如目的性层面的相关效果，或正当性层面的正义与善。由实质理由支撑的裁判为“正当裁判”。“权威理由”（*authoritative reasons*）对法律决定的支持不依赖于内容的恰当性，而在于遵循立法或司法程序等形式上的条件或标准而获得制度化的支持。经由权威理由生成的裁判为“依法裁判”。权威的特征被概括为“独立于内容”（*content - independence*），如果某个规范是权威性的，例如大陆法系的法官在裁判中必须遵守权威立法机关制定的规范，而不论法官对规范具体内容的实质评价如何，所以权威理由的效果便在于排除法官的个人考量。[8]

在司法裁判中，作为权威理由的法源包括立法机关的立法、上级法院的判决以及备受尊重的历史传统。权威理由大致分为三类：制度性权威、事实性权威与说服性权威。它们对于司法裁判活动的影响方式并不相同，[9]制度性权威是最重要的权威理由，而后两种权威类型分别致力于降低判决被推翻的风险以及增强判决的说服力，它们可以作为裁判理由，但不能作为裁判依据，不被归于“法源”的范畴。

“制度性权威”（*institutional authority*）来自于裁判活动的制度性框架，即“造法与适法”“法制定与法适用”的二元框架。现代社会中法官的基本职责是适用立法机关创制的规范解决纠纷，证成的是司法活动“依法裁判”的基本属性。制度性权威会产生“规范拘束力”（*normative bindingness*），司法裁判中如果存在相关规范而没有得到适用，法官便违反了遵循立法的义务，相关裁判未满足依法裁判的要求，应当在上诉程序中被推翻。因此，“作为权威理由的法源”可以被定义为，基于制度性权威并对法官具有规范拘束力的裁判依据。[10]

实质理由与权威理由在法律决定中发挥的功能不同。实质理由给特定法律决定提供了可接受性与合理性的支持，权威理由提供了可预测性的支持，两者在法律推理和论证中缺一不可。权威理由的正确适用离不开实质理由，[11]原因在于，其一，法官必须运用实质理由，才能对实证法内容进行评价性解释，这构成了法律适用的前提；其二，法官必须运用实质理由，才能在个案中超越各法源在形式位阶上的先后关系，于多个权威理由中挑选最适合个案的规范，解决不同法源的效果冲突问

---

[8] 雷磊：见前注［6］，第274页。

[9] “事实性权威”来自于某个机关在司法系统中事实上所处的地位。例如由于审级机制和上诉制度的存在，以及错案追究制度，法官可能面临个人担责的风险。基于对这些现实的后果考量，当上级法院的判决被挑战的可能降低至几乎不存在时，它们就对于下级法院和法官确立起了权威。对于“说服性权威”，一般而言，被说服意味着承认某观点所包含的实质理由是好的，这无疑与权威的内涵相反，因为权威的效果正是要搁置实质判断。所以，如果法院因相信某个判决的实质合理性而运用它，法院就没有将它作为权威来运用。但是有时法院将某些来源作为权威而参照适用是因为法院信任权威，即使并不赞同权威所作的结论；或是法院对自己得出的结论的可靠性表示怀疑，而认为权威更加可靠。与前两类权威的不同之处在于，说服性权威由法院自己选择，而不是由制度或事实强加于上。雷磊：见前注［6］。

[10] 雷磊：见前注［6］。

[11] 王夏昊：《法适用视角下的法的渊源》，载《法律适用》2011年第10期。

题；其三，在判定整个法秩序作为规范体系是否具有法律效力时，必须运用实质理由，如对纳粹时期国家法秩序的整体评价。[12]

（二）法源分量

就司法裁判而言，法源分量系作为权威理由的法源的地位高低，取决于权威理由在法源谱系中的位置以及规范拘束力的大小，司法裁判中体现为法官依据某实质理由偏离该权威理由的难度。一般来说，这两个方面存在正相关关系，某种权威理由的法源位阶越高，即在法源的等级序列里越靠前，实质理由偏离它的难度就越大。[13]

依凯尔森的规范构造理论，在权威理由的法源中，不同法源来自权威等级不同的制定机关，权威大小亦不相同，由此形成法源分量的轻重或曰法源地位的高低。以规范的效力来源为基准建立的规范位阶，是处理规范间冲突的主要方法。[14]同一位阶的多个规范，特别法优于普通法，后法优于前法；不同位阶的多个规范，高阶优于低阶（上位法优于下位法）；立法作为一个规范类型的整体分量又优于判例法和习惯法。

在形式上，法源位阶对于规范的选择适用具有核心作用：[15]首先，依据融惯性理论，裁判依据应得到尽可能多的不同位阶的权威理由的支持，以此说明该裁判具有更大的可预测性和更强的可接受性，因此裁判结果是合理正当的。其次，裁判依据应得到尽可能高位阶、重分量的权威理由的支持，法官应遵循依位阶形成的法源优先性关系。

但裁判的实际操作是一个“找法”的过程，无论多个法源是否处于同一位阶，层次上较具体的规范在找法过程中恒优先于较抽象的规范。所以，形式意义上的法源位阶，只是法官认定相关规范拘束力的标准，而裁判中找法的重心却在于，梳理出所有可能涉及到的规范的层次，找到最能适用于个案事实的具体规范，而不论其法源位阶为何。[16]因此，在民法方法论意义上，所谓“无法律时，依习惯”这种法源条款中抽象表述和形式化的法源位阶，只是对不同权威理由的规范拘束力即法源

---

〔12〕 二战结束之后，拉德布鲁赫在《法律的不公正和超越法律的公正》一文中提出的“拉德布鲁赫公式”（*die Radbruchsche Formel*）便涉及这一问题，根据这一理论，法官遭遇正义与法律有效性之间的冲突时，当制定法违背正义达到“不能容忍”的地步时就会丧失法律效力，即“不能容忍公式”；同时当制定法在制定时有意地否认正义，就会丧失法的地位或者说法的性质，即“否认公式”。参见［德］G·拉德布鲁赫：《法哲学》，王朴译，法律出版社2005年版，第232－233页。

〔13〕 雷磊：见前注［6］。

〔14〕 ［奥］凯尔森：《法与国家的一般理论》，沈宗灵译，中国大百科全书出版社2013年版，第193页以下。

〔15〕 王夏昊：见前注［11］。

〔16〕 苏永钦：《“民法”第一条的规范意义》，载氏著《私法自治中的经济理性》，中国人民大学出版社2004年版，第15～16页。

分量的宏观排序，和司法实践中找法的方法无关。

如果说严格依照权威理由的位阶是为了达到“依法裁判”的目标，那么运用实质理由则是为了追求“正当裁判”的目的。当依法裁判与正当裁判两者发生紧张关系时，法官需要在这两种司法的“元价值”之间进行权衡。[17]从法官的基本角色和功能定位出发，依法裁判是基本义务，正当裁判是更高要求。于特定案件中，若严格依法裁判会导致明显不公正的结果，法官会倾向于推翻形式意义上法源的优先性关系，或者舍弃权威理由而改采某实质理由，那么法官就负有论证义务，说明在个案中运用实质理由对某规则进行矫正是如此重要，以至于不惜侵害制度性权威、软化依法裁判的要求，这种做法在理论上称为“特别证立”（*special justification*），为法律论证理论中“惯性原理”所要求。[18]

二、法源作为法的创制机制：私法法源的观念史与社会理论基础

（一）近代以来私法法源观念史

法源作为法的创制机制，关涉人类社会对于“法”本身的理解、发现与筛选。法源是区分大陆法系与英美法系的重要因素，也是两大法系各法学流派皆要面对的一个核心问题，对于这一问题的不同见解也反映出不同法学流派的底色。近代以来，理性自然法学、历史法学、概念法学、利益法学、实证法学、评价法学、自由法学以及新自然法学这一学术脉络，分别将理性、历史传统、概念体系、立法者意志、规范等级、判例以及道德评价等因素，作为权威理由与实质理由的法源，影响着人们对何为“法”的理解。

西方有着悠久的自然法传统，到近代为止，经历了古典自然法、中世纪自然法与近代理性自然法三种类型，主张法的权威分别源于自然、上帝的启示以及理性。前两种自然法思想以社会共同体的价值为旨归，近代理性自然法则强调自然权利和个体本位。[19]理性自然法作为法源，一方面在“应然”层面，坚持传统自然法相对于实证法的“高级法”地位，把自然法作为实证法之检验标准，是一种可用来偏离

---

[17] 雷磊，见前注［6］。

[18] 惯性原理的意思是：“过去一度被承认的观点，若没有充分理由不可以被抛弃”。所谓“充分理由”指法律适用者所属国家的宪法所规定或法体系所承认、保障和促进的一些实质价值或道德。参见［德］罗伯特·阿列克西：《法律论证理论》，舒国滢译，中国法制出版社2003年版，第215～216页。

[19] 古典自然法的两个重要命题：自然法与实定法的二元论，人类本性的社会性及其对社会共同体的义务。中世纪自然法分为理智论与意志论，体现为两种法律观：法律是因正义（自然本性）而成为法律，还是因为命令（立法者意志）而成为法律。近代自然法正是对意志论的摒弃与对理智论的复活。参见朱晓喆：《近代欧陆民法思想史》，清华大学出版社2010年版，第50页。

实证法规范的实质理由；另一方面在“实然”层面，理性自然法的创见是在哲学体系上认为自然法经由纯粹理性途径可构建一套圆满自足的规范体系，于是实证地编纂理性自然法法典就成了立法者的任务，[20]这一观念遗产随后为法学实证主义毫不犹豫地继受，启蒙运动的自然法深刻影响了十八世纪的法典化运动，这场法典化运动中诞生的数部法典也被称之为“自然法典”，如1792年颁布的《普鲁士一般邦法典》与1811年的《奥地利一般民法典》等。

历史法学的法源观念与自然法学迥然不同。历史法学派的奠基人萨维尼赞同胡果的历史方法与蒂堡的体系方法，主张“体系”以“历史”为基础，历史方法提供材料，体系方法提供科学的形式和本质。在法源上，自然法学强调理性，而历史法学认为代表着历史经验的习惯是最终的法源，法是被发现而非被创制的。因此尽管历史法学强调以实证法代替自然法，却反对唯理性建构式的法典编纂。[21]历史法学试图重新创立有方法意识的、体系性的法学，将实证法律素材哲学体系性处理为内部体系，其中的原则脉络通过法教义学释放出迄今不息的法律创造力。[22]到了普赫塔的潘德克顿法学，历史材料完成体系化使命后被弃之若履，随之确立了概念法学即法学实证主义。虽然概念法学也将法区分为习惯法、制定法与法学家法，但强调法学家法高于习惯法，[23]法学家创造的新的科学法体系是逻辑严密的“概念金字塔”。概念法学的两项成果为封闭的法秩序体系与体系的无漏洞性，体系自身具有产生法律的能力，[24]甚至可以说，体系自身就是法源。

及至耶林，习惯的法源地位受到进一步冲击。耶林将“目的”作为法的创造者，而目的的主体被定性为立法者。黑克的利益法学继续秉持这一立场，“立法者意志”体现在对利益冲突的取舍之中。[25]同时期的英美法学界，奥斯丁奠基了法律实证主义，奥斯丁的命令理论也以立法者意志为唯一法源，主张“法律是主权者的命令”，通过区分实然与应然的法律，告别了任何形式的自然法思维，同时通过严格界定法律概念的方式，告别了古老的习惯法传统。[26]奥斯丁与耶林深受边沁功利主义的影响，在将立法者视为“最大多数人之最大利益”的判断者时，也开启了以立法者意志为最终法源之门。本体论上，立法者意志成为制定法效力

---

[20] ［德］弗朗茨·维亚克尔：《近代私法史》，陈爱娥等译，上海三联书店2006年版，第321页。

[21] 法律首先产生于习俗和人民的信仰，其次乃假手于法学。所以法律并非制定者的专断意志所孕就的。参见［德］卡尔·萨维尼：《论立法与法学的当代使命》，许章润译，中国法制出版社2001年版，第11页。

[22] ［德］弗朗茨·维亚克尔：见前注［20］，第359～361页。

[23] 谢鸿飞：《法律与历史：体系化法史学与法律历史社会学》，北京大学出版社2012年版，第43页。

[24] ［德］弗朗茨·维亚克尔，见前注［20］，第416页。

[25] 吴香香：《民法的演进——以德国近代私法理念与方法为线索》，世界知识出版社2012年版，第96页。

[26] ［英］约翰·奥斯丁：《法理学的范围》，刘星译，中国法制出版社2002年版，第3页以下。

的正当化说明，即制度性权威理由；方法论上，立法者意志也是法律解释的重要方法。

同为法实证主义的凯尔森与哈特并不赞成奥斯丁的命令理论。凯尔森的纯粹法学把包括功利原则在内的所有评价因素都从法学中清除出去，仅聚焦于法律规范的形式结构，建立起一套规范等级体系，任何规范的效力基础皆源于法体系中更高位阶的规范，规范等级体系本身构成权威理由，最高规范需要溯及宪法。〔27〕哈特的规范理论则注重分析规范的形式结构与逻辑关联，把规范分为初级规范与次级规范，认为“法效力”的判准是次级规范中的“承认规则”，该规则可将道德规则与实质价值包含进来，形成所谓“包容性法律实证主义”。〔28〕

20世纪以来，脱胎于利益法学的评价法学受诠释学的影响，并未刻意强调法源观，而是认为每一项规范中必然包含评价因素，规范的形成是一种价值判断，所有的法律适用并非都是逻辑程序，法律解释和法律续造均无法脱离评价而存在，作为法源的规范实为评价性规范。评价标准或在宪法之内，或为法律原则，或为制定法外的客观价值。〔29〕可以说评价法学在秉持法学实证主义的基础上，把探讨重心立足于法学方法论上，尤其强调法律论证过程中的价值判断即实质理由，对外部体系与内部体系的不同功能进行了区分，较好兼顾了依法裁判与正当裁判。

自由法学一反实证法学的基本立场，把规范的创造者定位为法官而非立法者，埃利希认为自发生成的“活法”（*living law*）是真正支配社会生活的法律，若离开活法这一法源，则无从理解实在法。伊赛也主张法官实证主义，认为判决不是从规范中产生，而是规范从判决中导出，法官只是在利用法律铺陈自己的判决理由，〔30〕判例成为最重要的法源。可以看出自由法学不同于主张“法官应受制定法之拘束”的利益法学。在英美持类似观点的是法律现实主义思潮，主张放弃对法律规则本身的抽象逻辑论证，强调从经济、心理及其他社会科学的角度寻找法存在的必然性，使法律与社会紧密联系起来；以虚化的训条代替具体的规则，把注意力从权利和规则概念转移到法律保护的利益上。法律现实主义对法源进行了扩张，把法律政策作为公共利益的代名词，引入私法成为新的价值标准，把商业惯例作为新的事实标准。

“二战”以后，为了克服新康德实证主义的弊端，现代新自然法理论开始审慎尝试建构实质的价值伦理学。〔31〕富勒、德沃金等人不再主张超越实在法的、永恒不

---

〔27〕［奥］凯尔森，见前注［14］，第126～141页。

〔28〕［英］H. L. A 哈特：《法律的概念》，许家馨、李冠宜译，法律出版社2006年版，第230页。

〔29〕吴从周：《概念法学、利益法学与价值法学：探索一部民法方法论的演变史》，中国法制出版社2011年版，第422～430页。

〔30〕同上注，第346～347页；［德］弗朗茨·维亚克尔，见前注［20］，第552页。

〔31〕［德］弗朗茨·维亚克尔，见前注［20］，第565页。

变的自然法，而取向于随时代变迁的价值标准；不再关注“高级法”的存否，把作为一种政治与道德理论的传统自然法过渡为一种法律和社会理论。新自然法学对作为制度性权威法源的实证法不再排斥，同时强调描述法律或确定其效力时，坚持把道德评价作为一种必要的实质理由，坚持对专断意志之终局有效性的否定。[32]新自然法学认为立法与司法应受实质正义的最高原则拘束，法官的法适用不仅要实现立法者的个别目的，也应实现绝对的法律价值。[33]

（二）私法法源的社会理论基础

不同学派的法源理论，大致对应于哈耶克社会理论中的“进化论理性主义”与“建构论唯理主义”两种框架。[34]历史法学派属于典型的进化论理性主义，重视习惯等经验主义的法源地位，主张理性是有限度的，只有在累积性进化的框架内，个人的理性才能得到发展并发挥作用，因此法源需要保持开放性。文明乃至社会规范是经由不断试错、日益累积而艰难获致的结果，历经数代人的实验和尝试而塑造的传统或习俗，包含着超过任何个人所能拥有的丰富经验。而法实证主义与理性自然法被归入建构论唯理主义，主张人的智识与道德禀赋可以型构文明，所有的社会制度包括规范都是人之设计的产物。从而确立了以理性设计的法典为唯一法源的实证法体系。

基于上述两种框架，哈耶克把所有社会秩序分为演化生成的“自生自发秩序”（内部秩序）以及人为建构的“组织秩序”（外部秩序）。在自生自发秩序下，三个核心概念为自由、正当行为规则和竞争。[35]“正当行为规则”（*rules of just conduct*）指人们对某些行为规则的普遍遵守，是自由与竞争得以存在的必要条件，这些行为规则不是命令或强制的结果，而是习惯和传统造就的。正当行为规则既包括已经立法成文化的“阐明的规则”（*articulated rules*），也包括日益进化且未被形式化的“未阐明的规则”（*unarticulated rules*），后者优于前者且保持持续互动。[36]在宽泛意义上，法典属于前者，习惯属于后者。

私法秩序属于自生自发秩序，私法规范奉行正当行为规则，在历史演进中为民众交往所创造，立法者不过是将其揭示并表达。因此私法必定是人之行为而非人为设计的结果。私法不指令行为人积极行为，只是通过禁止性规则划定行为界限，实

---

〔32〕 吴香香，见前注［25］，第130～133页。

〔33〕［德］弗朗茨·维亚克尔，见前注［20］，第572～575页。

〔34〕［英］弗里德利希·冯·哈耶克：《自由秩序原理》，邓正来译，三联书店1997年版，第10～17页。

〔35〕 同上注，第16～32页。

〔36〕［英］弗里德利希·冯·哈耶克：《法律、立法与自由》第1卷，邓正来译，中国大百科全书出版社2000年版，邓正来代译序，第14页。

际如何行为，取决于行为人的自由意志。私法中的禁止性规范主要集中于交易安全以及公共利益等非属自治领域，意义在于界定自治行为的边界，即“确获保障的私域”。社会的形成和存续，端赖于人们对自生自发正义规则的遵循，而法律实证主义和自然法理论，将所有社会秩序规则统一于“主权者意志”或“先验的理性设计”，[37]使得自生自发秩序逐渐被组织秩序侵扰和替代。

习惯传统在大规模法典化运动之前，扮演了重要的造法机制的角色。甚至在当下，习惯依然在全球商事领域内发挥着重要的裁判依据功能。不过必须承认，近现代以来民族国家化的速度远超社会自发整合的速度，这就给立法介入以催化、引导与加速私法自生自发的进程提出了要求。哈耶克也承认，现代社会秩序中，有必要组织一种能够使自生自发秩序发挥更大作用所必需的架构，[38]立法正是旨在建立这种架构。另外，法典编纂还担负政治任务，即抑制和整合中世纪以来社会中代表各分众阶层利益的多元法律创制渠道，消灭商法等亚社会传统法源的独立地位，并降格为制定法层面的补充型特别私法，解散多元社会中通过法源民主对顶层立法权力核心的制衡力量。[39]

近代私法理论体系的飞速发展，例如潘德克顿体系的确立，使制定法拥有了前所未有的建构唯理主义的践行力，实现了对私法形式上的统一，在制定法优位时代，完成了民法典作为一般私法的最终进化。民法典试图使自生自发秩序在民族国家化的新环境中发挥更大的基础作用，将所有可能发生分歧的私法领域及各种历史性法源集合到公共政策的评价之下，而私法的“外延”，正是因这一集合评价机制而获得了立法的圈定——通过建构性手段克服演化惰性的自生自发秩序属于私法，对自生自发秩序的干预手段则为公法。随着法典编纂的完成，立法取代司法成为法律创制的权威中心，非制定法（习惯、判例）被降格为经由制定法获得法律效力的次等法源。法源的古典观念被遮蔽，法源作为法创制机制的工具意义随之衰落。[40]于是，才有哈耶克对私法法源封闭导致的低水准立法的批评——大陆法系国家均存在将对国家顶层的“刻意安排”嵌入所有私人秩序的意图，其人为设计部分只具有该秩序的创造者所能审视和把握的较低的复杂程度。[41]

在当代，高度理性化的立法进程被规范多元主义所替代。治理模式表现为多层次与多中心，立法机构、司法机构、行政机构以及相关社会机构都在以某种方式制造不同表现形式的规范，法典对法源的专属性控制已不再可能，具有典型与示范意

---

〔37〕 同上注，第19页、第36～37页。

〔38〕 同上注，第25页。

〔39〕 张力：《民法转型的法源缺陷：形式化、制定法优位及其校正》，载《法学研究》2014年第2期。

〔40〕 同上注，第73～92页。

〔41〕 ［英］弗里德利希·冯·哈耶克，见前注［36］，第57页。

义的是商法，其发展越来越明显地呈现出回到商人职业法的趋势。[42]当代各法源的竞争是实质性的，不仅在形式上静态集合了作为裁判依据的所有规范，更成为各规范间竞争与妥协的平台，为各种社会力量间博弈的正当化提供了法治框架。

（三）法源的开放及其与民法方法论的分工

在法律实证主义观念下，法典是成文法的最佳形式，私法法源形式上只有民法典，习惯法或惯例从属于成文法，起次要作用。[43]以概念法学为代表的法实证主义者只顾在逻辑建构的世界中自娱自乐，生活世界与法律世界过分远离，以学术想象代替了生活洞察。但法律终究需要回应社会现实生活，以民法典为中心建立的所谓“封闭完美的私法体系”，很快在变幻莫测的社会现实生活面前捉襟见肘，文本与现实发生了断裂。因此，正如进化论的理性主义所预言的，法典时刻面临着因社会演进变革而滞后过时的风险，为了满足社会生活的需求，法源必须保持开放。

裁判过程是“从法源到个案正义”的推进，因此裁判本身必然涉及法学方法问题——一切文本均须经解释始得理解；规范出现漏洞时基于民商事领域“法官不得拒绝裁判”的原则，又给法官施加了法律漏洞填补与法律续造的任务。对不同类型法源的识别、排序和选择，皆体现了法学方法的运用。[44]因此，法官在个案中不得拒绝裁判以及法律解释、漏洞填补、法律续造等法学方法的运用，皆以法源的开放为前提。

从利益法学到评价法学，法学家们围绕着立法者与司法者的权力分立及平衡，针对立法时的评价因素、法官断案时的裁判标准、传统的涵摄方法、法律解释、漏洞填补以及超越法律的法续造等问题，展开了方法论上的论辩，并渐渐形成主流的民法方法论。[45]法官借助于裁判技术软化法律拘束，使裁判结果更符合实质正义和社会需求。目的论扩张、目的论限缩、类比推理、基于一般原则的修正等法学方法应运而生。民法方法论指引下成熟起来的法教义学，很大程度上填补了抽象条文与现实生活的差距，发挥了强大的找法、补法、统法和正法功能。体系化的法教义学源于体系化的制定法（法典），也进一步强化了制定法的体系化（内在体系）。[46]

---

〔42〕 近几十年来以《国际商事合同通则》和《欧洲合同法通则》为代表的国际贸易法形成了所谓“新商人习惯法”，鼓励基于商人结合的法律自助机制，重视引入商会、协会等社会组织与学者团体对规则的解释、发展，加大商业组织“社团罚”的适用力。须关注的是如何且在多大程度上将商人法复兴机制，从弱主权的国际商事环境下移植到强主权的国内法环境中。张力，见前注［39］，第73～92页。

〔43〕 ［美］艾伦·沃森：《民法法系的演变及形成》，李静冰、姚新华译，中国法制出版社2005年版，第230页。

〔44〕 姚辉、段睿：《民法的法源与法学方法》，载《法学杂志》2012年第7期。

〔45〕 ［德］卡尔·拉伦茨：《法学方法论》，陈爱娥译，商务印书馆2003年版，第1～71页。

〔46〕 苏永钦：《司法如何造法》，2017年5月31日于中德私法研究会上的发言。

在民法方法论的视阈下，后法典化时代的私法法源逐渐走出法律实证主义的囹圄。多元法源有助于保持法律体系自身的开放性，各国在法典修订过程中，通过诸如基本原则、一般条款、不确定概念的设定等一系列立法技术，维持了法源的开放性特征，避免法律规范在现实生活变迁中适用不能。不少国家为了强调法源保持开放对于整体法秩序之实现的重要性，在法典中直接规定了法源条款。

1907年颁布的《瑞士民法典》堪称法源条款的开山之作，第1条对法源进行了明确列举，“任何法律问题，凡依本法文字或其解释有相应规定者，一律适用本法。法律未规定者，法院得依习惯法；无习惯法时，得依其作为立法者所提出的规则，为裁判。在前款情形，法院应遵从公认的学理和惯例。”〔47〕我国台湾地区“民法”第1条进行了类似规定：“民事，法律所未规定者，依习惯，无习惯者，依法理。”这一趋势蔓延到民法各编，2009年台湾地区颁布“民法”物权编修正案时，也将第757条原规定“物权，除本法或其他法律有规定外，不得创设”修正为“物权除依法律或习惯外，不得创设”，肯定了习惯在物权法中的法源地位。法源条款的规范目的旨在维持民法体系的开放性，通过接纳习惯以及法理这些“未阐明的规则”，在现代官僚立法体制下保留了自生自发秩序的进化空间和多元法律创制渠道。法源条款所不及的找法问题，则属于民法方法论的核心内容，〔48〕以此协调了法源理论与民法方法论之间的分工。

三、私法史样本：罗马多元法源的内涵与兴衰

罗马法在很长一段时间内，并没有形成一元化和确定性的法源观念，也不存在垄断立法权的立法者。“法是主权者的命令”这种规范观念与近代以来的国家立法主义、实证法学以及法典编纂相联系，把法看作是自上而下颁布的规范体系，目的是将市民生活置于国家的管制和监护之下。而在罗马人的观念中，法不过是一种纠纷解决方案，可以并存多元法源以及复数的规范创制者。法规范的多元导致规范之间的竞争，保证了法创制和适用的自由及民主。罗马后古典法之前，罗马公共立法活动很少介入私法领域，私法的效力依据不是来自立法者以制裁为背景的权威，而是源自规范内容的实质合理性。〔49〕在罗马一千七百多年的历史进程中，重要的法源类型包括古老习俗、市民法与万民法、裁判官法、民决的制定法、元老院决议、法学家解答、法学、君主谕令等多种形式，〔50〕几乎涵盖了后世所知晓和运用的所有法

---

〔47〕译文参见《瑞士民法典》，戴永盛译，中国政法大学出版社2016年版，第1页。

〔48〕苏永钦，见前注［16］，第22页。

〔49〕薛军：《罗马学派与罗马法研究范式的转变》，载赵海峰、金邦贵主编：《欧洲法通讯》（第四辑），法律出版社2003年版，第321～333页。

〔50〕*Gai*. 1，2；*D*. 1，1，7；*I*. 1，2，3.

源形态。这些法源类型并非自罗马法初期便一直并存到优士丁尼时期，而是在罗马法的不同阶段，旧法源逐渐衰亡、新法源依次兴起，此起彼伏、动态演进。罗马私法如何从多元法源衰退到优士丁尼时期法典编纂的唯一法源形式？下文便针对罗马法这一私法史上的经典样本，展示私法多元法源的内涵与兴衰。

（一）远古时期

罗马建城之前唯一的法源是未成文化的“古老习俗”（*mores*）。建城之时与城邦并立的政治组织包括罗马家庭、氏族、部落等大小共同体。城邦权力孱弱，无力染指调整私人纠纷。罗马家庭和部落群体环环相扣，构成一个复杂的政治—法律—宗教联合体。罗马家庭又被称之为“自有法家庭”（*familia proprio iure*），作为一种政治组织自己解决内部纠纷，家父拥有的“家父权”（*patria potestas*）是调整家庭内部成员关系的基础，只受古老习俗限制。〔51〕早期的“法”（*ius*），作为一种自发的、跨家庭的习俗性秩序，并非起源于城邦，而是立足于大大小小的市民共同体中，又被称为“奎利蒂法”（*ius Quiritium*）（因为最早的罗马市民定居于奎利蒂山）。*ius* 与 *mores* 相对应，承认家庭以及家父的权力，这一时期的“法”就是“家父之间的法”。〔52〕

城邦逐渐发展壮大，瓦解了与之竞争的其他大小共同体，古老习俗逐渐上升为“法”（*ius*），且与城邦通过相互干预、混合和发展趋向于统一，形成了“市民法”（*ius civile*）。〔53〕随着城邦开始行使司法权，出现了“法律诉讼”（*legis actiones*），市民法也表现为“城邦自己的法”（*ius proprium civitatis*），〔54〕在这一阶段，罗马并未出现立法机构，市民法只有古老习俗这一载体，拘束力来自经久长行的历史传统的权威性，内容本身得到人民的普遍确信。

随着罗马政制从王政走向共和，公元前450年，“十人立法委员会”在考察希腊梭伦立法之后，将城邦古老习俗收集编纂而成“十二表法”（*lex Duodecim Tabularum*），由百人团会议通过并颁布生效。〔55〕十二表法是对既存的“法”（*ius*）的确认和接纳，标志城邦开始通过立法活动介入“法”的领域，第一次实现了法的成文化。十

---

〔51〕 Vincenzo Arangio – Ruiz, *Storia del Diritto Romano*, Napoli, 2003, p. 55; Feliciano Serrao, *Diritto privato economia e società nella storia di Roma*, Napoli, 2006, p. 60.

〔52〕 ［意］朱塞佩·格罗索：《罗马法史》，黄风译，中国政法大学出版社2009年版，第72页。

〔53〕 Mario Talamanca, *Lineamenti di Storia del Diritto Romano*, Milano, 1989, p. 29.

〔54〕 市民法最初只是特指来自特定共同体的法，并在与其他城邦的法相对的意义上使用；较晚时期，才开始将市民法作为适用于共同体中的私人之间的私法规范的一个组成部分，与裁判官法等相对立。参见［意］阿尔多·贝特鲁奇：《从市民法到民法》，薛军译，载氏著《罗马法与拉丁法族》，徐国栋编，中国政法大学出版社2014年版，第27页。

〔55〕 *D.* 1, 2, 2, 4. Cfr. Pietro de Francisci, *Sintesi storica del Diritto Romano*, Roma, 1968, p. 91 – 94; ［意］弗朗切斯科·德·马尔蒂诺：《罗马政制史》（第一卷），薛军译，北京大学出版社2009年版，第221～233页。

二表法把法从贵族祭司团体垄断中解放出来，被视为是平民的一次重大胜利。[56]从今人的标准来看，十二表法远非真正的法典，只能看作是法典化思想的开端。

（二）形成时期

公元前2世纪到公元1世纪为罗马共和国中后期和元首制初期，对应于罗马法的形成时期。这一阶段罗马从一个农业城邦扩张为地中海领域最强大的商业国家，社会经济的发展需求造就了“万民法”“裁判官法”等具备法官造法特征的法源类型；共和政体中享有立法权的机构催生了“民决法”以及“平民会决议”等具备制定法特征的法源；法学家团体开始出现，生成了“法学家解答”这一具有学说特征的法源。

早期的“市民法”（*ius civile*）只能在罗马市民中适用。外邦人在市民法上不享有任何权利也不承担义务，例外情形是拉丁同盟的成员依跟罗马之间的条约享有一定的通商权及通婚权。随着城邦对外商业贸易日渐频繁，外邦人被当作无权利者对待的做法在实践中无法持续，于是罗马人通过外事裁判官和行省总督的告示，在市民法一侧建立起一套“万民法”（*ius gentium*）规则，用于调整罗马市民与外邦人以及外邦人之间的私法关系。[57]万民法受到希腊思想影响，减少了市民法中大量严格的形式主义要求，强调“信义”。[58]“实践性意义”上的万民法，把国际交易惯例转化为罗马法的具体规范，又被视为“罗马和外邦共同的法”或“商业的法”。[59]

万民法的主要载体是外事裁判官颁发的告示，具有法官造法特征。依罗马政制体制，由享有治权和司法权的高级民选官员——主要指内事裁判官（*praetor urbanus*）与外事裁判官（*praetor peregrinus*）——向人民发布的命令，被称为“裁判官法”（*ius praetorium*）或“荣誉法”（*ius honourarium*）。司法权的制度性权威使裁判官法产生拘束力，它与市民法彼此互补而不相互取代。[60]裁判官法不能直接修改市民法，通

---

〔56〕 Cfr. Mario Talamanca, *Lineamenti di Storia del Diritto Romano*, Milano, 1989, p. 100；[意] 朱塞佩·格罗索，见前注[52]，第58，75页。

〔57〕 *D.* 1，1，1，9；*I.* 1，2，2. Cfr. Mario Talamanca, *Lineamenti di Storia del Diritto Romano*, Milano, 1989, p. 132.

〔58〕 [意] 弗朗切斯科·德·马尔蒂诺：《罗马政制史》（第二卷），薛军译，北京大学出版社2014年版，第57页。

〔59〕 万民法的含义在1200多年漫长的罗马法史上不断演变，有至少7种含义——使节法、普通法、世俗法之主要部分、自然法、有利于外邦人的法、地方法、道德法等，都包含“涉外”的因素。另外，“理论意义”上的万民法源自于希腊哲学理论，如西塞罗把万民法与自然法相等同，作为所有民族共同的法，与市民法相对立，后者是某个共同体（城邦载）自己的法。盖尤斯的理念（*Gai.* 1，1）也是：“万民法是基于自然法理由创制的，而市民法来自民众的意志。”除了市民法与万民法二分法之外，乌尔比安还采纳了“自然法-万民法-市民法”三分法，把万民法视为全体人类使用的法。参见徐国栋：《万民法诸含义的展开——古典时期罗马帝国的现实与理想》，载《社会科学》2005年第9期。

〔60〕 *D.* 1，1，7，1. 帕比尼安说，裁判官法是裁判官为了公共利益，为了帮助、填补、纠正市民法而引进的法。

过告示给当事人提供某种程序性的救济措施，如授予一方诉权或者否定一方诉权，在个案中达成公正结果。[61] 马尔其安评价道，裁判官法是市民法的生动体现。[62]

裁判官告示的有效期只有一年，与裁判官任期相同。理论上，后任裁判官在颁行告示时可修改前任裁判官告示的内容，而实践中，由于告示代表着内容本身合理的司法实践经验，通常不加修改地被后任裁判官继续采用并发布，以此方式积累流传下来的裁判官规范体系被称为“沿袭告示”（*edictum translaticium*）。[63] 沿袭告示是一种开放式法源，没有僵硬的体系结构掣肘，致力于年复一年对实体内容的持续修正，回应了罗马社会经济结构的不断变化，满足了规范供给侧的需求，促使罗马私法持续进化。裁判官告示作为法源具有双重特性，一方面，告示的规范拘束力来自裁判官享有的司法权这一制度性权威理由；另一方面，告示因内容本身的公正合理，成为裁判的实质理由。

罗马共和国时期有立法权的机构，如百人团大会、部落大会等，颁布了一系列“制定法”（*lex*）。根据十二表法（*Tab. XII.* 5）中的人民自主立法原则，制定法由享有治权的官员提案，百人团会议或部落会议表决通过，又称为“民决法”（*leges rogatae*）。[64] 由平民组成的平民会议上通过的“平民会决议”（*Plebiscitum*）仅约束平民阶层，自公元前286年“霍尔腾西法”（*lex Hortensia*）之后，平民会决议对全体罗马市民具有约束力，被纳入 *lex* 的范畴。*Lex* 倚仗立法机构享有制度性权威，在整个共和国时期被认为是创制客观法的唯一方式。[65]

除了十二表法外，制定法在罗马共和国时期没有成为创制私法规范的重要工具。彼时的立法活动极端保守，通常只涉及公法领域，并不是富有成效的私法法源。[66] 在

---

[61] 裁判官并不给予当事人某种权利，只有法律可以这样做，但他可以给当事人提供救济，一旦有了救济，不言而喻就有了权利。

[62] *D.* 1. 1. 8. cfr. Vincenzo Arangio – Ruiz, *Storia del Diritto Romano*, Napoli, 2003, p. 166.

[63] 公元前67年 *lex Cornelia* 法案禁止裁判官违反沿袭告示。参见［英］乔洛维茨、巴里·尼古拉斯:《罗马法研究历史导论》，薛军译，商务印书馆2013年版，第128页；［意］弗朗切斯科·德·马尔蒂诺，见前注［58］，第198页；薛军：“民法典编纂与法官造法：罗马法的经验与启示”，《法学杂志》2015年第6期；Cfr. Pietro de Francisci, *Sintesi storica del Diritto Romano*, Roma, 1968, pp. 238 – 247.

[64] ［意］弗朗切斯科·德·马尔蒂诺，见前注［55］，第341页；［英］乔洛维茨、巴里·尼古拉斯，见前注［63］，第112页。

[65] 两种法律渊源在实质意义上开始趋同（形式上仍然是分开的），这就解释了为什么不仅官方语言的程式中，总是提到“法律和平民会决议”。帕比尼安（*D.* 1，3，1.）对 *lex* 定义是：法律是整个共和国民众间的共同协议。体现了罗马人法律观念中浓厚的契约论色彩，这一观念对后世欧洲的法律观产生深远影响。Cfr. Vincenzo Arangio – Ruiz, *Storia del Diritto Romano*, Napoli, 2003, p. 133. ［意］朱塞佩·格罗索，见前注［52］，第144页。

[66] 历史上也有一些对私法制度影响甚巨的制定法，如规制契约外责任的“阿奎流斯法”（*Lex Aquilia*）、减轻债务人身性和严厉性的“博埃腾法”（*lex Poetelia*）等。［英］乔洛维茨、巴里·尼古拉斯，见前注［63］，第113页。

罗马人根深蒂固的观念里，私法与社会生活中自生自发的习惯有千丝万缕的联系，不适合通过立法者意志干预。裁判中面临的私法问题，早期求助于祭司，尔后求教于法学家解答。以习惯形式存在的“法”（*ius*）与“制定法”（*lex*）在不同层面发挥作用：后者旨在提升前者的确定性，对前者可补充完善但无权废除或修改，只能通过诉讼或抗辩手段抵消前者的效力。[67]

（三）古典法时期

公元2世纪至4世纪为罗马古典法阶段。这一时期政治上进一步集权，民众会议作为立法机构被废弃，代表共和体制的民决法消失了。为了与立法权日益集中的政治现实相吻合，生成“元老院决议”与“君主谕令”两种新的法源类型。伴随着法学家对各法源的研究和著述活动，原有法源中的市民法、万民法和裁判官法逐渐融合，被更宽泛而统一的“罗马法”（*ius romanum*）概念所包容，为公元六世纪优士丁尼的法典编纂奠定了基础。[68]

罗马帝国的民事诉讼程序，由国家集权控制色彩浓郁的“非常审判”（*cognitio extra ordinem*）取代了共和国时期占主导地位的“程式诉讼”（*processo formula*），裁判官丧失了通过程式等程序手段发展法律的空间。哈德良皇帝指派法学家赛尔维·尤里安在公元130年进行“永久告示”（*edictum perpetuum*）的编纂活动，取代了开放而具有自我更新能力的沿袭告示，奠定了裁判官告示的最终形态，只有君主敕令或元老院决议才可加以修正。永久告示之颁布，标志着裁判官法这种创新型法源消失了。

元老院作为罗马政制中的重要角色，对私法的影响力在不同阶段表现各异。共和国时期，元老院尚不能制定直接约束公民的一般性抽象规则。[69]元老院的权力主要集中在祭祀、财政经济、军事制度和战争、国际关系、行省制度、土地分配、殖民地建立等方面，多与私法问题无涉。[70]公元前287年霍尔腾西法之前，元老院仅通过批准平民会决议的方式参与立法进程；“元老院决议”（*senatus consulta*）的约束力更多是政治性的，可约束官员，但对私人不具有直接规范效力。[71]实际政治运作中，多由裁判官将元老院决议中的建议或指令转化为立法动议，然后以平民会决议形式通过颁布。少数的元老院决议包含了私法规范，但相比制定法，处于次要法源地位。

---

[67] Feliciano Serrao, *Diritto privato economia e società nella storia di Roma*, Napoli, 2006, p. 469；［意］朱塞佩·格罗索，见前注［52］，第81页。

[68] ［意］朱塞佩·格罗索，见前注［52］，第180页。

[69] ［意］朱塞佩·格罗索，见前注［52］，第259页；Cfr. Pietro de Francisci, *Sintesi storica del Diritto Romano*, Roma, 1968, p. 337.

[70] Vincenzo Arangio – Ruiz, *Storia del Diritto Romano*, Napoli, 2003, p. 237.

[71] ［意］弗朗切斯科·德·马尔蒂诺，见前注［55］，第358～359页。

元首制时期，政治架构的两大支柱变为君主与元老院，元老院取代民众会议成为政体中的共和制因素。在私法领域，元老院承继了民众会议这一制度性权威，开始以元老院决议形式颁布抽象规则。[72]君主很快对元老院施加了更深的政治控制，公元2世纪末出现了“元老院中的君主诏书”（*oratio principis in senatu habita*），把君主向元老院传达的诏书要点或君主演说形成决议文本，在此基础上润色后形成元老院决议。至此，元老院扮演着君主意图传声筒的傀儡作用，元老院决议不再具备独立的法源地位。

“君主谕令”（*constitutio principis*）是整个帝国时期最重要的法源，君主发布的命令具有规范拘束力，源于皇权这一制度性权威理由。“君主决定之事具有法律效力，因为人民通过有关君主治权的王权法，把自己的一切治权和支配权授予了他。”[73]名义上，人民主权的基础并未改变，事实上，君主对现行法的介入日渐公开和频繁，由于无人能够质疑，这些干涉手段逐渐被认为具有了法源的约束力，被当成国家最高权力的表达。

君主谕令有多种类型：敕谕（*edicta*）和敕训（*mandata*）属于一般性抽象规则，敕谕针对全体臣民，敕训针对官员；敕裁（*decretal*）、敕函（*epistulae*）与敕答（*rescripta*）分别指君主直接行使司法管辖权所发布的判决、指示官员在具体案件中的裁断、针对私人提问的法律解答。帝国晚期针对重要的行政事务还出现批注（*adnotatio*）与法律意见（*pragmaticae sanctiones*）两种新的谕令类型。[74]

（四）后古典法时期

公元四至五世纪处于后古典法阶段。随着专制君主制的全面确立，古典法阶段的多元法源全面衰亡，民众会议作为立法机构已被废弃，裁判官法因永久告示的编纂而丧失活力，元老院决议成为君主的代言。这一时期唯一具有活力并持续生产规范的权威性法源是君主谕令，它力图规制帝国法律秩序的方方面面。法学家为了处理君主谕令与古典罗马法（*ius romanus*）之间的关系，通过著述将所有传统法源的规则内容统合成体系化的法学学说。[75]君主谕令（*leges*）与法学学说（*iura*）是后古典法时期仅存的两种法源，它们作为 *lex* 与 *ius* 的复数形式，前者代表君主这一立法者制定的客观法

---

〔72〕 第一个不经裁判官介入直接对法律产生影响的元老院决议是哈德良时期的《德尔图良元老院决议》。规定子女未留遗嘱死亡的，母亲某些情况下有市民法上继承权。［英］乔洛维茨、巴里·尼古拉斯，见前注［63］，第468页。

〔73〕 *Gai.* 1，5；*I.* 1.2.6；*D.* 1，4，1*pr.*［意］朱塞佩·格罗索，见前注［52］，第262页。

〔74〕［意］奥利维耶罗·迪里贝尔多：《法典编纂时代：君主制时期法的渊源》，黄美玲译，载徐涤宇主编：《罗马法与共同法》第四辑，法律出版社2014年版，第51页；Cfr. Pietro de Francisci，*Sintesi storica del Diritto Romano*，Roma，1968，p. 339～345.

〔75〕 Vincenzo Arangio－Ruiz，*Storia del Diritto Romano*，Napoli，2003，p. 353.

规范；后者代表将社会结构本身用习惯等法律术语和结构加以表达的有机体系。[76]

法学家在罗马法整个发展过程中一直发挥着巨大作用。共和时期与元首制时期，裁判官与承审员常常向法学家就个案咨询法律建议，促进了裁判官法的发展，也使得“法学家解答”（*interpretatio prudentium*）成为以优质内容取胜的法源，同时因法学家的高贵出身、历史传统和任职经历等因素享有权威。法学家还持续通过法律评注和编纂活动，将各种类型的法源整合为一个有机整体，催生出系统化的法学学说。[77]在共和国早期，法学家的主要研究对象是市民法，最有代表性的是穆齐与萨宾的市民法评注作品，奠定了后世法律体系的基础。[78]裁判官法成熟之后，法学家的研究重心转向裁判官告示，保罗和乌尔比安都曾撰写数卷本的告示评注。法学家的作品类型还包括针对个案的决疑、具体制度的专著、整合所有法源的教科书。从奥古斯都时期到公元三世纪中期，法学家活动勃兴，形成萨宾学派、普罗库罗斯学派等著名流派，这一时期也被冠以“古典”之名。[79]

元首制时期，“法学家解答”作为法源的基础发生了变化。“经君主批准的解答权”制度由奥古斯都引入，提比略发展，在哈德良批复中得以确认，解答权成为一种特权，君主通过授予部分法学家解答权的方式，对法学家阶层施加控制。拥有解答权的法学家的个案意见才具有规范拘束力，若两位法学家观点冲突，法官可自由选择。[80]君主制时期，解答权不再被授予，具有“贵族特色”的法学家阶层逐渐被纳入君主顾问委员会，成为帝国行政官僚体系的一部分。作为法源的法学家解答彻底僵化的标志是狄奥多西二世颁布的《引证法》（*lex citandi*），帕比尼安、保罗、乌尔比安、莫德斯丁和盖尤斯五大法学家的著述被指定为权威学说，在个案中，如各权威学说意见不一，按多数权威意见裁判；如两种意见的法学家人数相等，以帕比尼安的意见为准；在两种意见的人数二对二且帕比尼安未表态时，法官可自由裁量。对法学家的学说如此机械处理，表明彼时的司法水准已经严重退化。[81]法学家学说的法源基础，从高水准的实质理由，转变为《引证法》赋予的制度性权威理由。

（五）法典编纂时期

卡拉卡拉告示促使罗马法扩展到各东方行省，当地的民众法对罗马法产生了致

---

[76] ［意］朱塞佩·格罗索，见前注［52］，第299页。

[77] ［意］桑德罗·斯奇巴尼：《法学家：法的创立者》，薛军译，载氏著《桑德罗·斯奇巴尼教授文集》，中国政法大学出版社2010年版，第72页。

[78] *D.* 1，2，2，41；*D.* 1，2，2，48. 参见［意］朱塞佩·格罗索，见前注［52］，第196～197页。

[79] Mario Talamanca, *Lineamenti di Storia del Diritto Romano*, Milano, 1989, p. 604.

[80] *Gai.* 1，7；*D.* 1，2，2，49－50；*I.* 1，2，8. ［意］朱塞佩·格罗索，见前注［52］，第257～259页；［英］乔洛维茨、巴里·尼古拉斯，见前注［63］，第463页。

[81] *CTh.* 1，4，3. ［意］朱塞佩·格罗索，见前注［52］，第301页；［意］奥利维耶罗·迪里贝尔多，见前注［74］，第55页；Cfr. Pietro de Francisci, *Sintesi storica del Diritto Romano*, Roma, 1968, p. 559.

命的反作用和污染，由此导致的法律庸俗化使得法学水准急剧退化，古典法时期精细的法学学说很难被掌握和运用；帝国时期作为主要法源的君主谕令，也因日益庞大芜杂而难以查阅使用。为了提升法的确定性与法官的裁判效率，官方开始针对君主谕令与法学学说进行整理、精简和汇编，由此进入法典与学说的编纂时期，法典日渐成为唯一的法源类型。

非官方的法典汇编的代表性成果有公元291 年的《格雷高利法典》（*Codice Gregoriano*）和公元295 年的《赫尔莫杰尼法典》（*Codex Hermogenianus*）。这是史上最早以"法典"（*codex*）这一术语来定义一组规范性文件的汇集。公元438 年的《狄奥多西法典》（*Codex Theodosianus*）是第一部官方的法典作品，该法典在东西罗马帝国一直适用，直到优士丁尼法典诞生才在东罗马帝国丧失效力。以此为蓝本，西罗马帝国还诞生了一批日耳曼国王编纂而成的"罗马－蛮族法典"。[82]

《狄奥多西法典》深刻改变了法学理论（*iura*）与君主敕令（*leges*）的关系。法典是君主权力的载体，它的效力不是源于历朝谕令，而是源于法典本身。借助法典，狄奥多西二世排除了君士坦丁之前的历朝谕令，对入典的谕令内容进行了删改，只有收录在法典中的谕令才能在个案中适用，法典是唯一的正确答案，也是唯一的法源，由此确立了 *lex* 相对于 *ius* 的至高权威性。《狄奥多西法典》在历史上向现代法典的形式迈出关键一步。[83]

罗马法典化作品的集大成者是优士丁尼主持编纂的《民法大全》（*Corpus iuris civilis*）。《民法大全》包括《优士丁尼法典》《学说汇纂》《法学阶梯》和《新律》四个部分，其中12 卷的《优士丁尼法典》（*Codex Iustinianus*）取代了前述三部法典，从三部法典中采集仍生效的谕令、补充尔后颁布的谕令，并进行系统编排、安置和精简。共计50 卷本的《学说汇纂》（*Digesta seu Pandectae*）则完成了对古典法学家作品即法学学说的全面整理，大体遵循裁判官告示的体系，废除了《引证法》，承认所有法学家具有同等的地位，对法学家作品进行了增补、删改等"添加"。《法学阶梯》（*Institutiones Iustiniani*）则是为法学教育编写的教科书，采用了盖尤斯《法学阶梯》中的"人、物、讼"体系。

优士丁尼试图通过《学说汇纂》专断而一劳永逸地解决古典法学家之间的学说争议，把罗马法长期实践中的"不确定法"（*ius incertum*）变成确定的法，学说从君主权力中获得了合法性。但学说与立法的互动并未因为优士丁尼的法典编纂而

---

[82] 包括西哥特的尤立克法典（*Codex Euricianus*），西哥特罗马法（*Lex Romana Wisigothorum*），勃艮第罗马法（*Lex Romana Burgundionum*），东哥特的狄奥多西告示（*Edictum Theoderici*）等。参见［意］奥利维耶罗·迪里贝尔多：《法典编纂时代：君主制时期法的渊源》，黄美玲译，徐涤宇主编：《罗马法与共同法》第四辑，法律出版社2014 年版，第58～59 页；Cfr. Pietro de Francisci, *Sintesi storica del Diritto Romano*, Roma, 1968, p. 570.

[83] 参见肖俊：《〈狄奥多西法典〉与罗马晚期的法学困境》，载《华东政法大学学报》2016 年第6 期。

终止，立法者出品的*lex*需要法学家的解释、补充和教义学建构，这个过程被称为*lex*的*ius*化；而法学家学说的周期性固化便体现为法典编纂与修订，这个过程被称为*ius*的*lex*化，[84]两个过程螺旋形上升，共同推动着法的发展。

在法典编纂技术上，《学说汇纂》是典型的“法律汇编”（*consolidation*），虽然将庞大的*iura*进行了高程度的压缩和剪辑，但其追求的首要目标仍是“内容完整性”而非“内容体系性”，强调对所有学说内容的全面囊括。相比之下，彼时作为教科书的《法学阶梯》更符合现代意义的“法典编纂”（*codification*），其结构是高度体系化的，法典与教科书的趋同，是自优士丁尼以来大陆法系的伟大传统。这样的法典同时服务于两个目标：一是提供法的信息，二是将这种信息以一定的形式加以编排，使之成为普通人可以接近的法常识。[85]《学说汇纂》与《法学阶梯》分别代表着现代两种法典模式的雏形。

（六）小结

在罗马法初期，唯一的法源为未成文化的古老习俗，随着城邦的确立与发展，古老习俗逐渐整合发展为适用于罗马市民的市民法，并通过《十二表法》初步实现了法的成文化和确定性。在罗马由城邦向意大利乃至地中海扩展过程中，形成了多元法源并举的局面：与外邦人交往的需求催生了商业色彩浓郁且强调信义的万民法；享有司法权的裁判官针对个案颁布的告示被逐年积累沿袭，生成法官造法特征的裁判官法；享有立法权的各种民众会议也针对私法领域颁布了少量制定法形式的民决法案；法学家阶层以精湛的法学见解为个案提供具有权威性的法学家解答，促进了裁判官法的发展，法学家著述市民法评注与裁判官法评注等法学作品，把传统的市民法、万民法和裁判官法逐渐融合为统一的罗马法。

古典法时期确立了帝国政体，政治权力的日益集中对各法源的命运产生了决定性影响，民众会议作为立法机构被废弃，民决法消失了；具有自我更新能力的沿袭告示被编纂为不得自由修订的永久告示，裁判官法消亡了；法学家的解答权需要君主授予，权威基础改变了。新增的法源有元老院决议与君主谕令，元老院决议制定少量抽象规则，但很快沦为君主意图的传声筒；君主谕令形式多样，是以皇权为基础的制度性权威理由，到了后古典法时期甚至成为唯一具有活力并持续生产规范性的法源类型。其他法源被法学家统合成法学学说。

到了法典编纂时期，帝国官僚体系内的法学家，对君主谕令与法学学说进行整理和汇编，形成多部法典，最终优士丁尼的《民法大全》谱写出了一曲法典编纂的

---

〔84〕 薛军：《优士丁尼法典编纂中法典的概念》，载徐国栋主编：《罗马法与现代民法》第二卷，中国法制出版社2001年版，第113～117页。

〔85〕 同上注，第113～117页。

不朽篇章。至此，私法多元法源的时代终结了，法典成了唯一的法源，这一兴衰历程，参见图一。

图一：罗马私法多元法源兴衰史

阶段	法源类型	主要特质
远古时期	古老习俗 *mores*	罗马建城之前的唯一法源
	市民法 *ius civile*	以自发秩序的习惯为载体
	十二表法 *lex Duodecim Tabularum*	罗马的传统习惯第一次成文化
形成时期	市民法 *ius civile*	对古老习俗的承继，非成文形式
	万民法 *ius gentium*	外事裁判官调整外邦人参与的商业纠纷
	裁判官法 *ius praetorium*	裁判官告示，发展为持续更新的沿袭告示
	民决法（平民会决议）*lex*（*Plebiscitum*）	立法机构颁布的制定法，未成为创制私法的重要工具。随着民众会议被废弃而消亡
	法学家解答 *interpretatio prudentium*	对个案的法律建议，促进裁判官法发展
古典时期	罗马市民法 *ius romanus*	法学家对市民法、万民法、裁判官法的整合，裁判官法随永久告示编纂而消亡
	元老院决议 *senatus consulta*	政治性大于法律性，成为君主的工具
	君主谕令 *constitutio principis*	以皇权这一制度性权威为基础，包括敕谕、敕训、敕答、敕裁等形式
	法学家解答 *interpretatio prudentium*	经君主批准的解答权的出现，使其权威基础从实质理由转变为权威理由。后因《引证法》出现而消亡
后古典时期	君主谕令 *leges*	君主制时期唯一具活力并持续生产规范的权威性法源
	法学学说 *iura*	法学家统合谕令之外所有法源整理而成
法典编纂时期	狄奥多西法典 *Codex Theodosianus*	第一部官方编纂的法典
	优士丁尼法典 *Codex Iustinianus*	君主谕令的最终形式
	学说汇纂 *Digesta*	对古典法学家作品的全面编纂
	法学阶梯 *Institutiones Iustiniani*	针对法学教育的体系化教科书

四、中国问题：《民法总则》第10条的理论构造与司法适用

（一）法源条款中“法律”的内涵

《民法总则》第10条把“法律”作为第一位阶的最核心的法源。该条的“法律”应采广义，指代所有具有制度性权威的规范性文件类型。[86]一般认为，其范围除了《民法总则》之外，包括涉及民事权利义务关系的特别法、单行法、[87]行政法规、地方性法规、法律解释、司法解释、部门规章、地方政府规章等。最高人民法院2009年颁布的《最高人民法院关于裁判文书引用法律、法规等规范性法律文件的规定》，将“法律”区分为作为“裁判依据”的规范法源与作为“裁判理由”的准规范法源，差别在于是否可以直接充当裁判主文的依据。该规定虽然性质上属于司法解释，但在我国司法实践中具有法源指示作用。

规范法源与准规范法源的法源性质类似，皆依托于广义的“造法”这一制度性权威；但法源分量有别，规范法源具有强规范拘束力，法官负遵循义务，准规范法源仅具有弱规范拘束力，法官负参酌义务以及不采用时的论辩义务。[88]从规范法源到准规范法源，法官运用实质理由偏离规范这一权威理由的难度相应降低。

规范法源作为裁判依据，范围由《最高人民法院关于裁判文书引用法律、法规等规范性法律文件的规定》第4条予以限定：“民事裁判文书应当引用法律、法律解释或者司法解释。对于应当适用的行政法规、地方性法规或者自治条例和单行条例，可以直接引用。”包含法律、[89]法律解释、司法解释、行政法规和地方性法规，它们内部又根据创制部门的权威性和等级序列，区分为“应当引用”与“可以直接引用”两种效力位阶。在行政法规与地方性法规产生冲突时，根据《立法法》第88条的规定，行政法规的效力位阶高于地方性法规，体现了上位法优于下位法的原则。就民法某些特殊领域，进一步限缩了规范法源的范围，如地方性法规和行政规章不得作为判断合同效力的裁判依据；行政法规和地方性法规也不得创设新的物权种类与内容。[90]

---

〔86〕 石宏主编：《中华人民共和国民法总则条文说明、立法理由及相关规定》，北京大学出版社2017年版，第23页。

〔87〕《民法总则》第11条规定：“其他法律对民事关系有特别规定的，依照其规定。”该条承认了单行法与特别法的私法法源地位，且赋予其优先适用效力。

〔88〕 苏永钦，见前注［16］，第8页。

〔89〕 此处“法律”采狭义，专指由全国人大及其常委会制定的法律。

〔90〕《最高人民法院关于适用〈中华人民共和国合同法〉若干问题的解释（一）》第4条规定：“合同法实施以后，人民法院确认合同无效，应当以全国人大及其常委会制定的法律和国务院制定的行政法规为依据，不得以地方性法规、行政规章为依据。”《物权法》第5条规定：“物权的种类与内容，由法律规定。”

最高人民法院在我国并非单纯的司法机构，而是通过司法解释等工具，在一定程度上分享了部分规范创制权限。司法解释指最高人民法院、最高人民检察院针对审判工作具体应用法律的问题而颁布实施的规范性法律文件，作为具有本国特色的法源类型，[91]在效力位阶中相对独立。《人民法院组织法》《全国人民代表大会常务委员会关于加强法律解释工作的决议》等间接认可了最高人民法院及其审判委员会的法律解释权，[92]2015年修正的《立法法》新增第104条，正式将司法解释纳入《立法法》的规制范围，明确“除最高人民法院、最高人民检察院以外的审判机关和检察机关，不得作出上述解释”，要求司法解释“应当主要针对具体的法律条文，并符合立法的目的、原则和原意”，这就坐实了司法解释作为“准立法”的法源性质。但并非所有类型的司法解释皆可作为法源，2007年《最高人民法院关于司法解释工作的规定》第6条，将司法解释区分为“解释”“规定”“批复”和“决定”四种类型。其中“批复”主要针对审判工作中具体应用法律问题的请示，不具有一般抽象效力，不属于规范法源；其他三种司法解释均以一般性抽象规定的方式作出，为规范法源。

准规范法源作为裁判理由，范围由《最高人民法院关于裁判文书引用法律、法规等规范性法律文件的规定》第6条限定：部门规章、地方政府规章及其他政府规定等规范性文件，“根据审理案件的需要，经审查认定为合法有效的，可以作为裁判说理的依据。”准规范法源对法官不具有强规范拘束力，法官可自由裁量是否选择适用，适用时不得直接充当裁判主文的依据，只能用作裁判理由。

在法源性质问题上颇有争议的其他几种规范文件类型包括指导性案例、宪法规范与国家政策，下文依次展开分析。

大陆法系国家一般不以判例为法源，2010年《最高人民法院关于案例指导工作的规定》第7条却规定，“最高人民法院发布的指导性案例，各级人民法院审判类似案例时应当参照。”最高人民法院通过自我授权方式赋予指导性案例以制度性权威，意图通过指导性案例这一控制体制，解决庞大地域和复杂社会中“同案不同判”以及裁量差异过大的问题。指导性案例文本结构中的“裁判要点”是真正具

---

[91] 传统理论认为，法院创设一般性的规定的做法明显违反立法机关与司法机关的功能分配，仅于在具备下列两项前提的特殊情况下始能认可：一是该当的问题领域欠缺详细的法律规定，因此所致的法不安定性将造成当事人不堪忍受的后果，而且不能预期立法者将立即采取行动。二是事实的关系如此清楚。以致法院完全能够预估，其所拟采取的规则对经济、社会政策及其他领域将造成如何的影响，它也的确掌握必要的经验资料。[德] 卡尔·拉伦茨，见前注 [45]，第305页。

[92] 最高法院的制度性权威是以制定法为中介附属于立法机关的，它是一种附属的制度性权威。全国人民代表大会常务委员会“关于加强法律解释工作的决议”第2条规定：“凡属法院审判工作中具体应用法律、法令的问题，由最高人民法院进行解释。”《人民法院组织法》第33条也规定：“最高人民法院对于在审判过程中如何具体应用法律、法令的问题，进行解释。”

有规范拘束力的部分，[93]超越了个案基础而具有更高的抽象性。有统计研究，截至2017年最高人民法院共发布了16批共计87个指导性案例，约半数为民事案例，其中80%以上指导性案例的裁判要点是对具体法律规范的狭义解释，另有部分涉及目的性扩张方法的漏洞填补。[94]可见指导性案例仍以法律规范为基础，本质上是一种法律适用的活动，未超出司法机关承载的制度性功能。

最高人民法院自己把指导性案例的法源效力定位为“应当参照”。“应当”二字表明，它在法源性质层面对法官具有规范拘束力；“参照”而非“遵照”则表明，它在法源分量层面只具有弱规范拘束力，法官可以基于实质理由偏离指导性案例的立场观点。[95]2015年最高人民法院《最高人民法院〈关于案例指导工作的规定〉实施细则》第10条进一步明确了，“各级人民法院审理类似案件参照指导性案例的，应当将指导性案例作为裁判理由引述，但不作为裁判依据引用。”据此，指导性案例被归为准规范法源。

宪法的法源地位在学界一直备受争议，自2001年“齐玉苓案”以来，司法实践亦有反复。[96]2016年《最高人民法院民事裁判文书制作规范》的“（七）裁判依据”部分强调，“裁判文书不得引用宪法和各级人民法院关于审判工作的指导性文件、会议纪要、各审判业务庭的答复意见以及人民法院与有关部门联合下发的文件作为裁判依据，但其体现的原则和精神可以在说理部分予以阐述。”由此明确了民事判决中不得直接援引宪法条文作为裁判依据，但仍可将宪法规范作为裁判理由，以“间接效力说”的方式，通过民法方法论中的“合宪性解释”的法律解释方法，对现行规范的适用产生影响，一定程度上成为实质理由的一种。据此本文认为，宪法是准规范法源。

《民法总则》法源条款删除了《民法通则》第6条中的“国家政策”，意味着国家政策在未来的民法典中丧失规范法源地位。[97]《民法通则》把国家政策列为法源，符合彼时规范供给极度匮乏的特殊历史背景，但在理论上颇受学者诟病。[98]有

---

〔93〕 指导性案例的文本结构由裁判要点、相关法条、基本案情、裁判结果和裁判理由五部分构成，后三个部分是直接从各该案件的判决书中摘取出来的事实、结论与理由，相关法条是案件涉及的主要法条。

〔94〕 雷磊，见前注［6］。

〔95〕 影响指导性案例法源分量的因素包括：政治、经济或社会背景的变迁；指导性案例的存在时间；相关领域的法律制度变迁；对指导性案例的学术批评等。雷磊，见前注［6］，第288页。

〔96〕 最高人民法院针对“齐玉苓案”作出的法释（2001）25号批复被最高人民法院法释（2008）15号决定所废止，宪法司法化的实践停下脚步。

〔97〕 本文暂不探讨《民法总则》与《民法通则》的适用关系问题。立法机关在《关于〈中华人民共和国民法总则（草案）〉的说明》中指出，“民法总则草案通过后暂不废止民法通则。民法总则与民法通则的规定不一致的，根据新法优于旧法的原则，适用民法总则的规定。”

〔98〕 参见张红：《论国家政策作为民法法源》，载《中国社会科学》2015年第12期；李敏：《民法上国家政策之反思——兼论〈民法通则〉第6条之存废》，载《法律科学》2015年第3期；刘颖：《论民法中的国家政策——以〈民法通则〉第6条为中心》，载《华东政法大学学报》2014年第6期；齐恩平：《“民事政策”的困境与反思》，载《中国法学》2009年第2期。

学者认为，国家政策作为法源的程度，与法制健全程度呈负相关关系。[99]今日我国民事法律体系已经基本建成，《民法总则》在法源条款中移除国家政策正当其时。但必须承认，无论是否把国家政策写入法源条款，国家政策仍然会持续影响诸多领域的法律适用，例如物权法中的征收征用、土地承包经营权、宅基地使用权、小产权房等问题，婚姻家庭继承法中的军婚、子女生育、特殊财产利益继承等问题，相关领域的国家政策仍有无法忽略的指导意义。[100]据此本文认为，国家政策是准规范法源，可以作为裁判理由得到适用。

综上所述，《民法总则》第10条中的“法律”为广义，指所有具有制度性权威的规范性文件。最高人民法院将“法律”分为规范法源与准规范法源两大谱系，前者作为裁判依据，后者仅作为裁判理由。依法创制部门，规范法源包括法律、法律解释、司法解释、行政法规和地方性法规；准规范法源包括部门规章、地方政府规章及其他政府规定。宪法规范、国家政策和指导性案例可作为裁判理由，具备准规范法源地位。参见图二。

图二：法源条款中的“法律”

<table>
<tr><th>效力分量</th><th>规范形式</th><th>适用方式</th><th>法官义务</th></tr>
<tr><td rowspan="2">规范法源
裁判依据</td><td>法律、法律解释、司法解释</td><td>应当适用</td><td rowspan="2">遵循义务</td></tr>
<tr><td>行政法规、地方性法规等</td><td>可以直接适用</td></tr>
<tr><td rowspan="4">准规范法源
裁判理由</td><td>部门规章、地方政府规章、其他政府规定</td><td>经审查认定合法有效的可作为裁判说理依据</td><td rowspan="2">参酌义务
不采用时的论辩义务</td></tr>
<tr><td>指导性案例</td><td>应当参照/应作为裁判理由引述</td></tr>
<tr><td>宪法规范</td><td>体现的原则精神可在说理部分阐述</td><td>需符合“合宪性解释”</td></tr>
<tr><td>国家政策</td><td>实践中影响法适用</td><td>起事实性权威作用</td></tr>
</table>

（二）基本原则的法源地位与司法适用

《民法总则》第一章“基本规定”中第4条至第9条，明文规定了平等原则、自愿原则、公平原则、诚实信用原则、公序良俗原则、绿色原则此六项基本原则。不少国家的民法典以及国际示范法中，基本原则被明确采纳为民法法源。[101]有学者认为，

---

〔99〕 朱庆育，见前注［4］，第42页。

〔100〕 石佳友，见前注［3］，第17页。

〔101〕 例如《意大利民法典》第12条、《罗马尼亚民法典》第1条、《魁北克民法典》“序言”、《联合国国际货物销售合同公约》第7条、《国际商事合同通则》第1.6条等。

成文法明文规定的基本原则可以被法官援引和直接适用，这是我国民法的一项重要特色与优势。[102]这一问题的实质关涉到法理学上的基本概念——法律规范是什么？

若作宽泛理解，法律规范可分为规则与原则两种类型。其中构成“完全法条”的规则需具备具体的构成要件与法律后果；规则之外，凡构成实在法规范的基础或“镶嵌”于其中的基本理念为原则。原则并非源于立法决定，而是源于相当长时间内形成的一种公共正当意识。[103]法实证主义者如哈特，也在规则之外承认了最低限度的自然法及其开放性结构。[104]科尔曼的包容性法律实证主义，直接认可了规范既包括规则也包含原则。[105]德沃金、阿列克西等学者还对规则与原则作了实质区分，规则属于“全有或全无命题”（*all-or-nothing*）与“实际应然”（*real ought*），具有“确定性特征”（*definite character*）；而原则作为“理想应然”（*ideal ought*），具有“初显特征”（*prima facie*），只能以或多或少的程度被实现，个案中需进行重要性判断或分量衡量。[106]

法源性质上，基本原则被明文规定在各权威机关颁布的“法律”文本中，属于制度性权威并具有规范拘束力；同时由于原则多属于“道德的成文化”和公共正当意识，在法律论证过程中往往也作为实质理由，证成裁判的合理性。因此，基本原则作为法源具有权威理由与实质理由的双重特性。法源分量上，基本原则有很强的抽象性，往往是不完全法条，在穷尽规则以及具体化为裁判依据之前，逻辑上无法将原则直接适用于个案，因此在适用顺序上劣位于规则。只有当法官试图排除或偏离某具体规则时，可以将基本原则作为实质理由而适用，达到正当裁判的目的。

基本原则在立法、司法及法学层面皆担当重要角色。于立法而言，立法者经由原则不断生成新的规则，并对规则的正当性进行证成；于司法而言，原则一定程度上弥补了规则漏洞，通过漏洞填补与法律续造等法学方法，可以把原则具化为个案中的裁判依据；于法学而言，体现法之评价基准的原则形成开放性的内部体系，同概念、规则等法素材依形式逻辑建构的外在体系相对，保持法秩序的意义脉络与价值导向。[107]

---

[102] 石佳友，见前注［3］，第19页。

[103] ［美］罗纳德·德沃金：《认真对待权利》，信春鹰、吴玉章译，中国大百科全书出版社1998年版，第62页、第143页。

[104] 参见［英］H. L. A 哈特，见前注［28］，第7章、第9章。

[105] 参见［美］朱尔斯·科尔曼：《原则的实践》，丁海俊译，法律出版社2006年版，第二部分。

[106] 参见［美］罗纳德·德沃金，见前注［103］，第40~113页；［德］卡尔·拉伦茨，见前注［45］，第349页。

[107] 拉伦茨认为，原则也可区分为开放式原则与法条形式的原则，区分实益在于可否直接作为裁判依据。前者“通常具有主导性法律思想的特质，其不能直接适用以裁判个案，毋宁只能借助其于法律或者司法裁判的具体化才能获得裁判基准”；而后者“已经凝聚成可以直接适用的规则，其不仅是法律理由，毋宁已经是法律本身”，它几乎是处于开放式的原则（后者借助前者得以向特定方向具体化）与具有不太严格的构成要件的法规范之间。参见［德］卡尔·拉伦茨，见前注［45］，第9~11页、第353~362页。

原则使法律规范除了社会实效性，尚须具备伦理上最低程度的可正当化之特质。

原则作为规范的一种，应隶属于《民法总则》第10条的“法律”这一范畴。作为法源，原则在个案中的适用是核心难题，需分情况讨论。[108]原则与规则无冲突时，优先适用规则，是依法裁判的基本要求，无须赘述。通常在两种情况下适用原则：一为“开放漏洞”，在个案中穷尽了现有规则，包括对现有规则的解释、习惯的补充、类推适用方法的运用，仍无规则可用时，可将基本原则具体化为裁判依据。二为“隐藏漏洞”，在个案中严格适用规则会导致严重不公，且完全与某原则的立场精神相违。此时法官站在依法裁判的角度仍应适用规则，但也可以基于正当裁判的目的优先适用原则，此时相当于通过原则为规则创制了例外，法官需负相应证成义务，证明违反规则为正当。

无论是规则间的冲突，还是规则与原则的冲突，究其实质，皆体现为支撑各自规则的原则之间的冲突。阿列克西对此提出一套原则冲突的解决方案：[109]先在个案中找出实质原则P，及与P发生冲突的具体规则R所依据的实质原则Ps，再以个案中的优先条件为纽带，将相冲突的原则通过重要性或相对分量的比较（权衡法则）确立优先原则，并由优先原则创设出具体规则，把依据原则享有的“初显权利”（*prima-facie rights*）转化为“确定权利”（*definitive rights*），以此作为裁判依据。

原则之间也存在价值秩序，例如人的生命、自由、人性尊严相较于财产法益，有较高的位阶，在原则冲突中应优先适用；如果冲突的原则之间并无固定的价值秩序，如意思自治与信赖责任，则如卡纳里斯所言，唯有通过彼此相互补充亦相互限制的交互作用，每一原则应向其他原则让步，直到两者都可得到“最佳的”实现，这一工作又必须借助法益衡量。[110]

（三）习惯的法源属性与现实境况

《民法总则》把习惯列为法律之后第二位阶的法源。作为法源的习惯是如何形成的？纵观人类发展史，交往需要是习惯形成的全部理由，习惯是长期社会博弈的结果，正是基于交往和博弈，人们发现某种通常做法符合双方愿望。可以说，习惯是某群体或社会的低限度共识，共识的实现源于其内容的可遵守性。作为内生于社会的自控型秩序，人们遵守习惯，并非因习惯具有外在的法律约束力和强制力，而是基于社会的合作与交往，习惯为特定区域和行业的社会成员普遍认可，成为这些社会成员的共同法律信念，仅凭私人之间的监控和惩罚，习惯就能自我维持和扩

---

〔108〕 彭诚信：《从法律原则到个案规范》，载《法学研究》2014年第4期。

〔109〕 参见［德］罗伯特·阿列克西：《法：作为理性的制度化》，雷磊编译，中国法制出版社2012年版，第133页以下；［德］罗伯特·阿列克西：《法 理性 商谈：法哲学研究》，朱光、雷磊译，中国法制出版社2011年版，第211页以下；彭诚信，见前注［108］。

〔110〕 ［德］卡尔·拉伦茨，见前注［45］，第47页、第349～350页。

展，甚至内化为自觉遵守的行为准则。[111]凯尔森言道，习惯法的创造，通过同一些人一致和持续的行为的创造，事实上是一种民主的造法形式，以一种实在的虽是不自觉的自治为基础。[112]

习惯作为人们生活交往中实际遵守的行为规则，具体内容是预先明确的，为行为划定的界限是清晰的。如果某一习惯并不具备行为规则的属性，则不应将其纳入法源范畴。[113]而且习惯既然被普遍认可，说明社会成员具有“承认、服从”这一规则的主观意识，换言之，以习惯处理民事纠纷，对各方不属于“事后立法”。[114]

在我国现行法范围内，除了《民法总则》第10条法源条款，共有24个条文提及习惯，其中19个条文提及“交易习惯”，2个条文提及“习惯”，各有1个条文提及“风俗习惯”“当地习惯”和“习惯做法”。[115]其中“交易习惯”属于商事习惯，而其他习惯属于民事习惯。

先看民事习惯。尽管作为法源得到认可，但民事习惯在现代社会中普遍出现了空洞化现象，适用范围受到严格限制。主要原因在于：一方面，现代立法的调整对象日益庞杂，调整程度愈加详尽，传统由民事习惯调整的事项多被纳入法律直接规制的范畴，留给民事习惯适用的空间大大缩减；另一方面，现代社会变迁日新月异，传统习惯做法未必符合新时代普遍的情感和认知。[116]有学者便指出，若人们背离传统上被赋予很多期待的习惯法，对此不必感到遗憾。在成文法未作出调整的领域，对判例和一般性法原则进行评价的精细方法，更适合作为获取法律解决方案的主宰。[117]

再看商事习惯。与民事习惯的普遍空洞化不同，商事习惯在现代社会呈现出旺

---

〔111〕 彭中礼：《论习惯的法律渊源地位》，载《甘肃政法学院学报》2012年第1期。

〔112〕 ［奥］凯尔森，见前注［14］，第342页。包容性法律实证主义者科尔曼，认为习惯并非纯粹是一群人行为的一致性，而是一群人受规范指引的社会合作行为，因此不是纯粹的社会事实。习惯性共识与信念共识有本质差别，前者强调个人行动的社会性，是一种遵守社会交往规则的行动共识；而后者以绝对的个人主义为前提，个人行动仅受内心观念的指引。这里的共识可看作是一种行动中所持有的规范性态度，信念共识中的规范性态度依赖于个人道德推理的能力，而习惯性共识中的规范性态度即“法的确信”，依赖于社会性规范的存在。参见［美］朱尔斯·科尔曼，见前注［105］，第七讲。

〔113〕 ［德］卡尔·拉伦茨：《德国民法通论》（上），谢怀栻等译，法律出版社2003年版，第3页。

〔114〕 张新宝：《〈中华人民共和国民法总则〉释义》，中国人民大学出版社2017年版，第18~24页。

〔115〕 《民法总则》第140、142条，《合同法》第22、26、60、61、125、136、293、368条，《物权法》第85、116条，《合同法司法解释二》第7条，《物权法司法解释一》第17、19条，《买卖合同解释》第1、8、17、18条，《民间借贷司法解释》第3、16、25条，《全国人大常委会关于〈民法通则〉第99条第1款、〈婚姻法〉第22条的解释》（2014年）。详细梳理参见彭诚信：《论〈民法总则〉中习惯的司法适用》，载《法学论坛》2017年第4期。

〔116〕 王利明：《论习惯作为民法渊源》，载《法学杂志》2016年第11期。

〔117〕 （瑞）贝蒂娜·许莉蔓·高朴、（瑞）耶尔格·施密特：《瑞士民法：基本原则与人法》，纪海龙译，中国政法大学出版社2015年版，第72页。

盛的生命力。商事习惯不仅作为主体的裁判规范，也作为主体的行为规范，根源在于商事主体的自治性。商事习惯具体表现为行业性惯例即交易习惯以及现代商人习惯法。行业性惯例，是商人共同体在长期的商事活动实践中形成的通用性习惯规则，现代商人习惯法是在全球化发展中，由国际性官方或民间制定机构制定的国际公约、示范法以及国际商会等组织公布的文件资料等，典型如《跟单信用统一惯例》《国际贸易术语解释通则》等。[118]

习惯在我国司法审判中可以多种方式发挥作用，例如以习惯解释意思表示、以习惯补强证人证言以及以习惯确定法律效果，等等。[119]习惯法与法官法紧密结合，由法官经由审判确认习惯的观点，实质是国家立法对于习惯的拣选确认。[120]例如当代德国，习惯法之形成一般需要借助法官的法律续造，典型如债法现代化法之前的缔约过失与积极侵害债权等制度。[121]所以在当今社会，习惯法已经从原初的民俗习惯，变为司法实践尤其是最高法院的长期判例，成为法典之外的重要法源。[122]在这层意义上，判例虽然不具有独立的法源地位，但可套用习惯法的身份，迂回获得渊源地位。

进行民法典编纂，应像20世纪20年代那样，在包括少数民族地区在内的全国范围内展开大规模的民事习惯调查，[123]了解和总结各地域、各行业、各民族以及各方面的风俗习惯，对重要且不违反公序良俗的习惯予以适当认可，有必要成文化为法律的习惯编入法典，寻求法律与习惯两种法源的互动与分工。

（四）习惯还是习惯法？

《民法总则》第10条中的“习惯”指习惯法还是单纯的习惯，历来颇有争论。有参考借鉴价值的是我国台湾地区“民法”第1条同样规定了“习惯”，台湾地区通说认为指习惯法，[124]部分学者认为指习惯，习惯法应包含于法源条款的“法律”范畴。[125]

---

[118] 许中缘：《论商事习惯与我国民法典》，载《交大法学》2017年第3期。

[119] 彭诚信，见前注［115］。

[120] 对于习惯法与法官法的关系，在德国学界，至少存在“肯定说”（判例法就是习惯法）、“否定说”（习惯法与判例法是两种独立的法源）与“折中说”（通常两者独立但符合特殊要求时判例法转化为习惯法）三种观点。参见吴从周：“试论判例作为民法第1条之习惯法”，载氏著：《法源理论与诉讼经济》，台湾元照出版公司2013年版，第81~85页；同上注，第24~35页。

[121] 朱庆育，见前注［4］，第40页。

[122] ［德］卡尔·拉伦茨，见前注［113］，第15页；黄立：《民法总则》，中国政法大学出版社2002年版，第47页。

[123] 参见前南京国民政府司法行政部编：《民事习惯调查报告录》，中国政法大学出版社2000年版。

[124] 参见史尚宽：《民法总论》，中国政法大学出版社2000年版，第81页；胡长清：《中国民法总论》，中国政法大学出版社1997年版，第29页；王泽鉴：《民法总则》，北京大学出版社2009年版，第63页。

[125] 参见梅仲协：《民法要义》，中国政法大学出版社1998年版，第49页；黄立，见前注［122］，第45~48页；苏永钦，见前注［16］，第13页。

习惯与习惯法如何区分？一般认为，习惯法是独立于制定法之外，依据某种社会权威和社会组织，具有一定强制性的行为规范。[126]习惯法的构成需具备“法的确信”（*opinio iuris*）与“经久长行”（*longa consuetudo*）两个要件，[127]“法的确信”从应然层面强调了习惯法是共同体中占据主导地位的正确信念，此为习惯法的效力根据；“经久长行”则从实然层面强调习惯法通过历史传统的过滤和加持，成为一种权威理由。习惯作为某种社会交往规则，“经久长行”却未形成“法的确信”。“经久长行”通常包括时空两种维度的要求，[128]例如《合同法司法解释二》第7条，首先从空间维度要求交易习惯是“在交易行为当地或者某一领域、某一行业通常采用并为交易对方订立合同时所知道或者应当知道的做法”；其次从时间维度要求是“当事人双方经常使用的习惯做法”。

在法适用上，习惯与习惯法的举证责任略有差异。有学者主张，单纯习惯尚停留在事实层面，其适用需依法律之明确规定，因而不具有法源性质，[129]法官不能依职权主动适用，当事人主张适用的，须自行举证加以证明。[130]也有学者认为，不论习惯被用于解释法律还是填补漏洞，都发挥了司法三段论中大前提的功能，既可由当事人举证证明，也可由法官依据职权予以查明。[131]对于习惯法的举证责任，一般认为既可由当事人主张，法官也可依职权适用。对于习惯法存否之认定，为事实问题，当事人主张适用时，仍应负证明责任。[132]另外，我国台湾地区“民法”第2条规定：“民事所适用之习惯，以不背于公共秩序或善良风俗者为限。”《民法总则》第10条有类似规定，苏永钦教授认为，公序良俗所限制的对象应仅为单纯习惯，习惯法既然具备法的性质，自不再受公序良俗之限制。[133]

传统学说皆从法源性质的维度，区分习惯与习惯法，习惯不具备“法的确信”故没有规范拘束力，不是作为权威理由的法源，法官裁判时不遵循单纯习惯，不被视为违法裁判。而笔者认为，从习惯到习惯法，是一个渐进流动的发展过程。“法的确信”本身是一个没有明确边界的抽象概念，是否具备“法的确信”并没有确定的形式标准。制度性权威并非“全有或全无”般截然二分，权

---

[126] 高其才：《中国习惯法论》，中国法制出版社2008年版，第3页。

[127] 参见王泽鉴，见前注［124］，第46页；黄立，见前注［122］，第47页；苏永钦，见前注［16］，第6页。

[128] 彭诚信，见前注［115］。

[129] 王泽鉴，见前注［124］，第64页。

[130] 参见《合同法司法解释二》第7条第2款。

[131] 王利明，见前注［116］，第7页。

[132] 《德国民事诉讼法》第293条、《葡萄牙民法典》第348条、我国台湾地区“民事诉讼法”第283条、《澳门特别行政区民法典》第341条。参见姚辉、梁展欣：“民法总则中的法源及其类型”，《法律适用》2016年第7期。

[133] 苏永钦，见前注［16］，第6页。

威拘束力的浓度也是不间断的连续体。习惯权威地位的获得是持续不断的非正式过程的结果，在这个过程中，某些习惯一开始并不具有规范拘束力，随着司法实践的反复援引，逐渐具有可辨识性，不断积累起权威，拘束力的浓度逐渐增强，直到被认定为具备“法的确信”而升级为习惯法。[134]据此笔者认为，应从法源分量而非法源性质的维度，看待习惯与习惯法的程度差别，它们皆属于法律体系中的“类型”而非“概念”。[135]有学者指出，对习惯与习惯法加以区分是不必要的，两者所指称的对象是同一的，即未予法典化的不成文规则。[136]说服性权威会随着司法实践演变为制度性权威，尽管我国并不承认法院判例的规范拘束力，但上级法院的判决会影响下级法院未来的审判，上级法院通过上诉审程序对自己做出的判决意见也有天然维护的倾向，这就为习惯法经由判例逐渐澄清、发展乃至精确化提供了载体。[137]

据此，《民法总则》第 10 条规定的是“习惯”，并未带一个“法”字，文义上已经提供了弹性解释的空间。依据该条拓展法源开放性的规范目的，不妨将第 10 条中的“习惯”解释为既包括习惯法也包括习惯，以便容纳自生自发秩序中更多“未阐明”的社会交往规则。

（五）习惯的司法适用

1. 习惯不得违反强制性规范和公序良俗

习惯要成为裁判依据，须经合法性判断，即不得违反法律的强制性规定和公序良俗。在法源分量上，强制性规范与公序良俗具有“不可推翻的规范拘束力”，[138]必须在所有案件审判中得以适用，这也是满足“依法裁判”的必要条件，法官不得否定或以其他实质理由偏离强制性规范的内容。

基于私法自治理念的民法规范多为任意性规范，即哈耶克所言“自生自发秩序”中的正当行为规则，强制性规范则属于“组织秩序”中的公法规则，[139]多以禁止规范的面貌出现，是公法渗入私法的产物，主要集中在交易安全以及公共利益等非属自治领域，意义在于界定自治行为的边界即“确获保障的私域”，以实现国家的规制目的。例如，不得以习惯为由将典权和居住权设定为物权，因为这一做法

---

[134] 雷磊，见前注［6］。

[135] “类型”与“概念”的区分，参见［德］卡尔·拉伦茨，见前注［45］，第 47 页、第 337～347 页。

[136] 王洪平、房绍坤：《民事习惯的动态法典化——民事习惯之司法导入机制研究》，载《法制与社会发展》2007 年第 1 期。

[137] 彭诚信，见前注［115］。

[138] 雷磊，见前注［6］。

[139] ［英］弗里德利希·冯·哈耶克，见前注［36］，第 19 页、第 36－37 页。

与《物权法》第5条物权法定原则这一强制性规范相抵触。[140]为了维持法秩序的统一，习惯作为法源自然不得与强制性规范相矛盾。在法教义学层面，如果习惯违反强制性规定，说明法律对于该问题已有相应规定，“应当依照法律”处理民事纠纷，不会发生适用习惯的问题。只有在法律对某民事纠纷全无规定，包括没有正面规定或者反面规定的情况下，才能适用习惯。[141]

《民法总则》第10条明文规定，习惯不能违反公序良俗。公序良俗原则涵盖了国家角度的公共秩序与社会角度的善良风俗，由《民法总则》第8条予以明文规定。公序良俗的功能与强制性规范类似，皆是从消极方面构成对私法自治的限制，悖俗习惯因具有较强的反社会性而无效。[142]公序良俗从民族共同的道德感中抽象而成，如果与公序良俗相悖的习惯成为法源，会导致体系悖反，产生损害法秩序的后果。可以把公序良俗看作是全社会范围内所形成的普遍共识，是一种通行于全社会范围的“习惯法”，在面对地域习惯、行业习惯、交易习惯时，公序良俗形式存在的习惯法具备最高程度的“法的确信”，权威等级与规范拘束力高于其他习惯。例如对宗族械斗者予以奖励等地方的陈规陋习，就因与公序良俗相抵触而不能成为法源。

2. 习惯与任意性规范的法源顺位

如果法律明文规定裁判中应当援引习惯、适用或考虑习惯，如“另有习惯的从习惯”“有交易习惯的除外”，此时习惯成为法律规则的内容组成部分，并非《民法总则》第10条中“法律没有规定的，适用习惯”的文义涵摄范围。[143]这种情形下，习惯得以优先适用，与习惯的法源地位无关。

除以上情形外，对于习惯与任意性规范的法源顺位，学界有两种观点。一种观点认为，习惯作为法源，原则上居于制定法之下的补充地位，不得优先于制定法而适用。根据《民法总则》第10条的文义，在存在具体法律规则时，应当优先适用法律规则，不能直接适用习惯。习惯不能替代法律规则。这不仅是合法性原则的要求，也是分权原则的体现。[144]针对《瑞士民法典》第1条，瑞士主流观点也认为，法官应首先在法律中寻找具体案件的解决方法，只有在法律没有提供解决方案时，习惯法与法官法才登上舞台。[145]

---

[140] 再如，按照有的地方习俗，“拜师学艺期间，马踩车压，生病死亡，师傅概不负责”，此类习惯显然与我国现行法中雇主应当对雇员在执行工作任务中遭受的人身伤害承担赔偿责任且当事人不能约定免除人身伤害的赔偿责任的法律规则之间存在冲突，因此不得作为法源。参见王利明：“论习惯作为民法渊源”，见前注［116］，第7页；王利明主编：《中华人民共和国民法总则详解》（上册），中国法制出版社2017年版，第53页。

[141] 本见解由戴孟勇教授在“民法九人行”学术沙龙上向笔者提出，特此致谢。

[142] 于飞：《公序良俗原则与诚实信用原则的区分》，载《中国社会科学》2015年第11期。

[143] 彭诚信，见前注［115］。

[144] 王利明，见前注［116］。

[145] （瑞）贝蒂娜·许莉蔓－高朴、（瑞）耶尔格·施密特，见前注［117］，第40页。

笔者支持相反观点，任意性规范与习惯皆属于自生自发秩序下的正当行为规则，任意性规范是立法者对于民众交往习惯的概括总结，与习惯的区别仅仅在于，是否由立法者以成文方式写入法律，任意性规范是“阐明的规则”，习惯是“未阐明的规则”，后者优于前者且持续互动。[146]习惯被实践的过程，类似于制定成文法的过程，皆为不同意见汇合、交锋、比较、胜出的结果，只不过立法过程借由语言、辩论、讨论、表决的形式，习惯则诉诸社会民众的行为这一实践性方式。[147]任意性规范在法律适用中优位于习惯，并非因为其效力高于习惯，而是因为确定性更优，符合法律安全的需求。因此，若对法律安全无所妨碍，习惯亦可优先得以适用，不应规定两种法源的绝对适用顺位。[148]既然已经认可习惯为现行民事规范的一种，则在找法过程中硬性规定其地位劣于制定法，并不符合实情与民法方法论。[149]

从私法自治角度观察，任意性规范得为当事人意志所排除，对于司法裁判而言，法律行为的效力等级犹在任意性规范之上，[150]如果当事人约定依照习惯确定双方权利义务关系，基于意思自治原则，应当肯定当事人约定的效力，则习惯自然优先于任意性规范得以适用。

还应区分商事习惯与民事习惯的司法适用。为了实现商事交易的快速流转的要求，商事主体对自治具有更高的要求，商事习惯便体现出商事主体在交易纠纷解决的自治性。确立商事习惯优先于任意性规范的效力规则，其实就是确立商事规则的漏洞填补规则。在商事规则具有欠缺的时候，由于交易主体具有职业性、专业性，交易形式具有定期性、稳定性，为实现交易的快速与便捷，商事习惯在交易主体的视野中比任意性规范更具有强制力。如果违背商事交易的一般习惯，将会导致某一交易主体在该交易区域失去信任的基础，导致其丧失交易的资格。而只有当商事习惯不能解决相应规范的时候，才能适用其他任意性规范，真正保障商事交易的自治性。[151]《日本商法典》第1条便规定：“关于商事，本法无规定者，适用商习惯法，无商习惯法者，适用民法。”[152]民商合一体制，既不是要抹杀商事纠纷的个性，也不是要在法律适用方面，将商事纠纷削足适履地向民事纠纷看齐。轻易放过有针对性的商事习惯，反而将普遍性的民法规范“僭越”地适用于商事纠纷，这样的做法

---

[146] [英] 弗里德利希·冯·哈耶克，见前注 [36]，第14页。

[147] 张新宝，见前注 [114]，第18~24页。

[148] 朱庆育，见前注 [4]，第40页。

[149] 苏永钦，见前注 [16]，第6~22页。

[150] 法律行为是否具有法源地位，取决于是否接受凯尔森的个别规范理论，若坚持规范需具备一般性与抽象性特点，则法律行为被排除出民法法源之外。参见朱庆育，见前注 [4]，第42页。

[151] 许中缘、颜克云：《商法的独特性与民法典总则编纂》，载《中国社会科学》2016年第12期。

[152] 《日本民法典》，王书江、殷建平译，中国法制出版社2000年版，第3页。

并不妥当。[153]

综上所述，任意性规范，在法源性质上属于法源条款中的“法律”；在法源分量上，与具有“不可推翻的规范拘束力”的强制性规范不同，任意性规范得为当事人意志所排除，劣位于商事习惯，与民事习惯处于同一位阶，具有“可推翻或修正的规范拘束力”。在适用顺位上，若当事人通过明示或可推定的意思表示优先选择了习惯，法官应基于意思自治原则优先适用习惯，以实质理由偏离任意性规范这一弱权威理由。若当事人未有意思表示，由于任意性规范的制度性权威高于民事习惯，法官可基于“依法裁判”优先适用任意性规范，也可以基于“正当裁判”的目的斟酌优先适用民事习惯，同时负担论证义务。

3. 习惯与基本原则的法源顺位

对于习惯与基本原则的法源顺位，学界有不同观点：一种观点认为应优先适用基本原则，因为基本原则是法律明确规定的，是法源条款中“法律”的组成部分；另一种观点认为应优先适用习惯。因为基本原则抽象概括，无从确定当事人具体权利义务关系；而习惯的成立要件与法律效果具体明确，在审判中会被当事人提及和识别，适用时更为便捷，可操作性较强，可有效防止裁判“向一般条款逃逸”并限制法官的自由裁量权。[154]

如前文所述，基本原则在司法裁判中担当两项任务，一是作为权威理由行使“填补功能”，在规则存在不同解释空间及漏洞时，法官通过法教义学层面的法律解释、漏洞填补与法律续造等操作，把原则具化为裁判依据适用于个案，达到依法裁判的目的。二是作为实质理由行使“控制功能”，基本原则作为法之评价基准，构成民法的内部体系，在“隐藏漏洞”即规则与基本原则的效果不一致情形下，法官以负担证成义务的方式，通过基本原则为规则创制了一种例外，证明违反规则为正当，以维护整体法秩序的意义脉络与价值导向，达到正当裁判的目的。原则针对具体规则的填补功能与控制功能，也应同样适用于习惯。

据此，习惯与基本原则两种法源的适用方案如下：若个案中存在可适用的具体习惯，优先适用习惯；不存在具体规则和习惯的，经由基本原则的“填补功能”进行漏洞填补与法律续造；若适用习惯明显违反正义或原则精神，例如习惯违反公序

---

[153] 在商事纠纷的法律适用方面，有特别法的，适用特别法（如《公司法》《票据法》等）；没有特别法，而有包含在私法中的商事规范（如《合同法》中仓储、行纪、运输合同的规定，《物权法》第181条、第231条等）的，则适用这些商事规范；既没有特别法也没有上述商事规范，而有商事习惯的，适用商事习惯；特别法、私法中的商事规范、商事习惯等，均付阙如时，方能适用作为私法一般法的民法（《民法总则》第10、11条）。可见，《民法总则》第10条中的“法律”在适用中也是有层次的，不是扁平化的。参见张谷：《从民商关系角度谈〈民法总则〉的理解与适用》，载《中国应用法学》2017年第4期。

[154] 王利明，见前注［116］，第9页；王利明主编，见前注［140］，第54页。

良俗，经由原则的“控制功能”排除具体习惯的适用，满足法体系内部的自洽。[155]

有学者认为，我国几部民法典学者建议稿的法源条款，皆采用了“法律—习惯—补充性法源”三位阶的法源体系，其中补充性法源包括法理、基本原则等；而《民法总则》第10条确立的是“法律—习惯”二位阶的法源体系，没有为漏洞补充留下文义上的空间。[156]笔者对此不敢苟同。依前文所述，法源条款的规范目的旨在维持民法体系的开放性，法源条款所不及的找法问题，属于民法方法论的任务领域。[157]所谓“法律—习惯”二位阶的法源体系，并不能转化为司法实践中切实可行的规范适用方法，“法律”不仅包括强制性规范与任意性规范，亦可依性质区分为规则与原则，强制性规范、任意性规范、基本原则以及习惯的适用顺序，需要依民法方法论指引，按照法律解释、漏洞填补与法律续造等步骤依次展开，每个步骤都会运用到“法理”“学说”等法教义学分析工具。[158]因此，所谓“法理”或“基本原则”等补充性法源，[159]乃是经由民法方法论的运用而天然包含于“法律—习惯”这一开放性法源体系之中，借助裁判方法，达到依法裁判与正当裁判的统一。

（六）总结

《民法总则》第10条为我国未来民法典的法源条款，形式上确立了“法律—习惯”的二阶层法源体系，规范目的旨在维持法源与民法体系的开放性。依据进化论理性主义的社会理论框架，法源条款通过接纳习惯这一“未阐明的规则”，保留了现代官僚立法体制下自生自发秩序的多元规范创制渠道。

法源条款中的“法律”为广义，指所有具有制度性权威的规范性文件类型，分为规范法源与准规范法源两大谱系，皆依托于广义的“造法”权威；但法源分量有别，规范法源作为裁判依据具有强规范拘束力，法官负遵循义务，准规范法源作为裁判理由仅具有弱规范效力，法官负参酌义务及不采用时的论辩义务。依法创制部门，规范法源包括法律、法律解释、司法解释、行政法规和地方性法规；准规范法源包括部门规章、地方政府规章及其他政府规定。宪法规范、国家政策和指导性案例也可作为裁判理由引述或在说理部分阐述，具备准规范法源地位。

---

[155] 适用习惯不得违背法律的基本原则。石宏主编，见前注［86］，第24页。

[156] 陈甦主编，见前注［2］，第71页。

[157] 苏永钦，见前注［16］，第22页。

[158] 我国民事立法从来未承认法理作为裁判依据。法理可能贯彻于条文中，可能贯彻在条文的解释中，可能贯彻于基本原则的具体化中，但单独依据法理作为裁判依据在目前状态下有问题，因为理论界对于法理的认识存在较大分歧。张新宝，见前注［114］，第18~24页。

[159] 王泽鉴认为法理“系指自隐含在立法、法秩序或一般价值体系演绎而出的一般法律原则”，即认为基本原则属于法理的范畴。王泽鉴，见前注［124］，第49页。同样观点参见陈甦主编，见前注［2］，第76页。

法源条款中的“法律”还可区分为基本原则与具体规则两种类型。原则作为“法律”文本中，法源性质上属于制度性权威并具有规范拘束力；原则在法律论证过程中往往也作为实质理由，用于证成裁判的合理性，因此具有权威理由与实质理由的双重特性，在立法、司法及法学等层面皆担当重要角色。法源分量上，由于基本原则的抽象性，在穷尽规则以及具体化为裁判依据之前，无法直接适用于个案，在适用顺序上劣位于规则。只有当法官试图排除或偏离某具体规则时，可以将基本原则作为实质理由而适用，达到正当裁判的目的。

习惯被《民法总则》确定为法源，意味着可作为裁判依据的权威理由。同时习惯作为内生于人类社会的自控型秩序，内容合理且被社会成员普遍认可，成为裁判中可供论证的实质理由。习惯在当代社会多经由判例而呈现。所谓习惯与习惯法的传统区分，在于后者除了“经久长行”还具备“法的确信”，但习惯获得“法的确信”这一权威地位，是随着司法实践的反复援引的持续不断的积累过程，两者作为类型只是程度差别。《民法总则》文本中“习惯”并未带一个“法”字，不妨弹性解释为既包括习惯法也包括习惯，以便容纳自生自发秩序中更多“未阐明”的社会交往规则。

对于强制性规范、任意性规定、基本原则、习惯等多元法源，司法适用的步骤与方法如图三所示。

图三：多元法源的司法适用

<table>
<tr><th>规范性质</th><th>秩序分类</th><th colspan="3">法源的适用位阶</th><th>裁判性质</th></tr>
<tr><td rowspan="3">外部体系</td><td>组织秩序</td><td rowspan="4">↓</td><td colspan="2">强制性规范</td><td>依法裁判/权威理由</td></tr>
<tr><td rowspan="3">自生自发秩序（阐明规则+未阐明规则）</td><td>法律行为/商事习惯</td><td rowspan="2">基本原则的“控制功能”（法官需“特别证立”）</td><td rowspan="2">依法/正当裁判
权威/实质理由</td></tr>
<tr><td>任意性规范/民事习惯</td></tr>
<tr><td>内部体系</td><td colspan="2">基本原则（补充性法源）填补漏洞/造法</td><td>正当裁判/实质理由</td></tr>
</table>

首先，无论是私法自治的法律行为、习惯还是任意性规范的适用，都不得违反法律的强制性规范。强制性规范属于哈耶克社会理论中“组织秩序”下的公法规则，具有“不可推翻的规范拘束力”，法官只能“依法裁判”，不得否定或以其他实质理由偏离强制性规范的内容。

其次，任意性规范与习惯皆属于自生自发秩序下的正当行为规则，任意性规范是具有制度性权威的“阐明的规则”，确定性更优，习惯是“未阐明的规则”，随着社会发展持续进化。在法源分量上，任意性规范得为当事人意志所排除，劣位于商事习惯，与民事习惯处于同一位阶。若行为人通过明示或可推定的意思表示优先选择习惯，法官应基于意思自治原则优先适用民事习惯；若没有行为人意思表示的介入，由于任意性规范的制度性权威高于民事习惯，法官应基于“依法裁判”优先适用任意性规范，也可基于“正当裁判”的目的斟酌优先适用民事习惯，同时负担论证义务。

最后，强制性规范、任意性规则与习惯等法素材依形式逻辑建构出法的外在体系，体现法之评价基准的基本原则形成开放性的内部体系。基本原则、习惯与任意性规范的适用方案是，若个案中存在可适用的任意性规则与习惯，优先适用任意性规则与习惯；若适用任意性规则与习惯明显违反正义或基本原则的立场精神，如违反公序良俗，则法官基于正当裁判的目的，经由原则的“控制功能”排除具体规则和习惯的适用，法官需负相应证成义务，证明违反规则为正当；若任意性规范和习惯都没有规定，法官通过法教义学层面的法律解释、漏洞填补与法律续造等操作，把基本原则为代表的补充性法源作为实质理由，具体化为裁判依据适用于个案，达到正当裁判的目的。

《民法总则》与其他民事法的适用关系[*]

李　宇[**]

目　次

作为民法典的开局之作，《民法总则》（以下也简称本法）对旧法规范多有改废之处。《民法总则》既已施行，厘清本法与其他现行法之间的适用关系，乃是当务之急。在本法施行之后至民法典编纂完成之前，尤需注重“过渡期解释作业”的特殊性。在这一过渡期内，诸法并存、新旧交错的局面前所未有，既对司法实务提出巨大挑战，也为重新审视、通盘检讨现行法体系提出了强制性要求。探讨诸法适用关系，也有助于立法上的再体系化。有鉴于此，本文从基本法与特别法、上位法与下位法、新法与旧法这三个法律适用的主要维度，分析《民法总则》与各种其他法律法规等之间的适用关系，以供参考。

一、基本法与特别法

《民法总则》第11条规定特别法优先适用原则。特别法即本条所称其他法律中关于民事关系的特别规定。特别法乃相对于一般法而言。一般法或称基本法、普通

---

* 本文发表于《法学》2017年第10期。

** 上海财经大学法学院。

法，是指关于一般民事关系的规定；而特别法是关于特殊民事关系的规定。特别法须与一般法处于同一位阶。此所谓基本法，不同于基本法律。全国人民代表大会制定的基本法律与全国人民代表大会常务委员会制定的非基本法律，虽制定机关有异，但效力位阶并无高低之别。[1]本条所称“其他法律”，系指基本法律和非基本法律，但不包括《民法通则》《物权法》《合同法》《担保法》《侵权责任法》《婚姻法》《收养法》《继承法》。《民法通则》等所规定者为一般民事关系，均属于基本法范畴；[2]此类法律与本法之间，不适用特别法优先于基本法原则，而依新法优于旧法或分则规定优先于总则规定之原则，决定其适用关系。

（一）民法总则与民法通则：新法优于旧法

《民法通则》包括总则性规定和分则性规定。《民法通则》第一章“基本原则”、第二章“公民（自然人）”（第五节“个人合伙”除外）、第三章“法人”、第四章“民事法律行为和代理”、第六章“民事责任”第一节“一般规定”和第四节“承担民事责任的方式”、第七章“诉讼时效”、第九章“附则”，属于总则性规定；第五章“民事权利”、第六章第二节“违反合同的民事责任”和第三节“侵权的民事责任”、第八章“涉外民事关系的法律适用”，属于分则性规定。《民法通则》的总则性规定已全部被本法所取代；第五章“民事权利”中的部分内容，与

---

[1] 基本法律和非基本法律效力相同，理由有二：（1）宪法、法律并未规定基本法律效力高于非基本法律。首先，《立法法》对于一般法与特别法、新法与旧法之间的关系，虽在第92条言及“同一机关制定的”法律、法规等，但紧接着又在第94条第1款规定“法律之间对同一事项的新的一般规定与旧的特别规定不一致，不能确定如何适用时，由全国人民代表大会常务委员会裁决”。显然不足以由此得出基本法律的效力高于非基本法律之结论。其次，法律解释权属于全国人民代表大会常务委员会，全国人民代表大会常务委员会的法律解释同法律具有同等效力（《立法法》第45条第1款、第50条）。此所称法律，并未区分基本法律和非基本法律。则法律解释效力等于非基本法律、法律解释效力等于基本法律，由此可知，非基本法律效力等于基本法律。再次，基本法律中经常有“法律另有规定的除外”之条文，此类条文所称法律，亦不区分基本法律和非基本法律，则依照此类条文，非基本法律的特别规定优先于该基本法律的一般规定而适用，表明二者位阶相同。最后，某些法律明文规定基本法律和非基本法律属于同一位阶。《物权法》第178条规定该法与担保法之间关系，《涉外民事关系法律适用法》第51条规定该法与《民法通则》《继承法》之间关系，均按照同一位阶的新法旧法关系处理。（2）“基本法律效力高于非基本法律论”不符合立法目的。全国人大常委会制定的新法律有意作出不同于全国人大制定的旧法律之规定，实属常见。例如《产品质量法》对《民法通则》第122条产品责任要件、第136条第1项身体伤害短期时效的改变，《环境保护法》对《民法通则》第124条所规定环境污染损害责任要件的改变，《侵权责任法》第九章、第十章对《民法通则》第123条所规定高度危险责任抗辩事由、第127条所规定饲养动物致人损害责任抗辩事由的改变。如果认为基本法律效力高于非基本法律，则此类新规定势必沦为具文，其立法目的尽数落空。

[2] 与一般法同义的基本法，不同于《立法法》等宪法性法律所称的基本法律，后者是指全国人民代表大会制定的法律。基本法与基本法律系不同范畴的概念，彼此存在交叉关系。例如，《侵权责任法》为民事基本法，但因制定机关为全国人民代表大会常务委员会，故不属于基本法律。

本法第五章“民事权利”的规定不一致的，也依照新法优于旧法原则，适用本法规定。

对于《民法通则》与本法均有规定而两者不一致的条文，人们易于判断得出应适用本法的结论。但对于《民法通则》有规定而本法无规定的条文，则容易产生是否属于两法“不一致”的疑问。以短期诉讼时效问题为例，关于本法是否废止了《民法通则》第136条关于适用一年短期诉讼时效的四种情形之规定，存在争议。原因在于本法未规定短期时效。对此，考察立法机关保留《民法通则》的理由，即可得出结论。

暂不废止《民法通则》的理由见诸民法总则立法说明：“民法通则既规定了民法的一些基本制度和一般性规则，也规定了合同、所有权及其他财产权、知识产权、民事责任、涉外民事关系法律适用等具体内容，被称为一部‘小民法典’。草案基本吸收了民法通则规定的民事基本制度和一般性规则，同时作了补充、完善和发展。民法通则规定的合同、所有权及其他财产权、民事责任等具体内容还需要在编纂民法典各分编时作进一步统筹，系统整合。据此，民法总则草案通过后暂不废止民法通则。民法总则与民法通则的规定不一致的，根据新法优于旧法的原则，适用民法总则的规定。”[3]此所谓民法的基本制度和一般性规则，即《民法通则》中的总则性规定；合同、所有权及其他财产权、知识产权、民事责任、涉外民事关系法律适用等具体内容，即《民法通则》中的分则性规定。暂不废止《民法通则》的理由是：分则性规定还需要在编纂民法典各分编时作进一步统筹、系统整合，“据此”，暂不废止《民法通则》。可见，本法意在取代《民法通则》中的总则性规定，而无意取代《民法通则》中的分则性规定。“诉讼时效”一章属于《民法通则》中的总则性规定，而不是立法机关有意留待将来分则编纂时再予统合的分则性规定。《民法通则》第136条作为“诉讼时效”一章的一部分，当然已随该章被本法“诉讼时效”一章全部代替。同时需要注意的是，《民法总则》“基本吸收了”《民法通则》的总则性规定，“同时作了补充、完善和发展”，这意味着《民法通则》中的总则性规定如未被本法吸收，则足以表明本法无意保留（吸收），更无意对其作“补充、完善和发展”。此类例子包括《民法通则》中的等价有偿原则、企业法人应当在核准登记的经营范围内从事经营（第42条）、全民所有制企业和集体所有制企业法人等的责任承担（第48条）、企业法人法定代表人的行政和刑事责任（第49条）、联营、以合法形式掩盖非法目的的民事行为无效、恶意串通民事行为双方当事人所得财产的追缴（第61条第2款）、委托书授权不明时的连带责任（第65条第3款）。显然不能因为《民法总则》未规定上述内容，即认为上述规定在本

[3]《关于〈中华人民共和国民法总则（草案）〉的说明》（2017年3月8日在第十二届全国人民代表大会第五次会议上）。

法施行后仍然继续适用。《民法通则》第136条规定的短期时效，同属此类。

《民法通则》第136条规定，不属于本法第188条第1款第2句所称“法律另有规定”。此所谓“法律另有规定”，当然是指未被本法所取代的法律规定，主要是特别法关于诉讼时效期间的规定。民事基本法不属于特别法，民事基本法所规定的特别诉讼时效，仅有《合同法》为涉外合同纠纷规定的4年诉讼时效。立法机关工作人员撰写的释义书亦明示，此所谓“法律另有规定”，主要指向特别法。〔4〕

（二）民法总则与其他民事基本法：以新法优于旧法为原则

《物权法》《合同法》《担保法》《侵权责任法》《婚姻法》《收养法》《继承法》属于民法典组成部分，待立法机关完成民法典编纂后，将成为民法典之一部，于民法典施行之日起同时废止。本法与《物权法》《合同法》《担保法》《侵权责任法》《婚姻法》《收养法》《继承法》同属普通法（基本法）的一部，是同一法典中总则和分则的关系，不是普通法和特别法的关系。而本法第11条所规定的是《民法总则》与民商事特别法的关系。〔5〕在同一法典内部，分则规定原则上优先于总则规定。但鉴于我国民事立法的特殊进程（先分后总），遇有《民法总则》规定与其他民事基本法规定不一致者，《民法总则》的规定有意取代先前其他民事基本法的规定。因《物权法》《合同法》《担保法》《侵权责任法》《婚姻法》《收养法》《继承法》施行在前，本法施行在后，遇有上列各法与本法不一致的情形，原则上应当依据新法优于旧法原则，优先适用本法规定，而不应依照本法第11条规定优先适用上列各法；〔6〕在例外情形，即《婚姻法》《继承法》对身份行为效力有特别规定的，适用其特别规定，其依据为分则规定优先于总则规定之原则。

上列各部分则性的民事基本法，与本法存在不一致者，有《合同法》《侵权责任法》《婚姻法》《继承法》。其余诸法，与本法规定并无冲突。

《合同法》关于合同效力与代理的规定已被本法相应规定所取代。此处不适用分则规定优先于总则规定之原则。《合同法》关于合同效力和无权代理、表见代理

---

〔4〕“本款规定的‘法律另有规定的，依照其规定’，是允许特别法对诉讼时效作出不同于普通诉讼时效期间的规定。市场经济要求加快经济流转，通信手段和交易方式的创新使得行使权利更加便利。在商事领域可能存在需要短于普通诉讼时效期间的情形。法律另有规定时，根据特别规定优于一般规定的原则，优先适用特别规定。”李适时主编：《中华人民共和国民法总则释义》，法律出版社2017年版，第592页。

〔5〕“这条规则（当时为第12条，最终文本改为第11条——笔者注）明确了民法总则与民商事特别法的关系。”《关于〈中华人民共和国民法总则（草案）〉的说明》（2017年3月8日在第十二届全国人民代表大会第五次会议上）。

〔6〕第十二届全国人民代表大会法律委员会的意见为：“在各分编编纂工作完成前，合同法、物权法、侵权责任法等民事单行法的规定与民法总则不一致的，根据新法优于旧法的原则，适用民法总则的规定。”参见《第十二届全国人民代表大会法律委员会关于〈中华人民共和国民法总则（草案）〉审议结果的报告》（2017年3月12日第十二届全国人民代表大会第五次会议主席团第二次会议通过）。

等规定，原是为了修正《民法通则》相应规定之不妥，弥补《民法通则》相应规定之不足，并非专为合同而制定，只是在《民法总则》制定之前暂时栖身于《合同法》总则之中，故属于民法总则性规定，而非分则性规定。本法关于法律行为效力和代理的规定，又是意在对《民法通则》和《合同法》的相应规定加以修改、完善，因此，同属总则性规定，应依照新法优于旧法原则，适用本法相关规定。

《民法总则》第182条第2句关于自然原因所致紧急避险的后果之规定是对《侵权责任法》第31条第2句的改变，应系有意为之，[7]应优先适用本法规定。

身份行为效力的特别规定，即《婚姻法》关于可撤销婚姻的特别规定和《继承法》关于遗嘱效力的特别规定。婚姻的撤销事由仅限于胁迫一种（《婚姻法》第11条），本法关于重大误解、欺诈、显失公平法律行为可撤销的规定，不适用于婚姻。[8]《继承法》第22条第2款规定，受胁迫、欺骗所立的遗嘱无效。此与本法统一规定受欺诈、胁迫所为法律行为可撤销不同，应优先适用继承法规定。不适用本法关于可撤销效力的规定，也是因为在遗嘱人死亡后，已无本法所规定的撤销权人，无从为撤销。[9]此外，《继承法》第22条第1款规定，无行为能力人或者限制行为能力人所立的遗嘱无效。此与本法关于无行为能力人、限制行为能力人所为行为效力的规定并无不一致。遗嘱系身份行为，不得代理；遗嘱并非使限制行为能力人纯获利益之行为，也不是与限制行为能力人年龄、智力、精神健康状况相适应的行为，故即使依照本法，亦唯有无效一途。

（三）民法总则与民（商）事特别法：依新法优于旧法原则实现特别法的“再体系化”

《民法总则》第11条所称“其他法律”，包括狭义民事法律、商事法律、劳动法以及其他法律中关于民事关系的规范。理论上所谓狭义民事法律，即指著作权法、专利法、商标法等民事特别法。我国实行民商合一主义，法律所称“民事关系”包括狭义民事关系与商事关系在内。[10]在特别法中，关于商事组织的法律，如《公司法》《合伙企业法》《个人独资企业法》及其他各种企业法，以及关于商行为

---

〔7〕紧急避险免责的规定，主要即为侵权责任而设。如不能优先于《侵权责任法》规定而优先适用，则本法该条规定几乎沦为空文。

〔8〕需说明的是，《婚姻法》第10条关于婚姻无效事由，与本法关于法律行为无效的事由并不重合，无须依照新法优于旧法之原则或者分则规定优于总则规定之原则处理。

〔9〕如欲解为撤销权可由继承人行使，势必须借助法律漏洞补充方法，徒增困难。

〔10〕本法含有关于商事关系的一般规定。本法第二章第四节“个体工商户和农村承包经营户”、第三章第二节“营利法人”，即为商主体的一般规定；本法第六章“民事法律行为”和第七章“代理”，涵盖商行为，尤其是本法第170条关于职务代理之规定，以商事代理（包括经理权、代办权等）为主要适用对象。

的法律，如《票据法》《证券法》《保险法》《商业银行法》等，均属于本条所称的其他法律。《劳动合同法》以及经济法、环境法与其他法律中关于债权、合同、民事责任等规范，亦属于民事法律规范。

特别法优于基本法，在一般情况下固无问题。但本法施行后面临的特殊情况是，新的基本法与旧的特别法存在大量不一致，此时单纯依凭特别法优先适用原则，即可能发生不妥当的结果。《民法总则》乘其后发优势，改进或创制许多新的规定，在权利保护与自由保障方面后来者居上。如果机械地适用特别法优先的原则，不仅可能违背本法的体系和立法目的，也无法将《民法总则》的改进效益最大化。兹略举数例。

例如，《环境保护法》规定环境损害赔偿诉讼的时效期间为 3 年，自当事人知道或应当知道其受到损害时起计算（第 66 条）。该条关于特别时效的规定，原本是鉴于《民法通则》中的普通诉讼时效期间过短而为救济环境损害所设的特别保护规定，但在《民法总则》废弃《民法通则》中的 2 年普通诉讼时效期间且将诉讼时效起算日修改为“自权利人知道或者应当知道权利受到损害以及义务人之日起计算”（第 188 条第 1 款第 1 句）之后，《环境保护法》的特别时效规定不优反劣，因为在权利人知道或应当知道其受损害但不知道义务人的情形（例如发现污染但不知污染者）下，依《环境保护法》第 66 条规定，时效即行起算，而依《民法总则》第 188 条第 1 款第 1 句规定，时效尚未起算。如机械地依照本条规定，即应优先适用《环境保护法》之规定，则《环境保护法》对环境损害受害人提供特别保护的立法目的反而落空。类似地，《产品质量法》第 45 条关于产品责任 2 年诉讼时效期间的规定，意义原在于缓和《民法通则》第 136 条所定一年时效的严苛性，但在《民法总则》施行后反而沦为不利规定。

又如，《民事诉讼法》第 239 条第 1 款规定的申请执行时效为 2 年。在本法施行之后，一般债权的诉讼时效为 3 年，若《民事诉讼法》关于申请执行时效的规定继续优先适用，[11]则未经判决确定的债权诉讼时效为 3 年，经判决确定的债权时效为 2 年，在法律评价上则显失均衡。

有鉴于此，值得思考的问题是，如何发挥《民法总则》对特别法的控制功能，以及实现特别法的“再体系化”。从立法论上对现行有关民事关系的特别规定作通盘检讨和必要修正，以清理基本法与特别法之关系，再造基本法和特别法融贯的体系，此为治本之道。但立法上的再体系化无法一蹴而就，从解释论上应考虑事物性质、法律体系、立法目的，依照特别法优于一般法原则或新法优于旧法原则适用法

---

〔11〕 申请执行时效，本质上是诉讼时效的一种，属于实体法规范。

律。此乃迫在眉睫之要务。[12]对此，笔者尝试提出以下三项标准。

1. 特别法规定重复《民法通则》等旧法规定而与本法相抵触者，依此性质，应依照新法优于旧法原则，适用本法规定

立法机关在制定特别法时，沿用或照抄《民法通则》规定的，表明有意遵从《民法通则》，则立法机关既已制定本法以取代《民法通则》，沿用《民法通则》规定的特别法规定应由本法相应规定取而代之。

例一，《公司法》第10条、《个人独资企业法》第3条规定以主要办事机构所在地为住所，系照抄《民法通则》第39条关于法人以其主要办事机构所在地为住所之规定。[13]本法第63条关于法人住所的新规定既已废止《民法通则》第39条，公司住所、个人独资企业住所也应适用（参照适用）本法第63条规定。法人住所的确定关系到法律文书送达、诉讼管辖、行政处罚管辖等事项，系实务中的重要问题。本法第63条增加规定“依法需要办理法人登记的，应当将主要办事机构所在地登记为住所”，实质性地改变了旧法规定。实务中经常存在法人登记住所位于某地，而将主要办事机构设于另一地的情形，尤以企业为甚。不少地区为吸引企业注册、增加税收，以优惠政策为企业办理登记提供便利，但企业基于实际经营需要而将主要办事机构设于市区或其他地区，导致登记住所和主要办事机构所在地不一致。登记住所，其性质属于“客观住所”。登记住所固定不变，如欲变更，须依法办理变更登记，否则不得对抗善意相对人。以主要办事机构所在地为住所，则属于“主观住所”。主要办事机构所在地，纯由法人自主决定变动，外人难以知晓，亦缺乏客观证明手段。一旦法人因迁移、歇业、倒闭等原因人去楼空，法律文书难以及时送达而不得不采用公告送达方式，延时费力，徒增讼累；利害关系人欲寄送私文书（催告函、合同解除函等），因无公告送达程序可用，更是困难重重。另在法人有多个办事机构的情形，他人也难于确定何为“主要”办事机构所在地。因此，对于登记法人，法律规定以登记住所为住所，实优于规定以主要办事机构所在地为住所。法人不将主要办事机构所在地设于登记住所，系其自主行为，本应自行承担由此造成的不便和风险，而不能使他人承担法人住所不明或难以确定的风险。本法第63条即有意解决登记住所与主要办事机构可能分离的问题，优于旧法规定。

例二，法律关于特别诉讼时效的某些规定，或者在诉讼时效起算点上沿用《民法通则》规定（自知道或应当知道权利受侵害之日起算），或者在诉讼时效期间上

---

〔12〕 法律、行政法规等对同一事项的新的一般规定与旧的特别规定不一致，不能确定如何适用时，《立法法》第94条、第95条规定由制定机关裁决。统一由制定机关裁决，固然不敷个案之需，而由制定机关裁决本须以“不能确定如何适用”为前提。因此，如法院在个案中能够确定如何适用，则无须大费周章，求助于制定机关的裁决。

〔13〕 关于法人的现行法律，除《民法通则》外，仅《公司法》对住所设有具体规定（第10条），《民办教育促进法》《农民专业合作社法》等均无具体规定。

沿用《民法通则》规定（2 年）。在本法施行之后，应分别适用本法第 188 条第 2 款第 1 句关于诉讼时效起算点的规定和同条第 1 款第 1 句关于 3 年普通诉讼时效期间的规定。

2. 特别法规定与《民法通则》等旧法规定不同而与本法相抵触者，依体系可知本法有意取代旧的特别法规定的，应依照新法优于旧法原则适用本法规定

从本法的章节体系安排可知其有以新规定取代旧的特别规定之意，其例证有诉讼时效规定。关于诉讼时效的效力，旧法中存在法律特别规定的不同情形。此即《个人独资企业法》第 28 条的规定："个人独资企业解散后，原投资人对个人独资企业存续期间的债务仍应承担偿还责任，但债权人在五年内未向债务人提出偿债请求的，该责任消灭。"《产品质量法》第 45 条第 2 款规定："因产品存在缺陷造成损害要求赔偿的请求权，在造成损害的缺陷产品交付最初消费者满十年丧失；但是，尚未超过明示的安全使用期的除外。"此外，民事基本法中也存在类似的情形。例如 1985 年《继承法》第 8 条规定诉讼时效的效力为诉权消灭主义。〔14〕《物权法》第 245 条第 2 款规定："占有人返还原物的请求权，自侵占发生之日起一年内未行使的，该请求权消灭。"对于以上"五年""十年""一年"这三种期间，法律明示其效果为请求权消灭，〔15〕显然不同于抗辩权发生主义。〔16〕上列诸法关于诉讼时效效力的规定应被本法第 192 条、第 193 条规定所代替，即变为抗辩权发生主义。《继承法》《物权法》之特别规定，虽属分则规定而非特别法，但问题性质相同，也应按

---

〔14〕 该条并未使用"诉讼时效"字样，仅称"提起诉讼的期限"。《最高人民法院关于贯彻执行〈中华人民共和国继承法〉若干问题的意见》第 15 条至第 17 条、第 64 条应解释为诉讼时效。

〔15〕 《个人独资企业法》称"责任消灭"，是指偿还责任的消灭，债务人的偿还责任对应于债权人的请求权，其意即请求权消灭。

〔16〕 学说上亦有观点认为此种期间系除斥期间，此说不当。首先，就文义解释与事物性质而论，《产品质量法》本条仅称"请求权丧失"，并未规定"债权丧失（消灭）"，而请求权不过是债权的一项权能，除请求权之外，债权尚有受领权等其他权能。仅请求权消灭，不等于债权消灭。设若受害人在该十年后请求生产者赔偿，生产者自愿赔偿后，应不得以该法定期间届满为由请求返还。占有人返还原物请求权的情形，亦同。《个人独资企业法》该条仅称责任消灭，"责任"一词系民法上的多义概念，有指违反义务之后果者，有指损害赔偿责任者，有指法律上之强制者，有指债务之一般担保者，无论何义，责任消灭，均不必然导致相对应的债权整个消灭。个人独资企业投资人于此 5 年期间届满后自愿清偿债务的，应不得以期满为由请求返还。既然债权并未消灭，自难谓此期间系除斥期间（除斥期间经过导致权利消灭，如可适用于债权，则连受领权亦不复存在）。其次，就目的解释而论，除斥期间说，既不利于权利人，又不利于义务人。采除斥期间说，将使权利人无端丧失受领权，已如前述。另一方面，将使义务人蒙受比诉讼时效状态下更严重的不利益。以占有人的返还原物请求权为例。设甲于 2010 年 2 月 1 日侵占乙之物，乙于 2011 年 1 月 1 日发现后，致函请求返还，甲置之不理。此后，乙忙于他事，无暇顾及，直至 2012 年 3 月 1 日始起诉甲请求返还原物。如采除斥期间说，则乙既然在期限内行使权利，其请求权并不消灭，之后亦不发生诉讼时效问题，乙虽在权利上睡眠，并不因此发生甲之抗辩权。反之，采诉讼时效说，则乙在书面请求后一年内未行使权利，已超过诉讼时效期间，甲有权拒绝返还。由此避免造成体系违反，在实质性评价上较为妥当。

新法优于旧法原则处理。本法统一规定诉讼时效的效力为抗辩权发生主义，并无但书规定，未为特别法留下任何余地。这与本法第188条显然不同。

从体系看，本法第九章“诉讼时效”仅有两处允许特别法另作规定，一是本法第188条第1款第2句关于特别诉讼时效期间的规定，二是本法第188条第2款第2句关于特别的诉讼时效起算点的规定。在此，须特别注意本章整体对《民法通则》“诉讼时效”一章的改变。《民法通则》第七章“诉讼时效”除在第135条关于普通诉讼时效期间的规定设有但书“法律另有规定的除外”，还在该章最后单设第141条规定：“法律对诉讼时效另有规定的，依照法律规定。”该第141条所称法律对诉讼时效的另行规定，显然是指特别诉讼时效期间以外的规定，即法律对诉讼时效其他事项（效力、中止、中断等）的特别规定。这表明《民法通则》有意容许其他法律对诉讼时效的各种事项作出不同于该法的规定。与此不同的是，本法“诉讼时效”一章未设此规定。明文容许其他法律另作规定者，仅有本法第188条。显而易见，在诉讼时效的效力上，本法有意取代此前与本法相抵触的诉讼时效效力规定，无论该规定处于民事基本法还是处于特别法之中。本章在文义与体系上即已清楚体现出本法与其他法律的关系，因此不适用特别法优于一般法的原则，而应在关于诉讼时效的全部问题上，直接适用本章的相应规定，仅关于诉讼时效特别期间和特别起算点的特别法规定除外。〔17〕据此，《个人独资企业法》等法律关于上述特别诉讼时效期间的规定，其效力应适用本法第192条规定，仅为义务人发生抗辩权。

3. 特别法规定与《民法通则》等旧法规定不同而与本法相抵触者，如适用本法规定更有利于实现特别法目的或本法目的，应依照新法优于旧法原则适用本法规定

特别法规定虽非沿用或照抄《民法通则》等旧法规定，但与本法规定不一致，且适用《民法总则》规定更有利于实现立法目的之情形，可通过法律解释方法，按照新法优于旧法原则适用《民法总则》规定。〔18〕

---

〔17〕另需说明的是，特别法对时效中止事由另有规定（《突发事件应对法》第13条、《国防动员法》第67条），但因本法第194条第1款第5项原本设有兜底规定（“其他障碍”），特别法对某种障碍适用关于诉讼时效中止的规定，与本法并不抵触，实质上是对本法第194条第1款第5项的一种解释性规定，自应继续适用。

〔18〕上海市高级人民法院《上海法院民事办案要件指南》（沪高法民一〔2003〕10号）第12条的“说明”部分讨论了新法、上位法、一般法与旧法、下位法、特别法竞合的处理，认为：“虽然新法、上位法均优于旧法、下位法，但是特别法却优于一般法。在此情形下，需要结合新的一般法的立法目的来判断，如果新的一般法改变旧的特别法是有意为之，则说明立法者是有意废弃旧法的，因此，特别法虽然符合旧法的精神，却与新的一般法精神不一致时，应当依照新法优于旧法的原则，确定新法、上位法、一般法优先适用。如果新的一般法与旧的特别法之间的不一致并非有意为之，而是立法的疏漏所致，则说明新法不一定有废弃旧法的意思，二者存在冲突的，应当首先寻求通过合理的解释使二者协调一致，消除矛盾；如果不能通过解释取得一致的，仍然应当按照新法优于旧法的原则，适用新的一般法。”

关于法律行为违法无效的规定即为适例。本法第153条第1款吸收《合同法司法解释（二）》第14条将强制性规定限定于效力性强制性规定之经验，区分强制性规定的不同类型，一体规定违法法律行为并非一概无效，对于保障私法自治、统一司法适用均有重大意义。在本法之前，关于法律行为违法无效，因立法时间错位而存在“二元状态”：合同是否因违法而无效，取决于所违反者是否属于效力性强制性规定（适用《合同法司法解释（二）》第14条）；其他法律行为是否因违法而无效，则不存在将强制性规定再予区分的判定标准。决议行为，仅公司股东会、董事会决议无效，其法律依据即《公司法》在2005年修订时增设的第22条第1款：“公司股东会或者股东大会、董事会的决议内容违反法律、行政法规的无效。”该款并未区分强制性规定和非强制性规定，遑论对强制性规定的进一步区分。但解释上当然不可能包括非强制性规定。规定单方法律行为违法无效的条款为2001年《信托法》第11条：“有下列情形之一的，信托无效：（一）信托目的违反法律、行政法规或者损害社会公共利益；……”[19]其他法律行为，仍适用《民法通则》规定。以上诸法均不区分所违反的规范类型。不区分规范类型的立法，均出现于《合同法司法解释（二）》之前，对私法自治干预过度，显然不如《合同法司法解释（二）》的区分主义。因此，在本法施行之后，自不应任由上述特别法规定继续优先适用，而应将本法第153条第1款统一适用于一切法律行为，否则，将导致该款的规范目的落空（沦为合同法司法解释的纯粹重复）。决议行为等其他法律行为之违法无效，也应依照本法第153条第1款规定，以违反强制性规定为要件，且须区分强制性规定的类型（“该强制性规定不导致该决议行为等无效的除外”）。

概言之，基本法与特别法的关系，可归纳为三大类：其一，明文容留特别法，即基本法明文容许特别法另作规定。[20]其二，默认容留特别法，即基本法条文中

---

〔19〕 信托的设立方式包括信托合同、遗嘱等。可为双方法律行为或单方法律行为。

〔20〕 基本法所容许的特别法，又有多种类型：（1）例外型特别法，例如本法第70条第2款关于清算义务人的规定（公司法关于股东为清算义务人的规定为例外，优先适用），第204条关于期间计算方法的例外规定。（2）补充型特别法，例如本法第99条第1款、第100条第1款分别规定农村集体经济组织、合作经济组织依法取得法人资格，关于这两种组织的其他事项，则明文留待特别法补充（第99条第2款、第100条第2款）。本法第92条第2款关于宗教活动场所法人的规定，亦同。（3）并列型特别法，即以特别法规定的类型与基本法或其他特别法规定的类型相并列，例如本法第118条第2款法律规定的其他债之原因；第123条第2款第8项法律规定的其他知识产权客体。（4）要件型特别法，又可分为不完全要件型特别法和完全要件型特别法。不完全要件型特别法，即以特别法的某一具体规定，作为发生基本法所定效果的要件之一。例如本法第117条作为征收要件之一的法律规定权限和程序。完全要件型特别法，即以（遵守或违反）特别法的某一具体规定，作为发生基本法所定效果的全部要件。例如本法第85条、第94条第2款关于撤销程序违法的法人组织机构决议的规定，若不存在关于这一程序的某一具体特别法规定，即无从发生因程序违法而撤销决议的效果。又如本法第153条第1款规定违反法律、行政法规强制性规定的法律行为无效，必有某一条特别法（也可能是基本法）上导致违反的法律行为无效的强制性规定存在，始发生本款规定的效果。

虽未明确提及“法律另有规定的从其规定”，但不存在“默认排除特别法”之情形，故不影响特别法另作规定。[21]其三，默认排除特别法。依法律条文的性质（特别法规定是否重复被取代的旧法）、体系（基本法新规定的体系）、目的（基本法或特别法的立法目的）而排除特别法优先适用者，即属于默认排除特别法的情形。

二、上位法与下位法

下位法与上位法不一致，包括以下两种情形：下位法内容抵触上位法内容；下位法超越上位法的法源限定，作出不为上位法所允许的规定。

（一）下位法内容与上位法内容相抵触

下位法以《民法总则》之前的民事法律（旧法律）为依据制定，而所依据的旧法律相应规定与《民法总则》相抵触的，该下位法往往同步抵触《民法总则》的规定。此类内容抵触的下位法条文，在《最高人民法院关于贯彻执行〈中华人民共和国民法通则〉若干问题的意见（试行）》中大量存在，例如关于出生时间的证明（第1条）、关于默示意思表示的规定（第66条）、关于可变更民事行为的规定（第73条）、关于民事制裁的规定（第163条与第164条）。其他下位法内容与上位法抵触之例，例如各种司法解释中沿用《民法通则》普通诉讼时效起算点及其期间的规定，又如《农民专业合作社登记管理条例》第7条（农民专业合作社的住所是其主要办事机构所在地）。

此处需说明的是，司法解释与法律之间属于下位法与上位法关系。司法解释虽因有法律和立法机关决议之授权，[22]而与立法解释同属于有权解释，但不具有与法律同等的效力。法律明文规定立法解释与法律具有同等效力（《立法法》第50条），对司法解释则未设此种规定，反而设有司法解释备案与审查制度，专门处理司法解释与法律相抵触的情形（《各级人民代表大会常务委员会监督法》第31条至第33条）。由此足见司法解释之效力低于法律。至于最高人民法院以司法解释自

---

[21] 例如，本法第80条第1款规定，营利法人应当设权力机构。此所谓权力机构，对于公司法人而言，为股东会。但一人有限责任公司与国有独资公司，因其性质特殊，特别法规定不设股东会（《公司法》第61条、第66条第1款）。自不因本法第81条第1款未明文容许特别法另作规定而受影响。

[22] 关于最高人民法院司法解释权的来源，按时间先后依次为：1955年《全国人民代表大会常务委员会关于解释法律问题的决议》，1979年《人民法院组织法》第33条，1981年《全国人民代表大会常务委员会关于加强法律解释工作的决议》，2006年《各级人民代表大会常务委员会监督法》（第31条至第33条规定司法解释备案和审查制度，默认对司法解释的授权），2015年《立法法》（修正后增设第104条规定司法解释）。

行规定“司法解释具有法律效力”，[23]以及对司法解释的适用不加限定，[24]属于最高人民法院的自我授权、自我加持，不能排除上述法律的规定。

（二）下位法超越上位法所设的法源限定

上位法可以限定法源的位阶。对于某一事项，上位法未就此作出具体规定，但仅允许某种位阶（层级）的法源作出规定，而未达到这一位阶的下位法对该事项作出规定的，即属于因超越法源位阶而与上位法相抵触（因上位法无具体内容，不存在下位法与上位法的内容抵触）。

1. 民法总则中的法源限定条文：民法法源的“收”与“放”

法源的范围，或者说法源限定于何种位阶，在诸法中各不相同。刑法以罪刑法定为原则，罪刑法定所指之法，仅限于法律（第 3 条），故其法源以法律和有权解释为限。行政法，因《行政诉讼法》明文规定审理行政案件以法律、行政法规、地方性法规为依据，并参照规章（第 63 条），法源范围亦相当明确。民法法源的范围，则欠缺此种自始即直截了当、位阶分明的规定。《民法通则》第 6 条规定：“民事活动必须遵守法律，法律没有规定的，应当遵守国家政策。”该条具有法源规范的性质，该条所称国家政策，必有某种载体，其载体通常为其他规范性文件。则载有国家政策的其他规范性文件属于民法法源范畴。同时，《民法通则》所称“法律”未与行政法规或法规等并称，[25]通常被理解为广义上的法律。因此，《民法通则》语境下的民法法源相当宽泛，欠缺明确的位阶区分意识。此种状况从 20 世纪 90 年代以来开始改变。首先，此种不区分法源位阶的用法，在此后的民事法律中逐渐消失。例如 1990 年《著作权法》、1993 年《公司法》均在狭义法律的意义上使用“法律”一词，多处并列提及法律、行政法规，其所谓法律自是指狭义法律。《专利法》《商标法》修改后开始出现行政法规概念，从广义法律用法向狭义法律用法的转变更是显而易见。1999 年《合同法》最为明确不过地表达出区分不同位

---

[23]《最高人民法院关于司法解释工作的规定》第 5 条。

[24]《最高人民法院关于裁判文书引用法律、法规等规范性法律文件的规定》第 4 条规定：“民事裁判文书应当引用法律、法律解释或者司法解释。对于应当适用的行政法规、地方性法规或者自治条例和单行条例，可以直接引用。”该条将司法解释与法律、法律解释相并列，对行政法规、地方性法规等有“应当适用的”之限定。此所谓“应当适用的”，应是指法规不与上位法相抵触而应当适用的情形，而不是指法规对涉案事项有规定而应当适用该法规的情形（否则对法律、法律解释也应当设此限定；对涉案事项不存在相应法律或法规的，自不适用，无须赘言）。对司法解释则不设此限，显然是有意无意回避了司法解释与上位法相抵触的情形。

[25]《民法通则》之前的民事法律大多也是如此。例如 1980 年《婚姻法》、1981 年《经济合同法》、1982 年《商标法》、1984 年《专利法》、1985 年《继承法》。偶有例外，即 1985 年《涉外经济合同法》（第 7 条第 2 款、第 27 条、第 33 条并提法律、行政法规），1987 年《技术合同法》（第 3 条、第 21 条、第 22 条并提法律、法规，尤其是第 21 条第 1 款第 1 项规定违反法律、法规的技术合同无效）。

阶法源的观念：合同因违法而无效，仅限于违反法律、行政法规的强制性规定（第52条第5项）；决定合同批准生效者，只能是法律、行政法规的规定（第44条第2款）；作为守法的基本原则，只要求当事人订立、履行合同，应当遵守法律、行政法规（第7条）。其次，《民法通则》以后的民事法律未再提及国家政策；2000年《立法法》更将“民事基本制度”列为法律保留事项（第8条），仅在特殊情况下允许国务院就此制定行政法规（第9条），未列国家政策为法源。[26]《民法通则》第6条关于国家政策的规定事实上已被后续的其他民事基本法与《立法法》所废止。[27]

《民法总则》第10条关于民法法源的规定，则是上述法律发展的集大成者。本条对民法法源的列举，一般性地排除了法规、规章等规范性文件的民法法源地位，值得重视。本条所谓法律，并不等同于“制定法”。不可将本条所称法律误认为广义上的法律或制定法。[28]本条所称“依照法律规定”，包括法律明示应适用法规的情形。法规包括行政法规与地方性法规（以及位阶相同的自治条例和单行条例）。行政法规不当然属于民法法源。须在法律明文规定以行政法规为民事关系依据的情形，以及国务院依照《立法法》授权专门制定行政法规规定民事关系的情形（授权立法），行政法规方可成为民法法源。前一种情形，如本法第58条第3款与第103条第2款规定法人、非法人组织采许可主义者，仅限于法律、行政法规规定；第153条第1款规定违反法律、行政法规的强制规定的法律行为无效。后一种情形的实例极少。因《立法法》对授权立法设有期限、程序上的严格规定（第9条至第12条），据此制定的授权立法并非常态。地方性法规，仅在法律明文规定可适用于民事关系的情形，始构成民法法源。

除第10条外，本法多处条文明确限定法源的范围，例如法人终止事由（第68条第1款第3项）、法人与非法人组织解散事由（第69条第5项与第106条第3项）、清算义务人（第70条第2款）、法人分支机构的登记（第74条第1款）、法人组织机构决议的撤销（第85条与第94条第2款）、法定要式行为（第135条）、法律行为成立时生效之例外（第136条第1款）、沉默视为意思表示之例外（第140条第2款）、惩罚性赔偿（第179条第2款）。法源限定条文的重要性可从一个广被误读的条文见之。此即本法第103条。有论者误认为非法人组织一律须经登记。实则本法第103条明定非法人组织应当“依照法律的规定”登记，显然不同于“依法”登记（并显著区别于法人之应当“依法成立”），法律未规定须登记者，不

---

〔26〕当然，国家政策可以通过立法程序体现于法律、行政法规之中，但此时法院所适用者即为法律、行政法规，已非独立于法律、行政法规意义上的国家政策。

〔27〕李敏：《民法上国家政策之反思——兼论〈民法通则〉第6条之存废》，载《法律科学》2015年第3期。

〔28〕认为民法渊源包括制定法和习惯法，并认为制定法可包括规章的观点，例如龙卫球：《民法渊源规则变化顺应时代发展需求》，载《光明日报》2017年4月24日第3版。

以登记为要件。进而考察立法资料，更可知本条从最初草案之非法人组织应“依法成立”，改为“依法登记”，再改为“依照法律的规定登记”，其文义上的限缩之意甚明。[29]因此，法律以外的规范性文件规定某种非法人组织应登记的，如未登记，不影响非法人组织的成立及性质。

历史地看，从《合同法》以来，我国民法呈现出一种逐渐“上收”民事立法权的趋势。《合同法》有意排除了地方性法规、规章及其以下层级法源对合同效力和履行的影响；《物权法》除在建筑物区分所有权和相邻关系两章中容许地方性法规成为法源[30]外，仍以法律为主要法源，行政法规为次要法源。《侵权责任法》则更进一步，除仅在第58条第1项将“违反法律、行政法规、规章以及其他有关诊疗规范的规定”列为推定医疗机构有过错的情形之一外，未为行政法规及其以下的规范性文件留出任何空间。本法延续了这一趋势。“上收”民事立法权、强化对授权立法的控制，符合我国国情，有利于防止部门利益、地方利益对民事法制的侵蚀，与深化改革开放、发挥市场在资源配置中的决定性作用、简政放权、减少国家干预的方向一致。相比于许多国家下放民事立法权、特别法泛滥、授权立法泛滥以致侵蚀民事基本法的局面，我国民法的这一变革具有显著优越性，代表了民法未来发展的先进方向。

另一方面，民法法源在“上收”的同时，也有“下放”的一面。此种意旨蕴含于“依法”一词之中。“依法”一词，在民事法律中有多种用法，有指“合法”之意，如依法所有（《物权法》第69条）、依法取得、依法吊销营业执照；有的则属于赘文、套话，如依法享有物权、债权等（本法第114条第1款、第118条第1款等），担保物权人依法享有优先受偿权（《物权法》第170条）。此类用法不具有法源意义。另有一类用法，则隐含了法源规范。例如，法人应当依法成立（本法第58条第1款）；应当依法制定法人章程（本法第79条、第91条第1款、第93条第1款）；依法取得法人资格（第99条第1款、第100条第1款）。对于这一类用法，解释的原则为凡有利于人民权利和自由保障者，应从宽理解。即所依之“法”，包括法律、法规、规章、司法解释、其他规范性文件，甚至在特定情况下，还可包括非正式法源。

---

〔29〕 本条立法史：《民法总则草案（2015年8月28日民法室室内稿）》第88条规定：“独资企业、合伙企业等其他组织应当依法登记。法律规定应当办理批准手续的，依照其规定。”2016年2月征求意见稿第80条分为两款，改为：“其他组织应当依法登记。（第1款）法律、行政法规规定须经有关机关批准的，依照其规定。（第2款）”2016年6月全国人大常委会第一次审议的草案删去第2款中的“行政法规”。二次审议稿将第1款改为“非法人组织应当依照法律的规定登记”（第101条）。三次审议稿又在第2款中添加“行政法规”。此后未再变动。

〔30〕 参见《物权法》第77条、第83条、第85条。允许地方性法规规定建筑物区分所有权事项和相邻关系事项，显然是因为此类事务具有较强的地方性，对于许多细节性事项，由地方性法规因地制宜作出规定，可能比以法律、行政法规全国划一的规定更切合实际。

例一，关于法人应当依法成立、农村集体经济组织依法取得法人资格的规定，所指之法应不限于法律、行政法规，比如现有的股份合作企业法人，其成立依据并非法律、行政法规，而是其他规范性文件或地方性法规等；〔31〕关于农村集体经济组织，并无法律、行政法规、部门规章，而大多是依地方性法规或地方政府规章取得法人资格。〔32〕

例二，本法第196条第5项依法不适用诉讼时效的其他请求权，所指之法，亦不应限于法律、行政法规，而可包括司法解释乃至指导性案例。〔33〕若不作从宽理解，而将所依之法拘泥于《立法法》所指之法（仅限于法律、法规、规章），将导致许多组织丧失法人资格、许多重要权利罹于诉讼时效，等等。

此种从宽解释立场，与以上所述对于限制私权、干涉行为自由的法源采取限制主义立场，并不矛盾。总体而言，具有法源意义的“依法”一词，在民事基本法上的使用尚属稳妥，较符合保障人民权利和自由的大方向。以本法而论，提及“依法”一词者，共计57处。主要集中于第二章自然人、第三章法人。而在第六章民事法律行为、第七章代理之中，并未出现。在第九章诉讼时效中，仅出现一处，即上述第196条第5项。此三章为《民法总则》中行为自由保障和私权保障的重镇，将干涉法律行为自由、减损请求权效力的法源限定于法律（偶尔包括行政法规），符合保障人民权利和自由的大方向，唯一一处依法，则意在缓和诉讼时效制度的严苛效果，契合权利保障的宗旨；而第三章法人中密集出现依法一词，则有扩展法人自由的意义，可谓殊途同归、异曲同工，因为与法律行为制度不同的是，法人制度受法人法定主义支配，法人法定之“法”越狭窄，越可能限缩法人制度上的自由空间。

2. 下位法违反上位法中法源限定条文的情形

例一，本法第71条规定：“法人的清算程序和清算组职权，依照有关法律的规定；没有规定的，参照适用公司法的有关规定。”关于其他法人清算的特别法，本条明确限定为法律。因此，即使行政法规、地方性法规、规章或其他规范性文件对非公司法人的清算程序、清算组职权等设有特别规定，〔34〕在本法施行后亦不再适用，而一律参照适用《公司法》有关规定。其合理性在于，相比于其他现行法，

---

〔31〕例如国家体改委《关于发展城市股份合作制企业的指导意见》（1997年8月6日）。

〔32〕例如《浙江省村经济合作社组织条例》《广东省农村集体经济组织管理规定》。

〔33〕最高法院发布的指导案例65号“上海市虹口区久乐大厦小区业主大会诉上海环亚实业总公司业主共有权纠纷案”认为，专项维修资金是业主为维护建筑物的长期安全使用而应承担的一项法定义务，业主拒绝缴纳专项维修资金，并以诉讼时效提出抗辩的，人民法院不予支持。

〔34〕例如《事业单位登记管理暂行条例实施细则》第52条第1款、第2款规定：“事业单位在申请注销登记前，应当在举办单位和其他有关机关的指导下，成立清算组织，完成清算工作。清算组织应当自成立之日起10日内通知债权人，并于30日内至少发布三次拟申请注销登记的公告。债权人应当自第一次公告之日起90日内，向清算组织申报其债权。”

《公司法》对清算程序和清算组职权的规定较为周全完备，且法人清算属于民事基本制度，不适合由法律以外的其他法源作出规定。

例二，物权法定所指之法。本法第116条沿用《物权法》第5条，规定物权类型和内容，只能由法律规定。此所谓法律，就制定法而言，仅指全国人民代表大会及其常务委员会所制定的法律，不包括行政法规及其以下的规范性文件。行政法规、地方性法规、规章及其他规范性文件规定物权或具有物权效力之权利的，均不属于物权、不具有物权的效力。例如，以往城镇住房制度改革过程中发布的其他规范性文件所规定的“部分产权”，不属于物权。〔35〕又如，优先购买权，具有物权效力（可对抗受让标的物的第三人）者，须由法律规定。行政法规及其他规范性文件规定的优先购买权，均不具有物权效力。现行法上规定优先购买权的行政法规和其他规范性文件仍有一定数量，〔36〕此类规定多制定于《物权法》施行之前，有待清理；在废止之前，因与《物权法》及本法规定抵触，应不再适用，凡其所规定的优先购买权，仅可拘束相对人，对第三人不生效力。

例三，连带责任。连带责任对责任人负担较重，因此仅在法律规定或当事人约定的情况下，方可发生连带责任。本法原先草案仅称“依法承担连带责任的”，未明确规定何种情形承担连带责任。本法第178条第3款系本法草案最后审议时增设，系《民法通则》第87条立场之延续。法规、规章等下位法规定的连带责任，如为上位法之重复或有上位法依据者，与上位法并不抵触。〔37〕无上位法依据者，则属于违反法律规定创设的连带责任，不应适用。〔38〕司法解释规定连带责任的，如已

---

〔35〕 参见《国务院关于深化城镇住房制度改革的决定》（国发〔1994〕43号）第21条、《国务院办公厅转发国务院住房制度改革领导小组关于全面推进城镇住房制度改革意见的通知》（国办发〔1991〕73号）第8条、《国务院关于继续积极稳妥地进行城镇住房制度改革的通知》（国发〔1991〕30号）第2条与第7条。上述三个文件已于2016年被宣布失效。宣布失效的宗旨和理由是：“为推动简政放权、放管结合、优化服务改革向纵深发展，营造实施创新驱动发展战略、推动大众创业万众创新的良好环境，促进新经济、新动能成长……”《国务院关于宣布失效一批国务院文件的决定》（国发〔2016〕38号）。

〔36〕 《中外合资经营企业法实施条例》（1983年）第23条规定：“合营一方转让其全部或部分出资额［现已修改为股权——笔者注］时，合营他方有优先购买权。（第2款）违反上述规定的，其转让无效。（第4款）”1990年《城镇国有土地使用权出让和转让暂行条例》第26条规定：“上述使用权转让价格明显低于市场价格的，市、县人民政府有优先购买权。”《国务院办公厅转发国家经贸委、财政部、人民银行关于进一步做好国有企业债权转股权工作意见的通知》（国办发［2003］8号）第17条规定：“金融资产管理公司向境内外投资者协议转让股权（不含上市公司国有股权）时，其股权定价须经符合资质条件的资产评估机构进行评估，按照公正、公平、公开的原则，采取招标、拍卖等方式确定受让人和受让价格，同等条件下原企业享有优先购买权。”《国务院关于加强和改善文物工作的通知》（国发〔1997〕13号）第4点末句规定：“国家对公民出售个人所有的传世珍贵文物有优先购买权。”

〔37〕 例如《私营企业暂行条例》第8条第3款规定：“合伙人对企业债务负连带无限责任。”

〔38〕 例如，《物业管理条例》第47条第2款规定：“物业使用人违反本条例和管理规约的规定，有关业主应当承担连带责任。”《直销管理条例》第27条规定：“直销企业对其直销员的直销行为承担连带责任，能够证明直销员的直销行为与本企业无关的除外。”

超越对法定连带责任进行解释之范畴、而具有造法性质者，不具有法源正当性，与旧法及本款规定（上位法）均有抵触，属于违法解释；如属于对既有的法定连带责任的具体解释，则未逾越司法解释的权限。例如，《最高人民法院关于审理人身损害赔偿案件适用法律若干问题的解释》第11条第2款，以及对于挂靠关系中连带责任的解释意见，[39]在一定程度上可视作对共同侵权行为的解释。但挂靠关系本身是否一律能够成为连带责任的充分理据，尚有探讨余地。

例四，特别诉讼时效。本法第188条第1款第2句所称“法律另有规定的，依照其规定”，即指特别诉讼时效期间而言。特别时效仅可由法律规定。行政法规或其他规范性文件规定的诉讼时效，[40]因与上位法抵触，不应适用。《民法通则》虽也称“法律另有规定的除外”，但《民法通则》既然尚未在狭义法律的意义上使用法律一词，则以行政法规规定诉讼时效，尚不能谓与上位法相抵触。而《民法总则》问世于明确区分法源位阶的时代，凡条文中称法律者，均限于狭义上的法律。则行政法规及其以下的法源中规定诉讼时效者，即与本法相抵触。

（三）下位法与上位法抵触时的处理：不应适用下位法

与上位法抵触的下位法之改变与撤销权，专属于各级立法机关（《立法法》第96条、第97条）。法院虽无改变与撤销权，但有在具体案件审理中解释与适用法律的权限。对于上位法相抵触的下位法，法院不应当适用。《最高人民法院关于裁判文书引用法律、法规等规范性法律文件的规定》第4条可为佐证：“民事裁判文书应当引用法律、法律解释或者司法解释。对于应当适用的行政法规、地方性法规或者自治条例和单行条例，可以直接引用。”行政法规、地方性法规等与上位法相抵触的，不属于“应当适用的”之列，不得直接引用。而对于法规以下的其他规范性文件（包括规章以及非司法解释类的各种司法指导性文件），不仅只能作为裁判说理的依据而不能作为裁判依据，而且须“经审查认定为合法有效”（《最高人民法院关于裁判文书引用法律、法规等规范性法律文件的规定》第6条）。

---

[39] 《最高人民法院关于审理食品药品纠纷案件适用法律若干问题的规定》第10条第1款、《最高人民法院关于审理道路交通事故损害赔偿案件适用法律若干问题的解释》第3条、《最高人民法院关于审理旅游纠纷案件适用法律若干问题的规定》第16条。

[40] 现行行政法规关于时效的规定有如下三处。1986年《铁路货物运输合同实施细则》第22条规定，“承运人同托运人或收货人相互间要求赔偿或退补费用的时效期限为180日（要求铁路支付运到期限违约金为60日）”。1986年《水路货物运输合同实施细则》第31条规定，“承运人与托运人或收货人彼此之间要求赔偿的时效，从货运记录交给托运人或收货人的次日起算不超过180日。赔偿要求应以书面形式提出，对方应在收到书面赔偿要求的次日起60日内处理”。1986年《工业产品质量责任条例》第22条规定：“除国家另有规定外，质量责任的仲裁请求和起诉，应从当事人知悉或应当知悉权益受损害之日起一年内提出。产品质量责任方愿意承担责任时，不受时效限制。”

三、新法与旧法

本法并未废止任何一部旧法，但本法中新的具体规定取代旧法中的具体规定者，则所在多有。新规定的溯及力问题需分别观察。

（一）原则：无溯及力

本法与旧法之间的适用关系，原则上按照关于法的溯及力的一般规定处理。《立法法》第 93 条规定："法律、行政法规、地方性法规、自治条例和单行条例、规章不溯及既往，但为了更好地保护公民、法人和其他组织的权利和利益而作的特别规定除外。"

依照上述关于溯及力的一般规定，本法施行之前发生的民事法律事实，适用旧法规定；旧法没有规定的，可以适用本法规定。[41]本法施行之后发生的民事法律事实，适用本法规定。对此，并可参照《最高人民法院关于适用〈中华人民共和国合同法〉若干问题的解释（一）》第 1 条。

（二）例外：有溯及力（更优保护之特别规定）

新法无溯及力原则的例外，可称为"更优保护之特别规定"，具体包括下列情形。

1. 新规定补充旧法漏洞：原则上适用新规定

对于本法施行之前发生的法律关系，旧法未规定，而本法有规定的，可以适用本法规定。民事案件，法官不得以法无明文为由拒绝裁判，此为私法不同于公法之处。对于旧法未规定的事项，法官虽可参考法理，但因我国法律并未规定法理为正式法源，法官不参考法理而径行驳回原告诉讼请求，并不属于适用法律错误；适用新法规定，则可填补旧法漏洞，更好地保护民事主体的权益。例如，2016 年甲因犯合同诈骗罪被判处罚金，法院另案判决甲对合同相对人乙承担违约赔偿责任，而甲之财产不足以支付，应适用本法第 187 条规定，优先承担民事责任，以更好地保护受害人的民事权益。[42]

上述解释结论，可参照《最高人民法院关于适用〈中华人民共和国合同法〉若干问题的解释（一）》第 1 条后半句："合同法实施以前成立的合同发生纠纷起

---

〔41〕 旧法没有规定的，例如本法第 75 条关于设立中法人（公司除外）的规定，第 146 条关于通谋虚伪表示的规定，第 149 条和第 150 条关于第三人欺诈、第三人胁迫的规定，第 168 条关于自己代理和双方代理的规定。

〔42〕 旧法仅《侵权责任法》第 4 条规定侵权责任优先于行政责任、刑事责任，未就违约责任优先于行政责任、刑事责任设一般规定。

诉到人民法院的，除本解释另有规定的以外，适用当时的法律规定，当时没有法律规定的，可以适用合同法的有关规定。”

但是，对于新法施行之前发生的法律事实，如果新规定的适用情形涉及不同当事人之间的权益冲突，而适用新规定的结果仅仅有利于一方当事人而不利于他方当事人，则并不当然属于“更好地保护公民、法人和其他组织的权利和利益”的新规定，而仅仅是“更好地保护一方公民、法人和其他组织的权利和利益”的新规定。此类规定是否具有溯及力，尚需斟酌新规定保护一方当事人之特别立法目的与他方当事人依据旧法所享有之既得权益，而作更细致的权衡。例如，对于公司、农民专业合作社以外的法人，旧法多未规定清算义务人及其责任，则对于本法施行之前发生的清算，并不当然适用本法第 70 条第 2 款、第 3 款前半句关于清算义务人及其责任的规定，否则可能使时任执行机构或决策机构成员承担不可预见且不应预见的责任；但该条第 3 款后半句关于申请法院指定人员组成清算组的规定，则不妨适用，因其适用结果不致对各方当事人发生不利益。

2. 新规定对民事权益的保护优于旧规定：原则上适用新规定

对于本法施行之前发生的法律关系，旧法与本法均有规定，但本法规定更有利于民事主体权益的，适用本法规定。例如，对于征收、征用补偿，《物权法》仅规定应当给予补偿（第 42 条、第 44 条）；本法第 117 条规定应当给予公平、合理的补偿，显然优于旧法，应适用于本法施行之前发生的征收、征用。

但是，对于新法施行之前发生的法律事实，如果新规定的适用情形涉及不同当事人之间的权益冲突，而适用新规定、不适用旧法的结果仅仅有利于一方当事人而不利于他方当事人，则与前同理，不当然属于“更好地保护公民、法人和其他组织的权利和利益”的新规定。此类规定是否具有溯及力，亦需斟酌新规定保护一方当事人之特别立法目的与他方当事人依据旧法所享有之既得权益，而作更细致的权衡。例如，对于本法施行之前发生的自愿紧急救助时因重大过失致人损害行为，如适用旧法，被救助人可请求赔偿；[43]如适用新法，被救助人无权请求赔偿（本法第 184 条）。救助人虽出好心，但因重大过失致人损害，依据旧法本应负责，而本法第 184 条特意免除重大过失责任，乃是立法过程中反复争论、考量的结果，在全国人民代表大会审议期间犹有易稿，则如使新规定溯及既往，将导致受损害方蒙受不可预见且不应预见之不利益，显然过苛。

3. “尽可能维护法律行为之效力”原理

在涉及法律行为的情形，“更优保护之特别规定”可解释为“尽可能维护法律行为之效力（尽可能使法律行为有效）”原理，具体包括下列情形。

---

[43] 旧法对于自愿紧急救助行为并未规定特别免责事由。按照无因管理规定及法理，管理人至少应就故意、重大过失负责。

首先，在本法施行之前成立的法律行为，依照旧法规定为无效或者可撤销，但依照本法规定为有效的，适用本法规定。例一，合同以外的其他法律行为，违反非效力性强制性规定，应为无效的，则适用本法第153条第1款规定，应为有效。比如，《公司法》第22条第1款规定："公司股东会或者股东大会、董事会的决议内容违反法律、行政法规的无效。"即对于决议行为，并不区分效力性强制性规定和非效力性强制性规定（导致法律行为无效的强制性规定和不导致法律行为无效的强制性规定）。则对于本法施行之前成立的决议行为，在本法施行之后发生效力争议的，应当适用本法第153条第1款规定，并非一概因决议内容违法而无效。同类例子有《信托法》第11条第1项规定，信托目的违反法律、行政法规的，信托无效。在本法施行之前成立的信托，仅在违反导致信托行为无效的强制性规定之时，始因违法而无效。例二，限制行为能力人纯获利益的单方法律行为，依照《民法通则》第58条第1款第2项规定，为无效，〔44〕依照本法第145条第1款规定，则为有效。

其次，在本法施行之前成立的法律行为，依照旧法规定为无效，但依照本法规定为可撤销的，适用本法规定。例如合同以外的法律行为，因欺诈、胁迫、乘人之危而成立的，依照《民法通则》第58条第1款第3项规定，为无效，但依照本法规定，仅为可撤销。

最后，在本法施行之前成立的法律行为，依照旧法规定为无效，但依照本法规定为效力待定的，适用本法规定。例一，限制行为能力人依法不能独立实施的合同以外其他法律行为，民法通则第58条第1款第2项规定为无效。但依照本法第145条规定，为效力待定。例二，本法施行之前，已满八周岁、未满十周岁者所为法律行为，依旧法为无效（无行为能力人的行为），依本法为效力待定（限制行为能力人的行为），则应适用本法。例三，1999年10月1日之前经自己代理、双方代理订立的经济合同，适用《经济合同法》，无效。〔45〕但依照本法第168条规定，为效力待定。

以上结论还可参照《最高人民法院关于适用〈中华人民共和国合同法〉若干问题的解释（一）》第3条的规定："人民法院确认合同效力时，对合同法实施以前成立的合同，适用当时的法律合同无效而适用合同法合同有效的，则适用合同法。"该条解释虽仅涉及无效和有效的对立关系，并未涉及无效和可撤销的对立关系（依旧法为无效、依新法为可撤销的法律行为），也未涉及无效和效力待定的对立关系（依旧法为无效、依新法为效力待定的法律行为）。但究其背后之原理，实

---

〔44〕《合同法》第47条规定限制行为能力人独立订立的纯获利益的合同有效。不适用于其他法律行为。

〔45〕1999年10月1日起施行的《合同法》，废止《经济合同法》，但未规定自己代理与双方代理，存在法律漏洞。对于1999年10月1日至2017年9月30日期间成立的自己代理、双方代理合同，如参考法理，有认定为效力待定之余地。

为《立法法》第93条规定的但书，即新法关于合同有效的规定，可解释为该但书所称“为了更好地保护公民、法人和其他组织的权利和利益而作的特别规定”。[46]而将旧法所定无效法律行为改为可撤销法律行为、效力待定法律行为的新法规定，相比于将旧法所定无效法律行为改为有效法律行为的新法规定，同属减轻公权力对私法自治的干预，属于更优保护私权之特别规定。同理，亦应具有溯及力。

（三）诉讼时效和除斥期间的特殊问题

诉讼时效和除斥期间问题较为特殊、复杂，殊值探讨。

1. 起算点的新规定：适用新法

本法关于诉讼时效和除斥期间起算点的新规定如下：普通诉讼时效起算点增加“知道或者应当知道义务人”之要件（第188条第2款第1句）；无行为能力人或限制行为能力人对其法定代理人的请求权的诉讼时效特别起算点（第190条）；未成年人受性侵害损害赔偿请求权的诉讼时效特别起算点（第191条）；受胁迫所为法律行为的撤销权的除斥期间起算点（第152条第1款第2项）。

上列新规定应溯及既往。例如，甲于2016年3月1日遭街头群氓寻衅殴伤，因不知加害人姓名住所而无法起诉，直至2017年11月1日加害人被警方抓获，始知晓义务人而起诉。又如，2009年7月5日，十岁幼童乙遭受邻居性侵害，其父母羞于报案、起诉。2017年，乙在普法活动中习得民法知识，决意起诉维权。以上两例，如适用旧法，则诉讼时效起算且已完成；如适用本法，则诉讼时效尚未完成。

上述新规定均属于“为了更好地保护公民、法人和其他组织的权利和利益而作的特别规定”。上列新规定的适用情形，虽也涉及权利人与义务人、胁迫行为人的权益冲突，但所涉义务人行为、胁迫行为属于纯粹的侵权行为或加害行为，[47]而不同于前述自愿救助致人损害（本意为善）。相较于新规定保护权利人的特别立法目的，义务人的时效利益、胁迫行为人的除斥期间利益不值得保护。

2. 期间计算：以期间是否届满为基准

较有疑问的是期间横跨新法施行日期前后的问题。即诉讼时效和除斥期间的期间计算问题。在本法施行之前已经完成的诉讼时效，无论为2年普通诉讼时效或一年特别诉讼时效，均已发生义务人的抗辩权，自不可适用本法规定的3年普通诉讼时效，否则将导致额外加长已经完成的诉讼时效，剥夺义务人既得的时效利益。本

---

[46] 此处所谓特别规定，并非与一般规定对称，故不是“特别法”意义上的特别规定。因此，不妨作上述理解。

[47] 对于侵权行为之债，新增“知道或应当知道义务人”为普通诉讼时效起算点要件，具有新意。合同之债，权利人必知义务人，诉讼时效起算点不因新法而改变。无因管理之债、不当得利之债，旧法已增加“知道或应当知道义务人”之要件（《最高人民法院关于审理民事案件适用诉讼时效制度若干问题的规定》第8条、第9条）。

法施行之日诉讼时效尚未完成的，无论其为2年普通诉讼时效或是一年特别诉讼时效，均适用本法3年普通诉讼时效及其起算点的新规定。

具言之，当事人权利受到侵害的事实发生于本法施行之前，自当事人知道或者应当知道其权利受到侵害之日起至本法施行之日超过2年（普通诉讼时效）或一年（特别诉讼时效）的，义务人可以主张不履行义务的抗辩；尚未超过2年（普通诉讼时效）或一年（特别诉讼时效）的，诉讼时效期间为3年，自当事人知道或者应当知道权利受到损害以及义务人之日起计算。此项解释结论还可参照现行司法解释处理类似时效问题的模式。例如《最高人民法院关于适用〈中华人民共和国合同法〉若干问题的解释（一）》第6条、第7条。在处理诉讼时效规定溯及力问题上，其他司法解释另有不同解释结论，因所针对的情形不同，[48]不可类推适用于本法诉讼时效规定的溯及力问题。

除斥期间的问题，与之类似。本法所带来的除斥期间新变化，是第152条规定的意思表示瑕疵法律行为的撤销权除斥期间。[49]对于除斥期间溯及力问题，司法解释并无一般规定。按照以上处理原则，提出下列法律适用建议。

首先，基于重大误解成立的法律行为，当事人知道或者应当知道撤销事由之日起至本法施行之日超过一年的，依照旧法规定，其撤销权已消灭。尚未超过一年的，自本法施行之日起超过3个月（截至2017年12月31日，满3个月），其撤销权消灭。

其次，受胁迫而成立的法律行为（受胁迫婚姻除外，其起算点与本法规定相同），胁迫行为终止之日起至本法施行之日超过一年的，依照新法规定，其撤销权已消灭。尚未超过一年的，自胁迫行为终止之日起超过一年时，其撤销权消灭。

再次，受欺诈而成立的法律行为以及乘人之危、显失公平法律行为，当事人知道或者应当知道撤销事由之日起至本法施行之日超过一年的，依照旧法规定，其撤销权已消灭。尚未超过一年的，在本法施行之后，当事人知道或者应当知道撤销事由之日起超过一年的，其撤销权消灭。

最后，基于重大误解、欺诈、胁迫成立的法律行为，以及乘人之危、显失公平的法律行为，当事人在本法施行之后知道或者应当知道撤销事由，但在本法施行之后、知道或者应当知道撤销事由之前，其法律行为成立[50]已满5年的，适用本法

---

〔48〕《最高人民法院关于贯彻执行〈中华人民共和国民法通则〉若干问题的意见（试行）》第165条至第167条。《民法通则》之前的旧法对诉讼时效并无一般规定，义务人无时效利益可言。因此依该意见，一律适用《民法通则》规定的诉讼时效期间，有其合理性。

〔49〕此外，本法第85条关于法人决议的撤销，未规定除斥期间，是否有意废止《公司法》第22条第2款规定的六十日除斥期间，因无公开的立法理由，不得而知。

〔50〕本法第152条第2款称“民事法律行为发生之日起五年内没有行使撤销权”，用所谓“发生”而不用“成立”，系用词不当，其他条款均称民事法律行为成立（第134条、第136条第1款、第151条）。

第 152 条第 2 款规定，其撤销权消灭。与此不同，该法律行为自成立之日起至本法施行之前已满 5 年，当事人未行使撤销权的，因旧法并未规定 5 年客观除斥期间，其撤销权不消灭，即使当事人在法律行为成立之后第六年、第七年始知道或者应当知道撤销事由，在知道或者应当知道撤销事由后一年内（本法施行后重大误解情形为 3 个月），仍可行使撤销权。

四、结语

法的生命在于实施，法的实施是一个系统工程。《民法总则》是三十余年来民事立法和司法经验的审慎总结，在扩展私法自治、强化私权保障、减少公权干预等方面有诸多创制与改进。唯有以《民法总则》的文义、体系、目的为指针，妥善把握基本法之间、基本法与特别法之间、上位法与下位法之间、新法与旧法之间的适用关系，方可充分发挥《民法总则》对现行法的引领作用，使《民法总则》成为我国民事法治的新起点，而不致新法为旧法罗网所困，徒令其良法美意落空。

民法总则与民法分则的对称与不对称

李求轶 *

目 次

前言[1]

结构主义复杂，学派众多，但它们的共同特点是以结构主义语言学为方法论原则。“现在我们再一次更具体地指出这个共同特点所包含的两个中心概念，就是‘结构’与‘记号’（Signe）因而法国结构主义就可以说是注意结构记号问题的研究。让我们看一下法国结构主义研究者瓦尔（Wahl）的一句话：‘任何学科的任何部分内容均可看作是结构主义研究，只要它坚守能指（signifiant）—所指（signifié）型的语言学系统，并从这一特殊类型的系统取得其结构。’”他一句话里指出了两个基本概念，一个是由能指与所指表示的记号概念（因而就是一个索绪尔系统的概念），另一个是结构概念，但却是与前述记号概念相联系的结构概念，因此，结构主义两个主要组成部分或者特性如下：1. 整体性。结构主义认为，整体相对于部分具有逻辑上优先的重要性。任何事物都是一个复杂的统一整体系统，其中任何一个组成部

---

* 法学博士，博士后，华东政法大学兼职教授，北京盈科（上海）律师事务所高级合伙律师。

〔1〕 谷风出版社编辑部：《结构的时代——结构主义论析》，谷风出版社1986年版，第71～72页。

分的性质都与整体结构相联系，只有把部分置于整体的关系之中，才能理解部分与其他分的关系；2. 共时性。作为结构主义代表的瑞士语言学家索绪尔认为：既然语言是一个符号系统，系统内部各要素之间的关系是相互联系、同时并存的，因此作为符号系统的语言是共时性的。至于一种语言的历史，也可以看作是在一个相互作用的系统内部诸成分的序列。3. 对称性。物质的结构具有对称性和不对称性。对称英文：symmetry，指图形或物体两对的两边的各部分，在大小、形状和排列上具有一一对应的关系对称，指物体或图形在某种变换条件（例如绕直线的旋转、对于平面的反映，等等）下，其相同部分间有规律重复的现象，亦即在一定变换条件下的不变现象。在《原子物理中某些发现的小史》（中译本为《基本粒子发现简史》，上海科学技术出版社1963年出版），杨振宁先生引用凡尔的话，“不对称很少仅仅由于对称的不存在”。在自然科学和数学上，对称意味着某种变换下的不变性，即“组元的构形在其自同构变换群作用下所具有的不变性”，通常的形式有镜像对称（左右对称或者叫双侧对称）、平移对称、转动对称和伸缩对称等。物理学中守恒律都与某种对称性相联系。不对称是对称的反面和反义词，指图形或物体两对的两边的各部分，在大小、形状和排列上不具有一一对应的关系对称，同时在一定变换条件下的变化现象。古希腊哲学家毕达哥拉斯曾说过：“美的线条和其他一切美的形体都必须有对称的形式。”对称之美在民法体系之中表现为民法线路的对称和语言术语乃至由特定术语组合成民法体例上的对称。对称尽管是事物的共性，但并非绝对性。卢梭认为“对称是自然和多样化的敌人”，并支持打破古典主义的模式，倡导浪漫主义运动。艺术家们很早就意识到过多的对称形式所隐含的危机。雅典卫城中的巴台农神庙被视为对称的典范，然而，若我们更仔细地观察该建筑物，就会发现建筑师在很多地方为它安排了不对称的形式。比如，柱子不是直立的，而是向里有些倾斜。有时，对称性或者平衡性的某种破坏，哪怕是微小破坏，也会带来不可思议的美妙结果。维纳斯雕像残缺的双臂上肢构成了一种独特的美，从这种意义上来说，或许完美并不意味着绝对的对称，恰恰是对称的打破带来了完美。从结构主义走向解构主义再到重构主义是事物适应时代发展的必然，民法体系上解构原有的民法典结构，从对称走向不对称也是民法典适应时代的必然趋势，因此，从结构的对称主义上重构民法典的体系结构是符合事物发展的一般规律的。

一、民法典立法与结构主义

民法典作为一个系统，有必要研究其系统结构、“概念‘系统’和‘结构’是相互联系、相互制约的、梅利尼科夫和库布亚科哇认为，‘系统是一定的结构和执行某种功能的一定的实体的结合，而结构则是系统的关系构架，是其要素之间的网络’，因此，对任何系统的研究都不可能不深入其结构。‘在现代语言学研究中，对语言词汇——语义系统的分析，通常要考虑存在于作为该系统组成成分的词语之间的某些关系类型。"[2]结构主义把词汇符号系统的基本关系类型划分为组合关系和聚合关系。"该划分源自索绪尔的语言学理论，是索绪尔结构语言学中影响最为显著、最被广泛接受的两个概念。所谓组合关系是指出现在言语（即话语）中，建立在线性基础上（即以语言的线条特性为基础，排列在言语的线条上面）的各个语言单位之间的横向关系，又叫句段关系、横向水平关系。聚合关系则是指在语言体系中（即话语之外）可能出现在同一位置上（依据记忆的集合）、功能相同（具有某种共同点）的单位之间的垂直关系，又称纵向垂直关系。联想关系。"[3]

语言符号结构的非对称二元性："词汇符号的特点之一是不断的发展变化，而词汇符号的变化不会始终坚持'一个能指表达一个所指，不同能指表达不同所指'的对称发展原则，该原则带来的最直观的后果将是词汇符号系统庞大到令人无法掌握的地步，从而失去符号系统的意义。事实上，词汇符号的发展变化往往呈非对称趋势，或能指保持不变而所指发生变化，或所指保持不变而能指发生变化，从而使作为整体的词汇符号呈现出非对称二元性。"[4]

语言符号系统核心与边缘的不对称性，"语言是一个系统，这一思想由来已久。布拉格学派对语言系统的特点进行了研究，提出了系统的核心与边缘、层次的相互关系等新理论。该学派认为，核心是相互稳定、系统性较强的部分，边缘是相对不稳定、系统性较弱的部分。判断边缘成分大致有三个标准：边缘成分在整个语言系统中的整合性（integration）比较弱，边缘成分的功能负荷量比较低、边缘成分的使用频率比较低。核心与边缘的关系是辩证的。首先，这两个概念相互关联。边缘的成分只能相对于核心的成分才能判断，反之亦然。其次，核心与边缘之间不存在明泉的界限，而存在一个逐渐过渡的区域。虽然有些成分处于'正中心'或者处于'明确的边缘'，但是有些成分只能说是比其他成分'更靠近中心'或'更靠近边缘'（达奈什，1966）。核心与边缘之间不存在明确界限的根本原因在于：语言不是一个严格封闭、完美无缺的系统，而是一个开放的动态系统。"[5]

二、民法典的结构：总则与分则的关系

民法典的实质是一种规范类型及其配置关系，这就是民法典的结构分析。"人类思维对现实世界的把握是从分类开始的。所以德国法学家阿图尔·考夫曼（Arthur

---

〔2〕 罗苹：《词汇符号的不对称性》，世界出版社 2012 年版，第 119 页。

〔3〕 罗苹：《词汇符号的不对称性》，世界出版社 2012 年版，第 119 ~ 120 页。

〔4〕 罗苹：《词汇符号的不对称性》，世界出版社 2012 年版，第 65 页。

〔5〕 罗苹：《词汇符号的不对称性》，世界出版社 2012 年版，第 41 ~ 42 页。

Kaufman）强调对事物本质的思考是一种类型学的思考。就法律规范理论而言，服务于特定的理论或实践目的，运用类型化的思考方法，依据相应的标准对法律规范进行类型区分，同时完成体系建构，在法学发展史上也是古已有之，源远流长。”〔6〕民法的源流罗马法对民法结构体系就有经典的安排。民法法典化的体系结构源于罗马法的优士丁尼体系和学说汇纂体系。这两个体系分别为大陆法系的法国民法典和德国民法典所采用。形成封闭的法典化的体系结构。因此，民法法系又划分为法国民法法系和德国民法法系两个支系。法国民法法系和德国民法法系在民法典结构上的规范配置是不同的。

（一）潘德克顿体例

德国民法法系采取潘德克顿体例：民法典分为总则、债法、物法、亲属法、继承法的五编制结构体例。德国民法典的特点：1. 设立总则，采取总分结构。总则与分则具有层级关系。典型的德国民法法系整个民法典是按照数学上提取公因式方式配置法律规范系列的。在总则和分则的各个编章首先是提取公因式“一般规定”或“一般条款”或“通则”的法律规范（《日本民法典》采用分编的总则，实质上是一般规定）。这种总分则体系结构在民法典总体的语言符号系统上反映了结构主义的体系对称性。另外从结构语言学上总则的概念体系是民法典体系结构上的核心概念，而分则则是民法典体系结构上的边缘概念。分则的一般规定（分则的总则）相对于分则的具体的法律规范则是次一级的边缘概念。2. 分则之间的结构属性。民法典分则的物法（对物权或物权法）与债法（对人权或债权法）具有组合性的对称关系。而亲属法、继承法虽然在组合上不具有对称关系，但亲属法与继承法在某种程度上具有聚合性的对称关系。因此，德国民法法系的结构是财产法（对物法和对人法）和身份法两大法律板块，总则是一统两大法律板块的上级层次法律，但总则对这两大法律板块的调整是不完全和不对称的。“德国民法典的总则编越到后来，越是受到一些人的怀疑。怀疑是从这样一个问题发生的：‘总则’真是‘贯穿’于民法全部的规则吗？事实表明，总则中有些规定是不能适用于民法典全部的。就有关主体的规定说，法人只是财产法（债编和物权编）的主体，不能成为身份法（亲属法和继承法）里的主体，因而总则编中关于法人的规定就不是全部民法的‘总’的规定。有关法律行为的规定也有不少是不能适用于身份法的。可见要想在财产法与身份法之间建立‘共同规定’（规则）是做不到的。”〔7〕因此，德国五编制的民法体系结构说明了民法总则与民法分则的各个编章存在着结构符号上的不对称性。既然是结构上的不对称性因此也就不是完美的无缺的，同时也是可以通过

〔6〕 王轶：《民法典的规范类型及其配置关系》，载《清华法学》2014年第6期。

〔7〕 谢怀栻：《大陆法国家民法典研究》，中国法制出版社2004年版，第43页。

这种不对称性拼接入民法分则的其他版块或者寻找《民法总则》的替代结构方案。

1898年《日本民法典》的结构：第一编总则：第一章人、第二章法人、第三章物、第四章法律行为、第五章期间、第六章时效；第二编物权：第一章总则、第二章占有权、第三章所有权、第四章地上权、第五章永佃权、第六章地役权、第七章留置权、第八章先取特权、第九章质权、第十章抵押权；第三编债权：第一章总则、第二章契约、第三章无因管理、第四章不当得利、第五章侵权行为；第四编亲属：第一章总则、第二章婚姻、第三章父母子女、第四章亲权、第五章监护、第六章扶养；第五编继承：第一章总则、第二章继承人、第三章继承的效力、第四章继承的承认与放弃、第五章财产的分离、第六章继承人的不存在、第七章遗嘱、第八章特留份。

1958年《韩国民法典》的结构：第一编总则：第一章通则、第二章人、第三章法人、第四章物、第五章法律行为、第六章期间、第七章消灭时效；第二编物权：第一章一般规定、第二章占有权、第三章所有权、第四章地上权、第五章地役权、第六章传贳权、第七章留置权、第八章质权、第九章抵押权；第三编债权：第一章一般规定、第二章契约、第三章无因管理、第四章不当得利；第四编亲属：第一章一般规定、第二章户主与家属、第三章婚姻。第四章父母与子女、第五章监护、第六章亲属会议、第七章扶养、第八章户主承继（2005年3月31日删除）；第五编继承：第一章继承、第二章遗嘱、第三章特留份。

1966年《葡萄牙民法典》的结构：第一卷总则：第一编法律、法律之解释及适用、第二编法律关系（第一分编人、第二分编物、第三分编法律事实、第四分编权利之行使及保护）；第二卷债法：第一编债之通则、第二编各种合同；第三卷物法：第一编占用、第二编所有权、第三编用益权、使用权及居住权、第四编永佃权、第五编地上权、第六编地役权、第四卷亲属法：第一编一般规定、第二编结婚、第三编亲子关系、第四编收养、第五编扶养；第五卷继承法：第一编继承总则、第二编法定继承、第三编特留份继承、第四编遗嘱继承。

苏联解体之后，原有苏联民法终止效力。俄罗斯自1990年开始陆续颁布《俄罗斯联邦民法典》的各个编章。《俄罗斯联邦民法典》的结构：第一编总则：第一分编基本规定、第二分编人、第三分编民事权利的客体、第四分编法律行为与代理、第五分编期限·诉讼时效。第二编所有权和其他物权、第三编债法总则、第四编债的种类、第五编继承法、第六编国际私法、第七编智力活动成果和个别化手段的权利。

2002年《巴西新民法典》的结构：总则分三编：第一编人；第一题自然人、第二题法人、第三题住所；第二编财产：单立题财产的分类；第三编法律事实第一题法律行为、第二题合法的法律上的行为、第三题不法行为、第四题诉讼时效和除斥期间、第五题证明。分则分为五编：第一编债权：第一题债的类型、第二题债的移转、第三题债的清偿和消灭、第四题债的不履行、第五题合同总论、第六题各种类型的合同、第七题单方行为、第八题债权证书、第九题民事责任、第十题债权人的优先权和特权。第二编企业法：第一题企业主、第二题合伙（公司）：第一分题无人格合伙、第二分题有人格合伙（公司）、第三分题企业、第四分题配套制度。第三编物权：第一题占有、第二题物权、第三题所有权、第四题地上权、第五题地役权、第六题用益权、第七题使用权、第八题居住权、第九题允诺购买人的权利、第十题质押、抵押和典质；第四编家庭权：第一题人身权、第二题财产权、第三题持久结合、第四题监护和保佐；第五编继承权：第一题继承总论、第二题法定继承、第三题遗嘱继承、第四题财产清单和分割。尾编最后和过度的规定。

（二）优士丁尼体例

法国民法法系采取优士丁尼体例：序编、人法、物法和取得财产的方法（债法）。1804年《法国民法典》的结构：第一编人；第二编财产以及所有权的各种变容（所有权和限制物权，但担保物权除外）；第三编所有权取得的各种方式。"法国1804年民法典共2281条，除了'序编'法律公布、效力和适用总则"之外，共分三卷：第一卷'人'，第二卷'财产和财产所有权的不同限制方式'，第三卷'财产与人们获得财产所有权的不同方式'。第一卷主要对'人'方面的具体理论和具体制度作出了规定，包括民事权利的享有和剥夺，自然人的住所、结婚、离婚和亲子关系、监护、监护的解除以及受保护的成年人等。第二卷主要对'物权'方面的具体理论和具体制度作出了规定，包括物的分类、财产所有权、用益权、使用权利和居住权、地役权以及不动产的服务机构等。第三卷主要对继承制度、遗嘱制度、遗赠制度、契约、侵权以及准确契约等作出了明确规定。"[8]法国民法典的体例结构没有对称性等逻辑线路，"像法国民法典这样古老的法典，它的编制和体例自然带有时代的特点，不应该用后代的眼光去评论。所以指责法国民法典结构不合理，说'任何科学的安排方法都不会在一边之中把继承和赠与、契约和侵权行为、婚姻财产、抵押和时效等这些毫不相干年代内容都放在'取得财产的不同方法'之下。'甚至说法典的第三编完全是异类题材的大杂烩。这都是不适当的。法国民法典继承了《法学阶梯》的编法而稍加调整，分为人法、物法和债法。"[9]。法国的拿破仑民法典是在1804年合36部法律为三编2281条的法典[10]。它某种程度上是一部众多法律的集成法典。法国民法典的结构特点：（一）无总则，即没有法律关系模型上的层级关系，人法、物法和债法属于并列关系，而不是总分关系或者隶属关系；

[8] 张民安：《法国民法》，清华大学出版社2015年版，第6页

[9] 谢怀栻：《大陆法国家民法典研究》，中国法制出版社2004年版，第19～20页。

[10] ［日］穗积陈重：《法典论》，李求轶译，商务印书馆2014年版，第34～35页

法国民法典在结构体系上没有总则与分则的纵向关系，而只有并列的法律关系的一般汇总。这与德国民法典的总分关系和法律行为的总揽全局形成鲜明对比；（二）法律关系的对称性：主客体二分的循环体系，人法与物法的对称性。人法是主体法，物法是客体法，法律关系的主体与客体处于对称关系，它们是构成其他任何法律关系的基础和前提，主体和客体的一般条款对所有法律关系都是无限循环适应的。当然法国民法典的三编的民法典结构之中，各个编章都是相对独立的，任何编章都可以独立形成人法的法律关系或者物法的法律关系（包括物权的法律关系和债权的法律关系）。这也是进入二十一世纪后法国民法典能将三编结构体例轻易地改为五编结构体例的重要因素。（三）法国民法典结构体系不设定核心范畴。与德国民法典的结构体系，以法律行为为红线并试图贯穿民法典的全部法律关系相反，法国民法典没有明显的核心概念，因此，其民法典的结构体系上也大致难以区分核心成分和边缘成分。这样表现在法官适用法律上的思维模式不是先对照总则一般规定的抽象思维模式，而是直接对照民法典具体条款的形象思维模式。

1991 年《魁北克民法典》的结构：第一编人、第二编家庭、第三编继承、第四编财产、第五编债、第六编优先权和抵押权、第七编证据、第八编时效、第九编权利公示、第十编国际私法。

1907 年《瑞士民法典》（债务法另立《瑞士债务法》）的结构：第一编人法、第二编亲属法、第三编继承法、第四编物权法。

1812 年《奥地利普通民法典》的结构：序言；法例（民法的基本准则）；第一编人法、第二编物法：第一分编对物权、第二分编对人权；第三编关于人法和物法的共同规定。

1960 年《埃塞尔比亚民法典》的结构：第一编人、第二编家庭与继承、第三编物、第四编债、第五编合同分则。

（三）混合的结构：荷兰新民法典第一编人法与家庭法、第二编法人（总则、社团、有限责任公司、基金会）第三编财产法总则（即适用于后几编的规定）、第四编继承法、第五编财产和物权、第六编债法的一般规则、第七编具体合同、第八编运输法、第九编智力产品法、第十编国际私法。荷兰新民法典是调整法国国民法体系结构和德国民法体系结构的一种新的尝试。不设立整个民法的总则，而是单独设立一编：财产法总则。这样的结构具有更好地开放性。可以兼容社会不断发展而出现的新的财产法领域，如知识产权法等。荷兰民法典是在解构法国民法典，汲取德国民法典的立法技术的基础上重构适应社会的新民法典结构体系。其在民法典结构上，不设民法典的大总则，而重在民法典具体编章上的小总则；其法典中不立法律行为，而直接对法律关系进行编排，具有在法律适用上的直接性的简明性特点；其另立财产法总则为独立编，打破了潘德克吞法学的物权与债权绝对对称主义在知识社会的不适应性，从而为理直气壮地将智力产品（知识产权）独立成编纳入民法典体系奠定前提和基础。另外，将债法和具体合同法独立成为民法典的两编，从而避免债法一般规定与合同法总则的重复规定，同时也避免只是设立合同法，排斥或取消债法造成民法体系的不对称及其缺陷，并可能致使在现代财产高度流动化之下的无法可依的无奈。对中国民法典存在要么不要债权编，只要合同编；要么取消合同法，并入债权编的两种极端的立法主义也是极好的回答。同时，其鉴于荷兰是欧洲的海运大国，单立运输法为民法典一编，它是具有基于自己本国国情的民法典结构上的创举，在中国进入有中国特色的社会主义新时代的条件之下，中国的上海港已经成为世界第一大港，同时高速铁路、高速公路极其发达，原有的民法典和合同法甚至不将运输合同作为典型合同，运输法的现有状况远远不能适应中国新时代的发展需要，同时，随着“一带一路”倡议的实施，运输法的缺失和不完备将会使中国“走出去”面临着法律资源的短缺，因此，将运输法独立成编的荷兰民法典成熟的立法经验也对中国民法典结构体系上的设计有相当的借鉴。

三、中国民法典总分则的对称关系

法典的对称关系一直有不同线路的专家意见。一是法律关系线路，即法律关系的主体、客体、内容；二是权利关系的线路，即权利关系的主体、客体、内容。三是法律行为的线路。这三种线路的适用法域从大到小递减。所以民法典的总分则的定位应该采取覆盖面最大的法律关系线路，实际上萨维尼在《现代罗马法》著作之中，也是以法律关系来概括民法体系的。因此。总则和分则的对称的场域应该并且最好是法律关系。中国的《民法通则》以民事权利为主线具有当时时代背景，然而中国的《民法总则》继续《民法通则》以民事权利为主线，在《民法总则》的体例上专设第五章“民事权利”一章，其中在第129条规定“民事权利可以依据民事法律行为、事实行为、法律规定的事件或者法律规定的其他方式取得。”这一些取得民事权利的依据在学理上统称为“法律事实”。法律事实不仅是设立权利，同时也设定义务。民事权利和民事义务是民事法律关系的内容，因此，从整体上和综合上把握民法体系的对称关系，民事法律关系比起民事权利和法律行为的线路更为全面、具体、周延、妥当。”

中国1986年《民法通则》的结构：第一章，基本原则；第二章，公民（自然人）：第一节，民事权利能力和民事行为能力，第二节，监护、第三节，宣告失踪和宣告死亡、第四节，个体工商户、农村承包经营户、第五节，个人合伙；第三章，法人：第一节，一般规定、第二节，企业法人、第三节，机关、事业单位和社会团体法人、第四节，联营；第四章，民事法律行为和代理：第一节，民事法律行为、第二节，代理；第五章，民事权利：第一节，财产所有权和与财产所有权有关的财产权、第二节，债权、第三节，知识产权、第四节，人身权；第六章，民事责任：第一节，一般规定、第二节，违反合同的民事责任、第三节，侵权的民事责任、第四节，承担民事责任的方式；第七章，诉讼时效；第八章，涉外民事关系的法律适用；第九章，附则。

中国2017年《民法总则》的结构：第二章，自然人：第一节，民事权利能力和民事行为能力、第二节，监护、第三节，宣告失踪和宣告死亡、第四节，个体工商户和农村承包经营户；第三章，法人：第一节，一般规定、第二节，营利法人、第三节，非营利法人、第四节，特别法人；第四章，非法人组织；第五章，民事权利；第六章，民事法律行为：第一节，一般规定、第二节，意思表示、第三节，民事法律行为的效力、第四节，民事法律行为的附条件和附期限；第七章，代理：第一节，一般规定、第二节，委托代理、第三节，代理终止；第八章，民事责任；第九章，诉讼时效；第十章，期间计算；第十一章，附则。

中国的《民法通则》虽然不是民法典，但它的结构上采取一些德国民法体系的他“提取公因式”的层级法律规范配置机制，例如第一章，基本原则；第三章，法人：第一节，一般规定；第六章，民事责任：第一节，一般规定，等等。中国的《民法总则》更加强化了这种“一般规定”，例如第一章，基本规定；第三章，法人：第一节，一般规定；第六章，民事法律行为：第一节，一般规定；第七章，代理：第一节，一般规定，等等。

目前在中国民法总则之外，还有其他单行法律《婚姻法》《继承法》《合同法》《担保法》《物权法》《侵权责任法》。《涉外法律关系法》以及知识产权法典（主要是《专利法》《商标法》和《著作权法》）。在计划的2020年颁布《民法典》的立法计划中，中国的《民法总则》必须与现有民事单行法律做统合的体系化，进行法律规范的重新配置。这个配置不仅限于现有法律板块的拼接，同时也可以衔接入其他法律板块，例如知识产权法、人格权法和环境权益法等法律板块；同时现有法律板块上缺少与物权法对称的债权法（债法）也存在着是否设立债法分则或者《合同法》组入债法分则的问题。

民法典的结构非对称性可以从21世纪法国民法典的体例结构发生重大变化得以印证。新法国民法典改变原有三卷结构，除了序编之外，共分为五卷：第一卷人；第二卷财产和财产所有权的不同限制方式；第三卷人们获得财产所有权的不同方式；第四卷担保；第五卷适用于马约特岛的条款。担保法独立成卷（成编）突破了原有民法典结构人法和物法的对称性，担保法既不是人法，也不是财产法，它是以人和物的信用作为其权利本源的。在信用方面，人的信用和物的信用是一体而不可分的，况且在现代社会，金融已经起着物质世界的不可替代的作用。不可或缺性以及相对独立性昭示着时代变迁，原有的法国民法典机械地划分为人法和物法，已经不能适应新时代发展的需要，因此，担保法从原有人的担保和物的担保分裂的状况，集成为民法典独立的法律板块是法国民法世纪变迁的重大改革，也是法国民法典从对称走向不对称的重要表征。《法国民法典》的不对称结构同样对中国新民法典是否设立独立的债编有着相当的影响。因为《法国民法典》尽管没有将债法独立成编，但是民法典之中并非无债法的内容。法国民法典规定有“契约或合意之债”（原法典第3编第3章）和：非因合意之债”（原法典第3编第4章），因此，债法不独立成编而成为财产法的附庸。“德国民法典不仅分别设置了《债的关系法》与《物权法》两编，而且在民法理论中严格划分债权的行为（负担行为）与物权行为（处分行为），并发展为物权行为无因性的理论。这一点形成了德国民法的一个突出的（也是有争议的）特色。”[11]德国民法典债法独立成编有追求法律关系的对称性和法典形式美的价值取向，然而，抽象的债法置于实在的契约法（合同法）之上尤其也有相当不合适性，从法律规范的配置上，债法置于合同编之中作为序章是否合理可行也是值得探讨的。但现在社会金融之发达，财产日益证券化，债的概念无论是大陆法系，还是英美法系都是不可或缺的交易工具性术语。抽象的债法也有利于社会交易的圆滑、迅速和安全，所以债法体系的完善是非常重要的，这是与法典的对称性无关的价值判断。法典有实质和形式问题，债法的完善是法典的实质问题，而债法的定位则是法典的形式问题，如何正确地、合理地处理实质与形式的关系是立法裁量问题。

关于人格权在中国民法典之中是否独立成编问题同样不是考虑民法典的对称性的法典形式问题。而应当考虑的是民法典的社会使命的法典实质问题。当前人格权法独立成编入典，主要要考虑以下因素：1. 人格权已经从一般人格权发展到具体人格权，因此，有对各种各样的人格权进行体系化的必要。《民法总则》虽然规定了公民的一般人格权条款和生命权、身体权、健康权、姓名权、肖像权、名誉权、荣誉权、隐私权、婚姻自主权等具体人格权。但对其他单行法律和法域涉及的其他具体人格权却没有涉及和作出规定，因此，对所有人格法益进行系统化立法十分必要。2. 人格权立法是适应中国社会基本矛盾发生变化的需要。党的十九大报告正确地指出，在中国特色社会主义进入新时代，当前中国社会的主要矛盾已经转化为人民日益增长的美好生活需要和不平衡不充分的发展之间的矛盾。因此，不仅仅一般人格权，而且人民因“美好生活需要”而产生的具体法益保护有上升为具体人格权一般条款化的必要。例如，建设美丽中国而产生的日照权、眺望权、净水饮用权、洁净空气享有权、生活环境安静权等环境人格权都有待于立法确认；再如，因改善劳动者工作环境而产生的工作条件、劳动保护和休息休假等的劳动人格权也有待于立法确认。3. 人格权法是适应信息社会的人身权法。民法调整的是平等主体的人身和财产以及人身与财产混合的社会关系。人身关系中的人格利益也是与时俱进的，除了传统上的生命权、姓名权、名誉权、隐私权等法益之外，还有信息

[11] 谢怀栻：《大陆法国家民法典研究》，中国法制出版社2004年版，第43页。

社会所产生的个人信息的法益和人格商品化等法益，这一些信息社会中的个人人格法益也需要民法典确立一个人格权保护总则和一般条款以作为其法益保护的基础；4. 民法上的人格权是贯彻实施宪法的人格权保护一般条款的必由之路，民法典对人格权单独立法成编成为贯彻宪法人格权保护的必经且最为有效的途径。党的十九大报告指出“深化依法治国实践：全面依法治国是国家治理的一场深刻革命，必须坚持厉行法治，推进科学立法、严格执法、公正司法、全民守法。成立中央全面依法治国领导小组，加强对法治中国建设的统一领导。加强宪法实施和监督，推进合宪性审查工作，维护宪法权威。推进科学立法、民主立法、依法立法，以良法促进发展、保障善治。”因此，民法典独立设立人格权编不仅是符合中国国情的科学立法，而且也是落实宪法的人格权一般条款，维护宪法权威的必由之路。

对于中国民法总则已经确立“生态原则”，如何在民法典之中体现，从立法上无非有二种选择路径，一是民法典结构体系之中纳入环境法益乃至生态法益的内容；二是民法典不纳入具体的环境法益乃至生态法益，而是以“生态原则”作为民事法律行为的附属条件的一般规定。党的十九大包括宣示了中国社会的主要矛盾已经转化为人民日益增长的美好生活需要和不平衡不充分的发展之间的矛盾。因此，以往民法典结构体系因人的需求结构从物质需求发展到环境需求的层次，完全可以将建设“美丽中国”所需要规范化的民事的环境法益或生态法益上升为特定的权利，构筑环境法益或生态法益上的权利体系。

宪法权利适用于私法的三种思路

——以欧盟私法统一为视角*

付俊伟**

目　次

一、引言

受大陆法系国家传统公私法划分的影响，处于公法核心地位的宪法权利与私法一直处于相互隔离的状态之中。按照该划分标准，宪法权利通常规定于国内的宪法性文件或国际人权条约当中，是公民对抗国家的有力保障；而纯粹的私法关系于此则丧失了与宪法权利相互关联的基本理论依据。该种划分起源于古罗马时期，古罗马法学家乌尔比安认为公法是以保护国家公益为目的；而私法则是以保护个人利益为目的。〔1〕出于简单商品经济发展的客观需要，古罗马法学家更加注重于私法的构建。正如梅因所述：古罗马时期的法律框架其实就是人与人、人与物以及人与国家之间的相互关系。〔2〕人与人之间的关系即产生出对人之诉，人与物的关系则衍生出对物之诉。以上两种关系都由私法进行调整；而第三种人与国家的关系则涵盖于公

---

* 《宪法权利适用于私法的三种思路——以欧盟私法统一为视角》，载《民商法论丛》第51卷，梁慧星教授主编，法律出版社2012年版。

** 北京理工大学法学院欧洲法研究所所长、副教授、硕士生导师、北京市房山区人民法院副院长。

〔1〕 Clifford Ando & Jorg Rupke, Religion and law in classical and Christian Rome, 2006, p. 70.

〔2〕 Olha Cherednychenko, Fundamental Rights, Contract Law and the Protection of the Weaker Party, European Law Publisher, 2007, p. 21.

法领域。现代社会进步的标志则主要体现于私法上从身份到契约的转变过程。罗马法蕴育的这一思想脉络为后世公私法的互动与隔离奠定了坚实的基础，于16、17世纪在国家主义浪潮的推动下得到更进一步发展和升华，在十九世纪达到鼎盛。正如奥斯丁在1832年的《法理学讲义》中明确指出，公法即是关于公共权力机构和官员的设置、权力及限制等方面的法律；而私法则是分配私人之间权利和义务的法律。前者直接涉及公共权力的行使；而在后者当中，政府并不直接参与私人间事务的管理，而只作为一个中立方为解决私法争端提供一种法律机制。[3]此种公私法之间界限的划分得到了学界普遍的认同。

然而，自20世纪中叶已来，随着二战以后人权运动的蓬勃兴起和政府对市场经济的广泛干预，人们对基本权利的真实内涵又进行了不断深入的探讨，对人权与法治的学术价值和实践意义也进行了更加理性的思考与建构。传统的公私法划分已逐渐模糊，运用于公民对抗国家的宪法权利也逐步延伸到私法领域，公法与私法之间开始出现了相互融合的发展趋势。[4]

20世纪50年代德国的“吕思（Lüth）案”[5]开创了宪法权利运用于私法案例的先河。[6]该案中，韦特·哈尔兰（Veit Harlan）是纳粹体制下的一位著名电影导演，它制作完成了1940年反对犹太人的宣传电影《犹太人苏斯》（Jud Süss）。在1950年，也就是他被赦免纳粹犯罪的几年之后，他重新导演了一部名为《不朽的爱人》（Immortal Lover）的影片。在一次“德国电影周”的发行人会议上，汉堡出版协会主席爱瑞克·吕思（Erich Lüth），一个试图拯救基督教徒与犹太人之间隔阂的积极人士，因为哈尔兰的灰色过去而以个人名义呼吁对该新影片《不朽的爱人》进行抵制。新电影制作人担心哈尔兰的呼吁会对影片的销售造成经济损失，随后基于《德国民法典》第826条禁止与善良风俗相违背的故意损害而向汉堡州级法院（Superior Court of Hamburg）提起诉讼，请求法院禁止吕思更进一步的抵制行为。法院认为吕思的抵制呼吁是为阻止哈尔兰像过去一样成为德国电影业的代言人而做出的，但他的行为实际上却阻止了哈尔兰制作电影院所上映的普通电影的发展空间。由于哈尔兰已经被赦免了他过去的纳粹行为，他不应当被阻止在他所属领域内的发展。吕思表达他反对纳粹的哈尔兰并没有过错，但是他呼吁对哈尔兰的电影进行抵制将造成哈尔兰不能成为电影导演的正常事业，并且同时也会使得电影制作方和发行人遭受巨大的经济损失。因

[3] John Austin, The Province of Jurisprudence Determined, 1832, pp. ix – lxiii.

[4] Chantal Mak, Fundamental Rights in European Contract Law: A Comparison of the Impact of Fundamental Rights on Contractual Relationships in Germany, the Netherlands, Italy and England, Kluwer Law International, 2008, pp. 5 – 8.

[5] VerfG 15 January 1958, BVerfGE 7, 198 (Lüth).

[6] Donald p. Kommers, The Constitutioal Jurisprudence of the Federal Public of Germany, Duke University Press, 1997, p. 361.

此，判决吕思败诉。吕思上诉至汉堡上诉法院（Hamburg Court of Appeals），上诉法院对该案给予了驳回。而后，吕思转向联邦宪政法院（Federal Constitutional Court）并提起宪政诉讼。联邦宪政法院认为吕思对电影抵制的呼吁受“德国宪法”第五条“言论自由”的保障，并且认为德国宪法所保障的基本权利不仅能够用于对抗国家，同时它也是包括私法在内的整个司法体系所应当遵循的价值理念。[7]

可见，仅仅涉及私法关系的“吕思案”，最后还是通过宪政法院对宪法的考量来进行最终的判决，足以折射出处于公法领域的宪法对私法干预的身影。可以说，德国“吕思案”开启了宪法权利对私法领域干预的先河，它为战后开启人们尊重和崇尚人类与生俱来权利的风潮奠定了一定的理论与实践基础，并且也引发了学界对于宪法权利与私法之间关系的激烈讨论。[8]从某种意义上可以说，学界的广泛讨论又更加进一步助推了宪法权利对于司法实践的具体影响，也使得更多相类似的判决在“吕思案”的基础之上来寻求其正当性。以至于有学者评价道：“‘吕思案’，一场在世界范围内开启了使法院增加采用司法平衡语言来使他们对宪法权利的判决获得正当性的运动。”[9]

“吕思案”判决所带来的直接影响是，随着政府不断对社会与市场经济干预的加强，宪法权利对私法领域不同程度的适用也随即出现在了荷兰、意大利、爱尔兰、加拿大等国，[10]英国1998年所颁布的“人权法案”（Human Rights Act）更是进一步加深了人权对私法关系的影响。值得注意到的是，这些干预不仅体现在对最初的（合同）自由的限制之中，同时也出现在侵权法、家庭法和继承法以至整个私法体系当中。因此，有学者指出，私法已由一个完全由个人利益为导向的推理过程逐渐转向为以公共政策为主导的法律推理过程。[11]而在此过程的转变当中，人权保障与社会正义的理念价值和现实意义见证了它的发展历程。因此，今天，当我们论及宪法权利与私法的关系时，我们所应当探讨的并非是宪法权利是否可以适用于私法领域，而是宪法权利在多大程度上可以适用于私法领域，以及私法在何种程度上可以维系其结构自治和独立的传统。

---

〔7〕 Christoph Busch, Fundamental Rights and Civil Litigation in Germany, 2009, p. 3.

〔8〕 Olha Cherednychenko, EU Fundamental Rights, EC Fundamental Freedoms and Private Law, European Review of Private Law, vol. 1, 2006, p. 29.

〔9〕 Jocco Bomhoff, Lüth' s 50th Anniversary: Some Comparative Observations on the German Foundations of Judicial Balancing, German Law Journal, vol. 9, 2008, p. 122.

〔10〕 Brun-Otto Bryde, Fundamental Rights as Guidelines and Inspiration: German Constitutionalism in International Perspective, Wisconsin International Law Journal, 2007, pp. 189-208.

〔11〕 Hugh Collins, Utility and Rights in Common Law Reasoning: Rebalancing Private Law Through Constitutionalization, LSE Law, Society and Economy Working Papers 6/2007, p. 3.

二、宪法权利对私法运用的思路

宪法权利通常包含着两层含义：第一层即表述为公民对抗国家的武器；第二层含义则体现为国家对公民基本权利的保障。在第一种表述当中，“合理”是国家应当恪守的道德尺度和最低标准，其主要目的是防止过分强大的国家政权对公民基本权利的侵害；而在后者情形之中，“履行国家职责”即防止“不充分的国家干预”则是维系整个社会健康运行的基石，其主要目的则是防止公民的基本权利受到其他公民的侵害。以上两种含义既相互对立，又相互补充，其最终目的则是达到对人与生俱来权利的有力保障。第一层含义简单的可表述为国家应当克制其干预；而第二层含义则是加强国家的干预。在某种意义上来说，两者之间又存在着一定对立的空间，国家对公民之间权利的侵害如果做出不当干预的话，可能会演变为国家对公民权利的侵犯。因此，一个成熟的法律体系必然要在这两个极点之间寻找到自身的平衡和支撑点。而宪法权利适用于私法领域则是第二层含义的理性表达。纵观和梳理两大法系国家的经验与成果，宪法权利可以通过以下三种路径运用于私法领域：

（一）直接适用说

该学说认为公民的宪法权利是维系社会健康运行的基础，是所有社会关系赖以生存和维持的重要保障。当公民的宪法权利遭到严重侵犯时，宪法应当肩负起保障公民基本权利的历史使命，它不仅制约着国家恪守其应有的职权，同时公民也应当受到宪法的直接约束。因此，在该种学说性质和形态的解读下，公民能够依据宪法性文件中规定的基本权利而并非私法规则为主要依据提起诉讼，法官在作出判决时只需考量该宪法权利，而无须顾及该权利是否已经存在于现有的可执行的私法规则当中。[12]私法在此过程中所起的作用只是调整该判决作出后而产生的影响。例如，在合同有效性纠纷当中，按此学说，法官仅依据宪法来判定合同是否有效，而合同法所起的作用则只是对该有效性作出后而产生的结果进行调整。也就是说当合同依据宪法认定无效时，法官则按照合同法规定当中的无效合同所产生的结果（如损害赔偿）来完善其判决。此种学说在对宪法权利或基本人权的保障提供了强劲有力的理论基础，其理论源泉直接来自于对人与生俱来权利的尊重。同时，由于宪法是万法之源，在一个比较成熟的法治国家的法律体系建构当中，宪法应当处于最高法律地位，任何部门法不得对宪法规定的权利进行更改。但是“直接适用说”有违传统大陆法系国家公私法的划分，有悖于宪法权利不直接干预私法领域的传统理念。因

---

〔12〕 Chantal Mak, The Constitution of a Common Frame of Reference for European Contract Law, European Review of Contract Law, vol. 4, 2008, pp. 555 -557.

此受到多数学者的强烈反对，但是德国宪政法院 1993 年 10 月 19 日对“担保”（Bürgschaft）案件[13]的判决则是“直接适用说”的具体实践。

在该案件中，当事人一方是位 21 岁未受过高等教育并在鱼厂工作、每月只有 1150 马克的低收入少女，案件另一方的银行同意为该少女的父亲提供 10 万马克的贷款，但前提条件是需要该少女作为担保人。在其签订担保文件时，银行工作人员要求该少女根据银行的规定签订一份合同作为银行备案资料，并且告知该合同的签订并不会让该少女承担很重要的义务，少女同意并签订合同。不久，其父生意倒闭。银行根据该少女签订的合同，向其主张贷款及其利息共计 16 万马克的债务。银行起诉至法院，一审州法院认定该合同有效，少女应当偿还所担保的债务。上诉高等法院则认为由于银行在让少女签订合同时并没有履行告知义务，所以该少女不受合同约束。而联邦最高法院（Federal Supreme Court）又认为，依据该少女的年龄，她应当要意识到签订合同所带来的风险，因此判决合同有效。而后，该少女上诉至联邦宪政法院，认为最高院的判决侵犯了宪法第 2 条第 1 款赋予的自治权（private autonomy），并且也违背了第 20 条第 1 款所要求的“社会国”原则（principle of the social state）。联邦宪政法院从基本权利角度考量，判决该合同无效。法院认为，如果判决该少女需要偿还债务的话，按其收入，其余生都将在清偿债务中度过。鉴于法律保障弱势群体的理念，法院认为该少女是在结构不平等（structural inequality）的协商中签订了该担保合同，而该合同的签订将导致弱者背负上沉重的法律责任。因此，法院通过对公序良俗及诚实信用的一般原则而认定该合同无效。正如该判决所述，当双方私法诉讼主体在“结构不平等”的情形下缔结合同，而该合同的签订将使弱势一方背负沉重法律责任的时候，那么法院将不得不出于人权保障的理念而立志于对弱势方宪法权利提供有力保障。

可以说，在上述“担保”案的判决中，民事法庭主要都是围绕着银行是否应当履行充分的告知义务而展开。但联邦宪政法院实际上是通过宪法所赋予的“意思自治”和“社会国”原则而对该案作出判决，“公序良俗”与“诚实信用”只不过是法院在已经通过宪法作出判决的基础之上，寻求或借用的一项工具而已。真正对该案起到决定性作用的依然是对宪法的直接适用。这种解决私法纠纷的方式有违传统意义上的公法不对私法进行干预的理念，在德国的判决当中也为之甚少，但在爱尔兰的法律体系中则得到了更为普遍和广泛的适用。[14]

（二）扩大解释说

该学说认为宪法权利无需直接适用于私法领域，公民也无需受到宪法的直接约

---

〔13〕 BVerfG 19 October 1993.

〔14〕 Maria Vittoria Onufrio, The Constitutionalization of Contract Law in the Irish, the German and the Italian systems: is horizontal indirect effect like direct effect?, InDret, vol. 4, 2007, p. 11.

束，仅对私法上富有弹性的基本概念（如诚实信用、公序良俗）或原则作出扩大解释即可。更加严格地说，“扩大解释说”认为宪法权利仅仅通过私法中一些开放性的概念，将以前在私法领域中没有被认可的新的理念价值融入私法当中。该学说既维护了私法的自治性地位，同时也能有效的保障公民的基本权利。与之相适应的是，宪法权利并非法律直接适用的规则，而是整个法律体系和社会所应当追求和遵循的最高价值目标与理念。在司法实践中则具体表现为：私人主体不得直接依据宪法提起诉讼，必须在有效的私法规则当中找到相应的诉讼依据；而法官在解决纠纷的时候也无须直接适用宪法权利，只需对已有私法中富有弹性的概念或原则作出扩大解释而使宪法权利在私法领域内能够占据一席之地，最终达到对宪法权利所蕴育的最高价值理念的遵循。

意大利最高院在 1994 年 4 月 20 日对“福佳案”[15]（Fiuggi Case）的判决正是“扩大解释说”的具体实践。[16]该案中，福佳市政厅与某私人公司签订了一份在该城市中开发矿泉水的合同。依据该合同，公司可以获得开发矿泉水并瓶装出售的许可。公司支付的许可费与瓶装矿泉水的价格相关联。在后来的一段特定时间里，公司为了向市政厅支付较低的费用，冻结了生产瓶装矿泉水的价格。尽管出现了货币贬值以及市场上矿泉水价格的持续增长，该公司瓶装矿泉水的价格依然稳定不变。市政厅遂起诉至法院，认为公司的价格政策与“诚实信用”原则相违背。法院判决市政厅胜诉，并认为虽然合同赋予了公司决定瓶装矿泉水生产价格的自由，但并不意味着公司能够摆脱“诚实信用”与“公平”原则的约束。“意大利民法典”所奉行的诚实信用原则应该成为合同法体系的内在限制因素，以此确保对形式上平等、但实质上不平等合同的有效矫正。同时，民法典中的诚实信用原则还应当与《意大利宪法》第 2 条中所规定的“团结”（solidarity）义务保持一致。

可见，“福佳案”中虽然有一方为行政机关，但该机关是以平等的民事主体身份参与到合同的订立当中。可以说，该案的纠纷仅仅涉及私法上的权利、义务和责任的分配与归属问题。意大利最高院对“福佳案”的判决是建立在“诚实信用”原则的基础之上。但其对私法中“诚实信用”的解释又赋予了来自宪法中“团结”义务的另一层含义。正如《意大利宪法》第 2 条所述：“共和国承认并保障人们神圣不可侵犯的权利，不论作为个人还是在人格权得到表达的社会群体中。共和国期待政治、经济和社会团结的根本义务得到实现。”可见，该案的判决正是“扩大解释说”的代表性实践。该说通过对私法中开放性概念的延伸，将原本私法中不存在的宪法价值进一步融入其内，进而将宪法所确定的基本权利延伸至私法的判决之

---

〔15〕 Cass. 20 -4 -1994, n. 3775.

〔16〕 Maria Vittoria Onufrio, The Constitutionalization of Contract Law in the Irish, the German and the Italian systems: is horizontal indirect effect like direct effect?, p. 6.

中。值得一提的是，与“直接适用说”中所分析的“担保”案不同的是：在“担保”案中，德国联邦宪政法院的判决是建立在“自由权”的基础之上，它遵循了司法理念中对弱势群体关怀的人文主义精神；而“福佳”案中，意大利最高院的判决是建立在“社会权”（social rights）之一的“团结权”的基础之上。[17]可以说，德国“担保案”的判决更多的将对人权的保障融入私法当中，而意大利“福佳”案的判决则更多的将对社会正义的理念纳入私法范围之内。但毫无疑问的是，无论是对人权的保障还是对社会正义的追求，它们都是宪法权利之下所确立和认可的基本原则。因此可以说，意大利最高院对“福佳”案的判决也是宪法权利适用于私法的一个重要实践。

（三）间接影响说

该学说在“扩大解释说”基础上又有所保留，认为宪法权利并不直接调整和规范私法领域，其作用只限于对私法的影响。私法仅仅具体表述为宪法权利如何适用及在多大程度上可以适用，而调整自然人、法人和其他组织间的民事纠纷只能运用具体的私法规则。可见，在“扩大解释说”当中，法官进行判决时会将该判决可能对宪法权利所产生的影响纳入其考量范围，并且尽可能使依据私法规则作出的判决与宪法权利彰显的最高价值理念保持一致；而在“间接影响说”之中，私法只是被视为是宪法权利背后所蕴含价值的具体表现形式，并决定该价值在多大程度上可以受到尊重。简单的可以表述为私法其实就是宪法权利在部门法当中的有形表现，法官在对私人利益纠纷进行裁判时不需要再重新和过多的考量宪法所规定的权利。宪法权利要对私法实践进行适用的话，只能通过对现行私法规则进行重构而得以解决。

那么究竟宪法权利对现代私法规范是否也带来了这样的间接影响？众所周知，2008年起草完成的《欧盟私法原则、定义和示范规则：共同参照框架草案》，也就是学界所谓的《欧盟民法典草案》提交至欧盟审议。不论该草案最终是否能够通过，或者会以何种形式而被赋予效力，它也是由欧洲两百多位知名学者、律师和法官历时三十余年论争、四年起草的成果，体现了当下欧洲诸国最为普遍奉行的私法制度，当之无愧为目前国际上最为领先的民法典草案之一。如前所述，宪法权利对私法的影响可以说是现代私法所发展的一个显著特点。《欧盟民法典草案》作为21世纪起草的最具显著影响的草案，是否也将宪法权利的影响和作用融入条文当中，从而达到在私法中对宪法权利适用的目标？本部分作者将从规则的解释、非歧视原则和合同有效性三个方面来诠释草案对宪法权利的融入，从而更加进一步揭示宪法

---

〔17〕 Aurelia Colombi Ciacchi, Social Rights, Human Dignity and European Contract Law, Stefan Grundmann, Constitutional Values and European Contract Law, Kluwer Law International, 2008, pp. 153 – 154.

权利对现代私法规范的具体影响和适用。[18]

1. 规则的解释

“共同参照框架草案”第I.-1：102条“解释与发展”中，第1款规定草案中规则应当得到独立的解释，并且应与草案的目标与原则保持一致。而草案的目标与原则在“共同参照框架草案”首要部分的“介绍”（introduction）中得到了详尽的阐述。正如起草小组所言：“对人权的保障、对团结和社会责任的提升、对文化和语言多元性的保护、对福利的保障和推动以及对内部市场的促进将是至高无上的原则。”[19]可以说，草案的“介绍”部分将“宪法权利”所孕育的“人权保障”列为至高原则，第I.-1：102（1）中又要求对草案的解释应当与前言中的原则保持一致。从逻辑上可以推导出，草案规则的解释应当与宪法权利相符相承。可见，这是民法典草案深刻融入“宪法权利”的一个重要标识。

除此之外，该条第2款又进一步规定：“本法条款应当与任何适用的保障人权和基本自由的文件以及任何适用的宪法性法律保持一致而理解。”可见，草案采取了一个非常宽泛的构想，将当下以至于今后所有适用的有关人权保障的文件和规定都列为该草案应当考量的价值理念。但值得注意的是，草案条文的“解释规则”中要求与草案的原则和目标保持一致。而草案的原则和目标有多个，当宪法权利的保障与其他目标或原则，如内部市场的构建、文化多样性的保护等相互冲突时，宪法权利的适用是否应当让位与其他价值的主导？或者说如何在多重价值观之间寻求平衡？以及在何种程度上可以适用于宪法权利的规则，在草案当中都没有给予明确表示。

2. 非歧视原则

草案第二编第二章为“非歧视”原则。该章通过五个条文对此原则进行了全面的阐述。第II.-2：101条要求当事人在提供货物、其他财产或服务上，不得基于性别、民族、种族的原因而歧视；第II.-2：102条则对“歧视”给予了定义。草案认为：如果某人在相似情况中得到了更少的优待或者与其他群体的人相比，相关的标准、条文、实践将某群人置于不利位置的话，就构成了草案中所指的“歧视”；第II.-2：103条则为非歧视原则的例外。该条将追求“正当目标”（legitimate aim）而作出的不平等对待列为“歧视”原则的例外。但该“正当目标”必须在合理和必要的限度之内；第II.-2：104条为对歧视的救济。草案认为如果歧视一方没有损害到第六编“造成他人损害的非合同责任”的相关规定的话，第三编第三章的

---

〔18〕 Junwei Fu, Modern European and Chinese Contract Law: A Comparative Study of Party Autonomy, Kluwer Law International, 2011, pp. 153–160.

〔19〕 Christian von Bar & Eric Clive, Principles, Definitions and Model Rules of European Private Law: Draft Common Frame of Reference (DCFR), Full Edition, European Law Publishers, p. 88.

“不履行的救济”将适用歧视的情形；第Ⅱ.-2：105条则是对举证责任的要求。该条认为，对于构成歧视的举证责任应当由主张受到歧视的一方承担。

可以说，《欧盟民法典草案》中所规定的非歧视原则正是对处于宪法地位的《欧共体条约》的具体实践。《欧共体条约》第12条规定了禁止民族的歧视；第13条规定了禁止性别、民族或种族、宗教或信仰、残疾、年龄和性取向的歧视；第141条还更加具体的规定了不论性别同工同酬的条款。可见，非歧视原则是《欧共同条约》已明确为应当遵守的原则之一，而欧洲联盟成立的基础则是《欧共体条约》。该条约在欧洲扮演着宪法性文件的作用。由此，从逻辑上可以认为，“非歧视”原则在欧盟框架下处于宪法所确立的权利或原则。《欧盟民法典草案》的目的之一是为今后正式《欧盟民法典》的颁布做出准备。而要获得欧洲政治上和社会上的广泛认可，必然要求与欧盟的宪法性文件保持一致。因此在民法典草案中，起草小组将欧盟所倡导的“非歧视”这一宪法性权利又更进一步融入条文之中，可以看作是宪法权利在私法领域的又一具体表达。

3. 合同有效性

《欧盟民法典草案》第二编第七章第三节即是对“侵犯根本原则或强制性规则”的基本规定。第Ⅱ.-7：301条规定：如果合同侵害到了欧盟成员国法律中被视为根本性的原则时，合同应当无效。而成员国法律中视为根本性的原则通常包含宪法所规定的有关国家政治、经济、文化等领域中的基本规则和公民的基本权利，以及与公共政策、善良风俗相关的基本制度。可见，宪法权利应当属于各成员国被视为根本原则的一部分。进而可以推导出，如果当事人订立的合同与各国赋予的宪法权利相违背时，合同也应无效。

值得注意的是，《欧盟民法典草案》并未对人法、强制性规则、不动产法等做出具体规定。由于欧盟对法律的统一并不能够触及各国的根本社会制度。而人法、强制性规则、不动产法很多时候与成员国的公共政策、善良风俗甚至政治体制存在着密切的关联。欧盟对于私法领域内的统一也只限于能够对欧盟境内成员国间货物、人员、资本、服务自由流通带来障碍的法律。因此，《欧盟民法典草案》并未对涉及各成员国的根本社会制度的法律进行统一，而是将这些问题都留给了各成员国的法律自行解决。因此，草案只是规定了，侵害到各成员国根本原则的合同或其他法律行为的效力，但并未对根本原则给予界定。但不论如何，宪法所确立的基本权利都属于根本性原则的一部分，第Ⅱ.-7：301条的规定在一定意义上也可以说是宪法权利对私法规则间接影响的一种体现。

三、小结

由此可见，基于传统意义上的公法与私法的划分，处于公法领域的宪法权利与私法一直处于隔离状态。然而，近些年来，一些国家在纯粹的私法案例中适用宪法进行判决的现实，使我们不得不对宪法与私法的关系进行理性的思考和重新建构。

随着公私法严格划分界限的逐渐模糊，传统意义中的公法不干预私法的架构也逐渐得到解体。20 世纪 50 年代德国法院对吕思案的判决宣示了宪法所确立的基本权利应当是整个司法体系所应当遵循的基本价值理念，当严格通过私法的判决不能达到公正效果的时候，宪法不得不对此进行主动的干预，由此开创了宪法权利适用于私法判决的先河。而后，在意大利、荷兰、英国、爱尔兰等国都先后出现了不同程度宪法权利对私法案例干预的判决。因此，今天，当我们在面对宪法与私法的关系时，我们所要诠释的并非是宪法权利是否能够适用于私法，而是宪法权利在多大程度上可以，以及如何适用于私法领域。

纵观各国宪法权利对私法影响的司法实践，我们不难总结出宪法可以通过三种途径而对私法带来影响。“直接适用说”即认为宪法是所有部门法所应当遵循的基本价值理念，即使在纯粹的私法案例中，也可直接适用宪法的规定对其进行判决。德国 20 世纪 90 年代对“担保案”的判决正是该种思路的深刻实践。由于“直接适用说”对传统公私法的划分及宪法不直接适用私法领域的理念带来严峻的挑战，在此基础上，更多国家的法官和学者或许更加愿意接受“扩大解释说”。即通过对私法中诸如“诚实信用”“公序良俗”这样富有弹性的概念作出扩大解释，将原本在宪法中确立、在私法中没有的价值理念通过对这些开放性的概念做出扩大的解释，进而将宪法所确立的基本权利融入私法领域当中。意大利最高院 20 世纪 90 年代对“福佳案”的判决即是“扩大解释说”的代表性实践。然而，“直接适用说”与“扩大解释说”都呼吁在对私法案例进行审判时，充分考量宪法中规定的基本权利。从某种意义上来讲，都与传统的宪法不干预私法的理念有所违背。因此，有学者也认为宪法权利对私法的适用应当仅仅表现在宪法对私法规范的间接影响上。可以说，私法规范其实就是宪法精神在私法中更为形象的表述方式，宪法权利能够在多大程度上得到尊重取决于私法规范的具体反应。在该说的倡导下，宪法权利并不能用于对私法案例的具体审判，它的影响和作用仅仅停留于制定和改变有效的私法规范。那么，究竟宪法权利是否可以通过该思路来影响私法？也许我们能从欧洲私法统一的基础上寻找到该问题的答案。

《欧盟民法典草案》作为 21 世纪以来最为先进的民法典草案之一，代表了现代私法的发展方向和最新价值理念。宪法权利对私法不断加深的影响可以说是现代私法发展的一个重要导向，那么试图代表欧洲各国私法最为奉行和普遍接受的《欧盟民法典草案》是否也遵循了这一最新导向？是否将宪法权利也融入进了私法规范当中？本文通过了对草案中有关解释规则、非歧视原则和合同有效性的规定，初步揭示了《欧盟民法典草案》对“宪法权利”充分考量的客观事实。草案中规定，对该法条款的解释应当符合草案确立的目标和原则，而对“宪法权利”的遵循正是草案所体现出的核心价值之一。可以说，对草案的解释应当与宪法性文件所确立的基本权利保持一致，正是宪法权利对草案的深刻影响之一。除此之外，处于宪法性地位的“欧共体条约”所确立的“非歧视”原则在草案的规范之中也得到了更加详细的表述。草案明确要求当事人在订立合同或其他进行法律行为时，不得基于性别、种族等对他人造成歧视。可以说，该“非歧视”原则的表述是对宪法所确立的基本权利的进一步拓展。同时，“宪法权利”对草案的影响还体现于“合同有效性”当中。草案认为，当事人签订的合同如果与欧盟成员国最根本的原则相违背时，合同应当无效。而各成员国中被视为最根本的原则，一部分则来自于宪法所确立的基本权利。因此，在一定程度上可以说，通过具体的私法规范将宪法权利融入私法当中正是宪法权利适用于思法的又一思路。

综上所述，以上三种宪法权利适用于私法路径的实践经验表明：基本权利所体现出的对人的尊重已成为各国法律体系所遵循的共同价值理念，是衡量各国建构和谐、安定社会的重要尺度。它秉承着以人为本的现代社会文明成果和价值观念，包含着人类对自由、平等的永恒追求，使人权、法治、宪政的核心历史世界观得到传承和延续。“宪法权利”不仅可以运用于公法领域，能够适用于公民与国家的对抗之中，同时在私法范畴内也可以起着对公民同样的直接约束作用。欧洲很多国家对宪法权利直接或间接适用于私法领域的实践和经验无不深刻表达了对人与生俱来的基本权利的认同和希求，其所沉淀出的对人性价值的终极关怀是现代私法区别于传统私法的核心命题，也是维系现代私法和社会文明得以前进的重要纽带。

论民法典立法讨论中不同类型问题的轻重缓急*

王文胜**

目　次

《民法总则》已于2017年3月审议通过，按照立法机关的规划，民法典各分编拟于2018年上半年整体提请全国人大常委会审议并争取于2020年3月审议通过。[1]虽然时间表上所剩的时间已非常有限，但从目前民法学界围绕着民法典的立法所展开的讨论来看，民法学界关于民法典编纂所积累的共识还不算多，民法学界也还没有建立起一种面向民法典编纂的对话和讨论机制，学者自说自话的现象还较为普遍，学者之间要实现相互对话、寻求相互理解和达成共识还比较困难。

---

* 本文以《民法总则》（草案）的一审稿与二审稿作为讨论对象。本文发表于《北航法律评论》（2017年出版），正式引用请引用《北航法律评论》上刊载的版本。本文受湖南大学“中央高校基本科研业务费专项资金”资助。

** 湖南大学法学院助理教授，法学博士。

〔1〕 参见全国人大常委会法制工作委员会主任李适时：《关于〈中华人民共和国民法总则（草案）〉的说明》（2016年6月），http：//www.npc.gov.cn/npc/lfzt/rlyw/2016－07/05/content_1993422.htm，最后访问日期：2016年11月6日。

民法学界能否从现有的自说自话的讨论状态逐渐走向一种集中精力的、集思广益的、有序的、高效的讨论机制，会直接地影响民法学界将以往的研究成果服务于民法典编纂的能力，从而直接地影响我国民法典的编纂水平。而要建立起一种有序高效的讨论机制，首先要求民法学界对于“什么样的问题需要和值得我们关注”这一问题达成基本的共识。

基于此，本文尝试对民法典立法讨论中所涉及的问题作类型化的思考，并在对比分析的基础上探讨在民法典的编纂过程中哪些问题才需要和值得民法学界花大力气去进行讨论。

一、判断不同类型问题轻重缓急的基本标准

要判断在民法典的编纂过程中哪些问题需要和值得民法学界花大力气去讨论，首先需要思考的是，我们对民法典的编纂应当抱有一种什么样的期待？

一直以来，很多的民法学者对于民法典的编纂都有着很高的期待，在党的十八届四中全会决定编纂民法典之后，民法学界对于民法典的热情和期待更加高涨。但是，不同学者对民法典所抱的期待的具体内容是不同的，归纳起来，大概有着以下几种类型：

一种是期待我国的民法典从立法体例、立法技术到规则设计等各个方面都能达到世界领先水平，成为21世纪各国民法借鉴的对象，与《法国民法典》和《德国民法典》相比肩。例如，有学者曾说，“设置一个美好前景：制定一部足以与拿破仑民法典、德国民法典鼎足而立的中华民族的民法典。……只有一个全中华民族的民法典才能表明中华民族已攀上历史的高峰。”[2]有学者表达了这样的愿景：“如果说19世纪初《法国民法典》和20世纪初《德国民法典》的问世是世界民法发展史上的重要成果，则21世纪初我国民法典的出台，必将在民法发展史上谱写光辉灿烂的篇章！”[3]

第二种是期待着民法典能够促进我国社会的发展和进步。例如，有学者主张，“民法典编纂也要与时俱进，要及时通过立法来固化改革的成果，为改革提供依据和基础。”[4]还有学者主张，“要用这样一部充分体现民主、法治、人权精神的进步的、完善的、科学的民法典，作为全民族的教科书！”[5]

第三种类型，是期待着民法典能够满足我国各种类型民事主体从事民事活动的

---

〔2〕 谢怀栻：《大陆法国家民法典研究》，中国法制出版社2004年版，第3页。

〔3〕 王利明：《民法典的时代特征和编纂步骤》，载《清华法学》2014年第6期。

〔4〕 王利明：《全面深化改革中的民法典编纂》，载《中国法学》2015年第4期。

〔5〕 梁慧星：《关于中国民法典编纂问题》（2014年11月16日在浙江大学光华法学院的演讲），<http://www.iolaw.org.cn/showArticle.aspx?id=4200>，最后访问日期：2016年11月6日。

需求、能够满足我国裁判机构妥当处理民事纠纷的需求。例如，有学者主张，“可以说实用性是民法的生命价值所在。实现民法实用性的最基本的要求应是民法的全面性，即民事法律规范能对复杂多样的市民社会关系进行周密的调整，尽量避免法律漏洞的出现。我国民法典应当对那些与人们日常生活密切相关并且极具时代特色的制度作出比较明确的规定。”〔6〕

在这三种类型的期待中，第一种期待涉及的是民法典的历史地位。《法国民法典》和《德国民法典》的历史地位主要来自于它们能够满足经济发展水平不同的国家和地区的司法实践的需求、具有高度的适应性和包容性，并且它们在体系构造、术语表达等方面表现出了较高的形式理性。《法国民法典》在世界范围的传播和继受虽然也有法国殖民扩张和军事占领的推动，但“亦得力于它出色独特的语言形式和富有弹性及变通灵活的表述，总之，终究也得力于它的质量。”〔7〕《德国民法典》的历史地位则与殖民扩张和军事占领完全无关，主要归功于《德国民法典》和德国民法学自身所具有的吸引力。同时，除自身质量之外，这两部民法典的历史地位也与客观的历史条件有关。例如，这两部民法典诞生的时间正好契合了一些国家的近代化进程，满足了这些国家追求社会治理法治化和理性化并进而追求国家富强（“变法图强”）的需要。就此最典型的是日本，〔8〕中国在20世纪40年代前后对德国民法的继受也多少包含了这方面的意味。又如，有学者认为，《德国民法典》的直接继受与《法国民法典》相比发生得不多，“决定性的原因是这一事实：即19世纪期间所有非普通法法系的较发展的国家都已经完成了民事法律编纂，因而寻求外国法律典范的较迫切的需要也仅仅是偶然有之。”〔9〕这论及的也是民法典的历史地位高低与其所处的历史机遇有关。此外，影响民法典历史地位的客观历史条件还有，国家要具有较强的政治影响力和经济影响力。《法国民法典》和《德国民法典》的历史地位与这两个国家本身具有较强的政治影响力和经济影响力紧密相关，也正因如此，埃塞俄比亚民法典虽然被一些学者认为在形式理性等方面与《法国民法典》相比更加出色，但其历史地位与《法国民法典》相比至今无法（恐怕也永远无法）望其项背。总之，一部民法典的历史地位的取得，既取决于其自身的立法质量，又取决于其是否“生逢其时”。其中，法典自身的立法质量，一个极为重要的方面就在于法典能否满足不同国家和地区的司法实践的需求，而这首先就指向了前述第三种类型的期待，即，能否满足本国各种类型民事主体从事民事活动的需求、能否满足本国裁判机构妥当处理民事纠纷的需求。

---

〔6〕 郭明瑞：《关于编纂民法典须处理的几种关系的思考》，载《清华法学》2014年第6期。

〔7〕 ［德］茨威格特·克茨：《比较法总论》，潘汉典等译，法律出版社2003年版，第154页。

〔8〕 参见谢怀栻：《大陆法国家民法典研究》，中国法制出版社2004年版，第103页。

〔9〕 ［德］茨威格特·克茨：《比较法总论》，潘汉典等译，法律出版社2003年版，第231页。

第二种类型的期待的实现，也是以法典自身的立法质量特别是能够满足司法实践的需求作为前提。“固化改革的成果”面向的是过去，要求民法典能够为改革之后所已经产生的新的生活现象设置妥当的规则，“为改革提供依据和基础”面向的则是将来，要求民法典中的规则能够具有足够的适应性和包容性、能够为将来的改革预留足够的空间。这都指向了第三种类型的期待，即民法典既要能够满足已经发生了的改革之后的司法实践的需求，也要能够适应将来发生新的改革之后的司法实践的新的需求。至于以民法典作为“全民族的教科书”，要通过民法典向民众进一步普及平等、公平、意思自治、诚实信用等现代民法的基本理念，其前提当然在于民法典中的规则及其实施能够让民众感受到民法典对于社会秩序和权利保护所具有的重大意义和价值，因而仍然首先指向了第三种类型的期待。只有在不断适用民法典规范民事活动、处理民事纠纷的过程中一点一滴地让民众感受到民法的光辉，民法典才有可能逐渐地、潜移默化地使民法的基本理念进入到民众的内心。

可见，在以上三种类型的期待中，前两种类型的期待都以第三种类型的期待的实现作为其前提和基础；只有在民法典符合了第三种类型的期待的基础上，前两种类型的期待才有其实现的可能。如果民法典不能满足我国各种类型民事主体从事民事活动的需求、不能满足我国裁判机构妥当处理民事纠纷的需求，则不论其在体系构造、术语表达等形式理性方面达到何种高度，我们都无法奢望其在历史地位等方面达到我们所设定的期待。并且，民法典的历史地位还会受制于民法典所处的历史条件，取决于民法典是否“生逢其时”，这已经超出了立法讨论的参与者可以主观努力的范围；民法典对民众的教育功能还会受制于民法典通过之后裁判者群体的裁判水平和职业素养，这也已经超出了立法讨论的参与者可以主观努力的范围。

在厘清了这三种类型的期待之间的关联和层次之后，我们还需要认识到，民法典的立法讨论还面临着时间极为紧迫的问题，立法机关的立法规划留给学界的时间已经不多。“慢工出细活”，一部好的法典需要从容而有序的精雕细琢。在时间如此仓促的背景下，我国民法学界显然已经不可能对民法典的每个细节都展开充分的讨论和精细的雕琢。因此，我们需要重视田忌赛马的故事所带来的启示，区分立法讨论中不同问题的轻重缓急，为民法典的立法讨论确立合理的资源投放策略，即，将民法典立法讨论的重点集中到与前述第三种类型的期待有关的问题上来。

在前述三种类型的、诸多学者所共享的期待之外，还有一种类型的期待是，对于学者个体而言，期待着民法典能够满足学者自己对于民法典的各个方面所建立起的个人想象。这种想象可能关乎民法典在以上三个方面能否达到学者自己所认知的标准，也可能关乎与以上三者无关的其他方面的内容。当前仍有一种声音，认为我国目前编纂民法典的条件仍不具备、目前不应编纂民法典，持这种观点的学者本质上是认为，现在如果编纂民法典，所编纂出的民法典必将无法达到或者很难达到其在上述几个方面所期待的水平。这样的心态，或可称为“立法完美主义”的心态。

立法完美主义的心态，不单在反对现在编纂民法典的学者那里存在着，在赞同现在编纂民法典的学者那里也或多或少地存在着，他们按照自己对于民法典的期待提出了各种各样的立法建议，但并未虑及或者并不关心这些建议在如此仓促的民法典立法过程中是否存在实现的可能。还有一些学者，出于其个人所持的“反法典化”的立场，继续对“要不要编纂民法典”表达着自己的主张。不管是对民法典编纂持“立法完美主义”心态的学者，还是对民法典编纂持“反法典化”立场的学者，都忽略了或者选择性地遗忘了这样的客观现实：立法者已经确立了编纂民法典的目标，并且给出了清晰的时间表。“形势比人强”，面对客观现实，每一位民法典立法讨论的参与者，都应当暂时地放弃自己的个人好恶、搁置自己的个人想象，应当冷静地思考，在这极为有限的时间里，我国如何才能编纂出一部相对更好一些的民法典来。

按照这样的思路，我们应当将民法典立法讨论中所会涉及的问题分成不同的类型，并根据不同类型问题对于前述第三个方面的期待能否实现的影响程度，对不同类型问题的轻重缓急作出基本的判断。

对于民法典编纂过程中所会涉及的问题，有学者提出，首先应当区分“纯粹民法学问题”和“民法问题”，并认为，纯粹的理论建构层面的问题，即所谓“纯粹民法学问题”，在立法时不应予以涉及，“应当把它开放给学界，可以长久地去进行讨论，一百年不行，一千年，一千年仍然不能形成共识，也没关系，它不影响法律规则的规则设计和规则的适用。”〔10〕这样的观点得到了不少学者的赞同。笔者也赞同这样的分类。即使说对于具体哪些问题属于“纯粹民法学问题”可能会存在争论，但我们首先应当承认，确实有一些问题是与法律规则的规则设计和规则适用无关的问题，换句话说，是与民事主体从事民事活动和裁判机构处理民事纠纷完全无关的问题；在民法典编纂的过程中，我们应当时刻保持警惕，避免在立法讨论中掺入有关纯粹理论问题的争议，甚至投入很多的精力去围绕纯粹理论问题展开讨论。

对于“纯粹民法学问题”以外的那些问题，即那些会影响到法律规则的规则设计和规则适用的问题，或者说，那些会影响到民事活动和民事裁判的问题，我们也应注意到，不同的问题对于民事活动和民事裁判所能产生的影响的程度是不一样的。我们应当根据影响程度的不同，相应安排立法讨论中的资源投放顺序。

二、立法技术问题的三种类型及其重要性次序

在我国迄今为止的民法典立法讨论中，围绕着侵权责任法是否独立成编、人格

---

〔10〕 王轶：《民法典编纂争议问题的梳理与评价》（2016 年 7 月 21 日在“天同无讼学院”的演讲）。

权法是否独立成编、是否设单独的债法总则编等问题，展开了持久而广泛的争论，吸引了大量学者的参与，投入了大量的学术资源。此外还有知识产权法是否应在民法典中单独设编的问题，在《民法总则（草案）》公布后又出现了有关法人分类的讨论，还有一直以来从未平息的有关民商合一还是民商分立的争论。这些都是有关立法体例的争论，涉及的是民法典的宏观体系架构，编、章、节的安排。立法体例的问题，本质上属于立法技术问题的一种类型，其与单个法律规则的内容无关，不会影响到民事纠纷的处理，仅仅影响到众多法律规则的排列组合，其对于司法实务的影响仅限于在司法实务中是否便于“裁判者寻找法律依据”。〔11〕

除立法体例的问题之外，立法技术问题主要还包括以下两种类型：一是在确定了编、章、节等立法体例之后，某一具体的法律规则应放置在哪一编、哪一章、哪一节之中及置于哪一条之前、哪一条之后的问题，二是如何使用语言文字和标点符号将一个具体的法律规则准确地表达成为法律条文的问题。

其中，某一具体的法律规则应放置在哪一编、哪一章、哪一节之中以及置于哪一条之前、哪一条之后的问题，同样不会影响到该法律规则的规则设计，在规则适用上，一是会影响到在司法实务中寻找法律规则的便捷程度，二是可能会影响到法律规则的解释，因为，在进行法律解释时，体系解释是一个非常重要的解释方法。〔12〕例如，《合同法》第9条第1款规定：“当事人订立合同，应当具有相应的民事权利能力和民事行为能力”，这一条文处在第2章“合同的订立”中，而“合同的订立”这一章要解决的问题主要是合同是否成立、如何成立的问题，若不是有第47条的明确规定，第9条第1款所处的体系位置很容易让人误以为当事人是否具有相应的民事行为能力是在判断合同是否成立时应考虑的因素。又如，《物权法》第115条规定：“主物转让的，从物随主物转让，但当事人另有约定的除外”，这一条文规定在《物权法》第9章“所有权取得的特别规定”，条文所处的体系位置很容易让人误以为该条的意思是“当主物的所有权发生基于法律行为的变动时，除当事人另有约定外，从物的所有权当然发生变动，不问就从物是否完成了交付或登记”，然而，正确的解释结论应是：买卖合同等有关主物转让的合同中未明确约定出卖人应移转从物所有权时，除当事人另有约定外，出卖人也负有移转从物所有权的义务，至于从物的所有权，仍应在完成从物本身的交付或登记后，才发

---

〔11〕 王轶：《民法原理与民法学方法》，法律出版社2009年版，第187页。

〔12〕 当然，条文所处的体系位置并不必然影响到法律条文的解释，特别是如果法律条文的文义表述得足够清晰的话。例如，《合同法》第133条规定：“标的物的所有权自标的物交付时起转移，但法律另有规定或者当事人另有约定的除外。”该条处在《合同法》有关买卖合同的第九章之中，但该条文的文义已经非常清晰地表明了其是有关所有权变动的规则。

生所有权的变动（在登记实务中没有被纳入登记范围的不动产除外）。[13]又如，《民法总则（草案）》一审稿第115条后段规定："行为人非依法律规定或者取得对方同意，不得擅自变更或者解除民事法律行为"。这一句话所表达的规则与《合同法》第8条第1款后段的规则基本相同，但是，《民法总则（草案）》一审稿第115条后段的前一句话是"民事法律行为自成立时生效，法律另有规定或者当事人另有约定的除外。"因而，第115条后段所处的体系位置（位于第115条前段之后），很容易让人误以为，在民事法律行为生效之后，行为人才"不得擅自变更或者解除民事法律行为"，《民法总则（草案）》二审稿第129条的内容与之相同，只是将两句话分成了两款，仍然存在引发误解的可能；而《合同法》第8条第1款后段的前一句话是"依法成立的合同，对当事人具有法律约束力"，从而，能够让人准确地理解到，在合同成立之后，当事人就"不得擅自变更或者解除合同"了。

如何使用语言文字和标点符号将一个具体的法律规则准确地表达出来的问题，影响的也是在司法实务中能否进行准确的法律解释的问题。例如，《物权法》第230条第1款规定："债务人不履行到期债务，债权人可以留置已经合法占有的债务人的动产，并有权就该动产优先受偿"，该款规定"债务人的动产"，很容易让人误以为，"只有在所占有的动产是债务人享有所有权的动产时，债权人才享有留置权"。但是，《合同法》第264条有关承揽人留置权的规定、第315条有关承运人留置权的规定、第380条有关寄存人留置权的规定、第422条有关行纪人留置权的规定，都仅以对方当事人不履行报酬或费用支付义务为要件，不以对方当事人对标的物享有所有权为要件。因此，第三人享有所有权的动产可以成为留置的对象，至少是不应当对此予以彻底否定。[14]由此可见，《物权法》第230条第1款有关"债务人的动产"的表述，未能准确地表达相应的法律规则。又如，《担保法》第35条规定："抵押人所担保的债权不得超出其抵押物的价值。财产抵押后，该财产的价值大于所担保债权的余额部分，可以再次抵押，但不得超出其余额部分。"在《物权法》的立法过程中，立法者已经就"抵押人所担保的债权是否超出其抵押物的价值，应当交由债权人在决定是否接受该标的物用于设定抵押时自行判断，法律不应予以干涉"达成了共识，但立法者暂时难以找到一种妥当的方式将这一共识准确地表达为法律条文，[15]因而，在《物权法》中没有明确地将这一共识表达出来，以至

〔13〕《最高人民法院关于适用〈中华人民共和国担保法〉若干问题的解释》第63条有关从物的抵押权设立的规则、第91条有关从物的质权设立的规则、第114条有关留置权产生的规则，均与这一结论相一致。我国台湾地区"民法"第68条第2款规定"主物之处分，及于从物"，台湾地区学者对该款的解释也是如此，参见王泽鉴：《民法物权（第二版）》，北京大学出版社2010年版，第43～44页。

〔14〕例如，有学者主张，"应当有条件地承认第三人的动产可作为留置物"。参见崔建远：《物权法》，中国人民大学出版社2014年版，第586页。

〔15〕参见崔建远：《物权法》，中国人民大学出版社2014年版，第468页。

于现在司法实务中仍有不少人在按照《担保法》第35条的文义进行理解。

在这三种类型的立法技术问题中，我们应当将关注的重点放在可能会影响到法律规则的解释的问题上，尽量地减少在司法实务中法律规则被错误理解和错误适用的可能性。司法实务中寻找法律规则的便捷当然也很重要，但与避免错误理解和防止错误适用相比，重要性相对低一些。而立法体例的问题，相比之下，重要性最低，只要我们能够将法律条文以一个大致清晰的脉络和顺序组合在一起，就已经大体上能够满足司法实务的要求，至于某一单行法是否一定要进入民法典的体系之内，或者某一部分是否一定要在民法典中独立成编，都不会对司法实务产生大的影响。但是，令人遗憾的是，一直以来，民法学界都在立法体例的问题上投入了太多的精力，反而影响了那些更为重要的问题的讨论。

三、解释选择问题的两种类型及其重要性次序

长期以来，我国民法学界还围绕着是否应采纳承认物权行为独立性理论的问题展开了广泛的争论，这涉及的是采用一种什么样的分析框架和思维工具去理解和解释生活世界中所发生的事实（如交易）的问题。有学者将之称为“解释选择问题”。[16]只要是在承认物权行为独立性之后不进一步去承认物权行为的无因性，在是否承认物权行为独立性的两种理论中，选择采用其中哪一种理论来对当事人之间的交易进行分析，涉及的只是分析者个人的主观好恶和思维习惯的问题，对于交易当事人之间的利益关系并不会有着必然的、直接的影响。

我国民法学界通常认为，是否承认物权行为的独立性与无权处分所订立的合同的法律效力之间有着较为紧密的关联，但是，二者之间的关联并不是绝对的、直接的。主张合同订立时出卖人无处分权不影响合同的效力，“不以承认物权行为为必要”，[17]也就是说，在不承认物权行为独立性时，仍然可以得出无权处分不影响合同效力的结论。只不过，这一结论的得出，在逻辑上相对而言没有那么顺畅、没有那么完美。然而，为了实现对当事人之间的利益关系进行公平合理的安排而牺牲逻辑上的顺畅和完美，在民法中并不鲜见。例如，按照民法理论对物与物的成分的严格区分，当A物未经所有权人甲的同意而成为B物的成分时，即使仅是成为B物的非重要成分，A物也应已经丧失其自己作为独立的物的品性，因而不再属于民法中独立的客体，从而A物上原有的所有权相应消灭，这样，逻辑推理的结果便是原所有权人甲不能主张原物返还请求权；但是，对于这种场合，民法在对甲与B物的所有权人之间的利益进行衡量之后所得出的结论却是甲仍保有A物的所有权、仍可

---

〔16〕 王轶：《民法原理与民法学方法》，法律出版社2009年版，第92页。

〔17〕 梁慧星：《民法总论》，法律出版社2011年版，第215页。

主张原物返还，[18]这样的思维，也是为了实现妥当的利益安排结论而牺牲了对于逻辑完美的追求。

因此，选择采用哪一种分析框架去进行分析，更多的只是影响到分析和推理的过程；“条条道路通罗马”，只要能够在对当事人之间利益关系的处理上实现同样的公平合理的结果，我们没有必要为采用哪一种分析框架的问题而花费过多的精力去展开争执；在立法者选择其中一种分析框架之后，只要能够实现在民法典的各个部分中将所选择的分析框架“一以贯之”，不要出现前后矛盾，就可以了。

与选择采用哪一种分析框架对生活世界中所发生的事实进行理解和解释的问题相似，我们有时还会面对着选择哪一个术语对生活世界中所存在的事物或所发生的事实进行描述和指代的问题。例如，对于自然人和法人之外所存在的“第三主体”，在法律条文中是使用“其他组织”“非法人组织”还是其他术语来加以指代？对于以意思表示为要素、以发生私法上法律效果为目标的表示行为，在法律条文中是使用“法律行为”还是“民事法律行为”还是其他术语来加以指代？又如，对于两个及两个以上的民事主体作出相互对立的意思表示而订立的双方或多方法律行为，我们是使用“合同”还是使用“契约”来加以指代？对于继续性合同的非正常的结束，是如《合同法》那样使用“解除”还是如我国台湾地区“民法”那样使用“终止”来加以指代？对于赠与合同中一般情况下赠与人在移转赠与财产的权利之前反悔的权利，是称为“解除”还是如《合同法》那样称为“撤销”？如此等等，不胜枚举。

对于术语的使用，只要能够在民法典的各个部分中实现术语使用的前后一致，并且法律共同体的不同成员在理解术语的内涵和外延上能够达成一致，从而法律人之间可以实现相互的交流和理解、避免在司法实务中法律规则被误解和误用，就已经足以实现术语作为交流工具的实用价值。至于所选择的术语是否能够非常形象和非常精确地描述和表达我们对于其所指代的那类事物或事实的理解，则是相对而言没有那么重要的问题。例如，“其他组织”一词，在最初出现时，仅是在通用汉语的层面上加以使用，其中的“其他”一词仅指其所处语境中已经列举的事物以外的其余类型，但在后来随着不同单行法及司法解释的反复使用，“其他”与“组织”两个词语相互结合而使“其他组织”一词成为一个具有特殊指代意义的专业术语，虽然该术语既不精确，也不形象，但仍不妨碍我们在大致相同的内涵和外延上对其加以理解和共同使用。又如，对于物的成分的两种类型，有的学者称为“重要成分”和“非重要成分”，有的学者称为“本质成分”和“非本质成分”，还有学者偏好使用其他的术语；不管是“重要成分”，还是“本质成分”，还是学者所使用的其他术语，都无法精确和形象地描述这种成分的内涵，但这并不会非常严重地妨碍我们在讨论中实现相互的理解和交流。

---

[18] 参见王泽鉴：《民法物权（第二版）》，北京大学出版社2010年版，第44～45页。

四、“一般规定”的重要性甄别

在立法体例的确定、分析框架的采用、术语的选择等问题之外，有的学者还非常关心基本原则的问题。这些年以来，我国立法形成了在第一章中规定“总则”或“一般规定”的习惯，在其中对该部法律的立法目的、基本原则等内容加以归纳。在《民法总则（草案）》的起草和讨论过程中，同样也在第一章上花了不少的工夫，并在一审稿和二审稿中加入了“应当保护环境、节约资源，促进人与自然和谐发展”（第7条）等新颖的内容。

对于在法典或单行法中对基本原则或一般规定的表达，我们需要思考的问题是，其有着什么样的现实意义？在20世纪80年代起草《民法通则》时，将平等、自愿、公平、保护公民法人的合法民事权益等价值取向在《民法通则》的第一章中表达出来，在当时特殊的历史背景下，有着确立和普及私法理念的重大现实意义。但在今天，平等、自愿、公平等词汇作为一个抽象的口号总体上已经深入人心，在法典中加入类似表达的普及教育意义已经大为减弱，更值得我们关注的是在司法实践中基本原则被泛化、被滥用的问题。尤其是公平原则，当前，在裁判文书中直接引用公平原则进行裁判的现象广泛存在，但是，何谓公平，每个人都有自己的判断，因此，裁判者跳过具体的法律规则而直接援用公平原则进行裁判，无异于自己充当了立法者的角色，将自己对于公平的理解凌驾于了立法者之上。

因此，对于民法的基本原则，当前最迫切的工作是，要明确区分两种类型的基本原则，一种是不能用于司法裁判、不能在裁判文书中援用的基本原则，另一种是可以用于司法裁判、可以在裁判文书中援用的基本原则。平等原则、公平原则，以及新加入的“保护环境、节约资源，促进人与自然和谐发展”的原则，应当由立法者将之落脚到具体的法律规则中去，裁判者只能适用体现了这些基本原则的具体法律规则进行裁判，不能直接援用基本原则进行裁判。对于诚实信用原则、公序良俗原则等，裁判者也应当贯彻“禁止向一般条款逃逸”的规则，避免绕开具体法律规则转而适用基本原则来达成裁判者内心所预设的裁判结果。

在《民法总则》有关基本原则的规定中，若能通过一种妥当的方式将裁判活动中所应遵循的上述规范准确地传达给裁判者，则可称得上是“有益条款”。若宣示某种价值取向但不足以误导司法实务，则可谓“无害条款”。“无害条款”典型的如《民法总则（草案）》一审稿与二审稿第9条的内容：“民事主体合法的人身、财产权益受法律保护，任何组织或者个人不得侵犯。”“民事主体行使权利的同时，应当履行法律规定的或者当事人约定的义务，承担相应责任。”如果说该条第1款有关合法权益受法律保护的宣示还具有某种现实意义的话，第2款的规定就显得有些多余。义务应当履行，是法治的最基本精神，在现实中也不存在任何争议，因而第2款的规定也属于"无害条款"。《民法总则（草案)》一审稿与二审稿第11条的内容也是一例："其他法律对民事关系另有特别规定的，依照其规定。"在进行法律的解释和适用时，应当将全部有效的法律条文作为一个整体来加以解释和适用，因此，《民法典》或《民法总则》以外的其他法律中的规定，当然也应适用，并且，还应适用"特别法优先于普通法"或"新法优先于旧法"的原则。因此，《民法总则（草案)》一审稿与二审稿的第11条并不会如有的论者所想象的那样具有某种独特的价值。与之相类似的还有《民法总则（草案)》中对于民事权利所作的一般规定中的某些条文，例如，二审稿第124条规定："法律对数据、网络虚拟财产的保护有规定的，依照其规定。"相对于一审稿第104条将网络虚拟财产界定为物权的客体、第108条中将数据信息界定为知识产权的客体而言，二审稿第124条是有意义的，因为其没有再坚持一审稿第104条和第107条的极富争议的表达。但是，单就二审稿第124条的内容本身而言，其也属于"无害条款"，仅表达出"立法者注意到了数据、网络虚拟财产的现象"而已。第125条有关"法律对未成年人、老年人、残疾人、妇女、消费者等的民事权利有特别保护规定的，依照其规定"的表述也是如此。

在"有益条款"和"无害条款"之外，若有关基本原则或一般规定的表述会给裁判者形成误导，使裁判者错误地滥用基本原则，则可称为"有害条款"。《民法通则》第4条和《合同法》第5条有关公平原则的表述，在语句结构上与同一法律中关于诚实信用原则、公序良俗原则的表述相似，故而未能清晰地向裁判者传达出公平原则与诚实信用原则、公序良俗原则之间在法律适用上的重大差异，从司法实务的实际情况来看，其可谓已经不再属于"无害条款"而是已经成为误导裁判的"有害条款"。又如，《民法总则（草案)》一审稿第6条第2款规定"民事主体从事民事活动，应当自觉维护交易安全"，后因一些讨论者提出，"维护交易安全主要适用于商事活动"，[19]于是二审稿将有关交易安全的表述改至"法人"一章中关于"营利法人"的一般性规定（第87条）中，规定"营利法人从事经营活动，应当遵守商业道德，维护交易安全……"但是，维护交易安全是法律的使命、执法者的任务，应当由立法者在具体制度设计上以维护交易安全为重要的制度目标，但却不应是包括营利法人在内的任何民事主体在从事交易活动时必须主动去追求的目标；参与交易的民事主体只需要遵守法律、履行法定或约定的义务、诚实守信、尊重公序良俗。不管是一审稿第6条第2款还是二审稿第87条，都容易引发"民事主体有义务去维护交易安全"的误解，因此，也属于"有害条款"。

总之，在对基本原则或一般规定进行表达时，我们应当尽力避免"有害条款"；

---

[19] 全国人民代表大会法律委员会：《关于〈中华人民共和国民法总则（草案)〉修改情况的汇报》(2016年10月31日在第十二届全国人大常委会第二十四次会议上)。

“无害条款”则可写可不写，写了也没关系；若能写入“有益条款”则更好，不能写入则交给法学教育去弥补。

五、不同类型的价值判断问题及其重要性次序

在民法典的编纂中，最为重要的问题是当事人之间的利益关系如何安排、当事人相互冲突的利益之间何者应当优先保护的问题，即“价值判断问题”。[20]例如，在《合同法》出台之后至今的十多年间，我国民法学界围绕着无权处分所订立的合同的效力展开了非常广泛而深入的讨论，这涉及的正是合同双方当事人以及被处分标的物的权利人这三方当事人之间的利益如何安排的问题，其核心是出让人和受让人之间的利益何者得到优先保护的问题。

“价值判断问题”与“价值取向问题”不同。价值取向问题是抽象的、宏观的，例如，民法是以自由还是管制为基本的价值取向？民法是以平等对待民事主体还是差别对待民事主体作为基本的价值取向？立法者对于价值取向问题所作的结论，往往是通过对于“基本原则”的规定而在法律中表达出来。“价值判断问题”则是具体的、微观的，涉及的是在一个具体的场景中具体的当事人之间相互冲突的特定利益关系应当如何协调、具体哪一方当事人的利益应当得到优先保护的问题，例如前述的“无权处分对于合同的效力是否产生影响”，又如“请求权或形成权的行使是否应受到时间的限制”“行为人承担责任是否以具有过失作为前提”，等等。立法者对于价值判断问题所作的结论，通常是通过具体的法律规则来加以表达。在对价值判断问题作出结论的过程中，需要对抽象的、宏观的价值取向加以考虑，因此，有学者提出，民法价值判断问题的实体性论证规则是，“在没有足够充分且正当理由的情况下，应当坚持强式意义上的平等对待”“在没有足够充分且正当理由的情况下，不得主张限制民事主体的自由”，[21]这两项论证规则的背后就是指向了平等和自由的价值取向，不过，在很多的价值判断问题的分析过程中，不一定只是简单的价值取向的具体应用，例如，无权处分场合受让人在具备哪些条件时可以取得标的物的所有权，是否要以“以合理的价格转让”、是否要求“价款已经支付”，等等。虽然在整体上仍然是所有权绝对和维护交易安全这两种价值取向的对决，但是单纯从价值取向层面去比较和讨论已经无法得出结论，而是进入到了非常细致的利益衡量的层面。

民法中的绝大多数法律条文，都是立法者表达其价值判断结论的条文，这些条文会直接地成为裁判的根据、直接地影响当事人之间的利益，最值得我们关注和讨

---

〔20〕 王轶：《民法原理与民法学方法》，法律出版社2009年版，第32页。

〔21〕 王轶：《民法原理与民法学方法》，法律出版社2009年版，第38页、第48页。

论。然而，民法典的容量有限，而民法调整的生活世界中所存在的利益关系是无穷的，民法典不可能对生活世界中当事人之间所有的利益关系都给出协调的规则。另一方面，与刑法中坚持罪刑法定原则、刑法没有规定就不能对行为加以定罪不同，对于民事案件的法官而言，不论案件中所呈现出的法律问题能否在民法典中找到相应的法律规则，都必须对进入民事诉讼程序的案件作出妥当的裁判，因此，民法学发展出了丰富的法律解释方法和漏洞填补方法；有了法律解释方法和漏洞填补方法的辅助，也就不需要民法典事无巨细地为所有的利益关系的协调都给出规则。所以，对于价值判断问题，我们还需要进一步区分不同的类型。

有的价值判断问题，立法没有给出直接的回答，我们可以通过法律解释来加解决。例如，自然人被宣告死亡后的法律效果，《民法通则》中未作明确规定，构成法律漏洞，《最高人民法院在关于贯彻执行〈中华人民共和国民法通则〉若干问题的意见（试行)》第37条前段对此作了漏洞补充，《民法总则（草案)》一审稿第47条前段、二审稿第49条前段对之给予了认可和采用，但是，婚姻关系的消灭，是对双方都发生效力，还是仅对被宣告死亡之人的配偶发生效力？有论者提出，应仅对其配偶发生效力，被宣告死亡之人在失踪之后另行与他人结婚的，仍应构成重婚，因此，一审稿第47条前段、二审稿第49条前段的内容仍不完备。笔者赞同“仍应构成重婚”的结论，但并不认为一审稿第47条前段、二审稿第49条前段就必须在表述上对此加以明确。当然，如果能够加以明确则更好，但不能加以明确也没有关系，可以通过目的解释得出同样的结论。又如《合同法》第47条第2款、第48条第2款均规定，“合同被追认之前，善意相对人有撤销的权利”，这是否意味着，在合同被追认之前，善意相对人所作出的不愿受合同约束的任何意思表示，都构成撤销？赋予善意相对人以撤销权的目的在于保护善意相对人免受合同效力待定状态的损害，[22]因此，如果善意相对人一直不知道导致合同效力待定的事实（即，不知道其缔约对方是限制行为能力人或无权代理人)，从而不知道自己享有撤销权，而只是出于单纯的反悔，其所作出的不愿受合同约束的意思表示就不能构成此处所称的“撤销”。但这是否意味着我们应当对完整沿用了《合同法》第47条第2款和第48条第2款内容的《民法总则（草案)》一审稿第123条第2款、二审稿第138条第2款，一审稿第151条第2款、二审稿第166条第2款的内容作进一步地补充、增加相应的限定语？同样，如果能够作进一步地补充当然更好，但不能加以补充也没有关系，可以通过目的解释得出这样的结论。

有的价值判断问题，立法没有给出回答，我们可以通过简单的类推适用来加以解决。例如，《物权法》第142条规定了土地上的建筑物、构筑物及其附属设施的

---

〔22〕 Brox/Wolf – Dietrich, AllgemeinerTeil des BGB, 35. Aufl. , Muenchen: Verlag Franz Vahlen , 2011, Rn. 283.

所有权归属的认定规则，该条仅涉及建设用地使用权，但基于建设用地使用权与宅基地使用权在制度目的上的相似之处，该条可以类推适用于宅基地使用权的场合。又如，从《合同法》规定的合同的履行、合同的权利义务终止、违约责任等内容来看，《合同法》所规范的是当事人之间设立、变更、终止债权债务关系的合同，如果我们对《合同法》的适用范围作这种理解，则《合同法》不能直接适用于《物权法》中所规定的抵押合同、质权合同等合同，但对于有关抵押合同、质权合同等类型的合同的订立、效力等问题，仍不妨碍类推适用《合同法》中的相关规定。并且，这些场合的类推适用，是没有争议的（至少是争议非常小的），因而，法律没有规定相应的规则，也不会给司法实务带来大的障碍。

有的价值判断问题，立法没有给出回答，我们可以通过适用法学理论中的通说来加以处理。例如，对于先占，《物权法》中没有加以规定，但对于先占的构成要件和法律后果，学说已经形成了通说，所以，《物权法》施行十几年以来，司法实务也并未因为法律没有规定先占制度而面临大的障碍。有关添附的问题也是如此。又如，对于以单方虚伪表示或通谋虚伪表示而实施的法律行为的效力，我国的民事立法和司法解释一直以来都没有设置明确的规则，这也并未妨碍这些年我国的司法实务在碰到有关单方虚伪表示或通谋虚伪表示的案件时按照法学通说来作出正确的处理。

甚至于有的价值判断问题，虽然立法曾给出过回答，但后来的法学通说变化之后，法律共同体全部按照变化之后的法学通说来解释原有的法律条文，即使不进行法律的修正，也不会给司法实务带来大的障碍。最典型的如，我国台湾地区“民法”第125条前段规定“请求权，因十五年间不行使而消灭”，第126条、第127条等也都是关于“请求权消灭”的规则，但是，经过学说演变之后，台湾地区司法实务对于时效经过的法律后果改采“抗辩权发生”而不再是“请求权消灭”，司法实务也并未感觉到法律条文中的“请求权消灭”的表述给实务工作带来了什么障碍，因而，在立场变化之后，虽历经多次“民法”修正，这些条文中的表述也一直未予修改。

有的价值判断问题，则是既无法通过法律解释来解决，也无法通过类推适用来处理，在短时间之内也无法形成法学的通说。例如，对于同一标的物上并存的抵押权和承租人的租赁权之间的关系，《物权法》第190条作了规定，但该条并未回答抵押合同订立之后、抵押权设立之前所产生的承租人租赁权与抵押权之间的优先次序问题，并且这一问题无法通过法律解释或类推适用来解决。[23]在《民法总则》的起草中，大量的问题都是属于这种类型的问题，其中争议较大的例如，胎儿利益的

---

〔23〕程啸：《抵押财产出租时抵押权与租赁权的关系——对〈物权法〉第190条第2句的理解》，载《法学家》2014年第2期。

保护问题、某些类型的民事法律行为的效力认定（特别是显失公平制度的构成要件）、表见代理的构成要件、间接代理是否应适用于所有的交易关系甚至适用于一般的民事活动、诉讼时效制度的适用范围，等等，并且，在这些争议较大的问题之外，还有不少的问题隐藏在那里有待于我们去发现和整理。

有的问题，甚至因为涉及其他部门或其他领域等原因而无法通过法律共同体内部的讨论和形成通说来处理。最典型的是住宅建设用地使用权期间届满后续期时是否应当缴纳费用的问题，《物权法》第149条留下了一个“故意的法律漏洞”，[24]但这个问题无法通过法学方法论中的漏洞填补方法去加以补充，只能等待立法者作出决断。民事行为能力分层中的年龄界线、诉讼时效期间的长短等涉及时间、期限、数字等问题，也是不宜通过法学通说来处理、应当由立法者作出决断。

在这几种类型的价值判断问题中，显然，那些无法通过法律解释、类推适用或法学通说来加以解决的问题，应是立法的重点。在民法典编纂的过程中，民法学界应当集中精力关注这种类型的价值判断问题的讨论，并推动立法者及时地作出决断。至于那些可以通过法律解释、类推适用或法学通说来加以解决的价值判断问题，若能在立法时作出清晰准确的规定，当然更好，但若未能加以规定，也不会有很大的关系。在那些可以通过法律解释、类推适用或法学通说来加以解决的问题之中，在立法时又应首先关注那些需要通过较为复杂的法律解释或类推适用才能加以解决的问题，因为在司法实务中，有一大批裁判者目前仍没有能力去进行复杂的法律解释或类推适用的思维，从而容易引发法律适用的错误。无论如何，立法只是法治的起点，而不是终点。民法典不可能在有限的篇幅内为生活中所有可能产生的价值判断问题都给出答案，有的问题，需要由裁判者运用法律解释方法、类推适用方法或法学通说去加以解决。这也提示我们，加强法律共同体的建设，推动法律共同体在法律解释、漏洞填补、法学学说等方面形成更多的共识，并大力提高裁判者运用法律解释方法、类推适用方法或法学通说来进行裁判的能力，是在民法典编纂之外的另一项极为重要并且非常迫切的任务。

六、结语

立法工作是一门妥协的艺术。如果立法讨论的每一位参与者都按照自己对于一部完美民法典的想象去表达自己的立场，最终出台的民法典可能会是这一处符合了某位讨论者的想象、另一处体现了另一位讨论者的想象，而加总在一起的整体，可能与每一位讨论者的期待都相距甚远。

---

〔24〕 参见全国人民代表大会常务委员会法制工作委员会编：《中华人民共和国物权法释义》，法律出版社2007年版，第332～333页。

因此，立法讨论者应当在对民法典的期待上与现实相妥协、相互间妥协，以实用作为民法典立法的首要目标，即民法典应当要能够满足我国各种类型民事主体从事民事活动的需求、能够满足我国裁判机构妥当处理民事纠纷的需求，归根到底是要能够满足裁判机构妥当处理民事纠纷的需求。具体来说，要让裁判者在面对那些无法通过法律解释、类推适用和法学通说来处理的价值判断问题时，能够在民法典中找得到立法者的结论，并且法律条文要能够准确表达立法者对于这些问题所作出的结论。

至于民法典的宏观体系架构与编章节的安排、分析框架的采用与术语的使用、基本原则的表达与价值取向的宣示，等等。虽然对于民法典的趋于完美而言也很重要，但如果我们将过多的精力投入到这些问题的讨论，而忽视或减少对于价值判断问题的讨论，则无异于舍本逐末，最终在结果上可能难免因小失大。

论英联邦法制体系下“衡平法之禁反言”*

杨自然**

目　次

一、前言

普通法[1]为以英国、美国及“大英国协”[2]等国家所施行法律制度的统称。基本而言，普通法的施用范围几乎包含了全部的英语系国家[3]。因此，普通法的影响力对全球范围来说相当广泛，即使是非普通法系的国家，如德国、法国、中国大陆和台湾地区等国家和地区，在商务的领域中，尤其是在国际贸易或涉外契约的情形下通常也会涉及普通法中“契约法—约因（Consideration）”的相关概念。尤

* 本文以《论大英国协法制体系下“衡平法之禁反言”》为题发表于台湾地区《中华国际法与超国界法评论》2017年第1期。

** 中国政法大学比较法学研究院讲师、清华大学法学院兼职教授；澳大利亚庞德大学法学博士、北京大学法学博士。

〔1〕 The Common Law，亦称为英美法，但笔者认为，The Common Law 称作英美法并不恰当，因为普通法发展至今，英国的普通法及美国的普通法除基本概念雷同外，在实务施行上已颇为不同。

〔2〕 大陆地区叫做“英联邦”。

〔3〕 PENNY DARBYSHIRE, THE ENGLISH LEGAL SYSTEM 1（London: Thomson Reuters Professional Limited, 2013）.

甚者，国际公法由于最早是由强权国家如英国、美国等之习惯法制定，因此普通法的很多理论也成为国际公法之基础。而约因及禁反言等之理论在国际公法实践之时往往贯穿其中。为此，作为国际公法及相关国际法之学者，实有必要对此理论深加研究，为此，在这篇文章中我们将论述普通法系统下，衡平法中“禁反言”之理论及其中与契约法中约因间之关系。

有人将普通法视为一部法律，此种论述，虽无错误但不精准。普通法其实是一种以案例为主的法律规则，集合了各科不同的法律，如衡平法（Equity）、侵权法（Torts）、契约法（Contracts）、土地法（Land Law）、动产法（Personal Property）、刑法（Criminal Law）等等的一部法律集成体系。但有一点需要注意的是，从普通法的发展历史来看，这些学科在普通法组成中的“分量”（weight）却不能等同论之。例如，侵权法是一部非常古老的法律，而之后很多刑法及知识产权的概念都是从侵权法中分离出去，另如本篇文章即将讨论的衡平法的法理也包含了契约法中许多的概念。总而言之，虽然这些普通法的组成部分，在现今可以看作是同样的重要，但很明显的其中有些科目的法源性显然的比其他的科目为重，而其中可能法源性比重最重的即属衡平法。

衡平法的历史及出处，笔者在另一篇文章中曾有详论，在此不再赘述〔4〕。普通法与衡平法的关系，可以视为整体普通法系统的一体两面。从普通法的发展历史而言，衡平法的重要性甚至曾超越了普通法的法权，因为普通法代表的是一种一系列法律规则，而衡平法的背后则代表着王权的行使〔5〕。因此，一旦衡平法庭的判决如果与普通法庭相冲突，则衡平法庭的判决凌驾于普通法庭之上。时至今日，虽然衡平法与普通法早已相互融合为“大普通法系统”之中，但衡平法的很多重要概念，依然在普通法系统中发挥着举足轻重的地位。例如，普通法注重法律形式（form）衡平法则注重实质内容（substance），换言之，在大普通法系统下，一切明确的规则归普通法管辖，而一切比较抽象的原则，比如人的主观意识（intention），公平、正义、合理（fair，just，reasonable）的达成等等则由衡平法管理。因此，普通法之所以被很多人认为是一种非常灵活的法律制度，适合于不同的时代背景下不同的要求，正是由于普通法与衡平法的原则下之一张一弛的相互配合，提供了法官对案件的解释空间及创意要求，因此能够契合时代发展下瞬息万变的挑战。论述至此，顺便一提笔者认为德国法系统或大陆法系统（Civilian Law）向来予人以法条分明，概念明确的印象，大陆法系统与普通法系统相比较，则法条清晰明了而意涵抽象不足。换句话说，对法律中公平、正义及合理的主观要求，或可看作法律中的软

---

〔4〕杨自然、高鸿钧：《英国衡平法下的“诚信义务”》，载《清华法治论衡：全球化时代的中国与WTO（下）》，2015年总第21辑。

〔5〕MICHAEL EVANS，EQUITY AND TRUSTS 4（Australia：Butterworths，2010）.

性规定，并没有赋予足够的空间。更甚者，往往立法部门刚立完之新法，即可能已落后于社会发展之现实，而大陆法系下之法官对法律并没有过多的解释权利。在此情况下，大陆法系统对瞬息万变的社会发展，往往有不够灵活之诟病。

衡平法虽说原本是王权为弥补普通法对公平正义不足处之法律安排，因此较为注重法律的实质内涵。对法律的形式或所遵循的格式并没有非常严格的要求。在衡平法庭中，也可看作是王权法庭，衡平法庭的判决具有“圣旨”（Royal Decree）的功效，因此任何能够实质性达到维持公平正义的判决，即使不符合普通法的形式要求，法庭一样有权进行如是判决[6]。有鉴于此，吾人可说衡平法是一部比较注重抽象法律影响的法律。然而衡平法中也有其注重形式的一面，例如在衡平法的衍生之下所产生的各种不同类型的“信托”（Trust）[7]。基本而言，我们可以把衡平法分成三个层面：衡平法的硬性规定，如各种类型的信托；衡平法中的抽象规定，如禁反言，诚信义务等及衡平法的判决效力，如“强制履行”（Specific Performance）及“禁止令”（Injunction）等。另需一提者即虽然吾人可将衡平法分成三个等级，但此三级并不是壁垒分明的。通常而言是“我中有你而你中有我”的关系，如在检视不同类型的信托之时，虽然信托成立的形式及组成要件十分重要，但在形式需符合规定的情况下，如果其组成分子中还有抽象的要求，例如诚信原则等，则其抽象要求及形式要求等同样重要。因此，禁反言是衡平法内很重要的一种抽象法律的要求。但抽象法律并不表示我们可以天马行空，胡乱解释，仍然有着相关的规则必须遵从，而这些规则是经过普通法鼻祖英国数百年来由各种不同案例（precedent）演变而来的。那么禁反言到底是什么？现举例来说，如果甲答应送乙一辆车，乙很高兴的为了这辆车花钱去盖了一个车库，之后甲又反悔不送了。虽然他们之间并无契约存在，但由于有诺言在先且乙因为相信这个诺言而受到实质性的损害，则乙可以使用 Estoppel 的原则要求甲履行其原先要送汽车之承诺。此种禁反言可以看作是非常典型（typical）的一种禁反言，可说是一种英国衡平法下的“允诺禁反言”（Promissory Estoppel），或美国契约法下的“损害依赖”禁反言（Detrimental Reliance Estoppel），但此类情况也符合一般的“衡平禁反言”（Equitable Estoppel）的要求，因为“赠与”（gift）在普通法中，并非由契约法，而是由衡平法所管辖[8]。同一组事实依据，会有不同的衡平救济适用，这是衡平法的一个特色，主要是依据原告以何种法理起诉被告，及法官用何种法律理由（legal justification）进行审判及判决。

---

〔6〕“The Court of Equity should do what ought to be done.” Id. p. 30.

〔7〕注 2 提到，Common Law 之所以应称为“普通法”而不称为英美法，是因为由于英美法律的不同方向发展，英国的法律与美国的法律在很多地方已不完全一致，信托即是一例。在英国的体系之下，衡平法与信托是一部法律（Equity and Trust），但在美国法之系统中，Trust 已自成一系，通常被归类于“财产法”（Property Law）中。

〔8〕DENNIS ONG, TRUST LAW IN AUSTRALIA 183（Australia: The Federation Press, 2012）.

二、各类型之禁反言

（一）普通法禁反言（Common Law Estoppel）

本文一直强调，禁反言是衡平法内所衍生出的一种理论，但在普通法下也有禁反言，称作“普通法禁反言”（Common Law Estoppel）。普通法禁反言的定义是：在一个已成立的法律关系中（existing state of the law），如果某人基于某一已成立之事实（existing facts）与他人达成允诺，则此人将不能对其所达成允诺的“事实”事后反悔[9]。

普通法禁反言与衡平法禁反言最大的不同是，普通法禁反言只能用于禁止违反已成立之法律关系下之事实，而衡平法禁反言则可以对未来的行为（future conduct），及未来的意图（future intention）允诺禁制反悔。以此观之，普通法禁反言之施行范围比衡平法禁反言的范围狭窄得多，基本上而言可归纳于“证据法”（Rule of Evidence）的一种适用。因普通法禁反言一般只可当作被人起诉后抗告（defense）的一种理由，而不能作为起诉他人的主旨诉讼。衡平法禁反言则可作为主旨诉讼理由，也可作为抗告理由即所谓“a sword（剑）as well as a shield（盾）”。

（二）终审禁反言（Estoppel by Judgment）

这是一种很多人习以为常而忽视了它的禁反言。简单而言，“终审禁反言”（Estoppel by Judgment）就是指同一案件除非持有重大新发现事证，否则一案不可重告。在法庭已作判决（*res judicata*）原则下，法庭的终审判决即为最终判决，又如同一案件以同一组事实，或合理范围内原案可以发现事实组群（reasonably have been available on the facts），不可重复进行起诉。如 *Port of Melbourne Authority v. Anshun Pty Ltd*[10]一案便是。这个情况的例外是，除非新发现的事证具有更重大实证，从根本上改变了原始案件的性质或能够对其产生重大影响，则法庭或会允许案件进行受理。当然，若有这种情况出现，亦有某些意见认为，或许已不可被视为同案重审，而是另一个在原案事实基础上所产生的一全新案件[11]。

（三）佩斯禁反言（Estoppel in Pais）

佩斯禁反言（Estoppel in Pais）其实是包含了几种不同禁反言的一种禁反言统

---

〔9〕 MICHAEL EVANS, OUTLINE OF EQUITY AND TRUST 77（Australia: Butterworths, 1993）.

〔10〕 Port of Melbourne Authority v. Anshun Pty Ltd（1981）147 CLR 589.

〔11〕 Linsely v. Petrie [1998] 1 VR 427. MARTIN DAVIS, TORTS 1（Australia: Butterworths, 1999）.

称，主要包括了普通法禁反言及陈述禁反言（Estoppel by Representation），而这几种禁反言的概念在佩斯禁反言的大前提下又相互重叠。

佩斯禁反言因在英国各个时期的每位法官皆有着不同的阐述，而未能统一。时常在概念上互相重复，并且从未给予一个统一的明确定义。直到 1933 年及 1937 年，在 *Thompson v. Palmer*〔12〕及 *Grundt v. Great Boulder Pty Gold Mines Ltd*〔13〕这两个案件中，英联邦澳大利亚（The Commonwealth of Australia）〔14〕的大法官迪克森爵士（Sir Owen Dixon）才给予佩斯禁反言一个明确的定义。“佩斯禁反言的定义为法律不允许允诺方，不公正的偏离被允诺方原本所信赖的事实，而被允诺方原本正是基于此事实而认知双方存在之法律关系。”〔15〕原告在佩斯禁反言中除了要符合以上的要求，最重要的必须要证明由于信赖了原本允诺人所允诺的事实，却因为对方没有遵守允诺因而造成了自己的损害（detriment）。在此一案件中，迪克森大法官对佩斯禁反言的概念归纳出几个要点：

1. 佩斯禁反言可假定为传统上双方对其即将进入的契约或其他法律关系的认定。

2. 如果双方确立了法律关系，一方可以对另一方进行维护权利行为。

3. 如果甲方明知乙方基于错误的事实认知下进行某些工作，而由于私利应对工作人告知但却故意不告知。例如甲“以为已经取得乙的允许”在乙的土地上耕种或改良土地，乙明明看到却装作视而不见，但甲耕作完向乙要求酬劳遭乙拒绝，在这种情形下，是不被允许，因为除非能证明乙真的不知道，否则，如果乙不愿意接受甲的耕作服务，乙在发现事实后应对甲进行告知的义务（duty to inform），否则事后不得反悔。

4. 由于一方的粗心大意（imprudence），直接（proximate cause）造成对方的信赖而进行某些行为或改变立场的行为。

5. 直接向他人陈述（representation）保证某些事实事项。

迪克森大法官的以上几点阐述了佩斯禁反言的概念，但有一个问题存在，他所讲的概念，事实上不仅限于佩斯禁反言，其实是包含了所有类型禁反言的性质。佩

---

〔12〕 Thompson v. Palmer (1933) 49 CLR 507.

〔13〕 Grundt v. Great Boulder Pty Gold Mines Ltd (1937) 59 CLR 641.

〔14〕 澳大利亚的正式国名为“The Commonwealth of Australia”因此应该翻译为“英联邦澳大利亚”，而非“澳大利亚联邦”因为若翻译为澳大利亚联邦易与其国内“联邦”（Federation）制度混淆。中国大陆将 The British Commonwealth 英联邦翻译成“英联邦”其实并不正确。严格来说，联邦与国协是两个不同的概念，而 The British Commonwealth 或现在名称 The Commonwealth 明显是其概念偏向“国协”而非联邦。

〔15〕 “This estoppel is founded on the principle that the law should not permit an unjust departure by a party from an assumption of fact which that first party has caused another party to adopt or accept for the purpose of their legal relations.” Grundt v. Great Boulder Pty Gold Mines Ltd (1937) 59 CLR 641, pp. 674–76.

斯禁反言或各种禁反言概念上重叠的问题，不只在澳大利亚，在英国本土也在各个案件中莫衷一是。英国一直到一九四七年丹宁勋爵（Lord Danning）在“高树案”*Central London Property Trust Ltd v. High Trees House Ltd*[16]阐述“允诺禁反言”（Promissory Estoppel）时才将禁反言的概念在契约法下加以论述，本文稍后将详细讨论。在澳大利亚则要到一九八六年，在 *Waltons Stores（Interstate）Ltd v. Maher*[17]一案，新南威尔士州（New South Wales）上诉法庭（Court of Appeal）基于各种先前判例对佩斯禁反言的核心概念进行梳理。在本案中，普斯特理法官（Priestley J.）归纳了如果以佩斯禁反言要作为案件的诉讼理由的话，则必须要符合以下四点的原则：

1. 原告（plaintiff）是否因为被告（defendant）的因素而错误的认知事实，并以此错误认知之事实与被告产生法律关系？

2. 由于被告偏离了原本双方认知的事实，是否因而造成了原告的损害？

3. 被告是否知道原告可能信赖了错误认知的事实？

4. 被告在有责任改正此错误认知的情况下，是否不作为？

（四）陈述禁反言（Estoppel by Representation）

陈述禁反言为佩斯禁反言之主要类别之一。陈述禁反言是指当陈述人对被陈述人陈述了某一事实，而被陈述人依据陈述人所陈述之事实而改变了自己的立场。以后陈述人不得更改其对被陈述人原本所陈述的事实。这个陈述禁反言其实是介于普通法禁反言与衡平禁反言之间的一种禁反言。陈述禁反言的理论源自衡平法，但由于其主要禁反的是过去所陈述之事实，因此现在陈述禁反言普遍被认为是较为倾向于普通法禁反言的一种禁反言[18]。另值得一提的是，由于陈述禁反言源于衡平法，因此这种禁反言原本除了陈述事实外，对于陈述“意图”（intention）也一样适用。因此而造成了两个问题：1. 与其他类别的禁反言过分的重叠；2. 严重侵犯到了契约法中“约因”（Consideration）的理论与要求。为此，早在1854年 *Jorden v Money*[19]一案中，认定了在陈述禁反言下，只对案件中有争议的“事实”陈述而不对“意图”陈述部分提出要求。

例如，在 *Jordon v. Money* 案中，钱先生（Money）欠马诺先生（Marnell）1200英镑，并以债券（bond）对此欠款做抵押。马诺先生去世后，由乔登（Jordon）女士继承了这个债券。后来钱先生想要结婚，但一直对他自己的财务没有信心，后来

---

〔16〕 Central London Property Trust Ltd v. High Trees House Ltd［1947］1 KB 130.

〔17〕 Waltons Stores（Interstate）Ltd v. Maher（1986）5 NSWLR 407.

〔18〕 Pickard v. Shears（1873）112 ER 179.

〔19〕 Jorden v. Money（1854）5 HLC 184.

乔登女士对钱先生宣称，她将不会执行这个债务的权利。钱先生依据此一陈述而敢于结婚，婚后并向法院请求确认此债务不存在。不料五年后，乔登女士又向法庭申请对他们之间这个债券的执行判决令（Judgment）。钱先生向法庭起诉该女士，要求法庭对其行为禁止违反。英国最高法院[20]的判决认为，这个情况不适用禁反言，因为禁反言（当时各个种类的禁反言还没有日后区分得这么精细）只能对已成立的事实禁反而不能对未来的承诺（promise）[21]禁反。当一个案件牵扯到承诺的时候，即已不能由衡平法处理，而是属于契约法的范围。

这个案件被认为是陈述禁反言的一个定义式代表案件，但有一点需要注意的是，本案件发生在1854年，当时正是普通法的各种理论发展的时候，因此在后来的发展中，禁反言的理论又进行了更详细的分类，而在一些类型的禁反言中是可以对意图或未来的承诺事项适用禁反言，例如“衡平禁反言”（Equitable Estoppel）是，这点在后文将讨论到。

例如近代关于陈述禁反言较为有名的案例是 *Hedley Byrne & Co Ltd v. Heller & Partners Ltd*[22]一案。虽然此案件的主要争议点是侵权法中“注意义务”（duty of care），但事实上也阐明了陈述禁反言的概念。本案 Hedley 是一家广告公司，Easipower（EP）公司给予其一数额很大的信用形式的订单，代为定下在电视台播放广告之契约，为了交易安全起见，Hedley 公司欲对 EP 公司的财务及信用进行了解，以避免提供服务后 EP 公司付不出钱。于是 Hedley 公司请与其业务来往银行 National Provincial Bank 对此进行了解，而其银行则与 EP 公司业务来往的商业银行 Heller 公司联系，查询其信用状况。被告银行提供一个免费的回答：“在一般的商务情况下，视为良好。”（Consider good for its ordinary business engagements），并附带了一个免责警句“此报告以不负任何责任的前提下提供”，（The report was given without responsibility）。据此陈述为主，Hedley 公司与 EP 公司进行了交易，结果 EP 公司由于财务不佳倒闭，Hedley 公司也遭受到很大的损失。Hedley 公司因而起诉被告银行。这个案件的争议点在于，Hedley 公司是否因为信赖了被告银行对这一个“事实”（EP 公司的财务状况良好）的陈述而造成了损失？而对其所提供的这个“事实”的陈述有没有尽了注意义务？

本案中原告 Hedley 公司败诉，但其败诉理由并非在法律上站不住脚，而是由于被告银行所提供的免费报告中有一个免责条款，因此才能够逃脱责任。英国最高法院在此案中清楚的表明，如果没有这个免责条款，则被告银行对 Hedley 公司的注意义

---

〔20〕 亦称为贵族院、上议院（The House of Lords）的司法职能已与2009年终止，其原本职能现由英国最高法院（The United Kingdom Supreme Court）履行。

〔21〕 此亦可看作是“意图”（Intention）的一种。

〔22〕 Hedley Byrne & Co Ltd v. Heller & Partners Ltd [1964] AC 465.

务即可成立。英国最高法院在本案中建立了一个叫作“认定责任”（Assumption of Responsibility）的原则。即为原本与你没有什么关系的事情，但当你对他人提供了“专业”（special skill）的咨询或建议时，而他人因信赖了你所提供的这些信息有所作为时，如果最后由于这个信息的不正确，而对他人造成了损失，则你对他人即会产生负有注意义务，并且需对他人造成的损失负责。引用摩理斯法官（Lord Morris）在本案中的说法：

“我认为这方面之规则，至此应该已相当清楚。如果某人因拥有特殊技能，因其使用此技能协助他人而造成他人之仰赖，则双方之间不管有无契约，此拥有特殊技能之人对其他仰赖其技能之人均将产生注意义务。”[23]

这个案件虽然其争议点是在侵权法的注意义务，但它同时清楚的阐述了陈述禁反言的概念，其概念即：

1. 陈述方及被陈述方之间必须要有一个“特别关系”（special relationship）的注意义务。

2. 所陈述之事实必须是不正确、不真实或有误导性的。

3. 陈述人对其所陈述之事实存在过失。

4. 被陈述人必须要在合理方式上（reasonable manner）信赖（reliance）陈述人所陈述之事实。

5. 被陈述人因信赖陈述人之事实而造成了被陈述人的伤害与损害。

以上为陈述禁反言之基本概念，而此案之阐述更进一步，即为如果确定所陈述者为事实即可禁反，但如果其被陈述人所信赖之事实为错误或误导时有何救济？普通法上可给予损害赔偿金额的救济。

如前所述，佩斯禁反言及陈述禁反言是介于普通法禁反言及衡平法禁反言之间的一种禁反言，此案即是一个很好的证明。不论是普通法禁反言或是衡平法禁反言，主要视其能够得到何种救济？如果是单纯“禁反”的救济乃颁发禁止令，而如果是对其所陈述事实的正确性或误导性有争议的话，其救济为侵权法的注意义务之损害赔偿金。另需注意，除佩斯禁反言及陈述禁反言外，通常禁反言归类在衡平法之下，为此通常不能要求普通法之救济如损害赔偿金额等等。

由于陈述禁反言是一种对事实认定的禁反言，因此，事实认定的细节就变得非常重要。例如，A对B陈述了一个事实，B认知了这个事实并且依据了这个事实而改变了自己的立场，然而后来由于A否认了原先的事实陈述因而造成了B的损失。在陈述禁反言的理论下，B有权起诉A向A求偿。问题是，如何判定A当时对B

---

〔23〕 原文为：“I consider that it follows and that it should now be regarded as settled that if someone possessing special skill undertakes, quite irrespective of contract, to apply that skill for the assistance of another person who relies upon such skill, a duty of care will arise.”

所表述的是A与B都认同的同一事实的理解？换句话说，如果双方间出现了“错误的事实认知”（mistake of fact），这该如何认定？

如前所述，佩斯禁反言及陈述禁反言是一种比较侧重于普通法禁反言，而普通法禁反言主要着重于“证据规则”（rule of evidence），普通法的证据规则在这方面用的是以一般正常“理性人测试”（reasonable persons test）来判断。不管这个事实之认知争议在双方之间之主观认定为何，法庭会以一客观的、一般正常理性之人的尺度来判断。视原本表述人所表达的意思，一个理性人会如何理解，以此判定其错误认知之事实责任在何方[24]。讲到普通法的一般正常理性人测试，这是普通法的核心精髓，此一理性人测试适用于普通法下的所有学科，其中尤以侵权法的注意义务下的理性人测试最为著名（reasonable persons test under duty of care）[25]。其他方面在契约法、衡平法及刑法等等亦经常引用，基本上，只要是在普通法下的任何情况，倘若案件对事实或认知程度出现争议之时，即会采用理性人测试之法。除此之外，理性人测试在对比较抽象的认知争议中一个很好的解决范例，即是在侵权法的诽谤（defamation）告诉中，当诽谤人及被诽谤人对其所传播之诽谤文字（libel）或言论（slander）是否确实会对被诽谤人之名声（reputation）造成损害时，此理性人测试即为重要认定手段及指标[26]。

（五）财产禁反言（Proprietary Estoppel）

财产禁反言（Proprietary Estoppel）的概念比佩斯禁反言的概念更为复杂，如果说佩斯禁反言仍保持在以法律事实基础为主，则财产禁反言的基本概念虽然与佩斯禁反言是一致的，但由于是以衡平法为出发点，因此，往往财产禁反言更添加了道德上的不合理及道德上瑕疵（unconscionable conduct/moral wrongs）考虑在内。所以，如果说佩斯禁反言可以视为是一种证据法（evidence rule），但本身并不能作为单独的起诉点，则财产禁反言由于不仅注重事实，而更注重实质上或道德上的对错，所以它既可以作为应诉点也可以作为起诉点。但有一点必须要注意的是，由于财产禁反言与佩斯禁反言在目标上或许不同，但在操作及概念上却十分一致。因此，这两种禁反言在很多方面上相互重叠，亦可谓并没有非常清晰的区分。

财产禁反言中所指的“财产”，乃是泛指各种有价财产，但以禁反言最初所谓的财产主要还是以土地财产为主，因此财产禁反言也可说是一种非常古老的禁反言。如前所述，财产禁反言不只注重证据，更注重事情本身在道德上的认知，因此

---

〔24〕“A reasonable man looking at the relevant facts…would think that there was a real sensible possibility…” Boardman v Phipps [1967] 2 AC 46.

〔25〕Donoghue v. Stevenson [1932] AC 562 (House of Lords).

〔26〕Byrne v Deane [1937] 1 KB 818.

被告对原告主观的“欺骗”（fraud），在本禁反言中占有很重要的地位，与一般非大陆法系的财产法或契约法或有不同。

如在 *Dillwyn v. Llewelyn* [27] 案件中，父亲 Lewis Weston Dillwyn 将一笔土地交予其幼子持有，并签署了一个土地转移的备忘录，但不幸的是这个土地转移备忘录并非有效的法律认可的土地转移档案中的地契（deed）[28]。其幼子主观以为此笔土地转移是合法及有效的，因此在土地上兴建了一栋房屋。兴建房屋之过程中，其父亲全程知晓并同意。两年后父亲去世，父亲的长子对其父亲给予其弟土地转移之有效性提出异议。卫斯伯利法官（Lord Westbury LC）的判决认为，如果 A 让 B 持有自己的土地，并同意其在土地上兴建房屋。B 在信赖了 A 承诺的同时，花钱盖了房子，则 A 之后将不得反悔而将 B 所持有之土地收回，而 B 在此种情况之下有权强制 A 履行原本并没有说明的土地转移的契约赠与。本案须注意它最后的判决，法官强制成立了一个以父亲当时“意图”（intention）为内涵（substance）的土地转让契约，而使其幼子能够保有此土地及其上的房产，虽然表面上看来像是一个契约法案件，其实本案全案充斥着衡平法的理念。即衡平法以公平、合理、正义为前提下，行其所当为的概念[29]。当然，本案因此凸显了衡平法与契约法之间的紧密关系。在本案，虽然各方关系中存在着错误的形式，但其中并无任何虚假陈述的成分存在。因此，可以看作是财产禁反言的一种，然而并非具有代表性的一种。前面所述，财产禁反言中具有很深厚的“道德成分”的要求，亦即为在对人作出承诺时不能有不合道德标准的陈述。用简单的话来讲就是“不可欺骗”。

以下所举例之禁反言就对虚假陈述作出了规定，虽然案件本身存在的是“错误认知”（mistaken belief）而非诈骗。在普通法的土地法（Land Law）中有一个概念，即拉丁语“*superficies solo cedit*”，土地所有权者同时拥有土地上之一切建筑及地上物之所有权[30]。在 *Ramsden v. Dyson* [31] 案中，蓝斯登爵士（Lord John Ramsden）名下的一块土地，原本有两位“承租人”（tenant）承租他的土地，并是以“按意租赁权”（tenancy at will）将土地承租给二人。“按意租赁权”本身并不是一种对土地上有强制规定的租赁权，乃是到期时双方经自愿协商即可达成续租事宜。而非如其他租赁权般可自动延期或拥有优先续租权等。本案的争议在于，这两个承租人与蓝斯登爵士之间的租约虽然是按意租赁约，但其代理人却对两个承租人表示：只要他们准时给付租金，即可以一直使用该土地，蓝斯登爵士将会与他们订立

〔27〕 Dillwyn v. Llewelyn (1862) 45 ER 1285.

〔28〕 By signing a memorandum presenting it to his son younger son “for the purpose of furnishing himself with a dwelling house”, in which the memorandum was unfortunately now a deed for land transferring.

〔29〕 杨自然，前引注4，第208页。

〔30〕 MICHAEL HALEY, NUTSHELLS - LAND LAW 6 (London: Sweet & Maxwell, 2013).

〔31〕 Ramsden v. Dyson (1866) LR 1 HL 129.

一个“正式的60年租期租约”，并在租约到期后拥有优先续租的权利。然而事实上，蓝斯登爵士从来没有上述这种租约安排的意思，其代理人也无权代表他对其土地进行如上的安排。这两位承租人在听信了其代理人承诺后，以为自己有权利对此土地使用很长一段时间，才用自己的钱在这块土地上盖了数栋建筑。未料，蓝斯登爵士不想再与此二承租人续约。此二承租人即起诉蓝斯登爵士，以蓝斯登爵士的代理人对他们承诺了正式六十年租期的租约安排。蓝斯登爵士如果没有这个60年租约的意图的话，当知道他们错误认知了这个60年租约存在的可能性，并在其土地上以私人款项兴建地上物而不对其进行告知或阻止，则蓝斯登爵士的行为已达禁反之范畴，因此要求法庭给予他们“衡平救济”（equitable relief），以承认双方间对此土地之租用行为拥有特殊之权利。一审的法官赞同了此二承租人的观点而判决承租人胜诉。但当案件上诉至英国最高法院后，多数的大法官（Law Lords—也可叫“法律勋爵”）将其下级法院的判决予以推翻。其推翻的理由并非此种行为不构成禁反言，而是在这个案件的事实中，并没有证据显示蓝斯登爵士同意了其代理人所作出的此项承诺，让此二人可在其土地上兴建房屋。如果能够找到证据证明蓝斯登爵士在本案中所扮演的角色并非无辜的当事人，而是积极的虚假陈述者，则其承诺即可构成财产禁反言而判其败诉。本案中，肯沃斯大法官（Lord Cranworth）提出了主要的论述依据为：如用承诺人之承诺误导他人使之产生错误认知，而因此一错误的认知在承诺人的土地上盖房子，承诺人为了想占有房子的便宜而将错就错，故意不提醒此人存有错误或阻止其行为，当其盖好房子后，再以土地所有权者以“*superficies solo cedit*”的名义，声称对此新盖之房屋拥有所有权。这种行为被承诺人即可要求法庭给予衡平救济之财产禁反言，承诺人将无法背离其原先所承诺之内容。

从以上这个案件中可以看出，肯沃斯大法官所阐述的禁反依据，已经不完全是以法论法，而是有道德层面的成分。虽然本案依最高法院多数大法官的意见认为并无不法或不道德、不合理之处，但大法官们也表明了很清楚的意见，如果有类似的情况发生，并且有不道德的成分介入时，例如诈骗，则财产禁反言即可施用。但是在理论上不论是普通法或大陆法，虽然道德或许可以作为判决的依据，但道德的因素在法律上不应该介入太深。当然，衡平法本身的理论就是以道德为出发点的一种法制，但在现代的社会中，如果一味注重道德层面的因素，则整个法律体系不啻如同退回过去的封建时期。此外，道德的标准随时在改变，某些目前被认为是符合道德的行为，在二十年前可能被认为有违道德。因此，在财产禁反言或整体禁反言而言，尽管是以道德标准为出发点，但如何找到道德上的不合理及瑕疵（unconscionable conduct）与法律事实中间的平衡点，则一直是各级法官在各不同时期禁反言案件中所试图找寻的方向。

以下再举一案例说明，即是在财产禁反言中，对道德观点依据涉入太深因而产生争议的一个案件。*Riches v. Hogben*[32]为一澳大利亚、昆士兰州的案件，这个案件值得注意的地方在于，除了法官对本案的判决依据是以较敦厚的道德层面为出发点，本案既为契约法的案件也同时是衡平法的案件。在本案中，贺本夫人（Mrs. Hogben）是一位独居在澳大利亚、昆士兰州的寡母，他的儿子理查德士（Riches）居住在英国。贺本夫人与她儿子联系，希望他能够搬到澳大利亚与母亲同住并照顾她，如果她儿子同意搬来澳大利亚，她将在布里斯班（Brisbane）地区以她儿子的名义购买一栋房屋以安置她的儿子及其家人。她的儿子同意并搬来澳大利亚后，她果然在布里斯班购买了一栋房产，但却并未登记在她儿子的名下，而是在她本人的名下。往往距离产生美感，相处发生摩擦。她的儿子搬到澳大利亚与她同住后，一个星期之内母子即发生激烈争吵。她更要求她儿子及其家人立刻搬出这栋住宅。她儿子则以违约（breach of contract）起诉其母，因为他的母亲当初同意要在澳大利亚购买一栋房屋登记在他的名下，在此前提下他与家人才会结束在英国的生活而搬来澳大利亚与其母亲同住。但现在问题在于，他与她母亲之间，除了书信往来之外，并没有签署正式的契约。如何判断母子之间是否存在着契约关系乃是昆士兰最高法院（Queensland Supreme Court）的法官们研究的问题。衡平法的核心是注重事情的实质而非形式。因此，如果能在实质上证明此母子之间确有成立契约之意愿，即可判定此母子之间有契约关系的存在。为此要弄清楚的是：

1. 双方之间相互向对方说了什么或写了什么。
2. 在什么环境或情境之下进行的表述。
3. 在相关的情况下双方有什么相对的行为。
4. 如果一方不遵守承诺，对另一方所造成伤害的严重性为何[33]。

经以上几个问题的事实判断后，昆士兰地方最高法院认定，从母子之间的书信往来及相关行为来看，母子之间确有契约关系存在。因此，判决母亲必须要将他们同住之房产过户给其儿子名下，但母亲仍有权利居住在这栋房屋的后面房间。庭上认为如此判决更能贴近母子之间原本所要达成的协议（契约）。这个案例反映了两个问题，第一是法官在这个判决中，是否将道德层面的考虑过度的引申？如同法庭指导当事人如何处分他的财产。当然这个问题仔细研究也是见仁见智，在本案的事实中，儿子确实受到的损害比较大，因为他相信了母亲的承诺而将在英国的人生完全结束。因此笔者认为，法庭的判决虽然是以道德考虑为基础，但并没有超出范围，仍然在衡平法的大范畴之内。第二个问题比较复杂，法庭最后的判决是母子之

---

〔32〕 Riches v. Hogben [1986] 1 Qd R 315.

〔33〕 1. What the parties said to each other, either orally or in writing. 2. The context in which the statements were made. 3. How the parties conducted themselves in the particular situation. 4. How grave the consequences would be to the innocent party if the promises made by the other party were to be breached.

间有一个实质的契约存在，但普通法的契约法中，契约的成立时必须要有约因（Consideration）存在方能成立，但本案的判决以一般财产禁反言的原则来判决，并没有在约因问题上作深入阐述。本案其实与美国契约法的经典案例 *Davis v. Jacoby*〔34〕十分类似，*Davis v. Jacoby* 案件笔者在拙作“英国衡平法下的诚信义务”〔35〕已有详细讨论，本文不再赘述。Davis 案中，法庭是从契约法为出发点，以有约因的原则进行解释，并以衡平法的“强制履行”（Specific Performance）强制双方当事人间有契约的关系存在，而依据双方有契约关系存在则双方须有一遗嘱将房产转移给 Davis 夫妇。从这两个案例中，我们因此可以清楚地看到，英国系统与美国系统在对类似案件的判决中，偏重的方向较为不同。美国法庭乃比较侧重传统的契约法解释，而英国法庭则较倾向直接从衡平法为出发点进行解释而判决。

（六）高树案中之允诺禁反言（Promissory Estoppel）

Promissory Estoppel，由于高树案的关系也称 High Tree Estoppel，因此通常称作“允诺禁反言”的同时，也称作“高树禁反言”，本文将以允诺禁反言称之。由于这种禁反言是以契约关系为出发点，因此这种禁反言在大陆法系较为学者所熟悉，杨桢教授在其所著的“英美契约法论”〔36〕第三章中对此种禁反言曾有详述。允诺禁反言严格来说也是财产禁反言的一种，但由于财产禁反言的种类过多，且各个法官对类似的案件判决多有出入，因此，英国一直要等到一九四七年的“高树案”（*Central London Property Trust Ltd v. High Trees House Ltd*）〔37〕主审法官丹宁勋爵才将这种类型的禁反言定型为一种特别的禁反言。

此案的缘由是 1937 年 High Trees House Ltd 向 Central London Property Trust Ltd 在伦敦承租了一栋公寓，以每年 2500 英镑租金承租，租期为 99 年。但接下来第二次世界大战爆发，希特勒占领整个欧洲并且对伦敦实施大轰炸，因此英国伦敦的人民大批从城市向乡村疏散。为此，这栋公寓的租住率在这些年间持续偏低。1940 年，High Trees House Ltd 及 Central London Property Trust Ltd 当事人在其原本契约之外又签署了一纸书面协议，由于时局的关系，此后将年租金减免一半，降为 1250 英镑一年。当时签署这份协议时并没有载明这个租金半价减免的期限是多久。到 1945 年二战结束的时候由于伦敦居民的回流，High Trees House Ltd 原本承租的那栋公寓已基本住满租户。于是房东及其房屋承租人进行了一场“友谊诉讼”（Friendly Contest），请求法庭判决从 1945 年开始将年租金从 1250 英镑恢复到原契约所订立

〔34〕 Davis v. Jacoby, 1 Cal. 2d 370, 34 p. 2d 1026 (1934).

〔35〕 杨自然，前引注 4，第 212 页。

〔36〕 杨桢：《英美契约法论》，北京大学出版社 2007 年版，第 114 页。

〔37〕 Central London Property Trust Ltd v. High Trees House Ltd, *supra note* 16, p. 130.

的 2500 英镑一年。同时自 1940 年至 1945 年间所减半的租金是否要补偿给原告的问题由法院来判定。

本案是主审法官丹宁勋爵的经典案件之一。案情并不复杂，因此法院判决从 1945 年因情势回复原状，High Trees House Ltd 必须给付 Central London Property Trust Ltd 原来的契约价每年 2500 英镑。另外请求因有禁反言（Estoppel）的适用，房东不得请求自 1940 至 1945 间的差额金钱。但此案特殊之处在于丹宁勋爵利用本案的“附带意见”（*Obiter Dictum*），事实上建立了允诺禁反言的理论。在这里要介绍一下普通法中“主要判决理由”（*Ratio Decidendi*）与 *Obiter Dictum* 的理论。这两个都是拉丁文，*Ratio Decidendi* 是指在普通法的案例中之主要判决理由，而这个主要判决理由对以后案件及下级法院是具有约束力的（binding）。*Obiter Dictum* 是指在判决的主要判决理由外的附带的法律意见，英文有“by the way”的意思。由于是判决的附带意见，因此 *Obiter Dictum* 对后案及下级法院的判决并没有约束力，只有说服力（persuasive but not binding）。然而如果某一 *Obiter Dictum* 虽然没有约束力，但其说服力极为强劲，让法官不得不往这个方向判决时，即使不具约束力但实质上已变成具备约束力了。本案即为此类，丹宁勋爵在本案的附带意见中用一假设的问题而事实上建立高树禁反言的理论。在本案中，原告的请求是合理请求，法庭予以支持，但假设原告主张从 1940 年到 1945 年之间的全额租金也应该一并返还，就违反了允诺禁反言的原则。允诺禁反言也是一种财产禁反言，但他是从财产禁反言中又经过再细分的一种更为精确的禁反言。总而言之，其必须要具备以下几个要件。

1. 双方之间必须要有一种法律关系，比如契约等。

2. 一方因为另一方的承诺而“冻结”或不执行其原本有权利执行的法律权利。

3. 承诺方如果之后反悔了原本对被承诺方所承诺不执行之法律权利，因而造成被承诺方之损失时，则承诺方原本的承诺即被禁反，无法反悔。

基本而言，允诺禁反言是各种禁反言中比较特别的一种。由于各种禁反言在不同法官不同时期的判决中，重叠性及混淆性比较高，因此丹宁勋爵特别将此种主要用在契约法的禁反言独立出来，成为一种特殊的禁反言理论。但允诺禁反言如同普通法禁反言一般，只能作为被起诉后抗告（defense）理由，而不能作为起诉之主题诉由（Only shield, not sword）[38]。另值得一提，虽然允诺禁反言在大部分英联邦国家，如澳大利亚，新西兰等国均接受高树案判决的原则来处理类似的案件，但允诺禁反言似乎有被下面将讨论的“衡平禁反言”（Equitable Estoppel）概括承受的可能性[39]。

---

〔38〕 Combe v. Combe [1951] KB 215.

〔39〕 MICHAEL EVANS, OUTLINE OF EQUITY AND TRUST, *supra* note 9, at 89.

（七）衡平禁反言（Equitable Estoppel）

如前所述，由于各种禁反言的理论在各个时期的不同法官判决中，多有重复及混淆之处，因此在很长的一段时期中，禁反言是一种难以理解及遵从的法律理论，其中尤以佩斯禁反言、财产禁反言及之后的允诺禁反言重复处及混淆度很高。为此，近年来在英国及英联邦国家中，衡平法的发展有一种倾向，就是将禁反言的理论单纯化。与其分成这么多类别的禁反言，不如将各种禁反言的理论融合，变成一种单纯化，较易遵从的单一法律理论，即为“衡平禁反言”（Equitable Estoppel）[40]。之所以称之为衡平禁反言，是由于禁反言原本就是从衡平法主张公平正义所发展出来的理论，而其内容包含了各种主要禁反言理论的综合。

衡平禁反言从高树案后，至今依然持续在发展。不论是在英国或者是澳大利亚，都一直有相关的案例不停地演变。比如英国判例 Collier v. P & MJ Wright（Holding）Ltd[41]或澳大利亚的案例 Waltons Stores（Interstate）Ltd v. Maher[42]均有所着墨。

衡平禁反言在澳大利亚 *Waltons Stores*（*Interstate*）*Ltd v. Maher* 案例中，澳大利亚最高法院（The High Court of Australia）大法官们有很清楚的阐述，我们就以这个案例来了解衡平禁反言的内容。在此案例中，梅亚（Maher）是土地的地主并在其土地上建有数栋地上物，有一华顿百货公司企业（Waltons Stores）欲向地主租用其土地经营百货公司，但条件是必须将其土地上现有的建筑拆除并兴建新的建筑物作为百货公司之用。该地主接受了华顿百货的条件后，并相信之后百货公司会租用其土地的承诺，在双方签署契约之前即先将其土地上的建筑物拆除并兴建新的建物。此后双方却一直没有签署租赁契约，并在同一时间华顿百货令其律师将整体租赁进行的速度减缓，以便调查这个项目的获利性，经过一段时间后，华顿百货决定不租用其土地及其上的建筑物，但这时对此地主而言，不但将其土地上原有的地上物全部拆除，并且新的建筑物也已完成了40%。为不甘损失，而以衡平法中的“强制履行”（Specific Performance）或普通法中的“损害赔偿”（Damages）将华顿百货告上了法庭。一审胜诉赢得损害赔偿，华顿百货不服判决，将本案一直上诉到澳大利亚最高法院。最后澳大利亚最高法院维持原判，原告胜诉。但最高法院的主要判决理由（*Ratio*）却与一审的主要判决理由不同。澳大利亚最高法院认为，虽然本案中双方都了解正式租赁契约尚未签署，但在这之前，上诉人曾经“诱使”（encourage）原告相信他们之间即将签署正式的租赁契约，而这个诱因也可视之为承诺，因此被告行为具有“不正当性”的行为（unconscionable behaviour）存在，因

[40] MICHAEL EVANS, EQUITY AND TRUSTS, *supra* note 5, at 292.

[41] Collier v. P & MJ Wright（Holding）Ltd [2008] 1 WLR 643.

[42] Waltons Stores（Interstate）Ltd v. Maher（1988）164 CLR 387.

此对其原本承诺之行为可以被禁止反悔。由于衡平法是以公平、正义及合理为出发点而做所应为之事（With fair，just and reasonable，to do what ought to be done.）。因此，双方虽未签约，但视同双方间有契约关系存在。

澳大利亚最高法院更以此案件对 Equitable Estoppel 的理论进行了深入的阐述，其核心理论为：

原告主观认为与被告存在有特别的法律关系（legal relationship），或即将发生法律关系。

被告引诱（induced）原告认为或期待这个法律关系所可能带来的结果。

原告因为期待这个法律关系的结果，而做出某些特定行为。

被告知道原告会信赖这个法律关系结果的期待，或故意让原告信赖这个期待。

原告因而做出的这些行为或不作为，如果所信赖的法律关系不存在，原告会发生损失。

被告没有积极避免（fail to act to avoid）原告会发生的损失而任其发生。

从这几个重点中可以看出，实际上又回到了禁反言理论在还没有分类之前，最初以衡平法为依据的基本理论。从某些方面来看，也可以说整个禁反言体系在经过数百年的发展后，绕了一大圈又回到了原点。很多事情，简单即是美好而持久的，或许从法律理论上而言，二十世纪末 *Waltons Stores*（*Interstate*）*Ltd. v. Maher* 一案也是如此。

三、禁反言与契约法中约因（Consideration）的关系

在大陆法系（Civilian Law 或 Civil Law）由于研究英美契约法的学者远超过研究英美衡平法的学者，因此一直有人认为禁反言是一种契约法下的理论。而从之前的论述得知，虽不完全正确，但是也并非十分错误。经反复研究与论证后可知，不论是何种禁反言，基本上都与财产，尤其是与土地有关。契约法所讲的规范，也是以双方对某一项财产（或服务，也可视作广义的财产）的处分所达成的认知。因此，从概念上来讲，两种法律有很多类似之处。即禁反言的核心是“承诺”，而英美契约法的核心则是“约因/对价”（Consideration）[43]。禁反言的承诺人如果对某些财产或事件进行了承诺，但被承诺人如果为此承诺什么也没有做，同时如果承诺人违反了该承诺而被承诺人也不会受到任何的损失，则此项违背承诺的行为被承诺人将无法请求法庭为其禁反。因此，简单而言，禁反言可以认为是，承诺人有何种

---

〔43〕 Consideration 有译为“约因”，也有译成“对价”的。英国系统的学者通常将此翻译为约因，如上所述在契约中 Consideration 必须要存在，但不需要对等。如果是对价的话，则是 *quid pro quo*，并非完全是 Consideration。但美国有些案例对 Consideration 的看法比较偏向“对价”。因此，有美国背景的学者通常比较会将 Consideration 翻译成对价，此一问题作者将另文深入讨论。本文通译为“约因”。

承诺，而被承诺人为了这个承诺做了何种付出，而如果承诺人违反了承诺，被承诺人会遭到何种损失。亦即承诺人与被承诺人同时都必须为这个承诺付出代价。

契约法中约因的概念是在一个有效的契约中，要约人（offeror）与被要约人（offeree）同时在这个契约中向对方付出“有价之物”（something of value），这个契约方可成立。但这个“有价之物”到底为何？是两方“对等价值”（*quid pro quo*）吗？或是一方对另一方造成不便（inconvenience）或损害（detriment）？[44]至于如何判断这个有价之物的价值？英国著名案例 *Chappell & Co Ltd v. Nestle Co Ltd*[45]，英国最高法院萨默威大法官（Lord Somervell）在判决中指出，“即使是一粒胡椒，甚至能够确定承诺人（promisee）并不喜欢胡椒，而且拿到也会随手丢弃，但这并不表示这个胡椒粒不能作为契约的约因”（Peppercorn does not cease to be good consideration if it is established that the promisee does not like pepper and will throw away the corn）。所以，要判断约因是否存在，契约双方的“同意”视为要点，至于这个约因是否为确实具有价值的约因，或者只是“象征性约因”（nominal consideration），如果双方在立约之时，明确了解他们契约中的约因为何，则法庭将不会介入判断此约因是否公平、合理等，即如前述之英国胡椒粒案例[46]。这个概念与英美公司法中的“商业判断原则”（Business Judgment Rule）十分类似，即一个公司的高管或经营人，如果由于在商业上的错误判断而造成公司及股东的损失，尽管这个商业判断是错误的，但如果没有其他的不当因素而的确为这个经营人在职权范围内的商业决定，则法庭将不会对此决定进行判断。因为商业判断只有成功或失败，并没有对错可言，因而法庭不该介入[47]。

契约法中的约因在英美法中是一个核心而深入的理论，但从以上的讨论可见，契约法的约因与衡平法的禁反言，虽然各在不同的法律科目之下，但实际操作上这两个理论有着非常显著的重叠性。其中，最大的重叠地方就是“损害”（detriment）。简单地说，被承诺人的损害，在很多情况下既可能构成禁反言，也可能同时满足契约法约因的要求。

如在美国案例 *Hamer v. Sidway*[48]中，史特瑞（William E. Story）对他侄子说，他如果能够在21岁前，不抽烟、不喝酒、不说脏话及不赌博的话，则将送给他美金5000元。其侄答应照办，并在几年内确实履行其叔父的要求事项，在其21岁生日后，要求叔父支付5000元的金钱。其叔父给他侄子寄了一封信，在信中表示他对于侄子保持了良好的生活习惯而高兴，会给他5000元以资奖励，同时会帮他侄子保管这笔

---

〔44〕 杨桢，前引注35，第83页。

〔45〕 Chappell & Co Ltd v. Nestle Co Ltd [1960] AC 87.

〔46〕 ROBERT DUXBURY, NUTSHELLS-CONTRACT LAW 18 (London: Sweet & Maxwell, 1997).

〔47〕 JASON HARRIS, CORPORATIONS LAW 99 (Australia: Butterworths, 2010).

〔48〕 Hamer v. Sidway, 124 N. Y. 538, 27 N. E. 256 (N. Y. 1891).

钱及所产生的利息，直到日后其侄更成熟时再给他。他的侄子也同意了，但直到12年后其叔父过世，这笔钱仍没有支付给他侄子。后来其侄委派荷马（Louisa Hamer）向他叔父的遗产执行人塞德威（Franklin Sidway）追讨这笔款项，而起诉了塞德威。

这个案件的主要争议是：自己有权利进行的合法行为，因为双方的约定而自制不从事此等合法行为，此自制之行为本身是否能够认定为一种有效的约因？法庭的终审判决为其侄子胜诉，法院认为约因的理论并没有说一定要对立约人（promisor）有利。当事人间的得利或损失要从法律观点上来看，其侄子本有权可抽烟喝酒，但因与其叔父之间的约定才克制此行为多年，可说是侄子因为与叔父的约定（叔父的承诺）而受到法律上损失（legal detriment），可视之为有效的约因并可拘束叔父之诺言，因而视同叔、侄之间拥有一有效的契约存在，而拘束双方当事人。

从上述案例我们可以看到其中有几个重点，一是叔父的承诺、二是财物确实的存在（5000美金）、三是侄子信赖了叔父的允诺而做出有损自己利益的行为（不抽烟喝酒）、最后是侄子在打官司之前该得到这笔财物而没有得到。所以从这里可看出，虽然美国的法庭以契约法约因的原理来对此案进行判决，但以英国衡平法的理论来看，本案以禁反言理论解释似乎亦可适用〔49〕。当然这里面必须提到一点，在英美法系统下，法庭用什么法理进行判决，很大程度是取决于原告以什么法源起诉被告。例如如果原告以侵权法起诉被告而实际上案件更适用于契约法，则法官将不会用更适合的契约法进行判决，仍然以原告所起诉的法源进行判决〔50〕。基于错误法律而发生的诉讼在英美法的实务上很少发生。但像以上这种“两可适用”的情形，还是可能会发生，本案即为一例。

衡平法在英国及英联邦是一部独立的法律科目，但在美国很多原属衡平法的元素已经融会于其他的法律科目中，如契约法、财产法等。为此，当一个案例，可能同时可以适用“衡平法/禁反言”或“普通法/契约法”的时候，英国系统较倾向于施用禁反言而美国系统较倾向于以契约法来阐述。

此外，美国契约法第一次汇编第90条（Restatement，First，Contract，§ 90）对“允诺禁反言（高树禁反言）”原则作了下列诠释：允诺人对其因允诺所引致之作为或不作为是可合理预见，且的确照其诺言为作为或不作为时，在此情况下，唯有履行其允诺始可避免不公平结果产生时，该允诺有拘束力（“A promise which the promisor should reasonably expect to induce action or forbearance and which does induce such action or forbearance is binding if injustice can be avoided only by the enforcement of the promise.”）〔51〕。之后美国法律整编契约法第二次汇编，对第一次汇编作了部分之修

〔49〕 Riches v. Hogben [1986] 1 Qd R 315.

〔50〕 Joyce v. Sengupta [1993] 1 All ER 897 Court of Appeal.

〔51〕 杨桢，前引注35，第121页。

改，而与第 90 条第 1 项（Restatement，Second，Contracts，§ 90（1）“允诺禁反言”原则，重新加以诠释：允诺人对其允诺所引致允诺相对人或第三人之作为或不作为系可合理预见，且的确照其诺言为作为或不作为时，在此情况下，唯有履行其允诺始可避免不公平结果产生时，该允诺具有拘束力。其违反允诺之救济方式，以达到公平者为限（“A promise which the promisor should reasonably expect to induce action or forbearance on the part of the promisee or a third person and which does induce such action or forbearance is binding if injustice can be avoided only by enforcement of the promise. The remedy granted for breach may be limited as justice requires.”）[52]。

案例汇编第 90 条的适用范围很广，除一般的契约法方面可以适用，在美国建筑界因建筑工程而发生纠纷时，也往往引用美国法律汇编第 90 条（Restatement First and Second § 90）的规定，引用衡平法禁反言原则来判决而得到救济。例如工程界大承包商（general contractor）将工程所需要的小承包商（sub - contractor）的投标单纳入其总投标内，向政府机关或工程单位投标，而后大承包商得到此一工程。承包商在履行工程合约时，若其中某小承包商因故不愿承包其中一小部分工程时，大承包商在这时可找其他小承包商接手将此部分工程完成，之后以衡平法中的禁反言来向该小承包商追讨因完成此部分工程所发生的差额款项，在此情况下，大承包商均可得到衡平法院禁反言原则的胜诉判决[53]。

美国法律汇编（Restatement of Law）是一部对美国普通法汇编式的“指引”（guidelines），并没有对法庭具有法律上（法条及案例）的强制拘束力，虽然没有“强制性”却有非常强的“说服力”（Persuasive but not binding）。另值得注意的是，在全世界的普通法系统中，只有美国对普通法有如此的“法律汇编”，其他的普通法地区还是依赖传统的法庭判决及案例方式作指引。从上述对 90 条的第一次汇编及第二次汇编的差异，可以看到，似乎第一次汇编对 90 条的内容比较强力，而第二次汇编第 90 条第 1 项似乎将其禁反言的效力减弱。虽有各种不同的看法，但笔者认为，有部分学者可能担心如果禁反言的理论过于发达或强势，或许将会影响到传统上契约法“约因”的理论，最后可能改变普通法契约法的整个游戏规则。这个担心并非无的放矢，由于英国丹宁勋爵在 1947 年的高树案中对允诺禁反言并没有全方位的探讨，因此一直存在着允诺禁反言是否会影响契约法约因理论的争议[54]。为此，丹宁勋爵在其后于 1951 年 *Combe v. Combe*[55] 的案件中，借此案件对允诺禁反言进行了更深入的阐述。丹宁勋爵在本案中表明允诺禁反言只能作为应诉点，不

---

〔52〕 同前注，第 123 页。

〔53〕 在美国工程界，大承包商与小承包商间因履行工程所出现纠纷的类似判例多不胜数，例如：Drennan v. Star Paving Co., 51 Cal. 2d 409, 333 P. 2d 757 等案例。

〔54〕 参见前述“允诺禁反言”的讨论。

〔55〕 Combe v. Combe [1951] 2 KB 215.

可以作为起诉点，并且允诺禁反言的理论不能将他延伸到可以消除约因在契约法中的地位，因为“约因在契约法中的地位是非常稳固的，不应该被其他因素（如禁反言）所影响”（He further stated that the High Trees principles should not be stretched so far as to abolish the doctrine of consideration, as “The doctrine of consideration is too firmly fixed to be overthrown by a side wind... it still remains a cardinal necessity of the formation of a contract”.）。由此可见，不论是美国或英国的普通法，一直存在并刻意避免禁反言过度的发展最后影响到契约法约因的理论。

四、结论

本文讨论了禁反言的理论及各种不同类型的禁反言。禁反言是普通法中非常核心的一个理论。易言之，如果想要学习英美普通法，必须要先研究衡平法。如果想理解衡平法，则通晓禁反言理论可谓理解了一半的衡平法。禁反言的理论与大陆法体系最大的不同在于禁反言或衡平法时常将“道德是非”纳入案件考虑之中，在大陆法系统中是非常少见的，反而在国际公法与相关国际法中较为常见。有很多学者会将禁反言误认为完全是契约法的一部分，乃因为禁反言的原则与约因的理论有很多重叠之处。然而虽然有重叠的部分，但禁反言的理论并不能做过度的解释，或将其视为契约法约因的替代品，因为契约法中的约因原则，在普通法长期的发展历史中，早已成为普通法总体理论的基石之一，乃为普通法的特色，因此在可预见的未来必然是普通法体系中的一个重要的理论。

最后，禁反言的理论除了本文开章之阐述，在国际公法及国际商事法中也相当重要。普通法之契约法对国际商事法之影响，自不待言。而在国际公法中，若各国都尊重国际法，当A国对B国在某些事情作出了承诺（不管是明示或暗示—expressly or implied），而B国由于信赖此承诺对本国的相关权益进行冻结，或付出了某些努力而损失了自身利益；在此状况下，禁反言的原则可作为一个诉因在国际法庭提出，以解决双方的争端。不论如何，衡平法在适用普通法的英联邦之下的一百余国家的学校、法学院教学衡平法乃列为必修科目，至为重要。美国虽为普通法国家的一员，但美国将部分普通法的判例制定成法典，如美国统一商法典（U.S. Uniform Commercial Code-UCC），美国法律汇编等均保有普通法中案例的精神，美国大学法学院对衡平法及信托法均有专科教学。对于衡平法中禁反言理论，美国在1932年第一次法律汇编第90条中明言规定适用对象。而英国在1945年高树一案亦确立了英国及英联邦下的各国对衡平法禁反言原则的适用。就美国、英国及英联邦下的各实行普通法的国家而衡平法及衡平法下禁反言的引用于排解当事人间的纠纷而言，其目的均为相同。同时其适用于国际法为各国间排解纷争之功能亦然。

【专题研究之二：物权法编纂】

我国民法典物权编立法研究*

陈华彬**

目　次

按照全国人大常委会的安排，我国《民法典》将由总则编（《民法总则》）与物权编、合同编、侵权责任编、婚姻家庭编及继承编等各分编组成。[1]这其中，作为财产法之一的物权编系一个十分重要的组成内容，居于核心和关键地位。其顺序系置于总则编（“民法总则”）之后，合同编、侵权责任编等债之关系法（“债法”）编之前。因我国已于十年前颁行了《中华人民共和国物权法》（以下简称《物权法》），故此次《民法典》物权编的立法系属于《民法典》物

---

* 本文原载《政法论坛》2017年第5期。

** 法学博士，中央财经大学教授。

〔1〕 参见李建国：《关于中华人民共和国民法总则（草案）的说明》（2017年3月8日在第十二届全国人民代表大会第五次会议上），载李适时主编：《中华人民共和国民法总则释义》，法律出版社2017年版，第680页。

权编的编纂，其主要工作是对《物权法》及其相关规则予以改定、扩展、丰富及完善，由此形成和建构起体系和谐、规则完整、先进和自洽的《民法典》物权编规则系统。

按照《民法总则》第114条与物权法法理，权利人直接支配特定物并由此排他性地享受其利益的权利，即是物权。其主要涵括所有权、用益物权、担保物权及占有。而物权法则有广义与狭义意义上的两种形态。举凡以人对物的支配关系为内容的法规范，为广义（实质）意义的物权法。其涵盖范围较广，《物权法》及其他有关对物的支配（例如继承人对遗产的共同共有）的规定，皆属之。至于狭义意义的物权法，则专指规定人对物的支配关系的内容的形式意义的物权法。易言之，系指《物权法》所规定的规则（内容），其主要为关于（物权）总则、所有权、建设用地使用权、土地承包经营权、地役权、宅基地使用权、抵押权、质权、留置权及占有的规定。唯这其中也有涉及有关债权关系的内容（规则）。譬如相邻关系（《物权法》第92条）、共有（《物权法》第99、100、102条）及占有（《物权法》第242、243、244、245条）中有关补偿金与费用求偿权，抑或其他有关损害赔偿责任的规定，即属之。此等债权关系因伴随物权关系而生，故将之规定于《物权法》（物权编）中，可使物权关系的规则得以完整的面貌予以呈现。[2]本文的论证、分析对象，系兼及广义与狭义意义的物权法，即对我国《民法典》物权编立法时如何对现行《物权法》及其相关规则予以改定、扩展、丰富及完善提出建言、提供助力，并因此裨益于作为《民法典》分则编之一的物权编的早日及高质量地出台。

一、物权法定原则的缓和与谨慎

物权法定原则（Numerusclausus），亦称“种类限定主义”（Prinzip der Ausschließlichkeit）或“被限定的数”抑或“被关闭的数”（Numerusclausus），[3]系全部物权法构造系统的枢纽和基柱。其源于罗马法，之后多数大陆法与英美法国家或地区对此予以肯认。[4]日本、韩国民法及我国台湾地区“民法”系以明文的方式加以规定（《日本民法》第175条、《韩国民法典》第185条及我国台湾地区“民法”第757条）。德国、法国、奥地利及瑞士等民法尽管未明文规定此原则，但解

---

〔2〕参见谢在全：《民法物权论》（上册），新学林出版股份有限公司2014年9月版，第1页。

〔3〕参见［日］山田晟：《德国法律用语辞典》，大学书林1995年版，第455页、第494页。

〔4〕参见谢在全：《民法物权论》（上册），新学林出版股份有限公司2014年版，第33页。

释上皆认可此原则的适用。[5]

按照物权法定原则，物权的种类和内容由法律规定（《物权法》第5条、《民法总则》第116条），当事人不得根据自己的意思自由创设物权或更易民法或其他法律所定的某一物权的内容。前者称为“类型强制”（Typenzwang），后者称为“类型固定”（Typenfixierung）。概言之，也就是当事人不得设立法律未规定的物权及其内容，否则将不产生物权法上的效力。[6]

我国《民法典》物权编立法过程中，坚守物权法定原则不动摇系一项重要的基本立场。也就是说，物权法定原则的缓和应当极为谨慎。此点于我国现今法律体系及其背景下，尤其如此和必要。盖我国近现代及当代意义上的物权法制历来较为落后，如今物权法制初创并建立不久，若过分变更物权法定原则，则所建立的物权法制及其体系势将与债法制度及其体系发生龃龉或紊乱，且与实务上一贯的做法与积聚的经验相悖，其结果或将造成我国自清季以来所建构的大陆法民法物权体系的解构，由此其对国家、民族、社会乃至个人将有百害而无一益。[7]概言之，于界分物权与债权的架构下及立基于确保交易安全的考量，物权法定原则的坚守，实具有重要的功用与价值，绝不可小觑。

不过，规范社会财货归属秩序的物权法也不能与国家、社会及个人的需要相背离（乖离），更不应阻碍其发展与进步。若物权法所定的物权种类和内容与实际生活的情形不一致，且立法又未能适时补充时，即应透过物权法定原则的（扩大）解释予以因应。盖物权法定原则的存立基础系在于确保以所有权为核心而建构的物权体系及其特性，并使物权得以公示由此以确保交易安全。故此，若实际生活中新产生的（物权）权利不违背物权法定原则存立的旨趣，且有公示方法以确保交易安全，及国家、社会、个人确实需要时，即可扩大解释物权法定原则，透过或经由习惯法的形成，抑或由人民法院于裁判具体案件中赋予某权利以物权效力。易言之，

---

〔5〕 应指出的是，德国民法典虽然未就物权法定原则设立明文，但其民法典草案理由书（Motive 3. S. 3）和学说解释莫不认可该原则。对此，请参见［日］于保不二雄：《德国民法3》（物权法），有斐阁1955年版，第2页；参见［日］山田晟：《德国法概论》，有斐阁1987年版，第191页。另外，根据晚近的英美法研究成果，英美法系也有物权法定原则。尤其是有英美法学者从资源效率的角度进行分析，指明肯定物权法定原则可以避免过高的资讯成本。对此，请参见 Thomas W. Merill &H. Smith，Optimal Standardization in the Law of Property：TheNumerusClausus Principle，110 YALE L. J.（2000）；WilliamSwadling，Property：GeneralPrinciples，in ENGLISH PRIVATE LAW，pp. 207 -208（Peter Birks ed.，Vol. 1，2000）；参见谢在全：《民法物权论》（上册），新学林出版股份有限公司2014年版，第38页注释1。不过，也有研究成果谓：于英国不动产法上，物权法定原则的功用并不彰显。对此，请参见［日］西垣刚：《英国不动产法》，信山社1997年版，第1页以下。此书系一部具有重要价值的英国财产法著作，长达近700页，内容丰富。此外，关于英美法认可物权法定原则的情况，最新研究成果还请参见黄泷一：《英美法系的物权法定原则》，载《比较法研究》2017年第2期。

〔6〕 参见陈华彬：《民法物权》，经济科学出版社2016年版，第79页。

〔7〕 参见陈华彬：《民法物权》，经济科学出版社2016年版，第85页。

物权法定原则的本旨虽系在于限制当事人之间创设物权，但对透过或经由习惯法形成新的物权，则系予以允许。[8]

总之，我国物权法定原则的适用一方面应当予以坚守且不得将之虚化，以免造成物权法体系的解构；另一方面也不宜将其固化，以免由此成为我国国家、社会及个人进步与发展的障碍。尤其是鉴于前者的重要性，故而新近通过的《民法总则》第116条于原《物权法》第5条的基础上，再次重申了“物权的种类和内容，由法律规定”的物权法定原则。不过，也同时有鉴于不宜使物权法定原则被固化的考量，并立基于《民法总则》第10条业已将习惯（法）确立为民法的法源（渊源），故而笔者认为，《民法总则》第116条与《物权法》第5条所定的物权法定原则中所言的“法”，宜解为涵括了习惯法。

二、物权变动规则的维系、完善与对《物权法司法解释（一）》相关规定的吸纳

物权的取得、变更及丧失（消灭），即系物权变动，其涵括基于民事法律行为、基于事实行为及基于公法上的行为等而生的物权变动。其中，基于前者即根据民事法律行为的物权变动是一种最常见、最多发、最基本的一类物权变动，其也系市场交易的最终目的和归宿。而基于后二者，即根据事实行为和公法上的行为而生的物权变动，则系两种少量的、较具特殊性的物权变动。

根据民事法律行为的物权变动，主要涵括依照合同、赠与及互易行为而引起的物权变动，其于域外国家或地区法上的规范模式主要有债权意思主义（法国、日本）、物权形式主义（德国）及债权形式主义。[9]按照《物权法》第6条、第9条及第23条的规定，基于民事法律行为的物权变动须完成法定的公示形式，即动产的交付与不动产的登记。此种模式，为债权形式主义或意思表示与交付或登记之结合。至于该法有关建筑物（含构筑物、附属设施）所有权的移转、建设用地使用权的变动（第9条第1款、第14条、第139条）、不动产抵押权、在建工程抵押权的设立（第187条）、动产质权的设立（第212条）、权利质权的设立（第224条、226条第1款、第227条第1款、第228条第1款），则系此模式被具体化的结果。[10]最后，考虑到实际生活的复杂性与不平衡性，对于土地承包经营权的变动（第128

---

[8] 参见谢在全：《民法物权论》（上册），新学林出版股份有限公司2014年9月版，第36~37页。

[9] 关于对此等物权变动模式规则的详细分析，请参见陈荣隆：《物权行为立法主义之研析》，载《月旦民商法杂志》2016年第1期。

[10] 参见崔建远：《物权法》，中国人民大学出版社2014年版，第46页；参见陈华彬：《民法物权》，经济科学出版社2016年版，第103页以下。

条)、地役权的变动（第 158 条)、船舶、航空器、机动车等物权的变动（第 24 条)、以产品、半成品、正在建造的船舶、生产设备、航空器、交通运输工具、原材料设立抵押权（第 188 条）及动产浮动抵押权的设立（第 189 条)，《物权法》采行了债权意思主义，系属于该法采行债权形式主义的例外。在此主义之下，作为公示方法的交付和登记，系物权变动的对抗要件。应当肯定，现行《物权法》对于因民事法律行为的物权变动规则的此等厘定，是妥恰的，宜继续予以维系和坚持。

至于非基于民事法律行为的物权变动，其除涵括基于事实行为的不动产物权变动（《物权法》第 30 条）与因先占、取得时效、遗失物拾得、埋藏物发现和添附等事实行为而引起的物权变动外，还包括基于人民政府的征收决定或人民法院、仲裁委员会的法律文书导致的物权变动（《物权法》第 28 条)、因继承或者受遗赠取得财产的物权变动（《物权法》第 29 条）以及不动产物权被强制执行后发生的物权变动。值得指出的是，这些物权变动形态中，不动产物权依强制执行发生的物权变动，以及因先占、取得时效和添附等事实行为引起的物权变动，现行《物权法》皆未作出规定，从完善物权变动的形态及其规则系统的立法论的视角看，它们皆宜于《民法典》物权编立法时得到确立和明定。

另外，还应提及的是，最高人民法院发布的《物权法司法解释（一)》中对有关物权变动的适用所作的解释，譬如不动产确权争议中登记的证明力（第 2 条)、确权争议不受异议登记失效的影响（第 3 条)、预告登记权利人的保护（第 4 条)、导致预告登记失效的“债权消灭”的认定（第 5 条)、《物权法》第 24 条所称的善意第三人的范围（第 6 条)、发生物权变动效力的人民法院、仲裁委员会的法律文书（第 7 条)，以及特殊情形物权的保护（第 8 条）的规定，[11]若其妥恰、适宜的，立基于将司法实务积聚的经验法律化的考量，《民法典》物权编立法时应对之加以吸纳。

三、所有权规则的丰富、扩展与完善

按民法法理与《物权法》的规定，所有权是所有人对自己的不动产或者动产，依法享有占有、使用、收益和处分的权利（第 39 条)。所有权是每个个体生活的基础、物权的核心，更是“物权之王”。物权法系统中的物权法总则、用益物权、担保物权乃至占有等，皆无一不是围绕所有权而予规定或展开的。由此之故，所有权即成为私法乃至整个国家法律体系与政治系统中的一个极为重要的概念与制度，并由此发挥其定分止争的功能。于检视、梳理《物权法》有关所有权既有规则的基础

---

〔11〕 参见杜万华主编：《最高人民法院物权法司法解释（一）理解与适用》，人民法院出版社 2016 年版，第 1 页以下。

上，笔者谨提出《民法典》物权编立法中在所有权上应予丰富、扩展及完善的如下方面。

（一）所有权含义的厘定并与其权能的界分

自罗马法以来，对于所有权的定义，立法与学说通常将之界定为：所有人于法律限制的范围内，对于所有物进行全面、整体（完全、完整）和永久支配的物权。[12]也就是说，所有权的定义蕴涵下列5点意义与特质[13]：（1）所有权是所有人对于标的物进行全面支配的物权；（2）所有权为整体（完整）内容的物权；（3）所有权为具有弹力性的物权；（4）所有权为永久支配标的物的物权；（5）所有权是所有人于法律限制的范围内支配标的物的物权。

应当指出的是，现行《物权法》第39条及《民法通则》第71条，皆系对所有权的权能进行规定，而并非系对所有权的含义予以确定（界定）。尤其需要明确的是，所有权并非系对财产的占有、使用、收益及处分的总和，也不是其各项权能的简单积聚（累积），其各项权能仅体现为系所有权的作用，抑或为达成或实现所有权的目的的途径、方法。[14]鉴于所有权的意涵与特质较为宽广，实难以列举其权能的方法将之彰示，故此，建议立法机关依前述分析对所有权的含义做出抽象、概括的厘定，并同时维持《物权法》第39条对所有权权能的列举的规定不变。

（二）建筑物区分所有权中若干规则的完善、丰富（扩展）与改定

建筑物区分所有权是业主对自己的专有部分享有单独所有权、对共有部分享有共有所有权及对建筑物的公共部分的管理享有成员权的综合性权利。此制度既是一个古老的制度，也是一个近现代及当代的制度。对于我国《物权法》于第六章明定的此制度的完善、丰富（扩展）及改定，笔者谨提出如下一些方面供立法机关参考。

1. 关于（业主）管理团体

区分所有建筑物的（业主）管理团体系由业主大会、业主委员会、物业服务企业及其他管理人构成。这其中，业主大会的成立方式与业主委员会的定位应当予以明确。关于前者，现行《物业管理条例》（2007年）第9条要求以一个小区为单位而成立业主大会。此点于实务中产生诸多问题并较难做到。故此，建议立法机关对此予以改定，明确可不以一个小区为单位而成立业主大会。也就是说，一栋或数栋

---

〔12〕 参见姚瑞光：《民法物权论》，海宇文化实业有限公司1999年版，第42页。

〔13〕 参加谢在全：《民法物权论》（上册），新学林出版股份有限公司2014年版，第115～116页。

〔14〕 参见史尚宽：《物权法论》，荣泰印书馆股份有限公司1979年版，第56页；参见《中国法学会民法经济法研究会1989年年会论文选辑》（佟柔语），第9页。

区分所有建筑物上的业主，依具体情况，可以成立业主大会。〔15〕而至于业主委员会的定位，也宜加以明确。即宜将之确定为《民法总则》第102条所定的一种非法人组织。另外，有鉴于实务中业主委员会已可应诉、被诉，〔16〕故此，建议明确：业主委员会具有诉讼主体资格。

2. 增定区分所有建筑物（商品房住宅）的修缮、修复规则

区分所有建筑物即商品房住宅的修缮，是指当区分所有建筑物的专有部分、共有部分发生朽坏、损坏时，为使其原有效用或功能得以恢复而采取的必要行为。《物权法》第76条第1款中的第（6）项和该条第2款及第79条仅对此有简略的规定，即明确修缮"应当经专有部分占建筑物总面积三分之二以上的业主且占总人数三分之二以上的业主同意"与维修资金可以作为修缮（维修）的费用而使用。唯于实务中，修缮还涉及费用的分担、筹集、业主之间的权益如何调整以及由谁来进行（承担）修缮等。对于此等问题，只有将之厘清，修缮方可得以真正实施和进行。为此，建议借鉴域外国家或地区法上的经验，明定：（1）对不属于自己所有的共有部分及对他人的专有部分，业主为了修缮的必要，可以进入并加以使用；（2）个别业主的利益若因共有部分的修缮而受到特别影响时，应得到其同意；（3）明确修缮费用的如下筹措途径或来源：临时收取的修缮费用、专项维修资金、从政府部门获得的修缮补助费、与金融机构融资而获得的贷款、管理费及基于建筑物损害保险合同而获得的保险金。〔17〕

与上述区分所有建筑物即商品房住宅的修缮具有同样的重要性的，还有区分所有建筑物即商品房住宅的修复。而此主要系因天灾人祸而引起，并由此而实施的对建筑物的复旧行为。换言之，当区分所有建筑物因偶发性灾害，譬如水灾、火灾、地震、风灾、机动车的冲撞、煤气爆炸及飞机坠落等导致其一部分灭失时，即需要实施修理、复原（复旧）。现行《物权法》第76条第1款中的第（6）项和第2款及第79条尽管对此有所涉及，但因过分简略而实不足以应对实务上对此问题的解决需要。〔18〕

在现今域外法上，日本、德国及法国等对区分所有建筑物即商品房住宅的修复（复旧）设立有较完善、翔实及细腻的规定。根据日本法，其将因水灾、火灾、地震、风灾、机动车的冲撞、煤气爆炸及飞机坠落等导致的区分所有建筑物的灭失区别、界分为小规模一部分灭失与大规模一部分灭失，之后分别厘定修复时对相关业

〔15〕 参见陈华彬：《业主大会法律制度探微》，载《法学》2011年第3期。

〔16〕 参见（2005）海民初字第19540号民事判决书，已生效；参见（2009）海民初字第5425号、（2009）京一中民终字第14000号民事裁定书，已生效。

〔17〕 参见陈华彬：《区分所有建筑物修缮的法律问题》，载《中国法学》2014年第4期。

〔18〕 参见陈华彬：《日本区分所有建筑物修复制度的考察分析与启示》，载《环球法律评论》2013年第2期。

主的权益调整的手段和方法、费用的分担原则及不同的修复程序和步骤。[19]笔者认为，这些比较法上的域外经验可为我国编纂《民法典》物权编时设立同类规则、处理和解决同类问题提供借镜、参照。

3. 增加并完善区分所有建筑物（商品房住宅）的重建规则

区分所有建筑物即商品房住宅的修缮和修复是强调或着眼于当下问题的解决，其旨在通过修复或修缮而可使区分所有建筑物即商品房住宅得以继续供业主等居住、利用。但是，当区分所有建筑物即商品房住宅经过漫长岁月或若干年后而老朽、损坏以致完全或不堪使用时，即需要透过建筑物区分所有权法上的重建机制而予以重新建造，由此以使原有业主等可继续居住或利用。此种制度即《物权法》第76条第1款中的第（6）项和该条第2款所定的区分所有建筑物即商品房住宅的重建。

我国自1978年中共中央发布《关于发挥国家、地方、个人积极性，加快住宅建设速度的指示》，即最早进行住房制度的改革，实行住房商品化以来，[20]区分所有建筑物即商品房住宅的建设迄今业已经过了近四十年。故此，区分所有建筑物即商品房住宅的重建于很近的将来定将成为我国国家、社会及个人面临的不能回避的问题。另外，我国各种缺陷商品房住宅，譬如所谓的“豆腐渣住宅”“楼歪歪住宅”“楼摇摇住宅”“楼晃晃住宅”及“墙脆脆住宅”等在实际生活中不时存在。其结果使现今实务上也急迫需要建构完善的规则而处理区分所有建筑物即商品房住宅的重建。为消弭和厘清区分所有建筑物即商品房住宅的重建于私法上的障碍，编纂《民法典》物权编时，建议立法机关参考、借镜域外法上的经验，创设卖渡请求权、买回请求权及二重多数决等规则以对业主间的权益、小区内全体建筑物的“一揽子”重建及特定栋区分所有建筑物的重建等进行调整。[21]

4. 厘定业主严重违反共同利益时强制出让或拍卖其区分所有权的规则

由区分所有建筑物即商品房住宅的构造、格局及架构像火柴盒一般堆砌在一起而由此具有特殊性所使然、所造成，居住于一栋或一个小区（社区）的全体业主对于居住的舒适、安全及安宁的良好居住环境的确保具有休戚相关的共同利益。于此共同利益遭到严重破坏时，德国、日本、奥地利等域外国家或地区法（如我国台湾地区相关规定）设立了强制出让或拍卖作为违反者的业主的区分所有权的规则。尤其是这些国家或地区法明定了强制出让或拍卖作为违反者的业主的区分所有权的实体要件与程序要件。具体而言，当违反共同利益的业主造成的障碍或侵害甚为严重

---

〔19〕 参见陈华彬：《日本区分所有建筑物修复制度的考察分析与启示》，载《环球法律评论》2013年第2期。

〔20〕 参见陈华彬：《现代建筑物区分所有权制度研究》，法律出版社1995年版，第293页以下。

〔21〕 参见陈华彬：《区分所有建筑物的重建》，载《法学研究》2011年第3期。

而业主管理团体无法以其他方法予以排除或补救时，经由并透过业主大会的多数决决议的同意，其他业主全体可提请法院作出强制出让或拍卖违反共同利益的业主的区分所有权的判决，并由作出允许拍卖的判决的法院具体执行拍卖。[22]

在我国现今的实务中，有鉴于“恶质区分所有人”（“恶质业主”）的不时存在，[23]尤其是为确保居住于一栋区分所有建筑物即商品房住宅或同一个小区的全体业主的安全、舒适、便捷及安宁的居住环境，并立基于强化各业主之间的安全共同体（“多数人的密切的共同生活关系”[24]）利益的考量，建议立法机关引入域外国家及地区法上的上述制度。同时，鉴于这一规则措施的严厉性而或使严重违反共同利益的业主于感情上较难接受，故此也应格外慎重。概言之，强制出让或拍卖严重违反共同利益的业主的区分所有权，系最后不得已采取的措施，实务中要尽可能限制其适用。

5. 扩展、完善管理规约规则

《物权法》第76、77与83条业已涉及区分所有建筑物即商品房住宅管理的自律性约定——管理规约。按物权法法理，此管理规约是业主管理团体（业主共同体）就区分所有建筑物即商品房住宅的管理所作的共同约定。由此，业主管理团体乃至业主全体于实际管理和生活中应共同遵守。如前所述，因生活于一栋或一个小区的区分所有建筑物即商品房住宅上的业主之间具有密切的共同体关系，所以，借助于管理规约而对区分所有建筑物即商品房住宅进行有效与高质量的管理，十分重要。[25]

除《物权法》业已涉及的有关管理规约的事项外，笔者认为，立法机关应于《民法典》物权编中对如下问题予以明确：(1) 明确管理规约应规范的范围主要包括：对违反义务的业主的处理、业主之间的利害关系的调整、业主之间的共通事项的规范及业主之间的基础法律关系的厘定。[26] (2) 明确管理规约的时间效力与对人的拘束效力的范围。(3) 明确业主临时公约（原始管理规约）的效力与具有公平性的要件。(4) 明确政府的相关部门应创制标准管理规约[27]以供业主共同体设立

---

[22] 参见［日］水本浩、远藤浩、丸山英气编：《公寓法》，日本评论社2006年版，第107～108页；参见陈华彬：《论建筑物区分所有权的剥夺——基于德国法和日本法的分析》，载《法商研究》2011年第6期。

[23] 参见本刊编辑部：《中国民法学科发展评价（2010—2011）》，载《中外法学》2013年第1期。

[24] 参见［日］伊藤荣寿：《所有法与团体法的交错——对业主的拘束的根据与界限》，成文堂2011年版，第170页。

[25] 参见陈华彬：《论区分所有建筑物的管理规约》，载《现代法学》2011年第4期。

[26] 参见温丰文：《建筑物区分所有权之研究》，三民书局股份有限公司1992年版，第153～154页；参见陈华彬：《建筑物区分所有权》，中国法制出版社2011年版，第203～204页。

[27] 关于标准管理规约，参见［日］稻本洋之助、镰野邦树编著：《公寓标准管理规约评注》，日本评论社2012年版，第1页以下。

管理规约时参照。

6. 改定业主共有部分的应有份额（应有部分）的计算基础

现行《物权法》第76条第2款涉及确定业主共有部分的应有份额（应有部分）大小的计算基础（基准）。这里的问题在于，其以“专有部分占建筑物总面积”的比例来确定共有份额大小的标准，未臻妥当。从域外比较法经验的可借鉴性看，[28]宜明确为：按某一专有部分占区分所有建筑物（商品房住宅）的专有部分的总面积的比例来厘定共有部分的应有份额（应有部分）的大小。当然，业主之间也可透过或经由管理规约来订定（确立）各自共有部分的应有份额（应有部分）的大小。

（三）增定相邻关系纠纷的新内容（新形态）

相邻关系即因不动产权利人之间的不动产相邻接（邻近）而发生的限制或扩张一方的权利，相应地也就扩张或限制另一方的权利的法律关系。在现今，于传统的土地相邻关系之外，又产生了建筑物与建筑物之间的相邻关系，以及土地与建筑物之间的相邻关系等。现行《物权法》于规定传统的土地相邻关系之外，也于第89、第90条对建筑物相邻关系、土地与建筑物之间的相邻关系有所涉及，只是其所定的内容及对建筑物相邻关系和土地与建筑物之间的相邻关系的形态的规定较为简略，难以涵盖林林总总的建筑物之间的相邻关系与土地和建筑物之间的相邻关系的繁复形态。

尤其值得指出的是，伴随现今城市（镇）土地的高度化、过密化的利用，建筑物与土地（如街区）之间的威压感、建筑物外墙（玻璃）面光的反射、建筑物的通风、建筑物的容积率过大与建筑物的高度过高时对其他建筑物或土地的眺望妨害、电磁妨害，以及为防止高铁、地铁或普通铁道上的列车对沿途相邻不动产（如居民住宅）发生噪音侵害而设置的铁道（铁路）声音屏障等，皆系新的相邻关系形态。笔者认为，于编纂《民法典》物权编时，应对这些新形态做出增加规定，以便可以有效地加以应对。

（四）明确由公开市场或经由拍卖而买得的盗赃物可善意取得

按物权法法理，善意取得系以取得人（第二受让人）的善意来弥补出让人之对于买卖标的物并无处分权的瑕疵，由此而发生买卖标的物的所有权移转（变动）的

---

〔28〕 日本《建筑物区分所有权法》第14条规定：于管理规约无订定时，业主的共有部分的应有份额（应有部分）按各共有人（业主）所有（享有）的专有部分的楼地板面积的比例确定。对此，请参见［日］稻本洋之助、镰野邦树著：《公寓区分所有权法评注》，日本评论社2004年版，第88页。另外，关于此问题的域外法上的情况，请参见陈华彬：《现代建筑物区分所有权制度研究》，法律出版社1995年版，第144页以下。

制度。而此系主要适用于占有委托物（如保管物、借用物、加工物）的情形。至于占有脱离物（如盗赃物、遗忘物、误取物、遗失物），则原则上并不适用，也就是此等物并不发生善意取得。尤其是对于盗赃物，我国实务中历来采行“一追到底”的做法，其由此无从发生善意取得。然而，当买受人自公开市场或经由拍卖而善意买得盗赃物时，是否也不认可发生善意取得，即不能不给出回答。笔者认为，此种情形，应以认可发生善意取得为宜。另外，《物权法》第107条对遗失物的善意取得定有明文，对盗赃物似也可以比照之而予以处理。〔29〕

（五）厘定无人认领的遗失物、埋藏物、漂流物与隐藏物归拾得人或发现人所有

遗失物的拾得系一种基于事实行为而引起物权（所有权）变动的形态（原因）。唯在法史上，对于拾得人可否取得拾得物（遗失物）的所有权，日耳曼法采肯定立场，而罗马法则否。现今的《日本民法》第240条、《德国民法典》第973条、《瑞士民法典》第722条、《法国民法典》第717条及我国台湾地区“民法”第807条，均系采取前者，认为遗失物（拾得物）应归拾得人所有。我国《民法通则》第79条与《物权法》第113条因强调“拾金不昧”的道德标准，故规定无人认领的遗失物（拾得物）归国家所有。〔30〕应当指出的是，我国的此一立场如今应予更易。盖其一方面存在与民争利之嫌，另一方面也有违物权法对社会财富的分配正义。笔者认为，对于拾得价值较小（如1元钱）或甚小（如1角钱、1分钱）的遗失物（拾得物）的，应允许拾得人立即取得其所有权。至于拾得价值较大或巨大的遗失物的，拾得人则应送交公安等有关部门，此等部门于发布招领公告的6个月内无人认领时，归拾得人所有。

另外，我国现行《物权法》未认可拾得人的报酬请求权。笔者认为，于发布公告之日起6个月内有人认领遗失物（拾得物）的，其应向拾得人给付报酬。对此，域外比较法上也皆有其成例。譬如《德国民法典》第971条与我国台湾地区“民法”第805条第2项皆设有其规定。〔31〕此外，还应提及的是，我国《物权法》第112条第2款对于因悬赏广告而支付报酬的规定，系属于因债的关系而生的效力。其并不意即现行《物权法》认可了拾得人的报酬请求权。

最后，根据《物权法》第114条的参照、准用的规定，拾得漂流物、发现埋藏

〔29〕 参见陈华彬：《民法物权论》，中国法制出版社2010年版，第285页。

〔30〕 参见陈华彬：《民法物权论》，中国法制出版社2010年版，第291页。

〔31〕《德国民法典》第971条规定：拾得人有权向受领人请求支付报酬。拾得物的价值不超过500欧元时，其报酬为物的价值的5%，超过500欧元为超过价值的3%，在动物的情况下也为价值的3%。若拾得物仅对受领权人有价值的，拾得人的报酬应依公平原则衡量确定。我国台湾地区“民法”第805条第2项规定：有受领权人认领遗失物时，拾得人可请求报酬。唯不得超过其物财产上价值的十分之一，其不具有财产上价值者，拾得人也可请求相当的报酬。

物或者隐藏物而经公告无人认领的，其所有权也归国家。笔者认为，依循前述关于处理遗失物（拾得物）所有权归属的新思路，以做如下新厘定为宜：拾得漂流物、发现埋藏物或者隐藏物的，若其价值较小或甚小，则拾得人或发现人可立即取得其所有权，至于拾得的漂流物、发现的埋藏物或隐藏物的价值较大或重大的，则仅在经公安等有关部门公告招领后无人认领时，方由拾得人或发现人取得其所有权。

（六）认可并明定取得时效规则

取得时效又称占有的取得时效，系一种引起物权（主要是所有权）变动的原因或形态，为一种大陆法与英美法皆认可并予规定的古老制度。从取得人的视角看，它是“从无到有”，即从无权利（所有权或其他物权）到有权利（所有权或其他物权）的一种制度。现行《物权法》制定时对此制度虽有激烈讨论，但最终未予认可并加以规定，如今看来，其对之予以否定的理由实皆难以站得住脚。由此，笔者有理由认为，编纂《民法典》物权编时，立法机关将对该制度及其规则作出明定。

应指出的是，可以根据取得时效而取得的权利不仅包括所有权，且也涵括以对物的占有为要件的他物权（含用益物权与担保物权）。也就是说，所有权与以对物的占有为要件的他物权，皆可依取得时效而取得。对此，建议立法机关予以明确。唯对于质权可否依时效而取得，则应注意：质权于其担保债权届满未能清偿时，方有行使可言，无从继续行使于他人之物上，不能依时效而取得。但是，若以他人之物出质，质权人善意受让的，则可取得质权。盖取得时效与善意取得系两种不同的制度，前者仅占有人或行使权利人一方有取得或行使该财产权的意思，而后者即善意取得系双方当事人有设定权利的意思。质权人恶意受质时，无从善意取得，而仍有依时效取得而取得质权的必要，且质权人需占有标的物并可收取其孳息。这些皆为行使质权的样态，故可依时效取得。只不过基于担保物权的从属性，根据时效取得质权的人需存在担保债权。[32]

（七）认可并明定先占规则

先占系依事实行为（先占行为）而取得无主财产所有权的一种形态或原因。根据我国现今实务，仅可依先占而取得无主动产的所有权，至于无主不动产（如我国山东滨州地区黄河入海口每年冲刷出来的河床），其所有权则仅可由国家先占而取得。因先占无主动产而取得其所有权，系我国实际生活中一种广泛发生的现象。譬如，捡拾垃圾的人可以取得垃圾的所有权，于山中旅行时，对于山中的蝴蝶、兰花，也可依先占而取得其所有权等等。并且，先占取得无主动产所有权的制度，早

---

〔32〕 参见谢在全：《民法物权论》（上册），新学林出版股份有限公司2014年版，第171页。

在《唐律·杂律》、之后于宋代和元代法律中就有规定。[33]至明清和民国时期，此制度得到进一步认可，至1929~1930年《中华民国民法》颁行时，其第802条即对该制度及其规则予以了明定。

我国2007年制定《物权法》时，因考虑到认可先占制度势将鼓励不劳而获及引起国有财产的流失，故而最终并未对此制度作出明定。于现今，这一理由的正当性及社会基础业已不复存在，故此，笔者建议，立法机关应将目前此项仅存在于我国习惯法上的无主物（动产）先占规则，上升为明文的引起物权（所有权）变动的物权法规则。

（八）认可并明定添附（附合、混合与加工）制度及其规则

添附系物权法上分别属于不同的人所有的物，由于添加、结合的关系而成为一物时，该合成物的物权（所有权）归属与另一方的债权请求权行使的制度。其包括附合、混合及加工。也就是说，对于因添附而形成的结合物（合成物），为使之能发挥经济上的整体价值与效用，避免因分离（开来）而导致物的损耗，对合成物的所有权的归属就需予以明定，由此使该合成物（结合物）保持其整体性而不致分离。换言之，对于因添附而致非因毁损不能分离或分离需要过大费用的（物的）成分（原他人的物），其原所有人即不得再请求分离。[34]应指出的是，《物权法》对于添附的合成物（结合物）的所有权归属的确定，并非出于公平正义的衡量，而系纯粹出于技术上的方便和适宜而所作的厘定，即只要有添附的情形发生，为维护合成物（结合物）的整体经济效用，基于一物一权原则，就必须明确合成物（结合物）的所有权归属于当事人一方，或由当事人双方共有。[35]之后，为实现当事人双方利益的衡平，丧失物的所有权的一方当事人可行使不当得利的债权请求权。

在现今的实际生活中，添附制度具有较大的适用范围和作用空间。譬如，将他人的化肥施于自己的包产地中、对他人的房屋进行装修而粉刷油漆、对他人的书桌上漆、1瓶绍兴黄酒与1瓶上海石库门酒发生混合、10斤东北大米与10斤四川大米发生混合、内蒙古草原上甲牧民的30只羔羊与乙牧民的50只羔羊发生混合，以及改装他人的自行车而装上马达，致使马达等与该自行车难以分离等，皆须依附合、混合及加工等添附规则求得解决。另外，添附制度及其规则还具有鼓励人民创新、创造经济价值及激励人民发挥自己的主观能动性而创造社会财富的功用，故而笔者建议，我国应于《民法典》物权编中明定此项制度及其规则。

---

〔33〕 参见叶孝信主编：《中国民法史》，上海人民出版社1993年版，第334、463页。

〔34〕 参见郑冠宇：《民法物权》，新学林出版股份有限公司2015年版，第141页。

〔35〕 参见郑冠宇：《民法物权》，新学林出版股份有限公司2015年版，第141页。

四、用益物权规则的修订、扩展与完善

用益物权系以物权的利用方式对他人的物（财货、财产）享有占有、使用和收益权限的定限物权（他物权）。无财产（如土地）的人要利用他人的财产（如土地）于法律（尤其是私法）上可以透过债权的利用（如租赁、借用）与物权的利用两种途径（方式）而予实现。其中，后一种方式即物权的利用途径，其权利人于时限、法律效力及受到的保护等方面，皆强于依债权的利用方式而对他人财产（如土地）的利用。现行《物权法》将“用益物权”规定于第3编，规定了土地承包经营权、建设用地使用权、宅基地使用权、地役权及宣示性地明确当事人依法取得的探矿权、采矿权、取水权和使用水域、滩涂从事养殖、捕捞的权利受法律保护（第123条）。笔者认为，对于现行《物权法》所定的用益物权规则系统，于编纂《民法典》物权编时，宜从修订、扩展及完善等方面做出努力。

（一）修订《物权法》第117条对用益物权的含义的界定

如前所述，《物权法》所定的4种典型用益物权及其他准用益物权类型，皆系以土地、水域及滩涂等土地或水域不动产为客体（标的），而并不存在以动产为客体（标的）而设立的用益物权。由此之故，《物权法》第117条对用益物权的含义界定中的“或者动产”四字，应予剔除。

应注意的是，在域外比较法上，根据德国、法国及瑞士民法的规定，系可以动产为客体（标的）而设立作为用益物权的一种类型的“用益权”。尽管这些国家（尤其是德国）在现今的实务上，较少存在以动产为客体而设立用益权的情形，但其实务中当以遗嘱就继承财产设立用益权时，继承财产中的动产，就成为用益权的客体。[36]另外，于德国实务上，用益权还有如下形态：(1）供养用益权（Versorgun-gsnießbrauch）。该用益权可于所有权人生前或死后设立。(2）担保用益权（Sicherungsnießbrauch）。此特别体现于再为不动产担保物权债权人复设立一项用益权。据此，担保物权债权人可立即（即不必等到实行扣押之后）享受对土地的收益，譬如收取使用租金。(3）所有权人用益权（Eigentümernießbrauch）。即可于土地上设立所有权人用益权。[37]

---

〔36〕 参见［日］山田晟：《德国法概论》，有斐阁1987年版，第232页；参见陈华彬：《物权法研究》（修订版），法律出版社2009年版，第259~260页。

〔37〕 参见［德］鲍尔·施蒂尔纳：《德国物权法》（上册），张双根译，法律出版社2006年版，第698~699页；参见陈华彬：《外国物权法》，法律出版社2004年版，第200页；参见陈华彬：《物权法研究》（修订版），法律出版社2009年版，第264页。

（二）关于农村集体土地“三权分置”的明确及是否物权化的问题

农村集体土地的“三权分置”，即将目前《物权法》第11章所定的（农村）“土地承包经营权”界分、解构为“农村土地所有权”“农村土地承包权及“农村土地经营权”三权，其实际上是对《物权法》第11章所定的“土地承包经营权”的分解（解构），即将原来的一个权利分解为三个权利（“一分为三”），由此借以建立该三权并行分置的农地权利体系。应当说，这是力图解决我国目前农村土地承包经营权实践中出现的诸多新情况、新问题的良策，应予充分肯定。故此，笔者认为，有必要将此目前“三权分置”的政策写入《民法典》物权编中，使之上升为法律上的规定、立法上的举措。

但是，是否应当据此进一步使“三权”中的各项权利，尤其是使“土地承包权”与“土地经营权”物权化，即确立其具有物权的效力或属性，则应当审慎、稳妥。易言之，在笔者看来，不宜认可“土地承包权”“土地经营权”具有物权的效力，且分别为两项新的物权权利类型。之所以如此，盖此两项权利，系总的“土地承包经营权”项下的分权利、子权利，不能分别成为两项独立的物权权利。此两项分权利、子权利，仅系实现或达成（农村）“土地承包经营权”这一用益物权权利的目的的手段或途径。除此之外，其不复具有别的功能或效用。

（三）明确认可并规定空间建设用地使用权以扩展用益物权的类型

空间建设用地使用权系以土地的地中空间和空中（上空）空间为客体（标的）而设立的用益物权，系解决当代城市（镇）土地高度的立体化、集约化、过密化利用的最佳途径与方式，其于用益物权体系上实居于重要地位，具有很强的功能、效用和价值。从域外法的情况看，近现代及当代各国家或地区物权法皆明定了此项制度及其规则。只是其名称林林总总，不一而足，未尽相同。[38]

我国《物权法》第136条尽管业已明确可以土地的空中或地中设立建设用地使用权，也就是事实上肯认了空间建设用地使用权，但是，为使我国物权法上的空间建设用地使用权成为一项独立的用益物权，并以清晰、明确及臻于完善、妥恰的内容予以呈现，笔者建议，立法机关宜取域外比较法（如《日本民法》第269条之二）上的成例，于《民法典》物权编中以独立的条文对之作出确认。

（四）革新地役权以建构不动产役权制度及其规则

不动产役权，即以作为不动产的土地及其定着物、构筑物为客体（对象）而设立的役权。其与地役权系仅以土地为对象（客体）而设立调节土地之间的利用的权

---

〔38〕 关于此，请参见陈华彬：《空间建设用地使用权探微》，载《法学》2015年第7期。

利并不相同。也就是说，不动产役权的设立对象（客体）除土地外，还涵括土地上的定着物及构筑物等。因不动产役权于设立的对象（客体）范围上具有很大的拓展，故而当事人可透过不动产役权合同的订立而实现对包括建筑物、构筑物及土地等在内的不动产的利用的全方位调节。

现行《物权法》第14章仅系对地役权制度及其规则作出厘定。而如今，伴随社会的变迁与科技的进步，尤其是由于城市（镇）与其社区（小区）的更新、重建的需要，仅调节土地之间的利用的地役权制度及其规则业已远不能因应。由此，即需革新地役权而建构可对一切不动产的利用作最大限度的调节的不动产役权规则。总之，笔者认为，我国宜于《民法典》物权编中变革现行地役权而建构不动产役权制度及其规则，由此以实现我国法上的役权制度由地役权向不动产役权的转化和蜕变。〔39〕

（五）建议增加规定典权

典权系我国固有传统法上的一项制度，现今韩国法上的传贯权制度系与之相当。典权的性质有“用益物权说”“担保物权说”及“折中说”三种主张，唯通说与域外法上的立法成例认其系用益物权。〔40〕于现行《物权法》制定过程中，对于应否认可典权，曾存在“废止论”与“肯定论”两种意见。2007年颁行的《物权法》最终采行“废止论”而未认可典权。事实上，典权可为人民提供一种较好的融资渠道，将之予以规定以备而用之，应不失为一种良好、妥善的立法政策。尤其是我国现今一些地方的民间实务中，与典权及其相关的实践仍有比较广泛的存在。故此，建议于《民法典》物权编中增定此制度，由此以因应人民融资及物权类型的扩展、完善的需要。

（六）关于居住权

居住权（Wohnungsrecht）系大陆法系的德国、法国及瑞士民法中的一种本旨上系属于“限制的人役权”（BeschränktepersönlicheDienstbarkeit）范畴的制度。于这些国家，居住权主要系透过设立限制的人役权而取得。〔41〕按照此等国家的立法规定，将他人土地上的建筑物整体或建筑物中的一部分作为住宅而加以使用，并就此使用排除所有权人的权利的，即是居住权。〔42〕于德国，其居住权虽与德国民法（债

---

〔39〕关于对此的详实分析与立法建议，请参见陈华彬：《从地役权到不动产役权——以我国不动产役权的构建为视角》，载《法学评论》2016年第3期。

〔40〕参见谢在全：《民法物权论》（下册），新学林出版股份有限公司2014年版，第64～65页；参见《韩国民法典》第303条与我国台湾地区“民法”第911条。

〔41〕参见陈华彬：《外国物权法》，法律出版社2004年版，第199页。

〔42〕参见中国社会科学院法学研究所法律辞典编委会编辑、信春鹰主编：《法律辞典》，法律出版社2003年版，第794页。

务关系法编）中的“使用租赁权”相类似，但因其并无租金与解除居住权关系的内容，故其不能替代使用出租（使用租赁）的制度。另外，因德国法同时定有“住宅所有权和永久居住权”的制度，故此，作为确保权利人终生居住于建构在土地上的建筑物中的一种手段的居住权，现今业已于很大程度上丧失其往昔的功用与价值。[43]另外，由于德国《土地登记法》规定，土地登记簿册不得登录建筑物，故而何栋建筑物或建筑物的哪一部分上设立有居住权，系不能由土地登记簿册知悉、明了。并且，建筑物灭失时，居住权消灭，土地所有人并无复设立居住权的义务（BGHZ 7，268；8，58）。[44]

现今编纂《民法典》物权编时，对于居住权是否应予规定，存在肯定与否定两说。肯定说认为，明定居住权可以保护弱势群体，譬如夫妻离婚后一方的居住利益或保姆的居住利益等，[45]且认为此制度具有保障人民的住房权的功能。[46]笔者认为，这些理由于现今看来均已难谓准确、妥当。其主要因由是，对于弱势群体利益的保护可以透过《合同法》上的房屋租赁与《物权法》上的建筑物区分所有权制度予以实现。尤其是，若将上述欧陆德国、法国及瑞士法上的作为“限制的人役权”制度的一种形态的居住权纳入到我国的用益物权体系中，其势将发生体系的不谐配及解释、适用上的诸多水土不服的问题。众所周知，对于役权制度，欧陆各国与东方各国家或地区的差异，其最主要的系在于，前者既认可地役权，也认可（限制的）人役权，而后者即涵括我国在内的东方诸国家和地区，譬如日本、韩国及我国台湾地区等，皆只肯认地役权，而未承认（限制的）人役权。[47]由此之故，于我国及其他东方国家或地区的民法上，皆无居住权这一制度。笔者认为，我国现今也应采与此东方各国家或地区同样的立场，而无需于《民法典》物权编中引入欧陆民法上的居住权。

---

〔43〕 参见陈华彬：《外国物权法》，法律出版社2004年版，第199～200页；参见陈华彬：《物权法研究》（修订版），法律出版社2009年版，第259页。

〔44〕 参见［日］山田晟：《德国法概论》，有斐阁1987年版，第231页。另外，在德国，农民生前把农地转让给继承人，而为保留继续于农地上居住的权利，也往往设立居住权。对此，请参见［日］村上淳一等编：《德国法讲义》，青林书院新社1974年版，第206项。

〔45〕 笔者往昔也系如此认为，并据此建议规定居住权（参见陈华彬：《设立居住权可以更好地保护弱势群体利益》，载《检察日报》2004年2月9日第3版），如今看来此观点未尽全面，故现于此予以更易、修订。

〔46〕 应指出的是，对于居住权的所谓保障人民住房权的功能，比较物权法学理上主要系从理论与宏观的理想层面进行讨论。譬如日本学者铃木禄弥先生即是这方面的代表。其于所著的《居住权论》（有斐阁1959年版）中所称的居住权即与本文中所称的居住权存在很大的差异。也就是说，他主要系自宏观和理想的视角讨论宜保障人民的居住权。对此，请参见陈华彬：《物权法》，法律出版社2004年版，第454页。

〔47〕 关于对此点的详实分析，请参见陈华彬：《从地役权到不动产役权——以我国不动产役权的构建为视角》，载《法学评论》2016年第3期。

五、担保物权规则的改定与完善

担保物权系担保债权得以实现的制度。《物权法》第4编明定了抵押权、质权及留置权3种典型担保物权，另设立有关于担保物权的“一般规定”（第170条以下）。笔者认为，对于担保物权，于编纂《民法典》物权编时，立法机关宜做出一些改定并考虑是否增加一些新的规则。

（一）认可抵押权具有追及效力并以之保护抵押物转让后原抵押权人的利益

抵押权为一种典型的担保物权，由此，依物权法法理，其具有追及效力，即设立了抵押权的抵押物无论辗转至何处，抵押权人（债权人）皆可追及抵押物之所在而行使其抵押权权利。现行《物权法》第191条第2款为保护债权人（如银行）的利益而限制抵押期间转让抵押财产的做法，系属不妥，应予变更为：抵押期间，抵押人转让抵押财产的，其应通知原债权人（抵押权人），原债权人（抵押权人）的利益依原抵押权的追及效力而受保护。详言之，抵押人将抵押物转让给第三人，而债务人届期又未清偿其债务时，抵押物所有权此时虽已移转于第三人，但基于抵押权的追及效力，抵押权人（债权人）仍可径直追及抵押物之所在而行使抵押权，并由变卖抵押物所得的价金优先受自己债权的清偿。〔48〕

（二）改定《物权法》第202条并回归至《担保法解释》原第12条2款的规定

根据现行《物权法》第202条的规定，从权利与主权利同其命运，皆为消灭时效完成后效力所及的范围。从权利附属于主权利，其原则上不能独立存在，主权利因诉讼时效而消灭时，从权利也归于消灭，不受人民法院的保护。唯于域外法上，依《德国民法典》第216条第1项的规定，请求权虽罹于消灭时效，但其债权依旧存续，由此，债权人的担保物权如抵押权、质权系仍然存在（担保物权的从属性）。因担保物权的标的物有物的责任（Sachhaftung），故而债权人仍可就其担保标的物取偿。〔49〕另外，依我国台湾地区“民法”第145条第1项与第873条的规定，抵押权所担保的债权罹于消灭时效时，抵押权人仍可实行其抵押权，申请法院拍卖抵押物，并就其卖得价金受清偿。唯抵押权仅于消灭时效完成后5年间不行使而消灭。应注意的是，此5年期间仅适用于抵押权，而对动产质权和留置权并无准用的余地。且此5年期间，为抵押权的存续期间，故其为除斥期间，而非消灭时效。〔50〕

---

〔48〕 参见陈华彬：《民法物权论》，中国法制出版社2010年版，第75页。

〔49〕 参见陈华彬：《民法总论》，中国法制出版社2011年版，第501～502页。

〔50〕 参见郑冠宇：《民法总则》，瑞兴图书股份有限公司2014年版，第477～478页。

我国《担保法解释》原第12条第2款曾规定："担保物权所担保的债权的诉讼时效结束后，担保权人在诉讼时效结束后的二年内行使担保物权的，人民法院应当予以支持。"从上述域外法上的分析及基于比较法共通经验的可借鉴性，应认为此规定系属妥当。唯其已被《物权法》第202条"抵押权人应当在主债权诉讼时效期间行使抵押权；未行使的，人民法院不予保护"所替代。笔者认为，此替代应属不妥，编纂《民法典》物权编时，应废弃该替代而回复到《担保法解释》原第12条2款的规定。[51]

（三）扩展留置权的成立（适用）范围而以"牵连关系"替代"同一法律关系"

按《物权法》第231条的规定，除企业之间的留置外，债权人留置的动产应当与债权属于同一法律关系。也就是说，仅有债权的发生与动产之间具有同一法律关系，譬如定作人对承揽物的返还请求权与承揽人的报酬债权之间同属于加工承揽合同关系、寄存人的保管物返还请求权与保管人的保管费债权之间同属于有偿保管合同关系，及收货人的货物返还请求权与承运人的运费债权之间同属于货物运输合同关系时，方可发生留置。唯此"同一法律关系"并不仅限于当事人之间的合同关系。[52]

尽管如此，应当指出的是，《物权法》第231条将留置权成立（适用）的基础要件限定为"同一法律关系"，系明显狭窄了。立基于留置权制度的旨趣系在于实现当事人之间的利益的公平的考量，并借镜域外法上留置权成立（适用）的基础要件的共通经验，笔者建议，编纂《民法典》物权编时，宜将"同一法律关系"改定为"牵连关系"。透过此改定，留置权得以成立（适用）的空间即获得较大扩张。也就是说，举凡债权的发生与动产之间存在牵连关系的，皆可发生（成立）留置。具体而言，债权因该动产本身而生、债权与该动产的返还义务基于同一法律关系而生，及债权与该动产的返还义务基于同一事实关系而生的情形，皆宜认为债权的发生与该动产存在牵连关系，从而得发生留置。[53]

（四）让与担保不作为典型担保物权而宜作为习惯法上的担保方式对待

让与担保系一种通过移转自己财产的所有权权利来担保向对方融资的交易方式，是各国家和地区比较交易实务上的一项习惯法制度，而并不将之作为一种典型担保规定于民法典物权编中。现行《物权法》制定时，对于应否将让与担保予以纳入，曾存在肯定与否定两说。最终通过的《物权法》系采后者（否定说），认为其

---

〔51〕 参见陈华彬：《民法物权论》，中国法制出版社2010年版，第439页。

〔52〕 参见刘家安：《物权法论》，中国政法大学出版社2009年版，第215页。

〔53〕 参见陈华彬：《民法物权论》，中国法制出版社2010年版，第509页。

仅系习惯法上的一种担保方式。如今看来，这一立场和抉择并无不妥。故此，笔者建议，现今编纂《民法典》物权编的过程中，宜继续坚持此一立场不变。

（五）其他需要审慎考量、确定的问题

除以上所述者外，对于担保物权而言，其他需要立法机关审慎考量与确定的还有：当事人约定抵押权顺位固定的效力；鉴于《物权法》第217条业已明确认可责任转质，立基于举重明轻的当然解释原则，立法也宜明确认可承诺转质；鉴于《担保法司法解释》第77条业已认可后发的所有人抵押权，故建议再向前迈一步，即将此司法解释上的该规定于《民法典》物权编中加以明定。最后，对于域外法上的特殊留置权应如何对待，也应值得斟酌。

六、占有制度及其规则的丰富与完善

占有系一种“类（似）物权”，是物权权利（尤其是动产物权权利）的“外衣”和公示方法。占有人于占有物上行使的权利推定其合法有此权利，由此，占有具有公信力。现行《物权法》第5编“占有”仅设有5个条文，较为简陋，实务中不敷使用。笔者建议，于编纂《民法典》物权编时，应对此部分作较大的扩展与完善。

占有系一项具有较为深厚的法理蕴含于其中的制度，占有规则的厘定对于整个物权法体系的架构具有关键影响。同时，也应当指出，占有规则的厘定实系物权法全部体系规则中较为困难的。笔者认为，除《物权法》业已明定的5条占有规则外，《民法典》物权编还应对如下占有关系以规则的形式作出厘定：（1）善意、恶意情形下，物的所有人与物的占有人之间的回复关系；（2）对物的占有的（权利）推定；（3）占有样态的推定；（4）对物的占有的变动（含对物的占有的移转、合并、分离）；（5）占有人与占有辅助人的界分；（6）占有的保护；（7）共同占有；（8）准占有；（9）占有的消灭。

七、结语

我国《民法典》物权编的立法系一项重大而宏伟的工程。由于物权法系关于财产的所有与物权的利用的法律，具有强制性、绝对性、对世性及严格性，并由此关涉人民、社会及国家的根本财产利益，故此，《民法典》物权编的立法应格外严谨、审慎，绝不可率性而为。对此，笔者对于本文的论证、分析，也大抵循此精神或原则而予展开。笔者期冀，本文所做的论证与分析，能为《民法典》物权编的科学、严谨、先进及高质量地出台有所裨益或助力。

最后，还需要指出的是，除前文业已提出的建言或观点外，对于下列一些问题，立法机关也应予以考量、斟酌乃至确定：（1）相邻关系规则可否依当事人之间的约定而排除适用；（2）于《物权法司法解释（一）》对共有作有诸多解释的情形下，共有规则应如何进一步完善；（3）应否增定土地承包经营权的流转方式；（4）应否明定住宅建设用地使用权期间届满后的续期与费用缴纳；（5）是否明定农村宅基地使用权的退出。

由我国台湾地区“最高法院”2017年第3次民事庭会议决议看不动产借名登记

王千维*

目　次

一、我国台湾地区“最高法院”2017年第3次民事庭会议之决议内容

我国台湾地区“最高法院”2017年第3次民事庭会议之决议内容如下：“不动产借名登记契约为借名人与出名人间之债权契约，出名人依其与借名人间借名登记契约之约定，通常固无管理、使用、收益、处分借名财产之权利，然此仅为出名人与借名人间之内部约定，其效力不及于第三人。出名人既登记为该不动产之所有权人，其将该不动产处分移转登记予第三人，自属有权处分。”

我国台湾地区“最高法院”2017年第3次民事庭会议决议乃承袭台湾地区“最高法院”2014年台上字第1518号民事判决之看法。同时由此一决议内容观之，台湾地区“最高法院”乃肯认，不动产借名登记契约属债权契约之性质，并且，基于此一债权契约，出名人通常丧失对目标物之管理、使用、收益、处分等权能，唯出名人对目标物所为之处分行为，却属有权处分。

* 台湾政治大学法学院教授。

二、评析

（一）问题之提出

不动产借名登记契约虽属债权契约，然而其乃涉及目标物所有权之登记，因此首先所应厘清者，乃系出名人与借名人之间就目标物之所有权所形成之法律关系。对此，不论台湾地区实务[1]以及学说[2]皆一致肯认，在不动产借名登记下，出名人虽取得登记名义，唯台湾地区"民法"第765条所定所有权之各项权能却归借名人所享有。同时，对于出名人就目标物所为之处分行为，台湾地区实务与学说主有权处分者有之；[3]主无权处分者亦有之，[4]众说纷纭，莫衷一是。然而，若考诸台湾地区"民法"物权编之规定，所有权之内容归数人所享有者，仅有二种情形：一为共有；另一则为定限物权之设定。[5]对于不动产借名登记而言，首先，出名人与借名人间并无应有部分之可言，自非分别共有之法律关系。并且，出名人与借名人间又不具共有关系，自未对目标物形成共同共有。再者，不动产借名登记契约仅系债权契约，[6]从而并未借此在目标物上设定定限物权予出名人或借名人。至此，在不动产借名登记下，应仅出名人或借名人中之一人单独拥有目标物之完全的所有权，并未发生出名人与借名人共有目标物或设定定限物权之情事。况且，参酌台湾

---

〔1〕 台湾地区"最高法院"1999年台上字第1725号民事判决；台湾地区"最高法院"2002年台上字第1871号民事判决；台湾地区"最高法院"1995年度台上字第953号民事判决；台湾地区"最高法院"2008年台上字第2445号民事判决；台湾地区"最高法院"2009年台上字第76号民事判决；台湾地区"最高法院"2010年台上字第1662号民事判决；台湾地区"最高法院"2013年台上字第1833号民事判决；台湾地区"最高法院"2014年台上字第1192号民事判决；台湾地区"最高法院"2014年台上字第2142号民事判决；台湾地区"最高法院"2017年第3次民事庭会议决议。

〔2〕 吴从周，《民事法学与法学方法》（四），2010年3月，第191页；《我国不动产借名登记契约之发展现状—特别着重观察内部效力与外部效力演变之互动》，载《军法专刊》，第61卷第4期；林诚二：《由借名登记契约论不动产物权变动之效力》，载《法学的实践与创新》（陈猷龙教授六秩华诞祝寿论文集），第402页；约翰逊林：《民事法理与判决研究》（五），2007年12月，第224页。

〔3〕 台湾地区"最高法院"2014年1518号民事判决；台湾地区"最高法院"2017年第3次民事庭会议决议；吴从周：《民事法学与法学方法》（四），第194页；陈忠五：《2011年民事法发展回顾》，载《台大法学论丛》，第41卷特刊，第1480－1481页；陈聪富：《民法总则》，2014年版，第270页。

〔4〕 台湾地区"最高法院"1997年度台上字第1487号民事判决；台湾地区"最高法院"2009年台上字第76号民事判决；台湾地区"最高法院"2010年台上字第1114号民事判决；台湾地区"最高法院"2011年台上字第2101号民事判决；约翰逊林：《借名登记出名人之无权处分及借名人回复登记之请求权基础，兼论出名人之不法管理责任》，载《台湾法学杂志》，2011年第186期；蔡晶莹：《论借名登记契约》，载《台湾法学杂志》，2014年总第242期。

〔5〕 Staudinger-Gursky, Neubearbeitung, 2013, § 1008, Rn. 2.

〔6〕 台湾地区"最高法院"2017年第3次民事庭会议决议。

地区“民法”第759条之规定可以得知，登记名义并非取得所有权所绝对必要之条件。

此外，前述台湾地区实务与学说虽就出名人对目标物之处分行为是否系有权处分或无权处分，意见不一致，但都认为借名人对目标物有处分权，而由台湾地区“民法”第117条以及第118条第1项等规定可以得知，任何非基于法律规定之授权，对他人之权利而为处分行为之人，即属台湾地区“民法”第118条第1项、第2项所定之“无权利人”（Nichtberechtigter）。[7]并且，台湾地区“民法”第118条第1项所定之“承认”，一般而言，固系指事后同意而言。[8]然而，参酌台湾地区“民法”第117条之规定，“无权利人”，亦得经由所有权人之事前同意而取得处分权。[9]从而，在不动产借名登记下，借名人对目标物之处分权，究系基于借名人对目标物之所有权而生？抑或借名人乃系台湾地区“民法”第118条第1项、第2项所定之“无权利人”，进而出名人乃依据台湾地区“民法”第117条或第118条第1项等规定，经由事前或事后同意授予借名人有处分权？在此即值做进一步之探究。

再者，经由不动产借名登记契约，可能导致所有权与登记名义分离之结果，[10]因而由何人行使台湾地区“民法”第767条所定之物上请求权？在此即生疑义。唯台湾地区实务[11]以及学说[12]对此均一再强调，应由登记名义人行使台湾地区“民法”第767条所定之物上请求权，而不问目标物所有权之谁属。此项见解是否有违台湾地区“民法”第767条所定物上请求权之本旨？亦值检讨。

（二）不动产借名登记下，目标物所有权之归属

如前所述，在不动产借名登记下，应仅出名人或借名人中之一人单独拥有目标物之完全的所有权，从而，有关不动产借名登记契约，首先所要确立者，乃系目标

---

〔7〕 Staudinger－Gursky，13. Aufl.，1995，§ 185，Rn. 14.

〔8〕 王泽鉴：《民法总则》，2014年版，第566页；黄立：《民法总则》，2005年版，第430页。

〔9〕 黄立：《民法总则》，2005年版，第429页。

〔10〕 林诚二：《由借名登记契约论不动产物权变动之效力》，载《法学的实践与创新》（陈猷龙教授六秩华诞祝寿论文集），第402页。

〔11〕 台湾地区“最高法院”1980年台上字第2733号民事判决；台湾地区“最高法院”1983年台上字第798号民事判决；台湾地区“最高法院”1983年台再字第20号民事判决；台湾地区“最高法院”1998年台上字第1087号民事判决；台湾地区“最高法院”2004年台上字第1886号民事判决；台湾地区“最高法院”2008年台上字第217号民事判决；台湾地区“最高法院”2012年台上字第1064号民事判决；台湾地区“最高法院”2004年台上字第45号民事裁定；台湾地区“最高法院”1993年第2次民事庭会议决议。

〔12〕 王泽鉴：《民法物权》，2014年版，第150页；谢在全：《民法物权论（上）》，2014年版，第124页。

物所有权之归属。在此，依据台湾地区实务[13]以及学说[14]之见解，所谓“借名登记契约”，乃系当事人约定，一方（借名人）经他方（出名人）同意，而就属于一方（借名人）现在或将来之财产，以他方（出名人）之名义，登记为所有人或其他权利人而言。简言之，借名登记契约作为债权契约之中心意旨，乃在于由出名人取得登记名义，而借名人则仍保有目标物之管理、使用、收益、处分等权能。唯为达此等借名登记之结果，必要时则尚需一定物权行为，乃至其他债权契约之配合。进而，在此再按究系移转将来财产或现在财产之不同，基于台湾学说[15]之整理，得将不动产借名登记大致为下列两种类型而为观察：

1. 借名人以出名人之名义自第三人处取得目标物之所有权

针对此一类型又得再区分为二种案型：[16]

（1）由借名人与第三人成立买卖、互易等债权契约，唯该第三人再依据借名人之指示，将目标物之所有权移转予出名人

在此一案型下，借名人与该第三人间，原则上并未发生过通谋虚伪意思表示之情事，在此若无其他意思表示之瑕疵时，借名人与该第三人间乃成立一有效之买卖、互易等债权契约，自不待言。并且，借名人之指示乃一方面赋予出名人有受领权，令出名人成为台湾地区“民法”第 309 条第 1 项所定之“其他有受领权人”。[17]同时，另一方面，借名人之指示又赋予该第三人有得向非买受人（非债权人）之出名人为给付而能发生清偿效力之权利。[18]进而，该第三人为履行其在买卖、互易等债权契约下所负担移转目标物所有权之给付义务，乃依据借名人之指示，在该第三人与出名人间发生目标物所有权移转之物权行为。[19]既系依据借名人之指示，所以在该第三人与出名人间，原则上亦未发生通谋虚伪意思表示之情事，并且若无其他意思表示之瑕疵时，该第三人与出名人间之物权行为亦为有效，从而经由一有效之物权行

---

〔13〕 台湾地区“最高法院”2011 年台上字第 2101 号民事判决；台湾地区“最高法院”2013 年台上字第 1164 号民事判决。

〔14〕 吴从周：《我国不动产借名登记契约之发展现状一特别着重观察内部效力与外部效力演变之互动》，载《军法专刊》，第 61 卷第 4 期；约翰逊林：《民事法理与判决研究》（五），第 78 页；《借名登记出名人之无权处分及借名人回复登记之请求权基础，兼论出名人之不法管理责任》，载《台湾法学杂志》，第 186 期；蔡晶莹：《论借名登记契约》，载《台湾法学杂志》，总第 242 期。

〔15〕 林诚二：《由借名登记契约论不动产物权变动之效力》，载《法学的实践与创新》（陈猷龙教授六秩华诞祝寿论文集），第 415 ~ 417 页；约翰逊林：《民事法理与判决研究》（一），1998 年 11 月，第 229 ~ 232 页。

〔16〕 约翰逊林：《民事法理与判决研究》（一），第 228 ~ 229 页。

〔17〕 王泽鉴：《不当得利》，2015 年版，第 240 页；请参阅王千维：《在给付行为之当事人间基于给付而生财产损益变动之不当性》，2007 年 8 月，第 76 ~ 80 页。

〔18〕 王泽鉴：《不当得利》，第 240 页。

〔19〕 王泽鉴：《民法总则在实务上的最新发展（一）》，载《台湾本土法学杂志》总第 52 期。

为，令出名人单独取得目标物完全之所有权。[20]至于若借名人仍保有目标物所有权状或印章等书面证明文件，而且，借名人乃代理出名人为物权行为之意思表示，或成为出名人之受领使者而自该第三人处受领目标物之交付等，皆不影响在法律上出名人乃系目标物之单独所有权人之地位。此时，出名人乃依据其与借名人间不动产借名登记之债权契约，将目标物之管理、使用、收益以及处分等权能授予借名人，唯借名人所取得之上开权能仅具债权性质，盖如前所述，于不动产借名登记契约下，出名人与借名人间并未发生设定定限物权之情事。对此，前述之台湾地区"最高法院"2017年第3次民事庭会议决议表明，出名人之所以无管理、使用、收益、处分借名财产之权利，乃出于出名人与借名人间之内部约定，似乎亦在反映借名人仅取得债权性质之权能。进而，在此一案型下，出名人基于其目标物所有权人之地位，若将目标物加以处分者，除有另因法定事由（例如："台湾破产法"第75条）丧失处分权之情形外，自属有权处分。[21]然而，出名人依据不动产借名登记契约之约定，却可能负有不得处分之义务。[22]

（2）由出名人与第三人成立买卖、互易等债权契约，并在出名人与该第三人间，发生目标物所有权移转之物权行为

在此一案型下，出名人与该第三人间之买卖、互易等债权契约，以及针对目标物所有权移转所发生之物权行为，原则上亦未构成通谋虚伪意思表示，盖出名人与第三人内心皆无将目标物之所有权保留于该第三人处，而令其间之债权契约或物权行为成为无效之意思。而且，纵该第三人明知出名人与借名人间存有不动产借名登记契约，唯解释上该第三人乃相当于基于借名人之指示，而与出名人成立买卖、互易等债权契约并将目标物之所有权移转予出名人。从而，在出名人与该第三人间，若无其他意思表示之瑕疵时，乃经由一有效之物权行为，令出名人单独取得目标物完全之所有权。至于若借名人仍保有目标物之所有权状或印章等书面证明文件，而且，借名人乃代理出名人为物权行为乃至债权契约之意思表示，或成为出名人之受领使者而自该第三人处受领目标物之交付等，亦不影响在法律上出名人乃系目标物之单独所有权人之地位。此时，如同上述案型1，出名人乃依据其与借名人间不动产借名登记之债权契约，将目标物之管理、使用、收益以及处分等权能授予借名人，唯借名人所取得之上开权能仅具债权性质，盖，如前所述，于不动产借名登记契约下，出名人与借名人间并未发生设定定限物权之情事。进而，如同上述案型1，

---

〔20〕 台湾地区"最高法院"2015年台上字第38号民事判决；王泽鉴：《民法总则在实务上的最新发展（一）》，载《台湾本土法学杂志》第52期。

〔21〕 吴从周：《我国不动产借名登记契约之发展现状——特别着重观察内部效力与外部效力演变之互动》，《军法专刊》，第61卷第4期；林诚二：《由借名登记契约论不动产物权变动之效力》，载《法学的实践与创新》（陈猷龙教授六秩华诞祝寿论文集），第416页。

〔22〕 请参阅王泽鉴：《民法总则在实务上的最新发展（一）》，载《台湾本土法学杂志》第52期。

出名人基于其目标物所有权人之地位，若将目标物加以处分者，除有另因法定事由丧失处分权之情形外，自属有权处分。然而，出名人依据不动产借名登记契约之约定，却可能负有不得处分之义务。

综上所述，若借名人以出名人之名义自第三人处取得目标物之所有权者，不论在借名人与该第三人间成立买卖、互易等债权契约，该第三人再依据借名人之指示与出名人发生移转目标物所有权之物权行为；抑或出名人直接与该第三人成立买卖、互易等债权契约，并在出名人与该第三人间发生移转目标物所有权之物权行为，皆因基于该第三人与出名人间有效之物权行为，而令出名人单独取得目标物完全之所有权。此时借名人仅系基于不动产借名登记契约，对目标物取得债权性质之管理、使用、收益以及处分等权能。相反地，出名人乃系基于其目标物所有权人之地位，原则上得对目标物为有权处分。在此，前述之台湾地区“最高法院”2017年第3次民事庭会议决议一方面表示，出名人之所以无管理、使用、收益、处分借名财产之权利，乃出于出名人与借名人间之内部约定。同时，另一方面，却又肯认，出名人对目标物所为之处分行为，乃属有权处分。似乎乃系针对此一类型之不动产借名登记而言。

此外，不动产借名登记契约依据台湾地区实务[23]以及学说[24]之见解，乃属类似委任之无名契约，因而在此一类型之不动产借名登记下，于借名登记契约终了时，类推适用台湾地区“民法”第541条第2项之规定，[25]出名人应将目标物之所有权移转予借名人归其所有。[26]再者，出名人对目标物所为之处分纵属有权处分，唯其若违反不动产借名登记契约者，类推适用台湾地区“民法”第544条之规定，出名人应对借名人负担损害赔偿之责。

然而，不动产借名登记契约有因借名人逃税、避免其债权人强制执行、依法未能取得特定财产（例如：“台湾土地法”第17条第1项以及“国民住宅条例”第7

---

〔23〕 台湾地区“最高法院”2002年台上字第1871号民事判决；台湾地区“最高法院”2006年台上字第1037号民事判决；台湾地区“最高法院”2009年台上字第76号民事判决；台湾地区“最高法院”2010年台上字第1662号民事判决；台湾地区“最高法院”2011年台上字第1211号民事判决；台湾地区“最高法院”2011年台上字第1696号民事判决；台湾地区“最高法院”2011年台上字第1972号民事判决；台湾地区“最高法院”2014年台上字第2142号民事判决。

〔24〕 王泽鉴：《民法总则在实务上的最新发展（一）》，载《台湾本土法学杂志》总第52期；吴从周：《民事法学与法学方法》（四），第190页；《我国不动产借名登记契约之发展现状—特别着重观察内部效力与外部效力演变之互动》，载《军法专刊》第61卷第4期；林诚二：《由借名登记契约论不动产物权变动之效力》，载《法学的实践与创新》（陈猷龙教授六秩华诞祝寿论文集），第402页；陈聪富：《民法总则》，第268页；约翰逊林：《民事法理与判决研究》（一），第231页；《借名登记出名人之无权处分及借名人回复登记之请求权基础，兼论出名人之不法管理责任》，载《台湾法学杂志》，总第186期；蔡晶莹：《论借名登记契约》，载《台湾法学杂志》，总第242期。

〔25〕 王泽鉴：《民法总则在实务上的最新发展（一）》，载《台湾本土法学杂志》总第52期。

〔26〕 台湾地区“最高法院”2014年台上字第2142号民事判决。

条第2项）或其他未具正当原因，依据台湾地区“民法”第71条本文或第72条等规定而无效者，[27]此时则发生三人关系不当得利之问题，[28]兹区别上述案型1与案型2等情形分述之如下：

第一，在上述案型1之情形，借名人与第三人间乃成立有效之买卖、互易等债权契约，并且该第三人又依据借名人之指示，经由一有效之物权行为将目标物之所有权移转予出名人。在此，解释上乃将该第三人视为借名人之履行辅助人，[29]为借名人履行在不动产借名登记契约下移转目标物之所有权予出名人之给付义务。唯因不动产借名登记契约无效，乃令借名人以该第三人为履行辅助人对出名人所为之给付，陷于给付目的无法实现之窘境，[30]以致此等借名人对出名人之给付因而成为无法律上原因，从而，借名人得依据台湾地区“民法”第179条所定不当得利之规定，向出名人请求返还目标物之所有权。并且，若因法令之限制，目标物之所有权无法原状返还者，则依据台湾地区“民法”第181条但书之规定，出名人应偿还目标物之价额予借名人。

若不动产借名登记契约终了者，亦令借名人对出名人移转目标物所有权之给付，于借名登记契约终了时成为无法律上原因，此时除类推适用前述台湾地区“民法”第541条第2项之规定外，借名人尚得依据台湾地区“民法”第179条第2句之规定，向出名人请求返还目标物之所有权。

第二，在上述案型2之情形，出名人与第三人间乃成立有效之买卖、互易等债权契约以及物权行为，并且出名人乃基于此一有效之物权行为单独取得目标物完全之所有权。此时若依据不动产借名登记契约，借名人有为出名人清偿买卖价金或其他对价之给付义务者，唯不动产借名登记契约无效，因而令借名人为出名人清偿买卖价金或其他对价之给付陷于给付目的无法实现之窘境，进而令借名人为出名人清偿买卖价金或其他对价之给付成为无法律上原因。从而，出名人应依据台湾地区

---

[27] 台湾地区“最高法院”1982年台上字第2052号民事判决；台湾地区“最高法院”1990年台上字第2757号民事判决；台湾地区“最高法院”1999年台上字第2115号民事判决；台湾地区“最高法院”1999年台上字第3041号民事判决；林诚二：《由借名登记契约论不动产物权变动之效力》，载《法学的实践与创新》（陈猷龙教授六秩华诞祝寿论文集），第413～416页；陈聪富：《民法总则》，2014年版，第267～268页；《脱法行为、消极信托及借名登记契约》，载《月旦法学杂志》，第123期，2005年8月，第229页；约翰逊林：《民事法理与判决研究》（一），第228～232页；《民事法理与判决研究》（五），第79页。

[28] 请参阅 王泽鉴：《民法总则在实务上的最新发展（一）》，载《台湾本土法学杂志》第52期。唯该文主张，若由借名人与第三人成立买卖契约，该第三人再依据借名人之指示，将目标物所有权移转予出名人。并且，如上开买卖契约无效者，该第三人与借名人间虽有给付关系，但却由该第三人向出名人请求返还目标物之所有权。

[29] 请参阅王千维，《在给付行为之当事人间基于给付而生财产损益变动之不当性》，第76～80页。

[30] 请参阅王千维，《在给付行为之当事人间基于给付而生财产损益变动之不当性》，第42～44页。

“民法”第179条以及第181条等所定不当得利之规定，偿还该等价金或其他对价之价额予借名人。

2. 借名人将其既有目标物之所有权移转登记在出名人之名下

有关此一类型的不动产借名登记，依据借名人与出名人间所成立不动产借名登记契约之本旨，借名人仅负担使出名人取得登记名义之给付义务，并不负担移转目标物所有权之给付义务。从而，借名人与出名人间乃为令出名人取得登记名义所必要一切形式要件之行为，唯因双方当事人皆欠缺成立物权行为之效果意思，所以解释上并未发生移转目标物所有权之物权行为，以致在此等类型之不动产借名登记下，借名人乃为目标物之真正所有权人，而出名人仅系登记名义人。[31]于不动产借名登记契约终了时，类推适用台湾地区“民法”第541条第2项[32]，抑或依据台湾地区“民法”第179条所定之不当得利返还请求权或台湾地区“民法”第767条所定之妨害除去请求权等规定，出名人应将目标物回复登记为借名人之名义。并且，因借名人乃系目标物之真正所有权人，所以，出名人对目标物所为之处分行为，如未取得借名人事前或事后同意之授权者，自属无权处分，唯此时另有台湾地区“民法”第759条之一以及“土地法”第43条等规定适用之可能性，[33]自不待言。然而，出名人若违反不动产借名登记契约，使目标物由第三人善意取得，因而令借名人丧失对目标物之所有权者，除类推适用台湾地区“民法”第544条之规定，出名人应对借名人负担损害赔偿之责外，此时尚发生出名人对借名人应负担侵权行为损害赔偿责任、不当得利返还责任以及不法管理责任等问题。[34]

此外，若借名登记契约无效者，乃意味着借名人对出名人所为登记名义之给付，陷于给付目的无法实现之窘境，[35]因而令此等登记名义之给付成为无法律上原因，从而，借名人得依据台湾地区“民法”第179条所定不当得利之规定，向出名人请求返还登记名义。据此，出名人应将目标物回复登记为借名人之名义。

3. 小结

出名人对目标物所为之处分行为究属有权处分或无权处分，须先视不动产借名登记下，目标物所有权之归属而定。对此，若借名人以出名人之名义自第三人处取

---

〔31〕 台湾地区“最高法院”2015年台上字第298号民事裁定；吴从周，《民事法学与法学方法》（四），第191页；林诚二：《由借名登记契约论不动产物权变动之效力》，载《法学的实践与创新》（陈猷龙教授六秩华诞祝寿论文集），第416页。

〔32〕 王泽鉴：《民法总则在实务上的最新发展（一）》，载《台湾本土法学杂志》总第52期。

〔33〕 林诚二：《由借名登记契约论不动产物权变动之效力》，载《法学的实践与创新》（陈猷龙教授六秩华诞祝寿论文集），第416~417页。

〔34〕 约翰逊林：《借名登记出名人之无权处分及借名人回复登记之请求权基础，兼论出名人之不法管理责任》，载《台湾法学杂志》总第186期。

〔35〕 请参阅王千维：《在给付行为之当事人间基于给付而生财产损益变动之不当性》，第42~44页。

得目标物之所有权者，则由出名人单独取得目标物完全之所有权，借名人仅系基于不动产借名登记契约，对目标物取得债权性质之管理、使用、收益、处分等权能。此时出名人基于其目标物所有权人之地位，对目标物所为之处分行为，自属有权处分。另一方面，若借名人将其既有目标物之所有权移转登记在出名人之名下者，则出名人仅取得登记名义，目标物之所有权仍归借名人所有，从而，此时出名人对目标物所为之处分行为，若未取得借名人事前或事后同意之授权者，乃属无权处分，唯此时另有台湾地区“民法”第759之一以及“土地法”第43条等规定适用之可能性。

此外，出名人对目标物所为之处分行为，不论系有权处分，或属无权处分而令第三人善意取得者，此时出名人若违反其与借名人间不动产借名登记契约之约定，应类推适用台湾地区“民法”第544条之规定，对借名人负担损害赔偿之责。同时，在无权处分之情形，出名人尚有对借名人负担侵权行为损害赔偿责任、不当得利返还责任以及不法管理责任等可能性。

（三）不动产借名登记下，本于所有权之请求之行使

台湾地区“民法”第767条所定之物上请求权乃属台湾地区“民法”第821条本文所定“本于所有权之请求”之一环。〔36〕此处所谓“本于所有权之请求”，乃系指实现所有权之物权的请求权（der dingliche Eigentumsverwirklichungsanspruch）〔37〕而言，包含台湾地区“民法”第767条所定之物上请求权，〔38〕以及相邻关系所生之各项请求权，〔39〕此亦为台湾地区实务〔40〕以及学说〔41〕所肯认。并且，此等请求权之

---

〔36〕 台湾地区“最高法院”1939年上字第2361号判例；王泽鉴：《民法物权》，第302页；姚瑞光：《民法物权论》，2011年版，第134页；蔡明诚：《物权法研究》，2003年版，第96~97页；谢在全：《民法物权论（上）》，第390页；Staudinger-Gursky, Neubearbeitung, 2013, § 1011, Rn. 2；请参阅王千维：《应有部分之物权性与分别共有人相互间之债之关系》，2017年9月，第40页。

〔37〕 Medicus/Petersen, Bürgerliches Recht, 24. Aufl., 2013, S. 221；Staudinger-Gursky, Neubearbeitung, 2013, Vorbem. zu, §§ 985–1007, Rn. 1； § 985, Rn. 1； § 1011, Rn. 2；请参阅 王千维：《应有部分之物权性与分别共有人相互间之债之关系》，第39~40页。

〔38〕 台湾地区“最高法院”1939年上字第2361号判例；王泽鉴：《民法物权》，第302页；姚瑞光：《民法物权论》，第134页；蔡明诚：《物权法研究》，第96~97页；谢在全：《民法物权论（上）》，第390页；Staudinger-Gursky, § 1011, Rn. 2；请参阅 王千维：《应有部分之物权性与分别共有人相互间之债之关系》，第40页。

〔39〕 王泽鉴：《民法物权》，第302页；姚瑞光：《民法物权论》，第134页；蔡明诚：《物权法研究》，第96~97页；谢在全：《民法物权论（上）》，第391页；Schubert, JR 1975, 363；有关此处相邻关系所生各项请求权之详细内容，请参阅王千维：《应有部分之物权性与分别共有人相互间之债之关系》，第40~44页。

〔40〕 台湾地区“最高法院”1939年上字第2361号判例。

〔41〕 王泽鉴：《民法物权》，第302页；姚瑞光：《民法物权论》，第134页；蔡明诚：《物权法研究》，第96~97页；谢在全：《民法物权论（上）》，第390~391页；请参阅 王千维：《应有部分之物权性与分别共有人相互间之债之关系》，第40~44页。

特征乃在于其旨在实现所有权之内容，[42]从而未得与所有权相分离而单独让与，[43]以致第三人除基于所有权人或法律规定之授权，而得以自己之名义行使此等请求权者外，[44]此等实现所有权之物权的请求权，既与所有权不相分离，原则上仅所有权人始得行使之。至此，在不动产借名登记下，应由所有权人为本于所有权之请求，亦即由所有权人行使实现所有权之物权的请求权，而与登记名义谁属无关。更确切地说，若属借名人以出名人之名义自第三人处取得目标物之所有权者，乃由出名人单独取得目标物完全之所有权，因此由出名人行使此等实现所有权之物权的请求权，借名人仅得基于出名人之授权，始有行使此等请求权之可能性。另一方面，若借名人将其既有目标物之所有权移转登记在出名人之名下者，则此时目标物之所有权仍归借名人所有，自由借名人行使此等实现所有权之物权的请求权，[45]出名人虽取得登记名义，唯并非所有权人，除有取得借名人之授权外，原则上无法行使此等实现所有权之物权的请求权。

三、结论

不动产借名登记契约乃系类似委任之无名契约，属债权契约之性质。然而，就出名人对目标物所为之处分行为，台湾地区实务与学说主有权处分者有之，主无权处分者亦有之，并且，又有以登记名义谁属，决定物上请求权行使主体之见解者，足见虽属债权契约性质之不动产借名登记契约，却隐然影响了一定的物权关系。所以，在不动产借名登记之情形，首先所要确立者，乃系目标物所有权之归属，其次则为所有权下之部分权能究循何种途径而由所有权人以外之人行使之。对此，本文认为，若借名人以出名人之名义自第三人处取得目标物之所有权者，则由出名人单独取得目标物完全之所有权。此时，借名人仅系基于不动产借名登记契约，对目标

---

〔42〕 Medicus/Petersen, Bürgerliches Recht, S. 221；请参阅 王千维：《应有部分之物权性与分别共有人相互间之债之关系》，第40页。

〔43〕 Medicus/Petersen, Bürgerliches Recht, S. 224 f. , 228；Staudinger - Gursky, Neubearbeitung, 2009 , § 1004, Rn. 88；请参阅王千维：《应有部分之物权性与分别共有人相互间之债之关系》，第40页。

〔44〕 Staudinger - Gursky, Neubearbeitung, § 985, Rn. 42； § 1004, Rn. 88.

〔45〕 不同见解：台湾地区“最高法院”1980年台上字第2733号民事判决；台湾地区“最高法院”1983年台上字第798号民事判决；台湾地区“最高法院”1983年台再字第20号民事判决；台湾地区“最高法院”1998年台上字第1087号民事判决；台湾地区“最高法院”2004年台上字第1886号民事判决；台湾地区“最高法院”2008年台上字第217号民事判决；台湾地区“最高法院”2012年台上字第1064号民事判决；台湾地区“最高法院”2004年台上字第45号民事裁定；台湾地区“最高法院”1993年第2次民事庭会议决议；王泽鉴：《民法物权》，第150页；谢在全：《民法物权论（上）》，第124页；约翰逊林：《借名登记出名人之无权处分及借名人回复登记之请求权基础，兼论出名人之不法管理责任》，载《台湾法学杂志》，第186期，第55~56页。

物取得债权性质之管理、使用、收益以及处分等权能。另一方面，若借名人将其既有目标物之所有权移转登记在出名人之名下者，则出名人仅取得登记名义，目标物之所有权仍归借名人所有，借名人自得行使台湾地区“民法”第765条所定之所有权之各项权能。

此外，出名人对目标物所为之处分行为，不论系有权处分，或属无权处分而令第三人善意取得者，此时出名人若违反其与借名人间不动产借名登记契约之约定，应类推适用台湾地区“民法”第544条之规定，对借名人负担损害赔偿之责。同时，在无权处分之情形，出名人尚有对借名人负担侵权行为损害赔偿责任、不当得利返还责任以及不法管理责任等可能性。

再者，台湾地区“民法”第767条所定之物上请求权乃属台湾地区“民法”第821条本文所定“本于所有权之请求”之一环，而为实现所有权之物权的请求权之一类型，自与所有权不相分离，原则上仅所有权人始得行使之。从而，在不动产借名登记之情形，若属借名人以出名人之名义自第三人处取得目标物之所有权者，则出名人为目标物之所有权人，自由出名人行使台湾地区“民法”第767所定之物上请求权，借名人仅得基于出名人之授权，始有行使此等请求权之可能性。另一方面，若借名人将其既有目标物之所有权移转登记在出名人之名下者，则此时目标物之所有权仍归借名人所有，自由借名人行使台湾地区“民法”第767条所定之物上请求权。此时出名人虽取得登记名义，唯并非所有权人，除有取得借名人之授权外，原则上无法行使台湾地区“民法”第767条所定之物上请求权。

统一动产融资登记公示制度的建构*

高圣平**

目　次

一、问题的提出

随着社会经济的发展，动产代替不动产渐趋构成社会财富的主要形态，[1]动产的担保化和金融化旋即成为担保法制改革的核心。全面、高效的动产担保法制的欠缺，增加了动产融资的难度，提高了动产融资的成本，在一定程度上会阻碍经济的发展。[2]基于动产担保交易在跨境融资中的重要地位，各国际组织倡导统一各国千差万别的

---

* 本文原载《环球法律评论》2017 年第 6 期。本文是中国人民大学科学研究基金（中央高校基本科研业务费专项资金资助）研究品牌计划基础研究项目《中国民法典担保法立法研究》（17XNI001）的阶段性研究成果。

** 中国人民大学法学院教授。

〔1〕 See Grant Gilmore, *Security Interests in Personal Property*, Little, Brown and Company, 1965, p. 25. 本文所及的动产，包括被视为动产的权利，特此说明。

〔2〕 See World Bank Group, *Secured Transactions Systems and Collateral Registries*, International Finance Corporation, 2010, pp. 6 – 7.

相关法制，以提高交易的确定性并保障交易的安全。在统一动产担保实体法进程中，动产担保登记制度的建构是其中重中之重，目前已通过的各国际公约、示范法和立法指南，无不将其作为法制改革的重心。其中，《移动设备国际利益公约》（以下简称《开普敦公约》）及航空器设备特定问题议定书〔3〕所奉行的完全电子化的动产担保登记制度，被认为是契合现代交易形态的国际最佳交易实践。〔4〕联合国国际贸易法委员会公布的《动产担保交易立法指南》和《动产担保交易登记落实指南》也主张构建基于互联网的统一动产担保登记公示系统。〔5〕

我国动产担保登记制度肇始于《海商法》《民用航空法》《担保法》的施行，定型于《物权法》的实施，业已形成了以工商行政管理部门负责的企业（及个体工商户、农业生产经营者）的一般动产抵押登记和非上市公司股权质权登记、公证机关负责的其他民事主体的一般动产抵押登记、中国民航管理总局负责的民用航空器抵押登记、海港监督管理部门和农业渔政管理部门负责的船舶抵押登记、公安交通行政管理部门中车辆车籍管理部门负责的机动车辆抵押登记、中国人民银行征信中心负责的应收账款质押登记、证券登记结算机构负责的基金份额和上市公司股权质权登记、各知识产权主管部门负责的知识产权质押登记等以标的物行政归口管理为特征的多元化动产担保登记体系。〔6〕这种以地方登记、分散登记为特点的动产担保登记制度已广受诟病，统一动产担保登记的呼声一直不断。〔7〕在世界银行集团发布的《全球营商环境报告》中，我国在“获得信贷”指标排名中表现一直不太理想，主要原因在于我国动产担保交易法的架构与国际趋势还有相当差距。2017 年 6 月 30 日《中华人民共和国中小企业促进法（修订草案二次审议稿）》第 19 条指出：“国家健全完善动产担保融资制度建设，推动建立全国统一的动产融资登记互联网公示系统，支持金融机构为中小企业提供以应收账款、存货、机器设备等为主要担保品的动产担保融资。”这一规定反映了统一动产融资登记公示制度的趋势，但最

---

〔3〕 我国是《开普敦公约》和《航空器设备议定书》的缔约国，于2001 年11 月16 日签署了《开普敦公约》和《航空器议定书》，全国人民代表大会常务委员会并于2008 年10 月28 日批准了该公约和议定书，对其中相应条款作了声明。关于该公约和议定书的介绍，参见［英］罗伊·古德著：《国际航空器融资法律实务——移动设备国际利益公约及航空器设备特定问题议定书正式评述》（第三版），高圣平译，法律出版社2014 年版，第3 页以下。

〔4〕 See Roy Goode, The International Interest as an Autonomous Property Interest, 12 *European Review of Private Law*, 24 – 25 (2004); Ronald C. C. Cumming, The International Registry for Interests in Aircraft: An Overview of its Sructure, 11 *Uniform Law Review*, 20 – 24 (2006).

〔5〕 See United Nations Commission on International Trade Law, UNCITRAL Legislative Guide on Secured Transactions, United Nations, 2010, p. 159; United Nations Commission on International Trade Law, *UNCITRAL Guide on the Implementation of a Security Rights Registry*, United Nations, 2014, pp. 31 – 33.

〔6〕 参见刘萍著：《应收账款担保融资创新与监管》，中信出版社2009 年版，第53 页。

〔7〕 参见吴晓灵：《建立统一的公示制度推动动产融资创新》，载《金融时报》2013 年8 月10 日第3 版；汪路、金剑锋：《构建动产权属统一登记公示制度》，载《中国金融》2014 年第2 期。

终通过的文本中删去了该条前段的部分规定。[8]时值中国民法典物权编纂工作启动，如何重构我国动产担保登记制度，完备金融基础设施建设，是无法回避的重大问题。本文拟就此一陈管见，以求教于同仁。

二、可予登记的动产担保交易类型

各国传统担保制度为因应不同发生原因、不同担保物类型和不同融资需求，发展出各具特色的担保物权体系。大陆法系诸国深受物权法定主义的影响，担保物权法制大多不能满足现实融资需要，在一定程度上限制了当事人的创新。晚近以来，动产担保交易的类型化方法有了功能主义和形式主义的分野。功能主义强调特定交易在经济上的作用，只要在功能上具有担保作用的交易均应纳入动产担保交易法的规制范畴。美国在统一商法运动的过程中，摒弃依形式的不同分别适用不同法律的做法，只要是当事人之间的交易安排置重于担保作用，即应适用统一的担保权设立、公示、效力、顺位、实现规则，开启了功能主义的先河。[9]形式主义强调当事人就交易安排的表象，依交易的形式归属不同的法域予以调整。绝大多数大陆法系国家置重于形式上的权利类型区分，权利限制型担保符合他物权的设定逻辑，多依发生原因、公示方法的不同被定性为抵押权、质权、法定担保物权（如留置权、优先权等），但就所有权担保方式而言，权利人所享有的是所有权，而不是担保物权这种定限型权利。所有权担保方式通常由合同法（债法）总则或分则调整，并无特殊的公示要件。这些所有权担保方式分散规定于民法典的不同部分或特别法之中，彼此之间规则存在较大差异。[10]

联合国国际贸易法委员会《动产担保交易立法指南》采纳了功能主义的立法方法，建议将依约定在动产上设定的旨在担保债务履行的一切权利统一归类为“担保权”（security right）。不论交易的形式如何，也不论当事人使用何种术语来界定彼此之间的权利义务，均适用共同的规则，不再区分名称，举凡动产让与担保、应收账款让与担保、保留所有权交易、融资租赁交易，都不例外。基于保留所有权和融资租赁等交易的特殊性，《动产担保交易立法指南》指出各国可根据本国法制现状采取统一或非统一的处理方法，但即使采行后者，将保留所有权交易之下出卖人

---

〔8〕 可能的原因在于，全国人大常委会委员之间就应收账款是否属于动产，是否能为统一的动产融资登记公示系统所能涵盖尚存争议。参见全国人民代表大会法律委员会：《全国人民代表大会法律委员会关于〈中华人民共和国中小企业促进法（修订草案三次审议稿）〉修改意见的报告》（2017年9月1日）。

〔9〕 参见高圣平：《美国动产担保交易法与我国动产担保物权立法》，载《法学家》2006年第5期。

〔10〕 See Eva - Maria Kieninger (ed.), *Security Rights in Movable Property in European Private Law*, Cambridge University Press, 2004, p. 54 ff. Jan - Hendrik Röver, *Secured Lending in Eastern Europe*, Oxford University Press, 2007, p. 172 ff.

的权利和融资租赁交易下出租人的权利定性为所有权，也应使之平等地适用与担保权功能等同的规则。〔11〕该指南以北美式动产担保交易制度为核心，融合大陆法系固有的担保交易传统和惯例，是为当代动产担保法制改革的重要参考。

《欧洲示范民法典草案》深受《美国统一商法典》的影响，也采取了功能主义的立法方法。其第9卷“动产担保物权”将定限担保物权和保留所有权交易〔12〕一体规定，意在统一具有物上担保功能的交易的法律适用。〔13〕起草组认为，保留所有权交易与传统的担保交易之间存在着广泛的相似性，为便于法律适用，应尽量规定统一的规则，就保留所有权交易的例外规则再作特别规定。〔14〕基于此，该草案明确，除非另有明文规定，保留所有权交易适用担保物权的设立、登记、优先顺位、违约前的救济、实行、消灭等规则。〔15〕

《开普敦公约》创设了一个既不来源于又不依赖于国内法的新型的、独特的利益——“国际利益”，涵盖担保人依担保协议所赋予的利益、附条件出卖人依所有权保留协议所享有的利益、出租人依租赁协议所享有的利益，且赋予动产之上的物权人依在国际登记处登记而保护自己权利的方式。该公约兼顾了两大法系的不同类型化方法，将在功能上起担保作用的交易形态均纳入公约的调整范围。〔16〕这一规制模式明显受到了北美式动产担保交易法的影响，但并没有采行北美式的统一担保权概念，所有权保留交易和融资租赁交易并未当然归入动产担保交易，而是作为彼此独立的交易，但基于前两者在功能上的经济作用，仍得适用公约的登记公示、优先顺位和实行规则，在一定程度上克服了不同交易类型的人为安排给同一标的物上竞存权利的确定性带来的不利影响，得到了广泛的好评。〔17〕

由此可见，动产担保交易立法的核心问题并不在于如何宽泛地界定动产担保权

---

〔11〕 See United Nations Commission on International Trade Law, *UNCITRAL Legislative Guide on Secured Transactions*, United Nations, 2010, pp. 62 – 63.

〔12〕 在《欧洲示范民法典草案》中，保留所有权交易系采广义，用来指称提供动产的所有权人保留所有权，以担保债务的履行的情形，涵盖买卖合同项下出卖人保留的所有权、分期付款买卖合同项下供应人所享有的所有权、租赁合同项下租赁物的所有权、意在实现担保目的或达到实现担保目的效果的寄售合同项下供应人的所有权。参见该草案第9 – 1：103条。

〔13〕 See Christian von Bar , Eric Clive（ed.）, *Principles, Definitions and Model Rules of European Private Law, Volume* 6. Sellier European Law Publishers, 2009, p. 5395.

〔14〕 See Ulrich Drobnig, Ole Böger（ed.）, *Proprietary Security in Movable Assets*, Oxford University Press, 2015, pp. 243 – 245.

〔15〕 参见《欧洲示范民法典草案》第9 – 1：104条。

〔16〕 参见［英］罗伊·古德著：《国际铁路车辆融资法律实务——移动设备国际利益公约及卢森堡铁路车辆特定问题议定书正式评述》，高圣平译，法律出版社2014年版，第8页、第18页。

〔17〕 See Ronald C. C. Cuming , “The Characterisation of Interest and Transactions under the Convention of International Interests in Mobile Equipment 2001”, in Iwan Davies（ed.）, *Security Interests in Mobile Equipment* , Dartmouth Publishing Company, 2002, p. 377.

的范围，而在于所有在功能上起着担保作用的交易工具（非典型担保交易）怎样适用公示、优先顺位和实行规则。亦即，采行功能主义立法方法并不意味着所有的担保交易规则均适用于所有非典型担保交易类型。在将非典型担保交易全部排除于担保交易之外，和将其全部纳入担保交易一体调整之间，应有中间路线可循。在中国民法典编纂过程中，基于物债两分的体系是法典形式理性的基本要素，由自物权和他物权构建的物权体系也已成为我国物权法的基本架构。如此，在植入动产担保交易制度之时，中国民法典自无须采行功能主义的立法方法，将所有在功能上起着担保作用的交易工具均构造为动产担保交易，但在维持现有制度框架的同时，明定非典型担保交易应依担保权之公示要求而为权利之公示，并具有因公示所确立的优先顺位。[18]

我国就动产交易的类型化方法，仍然坚守大陆法系的传统。例如，就他人动产之上设定抵押权的，定位为动产抵押交易，又依抵押物的不同分别规定于《物权法》《民用航空法》《海商法》等法律之中，但就出卖人保有动产所有权直至买受人支付全部价金的，则定位为所有权保留交易，规定于《合同法》买卖合同章；就出租人根据承租人的指令购买租赁物，并出租给承租人，由承租人分期支付相当于租赁物购置成本和合理利润的租金的，则定位为融资租赁交易，规定于《合同法》融资租赁合同章。很明显，在所有权保留交易和融资租赁交易中，出卖人或出租人所保留的所有权也仅起担保价金或租金清偿的作用，并不是经典意义上的所有权，而是借助所有权的强势效力来保障出卖人、出租人债权的实现。准此，所有权保留交易和融资租赁交易在功能上即为担保交易，相关交易规则应作一体处理。《开普敦公约》和相关议定书即为如此，《魁北克民法典》的安排亦是如此。融合了两大法系的《魁北克民法典》拒绝在概念上将所有权保留交易和融资租赁交易等构造为担保交易，所有权的效力得到了完全的承认，并没有依其经济功能重构为担保物权，但明确规定这些非典型担保交易应适用担保交易的登记和优先顺位的规则，使得当事人之间同一功能但不同形式的交易安排具有相同的效力，避免了潜在交易相对人的交易风险，也明确了权利冲突时的解决规则。[19]

在我国实定法上，所有权保留交易虽然关涉物法因素，但仍作为一种债的交易类型予以规定。在此类交易中，出卖人保留动产的所有权，但此时动产已由买受人占有。动产公示方法——占有在此类交易中无法发挥作用，有学者即据此认为，此

---

〔18〕 参见高圣平：《民法典中担保物权的体系重构》，载《法学杂志》2015 年第 6 期。

〔19〕 See Michael G. Bridge, Roderick A. Machonald, Ralph L. Simmonds and Catherine Walsh, Formalism, Functionalism, and Understanding the Law of Secured Transactions, 44 *McGill Law Journal*, pp. 658 - 659 (1999).

时出卖人的动产所有权应予登记，[20]但囿于《合同法》调整范围的限制，其中无法就所有权保留交易下的特殊物权变动规则作出规定，这一主张并未得到立法机关的回应。令人遗憾的是，《物权法》同样就此未置明文，在一定程度上增加了交易的不确定性。及至最高人民法院买卖合同司法解释起草，可能是限于司法解释的立法权限，也未就此予以明确。如由买受人占有出卖人仍保有所有权的标的物的外观，极易使交易相对人误信其为标的物的所有权人，如基于此误信，买受该标的物，或在该标的物上设定抵押权，原出卖人的权利即与受让人或抵押权人的权利发生冲突，基于《物权法》第106条的规定，受让人或抵押权人可能善意取得标的物的所有权或抵押权，原出卖人所保留的所有权旋即丧失殆尽，仅得向买受人主张损害赔偿。也就是说，所有权保留交易中，出卖人所保留的所有权仅得对买受人主张，不得对抗善意第三人。如出卖人所保留的所有权具有登记能力，则交易相对人可从登记簿上查知该动产之上的权利负担，出卖人的权利即得到有效保护，但我国实定法上，就一般动产的所有权保留交易，出卖人并无法办理其所保留的所有权登记，其权利保护上的缺憾实为制度供给不足所致。

融资租赁交易中的情形也是如此。[21]出租人虽然保有租赁物的所有权，但租赁物由承租人占有使用，依法定动产公示方法（占有）所公示出来的权利现状与真实的情况并不一致，如此，亦增加了出租人的交易风险。为保全自己的权利，出租人采取了各种方法，如在标的物上加盖烙印、办理动产抵押登记等等，最高人民法院在融资租赁司法解释中均予确认。[22]但应注意的是，上述“加盖烙印”的方式极易为不诚信的承租人所涂销，而动产抵押登记在工商行政管理部门办理时并不容易，在目前的登记实践中，许多登记机构需要申请人提交主合同、抵押合同以及抵押物的所有权或使用权证书，而融资租赁交易本身并无所谓主合同、抵押合同，实践中出租人为将其所有权登记于动产抵押登记簿，不得不与承租人又签订主合同、抵押合同等以满足登记的要求，如此，据以办理动产抵押登记的基础交易即为虚假。《最高人民法院关于审理融资租赁合同纠纷案件适用法律问题的解释》第9条规定“出租人授权承租人将租赁物抵押给出租人并在登记机关依法办理抵押权登记的”“第三人与承租人交易时，未按照法律、行政法规、行业或者地区主管部门的规定在相应机构进行融资租赁交易查询的”，第三人不得依据《物权法》第106条的规定取得租赁物的所有权或者其他物权。这些规则虽然尊重了实践中在欠缺融资租赁

---

〔20〕 参见王轶：《所有权保留制度研究》，载梁慧星主编：《民商法论丛》（第6卷），法律出版社1997年版，第593页。

〔21〕 融资租赁物不以动产为限。本文的论述专指动产融资租赁而言，特此说明。

〔22〕 参见《最高人民法院关于审理融资租赁合同纠纷案件适用法律问题的解释》第9条。

登记公示制度的情况之下的变通做法，[23]但却缺乏明确的上位法依据，有僭越立法权限之嫌。

如此看来，功能上具有担保作用但并没有被类型化为担保物权的非典型动产担保交易，实有登记的必要。当事人就某项财产主张无明显外观表征的物权之时，即产生了“隐蔽担保”这一古老的问题。[24]英美法上经由1601年Twyne案[25]发展起来的“在他人占有财产之上的隐蔽权利无效”的基本规则，历经400余年，型塑了整个动产担保法。[26]为克服占有在动产担保权公示力上的缺陷，法制史的演进逐渐朝向登记方向发展。[27]学说上认为，登记制度可以有效避免债务人欺诈——债务人未周知每一债权人即在同一财产之上设定后续的担保权，这是真正的隐蔽担保，也是登记制度正当性的基础。[28]在现代动产担保交易法制中，作为公示手段之一的登记本身并不是目的，而仅仅只是担保权人据以控制交易风险的工具。[29]准此，在中国民法典编纂之时，虽因无法彻底贯彻功能主义立法方法，将在功能上具有担保作用的非典型动产担保交易均规定于物权编担保物权分编之中，但应就未纳入其中的交易规定登记的对抗效力。本文作者建议，在中国民法典合同法编买卖合同章中规定：“所有权保留交易中，出卖人对标的物的所有权应当在统一的动产融资登记公示系统中办理登记。未经登记的，不得对抗第三人，但法律另有规定的除外。”这里将特殊动产所有权保留的公示问题排除于外。在中国民法典合同法编融资租赁合同章中规定：“融资租赁交易中，出租人对租赁物的所有权应当在统一的动产融资登记公示系统中办理登记。未经登记的，不得对抗第三人，但法律另有规定的除外。”这里，将不动产和特殊动产融资租赁的公示问题排除于外。

---

〔23〕 参见最高人民法院民事审判第二庭编著：《最高人民法院关于融资租赁合同司法解释的理解与适用》，人民法院出版社2014年版，第155页。

〔24〕 See Jonathan C. Lipson, Secrets and Liens: the End of Notice in Commercial Finance Law, 21 *Emory Bankruptcy Developments Journal*, p. 424 (2004-2005).

〔25〕 Twyne's Case, 3 Coke's Reports 80b (1601). 在该案中债务人Pierce将其一群羊让与给债权人Twyne作为偿还贷款的担保，但仍然保持占有。另一胜诉债权人就该群羊采取执行措施，由此引发与Twyne之间的争议。法院认为，Pierce与Twyne之间的交易构成虚假让与，不得对抗胜诉债权人。该案支持了未移转占有的所有权转让不得对其他债权人主张的观点。该案的简介参见Anthony Duggan, A PPSA Registration Primer, 35 *Melbourne University Law Review*, 868 (2011).

〔26〕 See Douglas G. Baird, Notice Filing and the Problem of Ostensible Ownership, 12 *Journal of Legal Studies*, pp. 53-54 (1983).

〔27〕 See Harry C. Sigman, "Perfection and Priority of Security Rights", in Horst Eidenmueller, Eva-Maria Kieninger (ed.), *The Future of Secured Credit in Europe*, De Gruyter Recht, 2008, p. 149.

〔28〕 See Peter A. Alces, Abolish the Article 9 Filing System, 79 *Minnesota Law Review*, p. 703 (1995).

〔29〕 See Harry C. Sigman, "Perfection and Priority of Security Rights", in Horst Eidenmueller, Eva-Maria Kieninger (ed.), *The Future of Secured Credit in Europe*, De Gruyter Recht, 2008, p. 149.

三、动产融资登记机关之整合

目前，大多数国家依据担保财产的类别、担保人或担保权的性质分设登记机关，[30]直接影响到了登记资料和数据的整合和编排，增加了交易相对人的征信成本。我国实定法上依担保财产类别分散登记的方式建构动产担保登记制度，各担保登记制之间多采行地方登记制和纸质登记制。这一模式与1995年《担保法》立法之时的社会经济背景相关，其考虑了担保财产行政管理的需要，将登记事务视为行政管理职能，使之与行政管理事务相衔接。“确定抵押物登记部门的一个总的原则是，抵押物登记由抵押物的产权管理部门或者证照登记部门负责。”[31]但时至今日，这一模式的弊端日益显现。其一，分散登记制增加了交易相对人的查询困难。潜在的授信人如欲了解借款人的整体动产担保情况，则需向各登记机关查询。目前各登记机关的登记规则之间并不统一，各担保权之间的优先顺位尚不确定，增加了担保交易的不确定性。其二，地方登记制更是增加了登记申请人和查询者的登记、查询难度。各担保登记机关主管部门在确定具体登记管辖之时，有的以债务人所在地为据，有的以担保财产所在地为准，就同一担保人而言，担保财产不同，不仅登记机关不同，登记管辖也存重大差异。其三，纸质化的登记系统不仅带来了登记机关的存档成本，而且增加了查询的时间，由于人工的介入，也增加了登记人员的失误概率。这些都危及担保权效力的确保、公示效果的维持以及交易安全的保障。

在我国，随着行政体制改革的日益深化，对动产担保登记功能的认识也逐渐清晰。动产担保登记的功能在于为市场主体公示、查询相关财产之上的权利负担提供服务，并不确认动产之上担保权的真实存在，无须借助于所谓行政管理职能。就目前的动产担保登记机关而言，有些已不再是行政机关。例如办理应收账款质押登记的机关是中国人民银行征信中心，具体负责的则是中征（天津）动产融资登记服务有限责任公司，在性质上属于国有企业；非企业动产的抵押权登记机关是公证部门，而“公证机构是依法设立，不以营利为目的，依法独立行使公证职能、承担民事责任的证明机构”（《公证法》第6条），并不属于国家机关。即使登记机关属于国家机关的，其中也有些并不具有管理担保财产的行政职能，例如，工商行政管理部门虽然是企业、个体工商户等市场主体的监管机关，但并无管理企业动产的职能。如此即出现不属于工商行政管理部门监管范畴的主体所设定的动产抵押权，即

---

[30] See United Nations Commission on International Trade Law, *UNCITRAL Legislative Guide on Secured Transactions*, United Nations, 2010, pp. 150 – 154.

[31] 全国人大常委会法制工作委员会民法室编著（孙礼海主编）：《中华人民共和国担保法释义》，法律出版社1995年版，第60页。

无法在工商行政管理部门动产抵押登记簿上登记的情形。[32]由此可见，以标的物的管理职能而划分动产担保登记系统的做法实有检讨的必要。

比较法上，采行联邦制的美国，商事立法权属于各州。由此，基于州法构建的动产担保登记机关并未实现全国的统一，已广受诟病。[33]"遍布全美且彼此独立的登记机构，实为落后于现代技术发展的例证。"[34]《动产担保交易立法指南》建议，所有的动产担保权应集中在统一的电子化登记系统中进行登记，并提供全天候不间断的登记、查询服务。[35]《欧洲示范民法典草案》起草组认为，应当建立统一的、电子化的登记系统，一体登记动产担保权。现代动产担保法制的发展似乎已经指向与国际标准更为一致的道路，有充分理由认为动产担保统一登记公示将是私法演进的一大原则。[36] 在我国，动产担保登记的统一化也成了金融基础设施建设的重要目标。"考虑到公开及查询动产抵押、权利质押登记信息的便捷、统一、低成本和高效的要求，建议采取互联网的电子登记系统模式，搭建全国统一的登记信息公开平台。"[37]

在中国民法典的立法方法上，就动产担保登记的统一可以采取两种方法。第一种是在民法典中只原则性地规定国家实行动产担保登记制度的统一，具体的统一方法留待其他法律或行政法规去解决。例如，中国社会科学院民法典工作项目组民法典分则立法建议稿规定："国家对动产担保物权实行统一登记制度。统一登记的范围、登记机构和登记办法，由法律、行政法规规定。"[38]这一处理模式与《物权法》不动产统一登记的方法相当，但这种搁置争议的方法只是推后了问题解决的进程，并没有从根本上解决问题。第二种是在民法典各部分分别规定动产担保登记及其效力，如在物权编抵押权章规定："以交通运输工具或正在建造的船舶、航空器抵押的，在运输工具的登记部门办理抵押登记。""以其他动产抵押的，在统一的动产融资登记公示系统办理登记。"质权章中规定："以上述财产权利出质的，在各该权利的管理或登记部门办理登记。""以其他财产权利出质的，在统一的动产融资登

---

〔32〕 在《动产抵押登记办法》第2条之下，企业、个体工商户、农业生产经营者之外主体的动产即无法在工商行政管理部门办理抵押登记。

〔33〕 See, e. g. , Peter A. Alice, Abolish the Article 9 Filing System, 79 *Minnesota Law Review*, p. 679 (1995).

〔34〕 Michael I. Spak , A Modern Proposal:" Suggested Pefection" - for the 21st Century, 63 *UMKC Law Review*, p. 79 (1994 - 1995) .

〔35〕 See United Nations Commission on International Trade Law, *UNCITRAL Legislative Guide on Secured Transactions*, United Nations, 2010, p. 144.

〔36〕 See Ulrich Drobnig, Ole Böger (ed.), *Proprietary Security in Movable Assets*, Oxford University Press, 2015, pp. 437、433.

〔37〕 赵洋、杜斌、李庶民（记者）：《全国人大代表林铁钢建议：建立统一的抵质押登记信息公开制度》，载《金融时报》2014年3月3日第6版。

〔38〕 中国社会科学院民法典工作项目组编著：《中国民法典分则立法建议稿》（2017年7月），第30页。

记公示系统中办理登记。”同时明确：“统一的动产融资登记公示系统由国务院负责组建。”这里有三个争议问题需要明确.

第一，如何处理机动车、船舶、航空器等特殊动产的融资登记问题。这些特殊动产的一个共同特点是，基于管理的需要，各国已经构建了相应的登记系统，[39]其中既登记带有公法性质的内容（例如国籍登记），同时登记所有权和担保物权的变动。就此，国际上的处理模式有三种：其一，尊重既有特殊动产登记制度，统一的动产融资登记公示系统只及于这些特殊动产之外的其他动产，未在特殊动产登记系统中登记公示者，不具有对抗第三人的效力；其二，统合既有登记制度，建立统一的动产融资登记公示系统，涵盖所有动产，未在统一的动产融资登记公示系统中登记公示者，不具有对抗第三人的效力；其三，现有的特殊动产登记系统与统一的动产融资登记公示系统均可登记特殊动产的担保权，但在特殊动产登记系统中公示者，具有优先于在统一的动产融资登记公示系统登记者的效力，不过，在统一的动产融资登记公示系统登记者仍然具有对抗担保人的破产管理人或胜诉债权人的效力。[40]《动产担保交易立法指南》建议采取第三种方案。[41]

我国就此如何取舍涉及法政策选择。从法制史上，特殊动产登记制度之建立，大多基于行政管理、国家安全的考量，并未虑及融资的需要，许多并未采行声明登记制，也未开放供第三人查询。各国实定法之下已经规定或允许特殊动产之上担保权的登记，这些登记系统大多同时登记这些特殊动产的所有权。我国实定法上也是如此，机动车、船舶、航空器、知识产权等的登记制度中均涵盖担保登记。制度重建之时首先应予考量的是，是否有必要统一担保登记系统？统一的动产融资登记系统功能有限，仅登载动产融资中的担保权，无法同时起到登记动产所有权移转或其他物权变动的功用。如动产融资登记均在统一的系统中登记，但公法性质的登记（如国籍登记）、非担保交易登记等仍然在各别登记系统中登记。如此，同一特殊动产之上的不同权利现状或负担分别记载于不同的登记系统，增加了交易相对人的征信成本。目前我国登记机关众多，若要采行集中统一登记，记载所有的动产物权变动，将会发生机构、权责的重大改动，兹事体大，集中统一登记尚不是目前的现实选择。[42]

---

〔39〕 See United Nations Commission on International Trade Law, *UNCITRAL Legislative Guide on Secured Transactions*, United Nations, 2010, pp. 119 – 150.

〔40〕 See United Nations Commission on International Trade Law, *UNCITRAL Legislative Guide on Secured Transactions*, United Nations, 2010, pp. 119 – 121.

〔41〕 See United Nations Commission on International Trade Law, *UNCITRAL Legislative Guide on Secured Transactions*, United Nations, 2010, pp. 143 – 230.

〔42〕 在主要涉及两个职能部门的不动产登记统一过程中，“三定”方案和机构、人员的调整，登记资料的移交和整合，都遇到了非常大的困难。而动产登记的集中统一，至少关涉15个职能部门，其统合难度可想而知。

在特殊动产登记系统和统一动产融资登记系统并存的情形之下，是否有必要同时在两个登记系统中登记?《动产担保交易立法指南》建议由当事人自行选择是否在两个登记系统中都登记担保权，不提倡在所有情形下均对同一担保权进行双重登记。在不大可能出现其他担保权人在特殊动产登记系统登记等情形下，担保权人在统一动产融资登记系统中登记即可；在相反的情形下，担保权人有必要在特殊动产登记系统中登记；还有些情形下，担保权人须在两个登记系统中进行登记，例如，最初的担保权在担保人的所有财产之上设定，已在统一动产融资登记系统予以登记，就其中的特殊动产，又在相应的特殊动产登记系统登记中登记。[43]本文作者认为，如此设计最终的结果必将导向：为控制风险、增加交易的确定性，担保权人在两个登记系统中均予登记，查询者均得检索两个登记系统。但这无疑增加了担保交易的总体成本，降低担保交易的效率。由此，本文作者并不赞成在两个登记系统中登记，特殊动产融资担保应仅在特殊动产登记系统予以登记。

为克服统一动产融资登记系统不登载特殊动产担保权的弊端，使交易相对人一次查询即可知悉特定担保人全部动产的权利现状，应创建两类系统之间的电子链接，在特殊动产登记系统中登记的数据将会自动导入统一动产融资登记系统。[44]这一系统关联的构想在我国尚存实施上的技术障碍。其一，我们目前特殊动产登记系统之间存在较大差异，有的基于登记生效主义的立法安排采行文件登记制，如著作权出质登记系统；有的虽然采取登记对抗主义，并未惯行声明登记制的立场，如船舶登记系统。在两大系统协调之时，我国尚需如《动产担保交易立法指南》建议的那样，即使保留特殊动产登记系统，也要对相关法律、法规和规章进行修改，使之符合声明登记制的基本法理。其二，我国特殊动产登记系统采行物的编成主义，登记簿以标的物为基础而编制，而统一动产融资登记系统采取人的编成主义，登记簿以担保人为基础而展开。在将特殊动产登记系统的登记数据导入统一动产融资登记系统之时，需要特殊动产登记系统也同时按照担保人予以编成。其三，特殊动产登记系统中就担保人的登记事项、内容和格式应在声明登记制之下作出与统一动产融资登记系统相同的修改，否则将导致登记数据在导入统一动产融资登记系统时的困难。总之，虽然允许特殊动产登记系统和统一动产融资登记系统并存，但就动产担保登记而言，其基本法理相同，制度内容应作统一化的处理。

第二，如何处理有体动产和权利充任担保财产时的登记统一问题。我国物权法上就有体动产担保依公示方法的不同区分为动产抵押权和动产质权，同时在权利交

---

〔43〕 See United Nations Commission on International Trade Law, *UNCITRAL Legislative Guide on Secured Transactions*, United Nations, 2010, p. 168.

〔44〕 See Hugh Beale, Michael Bridge, Louise Gullifer, Eva Lomnicka, *Law of Personal Property Security*, Oxford University Press, 2007, p. 361.

易准用动产交易规则的法理之下，将大部分权利担保置于质权之下作为其亚类型——权利质权，例外地将用益型权利作为抵押权的标的，成为抵押权的亚类型——权利抵押权。这一体系安排广受批评。[45]较为典型的体系冲突在于，同为动产担保权且同以登记作为公示方法的动产抵押权、应收账款质权、股权质权、知识产权质权之间，登记在其中的法律意义迥异，对于动产抵押权而言是对抗要件，对于应收账款质权等而言是生效要件。在学理上，登记对抗主义之下，登记系采声明登记制，登记簿的记载对查询者而言仅起提示作用，并不表明担保权的真实存在；但在登记生效主义之下，登记奉行文件登记制，登记簿的记载具有推定担保权真实存在的效用。登记制度的设计在两者之间也就存在较大差异。我国动产融资公示登记系统的构建首先涉及的实体法问题是统一登记在动产担保权中的法律意义。

在维系大陆法系“不动产-抵押权+动产-质权”的担保物权体系的基础上，我国物权法将公示作为约定担保物权的生效要件，无一例外地对以登记作为公示方法的权利质权采取登记（公示）生效主义，因为同属一章的动产质权、票据质权等虽以占有为公示方法，但采取公示生效主义，这样，在质权章内部取得了统一。但我国却植入具有体系异质性的动产抵押权（登记仅为其对抗要件），直接导致抵押权章和质权章之间就动产担保权的体系冲突，因为，就动产抵押权，公示仅为对抗要件，但无论是动产质权还是权利质权，公示均为生效要件。从以简单高效方式设定担保权、增强确定性和透明度并确立明晰的优先顺位规则的政策目标出发，《动产担保交易立法指南》建议，针对所有类型的动产（包括权利），法律均应区分担保权的设定效力与对抗效力，统一采行登记对抗主义，担保权依当事人的合意而设定，但未经登记不得对抗第三人。[46]这一建议值得《中国民法典》编纂时采纳。就我国目前的登记实践而言，应收账款质权虽采登记生效主义，但应收账款质押登记系统的构建却是在声明登记制之下展开，反与登记对抗主义相契合。

如此，在中国民法典物权编编纂之时，明定权利质权的登记对抗主义，将权利质权纳入统一动产融资登记系统的登记范畴。至于其中知识产权担保是否维系目前的国家版权局、国家知识产权局和国家工商行政管理总局商标局的登记系统，尚值研究。《动产担保交易立法指南知识产权补编》建议知识产权担保权在统一动产融资登记系统登记，如已就某种知识产权构建了专门的知识产权登记系统，也可在该系统中登记。就后者而言，各国在选择专门的知识产权登记系统时，应对本国的知识产权相关法律进行审查，考虑其是否准许在知识产权登记系统中登记担保声明并

---

〔45〕 参见高圣平：《民法典担保物权的体系重构》，载《法学杂志》2015年第6期。

〔46〕 See United Nations Commission on International Trade Law, *UNCITRAL Legislative Guide on Secured Transactions*, United Nations, 2010, p. 24.

使其取得对抗第三人的效力。[47]我国《著作权法》《专利法》《商标法》等法律中并未明确登记在知识产权质权设定中的意义，仅有《物权法》中规定了知识产权质权的登记生效主义，尚需修改为登记对抗模式。我国实践中的知识产权登记制度并未有效建立。例如，我国奉行著作权自愿登记制，著作权自作品创作完成之日起即为发生，登记在其中并无法律意义。再如，专利证书、登记、公告之间究竟何者对于专利权的生效具有决定性意义，在相关法律规范之间并不明确。如此，将知识产权担保纳入统一动产融资登记系统应无问题，系统中可同时登载知识产权转让、许可使用等。注册商标专用权因登记而生，专利权因公告而生，维系目前的特殊登记系统，亦无不可，但此时应使统一动产融资登记系统与各知识产权公示系统之间相互链接，法理同前。

第三，是否构建基于互联网的完全电子化的登记系统。相关国家的实践经验表明，统一的电子化动产担保登记系统有利于降低担保交易的成本。[48]在完全电子化的登记系统中，登记由担保权人在线完成，登记程序便捷，登记成本低廉。这一制度为新西兰所首创，[49]运行良好。登记系统只需少量的维护费用，登记申请人支付的登记费用也较为适当，登记系统运行6个月之后即足以支付运营成本，此后登记费用降至3新西兰元。查询亦可网上进行，费用也相当低廉。[50]《开普敦公约》所构建的登记系统是电子化的，在线即可进入，登记申请的核查、登记本身以及对查询的回复均由计算机自动办理，无须人工干预介入。[51]《欧洲示范民法典草案》倡导构建的欧洲担保物权登记簿也是基于互联网的电子登记系统，其主要政策考量在于降低成本，“以电子方式运行并且可以在上网访问，相比于传统的纸质登记系统，欧洲担保物权登记簿运行更为迅速，成本也更低。”[52]

我国目前已经建立的动产担保登记系统中，仅有应收账款质押登记系统实现了完全电子化，新修改的《动产抵押登记办法》试图借助目前已经上线运行的企业信用信息公示平台实现动产抵押登记的电子化，且采取纸质和电子相结合的混合模

---

〔47〕 See United Nations Commission on International Trade Law, *UNCITRAL Legislative Guide on Secured Transactions Supplement on Security Rights in Intellectual Property*, United Nations, 2011, pp. 54 – 56.

〔48〕 See United Nations Commission on International Trade Law, *UNCITRAL Guide on the Implementation of a Security Rights Registry*, United Nations, 2014, p. 30.

〔49〕 New Zealand Personal Property Security Act 1999.

〔50〕 See Hugh Beale, Secured Transactions, 14 *Juridica International*, 102 (2008).

〔51〕 参见［英］罗伊·古德：《国际航空器融资法律实务——移动设备国际利益公约及航空器设备特定问题议定书正式评述》，高圣平译，法律出版社2014年版，第51页。

〔52〕 See Ulrich Drobnig, Ole Böger (ed.), *Proprietary Security in Movable Assets*, Oxford University Press, 2015, p. 464.

式，但这一努力并不成功。[53]在电子化的自主登记模式下，申请人可以通过计算机终端即时办理动产担保登记，且不受登记机构营业时间的限制，极大地增强了登记的便捷性；同时，申请人通过电子方式直接进行登记，无须登记机构的人工介入，大大降低了登记机构运营的人力成本及其他日常开支，减少了登记机构工作人员从事欺诈或腐败行为的机会，并相应减轻了登记机构对用户的潜在赔偿责任。[54]在我国目前的社会经济发展现状之下，构建基于互联网的完全电子化登记系统正合时宜。我国互联网技术已广泛运用于金融基础设施建设，在我国目前电力形势良好的背景下，作为主要担保权人的金融机构早已实现计算机化，由其主导的自主登记已惯行于应收账款质押登记实践。即使非金融机构充任担保权人时，亦可经登记为常用户，在登记系统中自主登记其担保权。对于少量欠缺计算机手段的担保权人，还可借助于遍布全国的登记机关计算机网络自主办理登记。

四、声明登记制之下的登记内容和登记程序

（一）声明登记制与文件登记制

在比较法上，担保登记存在文件登记制和声明登记制两种立法例。[55]文件登记制之下，当事人除提交登记申请书之外，尚需提交基础交易文件以供登记机关审查，并需在登记簿上填写与基础交易文件一致的事项，以确认登记簿所记载内容的准确性和合法性。声明登记制之下，当事人仅需提交记载有当事人的身份及担保财产等少量内容的担保声明书，无须提交基础交易文件，登记机关并不详细核查动产担保权的具体内容。

声明登记制之下，动产担保登记系统不是所有权登记系统，并不记载动产所有权的取得或转让，也不确保声明中具名的担保人就是真正的所有权人。它只是记录担保权人由于未予记录的交易或事件而对声明中所述动产享有或可能享有动产担保权。[56]在登记系统具有记载所有权功能之时，登记申请人应当提交相关基础

---

〔53〕 参见高圣平：《动产抵押登记的法理——以〈动产抵押登记办法〉的修改为中心》，载《法学》2016年第2期。

〔54〕 See United Nations Commission on International Trade Law, *UNCITRAL Guide on the Implementation of a Security Rights Registry*, United Nations, 2014, pp. 32 – 33.

〔55〕 See United Nations Commission on International Trade Law, *UNCITRAL Legislative Guide on Secured Transactions*, United Nations, 2010, pp. 151 – 152；另参见［英］罗伊·古德著：《国际航空器融资法律实务——移动设备国际利益公约及航空器设备特定问题议定书正式评述》，高圣平译，法律出版社2014年版，第50页。

〔56〕 See United Nations Commission on International Trade Law, *UNCITRAL Legislative Guide on Secured Transactions*, United Nations, 2010, pp. 151 – 152.

文件以供核查，其正当性在于，登记簿的记载被视为所有权和他物权的推定证据。声明登记制并不要求对基础交易文件办理登记，甚至并不要求提交担保文件以供登记机构核查；需要登记的只是一则记载了必要的基本信息的声明，以提醒查询者注意在声明所述财产之上可能存在担保权。

声明登记制克服了文件登记制的弊端且将登记信息维持在最少的内容，降低了成本与管理需要，也有助于登记申请人保守关于其交易细节的商业秘密。[57]声明登记制的法理基础在于：登记对抗主义之下区分担保权的设定与登记，担保权的设定取决于担保交易当事人的合意，其证据是当事人之间的担保交易文件；登记并不是担保权设定的生效要件，并不具有证明担保权已经设定的功用。换而言之，担保权的设定与登记相互独立，各有其不同的效力，彼此不构成对方的证明，设定担保权并不表明当事人已就担保权办理登记，登记担保权也并不意味着当事人已经设定担保权。如此，在担保合同订立之前或之后，当事人均可登记担保权；在担保人取得担保财产所有权之前或之后，当事人亦可登记担保权。依登记的时间确定担保权的优先顺位，不考虑担保权的设定时间，以促进担保交易的确定性和透明度。

声明登记制由美国首开其端，"《美国统一商法典》的基础就是声明登记制，"[58]担保权人可以在登记机构登记一份简要的担保声明书以记录其在担保人的特定财产之上的担保权。美国声明登记制的政策目标主要有三个：构建担保权人在竞存担保权之间的确定性；[59]保护受让人免受担保人虚假陈述和欺诈让与的损害；促进统一的登记公示系统的建立。[60]学者间普遍承认声明登记制是解决隐蔽担保的有效路径，[61]大多数关于《美国统一商法典》的讨论均集中于如何将登记系统的负担维持在合理的限度之内，从而促进融资交易的开展。[62]

声明登记制自此成为现代动产担保登记的主要特征，被越来越多的国家所承认，《欧洲复兴开发银行动产担保交易示范法》《亚洲开发银行动产担保登记指南》《美洲国家组织动产担保交易示范法》《联合国国际贸易法委员会动产担保交易立法指南》《欧洲示范民法典草案》《移动设备国际利益公约》等国际文件纷纷予以

---

〔57〕 参见［英］罗伊·古德著：《国际航空器融资法律实务——移动设备国际利益公约及航空器设备特定问题议定书正式评述》，高圣平译，法律出版社2014年版，第50页。

〔58〕 Douglas Baird, Notice Filing and the Problem of Ostensible Ownership, 12 *Journal of Legal Studies*, pp. 60, 65 (1983).

〔59〕 See James J. White, Work and Play in Revising Article 9, 80 *Virginia Law Review*, p. 2096 (1994).

〔60〕 See Grant Gilmore, *Security Interests in Personal Property*, Little, Brown and Company, 1965, pp. 463 - 465.

〔61〕 See Jonathan C. Lipson, Secrets and Liens: the End of Notice in Commercial Finance Law, 21*Emory Bankruptcy Developments Journal*, 421 (2004 - 2005).

〔62〕 See Douglas Baird, Notice Filing and the Problem of Ostensible Ownership, 12 *Journal of Legal Studies*, p. 55 (1983).

支持，声明登记制已然成为动产担保登记的国际趋势。[63]英国目前尽管登记系统是电子化的，但仍然要提交纸质文件，尚需公司登记局审查之后才能签发无争议的登记证书。改革建议显示：将改采声明登记制，“登记担保声明而不是担保本身”，电子化的登记将替代纸质登记，不再要求提供担保文件，登记机构不再负责审查登记材料。[64]

我国现行动产担保登记制度，除了应收账款质押登记系统和动产抵押登记系统之外均采行文件登记制，要求当事人提交主合同和担保合同，[65] 将之纳入审查范围，不仅有碍高效率登记程序之展开，且有妨害当事人商业秘密之虞，应予统一为声明登记制，只要求当事人提交担保声明书，删除各登记规章中提交基础交易文件的要求。

（二）登记内容与担保权人的回复义务

担保声明书的登记仅在于提醒拟发放担保贷款（有时也可能是大额的信用贷款）的债权人、信贷评估机构等第三人注意相应标的物上可能存在担保负担，以使第三人及时评估交易风险、尽早采取防范措施。[66]准此，担保声明书的内容应当简单明了，只需达到提醒第三人的目的即可，当事人无须详细描述合同的具体内容。[67]《美国统一商法典》上规定的登记内容仅包括当事人的身份以及担保财产；《动产担保交易立法指南》倡导的最基本的登记内容包括：当事人的姓名或名称、其他身份识别信息及其地址，担保财产的描述，各国可根据具体情况弹性规定登记有效期和最高担保债权限额。[68]《欧洲示范民法典草案》规定的登记内容的最低要求包括：特定的担保人、关于担保财产的最低声明、从财产类型表中指明担保

---

〔63〕 See United Nations Commission on International Trade Law, *UNCITRAL Legislative Guide on Secured Transactions*, United Nations, 2010, p. 152.

〔64〕 The Law Commission (England and Wales), *Company Security Interests* (Presented to the Parliament of the United Kingdom by theSecretaryofStatefor Constitutional Affairs and Lord Chancellor by Command of Her Majesty), LAW COM No 296, 2005, pp. 4 -50.

〔65〕 参见《机动车登记规定》第23条；《中华人民共和国民用航空器权利登记条例》第7条（就基础交易文件仅需提交民用航空器抵押合同）；《中华人民共和国船舶登记办法》第48条、《中华人民共和国渔业船舶登记办法》第27条、《著作权质权登记办法》第6条；《注册商标专用权质权登记程序规定》第4条；《专利权质押登记办法》第7条（就基础交易文件仅需提交专利权质押合同）；《证券质押登记业务实施细则》第4条（就基础交易文件仅需提交经公证的质押合同原件）等等

〔66〕 The Law Commission (England and Wales), *Registration of Security Interests: Company Charges and Property Other Than Land (A Consultation Paper)*, Consultation Paper No 164, 2002, pp. 46 -47.

〔67〕 See Peter F. Coogan, Public Notice Under the Uniform Commercial Code and Other Recent Chattel Security Laws, Including " Notice Filing", 47 Iowa Law Review, p. 317 -319 (1962).

〔68〕 See United Nations Commission on International Trade Law, *UNCITRAL Legislative Guide on Secured Transactions*, United Nations, 2010, p. 151.

财产所属的种类、经担保人同意并附有担保权人的声明，表明他将承担因错误登记而给担保人或第三人所造成损害的责任；还可以包括以下附加内容：债权人提供的有关担保财产或担保物权内容的补充信息、登记有效期、担保的最高数额。[69]

由于担保说明书并非担保权设定的证明，记载内容简略，并不涵盖所有交易细节，不足以使潜在的交易相对人了解在先交易的全部内容。采行声明登记制的国家大多规定，交易相对人通过担保声明书知悉当事人的身份之后，可进一步通过担保权人了解该笔未尽交易的现状。[70]实务中，并不是所有的查询者均需要了解这些信息，他们可能只需要确定相应财产之上是否存在担保负担，经查询如发现存在，即可能不会基于其第二顺位向债务人进一步提供融资，其对具体的交易细节可能并不感兴趣。如其确实想在同一财产上设定第二顺位的担保权，他就得联系担保权人或担保人以确定担保债务的具体数额。通常认为，少量需要了解详细信息的查询者所增加的成本，比起在登记簿上不记载大多数交易不需要的额外信息所节约的成本，显以后者为高。[71]在大多数情况下，意欲寻求新的信贷支持的担保人，愿意提供这些详细信息，问题在于，新的信贷提供者并不相信担保人提供了充分、准确的信息，由登记簿上具名的担保权人提供此类信息，在一定程度上可以解决这一问题。在比较法上，向查询者提供了错误信息（如担保债务少于实际数额）的担保权人，不得主张与其提供的信息不一致的权利，但担保权人不一定愿意提供此类信息。《美国统一商法典》规定，担保人可以请求担保权人直接向查询者提供此类信息，未予提供者将受到惩罚。[72]

我国现行动产担保登记制度中，除应收账款质押登记系统之外，均要求登记较多的内容，与声明登记制背道而驰。基于互联网的电子化登记系统之中，在公示的程度和速度、效率之间应当寻求妥适的平衡。即使现代信息技术可资利用，要求担保权人在登记簿中记载担保交易的所有内容，并不符合效率要求。其一，汇集所有相关交易文件需要时间和成本；其二，如相关交易文件没有高度标准化，其中无意的疏漏可能导致登记因不适当而无效。因此，登记一份简要的声明就成了最可能的方案。登记簿中无需记载第三人所需要的全部信息，但确实起到了提醒相应财产之上可能存在担保负担的作用，同时，记载担保权人或其代理人，第三人可向其了解其他信息。如此，登记簿只需简单地列明担保人及其创设的担保权，记载担保权人

---

〔69〕 See Ulrich Drobnig, Ole Böger (ed.), *Proprietary Security in Movable Assets*, Oxford University Press, 2015, pp. 479 – 486.

〔70〕 See Floyd R. Self, Secured Transactions Filings Under the Florida Uniform Commercial Code: A Callfor Procedural Notice, 13 *Florida State University Law Review*, p. 117 (1985 – 1986).

〔71〕 See Hugh Beale, Secured Transactions, 14 *Juridica International*, p. 102 (2008).

〔72〕 UCC § 9 – 210.

的姓名或名称、地址，简要描述担保财产。[73]

尚存争议的是，是否有必要登记担保债权数额。奉行声明登记制的国家以及相关国际文件均未将担保债权数额纳入登记内容，尚需由该财产之上的物权人或潜在的交易相对人[74]向担保权人去探寻，担保权人有法定义务予以回复。但这一程序设计也受到一些学者的质疑，[75]在我国是否能够得到施行更值怀疑。担保权人将其担保权登记于登记簿，理应降低后顺位权利人的征信成本，[76]如后顺位权利人需要花费更高的成本去探知特定财产之上的权利负担，登记制度的意义即大为降低。[77]实际上，登记系统采行基于互联网的电子化系统，为登记担保债权数额提供了技术前提，为了避免担保权人不断回复潜在的交易相对人可能提出的问题，应在登记簿上事先予以记载，如此使得相对人通过一次查询即可了解动产担保交易的基本细节，无须再向担保权人去探知。虽然这一做法更多地披露了当事人的商业秘密，但确实是在我国目前社会文化背景之下的理性选择。

（三）单方申请模式之下欺诈登记和虚假登记的规制路径

动产担保登记对于其中载明的担保人的融资能力产生重大影响，如登记内容不真实，将直接危及担保人的利益。尽管登记本身并不为所谓担保权人设定担保权，但一旦登记，担保人进一步的融资能力即受到消极影响。同时，不当的登记还可能会毁坏担保人的商誉。声明登记制之下，由担保权人单方自主登记可能引发的主要问题在于登记错误，例如误将未纳入担保交易的财产登记为担保财产。[78]

为防免欺诈登记和虚假登记，比较法上的规制路径有三种：一是采取双方共同申请登记的模式。二是采取单方申请登记模式，但要求单方登记之时应征得对方当事人的书面同意，否则无效。不过，当事人订立担保合同这一事实即构成默示授权。登记机关不应核查登记人是否取得对方当事人的同意。三是采取单方申

---

〔73〕 See Hugh Beale, Secured Transactions, 14 *Juridica International*, p. 101 (2008).

〔74〕 各国就有权向担保权人请求披露相应交易细节的人，做了不同的限制，有的仅限于声明中载明的担保财产的物权人，有的扩及至潜在的买受人或担保权人，有的还包括担保人。See United Nations Commission on International Trade Law, *UNCITRAL Guide on the Implementation of a Security Rights Registry*, United Nations, 2014, pp. 23 - 24.

〔75〕 See Lynn M. LoPucki, Computerization of the Article 9 Filing System: Thoughts on Building the Electronic Highway, 55 *Law & Contemporary Problems*, 37 (1992); Todd C. Nelson, Article Nine Goes Online, 32 *Arizona Attorney*, p. 35 (1996).

〔76〕 See Robert E. Scott, The Politics of Article 9, 80 *Virginia Law Review*, p. 1802 (1994).

〔77〕 See Jens Hausmann, The Value of Public - Notice Filing under Uniform Commercial Code Article 9: A Comparison with the German Legal System of Securities in Personal Property, 25 *Georgia Journal of International and Comparative Law*, p. 432 (1995 - 1996).

〔78〕 See Hugh Beale, Secured Transactions, 14 *Juridica International*, p. 102 (2008).

请登记模式，但担保人可获得担保声明书的副本，如其发现登记内容不真实，即可借由相应程序变更或撤销登记。但担保人获得担保声明书的副本并非登记生效的必经程序。[79]

我国现行动产担保登记制度大多采取双方申请模式，例外的情形仅有应收账款质押登记采取质权人单方申请模式，但采取了登记之前签订并上传登记协议的办法，协议中必须载明由质权人办理质押登记。[80]值得注意的是，《动产抵押登记办法》虽然规定动产抵押登记可由“抵押合同一方作为代表”办理，但从第4、6、7条所规定的申请文件“抵押合同双方指定代表或者共同委托代理人的身份证明”来看，该人必须是抵押合同双方指定的代表或者共同委托的代理人。由此可见，动产抵押登记仍然是采行双方申请主义。

在登记对抗主义之下，担保合同一经生效，动产担保权即为设定，但仅在当事人之间发生效力，唯有额外补充登记公示行为，才能使已经设定的动产担保权产生对抗第三人的效力。如此看来，担保权的登记与担保权的设定无关，当事人同意设定担保权，并不能当然地被解释为同意登记。为了确保登记系统的运行效率，确应承认担保权人单方自主登记，但应采取一定的技术手段防止欺诈登记和虚假登记。登记须经担保人同意是可选路径之一，虽然要求担保权人与担保人之间就登记事项事先达成协议会在一定程度上减缓登记进程，同时要求双方当事人都必须提交内容一致的声明也会产生额外的交易成本，但在诉讼程序之外规定保护担保人的预防性方法仍属必要。[81]在比较法上，虽然很多实行声明登记制的国家允许不经担保人同意而登记，担保人可以通过请求法院涂销登记以及对不当登记行使损害赔偿请求权而获得保护，但这种保护系以快速高效的诉讼程序保障为前提。我国目前社会信用状况不佳，冗长的诉讼程序已令人望而却步，实难达到这一标准。准此，在统一动产融资登记系统构建之时仍应坚持同意“登记须经担保人同意”这一条件。不过，这一条件的满足可以采取多种方法，上传登记协议或担保人同意登记的声明只是其中一种。担保人可以在登记系统中事先声明，同意某一或某些担保权人（例如其主要的融资提供者）就其财产办理担保登记。[82]在互联网通信技术高度发展的今天，担保权人也可以在提交登记申请之前取得担保人的电子签名。[83]

---

〔79〕 See United Nations Commission on International Trade Law, *UNCITRAL Legislative Guide on Secured Transactions*, United Nations, 2010, pp. 176 – 183.

〔80〕《应收账款质押登记办法》第7、8条。

〔81〕 See Ulrich Drobnig, Ole Böger (ed.), *Proprietary Security in Movable Assets*, Oxford University Press, 2015, pp. 490 – 491.

〔82〕 See Ulrich Drobnig, Ole Böger (ed.), *Proprietary Security in Movable Assets*, Oxford University Press, 2015, p. 492.

〔83〕 See Hugh Beale, Secured Transactions, 14 *Juridica International*, 102 (2008).

五、结语

工商业迅速发展导致交易的信用扩张，中小企业的融资需求难以经由直接吸引股东投资加以解决，端赖于借款等间接金融手段。根据实证调查，“较优的担保交易法就意味着较少的违约及更多的信贷”。[84]因此，动产担保交易法制的现代化，与经济发展息息相关。“增进动产担保权的确定性和透明度是现代担保交易制度的关键目标之一。就实现这一目标而言，最核心者莫过于建立声明登记制度。”[85]声明登记制在交易安全和效率之间取得了较好的平衡。担保权人无须提交基础交易文件，只需填写内容极少的担保声明书，即可直接在线自主登记，登记内容的真实性和合法性全由当事人自行判断，登记机关几无审查责任。如此，既增加了交易的透明度，提高了交易的效率，也在一定程度上维护了交易的安全。我国现行动产担保登记制度多为文件登记制下的纸质登记系统，登记程序的展开费时费力，虽然在一定程度上维系了交易安全，但却与日益频繁的动产交易的效率需求相悖，实有重构的必要。

---

〔84〕 World Bank Group, *Secured Transactions Systems and Collateral Registries*, International Finance Corporation, 2010, p. 8.

〔85〕 See United Nations Commission on International Trade Law, *UNCITRAL Legislative Guide on Secured Transactions*, United Nations, 2010, p. 149.

不动产登记簿的权利事项错误与不动产善意取得*

程 啸**

目 次

引 言

善意取得是现代民法维护交易安全的一项重要制度。我国《物权法》第106条至第108条就善意取得适用的构成要件及法律效果等问题，做出了系统规定。可是，由于对不动产善意取得的适用前提及第三人善意的认定存在不同的认识，因此，司法实践中对于第三人能否善意取得不动产物权存在较为严重的同案不同判的情形。2016年2月22日最高人民法院颁布的《最高人民法院关于适用〈中华人民共和国物权法〉若干问题的解释（一）》（以下简称《物权法解释（一）》）在第15条至第21条，对善意取得制度做出了较为详细的解释。然而，令人遗憾的是，由于起草者并未认识到不动产与动产的善意取得的差异，且不明了不动产登记簿推定力与不动产善意取得的关系，因此，该解释中对不动产善意取得中第三人善意的认

* 本文原载《法学家》2017年第2期。感谢王丹、姜强、杨松林对本文提出的宝贵意见。

** 清华大学法学院教授。

定仍然有不少错误。本文将结合《物权法》和《物权法解释（一）》的相关规定，阐述不动产登记簿的权利事项错误与不动产善意取得的关系，就如何立足于不动产登记簿的权利事项错误来判断能否适用善意取得，以及如何认定第三人的善意等问题做初步之探讨，以期为我国编纂民法典时更科学地规定不动产善意取得制度，更好地保护不动产交易的安全和秩序提供参考。

一、不动产登记簿的权利事项错误与非权利事项错误

不动产登记簿是由不动产登记机构依法制作的，对特定辖区内不动产的自然状况、权利状况和其他依法应当记载的事项予以记载的具有法律效力的官方记录。[1]依据《不动产登记暂行条例》第8条，我国的不动产登记簿采取了物的编制主义，其上记载的内容分为四个部分：（1）自然状况，记载的是不动产的“坐落、界址、空间界限、面积、用途等自然状况”；（2）权属状况，记载的是“不动产权利的主体、类型、内容、来源、期限、权利变化等”；（3）限制、提示事项，记载的是“涉及不动产权利限制、提示的事项”，包括预告登记、异议登记与查封登记等信息；（4）其他事项部分，主要涉及不动产及不动产权利登记事项中需要进一步说明的情况等信息。不动产登记簿的错误就是指不动产登记簿上记载的任何事项与真实情况不一致的情形。依据产生这些错误的原因及法律后果的不同，可对之做不同的分类，如登记簿的初始错误与嗣后错误等。其中，最重要的一种分类就是权利事项错误与非权利事项错误。

不动产登记簿权利事项的错误包括权利主体错误与权利内容错误。权利主体错误，是指不动产登记簿上记载的不动产物权主体与真实主体不一致，具体包括：（1）将不是权利人的人记载为权利人。该错误往往是当事人采取欺诈等违法方式欺骗登记机构或与登记机构工作人员恶意串通所致。如，F公司通过拍卖取得了G公司被法院强制执行的一栋房屋及建设用地使用权但未办理登记，而W公司与法院执行局法官王某合谋伪造拍卖成交确认书与法院协助执行通知书，到登记机构办理了房屋所有权和建设用地使用权转移登记，将房屋和土地使用权登记在W公司名下。然后，W公司又与X银行签订抵押贷款合同，将上述不动产抵押给X银行贷款1000万并办理了抵押权首次登记。该例中，F公司才是真正的不动产权利人，但W公司却将本应属于F公司的不动产权利登记在自己的名下，这就是将并非权利人的人登记为权利人的情形。（2）遗漏权利人，即将原为共有的不动产登记为一人单独所有。在我国，这种错误最普遍地发生在夫妻共有不动产的情形中。例如，张三

[1] 程啸、尹飞、常鹏翱：《不动产登记暂行条例及其实施细则的理解与适用》，法律出版社2016年版，第82页。

与李四为夫妻，二人在婚姻关系存续期间购买一套商品房，虽然该房屋本属于夫妻共有财产，但当事人却将之登记在夫或妻一人的名下。此种错误的产生是当事人所致，与登记机构无关。

第二类权利事项的错误就是权利内容错误，即登记簿上记载的不动产权利内容、权利所受限制与真实的权利内容、所受限制不一致。例如，A 房归甲所有，甲与乙订立房屋买卖合同并办理了预告登记，乙为预告登记权利人。后甲伪造申请材料，欺诈登记机构，将预告登记予以注销。此时，登记簿上记载的权利限制就与真实情况不一致，属于权利内容的错误。

《物权法解释（一）》第 16 条第 1 款第 4 项只规定了登记簿记载的权利主体错误，并将第三人知道权利主体错误作为排除第三人善意的情形，却未就权利内容错误及第三人知道该错误时应排除其善意做出规定。这显然是不全面的。因为在登记簿记载的不动产权利内容存在错误的情况下，同样会发生第三人的善意取得。例如，不动产上原本存在查封登记，但因为不动产权利人采取欺诈的方式使登记机构错误地注销了该登记，然后该权利人将不动产出售或抵押给不知情的第三人并办理了相应的登记，此时第三人可以善意取得不动产物权。

不动产登记簿上的非权利事项错误，是指不动产登记簿上除了不动产权利归属和内容以外的事项与真实的情况不一致的情形。最典型的非权利事项错误就是登记簿记载的不动产自然状况的错误，如房屋或土地的面积、坐落等与真实的情况不一致。造成非权利事项错误的原因很多，可能是首次登记时不动产测绘报告等资料有误，也可能是登记时虽正确但此后因自然原因（如泥石流或地震使土地的部分灭失）或人为原因（权利人经批准拆除部分房屋而重建）而出现错误。

尽管依据《物权法》第 19 条第 1 款，只要不动产登记簿记载的事项错误，无论是权利事项错误还是非权利事项错误，皆可进行更正登记，但这两类错误有以下明显的差异：首先，能否发生善意取得上不同。这也是区分权利事项与非权利事项错误的最重要的意义。因为只有当登记簿上存在权利事项错误时，才会出现无处分权人处分不动产的可能，进而引发善意取得的问题。如果只是非权利事项的错误，不可能发生善意取得。因为第三人对非权利事项错误的信赖不受善意取得制度的保护。〔2〕其次，能否提起确认之诉不同。所谓确认之诉是被告对原告所主张一定法律关系的存在或不存在有争议，原告请求法院通过判决确认法律关系存在或不存在之诉。只有当“原告有即受确认判决之法律上利益”时才能提起确认之诉。〔3〕正因如此，《物权法》第 33 条规定，因物权的归属、内容发生争议的，利害关系人可以请求确认权利。这就是说，当利害关系人认为不动产登记簿关于物权归属、内容的记

〔2〕 参见程啸：《不动产登记簿错误之类型与更正登记》，载《法律科学》2011 年第 4 期。

〔3〕 姜世明：《民事诉讼法（上册）》，台湾新学林出版股份有限公司 2012 年版，第 396 页。

载有误时，可以提起确认之诉，请求法院确认物权。如果登记簿上的权利事项正确，其记载的权利主体就是真实的权利主体，则原告与被告之间不发生物权归属或内容的争议，原告没有诉的利益，不能提起确认之诉。所以，《物权法解释（一）》第2条规定："当事人有证据证明不动产登记簿的记载与真实权利状态不符、其为该不动产物权的真实权利人，请求确认其享有物权的，应予支持。"换言之，如果不动产登记簿上存在权利事项的错误，则利害关系人或真实权利人才可以通过确认之诉，请求法院确认物权，进而通过更正登记予以更正。反之，如果仅是非权利事项错误，则权利人并不存在确认法律关系的权利保护要件，不能也无须提起确认之诉，只能通过更正登记程序予以更正。第三，更正登记的申请主体不同。当登记簿上存在权利事项的错误时，申请更正登记的主体有二：一为权利人，如将不动产物权的内容记载错误时，权利人可以申请更正登记；二为包括真实权利人在内的利害关系人，即认为自己是真正的不动产权利人却未被准确地记载于登记簿之上的人。但是，当登记簿上的错误是非权利事项错误的时候，只可能由权利人申请更正登记。最后，能否申请异议登记不同。当登记簿上存在权利事项错误时，由于更正登记程序所需时间较长，而在此期间，为避免他人善意取得，有必要通过异议登记暂时中断登记簿的公信力，据以保护真实的不动产权利人。如果是非权利事项错误，因不会出现善意取得的危险，不能进行也无须进行异议登记。

二、不动产登记簿的权利事项错误是不动产善意取得制度的适用前提

《物权法》对不动产和动产的善意取得做出了统一规定。该法第106条第1款将善意取得制度适用的前提要件统一界定为："无处分权人将不动产或者动产转让给受让人"。就该前提要件的含义，一种观点认为，《物权法》该条将善意取得统一适用于动产和不动产，掩盖了二者在认定无权处分上的差异。不动产与动产善意取得的重要区别就在于"无权处分"的内涵不同。就动产而言，无权处分的认定比较容易，但就不动产而言，无权处分的认定不仅包括没有处分权处分财产，还要扩大到明知登记错误而处分财产。从实践来看，不动产的无权处分主要是指发生了登记错误的情形下，登记权利人将不动产转让给他人时，受让人因信赖登记而进行了交易且办理了登记的情形。[4]另一种观点认为，登记错误与无权处分并非种属关系，而是并列关系，二者共同的上位阶概念应是从无权利人处取得。在某些登记簿错误的情况下（如抵押权被错误涂销的情形），所有权人还是有处分权的。故此，

〔4〕 王利明：《不动产善意取得的构成要件研究》，载《政治与法律》2008年第10期。

在我国不动产善意取得的构成要件上，应当舍弃无权处分的要件，改采“从无权利人处取得”的要件。对此要件，善意第三人无须证明，只需主张即可。[5]笔者认为，只有不动产登记簿存在权利事项错误时，才可能适用不动产的善意取得。也就是说，登记簿的权利事项错误才是适用不动产善意取得的前提条件。具体理由，详述如下：

1. 动产物权变动与不动产物权变动的公示方式并不相同，前者为交付，后者为登记。就基于法律行为的不动产物权变动而言，依据《物权法》第 9 条第 1 款、第 14 条以及第 15 条，登记是生效要件，即非经登记，不发生物权变动效力。故此，不动产交易的当事人要完成不动产物权的变动，就必须办理登记。依据《物权法》第 16 条第 1 款，不动产登记簿具有“权利正确性的推定效力（Die Vermutung der Richtigkeit des Grundbuchs）”。[6]而在我国法上，不动产登记簿的推定力是不动产善意取得的前提，申言之，一方面，由于立法上将登记簿对不动产物权归属和内容的记载即权利事项的记载推定为正确，并要求取得不动产物权的第三人善意信赖该记载，这就在登记簿记载与善意保护之间建立了联系。[7]试想，如果登记簿上所记载的物权不能被依法推定为存在，所注销的物权不能被依法推定为不存在，第三人就缺乏信赖的基础，不应对登记簿的正确性产生信赖（更不可能基于交易对手对不动产的占有而产生信赖）。既然第三人没有信赖，那么不动产善意取得中的“善意”何在？另一方面，在不动产存在登记的制度背景下，如果登记簿上对物权的归属或内容的记载没有错误，则无权处分是不可能通过不动产登记程序来实现对不动产的处分并完成登记的。例如，登记簿上明明记载了张三和李四是 A 房的共同共有人，现在只有李四一人单独向不动产登记机构申请转移该房屋的所有权。不动产登记机构在受理该申请的环节，就会依据登记簿上的记载来确认处分人是否有处分权。此种情形中，登记机构一查登记簿就知道申请人李四只是共有人之一，因此不会受理李四的登记申请，遑论完成登记。但如果房屋虽为张三和李四共有，而登记簿上仅记载了李四，现李四申请登记，登记机构发现申请主体与登记簿记载的所有权人一致，就会受理该处分登记申请并完成相应的登记。由此可见，只有当登记簿上存在权利事项错误时，才有了并非真实权利人的人无权处分不动产的可能性。综上所述，不动产登记簿的推定力与公信力是密切相关、互为补充的关系。[8]不承认不动产登记簿的推定力，就无法确立不动产善意取得制度；没有登记簿的权利事项

---

〔5〕 王洪亮：《论登记公信力的相对化》，载《比较法研究》2009 年第 5 期。

〔6〕 关于不动产登记簿的推定力，参见程啸：《不动产登记簿之推定力》，载《法学研究》2010 年第 3 期。

〔7〕 鲁春雅：《论不动产登记簿公信力和不动产善意取得制度的区分》，载《当代法学》2012 年第 1 期。

〔8〕 Staudinger/Gursky（2002）， § 891 Rn. 2.

错误，也不发生善意取得的问题。

2. 以登记簿的权利事项错误作为不动产善意取得的适用前提，能够有效地确定不动产善意取得的适用范围，从而区分善意取得与其他保护善意的法律规则或制度。申言之，倘若不动产登记簿上记载的权利人和权利内容没有错误，第三人即便善意，也并非是对不动产物权归属或内容的外观的信赖，即对登记簿记载的善意信赖，而只能是对其他权利表象（如代理权表象或代表权表象）或权利外观的信赖。此时，即便这种信赖需要保护，也是通过表见代理等其他制度而非善意取得。所以，权利变动的信赖保护与缔结交易的信赖保护应当严格区分。脱离不动产登记簿来理解不动产善意取得的前提，就会发生错误适用善意取得的情形。这方面最典型的例子就是冒名处分与借名登记。

其一，冒名处分，也称“假冒处分”，是指并非登记簿上记载的不动产权利人的民事主体采取窃取或伪造证书、授权委托书、身份证明等申请材料，欺诈登记机构或与登记机构工作人员恶意串通进行虚假登记，从而处分他人不动产的情形。[9]例如，甲向某房地产公司购买了一套商品房，登记在自己名下。甲的保姆乙偷取了甲的房屋所有权证书和身份证，找丙冒充甲将该房屋出售给不知情的丁并办理了转移登记。在该例中，乙并非真实权利人而处分他人财产，其行为属于一般意义上的无权处分。如果丁对此毫不知情，当然也是善意的。问题是，丁能否善意取得该房屋的所有权呢？一种观点认为，假冒他人的名义而处分财产的行为构成了广义的无权处分，冒名者利用登记部门的疏忽审查现实地完成了登记，从而使登记簿记载的不动产权属发生变化，已经作出了事实上的处分。《物权法》第106条并未完全明确排除冒名处分行为，因此，只要没有处分权的人形成了足以让第三人信赖的权利外观，就可以适用善意取得制度。[10]另一种观点认为，冒名处分他人不动产的行为不适用善意取得制度。首先，在冒名处分他人不动产的情形中，真实的权利人并无交易的意思表示，即双方并无交易的合意，故真实的不动产权利人有权主张合同无效，法院应予支持。买受人主张善意取得的，人民法院不应支持。其次，不动产物权善意取得是物权公示、不动产物权登记的必然推论，是不动产登记公信力的表现。[11]善意取得制度的本质是以牺牲财产静态的安全来换取财产动态的安全，其理论基础在于公示公信原则，即在不动产登记错误时，仍为第三人对不动产登记簿的虚假

---

〔9〕 相关案例参见“刘媛媛与北京市住房和城乡建设委员会等行政登记纠纷案”，北京市第一中级人民法院（2014）一中行终字第10934号行政判决书；“张丽娜与南京市住房和城乡建设委员会其他行政管理不履行法定职责纠纷案”，江苏省南京市中级人民法院（2015）宁行终字第383号行政判决书。

〔10〕 王利明：《善意取得制度若干问题研究——从一起冒名顶替行为说起》，载《判解研究》（总第46辑），人民法院出版社2009年版，第88~89页；杨立新：《论不动产善意取得及适用条件》，载《判解研究》（总第46辑），第96页；戴永盛：《论不动产冒名处分的法律适用》，《法学》2014年第7期。

〔11〕 傅鼎生：《不动产善意取得应排除冒名处分之适用》，载《法学》2011年第12期。

权利外观的信赖提供适度保护，以保障交易秩序的安全。但是，在冒名处分不动产之时，买受人是基于行为人的欺骗行为而误以为是权利人在处分不动产，故买受人具有对交易主体身份的误信，却不存在对虚假权利外观的信赖，因而不能适用不动产善意取得。[12]最后，冒名处分他人不动产的行为严重违法，而真实的权利人对此并无任何过错，倘适用善意取得，使真实权利人丧失不动产权利，显然是不公平的。[13]

笔者认为，如果将不动产善意取得适用前提明确为登记簿记载的权利事项错误，就很容易得出冒名处分他人不动产不应适用善意取得的结论。法律之所以在处分人没有处分权的情况下，因买受人的善意而认可买受人发生如同处分人有处分权时相同的法律效果，关键原因在于：不动产登记簿是由国家建立的，其上记载的权利归属和内容在绝大多数情况下与真实的权利归属和内容是一致的。故此，法律上推定登记簿对不动产物权归属和内容的记载是正确的。万一出现不一致即登记簿上的权利事项错误的情形，为了保护交易当事人对登记簿的信赖，国家仍使当事人之间发生如同登记簿正确时相同的法律效果。因此，在不动产善意取得中的善意体现为：相信登记簿上关于不动产权利归属、内容的记载是正确的并予以信任。简单地说，就是对登记簿上记载的权利事项正确性存在信赖。信赖原则的本意就在于此，善意第三人不能基于信赖受到超过登记簿权利内容事项的保护。故此，需要通过善意取得来保护该信赖，进而实现对交易安全价值的保护。但是，在冒名处分行为中，登记簿上的权利事项并无错误。以前例来说，甲就是真实的房屋所有权人且登记簿上也确实将甲记载为房屋的所有权人，没有什么权利主体的错误。第三人丁也只是因为丙与权利人甲长得很像，且丙持有甲的房屋身份证和房屋所有权证，才对交易对方当事人的身份真实性产生了信赖。此种对当事人真实性的信赖并非善意取得的保护对象，当事人是否存在或真实身份也不属于登记簿的权利事项。现代市场经济中法律侧重维护交易安全，注意对善意第三人的保护。但是，一则法律并非保护一切形式的善意，二则善意保护的方法也有不同，如对登记簿记载的不动产物权归属、内容的真实性信赖，是通过不动产善意取得加以保护；对交易当事人的代理权限或交易权限的信赖，通过表见代理、表见代表等加以保护。因此，在冒名处分他人不动产的案件中，即便第三人是善意的，也不能适用善意取得制度。至于应如何保护善意的第三人，需要考虑案件具体情形。如果冒名处分的情形符合表见代理的构成要件，可以适用表见代理，认定不动产物权变动合同有效，第三人可因该合同而取得不动产物权。[14]如果不构成，则合同无效，第三人不能善意取得不动产物

---

〔12〕 上海市高级人民法院民一庭：《上海高院关于涉房地产案件最新观点汇总（2014）》。

〔13〕 冉克平：《论冒名处分不动产的私法效果》，载《中国法学》2015 年第 1 期。

〔14〕 参见《北京市高级人民法院关于审理房屋买卖合同纠纷案件若干疑难问题的会议纪要》（京高法发〔2014〕489 号）。

权。至于该第三人的权益如何维护的问题，需要考虑案件的具体情况。例如，倘若登记机构未对当事人提交的身份证明材料进行查验，没有尽到合理审慎职责，则存在过错，应对第三人的损失承担相应的赔偿责任。当然，第三人也可以针对冒名处分人提起损害赔偿之诉。

值得研究的是，如果冒名处分人出售他人房屋后，买受人再次处分了该房屋，此时受让人能否善意取得？以上例而言，丁办理登记后，又以该房屋抵押给H银行据以担保戊所负之债务并办理了抵押权登记，H银行能否善意取得抵押权呢？有些法院认为，H银行不能善意取得抵押权。一方面，由于乙、丙冒充甲办理的房屋所有权转移登记和丁将房屋抵押给H银行的抵押权登记是合并办理的登记，故丁将房屋抵押给H银行的行为也构成了冒名处分行为，不能适用善意取得。另一方面，冒名处分他人财产的行为往往构成诈骗罪等，涉案房产属于赃物。依据《刑事诉讼法》第234条第4款，赃款赃物及其孳息，除依法返还被害人的以外，一律上缴国库。作为赃物的房产应当返还给受害人即所有权人。依据《物权法》第107条，遗失物原则上不能适用善意取得，本着举轻以明重的原则，赃物自然更不能适用善意取得。[15]

笔者不赞同上述观点。首先，冒名处分后登记簿上记载的权利人再行抵押房屋的情形中有两个处分行为，以上例而言，第一个是乙、丙冒充甲将房屋出售给丁的处分行为，该行为当然属于冒名处分行为，丁不能主张善意取得所有权。但丁又将房屋抵押给H银行，这已是第二个处分行为。尽管丁不能取得甲的房屋所有权，毕竟在登记簿上他被记载为房屋的所有人，故此发生了登记簿权利事项的错误。在登记簿上并无有效的异议登记且第三人并不知道权利主体错误的情形下，第三人H银行当然构成善意，符合《物权法》第106条第1款中善意取得构成要件，可以善意取得抵押权。因此，除非能够证明H银行明知乙、丙将房屋转让给丁的行为是冒名处分行为，否则不能仅仅因为登记机构合并办理登记了，就将原本具有不同法律效果的两个登记简单地看成一个登记，并将两个处分行为都看成冒名处分行为。

其次，所谓登记机构合并办理登记只是为了方便登记申请人，避免两次提交登记申请材料而做出的便利性规定，而并非在先登记原则的例外。合并办理，确切地说是“合并受理，依次办理”，即登记机构将房屋所有权转移登记的申请材料与抵押权首次登记的申请材料一并受理，申请人可以一次性将办理这两个登记的申请材料提交给登记机构，无须依次提交。但是，在不动产登记程序中，登记机构从事的是两个登记行为，即首先办理房屋所有权的转移登记，在该登记事项被记载于登记

---

〔15〕“中国工商银行股份有限公司北京新街口支行诉顾某金融借款合同案”，北京市西城区人民法院（2012）西民初字第9950号民事判决书，国家法官学院案例开发中心：《中国法院2014年度案例·借款担保纠纷》，中国法制出版社2014年版，第175页。

簿之后，再办理抵押权首次登记。以合并办理为由否定善意取得，实无道理。

再次，以被处分的房屋是赃物为由而否认适用善意取得，也不妥当。我国民法学主流观点认为，完全不考虑实际情况，对赃物采取“一追到底”的做法，不利于保护交易安全和秩序，因此在有严格限制条件的情况下，对赃物也可以适用善意取得。[16]事实上，近年来我国刑事司法实践中也逐渐认可了在一定条件下，赃物也可以善意取得。例如，《最高人民法院、最高人民检察院关于办理诈骗刑事案件具体应用法律若干问题的解释》第10条规定：“行为人已将诈骗财物用于清偿债务或者转让给他人，具有下列情形之一的，应当依法追缴：（一）对方明知是诈骗财物而收取的；（二）对方无偿取得诈骗财物的；（三）对方以明显低于市场的价格取得诈骗财物的；（四）对方取得诈骗财物系源于非法债务或者违法犯罪活动的。他人善意取得诈骗财物的，不予追缴。”

最后，现代市场经济的交易频繁，同一财产经过多次交易的情形极为普遍，仅仅因为第一次处分是冒名处分不适用善意取得，就将该效果波及此后的一连串交易，则交易安全和秩序将受到极大的破坏。

其二，借名登记，即某一民事主体（即借名人）实际出资，但却借用另一民事主体（即被借名人）的名义购买不动产并将之登记在被借名人名下。例如，江西人李某在北京经商，因房屋限购政策而无法以自己的名义买房，便与亲戚张某约定，由李某出资而用张某的名义购买了一套商品房，该房屋登记在张某的名下，由李某占有和使用。对于借名登记是否属于权利主体错误，有不同的看法。一种观点认为，借名登记不属于登记簿记载的权利主体错误。如果借名人与被借名人就不动产归属发生争议，该争议属于合同纠纷而非物权归属纠纷，借名人可以向人民法院提出给付之诉，即请求法院判决被借名人按照约定将不动产转移登记到自己的名下。[17]既然借名登记不属于登记簿记载的权利主体错误，那么被借名人即登记名义人就是不动产的权利人，其处分该不动产的行为是有权处分，而非无权处分，第三人与被借名人订立买卖合同并办理了不动产登记的，自然就取得了不动产权利，与善意取得无关。另一种观点认为，借名登记的情形下，由于实际出资人和不动产的占有、使用人都是借名人，其才是真正的权利人，而登记簿上却将被借名人记载为不动产权利人，故登记簿上权利主体错误。借名人作为真实权利人，有权依据《物权法解释（一）》第2条请求法院确认物权，即通过物权确认之诉要求法院直接确认其为权

---

〔16〕 王利明：《物权法研究（第四版）》（上卷），中国人民大学出版社2016年版，第442页；崔建远：《物权：规范与学说——以中国物权法的解释论为中心（上册）》，中国人民大学出版社2011年版，第233页。

〔17〕 参见《北京市高级人民法院关于审理房屋买卖合同纠纷案件适用法律若干问题的指导意见（试行）》（京高法发〔2010〕458号）第15条、《北京市高级人民法院关于审理房屋买卖合同纠纷案件若干疑难问题的会议纪要》（京高法发〔2014〕489号）。

利人。同理，借名登记时，因被借名人并非真实权利人，其处分不动产的行为是无权处分，第三人可以善意取得不动产物权。[18]

笔者赞同第一种观点，即借名登记的情形不存在登记簿上的权利事项错误，登记权利人即被借名人就是真实的不动产权利人，其对不动产的处分属于有权处分，不能适用善意取得。首先，依据《物权法》第9条第1款和第15条，基于法律行为的不动产物权变动，原则上以登记为生效要件，不登记的，虽不影响合同的效力，但是不动产物权变动的效力不发生。在借名登记的情形下，尽管借名人与被借名人内部存在借名买房的约定，但该约定只是特定当事人间的债权债务关系，不能对抗合同关系以外的人，更不可能因此直接发生不动产物权变动效力。不动产物权变动的效力只是发生在出售房屋等不动产的民事主体与被借名人之间。具体言之：第一，不动产买卖合同是出卖人与被借名人之间意思表示一致的结果，该合同在双方当事人之间成立且有效；[19]第二，因出卖人与被借名人在登记机构办理了房屋所有权转移登记，故被借名人已经取得了房屋所有权等不动产权利；第三，借名人与被借名人之间的借名合同，可以适用委托合同的规则加以处理，即借名人有权请求被借名人协助办理房屋所有权的转移登记。如果仅仅因为一个借名协议就直接将借名人作为不动产权利人，就等于借名人可以仅凭债权合同直接发生不动产物权变动的法律效果，明显违反了《物权法》第9条第1款和第15条的规定，破坏了物权公示公信原则。另外，从当事人的真实意思来看，借名协议实际上就是约定：先由被借名人从不动产的出卖人处取得不动产权利人，然后等借名人符合了条件（如具备了购房资格）后，再将该不动产权利从被借名人处转移给借名人。[20]因此，借名人与被借名人仅仅签订借名协议，而未向登记机构申请相应的处分登记，则无法发生不动产权利从被借名人处转移给借名人的物权变动效力。当借名人符合取得不动产权利的条件时，其只能依据借名协议的约定提起给付之诉，请求被借名人履行交付不动产并协助办理登记的义务，而不能径行向法院请求确认其不动产物权。最高人民法院（2011）民提字第29号民事判决书就明确指出："在物权确权纠纷案件中，根据物权变动的基本原则，对于当事人依据受让合同提出的确权请求应当视动产与不动产区别予以对待。人民法院对于已经交付的动产权属可以予以确认。对于权利人提出的登记于他人名下的不动产物权归其所有的确权请求，人民法院不宜直

[18] 杜万华主编：《最高人民法院物权法司法解释（一）理解与适用》，人民法院出版社2016年版，第368页。

[19] 《最高人民法院关于审理涉及国有土地使用权合同纠纷案件适用法律问题的解释》第25条才规定："合作开发房地产合同约定提供资金的当事人不承担经营风险，只分配固定数量房屋的，应当认定为房屋买卖合同。"

[20] 姜强法官提出的这一解释思路，使笔者深受启发，谨致谢意。

接判决确认其权属，而应当判决他人向权利人办理登记过户。”[21]简言之，人民法院应当做出被借名人“同意登记”的给付判决，该判决具有执行力，等于被借名人同意转移所有权的意思表示。登记机构可以依据借名人的申请，依据该给付判决办理房屋所有权转移登记。最后，如果认为当事人仅仅凭借借名协议就可以直接实现不动产权利从被借名人向借名人的转移，也会给当事人规避法律规定甚至偷逃税收提供便利。

既然借名登记中根本不存在登记簿权利事项的错误，因此被借名人作为登记簿上记载的不动产权利人，处分其不动产的行为当然是有权处分，而第三人与被借名人之间订立物权合同并完成了登记的，理所当然地取得了相应的不动产权利，与善意取得无关。

3. 以不动产登记簿的权利事项错误作为不动产善意取得的适用前提，也有利于我国不动产统一登记制度的建立和完善，由于存在信赖不正确的登记簿而善意取得之可能，促使了所有不动产登记的参与人（包括真实权利人、登记机构）必须更加谨慎，以使登记簿尽可能少地出现不正确，或尽可能合理地去排除登记簿的错误，从而常常迫使产生出正确的不动产登记簿。[22]唯其如此，《物权法》第19条确立的更正登记与异议登记才会被充分运用，发挥确保登记簿正确之功能。不动产登记簿越准确，当事人就越信赖登记簿。这样，不仅交易的效率和安全越有保障，且善意取得的情形势必更少发生。

三、不动产登记簿的权利事项错误是认定善意的基础

在善意取得中争论最大也最复杂的问题就是，如何判断第三人善意与否。在制定《物权法》时，曾有一些学者力主对不动产登记簿的公信力与动产善意取得区分规定，[23]但立法者没有接受这种意见，而是在《物权法》第106条第1款对动产和不动产的善意取得作出了统一规定。《物权法解释（一）》对善意取得中第三人的“善意”如何认定，作了较为详细的规定。首先，该司法解释依据《物权法》第

---

[21] “大连羽田钢管有限公司与大连保税区弘丰钢铁工贸有限公司、株式会社羽田钢管制造所、大连高新技术产业园区龙王塘街道办事处物权确认纠纷案”，载《中华人民共和国最高人民法院公报》2012年第6期。

[22] ［德］鲍尔·施蒂尔纳：《德国物权法（上册）》，张双根译，法律出版社2004年版，第490页。

[23] 孙宪忠：《论物权法》，法律出版社2001年版，第200页以下；王利明：《物权法研究》，中国人民大学出版社2002年版，第276页；梁慧星：“《物权法草案（第二次审议稿）》若干条文的解释与批判”，载易继明主编：《私法》（第5辑），北京大学出版社2005年版，第5页；“善意取得制度的有关问题”，全国人民代表大会常务委员会法制工作委员会民法室：《物权法立法背景与观点全集》，法律出版社2007年版，第443页。

106条，对动产和不动产善意取得中的善意判断标准做了统一规定，即第15条第1款规定："受让人受让不动产或者动产时，不知道转让人无处分权，且无重大过失的，应当认定受让人为善意。"其次，该解释又分别在第16条和第17条中对不动产和动产的善意取得中，如何认定第三人不构成善意分别做出了规定。

笔者认为，《物权法解释（一）》的上述规定存在以下缺陷：一方面，该解释第15条不区分不动产与动产的善意取得中善意的判断标准，将"重大过失"也作为不动产善意取得中的善意内涵的组成部分，是不妥当的。[24]就动产善意取得而言，因动产的占有不足以充分彰显占有人对占有物的处分权，[25]故判断受让人善意与否时必须考虑其有无重大过失。也就是说，动产善意取得中，第三人不能仅凭转让人占有动产这一事实就产生信赖，而须负有相应的注意义务，即考虑"交易的对象、场所或者时机等"是否符合交易习惯，否则应当认定其有重大过失，不构成善意。[26]但是，就不动产的善意取得而言，判断受让人善意与否时则不应包括重大过失的要件，因为不动产的受让人无须如动产受让人那样负有超越登记簿之外的调查核实的义务。[27]不动产交易中，受让人只要不知道登记簿权利事项错误且登记簿上没有有效的异议登记，就应认定其为善意。另一方面，不以登记簿权利事项错误作为理解不动产善意取得中第三人善意的基点，直接导致了《物权法解释（一）》第16条在认定第三人不构成善意的情形时，将许多无关的因素纳入其中。例如，将存在查封登记、预告登记时，登记名义人对不动产的处分也作为认定第三人不构成善意的情形，就殊无必要。

1. 在我国法上，不动产与动产的善意取得虽然均旨在维护交易安全，但二者的理论基础有明显的不同。具体而言，在我国法上，动产善意取得适用所谓"诱因原则"（Veranlassungs - prinzip），即动产权利外观（占有）的存在必须归因于原权利人的自由意思，因此，占有脱离物原则上不适用善意取得。只有当动产的真实权利人是因自己的原因而丧失对动产的占有，进而导致该动产被他人无权处分时，真实的权利人才会承受丧失权利的后果。[28]换言之，由于权利人是自愿将动产的占有转移给他人的，所以其应承受该他人未经同意处分该动产的不利后果。[29]原动产权

---

〔24〕 司法实践的起草者认为，考虑到我国不动产登记尚不完善的现状，因此不宜按照不动产公信力原则的要求，仅将"善意"的认定标准限定在当事人不知的主观状况，而应当提高认定标准，将当事人对该不知亦不负有"重大过失"一并作为认定其为善意的标准。同注18，第368页。

〔25〕 这是因为，占有本身也不限于现实占有，而包括各种观念占有。加之，借用、租赁、融资租赁等交易形态多样化，进而导致了现代社会中占有与所有权分离的情形非常普遍。

〔26〕 程啸：《论不动产登记簿公信力与动产善意取得的区分》，载《中外法学》2010年第4期。

〔27〕 当然，动产的善意取得中，也并未是对受让人一概施以调查核实义务。否则，会导致善意要件的证明负担在当事人之间不当地移转，即原权利人在实现初步证明后，就推定存在重大过失，而善意取得人必须反证，以推翻该推定。

〔28〕 Manfred Wolf, Sachenrecht, 23Aufl., Beck, 2007, Rn. 561

〔29〕 Wolfgang Brehm/Christian Berger, Sachenrecht, Mohr, 2000, S. 412.

利人的行为与无权处分人对动产的权利外观的形成之间存在必然的联系，原动产权利人在该权利外观的形成中的可归责性，构成了保护第三人善意信赖的条件。[30]通过引入诱因原则，动产的善意取得才能在权利保护与交易安全维护这两项价值间取得一个妥当的平衡。在我国法上，动产善意取得适用诱因原则的法律规定为《物权法》第107条。从该条之规定可知，对非基于所有权人的意思而丧失占有的一类动产即遗失物，原则上不适用善意取得，所有权人或其他权利人有权追回遗失物。此外，即便买受人是“通过拍卖或者向具有经营资格的经营者购得该遗失物的”，也不能善意取得。因为所有权人或者其他权利人在支付受让人所付的费用后，仍有权请求返还原物。本着举轻以明重的解释原则，对于盗窃物等赃物的善意取得，自然更应当着重对真实权利人的保护，至少应当适用于《物权法》关于遗失物取得的规定。由此可见，《物权法》对动产的善意取得适用了诱因原则。

不动产善意取得有别于动产善意取得之处在于：不动产善意取得中无须考虑权利外观的存在是否可归咎（归责）于原权利人（Zurechenbarkeit）。也就是说，就不动产登记簿权利事项的错误，真实权利人是否具有可归责性，无须考虑。首先，我国法上，不动产登记机构对登记采取了一定程度的实质审查（尤其是在不存在公证书或法院判决的情况下），如实地查看、调查登记等。其次，《物权法》第16条第1句明确承认了登记簿的推定力。因此，在以登记为生效要件主义的不动产物权变动中，登记簿完全可以作为不动产物权的权利表征，而交易的当事人可以高度信赖登记簿的记载。不动产交易中第三人的善意应当就是指，其对登记簿上权利事项记载的信赖，而善意与否的认定也应始终围绕着登记簿上有无权利事项错误而展开。

2. 之所以在不动产的善意取得中，不应当考虑受让人有无重大过失，根本原因在于：从立法政策上说，随着我国不动产统一登记制度的建立和完善，应越来越强化而非弱化登记簿的推定力和公信力。《物权法解释（一）》的起草者之所以认为，不能将“善意”的认定标准限定在当事人不知的主观状况，而应提高认定标准，即将当事人对该不知亦不负有“重大过失”一并作为认定善意的标准，其理由是考虑到我国不动产登记尚不完善的现状，不宜按照不动产公信力原则的要求。对此，笔者难以苟同。当前，我国不动产登记制度已经统一，不仅《不动产登记暂行条例》及其实施细则、登记规范等法规规章以及标准相继颁布，而且全国各地的不动产登记工作职责的整合也已基本完成。[31]只有进一步确保登记簿的真实和准确，维护登记簿的推定力和公信力，才能真正实现建立一个“权界清晰、分工合理、权责一致、运转高效、法治保障、方便企业和群众”的不动产登记体系。在这种背景下，如果法院反其道而行之，在不动产善意取得中引入重大过失的要件，容易造成

---

〔30〕 同注7。

〔31〕 张晏、李倩：《全国不动产登记职责机构整合基本完成》，载《中国国土资源报》2016年1月8日。

实践中过分宽泛地解释受让人“应知”的范围，进而极大地弱化登记簿的推定力和公信力，使交易当事人不愿意也不敢信赖登记簿的记载。长此以往，势必对作为市场经济基础性制度的统一不动产登记制度的完善产生消极作用。从实践来看，已经出现了此类问题。例如，有些案件中，法院不仅要求不动产的受让人查看登记簿，还要求其必须到现场查看不动产的权属状况，否则就不认为是善意的。[32]更有甚者，一些法院甚至将登记簿之外的因生效法律文书导致的物权变动也看成是受让人应当知道的情形。这种做法对交易安全的危害和对登记簿推定力和公信力的损害就更大了。[33]如此一来，“实践中大量的不动产交易的受让人均将因对不动产物权是否存在与登记所表彰的状况不同的法律文书的恐惧而无法进行交易，这明显有悖于法律所要追求的交易安全和效率，也明显与不动产登记的公示原则及权利推定力不相符合。”[34]况且，既然国家已经在《物权法》中做出了登记簿正确性推定的承诺，就不应再将判断失误的风险强加于善意第三人。

目前我国审判实践中有一个问题争议很大，即夫妻共有房屋在登记簿上仅登记为夫或妻单独所有，交易相对人能否信赖该登记簿的记载，抑或需要对该房屋的权属进行额外的调查核实？一些法院认为，不动产登记簿的记载具有推定力，只要登记簿上记载了房屋为夫或妻单独所有，第三人信赖该登记簿记载的，可以善意取得不动产物权。[35]但也有相当数量的理论界人士及法院采取了肯定的观点，即第三人除查看登记簿外还必须进行相应的调查核实后，才能构成善意，从而善意取得不动产物权。[36]例如，在一个抵押纠纷案件中，法院认为：“马某作为不动产的抵押权人在审查涉案房屋是否存在共有人时，应当尽到合理的查询和注意义务，这种查询和注意义务不仅包括询问抵押人了解涉案房屋情况，而且更重要的是通过相关部门的查询来核实不动产的真实状况，但当刘某所提供的户籍证明上载明的婚姻状况与

---

〔32〕 参见“李格、中国邮政储蓄银行股份有限公司武汉市洪山区支行与胡小平、王枫霞、李友仙、吴相启房屋买卖合同纠纷案”，武汉市中级人民法院（2015）鄂武汉中民终字第00208号民事判决书。

〔33〕 参见“贵阳农商行执行异议之诉案”贵州省高级人民法院（2014）黔高民终字第12号民事判决书。

〔34〕 同注18，第387页。

〔35〕 相关判决参见“王延华与吴新革等合同纠纷案”，北京市第一中级人民法院（2015）一中民（商）终字第6649号民事判决书；“中国建设银行股份有限公司舟山城关支行与杨某、舟山市欣源建材有限公司等金融借款合同纠纷案”，浙江省高级人民法院（2014）浙商外终字第8号民事判决书；“李五妹与伍北强、中国银行股份有限公司广州海珠支行、广州市阿纬纳贸易发展有限公司、陈光华金融借款合同纠纷案”，广东省广州市中级人民法院（2014）穗中法金民终字第624号民事判决书。

〔36〕 有人认为：“以中国现有的国情，夫妻将不动产登记在一方名下十分普遍，单纯以受让人在交易前实施了查阅登记簿的积极行为，即推定为善意是不够的，买受人对登记簿的信赖不应作为善意的唯一判断标准，法律还应当规定购房人两项法定义务，一是应当向出售人进行是否为夫妻共有财产的查询；二是应当实地查看房屋。”孙若军：《家庭共同生活居住所需房屋不适用善意取得制度研究》，载《政治与法律》2011年第4期。

其自己陈述的婚姻情况相矛盾时，马某并未对刘某的婚姻状况，即涉案房屋是否存在共有人作进一步的审查。故一审法院对‘马某不属于物权法上的善意第三人，其不能善意取得涉案房屋的抵押权’认定正确。”〔37〕支持这种观点的理由为：依据《婚姻法》第19条，如果夫妻没有约定婚姻关系存续期间所得的财产归各自所有、共同所有或部分各自所有、部分共同所有，则该财产属于夫妻共有财产。故此，债权人在接受他人以不动产设定的抵押权或取得不动产所有权时，不仅要查看登记簿的记载，还应对该不动产实际上是否为夫妻共有财产予以调查核实，否则难谓善意。〔38〕

笔者认为，只要登记簿记载了不动产是单独所有，即便事实上是共同所有，第三人也完全可以信赖登记簿的记载，法院不应要求受让人超越登记簿的记载，额外承担对不动产的权属的调查核实义务。一方面，不动产登记簿是物权归属和内容的根据，具有推定力（《物权法》第16条第1款），不动产交易中的受让人完全可以对登记簿记载的真实性形成信赖。要求受让人在登记簿之外对真实物权状况进行调查核实的做法，等于变相否定了登记簿推定力，极大地增加了当事人的负担，提高了交易成本，严重危害了交易安全。退一步说，即便立法者认为，房产是家庭生活共同体的基本保障，国家对家庭共同生活的保护义务是宪法上基本权利的内容，是社会的基本秩序价值。而法定婚姻财产共同公有制是民法上这一基本价值的体现。那么，为了维护这种基本价值，也应当是由登记机构在登记程序中对婚姻财产状况进行相应的审查，而不能任意将该义务施加给交易当事人。〔39〕如果将该义务推给当事人，也为那些不讲诚信的人随意否定交易，违背诚信，提供了便利。例如，一些夫妻事实上就是一致同意出售或抵押共有房产的，但此后因房价上涨而对交易结果不满，便以未经共有人同意处分房产为由主张合同无效。另一方面，要求受让人在登记簿外进行调查核实，对不动产物权进行审查，也使得法院在审判中随意对受让人的善意提出各种要求，导致了善意取得适用上的不确定性。例如，在一起案件中，登记簿上将本为夫妻共有的房屋登记为丈夫史某单独所有，史某伪造了离婚证明后将该房抵押给银行。妻子李某知道后向法院起诉，要求确认抵押权无效。一审法院认为银行善意取得了抵押权，而二审法院却认为：“虽然不动产的公示公信力体现在其登记在权利人名下，在登记未被变更或涂改情况下，房产证上的记载就表明史某为涉案房产的权利人，但是上述房产系史某在婚姻存续期间取得，一般人尚

〔37〕“马希光与胡晓月等抵押合同纠纷案”，北京市第三中级人民法院（2014）三中民终字第01293号民事判决书。

〔38〕相关判决参见“中国农业银行股份有限公司抚顺新抚支行与金风抵押合同纠纷案”，抚顺市中级人民法院（2015）抚中民终字第00392号民事判决书；“浙江农村合作银行清水支行（原名称永嘉县农某某用合作联社清水埠信用社）与李甲金融借款合同纠纷案”，浙江省高级人民法院（2010）浙商提字第14号民事判决书。

〔39〕此观点受到德国基尔大学法学院王丹先生的启发，在此谨致谢意。

且对该财产是否属于夫妻共同财产有所怀疑，农村银行作为专业金融机构对不动产登记簿上的情况记载与真实产权人是否相符更应进行查证。农村银行对此未尽相当的注意义务，进一步了解涉案房产是否为夫妻共有财产，则应当判定其有过失。”〔40〕这一观点显然极为不妥。因为，即便不动产是在夫妻婚姻关系存续期间取得，也并不意味着该房屋就一定是夫妻共有财产。自2001年我国修订《婚姻法》后，即便是夫妻婚姻关系存续期间取得的财产也并非当然是夫妻共有财产，而是可以约定为各自所有、共同共有、部分分别所有和部分共同共有等多种形式。只有在夫妻没有特别约定时，才适用《婚姻法》第17条确定为共同共有。在上述案例中，不仅登记簿上将抵押人记载为房屋的单独所有权人，且抵押权人还额外审查了抵押人的离婚证明（尽管是伪造的，也难以识别）。此时，法院依然认定抵押权人不构成善意，不能善意取得抵押权，显然这种对受让人的要求极为过分。

此外，通过给第三人探求真实权利状态的义务而将登记错误的风险转嫁到不动产交易的受让人身上，也是不公平的。在我国，由于法治不健全、社会诚信度低，造成登记簿错误的原因很多，第三人难以进行相应的调查，从而发现登记簿的错误。在我国不动产登记实践中，相当数量的错误登记是由于当事人伪造材料所致，如伪造的身份证明、伪造的授权委托公证文书甚至司法裁判文书等。对于这些伪造的申请材料，即便是不动产登记机构也难以逐一发现，要求受让人对此尽到所谓调查核实义务，并不合理。

3. 有些人认为，如果对不动产受让人的善意中取消重大过失的要求，可能会使得真实权利人处于不利的境地。这种担心毫无必要。一方面，我国法律已经为真实权利人提供了很强的保护。依据《物权法》第19条第1款，权利人或利害关系人在发现登记簿的记载存在错误时，可以进行更正登记，消除登记簿的错误，进而避免他人的善意取得。而在更正登记完成之前，权利人或利害关系人还可以依据《物权法》第19条第2款进行异议登记，从而迅速的暂时切断登记簿的公信力，避免他人善意取得。也就是说，更正登记和异议登记就是为了使真实权利人为了防止遭受他人善意取得其不动产物权的风险而设置的登记程序。如果要求受让人负有一定的注意义务，势必使得不动产善意取得在实践中常常难以适用，真实的权利人、利害关系人也就没有什么动力进行更正登记和异议登记，从而导致登记簿出现错误的概率增加。此外，《物权法》第21条第2款对于登记机构就登记错误造成真实权利人损害的赔偿责任也做出了规定，当真实权利人因他人善意取得而遭受损害时，如果登记机构没有尽到合理审慎的职责，需要对由此给真实权利人造成的损害承担赔偿责任。另一方面，在有些时候，真实权利人的损失也是其不得不承担的社会生

---

〔40〕“深圳农村商业银行股份有限公司与李晨燕确认合同无效纠纷案”，深圳市中级人民法院（2012）深中法商终字第1358号民事判决书。

活的一般风险，并非都需要法律给予保护。例如，在上文所述夫妻一方擅自处分共有不动产的情形中，姑且不论这种夫妻背信弃义的情形的实际发生概率究竟有多高，即便有，也只能说是夫妻一方必须承受的代价。毕竟，所谓“婚姻”就是以爱情、亲情为核心的共同关系，而共有财产只是维持这种共同关系的物质基础。夫妻一方之所以将共有财产登记在夫或妻一人名下，不就是基于对爱情和亲情的信赖吗？只有当夫妻一方已经不爱对方、罔顾亲情之时，才会出现擅自处分共有财产这一背信弃义的行为。除此之外，所谓“擅自”处分共有财产，只能说是夫妻恶意串通损害交易对方当事人的背信行为。由此可见，为了极少数人的不合理要求而破坏甚至摧毁作为不动产登记制度基础的登记簿的推定力和公信力，不可不谓“愚人之举”！

4. 既然在不动产的善意取得中，对第三人善意的判断应当紧密围绕着不动产登记簿上有无权利事项错误而展开，那么《物权法解释（一）》第 16 条第 1 款第 2、3 项显然就是画蛇添足。首先，依据该款第 2 项，如果在不动产有预告登记且在预告登记的有效期内，登记名义人未经预告登记的权利人同意而处分不动产的，应当认定不动产受让人知道转让人无处分权。该规定与认定第三人是否善意并无关系。因为依据《物权法》第 20 条第 1 款第 2 句，我国法上预告登记本身就具有限制处分的效力（Grundbuchsperre）。而《不动产登记暂行条例实施细则》第 85 条第 2 款明确规定：“预告登记生效期间，未经预告登记的权利人书面同意，处分该不动产权利申请登记的，不动产登记机构应当不予办理。”既然预告登记本身具有限制处分的效力，且登记机构不得在未经预告登记权利人书面同意的情况下办理该不动产的处分登记，那么无论第三人是否查阅登记簿、是否知道预告登记的存在，第三人都不可能完成不动产登记，谈何善意取得？在不动产登记簿上并不存在权利事项的错误，第三人对登记簿的信赖根本无从产生，不涉及善意取得。只有在不动产权利人与登记机构工作人员恶意串通，违法注销预告登记后再办理相应的处分登记时，因登记簿存在权利事项错误，而第三人在不知情的情况下，才构成善意，进而可以适用善意取得。因此，《物权法解释（一）》第 16 条第 1 款第 2 项的规定可以删除。

其次，依据《物权法解释（一）》第 16 条第 1 款第 3 项，当不动产登记簿上已经记载司法机关或者行政机关依法裁定、决定查封或者以其他形式限制不动产权利的有关事项的，应当认定不动产受让人知道转让人无处分权。该情形也与第三人是否善意毫无关系。依据《物权法》第 184 条第 5 项、《担保法》第 37 条第 5 项以及《最高人民法院、国土资源部、建设部关于依法规范人民法院执行和国土资源房地产管理部门协助执行若干问题的通知》第 22 条，依法被查封的财产不得抵押。在不动产登记簿上已经有了查封登记或其他限制不动产权利的有关事项的记载的情况下，一方面，登记簿上不存在任何权利事项的错误，第三人对登记簿记载的信赖无从产生。除非不动产权利人与登记机构的工作人员恶意串通，先故意注销查封登记或其他限制不动产权利的有关事项的记载，而第三人对此毫不知情，方可能发生善意取得。另一方面，不动产登记机构根本不能为不动产权利人与第三人办理相应的处分登记，难以满足《物权法》第106条第1款第3项规定的要件。此外，不动产权利人将已经被法院查封的房屋予以出售的，该买卖合同一般都被认为无效合同。[41]在此情形下，第三人也不可能善意取得不动产。

四、结语

当前，我国正在抓紧民法典的编纂工作。编纂民法典时，立法者应当认真反思善意取得制度，严格区分不动产与动产的善意取得。就不动产的善意取得，应当以不动产登记簿上存在权利事项的错误作为适用的前提，而在认定不动产善意取得中第三人是否善意时，也应当始终围绕着不动产登记簿是否存在权利事项的错误而展开，不应脱离登记簿的记载，更不应将受让人"应知却因重大过失而未知"作为排除善意的情形。在不动产善意取得中，第三人不构成善意的情形实际上只有两种：第一是登记簿上存在有效的异议登记；第二是第三人知道登记簿记载的权利事项错误。

---

〔41〕 参见《最高人民法院关于转卖人民法院查封房屋行为无效问题的复函》（〔1997〕经他字第8号）、《北京市高级人民法院关于审理房屋买卖合同纠纷案件适用法律若干问题的指导意见（试行）》（京高法发〔2010〕458号）第9条第1款。

论准不动产物权登记对抗制度中的善意第三人

崔拴林 *

目 次

我国《物权法》第24条规定："船舶、航空器和机动车等物权的设立、变更、转让和消灭，未经登记，不得对抗善意第三人。"这一条规定了基于法律行为的准不动产物权变动中的登记对抗制度。另外，《物权法》第188条也规定了基于法律行为设立动产抵押权时的登记对抗制度。不管基于法律行为的物权变动模式是债权形式主义，还是物权形式主义，[1]准不动产物权变动中的登记对抗制度都意味着已登记的物权可以对抗未登记（但物可能已交付）的物权，细察之下，该制度涉及

---

* 南京师范大学法学院副教授。

〔1〕 虽然大多数我国《物权法》的立法参与者认为《物权法》在基于法律行为的物权变动模式上采纳了债权形式主义，但是也有学者有力地证明：在解释论上，《物权法》确定了以有因的物权形式主义为原则的物权变动模式，参见葛云松：《物权行为：传说中的不死鸟——〈物权法〉上的物权变动模式研究》，载《华东政法大学学报》2007年第6期。笔者赞成后一种观点。不过，在《物权法》规定的物权变动模式问题上的争议对本文的论题没有多大影响，所以本文的分析不涉及该问题。

“登记对抗”的含义、未经登记不得对抗的善意第三人的范围、登记效力有无时空限制以及有无禁止登记之事由等诸多疑问，正如我国台湾地区《动产担保交易法》第5条规定的动产担保交易中的登记对抗制度在学理上所引发的探讨一样。[2]本文不拟全面分析《物权法》规定的准不动产物权变动中的登记对抗制度，仅就该制度的立法目的、第24条的规范意旨以及善意第三人的范围做一分析，以期有助于对《物权法》第24条和其他相关条文的理解和适用。

一、《物权法》第24条之登记对抗主义的立法目的

要分析《物权法》第24条中登记对抗主义的立法目的，首先需要澄清“对抗”的含义。然而在我国学界的相关争议中，有些学说并未对“对抗”“对抗要件”作出合理、明确的界定，就率尔操觚，轻下判断，容后详述。有鉴于此，我们应当首先明确界定“对抗”这一关键概念的含义。不过，需要强调的是，对于“对抗”概念的界定，乃基于对登记对抗制度的总体把握，而非机械的教条而来。故此，本文所赞成的“对抗”之含义，与本文对登记对抗制度的整体理解，存在着部分与整体之间彼此往返、相互发明的解释学循环。[3]

（一）“对抗”及其相关概念的含义

在大陆法系，物权本质上是一种可以对抗权利人以外一切他人的绝对权、对世权。由这样的本质，决定了物权具有排他效力和优先效力，前者即同一物之上的既有物权具有排斥内容相冲突的其他物权的效力，后者即既有物权原则上具有优先于在同一物之上成立的债权、嗣后成立的内容不冲突之物权的效力。基于此等基本原理，此谓“（得）对抗”原则上指自己的权利能够排斥他人权利或优先于他人权利实现的法律上的力。由于登记对抗主义主要针对多重物权变动而设立，所以登记对抗主义语境下的“对抗”，主要指已登记其物权者可以凭借登记这一公示手段来排斥其他物权受让人的物权，以确保自己之物权的法律上的力；少数情况下也包括特定的已登记债权可以优于特定物权。“不得对抗”即指不能排斥他人的权利或不能

〔2〕 参见王泽鉴：《“动产担保交易法”上登记之对抗力、公信力与善意取得》，载王泽鉴：《民法学说与判例研究（重排合订本）》，北京大学出版社2015年版，第1480页。

〔3〕 已有学者对《物权法》第24条作了精彩的文义解释、逻辑解释，详见杨代雄：《准不动产的物权变动要件——〈物权法〉第24条及相关条款的解释与完善》，载《法律科学》2010年第1期。故此，本文不再画蛇添足，而试图在解释学循环这样的普适性理解路径下，依循部分与整体互为理解之基础的方式，来认定“对抗”概念的最佳解释以及登记对抗制度的立法目的和规范意旨。

优于对方权利之实现的法律地位。[4]形象地说，“（得）对抗”就意味着能够“吃掉”（排斥）或者“压倒”（优于）对方的权利。

（二）《物权法》第24条的立法目的

以当事人的视角看，《物权法》第24条确立的登记对抗主义意味着：在准不动产物权变动中，如果自己不完成登记，则交易正常完成时，物权变动可以有效；但交易有异常时，则可能会半路杀出自己不得对抗的善意第三人；反之，如果完成了登记，自己就是能对抗任何其他人的胜出者。那么，该条为何要给当事人安排具有三种可能性的登记对抗主义呢？为何不直接规定更加简洁明了的登记生效主义呢？

总的来说，确立登记对抗主义的目的是为了在交易便捷度和交易安全度之间求得最大程度的平衡，或曰在交易便捷和交易安全这两种法律目的无法完全兼得时找到最佳的折中方案，王泽鉴先生就此指出：采取登记对抗主义的理由，一方面在于维持交易上之便捷，另一方面亦能使当事人斟酌情事，决定是否申请登记，以保障自己权益。[5]进一步讲，不论是在我国准不动产交易之社会现实的宏观层面上，还是在交易当事人之利弊权衡的微观层面上，登记对抗主义都是为了尽可能兼顾上述两种法律目的：（1）从宏观层面来看，由于中国目前的现实中，车辆、船舶非常之多，价值有大有小。尤其在长江、闽江、珠江流域有许多小船，民间转移非常频繁，要求这些物权变动采取统一登记生效的要件主义是不可能的，因此《物权法》不得已采取了登记对抗主义。[6]同理，我国台湾地区“动产担保交易法”采“书面成立——登记对抗主义”而不采登记成立主义，理由也是因为动产品类复杂，若动产担保交易均须登记才能有效，将不胜其烦，徒增交易成本。[7]这就是在顺应社会经济秩序的角度上，登记对抗主义比起登记生效主义来更能促进交易便捷的现实依据。（2）从微观层面来看，登记对抗制度则给当事人提供了意思自治的平台，要么通过省略登记环节来节俭交易成本，但付出的代价就是可能承受同一标的物的登记物权负担，要么积极登记但要增加交易成本。这是典型的市场判断和竞争机制，登记与否全凭当事人的理性判断。[8]可见，登记对抗主义也给当事人提供了确保交易安全的途径。

所以，从引导交易当事人的角度讲，《物权法》第24条确立登记对抗主义的目的是“倡导交易安全，兼顾交易便捷”，其提供的三种可能性意在提醒当事人：①如果

---

〔4〕 参见汪志刚：《准不动产物权变动与对抗》，载《中外法学》2011年第5期；王茵：《不动产物权变动和交易安全——日德法三国物权变动模式的比较研究》，商务印书馆2004年版，第81页。

〔5〕 王泽鉴：《民法学说与判例研究（重排合订本）》，北京大学出版社2015年版，第1479页。

〔6〕 孙宪忠：《中国物权法总论（第三版）》，法律出版社2014年版，第312页。

〔7〕 王泽鉴：《民法学说与判例研究（重排合订本）》，北京大学出版社2015年版，第1479页。

〔8〕 参见常鹏翱：《物权变动规则的体系化：评〈物权法草案〉第二章》，载《中外法学》2006年第1期。

追求交易安全而去登记，那么就可以得到能够对抗其他一切权利竞争者的地位；②如果追求便捷优先而不登记，那么交易顺利的话，物权变动可以生效；③但如果遇到物权出让人实施了多重物权变动的异常交易，则自己将面临不得对抗善意第三人的交易风险！如果不考虑第24条中适用范围窄、适用频率小、理论争议少的准不动产物权变更与终止的情形（本文对此也不予讨论），仅针对准不动产物权的转让和设立而言，那么可以进一步抓大放小地将本条立法目的归结为“先具备对抗要件者为胜出者，能作而不作更强公示（尤其是登记）者为出局者”，更简洁的表述就是“使为最强公示（登记）者做最大胜出者”。

当然，“能作而不作更强公示（不限于登记）者为出局者”也包含了这样的情形：首先获得直接占有（受领现实交付、简易交付）的善意受让人胜出，能获得直接占有而未获得现实占有（仅接受指示交付、占有改定）的受让人出局，前者也是后者“未经登记不得对抗的善意第三人”。这是第24条并未明文规定的，但登记、交付包含了从最强到最弱、具有过渡性的多种公示方式（详见下文表1的内容），那么除了已登记者是最大的胜出者之外，其他具备了较强公示手段的权利人也可以成为较强的胜出者，而只有最弱公示手段的受让人则只能成为最弱的出局者，依据第24条的总体立法目的，似乎可以作出这样类型化的推断。总之，这些推断是本文对第24条所作的目的性扩张。

另外，基于对《物权法》第二章第二节“动产交付”的体系解释可知，第24条与第23条、第25～27条之间存在关联，联结点是“交付”。〔9〕根据第23条，在基于法律行为的物权变动中，一般情况下动产所有权的转让需要现实交付；第25条至第27条则规定了学理上称之为“观念交付”的三种交付形式（简易交付、指示交付和占有改定）。而根据第24条的文义与逻辑来分析，该条并没有明确否定第23条确立的现实交付作为动产物权转让和设立的一般生效要件（也是通常的公示方式）的规定，也没有明确排除第25条至第27条规定的观念交付作为动产物权转让和设立的生效要件（也是特殊的公示方式）的规定，所以，依据体系解释，第24条的潜台词就是：在准不动产的物权转让和设立中，即使已经交付（广义，包括现实交付和观念交付），但是未经登记的，已获交付（广义）的物权受让人也不能对抗善意第三人。据此，我们可以依据准不动产物权变动中的登记状况（是否已登记）、交付状况（是否作了现实交付）为两个区分标准，将第24条的立法目的在现实交易中的实现状况作一类型化的观察。

---

〔9〕 杨代雄：《准不动产的物权变动要件——〈物权法〉第24条及相关条款的解释与完善》，载《法律科学》2010年第1期。

表 1 第 24 条的立法目的在现实交易中的实现状况表

登记状况 对于立法目的的实现状况 交付状况	物权变动已登记	物权变动未登记
交付方式为现实交付或简易交付	Ⅰ 交易安全度最高 （最强的公示 = 登记 + 直接占有） + 便捷度最低（有登记、转移占有的成本） ‖ 可对抗一切人	Ⅲ 交易安全度较低 （较弱的公示 = 无登记、有直接占有） + 便捷度较高（无登记成本） ‖ 不能对抗已登记者
交付方式为指示交付或占有改定	Ⅱ 交易安全度较高 （较强的公示 = 登记 + 间接占有） + 便捷度较低（有登记成本） ‖ 可对抗一切人	Ⅳ 交易安全度最低 （最弱的公示 = 无登记及占有） + 便捷度最高（公示成本最低） ‖ 不能对抗一切人

这里首先要说明的是，情形Ⅱ在现实中不常见，但也完全有可能存在。比如，出让人甲将其已出租给乙的汽车在租赁期内卖给丙，由于买卖不破租赁，甲丙只能通过指示交付方式完成交付，丙可以授予乙代理权来代理自己完成过户登记。再如，甲将车卖给乙，乙由于其车位/车库的权属纠纷而无法直接占有该车，双方即以占有改定方式完成交付，乙也授予甲代理权来代理自己完成过户登记。

由上表可见，（1）情形Ⅰ中，由于现实交付、简易交付使得物权受让人可以直接占有物，所以受领这些交付并作登记的（善意）物权人当然享有最强大的可对抗一切人的地位；（2）情形Ⅱ中，接受其余两种交付并作登记者虽未直接占有物，但是登记所具有的对抗力仍然使这种（善意）物权人可以对抗其他一切人；（3）情形Ⅲ中，受领现实交付、简易交付但未登记的，并不能对抗已登记权利的（善意）物权人；（4）情形Ⅳ中，仅接受其余两种交付且未登记者，不能对抗上述所有的（善意）物权人。[10] 故此，“（是否）登记”“（是否受领了直接占有物的）交付”

〔10〕 此处需要特别说明的是，由于第 24 条所涉及的多重物权变动形态多样，所以仅从逻辑上推演，以上四种情形中的当事人都既有可能是多重物权变动中在先的物权受让人，也有可能是在后的物权受让人（详见后文表 2 的内容）。所以，对于此处正文中“（善意）物权人”这样的表述，悬置括号里的“善意”时，“物权人”即指该当事人是多重物权变动中在先的物权受让人；不悬置时，“善意物权人”即指该当事人是在后的物权受让人。

作为两个最重要的因素，就与第24条立法目的中涉及的交易安全、交易便捷直接相关；另外，由于登记、交付包含了经由国家机关所作公示、当事人直接占有、间接占有等由最强到最弱、具有过渡性的多种类型的公示方式，所以登记和四种交付方式在准不动产多重物权变动中有各种并存、组合形态，这导致了各个物权变动从“交易安全度最高但便捷度最低”到“交易安全度最低但便捷度最低”的各种形态。

结合上述立法目的和相关多重物权变动的各类形态来理解登记对抗主义，就可以避免仅仅在逻辑层面上打转、仅仅围绕“生效要件”“对抗要件”等抽象概念来演绎论证的缺陷，进而可以综合登记对抗制度的逻辑构造和价值取向等不同层面来分析一些聚讼纷纭的问题。

二、《物权法》第24条的主要规范意旨：公示生效加登记对抗

（一）学界有关第24条之规范意旨的主要观点

学界关于第24条规范意旨的观点主要有两种，一种是“合同生效加登记对抗主义”，一种是“交付生效加登记对抗主义”，后者比前者合理。主要理由有：（1）我国法上并不像法国法（及日本法）那样以意思主义为物权变动的基本规则，相反，我国法上以形式主义为物权变动的基本规则，意思主义只是例外。所以，第24条并未就意思主义作出明文规定时，就仍应该将形式主义（即交付是物权变动的生效要件）作为该条的解释基础。（2）《物权法》第158条、第188条和第189条规定的是“意思主义加登记对抗主义”，亦即这三条明确作出“地役权/抵押权自地役权合同/抵押合同生效时设立”的表述，这就是意思主义的物权变动规则。而第24条并未明确作出与这三条一样的意思主义的规定，且该条紧随着规定了形式主义的物权变动一般规则的第23条，所以，第24条是以第23条确立的交付生效为基础的登记对抗主义。[11]

不过，“交付生效加登记对抗主义”仍有可议之处，原因在于，登记对抗主义中的登记也可以具有生效要件的作用，所以，以“交付生效加登记对抗主义”概括第24条的规范意旨并不全面。

（二）登记对抗主义中的登记可以具有生效要件的作用

有学者机械地理解《物权法》第23条、第24条中的“交付/生效要件”和“登记/对抗要件”的区别，认为二者的功能泾渭分明，交付作为生效要件，具有使动产物权变动生效的功能，登记作为对抗要件，并无使动产物权变动生效的功能，

---

〔11〕 汪志刚：《准不动产物权变动与对抗》，载《中外法学》2011年第5期。

登记只能依附于交付才具有对抗功能。非但如此，交付实质上具有能够对抗登记的效力。例如，甲将其A船卖与乙，且已交付，但未办理过户登记；后又卖与善意的丙，未交付但办理了登记。此情形中，乙因受领交付而获得了所有权，但未登记而不能对抗善意的丙；丙则由于并未取得所有权而不能对抗乙。此时，乙可以准用《物权法》第19条第1款请求登记部门更正登记，更正后，乙再办理登记后即可对抗他人。〔12〕

对于上述观点，已有学者作出精彩的反驳，主要理由是：首先，从物权变动的双方当事人、恶意第三人及善意第三人之间的关系上看，“已登记未交付的准不动产所有权转让无效”的观点无法在学理上对“已登记未交付的转让”作出合理的界定。其次，既然认为上例中乙和丙相互不能对抗，那就不能仅赋予“已交付未登记”的乙以更正登记请求权，却不赋予“已登记未交付”的丙以转移占有请求权；质言之，只赋予乙更正登记请求权实际上意味着乙的所有权已具有了针对丙的对抗力，所谓的更正登记请求权只不过是这一对抗力的体现而已。〔13〕可见，上述观点虽然表面上承认登记具有对抗力，但其理论效果上却等于认定了交付具有能够对抗登记的效力！正是由于该说的这一立场，导致依据该说所确立的《买卖合同司法解释》（法释〔2012〕8号）第10条第4项〔14〕实际上也贯彻了“交付具有对抗力”的意旨，从而规定——准不动产一物多卖中的多个买方既有已获交付又有已作登记的，已获交付者可以请求更正登记；却没有规定——已获登记者可以请求转移占有！这不就是交付实质上竟然获得了能够对抗登记之效力的体现吗？据此，下文将该说简称为“交付具对抗力说”。

依据前文所述“对抗”的含义以及《物权法》第24条的立法目的，登记作为对抗要件，当然能够对抗交付所产生的效力，而要对抗交付所生效力，则登记在逻辑上也可以具有生效要件的作用。

首先，从体系解释的角度观察，《物权法》第129条、第158条、第188条、第189条确立了“合意生效加登记对抗主义”。可以设想，如果发生了涉及第129条的土地承包经营权多重互换、转让，涉及第158条的相互排斥的地役权（如数个都要在供役地的同一地块、深度下铺设管线的地役权）的多重设立、涉及第188条、第189条的抵押权多重设立，但数个物权受让人都只是与处分人订立了相关的物权合同却未登记，则在后的土地承包经营权、地役权不可能具有对抗在先之权利的效力。因为在后的这两类物权与在先的同类物权内容冲突、相互排斥，从而会罹

---

〔12〕 参见崔建远：《再论动产物权变动的生效要件》，载《法学家》2010年第5期；崔建远：《机动车物权的变动辨析》，《环球法律评论》2014年第2期。

〔13〕 参见汪志刚：《准不动产物权变动与对抗》，载《中外法学》2011年第5期。

〔14〕 参见奚晓明主编：《最高人民法院关于买卖合同司法解释理解与适用》，人民法院出版社2012年版，第175页。

于在先物权的排他效力。而在后设立的抵押权则可以与在先抵押权并存，具有同等效力（依据第199条第3项，按照债权比例清偿）。那么，第129条、第158条中所谓“未经登记不得对抗善意第三人”作何解释？显然，如果在后取得的土地承包经营权、地役权首先作了登记，且权利人为善意，则登记与善意两个要件就可以使在后取得的这两种物权不会罹于在先的同类物权的排他性，而能使在后的物权变动生效，并使在后物权具有对抗（“吃掉”）在先物权的效力。而且，如果在后的物权受让人仅有善意却未作登记，也仍然会败于在先物权的排他性！可见，这两种情形中的登记难道不正是兼具了生效要件的作用吗？相反，只有抵押权多重设立中，在后抵押的登记才确实仅具有对抗要件而非生效要件的作用，因为根据第199条第2项与第3项的规定，在后抵押权若不登记也会与在先未登记的抵押权有同等效力，若已登记则“先于未登记的受偿”，这是对抗效力中的“压倒对方”而非“吃掉对方”的功能之体现。总之，既然第24条与第129条、第158条、第188条、第189条等条文都规定了登记对抗主义，而且涉及第24条的准不动产所有权多重转让与涉及第129条的土地承包经营权多重互换和转让、涉及第158条的相互排斥的地役权的多重设立一样，在先权利与在后权利不可能并存，那么，第24条中的登记难道不是应该像后两种情形中一样，可以具有生效要件的作用吗？

其次，再来分析第24条中交付与登记的关系问题。涉及第24条之准不动产多重所有权转让的一个典型情形是“已登记未交付”，但这一情形真的像“交付具对抗力说”所认定的那样纯粹不包含交付吗？实际上，只要登记过程没有瑕疵，则必须交付准不动产，才能依登记程序办理船舶或机动车的所有权转移登记。例如，依据《船舶登记条例》第13条，所有权转移登记申请人应向登记机关交验证明标的物已交付的交接文件；类似地，《机动车登记规定》第19条也规定，现机动车所有人申请转移登记的，应当向登记机关交验机动车。这两条规定涉及的交付一般是现实交付，但是也不排除前文所述当事人通过指示交付和占有改定来完成交付并办理登记的可能（参见对表1的说明）。所以，合法的登记过程必然包含了交付的环节！当然，现实中有可能在登记完成后，受让人又将准不动产的直接占有转移给了出让人，比如，受让人发现汽车存在瑕疵而将该车交给出让人，令其负责维修事宜；以及如前文所述受让人因其车位/车库的权属纠纷而无法占有该车，遂交由出让人保管；或者汽车由已与出让人订立租车合同的承租人继续占有。但是，不能因此认为这是“已登记未交付”，进而认定受让人未获得所有权。正如当事人如果“已交付未登记”的，也完全有可能出于与上述一样的三个原因而由出让人或他人直接占有汽车，但此时，“交付具对抗力说”会认为这属于“未交付”的范畴吗？显然不会，就算退一步说，假设真的存在不含有任何交付因素的“已登记未交付”，那么，将这种情形与占有改定相比，我们也可以发现：既然占有改定也是一种交付，也是生效要件（这也是“交付具对抗力说”明确承认的〔15〕），那么，占有改定和登记的公示效果，孰强孰弱？不言而喻！如果占有改定都能够使物权变动生效，“已登记未交付”中的受让人采取了最强的公示方式来确保自己的交易安全，却不能使物权变动生效，岂不是完全与第 24 条“使为最强公示（登记）者做最大胜出者”的立法目的背道而驰吗？

总之，与第 129 条、第 158 条、第 188 条、第 189 条确立的“合意生效加登记对抗主义”不同，第 24 条规定的是“形式主义（需交付、登记的公示要件）加登记对抗主义”，而其中的登记虽然是对抗要件，但由于通常依法办理的登记都须具有交付的环节，再加上登记具有远胜于交付的公示效果，所以，第 24 条中的登记/对抗要件可以具有生效要件的作用。我们可以这样总结第 24 条中登记作为“对抗要件”的意义——无须登记，物权变动也可生效；若有登记，对方即被压倒或吃掉！故此，第 24 条中对抗要件与生效要件并非井水不犯河水的并存关系，而是前者可以压倒、吃掉后者的排斥关系。“压倒”和“吃掉”的必备条件就是登记也须具有生效要件的功能。

（三）第 24 条的主要规范意旨应为“公示生效加登记对抗”

由于第 24 条中的登记可以具有生效要件的作用，所以用“交付生效加登记对抗”来概括第 24 的规范意旨，就有失偏颇。故此，本文认为，第 24 条的主要规范意旨应为“公示生效加登记对抗”，〔16〕含义有二：物权变动合意加上公示是物权变动在当事人之间生效的要件；登记是登记权利人可以对抗其他物权受让人（包括先受领交付者）的基础。这样认定第 24 条主要规范意旨的理由主要有如下两个：

首先，第 23 条规定的“交付生效”也属于“公示生效”的范畴，所以不少学者依据第 23、24 条的体系关系论证第 24 条意旨为“交付生效加登记对抗”的理由〔17〕与证成第 24 条的主要意旨为“公示生效加登记对抗”的基本理由是一致的。换言之，本文认定第 24 条的主要规范意旨的理由与这些学者论证第 24 条意旨的理由并无逻辑上的冲突，本文只是试图站在前人的肩膀上观察得更全面一点而已。另外，本文将第 24 条的意旨归结为“公示生效加登记对抗”，可以避免有些观点的如下自相抵触——一方面把第 24 条解释为“交付生效加登记对抗”，但另一方面为了论证“登记/对抗要件并非生效要件，却何以产生物权变动的结果”，又把该条解释为

---

〔15〕 崔建远：《再论动产物权变动的生效要件》，载《法学家》2010 年第 5 期。

〔16〕 这里之所以采取“主要的规范意旨”这一表述，意在表明：《物权法》第 24 条所涵摄的范围包括第 188 条、第 189 条，但后两条所规范的抵押权设立却不以公示为生效要件，而以合意（订立抵押合同）为生效要件，故此需加上“主要的”之限定语。

〔17〕 汪志刚：《准不动产物权变动与对抗》，载《中外法学》2011 年第 5 期；杨代雄：《准不动产的物权变动要件——〈物权法〉第 24 条及相关条款的解释与完善》，载《法律科学》2010 年第 1 期。

“意思主义加公示对抗”了。[18]

其次，“公示生效”的表述可以包含“交付可以生效”“登记也可以生效”两方面的内涵，从而“公示生效加登记对抗”的表述可以避免“交付生效加登记对抗”之表述的不足。申言之，前文已述，“交付具对抗力说”认为“已登记未交付的所有权转让无效”，反对者则认为“已登记未交付的所有权转让有效”，亦即，这两种观点分别认为第24条规定了“登记无效仅能对抗”“登记生效并能对抗”，但二者又都自认是对“交付生效加登记对抗”的诠释，显然，“交付生效加登记对抗”这一术语无法有效区分这两种不同观点，也不能包含“登记生效并能对抗”这一观点，不够精准，涵盖面窄。而“公示生效加登记对抗”的提法可以涵盖“登记无效仅能对抗”“登记生效并能对抗”这两种观点的论域。

（四）小结

在解释论上，《物权法》第24条中需仔细分析的焦点问题就是“未经登记不得对抗”的内涵，以及“善意第三人”的范围，前面关于登记对抗制度的立法目的和本条的主要规范意旨，既是为了辨析“未经登记不得对抗”的内涵，也是为了给确定善意第三人的范围提供必备的前提。在此需要强调的是，因为第24条的立法目的是“先具备对抗要件者为胜出者，能作而不作更强公示（尤其是登记）者为出局者”，本条保护善意第三人同样是为了实现这一目的，据此，确定善意第三人范围的基本标准就是更加信赖和适用准不动产物权变动中更强公示手段（登记是最强者）的主体更值得保护，因而属于这里的善意第三人；能作而不作更强公示（尤

---

〔18〕 该观点认为，第24条规定的公示对抗主义中物权变动遵循的法理是：物权变动合意是物权变动在当事人之间生效的基础，公示（及其所含物权合意）是物权变动对善意第三人发生对抗力的基础；相应地，交付具有的法律效力并非源于对物权变动的公示，而是源于其表达的在当事人之间发生物权变动的合意。详见汪志刚：《准不动产物权变动与对抗》，载《中外法学》2011年第5期。这种观点值得商榷。因为把物权变动合意解释为物权变动在当事人之间生效的基础，进而认为交付的法律效力并非源于公示，而是源于物权变动合意，这样显然违背交付在“交付生效”这一形式主义物权变动模式中乃是一个独立的物权变动生效要件的通说！而且此观点实际上把物权意思主义（即物权合意即可使物权变动生效）当成了第24条的解释基础，从而将第24条解释成了“意思主义加公示对抗”的规范模式，显然与该论者所持“第24条并未规定‘意思主义加登记对抗’（如第158、188条）”的立场相矛盾！实际上，基于该论者对第24条的定位，应该对本条中物权变动遵循的法理作这样的解释：公示对抗主义中，物权变动合意加上交付乃是物权变动在当事人之间生效的基础，而登记则是物权变动对善意第三人发生对抗效力的基础。理由很简单：既然该论者认定第24条规定了“交付生效加登记对抗”而非“意思主义加登记对抗”，那么，在不涉及善意第三人的物权变动当事人之间，能使物权变动生效的要件就是物权合意加交付，而非仅仅是物权合意，此乃“交付生效”的题中之义！

在笔者看来，该论者极力淡化交付作为“交付生效”的形式主义物权变动模式中的独立生效要件的地位，其意图应该是想说明“交付并非物权变动的独立生效要件，因而‘已登记未交付’并不会对物权变动的生效有多大影响”，进而通过论证“物权变动合意才对物权变动生效具有决定性意义、登记蕴含了物权合意和公示要素”，最终证成“‘已登记未交付’也可以使物权变动生效”。但这样的论证理路却导致了上述自相矛盾。

其是登记）的物权受让人以及“恶意背信者”[19]则不属于善意第三人。

基于《物权法》第24的适用范围及前述“对抗”的含义，以下就来分析准不动产多重物权转让和设立中的善意第三人范围。当然，必须首先明确，这里的“善意”指不知道或不应当知道物权已在当事人之间发生了变动的认知状态，“善意第三人”指不知道也不应当知道物权已在当事人之间发生了变动的对同一标的物享有物权的人。[20]

三、准不动产所有权多重转让中未经登记不得对抗的善意第三人

由于这里分析的是在所有权的多重转让中发生的“不得对抗”的情形，所以“先买人已获交付（广义）但未登记从而不能对抗的善意第三人”首先就涉及已获交付（广义）但未登记的先买人与已经登记的善意后买人之间的对抗关系。那么，就需要在所有权多重让与的背景下，结合每一种交付（广义）的方式来分析：在哪些情况下，存在着已获交付（广义）但未登记的先买人所不能对抗的其他善意后买人。

（一）先买人受领现实交付时的分析

在第24条规定的准不动产买卖中，只要买卖双方没有相反约定，首先通过现实交付获得动产之占有的买受人就是所有人，无须登记即可获得动产的所有权。但由于其未作登记，所以善意的后买人与卖方首先完成所有权转移登记的，就是先买人不得对抗的善意第三人。

前述“交付具对抗力说”认为登记只是对抗要件，无法令“已登记未交付”者的物权变动生效。持此论者在此处也许会提出这样的反驳：先买人既然已获得现实交付，则不可能再令后买人获得现实交付，既然如此，那么后买人就不可能仅凭登记获得所有权。对此，前文已经论证了“已登记未交付”其实是一个经不起推敲的概念，合法的登记过程实际上包括了现实交付的环节，所以只要后买人与出让人的登记没有瑕疵，则其登记完全可以具有生效要件的作用！

---

〔19〕 日本民法上一方面通过日民第177条笼统地规定了“未经登记不得对抗第三人”，另一方面在特别法、判例和学说上逐渐形成了“恶意背信者的排除”理论，据之，以欺诈、胁迫手段妨碍当事人登记申请的第三人、有为他人实施登记申请义务的人以及违反诚信原则、公序良俗和权利滥用法理等民法基本原则的人都属于“恶意背信者”，对这些人，所有权人即使未登记其权利也可以主张自己的所有权，换言之，“恶意背信者”属于“未经登记也得对抗”的第三人。这一理论值得借鉴。参见［日］近江幸治：《民法讲义Ⅱ物权法》，王茵译，北京大学出版社2006年版，第62页。孙鹏：《物权公示论——以物权变动为中心》，法律出版社2004年版，第251～253页。

〔20〕 全国人大常委会法制工作委员会民法室：《中华人民共和国物权法条文说明、立法理由及相关规定》，法律出版社2007年版，第37页。

另外，也许有人会提出这样的质疑：前文述及，中国目前现实中有极多的船舶、汽车，尤其有些区域的小船在民间转移得非常频繁，要求这些物权变动采取统一登记生效的要件主义是不可能的。但如果按照上述分析，在船舶已被现实交付给先买人而未作登记时，若又被转让给善意后买人且作登记的，则先买人的交易安全就会大受影响，这会促使许多买方都把进行登记作为确保其交易安全的手段，实质上也就会让第24条设立登记对抗主义的立法目的落空。〔21〕所以，不应该把善意且先作登记的后买人作为已受领交付之先买人不得对抗的善意第三人。

本文认为，这种质疑站不住脚。首先，准不动产出让人会一物多卖的概率有多大？恐怕不会太大，因为一物多卖也会给出让人带来额外的交易成本，理性的出让人也要评估向先买人违约、令后买人面临风险时所带来的违约损失和产生纠纷的不利后果，而不会轻举妄动。其次，如果现实生活中此等一物多卖比比皆是的话，那么立法者经过调查和论证，肯定不会采纳登记对抗主义而会采纳登记生效主义了。再者，先买人为了兼顾交易安全和便捷，可以在不登记的情况下与出让人约定不得一物多卖以及相应的违约责任。依据《德国民法典》第137条，限制物权人之处分权的约定在物权法上无效，但在债法上有效，物权人违反约定而为处分的，可能会承担违约赔偿责任。〔22〕可见，限制物权人之处分权的约定尚且具有债法上的效力，那么，这里先买人与出让人的约定是要限制后者在丧失所有权之后不得作出无权处分，就更加具有债法上的效力了。通过此等约定，也可以有效约束出让人一物多卖的冲动。

（二）多个买方都受领简易交付时的分析

简易交付与现实交付在效果上完全相同，因而在准不动产的多重让与中，出卖人与先买人通过简易交付转移所有权的，先买人就获得所有权；如果出卖人与善意的后买人首先办理了转让登记的，后买人也属于“不得对抗”的善意第三人，理由与上述现实交付情形下的分析完全相同。

不过，如果在准不动产基于租赁、借用、保管等合法原因由所有人（甲）以外的他人（乙）占有时，所有人（甲）与第三人（丙）订立买卖合同但未办理转让登记的，那么，丙可以基于指示交付而获得所有权。但嗣后甲一物二卖，在丙尚未向乙提出返还标的物的请求时，又与善意的乙订立买卖合同且乙支付了价款的，则乙就可以依据善意取得制度而通过简易交付的方式获得动产的所有权。此等情形中，善意的动产占有人（乙）对于所有权取得人（丙）来说，就是“未经登记不得对抗的善意第

---

〔21〕 有些持“已登记未交付的所有权转让无效说”的学者也有类似的批评意见，认为，如果赋予准不动产登记簿以公信力，使善意第三人因信赖登记簿获得准不动产的所有权，无异于采纳登记生效主义，会从根本上否定登记对抗主义。冉克平：《物权法总论》，法律出版社2015年版，第447页。

〔22〕 参见［德］迪特尔·梅迪库斯：《德国民法通论》，邵建东译，法律出版社2000年版，第504～506页。

三人”。理由是：①登记对抗制度与善意取得制度是并行不悖、相互衔接的关系，[23]所以，可以综合运用这两种制度来确定善意第三人。②前文述及，基于本文对第24条的目的性扩张，除了登记以外，具备了较强公示手段（如直接占有物）的权利人也可以成为较强的胜出者，此处的乙通过简易交付直接占有了物，显然是比仅接受指示交付而无法直接占有物的丙具备更强的公示手段，所以丙不得对抗乙。

但是，如果在动产由非所有人（乙）占有时，所有人（甲）与第三人（丙）订立买卖合同且办理了转让登记的，那么，第三人（丙）既通过指示交付获得了所有权，又通过登记而属于“不得对抗”的权利人。申言之，即使嗣后善意的动产占有人（乙）又与原所有人（甲）订立买卖合同并且履行了付款义务，也不能通过“简易交付”的方式而获得所有权，因为此时占有人（乙）是基于原所有人（甲）的无权处分进行买卖的，如果乙可以构成善意取得动产所有权，就会导致这样的结论：甲丙交易中的登记在公示效力和公信力上反而弱于甲乙交易中双方缺乏公示形式的转移所有权的合意！这样就完全违背了《物权法》通过设立登记对抗制度和善意取得制度来保护具有更强公示手段、更注意维护交易安全者的精神，对于在交易中更为审慎、更加妥当地维护了公示原则的先买人（在先登记人）很不公平，故不足取。

（三）先买人接受指示交付时的分析

如果出让人通过指示交付方式转让准不动产，则先买人可以在获得了原所有人针对第三人的返还请求权或者相应的权利凭证时获得所有权，但如果出让人又与善意的后买人首先办理转让登记的，则善意的后买人也是先买人不得对抗的善意第三人。

（四）先买人接受占有改定时的分析

在将准不动产都通过占有改定的方式一物多卖时，假设数个买方都未与卖方办理转让登记，则第一买方获得所有权。后面的物权变动属于无权处分，即使后买人都是善意的，但由于不具有胜过占有改定的更强的公示方式，因而后买人不能依据善意取得制度获得所有权。对于第一买方而言，此时也就不存在“未经登记不得对抗的善意第三人”。

如果在数个买方中，先买人通过占有改定获得动产所有权，善意的后买人又与卖方进行了现实交付或者转让登记的，则受领了现实交付的后买人对于接受占有改定的先买人而言，属于不得对抗的善意第三人，首先完成转让登记的后买人对于所有的先买人而言，属于不得对抗的善意第三人。因为占有改定情形下所有权的转移是通过当事人的合意在观念中完成的，这种方式进行的所有权转移很难被第三人察

---

[23] 参见杨代雄：《准不动产的物权变动要件——〈物权法〉第24条及相关条款的解释与完善》，《法律科学》2010年第1期；汪志刚：《准不动产物权变动与对抗》，载《中外法学》2011年第5期。

知，所以因信赖出让人直接占有物的事实状态而受领现实交付的善意后买人，就比仅接受占有改定的先买人更值得保护；对于因信赖登记的真实性而与出让人首先完成转让登记的受让人，就比所有未作登记的受让人更值得保护。这样才符合第24条“先具备对抗要件者为胜出者，能作而不作更强公示者为出局者”的立法目的。据此，此时存在两个层次的不得对抗的善意第三人。

四、准不动产他物权设立中未经登记不得对抗的善意第三人

（一）抵押权设立中未经登记不得对抗的善意第三人

《物权法》第188条规定，以该法第180条第1款第4项、第6项规定的生产设备、原材料、半成品、产品、交通运输工具以及该条款第5项规定的正在建造的船舶、航空器抵押的，抵押权自抵押合同生效时设立；未经登记，不得对抗善意第三人。这一条规定了动产抵押权设立时的登记对抗制度，那么，该条中所规定的“善意第三人”的范围有多大呢？

本文认为，结合《物权法》的相关规定，第188条中规定的“未经登记不得对抗的善意第三人”包括以下类型：

1. 抵押人在上述《物权法》第188条规定的准不动产上为某一债权人设立抵押权，但未办理登记，在该债权人实现其抵押权之前，抵押人又在该动产上为善意第三人设立了抵押权，且办理了登记的，则在后的善意且已办理登记的抵押权人属于本条中规定的“善意第三人”。因为依据《物权法》第199条的规定，同一物上存在两个以上的抵押权的，已登记的抵押权优先于未登记的抵押权。所以，已登记其权利的善意的抵押权人就可以对抗未登记其权利的抵押权人。

这里涉及的一个问题是《物权法》第199条第2项仅规定了已登记的抵押权优先于未登记的抵押权，并没有涉及登记的抵押权人是善意还是恶意的问题。据此，在基于同一抵押物而存在的数个抵押权人之间，即使后一抵押权人不是善意的（亦即知道前一抵押权人的存在以及前者未办理抵押登记的事实），只要其抵押权办理了登记，其抵押权仍然具有优先效力，即使其登记是为了损害未登记之在先抵押权人的顺位利益亦然。这种故意侵害他人权益的登记行为仍然具有“对抗”效力的规则设计显然违反诚实信用原则的要求，也不符合准不动产物权登记对抗制度的宗旨，所以，应该通过对第199条第2项的限缩解释，仅认可善意第三人的已登记之抵押权具有对抗未登记之在先抵押权的效力。

2. 《物权法》第190条规定：“抵押权设立后抵押财产出租的，该租赁关系不得对抗已登记的抵押权。”据此，如果抵押人将未办理抵押登记的准不动产出租，承租人不知道也不应知道动产已抵押的，抵押权就不能对抗租赁权，所以，此时的

承租人也就属于《物权法》第188条规定的“善意第三人”。

3. 如果抵押人在未办理登记的已抵押准不动产上再为其他债权人设定质权，质权人不知道也不应知道该动产已抵押，且作了质权登记的，抵押权人也不应对抗该善意质权人。这里涉及准不动产质权设立是否也应该适用登记对抗主义的问题，本文对此持肯定意见，容后详述，此处不赘。

4. 对抵押权人而言，抵押人的查封抵押物的善意债权人或就此项强制执行申请参与分配的善意债权人也属于“（在先抵押权）未经登记不得对抗的善意第三人”，理由是：这样的处理会促使抵押权人从速登记其权利（以防止其权利未经登记不能对抗善意第三人），并防止债务人于动产受查封后，任意与第三人串通伪造查封日期前订立的抵押权书面设立合同，以妨碍执行。[24]世界上有许多国家承认债权人对查封的财产具有优先权，有的是因为传统上将债权人申请查封视为取得查封物权，与普通债权人相比具有优先效力；有的则因为传统上赋予查封优先权，属一种法定优先权。[25]所以，未登记其权利的抵押权人不能对抗申请查封抵押物之债权人，源于未登记的抵押权不能对抗具有优先效力的查封物权或法定优先权，并没有否定未登记抵押权对普通债权的优先效力。[26]

（二）质权设立中的善意第三人问题

就准不动产质权设立是否适用登记对抗主义，学界存在争议。否定说的主要理由是：《物权法》总则中关于动产质权的设立规则是由第23条和第24条共同构成的，二者规定不一致时，分则中的第212条克服了二者的不一致，依据质权的基本法理再次实现了质权变动规则的统一。质权相比抵押权的优势是设立程序简便，若在准不动产质权设立上采“交付生效加登记对抗”主义，则相对于准不动产抵押权，此类质权已无任何比较优势可言。[27]

本文认为上述否定说不妥，除了既有的肯定说的依据之外，[28]还有如下理由：①若在准不动产质权设立上采“交付生效加登记对抗”主义，则此类质权给质权人提供了除“交付生效”之外更多的一种选择——若想对抗他人则须登记，而并非采用“登记生效主义”强行要求质权人去登记；此时，此类质权比起准不动产抵押权来当然具有比较优势：前者既可以实际占有物，又可通过登记对抗第三人，比起只能登记而不能占有物的后者来，当然更能维护交易安全。②若在准不动产质权设立上采“交

---

〔24〕 参见谢在全：《民法物权论》（下册），中国政法大学出版社1999年版，第702页。

〔25〕 参见孙加瑞：《中国强制执行法概论》，中国民主法制出版社1999年版，第353～354页。

〔26〕 参见刘建华：《论未登记抵押合同不能对抗之第三人》，载《人民司法》2004年第1期。

〔27〕 参见汪志刚：《准不动产物权变动与对抗》，载《中外法学》2011年第5期。

〔28〕 参见杨代雄：《准不动产的物权变动要件——〈物权法〉第24条及相关条款的解释与完善》，载《法律科学》2010年第1期。

付生效加登记对抗”主义，则可以防止仅采“交付生效”主义时对于相关抵押权人可能造成的交易风险的增加。比如，A将其汽车抵押给B，并办理登记，但A后来想逃避抵押义务，遂与C通谋订立虚假出质合同并将缔约日期设定为抵押合同订立日之前，并将汽车交付于C。此时，若仅采质权设立上的“交付生效”主义，则B客观上很难举证证明A、C的出质合同无效，且将承受设立在后的抵押权何以能对抗设立在先且无涉登记的质权的论证负担，从而严重影响抵押权的实现。反之，若采“交付生效加登记对抗”主义，则A、C之间不可能通过办理质权登记来对抗已经登记在先的B，B的抵押权可以不受影响，极大地减少了发生上述纠纷的可能。③若准不动产抵押权设立采“合意生效加登记对抗主义”，质权设立仅采“交付生效（无涉对抗）主义”，这种“双轨制”也将不合理地增加各方当事人的交易风险和成本。比如，A将其汽车出质于B（交付生效，无涉登记）并交付，后又抵押给善意的C且办理登记，则C能不能对抗B？若能，则基于质权的基本法理以及物权优先性的原理，B已经在先取得了不涉及登记对抗问题的有效质权，但在“双轨制”下反而面临了极不合理的交易风险（即可能被嗣后已登记的抵押权“吃掉”）。若不能，则必然还会不合理地增加C的交易成本，因其需要事先调查抵押物是否已经负担了与登记无涉的质权。由此可见，《物权法》第212条如果不受第24条的制约，那么不但没有克服第23、24条的不一致，反而导致双轨制下不合理地增加了交易风险和成本。相反，倘若在准不动产抵押权、质权设立上统一采“登记对抗主义”，则上述例子中的纠纷与难题就不会出现，B与C之间的法律关系也简洁明了，易于处理。④我国《机动车登记规定》第42条以及《典当管理办法》第42条第2款已经规定，以机动车质押方式办理典当的，当事人应当到车辆管理所办理质押备案的登记。所以，准不动产质权设立采用登记对抗主义已有制度基础。[29]

那么，如果准不动产质权设立也采用登记对抗主义，则在多重他物权设立的语境下，此等质权设立时已交付未登记的，不得对抗的善意第三人有哪些？一般就是在后的已办理登记的善意抵押权人，理由如上所述。

五、准不动产所有权转让与他物权设立并存中的善意第三人

在准不动产所有权转让与他物权设立并存时，多重物权变动复杂多样。不过，万变不离其宗，确定是否存在“未经登记不得对抗的善意第三人”时，仍然首先要遵循第24条“先具备对抗要件者为胜出者，能作而不作更强公示（尤其是登记）

---

〔29〕另需注意，在准不动产登记对抗制度中，准不动产质权的设立只能适用“交付生效加登记对抗主义”，因为不交付不能设立质权乃基本规则；但准不动产所有权让与则适用“公示生效加登记对抗主义”，因为其中包括“已登记却未直接占有（俗谓未交付）时所有权让与有效且具对抗效力”这种情形。

者为出局者”的立法目的，在数个物权受让人皆为善意、皆未登记时，依据前文所述“更加信赖和适用更强公示手段者更值得保护”这一标准来确认善意第三人。有关的分析结果和简要理由详见下文表 2 的内容，此处不赘。

不过，需要强调的是，当准不动产上抵押权设立在先而所有权转让在后的，有没有适用登记对抗及善意取得制度的余地？依据立法部门对《物权法》第 191 条之立法理由的介绍，答案似乎是否定的。[30]但仅就第 191 条第 2 款规定本身而言，它只是限制了抵押人转让抵押物的处分权，而未明确规定违反该规定的转让行为/处分行为是无效行为；另外，违反本款规定的转让一般也不会损害国家利益及社会公共利益，所以不宜将本款认定为效力性强制规定。故此，违反本款规定的转让行为并非当然无效，实施此等转让行为的受让人依然有通过善意取得制度取得抵押物所有权的可能。[31]更重要的是，第 188 条规定的登记对抗主义是否构成对第 191 条第 2 款的限制？如果答案是否定的，就会导致在先抵押权虽未登记，但仍能够对抗在后的善意受让人，显然违背第 188 条乃至第 24 条的宗旨，有害于善意后买人的交易安全。如果善意的后买人已办理登记，但仍然不能对抗在先未登记之抵押权的话，则无异于彻底否定了第 188 条乃至第 24 条！可见，即使从解释论上讲，有抵押权负担的准不动产之所有权转让行为也并非无效行为，准不动产上抵押权设立在先而所有权转让在后的多重物权变动是可以成立的。

表 2　准不动产所有权转让与他物权设立并存中的善意第三人

他物权的设立 / 未经登记不得对抗的善意第三人 / 所有权的转让		抵押权的设立		质权的设立	
		已登记	未登记	已登记	未登记
所有权转让在先且未登记	受让人已直接占有物	抵押权人	所有权人（在后抵押权未登记，在先的所有权具有更强公示手段）	无（不存在此种多重物权变动的情形）	无（不存在此种多重物权变动的情形）
	受让人未直接占有物	抵押权人	所有权人（在后抵押权未登记，在先取得的所有权具有优先性）	质权人（拥有最强的公示手段：登记 + 直接占有）	质权人（拥有更强的公示手段：直接占有）

〔30〕 全国人大常委会法制工作委员会民法室：《中华人民共和国物权法条文说明、立法理由及相关规定》，法律出版社 2007 年版，第 350 页。

〔31〕 参见汪志刚：《准不动产物权变动与对抗》，载《中外法学》2011 年第 5 期。

续表

他物权的设立 / 未经登记不得对抗的善意第三人 / 所有权的转让		抵押权的设立		质权的设立	
		已登记	未登记	已登记	未登记
所有权转让在后	受让人已登记	无（在先抵押权具有对抗力）	所有权人	无（在先质权人能对抗一切人）	无（不存在此种情形：质权人直接占有物时无法给后买人作登记）
	受让人未登记	无（在先抵押权具有对抗力）	须为直接占有了物的所有权人（具有更强的公示手段）	无（在先质权人能对抗一切人）	无（直接占有物的在先质权人可以对抗无公示手段的在后所有权人）

由上表可见，准不动产所有权转让与他物权设立并存中的善意第三人是：（1）所有权转让在先且未登记时，在后的已作登记的善意抵押权人；（2）在先所有权转让与在后抵押权设立皆未登记时，在先的所有权人；（3）抵押权设立在先且未登记、所有权转让在后时，有两类善意第三人：已作登记的所有权人和未作登记但直接占有物的所有权人；（4）所有权转让在先且未登记、质权设立在后时的质权人。

六、特别法上的特殊规定

以上对于他物权变动中不得对抗的善意第三人之范围的分析，都是民法（特别是物权法）上的分析。在海商法上，就相关问题则有其特殊之处。比如，《海商法》第13条规定，设定船舶抵押权，未经登记的，不得对抗第三人。这里的第三人范围除了依据《物权法》的一般规定外，还应结合《海商法》的特殊规定来确定。简言之，船舶优先权人以及在占有船舶期间增加船舶价值的船舶留置权人（在其新增设备或融入劳动使船舶增值的范围内）优先于船舶抵押权人受偿，所以，这两种船舶物权人不是船舶抵押权人“未经登记不可对抗（登记了就可对抗）”的第三人。再者，鉴于两种权利之间存在的冲突，海商法上的船舶抵押权和民法上的船舶质权不应同时存在于同一船舶上，据此，也不会存在船舶抵押权人“未经登记不可对抗”的船舶质权人。[32]另外，根据《海商法》第26条的规定，船舶优先权不

〔32〕 参见于海涌：《绝对物权行为理论与物权法律制度研究》，北京大学出版社2006年版，第12章。

因船舶所有权的转让而消灭，据此，船舶优先权人也不是《海商法》第 9 条规定的船舶所有权转让中“未经登记不可对抗（登记了就可对抗）”的第三人。

另外，《民用航空法》第 14 条和第 16 条规定，民用航空器所有权的变动和抵押权的设立，未经登记的，不得对抗第三人。根据该法第 22 条和第 25 条第 2 款的规定，民用航空器优先权先于民用航空器抵押权受偿，也不因民用航空器所有权的转让而消灭（民用航空器经依法强制拍卖的除外）。据此，对于民用航空器所有权人和抵押权人而言，民用航空器优先权人一般情况下也不属于“未经登记不可对抗（登记了就可对抗）”的第三人。

结　论

综上所述，在《物权法》第 24 条为主的相关条文设立的登记对抗制度中，所涉及的“未经登记不得对抗的善意第三人”主要包括：

第一，在准不动产的所有权多重让与中，包括如下几类：（1）先买人通过占有改定获得动产所有权时，善意的受领现实交付或者办理转让登记的后买人；（2）准不动产由他人合法占有，所有人与第三人为指示交付但未登记，之后原所有人又将物转让给善意占有人且构成善意取得时，通过简易交付方式获得所有权的善意占有人。

第二，在准不动产的抵押权设立中，包括以下几类：（1）在先抵押权未登记时，在后已作登记的善意抵押权人；（2）在先抵押权未登记时，在后的善意承租人；（3）在先抵押权未登记时，在后的已作登记的善意质权人；（4）抵押人的查封抵押物的债权人或就此项强制执行申请参与分配的债权人。

第三，在准不动产所有权转让与他物权设立并存中，包括以下几类：（1）所有权转让在先且未登记时，在后的已作登记的善意抵押权人；（2）在先所有权转让与在后抵押权设立皆未登记时，在先的所有权人；（3）抵押权设立在先且未登记、所有权转让在后时，已作登记的所有权人以及未作登记但直接占有物的所有权人；（4）所有权转让在先且未登记、质权设立在后时的质权人。

最后，在多重他物权设立的语境下，于准不动产质权设立中已交付未登记时，善意第三人是在后的已办理登记的善意抵押权人。

依嘱托转移登记实践中的两个问题及其解决建议*

王荣珍**

目　次

依嘱托登记，是指不动产登记机构依据有权机关的嘱托进行的登记，它是一种申请程序中的特殊类型，[1]有别于依职权登记和依申请登记。我国现行立法并未对依嘱托登记作出系统、完整的规定，有关依嘱托登记的条文内容分散在《不动产登记暂行条例》[2]《不动产登记暂行条例实施细则》（下文简称《实施细则》）[3]《土地登记办法》[4]以及《房屋登记办法》[5]等法律文件当中。现行立法尚未正式出现

---

* 本文系广东外语外贸大学校级科研项目“依嘱托登记制度研究”（231－X5216169）阶段性成果。

** 广东外语外贸大学法学院教授。

〔1〕 程啸：《不动产登记法研究》，法律出版社2011年版，第564页。

〔2〕《不动产登记暂行条例》第3条规定：“不动产首次登记……查封登记等，适用本条例。”

〔3〕《不动产登记暂行条例实施细则》第19条第2款规定：“有下列情形之一的，不动产登记机构直接办理不动产登记：（一）人民法院持生效法律文书和协助执行通知书要求不动产登记机构办理登记的；（二）人民检察院、公安机关依据法律规定持协助查封通知书要求办理查封登记的；（三）人民政府依法做出征收或者收回不动产权利决定生效后，要求不动产登记机构办理注销登记的；（四）法律、行政法规规定的其他情形。”其第五章第四节第90条至第93条规定了查封登记。

〔4〕《土地登记办法》第63条至第69条规定查封登记、预查封登记。

〔5〕《房屋登记办法》第35条第2款规定：“因人民法院或者仲裁委员会生效的法律文书取得房屋所有权，人民法院协助执行通知书要求房屋登记机构予以登记的，房屋登记机构应当予以办理。房屋登记机构予以登记的，应当在房屋登记簿上记载基于人民法院或者仲裁委员会生效的法律文书予以登记的事实。”

依嘱托登记的概念表述，只是对依嘱托转移登记、查封登记、预查封登记和注销登记等具体情形作出了规定，其中侧重规定了查封登记和预查封登记。国土资源部《不动产登记操作规范（试行）》则从实操层面明确了依嘱托登记程序：包括嘱托、接受嘱托、审核和登簿。[6]但细致性和可操作性尚不够。立法上的分散、概括与粗陋，难以为依嘱托登记的实践展开提供充分指引。同时，理论上为比较微观的依嘱托登记问题研究倾注的笔墨着实不多，依嘱托登记实践中存在的问题与困惑缺乏可供选择的解决方案。有鉴于此，本文在调研的基础上特别针对依嘱托登记中相较查封登记和预查封登记规定更为简略的转移登记情形，在实践中亟待解决的两个问题加以探讨并提出对策建议，以求教于大方。

一、依嘱托转移登记实践中的两个问题

（一）依法院嘱托转移登记中是否需当事人再提交登记申请和材料问题

依法院嘱托转移登记是指不动产登记机构根据人民法院的嘱托而办理的不动产转移登记，在登记实践中最为常见。例如，买方甲和卖方乙双方签订了房屋买卖合同，该合同有效成立，但乙方未按照合同约定为甲方办理房屋转移登记，甲方提起诉讼并请求法院判令乙方按照合同约定履行办理房屋转移登记的义务。在法院判决以后，如果乙方仍不履行判决，此时甲方有权向法院申请强制执行，由法院嘱托不动产登记机构协助甲方办理相应的房屋转移登记，不动产登记机构则应按照嘱托内容为甲方办理相应的房屋转移登记。根据《最高人民法院、国土资源部、建设部关于依法规范人民法院执行和国土资源房地产管理部门协助执行若干问题的通知》第3条[7]的规定，依嘱托转移登记的审查标准为形式审查，如果不动产登记机构认为登记事项存在异议的，应当向嘱托机关提出审查建议，但应当继续办理嘱托登记。另外，依据该通知第5条第2款规定："在执行人民法院确认土地、房屋权属的生效法律文书时，应当按照人民法院生效法律文书所确认的权利人办理土地、房屋权属变更、转移登记手续。"《房屋登记办法》第35条第2款规定："人民法院协助执行通知书要求房屋登记机构予以登记的，房屋登记机构应当予以办理。房屋登记机构予以登记的，应当在房屋登记簿上记载基于人民法院或者仲裁委员会生效的法律文书予以登记的事实。"据此，在依法院嘱托转移登记中，

---

[6] 《不动产登记操作规范（试行）》第1.7.1、1.7.2、1.7.3。

[7] 《关于依法规范人民法院执行和国土资源房地产管理部门协助执行若干问题的通知》第3条规定："国土资源、房地产管理部门在协助人民法院执行土地使用权、房屋时，不对生效法律文书和协助执行通知书进行实体审查。国土资源、房地产管理部门认为人民法院查封、预查封或者处理的土地、房屋权属错误的，可以向人民法院提出审查建议，但不应当停止办理协助执行事项。"

嘱托主体是人民法院。嘱托的法律效力是不动产登记机构在接受嘱托后，应当按照人民法院的嘱托内容办理相应的不动产转移登记，登记完成发生物权法上所规定的物权效力。

在依法院嘱托转移登记实践中，此类登记要经过两个步骤。首先，由人民法院向不动产登记机构提交嘱托文件，包括嘱托机关人员的工作证明、生效法律文书和协助执行通知书，经过不动产登记机构的审查后若符合标准的，则在不动产登记簿上备注协助执行转移不动产的内容，并由不动产登记机构出具协执文书收件回执给人民法院，人民法院会把协执文书收件回执送达给登记权利人。此时，不动产登记机构并没有直接依据嘱托办理不动产转移登记，只是进行备注。然后，登记权利人本人持协执文书收件回执，并根据有关房屋转移登记的办理指引，再提交不动产登记申请书和询问记录表、房地产权属发生转移的文件、法院文书、身份证明、不动产附图、税务证明以及其他根据实际情况需要提交的资料，〔8〕要求不动产登记机构办理转移登记，经过不动产登记机构的审核之后，才能最终登簿，完成不动产转移登记。

对于此流程的合法性，不动产登记机构本身也拿捏不准，心存疑问。就依嘱托转移登记的应然程序而言，从嘱托、接受嘱托、审查以及最终的登簿行为应当都是依有权机关的嘱托而发生和进行的，但实践中，在人民法院嘱托以后，还要登记权利人再次申请并提交材料才能最终办理不动产转移登记。这种做法究竟是否符合嘱托登记的主体为有权机关、登记机构直接依据嘱托办理转移登记的相关规定？如果不符合，又该如何改进？

（二）依嘱托登记能否直接适用以解决离婚判决所涉房屋转移登记问题

实践中，在房屋限购政策背景下，关于离婚判决所涉房屋转移登记存在的特别问题在于，离婚生效判决引起房屋所有权变动后，由于登记权利人怠于办理登记，使得房屋所有权变动未能及时反映在不动产登记簿上，从而影响了登记名义人的购房资格，损害了其购房利益。另一方面，因判决取得房屋的一方当事人则因为房屋没有转移登记在其名下，而可能利用房屋限购政策的漏洞，不正当获得购房资格，影响房屋限购政策的有效执行，妨碍房屋限购政策的目标实现。同时，权利人此举也会规避税费，影响交易安全。

---

〔8〕参见《广州市不动产登记中心一手（增量）房转移登记办理指引》：http：//www. gzlpc. gov. cn/gtzy/c100104/2017 - 04/11/content_ 409561. shtml 以及《二手（存量）房转移登记办理指引》：http：//www. gzlpc. gov. cn/gtzy/c100104/2017 - 08/03/content_ c1ac6aacf64e46aa9f106c9ec0c86aca. shtml，最后访问日期：2017 年 8 月 5 日。

根据《中华人民共和国物权法》（以下简称《物权法》）第28条规定[9]，法律文书生效，不动产物权变动就发生效力，无须登记完成。因而，如果因离婚判决取得不动产物权的权利人不办理登记，就会导致不动产登记簿中记载的名义权利人与真实权利人不一致。同时，在实行严格房屋限购政策的城市，当不动产登记簿记载的登记名义人与真实权利人不一致时，就会对作为登记名义人的当事人购房资格造成影响。而真实权利人则因其取得的房屋所有权未记载在不动产登记簿上，在其名下没有其他登记房屋情形下，就不正当地享有购房资格。例如，离婚诉讼中，法院判决准予离婚，同时判决登记在甲的名下却属于甲乙共有的房屋归乙方所有。根据《物权法》规定，乙方无须办理房屋转移登记，就直接根据生效判决取得房屋所有权。但是，如果乙方不办理登记手续，在不动产登记簿上，甲方则是房屋的登记名义人，限购政策下甲方正当的购房资格将因此受限。而乙方由于不动产登记簿上对其有房的事实没有记载，在其名下没有其他登记房屋情形下，则享有购房资格。这种情况不仅对当事人的利益保护不公，而且严重影响房屋限购政策的实施效果。

对于离婚生效判决引起的房屋转移登记，根据《不动产登记暂行条例》第14条[10]、《不动产登记暂行条例实施细则》第19条第1款[11]和《房屋登记办法》第12条[12]等现行规定，判决生效后，由当事人决定是否持人民法院的生效判决书，到不动产登记机构单方申请不动产登记，而不是由法院直接嘱托不动产登记机构进行房屋转移登记。为了能够更好地贯彻房屋限购政策，消除由此导致的登记名义人与真实权利人分离所可能引起的损害交易安全风险，解决前述离婚判决中房屋移转登记的特别问题，有不动产登记机构提出借助法院嘱托登记的思路。亦即离婚判决生效后，由法院直接嘱托不动产登记机构办理房屋转移登记，以确保不动产登记登记名义人和真实权利人的一致性，为准确查明核实当事人的购房资格提供准确依据。那么，能否这样做？如果不能，又该如何解决该问题？

---

〔9〕《物权法》第28条规定："因人民法院、仲裁委员会的法律文书或者人民政府的征收决定等，导致物权设立、变更、转让或者消灭的，自法律文书或者人民政府的征收决定等生效时发生效力。"

〔10〕《不动产登记暂行条例》第14条规定："因买卖、设定抵押权等申请不动产登记的，应当由当事人双方共同申请。属于下列情形之一的，可以由当事人单方申请：……（三）人民法院、仲裁委员会生效的法律文书或者人民政府生效的决定等设立、变更、转让、消灭不动产权利的。"

〔11〕《不动产登记暂行条例实施细则》第19条第1款规定："当事人可以持人民法院、仲裁委员会的生效法律文书或者人民政府的生效决定单方申请不动产登记。"

〔12〕《房屋登记办法》第12条规定："申请房屋登记，应当由有关当事人双方共同申请，但本办法另有规定的除外。有下列情形之一，申请房屋登记的，可以由当事人单方申请：……（二）因人民法院、仲裁委员会的生效法律文书取得房屋权利。"

二、依嘱托转移登记实践问题的解决建议

（一）优化依法院嘱托转移登记程序的建议

1. 依法院嘱托转移登记中应予取消当事人提交不动产登记申请书的要求

不动产登记实践中，在人民法院嘱托不动产登记机构协助执行后，当事人需要再提交不动产登记申请书以办理房屋转移登记，这种做法混淆了依嘱托的转移登记和依申请的转移登记，应取消对提交不动产登记申请书的要求。理由是：依嘱托登记和依申请登记的显著区别在于登记程序的启动原因不同。依嘱托登记中，不动产登记机构是依据有权机关的要求而进行相应不动产登记；而依申请登记中，登记程序是因为当事人提出的登记申请而启动的。[13]因此，依申请转移登记需要当事人提交不动产登记申请书，而依嘱托转移登记中，当事人只需要提交协执文书收件回执、身份证明、房地产权属发生转移的文件、法院文书、不动产附图、税务证明即可办理登记，而无须再提交不动产登记申请书。从比较法上而言，我国澳门地区明确区分了依嘱托登记和依申请登记的启动方式，规定了依嘱托登记无须再填写申请表格，该做法值得我们借鉴。根据澳门地区《物业登记法典》第34条第2款规定："官方实体请求登记时，无须填写登记申请表格，但该请求应载于公函内，而公函中须指出请求登录之事实、作为该事实依据之文件及签署该公函之人之职务。"因此，在办理依嘱托转移登记时，应规定嘱托机关无须填写申请表格，直接将嘱托文件提交给不动产登记机构即可；同时，当事人继续办理不动产转移登记时，也无须填写提交不动产登记申请书。

2. 依法院嘱托转移登记中应要求当事人提交相关材料

虽然依法院嘱托转移登记的启动是人民法院向不动产登记机构发出嘱托，但登记办理过程中，让不动产登记权利人在收到人民法院的协执文书收件回执后，办理登记时仍然向不动产登记机构提供不动产转移登记所要求的相关材料是不违反不动产登记相关规定的，同时有助于保障不动产登记的真实性和准确性。实践中依法院嘱托转移登记确实需要经过两个步骤，即先由人民法院向不动产登记机构提交协助执行的生效法律文书加以嘱托，再由当事人办理登记。但是，这两个步骤不能分别看待，实际上属于依嘱托转移登记的整体程序。一方面，当事人再次提交材料办理不动产转移登记的过程是对人民法院嘱托过程的延续，当事人能够继续办理不动产转移登记的关键在于其持有人民法院交予的协执文件收件回执以及生效法律文书，表明人民法院已经嘱托不动产登记机构协助办理房屋转移登记。同时，如果人民法

[13] 程啸：《不动产登记法研究》，法律出版社2011年版，第565页。

院不对不动产登记机构进行嘱托，进而获得协执文件收件回执并交予当事人，当事人不可能在人民法院未嘱托的情形下直接申请办理转移登记。由此可见，不动产登记机构办理转移登记是基于人民法院的嘱托进行的，不能因为程序上出现了当事人提交材料办理登记的情况就认为依嘱托转移登记的嘱托主体与相关规定不符，不动产登记机构不是依据嘱托进行登记的。另一方面，实践中，不动产登记机构要求当事人在人民法院嘱托以后再次提交材料办理转移登记有利于保证登记的真实性和准确性。具体而言，要求提交身份证明是为了核实登记权利人的身份；要求提交房地产权属发生转移的文件和生效法律文书是为了核实有关房屋物权变动的情况；要求提交不动产附图则是为了明确房屋的面积、结构等实际情况；要求提供税务证明，是对我国不动产登记“先税后证”规定的落实，有利于审查当事人完税情况，防止当事人规避税收。根据我国《土地增值税暂行条例》第 12 条[14]、《契税暂行条例》第 11 条[15]以及国家税务总局《关于进一步加强房地产税收管理的通知》《关于进一步加强土地税收管理工作的通知》等有关“先税后证”政策的规定，办理有关不动产登记手续的，应提供完税或减免税凭证，未提供完税或减免税凭证的，不动产登记机构不予办理有关登记手续。因此，在人民法院提交嘱托文件后，要求当事人提供税务证明办理不动产转移登记手续，是为了实现依嘱托登记程序与先税后证规定的衔接，符合我国目前相关规定。可见，依法院嘱托转移登记中应要求当事人提交不动产转移登记相关材料，包括协执文书收件回执、身份证明、房地产权属发生转移的文件、法院文书、不动产附图、税务证明等。

（二）不能直接适用依嘱托登记解决离婚判决所涉房屋转移登记问题

1. 不能直接适用依嘱托登记解决离婚判决所涉房屋转移登记的理由

不动产登记实践中，当离婚判决对房屋归属部分属于形成判决时，只能由当事人单方申请房屋转移登记。当离婚判决对房屋归属部分属于给付判决时，只有义务人拒绝协助办理转移登记，权利人申请强制执行后，人民法院依法采取强制措施后，才可以嘱托不动产登记机构协助办理转移登记。不能直接适用依嘱托登记解决离婚判决所涉房屋转移登记问题的理由如下：

从理论上说，所谓形成判决，是关于形成之诉的判决，针对是否应当变更某种法律关系作出判决，此种法律关系的变更需要等到法院判决的生效，因而形成判决

---

[14] 《土地增值税暂行条例》第 12 条规定：“纳税人未按照本条例缴纳土地增值税的，土地管理部门、房产管理部门不得办理有关的权属变更手续。”

[15] 《契税暂行条例》第 11 条规定：“纳税人应当持契税完税凭证和其他规定的文件材料，依法向土地管理部门、房产管理部门办理有关土地、房屋的权属变更登记手续。纳税人未出具契税完税凭证的，土地管理部门、房产管理部门不予办理有关土地、房屋的权属变更登记手续。”

具有形成力，能够直接引起物权变动的发生。[16]形成判决本身没有给付内容，不具有执行性，显然不能适用嘱托登记，只能由权利人单方申请登记。[17]例如，在周某某与刘某某离婚纠纷一案中，法院判决登记在原告周某名下的位于广州市天河区××路××街×号×房归被告刘某所有，[18]该判决关于此房屋归属部分就属于形成判决，被告可以在法院判决后直接持生效判决书向不动产登记机构单方申请办理房屋转移登记。所谓给付判决，就是判令被告为特定的给付，此种判决不具有形成力，不能直接引起物权变动，只有在被告履行特定给付后才发生物权变动，因而与给付判决相关的物权变动，仍然属于依法律行为发生的物权变动，只不过在变动过程中通过判决对给付行为赋予了国家强制力而已。[19]所以，给付判决不属于直接引起物权变动的生效法律文书，只有待权利人办理完移转登记才能发生房屋所有权变动。正如史尚宽所言，作为因法院判决而取得不动产物权者，此判决须为直接判与原告以所有权之判决，其仅确定被告人有移转所有权之义务者，不在其内。[20]因而，权利人不可以直接持该判决单方申请转移登记，而是据此判决请求被告协同办理转移登记。被告不履行，权利人有权申请强制执行，法院依法采取强制措施，才可以嘱托不动产登记机构协助办理转移登记。例如，在张×1与张×2离婚纠纷一案中，法院判决北京市×区×园×号楼×层×单元902号房屋归原告张×1所有，房屋剩余贷款由原告张×1负责偿还。原告张×1于本判决生效之日起三十日内支付被告张×2房屋折价款114万元。被告张×2于原告张×1履行完上述付款义务，且北京市×区×园×号楼×层×单元902号房屋抵押权解除后十五日内协助原告张×1办理上述房屋权属转移登记手续，将房屋转移登记至原告张×1名下（该房屋原登记为张×2、张×1共同共有）。[21]该判决中存在给付内容，原告取得房屋所有权以支付补偿金为代价，且需解除房屋抵押权，原告并没有直接依据生效判决取得房屋所有权，而是双方办理完成房屋转移登记方能取得房屋所有权。那么，当原告支付补偿金且解除抵押权后，要求被告协助办理房屋移转登记，被告不予配合时，原告有权根据生效判决向法院申请强制执行，再由法院发出协助执行通知书嘱托不动产登记机构协助办理房屋转移登记。

从合法性来看，对于依据离婚生效判决直接取得房屋所有权的，根据《物权

〔16〕刘耀东：《基于法律文书发生的不动产物权变动》，《东方法学》2016年第1期。

〔17〕汤慧：《生效法律文书房屋登记的有关问题》，《中国房地产》2013年第21期。

〔18〕参见广东省广州市天河区人民法院（2014）穗天法民一初字第1426号民事判决书。

〔19〕王明华：《论〈物权法〉第28条中法律文书的涵义与类型》，《法学论坛》2012年第5期。

〔20〕史尚宽：《物权法论》，中国政法大学出版社2000年版，第35页。

〔21〕参见北京市朝阳区人民法院（2015）朝民初字第32971号民事判决书。

法》第28条和第31条规定[22]，当事人可以不经登记取得所有权，法律并不强制要求当事人必须根据生效判决进行不动产登记。不动产登记中应当遵循自愿登记的原则，其强制只是体现为民事法律效果上的强制，[23]即不经登记当事人处分房屋时不发生物权变动的法律效果。同时，根据前述《不动产登记暂行条例》等现行法规定，因法院判决引起不动产物权变动的，可由登记权利人单方申请不动产登记。因此，这种情况下，权利人有权决定是否登记，以及选择登记时，须单方申请办理房屋转移登记，而非由法院直接进行嘱托登记。对于离婚判决中存在给付内容的，根据《中华人民共和国民事诉讼法》第236条和第251条规定，一方当事人拒绝履行生效法律文书的，对方当事人可以向人民法院申请执行，人民法院可以向有关单位发出协助执行通知书，要求其进行办理。[24]因而，离婚判决中要求另一方协助办理房屋转移登记的，另一方不予配合时，取得权利的一方可以向法院申请强制执行，由法院嘱托不动产登记机构为其办理房屋转移登记。此时，法院的嘱托登记也是在当事人申请强制执行后发生的，其不能未经当事人申请强制执行直接嘱托登记。由此可见，对于离婚判决直接引起房屋所有权变动的，所涉房屋移转登记，只能由权利人决定是否依生效判决单方申请登记，若权利人没有做出上述选择，为了贯彻房屋限购政策，就要求法院嘱托不动产登记机构协助办理登记，有利用公权力干涉私权利之嫌，也明显违背了现行法相关规定，不具有合法性。

从可行性来看，对于离婚判决直接引起房屋所有权变动的，所涉房屋移转登记要求直接依嘱托进行，在实践中缺乏可行性。首先，法院最主要的工作是司法审判，工作量大且较为繁杂，要求法院直接进行嘱托登记，无疑要求法院投入更多的人力、物力和时间成本来处理同类的案件，加重其工作负担。其次，要求法院直接进行嘱托登记，由不动产登记带来的国家税收如何保障？根据我国有关“先税后证”政策规定，办理有关不动产登记手续的，应提供有关的完税或减免税凭证，未提供完税或减免税凭证的，不动产登记机构不予办理有关登记手续。那么，在此情形下，与不动产转移登记有关的税款应该由谁来缴纳？当然，有人可能认为，能不能“先证后税”，即不缴税就办理不动产登记，然后由税务机关向应缴纳税款的当事人追缴？这种做法要改变现行规定不说，更重要的是，会把税务机关拖进无穷无尽的纠纷中，也难以保障国家的相应税收，实不可行。

---

[22] 《物权法》第31条规定：“依照本法第二十八条至第三十条规定享有不动产物权的，处分该物权时，依照法律规定需要办理登记的，未经登记，不发生物权效力。”

[23] 程啸、孙东育：《不动产登记应当遵循自愿的原则》，载《中国房地产》2014年第21期。

[24] 《中华人民共和国民事诉讼法》第236条规定：“发生法律效力的民事判决、裁定，当事人必须履行。一方拒绝履行的，对方当事人可以向人民法院申请执行，也可以由审判员移送执行员执行。”第251条：“在执行中，需要办理有关财产权证照转移手续的，人民法院可以向有关单位发出协助执行通知书，有关单位必须办理。”

可见，针对离婚判决引起房屋所有权变动，所涉房屋转移登记要求法院主动通过依嘱托登记实现，以达到登记名义人与真实权利人的一致，保护限购政策下登记名义人的购房资格，这种做法于法于理不通，也不具有可行性。

2. 对离婚判决所涉房屋转移登记中特别问题的解决建议

在房屋限购政策下，为平衡保护离婚判决所涉房屋转移登记的登记权利人和义务人的合法利益，实现房屋限购政策的预设目标，对离婚判决所涉房屋转移登记中特别问题另辟他径探寻合法合理的解决措施迫切而有意义。

在我国台湾地区，存在着与上文所述离婚判决直接引起物权变动而登记权利人怠于办理登记的类似情形。根据台湾地区行政主管部门的规定，依据法院确定判决，有权申请办理土地所有权移转登记的权利人怠于申办登记，义务人单独提出申请时，应当另行取得执行名义。因为根据台湾地区“土地登记规则”第27条第4款的规定，对法院判决确定之登记，债权人可以单独申请。[25]但债务人非债权人，除另行取得执行名义外，如果债权人不欲行使其权利，法律似无强使债权人必须接受移转登记之义务规定。[26]然而，如果债务人持同意办理不动产转移登记为债权人所有之和解笔录，单独申请登记的，应予受理。由于该不动产所有权移转登记申请案，系债务人欲将不动产所有权移转登记于债权人，因债权人拒不接受协同办理申请，经债务人起诉成立诉讼上和解，债权人同意协同债务人就登记为债务人所有之不动产，向地政机关办理转移登记为债权人所有，是债权人已为接受所有权移转登记之意思表示，义务人得凭法院和解笔录，单独申请将不动产移转予权利人。[27]由此观之，一方面，台湾地区的“土地登记规则”与《物权法》《不动产登记暂行条例》《不动产登记暂行条例实施细则》以及《房屋登记办法》的规定相一致，即有权单方申请不动产登记的应为登记权利人，其有权决定是否办理房屋的转移登记，而在登记权利人怠于办理登记时，法律也不能强迫权利人行使登记请求权。因为，登记的基础是自愿，物权人权利本身包含这种行动资格，是其行使权能之自我发动，当事人并不负有申请登记的真正义务。[28]另一方面，台湾地区行政主管部门也明确了登记义务人可以单独申请办理登记的情况，登记义务人能够单独办理登记的关键就在于其取得了登记权利人同意办理房屋转移登记的意思表示。台湾地区的做法具有启示意义。

首先，可以考虑利用现行法律框架中的不动产登记代理制度，由登记义务人取得

---

〔25〕 台湾地区“土地登记规则”第27条规定：“下列登记由权利人或登记名义人单独申请之：四、因法院、行政执行分署或公正第三人拍定、法院判决确定之登记。”

〔26〕 台湾地区“内政部”1986年12月4日台内地字第461736号函。

〔27〕 台湾地区“内政部”1988年12月15日台内地字第659329号函。

〔28〕 龙卫球：《不动产登记性质及其纠纷处理机制问题研究——兼评物权法司法解释（一）第1条》，载《法律科学（西北政法大学学报）》2017年第1期。

登记权利人同意其代理登记的授权，从而解决登记权利人怠于办理登记的问题。根据《不动产登记暂行条例实施细则》第12条[29]、《房屋登记办法》第15条第2款[30]的规定，登记权利人可以委托登记义务人代为申请不动产登记，并向登记义务人出具授权委托书，具体的委托内容为委托登记义务人代为办理房屋转移登记的事项。至于办理房屋转移登记过程中所产生的税务以及登记费用的问题，登记权利人也可以一并委托登记义务人代缴相关税费。通过上述做法，登记义务人就可以代理申请办理房屋转移登记，从而解决其购房资格受限的问题。

其次，如果登记权利人既不亲自办理房屋转移登记，也不委托登记义务人代为办理房屋转移登记的，登记义务人则可以通过诉讼途径解决。在房屋限购政策下，登记权利人怠于行使登记请求权会影响到登记义务人的购房资格，以不作为方式妨碍了登记义务人购房权利的行使，根据《中华人民共和国民法总则》第176条和第179条[31]的规定，登记义务人有权请求排除妨碍。因此，当登记义务人请求登记权利人排除妨碍无果时，可以向法院提起诉讼，请求法院判决登记权利人排除对登记义务人购房资格造成的妨碍。诉讼中，一种情况是，登记义务人在法院调解下，获得登记权利人同意，由登记义务人申请将登记在自己名下的房屋转移登记给登记权利人，法院对此制作调解书。此时，登记义务人持有法院调解书到不动产登记机构办理转移登记，不动产登记机构应予受理并依法办理。另一种情况是，当事人双方不愿调解或调解无果，法院直接判决。法院判决后，登记权利人仍不申请办理房屋转移登记继续对登记义务人的购房资格构成妨碍的，登记义务人则可以根据生效判决，向法院申请强制执行，由法院嘱托不动产登记机构协助办理房屋转移登记。但是，不管哪种情况，涉及房屋转移登记中的税费和登记费用的，如果登记权利人拒绝缴纳，为了消除由此带来对登记进程的阻碍，可以由登记义务人代为缴纳，但在代缴了税费和登记费用后，有权另行向登记权利人进行追偿。为了保障登记义务人这种追偿权的实现，法院在调解书和判决中最好对此作出明确表述。

---

[29] 《不动产登记暂行条例实施细则》第12条规定："当事人可以委托他人代为申请不动产登记。代理申请不动产登记的，代理人应当向不动产登记机构提供被代理人签字或者盖章的授权委托书。自然人处分不动产，委托代理人申请登记的，应当与代理人共同到不动产登记机构现场签订授权委托书，但授权委托书经公证的除外。境外申请人委托他人办理处分不动产登记的，其授权委托书应当按照国家有关规定办理认证或者公证。"

[30] 《房屋登记办法》第15条第2款规定："委托代理人申请房屋登记的，代理人应当提交授权委托书和身份证明。境外申请人委托代理人申请房屋登记的，其授权委托书应当按照国家有关规定办理公证或者认证。"

[31] 《中华人民共和国民法总则》第176条规定："民事主体依照法律规定和当事人约定，履行民事义务，承担民事责任。"第179条规定，承担民事责任的方式主要有……排除妨碍。

三、结语

综上所述，依嘱托转移登记实践中，在人民法院嘱托不动产登记机构协助办理房屋转移登记后，当事人还需要提交不动产转移登记相关材料，包括协执文书收件回执、身份证明、房地产权属发生转移的文件、法院文书、不动产附图、税务证明等，这种做法是合法合理的，但要求提交不动产登记申请书则混淆了依嘱托转移登记和依申请转移登记的区别，应予取消。不能为了落实房屋限购政策，保护登记义务人的房屋限购资格，就直接通过依嘱托登记去完成离婚判决直接引起物权变动时所涉房屋转移登记；也不能因为房屋限购政策是临时的，而无视登记义务人因为登记权利人怠于办理转移登记损害其购房资格的客观现象。离婚判决直接引起物权变动时所涉房屋转移登记义务人的合法利益应该得到保障，因而在现行法律框架下，为其创设合理的通道以供选择是具有重要意义的。为此，建议登记义务人利用不动产登记代理制度，获得登记权利人的授权从而办理房屋转移登记；或者向法院提起要求登记权利人排除妨碍的诉讼，根据生效调解书直接向不动产登记机构申请办理转移登记，或者根据生效判决书申请强制执行，由法院嘱托不动产登记机构协助办理房屋转移登记，从而解决登记义务人购房资格受限的问题，同时减少不动产登记簿上登记名义人与真实权利人不一致的情形，更好地落实房屋限购政策，保障国家有关税费的收入，保护不动产交易安全。

我国民法建立取得时效制度的构想

汪渊智 *

目 次

取得时效制度肇端于罗马法，其产生之初的目的是为了调节财产所有人和需要人之间的矛盾、平衡有余与不足、鼓励人们使用他人废置之物（如土地、奴隶、牲畜等），以促进物尽其用。后来随着罗马商品经济的发展，其演进为一种尊重持续的事实状态，维护社会经济秩序的制度。[1]在现代社会，取得时效的主要功能在于奉行“事实胜于权利”的原则，以长久存在的事实状态代替真实权利，以维护社会秩序的稳定，促进物的利用，并避免举证上的繁琐。因此，大陆法系各国普遍规定了取得时效制度。在我国，由于受苏联民法理论的影响，许多学者曾对取得时效制度持否定态度，因此在1986年颁行的《民法通则》中只规定了诉讼时效，没有规定取得时效，之后在2007年颁布的《物权法》也没有对取得时效作出任何规定，新颁布的《民法总则》仍然保持了《民法通则》的立法，未对取得时效进行规定。《民法总则》的出台，使我国民法典的编纂进入了快车道，未来民法典是否应当规

* 法学博士，山西大学法学院教授。

〔1〕 周枏：《罗马法原论》（上），商务印书馆1994年版，第319～345页。

定取得时效制度，如何建立具有中国特色的取得时效制度，亟需在理论上进行深入研究。

一、我国建立取得时效制度的必要性

（一）建立取得时效制度是完善我国民法上的时效制度的需要

民法上的时效制度是由取得时效制度和消灭时效制度共同构成的，二者在发挥各自作用的同时相互衔接。消灭时效制度是在权利人不行使自己的权利的情况下解决权利的消灭问题，而取得时效制度是在权利人不行使权利但占有人持续、公然、和平的占有标的物的情况下解决权利的归属问题。根据这种体系性，时效的完成，一方面权利人丧失权利，另一方面他人取得权利，从而将权利的消灭与取得统一起来，使其不致在权利人丧失权利的同时，他人未取得权利，而使权利无所依归，导致权利处于悬而未决的不稳定状态。[2]所以，在民法时效制度中二者是缺一不可的。

然而，在我国《民法通则》中只对诉讼时效进行了规定，没有规定取得时效，并且在后来颁布的《物权法》中仍然没有对取得时效做出明确的规定。新颁布的《民法总则》也只是规定了诉讼时效，未规定取得时效。显然仅规定诉讼时效制度是远远不够的，它无法解决在诉讼时效期间届满以后的财产归属问题，而这个严重的漏洞就需要取得时效制度来填补，取得时效制度在这方面的作用是其他制度无法替代的，因此我国民法分则物权编中对取得时效作出明确规定是十分必要的。

（二）建立取得时效制度是促使物尽其用，提高财产利用率的需要

民法作为调整社会主义市场经济关系的基本法，它与市场经济的发展有着千丝万缕的联系，因此，在经济发展中所强调的“效率原则”也同样是现代各国民法所遵循的价值取向之一。在民事法律关系的领域中，对财产进行合理有效的利用是实现财产价值的最好途径，而这也恰恰正是经济发展中的效率原则的具体体现。如果允许法律规定在权利人怠于行使其合法权利而使得财产不能得到充分的利用时由长期对其进行使用收益的占有人取得该财产上的权利，那么这从法理学的角度来讲体现了“法律保护勤勉者，不保护懒惰者”的原则，而从经济学的角度讲，就是将财产分配给了对其价值评价更高的主体，因而对社会有利，[3]可以促使物尽其用，提高财产的利用效率。具体到取得时效制度，在物尽其用方面的作用表现在：一

---

〔2〕 肖厚国：《物权变动研究》，法律出版社2002年版，第438页。

〔3〕 孟利民：《取得时效制度存废的价值分析》，载《法律适用》2005年第11期。

方面，该制度能有效地促使权利人积极行使权利，减少资产的浪费和闲置，从而充分发挥资产的利用效率。另一方面，因为取得时效允许占有人在一定条件下取得占有物的所有权，就使占有人敢于把占有物投入流通，参与民事流转，尽可能充分地发挥物的效用。[4]

（三）建立取得时效制度是保护交易安全和维护社会秩序的需要

建立取得时效制度的根本目的在于保护交易安全和维护社会秩序的稳定，所以，有学者指出，取得时效的意义在于平衡私的所有与社会和平秩序之间的张力，用时间来治愈权利瑕疵给社会生活带来的不便和困扰。[5]

首先，取得时效制度有利于维护社会的稳定秩序。在罗马法中，取得时效制度的功能在于“通过这个自动机械，权利的缺陷就不断得到矫正，而暂时脱离的所有权，又可以在可能极短的阻碍之后重新迅速地结合起来”，[6]这个功能被现代民法所采纳。当标的物的所有权人或其他权利人在很长的时间内都不去行使自己的权利，而占有人占有标的物并行使标的物上的权利，这种事实状态的长期存在会使他人对占有人的占有或权利行使者的权利形成一种信赖，在此基础上产生各种各样的法律关系，使之成为一种公认的秩序。如果不设立取得时效制度的话，永久保护原权利人的权利，这种长期存在的事实状态就面临着可能被推翻的危险，而一旦它被推翻，则势必造成社会经济与法律秩序的混乱，违背法律维持人类共同生活的和平秩序的目的，于是对永续的一定事实状态加以尊重而承认之。[7]

其次，取得时效制度有利于保护交易安全。权利人长期不行使权利的状态，以及占有人占有标的物并行使该标的物上的权利的状态持续存在，就会使他人对之产生一种合理的信赖，基于这种信赖建立起来各种交易关系，这时就涉及不特定的多数人的利益，即交易的安全。当权利人的利益和不特定多数人的利益发生冲突的时候，法律首先应当对代表不特定多数人利益的交易安全进行保护，维护社会公共利益。取得时效制度把这种长期存在的事实状态赋予法律上的正当性，保护了基于这种合理信赖而产生的法律关系，从而使他人可以放心的从事交易活动。

（四）建立取得时效制度是有效降低诉讼成本、提高司法效率的需要

从司法实践来看，如果权利人拥有权利却长期不去行使，反而由占有人长期占有或者使用他的财产，那么，随着时间的推移，原权利人的权利证据将难以保存或

---

〔4〕 王利明：《民商法研究》（第一辑），法律出版社2001年版，第262~263页。

〔5〕 肖厚国：《物权变动研究》，法律出版社2002年版，第441页。

〔6〕 ［英］梅因：《古代法》，商务印书馆1959年版，第163页。

〔7〕 郑玉波：《民法物权》，台湾三民书局2007年版，第79页。

者不便保存，此时如果继续保护原权利人的权利，必定会花费大量的人力和物力去证明原权利的存在。在这种情况下，这些努力仅仅是没有任何必要的徒劳，正如康德所言，“很明显，在人间找不到任何历史记载，证明对一种占有资格的探究，必须要追溯到最先的占有者和他的获得行动”。[8]因此，法律有必要直接将占有人持续占有财产的状态作为其享有权利的证据而承认其拥有该项权利，此即取得时效制度。所以，取得时效制度降低了诉讼成本，提高了司法效率，满足了及时解决纠纷的需要。

二、我国取得时效制度的立法模式选择

取得时效和消灭时效都起源于罗马法，取得时效制度早在《十二表法》颁布以前就已存在于罗马习惯规则中，[9]消灭时效则起源于罗马法务官的命令。[10]世界各国在继承和发展罗马法中所确立的时效制度时，大体上形成了两种立法模式，即统一主义与分别主义。

所谓统一主义，乃是中世纪注释法学家认为取得时效与消灭时效具有相同的法律本质，即这两种制度都是以一定时间的经过和一定事实状态的持续为基础，一方取得权利，另一方丧失权利，故取得时效制度与消灭时效制度应当作为统一的制度加以规定。奥地利、日本、越南等国民法典均采此制，即将二者统一于“时效”概念之下，并使其成为时效的两种类型，于民法典中设专章集中予以规定。在此需要指出的是，《法国民法典》原来也是奉行统一主义，将取得时效与消灭时效一并规定在“时效”一编中，但进入21世纪以来，修改后的《法国民法典》将取得时效与消灭时效分别置于相互独立的两编之中规定，由统一主义改采为分别主义[11]。

所谓分别主义，着眼于取得时效和消灭时效的不同之处，将二者在民法典中分别作出具体规定，即将取得时效规定在物权编中，消灭时效规定在民法总则之中。1900年实施的《德国民法典》首次采用了这种立法模式，之后被许多国家的立法所效仿，如瑞士、意大利、葡萄牙、匈牙利、俄罗斯等。《德国民法典》在时效立法问题上之所以采分别主义的立法体例，是受历史法学派理论主张的影响。历史法学派在研究和继受罗马法的过程中，认为取得时效和消灭时效是两种不同的法律制度，注释法学派统一并存的主张是对罗马法的篡改，主张返璞归真。[12]德国历史法学派的创始人萨维尼认为，虽然取得时效与消灭时效在某种程度上具有一定的共

[8] ［德］康德：《法的形而上学原理》，沈书平译，商务印书馆1997年版，第117页。
[9] ［英］梅因：《古代法》，商务印书馆1959年版，第161页。
[10] 《德国民法》，梅仲协等译，台湾大学法律学研究所编译，1965年出版，第207页。
[11] 《法国民法典》，罗洁珍译，北京大学出版社2010年版，第二十编、第二十一编。
[12] 李开国：《民法总则研究》，法律出版社2003年版，第393页。

性，但若仔细加以分析，取得时效与消灭时效在成立的原因、条件以及法律效力方面都有很大差异，二者本质上是具有不同社会功能的法律制度。所以，《德国民法典》在制定过程中采纳了此种主张，把消灭时效规定在第一编“总则”的第五章部分，而把取得时效规定于第三编“物权法”的第三章“所有权”部分。

我国学界对时效制度立法模式的选择也不无争议。一些学者支持分别主义的立法模式。他们认为取得时效和消灭时效在本质上是属于两种不同的制度，它们有各自的功能价值，前者针对物权而设，是原始取得所有权的方法之一，后者则针对债权而设，是权利人行使权利的时间限制。[13]因此，取得时效主要适用于所有权等物权，在民法典中将其规定于“物权”部分较为合适。而诉讼时效主要适用于债权请求权，又因民法上的债权请求权种类繁多，零散分布于民法典的各个部分以及一些商事单行法之中，若不将之规定于“总则”部分的话，难以统领其他各编及商事单行法。另外一些学者则认为，在我国立法中采纳统一主义立法模式更为妥当。因为，取得时效和消灭时效二者共同构成了完整的时效制度，这是自罗马法以来长期被认可的理论，若仅仅因为二者的差别就否认其实质上的共性，确有“只见树木不见森林”之嫌。

本文认为，分别主义的立法模式优于统一主义的立法模式，我国应当采用分别主义的立法模式。理由在于：第一，取得时效和诉讼时效的调整范围各有侧重，把诉讼时效置于总则而把取得时效置于物权部分，更能明确的体现二者所调整的范围和适用的领域，这也是法典的体系化要求；第二，我国具有分别主义的立法传统。我国《大清民律草案》由于受《日本民法典》的影响，采统一主义的立法例即将消灭时效与取得时效统一规定在“时效”一章中。后来国民政府颁布的民法典改采分别主义的立法，在总则中只规定消灭时效，取得时效则放在物权法中，这一体例一直沿用至现在的台湾地区；第三，多数国家的立法采纳分别主义的模式，只有极少数国家如奥地利、日本等采纳统一主义的立法模式，法国早先采用此模式，但后来抛弃了这一做法，改采分别主义的立法模式，可见分别主义的立法是目前时效制度发展的趋势。

三、取得时效在我国的适用范围

（一）所有权适用取得时效

自罗马法创设取得时效制度以来，所有权一直是该制度的主要适用对象，包括动产的取得时效和不动产的取得时效，但是，并非所有的所有权都可以适用取得时效制度。

---

〔13〕 秦伟、李功田：《论时效利益之归属与抛弃》，载《法学论坛》2000年第6期。

1. 禁止流通物不适用取得时效。禁止流通物，是指在法律中明确禁止作为交易标的进行流转的物，如枪支、弹药、毒品以及淫秽物品等。由于取得时效是对新的事实关系的确定，若使禁止流通物适用于取得时效，就会造成禁止流通物的事实流转，与立法本意相违。所以，“禁止流通物”不适用取得时效是其本质使然。[14]

2. 已登记的不动产是否适用取得时效？从各国立法来看，未登记的不动产作为取得时效之客体没有什么争议，主要问题是关于已登记的不动产是否可以适用于取得时效。德国与瑞士民法典中均有已登记不动产适用取得时效的规定，而日本民法未区分动产与不动产，直接规定只要二十年平稳而公然占有他人物者，取得该物所有权，可见已登记的不动产也包括在内。我国台湾民法只规定了未登记的不动产可以适用取得时效，明确排除了已登记的不动产。

对此，我国学者之间也存在分歧。肯定论者认为，取得时效的适用有利于社会经济秩序的稳定和物的快速流转，应将已登记的不动产纳入取得时效中来，[15]主要理由如下：其一，客观上存在登记权利人与实际占有人不一致的状态，需要通过取得时效消除这种不稳定的权利状态。事实与登记状况不一致，可以分为三种情况，一种是登记名义人为非权利人，占有人为真正的权利人；第二种是登记名义人为真正的权利人，而占有人为非权利人；第三种则是登记名义人与占有人都是非权利人。对于第一种情形，属于登记错误问题，第二种、第三种情况则需要将其纳入取得时效，以消弭不确定的权属关系。由于事实与登记不符的情况在所难免，因此登记的不动产也应适用取得时效，以确定其归属。其二，在登记与事实权利关系长期不统一的情况下，将会妨碍财产的有效利用，适用取得时效可以避免不动产的闲置浪费。其三，我国的不动产登记制度乃是一种形式审查，并非像德国、瑞士等国的实质审查，不动产登记的真实性一定程度上打了折扣，其公示效力自然较弱，取得时效的适用不会对登记公示公信力产生较大影响。

否定者认为，我国在物权变动上采取登记生效主义，不动产的登记具有绝对的公示公信力，一旦将已登记的不动产也纳入取得时效的范围，则与不动产登记的效力产生矛盾，由此会导致权属关系的混乱和纠纷的产生。我国台湾地区将已登记的不动产排除在取得时效之外，理由自是与公示原则相悖。因此，为保证登记效力的绝对性，我国不应当将已登记的不动产适用于取得时效。

笔者赞同否定论的观点。因为，取得时效作为所有权取得的一种特殊方式，主要是在权属关系纷争不明时的一种判定方法，主要价值在于维护既有的社会关系。

---

〔14〕 刘宝玉、钟淑健：《取得时效制度若干问题探讨》，载杨振山、［意］桑德罗·斯奇巴尼主编《罗马法·中国法与民法法典化》，中国政法大学出版社2001年版。

〔15〕 温世扬、廖焕国：《取得时效立法研究》，载《法学研究》2002年第2期；喻文莉：《取得时效之客体研究》，载《法律科学》2003年第2期；吴锦标、许晓芳：《取得时效适用范围初探》，载《法律适用》2004年第12期。

可以说，如果权属关系可以以其他手段判定的，取得时效就不应当适用，毕竟单纯以占有而确定权属争议者为不得已的方法，且剥夺他人所有权的做法在法律的价值和道德上都是存在争议的。所以在我国，已登记的不动产不应当适用取得时效。

3. 国有财产可否适用取得时效？对此，学界的争议比较大。有的学者认为，应当秉持对财产平等保护的态度肯定国有财产也可以适用取得时效。有的学者则认为，国有财产不同于一般财产，不可以适用取得时效制度，否则会有损国家利益。笔者认为，应当分情况，区别对待，理由在于：第一，对于那些直接由国家控制不能进入到流通领域的国有财产，如森林、矿藏、河流、军事设施、警车等公有物以及国家图书馆、博物馆、公园等公用物，不宜适用取得时效。这是因为，公有物关系到国家的整体利益，事关国家安全与社会制度，不能任由他人取得。公用物是为社会提供公共服务的，具有公益性质，如果法律允许公用物适用取得时效制度的话，将会危及社会公共利益。因此法律应当明确禁止公有物和公用物适用取得时效。当然，在公用物废止公用以后，便可以成为取得时效之标的，[16]因为其已不再具有特殊的公益性质，此时与普通财产别无两样。第二，对于那些国家间接控制的授予法人或其他组织管理、使用的财产，如果不适用取得时效制度，他们的实体权利便不受丧失的限制，从而有可能导致经营管理者对国家财产没有义务感和责任心[17]，因而有必要适用取得时效制度。

这里还需要讨论我国的土地所有权是否可以适用取得时效的问题。我国实行的是社会主义土地公有制，土地的所有权属于国家或集体，公民个人不能享有土地所有权。同时，土地所有权的流转也受到严格的限制，只有依据法律规定的方式才可以进行土地所有权的流转，比如国家的征收、征用等。如果允许他人通过取得时效的方式而取得国有土地所有权，这是违反宪法规定的，因此国家所有的土地不能成为取得时效制度的客体，这是毫无疑问的。但是，集体所有的土地在一定条件下可以成为取得时效的客体。在我国，享有集体土地所有权的各个集体之间是相互独立存在的关系，如果不允许这些土地可以适用取得时效的话，那么只要某个集体享有该部分土地的所有权便可以高枕无忧、一劳永逸，这必然会导致大量的土地被闲置和浪费，不能发挥其应有的功效与职能。另一方面，对于那些积极主动地开垦利用被闲置土地的集体而言，如果不能适用取得时效，其永远也无法取得所利用土地的所有权，以致使他们丧失合理占有、使用土地的积极性。

4. 共有物可以适用取得时效。关于共有物是否可以适用取得时效，在学界大多学者持肯定的态度。就共有物而言，其所有权是属于全体共有人共同所有的，因此不论是在共同共有还是按份共有中，只要一个共有人以单独所有的意思和平、公

---

〔16〕 谢在全：《民法物权论》（上），中国政法大学出版社1999年版，第150页。

〔17〕 冯忠明：《取得时效制度问题探讨》，载《法学杂志》2005年第4期。

然地占有共有物，那么其占有就可以适用取得时效。但是，如果共有人自己并没有所有的意思，他只是受全体共有人的委托而代为保管共有物，则不符合取得时效的适用条件，在这种情形下，只有当他主观上将为全体共有人保管的意思变为自己个人所有的意思，才会有取得时效的适用。

（二）用益物权适用取得时效

用益物权，是指对他人所有的不动产享有的占有、使用和收益的权利。我国《物权法》中规定的用益物权主要包括土地承包经营权、建设用地使用权、宅基地使用权和地役权四种。学界对于前三种用益物权可以适用取得时效并无异议，而地役权是否可以适用取得时效应当依据不同的地役权类型予以确定。根据我国《物权法》的规定，地役权是指不动产权利人按照合同约定，利用他人不动产为自己不动产提供便利的权利。依权利行使或内容实现之时间是否有继续性为标准，地役权可分为继续性地役权与非继续性地役权，前者是指权利内容之实现，不必每次有地役权人之行为。如筑有道路之通行地役权。后者是指权利内容之实现，每次均以有地役权人之行为为必要之地役权，此种地役权大抵无固定之设施，例如未开通道路之通行地役权。〔18〕依权利的存在是否表现在外为标准，地役权又可分为表现地役权和非表现地役权。前者指地役权的行使，依外形的事实而表现的地役权，如通行、地面排水地役权。后者指权利的行使不能依外部的事实而认知的地役权，如观望地役权。〔19〕地役权的这两种分类，与地役权可否适用取得时效制度密切相关。我们知道，取得时效制度的适用要求占有人的占有必须是公然、继续的，因此，就非继续性地役权而言，其不具有继续性，而就非表现地役权而言，其不具有公然性，所以二者当然不能适用取得时效。可见，地役权之能依取得时效而取得者，须以具有继续性和表现性为必要，〔20〕只有当持续性地役权或表现性地役权同时具备持续性和表现性时，方可适用取得时效制度。

（三）担保物权不应适用取得时效

抵押权在设定时不转移物的占有，所以不会产生取得时效的问题。留置权是一种法定担保物权，因而也不可能适用取得时效。对于质权是否可以适用取得时效，在学界存有争议，笔者持否定的观点，理由是：第一，质权的取得时效期间和主债权的期限往往难以衔接和协调，导致在实践中无法认定。第二，法律确立质权的目的是为了确保债权的实现，当债务人怠于履行债务时债权人就质物之变价优先受

---

〔18〕 谢在全：《民法物权论》（上），中国政法大学出版社1999年版，第430页。

〔19〕 陈华彬：《民法物权论》，中国法制出版社2010年版，第384页。

〔20〕 梅仲协：《民法要义》，中国政法大学出版社1998年版，第587页。

偿，是对其交换价值的支配，而非是使债权人可以取得质物的所有权。而且，依据《物权法》第211条的规定，我国法律是明确禁止流质约定的，如果把质权纳入取得实效制度的适用范围，则会与该法条所体现的立法旨趣相冲突。所以，质权也不适宜适用取得时效。

（四）知识产权不应适用取得时效

关于知识产权，多数学者认为其不应当适用取得时效。[21]因为知识产权因其性质较为特殊，与传统的物权差别较大，取得时效的适用有可能会损害公益安全。首先，知识产权的客体是知识或信息，与物权的客体不同，物权的客体是有体物，可以成为占有的对象，而取得时效的完成正是以占有为前提的。但是，知识产权一经公布，可以为多数人拥有，无法实现独占。若允许时效取得，则权属关系将无从确定；其次，知识产权的保护具有期限性。在法律规定的期间内，任何人不得染指，一旦超过该期间，则法律不再保护，而且为了公共利益，知识产权的保护期间一般比较短，而取得时效的期间一般较长，二者在期间上的矛盾导致知识产权无法适用取得时效；再次，知识产权适用取得时效将导致利益保护失衡。国家保护知识产权，是为了促进科技创新，最终实现经济和技术的全面进步。因此，法律必须对知识产权的拥有人进行严格的保护。若取得时效适用知识产权，则占有人可以无偿获得他人技术，实际上是对知识产权人利益的严重侵害。因此，取得时效不应适用知识产权。

也有的学者认为，传统意义上的知识产权因其特性显然不适用于取得时效，但一些新型的权利可以适用。其一，创造性成果中的商业秘密权、经营性商标权、经营资信中的商誉权等，可以适用取得时效。因为，这些权利并无期间限制，与公共利益关系远，适用取得时效是适当的；其二，对于新型权利如顾客权、信用权等可以具体分析，采其善者适用。

本文认为，无论何种知识产权均不应适用取得时效，这是由符合取得时效的本质与知识产权的特性的。第一，取得时效主要是针对有体物设立的物权制度，商业秘密权等知识性权利因其特殊的产生途径，再加上登记等国家管理手段，其权利来源的判定一般不需要通过一定期间的占有外观为条件。第二，取得时效是对权利人权利的一种无偿剥夺，有形物的价值毕竟有限，而知识产权一般价值较大，其经济意义往往无法准确衡量，若允许通过时效取得，则对权利人的损失是很大的，与社会公平原则不符。第三，知识产权保护本身有一定的争议解决措施，如经营性商标权，一般以先登记者为权利人，对于驰名商标还要通过经营时间、影响力等多种途

---

〔21〕 刘友华、张歆：《论知识产权不应适用取得时效》，载《当代法学》2002年第4期；潘峰：《所有权以外财产权对取得时效的准用性》，载《福建金融管理干部学院学报》2004年第2期。

径进行判断，其根本目的在于对于权利人的严格保护。显然，在这种情况下，适用取得时效显得简单粗暴，有欠妥当。

（五）人身权不应适用取得时效

人身权包括人格权和身份权。人格权，是指主体依法所固有的、以人格利益为客体的、为维护主体的独立人格所必备的权利。[22]身份权，是指民事主体基于其特定的身份而享有的权利。在罗马法中，取得时效制度既可适用于财产关系也可适用于人身关系，因此有学者提出，目前在欧美大陆法系国家中，取得时效制度在人身关系方面运用得很广泛，因而主张我国应当认可取得时效在人身关系上的适用。[23]这种观点是值得商榷的。因为在罗马法中人格具有绝对的不平等性，妇女和奴隶不被视为民事主体，他们都不是民法意义上的“人”，所以罗马法的取得时效制度可以适用于人身领域，人之本身或是人的身份均可以作为取得时效的客体。但是，在现代民事法律理念下，人格权和身份权是与民事权利主体的人格、身份密不可分的权利，二者不属于财产权，因此绝对不可以成为取得时效制度的客体。

四、取得时效的构成要件

（一）动产所有权取得时效的构成要件

1. 占有人须占有标的物。占有，系指对物有事实上的领管力。占有为取得时效一项基本的条件，取得时效的成立，以占有人对标的物为持续不断的占有为前提，无占有即无所谓取得时效。[24]占有是一个内涵和外延都极为广泛的概念，作为取得时效制度构成要件的占有，必须同时满足自主占有、和平占有和公然占有才能产生相应的法律效力。

第一，占有人须为自主占有。占有，以是否具有所有的意思为标准，可以分为自主占有和他主占有。自主占有，指以所有的意思而为占有。自主占有，只要是以所有的意思为物之占有即可，至于该占有人是否为真正的所有人，则在所不问。如误认他人之物为自己之物而为占有，甚至盗窃他人之物而为占有均为自主占有；他主占有，即不以所有之意思而为物之占有。他主占有，主要是指基于某种占有媒介关系而占有他人之物的情形，如承租人、借用人等的占有均为他主占有。取得时效之占有为自主占有，而且自主占有的意思不以表示为必要。因为要求占有人证明自

〔22〕王利明、杨立新、姚辉：《人格权法》，法律出版社1997年版，第5页。

〔23〕徐国栋：《论取得时效制度在人身关系法和公法上的适用》，载《中国法学》2005年第4期。

〔24〕王效贤、刘海亮：《物权总则与所有权制度》，知识产权出版社2005年版，第212页。

己以所有意思占有是一种难度较高的义务，对占有人不甚公平。不过，自主占有并不意味着必须自己亲自占有，“所有意思之占有，得由代理人而取得。代理人得以为本人为物之一般支配之意思，使本人取得自主占有。”〔25〕例如，监护人可以为限制行为能力人代为接受赠与，在自己则取得直接占有，而为受监护人取得间接占有，亦可成立自主占有。具备自主占有，便具备了取得时效最基本的条件。

第二，须为和平之占有。所谓和平占有，是指非以暴力或胁迫手段取得或维持的占有。与之相反，暴力占有或以胁迫手段为占有者自不成立和平占有。和平占有，只是针对物之所有人而言的，对于其他人则并无和平或强暴一说。例如，张三借用李四之电视机，后王五将其夺去，此时王五对于张三而言自然是暴力占有，但对于原所有人李四仍是和平占有。另外应当指出，所谓和平与暴力不仅在对象上是相对的，而且在时间上也是相对的。和平占有还是暴力占有，主要是针对占有的一定期间而言的，并非仅指原初占有的状态。如本为和平占有，但凭借暴力或胁迫维持者，则变为暴力占有；反之，取得占有虽出于强暴胁迫，而保持占有系属和平者，自强暴胁迫情形终止起，属于和平占有。〔26〕与自主占有相似，和平占有也是采取推定方式，即占有人无须举证，仅以占有之事实便可表明其为和平占有，如果他人欲主张其为非和平占有，则须提出反证加以推翻。

第三，占有须为公然占有。公然占有，是指不带隐秘瑕疵的占有，即将对标的物的占有事实向社会公开，不加隐瞒。〔27〕公然占有还是隐秘占有，以一般社会经验即可判断。例如，骑着自行车在大街上闲逛为公然占有，若将其置于仓库，他人难得一见，则为隐秘占有。不过，公然还是隐秘主要是针对利害关系人而言的，一般大众不是参照主体。如果按照一般的社会标准，占有人对于占有物的处置即使利害关系人不知而他人皆知，也可为公然占有。反之，如果占有人对占有物为隐秘之占有，即使利害关系人偶然得知，也不能认为其占有为公然占有。〔28〕

2. 占有他人之物。取得时效为所有权取得方式，如为自己之物，自不发生所有权变更，亦无取得时效一说。另外，对于无主之物，先占制度已有规定，无取得时效适用之余地。当然，这里所谓他人之物除应满足主体的特定性外，还要符合前文所论之融通性的条件，即公用物、公有物如法院办公大楼，公共道路、水流等物，皆不在占有之列，毒品、色情图书亦不可为时效之取得。其余如物之一部分或共有之物，只要满足相应条件，自可为时效取得。

---

〔25〕 史尚宽：《取得时效之研究》，载郑玉波主编《民法物权论文选集》（上），台湾五南图书出版公司1984年版，第139页。

〔26〕 谢在全：《民法物权论》（上册），中国政法大学出版社2011年版，第145页。

〔27〕 梁慧星主编：《中国物权法研究》，法律出版社1998年版，第291页。

〔28〕 史尚宽：《取得时效之研究》，载郑玉波主编《民法物权论文选集》（上），台湾五南图书出版公司1984年版，第193页。

3. 占有须经过一定期间。取得时效设立之目的，在于维持已固之社会关系，因此，如无一定期间之经过，社会秩序尚未安定，适用取得时效徒增社会矛盾而已。至于占有期间，各国的规定长短不一，有五年、十年、二十年甚至三十年不等。但是，通常情况下，时效期间较长者，不以善意且无过失为条件；反之，时效期间较短者，要求占有人在占有之始为善意且无过失。至于取得时效的起算点，应为占有人开始以自己所有的意思，公然、和平占有之时，即占有人开始无瑕疵占有之时。唯在占有合并情形，取得时效的起算应从前占有人（财产的让与人）开始无瑕疵占有之时开始，依各国通例，后一占有人在主张占有合并时，应一并承继前一占有人占有的瑕疵。唯是否主张占有的合并，应由后一占有人视具体情况自行选择。

就我国而言，动产取得时效也需要明确以下两个问题：一是时效期间应该有多长？二是应否将善意作为条件？对于前者而言，二十年、三十年太长，不利于财产秩序的稳定，也不符合世界各国取得时效制度逐渐缩短的发展趋势，应以五年、十年为宜。以下着重讨论后者。

有学者认为，善意不应当是取得时效的构成要件，〔29〕其理由主要有：第一，善意内涵的难以确定与法律的精确性要求相矛盾，在立法时善意的概念界定成为一件极为棘手的工作，会给立法带来许多难以估计的困难。第二，善意是行为人自身的一种心理状态，即使明确了善意的概念，在实践中如何认定善意，在举证上存在重大障碍，会给司法实践造成法律适用的二难境地。第三，取得时效为客观上的占有取得事实上的权利，不管主观状态如何，最终的结果是占有人取得了权利，都是对原权利人权利的一种损害，过多纠缠善意恶意意义不大。第四，取得时效中的善意，仅在占有之初才有意义，一旦实现占有，则善意的价值便很小了，因此其在整个时效取得制度中的意义并不明显，故不应将其作为构成要件。

也有学者认为，善意应当成为取得时效的构成要件，其理由主要有：第一，取得时效本身为无偿剥夺他人权利的一种方式，在道德上不具有正当性，因此应设置一定条件对其加以限制。善意作为取得时效的构成要件，可以杜绝恶意侵占他人财产者的贪念，与大众的法律情感相一致。第二，善意要件虽然仅在占有之初才有意义，但占有之初的主观心理状态实际上对整个占有行为的性质有重大影响，善意占有与抢劫、偷盗显然不可相提并论。因此，设立善意要件，可以最大限度地防止取得时效的负面效应。第三，善意的概念难以确定，并不意味着其在取得时效中无法存在。如果说善意概念难以界定，那么善意取得中的善意是如何界定的？难道因为善意难以确定，善意取得制度也没有必要设立了吗？既然德国、瑞士等国可以将善

---

〔29〕 陈年冰：《取得时效的概念和构成要件》，载《当代法学》2004年第4期；赵转：《取得时效的构成要件》，载《商丘师范学院学报》2004年第3期。

意作为取得时效的构成要件，则我国也可以做到这一点。

笔者认为，取得时效是否以善意为要件，必须综合考量取得时效的立法意旨与各国国情，权衡取舍。取得时效，从根本上说是以事实的长久存续实现权利更迭，制度重点在于客观上的占有事实以及长久的存续期间。从这一意义上说，占有人是否具有善意，对一定期间内的占有事实并不产生实质性的影响，因此也就没有必要将其作为必须满足的条件规定下来。但是，从我国的历史传统和国人情感上来说，取得时效在道德上的先天“不当”已经影响到了该制度在我国的推行，而且操作不当确实会产生不劳而获后果。在这种情况下，适当地以善意限制取得时效的成立条件，对于取得时效功能的最大限度地发挥以及法律实践的顺利开展，无疑具有积极意义。因此，笔者认为，善意不应成为取得时效的构成要件，但可以在期间上对善意占有人进行鼓励，而对恶意占有人进行限制。具体言之，动产取得时效应为 10 年，但占有人占有动产之始为善意且无过失者应为五年。

（二）不动产所有权时效取得的构成要件

不动产取得时效可区分为登记取得时效与占有取得时效两种。其中，登记取得时效是指于不动产登记簿登记为所有权人或其他权利人者，虽未取得该权利，但占有该不动产并以权利人身份行使其权利达一定期间者，取得该不动产所有权。登记取得时效制度，主要针对在不动产登记簿上已为登记但没有有效法律原因的登记人而言，其目的在于使登记簿名义人与实际权利关系长期不符的事实得以消除。若真正权利人长期不行使其权利，则登记名义人可以在一定期间届满后获得确定的权利。登记取得时效制度原为奥地利及 Hessen 所设，德国、瑞士、意大利以及墨西哥等国均有规定。在我国，如前所述，已经登记的不动产不应当适用取得时效，加之我国《物权法》第 19 条关于错误登记的更正没有时间限制，只要存在登记上的错误，利害关系人在任何时间都可以请求更正，因而无取得时效适用的可能。

占有取得时效，即未登记的不动产取得时效，其构成要件如下：其一，占有不动产。与动产时效取得的要求相同，该种占有须为自主占有、和平占有，但因不动产之特性，其时效取得不可以秘密方式进行，故无需强调公开占有。其二，占有达一定期间。对此大陆法系各国关于不动产取得时效期间的规定长短不一，就我国而言，应以二十年为宜，如果取得人在占有之时为善意并无过失者，取得时效期间应为 10 年。其三，占有他人未登记之不动产。对于“未登记”，史尚宽先生认为应包括三种情况，一是于总登记时，未为登记；二是其土地所有人不得由登记簿而认知，例如登记为已解散或不存在之公司所有；三是不动产虽已登记，然依法取得所有权之人，则未为登记，如由未登记之继承人买受土地，其出卖人之嗣后登记未能实现，或前所有人之姓名因过失误被涂销，而其继承人未能提出其所有权之证明。[30]就“他人”的界定，可为公有，亦可为私有，但应是应当登记而未登记者，如沙漠、雪山虽为国家所有，但不属于登记范畴，自无取得时效可言。

五、取得时效完成的效力

1. 取得动产所有权或不动产所有权登记请求权　取得时效为法律直接规定的所有权取得方式，性质上为原始取得，其主要效力在于使占有人取得占有物之所有权，排除原所有权的存在。对于动产而言，时效完成后，占有人当然取得其所有权，此点各国规定大致相同。就不动产而言，各国规定差别较大。在法国民法，取得时效完成，则占有人立即取得不动产所有权，并无其他要求，与动产时效取得类似，日本民法效之。在德国民法，就不动产而言，不论是占有取得还是登记取得，时效届满后，占有人都必须以登记方式取得不动产所有权。而且依德国民法第927条的规定，占有人还需通过公示催告程序排除原所有权。在我国台湾地区“民法”第769条规定：“以所有之意思，二十年间和平公然继续占有他人未登记之不动产者，得请求登记为所有人。”其第770条规定：“以所有之意思，十年间和平公然继续占有他人未登记之不动产，而其占有之始为善意并无过失者，得请求登记为所有人。”这表明，台湾地区不动产时效取得的法律效果是取得所有权登记请求权，而非当然的所有权。之所以为登记请求权，旨在使权利取得的时间明确化，因为取得时效之占有须具有一定的条件，且已历经较长之时间[31]。我国取得时效制度的规定亦应采台湾地区民法的规定为宜。

2. 动产或不动产之原所有权及其物上负担消灭　因取得时效完成而取得所有权乃非基于他人既存之权利而取得，在性质上属于原始取得，原所有权于占有人取得所有权时即归于消灭，该物上原有之物上负担亦同。例如，动产上有抵押权存在之情形，因取得时效取得该动产所有权后，该动产上的抵押权消灭。但是，“为时效基础之事实关系，即占有容认他人之权利时，其因继续占有取得之权利，应解释亦伴有此限制。”[32]例如，不动产之占有人在允许他人通行的情况下时效取得该不动产，则其取得该不动产后他人之通行权并不消灭。

取得时效完成后，其效力应否溯及于开始占有时发生，仍有争议。台湾地区“民法”上，取得时效的效力于时效完成时当然生效，不发生效力溯及的问题，然则《日本民法》第144条规定，取得时效完成时，其效力溯及于占有开始时。从利益衡量的角度讲，时效取得为无偿获得权利，本已获利，若取得时效效力溯及，对

---

〔30〕 史尚宽：《物权法论》，中国政法大学出版社2000年版，第76页。

〔31〕 谢在全：《民法物权论》（上册），中国政法大学出版社2011年版，第152页注［14］。

〔32〕 史尚宽：《物权法论》，中国政法大学出版社2000年版，第83页。

时效取得以前占有人取得的利益也予以肯定，则对权利人不甚公平。因此，取得时效的效力不应产生溯及力，具体言之，所有权取得之时间，在不动产应为完成登记之日，在动产则为时效完成之日。

3. 因时效取得所有权后，原所有物返还请求权亦归消灭　取得时效的完成不一定与所有物返还请求权的消灭同步，若所有物返还请求权之消灭时效已完成，而占有人之所有权取得时效尚未完成，则此时物之所有权出现了难以确定归属的理论盲点；另一方面，若所有物返还请求权尚未完成消灭时效，而占有人之取得时效已完成时，同样会出现所有权混乱的局面。对此，郑玉波先生认为，不动产所有人之所有物返还请求权，性质上属于所有权之权能，仅能因占有人取得时效之完成而消灭，不宜再适用消灭时效之规定。[33]因为所有物返还请求权从性质上说乃是所有权效力的体现，与一般之债权请求权有别。物之所有权因时效完成而消灭，则所有物返还请求权自然无所依靠，与消灭时效无关。

4. 因取得时效取得所有权后，取得人既无不当得利返还责任，亦无侵权损害赔偿责任　因时效完成而取得他人物之所有权，是否尚有不当得利及损害赔偿责任的适用，乃是学说上较为争议的一个问题。该问题的实质，即取得时效是否具有法律上的原因。不当得利，是指无法律上的原因而受有利益，从而致他人以损害，应将没有合法原因的受益返还给受损害的人。从理论上讲，时效取得是法律直接将物之所有权赋予占有人，这种规定本身就是一种法律上的原因，若此时仍可以适用不当得利请求权，则所有权的归属岂非又起争端？在德国法上，曾有一著名判例，即“名画赠与案”，案情大致为：原告于1908年将其继承财产中的66件名画赠与慕尼黑国家美术馆，1914年原告因精神病被宣告为禁治产人。其监护人以原告赠画时为无民事行为能力人，其赠与行为及移转所有权的行为均属无效，请求慕尼黑国家美术馆返还赠与的名画。在诉讼时，被告主张赠与之画已为时效取得时，原告主张该项基于无效契约而取得的所有权为法律上的原因，构成不当得利。该案地方法院判决原告胜诉，最高法院废弃了原判决，联邦法院后又废弃最高法院判决，维持了原判决，认定被告构成不当得利。[34]德国多数学者认为联邦法院之最终判决正确，认为应以构成“时效取得”基础之“自主占有”之取得是否具有法律上之原因，从而决定原所有人是否得主张不当得利请求权。其核心意旨在于，自主占有若无法律上的原因，则容易导致法律适用上的不公平。王泽鉴先生认为，“时效取得制度原在维护法律秩序之安定，就法律规范意旨言，应该为时效取得系终局的、确定

---

[33] 郑玉波：《论所有物返还请求权》，载郑玉波主编《民法物权论文选辑》（上），台湾五南图书出版公司1984年版。

[34] 王泽鉴：《民法学说与判例研究》（第一册），中国政法大学出版社2005年版，第409页。

的，具有法律上原因，丧失所有权之人无主张不当得利请求权之余地。”[35]笔者同意王泽鉴先生的观点，不当得利与损害赔偿均解决的是特定受害人的利益，但时效取得解决的是社会整体经济秩序的稳定，两者相较，应以后者作为优先保护的利益为宜。因此，依取得时效取得所有权的人，不负返还不当得利与损害赔偿的责任。

5. 取得时效之效果可由法官主动援用。法官在诉讼中能否主动援用取得时效？有学者认为，取得时效可以由法官直接援用，作出裁判，无须当事人援用[36]。也有学者认为，所有人起诉要求占有人返还财产时，是否主张时效利益，应当由占有人自己决定，法官不得越俎代庖。[37]若当事人不为引用，则法官不得主动援用时效。笔者认为，取得时效与消灭时效的旨趣不同，消灭时效是积极地否定原权利关系而肯定现存的社会秩序，因此法官不得主动援用时效；但是，取得时效是为了稳定现存的财产秩序而消极地否定原权利义务关系，因而法官应当主动援用时效。基于这一认识，我国取得时效制度应当允许法官主动援用时效完成之效力。

六、取得时效的起算与中断

1. 取得时效的起算。有学者认为，取得时效应当从占有人以所有人身份公开、善意地持续占有他人之物之日起开始起算。反对者认为，取得时效的起算应根据情况的不同而分别对待：对于拾得遗失物的，应从公开占有拾得物的次日开始起算；对于依加工承揽合同占有某物的，从合同届满的次日或加工完成的次日开始计算；对于依借用、租赁、委托保管等合同占有某物的，则视合同是否规定了期限，从合同届满之次日或合理期间内计算。相比较而言，前一种观点从抽象的角度进行概括，对一般情况的解释比较合理，但过于笼统，对于具体情形似不能完全适用，特别是存在合同关系的情况下，占有人以所有人的身份进行占有并不能确切反映该物的权属状态，这种认定标准较为模糊，而且对真正权利人不太公平；后一种观点针对各种情形分别予以说明，操作性较强，但由于实际情况过于复杂，如此精确的规定反而遗漏了大量其他情形。相比之下，本文同意第一种观点。

2. 取得时效的中断。所谓取得时效的中断，“乃于取得时效进行中，有与取得时效要件相反之事实发生，从而使已经过期间，当然失其效力之谓。”[38]取得时效以一定事实之经过为基础，若有与此基础事实相反之情形出现，则取得时效维护社会稳定之初衷就不存在，取得时效之效力应中断。取得时效的中断事由除了可适用

---

[35] 王泽鉴：《民法学说与判例研究》（第一册），中国政法大学出版社2005年版，第411页。

[36] 谢在全：《民法物权论》，中国政法大学出版社1999年版，第158页。

[37] 尹田：《法国物权法》，法律出版社1998年版，第242页。

[38] 谢在全：《民法物权论》（上册），中国政法大学出版社1999年版，第158页。

消灭时效中断的事由外，还有较为独特的中断事由，理论上称之为自然中断事由。我国取得时效制度应当肯定以下几个方面的中断事由：

（1）占有人自行中止占有。占有人自行中止占有，即占有人以自己之意思放弃对占有物的支配与控制。取得时效，以占有人所有的意思占有他人之物的一种事实状态为基础，占有人自行中止占有，自主占有不再继续，则占有人原先对物的控制便失去了主观要素，取得时效自然无法持续，故此中断。例如，占有人将占有之物返还给原主，占有之动物走失，占有人知情而不为寻找等。但是，占有人是否为自行中止占有，必须具体问题具体分析，“若占有人仅放弃其监督，而未全然脱离其管领范围，例如因岁歉开放仓库，任人攫取，则除已携出者外，尚难谓已有占有之中止。”[39]其他情形如占有由继承人或受让人承受，则为占有之移转，后占有人可将自己的占有与前占有人的占有合并而为主张，非自行中止占有。占有人将占有物出租或借用他人，则成立间接占有，不构成占有中止。

（2）占有人变为不以所有之意思而占有。不以所有之意思为占有，即占有人不再以自主占有的意思管领其占有物。占有人所有意思的变更有两种情形：一是变更为所有人或他人所有的意思而占有，如承认原所有人的所有权或变为受其指使占有的占有辅助人；二是变为取得他物权的意思而占有标的物，如将取得所有权的占有变为以取得地上权的意思进行占有。因此，所有之意思变更，则自主占有已然发生变化，当然应构成取得时效之中断。需要注意的是，在变为以取得他物权的意思而为占有的情况下，则自意思变更起，开始新的状态的占有，时效完成时，占有人可以据此状态而主张其他财产权的时效取得。

（3）占有物被侵夺或遗失不能回复。所谓占有被侵夺，是指非基于占有人之本意而致占有物被他人夺取，使占有人丧失占有的情形。例如，占有物被他人盗窃、抢劫而丧失占有。占有物的遗失，乃是因占有人意思以外的原因而导致的占有物的丢失。取得时效的基础是占有的持续存在，若占有状态因占有人意志以外之因素而断裂，则取得时效的基础发生动摇，自然中断。但依据我国台湾民法第 771 条之规定，占有物被侵夺并非绝对导致时效中断，若占有人能依照第 949 条或第 962 条之规定回复占有，则取得时效并不中断。回复之方式如何，在所不问。

（4）占有性质的变更。此点是对以上三点的总结和扩展。取得时效的完成，必须符合其所有之构成要件，缺一不可。一旦要件之一出现异常，则取得时效之占有即发生性质变更。因此，除以上所说占有之状态外，当公然占有、和平占有不存在时，取得时效亦发生中断。总而言之，只要不符合取得时效占有要件的情形出现，都可以导致取得时效的中断。

---

〔39〕 史尚宽：《物权法论》，中国政法大学出版社 2000 年版，第 79 页。

不动产善意取得制度的理论证成

王丽美*

目　次

我国《物权法》创造性地将不动产善意取得与动产善意取得规定在一个条文中，并对它们的构成要件做了一体化的设计，即我国善意取得制度不仅适用于动产物权，而且适用于不动产物权。该法颁布之后，理论界仍有学者坚持不动产所有权不适用善意取得："善意取得制度的适用范围应当限于动产物权以及与之相关的物权的变动场合，而不动产物权变动领域应当适用公示公信原则，二者不可予以混淆。"[1]也有学者认为："以善意取得制度保护不动产交易的便捷与安全，其局限非常明显。物权法第106条应限缩解释为主要适用于动产，不动产交易的信赖保护可通过解释《物权法》第16条来实现。"[2]其实，善意取得制度适用于不动产物权（含不动产所有权及不动产他物权），不应取决于立法者的主观意志，而应当取决于该制度的应然价值的发挥和动产善意取得制度基本性质的推理，也取决于不动产物权自身的特点，以下分述之。

---

* 中国政法大学法学院教授。

〔1〕 张传先、袁武强：《论不动产不适用善意取得》，载《河南师范大学学报》2007年第6期。

〔2〕 朱广新：《不动产适用善意取得制度的限度》，载《法学研究》2009年第4期。

一、善意取得制度应然价值作用的必然结果

“价值是客体（各种物质的、精神的、制度的对象）能够满足主体（某人、某个阶级、某个社会或国家）生存和发展需要的一种性能。”〔3〕而法律价值是指“在作为客体的法律与作为主体的人的关系中，法律对一定主体需要的满足状况以及由此所产生的人对法律性状、属性的作用的评价。”〔4〕即“法律有没有价值的关键，在于法律是否与人的需要相适合、接近与一致。”〔5〕依此推知，善意取得制度的价值就是指善意取得制度这个客体的存在对满足个体、群体、社会等主体需要的一种性能以及由此所产生的主体对该制度作用的评价。诚如孙宪忠教授所言：“学习过法律的人会认识到，不论是市场经济活动中，还是在人民群众的日常生活中，人与人之间发生的各种交易，其本质主要都是以物权的取得或者消灭为目的的交易。那么交易的目的，其实就是以所有权为核心的物权。”〔6〕换而言之，所有权在物权中居核心地位，同时也是市场交易的中心目的。而“善意取得却是牺牲真正所有权（静的安全），以保护动的安全。”〔7〕该制度是“所有权取得的特别规定”〔8〕，即所有权取得的“例外制度”。而“任何值得被称为法律制度的制度，必须关注某些超越特定社会结构和经济结构相对性的基本价值。”〔9〕立法为何对如此重要的所有权取得制度创设例外，也就是善意取得制度确立的应然价值。本文认为应当包含以下几方面。

（一）直观价值：维护交易安全

众所周知，维护交易安全是善意取得制度最直观的价值。

尽管所有权的重要性毋庸置疑，但“随着市场经济的发展，物权法的价值也发生了相应的转化，从传统的注重对静态财产的保护而转向对动态交易安全的维护。物权法中的善意取得、公示公信原则等内容的确立，都体现了其价值的嬗变。”〔10〕这种“价值的嬗变”是经济基础决定法律上层建筑的必然表现，也是“所有权的

〔3〕 孙国华主编：《法理学》，中央广播电视大学出版社1999年版，第50页。

〔4〕 付子堂主编：《法理学进阶》，法律出版社2006年9月第2版，第80页。

〔5〕 吕世伦、文正邦：《法哲学论》，中国人民大学出版社1999年版，第200页。

〔6〕 孙宪忠：《物权法》，社会科学文献出版社2011年1月第2版，第2页。

〔7〕 谢在全：《民法物权论》（上册），中国政法大学出版社2011年修订5版，第274页。

〔8〕 参见《中华人民共和国物权法》第9章。

〔9〕 ［美］E·博登海默：《法理学：法律哲学与法律方法》，邓正来译，中国政法大学出版社1999年版，第1页。

〔10〕 王利明：《民商法研究（第6辑）》，法律出版社2004年3月版，第225页。

保护（静的安全）和交易便捷（动的安全）这两个利益必须妥协，期能兼顾”[11]的必然产物。而善意取得制度的确立，实际就是静的安全与动的安全博弈的直接结果。因为相比单独的、特定的原所有权人来说，善意第三人是交易中不特定的主体，同时，“第三人在交易中并不是某一个单独的人，而是稳定的社会经济秩序的化身。保护第三人，就是保护经济秩序的稳定。”[12]反之，“如果立法者立足于保护所有权，将标的物的所有权确认给原所有权人，则交易风险就会分配给善意买受人承担，这无异于在法律上强加给买受人一个沉重的法定义务——对买卖的标的物是否具有权利瑕疵进行审查。……在商品交易不占主导地位的农业社会，倘若在立法上重点规范财产的静态归属关系尚属可行，那么在当今市场经济条件下，如果继续要求买受人必须对出卖人的处分权逐一调查核实，整个市场的交易将无法正常进行。”[13]故“善意取得制度不仅仅涉及第三人个人信赖利益的保护，而且涉及对整个交易秩序的维护，相对于整个交易秩序，原所有权人的个人利益无法对抗对交易秩序的保护。”[14]换言之，“善意取得制度只能是原则的例外，是交易便捷和安全对所有权人利益的胜出。”[15]基于此，有学者认为：“善意取得制度的理论依据在于民法所确定的利益冲突的平衡原则，即交易安全（整体利益）的保护高于个别权利（个别利益）的保护”[16]，这种观点正好印证了耶林（Jhering）的名言：“法律的目的是在个人原则与社会原则之间形成一种平衡。”[17]因此，也有学者直截了当地说：“法律规定善意取得制度，主要是为了维护交易安全。”[18]毋庸置疑，维护交易安全是该制度立法的首要价值。

而如何维护，主要是通过法律直接确认善意相对人的信赖利益。即“善意相对人有理由相信，拥有法定公示表征者，即是权利的合法享有人。为保护相对人的善意信赖进而保护交易安全，即便处分人其实并非真权利人，亦不影响权利之有效移转。”[19]其实，“有关从非权利人处善意取得所有权的规定也是对所有权的一种限

---

〔11〕 王泽鉴：《民法物权（第二版）》，北京大学出版社2010年版，第471页。

〔12〕 孙宪忠：《中国物权法总论》，法律出版社2009年2月版，第441页。

〔13〕 于海涌：《论善意取得制度与公示公信制度的适用规则》，载《学术研究》2003年第2期。

〔14〕 王利明：《善意取得制度的构成——以我国物权法草案第111条为分析对象》，载《中国法学》2006年第4期。

〔15〕 甑增水、刘志远：《民法中的善意》，光明日报出版社2013年9月版，第106页。

〔16〕 尹田：《物权法》，北京大学出版社2013年1月版，第187页。

〔17〕 Jhering, In *The English Philosophers from Bacon to Mill*, ed. E. A. Burrt (New York, 1939), p. 397. 转引自［美］E·博登海默著：《法理学：法律哲学与法律方法》，邓正来译，中国政法大学出版社1999年版，第109页。

〔18〕 王利明：《物权法论（修订本）》，中国政法大学出版社2003年7月修订版，第209页。

〔19〕 朱庆育：《民法总论》，北京大学出版社2013年版，第287页。

制。因为为了保护交易的利益，原所有权人的所有权因此被‘剥夺’了。”[20]故在该制度的维护下，善意相对人一般不必担心自己通过交易得到的权利随时有被剥夺的风险，可以大胆、果断地进行交易，从而促进市场经济繁荣、高效地发展。

（二）隐含价值：降低交易成本

降低交易成本是善意取得制度隐含在维护交易安全背后的价值，但该价值也有重要意义。甚至有学者认为：“善意取得制度的最大作用是以最低的成本确立产权，从而提高资源配置效率，解决外部矛盾。”[21]

冯象先生曾言：“法律不能提供分析自身的学术工具（用从立法归纳或引申出来的原则和学说分析、比较立法，是典型的循环论证），必须借助其他学科（文史哲及经济、政治、社会、语言、心理等等）的理论和研究方法……”[22]分析善意取得制度的具有降低交易成本的应然价值，则必须运用经济学的成本理论加以阐释。

一般来说，“成本是指生产一种产品所需的全部费用。”[23]而“市场交易成本是指市场机制运行的费用，即当事人双方在通过市场进行交易时，收集有关信息、进行谈判、订立契约并检查、监督契约实施所需要的费用。”[24]此处所指的“成本”是广义的“成本”，包括交易的时间成本、信息成本、监控成本等所有为促成交易所付出的代价。在市场交易中，“如果风险全部由受让人承担，那么他在每一笔交易中就必须付出昂贵的信息成本，以获知出让人是不是权利人。”[25]美国著名法经济学家波斯纳曾举例：“A 将其钻石委托给代理人 B 去典当，但由于 B 误解了 A 的意思而将钻石卖给了 C。假设 C 不知道或没有理由知道 B 无权将钻石卖给他，那 C 就应取得钻石的正当权利。这是一个 A 避免错误的成本比 C 低的简单例子。”[26]同时，为绝对地保护权利人的利益，“如果从无权处分人处获得转让的可能性不存在，那么社会所期待的交易规模就会减少，也不能物尽其用，因为受让人的风险过高。”[27]

---

〔20〕［德］迪特尔·梅迪库斯：《德国民法总论》，邵建东译，法律出版社 2001 年版，第 107 页。

〔21〕胡寅：《商标与善意取得制度适用问题研究》，2014 年中华全国专利代理人协会年会第五届知识产权论坛论文（第二部分），第 9 页。

〔22〕冯象：《政法笔记》，北京大学出版社 2012 年版，第 203 页。。

〔23〕《现代汉语词典》，商务印书馆 1985 年版，第 136 页。

〔24〕［美］理查德·波斯纳：《法律的经济分析》（第七版），蒋兆康译（中文第二版），法律出版社 2012 年版，第 48 页。

〔25〕［德］汉斯—贝恩德·舍费尔、克劳斯·奥特：《民法的经济分析》，江青云、杜涛译，法律出版社 2009 年版，第 551 页。

〔26〕［美］理查德·波斯纳：《法律的经济分析》（第七版），蒋兆康译（中文第二版），法律出版社 2012 年版，第 111 页。

〔27〕［德］汉斯—贝恩德·舍费尔、克劳斯·奥特：《民法的经济分析》，江青云、杜涛译，法律出版社 2009 年版，第 552 页。

英国著名功利主义法学家杰里米·边沁（Jeremy Bentham）为立法确立了两个原则："第一，立法以社会效益为检验标准；第二，立法应以最小的损失谋求大多数人的最大幸福。"[28]又如波斯纳所说："法律的功能是便利自由市场的运转，并且在市场交易成本高不可攀之处'模拟市场'，对那些如若市场交易可行本可以被期待产生的结果，予以法律上的确认。"[29]而"善意取得规则作为信息成本分配的工具"[30]，恰恰实现了上述立法原则和法律功能。该制度"具有分配信息成本的作用，使权利人与受让人皆须承担部分监控成本和信息成本，可以降低交易成本，促进有效率地利用物的资源。"[31]这样，经过善意取得制度合理分配信息成本，必然使交易成本最小化，也就使交易收益最大化，提高交易效率，使社会资源配置达到最优点，符合市场经济理性人[32]追求利益最大化的一般需求。

（三）终极价值：确保实质正义

"近代民法向现代民法转变的理念可以归结为形式正义向实质正义的转变。"[33]实质正义是现代法律追求的永恒目标，确保实质正义亦是善意取得制度体现的终极价值。

在市场交易中，一般情况下（排除采用欺诈、盗窃等非法手段获取所处分权利的情形），尽管善意相对人（亦称"善意受让人"或"善意第三人"）与真实权利人（亦称"原权利人"）、无处分权人（亦称"出让人"）相比，形式上三方主体地位是完全平等的，但实质上前者与后两者之间，明显处于信息不对称状态。善意受让人往往对于处分财产的真实信息不知情，属于实质上的信息弱势主体。"在交易中，当善意受让人面临出让人所有权的不确定性，而担心自己权利的不确定性时，常常要花费很大的努力来确认出让人是否有正当权利。"[34]这显然对处于信息劣势地位的善意受让人是不公平的。公平表现为"于利益不自取过多而与人过少，

---

〔28〕 李霞：《波斯纳：法律的经济分析》，黑龙江大学出版社2009年版，第38页。

〔29〕 ［美］波斯纳：《法律理论的前沿》，武欣、凌斌译，中国政法大学出版社2003年版，第6页。

〔30〕 ［德］汉斯—贝恩德·舍费尔、克劳斯·奥特：《民法的经济分析》，江青云、杜涛译，法律出版社2009年版，第552页。

〔31〕 王泽鉴：《民法物权（第二版）》北京大学出版社2010年版，第471页。

〔32〕 现代经济学的最基本假设是"人是理性的"。经济理性的含义是，人们总是在特定的约束条件所制约的可能选择中，作出最有利的选择。根据科斯定理：如果交易可以得益，理性的当事人将会进行交易；如果交易不能得益，理性的当事人将不会进行交易。见［美］理查德·波斯纳：《法律的经济分析》（第七版），蒋兆康译（中文第二版），法律出版社2012年版，第71页。

〔33〕 梁慧星：《从近代民法到现代民法》，载《中外法学》1997年第2期。

〔34〕 ［美］斯蒂文·沙维尔：《法律经济分析的基础理论》，赵海怡、史册、宁静波译，中国人民大学出版社2013年版，第49页。

于损害亦不自取过少而与人太多。”[35]正因为“促进公平之和平的实现才是法律最终之目的所在。”[36]故法律确立善意取得制度就是为了特别保护交易中因信息缺乏而处于劣势地位，可能导致自己利益受损的弱势群体。“强调对弱势群体的保护，在于没有对弱者的保护就无法从根本上实现实质正义。”[37]拉德布鲁赫曾言：“法律是人类共同生活的一般性规则的总和。法律的终极目标是实现正义（平等的人应当得到平等的待遇，而不同的人则应当根据其不同的情况加以不同的对待）。”[38]善意取得制度就是法律在权衡交易各方所处不同信息地位的基础上，为确保实质正义，体现对弱势群体的人文关怀，而做出了倾向保护弱势群体一方的立法必然选择。

同时，从原权利人与善意第三人在交易可能存在的过错程度来考察，“只要按照正常的交易规则办事，如完全正确地支付对价后，第三人一般就没有交易上的过错，在法律上没有撤销第三人取得物权的根据。而原权利人即出卖人轻率处分其权利，违背了自己的注意义务，对自己的财产有管理上的过错。所以，原权利人理应承担自己过错的后果，而没有过错的第三人不应该承担损害。”[39]这种依据过错程度确定损害赔偿责任的方式，是公平、公正的，也恰恰是传统民法“过错责任原则”精神的贯彻，体现民法追求实质正义的终极价值。

综上所述，“善意取得制度虽然在一定限度内限制了所有权的追及力，在一定程度上牺牲了所有人的利益，但是在保护交易安全、促进货物流通方面，却具有重要作用。因此，各个国家和地区的立法普遍确认了这一制度。”[40]可以说，该制度天然是由于对善意第三人在动产占有基础上的所有权外观的信赖利益保护需要而产生，但因该制度具有维护交易安全、降低交易成本、确保实质正义等应然价值或神圣使命，故它成为市场经济中不可或缺的重要制度之一，同时，为了充分发挥该制度的价值或使命，使该制度在发展中逐步摆脱“占有”的附属地位，成为一项具有独立地位的特别交易制度，而这种“独立”也进一步使该制度发挥更大价值、肩负更大使命成为可能。

另外，随着市场经济的深入发展，交易客体范围不断地扩大，由传统的动产逐步扩大到标的额较大、经济地位非常突出的财产——不动产。在传统动产交易中存在交易安全的保护问题，同为交易客体的不动产，其交易中也必然存在同类现象。

---

〔35〕 江平主编：《民法学》，中国政法大学出版社2000年版，第69页。

〔36〕 黄茂荣：《法学方法与现代民法》，法律出版社2007年10月版。

〔37〕 王利明：《民法的人文关怀》，载《中国社会科学》2011年第4期。

〔38〕 Gustav Radbruch, “Legal Philosophy”, in The Legal Philosophies of Lask, Radbruch, and Dabin, transl. K. Wilk (Cambridge, Mass., 1950), pp. 90-91. 转引自［美］E·博登海默著：《法理学：法律哲学与法律方法》，邓正来译，中国政法大学出版社1999年版，第176页。

〔39〕 孙宪忠：《中国物权法总论》，法律出版社2009年版，第441页。

〔40〕 郑云瑞：《民法物权论》，北京大学出版社2006年版，第168页。

为了保护动产交易安全，法律已特别确立了动产善意取得制度；而为了不动产交易安全，法律能否同样准用善意取得制度呢？作为已摆脱占有“附庸”地位、独立发展的善意取得制度来说，不论交易对象具体如何，它的应然价值就决定了它完全可以担当起这样的角色。因为“作为平衡财产静的安全与动的安全的制度工具，善意取得不应因标的物是动产还是不动产而有所不同。”〔41〕换言之，善意取得制度适用范围从动产所有权及其他物权延伸至不动产所有权及其他物权是其应然价值作用的必然结果。

二、动产善意取得制度性质推理的必然产物

根据《新华汉语词典》，“性质是指一种事物区别于其他事物的根本属性、本质属性。”〔42〕其中，属性是指事物所具有的性质、特点；〔43〕本质是指事物本身所固有的根本属性，它决定事物的性质、面貌和发展。〔44〕换言之，性质是事物本来的、固有的、根本的、内在的品质，直接决定事物的其他方面。善意取得制度的适用范围应当是不以人的意志为转移的客观存在，而这种客观存在恰恰是由该制度的基本性质决定的，因此，欲科学界定善意取得制度的适用范围，必须研究其决定因素——该制度的本质属性。而传统意义的善意取得制度，专指动产所有权及其他物权适用的善意取得制度，故结合动产善意取得制度产生的理论基础，层层剖析传统意义的该制度的基本性质。理论上，该性质可分为以下四个层次：

（一）根本层次：突出动产所有权取得的特别赋权性

动产善意取得制度首先界定为“动产所有权取得的特别制度”〔45〕，这是该制度的根本属性，也是其基本性质的基础层或第一层。这层是该制度最外围的性质界定。这一层次主要强调善意取得制度是“动产所有权取得制度”且是动产所有权取得的“特别”制度这两个方面。

1. 强调“动产所有权取得制度”的内涵

专门界定善意取得制度是动产所有权取得制度，主要是清晰厘定该制度的法律地位。日本著名法学家我妻荣先生说：“法国民法是将其规定在时效章中，德国民法是将其规定在动产所有权的得丧之章中，日本民法和瑞士民法均规定在占有之章

〔41〕 叶金强：《公信力的法律构造》，北京大学出版社2004年版，第186页。

〔42〕《新华汉语词典》，商务印书馆国际有限公司2004年版，第1362页。

〔43〕《新华汉语词典》，商务印书馆国际有限公司2004年版，第1143页。

〔44〕《新华汉语词典》，商务印书馆国际有限公司2004年版，第58页。

〔45〕 这个命名特别强调“所有权”和“特别”两个核心词。

中。”[46]我国台湾地区将其归入“物权”编下“所有权”章下的“动产所有权”节中，我国大陆地区则规定在《物权法》“所有权”编下的“所有权取得的特别规定”章中。通过各国及地区将善意取得制度归入不同的章节可知，该制度目前主要被不同国家界定为“时效”“占有”及“所有权取得”等三种不同的制度。

善意取得制度不是时效取得制度，上文已详述，在此不再赘述。另外，《日本民法典》善意取得制度被列入“占有权”章下的“占有权的效力”节中，[47]是因善意取得确实是动产占有产生的法律效力之一，故这样归入也无可厚非。只是随着善意取得制度的发展，占有仅是善意取得产生的原因之一，并非全部，故善意取得与占有必然渐行渐远，并最终“独立”。

而我妻荣先生所述的《瑞士民法典》，其善意取得制度不仅在“占有”章作为占有的效力之一有规定（第933～935条），而且在“物权法”编下的“动产所有权”章中，也同样规定（第714条第2款）善意取得是动产所有权“取得方法”之一。[48]这又增强了善意取得制度是动产所有权取得制度的说服力。同时，从立法旨趣来说，德国民法典、我国台湾地区“民法”、大陆地区《物权法》均将善意取得制度归入“动产所有权”内容下的取得制度；从实际效果分析，善意取得确实是一种法定的“权利取得”的特殊方式，故将该制度定性为“动产所有权取得制度”才是科学严谨、名副其实的。

2. 强调所有权取得的“特别”制度的内涵

“特别”相对于“一般”。此处即指动产善意取得制度不同于一般的所有权取得制度，而是“特别”的所有权取得制度，“特别”之处的表现之一在于受让人从非权利人处（即“无处分权人”）取得所有权，按照传统民法“所有权绝对原则”来说，本该无法取得该所有权，但法律专门规定在此情形下，产生受让人取得所有权的法律效果，这显然违反了一般所有权取得的基本规则，即“本不该得而得”。因此，“法律对善意受让人的特别规定”使善意取得制度成为所有权取得制度的“特别”制度。

另外，所有权从取得方式上来说，有原始取得和继受取得之分。善意取得制度“特别”之处的表现之二，即从形式上看，善意取得是受让人从转让人（即“无处分权人”）处继受取得，但由于无处分权人转让财产的不正当性，本该导致作为继受人的受让人无权取得该受让所有权，但法律直接规定善意受让人即时取得该所有

---

〔46〕［日］我妻荣：《新订物权法》，罗丽译，有泉亨补订，中国法制出版社2008年版，第219页。

〔47〕《日本民法典》第192条，通过交易行为平稳而公然地开始占有动产者，如系善意且无过失，则即时取得行使于该动产上的权利。参见渠涛编译：《最新日本民法》，法律出版社2006年版，第45页。

〔48〕《瑞士民法典》第714条第2款规定：以所有权移转为目的善意取得动产的，依照占有的规定，其占有受保护，即使该动产的让与人没有转让权，该善意占有人仍取得该动产的所有权。参见殷生根、王燕译：《瑞士民法典》，中国政法大学出版社1999年版，第205页。

权，即不依赖于其前手的权源，或称不受转让人权利瑕疵影响而获得所有权，属于原始取得范畴。正如史尚宽先生所说："善意取得之所有权、质权或留置权，为原始取得。其占有虽须为承受取得，而基于其占有取得之本权，则为原始取得。"〔49〕故善意取得是典型的有继承取得之"形"、原始取得之"实"的特别的所有权取得制度。

综上所述，这一层次强调的"动产所有权取得"制度和所有权取得的"特别"制度是善意取得制度基本性质的根本要素，该要素可抽象为"动产所有权取得的特别赋权性"。

（二）基本层次：突出动产所有权外观的可信赖性

动产善意取得制度是"受让人因信赖动产所有权外观而取得所有权"的特别交易〔50〕制度，这是动产善意取得制度的基本属性，也是其基本性质的第二层。这一层在阐明动产善意取得制度作为动产所有权取得特别制度的根本属性的基础上，进一步说明了其"特别"的主要原因，是基于对受让人动产所有权外观信赖利益的保护。上文已谈及当今世界各国普遍承认权利外观理论，即强调权利外观所表征的权利被推定为真实的。同时，"第三人不知外观与真实有异，而为信赖者，相对人对于其信赖，应以诚实相对，始合乎第三人的信赖外观之期待。"〔51〕另外，"只有当必不可少的信赖被保护时，人类才可能在保障每个人各得其应得者的法律之下和平共处。"〔52〕故为了交易的安全与便捷，法律对信赖权利外观的第三人利益予以保护，确认其即时取得受让动产的所有权。

综上所述，这一层次强调的"对动产所有权外观的信赖"是动产善意取得制度产生的根本原因，也是反映善意取得制度基本性质的关键要素，该要素可抽象为"动产所有权外观的可信赖性"。

（三）深化层次：突出动产占有的公示性

动产善意取得制度是受让人因信赖"建立在动产占有公示基础上的"权利外观而取得所有权的特别交易制度，这是对动产善意取得制度基本属性的进一步深化，也是其基本性质的第三层。这一层次深刻揭示了动产善意取得制度中动产所有权外观建立的基础是其动产占有公示制度。动产所有权经占有公示后，"即使依公示方法表现出来的物权事实上并不存在或有瑕疵，但对于信赖该物权的存在并已从

---

〔49〕 史尚宽：《物权法论》，中国政法大学出版社2000年版，第568页。

〔50〕 为不与前文已表述的"取得所有权"重复，将此处的"所有权取得"变更为"交易"。

〔51〕 高金松：《空白票据新论》，五南图书出版公司1986年版，第73页。

〔52〕 叶金强：《信赖原理的私法结构》，台湾元照出版公司2006年版，第9页。

事了物权交易的人，法律仍然承认其具有与该物权为真实时相同的法律效果”〔53〕。即产生了使第三人合理信赖动产所有权存在或变动事实的公信力。“善意取得制度主要建立在交易安全与便利之确保上，而占有之公信力仍为其不可欠缺之基础。”〔54〕正是此公信力使第三人对动产所有权占有公示基础上的“权利外观”深信不疑，故其信赖利益值得法律保护。“如果信赖物权公示而为交易的人不能获得预期的交易利益，则任何表面上看起来正常的交易亦将危机四伏，而社会经济发展则会因人们进行交易时不得不过分谨慎而受到阻碍。”〔55〕因此，法律不得不为保护第三人的信赖利益而确立善意取得制度，使善意第三人依法取得动产所有权。

综上所述，这一层次强调的“动产占有公示”是动产善意取得制度确立的基础，也是动产善意取得制度基本性质的基础要素，该要素可抽象为“动产占有的公示性”。

（四）核心层次：突出主观方面的善意性

动产善意取得制度是受让人因“善意”信赖建立在动产所有权公示基础上的权利外观而取得所有权的特别交易制度，这是动产善意取得制度的核心属性，也是其基本性质的内核层或第四层。这一层次是该制度最全面、最深刻的性质界定，不仅阐明了动产善意取得制度产生的根本原因及其建立基础，而且揭示了该制度产生的直接原因是为了交易安全与便利，对第三人“善意”予以特别保护。该制度被直接命名为“善意”取得制度，也是突出了“善意”在该制度中有核心地位。

史尚宽先生从积极和消极观念两个角度较全面地阐明了“善意”的基本含义，即“善意（gutglaeubig；in guten Glauben）有以之为积极观念者，谓占有人须有以他人为权利人之积极的信念。有以之为消极观念者，谓只须不知他人之非为权利人。”〔56〕《德国民法典》第932条第2款规定：“取得人知道或因重大过失而不知道该物不属于让与人的，非为善意。”〔57〕根据此相反规定，可以推知“善意”是不知道占有人不是权利人的主观心理状态。这是典型的消极观念型“善意”。强调第三人“善意”，主要是排除第三人恶意，即明知或应知让与人是无处分权人而取得权利的情形。否则，在此情况下，第三人与让与人有恶意串通损害原权利人的权利之嫌，倘若法律仍确认该第三人取得原权利人的权利，则必然鼓励违法甚至犯罪，原权利人的权利则永远处在岌岌可危之中。这严重违反“公民、法人的合法的民事权益受法律保护，任何组织和个人不得侵犯”〔58〕的民法根本宗旨。

---

〔53〕 王利明：《物权法论（修订本）》，中国政法大学出版社2003年版，第93页。

〔54〕 谢在全：《民法物权论（上册）》，中国政法大学出版社2011年版，第273页。

〔55〕 尹田：《物权法》，北京大学出版社2013年版，第184页。

〔56〕 史尚宽：《物权法论》，中国政法大学出版社2000年版，第564页。

〔57〕 陈卫佐译注：《德国民法典》，法律出版社2010年版，第335页。

〔58〕 参见《中华人民共和国民法通则》第5条。

综上所述，这一层次强调的“善意”是善意取得制度的突出特点，也是善意取得制度基本性质的核心要素，该要素可抽象为“主观方面的善意性”。

总之，动产善意取得制度基本性质的四个层次是层层递进关系，从根本层次开始层层深入，直至核心层次，用图形表示则一目了然。如图1所示。

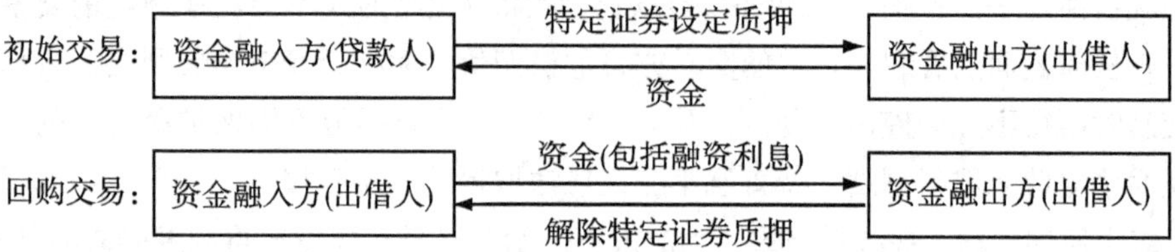

图1：动产善意取得制度基本性质的四个层次

其中，核心层次已清晰表达动产善意取得制度基本性质，即动产善意取得制度是受让人因善意信赖建立在动产占有公示基础上的权利外观而取得所有权的特别交易制度。该制度的基本性质用简易公式表达：“动产善意取得制度＝善意＋动产占有公示＋可信赖的权利外观＋所有权取得的特别制度”。

这一基本性质包含了动产所有权取得的特别赋权性、动产所有权外观的可信赖性、动产占有的公示性和主观方面的善意性等四个要素。其中，关键要素是动产所有权外观的可信赖性和动产占有的公示性，将两者统一概括为“动产占有的表见性”，即动产以占有为其权利表征的公示方式，且公示具有公信力，足以使善意第三人信赖动产占有公示基础上的所有权外观等同于动产所有权本身的特性。动产表见所有权与真实所有权的龃龉成为动产善意取得制度适用的现实基础，故动产占有公示的“表见性”是动产所有权适用善意取得制度的决定性要素。推而广之，如果某种权利具有权利表征的公示方式，且该公示方式亦具有表见性，即该权利在某种公示基础上产生的权利外观足以使善意第三人信赖其权利外观就是权利本身，并与之进行交易，那么这种权利交易中就同样存在善意第三人的保护问题，为保护交易安全，亦理应肯定该权利适用善意取得。故应此种权利保护交易安全的需求，传统意义的善意取得的基本性质必然随之变迁为现代意义，即不再局限适用于动产物权范畴，相应地，该制度拓展成为“受让人因善意信赖建立在权利公示基础上的权利外观而取得权利的特别交易制度。”用简易公示可表达为：现代意义的善意取得制度的基本性质＝主观方面的善意性＋权利的可公示性＋公示基础上的权利外观的可信赖性＋权利取得的特别赋权性。以此推理，因为不动产以登记作为其权利表征的公示方式，且登记公示的公信力足以使善意受让人信赖不动产登记公示基础上的所有权外观等同于不动产所有权本身，即不动产登记具有表见性，故不动产所有权亦适用善意取得。举重以明轻，不动产他物权亦同。换言之，不动产物权是善意取得制度延伸意义的适用范围。

三、不动产物权登记公示的公信力的必然体现

物权以占有或登记作为权利表征的公示方式，而公示产生公信力，因为“公示的公信力是善意取得制度得以建立和存在的逻辑前提及技术前提，善意取得制度则是公信力的必然结果，是公信力落实的具体体现之一。”[59]故动产物权占有公示的公信力，是动产物权适用善意取得的理论基础；同理，不动产物权与动产物权一样，也有自己独特的权利表征的公示方式——登记，且此公示方式同样产生公信力。“不动产物权的登记的公信力，指登记机关在登记簿册上所作的不动产物权登记，具有使社会公众信其正确的法律效力。”[60]相反，“如果登记不具有公信力，对信赖登记记载的善意第三人，法律不加以保护的话，登记表征物权之功能必将丧失殆尽。”[61]故登记是不动产物权的公示方式，且具有公信力。

有学者认为：“纵观世界各国或者地区的物权法实践，可以看出，不动产物权变动因为已经建立不动产登记制度，因为不动产登记簿具有对一切人公开的性质，任何人已经无法在补充不动产物权领域内提出自己不知或者不应知交易瑕疵的善意抗辩。”[62]亦有学者认为：“登记所昭示的物权关系与真实的物权关系很少脱节，即使个别情况下存在着登记名义人与真实物权人不一致，不动产物权登记的公信力也足以解决善意第三人的保护问题，无须附加其他条件即可由受让人取得不动产物权，换言之，没有善意取得制度的立锥之地。”[63]其实，不动产登记公示的公信力理论与不动产善意取得制度的适用之间不是水火不容的排斥关系，而是密不可分的关联关系，抑或可谓恰恰是不动产物权登记公示的公信力理论（以下简称“前者”）决定了善意取得制度适用范围能够延伸适用于不动产物权（以下简称“后者”）。两者的关系主要体现在以下几个方面：

（一）前因和后果关系

前者是后者产生的原因，后者是前者作用的结果。不动产登记公示具有公信力，这使善意受让人产生对不动产权利外观的信赖，即不动产登记具有表见性。“尽管登记要依照严格的法律程序进行，但基于人之有限理性的致命弱点，由人设

---

〔59〕 崔建远：《物权：规范与学说——以中国物权法的解释论为中心（上册）》，清华大学出版社2011年版，第204页。

〔60〕 梁慧星、陈华彬：《物权法》，法律出版社2010年版，第96页。

〔61〕 叶金强：《公信力的法律构造》，北京大学出版社2004年版，第77页。

〔62〕 孙宪忠：《中国物权法总论》，法律出版社2009年版，第448页。

〔63〕 崔建远：《物权：规范与学说——以中国物权法的解释论为中心（上册）》，清华大学出版社2011年版，第203页。

立和操作的登记程序的运行结果就像诉讼程序一样，不可避免地会出现错误。”〔64〕当不动产登记簿登记错误，而登记公示具有公信力时，就出现表见所有权与真实所有权的现实差异，因而产生了不动产适用该制度的可能情形。目前主要包括以下几种：其一，“有因地政机关的错误和疏漏，将A地误登记为B地；其二，有因土地登记簿外的法律变动，例如甲死亡，由乙办理继承登记，但真正继承人为丙；其三，有因物权行为无效而撤销，例如通谋虚伪让与不动产所有权，而其法律行为无效。”〔65〕其四，“依法律规定取得不动产物权，但迄未办理过户登记，例如，征收土地手续完毕，但未为所有权移转登记”〔66〕；其五，“夫妻共有或家庭共有等场合，不动产登记簿记载的物权人只有部分成员，欠缺其他共有人的信息；其六，出于规避法律或其他考虑，将自己购买的房屋等登记在他人名下，并无赠与的效果意思。”〔67〕另外，“更为重要的是，我国民法不承认物权行为及其无因性理论，因此在不动产交易业已办理登记手续之后，让与合同无效的情况下，我国民法否认物权变动的效力，这就进一步加大了不动产登记人与真实的所有权人不相符的可能性。”〔68〕可见，因不动产登记公示的公信力导致的不动产善意取得制度的适用仍大有可为的空间。

（二）本质和现象关系

前者是后者抽象的本质，后者是前者具体的现象。“物权公示原则，是指在物权变动时，物的权利人必须将物权变动的事实通过一定的公示方式向特定或不特定人公开，使第三人知道物权变动的情况，以避免第三人遭受损害并保护交易的安全。”〔69〕同时，物权“公信原则是指对于信赖令人推测物权存在的外观表象（登记、登录、占有等）的信赖人，即使在该外观表象并不伴随着实质性权利而为空虚存在的情形下，也必须保护该信赖的原则。”〔70〕物权公示原则和公信原则均是物权法抽象的基本原则，而善意取得制度的实际应用，则是充分体现这些抽象原则本质的制度现象或表象，有学者形象地说：“物权法中的公信力和善意取得是同一硬币的两面，实为制度统一体。”〔71〕通过善意取得制度的制定和实施，切实贯彻

〔64〕 常鹏翱：《善意取得仅仅适用于动产物权吗？一种功能主义的视角》，载《中外法学》2006年第6期。

〔65〕 王泽鉴：《民法概要》，北京大学出版社2011年第2版，第384页。

〔66〕 王泽鉴：《民法物权》，北京大学出版社2010年第2版，第87页。

〔67〕 崔建远：《物权：规范与学说——以中国物权法的解释论为中心（上册）》，清华大学出版社2011年版，第203页。

〔68〕 韩松等编著：《物权法》，法律出版社2008年版，第243页。

〔69〕 杨立新主编：《物权法典型案例与法律适用》，中国法制出版社2013年版，第8页。

〔70〕 ［日］我妻荣：《新订物权法》，罗丽译，有泉亨补订，中国法制出版社2008年版，第46页。

〔71〕 常鹏翱：《善意取得的中国问题——基于物权法草案的初步分析》，载张双根等主编：《中德私法研究》（第2卷），北京大学出版社2007年版，第2页。

了公示和公信原则的基本精神。故可谓“物权公示之公信效力的自然延伸，就是善意取得”〔72〕。

（三）理论和现实关系

前者是后者概括的深层理论，后者是前者细化的现实制度。不动产登记公示的公信力理论是不动产适用善意取得制度的理论基础和深层本质，它揭示了不动产适用的合法依据，是构建该制度“大厦”的基石。若直接适用该理论，即不分具体情况的差异，无条件确认不动产登记的绝对效力，则有可能过于极端，促使违法甚至犯罪分子铤而走险，通过变更“登记”手段攫取他人经济价值较大的不动产，显然有悖公平、正义的法理精神。故理论落到实处必需现实予以精心设计，该制度的具体规定就是让登记公示的公信力理论成为现实。以我国为例，《物权法》第106条专门规定了不动产善意取得制度具体的适用条件：（1）受让人受让不动产时是善意的；（2）以合理的价格转让；（3）转让的不动产依照法律规定应当登记的已经登记。这些适用条件的制定，为理论转化为现实做了科学、周全的应用设计，设置了适用的基本“门槛”，也在理论和现实之间架起了坚固的“桥梁”，使理论真正应用于司法实践中。

总之，善意取得制度应然价值的发挥和其基本性质的变迁，以及不动产物权登记公示的公信力作用，共同使原初意义仅适用于动产物权的善意取得制度，延伸至不动产物权，也就是说，不动产适用善意取得制度有其存在的合理性与必然性，理论上是可以证成的。

---

〔72〕 韩松等编著：《物权法》，法律出版社2008年2月版，第243页。

资源有限，拾金有偿
——赋予遗失物拾得者相应报酬之合理性研究：经济学的角度

宋良刚　李小华 *

目　次

赋予拾得者获得报酬的权利或相应报酬请求权几乎是各个国家与地区的立法通例[1]，但《中华人民共和国民法通则》（以下简称《民法通则》）及《中华人民共和国物权法》（以下简称《物权法》）均对此未予以了肯认。[2]本文试图从经济学的角度分析该制度规定所存在的不科学性与不合理性。

拾得遗失物制度首要涉及的是遗失物，遗失物作为一种财产，尽管体现为不同的财产形态，但是它的本质属于有经济价值的物品，因此拾得遗失物制度调整的不仅是法律上的财产关系，同时调整的也是当事人之间的经济关系。而经济学研究的本质是经济规律，法律制度作为上层建筑需要为经济规律服务，最终为经济的稳定与发展服务。法经济学泰斗波斯纳先生明确指出“法院和立法机关更明确地运用经

---

* 宋良刚，北京邮电大学副教授；李小华，副教授。

〔1〕 参见《德国民法》第971条；《日本遗失物法》第28条；《意大利民法典》的第930条；《瑞士民法典》第722条；台湾“民法”第805条；澳门《民法典》第1274条；香港《警队条例》第40条。以上法律及相关规定赋予拾得者可以取得合理报酬。

〔2〕 参见《民法通则》79条，《中华人民共和国物权法》107条，109条~113条，前述法律没有规定遗失物拾得者有获得报酬的权利。

济理论会使法律制度得到改善。”[3]对拾得遗失物制度从经济学角度予以分析，从而引导与影响法律制度的设计与实施，以科学、合理的法律制度为经济的发展与活跃提供制度基础。

从经济学角度对问题进行研究，首先需要对于研究对象有相应的基本假设前提，即假设资源或财产是有限或稀缺的，所以经济学是研究社会如何管理自己的稀缺资源的科学。[4]既然资源是稀缺、有限的，问题的关键就是如何发挥资源的最佳效用，或曰如何做到“物尽其用”。在这个前提下，当路遇遗失物时是否应不闻不问呢？显然结论应该是清晰的，即如果谁对遗失物都不闻不问，除非是失主能及时找回，否则该物将处于闲置的状态，甚至因风吹、日晒、雨淋等自然乃至人为的原因而变成废物，这无疑是资源的浪费，更为严重的是，废弃物有可能变为有害物，进一步造成对资源与环境的破坏。所以，路遇遗失物，不闻不问是不合理的。也正是基于此，“路不拾遗”是不值得提倡的，这是拾得遗失物制度从经济学角度分析的显然结论，是本文进行相应制度分析的基础前提，在此先予说明。

一、从成本与效益的角度分析

著名的法经济学奠基人之一罗纳德 . H. 科斯（Ronald. H. Coase）在他的《社会成本问题》一文中指出“各种法律对行为产生影响的主要因素是交易成本，而法律的目的正应是推进市场交换，促进交易成本最低化。”这是从经济学的角度判断法律能否有效实施以及效率高低的基本标准。[5]因此，从成本与效益角度分析法律制度的优劣是我们的基本视角之一。

为方便问题的分析与讨论，我们先根据有关法律的规定及理论主张，抽象出三个制度规则，即遗失人规则、拾得人规则、中间规则。[6]在此基础上，从经济学的角度逐一评价、分析各规则的利弊得失，并进而分析法律制度赋予拾得者相应报酬或报酬请求权的合理性。同时，为论文的分析与讨论方便，我们设定一些相应的英文符号，用下列符号代表分析过程中对应的相应经济概念。具体假设如下：（1）V 代表遗失物的价值；（2）C_1代表搜寻遗失物的成本，即搜寻成本；（3）C_2失主为预防遗失的成本，即预防成本；（4）N 代表参与搜寻遗失物的人数；（5）C_4代表拾得者保管遗

[3] ［美］理查德 . A. 波斯纳：《法律的经济分析》（上），蒋兆康译，林毅夫校，中国大百科全书出版社 1997 年版，中文版作者序言。

[4] ［美］曼昆：《经济学原理 · 微观经济学分册》（第 5 版），梁小民、梁砾译，北京大学出版社 2009 年，第 1 页。

[5] ［美］理查德 . A. 波斯纳：《法律的经济分析》（上），蒋兆康译，林毅夫校，中国大百科全书出版社 1997 年版，中文版译者序言，第 5 ~ 6 页

[6] 参见 Steven Shavell, *Foundations of Economic Analysis of Law*, Harvard University Press, 2004. pp. 38 – 43.

失物的费用，即保管费用；（6）C_5代表拾得者返还的费用；（7）W 为失主给付拾得者的报酬；（8）P 为遗失物找回的概率。

（一）遗失人规则的经济学分析

所谓遗失人规则是指不论遗失物被谁拾得、经过多长时间，拾得者都应将遗失物无偿返还给失主，同时，失主应当向拾得者支付拾得遗失物支出的相应成本（即拾得者享有费用偿还请求权），但不需要向拾得者支付报酬或酬金。

在遗失人规则下，拾得者支出的成本由失主负担，所以对拾得者而言，支出与收益抵销，总收益为0，与实施拾得行为前相比，财富状况没有改善。对遗失人而言，其支出的成本包括：搜寻成本 C_1及支付拾得者为此而支出的费用 C_4及 C_5，失主的财富状况由与遗失前的 V 变成遗失后的 $V - C_1 - C_4 - C_5$。

因此，如果遗失物的价值 V 小于拾得者保管的费用 C_4与返还的费用 C_5之和时，失主将不会寻找遗失物，遗失的就让它遗失吧！如果遗失物的价值 V 稍大于拾得者保管的费用 C_4与返还的费用 C_5之和时，但其余额不足以或仅仅可以抵销搜寻成本 C_1时，失主遗失后的总财富将不会大于0，因此，从成本与经济效益的角度，失主也将不再搜寻。与此同时，还可以看出，如果拾得者将遗失物归还失主，拾得者的财富状况不变，但失主的财富将减少，这将导致社会总财富减少。因此，在遗失物的价值较小时，遗失人规则是不经济的。合理的规则应该是由拾得者保留遗失物而无须归还，此时拾得者的财富增加 V，失主的财富减少 V，社会总财富不变。当然，其他人也不会去搜寻遗失物，因为他们的财富状况将不会因此而改善。

如果遗失物的价值 V 显然大于失主为搜寻而支出的成本 C_1及拾得者保管的费用 C_4与返还的费用 C_5之和时，失主将会寻找遗失物。因为一旦寻找到遗失物，其财富状况将比不寻找要好。不寻找时财富状况为0，而寻找则财富状况为 $V - C_1 - C_4 - C_5$，由于 $V > C_1 + C_4 + C_5$，$V - C_1 - C_4 - C_5$将大于0，失主有搜寻的动力。但有搜寻的动力，不等于能搜寻到。由于遗失物信息存在诸多的不确定性，如遗失的场所的不确定、天气等因素对遗失物的影响等，失主不一定能找到遗失物及拾得者，即是否能搜寻到遗失物是不确定的。如此，失主搜寻时的实际财富情况不一定是 $V - C_1 - C_4 - C_5 > 0$，而可能是 $V - C_1 - C_4 - C_5 = 0$，也可能是 $-C_1$（即竹篮打水一场空）。出现前者的概率为 P，出现后者即找不回的概率为 $1 - P$。由于没有报酬的激励，其他人不会加入到搜寻的队伍中，P 的大小因遗失的场所、遗失物的特点（是否容易发现）、天气等自然状况（遗失物是否受风、热、水流等的影响）的不同而不同。再假设如果遗失物未被人拾得，那么该遗失物将处于无人管领的状态，自然也无法利用。为此，该物会被闲置或浪费，降低社会财富。

根据上文分析，可以得出如下结论：

第一，在遗失物价值较小时，遗失人规则会导致对遗失人不经济的后果，即取回遗失物所产生的成本大于遗失物的价值，因此，从成本与效益的角度而言，取回遗失物反而为遗失者带来不利益，即财富的减少。

第二，由于遗失物的所有权归遗失人，就成本与收益的角度而言，其他主体不会投入资源以主动搜寻遗失物，避免了多主体搜寻带来的资源浪费；同时也会导致仅有遗失人的搜寻而可能无法找回遗失物，从而可能导致遗失物被长期闲置，产生财富损失。

第三，该规则还可能导致遗失人对财产遗失的预防不足，因为“遗失人规则”之下，其依法预期而确切知道遗失物的所有权不会因为遗失而消失，从而减少预防丢失的成本，从而也增加了财产遗失的可能。

（二）拾得者规则的经济学分析

所谓拾得者规则是指只要遗失物一旦被拾得者拾得就归拾得者所有，无须返还给失主，即拾得者支出的费用自己承担，也谈不上报酬请求权。

在拾得者规则下，对失主而言，财富状况由 V 变为 0，而拾得者的财富状况由 0 变为 V。

如果遗失物的价值小于搜寻成本，即 $V < C_1$，无人去寻找遗失物，失主不会去寻找，其他人也不会去寻找。谁能拾得遗失物，全凭运气。此时，遗失物可能被闲置或浪费。当然由于遗失物本身价值不大，被闲置的价值也不大。

如果遗失物的价值大于搜寻成本即 $V > C_1$，由于拾得有者有取得遗失物所有权的激励，很多人会投入到搜索队伍中。只要投入的搜寻成本小于遗失物的直接价值，任何人都有激励去搜寻该物品。这样导致社会总的搜索成本很高，为 $N \times C_1$，但遗失物找回的概率 P 大大提高，避免了财富闲置的出现，极端的情况是马上找到遗失物。同时由于这种财富状况的改变自然对失主不利，为此，物主将加大预防遗失的投入，从而使预防遗失的成本 C_2 加大。这样一来，虽然遗失物闲置可能得到避免，但社会支出的总成本包括搜寻成本及失主的预防成本即 $N \times C_1 + C_2$ 却明显增加。

由此可以看出，在拾得者规则下，有如下几点结论：

一是当遗失物价值较小时，拾得者的财富增加，但无人会去积极搜寻，即产生额外成本的主动搜寻不会发生。

二是当价值较大时会导致多主体搜寻，使遗失物被发现和重新利用的机会大大提高，但也由于多主体搜寻会导致搜寻竞争、成本的增加和资源浪费。

三是促进遗失人进行预防投入，降低了遗失的社会总水平，但也导致遗失人的过度预防，因为遗失意味着所有权的丧失。

与遗失人规则相比，可以看出二者效果正好相反。一方的优点正是对方的缺点。

（三）中间规则的经济学分析

所谓中间规则是指在遗失人规则的基础上给予拾得者以一定的激励，即失主应该支付给拾得者一定的报酬。如果拾得者拒不返还，则丧失报酬，并且不能要求支付为遗失物支出的各种成本。

在中间规则下，拾得者支出的费用由失主负担，所以对拾得者而言，总的收益为 W 即报酬。与实施拾得行为前相比，财富状况得到改善。对遗失人而言，其支出包括：搜寻成本 C_1、支付给拾得者的报酬 W、支付拾得者为此而支出的费用 C_4 及 C_5，失主的财富状况由与遗失前的 V 变成遗失后的 $V - W - C_1 - C_4 - C_5$。

因此，如果遗失物的价值 V 小于报酬 W、拾得者保管的费用 C_4 与返还的费用 C_5 之和时，失主将不会寻找遗失物，遗失的就让它遗失吧！如果遗失物的价值 V 稍大于报酬 W、拾得者保管的费用 C_4 与返还的费用 C_5 之和时，但其余额不足以或仅仅可以抵销搜寻成本 C_1 时，失主遗失后的总财富将不会大于 0，因此失主也将不再搜寻。与此同时，还可以看出，如果拾得者将遗失物归还失主，拾得者的财富状况改善至 W，但失主的财富将减少至 $V - W - C_1 - C_4 - C_5$，这将导致社会总财富减少。因此，在遗失物的价值较小时，中间规则也是不经济的。经济的规则应该是由拾得者保留遗失物而无须归还。此时拾得者的财富增加 V，失主的财富减少 V，社会总财富不变。当然，其他人也不会去搜寻遗失物，因为他们的财富状况将不会因此而改善。

如果遗失物的价值 V 显然大于失主为搜寻而支出的成本 C_1 及拾得者保管的费用 C_4 与返还的费用 C_5 之和时，失主将会寻找遗失物。因为一旦寻找到遗失物，其财富状况将比不寻找要好。不寻找时财富状况为 0，而寻找到则财富状况为 $V - W - C_1 - C_4 - C_5$，由于 $V > W + C_1 + C_4 + C_5$，即 $V - W - C_1 - C_4 - C_5$ 将大于 0，失主有搜寻的动力。如前所述，有搜寻的动力不等于能搜寻到。由于各方对于遗失物诸多信息的不确定性与不对称性，失主不一定能找到遗失物及拾得者，即是否能搜寻到遗失物是不确定的。如此，失主搜寻时的实际财富情况不一定是 $V - W - C_1 - C_4 - C_5 > 0$，而可能是 $V - W - C_1 - C_4 - C_5 = 0$，也可能是 $-C_1$ 即小于 0（即竹篮打水一场空）。出现前者的概率为 P，出现后者的概率为 $1 - P$。但与遗失人规则不同，由于有报酬的激励，其他人会加入到搜寻的队伍中，找回的概率 P 大大提高；但与拾得者规则不同，由于不能取得所有权，只是取得报酬，参与搜寻者只是根据报酬与搜寻成本的大小进行比较、决策，由此搜寻者的数量不会像拾得者规则中那样趋于无穷大。只要报酬定得合理，就会导致此时的搜寻成本低于甚至大大低于拾得者规则时的搜寻成本。也即，此时一方面增加了遗失物找回的概率，从而避免遗失物闲置导致社会福利的降低，又可避免拾得者规则下搜寻成本的大幅度的支出。

权利来源于法律的配置与界定，著名的“科斯定理”指出，如果市场交易都是无成本的，即零交易费用，那么无论法律如何配置初始权利，都可以使财富最大化。[7]可是事实并非如此，没有交易成本的情况几乎是不存在的，因而，法律配置与界定权利所考量的关键因素之一是法律能理性选择一种成本较低的权利配置形式以及相应的实施程序，从而实现财富的最大化，也即是财富的有效利用。通过上述三种规则的分析可见，当遗失物价值较小时，采用拾得者规则即遗失物归拾得者所有是经济的、合理的；[8]而在遗失物价值不是较小时，采取中间规则即拾得者获得报酬及支出的费用由失主负担是经济的、合理的。因此，否认拾得者获得合理报酬以及相应的报酬请求权是不合理的，[9]肯定拾得者依法拥有相应的权利是合理的，即以法律权利的运行以成本与收益为原则赋予拾得者合理报酬以及相应的请求权，不仅体现了法律在权利配置上的科学性，也有效促进了有限资源的合理配置与有效利用。

二、从预期理论的角度看

以上我们从成本、收益等角度对遗失物拾得相关规则进行了分析，与此同时，我们还可借助经济学的预期理论从另外一个角度对该问题进行进一步分析。

（一）预期理论的基本内容

拾得遗失物制度，从经济学的角度看，涉及风险以及不确定性条件下的决策问题。经济学领域，有很多学者研究风险以及不确定性条件下的决策问题。最早研究这些问题的理论是“期望值理论”（expected value theory，EV）。它主要是由法国数学家 BLaise Pascal（1623－1662）等学者大约在 300 多年前（17 世纪中叶）提出的。[10]这个理论认为，人们是根据风险决策的期望值大小来进行选择的。例如有两个方案供选择：第一方案是 60% 的可能性赢 1000 元；第二方案是 20% 的可能性赢 2000 元。这两个方案的期望值分别是 600 和 400。那么根据期望值理论，人们会选

---

[7] ［美］罗纳德·哈里·科斯：《企业、市场与法律》，格致出版社、上海三联书店、上海人民出版社 2009 年版，第 96～152 页。

[8] 赋予拾得者对价值微小的拾得物取得所有权，实在有必要。比如拾得一张白纸、青菜一把等，如果要返还，并由遗失人支付必要费用，而由拾得者享有报酬请求权，徒增烦恼，实无必要。对此，实在没有必要非得如儿歌唱的那样：“我在马路边，捡到一分钱，把它交到警察叔叔手里面……”据北京晨报 2011 年 8 月 10 日转引《三秦都市报》报道，当西安市中学生小杨将捡到的五元钱交给警察时，警察却称“无法处理”又将钱退还。这让小杨十分郁闷，不知道遇到这样的事儿该怎么办。面对上交的五元钱，年轻的警察也不知道该怎么办，认为拒收最为稳妥。如果我们明确规定此时可由拾得者取得这五元钱，就不会出现这样的尴尬。

[9] 在遗失物价值较小时赋予拾得者拾得物所有权取得权时，当然无须赋予拾得者报酬请求权。

[10] 参见刘海林：《期望效用理论与“Allais 悖论”》，载《逻辑与认知》2007 年第 3 期。

择第一方案而不是第二方案。这个理论认为人们都是风险中立的，即人们在面临选择时，考虑的只是期望值，哪个期望值大就会选择哪个，而不会考虑风险的大小。这是该理论的一个很重要的假设。

但18世纪，瑞士数学家丹尼尔·伯努利（Daniel Bernoulli 1700～1782）发现，事实上人们并不都是风险中立的而是风险规避的。所谓风险规避是人们应对风险的一种方法，通常是指通过改变计划降低风险或消除风险发生的条件，从而尽量使目标不受或少受风险的影响。风险规避并不意味着完全消除风险，还包括采取措施降低风险发生的概率、减轻风险可能造成的损失。丹尼尔·伯努利在“一个风险测度的新理论”一文中，提出了著名的“期望效用理论”（expected utility theory，EU）[11]。他认为，当一个人面临如下两个方案时就会风险规避：第一方案100%能赢得100元；第二方案50%的可能赢210元、50%的可能一分钱也拿不到。从期望值来说，第二方案的期望值（105元）大于第一方案的期望值（100元）。依期望值理论，应该选择第二方案。但是真正面临这两种选择时，大部分人会选择第一方案，而不是选择第二方案。丹尼尔·伯努利认为，之所以会出现这样的现象是因为财富的边际效用是递减的，100%赢100元的效用要大于50%可能性赢210元的效用。因此人们选择第一方案是理性的。

然而，人们在面临选择时是不是都是如此呢？人们是不是在任何时候都是风险规避的呢？让我们再来看看下面这个例子。假定有这样两个方案供选择：第一方案100%能赢得1000元；第二方案50%的可能赢2000元，50%的可能什么都得不到。这两种方案，不管选择哪种，期望值都一样，都是1000元。实验也表明，这种情况下，大部分人都会选择第一方案，这也进一步证明人是风险规避的。但如果把选择的背景变交代一下，如你刚刚赢了2000元，你面临同样的两个选择：第一个选择是100%要损失1000元；第二个选择是50%的可能损失2000元、50%的可能什么都不损失。你是不是还会选择第一方案呢？实验表明，情况相反，在这种情况下，大部分人都选择第二方案。这又表明人是追求风险的而不是风险规避的。这是为什么呢？这两个问题是完全等价的：“100%赢1000元”等价于“先赢得2000元，后100%损失1000元”，“50%赢2000元”等价于“先赢2000元的情况下，50%可能性损失2000元，50%可能性什么也不损失”。但是人们为什么在前一种情况下规避风险，而在后一种情况下就变成追求风险呢？期望效用理论不能解释。这些问题也刺激了其他一些试图解释风险或者不确定性条件下个人行为的理论的发展。

卡尼曼（Kahneman）和他的助手特维斯基（Tversky）在1979年提出了预期理论（Prospect Theory）。他们也因此成为行为经济学的创始人，并于2002年获得诺

---

〔11〕 参见 Daniel Bernoulli, *Exposition of a new theory on the measurement of risk*, Econometrica, Vol. 22, No. 1 (Mon. 1954), pp. 3－36

贝尔经济学奖。卡尼曼和特维斯基提出的预期理论认为，人在面临“损失”（loss）的时候是“追求风险”（risk seeking）的，而在面临“获得”（gain）的时候是“风险规避”（risk aversion）的。[12] 就上面的例子而言，在第一种情况下，赢钱对人们来说是一种获得，所以人们选择规避风险；但是在第二种情况下，人们面临的是损失，因此人们选择追求风险。这样一来，预期理论能够很好地解释上面的现象。不过，预期理论还进一步认为，获得和损失并不是绝对的，而是相对于“参照点”（reference）而言的。一般来说，参照点是人们对某事物的期望。比如，这个月你得到4000元报酬，对你来说到底该4000元是获得还是损失呢？这要依你的期望值即参照点而定。如果你期望得到的报酬是3500元，那么相对于3500元这个参照点来说4000元就是一种获得；反之，如果你期望得到的报酬是4500元，那么相对于4500元这个参照点来说4000元就是一种损失。因为你的期望值不同，你的选择就不同。概括而言，“预期理论”有三个基本理论观点：一是面临“获得”，人们倾向于“风险规避”；二是面临“损失”，人们倾向于“追求风险”；三是获得和损失是相对于“参照点”而言的。卡尼曼与特维斯基的发现表明人们通常都对结果偏离某一非固定偏好水平（如现状）的方式更加敏感，而不是对用绝对项衡量的结果更加敏感。而且，与偏好水平相比，在同等大小的损失和收益之间，人们常常更讨厌发生损失。以这三点为出发点，我们又可以得到如下几个非常有意思的推论：

推论1：如果改变人们决策时的参照点，就可以改变人们的风险偏好，从而改变人们的行为。假定一个人面临如下两个投资方案，到底会选择哪一个？方案一是肯定盈利20万元；方案二是50%的可能盈利30万元，50%的可能盈利10万。如果此人盈利的目标定得比较低，比方说是10万元，也就是说参照点是10万元，那么第一方案看起来好像是多赚了10万元，而第二方案则存在两种可能：可能多盈利20万元，也可能刚好达到目标。虽然第一方案和第二方案看起来都是获得，由于此时人们面对的是获得。面对获得，人们会选择规避风险，所以该人会选择第一方案。但是如果该人盈利的目标是30万元，那么第一方案就像是少赚了10万元，而第二方案则可能是刚好达到目标，也可能少赚20万元。此时，这两个方案都是损失。面对损失，人们会选择追求风险，所以此人会抱着“冒冒险说不定可以达到目标”的心理，选择投资方案二。

推论2：人们对损失与获得的敏感度不同，一般都是对损失比对获得要更敏感。另一位经济学家朵拉（Thaler）曾经做过这样一个实验，他将参加实验者分为两组，每组问的问题不同[13]。第一组：假定你身体很健康，如果医药公司想找一些

---

〔12〕 参见 Daniel Kahneman and AmosTversky, *Prospect Theory*: *An Analysis of Decision under Risk*, Econometrica, Vol. 47, No. 2. (Mar. 1979), pp. 263 – 292.

〔13〕 参见薛求知等:《行为经济学理论与应用》，复旦大学出版社2003年，第71 ~79页。

人测试他们新研制的一种药品，这种药服用后会使你有万分之一的概率突然死亡。那么你会要求医药公司做多少补偿呢？第二组：假设你得了一种病，有万分之一的可能性会突然死亡。有一种药吃了以后可以把死亡的可能性降到零。那么你愿意花多少钱来买这种药呢？很多人回答说即使医药公司花几万元，他们也不愿意参加实验，而情愿出几百元钱来买药。这就是损失规避这个心理在作怪。在第一种情况下，面对死亡概率的增加，对人们来说是损失，面对损失，人们更为敏感，所以人们对损失所要求的补偿就远远高于他们愿意为治病所支付的钱；而在第二种情况下，病反正是已经得了，治好病是一种获得，人们面对获得，相对损失而言不敏感，所以不愿意花很多钱来换取。

（二）预期理论下的拾得者行为的选择

就遗失物拾得制度而言，拾得者已经占有了遗失物，这一点是确定的。其面临的不确定性是失主是否能够发现拾得者。

此时如果拾得者对拾得物的期望值为0，也即拾得者是个无私利他的人，认为拾得他人之物就应该无偿返还，那么无论外在的规则如何（即无论是否是遗失人规则），拾得者会积极寻找失主并返还拾得物（当然，这样的情形与假设也是我们现行制度所期待的，不过却忽略了多数人在为一定行为时利己的本性，而利他者为少数的客观情形）。当然，考虑到拾得者支出的成本 C_4 及 C_5 是否能够得到有效地返还时，此时对拾得者而言面临的是获得的问题，依预期理论，拾得者倾向风险规避，因此一旦有不能得到清偿的风险时，拾得者为规避风险会采取一定的措施，比如在返还拾得物同时要求偿还相关费用，否则不予返还。这也说明在拾得遗失物场合，赋予拾得者留置权是合理的（当然，也显见无论在遗失人规则还是在中间规则下，拾得者享有留置权都是合理的）。

如果拾得者对拾得物的期望值不是0，而是有一定的数值时，会得出与上述不同的结论。在遗失人规则下，拾得者面临的选择是，如果返还给失主，则一无所得；如果不返还给失主，在失主能发现拾得者时一无所得，但在失主不能发现拾得者时则取得遗失物的全部价值。此时，拾得者面临的是个损失的问题，即依遗失人规则不能获得利益，依预期理论，此时拾得者是倾向追求风险的。为此，拾得者会采取如下策略：即拾金而昧，拾得遗失物后尽量不让他人知晓。拾得者一旦拾金而昧，失主要找回失物的成本将大幅度提升，甚至根本不可能找回遗失物。因此，遗失人规则不利于遗失物的找回。同时，由于拾得者采取的是不符合法律规定的策略，拾得者也要备受违反法律的煎熬。由此可见，遗失人规则是不合理的。

反之，在中间规则下，拾得者面临的选择是，如果遗失物返还给失主，则可获得报酬，当然报酬的数额低于拾得物的价值；如果不返还给失主，在失主知晓拾得者的情况下，拾得者将获得不利益（报酬不能获得，为遗失物支出的费用也不能得到补偿)，在失主永不知晓拾得者的情况下，拾得者将获得遗失物的全部价值。此时如果报酬确定得较为合理，则拾得者面临的是获得的问题（确定取得报酬)，依期望理论，此时拾得者是倾向于风险规避的，因此会选择拾金不昧。显然，这不仅有利于遗失物回到失主手中，而且拾得者也心安理得获取报酬。因此，中间规则是合理的。

结论

由上述分析可见，基于经济要素的内在需求需要我们的法律制度做出更理性的选择，在一个零交易成本的世界里，不论如何选择法律制度配置资源，只要交易自由就会产生高效率的结果，但在现实交易成本存在的情形下，能使交易成本最小化的法律是最适当的法律。与此对应，基于利益的取得、风险的规避以及现时成本、机会成本等因素的综合考量，遗失物拾得制度各方亦会做出理性的选择。因此，在拾得者明确且拾得物的价值较低时，采拾得者规则是合理的，即拾得者无须返还拾得物，拾得物的所有权归拾得者享有（当然拾得者不考虑任何成本的无私返还行为同样也是法律所应予以肯任与赞同的)；而当拾得物价值较高时（显然大于失主为搜寻而支出的成本及拾得者保管的费用与返还的费用之和时)，采中间规则是合理的，即拾得者支出的费用由失主负担并由失主支付拾得者一定的合理报酬。因此，法律赋予拾得者相应的报酬及请求权是合理的，不赋予拾得者费用偿还请求权以及合理报酬是不合理的。〔14〕因此，从法律服务经济的角度以及经济学的角度，“法律应该在任何领域引导人们从事有效率的活动。”〔15〕用经济学理论与方法改善现有法律制度的不足，这也就决定了我们需要对我国现行遗失物拾得制度加以重新审视与调整，通过对现有不合理法律制度的修正，引导人们在社会活动中进行资源节约且有效率的活动，发挥法律制度对经济活动的应有的贡献。

---

〔14〕 当然，正如前文分析，不区分遗失物价值的大小，一概采用的是中间规则是不合理的。同时也可以看出，在费用未获清偿或报酬未获支付前，拾得者可留置拾得物也是合理的。

〔15〕 ［美］理查德.A. 波斯纳：《法律的经济分析》（上)，蒋兆康译，林毅夫校，中国大百科全书出版社 1997 年版，中文版译者序言，第 2 页。

华南地区农村集体土地征收和补偿实证问题研究

赵秀梅　杨建伟*

目　次

2015年1月，中共中央办公厅和国务院办公厅联合印发《关于农村土地征收、集体经营性建设用地入市、宅基地制度改革试点工作的意见》。完善土地征收制度，作为“三大政策”之一，被称为农村土地制度改革试点工作的“先行军”。目前我国集体土地征收在实体和程序方面都存在诸多缺陷：没有统一的征收专项立法、没有公共利益的具体判断标准、缺少征收决定做出前的行政听证程序和协议购买程序、缺少征地决定的司法审查程序等；另外，征收补偿的标准过低等等。本文针对《土地管理法（修正案）》（征求意见稿）所存在的问题，以华南地区地方立法文本为研究内容，对现行法中农村集体土地征收和补偿制度存在的问题加以研究，提出一些解决方案的建议，期待对我国《土地管理法》的修订有所助益。[1]

---

* 赵秀梅，北京理工大学法学院副教授；杨建伟，北京理工大学法学院硕士研究生。

〔1〕 国土资源部于2017年5月23日发布《中华人民共和国土地管理法（修正案）》（征求意见稿），载于国土资源部门户网站，http：//g. mlr. gov. cn/201710/t20171018_ 1636154. html，最后访问日期：2017年10月5日。

一、华南地区立法文本现状

本文在华南诸省的国土资源厅官网中，以“土地”“土地管理”“征收”“补偿”等词进行检索，从所得的结果中进行筛选和遴除，共得到相关土地管理条例、农村集体土地征收补偿办法、农村集体土地征收补偿标准等立法文本计13部，其中广东省5部，广西壮族自治区2部，海南省6部。[2]

（一）立法文本制定的时间

华南地区对立法文本的修订虽然时间跨越度大，且各自修改的时间并不存在明显的趋同性，但其频繁修改主要集中在1995年至2015年。具体而言，广东省主要集中在2000年至2010年间，以其补偿专项立法《广东省征收农民集体所有土地各项补偿费管理办法》为例，分别于1997年、2001年、2008年进行了共三次修正；海南省的立法修订主要集中在1999年至2014年间，以《海南经济特区土地管理条例》为例，该法于1999年、2006年、2008年、2009年、2014年共进行了五次修改；广西壮族自治区的立法文本的改动次数少，相对稳定。不难发现，广东省和海南省，均为国家经济优惠政策的试行地，经济发展迅速，与此相适应的必然是为与社会发展和变革保持步调一致的立法变动。

（二）立法文本制定的主体

在广东省有关农村集体土地征收的立法文本中，省人大及其常委会的立法数量明显高于省政府，即上位法的普通法数量明显多于下位法的特别法，由此可能导致的是实践可操作性的不足。而海南省的情形正与此相反，下位法的特别法数量明显高于上位法的普通法数量，由此可能导致的是省政府在农村集体土地征收和补偿过程中的越权执法。华南诸省的地方性法规和地方政府规章过于细碎而繁杂，规则体

---

〔2〕 本文同时在“威科先行法律信息库”，http：//www. wkinfo. com. cn、“国家法规数据库”，http：//law. hnadl. cn/web/index. html、“中国政府网”，http：//www. gov. cn/flfg/index. htm、“北大法宝”，http：//www. pkulaw. cn等网站中输入了“土地”“土地管理”“征收”“补偿”等关键词搜索作为补充，以佐证如上检索到的立法文本的真实性。该13部立法文本分别是：《海南经济特区土地管理条例》（1994）、《广东省征收农民集体所有土地各项补偿费管理办法》（1994）、《广东省农村集体资产管理条例》（1996）、《广东省实施〈中华人民共和国土地管理法〉办法》（1999）、《广西壮族自治区实施〈中华人民共和国土地管理法〉办法》（2001）、《海南省征地补偿费分配使用管理暂行办法》（2006）、《海南省土地征收补偿安置管理办法》（2007）、《海南省被征地农民基本养老保险暂行办法》（2009）、《广东省征收农村集体土地留用地管理办法》（2009）、《广东省国土资源厅关于印发广东省征地补偿保护标准（2010年修订调整）的通知》（2010）、《海南省征地安置留用地管理办法》（2012）、《海南省被征地农民参加社会养老保险办法》（2013）、《广西壮族自治区土地整治办法》（2016）。

系相对分散，加之时效性过强，导致法规范稳定性较差。广东省人大及其常委会在2000年至2010年间共修改了四次地方性法规，平均两年多就会整合新的规则；海南省人大常委会于1999年至2014年间针对《海南经济特区土地管理条例》这一地方政府规章频繁修改共计五次，立法的不稳定会导致诸多问题。

（三）立法文本制定的模式

华南地区农村集体土地征收和补偿的立法呈现出多样化的样态，有综合管理立法模式、征收专项立法模式、补偿专项立法模式、单项补偿立法模式等，[3]但以综合管理立法模式和单项补偿立法模式为主，征收专项立法仅有一部，即《广东省征收农村集体土地留用地管理办法》，且该办法的规范对象仅为用于被征地单位和个人发展生产建设的留用地，不涉及其他农村集体土地类型，其并非具有综合性的征收专门立法。

二、农村集体土地的征收目的之判断

华南诸省关于“公共利益”的立法表述规定各异，如《广东省实施〈中华人民共和国土地管理法〉办法》第1条规定：“为加强土地管理，合理开发、利用土地资源，切实保护耕地，促进我省社会经济的可持续发展，根据《中华人民共和国土地管理法》（以下简称《土地管理法》）和《中华人民共和国土地管理法实施条例》（以下简称《土地管理法实施条例》）和有关法律、法规，结合本省的实际，制定本办法”。这样的法律规定比较抽象，标准支撑，仍难以合理限制政府对“公共利益”的解释权限；有较为具体者，如《广西壮族自治区实施〈中华人民共和国土地管理法〉办法》规定：“优先保证国家和自治区重点建设项目、基础设施项目用地、国家产业政策鼓励的项目用地。”[4]《海南省土地征收补偿安置管理办法》

---

[3] 土地综合立法是关于土地管理的宏观立法，只有部分条文涉及农村集体土地的征收和补偿，例如《广东省农村集体资产管理条例》《广西壮族自治区实施〈中华人民共和国土地管理法〉办法》《海南经济特区土地管理条例》。征收专项立法是指直接针对土地征收而进行的立法，主要涉及的是征收程序的专门规定，例如《广东省征收农村集体土地留用地管理办法》。补偿专项立法则是直接针对土地征收补偿的立法，例如《广东省征收农民集体所有土地各项补偿费管理办法》《海南省征地补偿费分配使用管理暂行办法》。单项补偿立法只针对土地征收补偿中的某一个补偿项目进行立法，例如《海南省被征地农民参加社会养老保险办法》等。

[4] 《广西壮族自治区实施〈中华人民共和国土地管理法〉办法》第21条规定，各级土地利用年度计划由同级人民政府组织本级土地行政主管部门和其他有关部门编制，按土地利用总体规划的编制审批程序报有批准权的机关批准。编制土地利用年度计划应当遵守下列原则：（一）严格依据土地利用总体规划，控制建设用地总量，保护耕地；（二）以土地供应引导需求，合理、有效地利用土地；（三）优先保证国家和自治区重点建设项目、基础设施项目用地、国家产业政策鼓励的项目用地；（四）保护和改善生态环境，保护土地资源的可持续利用。

第七条、第八条将国家重点建设项目、基础设施项目进一步具体化，该《办法》规定："能源、交通、水利、矿山、军事设施等项目确需使用城建范围外土地的，可以将土地征收方案报请批准。""输气管道、通信电缆和电网线路等管线建设项目需要永久性占用土地的，应当对农民集体所有的土地实施征收。"〔5〕这样的规定提供了较为明确的划分范围，增加了实践的可操作性，但由于认知视角过于狭窄，导致非属国家重点建设项目、基础设施项目的其他用地需要，在"公共利益"的抽象衡量标尺下仍难以得到类型化的明确归属。该规范内容虽对其规定内事项是否契合"公共利益"的限制条件有着较为清晰的范围划定，但由于维度单一，导致有关行政机关判断其他用地需要目的符合性时，仍存在因自由裁量权限过宽而使得被征地单位和个人的合法权益遭受侵害的不测危险。

《土地管理法（修正案）》（征求意见稿）（以下简称《征求意见稿》,）则采取了概括和列举相结合的立法模式。该规定将农村集体土地征收的公共利益的界定进行目的性限制为"保障国家安全""促进国民经济和社会发展"，这不仅公共利益的进一步类型化预留了足够的空间，更为重要的是它暗含着对其他公共利益的认定采取了较为严格的限制标准。〔6〕只有与保障国家安全、促进国民经济和社会发展居于同等或相当重要地位的利益，才能被认定为开启农村集体土地征收程序的公共利益。该公共利益界定的目的性限制，从征收程序的视角观察，亦是对政府和土地行政主管部门在批准征地方案和审核用地申请时的自由裁量权的限制；此外《征求意见稿》第44条还列举规定了基于公共利益征收土地的具体事项。大体上涵盖了当前因维护和发展社会公共利益而产生的典型用地需要，与国务院于2011年1月19日颁布的《国有土地上房屋征收与补偿条例》第8条的规定保持了基本一致，体现出国家在公共利益的界定上将农村集体土地和国有土地等同视之的态度。

---

〔5〕《海南省土地征收补偿安置管理办法》第7条规定，能源、交通、水利、矿山、军事设施等项目确需使用土地利用总体规划确定的城市建设用地范围外的土地的，市、县、自治县人民政府在与被征地集体签订《征地补偿协议书》后，可以将土地征收、农用地转用及土地供应方案一并报请有批准权的人民政府批准。第八条规定，输气管道、通信电缆和电网线路等管线建设项目需要永久性占用土地或者工程建设项目将造成土地不能使用的，应当对农民集体所有的土地实施征收；不影响使用的，可以采取租赁或者临时用地方式使用农民集体所有的土地。

〔6〕《征求意见稿》第44条的内容为："为了保障国家安全、促进国民经济和社会发展等公共利益的需要，有下列情形之一，确需征收农民集体所有土地的，可以依法实施征收：（一）国防和外交的需要；（二）由政府组织实施的能源、交通、水利等基础设施建设的需要；（三）由政府组织实施的科技、教育、文化、卫生、体育、环境和资源保护、防灾减灾、文物保护、社会福利、市政公用等公共事业的需要；（四）由政府组织实施的保障性安居工程、搬迁安置工程建设的需要；（五）在土地利用总体规划确定的城市建设用地范围内，由政府为实施城市规划而进行开发建设的需要；（六）法律、行政法规规定的其他公共利益的需要。"

公共利益的认定是土地征收程序的开启要件，对于被征地农民的生产生活均将造成一定时期的不利影响，因此政府基于公共利益的认定而做出的征收决定应接受司法审查，为被征地农民的切身利益提供公共利益审查的司法救济。

三、农村集体土地的征收程序

华南地区有关农村集体土地的5部综合管理立法中，除《广东省农村集体资产管理条例》《广西壮族自治区土地整治办法》外，其余3部均涉及农村集体土地的征收程序。包括：协商、建设用地申请、受理申请、审核、批准、农用地转用审批、公告、征地补偿登记、听取意见、政府协调、政府裁决、组织征收支付费用。就征收程序的宏观完整性而言，在华南地区的立法中，尚未有立法文本完整地规定此十二项程序。其中，广东省的规定相对全面，但亦缺少协商程序和受理申请程序；海南省的规定则最为简单，主要缺少的是建设用地申请的相关程序；就征收程序中各程序项微观内容的合理性而言，尚有待进一步的补充、细化和调整。

华南地区普遍缺少征地协商程序的一般性规定，而仅在各省的征收集体土地留用地的管理办法中有所体现，譬如《海南省征地安置留用地管理办法》第8条第1款规定："留用地在本村集体所有土地范围内选址的，可以保留集体土地性质，或者根据群众意愿及留用地选址等情况将集体土地征收为国有土地。"虽然根据该规定，相关政府部门就留用地村内土地范围内选址后的土地性质问题，应与该村群众协商是保留集体土地性质还是征收为国有土地。然而留用地系作为征地安置另行安排给被征地农村集体经济组织用于发展生产的建设用地，换言之留用地本质上属于征地安置补偿方式的一种，因此该规定中的协商实际上并非征收决定做出前的协商程序，而系征收决定做出后就安置补偿的具体实施而进行的协商程序。由于征收决定的做出者与征收决定的执行者均为政府，且征收决定的做出者对公共利益的具体界定具有单方的解释权，因此不可避免地造成了由政府征地权限过大而导致的征地纠纷的不断涌现。关于如何缩小征地范围的问题，国土资源部在其《征求意见稿》的修改说明中所提及的主要方式是："通过明确界定土地征收的公共利益，使不符合公共利益的退出征地范围。"应该说明确划定公共利益范围是我国在缩小征地范围的道路上迈出的关键一步，但该《征求意见稿》中未规定被征地者对于公共利益界定具有参与权，态度略为保守。产生征地范围过宽之弊病的根本原因仍在于征地者对于公共利益的界定具有单方解释权。因此，应在征收决定做出前增加行政听证程序，给予被征地者关于公共利益范围认定的参与权。

四、农村集体土地征收的土地补偿

我国《土地法》目前规定土地补偿费和安置补偿费的总和不得超过被征收土地年产值的30倍，这仅仅相当于被征收土地市场价值的10%左右，因此根据土地的年产值来判断补偿标准非常不合理。我国应建立以市场价值为衡量标准的补偿原则，使被征收主体的利益和政府代表的公共利益在某种程度上达致平衡。根据现行法的规定，农村集体土地的安置补偿费用由土地补偿费、安置补助费、地上附着物补偿费（包括青苗费）和其他补偿（如就业安置补偿）构成。

（一）土地征收补偿的标准

农村集体土地征收的土地补偿费的标准，主要有年产值倍数模式和征地片区综合地价模式两种类型。[7]

年产值倍数模式为华南三省所共同采用的征收补偿标准计算模式。广西仅采该模式，广东、海南两省均采用年产值倍数模式加征地片区综合地价模式的混合型计算方法。仅执行年产值倍数模式，存在较为明显的不合理之处。原因在于：农作物产量受自然条件的影响甚巨，若征地片区被征地前三年丰年居多，则平均年产值的最终计算结果会偏高；若征地片区被征地前三年荒年居多，则平均年产值的最终计算结果就会偏低。农作物的产量受自然条件的正负相关影响存在不可准确预估的变化，但农村集体土地被征收后所有权权则发生了确定性的终局改变，因此仅以受自然条件影响显著的年产值倍数模式为计算土地补偿费的标准，确有不妥之处。比较而言，在年产值倍数模式的基础之上，采征地片区综合地价模式作为补充，有一定合理性。原因在于征地片区综合地价模式系衡量一切能对被征地片区地价产生实质影响的市场因素的计算模式，由此而得出的征地补偿标准更加符合市场经济的交易理念，更有利于切实保障被征地农民的生活。但年产值倍数和征地片区综合地价的混合型计算方法亦存有明显的弊端，即在已检索到的华南地区土地征收立法文本

---

〔7〕 1. 年产值倍数模式：国务院1982年颁布的《国家建设征用土地条例》第9条中引入了年产值概念、1986年全国人大常委会通过的《土地管理法》予以沿用，使得土地征收补偿中均会采用“年产值倍数法”为基本方法以计算征地补偿费用中的土地补偿费和安置补偿费。所谓“年产值倍数法”，即根据被征土地前三年平均年产值的若干倍数计算土地补偿费和安置补偿费。一般情况下，各省、自治区、直辖市均会公布与其实际情况相适应的统一年产值计算标准，该年产值标准主要由特定征地区域内土地的农作物产量与价格的乘积予以确定，具言之，以最基层单位统计年报和经物价部门认可的单价为主要依据测算的综合收益值为平均年产值。2. 征地区片综合地价模式：所谓征地区片综合地价模式是指，根据土地利用总体规划确定的建设用地范围，依据地类、产值、土地区位、农用地等级、人均耕地数量、土地供求关系以及当地经济发展水平和城镇居民最低生活保障水平等因素划分区片并测算的征地综合补偿标准。

中，缺少年产值倍数模式和征地片区综合地价模式各自适用范围的区分标准，从而造成了实际征收土地时计算方法选择的困惑，增加了负责征收决定执行的行政机关恣意选择土地补偿标准的危险。为适应当前土地不断增值的经济形势，保障农民公平分享土地增值收益，《征求意见稿》新增第48条第1款将征收农用地的土地补偿费的补偿标准统一归定为征地片区综合地价模式。第二款则将征收农用地外的其他土地的补偿标准的制定权限授权各省、自治区、直辖市自由决定。应当说该新增第48条基本上满足了当前被征地农村集体经济组织和农民的土地补偿需要，也相当程度上贯行了保障农民分享土地增值收益的价值遵循，殊值肯定。然而征地片区综合地价模式的标准制定虽会综合考量土地资源条件，土地产值、区位、供求关系，以及经济社会发展水平等市场因素，但其毕竟系由权力部门单方制定，建议增加政府同被征地者之间协议购买程序，以真正促进城乡统一的建设用地交易市场的形成。

就土地补偿费的补偿对象而言，华南三省均未在土地综合管理立法中明文规定，而是在各自补偿专项立法中予以具体体现。《广东省征收农民集体所有土地各项补偿费管理办法》规定补偿对象"被征地单位"；《海南省征地补偿费分配使用管理暂行办法》规定为"农民集体经济组织或者村民自治组织"；《广西壮族自治区实施〈中华人民共和国土地管理法〉办法》虽未明文规定，但是由该办法第八条可推知其补偿对象为"村集体经济组织、村民委员会"。由此可见，土地补偿费的补偿对象均为村集体组织。

（二）农村集体土地征收的安置补偿

安置补偿费，也称为安置补助费，指的是国家在征用土地时，为了安置以土地为主要生产资料并取得生活来源的农业人口的生活，所给予的补助费用。与土地补偿费复杂的计算模式不同的是，[8]安置补偿费的基数计算仅采用年产值倍数计算模式，且并未根据各类型农用地的用途不同而做区分规定，华南三省计算安置补助费的类型区分基本上可归结为耕地和其他农用地。应该说这一颇具概括性的类型区分有其内在的合理之处，毕竟安置补助的重点补偿指向为被征地农业人口的生活，而土地补偿费的补偿指向则是被征地块的经济价值。但本文认为应细化安置补偿费的标准划分，并使其与土地补偿费的农用地类型划分保持相当程度的一致性，《征求意见稿》新增第48条第1款亦将农用地的安置补助费与土地补偿费的补偿标准同

---

〔8〕 安置补偿费的计算公式为：安置补偿费 = 需要安置的农业人口数 × 前三年平均年产值 × 补偿倍数。需要安置的农业人口数 = 被征地亩数 ÷ 征地时人均占有耕地亩数。

归为征地片区综合地价计算模式。[9]

关于安置补偿费的补偿对象，海南省在其补偿专项立法中，将安置补助费的补偿对象明文确定为农村集体经济组织、其他单位、被安置人员个人。[10]这一补偿对象的规定相较于广东省补偿专项立法中“被征地单位和个人”的规定，更为全面细致，具有借鉴价值。但对何为其他单位并无任何概括性描述或说明，需进一步完善。[11]

（三）农村集体土地征收的地上附着物补偿

《土地管理法》第47条第4款规定：“被征收土地上的附着物和青苗的补偿标准，由省、自治区、直辖市规定。”华南地区将农村集体土地征收的地上附着物补偿主要划分为两种类型，即青苗补偿和其他地上附着物补偿，其中其他地上附着物补偿又划分为林木补偿以及建筑物和构筑物补偿。实际上，就农村集体土地征收的地上附着物的类型划分而言，一直存有争议。争议主要集中在地上房屋是否应如青苗一样成为独立的地上附着物类型。而就这一争议，《征求意见稿》在其第47条的修改内容中，把地上房屋列为独立的地上附着物类型给予公平合理补偿。

就各地上附着物补偿的具体标准问题，关于青苗补偿，华南三省不约而同地以农作物的生长周期为分类标准，将农作物分为短期农作物和多年生农作物，再依据不同生长周期农作物各自的经济价值形成过程的差异确定不同的补偿标准。该补偿标准的形成与华南地区的热带气候条件有着较为直接的关联；关于林木补偿费，广西根据林木的宜移栽性的差异确定不同的标准，即有条件移栽付给移栽人工费和木苗损失费，不能移栽的给予作价补偿；而海南省则从林木交换价值的实现方式上给予被征地者以更为广泛的选择权，即人工林和零星树木由征地双方根据林木生长情况协商确定，也可以委托评估机构参照市场价格评估确定

---

〔9〕《土地管理法（修正案）》征求意见稿第48条规定，省、自治区、直辖市应当制订并公布区片综合地价，确定征收农用地的土地补偿费和安置补助费标准。区片综合地价应当考虑土地资源条件，土地产值、区位、供求关系，以及经济社会发展水平等因素综合评估确定，并根据社会、经济发展水平，适时调整区片综合地价标准。

〔10〕《海南省征地补偿费分配使用管理暂行办法》第6条第2款：“需要安置的人员由农村集体经济组织安置的，市、县、自治县土地行政主管部门应当将安置补助费直接支付给农村集体经济组织，由农村集体经济组织管理和使用；由其他单位安置的，市、县、自治县土地行政主管部门应当将安置补助费直接支付给负责安置单位；不需要统一安置的，市、县、自治县土地行政主管部门应当将安置补助费直接支付给被安置人员个人或者征得被安置人员同意后用于支付被安置人员的社会保障费用。”

〔11〕《广东省征收农民集体所有土地各项补偿费管理办法》第5条第1款的规定：被征地单位收取的安置补偿费，属于个人所有的，应按标准如数支付给个人，属于集体所有的不得分发给个人；根据该办法第6条第1款的规定，依法应当支付给集体的安置补助费，由被征地单位管理，主要用于发展集体生产和安排因土地被征收造成的多余劳动力的就业，也可部分用于不能就业人员的生活补助和公共福利事业，任何单位和个人不得挪用、侵占。综合此两款规定可知，广东省将农村集体土地征收安置补偿费的补偿对象确定为被征地单位和个人。

就建筑物和构筑物的补偿而言，华南地区主要以合法与否为划分标准，非法建筑无补偿；合法建筑，按重置价格并结合成新确定补偿费。此与全国其他地区的有关规定基本无异。但是在将地上房屋作为独立的地上附着物补偿类型的前置条件下，该“重置价格并结合成新确定补偿费”的货币补偿方式未免太过单一，不能满足失地农民的多样化补偿需要，因此《征求意见稿》新增一条作为《土地管理法》的第49条，根据该新增第49条的规定，地上房屋因征地拆除的，除货币补偿（实际上等同于拆迁补偿费）外，[12]还设置了重新安排宅基地建房和提供安置房等其他两类补偿方式，以充分保障被征地农民的居住权。这一修改内容丰富了失地农民居住权的保障方式，也是宅基地制度改革经验与成果的生动体现，值得肯定。

（四）农村集体土地征收的就业安置补偿

农村集体土地征收，会导致土地所有权的改变，也因此必然会造成农村劳动力的安置问题。为妥善解决这一问题，根据华南地区除在已检索到的立法文本，广西对此还没有规定，广东省和海南省均给予了明文规范以保障被征地农民的再就业，值得肯定，其中尤以海南省的规范模式最具借鉴价值。广东省在其补偿专项立法中，将征地补偿费用中的一部分专门用于发展生产、解决劳动安置问题；[13]海南省除采用专款专用的就业安置方式外，还采取了土地有偿收入提取资金、再就业专项资金、公共服务机构再就业扶持、用地单位义务招工等安置方式，基本上形成了较为综合一体的就业安置补偿方略，[14]值得在全国推广和实践。此外，为了切实保障被征地农民迁居后的生活，真正贯行“原有生活水平不降低、长远生计有保障”的补偿原则，需要丰富我国农村集体土地征收安置补偿的补偿方式，扩充并完善安置补偿结构。具体而言，应在土地补偿费、安置补助费和地上附着物补偿费之外，增设留用地安置补偿、土地入股安置补偿、重新就业安置补偿、异地移民安置补偿等。

---

[12] 《海南省土地征收补偿安置管理办法》强调征地安置补偿范围应包括拆迁补偿费。《海南省土地征收补偿安置管理办法》第9条：“征地补偿安置费用包括土地补偿费、安置补助费、青苗及地上附着物补偿费、拆迁补偿费和被征地农民社会保障费等。”

[13] 《广东省征收农民集体所有土地各项补偿费管理办法》第6条第1款规定，土地补偿费、依法应当支付给集体的安置补助费、集体所有的青苗补偿费和附着物补偿费，由被征地单位管理，主要用于发展集体生产和安排因土地被征收造成的多余劳动力的就业，也可部分用于不能就业人员的生活补助和公共福利事业，任何单位和个人不得挪用、侵占。

[14] 《海南省土地征收补偿安置管理办法》第22条至第25条的规定，被征地集体用征地补偿安置费用发展生产、安置劳动力就业确有困难的，市、县、自治县人民政府应当从土地有偿出让收入中提取一定资金补助被征地集体发展生产、安置劳动力；省和市、县、自治县人民政府每年安排的再就业专项资金中应当有一定比例的资金用于培训被征地农民，提高其再就业能力。具体实施办法由省人事劳动保障部门会同有关部门制定；符合规定条件的被征地农民申请失业登记的，公共就业服务机构应当及时办理，给予再就业扶持；土地出让合同约定用地单位有招工义务的，用地单位应当按照约定招收被征地农民就业；不按照约定招收的，应当承担违约责任。

五、本文之结论

（一）关于土地征收主体

有学者认为，在国内法学界，关于征收主体的合宪性或合法性问题较少被关注。《宪法》第10条第3款明确规定征收主体是“国家”。现行《宪法》第2条第2款规定：“行使国家权力的机关是全国人民代表大会和地方各级人民代表大会”显然按照《宪法》的上述规定，土地征收的权力应当属于全国人民代表大会和地方各级人民代表大会。然而，由全国人大常委会制定的《土地管理法》规定：根据土地的性质和面积，土地征收权分别由国务院以及省、自治区、直辖市人民政府行使。从宪法角度来看《土地管理法》的这种规定存在以下几个问题。第一，在全国人民代表大会完全缺位的情况下，仅由国务院代表国家行使国有征收的批准权与《宪法》第2条及第10条不一致。第二，授权各级地方政府有权批准土地征收，更不符合《宪法》第10条第3款关于土地征收主体的规定。第三，政府代表国家实施土地征收的立法授权，理应由全国人民代表大会行使，但《土地管理法》却是由全国人大常委会制定的，因此也不符合《立法法》第7条第2款、第3款。在实践中，由国务院直接实施的农村土地征收行为很少，大多数情况下农地征收的主体是各级地方政府。虽然《土地管理法》规定征收基本农田或超过一定面积的农村土地要由国务院批准但地方各级政府经常化整为零以及变更土地属性进行申报。可以断定在绝大多数情况下中国农地征收的主体都不符合现行《宪法》上的规定。〔15〕由前述可知，我国公共利益的界定主体为有批准权的人民政府。但土地征收决定权的归属主体在其他国家一般属于立法机关。譬如犹他州就赋予立法机关对于土地征收个案的审批权，它规定：市、县和镇想要征收财产，非经市、县和镇的立法机关的同意，不得征收财产；有的州规定，当征收机构征收特定的土地时，需经立法机关同意。如俄亥俄州规定：当征收机关准备征收处于衰败地区或贫民窟的财产时，必须获得当地立法机关同意。〔16〕这是否意味着我国需要效法美国经验？本文认为各国国情有异，不能盲目效仿。应该说改变土地征收的审批机关存在的困难非常之大。因此，可行的办法是对现有审批机关的征收行为进行完善，限缩行政机关对土地征收的审批权限。关于具体限缩到何级政府的问题，本文认为由于我国国土面积广大，

---

〔15〕 龚刃韧：《中国农村土地征收的宪法困境》，载《法学》2013年第9期。

〔16〕 邹爱华：《美国土地征收法的新发展及其对我国的启示》，载《现代法学》2013年第4期。

土地征收的决定只应由省级政府机关审批，其他地方行政机关不得审批。[17]《征求意见稿》对市、县的征收权限进行了限制，市、县人民政府有有权“申请征收土地”，不能批准征收土地，值得肯定。[18]此外，鉴于近年来征地纠纷的不断发生，为和谐社会的构建和维护社会秩序的稳定，应给予农村集体经济组织和农民——作为农村集体土地征收的利益攸关者在征地方案批准前的意见表达权，该意见表达权主要针对的是公共利益符合性问题，旨在以关于公共利益的征求意见的事前程序尽可能减少事后的征地纠纷。

二、关于土地征收目的研究

美国学者存在两种不同观点：一些学者认为，一是要求征收只能为公共使用之目的，并对公共使用加以定义；二是禁止为私人使用而征收；三是禁止为经济发展而进行征收，并对经济发展的概念加以定义。但这种做法也有学者提出不同意见，不可能全面禁止以发展经济为目的的征收，缩小征收范围的立法改革存在负面效果，并且与美国联邦最高法院正确的先例直接冲突。另外，禁止将被征收的私人财产转让给私人的立法改革存在缺陷。有学者认为：限制政府在私人之间重新分配财产的能力将损害政府管理工业和商业的能力。禁止将被征收的财产转让给私人将导致产生大量政府直接从事开发和经营的企业，例如医院、停车场和体育场馆。[19]

日本和我国台湾地区的学者认为公共利益本身是个不确定的法律概念，其内涵不易掌握，譬如我国台湾地区“土地征收条例”第3条规定，“国家”因公益之需，兴办国防事业、交通事业、公用事业、水利事业等公共事业，得征收私有土地。尽管法律列举了公共利益的范围，但仍应就具体事业进行判断为公益与私益之比较衡量。经过利益衡量后，认定具有具体的公共利益，始得以征收方式剥夺私人土地所有权。[20]我国学者认为，尽管宪法、物权法和土地管理法都规定土地征收要件是“公共利益”，但没有规定“公共利益”的判定主体和判断标准。立法机关对

---

〔17〕 对此，《土地管理法（修正案）》第45条亦有规定：征收下列土地的，由国务院批准：（一）基本农田（二）基本农田以外的耕地超过三十五公顷的；（三）其他土地超过七十公顷的。征收前款规定以外的土地的，由省、自治区、直辖市人民政府批准，并报国务院备案。征收农用地的，应当依照本法第四十四条的规定先行办理农用地转用审批。其中，经国务院批准农用地转用的，同时办理征地审批手续。不再另行办理征地审批；经省、自治区、直辖市人民政府在征地批准权限内批准农用地转用的，同时办理征地审批手续，不再另行办理征地审批，超过征地批准权限的，应当依照本条第一款的规定另行办理征地审批。

〔18〕 第46条：市、县人民政府申请征收土地的，应当开展拟征收土地现状调查，并将征收范围、土地现状、征收目的、补偿标准、安置方式和社会保障等主要内容在拟征收土地所在的集体经济组织范围内进行公告，听取被征地的农村集体经济组织和农民意见。

〔19〕 邹爱华：《美国土地征收法的新发展及其对我国的启示》，载《现代法学》2013年第4期。

〔20〕 陈立夫：《土地法研究》，台湾新学林出版股份有限公司2007年，第270页。

于公共利益的界定的漠视，无疑是造成公共利益的概念模糊和征收权滥用的主因之一。地方政府在土地征收过程中，既是公共利益的判断者，也是征收的执行者和争议的裁判者三种角色，这是地方政府在土地征收中滥用裁量权的主因之一。[21]

在我国，实现土地基于公共利益的征收，需要由立法机关、行政机关和司法机关共同来完成。

其一，立法机关应尽可能将公共利益的范围和种类进行概括和列举，并规定排除条款。目的是限制行政机关的自由裁量权。此外，即使法律列举规定，也仅仅是抽象的公共利益，不能只要符合法律规定的，就能发动征收，还必须衡量征收个案进行严谨的利益衡量，认定具有具体的公共利益才能发动征收。

其二，行政机关征收土地应根据保留原则、比例原则和正当程序原则进行。保留原则是指行政机关作为法律实施主体，只能依据现行有效的法律规定来限制或者剥夺公民权利，透过实施法律的方式来实现特定的公共利益的目标。其次是比例原则，比例原则是拘束权力违法最有效的原则，它可称得上是行政法上的帝王条款。传统比例原则的核心内容在于通过限制行政机关在实施侵害性质行为时，必须采取最小侵害之方法，从而达到既能维护了公共利益又保护了人民合法权益之目的。比例原则不仅对公权力的行使具有约束和指导性的作用，也是测量公共利益是否适当以及合目的性的一个工具。此外，行政行为还需要遵守正当的程序原则。程序正义是实体正义的保障。土地征收之行为必须在程序上公开、公正。目前无论在决策程序、补偿程序和救济程序，在每个程序中都有不同程度的违反法律正当程序。例如《土地管理法》第46条规定："国家征收土地的，依照法定程序批准后，由县级以上地方人民政府予以公告应组织实施。"另外《土地管理法》第48条规定："征收补偿安置方案确定后，有关地方人民政府应当公告，并听取被征地的农村集体经济组织和农民的意见。"这样的规定，其实并没有发挥真正的作用。[22]

其三，司法机关是公共利益判断的最终决定者。如果发生土地征收是否符合公共利益的纠纷时，应将征收的批准行为（即征收决定和征收补偿方案）纳入司法审查的范围，以保证土地权利人的合法利益。目前，司法审查很少发挥其在公共利益认定中的作用，在本文检索到的判决中，有两例涉及对征收土地公共利益属性的判断。重庆市沙坝区人民法院审理的重庆市沙坪坝区国土资源管理分局与邓步祥非诉执行审查案[23]中，涉案征地项目为内环高家花园复线桥及高家花园立交项目建设，法院认为该项目属于重庆市重点工程项目，连接江北区和沙坪坝区，通车后将极大缓解江北区和沙坪坝区的交通拥堵状况，故该项目具有明显的公共利益特征。贵阳

---

[21] 陈铭聪：《论中国大陆土地征收法制中的公共利益》，载《月旦财经法杂志》，2013年第5期。

[22] 陈铭传：《论中国大陆土地征收法制中的公共利益》，载《月旦财经法杂志》，2013年第5期。

[23] 重庆市沙坝区人民法院（2017）渝0106行审24号。

市中级人民法院审理的李华与贵阳市观山湖区人民政府一案[24]，法院认为："为建设观山湖区科技金融服务区，形成以功能区块、产业园区为依托的发展空间布局，观山湖区政府启动金融中心二期项目建设，因该项目事关贵阳市经济建设的推进及城市功能的完善，故对原告所在规划红线范围内的房屋作出的征收决定符合促进国民经济和社会发展的公共利益需要。"该两例判决对于公共利益符合性的认定与征地执行者的决定保持一致，反映了我国公共利益认定的司法审查独立性的欠缺。这一独立性欠缺的主要原因是，现行司法实践偏爱于借用《行政复议法》第30条第2款的规定将其认定为终裁行为，从而拒绝对其展开司法审查。而事实上将征收决定视为终裁行为而拒绝对其司法审查，违背了设定终裁行为的谦抑性趋势，且行政诉讼法（2015）第12条第1款第5项增设的"接纳条款"，亦为将土地征收决定纳入行政诉讼提供通道。[25]此外，应就法院如何衡量行政机关土地征收的行政行为合法性，尽快制定具体法律规范。

三、关于土地征收程序的研究

关于是否应完善土地征收程序，美国学者有两种不同意见。一种观点认为，应完善土地征收程序，包括要求征收申请人制定详细的计划、增加听证程序规定、增加公告规定，加强与被征收人的协商，并事先向财产所有人提供书面通知。另有学者则怀疑征收程序改革的价值。很多极具争议的征收案件并不缺乏程序。而且，并没有明确的理由可以让人们相信，改善后的程序所带来的好处可以超过改革所带来的成本，从而证明改革是正当的。[26]

我国现在的征地程序一切都是从政府利益出发，征地补偿由政府决定，争议亦由政府裁决。被征地农民没有知情权、参与权和决策权。现行集体土地征收的程序仅限于行政审批和公告的内部程序，即已有的征地与补偿安置方案的公告。其中第一次公告只是作为批准程序的附属程序，目的在于让权利人进行权利登记。第二次公告也只是事后程序。[27]缺乏有效的程序监督是违法征收的重要原因。

本文认为，政府单方做出征收决定前，应采取听证会等形式与被征地者、人大等利益攸关方和权力监督者就土地征收是否符合公共利益及其必要性进行充分的讨论和论证，一方面限制行政机关征收权力的滥用，另一方面，利于信息公开，保障被征地者的事先知情权，对于理性建设相关项目、征收前后利弊衡量、征收后的利

---

〔24〕 贵阳市中级人民法院（2016）黔01行初278号。

〔25〕 熊樟林：《土地征收决定不是终裁行为———以行政复议法第30条第2款为中心》，载《法学研究》2017年第3期。

〔26〕 邹爱华：《美国土地征收法的新发展及其对我国的启示》，载《现代法学》2013年第4期。

〔27〕 龚刃韧：《中国农村土地征收的宪法困境》，载《法学》2013年第9期。

益预估等有重要的意义。至于征收决定做出前听证会的通知时间、听证期限、听证内容等具体事项，本文认为应该在集体土地转为建设用地后申请征收前通知进行，至少保证听证期限有 2 个月，现行听证期限过短，不利于发挥听证会的作用。听证会可以就是否符合“公共利益”、征收必要性、征收补偿、征收范围、征收程序合法性等内容进行听证，允许村民提出异议和辩论，村民也可以委托相关法律顾问参与听证。唯有充分的程序正义才能真正使不符合公共利益范围的用地需要退出征地范围。

值得注意的是，在日本以及我国台湾地区，征收决定做出前的行政听证程序的存在前提是政府未与被征地者达成购买协议。此处的协议购买程序是指政府应先与土地权利人协议取得土地所有权，如果无法达成协议，才能依法启动土地征收程序。[28]台湾地区协议够买程序的具体内容包括：通知当事人、践行解说义务、给予当事人陈述意见、给予当事人事后提出意见、给予当事人相关诱因、签报核准议价记录等。[29]本文认为应增加征收决定做出前的协议购买程序，具体操作规程可以台湾地区的有关规定为参照。

（四）关于土地征收补偿

1. 土地征收补偿标准过低

日本学界有两种看法，即完全补偿说和适当补偿说。根据完全补偿说，应根据市场价格进行全额补偿。相反，适当补偿说的主张就是：只要是针对该财产合理算出的适当金额即可，不一定要和客观的市场价格一致。这两种学说特别在日本宪法学界经历了漫长的争论和对立。不过，完全补偿说最终占得了优势。美国关于征收补偿额有两种不同的观点：一种观点认为应该是公平的市场价值。另一种观点则认为支付的补偿额应当超过公平的市场价值。美国司法实务认为，主要以征收财产之市场价值作为补偿标准，且在决定所谓市场价值时，法院一般会去观察财产最高且最佳使用情状下的价值。因此，根据法律规定及当地发展未来可作为工商业或住宅

---

〔28〕 台湾“最高行政法院”裁定 2013 年度裁字第 1319 号。台湾地区“土地征收条例”第 11 条第 1 项规定：“需用土地人申请征收土地或土地改良物前，除国防、交通或水利事业，因公共安全急需使用土地未及与所有权人协议者外，应先与所有权人协议价购或以其他方式取得，所有权人拒绝参与协议或开会未能达成协议者，始得依本条例申请征收。”据此规定，协议价购乃征收之法定先行且必经之程序，倘需地机关依该条之规定所为之价购，系为达成行政目的而在征收前所为之价购，则需地机关与土地所有权人依上开条例规定达成价购之协议时，核其性质应属行政契约，唯此所谓之价购协议应限于为达代替征收处分目的之契约，所以必须在征收程序发动后或即将发动之际，并在征收行政处分做成之前，需用土地人申请或即将申请征收之际，为替代征收行政处分之目的而达成协议，则该契约自属行政契约。反之，若需用土地人尚无任何征收计划，或开始征收程序前，并无任何证据证明随之有紧密接连征收程序之开始发动，仅系人民为避免其土地日后被征收而预先将其土地卖给需用土地人，则属私法上之买卖契约。

〔29〕 陈明灿：《土地征收导论》，台湾新学林出版股份有限公司，第 73 页。

使用者，不能因为目前农用，就仅以农用来评估其价值。应以变更后的土地使用类型来评估补偿价额。[30]

关于补偿标准，存在是否需要依照市场价格补偿集体土地，对集体土地上房屋的补偿是否过低等问题。[31]目前我国规定土地补偿费和安置补偿费的总和不得超过被征收土地年产值的30倍，这仅仅相当于被征收土地市场价值的10%左右。年产值补偿标准是根据所处地区的农业生产自然条件来定的，不能反映被征地的区位因素，这种补偿方法偏离了土地市场价格，所以争议较大。目前学界对年产值补偿标准的批判理据可归结为以下两个方面：其一，缺少对市场价格浮动因素的考量。年产值补偿标准由政府单方制定，本质上是由政府单方决定对方财产的价值，容易导致征收利益分配上的公私失衡以及对集体成员生存权与发展权的损害；[32]其二，缺少切实保障群众生活需要的考量。大部分被征地农民离开土地后，通常以农民工的身份进入城市，所从事的通常是处于产业边缘的高风险、低收入的体力劳动，无法享受城市的社会保障体系，在这种情况下，征收补偿款将成为长期维持其生计之基础。因此，以受所处地区的农业生产条件和社会经济条件的影响，而与土地的区位价格并无直接联系的年产值补偿标准，来衡量土地这一具有持续利用性的生产资料，显然严重偏低。[33]实际上，为了纠正《土地管理法》中显不合理的征地补偿标准规定，《征求意见稿》在其新增第48条第1款中明确采用了征地片区综合地价补偿标准。相较于年产值标准，综合地价标准充分考量了土地资源条件，土地产值、区位、供求关系，以及经济社会发展水平等市场因素，有利于促进征地利益在政府和被征地者之间的公平分配。但学界对此亦有质疑的声音。质疑的理由除综合地价标准仍由政府单方制定容易引发显示公平外，主要集中在综合地价标准的具体计算模式。目前对于区片综合地价的测算，主要采用农地价格因素修正法、征地案例比较法和年产值倍数法中的两种或三种方法进行测算，测算结果加权平均确定征地补偿标准。从区片综合地价的测量方式可以看出，年产值仍然是得出该标准的重要依据，因此通过区片综合地价得出的补偿标准，在补偿数额上并不会大幅高于年产值标准。在年产值补偿标准和综合地价标准局限性均较为明显的前置条件下，近来的理论研究倾向于采用市场价格补偿标准。所谓市场价格补偿标准，是指以被征收财产在公开市场上的交易价格作为判断正当补偿的标准。[34]当前学界虽然在采此标准的倾向上保持相当程度的一致性，但对市场价格补偿标准的具体运作方式存有不同

---

[30] 邹爱华：《美国土地征收法的新发展及其对我国的启示》，载《现代法学》2013年第4期。

[31] 申建平：《对农村集体土地征收补偿范围的反思》，载《比较法研究》2013年第2期。

[32] 陈小君：《农村集体土地征收的法理反思与制度重构》，载《中国法学》2012年第1期。

[33] 渠滢：《我国集体土地征收补偿标准之重构》，载《行政法学研究》2013年第1期。

[34] 屈茂辉，周志芳：《中国土地征收补偿标准研究——基于地方立法文本的分析》，载《法学研究》2009年第3期。

的观点。有相对抽象者：或单纯地提及引入市场机制时必须考虑的原则；[35]或直接提出“公开市场交易价格模式”。[36]本文赞同此模式。

2. 土地征收补偿范围过窄

《土地管理法》第47条第2款规定土地征收的补偿费用范围为土地补偿费、安置补助费、地上附着物补偿费和青苗补偿费，对应的补偿客体则分别是集体土地所有权、土地承包经营权、建筑物等地上附着物所有权、青苗所有权。[37]学界一直批判该规定所确定的补偿客体范围过窄，认为应将宅集体使用权作为独立补偿客体；此外房屋亦应从土地附属物中分离出来成为独立的补偿客体。《征求意见稿》对此做出回应，其第47条第2款将补偿范围扩及“农民宅基地及房屋补偿、被征地农民的社会保障费用”。该修改意见值得肯定。但其对近来引起实践中和理论上均产生争议的集体建设用地使用权应否成为独立补偿客体的问题，却并未回应。[38]关于这一问题，理论上有肯定论和否定论之争。肯定论认为，随着集体经营性建设用地流转的放开，集体建设用地，特别是集体经营性建设用地使用权，作为一类独立的集体土地使用权已势所难挡，应将其作为独立的补偿客体。[39]持反对观点的学者则认为，集体建设用地使用权不具有基于土地承包经营权和宅基地使用权所承载的均等的集体福利和社会保障利益，因此不应作为征收补偿的独立客体。本文持肯定论，认为无论是基于建立统一的城乡建设用地使用权交易二级市场的改革导向，还是从保障农民公平分享土地增值收益的政策指引出发，均应将集体建设用地使用权列为独立的补偿客体。此外，现行法规定的征地补偿费用仅涉及与土地直接相关的一部分损失补偿，但不包括其他间接损失补偿，如迁移补偿、工事补偿等。本文认为在因征地而遭受的间接损失对被征地者利益影响甚巨的前置条件下，该间接损失应纳入到补偿范围中来。

---

〔35〕 该原则包括“市场价值补偿原则”“保障农民基本生活需要原则”“标准动态性原则”。参见陈小君：《农村集体土地征收的法理反思与制度重构》，载《中国法学》2012年第1期。

〔36〕 屈茂辉，周志芳：《中国土地征收补偿标准研究—基于地方立法文本的分析》，载《法学研究》2009年第3期。

〔37〕 值得注意的是，理论上就安置补助费所对应的征收客体是否为土地承包经营权的问题，有不同观点。肯定论基于对安置补助费的法律性质的观察，认为它是基于强制性规定而对失地的土地承包经营户的生活安置；而否定论则认为土地承包经营权补偿费与安置补助费存在明显的不同，最根本的区别是前者系针对特定土地承包经营权人而设定的，且理论上应以土地承包经营权提前终止致使承包人的预期利益损失为计算标准；而后者则非针对特定土地承包经营权人而设定，且补偿标准为平均年产值的4~6倍。本文赞同肯定论，但认为应提高安置补助费的补偿标准。参见申建平：《对农村集体土地征收补偿范围的反思》，载《比较法研究》2013年第2期。

〔38〕 陈小君：《农村集体土地征收的法理反思与制度重构》，载《中国法学》2012年第1期。

〔39〕 王克稳：《我国集体土地征收制度的构建》，载《法学研究》2016年第1期。

3. 补偿权益主体不明晰

从理论上说，补偿权益主体本应为“集体土地所有权人”。《征求意见稿》第50条的规定对原《土地管理法》未作出变更，[40]该条意味着在征收补偿的对象上，法律依然承认农村集体经济组织的受偿地位，《民法总则》第96条规定了农村集体经济组织有法人资格，属于特别法人。[41]将进一步加深集体组织作为补偿款的受偿主体资格，然而，集体经济组织作为一个经济组织，其管理及活动处于由村民委员及其村民小组代管状态，在土地征收等事关农民切身利益的重大事项上，当基层政府的决策与村民的利益发生矛盾与冲突时，村委会大多站在政府的一边，成了政府利益的维护者。若立法对征地补偿的对象不直接规定为被征收者个人，则不能切实保护被征地人的利益，未来立法中应当明确补偿权益主体，使集体经济组织的村民能够直接作为被补偿。

4. 补偿安置途径单一

根据《土地管理法》第47条第2款的规定，我国集体土地征收安置补偿的方式，系由政府给付土地补偿费、安置补助费、地上附着物和青苗的补偿费，即采取一次性货币补偿方式为主的单一补偿安置途径。而事实上，由于各项费用的补偿标准过低，大多数失地人所获得的一次性补偿金不足以购买原来同等价值的房屋。[42]为此，《征求意见稿》第47条第2款的修改内容中，增加了“农民宅基地及房屋”的补偿项目；此外，为克服因单一货币补偿途径而对被征地农民生活造成的不利影响，《征求意见稿》新增第49条使征收宅基地及房屋在传统货币补偿的基础上，新增了重新安排宅基地建房、提供安置房等补偿方式。该规定丰富了征收宅基地及房屋的补偿途径，值得肯定。但《征求意见稿》对征地补偿途径的拓宽仅局限于宅基地及房屋补偿，其他补偿项目则依然按旧规采取单一的货币补偿方式，应予修正和完善。就集体土地征收安置补偿的途径，本文认为应在现行法相关规定的基础上，增加就业安置补偿、留用地安置补偿、土地入股安置补偿和异地移民安置补偿；就各安置补偿途径下的具体补偿方式，应以《征求意见稿》第47条第2款和海南省的综合性就业安置补偿方略为范本，予以拓充和建构。

---

〔40〕《征求意见稿》第50条被征地的农村集体经济组织应当将征收土地的补偿费用的收支状况向本集体经济组织的成员公布，接受监督。

〔41〕《民法总则》第96条本节规定的机关法人、农村集体经济组织法人、城镇农村的合作经济组织法人、基层群众性自治组织法人，为特别法人。

〔42〕游璟：《城镇化过程中土地征收补偿制度的改革研究》，载《现代经济信息》2015年第11期。

法律语言学视角中的农村土地三权分置改革*

申惠文**

目 次

中央最近两三年改革文件指出，“将土地承包经营权分为承包权和经营权”，实行“土地所有权、土地承包权和土地经营权”的三权分置。“三权分置”的提法是否科学，是否继续坚持“土地承包经营权”的概念，是否需要创设“土地承包权”和“土地经营权”的概念，成为法学界争论的焦点。如何运用法律语言，表述改革文件中的“三权”，学者存在较大的争议。代表性的观点有：（1）“土地所有权、土地承包权和土地经营权”〔1〕；（2）“土地所有权、土地承包权和土地承包经营权”〔2〕；（3）“土地所有权、土地承包经营权和土地经营权”〔3〕；（4）“土地所有权、土地

---

* 基金项目：国家社会科学基金青年项目《农户作为集体土地用益物权主体的法律困境及出路研究》（14CFX035）；中国博士后科学基金第10批特别资助项目《民法典规范表达立法技术研究》（2017T100141）。

** 郑州大学法学院副教授。

〔1〕 蔡立东、姜楠：《承包权与经营权分置的法构造》，载《法学研究》2015年第3期。

〔2〕 丁文：《论土地承包权与土地承包经营权的分离》，载《中国法学》2015年第3期。

〔3〕 刘恒科：《“三权分置”下集体土地所有权的功能转向与权能重构》，载《南京农业大学学报（社会科学版）》2017年第3期。

承包经营权和次级土地承包经营权”〔4〕；（5）“土地所有权、土地承包经营权和耕作经营权”〔5〕；（6）“土地所有权、土地承包经营权和土地债权”〔6〕；（7）“土地所有权、成员权和农地使用权”〔7〕。为此，本文采取法律语言学的分析方法，解读农村土地三权分置改革，力争提出科学的立法建议。

一、应当采用“三权分离”的概念

2014年11月，中共中央办公厅、国务院办公厅印发的《关于引导农村土地经营权有序流转发展农业适度规模经营的意见》第一次明确提出“实行所有权、承包权、经营权三权分置”。2016年10月，中共中央办公厅、国务院办公厅印发的《关于完善农村土地所有权承包权经营权分置办法的意见》，再次明确采用“三权分置”的概念。本文认为，“三权分离”比“三权分置”更具有话语优势。

（一）政策表达的连贯

从“两权分离”到“三权分离”，具有中央政策表达的一惯性。之前没有采用“两权分置”的表述，而是采取的是“两权分离”。改革开放以来，改变了“集体所有、集体经营”的土地制度，确立了以家庭承包经营为基础、统分结合的双层经营体制，实现了“集体土地所有权、农户土地承包经营权”的两权分离。1998年十五届三中全会通过的《中共中央关于农业和农村工作若干重大问题的决定》指出：“实行土地集体所有、家庭承包经营，使用权同所有权分离，建立统分结合的双层经营体制，理顺了农村最基本的生产关系。”该中央文件没有采用“分置”的概念，而是采取的是“分离”的表述。从“两权分离”到“三权分置”，改变了中央既有的政策表达方式，影响了社会大众的理解，造成了不必要的误解。因此，基于政策表达的路径依赖，应当采用“三权分离”的表述。

（二）改革试点的经验

江苏省、重庆市和四川省等地的政府文件，采取的是“三权分离”的表述。如江苏省苏州市人民政府《关于稳定完善农村土地承包关系发放经营权证书的意见》（苏发〔1998〕9号）规定：“‘三权’分离就是要在明确土地所有权和稳定土地承包权的基础上，积极搞活土地使用权，促进土地流转机制的形成。”上海市农业委

---

〔4〕 朱继胜：《“三权分置”下土地经营权的物权塑造》，载《北方法学》2017年第2期。

〔5〕 孙宪忠：《推进农地三权分置经营模式的立法研究》，载《中国社会科学》2016年第7期。

〔6〕 单平基：《“三权分置”的理论反思与土地承包经营权困境的解决路径》，载《法学》2016年第9期。

〔7〕 高飞：《农村土地“三权分置”的法理阐释与制度意蕴》，载《法学研究》2016年第1期。

员会《上海郊区开展延长土地承包期工作稳定和完善土地承包经营制度的意见》（沪农委〔1999〕78号）规定："坚持'三权'分离，土地使用权可以有偿转让的原则。"四川省人民政府办公厅《关于进一步规范有序进行农村土地承包经营权流转的意见》（川办发〔2009〕39号）规定："实行土地所有权、承包权和经营权相分离，坚持集体所有权、稳定农户承包权、放活经营使用权。"

（三）法学理论的支撑

根据法学的权能分离理论，应当采用"三权分离"的表达。权能与权利不同，权利可以分解为不同的权能。所有权可以分解为占有、使用、收益和处分等权能，所有权的一项或几项权能可以分离出去，形成用益物权或担保物权。同样，用益物权也可以将占有、使用等部分权能分离出去，形成次级用益物权或者债权。法学的权能分离理论与经济学的产权理论具有近似性。早在1990年，有学者就提出"三权分离"，即集体所有权、农户承包权和流转经营权〔8〕。"三权分离"有着旺盛的生命力，承包人务工或没有经营能力，可以由集体出面协调，使其转让承包土地的经营权，而承包权保持不变〔9〕。经济学界普遍认为，土地承包经营权流转使农村集体土地产权发生了第二次分离，物权性的土地承包经营权被分解为土地承包权和土地经营权（土地使用权），农户保留土地承包权，转移土地经营权（土地使用权）〔10〕。根据《关于完善农村土地所有权承包权经营权分置办法的意见》，农民集体对承包地享有发包、调整、监督、收回等权能，农户对承包地享有使用、流转、抵押、退出承包地等权能，新型农业经营主体对流转土地享有在一定期限内占有、耕作并取得相应收益等权能。该中央文件既然从权能的角度，对农地三权的权利边界进行界定，就应当采用"三权分离"的表述。

（四）语言规律的尊重

采取"三权分离"的概念，是尊重语言规律的科学选择。根据《康熙字典》解释，"置"有设和立的意思。《辞海》中对"置"的解释也包含"设立"的意思。《现代汉语字典》"置"也有设立的意思。根据《康熙字典》和《现代汉语字典》关于"离"的解释，都指分开、分离之义。从文义解释，"三权分置"更多强调三权的分别设立，更多强调三权的平等保护，而"三权分离"更多强调三权的权能分离，更多强调集体所有权和农户土地承包经营权的保护。因为"分离"只是暂

---

〔8〕 田则林、余义之、杨世友：《三权分离：农地代营——完善土地承包制、促进土地流转的新途径》，载《中国农村经济》1990年第2期。

〔9〕 王新国、陈晓峰：《从顺城村的实践看"三权分离"》，载《湖北社会科学》1990年第10期。

〔10〕 丁关良：《土地承包经营权流转法律制度研究》，中国人民大学出版社2011年版，第275页。

时的，所有权具有弹力性，土地承包经营权也具有某种程度的弹力性。坚守农村土地集体所有制和农民利益损害不受损，是农村土地改革的底线。采用“三权分离”，更具有改革底线政策表达的优势。

在法学其他领域，更多的也是采取“分离”的概念。如公司法上采取“所有权与经营权两权分离”的表达，采取“所有权、经营权和管理权三权分离”的表达等。行政法上采取“决策权、执行权和监督权三权分离”的表达，采取“技术审评、行政审批、监管查处三权分离”的表达等。在城市土地管理、民营教育机构管理、旅游资源管理等诸多领域，也都采用了“三权分离”的表达。现有法律和政策文件，很少采用“分置”的概念，主要是“股权分置改革”。该改革的目的是消除非流通股和流通股的差异，是消除“分置”的弊端，要实现“一体化”。

二、不应创设“土地承包权”的概念

农村土地“三权分置”改革方案出现了“土地承包权”，而没有“土地承包经营权”。是在“土地承包经营权”的基础上，创设“土地承包权”的概念，还是取消“土地承包经营权”的概念，仅创设“土地承包权”的概念，需要研究。本文认为，不管是“土地承包经营权”，还是“土地承包权”，都包含“承包”的语义，不符合中央农地改革的政策目标，不应当作为未来立法的选择。

（一）对“土地承包权”的不同解读

对改革文件中“土地承包权”的性质，主要有四种不同的观点。（1）成员权说。土地承包权是承包集体土地的资格，属于成员权的范畴[11]。（2）用益物权说。分离后的土地承包权，严格意义上仍是土地承包经营权，并非单纯承包土地的权利资格[12]。（3）收益权说。土地承包权是权利人行使土地承包经营权的一种方式，即只承包土地，享有土地收益权，而将占有、使用的权能转移给土地经营权人[13]。（4）身份性财产权。分置后的土地承包权作为一项身份性财产权，继续承担原有的保障功能，而对于新创设的土地经营权，应当纯化其财产权属性[14]。本文认为，“土地承包权”可以作为生活语言，但不能作为法律语言。在日常用语方面，“土地承包权”可以是“土地承包经营权”的简称，可以是行使“土地承包经营权”

---

〔11〕张占斌、郑洪广：《“三权分置”背景下“三权”的权利属性及权能构造问题研究》，载《西南大学学报（社会科学版）》2017年第1期。

〔12〕潘俊：《农村土地“三权分置”权利内容与风险防范》，载《中州学刊》2014年第11期。

〔13〕朱继胜：《论“三权分离”下的土地承包权》，载《河北法学》2016年第3期。

〔14〕马俊驹、丁晓强：《农村集体土地使用权的分解与保留——论农地三权分置的法律结构》，载《法律科学（西北政法大学学报）》2017年第3期。

的一种方式，可以是承包土地的一种资格。“土地承包权”没有独立的内涵和外延，很难在整个民事权利体系准确定位，不符合法律语言表达的基本要求。

（二）“土地承包权”中“承包”的语义丧失

确定“土地承包权”的语义，必须考察“承包”的语义。根据《汉语词典》，“承包”的含义是“接受工程或大宗订货等，负责完成”。语义场是归属于一个总称之下的在意义上紧密联系的一组词的义位的聚合体，包括同义义场、反义义场、联想义场和多义义场等〔15〕。与“承包”相关的语义场包括“承包人”“发包人”“转包人”“承包合同”“转包合同”“承包关系”“承包费”“承包条款”“承包权利”“承包义务”“承包期”“承包地”等。除此之外，还有“建设工程承包”“劳务承包”“承包商”“承包责任制”“企业承包经营”“承揽加工”等。根据相关的词汇群，“承包”的基本语义是有偿的交易行为，应当存在“承包合同”，有明确的“承包期限”，要缴纳“承包费”。如果没有这些基本的语义，就不能称之为“承包”，否则就会造成名不符实，影响语言表达的有效性。

改革开放初期，集体作为发包方，农户作为承包方，双方存在承包合同，农户要缴纳承包费。1986 年颁布的《民法通则》第 27 条和 81 条都采用了“承包合同”的概念，规定“承包双方的权利和义务，依照法律由承包合同规定”。2002 年颁布的《农村土地承包法》也多次采用“承包合同”“承包期限”“发包方和承包方的权利和义务”等。然而，随着社会的发展，中央确定土地承包关系长久不变的政策，实行增人不增地，减人不减地，不再缴纳承包费，“承包合同”的法律意义基本丧失。2008 年十七届三中全会通过的《中共中央关于推进农村改革发展若干重大问题的决定》指出，“现有土地承包关系要保持稳定并长久不变”。2013 年十八届三中全会决议《关于全面深化改革若干重大问题的决定》再次强调，“稳定农村土地承包关系并保持长久不变”。从中央文件看，没有使用“承包合同”，而是采用“承包关系”，表述方式有所进步。既然“承包关系长久不变”，不再缴纳“承包费”，就“承包”的语义基本丧失。用“承包”两个字，已经很难准确概括集体与农户之间的法律关系，需要与时俱进转变表述方式。

（三）“土地承包权”的“成员权”的语义凸显

中央改革文件“将土地承包经营权分为承包权和经营权”的表述，并不能字面理解。“三权分离”是在“两权分离”的基础上产生新的权利，而不是取消现有法律确认的“土地承包经营权”。提出“土地承包权”的概念，主要是为了赋予农民更多的土地权益，是为了更好实现农村集体的土地所有权。《物权法》第 59 条第 1

〔15〕 岑运强：《语言学概论》，中国人民大学出版社 2014 年版，第 81 页。

款规定："农民集体所有的不动产和动产，属于本集体成员集体所有。"该条款明确采用"集体成员"的概念，为解释"成员权"提供了法律依据。正是在此意义上，有学者主张在具有"总有"性质的集体所有权之上创设具有成员权性质的农户承包权，将集体所有权改造为可以由个人可以支配的产权形态[16]。根据法律语言表达的习惯，成员权作为独立类型的民事权利，用于指称团体成员与团体之间的法律关系。因此，本文认为，中央文件中的"土地承包权"，理解为"成员权"更为合适，更能准确表达集体与农户之间的法律关系。

三、不应创设"土地经营权"的概念

现行法律允许土地承包经营权采取出租等债权方式流转，新型农业经营主体享有的是"土地债权"。中央农地三权分置改革方案出现了"土地经营权"，应当不是"土地债权"，而是一种新型的民事权利。然而，"经营土地"背后的权利具有多元性，为体现法律语言的准确性，立法者不应当创设"土地经营权"的概念。

（一）对"土地经营权"的不同解读

对改革文件中"土地经营权"的性质，主要有三种不同的观点。（1）债权说。土地承包权是用益物权，因同一物上不能存在两个相互冲突的用益物权，因此经营权的性质应当是债权[17]。（2）物权说。土地承包权是用益物权，经营权是次生性用益物权，是不同层次客体存在的用益物权[18]。（3）区别说。对于确权确地的农户土地承包经营权分离出的土地经营权，具有债权属性。土地承包经营权入股农村集体经济组织，从集体经济组织分离出的土地经营权，具有物权属性[19]。本文认为，在生活语言的世界中，可以将新型农业经营主体享有的不同类型的土地权益，都称为"土地经营权"。甚至集体和农户都享有"土地经营权"，都有土地经营的权能。然而，作为一种法律制度创新的工具，"土地经营权"应当不同与"土地租赁权"等土地债权，应当具有物权的属性。

（二）"土地经营权"中的"经营"语义多元

是否要创设"土地经营权"的概念，就要分析"经营"的语义。与"经营"相关的语义场包括"经营主体""经营组织""新型农业经营主体""经营方式"

[16] 陈胜祥：《农地"三权"分置的路径选择》，载《中国土地科学》2017年第2期。

[17] 陈小君：《我国农村土地法律制度变革的思路与框架》，载《法学研究》2014年第4期。

[18] 刘征峰：《农地"三权分置"改革的私法逻辑》，载《西北农林科技大学学报（社会科学版）》2015年第5期。

[19] 高海：《论农用地"三权分置"中经营权的法律性质》，载《法学家》2016年第4期。

“经营体制”“经营权能”“集体经营”“农户经营”“双层经营”“承包经营”“租赁经营”“信托经营”“合伙经营”“合作经营”“股份合作经营”“入股经营”等。与“经营权”相关的语义场包括“国有企业经营权”“店铺经营权”“电网经营权”“公司经营权”“经营权租赁”“经营权质押”等。由此可见，“经营”的语义具有多元性，“经营权”的类型具有多样性。

《关于引导农村土地经营权有序流转发展农业适度规模经营的意见》指出：“赋予经营主体更有保障的土地经营权，是完善农村基本经营制度的关键”“经营主体有权使用流转土地自主从事农业生产经营”“加强对土地经营权的保护，引导土地经营权流向种田能手和新型经营主体”“鼓励采用土地股份合作、土地托管、代耕代种等多种经营方式”。该改革文件，采取了“经营主体”“新型农业经营主体”“经营制度”“经营方式”“农业生产经营”等。根据体系解读，“土地经营权”是“新型农业经营主体”的权利，是从事“农业生产经营”的权利。具体是何种权利，该改革文件并没有明确。实际上，土地经营权更多是土地所有权、土地承包经营权或土地租赁权的一项权能，而不是独立的民事权利[20]。集体可以经营土地，农户可以经营土地，新型农业经营主体也可以经营土地。“土地经营权”具有多义性，很难准确表达“新型农业经营主体”的土地权益。

（三）“土地经营权”的“用益物权”语义凸显

从农村土地改革的历史看，“三权分离”并不是最近才产生的新事物。1978 年至 1983 年，禁止农用地流转阶段，典型的标志是 1982 年《宪法》第 10 条的规定。1984 年至 1994 年，农村土地流转作为例外存在，所有的流转必须经过集体同意。如 1984 年中央一号文件《中共中央关于一九八四年农村工作的通知》规定：“社员在承包期内，因无力耕种或转营他业而要求不包或少包土地的，可以将土地交给集体统一安排，也可以经集体同意，由社员自找对象协商转包，但不能擅自改变向集体承包合同的内容。”1995 年至今，农地流转制度逐步确立。如 1994 年年底出台的《国务院批转农业部关于稳定和完善土地承包关系意见的通知》指出，农村集体土地承包经营权的流转，是家庭联产承包责任制的延续和发展，应纳入农业承包合同管理的范围。《农村土地承包法》和《物权法》等都规定土地承包经营权的流转制度。目前农地权利结构，也可以表达为“三权分离”，即所有权、土地承包经营权和土地租赁权（债权）。中央三权分置改革，某种意义上可以说是四权分离，或者说是新形态的“三权分离”。改革文件中的“土地经营权”，应当凸显农地制度创新的价值，应当是一种新型的用益物权。

---

[20] 申惠文：《法学视角中的农村土地三权分离改革》，载《中国土地科学》2015 年第 3 期。

四、应当采用“农地所有权、农地使用权、农地耕作权”的三权体系

农村土地三权分置改革由政策层面上升到法律层面，要运用法律的思维。农村土地三权分置改革的实质，不是将土地承包经营权简单拆分为土地承包权和土地经营权，而是在集体土地所有权、农户土地承包经营权的基础上，创设新型农业经营主体的土地经营权。农村土地三权分置可以简单表述为“土地所有权”“土地承包经营权”和“土地经营权”的分置。根据法律语言准确的要求，未来立法应当采取“农地所有权、农地使用权、农地耕作权”的三权体系。

（一）“土地承包经营权”更名为“农地使用权”

“土地承包经营权”中的“土地”范围过于宽泛，土地用途不清晰，建议更改为“农地”。农户不缴纳“承包费”，“承包”语义丧失。农户可以不实际“经营”，而是将土地流转，“承包经营”名不符实。将“土地承包经营权”更名为“土地承包权”，能够一定程度缓解语言表达的问题，但不符合目前改革的实践，更不是顶层的制度设计。“土地承包经营权”更名为“成员权”，固然解决了“承包”语义丧失的问题，也明晰了集体经济组织的主体地位，但不能准确描述不同农户享有的不同土地权益。成员权包括自益权和公益权，前者是专为自己利益的权利，包括财产份额权、剩余财产分配请求权等，后者主要是基于公共利益的权利，包括表决权、撤销集体经济组织决议的诉权等。在集体所有、集体经营的模式下，用“社员权”的确可以概括集体经济组织与农户之间的法律关系。在农地三权分置的模式下，提出“社员权”的概念，可以解决集体土地征收补偿款的公共利益分配等问题，但无法表达农地已经长久承包给农户后的权利归属状态。

本文认为，“土地承包经营权”应当更名为“农地使用权”。“农地使用权”与“建设用地使用权”和“宅基地使用权”等相对应，符合法律语言表达一致的原则。这样在物权法的语境下，就形成了以“土地使用权”为核心的用益物权体系。更名为“农地使用权”，更能凸显自物权的属性，具有准所有权的法律地位，符合中央“土地承包关系保持长久不变”的改革政策。中央文件中已经采用了“土地使用权”的表述。1998年十五届三中全会通过的《中共中央关于农业和农村工作若干重大问题的决定》指出，“要赋予农民长期而有保障的土地使用权”。该中央文件已经明确使用了“土地使用权”的概念，具有重大的历史意义。当然，任何语言都是相对的，都有特定的语境。在宪法的语境中，“土地使用权”包括物权属性的土地使用权，也包括债权属性的土地使用权。这是由宪法制定的时代背景决定的。

（二）创设新型用益物权"农地耕作权"

目前主流学者倾向按照中央改革文件的表述，创设具有用益物权属性的"土地经营权"。然而，由于"经营"语义具有多元性，"经营土地"往往只是土地所有权、土地用益物权或土地租赁权的一项权能，因此立法不宜创设"土地经营权"的概念。用"次级土地承包经营权"来表达，可以解决"土地经营权"概念不清晰的问题。存在的问题是，新型农业经营主体的土地权益，不一定来源于农户土地承包经营权，还可能来源于集体土地所有权。在确权确股不确地的农地权利模式下，在土地承包经营权入股土地合作社模式下，新型农业经营主体可以直接从集体经济组织或土地合作社获得物权性的土地权益。新型农业经济组织的土地权益，也采用"土地承包经营权"的概念，或者采用"农地使用权"的概念，容易造成理解的混乱，毕竟两者是性质截然不同的权利。

本文主张，与"农地所有权、农地使用权"相对应，立法应当创设"农地耕作权"的概念，用以表达新型农业经营主体的新型土地权益。《关于引导农村土地经营权有序流转发展农业适度规模经营的意见》指出："土地经营权人对流转土地依法享有在一定期限内占有、耕作并取得相应收益的权利。"该中央文件明确采用了"耕作"的概念，"土地经营权"最核心的是"耕作"，因此以"农地耕作权"命名，较为合适。"耕作"的对象包括耕地、草地、林地和其他农业用地。与"耕作"相关的语义场包括"耕作学""耕作技术""耕作制度""耕作方式""农林耕作"等。我国台湾地区土地法采用了"耕作权"的概念，修改后民法典物权编采用了"农育权"的概念。"农地耕作权"符合现代汉语的通常表达，突出"耕作"的用途，也更符合中央土地改革的政策底线。

（三）"土地承包法"更名为"农地权利法"

中央多次指出，要抓紧修改农村土地承包方面的法律，用立法引领农村土地三权分置改革。土地承包方面的法律主要包括《农村土地承包法》《土地管理法》《农业法》和《物权法》等。我国正在编纂民法典，有望在2020年出台。作为私权保障的基本法，民法典物权编应当对农地权利体系，作为顶层的制度设计，明确"农地使用权"和"农地耕作权"的基本规则。在民法典通过后，作为特别法的《农村土地承包法》应当及时修改。由于"土地承包经营权"更名为"农地使用权"，该法就应更名为《农地权利法》，对农地权利体系作为进一步具体细致的安排。该法还可以对成员权的内涵和外延，作出具体的制度安排。

农村土地三权分置改革只是一种政策上的形象表达，在法律制度设计中，"三权"并不是唯一的选择。要充分尊重市场决定性作用，允许"一权独行"，允许"两权分置""四权分置"，乃至"五权分置"，为当事人提供多样化的选择空间。

就经营模式而言，至少存在以下几种类型：(1) 集体所有、集体经营；(2) 集体所有、农户经营；(3) 集体所有、新型农业经营租赁经营；(4) 集体所有、新型农业经营主体设定“农地耕作权”经营；(5) 集体所有、农户承包、新型农业经营主体租赁经营；(6) 集体所有、农户承包、新型农业经营主体设定“农地耕作权”经营；(7) 集体所有、农户承包、新型农业经营主体设定“农地耕作权”经营、新型农业经营主体出租经营。就权利分置表现形态看，至少存在以下几种类型：(1) 农地所有权；(2) 农地所有权、农地使用权；(3) 农地所有权、农地租赁权；(4) 农地所有权、农地耕作权；(5) 农地所有权、农地使用权、农地租赁权；(6) 农地所有权、农地使用权、农地耕作权；(7) 农地所有权、农地使用权、农地耕作权、农地租赁权。对于合作经营、股份合作经营、入股经营、信托经营等，需要进一步总结实践经验。

四、结语

中央政策制定者应当尊重法律规律，尊重语言规律。农村土地“三权分置”改革，表述为农地“三权分离”改革，更具有话语优势。中央改革文件将“土地承包经营权”简单分置为“土地承包权”和“土地经营权”，并不符合法律语言的基本逻辑。“三权”的名称，改革文件中表述为“土地所有权、土地承包权和土地经营权”，在法律上应当表述为“农地所有权、农地使用权和农地耕作权”。法学家应当更多参与国家治理，运用法律智慧，提出符合法律语言规律的制度设计方案，为全面推进依法治国做出应有的贡献。

论建筑物区分所有权共有部分范围之立法完善

尤 佳*

目 次

一、我国相关立法及评析

在业主共有权客体范围的界定上，我国立法没有对其直接下定义，而是采用了排除法和列举法并用的方法。[1]然而，这种立法思路无法满足实践的需求，导致了区分所有建筑中各种权属争议的产生。

---

* 安徽大学法学院副教授。

〔1〕《物权法》中关于区分所有建筑物共用部分的内容有第 72 条、第 73 条、第 74 条和第 79 条。第 72 条将共有部分界定为“专有部分以外的共有部分”，而其余 3 个条文则列举了共有部分的范围，内容包括：第一，建筑物区划内的道路（但属于城镇公共道路的除外）；第二，建筑区划内的绿地（但属于城镇公共绿地或者明示属于个人的除外）；第三，建筑区划内的其他公共场所、公用设施和物业服务用房；第四，占用业主共用的道路或者其他场地用于停放汽车的车位；第五，电梯、水箱。

2009 年《最高人民法院关于审理建筑物区分所有权纠纷案件具体应用法律若干问题的解释》第 3 条规定：除法律、行政法规规定的共有部分外，建筑区划内的以下部分，也应当认定为物权法第六章所称的共有部分：（一）建筑物的基础、承重结构、外墙、屋顶等基本结构部分，通道、楼梯、大堂等公共通行部分，消防、公共照明等附属设施、设备，避难层、设备层或者设备间等结构部分；（二）其他不属于业主专有部分，也不属于市政公用部分或者其他权利人所有的场所及设施等。建筑区划内的土地，依法由业主共同享有建设用地使用权，但属于业主专有的整栋建筑物的规划占地或者城镇公共道路、绿地占地除外。

（一）列举法无法详尽共有部分范围，徒增权属纠纷

在类型多样化的现代区分所有建筑中，随着建筑内部构造的日益复杂化，立法者竭尽全力也难免有所疏漏。例如，《物权法》虽然规定了“其他公共场所、公用设施”属于业主共有，但该概念本身就是模糊不清的。小区中的幼儿园、卫生室、地下车位等是否应属于“公共场所、公共设施”，从而归全体业主共有？对此开发商和业主有截然不同的认识，并在实践中引起了众多的争议。再如，《物权法》仅规定了“物业服务用房，属于业主共有”，而实践中小区大多设有“会所”，同时满足物业服务、棋牌活动、室内健身等多种用房需求。作为一个综合性功能的整体建筑，其产权归属问题在实践中引发的纠纷不胜枚举。

（二）排除法使得开发商尽量缩减共有部分范围，损害业主利益

排除法意味着共有部分的确定劣后于专有部分，以专有部分范围的明确化为基础，这就使得开发商出于盈利目的，总是将建筑物区分为尽可能多的专有部分。例如，《物权法》规定，建筑区划内的绿地归业主共有，但属于城镇公共绿地或者明示属于个人的除外。此处“明示属于个人的除外”导致了关于窗前绿地归属争议屡见不鲜，开发商为了吸引购房者，将一楼的窗前绿地以附赠的方式一并处分，而购房者在购买了一楼之后，常会将一楼绿地圈起院子，据为已有甚至改作他用，由此与其他业主发生争议。再如《物权法》规定，规划用于停放汽车的车位、车库的归属，由当事人通过出售、附赠或者出租等方式约定。即立法者将车库车位的权属交给了开发商。在当前私家车数量激增的背景下，车库车位成了稀缺资源，开发商大多把持着小区的车库车位的处分权，很少有开发商能根据小区业主的生活需要预留属于业主共有的车库车位。“规划用于停放汽车的车位、车库应当首先满足业主的需要”的立法目的难以实现，一些开发商甚至通过控制车库车位的出售来牟取暴利。

二、相关比较法的考察及评析

（一）比较法上的做法

1. 大陆法系国家的相关规定

德国《住宅所有权法》（制定于1951年，修订于1973年）第1条第5项规定：“本法所称共有物，指土地与建筑物的部分、设施、设备”。第5条第1项规定：“专有权的标的，指依第3条第1项的专有房间及其成分，对其改建、拆除、增减不会改变共有物、建筑物的外部形态，也不会侵害第14条第4项中所述的其他专有权人的权利。第5条第2项规定：“下列不得成为专有权的标的：关系建筑物的存续或安全

的建筑物部分，住宅所有权人共同使用的设施、设备，即使其位于专有房屋内。”第5条第3项规定：“住宅所有权人得约定，将可作为专有部分的部分约定为共有部分”。

法国1938年《有关区分各阶层不动产共有之法律》第5条采取了“排除式”界定共用物范围，“不宜由一区分所有权人予以排他性使用的建筑物部分即推定为共用物”。现行《住宅分层所有权法》（1965年制订、1967年补充）第3条第1项规定：共用部分系指供区分所有人全体或数名区分所有权人予以使用或对其具有有用性的建筑物诸部分与土地。该法还规定，在当事人无相反规定，或不存在相冲突的权利证书时，根据1965年法律的规定，下列财产视为共同部分：土地、水流、公园和花园、进出通道、房屋的主要组成部件、共同的基本设施、烟囱头、管道、共同服务的场所、过道和走廊。

《意大利民法典》（1942年制定）第1117条规定：在权利证书未作相反规定的情况下，建筑物的下列部分属于不同楼层或者同一楼层不同单位的所有人共有：（1）建筑物占用的土地、地基、主墙、屋顶、屋顶平台、楼梯、大门、门廊、前庭、拱廊、天井以及其他所有必须共用的部分；（2）门房和看门人的住所，洗衣、晾衣的场所，中心供暖处以及安置其他类似公共服务设施的场所；（3）任何种类的供全体共有人使用和享用的工作物、设施、建筑物，例如：电梯、水井、蓄水池、水管、下水道、排水沟以及直接通向专属每个共有人所有的支路起点以前的供水、供气、供电、供暖系统。

日本现行《有关建筑物区分所有等之法律》（制定于1962年，修订于1983年）第2条第4项规定，共用部分为“专有部分以外的建筑物部分，及不属于专有部分的建筑物附属物和依本法第4条第2项的规定而约定为共用部分之附属建筑物”。该法第4条第1项规定：“通往数个专有部分的走廊或楼梯，以及其他在构造上可供区分所有权人全体或其一部分共用的建筑物部分，不得成为专有权的标的。”第4条第2项规定：“第1条所规定的建筑物部分与附属建筑物，得依规约成为共用部分。但该情形不登记不得对抗第三人。”

我国台湾地区《公寓大厦管理条例》（1995年制定，2003年修订）第3条第4款规定，共用部分指公寓大厦专有部分以外之其他部分及不属专有之附属建筑物，而供共同使用者；第5款规定，约定专用部分指公寓大厦共享部分经约定供特定区分所有权人使用者；第6款规定，约定共用部分指公寓大厦专有部分经约定供共同使用者。第7条规定：“公寓大厦共享部分不得独立使用供做专有部分。其为下列各款者，并不得为约定专用部分：（1）公寓大厦本身所占之地面。（2）连通数个专有部分之走廊或楼梯，及其通往室外之通路或门厅；（3）社区内各巷道、防火巷弄。（4）公寓大厦基础、主要梁柱、承重墙壁、楼地板及屋顶之构造。（5）约定专用有违法令使用限制之规定者。（6）其它有固定使用方法，并属区分所有权人生活利用上不可或缺之共享部分。”

2. 英美法系国家的相关规定

美国《统一区分所有物业产权法》（UCIOA）§1－103（4）采用了排除法来确定共用部分的范围，即“指除房屋单元以外的全部物业小区”。1994年UCIOA修订案中规定，共有部分可包括：（1）为了全体所有人利益设定的地役权；（2）申报表以外的由全体所有权人所有或租赁的不动产。[2]同时，《联邦公寓大厦所有权示范法》（1962年制订）第2条则规定：建筑物的基地、墙壁、柱子、地板、走廊、楼梯、屋顶、出入口、地下室、庭院、管理人室、中央冷暖气和电力系统、电梯等公共设备，除了区分所有权人另有约定外，原则上均属共用部分；

我国香港地区《建筑物管理条例》（1970年制订，1993年修订）344章第2条对“共用部分”的界定：“公用部分”（common parts）指（a）建筑物的全部，但不包括在土地注册处注册的文书所指明或指定专供某一业主使用、占用或享用的部分；及（b）附表1指明的部分，但上述文书如此指明或指定的部分除外。附表1指明的公共部分包括：（1）外墙及承重墙、地基、柱、梁及其他结构性支承物；（2）围绕通道、走廊及楼梯的墙壁；（3）屋顶、烟囱、山墙、雨水渠、避雷针、碟形卫星天线及附属设备、天线及天线电线；（4）护墙、围栏及边界墙；（5）2个或多于2个单位共用的通风口；（6）水箱、水池、水泵、水井、污水管、污水处理设施、排水渠、粪管、废水管、沟渠、水道、雨水渠、导管、落水管、电缆、阴沟、垃圾槽、卸斗及垃圾房；（7）地窖、洗手间、厕所、洗衣房、浴室、厨房及看守员所用单位；（8）通道、走廊、楼梯、楼梯平台、光井、楼梯窗框及所装配的玻璃、升降口、屋顶通道及通往屋顶的出口和门闸；（9）升降机、自动梯、升降机井及有关的机械器材和放置机械器材的地方；（10）照明设备、空调设备、中央供暖设备、消防设备，以及普遍供所有业主使用或为所有业主的利益而设置的装置，以及安装、设置此等设备、装置的任何房间或小室；（11）设置在任何单位内但与建筑物内其他单位或其他部分一起供人使用的固定装置；（12）草地、花园及游乐场，以及任何其他康乐活动场地；（13）游泳池、网球场、篮球场、壁球场以及包容或容纳任何运动或康乐活动设施的处所；（14）会所、健身室、桑拿浴室以及包容健体或休憩设施的处所；（15）组成或形成任何土地的一部分的斜坡、缓坡及护土墙，包括海堤（如有的话），而该土地与建筑物乃属同一共同拥有权者。

（二）对上述比较法的总结与评析

1. 关于建筑物区分所有权共有权客体的界定方式

比较法中对于共有权客体范围的界定主要采取了三类模式：排除式、列举式和定义式。

---

[2] 见UCIOA注释1.

第一类为排除式。即通过规定专有权客体，反向推理，得出共有权客体范围，即以确定专有部分的方式来限定共有部分。上述立法中法国 1938 年《有关区分各阶层不动产共有之法律》第 5 条、日本 1983 年《有关建筑物区分所有等之法律》第 2 条第 4 项、我国台湾地区 2003 年“公寓大厦管理条例”第 3 条第 4 款、美国《统一区分所有物业产权法》（UCIOA）§1－103（4）、我国香港地区《建筑物管理条例》（1970 年制订，1993 年修订）344 章第 2 条都采取了该种界定方法。

第二类为列举式，即法条对属于共有范围的部分逐一列举。上述立法中意大利 1942 年《民法典》第 1117 条、我国台湾地区“公寓大厦管理条例”第 7 条、美国《联邦公寓所有权示范法》第 2 条、香港地区《建筑物管理条例》附表 1 都采取了该种界定方法。

第三类为定义式，即法条对共有权客体进行了抽象的定义。具体又分为两种：一种是直接定义法，即法条直接对共有权客体进行了抽象的定义。上述立法中典型的有法国现行的 1965 年《住宅分层所有权法》第 3 条第 1 项。另一种是间接定义法，即法条通过规定专有权客体的排除范围间接定义了共有权的客体。德国 1951 年《住宅所有权法》）第 5 条第 2 项、日本 1983 年《有关建筑物区分所有等之法律》第 4 条第 1 项、我国台湾地区 2003 年《公寓大厦管理条例》第 7 条第 6 款即采取了诸如“可供区分所有权人全体或其一部分共用的建筑物部分，不得成为专有权的标的”等类似的间接定义方法。

2. 对我国相关立法的启示

（1）大陆法系的立法限定：保证必需的共有部分范围。如上所述，大陆法系国家多采取了列举式的界定方法，详细列明了共有部分的组成部分。这种立法模式的优点在于明晰、确定，具有良好的可操作性，减少了业主与开发商之间关于建筑内某部分的权属争议。但仅采取列举法的弊端是，它可能会限制建筑物的设计，而且在类型多样化的现代区分所有建筑中，随着建筑内部构造的日益复杂化，立法者竭尽全力也难免有所疏漏；因此，大陆法系国家在列举式的同时，又配以定义式的界定方法，围绕共有部分的基本属性和特质对共有部分作了界定。这就弥补了列举法列举有限的不足，并且对共有部分与专有部分的划分指明了思路和原则：即凡是维持区分所有建筑的正常运转、满足业主基本生活需求所必需的部分，都是共有部分，开发商不得将其作为专有部分处分，即专有部分的范围劣后于共有部分的范围。

（2）英美法系的自由约定：保障业主的获取信息完整。如上所述，英美法系国家多采取了排除式的界定方法，较为笼统的将专有部分以外的部分定义为共有部分。这实际上赋予了开发商非常充分的自主决定权，即其可在建筑物开发之初，自由决定建筑物中各部分的权属，甚至可以将花园、户外车位、车库、门房等本来可供全体业主共用的部分设定为专有部分。但这并不意味着开发商必然会为了盈利而尽可能多的将建筑物区分为专有部分，从而损害业主的共有利益。原因在于，在开发区分所有建筑物之前，立法会要求开发商提交小区开发总契约[3]，该契约中对于区分所有建筑中的专有及共有部分的范围、各部分的权属及限制记载的非常明确、详尽。[4]该契约必须以业主大会和每位业主的名义制作，[5]是项目开发中最重要、最基本的文件。只有登记了小区开发总契约及其说明书，才能创立建筑物区分所有权。在美国案例中，小区开发总契约中的规定被当作类似于“继续土地开发的契约”。[6]业主能够在知情权完全得以保障的基础上，自主选择适合的区分所有建筑项目，并且从一开始就避免了业主和开发商间未来的权属争议。换言之，在英美法系的建筑物区分所有权立法中，在共有部分范围的界定上允许自由设定，而在共有部分范围的信息公开上采取了强制性的做法。这也表明了立法者将区分所有建筑中各部分的权属安排交由市场间接调整的立法态度。

三、我国相关立法的完善

实践中关于区分所有建筑中共有权客体的诸多争议，根本原因在于立法定位的偏离以及由此导致的立法模糊。无论是《物权法》还是《关于审理建筑物区分所有权纠纷案件具体应用法律若干问题的解释》，都未能准确界定区分所有建筑共有部分的本质，共有权客体界定的难题至今仍未解决。

（一）立法目的

我国共有权客体制度的完善，首先要明确制度的立法目的。共有权争议主要发生于业主与开发商之间，在业主与开发商之间，谁是共有权客体制度的保护重心？抑或是在二者间的平衡？

如果强调维护业主利益，立法重点则应确保业主享有的共有部分范围，抑制开

---

〔3〕 参见 UCIOA § 2－101（a）.

〔4〕 “小区开发总契约”规定了建筑物区分所有权共有权和专有权的关键事项，包括：小区名称，小区所在区域，小区中各不动产的权属，专有权的最大数目，专有部分界限说明，限制型共有部分说明。该文件同时还包括：开发商保留的不动产权利、条件及限制，保留不动产权利的边界，不动产权利的分阶段开发安排，共有利益的分配，所有权划分及专有部分转让方面的限制。此外，还附有附属设施记录。该文件中还可以包括开发商需要安排的其他事项，包括：对专有权人使用权的限制以及专有部分使用人数或其他方面的限制。平面图和规划图是该文件的组成部分，必须一同登记。平面图标明了整个区分所有建筑物项目的土地及房屋。规划图是对每个专有部分边界的说明。平面图和规划图相结合，清晰界定了专有部分的边界，同时也决定了小区管理机构和各业主应负担的维修管理义务。

〔5〕 参见 UCIOA § 2－120（a）. 这里也包括出租人，如果小区是出租财产的话。见 UCIOA § 1－103，comment13 and § 2－101.

〔6〕 参见 UCIOA § 1－103，Comment 14（a）.

发商设定过多的专有部分。如果强调维护开发商利益，立法重点则应保证开发商设定专有部分的自由，便于其区分尽可能多的专有部分并出售获利。目前《物权法》的立法设计，显然偏向后者，其中对车库车位、窗前绿地等权属的规定，即为其体现。这种立法思路，在其他国家也可找到先例，如前所述，英美法系的诸多国家中，即由开发商自主决定专有与共有部分范围、购房者自主选择合适的小区。

目前，我国的房地产市场属于卖方市场，购房者缺乏与开发商相当的交易磋商能力。因此，在当前的经济社会背景下，立法设计必须注重保护业主的利益，保证区分所有建筑中的共有设施能够满足其基本生活、生产需求。但另一方面，购房者消费能力有较大差别，房地产供应需满足各种层次的消费者需求，房地产市场仍应遵循市场规律，鼓励开发商的积极性。因此，立法在共有权制度的设计上，应同时兼顾两类群体的利益。

（二）具体制度设计

1. 共有部分的设定同时采取法定共有和约定共有

区分所有建筑中的共有部分应分为两种类型：一是法定共有，二是约定共有。

法定共有指地基、避难层、楼梯等部分，目的在于实现区分所有建筑的基本功能、维护区分所有建筑的正常运转，缺少该部分区分建筑的生活生产秩序将陷入混乱，因此开发商必须将该部分留给业主共有，不得进行处分，而立法也应将该部分确定为业主共有。

约定共有是为了提升区分所有建筑的品质或满足业主特殊需求而设置的共有部分，如高档小区中的水榭楼亭景观、健身休闲会客场所。这部分的缺失不会影响区分所有建筑的基本功能、不会严重影响区分所有建筑中的生活生产秩序，仅可能影响业主的生活品质，因此该部分的权属应由开发商和业主自行约定。开发商为了提升小区品质，提高楼盘售价，会充分考虑特定购房者群体对于楼盘的需求，建设更多更完备的共有设施；而购房者也会根据自己的经济能力选择适合的楼盘。这就意味着，市场在开发商和业主的利益间起到了调节作用。

2. 转变法定共有部分的界定思路

（1）立法定位的缺陷

如前所述，区分所有建筑的形成以房地产的整体开发为基础，从建设伊始，统一规划的要求表明了区分所有建筑具有功能上的整体性。要保证区分所有建筑得以存续和运转，公共部分和公共设施是必不可少的现实基础。没有公共部分和公共设施的建筑，即使其上存在多个所有权主体，也只是多重的传统型建筑的联结，而非一个真正的区分所有建筑。换言之，公共部分的存在是区分所有建筑的本质特征。因此，尽管区分所有建筑最终以区分出多个专有部分为目的，但专有部分的划分要以公共部分的确定为前提，以确保必要的公共部分范围为限度。《物权法》等相关立法中，在界定共有部分范围时，采取了以专有部分为基础的排除法，意在强调对业主专有权的尊重，但却忽略了一个基本事实，即专有部分的区分最初被开发商所控制，而共有部分的范围却事关全体业主的利益。缺少对于共有部分范围的最基本保障，仅靠列举法无法满足现代区分所有建筑日益复杂的结构及设施需求。

（2）对大陆法系国家做法的借鉴

对此，前述大陆法系国家的做法值得我国立法借鉴，即在列举共有部分的同时，又配以定义式的界定方法，围绕共有部分的基本属性和特质对共有部分作了兜底性的规定。最为重要的是，纵观法、德、日、意等国家的法律条文，在共有部分和专有部分的区分上，皆采用了"共有排除专有"的方法，其思路和原则为：凡是维持区分所有建筑的正常运转、满足业主基本生活需求所必需的部分，都是共有部分，开发商不得将其作为专有部分处分，即专有部分的范围劣后于共有部分的范围。

（3）相关规则的完善

一是立法应明确共有部分的定义，即"为维持区分所有建筑存在与运转、满足业主基本生活需求的基本结构、基础设施"，再用列举法对重要共有部分加以明确。

二是立法应改变现行的"以专有排除共有"的区分方法，在明确共有部分定义的基础上，规定"共有部分上不得设定专有权"。在处理共有部分争议的司法实践中，该规定将指导司法思维从"是否在专有部分之外"转向"是否对全体业主有用"上。

三是在登记制度中，针对现行登记制度重在登记业主的专有权、共有部分登记尚处于空白的现状，强化对共有部分的登记，完善相关的方法及程序。

3. 完善约定共有的制度安排

（1）现行立法的缺陷

《物权法》对于车库车位等部分规定了约定共有的方式。但相关规定的缺陷在于，一是没有明确将约定共有作为共有部分的确定方式之一，而只是针对车库车位等作了特殊规定；二是对约定共有的方式、时间、效力均欠缺明确规定。在房地产开发项目行政审批流程中，规划审批先于不动产登记，但规划文件中只确定各建筑部分的用途，不涉及具体权属，我国关于业主共有部分范围的立法规定又相对模糊，这就为开发商擅自改变共有部分属性、将共有部分登记为自己名下留下了可乘之机。

（2）对英美法系国家立法的借鉴

在美国，开发商在项目建设前，需向行政主管机关提交"小区权利总契约书"。该文件是对小区各部分权属的预先安排，一旦提交登记后就不能随意改变。规定了建筑物区分所有权共有权和专有权的关键事项，包括：小区名称、小区所在区域、小区中各不动产的权属、专有权的最大数目、专有部分界限说明、限制型共有部分说明。该文件同时还包括：开发商保留的不动产权利、条件及限制，保留不动产权利的边界，不动产权利的分阶段开发安排，共有利益的分配，所有权划分及专有部分转让方面的限制。此外，还附有附属设施记录。[7]该文件中还可以包括开发商需要安排的其他事项，包括对专有权人使用权的限制以及专有部分使用人数或其他方面的限制。[8]平面图和规划图是该文件的组成部分，必须一同登记。[9]平面图标明了整个区分所有建筑物项目的土地及房屋。规划图是对每个专有部分边界的说明。[10]平面图和规划图相结合，清晰界定了专有部分的边界，同时也决定了小区管理机构和各业主应负担的维修管理义务。通过该文件的提交、备案登记，欲购房的业主对该项目的各建设部分、用途、权属及限制等信息能够完全掌握，在信息充分的基础上做出是否购房的决定。

（3）相关规则的完善

首先，要明确开发商负有提交权属安排文件的义务。该文件类似于美国的“小区权利总契约书”、加拿大的“分契协议”。在该文件中，开发商应对建设项目中所有的专有部分与共有部分的范围、权属、权利限制等关系业主利益的事项，做出详尽的说明。该文件在行政主管机关登记备案后，不得再随意变更，是房产交易合同的法定组成部分，同时也是不动产登记机关未来进行共有权登记的依据。该文件中关于业主共有部分范围的记载，原则上就是不动产登记机关进行共有权登记的依据。

其次，要明确区分所有建筑确权行政主管机关。当区分所有建筑中业主与开发商间产生权属争议时，人们多寄希望于规划部门，希望其在规划审批中能明确小区各部分的权属。就目前的规划立法而言，规划部门尚没有该职责。针对开发商提交的权属安排文件，未来立法可以在规划部门和不动产登记部门之间选择，既可以将该职责交于规划部门，在开发商申请建设工程规划许可报送规划文件时，就应当提交小区不动产单元权属安排文件，由规划部门一并审批备案。立法也可以将该职责交于不动产登记部门，要求项目房地产出售或预售之前，开发商必须提交小区不动产单元权属安排文件，由不动产登记部门审批备案登记后，才能进行出售或预售。这两种方案都具有可行性，但相对而言，后者更为可取。

---

〔7〕 参见 UCIOA § 2 – 105（a）.

〔8〕 参见 UCIOA § 2 – 105（b）.

〔9〕 参见 UCIOA § 2 – 109（a）.

〔10〕 UCIOA § 2 – 109，comment 2. 指出，根据 UCIOA，非常重要的一点是，初期的“平面图”不一定是对全部项目土地的“勘测”，随着项目的进行，“平面图”不断调整，最终成为整个项目土地的勘测图。

抵押物价值恢复请求权的体系化展开
——兼及抵押权保全的立法论 *

谢鸿飞 **

目　次

一、问题及其意义

1901年，德国学者柯拉（Kohler）首次将物权区分为实体性权利（Substanzrecht）和价值权（Wertrecht）。[1]此后，因担保物权的物权属性表征为对担保物交换价值的支配，而非对物本身的支配，学界多将担保物权界定为"变价权"（Verwertungsrecht），[2]即将担保物变价并优先受偿的权利。这也意味着，担保债权对应的是担保物的责任而非担保人的责任。与质权不同，抵押权系非占有型担保物权，它仅着眼于抵押物内蕴的交换价值，彻底隔绝了与物的占有和用益关系。这既使抵押权人无需保管抵押物，又使抵押人保持对抵押物的用益；既不改变物的用益

---

* 本文发表于《比较法研究》，2018年第4期。

** 中国社会科学院法学研究所研究员，法学博士。

〔1〕 柯拉认为，实体权是对物之实体的使用，是财产权利的基石，以所有权为代表；后者以物的价值而不是物本身为目的，以抵押权、土地债务等为代表。Vgl. *J. Kohler*, Substanzrecht und Wertrecht, AcP, 91. Bd., H. 2 (1901), SS. 155～208.

〔2〕 参见［德］鲍尔/施蒂尔纳：《德国物权法》（上），张双根译，法律出版社2004年版，第43页。

关系，又激活了物的潜在资本价值。物的使用价值和交换价值的这种精巧区分，充分满足了抵押双方不同的经济目的，抵押权因此成为“担保物权之王”。也正是在彻底抽离了抵押权与物的实体关联后，动产抵押、流通抵押、各种财产的证券化成为可能，债权在现代经济中的“优越地位”[3]才有了法治基础。

抵押权作为价值权和非占有物权的双重特征，决定了其保障机制的特殊性。抵押权的不可分性、物权请求权、物上代位权等制度的根基，均在建构抵押权人与抵押人之间的平衡和对抗机制，维持抵押物在抵押权设定后到实现之前的价值。传统上，抵押物价值可能减少和已经减少时，抵押权人的各种特殊权利被统称为抵押权保全制度，具体又被分为两种：一是抵押物价值减少的防止权，包括不作为请求权和抵押权人的保全处分权；二是抵押物价值减少的补救权，包括恢复原状、增担保和提前清偿的请求权。[4]在瑞士法上，它们被统称为价值维持请求权（Werterhaltungsbehelfe[5]或 Recht auf Werterhaltung[6]）。日本和我国台湾地区学者也使用这一术语。如近江幸治教授认为，“即使说抵押权人只是价值权支配，但根据抵押权的设定，抵押人对于确实的标的物的收益还是受到一定的约束（价值维持义务）[7]；谢在全先生指出，“谓抵押权人对抵押人有抵押物价值维持请求权，应不为过。”[8]台湾地区“民法”第 871 和第 872 条“均为抵押物价值维持权利之具体规定。”[9]“保全请求权”具有强烈的物权请求权意蕴，未若权利定性上更为中性的“价值维持请求权”。

本文讨论的抵押物价值恢复请求权（以下简称恢复权）属于价值维持请求权，它是抵押物价值减少时抵押权人享有的恢复原状、增担保和提前清偿的法定权利。其近代渊源可能是《普鲁士普通邦法》第一编第二部分第 441 条：“担保物的实体价值显著减少，损害债权时，债权人有权提前请求清偿。”1872 年的《普鲁士所有权取得法》第 50 条还规定，抵押土地价值实质减少，危及债权时，债权人有权通过司法程序申请保全措施，也有权在债权到期之前请求清偿。按照后世对《普鲁士

---

〔3〕 参见［日］我妻荣：《债权在近代法中的优越地位》，王书江等译，中国大百科全书出版社 1999 年版，第 64 页。

〔4〕 参见郑玉波：《民法物权》（第 10 版），黄宗乐修订，三民书局 2012 年版，第 327 页；王泽鉴：《民法物权》，北京大学出版社 2009 年版，第 361 页；梁慧星、陈华彬：《物权法》（第 6 版），法律出版社 2010 年版，第 289 页。

〔5〕 Vgl. *Peter Gauch und Jorg Schmid*（Hrsg.），Kommentar zum schweizerischen Zivilrecht，Teilband IV 2b/2，Das Grundpfand，Schulthess 2013，S. 146.

〔6〕 *Peter Gauch und Jorg Schmid*（Fn. 5），S. 152.

〔7〕 参见［日］近江幸治：《担保物权法》，祝娅等译，法律出版社 2001 年版，第 95 页注 1。

〔8〕 参见谢在全：《民法物权论》（第 5 版），中国政法大学 2011 年版，第 721 页。

〔9〕 参见魏大喨：《抵押权人对无权占有抵押物者之排除请求权》，载苏永钦主编：《民法物权实例问题分析》，清华大学出版社 2004 年版，第 147 页。

法》的解释，损害从物也构成对土地的损害。帝国法院也判决，依据《所有权取得法》，“土地”包括土地及土地上用于担保债权的其他财产。[10]其后，《瑞士民法典》构建了最为完整的价值维持请求权体系：它区分了抵押物价值可能减少（第808条）、价值正在减少和已经减少（第809条、第810条）的情形，还规定了抵押物的分离（第811条第833条）。[11]《德国民法典》第1133～1135条亦做了类似区分。[12]

传统价值维持请求权理论存在两个根本问题：一是无视抵押物价值可能减少和已经减少时价值维持请求权的不同性质，未在既有教义学框架严格建构权利理论体系。二是在抵押物价值已经减少的情形，不区分债务人抵押和第三人抵押，更未区分第三人提供抵押是基于债务人的委托还是抵押人的无因管理。在中国法上，恢复权见于《担保法》第51条和《物权法》第193条。无论在体系上还是细节上，现行法都容有完善空间，学界从体系建构角度对恢复权的议论也不多，因而，在编纂民法典物权编之际，建构恢复权的理论体系并从立法论角度检讨现行法，当有必要。

二、抵押物价值恢复请求权的性质与功能

（一）抵押物价值恢复请求权的性质

恢复权既包括手段性权能，即通过恢复原状和增担保恢复抵押物的价值，抵御抵押物价值不当减少；又包括目的性权能，即通过提前清偿攻击债务人，确保债权安全。依物权、债权的财产权二分框架，恢复权在民法权利体系中的定位，取决于其效力内容和效力强度。理论上对恢复权可作如下两种界定。

1. 物权请求权或抵押权的衍生效力

这种观点认为，因为抵押权人的实际地位基本等同于所有权人，故恢复原状、增担保等恢复权基本属于物权请求权。[13]或认为，恢复权与抵押物价值可能减少时的抵押权人权利相同，都是基于抵押权的担保功能和物权性质产生的一种附随效力（Nebenwirkungen）。[14]两种观点的基础都是抵押权作为价值权和物权的双重特征。其解释力在于，恢复权是法定权利，即使在抵押合同未约定时，抵押人亦享有这种权利，因此可将它纳入抵押权的法定效力内容。

---

〔10〕 Vgl. Beck OGK/Kiehnle, BGB § 1133, Rn. 2. 1.

〔11〕 Vgl. *Peter Gauch* (*Fn.* 5), SS. 149－150.

〔12〕 Vgl. *Erman/Bearbeiter*, BGB, 14. Aufl. S. 4174.

〔13〕 参见曹士兵：《中国担保制度与担保方法》，中国法制出版社2008年版，第247页。

〔14〕 Vgl. *Joerg Schmid und Bettina Hiirlimann－Kaup*, Sachenrecht, Schulthess, 2012, S. 430.

事实上，恢复权与物权请求权在如下方面迥异：其一，功能。恢复权中的提前清偿请求权对抵押人具有明显的惩罚性质，[15]不仅有防御功能，还有攻击功能；物权请求权的功能是维持物权人对物的圆满支配状态，排除已经出现的妨害，预防未来可能出现的妨害，根本不具有惩罚妨害人的性质。其二，构成要件。恢复权的要件不仅需要对抵押物造成现实损害，还需危及抵押权；物权请求权只需要存在物权的妨害或危险状态（事实），亦不要求妨害人有过错或责任能力。其三，法律效力。恢复权只能对抵押人、抵押物的取得人和债务人请求，且均受诉讼时效限制；[16]物权请求权源于物权的对世性，可对所有妨害人请求，且除对未登记的动产物权的返还请求权外，物权请求权均与诉讼时效无关。

此外，将恢复权作为物权请求权以外的一种抵押权效力的观点，虽无懈可击，但几乎没有理论建构意义，不足为训。

2. 法定合同债权

将恢复权界定为法定债权（附随义务）的观点最初可能源于日本。《日本民法典》并未规定恢复权，但其第 137 条规定，债务人毁灭、损坏、减少担保物和违反提供担保义务时，丧失期限利益。学说上将担保关系解释为合同关系，进而基于诚信原则，认为抵押人可以使用收益抵押物，但应维持抵押物的价值；抵押物价值不当减少时，抵押人就违反了合同义务。[17]尹田教授也认为，抵押权人对抵押物不具有真正的支配效力，恢复权的基础在于抵押合同，其性质为抵押权人的债权请求权，对应于抵押人的法定附随义务。[18]具体而言，这种附随义务是《合同法》第 60 条规定的保护义务，即抵押人应保护抵押权人能通过实现抵押权保障其债权。

法定债权说的两个主要理论依据是：其一，抵押权人对物支配的抽象性。如果说所有权的现代发展趋势是逐渐观念化，那么抵押权从其诞生时起就是一种观念中的物权：抵押权人对物只是纯粹依凭法律之力的抽象支配，完全脱离了对物的物理占有。若没有对这种抽象支配的制度保障，抵押权有可能形同虚设。其二，抵押合同类推双务合同履行抗辩权的可能性。抵押合同并非双务合同，不存在履行抗辩权，但抵押合同存在类推双务合同履行抗辩权的基础。首先，抵押的设立目的是担保主债权，债权人甚至还可能将抵押权的设立作为交易条件，而且抵押权的设立通常也可阻却债权人取得不安抗辩权。其次，抵押人对物的用益原则上不受任何影响，要实现抵押权人排他性地支配抵押物的资本价值，进而通过优先受偿实现债权

---

〔15〕 参见孙宪忠主编：《中国物权法：原理释义和立法解读》，经济管理出版社 2008 年版，第 467 页。

〔16〕 Vgl. *Peter Gauch*（*Fn.* 5），S. 187.

〔17〕 参见近江幸治，同注 7 引书，第 142 ~ 143 页。

〔18〕 参见尹田：《物权法》，北京大学出版社 2013 年版，第 548 页。

的目的，抵押人对抵押物的用益与抵押物的价值维持义务就必须形成对价关系。若抵押合同完全不具有类似不安抗辩的效力，抵押物价值减损时抵押权人也不享有优于普通债权人的法定特别救济，抵押权的制度功能将被架空。因此，在基于合同成立的担保关系中，抵押人承担基于诚信原则产生的附随义务，并没有逾越双方的缔约目的：它不仅未赋予任何一方不相称的利益，反而使双方利益更为平衡。换言之，恢复权是内生于抵押合同的、理所当然的合同权利，对其立法无非事理的表达。

合同债权说的优点首先体现为在体系上清晰界分抵押权人的恢复权、物权请求权和侵权请求权。它将抵押物价值对抵押人的影响分为三个递进层次：抵押物价值可能减少——抵押物价值已经减少——抵押物价值已经减少且侵害抵押权，每个层次适用不同的请求权。这不仅在理论建构上更符合物债二分体系，还有助于实务厘定抵押权人不同请求权的构成要件与法律效果。如抵押人违反价值维持义务的标准应当是违反担保关系，应综合加害人的意思、抵押物的利用状态等综合考察和衡量，无论抵押权的价值能否足额清偿债权，都可以构成义务违反。如此就避免了几乎成为抵押权人桎梏的价格评价问题，即抵押物的价值与债权数额的数量关系。[19]其次，它为抵押权人代位行使抵押人的抵押物返还请求权提供了依据。在抵押物为第三人不法占有且抵押人怠于行使返还请求权时，抵押权人对抵押人依法享有恢复权这种债权，因此可代位行使抵押人对第三人的返还请求权；若将恢复权定性为物权性权利，抵押权人恐难以享有代位权。

合同债权说的主要弱点是无法解释法定抵押权人的恢复权，因为法定抵押权并非基于抵押合同成立，但这种情形实属罕见。另一障碍是，恢复权的义务人不仅包括抵押合同的当事人，还包括抵押物的取得人，但后者与抵押权人并没有合同关系。此时可解释为，在抵押物为第三人取得时，抵押权并不消灭，取得人应法定承受抵押合同的义务，亦称圆融。

（二）抵押物价值恢复请求权规范的功能

恢复权虽然是一项法定合同债权，但是，为平衡契约自由和物权法定的两种价值理念，抵押合同当事人有权对其作具体约定。如《瑞士民法典》第809条规定，提前清偿的数额只能是抵押物减少的价值数额，但司法实践也承认合同可约定全部清偿。[20]当事人还可约定在价值可能减少或者减少到何种程度时，债权人可直接请求提前清偿，而无须先请求增加担保。

在实务中，格式抵押合同（尤其是金融机构提供的）往往约定了恢复权的条件，

---

〔19〕 参见近江幸治，同注7引书，第144页。

〔20〕 Zürich Kommentar Art. 805 – 823, Schulthess Juristische Medien AG, 2013, S. 90.

如房产市价减少10%，抵押权人即可提前行使抵押权，或请求增担保等。在德国信贷实践中，借款合同往往都约定在抵押物恶化时，主合同提前终止，加之《德国民法典》第490条规定了借款合同的法定提前终止，恢复权在实践中很少使用，[21]甚至被认为只具有显著的“学术理论性”。[22]中国司法实务有关恢复权的案例也寥寥无几。[23]恢复权的实践案例不多，并不能说明相关法条没有意义。相反，实践中大量合同约定了恢复权，恰好说明正是因为有法律规定，当事人在缔约时才有了约定恢复权的问题意识；而正是因为当事人做了约定，当事人才可能依约消弭纷争，无须诉诸法院。

真正的问题在于，将恢复权作为一种法定债权有没有实际意义？德国学者莱赛尔（Raiser）基于二战期间轰炸毁损土地和建筑物的事实，认为在土地毁损后，若抵押人缺乏资金，恢复权就不会有什么实际意义。邓伯格（Dernburg）在解释普鲁士有关恢复权的法条时指出，抵押土地贬值时，即便抵押物变价，债权亦难充分受偿，抵押权人的法律处遇并未因此提高。只有在抵押物价值已经减少还在持续减少时，恢复权的行使才有意义。《德国民法典》恢复权立法的主要理由是，在抵押物价值减损时，不能让债权人束手无策，继续遭受债权落空的危险。[24]准确地说，恢复权能否发挥实际效果，主要取决于恢复权的效力强度。若恢复权的规则设计不区分债务人抵押与第三人抵押，且提前清偿的范围是全部债权，则恢复权的行使不仅将剥夺抵押人对抵押物的用益，还将使债务人陷入提前清偿的压力中。如此，债务人势必恪守维持抵押物价值的义务。也正是因为与消极的不安抗辩权相比，恢复权的攻击功能更为强大，如何平衡抵押权人和抵押人的利益，才成为一个精巧的法律技术问题。

三、抵押物价值恢复请求权的法律构造

在比较法和理论上，恢复权的构成要件和法律效力均既有共性，也有个性。

---

〔21〕 MüKoBGB/Lieder, 7. Aufl. 2017, BGB §1133, Rn. 1; Staudinger/Hans Wolfsteiner (2015) BGB, §1133, Rn. 1.

〔22〕 鲍尔/施蒂尔纳，同注2引书，第163页。

〔23〕 北大法宝关于《物权法》第193条的案例共计8个，实际与抵押物价值减少的案件仅3个；《担保法》第51条案例共计11个；《关于适用〈中华人民共和国担保法〉若干问题的解释》第70条则无案例。中国裁判文书网依照法律依据搜索关键词“《物权法》第193条”案例共2个，但案情与抵押财产价值减少完全无关联。

〔24〕 Beck OGK/Kiehnle, § 1133, Rn. 27.

（一）构成要件

1. 存在抵押权

这里的抵押权包括法定和约定两种。[25]德国[26]和瑞士[27]的通说认为，抵押权只是做了预告登记的，不产生恢复权。因为在抵押权登记之前，抵押权并未产生，权利人不能请求强制执行，只能请求临时处分或者扣押抵押物。[28]但抵押合同另有约定的，权利人可依约主张恢复权。此外，当债权人与抵押人为同一人时，债权债务发生混同，权利无法行使，亦不存在恢复权。[29]

恢复权存在的时间应在抵押权成立后、债务到期之前。《德国民法典》第一草案明确规定了这一要件，最终虽未被采纳，但学理上依然承认这一结论。[30]原因在于，在债务到期后，抵押权人本来就可以请求拍卖或变卖抵押物，行使恢复权并无实益。

2. 抵押物价值已经减少

这一要件的内容是抵押物因自然属性改变而导致其价值已客观减少。“减少”的两个重要限定是：其一，它必须是已经发生的、确定的减少；二是抵押物（包括从物）减少额度原因可能是抵押人或第三人的行为，也可能是自然原因，[31]但不能是法律行为（如出租抵押物等）。价值减少要件还涉及如下问题：

一是价值减少的判断时点。此时点应界定为抵押权设定时。抵押期间，抵押物因添附等原因增加价值的，不能以价值增加的时点为准。如土地权利抵押后，在土地上新建建筑物，其后又拆除建筑物，或者获得从物后又让与的，均不构成价值减少。[32]

二是一时性恶化。抵押人拆旧建新时，在新房竣工之前，抵押物价值也会减少。一种观点认为，抵押人增加抵押物价值的主观意图，并不能否定抵押物的现存价值将危及债权，[33]故有恢复权成立的空间。但是，一概认定此时产生恢复权，不仅背离了抵押权的设定不影响抵押人对抵押物用益的立法宗旨，而且殊有违抵押人的财产自由，过度保护了抵押权人的利益。较为折中的方案，可能是参酌不安抗辩

---

〔25〕 Vgl. *Christina Schmid – Tschirren*, BSK ZGB II-SCHMID – TSCHIRREN, Art. 808, S. 1746.

〔26〕 Beck OGK/Kiehnle, §1133, Rn. 13.

〔27〕 Vgl. *Peter Gauch* (*Fn.* 5), S. 163.

〔28〕 Staudinger/Hans Wolfsteiner, § 1133, Rn. 17.

〔29〕 Vgl. *Christina Schmid – Tschirren* (Fn. 25), S. 1752.

〔30〕 Beck OGK/Kiehnle, § 1133, Rn. 13, Rn. 23.

〔31〕 Beck OGK/Kiehnle, § 1133, Rn. 9; MüKoBGB/Lieder, § 1133, Rn. 5.

〔32〕 Vgl. *Christina Schmid – Tschirren* (Fn. 25), S. 1748; MüKo BGB/Lieder, § 1133, Rn. 10.

〔33〕 Beck OGK/Kiehnle, § 1133, Rn. 12.

权规则，首先考虑抵押人是否采取了相应的抵押物价值保障措施；[34]其次，没有相应措施的，由债权人设定一个合理期限，在此期限内，抵押物的价值若未恢复，债权人才享有恢复权。

三是抵押权人同意的价值减少行为。这种情形包括两种：（1）抵押合同约定，抵押物价值减少时，抵押权人均不行使恢复权。此时可类推适用免责条款效力的规定，即抵押物价值减少源于抵押人的故意或重大过失时，抵押权人依然享有恢复权。（2）抵押权在实施减少抵押物价值的某一行为前，抵押权人表示同意的。此时，只要价值减少在抵押权人预见的范围内，抵押权人预先放弃权利的行为并不违反公序良俗，应为有效。

四是抵押物灭失导致价值全部丧失的。依举轻明重的解释原理，此时亦产生恢复权，不过此时抵押权人无法请求恢复原状，只能请求增担保或提前清偿而已。

3. 危及抵押权

是否需要这一要件，比较法上并未形成共识。在解释上，《德国民法典》第1133条和《瑞士民法典》第809条规定需要；我国台湾地区“民法”第872条则未明示；《物权法》第193条也未规定。但是，《破产法》第75条第1款规定，在重整期间，“担保物有损坏或者价值明显减少的可能，足以危害担保权人权利的，担保权人可以向人民法院请求恢复行使担保权”，同时采用了“价值明显减少”和“危及担保权”两个标准。实际上，“危及担保权”要件即足可保障债权人，无须再增加“价值明显减少”要件。而且，即使抵押物价值减少不明显的，也可能危及抵押权，故这两个要件有时还无法共存，不宜同时规定。

我国民法典物权编宜增加“危及抵押权”要件，理由是：一方面，恢复权的行使尤其是请求提前清偿，对债务人影响甚大；另一方面，在中国信贷实践中，抵押率（贷款额与抵押物价值的比率）通常较低，且债权人为了减少风险敞口，往往在同一债权上设定共同抵押或混合共同担保。若取消危及抵押权这一要件，在抵押物价值减少未危及抵押权时，抵押权人行使恢复权，尤其请求提前清偿的，将使抵押合同当事人的利益明显失衡。另外，《德国民法典》草案曾规定了“实质性”危及的标准，[35]鉴于恢复权设置的目的是保障债权优先受偿，而且“危及”本身具有不确定性，这一标准显为蛇足。

与损害赔偿法中的“损害”不同，“危及”是主观标准，具有强烈的不确定性。抵押物价值减少是否会导致债权不能足额清偿，在减少发生的时点是无法判断的。因为债务人的履行能力和意愿、抵押物的市场价格都可能发生变化，实践中完全可能出现这种情况：抵押物价值即使大幅减少，债权最终也顺利受偿。理论上多

---

〔34〕 MüKoBGB/Lieder，§ 1133，Rn. 10.

〔35〕 Staudinger/Hans Wolfsteiner，§ 1133，Rn. 11.

采用债权人“合理期待”之类的主观标准，即抵押物的价值减少“超出了债权人对债权清偿的合理期待，或者使其期待落空。”〔36〕同时诉诸社会共同经验、交易惯例等相对确定的标准进行判断。相对客观的数额标准是，债权人正当期待的、在抵押权实现强程序中债权的受偿数额，可能低于抵押物价值没有减少时。相对主观的标准则是，抵押物价值减少将“实质性”改变抵押物的价值与被担保的债权之间的比例关系，对债权的实现构成“现实危险”。这里的债权范围包括主债权、利息、违约金、强制执行费用等。

在抵押物价值减少后，若债权依然可以完全受偿的，不构成“危及”。如在价值200万的房屋上为10万元的债权设定了第一顺位的抵押权，在房屋价值因抵押人的行为减少为100万元时，也不会影响足额清偿债权。若债权上有多个担保，某一或某些抵押物价值减少后，其他担保仍足可保障债权全部清偿的，亦不构成“危及”。此外，顺位在先的抵押权虽不受影响，顺位在后的抵押权受到影响的，后顺位的抵押权人也享有恢复权。〔37〕但是，若后顺位的抵押权人原本就不能从抵押物中获得清偿时，抵押物价值减少对其抵押权并未产生不利影响，故不产生恢复权。

判断“危及”的时间点，以法庭辩论终结时为宜。原因在于，抵押物尤其是房地产价值变动不居，抵押物价值减少后虽危及债权，但房地产价格普遍上涨后，抵押物完全可能使债权足额清偿；〔38〕相反的情况亦存在。可见，以价值减少时为判断时间点并不妥当，相对来说，法庭辩论终结时最能揭示抵押物的现存价值与债权数量的比例关系。此外，依举证责任的一般原理，债权人应证明“危及”债权这一构成要件。

4. 可归责于抵押人

这是恢复权最为疑难和混乱的构成要件。在比较法上，立法例差异较大，有明确以可归责为前提的（如韩国民法、台湾地区“民法”），有不要求这一要件的（如意大利民法），还有语焉不明的（德国民法、瑞士民法）。德国的立法变迁和学说状况足可说明这一问题的复杂性。德国19世纪特别法区分了抵押人可归责和不可归责的不同效力，并明确要求完整的恢复权以抵押人的过错为前提；〔39〕《德国民法典》第1133条则未明确这一要件，但总则部分“担保提供”章第240条则规定，非因权利人的过失导致担保不足的，义务人应补充担保，在法律适用上颇为疑难。德国通说主张，恢复权不以抵押人的过错为前提，〔40〕但又认为，自然原因、市场波动造成抵押物价值减少的，通常不产生恢复权。对《物权法》第193条是否以可归

〔36〕 Staudinger/Hans Wolfsteiner，§ 1133，Rn. 7；MüKoBGB/Lieder，§ 1133，Rn. 3.

〔37〕 Vgl. *Christina Schmid－Tschirren*（Fn. 25），S. 1748；Staudinger/Hans Wolfsteiner，§ 1133，Rn. 27.

〔38〕 Beck OGK/Kiehnle，§ 1133，Rn. 21.

〔39〕 Beck OGK/Kiehnle，§ 1133，Rn. 9.

〔40〕 Staudinger/Hans Wolfsteiner，§ 1133，Rn. 6；鲍尔/施蒂尔纳，同注2引书，第161页。

责于抵押人为前提，我国学界也形成了赞同说[41]和否认说[42]的对立。

“归责”是个相当模糊的法律术语，它更多的是描述结果（义务或责任的产生），而不是阐释原因。为清晰计，下文从抵押物价值减少的原因入手分析“可归责”的具体意蕴。依是否与人的行为有关，抵押物价值减少的原因可分为两类：

一是抵押人的行为。导致抵押物价值减少的行为可能源于所有人或者第三人，第三人的行为必须是独立行为，而非受抵押人指示的行为。《物权法》第193条只规定了“抵押人的行为”，文义上不包括第三人的行为，有学者认为是法律漏洞。[43]或认为，对第三人引起的价值减少，抵押权人不得行使恢复权，但可行使物权请求权。[44]在瑞士法上，恢复权同样适用于第三人导致的价值减少。[45]在德国法上，在第三人的行为有可能损害抵押物时，抵押权人可以请求第三人不作为。[46]在抵押人怠于行使对第三人的权利请求权时，承认抵押权人不仅可以请求抵押人排除该侵害，而且有权直接请求第三人停止侵害，有助于维持抵押物的价值，应予肯定。此外，第三人不是抵押合同的当事人，并非恢复权的义务人，在其导致抵押物价值减少时，抵押人对损害的发生或者扩大存在不作为过错的，亦产生抵押权人对抵押人的恢复权。最后，在自然原因（如树木的虫害）造成抵押物减少时，抵押人不作为的，亦可产生恢复权。可见，若将抵押人的行为解释为包括不作为，而法律上的行为本来就包括不作为，第193条的规定就不存在瑕疵。

二是抵押人行为以外的原因。这又可细分为两种类型：其一，抵押物的自然属性导致其价值减少，最典型的就是建筑物折旧。德国主流观点认为，此类价值减少是抵押物固有的属性，债权人在抵押设立时就可预见到抵押物会随着时间流逝贬值，可在缔约时采取其他措施弥补这一缺陷，此时让债权人享有恢复权难免有违诚信。[47]反对意见认为，抵押人应考虑弥补抵押物在自然进程中减少的价值，满足债权人对抵押物价值稳定的期待。[48]其二，抵押物自然属性以外的原因，包括市场走势和自然灾害等。通说认为，经济周期、市场波动和供求关系等导致抵押物贬值，如2007年美国经济危机导致房地产价值的下降，均不能产生恢复权。[49]据此，天

---

〔41〕 参见王利明：《物权法研究》（下），中国人民大学出版社2013年版，第1245页。

〔42〕 参见最高人民法院物权法研究小组编著：《〈中华人民共和国物权法〉条文理解与适用》，人民法院出版社2014年版，第577页。

〔43〕 参见杨明刚：《新物权法担保物权适用解说与典型案例评析》，法律出版社2007年版，第128页。

〔44〕 参见史尚宽：《物权法论》，中国政法大学出版社2000年版，第287~288页；崔建远：《物权：规范与学说》下册，清华大学出版社2011年版，第816页。

〔45〕 Vgl. *Peter Gauch* (*Fn.* 5), S. 164.

〔46〕 Beck OGK/Kiehnle, § 1134, Rn. 1.

〔47〕 MüKo BGB/Lieder, § 1133 Rn. 7.

〔48〕 Beck OGK/Kiehnle, § 1133, Rn. 10.

〔49〕 Staudinger/Hans Wolfsteiner, § 1133, Rn. 8.

灾造成的抵押物价值减少更无从产生恢复权。其三，主权行为导致的抵押物价值减少。如政府修路损害土地，导致土地价值减少的，有观点认为亦可产生恢复权。[50]这涉及恢复权与物上代位的关系，容后详述。

可见，从价值减少的原因入手，抵押人归责要件的核心争议是：恢复权应否取决于抵押人的过错？赞成说和反对说均从风险负担规则中寻找理论支持。前者认为，抵押权为物权，抵押物毁损灭失的风险，由抵押权人承担；[51]后者主张，抵押权人并非物的所有人和占有人，抵押人占有抵押物，最能管理和控制其价值减少的风险，价值减少的风险遂应由抵押人承担。可见，诉诸风险负担理论并不能达成共识，寻求利益平衡的思路相对较为妥当：在抵押物价值减少时，抵押人也因抵押物价值减少受损，在其没有任何过错时还承担风险，负担委实过重；[52]反之，抵押设定后，抵押物价值增加的，基于抵押权的不可分性，抵押人无权请求减少抵押。出于平衡考虑，抵押合同任何一方对抵押物价值减少没有过错时，抵押人都不应承担增担保等义务。

从立法上看，“抵押人归责”要件之所以引起争议，主要是因为一些立法例（如《瑞士民法典》第 810 条、台湾地区“民法”第 872 条第 4 款）规定，抵押人对抵押物的价值减少无过错时，抵押权人有权在抵押人因此所受利益限度内请求增担保。这就形成了恢复权的双轨体系：（1）抵押人有过错的——恢复权包括恢复原状、增担保和提前清偿，可称为完整恢复权；（2）抵押人无过错的——恢复权限于限定的增担保，可称为有限恢复权。《瑞士民法典》第 809 条规定的完整恢复权未明文以抵押人的过错为前提，但第 810 条明确规定了抵押人无过错导致抵押物价值减少时的有限恢复权，运用体系解释，其结论自然是，完整恢复权以抵押人的过错为前提，[53]或者说，抵押人无过错抗辩在诉讼中被确认的，法院只能适用第 810 条的有限恢复权。[54]我国《担保法》第 51 条规定，抵押人对抵押物价值减少无过错的，抵押权人只能在抵押人因损害得到的赔偿范围内要求提供担保。《物权法》第 193 条废除了这一规定，因为增担保“比较麻烦”，赋予抵押权人以物上代位权足可保障其利益，[55]但下文分析将表明，成立增担保与物上代位权的竞合是必要的。

此外，抵押物价值的减少若系抵押权人造成的，抵押权人不应享有恢复权，[56]否则将有违恢复权设置的宗旨。

---

[50] Staudinger/Hans Wolfsteiner, § 1133, Rn. 10.

[51] 参见；史尚宽，前注 44 引书，第 264 页；郑玉波，同注 4 引书，第 329 页；梁慧星、陈华彬，同注 4 引书，第 290 页。

[52] 参见谢在全，前注 7 引书，第 727 页。

[53] Vgl. *Christina Schmid – Tschirren*（*Fn.* 25），S. 1748.

[54] Vgl. *Peter Gauch*（*Fn.* 5），S. 199.

[55] 参见胡康生主编：《中华人民共和国物权法释义》法律出版社 2007 年版，第 422 页。

[56] Beck OGK/Kiehnle, § 1133, Rn. 9. 1.

（二）法律效力

完整的恢复权包括恢复原状、增担保和提前清偿等内容，其适用条件亦有差异。

1. 恢复原状

恢复原状的一般目的是使受损的权利回到受损之前的状态。但是，恢复权中的“恢复原状”的终极目的是保障债权清偿，因此，只需抵押权人能恢复到价值减少之前的清偿机会即可，而无须一定要恢复到抵押物设定时的状态。〔57〕在抵押率较低的担保中，这一规则妥当地调和了所有权自由和债权保障，值得肯定。

恢复原状适用于抵押物能通过修理、取回等方式，简单或快速地回到抵押设立时的状态，〔58〕如修葺房屋、取回被搬离的从物等；耗时长的工作通常不适用恢复原状，如重建等。〔59〕事实上无法恢复的，如被砍伐后的森林，也不适用恢复原状。

2. 增担保

增担保是指抵押人提供与减少价值额度相当的担保。它是抵押权人的权利毫无疑义，但是否同时为抵押人的权利？其实益在于，抵押人可以通过增担保来避免提前清偿。学界有两种对立观点：肯定说认为，抵押人为继续维持抵押关系，可以主动提供担保；〔60〕否定说认为，基于财产流转、效率的考量，只有在抵押权人提出请求时，抵押人才有义务提供相应的担保，抵押人不能主动增担保。〔61〕鉴于恢复权的目的只是保障债权人未来顺利实现抵押权，抵押人主动提供担保，既能避免债务人提前履行的损失，又可消除债权人的担忧，可谓一举两得，故不宜否认抵押人亦有增担保权。

通说认为，恢复原状与增担保请求权不存在先后顺序，抵押权人享有选择恢复原状或增担保的权利。〔62〕《物权法》第193条也用“或”来连接两者，认可了通说。据此，即使抵押物能恢复原状的，抵押权人也可请求抵押人提供担保。当然，抵押权人选择恢复原状的，以恢复原状在事实上可能为限。赋予抵押权人选择权的原因在于，两者均可达致抵押权人的目的。但是，在抵押权人的选择和抵押人的选择出现冲突时，抵押人的选择应优先。如抵押权人主张恢复原状且抵押物可恢复原

---

〔57〕 MüKo BGB/Lieder, BGB § 1133, Rn. 12; Beck OGK/Kiehnle, § 1133, Rn. 21.

〔58〕 Vgl. *Peter Gauch* (*Fn.* 5), S. 205.

〔59〕 Vgl. *Christina Schmid – Tschirren* (Fn. 25), S. 1751.

〔60〕 参见房绍坤：《试论增担保请求权》，载《河南省政法管理干部学院学报》2007年第1期；刘得宽：《论抵押权之物上代位性》，载苏永钦主编：《民法物权实例问题分析》，清华大学出版社2004年版，第170页。

〔61〕 参见最高人民法院物权法研究小组，同前注41引书，第577页。

〔62〕 参见郑玉波，同注4引书，第329页；房绍坤，同注60引文。

状的，抵押人也有权拒绝恢复原状，而选择增担保方式。因为对抵押权人而言，重要的不是抵押物价值的恢复，而是抵押权的恢复，这完全可通过增担保的方式实现。此外，因两种请求权的目的和功能完全一致，故有观点认为，只有一项请求权未满足时，才能选择另一种请求权，[63]但从实务角度考虑，抵押权人应有权同时请求增担保和恢复原状，但两个请求权并用的结果，不能使抵押权人得到双重利益，一旦足额增担保，即排除恢复原状，[64]这样更能使抵押人灵活采用不同方式恢复抵押物的价值。

增担保的数额应相当于抵押物价值减少的数额，如此既避免债权清偿的危险增加，又防止债权人的处遇比抵押物价值减少之前更优。增担保无须一定采用抵押物受损之前的担保方式，既可以是人保，也可以是物保。[65]德国[66]和瑞士[67]司法实践还认可通过提升抵押权的顺位来增担保。实际上，无论何种担保方式，理论上均能消除抵押物价值减少给债权人增加的受偿风险，但留置和定金方式除外。因为留置多为法定担保，定金罚则无法实现增担保的目的。[68]通常，增担保方式、担保物的价值和保证范围均由抵押人选择，只要经济效果上能达到抵押设定时抵押物的价值，法律自然没有限制的理由。实务中的问题是，债权人不愿意接受其认为风险较大的担保方式，如保证或价值变动较大的现代艺术品质押，或不接受与已设立的抵押不相称的担保，如在不动产抵押情形，以质押、动产或权利的让与担保为增担保方式，债权人未必接受。[69]

在双方对增担保的方式或数额未达成合意时，能否通过诉讼方式增担保？瑞士法许可当事人通过诉讼解决。[70]我国学界将诉讼方式的障碍总结为：其一，担保只有通过合意才能设立，法院不能强制当事人设定；其二，担保物必须特定，但这只能通过权利人而无法通过法院实现；[71]其三，以保证方式增担保的，无法以保证人为被告，故无从通过诉讼请求抵押人提供保证。[72]这些障碍可归结为：法院无法代替当事人订立担保合同。但排除以诉讼方式增担保，可能将使这一权利形同虚设，因为抵押权人不同意增担保的，抵押人的担保资源再充裕，也无法通过增担保方式

---

〔63〕 参见郭明瑞：《物权法实施以来疑难案例研究》，中国法制出版社2011年版，第199页。

〔64〕 Zürich Kommentar Art. 805 – 823, S. 41 – 42.

〔65〕 参见全国人大常委会法制工作委员会民法室主编：《中华人民共和国物权法条文说明、立法理由及相关规定》，北京大学出版社2017年，第399～400页；梁慧星、陈华彬，同注4引书，第290页。

〔66〕 MüKo BGB/Lieder，§ 1133，Rn. 16；Beck OGK/Kiehnle，§ 1133，Rn. 21.

〔67〕 Vgl. *Christina Schmid – Tschirren*（*Fn.* 25），S. 1751.

〔68〕 参见房绍坤，同注60引文，第109页。

〔69〕 MüKoBGB/Lieder，§ 1133，Rn. 17.

〔70〕 Vgl. *Christina Schmid – Tschirren*（Fn. 25），S. 1751.

〔71〕 参见房绍坤，同注60引文，第107页。

〔72〕 参见谢在全，同注7引书，第725页。

来避免丧失期限利益。另一方面，增担保是否覆盖因抵押物价值减少给债权人增加的风险敞口，法院也并非无法判断。在实务中，无论抵押权人起诉请求增担保，还是抵押人起诉确认增担保效力，法院依据担保物的评估价值、保证人的责任财产状况，参酌抵押物减少的价值数额，权衡担保方式和数额是否妥当，应非难事。

理论界一直忽视了增担保请求权可能存在的一个隐患：抵押人通过新增担保物权使抵押权人优先受偿，从而损害抵押人的其他债权人的利益。如债务人甲用自己价值10万元的A车，为乙的10万元债权设定了唯一的抵押权，后A车因甲的过失而贬值，乙请求甲增加担保。甲将自己唯一的责任财产——价值10万元的B车，为乙设定第一顺位的抵押权。若甲对丙尚有10万元的到期债务未清偿，乙丙本来对B车的清偿地位平等，却因为甲的增担保，使丙的债权无法受偿。此时乙的清偿地位优于丙，难谓正当。因此，抵押人以自己的财产增担保的，应以不损害其他债权人为限。

增担保的最后一个疑难问题是：抵押人未在抵押权人设定的合理期限增担保的，此后还能否提供担保以避免提前履行？反对说的理据是，期间经过后，若抵押人丧失增担保权，将促使其积极提供担保；〔73〕19世纪普鲁士法则坚持肯定说。〔74〕肯定说的一个重要理由在于，债权人的增担保权本质上是一时性的避险权（Notrecht），基于诚信原则权衡双方利益，在抵押物被强制执行之前，债务人都可以增担保。〔75〕这一问题比较合理的解决方案是：首先，在强制执行之前，赋予抵押人增担保权，但应以其无故意或重大过失为限；其次，抵押人应赔偿债权人向法院主张权利的费用和其他信赖利益损失，如债权人对提前清偿可回收的资金已做了确定的、合理的安排，但因增担保而无法使用这些资金造成的损失。

3. 提前清偿

提前清偿的前提是抵押人合理期间内未恢复原状或者增担保，但抵押合同约定债权人可直接请求提前清偿的除外。《物权法》第193条虽未明确提及期间要求，但要求提前清偿以抵押人未恢复抵押物的价值为前提，也承认了未在合理期限履行这一要件。期限经过后，债权人无须再设定期间，即可请求提前清偿；债务人未恢复原状或者增担保有无过错，亦不影响债权人请求提前清偿。〔76〕期限的长短由当事人决定，因为当事人彼此更熟悉对方的状况，且可以减少讼累，但当事人长短有争议时，由法院确定合理期间。〔77〕此外，期间设定的目的是给债务人一个缓冲期，不使其立即陷入提前清偿的困境，所以，抵押人明确且认真地拒绝回复的，德国类推

〔73〕 *Erman/Bearbeiter* (Fn. 12), S. 4174.

〔74〕 Beck OGK/Kiehnle, § 1133, Rn. 22.

〔75〕 MüKoBGB/Lieder, § 1133, Rn. 18.

〔76〕 Vgl. *Peter Gauch* (*Fn.* 5), S. 215.

〔77〕 Staudinger/Hans Wolfsteiner, § 1133, Rn. 19.

适用违反双务合同时的解除规范或替代给付的损害赔偿规范（《德国民法典》第323条第2款第1句和第281条第2款），认为抵押权人可以无须设定期限。[78]中国法无类似规定，解释上可类推期前违约规范，抵押权人亦无须设定期限。

提前清偿的范围在比较法上存在相当大的差异，大致有三种立法例：

一是在抵押物价值减少的额度内清偿，以瑞士法为代表。债权人只能请求按照比例清偿（verhältnismässigen Abzahlung），如土地价值减少一半，土地上负担的抵押债权可以受偿一半。[79]其合理性在于，抵押物价值减少时，债权人的风险应回到和价值减少之前相同的状态，故提前清偿的数额以已经减少的而不是可能减少的价值数额为基础。[80]顺位在先的抵押权人请求清偿的金额不合适，对顺位在后的抵押权人造成不利影响时，后顺位抵押权人可以请求相应的清偿。各方对清偿的金额无法达成合意的，由法院确定。[81]这种立法例的出发点是赔偿，即抵押物减少的价值是多大，提前清偿的范围就是多大。

二是提前实现抵押权，以德国法为代表。抵押权人虽然可以请求提前清偿全部债权，而不是部分债权，[82]但只能对抵押土地实现抵押权清偿（aus dem Grundstueck），性质上属于抵押权法定行使的一种情形。[83]债权人通过实现抵押权实现的债权数额清偿，可能超过抵押物减少的价值。其出发点是预防，即通过提前实现抵押权，剥夺抵押人对物的用益，迫使抵押人履行价值恢复义务，同时将债权不能清偿的危险降到最低。据此，如果抵押物的价值已降到最低点，抵押权人提前实现抵押权不再具有意义，也就不能请求提前清偿。

三是清偿全部债权，且不以抵押物价值为限。以《物权法》第193条和我国台湾地区“民法”第872条第2款、第3款为代表。抵押权人不仅可以提前行使抵押权，在清偿不足时，还有权请求执行债务人的其他责任财产。在债务人无资力恢复原状或增担保，且抵押物的价值减少并未对债权清偿造成根本影响时，债务人的责任过大。显然，这种立法例的出发点是惩罚，在债务人作为抵押人时，最能促使其恪守价值维持义务。

提前清偿中较为特殊的一个问题是：提前清偿将缩短债务人实际使用资金的时间，如果债权无利息，债务人的利益如何保护？惯例是采用霍夫曼公式扣除利息，即假设最终实现的债权为X，合同债权为F，合同约定的履行期和提前清偿的时间

---

〔78〕 Beck OGK/Kiehnle, BGB § 1133, Rn. 20.

〔79〕 Zürich Kommentar Art. 805 – 823, S. 99; *Christina Schmid – Tschirren* (*Fn.* 25), S. 1752.

〔80〕 Zürich Kommentar Art. 805 – 823, S. 97.

〔81〕 Vgl. *Christina Schmid – Tschirren* (*Fn.* 25), S. 1752.

〔82〕 Staudinger/Hans Wolfsteiner, § 1133, Rn. 26; MüKoBGB/Lieder, BGB § 1133, Rn. 13.

〔83〕 参见鲍尔/施蒂尔纳，同注2引书，第163页。

差为T，利息为Z，计算公式为：X = 36500 F ÷ （36500 + ZT）。[84]

提前清偿与合同解除的关系可分为两种情形：一是主合同为借贷合同时，请求提前清偿全部债权的效果，实际上等于合同解除。二是主合同为其他合同类型时，提前清偿并不导致合同解除，如以抵押担保买卖合同价金债权，抵押物价值减少导致出卖人请求提前清偿的，并不导致买卖合同的解除。

最后，与增担保一样，提前清偿也不应损害债务人的其他债权人的利益。如甲将价值10万元的汽车抵押于乙，担保20万元的债权，甲尚有其他责任财产10万元。丙对甲尚有未到期的债权20万元。后甲过失致汽车毁损且拒绝增担保，此时，若乙提前请求甲清偿20万元的债权，丙的债权将无法受偿。可见，如果不对抵押权人的提前清偿请求权做任何限制，将有损丙的利益，甚至还可能驱使甲乙恶意串通，通过故意损害抵押物并拒绝履行价值恢复义务，进而请求提前清偿来架空丙的债权。

（三）抵押物价值恢复请求权的当事人

1. 权利人

恢复权权利人涉及的问题主要是：在共同抵押或混合共同担保情形，抵押物价值减少时，保证人或其他物保人是否享有恢复权？这一问题的实益在于：债权人可能因为债权的其他担保充足，不主张恢复权，在债务人不能清偿时，其他担保人的担保责任将加重，其追偿权可能也落空。尽管如此，其他担保人不宜享有恢复权，理由是：其一，恢复权的目的在于避免债权清偿的期望落空，其他担保人并非债权人。其二，债权人不行使恢复权的，还可通过减免担保人相应范围内的担保责任避免其利益减损。《关于适用〈中华人民共和国担保法〉若干问题的解释》第38条第2款规定，债权人在主合同履行期届满后怠于行使担保物权，致使担保物的价值减少或者毁损灭失的，保证人在债权人放弃权利的范围内减轻或者免除保证责任。债权人不主张恢复权违反了其对自己的不真正义务，构成对己过错，可类推本条规范。其三，赋予恢复权将使法律关系过于复杂，且无实益。当然，债权人若怠于行使恢复权，其债权人可行使对恢复权的代位权，以保存债权。

2. 义务人

恢复权的义务人除抵押人外，还包括抵押物的取得人，这是抵押权追及效力的必然结果，也可解释为取得人基于法律规定，承受抵押合同的义务。

恢复权的义务人涉及两个疑难问题：

其一，第三人抵押情形，恢复权的义务人是谁？这一问题的根源在于：此时抵押人并非主债债务人，并不承担清偿义务。汉语法学界最早有这一问题意识的是史

---

〔84〕 MüKoBGB/Lieder, §1133, Rn. 15; BeckOK BGB/Rohe, § 1133, Rn 7.

尚宽先生。他在阐释《瑞士民法典》第809条时指出，在第三人抵押情形，恢复权的义务人应为抵押人。[85]但是，瑞士目前的主流理论认为，第三人抵押的，恢复原状、增担保和提前清偿的义务人都是债务人，而不是抵押人。[86]多数国家和地区的民法典都依据恢复权的内容区分义务主体。如台湾地区“民法”第872条第3款和第3款规定，抵押人无论是债务人还是第三人，均承担恢复原状和增担保的义务（以下两者统称“价值恢复义务”），但第三人不承担提前清偿义务，仅债务人承担这一义务。债务人抵押的，债务人不履行价值恢复义务时，债权人可直接请求其提前清偿；第三人抵押的，为平衡债权人和债务人的利益，在第三人不履行价值恢复义务时，债权人应另定期限请求债务人增担保，只有在债务人不履行时，债权人才可提前请求债务人清偿债务。[87]《物权法》第193条规定，抵押人不履行价值恢复义务的，抵押权人有权请求债务人提前清偿债务，明确了只有债务人才是提前清偿的义务人。这一问题应从抵押合同入手分析：基于抵押合同的效力，抵押人无论是谁，都要承担价值恢复义务；但第三人并非主债债务人，不应承担提前清偿义务。但是，若第三人不承担提前清偿义务，在其不履行价值恢复义务时，将不承担任何不利后果，显然不妥。较为妥当的方案，是区分债务人和第三人违反价值恢复义务的不同后果。

其二，债务人和第三人不履行价值恢复义务的效力应如何区分？在债务人抵押情形，债务人不履行时，债权人自然可以请求提前清偿；在第三人抵押情形，第三人不履行时，债务人可代为履行。若债务人亦不履行时，债务人是否应承担提前清偿义务？《物权法》第193条似做了肯定回答。若提前清偿的方式只限于提前行使抵押权，这种效力在抵押合同的射程内，无可厚非。但在抵押物价值不足清偿全部债务时，若债务人要承担未受偿部分的提前清偿义务，显然突破了抵押合同的相对性，债务人也无疑代抵押人受过。此外，债务人和抵押人完全可能不存在委托关系，抵押人主动为债权人提供担保，在抵押物价值减少且抵押人不履行价值恢复义务时，债务人却可能被迫提前清偿全部义务。如甲欠乙100万元，未设担保，后丙主动用其汽车为乙的债权提供了抵押，甲对此不知情。在该汽车因丙的过失贬值时，若丙不履行价值恢复义务，乙若有权请求甲提前清偿，显然不妥。

较为合理的提前清偿规则，或可做如下设计：（1）在债务人抵押情形，若立法者要惩罚违反价值维持义务的债务人，可规定债务人应清偿全部债务；若立法目的仅在于保障债权人的合理清偿期望，则规定债权人仅能提前行使抵押权。《担保法》和《物权法》均采纳了全部债务的做法，似无不妥。（2）在第三人抵押情形，债

---

〔85〕参见史尚宽，同前注44引书，第287页。

〔86〕Vgl. *Peter Gauch*（*Fn.* 5）S. 202，207，216；*Christina Schmid - Tschirren*（Fn. 25），S. 1751.

〔87〕参见郑冠宇：《民法物权》，新学林出版股份有限公司2010年版，第480页。

权人原则上只能请求提前行使抵押权，不能请求债务人提前清偿。但两种情形可构成例外：一是主合同明确约定债务人应提供一定数额的抵押，或者约定债务人应确保抵押物价值恒定。二是债务人故意侵害抵押物的。此时债务人的可责难性很强，基于诚信原则和恢复权的制度目的，可令其承担提前清偿义务。

四、抵押物价值恢复请求权与相关制度的衔接

抵押权保全是一个包括多种制度的综合体系。恢复权和其他相关制度的适用关系主要涉及如下方面。

（一）抵押物价值恢复请求权与抵押权人的物权请求权

比较法上通常都规定所有权的物权请求权，他物权则参照所有权适用。抵押权作为物权，自然包括保障其圆满支配状态的物权请求权。台湾地区实务以往否认抵押权的物权请求权，但在修法时已经确认。《物权法》在总则部分规定了适用于所有物权的物权请求权，对抵押权自然亦可适用。抵押权的物权请求权体现为价值减少防止请求权，与物权请求权是一般规定与特别规定的关系。

抵押权的物权请求权包括妨害排除请求权和妨害防止请求权，大致相当于我国法上的排除妨害和消除危险。《物权法》第193条规定，“抵押人的行为足以使抵押财产价值减少的”，抵押权人有权要求抵押人停止其行为。“停止侵害”针对正在发生或反复发生的侵权行为，[88]难以纳入物权请求权。但德国法出现了防御性请求权一般化的趋势，在满足侵权客观构成要件时，也产生侵权性的妨害防止和排除请求权。[89]无论将停止侵害做何种体系定位，强调预防损害的现代法引入以排除损害源泉为目的的责任方式，都值得肯定。在抵押物受到持续侵害时，还产生抵押权人两种请求权的聚合：以恢复被减少的抵押物价值为目的的恢复权和以排除未来损害源的物权请求权。

恢复权与物权请求权的共同目的都在于维持抵押权的圆满状态，但前者以抵押物价值已经减少且危及债权为前提；后者仅以抵押物的价值可能减少为前提。从理论上说，所有权人的物权请求权仅以所有权的圆满支配受到妨害为已足，抵押权人还需要其优先受偿权受到妨害为条件。但在实务中，抵押权人和所有权人行使物权请求权的要件不宜严格区分，一是因为抵押物市场价格的波动、债务人偿债能力和意愿的变化等复杂原因，即便抵押物价值已经减少时，抵押权是否受到妨害（债权将无法全部清偿）都难以判断，更何况在抵押物价值“可能减少时”。二是抵押权

---

〔88〕 参见叶名怡：《论侵权预防责任对传统侵权法的挑战》，载《法律科学》2013年第2期。

〔89〕 参见王洪亮：《妨害排除与损害赔偿》，载《法学研究》2009年第2期。

人行使物权请求权对任何其他人的福利都没有影响。

《物权法》第193条杂糅了恢复权和物权请求权，民法典编纂时宜将其分开。尽管《物权法》将物权请求权置于总则部分，但抵押权的物权请求权有其特殊性，依然有必要参酌比较法上的通例予以规定。需要明确的内容是：

1. 义务人的范围

义务人不应限于抵押人，而应包括任何妨害抵押物的人。义务内容不限于不作为，也包括作为，如妨害源于自然原因（如虫害）时，抵押人有作为义务。《物权法》第193条和台湾地区“民法”第871条第1款规定只有在抵押人的行为“足以使抵押财产价值减少的”，抵押权人才能请求停止侵害，显然是为了协调抵押权人的债权保障和抵押人的行动自由。但“足以”要件判断困难，且无必要。对第三人的妨害或侵害行为，抵押权人若不能请求停止侵害，显然有违现代民法的预防观念，也背离法律应尽可能保存社会财富的理念。因此，未若放弃瑞士和台湾地区“民法”模式，改采《意大利民法典》第2813条、《德国民法典》第1134条的立法例，明确将义务人界定为抵押人和第三人。

2. 抵押权人的保全处分

即在情况紧急时或经法院许可时，抵押权人可以自行采取保全措施，这是比较法普遍承认的方式。此外，抵押权人因保全处分支出的费用利己利人，性质为共益费用，应优于其他抵押担保债权优先受偿。《瑞士民法典》第808条对共益费用的优先性和其他担保债权人的利益平衡机制可谓精巧，值得借鉴：首先，保全费用即使未经登记，也在抵押物上成立法定担保权，且优先于在先登记的抵押债权；其次，在2012年1月1日后，高于1000瑞郎的保全费用应在发生后4个月登记，否则不得对抗善意信赖土地登记簿的第三人。[90]此外，中国《税收征收管理法》第45条规定，纳税人设定抵押之前发生的税款，先于抵押权执行。但共益费用有利于全体债权人，若后于税收受偿，有欠公平。[91]

恢复权与物权请求权的关联主要体现在如下两方面：

（1）状态妨害

即以形成某种长期持续的状态降低不动产的价值，但并未改变抵押物本身的任何物理属性。如在抵押土地附近新建养猪场或污染企业，导致土地价值减少。[92]此时抵押物的价值已经减少，但妨害状态尚一直存续。这种情形恢复权与物权请求权的关系可作区分处理：若系抵押人为之，构成价值维持义务的违反，故抵押权人可请求排除妨害或停止侵害，满足恢复抵押物价值和避免抵押物价值继续减少的双重

---

〔90〕 Vgl. *Peter Gauch*（*Fn.* 5），S. 188；*Christina Schmid－Tschirren*（Fn. 25），S. 1949.

〔91〕 参见郑冠宇，同前注87引书，第151页。

〔92〕 Beck OGK/Kiehnle， § 1133，Rn. 8. 1.

目的，同时实现恢复权和物权请求权。若系第三人为之，必须在被认定行为违法后，抵押权人和抵押人均可对第三人主张物权请求权，但只有在抵押人怠于主张物权请求权时，抵押权人才能向抵押人主张恢复权。

（2）抵押人对抵押物的投保义务

抵押物价值无论基于何种原因减少，都可能危及抵押权。抵押人对抵押物不投保或不续保，是否构成妨害或违反价值维持义务？德国法理论和实务均存在争议。比较通行的观点是，抵押人不投保或者续保的，不产生抵押权人的恢复权或物权请求权，法院也不能命令缔结保险合同。[93]但也存在相反观点。[94]如下两个观点应较能达成共识：一是抵押人不承担普遍的投保义务。学者起草的《欧洲示范民法典草案》（DCFR）只要求物保人像“一个审慎的所有人”那样投保，[95]并未要求其承担一般性的投保义务。二是若抵押设定时，抵押物已投保的，抵押人在抵押期间有续保义务。[96]其合理性在于，无论抵押权人在抵押合同订立时是否知道抵押物已投保，抵押人的价值维持义务均要求抵押期间抵押物的价值不能低于设定时，而按照社会普遍的商品价值观，未投保的抵押物，其价值显然低于已投保的抵押物。因此，抵押物未续保的，可能产生恢复权。此外，抵押人不续保也可构成对抵押权的妨害，抵押权人可代抵押人支付保费以保全抵押物。《瑞士民法典》第819条还规定，保费债权亦成立法定担保物权，应优先受偿，解释上值得借鉴。

（二）抵押物价值恢复请求权与抵押权侵害请求权

抵押权被侵害包括两种类型：单纯侵害抵押权（如恶意涂销抵押权、债务人过错毁损自己提供的抵押物）和同时侵害抵押物和侵害抵押权。后者产生的侵权请求权可能和恢复权发生竞合。其实益主要在于：抵押权人请求提前清偿或实现抵押权时，若债权未完全受偿，可以请求侵权人在其造成损失的范围内承担侵权责任。另外，此时亦可构成恢复权与物上代位的竞合。

抵押权作为物权，受侵权法保护，殆无疑义，《侵权责任法》第2条第2款明确将担保物权纳入保护范围。德国法也将抵押权作为侵权行为的客体，即《德国民法典》第823条中的“其他权利”。[97]较多学者认为，抵押权保全规范的目的是保护抵押权不受侵害，属于保护性法规，违反这些法规还构成第823条第2款规定的

---

〔93〕 Staudinger/Hans Wolfsteiner, § 1133, Rn. 5; § 1134, Rn. 25

〔94〕 Beck OGK/Kiehnle, § 1133, Rn. 4 -6.

〔95〕 *Principles, Definitions and Model Rules of European Private Law: Draft Common Frame of Reference*, p. 5576.

〔96〕 Beck OGK/Kiehnle, § 1133, Rn. 4 -6..

〔97〕 BeckOGK/Kiehnle, § 1133, Rn. 41. Staudinger/Hans Wolfsteiner, § 1133, Rn. 3.

违反保护性法规的侵权行为。[98]但亦存在争议。[99]《瑞士刑法典》第145条第1款甚至规定，侵害质物或留置物导致其毁损，债权人控告的，可以入罪。这一争议在德国法上的意义主要是影响侵权过错要件的举证责任分配，在中国法并无实益。

恢复权和侵权请求权最大的差异在于：前者不以对抵押权造成损害为前提，后者则须满足这一前提。在侵害抵押权的构成要件中，损害的认定最为疑难。按照侵权规则，判断抵押物损害的标准是：抵押物受损后的价值低于被担保的债权数额，使本该受偿的债权无法受偿。[100]抵押物受侵害后，其残值仍足清偿担保债权的，不成立恢复权，更不成立侵权请求权。问题在于，即便抵押物毁损导致债权人根本无法经由实现抵押权清偿债权，债务人也可通过其他方式清偿全部债权，从而无害抵押权。可见，侵害抵押权的重要特征是无法在加害行为发生时确定损害。较为妥当的方案是，以抵押权可以行使时为确定损害的时间点，抵押权人未受清偿的数额，其赔偿范围取决于抵押权设定时和实现时的市价差额。

侵害抵押权并不以行为人预见到抵押权为前提，这是由抵押权的物权性质决定的。如建筑公司未经抵押权人同意即拆除建筑，[101]即便其不知抵押权的存在，也构成侵权行为。侵害抵押物同时侵害抵押权的，加害人对抵押人和抵押权人同时承担侵权责任。基于债的同一性，该债权为连带债权。[102]其中，抵押权人的求偿范围为未受清偿的债权数额，且不能超过抵押物受损范围。加害人赔偿抵押权人后，抵押权人对债务人的相应债权消灭。就抵押人对加害人的债权，抵押权人得主张成立物上代位权或者法定质权。

恢复权和抵押权侵权请求权的目的均在于保障债权人的优先受偿权，侵害人不同，债权人值得保护的程度和救济手段也不同。因此，区分加害人是必要的：（1）第三人侵害抵押物的，债权人享有物上代位权和侵权请求权，两者发生竞合；抵押人与有过失的，债权人还可享有恢复权，其主张数额为抵押人应被归责的额度。（2）债务人侵害抵押物的，无论是债务人抵押还是第三人抵押，抵押权人都享有侵权请求权。如前所述，债务人故意侵害抵押权的，抵押权人享有包括提前清偿在内的恢复权。（3）债务人以外的抵押人和抵押物取得人侵害抵押物的，抵押权人可主张除提前清偿以外的恢复权，也可请求加害人承担抵押权侵权责任。（4）抵押权人侵害抵押物的，基于诚实信用原则，不应产生恢复权。抵押权人的债权可以和抵押人的抵押物损害赔偿债权抵销，但抵押权人故意侵权的，基于公序良俗原则，其债

---

[98] 参见［德］沃尔夫：《物权法》，吴越译，法律出版社2004年版，第369页；MüKoBGB/Lieder，§ 1133，Rn. 21.

[99] Staudinger/Hans Wolfsteiner，§ 1133，Rn. 3.

[100] 参见近江幸治，同注7引书，第143页；谢在全，同注7引书，第728页。

[101] BGH NJW 1976，189.

[102] MüKoBGB/Lieder，§ 1134，Rn. 17.

权不能作为主动债权抵销。

此外，恢复权中的“恢复原状”和物权请求权、侵权请求权中的“恢复原状”应予区分。前者是指从物理上恢复抵押物的价值，后两者是在法律上要求返还抵押物。理论上热议的问题是，抵押权作为非占有型担保物权，抵押权人能否请求返还原物？通说认为不能，[103]但晚近以来，肯定说渐盛行，其依据主要是借助抵押权人的代位权，或为免繁复而径自承认。[104]比较妥帖的方案是，如果抵押权人不能期待抵押人适恰管理抵押物时，或抵押人怠于对第三人主张返还时，可以请求第三人向自己返还。[105]此外，台湾地区“动产担保法”第 17 条第 1 款规定，债务人不履行契约或“抵押物被迁移、出卖、出质、移转或受其他处分，致有害于抵押权之行使者，抵押权人得占有抵押物。”它结合动产抵押的特性，强化了对债权人的保护，值得借鉴。

（三）抵押物价值恢复请求权与抵押人对抵押物的处分

抵押制度的精髓之一是，抵押人保持对抵押物的用益和处分。抵押人按照抵押物的性质和习惯用法，对抵押物的使用、收益和处分，如出租、再抵押、转让等，即便有损抵押物的价值，也没有产生恢复权的余地。[106]抵押物的租金等收益、转让价款也并非物上代位权的客体，否则将架空抵押制度的功能。这被认为是抵押权效力的界限。甚至基于所有权自由理念，德国和瑞士法均明确否认禁止抵押物处分条款的效力。[107]

然而，若对抵押人的上述权利不做任何限制，很可能损害抵押权人的利益。在法制史上，抵押人的上述权利并非一蹴而就，而是利益博弈的结果。日本民法典制定初期引入法国观念，就认为抵押人仅能管理抵押物，不能对其进行收益或处分，后来才改弦易辙，引入德国现代抵押观念。[108]传统上，恢复权和抵押人收益之间的协调，主要依赖抵押权的追及效力和物权优序制度，即抵押权设定后在抵押物上成立的各种权利，不影响抵押权的行使。[109]晚近以来，学说越来越强调价值维持义务对抵押人用益的约束。在台湾地区的司法实务中，法院以往不许可抵押权人请求注

---

[103] 参见史尚宽，同前注 44 引书，第 286 页。

[104] 刘凯湘：《论基于他物权的物权请求权》，载《法学论坛》2003 年第 2 期；梁慧星、陈华彬，同注 4 引书，第 291 页。

[105] 参见郑云山：《抵押权侵害之排除——以侵权法则和物权请求权为中心》，载《物权与民事法新思维：“司法院”谢前副院长在全七秩祝寿论文集》，元照出版公司 2014 年版，第 105 页。

[106] 参见史尚宽，同前注 44 引书，第 286 页；MüKo BGB/Lieder，§ 1133，Rn. 8.

[107] 如 Staudinger/Hans Wolfsteiner，§ 1136.

[108] 参见郑云山，同注 105 引书，第 101 页。

[109] 参见谢哲胜：《民法物权》，三民书局 2009 年版，第 352 页。

销地上权登记或请求回复登记，[110]但晚近则更多斟酌了社会经验：抵押权设定后在抵押物上为他人设定权利的，在拍卖时，竞买人通常会考虑搬迁等成本，从而降低出价。法院据此认定权利设定行为构成对抵押权的侵害，从而除去这些权利。[111]我国大陆司法实践中也认定抵押人与第三人的合同因恶意串通损害抵押权人的利益而无效。[112]当然，抵押权人还可基于恢复权请求抵押人恢复原状，从而消灭抵押物上的不当负担。

（四）抵押物价值恢复请求权与抵押权人的物上代位权

抵押权人的物上代位权是抵押权作为价值权的逻辑结果。它是对抵押物人所获得的赔偿金、保险金或补偿金等请求权的代位，而并非对金钱或其他赔偿物的代位，[113] 这些请求权既包括私法上的债权请求权，也包括公法上的请求权。

恢复权和物上代位权能否竞合，理论界有不同观点。赞同说主张，抵押权人不行使物上代位权而要求抵押人增担保，符合《担保法》第51条，也为比较法广泛支持，[114]否认说认为，在法律同时规定恢复权和物上代位权时，后者是前者的特别法，应优先适用；[115]或反过来提出“增担保优先性原则”，即增担保应先于物上代位权。[116]

恢复权和物上代位权有无必要竞合，取决于两个重要因素：一是物上代位权的效力内容。如果法律规定，给付义务人未经抵押权人同意或提供担保时，只能向抵押权人给付或者向第三人提存，否则不能对抗抵押权人，[117]则抵押人在获得赔偿数额的范围内提供增担保，对抵押权人而言几乎没有意义。若采台湾地区“民法”第881条立法例，抵押权人对抵押人的赔偿请求权等享有法定权利质权，但给付义务人因一般过失向抵押人给付的，对抵押权人也产生效力，抵押权人享有恢复权就有必要。二是抵押人的增担保利益。抵押人有可能为了使用赔偿金等，另行提供担保来阻却物上代位权。这种权利应予承认，因为它并不影响抵押权人的担保利益。中

---

〔110〕 参见魏大喨，同注9引书，第147页。

〔111〕 参见谢在全：《抵押权物权请求权之研究》，载《台湾本土法学杂志》，第22期。

〔112〕 如“李琼与湖北虹添投资有限公司房屋租赁合同纠纷上诉案”，参见湖北省宜昌市中级人民法院（2017）鄂05民终174号。

〔113〕 参见翟云岭、刘耀东：《抵押权物上代位性的再证成》，载《广西大学学报（哲学社会科学版）》2012年第1期；程啸：《担保物权人物上代位权实现程序的建构》，载《比较法研究》2015年第2期。

〔114〕 参见曹士兵，前注13引书，第248页；房绍坤，同注60引文，第114页。

〔115〕 Vgl. *Christina Schmid-Tschirren*（Fn. 25），S. 1755.

〔116〕 参见孙鹏、王勤劳：《担保物权的侵害及其救济——以担保物侵害为中心》，载《北方法学》2009年第2期；刘得宽，同注60引书，第170页。

〔117〕 参见朱岩、高圣平、陈鑫：《中国物权法评注》，北京大学出版社2007版，第587页。

国司法实践较为普遍地承认给付义务人对抵押权人的给付义务，[118]如果立法进一步确认这种做法，那么承认恢复权和物上代位权的竞合，其目的就主要是平衡抵押合同双方的利益。

五、代结论：民法典物权编抵押权保全的立法建议

抵押权保全是一个涉及多个制度和规则的综合体系，其根本出发点是调和两种价值：抵押担保的债权顺利清偿和促进抵押物物尽其用、货畅其流。本文的分析表明，传统教义学的恢复权理论存在两大弊端：一是未区分债务人抵押和第三人抵押，二是未妥帖平衡抵押关系各方的利益。《物权法》还存在抵押权物权请求权的缺失、恢复权要件不明确等问题。值民法典分则编纂的难得良机，在前文分析的基础上，参酌全国人大常委会法工委民法室起草的《民法典物权编》室内稿、学界先进的诸建议稿，本文野人献芹，草拟如下条文，供有司参考。

1. 抵押人的价值维持义务

抵押人应采取合理措施维持抵押物的价值，避免抵押物价值不当减少。

2. 抵押权人的价值减少防止请求权

抵押人或第三人的行为有可能使抵押物价值减少的，抵押权人有权请求停止侵害、排除妨害和消除危险。抵押权人在情况紧急时，或经人民法院许可，可以自行采取措施保全抵押权押物。抵押权人因此支付的合理费用，先于该抵押物担保的其他债权受偿。

3. 可归责于抵押人时，抵押权人的恢复权

抵押物的价值因可归责于抵押人的事由减少时，抵押权人有权请求抵押人在合理期间恢复原状或请求提供相应的担保，但新增担保不得损害抵押人的其他债权人。

抵押人未在前款规定的期限履行义务的，抵押权人可提前行使抵押权，清偿全部债务。抵押人为债务人的，抵押权人可以请求提前清偿全部债务，但不得损害抵押人的其他债权人，且应扣除相应的利息。

4. 不可归责于抵押人时，抵押权人的恢复权

抵押物的价值因不可归责于抵押人的事由减少时，抵押权人有权请求抵押人在因此所受的利益范围内提供担保。

5. 抵押人对抵押物的用益和处分

抵押期间，抵押人可以转让抵押物，抵押权的效力不受影响。

---

〔118〕 如“包头农村商业银行股份有限公司与土默特右旗人民政府等侵权责任纠纷再审案”，内蒙古自治区高级人民法院（2014）内民再二字第00019号。

抵押期间，抵押人可以将抵押物出租、设定抵押等，抵押权的效力不受影响。但因此影响抵押权实现的，抵押权人有权请求人民法院终止抵押物上设定的权利。

动产抵押人将抵押动产出卖、出质、移转占有等，妨害抵押权行使的，抵押权人有权占有抵押物。

6. 抵押权人的物上代位权

抵押人在抵押期间因抵押物毁损、灭失对第三人享有保险金请求权、赔偿金请求权或其他权利的，第三人应按抵押权的顺位向抵押权人履行义务，但抵押人提供相应担保的除外。

农民住房财产权抵押制度的构建*

焦富民**

目　次

一、农民住房财产权：一种具有物权属性和抵押担保功能的财产权

（一）农民住房财产权的界定

如何科学认识和准确理解农民住房？一直以来，学术界存有意见相左的两种观点：一种意见认为，农民住房仅仅是指建筑在农村宅基地上的房屋及其附属设施，而不包括农村宅基地本身；另一种意见主张，农民住房不仅包括建筑在农村宅基地上的房屋及其附属设施，还包括农村宅基地。显而易见，两种不同观点的分歧集中在农民住房是否包括农村宅基地。就物理状态而言，宅基地上的房屋及其附属设施是无法脱离其所依附的农村宅基地而独立存在的。然而，从关于权利归属的立法视角观之，农民对于宅基地上的房屋及其附属设施享有完全的所有权，而对于宅基地则仅仅享有使用权，宅基地的所有权则归属于农民集体，二者又是可以分离的。

农民住房与农民房屋并非同一概念，其内涵与外延存在一定的差异。根据我国

---

* 本文部分内容以《农业现代化视域下农民住房财产权抵押制度的构建》为题发表于《政法论坛》2018年第2期。

** 南京财经大学教授。

《物权法》的相关规定，“房屋”与“住宅”基本上是在同一个意义上使用的。[1]农民住房在现行《物权法》上未见其概念。就目前而言，农民住房还处于政策层面的概念。最早见于2013年党的十八届三中全会《中共中央关于全面深化改革若干重大问题的决定》（以下简称十八届三中全会《决定》）：“保障农户宅基地用益物权，改革完善农村宅基地制度，选择若干试点，慎重稳妥推进农民住房财产权抵押、担保、转让，探索农民增加财产性收入渠道。”2014年中央一号文件进一步指出：“改革农村宅基地制度，完善农村宅基地分配政策，在保障农户宅基地用益物权前提下，选择若干试点，慎重稳妥推进农民住房财产权抵押、担保、转让。”2015年中央一号文件明确要求，做好“农民住房财产权抵押担保贷款试点工作”，2015年8月10日国务院发布的《关于开展农村承包土地的经营权和农民住房财产权抵押贷款试点的指导意见》（以下简称《“两权”抵押意见》）明确指出：“农民住房财产权设立抵押的，需将宅基地使用权与住房所有权一并抵押。”2016年中央一号文件更是强调，在风险可控前提下，稳妥有序推进“农民住房财产权抵押贷款试点”。2016年3月15日中国人民银行、中国银行业监督管理委员会、中国保险监督管理委员会、财政部、国土资源部与住房和城乡建设部联合发布的《农民住房财产权抵押贷款试点暂行办法》（以下简称《试点暂行办法》）第2条进一步规定：“农民住房财产权抵押贷款，是指在不改变宅基地所有权性质的前提下，以农民住房所有权及所占宅基地使用权作为抵押”。2017年中央一号文件进一步明确指出：“深入推进承包土地的经营权和农民住房财产权抵押贷款试点”。政策演变表明中央关于“农民住房财产权”这一政策概念趋于稳定，内涵界定更加清晰。据此，农民住房作为一个集合概念，事实上包括农民房屋及所占宅基地，农民住房财产权包含农民房屋所有权及所占宅基地使用权。

（二）农民住房财产权“收益”和“有限处分”权能的彰显

农民住房财产权作为典型的政策性概念，其目的是赋予农民更多的财产权利。“保障农户宅基地用益物权，改革完善农村宅基地制度”是破解和克服农民住房财产权抵押法律障碍的先决条件。

将政策层面的农民住房财产权概念转换为法律上的概念，要服从并服务于现实的社会经济发展与现代生活的需要。促进资源的充分利用，是改革宅基地制度，深入推进农民住房财产权抵押与转让的首要目标。而根据民法理论，收益权是用益物权的核心权能。《德国民法典》第1030条第1款规定：“物可以因设定负担而受利

[1]《物权法》第64条的规定：“私人对其合法的收入、房屋、生活用品、生产工具、原材料等不动产和动产享有所有权”。第152条的规定：“宅基地使用权人依法对集体所有的土地享有占有和使用的权利，有权依法利用该土地建造住宅及其附属设施。”

益的人有收取此物之收益的方式设定负担（用益权）。”杜景林和卢谌先生在对这一条款评注时认为，此系用益物权，“用益权是一种广泛的、以收取全部之用益为内容的权能。”〔2〕在奥地利，民法上将所有权人分为有完全权能的所有权人和不完全权能的所有权人，用益权人即为不完全权能的所有权人。〔3〕在我国，农民集体对宅基地享有所有权，农民基于其身份从集体组织无偿取得宅基地后便享有一定的占有、使用和收益的权利。此时，农民集体对宅基地享有的所有权即为受到一定限制的所有权，从某种意义上说，这类似《奥地利民法典》上的“不完全权能的所有权人”；而宅基地使用权从农民集体土地的所有权中分离出来之后，也作为“不完全权能的所有权”，此时便可以很少受到农民集体土地所有权的约束。也就是说，在不损害农民集体对宅基地享有所有权的前提下，宅基地使用权人可以享有“完全权能的所有权人”的权利。由此，宅基地使用权物权属性的界定及其对宅基地使用权内涵规制，就理应成为立法的重点所在。我国关于农村宅基地的现行法律及相关规定是基于农民的特殊身份出于对农民生活的保障，同时虑及国家耕地的保护。只要宅基地使用权的流转不危及农民的权益，不引致耕地的流失，还是持有限制的允许态度的。我国《土地管理法》第62条的规定，并非禁止宅基地的流转，只是某种程度上对再次申请宅基地的限制而已。〔4〕即便是涉及宅基地使用权的抵押，也只是禁止其单独的抵押，并没有明确否定其根据“地随房走”的原则与房屋所有权一并抵押、转让。用益物权设定的目的，就是赋予民事主体对不动产进行使用和收益，其在某种意义上彰显了物权法对物尽其用功能的追求。而宅基地使用权在现行法律中缺乏清晰明确的规定，而且中央提出的“可抵押、可转让”的农民住房财产权，尚处于“试点阶段”，还没有得到法律上的承认。但是，我们必须清醒地认识到，实践中农民对宅基地使用权权能完整性的追求愈加迫切与强烈。收益权能不仅表现为农民可以通过在宅基地上建筑房屋及附属设施来满足居住需求，还表现为对宅基地使用权的“物尽其用”即利用宅基地使用权获得经济利益。在实践中，规避乃至无视禁止性法律规定的情形，也不在少数，现行的法律法规与国家不断变化的土地发展政策也难以协调。实践呼唤立法的修订。

改革宅基地使用权制度，宜进一步回归其用益物权的本质属性，允许其依法流转、让与。作为“他物权”中重要的一类，用益物权应该被定义为在不改变物的所

---

〔2〕杜景林、卢谌：《德国民法典评注：总则·债法·物权》，法律出版社2011年版，第532页。

〔3〕《奥地利普通民法典》第362条规定：“依所有权自由处分原则，有完全权能的所有权人原则上得任意使用或不使用其物；有完全权能的所有权人得毁损其物，或者将其全部或部分移转于他人，或者不附任何条件而放弃其物，即抛弃所有权。”其第363条继续规定：“不完全权能的所有权人，亦即上位所有权人和用益所有权人，同样享有前款规定的权利；但一方不得实施任何有害于他方权利的行为。”戴永盛译：《奥地利普通民法典》（修订截至2016年1月1日），中国政法大学出版社2016年版，第75页。

〔4〕《土地管理法》第62条第4款规定：“农村村民出卖、出租住房后，再申请宅基地的，不予批准。”

有权的前提下，独立地利用物即行使占有、使用、收益的权利。既然我国《物权法》已将“宅基地使用权”确立为用益物权，那么在该项权利的行使过程中，也应该具备用益物权权能。从现代民法物权理论出发，宅基地使用权可以被理解为，在不改变土地公有制性质的前提下，分离产生的对宅基地占有、使用、收益的权利。由此，构建我国农民住房财产权抵押制度，首先要界定宅基地使用权的用益物权权能，充分实现其作为物的利用权的价值。这也符合现代物权理论的发展的趋势和要求。其有效机制即是，在维护农村宅基地农民集体所有的前提下，实现农村宅基地的有限制的市场化流转。具体需要通过修改《物权法》《土地管理法》等相关法律法规，明确规定：农民住房财产权的核心是财产权，在社会保障水平较低的情况下，其充当最基本的生活保障功能，农民宅基地使用权的流转不能影响农民集体对宅基地的所有权；宅基地使用权之核心是使用、收益权，即将农民住房财产权塑造成一种具有物权属性和具有抵押担保功能的财产权，其不再或者不再主要是承载生活保障功能，而是完全按照现代市场法则，改革宅基地制度，彰显其用益物权的属性和财产功能，最终通过立法上的新规制，“农民住房财产权”得以实现从经济逻辑向法律逻辑的转译。具体建议《物权法》第152条在宅基地使用权的内容上增加“收益”的核心权能和有限处分的权能，以更好的回应第十三章的规定；同时改变现行“宅基地使用权不得用作经营性用途”的规定，建议改采列举加概括的方式，明定宅基地使用权不得用作商业性开发建房以及法律法规禁止的其他用途。

二、农民住房财产权抵押的设定

抵押实际上就是一种处分，一旦允许抵押担保，倘若到期无法履行债务，就需要对抵押物进行处分，由此即变成了事实上的农民宅基地的丧失，这与我国农村宅基地政策和法律设置的初衷相背，也不符合现行农村土地改革的政策底线。

关于农民住房财产权可否抵押？如前已述，政策层面上，农民住房财产权抵押已进入“深入推进”阶段。因而，从法律层面加强对农民住房财产权抵押设定的规制研究，就显得尤为迫切重要。

（一）农民房屋所有权和宅基地使用权登记是农民住房财产权抵押权设定的前置条件

由于农民住房财产权设立抵押的，需将宅基地使用权与房屋所有权一并抵押，因此对农民房屋所有权和宅基地使用权权属的明晰、确认，是决定农民住房财产权能否有效抵押的前提。在确权颁证的基础上，积极培育正规农民住房财产权流转市场，引导农民通过正规农民住房财产权流转市场流转其农民住房财产权，由地方政府授权正规交易市场为流转交易进行鉴证，这是开展农民住房财产权抵押融资的先决条件。

"抵押权之设定乃限制不动产所有权之物权行为，必须办理登记始生效力，故抵押物必须为已办理登记或依法能办理登记之不动产始足当之。"〔5〕通过农民住房财产权确权颁证登记，赋予农民更加充分而有保障的财产权益特别是土地财产权益。然而，我国《物权法》并未明确要求所有宅基地使用权一旦发生变更一律登记，而且我国法上也没有将登记作为宅基地使用权的生效要件。诚然，这并不妨碍宅基地使用权人申请登记部门予以登记，也不排除某些地区主动地只收取工本费而为农村村民办理了宅基地使用权登记。但总体而言，我国法律没有规定宅基地使用权的公示方法和公示效力。

笔者以为，宅基地使用权在设立模式上之所以未安排登记，主要源于历史沿革和现实状况，即便是新申请宅基地使用权，其方案也须经村民会议或村民代表会议讨论同意，农民之间相互熟悉，申请取得的宅基地地块也是人所共知，如此能够起到相应的公示作用。问题在于，在农业现代化的进程中，宅基地使用权之流转，既可能在"熟人"之间转让，也有可能在"陌生人"之间让与，政策层面也还允许向金融机构抵押融资，因此在宅基地使用权之设立方面，应当明确登记为宅基地使用权设立的格式方式，这样既契合一般的物权公示原则，又可为宅基地使用权流转、抵押的登记提供依据。尽管现行立法上存在瑕疵与缺漏，但就政策层面而言，党和政府一直在推动宅基地使用权确权登记工作。〔6〕从政策层面看，农民住房财产权的确权登记颁证工作在政府的精心组织和有力推动下正有序进行。

政策性的指导必须转化为立法上的实践，才能真正发挥法律的引领与保障作用。既然《物权法》将宅基地使用权明确为用益物权，农民对在宅基地上建筑的包括农房在内的建筑物、构筑物享有所有权。抵押标的物必须特定，而农民住房财产权特定化的重要方式就是登记，通过登记，明晰农民住房财产权的归属与范围。因此建议修改《物权法》等相关法律法规，明确宅基地使用权的设立、变更与消灭采登记方式，明晰农民住房财产权的主体、范围，作为农民住房财产权的权利象征和义务依据，从而为农民住房财产权的抵押担保奠定坚实的法律基础。

---

〔5〕 谢在全：《民法物权论（中册）》，中国政法大学出版社 2011 年版，第 651 页。

〔6〕 2014 年 8 月国土资源部、财政部、住房和城乡建设部、农业部、国家林业局颁布的《关于进一步加快推进宅基地和集体建设用地使用权确权登记发证工作的通知》开启了将农村宅基地与在宅基地上建筑的农房等建筑物、构筑物进行一体确权登记颁证的工作，即统一调查、统一确权登记、统一发证。2016 年的中央一号文件则进一步明确："加快推进房地一体的农村集体建设用地和宅基地使用权确权登记颁证"，"完善宅基地权益保障和取得方式，探索农民住房保障新机制"。为进一步加快农村宅基地和集体建设用地确权登记发证工作，有效支撑农村土地制度改革，2016 年 12 月国土资源部下发《关于进一步加快宅基地和集体建设用地确权登记发证有关问题的通知》（国土资发〔2016〕191 号），明确了农村"房地一体"确权登记颁证的具体工作；2017 年中央一号文件则强调："全面加快'房地一体'的农村宅基地和集体建设用地确权登记颁证工作。"

（二）抵押合同加上登记是农民住房财产权抵押权设定的核心要件

农民住房财产权作为不动产用益物权，当然一体适用《物权法》上的物权变动规则和物权抵押法则，农民住房财产权人和金融机构理应通过签订抵押合同并就住房财产权这一特定抵押物进行抵押登记。根据《物权法》第185条的规定，抵押合同一般应该包括“抵押财产的名称、数量、质量、状况、所在地、所有权归属或者使用权归属”等内容。这里揭示的是农民住房财产权人，作为适格的抵押人，必须依法拥有政府有关主管部门颁发的宅基地使用权及其房屋所有权权属证明，方可与抵押权人签订合法有效的抵押合同。问题在于，农民住房财产权抵押权的设定是否要经过农民集体经济组织的同意？以解释论观之，农民住房财产权抵押权因抵押权人与抵押人即农民住房财产权人之间的抵押合同而产生，农民住房财产权包括农民住房所有权和宅基地使用权，属于物权，农民住房财产权人是该农民房屋和宅基地的合法主体，农民住房财产权抵押权体现了双方当事人的合意，农民住房财产权抵押权的设定无须经过农村集体经济组织的同意。然而，《试点暂行办法》第4条第（4）项规定，“所在的集体经济组织书面同意宅基地使用权随农民住房一并抵押及处置”是借款人以农民住房所有权及所占宅基地使用权作抵押申请贷款的条件。[7]然而，“物权是物之归属的权利，法律赋予权利人直接支配其物之力。所谓直接支配，系指物权人得依自己的意思享受物的利益，无待他人的介入。”[8]况且，从鼓励农民住房财产权抵押，增加农民土地的财产权益的角度来讲，也无须征得农村集体经济组织的同意。

根据《物权法》的规定，抵押权以登记为其公示方式。农民住房财产权抵押权作为抵押权之一种，自当以登记为公示方式。对照《物权法》第180条的规定，农民房屋当属建筑物，农民享有对建筑在宅基地使用权上的房屋之所有权，属于可以抵押的抵押物范畴。根据《物权法》第187条的规定，对农民房屋所有权设定抵押权，应采取登记生效主义。然而，《物权法》第184条禁止宅基地使用权作为抵押物，既然我国法上禁止宅基地使用权抵押，因而也就没有规定宅基地使用权抵押权的公示方法和效力。问题在于既然有必要也有可能就农民住房财产权进行抵押，这就需要进一步按照现行担保物权规则进行制度设计，农民住房财产权抵押权的设立必须契合现行担保物权规则。《试点暂行办法》第11条规定：“借贷双方要按试点地区规定，在试点地区政府确定的不动产登记机构办理房屋所有权及宅基地使用权

---

〔7〕 一些现行试点地区也曾明确规定，农村房屋抵押应当取得本集体经济组织的同意，抵押人应向金融机构提交抵押物所在地村集体经济组织或村民委员会同意抵押和同意处置抵押物的书面证明。参见《成都市农村房屋抵押融资管理办法（试行）》第5条、第7条。

〔8〕 王泽鉴：《民法物权（第二版）》，北京大学出版社2010年版，第31页。

抵押登记。”对照《物权法》第180条的规定，融合农民住房所有权和宅基地使用权的农民住房财产权可以为第（7）项“法律、行政法规未禁止抵押的其他财产”之范畴。根据我国《物权法》不动产物权变动的一般原则是登记生效主义，只有在法律另有规定的情况下，不动产物权变动方能采取其他形式。因此有学者主张：“农民住房财产权抵押权当属不动产物权，且法律上就其公示没有做出特别的规定，依体系解释方法，自应采取登记生效主义。”〔9〕笔者赞同农民住房财产权抵押采登记生效主义，主张修改物权抵押担保登记规则，明确统一采用登记生效主义。

三、农民住房财产权抵押权的实现

构建流转顺畅、保护严格的农民住房财产权市场交易体系，是农民住房财产权抵押实现的重要保障。

（一）前置条件：农民基本居住权的保障

在我国农村，农民住房财产权依旧是农民最重要的不动产，是农民的生活资源和安生之所，也是农民家庭经营的重要资产，在农民的资产总额中占比较大。农民住房财产权抵押贷款实践中会否出现农民居无定所的问题，成为改革最大的民生问题。为此，为数不少的学者认为，抵押人只有在确保于抵押权实现后有居住场所的，才能设定农民住房财产权抵押，或者抵押人有两处以上房产或者由他人保证为其提供居住场所的情况下，才能办理农民住房财产权抵押。〔10〕也有学者持不同意见：“将抵押人须确保在抵押权实现后有居住场所作为抵押的条件，将会大大限制农民住房抵押的设立，从而也就间接限制了农民住房的价值发挥。”〔11〕因此，金融机构在处置抵押物时如何保证农户基本住房权利，成了无法回避的论题。

《试点暂行办法》第4条第（3）项规定：借款人以农民住房所有权及所占宅基地使用权作抵押申请贷款的，“除用于抵押的农民住房外，借款人应有其他长期稳定居住场所，并能够提供相关证明材料”。笔者以为，这一限制性条件与《“两权”指导意见》关于农民住房财产权抵押贷款试点“以落实农村土地的用益物权、赋予农民更多财产权利为出发点”的指导思想与试点的任务是相违背的。况且，这一限制性条件的规定，某种程度上矮化了农民也是“经济理性人”的地位，也违背了“平等”的现代民法精神，由此，笔者主张，修改相关法律法规时，取消农民住房财产权抵押贷款设立时关于借款人提供有其他长期稳定居住场所这一条件的规定。

---

〔9〕 高圣平：《农民住房财产权抵押规则的重构》，载《政治与法律》2016年第1期。

〔10〕 参见张日波：《农房抵押的浙江实践及其改革方向》，载《当代社科视野》2014年第12期。

〔11〕 房绍坤：《农民住房抵押之制度设计》，载《法学家》2015年第6期。

其实，“保障农民基本居住权”并不要求农民除用于抵押的农民住房外，一定还应有其他长期稳定居住场所。实践中，在抵押权实现时，保障农民基本居住权有多种解决方式，即便抵押农民仅仅拥有一处住房财产权，也可以通过选择相应的方式来保障农民基本居住权。一是通过抵押贷款风险补偿基金保障农民基本居住权；二是通过贷款重组〔12〕保障农民基本居住权；三是以强制管理〔13〕作为有效的保障农民基本居住权的补充方式。通过强制管理，抵押人在一定时间内丧失农民住房财产权的使用收益权，以农民住房财产权的收益来满足强制执行权，在抵押权完满实现后，抵押人仍旧取得完整的住房财产权。

（二）现行抵押物处置方式的适用

根据《物权法》第195条的规定，抵押权人实现其抵押权的方式有以抵押财产折价以及拍卖、变卖抵押财产优先受偿多种方式。抵押权人与抵押人未就抵押权实现方式达成协议的，抵押权人可以请求人民法院拍卖、变卖抵押财产。抵押财产折价或者变卖的，应当参照市场价格。《“两权”指导意见》强调的“采取多种方式处置抵押物”之规定，一定程度上肯定了在农民住房财产权抵押实现时，原则上有物权法第195条关于“协议以抵押财产折价”或“拍卖、变卖该抵押财产”等抵押物处置方式的适用空间，但不限于此。

在农民住房财产权抵押实现时，抵押财产的折价、拍卖、变卖这三种实现方式是否均可适用？绝大多数学者认为，农民住房财产权抵押的实现不能采取协议折价的方式、由抵押权人直接取得农民住房财产权，而只能采取拍卖、变卖的方式，将农民住房财产权变价并从变价价款中优先受偿。〔14〕由于抵押物农民住房财产权的特殊性，《“两权”指导意见》明确规定：“农民住房财产权（含宅基地使用权）抵押贷款的抵押物处置应与商品住房制定差别化规定。”笔者以为，这一“差别化规定”，某种程度上，体现在《试点暂行办法》将《“两权”指导意见》的“依法采取多种方式处置抵押物”限缩为“房产变卖或拍卖等多种方式处置抵押物”。这表

---

〔12〕“贷款重组”是指银行业金融机构由于借款人财务状况恶化，或无力还款而对借款合同还款条款做出调整的行为，一般由“双方通过重新签订借款合同及其从属合同，对不良贷款（或有不良贷款参加）的偿债主体、担保方式或者期限、金额、利率、还款计划等要素作出调整的行为。”参见刘堃：《刍议贷款重组》，载《新金融》2004年第4期。对于农民住房财产权抵押，《试点暂行办法》第12条也明确可以采行“贷款重组”的方式加以挽救。

〔13〕强制管理，是指通过委托他人管理抵押财产，并以其所得收益使债权得以优先受偿的制度。

〔14〕例如高圣平先生认为：目前农民住房财产权抵押贷款试点中的贷款人仅限于金融机构。这也就决定了，不能以协议折价的方式处置抵押物，否则，金融机构取得农民住房财产权，违反了“不得向非自用不动产投资”的禁止性规定。在强制执行程序中，强制拍卖、强制变卖之后仍然无法处置的，也不能以折价的方式使金融机构取得农民住房财产权。参见高圣平：《农民住房财产权抵押规则的重构》，载《政治与法律》2016年第1期。

明，国家在某种程度上否定了抵押财产的折价处置方式。

通过拍卖、变卖的方式实现抵押权，因为并不导致宅基地所有权的移转，而仅仅是农民住房财产权发生转让。抵押权的实现，抵押人就丧失其农民住房财产权，但此时并不影响农村集体经济组织对宅基地享有所有权，宅基地依旧归属农民集体经济组织所有，抵押人让渡的仅仅是农民房屋所有权和宅基地使用权。如前已述，由于农民住房财产权包括农民房屋所有权和宅基地使用权，其抵押的标的物均是农民住房财产权，因此抵押权实现方式宜进行一体化规定。

至于《试点暂行办法》第 12 条关于“变卖或拍卖抵押的农民住房，受让人范围原则上应限制在相关法律法规和国务院规定的范围内”规定的理解与适用问题，从既有的法律法规来看，农民住房财产权是可以转让的，只是其受让人有一定的身份要求。2017 年 2 月 9 日国土资源部副部长赵龙在解读《全国国土规划纲要(2016—2030 年)》有关情况答记者问时，指出：宅基地是农民的基本福利制度，它是有特定对象的，它的对象就是农村集体组织的成员，所以说在目前的情况下，还是要维持农村宅基地必须是集体组织成员内部的一种分配和集体组织成员内部之间的流转，城里人特别是工商资本是不能够进入到农村进行宅基地的交易和买卖的。〔15〕然而，《“两权”指导意见》存在这样一种倾向，“试点地区在农民住房财产权抵押权实现时，农民住房财产权的流转可以尝试突破身份性限制。《指导意见》的相关说法从反面印证了此点‘对农民住房财产权抵押贷款的抵押物处置，受让人原则上应限制在相关法律法规和国务院规定的范围内。’也就是说，原则上受限制，但允许例外的存在。众所周知，作为改革试点，例外本就应是一种常态性存在。只要新的举措限制能够保此规定想要保护的利益，则打破原则应被允许，即打破身份性应被允许。在权利处分过程中一旦突破身份性限制，就此权利的流转就可以形成完全的竞争市场。”〔16〕为此，建议修改《土地管理法》《物权法》等相关法律法规时，明确规定：农民住房财产权处置时的受让人范围，不再限于本集体经济组织内部，可以扩大到本乡镇本县区居民，必要时扩展至设区市和省一级范围内的居民，以适应农村土地使用权市场化的需求；同时赋予本集体经济组织及其成员以同等条件下的优先购买权以维护集体经济组织及其成员利益。

（三）农民住房财产权抵押担保中宅基地权益的实现方式和途径

农民住房财产权特别是宅基地使用权这一抵押物处置上的法律障碍是银行业金

---

〔15〕 参见 http：//www.gov.cn/xinwen/2017 -02/09/content_ 5166766.htm#allContent ，2017 年 4 月 6 日访问。

〔16〕 陶钟太郎、杨环：《农民住房财产权——寻找政策与法律的契合》，载《内蒙古社会科学（汉文版)》2016 年第 3 期。

融机构借贷的主要原因。因此从中央现行政策规定来看，均把改革宅基地制度、保障宅基地用益物权作为推进农民住房财产权抵押的基础与前提来考量的。《“两权”指导意见》强调“探索农民住房财产权抵押担保中宅基地权益的实现方式和途径”，即是积极的回应。

一是探索建立宅基地使用权有偿物权转让机制。当受让人为本集体经济组织成员，因该成员具有取得宅基地使用权的主体资格，故宅基地使用权伴随农民住房财产权一并转移，受让人因受让农民住房财产权而取得了宅基地使用权；当受让人为本集体经济组织时，因其作为宅基地的所有权人，此时受让农民住房财产权，因宅基地使用权与所有权混同而归于消灭。以上两种情形，宅基地使用权均与农民房屋所有权一体转移，因此必须建立宅基地使用权有偿转让的机制。可以依托相关主管部门建立完善多级联网的农村土地产权交易平台，建立农民住房财产权抵押、流转、评估的专业化服务机制。只有这样，才能充分彰显农民住房财产权的市场价值，特别是宅基地用益物权的市场价值。

二是探索建立宅基地使用权有偿债权转让机制。根据现行政策的规定，农民住房财产权抵押，是以农民住房所有权及所占宅基地使用权一体抵押。然而，基于宅基地使用权取得和享有的特殊性考量，农民住房财产权抵押权实现时可以探索“房地分离”的模式。具体说来，当受让人不属于本集体经济组织成员时，农民住房财产权抵押物处置，“受让人仅取得住房所有权，而不取得宅基地使用权，就住房和宅基地之间的利用关系，可以采取住房所有权受让人取得宅基地使用权的租赁权（债权性质的土地使用权）。此际，抵押人仅丧失住房所有权，并不丧失宅基地使用权，可以依宅基地使用权的租赁权收取受让人的租金”。[17]

三是探索建立宅基地使用权有偿转让利益合理分配机制。有学者认为，“在一般情况下，由于宅基地使用权是无偿取得，房屋受让人在受让房屋的同时也丧失了无偿申请宅基地的权利，因此农村房屋转让价中一般不包含宅基地使用权的价值。”[18]这不仅与宅基地使用权的收益权能相悖，而且也与现行政策上鼓励探索宅基地使用权有偿转让机制不相吻合。要做实农民的宅基地使用权，必须强化其用益物权属性。宅基地的社会保障性质以及无偿取得的分配方式，不能遮掩或者屏蔽宅基地使用权的财产属性，更不能据此剥夺农民作为宅基地用益物权人所本应取得的法定孳息。“否则，在抵押权实现后，原宅基地使用权人不仅丧失其宅基地用益物权，而且丧失再次请求分配宅基地的资格，其宅基地福利即丧失殆尽。”[19]农民住

[17] 高圣平：《农民住房财产权抵押规则的重构》，载《政治与法律》2016年第1期。

[18] 陈小君、蒋省三：《宅基地使用权制度：规范解析、实践挑战及其立法回应》，载《管理世界》2010年第10期。

[19] 高圣平：《农民住房财产权抵押规则的重构》，载《政治与法律》2016年第1期。

房财产权作为抵押物无论是物权性质的转让还是债权性质的转让，均应该是有偿的。笔者认为，农民住房财产权抵押处置后就宅基地使用权收益的主要部分应该由农民直接享有；同时作为宅基地所有权人的集体经济组织可以参与分配部分收益。具体标准宜参酌当地经济发展水平、具体收益数额、基本生活保障水平等因素综合确定，笔者建议具体分成比例宜划定在三七或二八分成较为妥适。

担保物权法编纂建议*

董学立**

目　次

一、我国现有担保物权法制的结构体例

我国现有的担保物权法制，肇始于清末法制改革，初成于《大清民律草案》，[1]成型于《中华民国民法典》，包括抵押权、质权、留置权三种基本担保物权类型。这一立法体例来源自于罗马法，是参考《德国民法典》担保物权法制的结果，历经百余年未有变化。在结构体例保持不变的情况之下，随着我国《担保法》《物权法》的制定和颁布，我国担保物权法制发生了一些变化，这些变化主要来自抵押权概念外延的不断被扩大：从抵押权即不动产抵押权到不动产与有限动产抵押权，[2]

---

* 本文是作者主持的国家社科基金项目《动产担保物权一元化立法研究》，项目号：13BFX093，以及教育部社科基金项目《统一动产担保法立法研究》，项目号：12YJA820015 的阶段性研究成果。本文以《担保物权法编纂建议》为题发表于《山东大学学报（哲学社会科学版）》2017 年第 6 期。

** 中国海洋大学法政学院教授，民商法研究方向，中国社会科学院法学所民法典编纂研究小组担保物权法编纂负责人。

[1] 《大清民律草案》关于担保物权有不动产抵押权、不动产质权、土地债务和动产质权、留置权等担保物权类型

[2] 《中华人民共和国担保法》第 34 条第 1 款第（6）项规定：依法可以抵押的其他财产。由此法有授权方得为的规定，形成了有限动产抵押权的局面。

再到不动产与极限动产抵押权。[3]我国台湾地区则在“民法”之外，另行颁布了《动产担保交易法》。[4]不论是以扩大抵押权概念外延的办法，还是另行颁布特别的手段，解决的问题就是一个——传统担保物权法制关于抵押权即不动产抵押权的规制使得其调整范围过窄，严重影响了担保物权法的有效实施。

通过扩大抵押权概念外延的办法将担保物权法的实施范围扩展到不移转占有的动产担保物，是在现有的历经百转理性建构和实践磨合后的几近体系完美的担保物权法制内部推进的。[5]抵押权概念外延的这一点点变化就足以使得历经实践磨合和理性完善的担保物权法制出现体系效应式的不适应。也就是说，动产抵押权的加入，所产生的担保物权法体系效应基本是负面的。我国现有的担保物权法体系如下图：这一图表告诉我们，传统的担保物法制是以担保物的不动产、动产为分类标准，有不动产抵押权、动产质权和权利（视为动产）质权。动产抵押权的加入，使得在动产（权利）质权之外出现了一个与其并立的动产抵押权。

	一般不动产抵押权	一般动产抵押权	动产质权	权利质权	动产留置权
定义	第170条、第171条、第179条	第179条	第208条	第229条	第230条
担保物	第180条、第182条、第183条、第184条、第196条	第180条、第181条、第183条、第184条	第209条	第213条	第231条、第232条、第233条
设定	第185条、第187条	第185条、第186条、第188条、第189条第1款	第210条、第211条。	第224条第1句、第226条第1句、第227条第1句、第228条第1句	第231条、第232条、第233条
公示	第187条、第188条、	第188条第2句、第189条第1款第3句	第212条	第224条第2、3句、第226条第2、3句、第227条第2句、第228条第2句	第230条、第240条

〔3〕《中华人民共和国物权法》第190条第（七）规定：法律、行政法规未禁止抵押的其他财产。由此“法不禁止即自由”的规定，形成了极限动产抵押权的结果。

〔4〕我国台湾地区担保物权法的发展，是在“民法”关于担保物权成型的基础上的发展。“民法”本身不容随意修改，也不易随意修改。在“民法”之外另行颁布特别法就是优选。“动产担保交易法”所要解决的正是“民法”没有规设动产上不移转占有的动产担保物权之不足的问题。

〔5〕说几近完美，在这里预示着不动产抵押权部分不是本次担保物权法编纂的重点。不动产抵押权制度由来已久，历经法学学说发展和审判实践推进，制度趋于完善、运行趋于缜密。由此，我们把担保物权编纂的重点放在了动产担保物权涵摄的外延部分。

续表

	一般不动产抵押权	一般动产抵押权	动产质权	权利质权	动产留置权
顺序	第190条、第191条、第199条、	第189条第2款、第190条、第191条、第194条、第199条	第217条	第229条	第239条
效力	第173条、第174条、第176条、第175条、第186条、第193条、第194条、第198条、第200条、第201条、第202条。	第192条、第193条、第197条、第198条、第200条、第191条、第192条、第193条、第194条、第201条、第202条	第213条、第214条、第215条、第216条、第217条、第218条、第220条、第221条	第225条、第226条、第2款、第227条第2款、第228条第2款	第235条、第237条、第238条
实现	第195条、	第195条	第219条	第229条	第236条
消灭	第177条	第177条、第202条	第177条、第219条第1款。	第177条、第229条	第177条、第240条

对于动产担保物权而言，在动产抵押权加入并存的情况下，民法典分则关于动产担保物权就分为动产抵押权、动产质权、权利质权。这就是下图之竖向分类——我们把它叫作动产担保物权法体系的“竖切”结构；在此基础上，每一种并立的动产担保物权类型又都有关于其概念、担保物、担保合同、担保物权设定、担保物权公示、担保物权优先受偿次序、担保物权效力、担保物权实现、担保物权消灭的规定——这就是上图之横向的分层，我们把它叫作动产担保物权法体系的“横刨”结构。我国现有动产担保物法制关于动产担保物权的“竖切”和“横刨”之结构体系，生就了难以克服的结构性弊端。

二、我国现有的担保物权法制的结构性弊端

（一）因“竖切”体系产生的结构性弊端

我国意定动产担保物权既然被“竖切”区分为“动产抵押权、动产质权、权利质权”。这一结构体系使得立法者在规范设计上易于产生“捡了芝麻、漏了西瓜”的窘局。所谓“捡了芝麻”，即由于竖切结构体系对动产担保物权的精细分类，会使得立法者更加着眼各类动产担保物权自身的具体问题，忽视各类动产担保

物权之间的共同问题，此即所谓“漏了西瓜”。那么，什么是动产担保物权之间的共同问题即“西瓜”呢？我们认为，作为动产担保物权法制整体性、核心性制度的各类型动产担保物权之间的统一优先受偿顺序规则，以及作为优先受偿顺序规则之基础的动产担保物权统一登记公示制度，应是动产担保物权法制中的“西瓜”。虽说“捡了芝麻”未必就一定会“漏了西瓜”，但专注于“捡芝麻”是容易导致“漏西瓜”的。实证研究表明，我国现有的担保物权法制，恰好就缺失了两项统一制度这两个“西瓜”，即缺失动产担保物权统一登记制度和动产担保物权统一优先受偿次序规则，由此形成巨大法制漏洞。

1. “统一登记公示制度”的结构性缺失

我国物权法担保物权编不是没有动产担保物权的登记制度，而是没有统一的动产担保物权登记制度。鉴于物权本身的对世效力以及对交易安全的追求，一国的物权登记制度包括动产担保物权登记制度应当统一。此所谓“统一”，一般的理解为由一个登记机构统一负责有关登记事务，并在登记范围、登记规则和登记程序等方面实现统一。为此，我国物权法在促进和规制统一不动产物权登记制度方面迈出了坚实的一步。该法第 10 条规定：“国家对不动产实行统一登记制度。统一登记的范围、登记机构和登记办法，由法律、行政法规规定。”与不动产统一登记制度相比，同样重要和必要的动产担保物权统一登记制度，却没有得到物权法的同等关注。[6]其一，该法没有设专条如同不动产统一登记一样，确认和强调要建立统一的动产担保物权统一登记制度；其二，该法对各类动产担保物权的个别登记再予确认，以此沿袭并强化了动产担保物权的个别登记制度。据统计，物权法颁布前，我国动产上担保物权的登记部门多达 17 个。从物权法的现有规定来看，物权法颁布后动产担保物权登记部门似乎也没有减少。质言之，我国物权法没有规定“动产担保物权的统一登记公示制度”，形成了结构性制度缺陷。此一缺陷对完成登记公示手续和查询担保物权对登记状况带来巨大的负担，严重地影响了交易的安全并继而制约了有效融资。应该说，造成这一结构性制度缺失的原因可能有多个方面，但动抵押权的加入而形成的动产担保物权多元化分类，是致使立法者过分关注于具体制度设计，而忽视整体性、全局性制度安排的一个结构性原因。[7]

2. “统一优先受偿次序规则”的结构性缺失

同样缘于动产抵押权的加入而形成的动产担保物权多元化分类的结构性缺陷，我国物权法担保物权编也没有形成动产担保物权统一的优先受偿次序规则。当然，

---

〔6〕 从结构功能分析，权利质权一节独立存在的价值恰在于权利质权的分散登记。如果实现了动产担保物权的统一登记制度，权利质权就失去了独立存在基础了——权利质权一节的主要内容就是关于不同权利质权的登记部门的规定。所以，在动产担保物权多元化立法模式下，立法对动产担保物权的统一登记制度具有结构性排斥。

〔7〕 董学立：《我国意定动产担保物权的一元化》，载《法学研究》2014 年第 6 期。

这不是说我国物权法没有事关动产担保物权优先受偿次序的规则，而是说这些规则被散落在各章之中而难成一体，以至形成了一种“遇事说事、各说各事、遗漏大事、难成一事”的动产担保物权优先受偿次序规则格局。〔8〕遇事说事的现状，〔9〕说明了立法者对于担保物权的优先受偿次序统一规则缺乏清晰的层级认知，没有在担保物权已经公示后、未经实现前的优先受偿次序问题作为一个独立的规范群予以专门研究和关注；各说各事的现状，〔10〕来自于动产担保物权的多元化分类存在格局。从某些担保物权优先受偿次序规则的性质和内容来看，有的应归属于动产质权，有的应归属于留置权。所以，在动产质权和留置权中也有关于动产担保物权的优先受偿次序规则，由此造成了动产担保物权的优先受偿次序规则分散于各个动产担保物权类型，形成各说各事的结局；遗漏大事现状，〔11〕是立法对浮动抵押制度的引进和研究不够，使得对与其密切相关的购买价款超级担保物权制度被遗漏了；难成一事的现状，〔12〕是因为动产担保物权统一优先受偿次序规则的缺失，使得融资安全不能预期确保，由此形成的连锁反应是银行贷款的难以获得，这就是时下中国中小企业融资难的病灶所在。这个问题不能很好地解决，其他办法都是事倍功半。

（二）因“横刨”体系产生的结构性弊端

动产担保物权因“竖切”而形成了多元化结构，各种动产担保物权又因“横刨而形成了“从生到死”的制度体系展开，即立法关于各种动产担保物权的定义、担保物范围、担保合同、担保权设定、担保权公示、担保权优先次序、担保物权的

---

〔8〕董学立：《我国意定动产担保物权的一元化》，载《法学研究》2014年第6期。

〔9〕《物权法》第189条第2款规定了浮动抵押权“不得对抗正常经营活动中已支付合理价款并取得抵押财产的买受人”，第190条规定了财产“先租后抵”以及“先抵后租”中抵押权与租赁权的优先次序关系，第191条规定了抵押权与抵押物受让人的所有权之间的优先次序，该法第199条规定了同一财产上两个以上抵押权之间的优先受偿顺序的基本规则。在第191条至第199条之间，是无关乎优先受偿次序规则的其他事项法律规范。

〔10〕物权法除了“一般抵押权”一节事关抵押权顺序的规则以外，又在“动产质权”一节第217条以隐晦的方式间接地表达了对转质制度的承认，并规定了转质情况下前后两个质权之间的优先受偿次序问题；该法还在第十七章“权利质权”一节第229条规定：“权利质权除适用本节规定外，适用本章第一节动产质权的规定”。该准用性规范的适用使得“权利质权”转质在制度空间上亦存在可能；同时该法还在第二百三十九条对同一动产上已设立抵押权或者质权，该动产又被留置的优先受偿次序作为规制。

〔11〕《物权法》第189条第2款规定了“流出去”的浮动抵押财产上的浮动抵押权与“正常经营活动中”买受人的所有权之间的优先受偿次序，“正常经营活动中”的买受人享有优先受偿权；但该法却没有对“流进来”的财产流进前存在的担保物权与流进后自动生成的浮动抵押权之间的优先受偿次序作出规定，造成了对“购买价金超级优先受偿权”的法律漏洞。

〔12〕动产担保物权的优先受偿次序规则，是动产担保物权经设立并公示后的逻辑后续必需的法律问题，对此问题的集中、全面、清晰、明确的规定，是担保物权制度的本质要求。但动产担保物权的多元化结构，使得该制度落得今天这般地步，几乎没有作用。

效力、担保物权实现、担保权消灭等前后衔接、内在链接、逻辑有序的担保物权法律制度体系。因为这一体系是在抵押权即不动产抵押权的原有成型的担保物权结构体系中，因了动产抵押权的机械加入发展起来的，又因动产抵押权的有限的动产抵押权和无限动产抵押权的不同，从而引起了不同的法体系不适应。

1. 有限动产抵押权引起的法体系效应

首先，当抵押权扩展到有限动产抵押权时，首先引起的法体系效就是担保物权分类标准的紊乱。原有的担保物权分类以担保物的不动产与动产之类分分类标准：不动产上的担保物权为抵押权，动产上的担保物权为质权包括动产质权和权利质权。当抵押权概念的外延开始包括动产抵押权的时候，动产抵押权与动产质权如何分类？动产抵押权与权利质权又如何分类？这就成了问题，在同一动产上设定的担保物权，何谓抵押权？何谓动产质权或权利质权？担保物分类不再起作用了，因为有可能是同一个担保物如同一设备上设定了抵押权或者质权。此时，人们开始注意到，是担保物权的公示方式——担保物占有是否移转，可以把动产上的抵押权与动产质权区分开来——非移转动产占有即以登记为公示的担保物权为动产抵押权，移转动产占有即以占有为公示方式的动产担保物权为动产质权；但对于通常多以登记为其公示方式的权利质权而言，何谓权利上的抵押权以及何谓权利上的质权，则无法再予区分了。[13]因为从权利质权的实定法规定来看，绝大多数权利质权都是以登记为其公示方式的。所以，但权利上设定担保物权时，我们是称其为权利抵押权还是为权利质权，无有区分标准因而也就无从称呼之——似乎两者已经合二为一了。

其次，立法者没有自觉的注意到动产抵押权制度对动产质权制度和权利质权制度的可准用性并加以明确规制。从我国台湾地区“民法”担保物编的规定来看，有最高额抵押权对一般抵押权的准用，有最高额质权对最高额抵押权的准用，还有权利质权对动产质权的准用等，但该法没有动产质权和权利质权对抵押权的准用。为何没有这样的准用规范，究其原因，在于抵押权与动产质权和权利质权的制度隔阂——该法关于抵押权为不动产担保物权，动产质权和权利质权为动产担保物权，在人们的心目中，两者不在同一担保物上，这恰似“井水不犯河水”一般。在抵押权即不动产抵押权的法制环境下，民法典没有关于动产质权和权利质权准用抵押权的规定，有其正当性、合理性和可接受性。但是，但在抵押权不再限于不动产抵押

〔13〕 这一问题的根源源于对法律条款文义的解释，以及对物权法定的理解。我国《物权法》第180条第1款第（7）项规定，法律、行政法规未禁止抵押权的财产可以抵押。此“财产”之措辞，是否包含该法第223条规定的可设质权利？按照物权法定原则的理解，似乎在法律已经明示于其上设定的担保物权为权利质权的情况下，不应再为抵押权的标的。但“财产”一词，在中国的法制语境下，以文义解释，当包括权利无疑。所以，按照物权法不断扩大可抵押财产范围的体系解释，将“财产”一词作广义解释并包括权利质权的标的，应无不可。唯此时，权利质权就没有独立存在的基础和价值了。

权，而是包括了动产抵押权的法制语境下，抵押权概念之内涵和外延的演变，导致同一动产上的抵押权和质权之间区别无几。此时，如果立法者没有自觉地认识到两者之间的模糊界限，再续延原有立法的模式，就会出现立法的漏洞。《担保法》在规定了抵押权包括动产抵押权的情况下，没有将这一变化引致的担保物权法体系效应贯彻到底。也就是说，在抵押权之概念和外延扩展到动产的时候，立法者应当将由此引致的法体系效应及时准确地作出回应——鉴于抵押权与动产质权和权利质权之间的界限全无，鉴于抵押权制度的周细祥致，随之规定动产质权和权利质权准用（动产）抵押权的规定。[14]

再次，当抵押权的概念与外延扩展到动产之时，有鉴于动产抵押权与动产质权和权利质权的界限模糊性，就要特别谨慎对同一位阶制度的不必要的重复、应该一致的不一致甚或不应有的矛盾等。[15]在这一点上，我国《担保法》在扩展抵押权概念的内涵与外延的同时，确实存在疏于对同一位阶制度的科学规制。关于“不必要的重复”，如《担保法》第40条规定了（动产）流押禁止条款，该法在第六十六条又规定动产流质禁止条款。在动产抵押权与动产质权仅限于公示方式的不同以及因公示方式的不同而产生的不同而没有其他不同的前提下，立法既然已近规定了流押禁止条款，流质禁止条款则可以无须再重复规定，只要立法规定动产质权制度没有规定的可准用动产抵押权的规定即完事大吉了；[16]关于“应该一致的不一致”：如《担保法》第43条规定了“当事人以其他财产抵押的，可以自愿办理抵押物登记，抵押合同自签订之日起生效。”而该法第64条第2款规定“质押合同自质物移交于质权人占有时生效。”同为担保物权，立法却没有同样的规制：动产抵押合同自签订之日起生效，而动产质押合同则自职务移交于质权人占有是生效，[17]立法对相同问题的施以不同的规制但却对此没有令人信服的理由；关于“不应有的矛盾”，如在抵押权概念扩展方面有过之而无不及的《物权法》担保物权编在规制可担保财产方面，关于抵押物立法适用了“法律、行政法规未禁止抵押的财产”可以抵押的规定，而在质权则适用了“法律、政策法规规定可以质押的”动产可以质押的规定，由此造成了关于担保物范围的立法政策上的矛盾——前者为“法不禁止即自

[14] 由此，我们可以感觉到立法的两种模式的差异：自然演进的立法模式有一个法律制度自然成长的过程，因而其法律制度的自我完善和发展较为和谐自然。而理性建构的法律制度，由于缺失自然的成长过程，人的理性无法强大到穷尽事理的所有方面，因而常常出现捉襟见肘的情况。在《担保法》突然改变担保权概念的内涵与外延之后，立法者难以以理性穷尽由此引致的法体系效应，就是其例。

[15] 作为意定动产担保物，不论是抵押权，还是动产质权和权利质权，都有其定义、设立合同、设立、公示、效力、次序、实现和消灭等依次出现的一个制度“从生到死”的全过程层分规则。由此，处于同位阶的制度之间就有该重复而没有重复的漏洞，应该一致为未一致的缺陷等

[16] 其他还如《担保法》第73条对第52条的重复，第73条对第58的重复，第67条对第46条的重复，第72条对57条的重复，以及第65条对第39条的重复等。

[17] 学界都已明白，此处所谓“合同”生效，是立法的错误，应该为抵押权或者质权生效。

由”的立法政策，后者是“法有授权才有权”的立法政策，这样矛盾的场面足实令人费解。[18]

2. 极限动产抵押权引起的法体系效应

极限动产抵押权自然具有上述有限动产抵押权的所有法体系效应。但极限动产抵押权还具有有限动产抵押权不具有的法体系效应。

当“法律、行政法规不禁止抵押的财产”都可以抵押的时候，抵押权概念与外延的无限扩展会引致担保物权法体系的何种体系效应？从动产担保物权的体系规模来看，在不动产之外财产上创设的动产担保物权在实定法上被分为“动产抵押权、动产质权和权利质权”。如前所述，从担保物的角度观察，凡是能作为动产质权和权利质权之质押财产的，均可以作为抵押财产。由此，可抵押财产的极限化在担保物权法体系方面将引发两个问题：一是前述有限动产抵押权所引起的法体系效应问题；二是在实践上动产质权和权利质权的虚化问题。

在这里仅探讨动产质权和权利质权的虚化问题。尽管立法确立了动产质权和权利质权的法律地位，但在抵押权极限化的法制环境之下，在同一有形动产既可以抵押又可质押的选择中，人们将很自然的基于制度之便宜的利益衡量而择取动产抵押制度；同理，在权利上的担保物权，在权利抵押权与权利质权区分无界的法制环境下，是否还有在立法上予以区别的必要？尤其加入建立起了统一的动产担保物权登记公示制度之后，是否还需要予权利质权以专章另节的规定？或许到底称为权利上的担保物权是抵押权还是权利质权为宜？我倒觉得直接在立法上将其编入抵押权并称其为抵押权更好，加之我国现有的立法没有关于权利质权准用动产抵押权的规定，所以，权利质权在理论上和实践上归入动产抵押权制度，将是其宿命版的归依。因为抵押权制度历经时间的积累和实践的检验，其制度设计最为完善最为科学。[19]总之，所谓动产质权和权利质权的虚化问题，究其实质，就是因抵押权概念与外延的开展以至于极限化，使得动产质权和权利质权失却了在实践上独立存在基础和价值。“抵押权”这一概念，已经在可抵押权财产极限化的基础上，演变成了一个与“动产担保物权”概念居于同一层次的概念。在抵押权泛化的法制环境下，

---

〔18〕 关于对同一位阶制度的不必要的重复、应该一致的不一致甚或不应有的矛盾等，在《物权法》担保物权编中同样存在，我们之所以在“有限动产”这里述说这一问题，是想在“极限”动产那边腾出空间述说其他问题如动产抵押权制度对动产质权和权利质权的消灭性吸收即动产担保物的一元化问题。

〔19〕 只要看一看《担保法》第三章关于抵押的规定，就知晓了：该章分五节分别规定了第一节抵押和抵押物，第二节抵押合同和抵押物登记，第三节抵押的效力，第四节抵押权的实现，第五节最高额抵押。与其相比，第四章质押，分动产质权计十六条规定与权利质权计七条规定，并且简至均不再分节。特别值得提请注意的是，《担保法》第三章关于抵押的分节结构，与美国《统一商法典》确立的动产担保物权一元化立法模式具有相似性，具备了一元化动产担保物权立法的层分结构模式。在其因抵押权的泛化而得以在理论上以及实践上消灭性吸收动产质权和权利质权的结局下，实质性地迈向了动产担保物权的一元化立法模式，尽管立法者以及司法者至今也未必自觉地意识到这一特质。

当我们谈论抵押权概念的时候，其所指其实就是在一切不动产与动产上创设的担保物权。因为现在的抵押权这一概念的外延已经实质性的等同于原先的不动产抵押权、动产抵押权和动产质权、权利质权概念的外延，而这一系类概念的外延之和，原先是在担保物权这一概念的统摄之下的。所以，现在的抵押权概念等同于担保物权概念。正因为如此，在抵押权概念泛化的法制环境下，让与担保作为一种担保物权类型，也没有独立存在的基础和价值，其外延也包含在了抵押权概念之下。这就是让与担保最终不能进入物权法担保物权编的原委。

三、担保物权法的具体编纂建议

（一）参考世界先进立法，恢复以担保物之不动产、动产为分类标准的担保物权法制体系：不动产担保物权法与动产担保物权法。动产担保物权法不再竖切区分为动产抵押权、动产质权和权利质权，实施一元化动产担保权立法模式，以此从结构上为消除现有动产担保物权法制的结构性弊端提供基础。我们深知，这一先进的立法模式，在我国民法学术界，在我国立法权力机构，因缺乏共识而不得选择。我们一再提出来是以此提醒对这一编纂进路应该保持高度的觉醒。在编纂民法典分则的这几年的时间里，在编纂担保物权法的过程中，随着对其认知的深入，需要反复权衡，认真对待。

（二）在现有的担保物权结构体例不变的情况下，按照梁慧星教授在一次民法典分则编纂研讨会上所言的“三个非不可”即“非增加不可的才可以增加，非删除不可的才可以删除，非修改不可的才可以修改”的原则编纂担保物权法。[20]这是一种保守的编纂思路，有其便利也有其不足，或许可能是当下适合的进路。按照这一编纂进路，我们对我国现有的担保物权法制提出如下具体编纂建议。

1. 宏观方面一：建立动产担保物权统一登记制度。可借鉴物权法第十条的立法经验，在未来担保物权法的“一般规定”中增设一条如在现有《物权法》第一百七十二条后增设一条：国家对动产担保物权实行统一登记制度，统一登记的范围、登记效力、登记机构和登记办法，由法律、行政法规规定。

修改理由：建立统一的不动产物权登记制度，是物权法因应理论界和实务界的长期呼吁而作出的明确规定，是立法的重大进步。与此对照，随着越来越多的动产包括权利被纳入到可担保财产的范围，如何公示其上设立的动产担保物权，就成为一个问题。就非占有型动产担保物权而言，登记公示应属最佳之公示方式。建立统

〔20〕 2016年7月16日，由中国社会科学院民法典编纂工作组主办、《法学研究》编辑部和中国社会科学院法学研究所私法研究中心协办的“民法分则立法研讨会”在中国社会科学院法学研究所成功召开。在该会上，梁慧星教授提出了“三个非不可”的民法典分则编纂原则。

一的动产担保物权登记制度与建立统一的不动产登记制度一样重要：动产担保物权登记机关过于分散给当事人造成了极大不便，增加了交易成本，降低了交易效率，影响了公示效果。

从比较法来看，在建立起动产担保物权一元化立法的国家，都已经建立和实现了动产担保物权的统一登记制度；从技术支撑可能性来看，电子计算机技术发展、普及和应用，完全使得动产担保物权的统一登记制度便捷地进行；从中国人民银行征信中心的实际运转来看，动产担保物权的统一登记堪称完美。

必须明白，动产担保物权的登记与动产所有权的登记是不同的。我们认为，在保持现有的特殊动产所有权权属登记管理部门和管理制度下，建立全国动产担保物权统一登记制度，有需要也有可能。动产所有权权属登记，如知识产权，如船舶、航空器、汽车等交通运输工具等的所有权权属登记，在我国以及在外国，多是分属于不同的政府管理部门、服务机构等。这样做的理由在于不同的动产分属于不同的机构管理，如汽车等交通运输工具属于交管部门管理，船舶属于海事部门管理，航空器属于航空部分管理等。所有权权属登记，是确权登记，需要对所有物的涉权方面进行全面、细致、准确的登记。但这些动产上的担保物权，与其所有权登记和归属管理不同。严格地讲，对担保物权的登记，其法律意义是警示利害关系人——此物之上已经存在动产担保物权，交易要谨慎了。动产担保物权的登记，是在动产所有权归属登记基础上的附加权利登记。不涉及本权的确权问题，登记所需涉权方面的信息相对于所有权确权登记而言，十分有限，只要能够满足担保物权实现所需要的特定物要求和担保物权对抗所需要的交易安全要求即足矣。

2. 宏观方面二：建立动产担保物权优先受偿次序的统一规则。将物权法中现有的第 181 条第 2 款、第 190 条、第 191 条、第 199 条、第 217 条、第 239 条集中归整于一起；修改第 199 条第（3）项，改为“抵押权均未经登记的，按照抵押权设定的先后顺序受偿”；增设“购买价款担保物权”之超级有限权的规定，增设其他特殊优先受偿规则等。

担保物权优先受偿次序的确立原则如下：一是时间在先原则，即公示在先原则和设立在先原则，未经公示的不得对抗已经公示的担保物权。二是例外规则，如“正常经营活动中”的买受人不受追及规则，“购买价款”担保物权超级优先受偿规则；三是已经公示的担保物权可以对抗担保物的买受人、承租人和被许可人；四是特定资产规则，如通过占有（控制无形资产）票据取得对抗第三方效力的担保物权以及通过购买获得票据权利的受让人可对抗通过登记获得对抗效力的票据上的担保物权；

修改理由：物权法不是没有动产担保物权的优先受偿次序规则，而是没能建立起统一、明晰、全面的动产担保物权优先次序规则。由此形成了分散、不清晰、不全面的动产担保物权优先受偿次序制度。严重影响了交易安全并最终窒息了融资效力。统一的动产担保物权优先受偿次序规则首先要求形式上的统一，即设专门单元群规定动产担保物权的优先受偿次序规则。这些规则通常是规定在动产担保物权公示制度之后，担保物权实现制度之前，这也是动产担保物权制度逻辑体系的自然展开。其二是内容上的全面，即尽可能对法律生活中可能出现的各种动产担保物权的竞争无遗漏地作出规制，其基本内容包括一项基本优先受偿次序规则（时间在先、权利在先）以及一系列例外优先受偿次序规则（收益规则、超级优先权规则、买受人优先权规则、非合意担保物权优先规则等）。其三是规则的清晰和准确，即必须保证债权人和其他利害关系人在与债务人交易时，能够依据优先次序规则非常确定地判断担保信贷的法律风险。只有统一、明晰且详尽地规定一整套动产担保物权优先受偿次序规则，才能最大限度地发挥优先受偿次序规则的应有功能。

3. 宏观方面三：完善准用规范。如在现有《物权法》第222条第2款之前，增设动产质权最除适用本节规定外，适用本章第一节一般抵押权的规定；修改现有《物权法》第229条为："权利质权除适用本节规定外，适用"一般抵押权"和本章第一节动产质权的规定。同时，留置权尽管是法定动产担保物权，其也在一定程度上有准用动产抵押权和动产质权的需要。

修改理由：我国现有《物权法》对上述准用规范的缺失，中华人民共和国成立前的《中华民国民法典》中亦没有如是规定。《中华民国民法典》之所以没有如是规定，缘起于该法关于担保物权类型的设置严格区分不动产担保权和动产担保权，如抵押权即不动产抵押权，质权即动产和权利质权。既然担保物不同，立法者当可以认定其相互间不可准用（即是担保物类型不一，不动产抵押权对动产质权和权利质权也有一定程度上的可准用性）。所以，《中华民国民法典》就没有动产质权准用抵押权的规定，也没有权利质权准用抵押权的规定。但今日之《中华人民共和国物权法》，采行财产之法不禁止即可抵押权的选择，此"财产"当可以包括动产和权利，以及各种具有价值又可以被交易的财物。由是，动产上既可以设定抵押权，也可以设定动产质权和权利质权，其又全部是意定担保物权，所以，后者有对前者准用的可能性。但立法既无前鉴，当抵押权概念扩张到动产范围时，后世的立法者失之慎查。

增设准用规范，是在"三个非不可"编纂思路下的权宜之计，如果采纳一元化立法模式，动产质权和权利质权则可整体性并轨入动产抵押权之中，准用规范当再无存在和适用基础。

4. 宏观方面四：担保物权法定。我国担保物权法实施严格的物权法定，法学理论与司法实践均认为法定的担保物权只有抵押权、质权，其他皆不属于担保物权。虽在有关担保物权草案中以及民法典总则中规定了习惯物权的适用，但仍属有限制度。建议在《物权法》第171条之后，增设一条；担保物权包括但不限于被称为"抵押权、质权和留置权"的担保物权。担保物所有权归属于谁，无关紧要，只要当事人合意创设了担保债权实现的对担保财产的优先受偿权利，本法有关权利义务的规定皆予适用。

关于什么是担保物权，《物权法》在“一般规定”部分之第170条、第171条有明文，即在一定条件下，担保物权人“依法享有就担保财产优先受偿的权利”。这是一个广义的担保物权概念。与此同时，《物权法》有分别在“一般抵押权”之第179条、“动产质权”之208条、“权利质权”之第223条，分别规定了抵押权、动产质权和权利质权的概念。依据《物权法》第5条关于“物权的种类和内容，由法律规定”即物权法定原则的传统理解，所谓的担保物权就只有法定的抵押权、动产质权和权利质权，其他实质上也属于广义担保物权的约定入让与担保、所有权保留、融资租赁等，以及现有的法律没有名定为担保物的如对租赁权的担保物权等，都因不属于法定的担保物权而不产生物权效力。

修改理由：我们的研究认为，所谓的物权法定，物权法定缓和以及物权自由，其使用领域各不相同：物权法定，限指所有权法定，且所有权法定无缓和的余地；物权法定的缓和，限指用益物权的法定及其缓和；物权自由，限指担保物权权利内容的法定，权利类型及担保物权种类的自由。如是，则动产抵押权、动产质权和权利质权，仅是担保物权的类型之一，一种担保物权至于其被称谓成何名，完全是观察视角的不同，法律构造的不同所致，如保留所有权，如果设计为附条件买卖，出售人当可以保留所有权以担保债权的实现。但其也可以设计为零支付获得出售物的所有权，买受人再将此所有权抵押给出售人，此时出售人享有的是抵押权。前后两者名称不一，但此后者之抵押权等值于前者之保留所有权。所以，比较法上有：“所有权之归属无关紧要，本法关于权利义务的规定皆予适用”的规定。有了这样一条规定，如保留所有权、让与担保、融资租赁等现所谓非典型担保物权类型就全部纳如到担保物权法的调整范围之内了。当然，针对保留所有权所享有的破产别除权之超级优先受偿权利，法律一般又增设“购买价款”超级优先受偿权利以策应。广义担保物权概念的实施，有赖于动产担保物权统一登记制度建立和支持。

5. 微观方面之一：担保物权的定义。修改建议，淡化物权法定，实施抽象的宽泛意义的担保物权概念，将所谓的非典型担保物权类型也纳入到担保物权法的调整范围中来。一如前述，此处省略。

6. 微观方面之二：担保物：《物权法》第180条第（7）项将可以抵押财产的范围扩大到“法不禁止即自由”的超级范围。但在具体条款中，仍有值得修正的方面。如在“一般规定”的第174条中，法律列举规定了在“担保财产毁损、灭失或者被征收等”中，担保物权人可以就获得的保险金、赔偿金或者补偿金等优先受偿。而没有规定对担保物经处分变价而获得价金即所谓的“收益”优先受偿。“收益”一词在担保法中含义甚广，是动产担保物的价值存在方式。且动产担保物有易变价的特性，所以，根据担保物权的价值权属性，立法应广义的规定担保物权对担保物权变价即“收益”的优先受偿权。

建议修改第174条为：担保期间，担保财产经主动或者被动变价的，担保物权人可以就担保物变价后获得的价款优先受偿。被担保债权的履行期未届满的，也可以提存该价款。

建议修改第223条第（7）项为：法律、行政法规未禁止出质的其他财产权利。

建议修改第209条为：法律、行政法规规定不得出质的动产不得出质。

修改理由：历史上，各国采取的立场是，担保权是一项关于在属于特定设保人的特定资产上为特定债权人设定权利从而担保特定债务的具体协议的结果。在现代担保交易制度中，这种程度的特定性不复存在，常见的情况是，随着贷款全部或部分地从一个出贷人转让给另一人，债权人可以变更，随着当前债务偿清和新债务的产生，债务可以变更，并且担保资产也可以变更（例如，随着库存品被售出和更换，应收款得到支付并产生新的应收款）。此外，现代担保交易制度中还有一个特征构成这类制度范围的一个重要要素。这类制度一般允许担保权延及担保资产产生的任何收益。普遍认为，这项将担保权延及收益的原则是设保人出售或出租担保资产情况下保护有担保债权人的权利所必需的。然而，除了因出售或出租担保资产而产生的收益外，还有许多其他形式的收益。

要充分了解收益概念的范围，有必要审查有形资产可能会随着时间的推移而发生法律上和实际上改变的各种不同方式。例如，如果有形资产是动物，就可能会发生各种改变。雌性动物会繁殖后代，有些可能会产生牛奶或羊毛等产品。还有些珍稀动物可能会产出可出售的精子或卵子。蜜蜂会产蜜，蚕会产丝。在上述所有情形中，即使设保人并未处分原始担保资产，该资产也可能产生其他资产。在许多法律制度中，这类资产称为“天然孳息”。有形资产也会产生无形资产。例如，这些资产可以出租并产生承租人支付的租金。此外，无形资产可以产生其他无形资产（例如，租金可产生利息）。租金和利息通常称为“法定孳息”或“收入”。另外，有形资产可能被用于制造或以其他方式被改变为另一类资产。木头可能变成椅子，钢材可能变成汽车的一部分。在此，原始担保资产并没有被处分，但生产过程将它变成了价值更高的另一种资产。由于这种改变而产生的资产通常称为“制成物”。

换言之，在财产法的术语中，上述种种新的动产类型具有天然孳息、法定孳息或收入，以及制成物等特征。但在担保交易法中，具体的名称通常并不重要。重要的是各国对天然孳息、法定孳息或收入和制成物中担保权的效力所做的政策决定。也就是说，在上述每种情况下，各国必须决定，在动物、钢材、受付权或租赁资产上取得的担保权是否可延及该原始担保资产所“产生”的任何资产。

动产的另一个特点是，其之所以被制造，通常就是为了销售、租赁或特许使用（有时不止一次）。如果原始担保资产在其所担保的债务尚未偿清期间被出售、租赁或特许使用，设保人通常会收到这些资产换来的现金、有形资产（例如，设备或可转让票据）或无形资产（如应收款）。在这种情况下，各国必须确定在原始担保资产上取得的担保权是否应当延及因出售、租赁或特许使用原始担保资产而换来的新资产。因此，例如，各国必须决定，像印刷机这样的设备的担保权是否延及设保人出售印刷机所得的钱款，或延及该印刷机出售后换来的另一台印刷机。在财产法的术语中，出售或其他转让所换来的这类现金或其他有形或无形资产被视为“处分收益”。而在担保交易法中，处分原始担保资产所得的资产究竟是另一资产、现金、应收款还是可转让票据，这通常并不重要。重要的是可否对这一新资产主张原始担保资产的担保权（即担保权可否“延及”这一新资产）。在有些情况下，当设保人处分初始收益以换取其他资产时，原始担保资产的初始收益（无论是以天然孳息、法定孳息、收入、制成物还是处分收益形式）可能会产生其他收益。这种收益有时称为“收益的收益”。如果原始担保资产的收益存在一项担保权，则该担保权逻辑上延及收益的收益，只要这些收益仍能识别为收益的话。也就是说，如果有担保债权人在收益的形式发生改变时失去对该收益的权利，则有担保债权人所承担的信贷风险就相当于收益没有担保权情况下所承担的风险。有些法律制度对天然孳息和法定孳息或收入同处分原始担保资产所产生的收益作了明确区分，并适用不同的规则。这一做法的理由通常是难以查明处分收益和需要保护第三人对收益的权利。也就是说，在这些制度中，产生孳息的原始担保资产的担保权自动涵盖这些孳息。相比之下，处分收益则被视为原始担保资产的担保权所不涵盖的重置财产。另一些法律制度对孳息与处分担保资产所产生的收益不作明显区分，并对这两者适用同样的规则。这一做法的理由通常包括：难以在天然和法定孳息或收入与处分收益之间作出区分，以及这些孳息和收益均产生于或代替或可能影响到担保资产的价值。

如今，建立了现代化担保交易制度的大多数国家都将本节所述的各种改变视为原始担保资产的收益。鉴于这种立法趋势并且因为担保权延及这类资产反映了担保协议当事人的普遍期望，建议我国担保物权法予以修正。（参考《联合国贸易法委员会担保交易立法指南》）

建议修改第223条第（7）项的理由在于：《物权法》在第180条第（7）项规定了“法律、行政法规为禁止抵押的其他财产”可以抵押，采取的法律政策是“法不禁止即自由”。按照同样问题同样对待的法治原则。两处规定应该保持一致。故此，建议修改。修改后如现在不能设定权利质权的租赁权、排污权等当可以于其上设定权利质权，已解决法律生活和司法判决的困境。

建议修改第209条的理由在于：《物权法》第180条第（6）项规定：“法律、行政法规对定不得抵押的其他财产”不得抵押。基于“同样问题，同意处理”的原则，《物权法》原文使用了“禁止转让的动产不得出质”，在用词造成前后不一，易于产生歧义，不利于司法判决的统一。故此，建议一致性修改。

7. 微观方面之三：担保合同。《物权法》第 185 条规定了抵押合同，第 210 条规定了质权合同。建议合并两条规定，完善抵押合同，删除质权合同。修改完善后的抵押合同如下：设立抵押权，当事人应当采取书面形式订立抵押合同。抵押合同一般包括下列条款：（一）被担保债权的种类和数额；（二）债务人履行债务的期限；（三）抵押财产的名称、数量、质量、状况、所在地、所有权归属或者使用权归属；（四）担保的范围；以及（五）担保物权的公示公示和完成公示的时间。

修改理由：要不要在担保物权法中规设担保合同，是一个问题。担保合同原则上属于合同法的范畴，在物权法之担保物权法中规设担保物权合同，不符合民法典逻辑性、体系性要求。但是，我国《物权法》在第十五条规定了区分原则，在其后的具体物权变动中如建设用地使用权、土地承包经营权等章节，都有关于物权合同的规范。所以，在这里将合同法范畴的担保合同予以规设，虽有重复之嫌，但又有必要之需。但是，在一般抵押权一节规定抵押合同之后的动产质权一节又规定动产质权合同，尤其在前述增设了动产质权准用动产抵押权的准用规范之后，就足显多余。从两个规范的内容几乎雷同，也足见其多余之嫌。鉴于此，删除后者，完善前者，加之准用规范，足以实现于法有据。

8. 微观方面之四：担保物权设立。《物权法》关于不动产抵押权和动产抵押权的设立有不同要求，前者是公示生效主义，后者是公示对抗主义。《物权法》第 187 条、第 188 条有规定。但这两条均有错误。建议修改此两条：对于第 187 条，可修改为：以本法第 180 条第 1 款第一项至第三项规定的财产抵押的，应当办理抵押登记。抵押权自登记时设立。以第五项规定的正在建造的建筑物抵押的，抵押权自在建物建成时设立，抵押权的优先次序以登记时间为序。对于第 188 条，可修改为：以本法第 180 条第 1 款第四项、第六项规定的财产抵押的，抵押权自抵押合同生效时设立；以第五项规定的正在建造的船舶、航空器抵押的，抵押权自在建物建成时设立；未经登记，不得对抗善意第三人。

修改理由：担保物权设立。在区分原则之下，有担保合同，属于债权行为；也有物权设立，属于物权行为。在公示对抗主义立法体例下，公示是物权设立的对抗要件，没有办理公示手续，不影响担保物权的设立。但法律行为关于债权行为和物权行为的生效要件有重大不同：债权行为不需要具有特定物条件，只要标的物可能或可得确定即可；而物权行为需要有特定物，即物在时间上的现在性，非是未来物；以及物在空间上的个别性，即物不是种类物。就是说物权行为的成立，需要有主观条件，当事人的设权意愿，以及客观条件即特定物的存在。且主观合意需要以客观基础为前提。如果担保物是未来物、种类物，则担保物权的有当事人的设权意愿时（实为债权行为），也不能设立（没有物，也没有物权）。此为客观不能。所以，在建筑物上的抵押权，不论是采行公示对抗主义，还是采行公示生效主义，其公示的法律效果均为预告登记。登记的是债权而非物权。因为没有物的现实存在，当然不会有物权，没有物权也就不能让度转移物权。此道理十分简单、明了。

9. 微观方面之五：担保物权的公示。建议修改第 208 条为：为担保债务的履行，债务人或者第三人可以约定将其动产出质给债权人占有，债务人不履行到期债务或者发生当事人约定的实现质权的情形，债权人有权就该动产优先受偿。未移转质物占有的，不影响质权的成立，但不得对抗善意第三人。

修改理由：比较法研究可知，担保物权的公示公示有三：登记公示、占有公示和控制公示。以体系化的思维观察，动产质权关于对担保物的占有，从其法律属性来看，应是质权的公示方式，就如同登记是对动产抵押权的公示方式一样，占有是动产质权的公示方式。在动产抵押权采行公示对抗主义的立法体系下，动产质权采行公示生效主义，形成两者之间的重大不同，这一不同又缺乏充足理由，使得法律自身的逻辑体系性受到冲击、折减。建议将动产质权对担保物的占有，定位为其公示方式并且采行公示对抗主义，以顺同抵押权的登记对抗主义，由此形成一体化的公示对抗主义立法体例。

建议对权利质权的公示立法主义全面修正：增设一条：以本法第 223 条规定的权利出质的，权利质权自当事人达成合意的时候设立，未办理完毕法定公示手续，不得对抗善意第三人。

基于增设前述条款，除个别特殊的保留下以外，权利质权一节的下面条款基本可以删除。

修正理由：在建立了动产担保物权统一登记制度以后，权利质权现在大部分条款就没有规定必要了。现在的这一些规定，都是因为没有建立动产担保物权的统一登记制度，而不得不细分明定相关的权利质权到哪一家登记机构办理登记。一体化的公示立法主义将是公示对抗主义，规定了哪些权利可以设定质权，以及规定了登记公示对抗主义以后，再加对动产抵押权的准用，就保障了司法、守法有法可依了。

建议增设“控制”公示方式。对于存款上的担保物权而言，担保物权人可以通过所谓控制的方式来公示期存款上的担保物权。在现代担保交易制度中，有时将这些获得对无形资产概念上占有权的方法称作“控制”。通常，有担保债权人若根据合同有权对资产进行处分，即被视为对该资产有控制权。例如，在一些国家，如果开户银行根据通常称为控制权协议的文件，具有仅在有担保债权人指示下处分账户中资金的合同义务，有担保债权人即被视为对银行账户贷记款受付权具有控制权。控制权的程度可能大小不一。在某些情形下，控制权是绝对的，设保人不得有任何处分权。在另一些情形下，允许设保人享有某些处分权，或其处分总额不超过规定的最高限额，或直至触发事件发生。本质而言，控制是对无形财产的占有。占有是对有形财产的控制。

10. 微观方面之六：担保物权的效力。建议修改《物权法》第 196 条为：抵押期间，抵押人经抵押权人同意转让抵押财产的，应当将转让所得的价款向抵押权人提前清偿债务或者提存。转让的价款超过债权数额的部分归抵押人所有，不足部分由债务人清偿。

抵押期间，抵押人未经抵押权人同意转让抵押财产的，受让人不得以其取得的受让权利对抗已经公示的抵押权，但受让人代为清偿债务消灭抵押权的除外。

修改理由：在公示对抗主义立法体例之下，有已经公示的担保物权和未经公示的担保物权之别。虽两者都是担保物权，都具有物权属性，但其效力范围不一样。未经公示的担保物权具有静态归属安全的效力，可以对抗担保人，可以对抗其他侵权人，但不能对抗善意的交易第三人；已经公示的担保物权不仅具有静态归属安全的效力，还具动态交易安全的效力即可以对抗善意的交易第三人。担保物权包括抵押权是对担保物附条件的权利，是对担保物的有限的价值权。担保物权存续期间，从法律方面说，担保人保有对担保物的或所有权或用益物权。从逻辑上讲，担保人当然可以处分其权利。但担保物权是一项经公示即具有对抗第三人的权利，按照权利在先原则，先存在的担保物权优先于后存在权利，所以，尽管担保人可以处分其权利，但担保物权人如果已经公示了其担保物权，则可以对抗交易第三人，除非是未经公示其担保物权而不能对抗善意的交易第三人。故此，需对该条款修改。

11. 微观方面之七：担保物权的优先受偿次序。除了前述宏观方面二对建立动产担保物权统一优先次序规则外，这里仅限对分散的担保物权优先受偿次序规范的单元化规范群提出修改建议：将现有《物权法》第189条第2款、第190条和第191条置于第199条之后，形成单元化的担保物权优先受偿次序规范群

动产担保物权的多元化立法模式，使得担保物权的优先次序规则不仅分散于一般抵押权、动产质权和权利质权的各个章节之中，而且即使在抵押权一节之内，关于同一抵押物上的数个抵押权之间的优先受偿次序，也没有被立法者在逻辑体系设计上规制成便于适用的单元规范群，从189条第2款、190条、191条到199条之间，在两头是事关担保物权优先受偿次序的规范之间，夹杂了一些于优先受偿次序无关的其他法律规范。可见，对于担保物权法律的逻辑次序，立法者并无清晰的认知。动产担保物权优先受偿次序多元化规范群的规制，有利于法律的学习、适用，有利于理论研究和司法实践。

12. 微观方面之八：担保物权的实现。建议修改第195条第2款为：抵押权人与抵押人未就抵押权实现方式达成协议的，抵押权人行使对抵押物的支配权能实现抵押权足以破坏社会治安时，抵押权人可以请求人民法院拍卖、变卖抵押财产。

修改理由：担保物权是物权之一种。物权具有三性：客体的特定性、权利实现的支配性、权利效力的排他性。担保物权具有实现上的支配性，即担保物权人可以直接支配担保物以实现担保物权。但抵押权是一种不移转担保物权占有的担保物权类型，抵押权人要直接支配担保物权，需要实现对担保物的直接占有。占有的获取

就需要担保人的协助，如果担保人不予协助，则担保物权人不能凭体力强行占有，如此则破坏了社会的安宁和社会治安。自是法治社会不允许的。所以，在担保物权人直接支配担保物遭遇抵抗的时候，也就是说有可能破坏社会治安的时候，才需要请求法院这一公权力机关参与进来。对该条的修改，增加了公权力参与私权利实现的困难，突出了私权利自身的实现功能。

国外立法有关于“受法律保护的小偷”的说法，是指在抵押权的支配权能受到抵抗的时候，担保物权人可以在担保人不在的时候，“偷走“担保物即支配权的实施不足与破坏社会治安。偷走担保物之后立马报告警察局。当然担保人也不可以再偷回去，更不可以抢回去。因为担保物权从其权利属性来时，就是附条件的所有权以及其他权利，只要条件具备了，就是实现所有权的时候了。当然，担保物权的实现是对担保物变价的有限优先受偿权。在担保物权的实现方面，我国《物权法》较《担保法》有了不小的进步，但其支配权属性还体现的不够彻底。

13. 微观方面之九：担保物权的消灭。建议在《物权法》担保物之一般规定之第 177 条之后，增设一条：担保物权人应当在主债权诉讼时效期间行使权利；未行使的，人民法院不予保护。

增设理由：物权法第 202 条规定：抵押权人应当在主债权诉讼时效期间行使抵押权；未行使的，人民法院不予保护。但类似问题在动产质权和权利质权两节中都无相关明文。那么，到底是动产质权和权利质权本身的属性与此不相干，还是立法有漏洞？我们认为，动产质权和权利质权的实现也有与其所担保的债权的关系问题，即若动产质权或者权利质权在其所担保的主债权诉讼时效期间未行使，人民法院是否还予以保护？物权法对此没有明文规定，形成了法律漏洞，司法解释应予以法律漏洞补充，司法实践中遇到相关问题，应作与抵押权与诉讼时效关系的一体处理。未来立法可对其作一元化立法处理，将该条文置于动产担保物权一般消灭原因即现有立法之第 177 条之后为宜。增设后，删除第 202 条。

14. 微观方面之十：缩小留置权的适用范围，建立与留置权制度配套的留置的权利制度。

修改留置权一章的适用范围规范，将其恢复到《担保法》的留置权适用范围。删除企业之间相互留置不适用“同一法律关系”的限制条款。

修改理由：留置权是超级优先权。其之所以有超级权力，是因为留置权人的行为增加了留置物的价值。留置权担保的债权通常在该增加的价值数额以内。这一制度安排，既可以保护留置权人，也不会损害其他担保物权人和一般债权人的利益。

在债法制度中完善留置的权利制度，以配合留置权制度。“留置的权利”是一种债权，“留置权”是一种法定担保物权。两者性质不一。但留置的权利在很大程度上具有留置权的法律效果，但其法律属性完全不一样。由此比例化、层级制留置权制度体系的建立，才使得担保法体系和谐有序。

民法物权编质权制度的修改建议*

刘保玉**

目 次

《中华人民共和国民法总则》（以下简称《民法总则》）编纂完成后，如何整合、修订《合同法》《物权法》《侵权责任法》《婚姻法》《继承法》等现行法并使之构成逻辑自洽的民法分则成为当务之急。《物权法》颁行已历十年，其制度体系和规则设计对于物权权利人的利益保护、维护交易安全、推动社会经济的发展起到了巨大的积极作用，但毋庸讳言，其制度设计亦不乏粗疏错漏之处，有待借民法典编纂之机加以修正。作者参与了中国法学会民法典编纂项目领导小组物权法编课题组的工作，负责其中质权部分的条文修订及修订理由的撰写。现将质权部分编纂、修订中的若干重要问题及笔者的思路作一概要总结，就教于方家，希望能引起关注和讨论，共同为民法典物权编的修订贡献智识。

---

* 本文系作者承担的北京市社会科学基金项目（14FXB006）“金融担保创新中的疑难法律问题研究”的前期成果之一。北京航空航天大学法学院博士研究生魏振华、庄晨曦在资料的搜集、整理和观点的讨论中多有贡献，特此致谢。但观点和文责由作者自负。本文以《完善我国质权制度的建议》为题发表于《现代法学》2017年第6期。

** 北京航空航天大学教授。

一、流质禁止规定的缓和

《物权法》第211条沿袭传统规则而作出了禁止流质的规定："质权人在债务履行期届满前，不得与出质人约定债务人不履行到期债务时质押财产归债权人所有。"该法第186条关于流押条款的规定也持同样态度。

关于是否应禁止流质、流押条款（二者合称流担保条款）或一概否定该条款的效力，学理上向有争议；《物权法》实施后，此种争议也并未消失。近年来，让与担保及后让与担保、附买卖合同的担保形式大量涌现，而司法实践中对此类纠纷的裁判规则并不统一。有的法院认为其违反流担保禁止条款，应属无效；也有的法院认为此类协议并不当然无效。[1]笔者认为，流担保禁止规定之目的本在于保护担保人之权益，若流担保条款本身无害于担保人之权益，亦无损于担保人的其他债权人的权益，则是否仍有必要予以禁止或否定其效力，不无疑义。实际上，无论是事先约定还是事后协议债务人到期不履行债务时抵押、质押财产归债权人所有的，均不得损害担保人及其他债权人的正当权益（参见《物权法》第195条）。而在不损害担保人及其他债权人权益的情况下，肯定当事人约定的流担保条款的效力，对于附物权担保债权人的利益保护、节省担保物权和债权实现的成本，是有益无害的。故此，域外立法关于流担保条款的效力，有缓和趋势。我国民法典物权编应对此种立法趋势有所回应。

有鉴于此，建议改废"禁止流质"的规定，对流质条款的效力作出缓和规定，条文名称也相应地修改为"流质条款的效力"之中性表述。基本思路是：当事人之间约定有流质条款的，原则上不予干涉，但赋予当事人及其他债权人以一定条件下及一定期限内的撤销权。具体建议条文如下：

"在债务履行期届满前，债权人与出质人约定债务人不履行到期债务时质押财产归债权人所有，该约定的履行损害当事人或者其他债权人利益的，当事人或者其他债权人可以在知道或者应当知道撤销事由之日起一年内请求人民法院或者仲裁机构撤销。当事人或者其他债权人自合同订立之日起五年内没有行使撤销权的，撤销权消灭。

---

[1] 参见：(2011) 民提字第344号"朱俊芳与山西嘉和泰房地产开发有限公司商品房买卖合同纠纷案"，载《最高人民法院公报》2014年第12期；(2013) 民提字第135号"广西嘉美房地产开发有限责任公司与杨伟鹏商品房买卖合同纠纷申请案"，载《民事审判指导与参考》2014年总第58辑。另见 (2012) 浙甬商终字第14号"尤圆圆、尤丹丹芳诉尤剑松合同纠纷案"；(2011) 甬仑民初字第582号、(2013) 浙甬商终字第447号"福建华辰房地产有限公司与宁波亚信商贸有限公司借款担保纠纷案"；(2013) 淮商初字第0295号"朱延凯诉韩先进股权让与、担保合同纠纷案"；(2015) 淮中商终字第00104号"陈某某与张某某股权让与担保纠纷上诉案"。

法律、行政法规对典当经营另有规定的，依照其规定。”

对此建议条文，有以下几点需进一步说明：

第一，关于撤销权的期间及起算点。关于这个问题，我国《合同法》第55条、《物权法》第195条的规定均是“自知道或者应当知道撤销事由之日起一年内”；《合同法》第75条还规定“自债务人的行为发生之日起五年内没有行使撤销权的，该撤销权消灭。”2017年3月15日第十二届全国人民代表大会第五次会议通过的《民法总则》第152条对撤销权的行使和消灭期间作了更为周延的规定〔2〕。结合流质条款的特点和通常约定的情况，我们认为，在债务履行期届满而债务未能清偿时，流质条款即生效力并付诸履行（质押财产归质权人所有），此时是否有损当事人的利益，其当时即应知道。但其他债权人此时或许并不一定知道有流质条款的约定及该条款是否损害其利益。故此，建议维持既有法律规定中关于“知道或者应当知道撤销事由之日起一年内”的表述。另外，为避免出现因其他债权人不知撤销事由的存在而导致流质条款的效力长期不确定的情况，建议条文的第1款后句增加“当事人或者其他债权人自合同订立之日起五年内没有行使撤销权的，撤销权消灭”的规定，以利于稳定法律关系、维护交易秩序。〔3〕

第二，关于质押财产价值与所担保债权额的比价关系的判断标准。从质押合同（流质条款）订立到债务履行期届满及其以后的不同时段，质押财产的价值通常会有所变化甚至有较大波动（尤其是房地产、股权等）。故此，判断流质条款是否损害当事人或者其他债权人利益的时点或者说判断质押财产的价值与所担保的债权数额之比价关系的时点，是一个需要加以明确的问题。本条修改建议中“该协议的履行损害当事人或者其他债权人利益”的表述，体现了判断时点为流质条款履行时，亦即债务履行期届满时。至于此前、此后质押财产的价值如何变化，对此种判断不生影响。另一个需要解释的问题是，如何判断流质条款是否损害当事人或者其他债权人的利益？对此，我们认为，法律禁止流质条款或否定、限制其效力的原因主要在于其可能严重损害出质人及其他债权人的利益（当然，在一定情况下也可能损害质权人及其债权人的利益），而对于是否严重损害当事人及其他债权人利益的判断标准，可以比照《最高人民法院关于适用〈中华人民共和国合同法〉若干问题的解释（二）》（法释〔2009〕5号）第19条、29条规定的精神，以流质条款履行时质押财产的市场交易价高于、低于债权额百分之三十为标准，其举证责任由主张撤销者承担；而在价值差额不超过百分之三十的部分，则无须找补。

第三，上述规则设计还具有一个重要的潜在含义：为将来通过立法或司法解释

〔2〕 李适时：《中华人民共和国民法总则释义》，法律出版社2017年版，第476～479页。

〔3〕 在2017年5月20日于南京召开的“担保法理论与实践国际研讨会”上，台湾地区学者谢在全先生也对笔者提出了增补撤销权消灭期间的建议。

有条件地认可“买卖型担保协议”“让与担保协议”的效力预留出空间。依笔者的认识，在让与担保中，担保人虽事先移转了担保财产的所有权或其他权利，但其实际上是以债务到期未能清偿作为担保财产之权利移转的实质条件的。故此，其与流质条款的效力具有内在的契合性，不妨使其二者适用相同的规则。鉴于学界和实务界对买卖型担保、让与担保等的效力问题长期存有争议，而在民法典担保物权部分增设让与担保作为典型担保物权之一种的可能性又较小，出于立法的原则性和弹性的考虑，前述条文设计可以准用于买卖型担保、让与担保，也即：除非明显损害当事人或其他债权人的利益，可以承认让与担保协议、买卖型担保协议的效力。

第四，关于典当经营的除外规定。典当是一项传统交易形式，典当关系中肯定流担保条款的效力乃该行业的特点所在。我国现行典当业的规章中允许对一定价值范围内的当物做绝当处理，[4]实践中受到业界的肯定（甚至还有提高绝当物品价值的呼声）。而部门规章中的绝当规则与禁止流质的法律规定存在冲突。如何突破现有框架，使典当权在担保物权体系之中找到一席之位，对典当业的存在与发展尤为必要[5]。故此，笔者建议在本条增加一款除外规定，为有关典当业的法律、行政法规对流担保的效力等问题作出另外规定预留出必要空间。鉴于民法典的地位和应有的法源限制，建议将除外规定限定于“法律、行政法规”。至于我国现行的属于部门规章位阶的《典当管理办法》宜否升格为行政法规或何时修改、如何修改，乃该领域法律规范自身完善的问题，民法典物权编中不宜对此作出具体规定。

其五，关于流质、流押条款效力规则的一体化把握问题。流质契约的功用在于便捷地实现担保物权，使得当事人免于烦琐的清算、执行程序。流质契约与流押契约本质上相同，因此，应将二者的效力问题一体考虑。或者将流担保契约的效力问题置于担保物权的一般规定之中，或者在抵押权部分也作出一致的规定。我们认为，首选方案是将流担保契约的效力问题置于担保物权的一般规定之中一体规定。[6]

二、转质规则的修正

质权人为担保自己或者他人的债务，在占有的质物上再次设定质权的行为称为转质，所成立的质权为转质权。因转质而取得质权的人为转质权人。转质主要适用

〔4〕 商务部、公安部2005年发布施行的《典当管理办法》第43条第（2）项中规定：“绝当物估价金额不足3万元的，典当行可以自行变卖或者折价处理，损溢自负。”

〔5〕 高圣平：《担保物权司法解释起草中的重大争议问题》，载《中国法学》2016年第1期。

〔6〕 建议条文为：“在债务履行期届满前，债权人与抵押人或者出质人约定债务人不履行到期债务时担保财产归债权人所有，该约定的履行损害当事人或者其他债权人利益的，当事人或者其他债权人可以在知道或者应当知道撤销事由之日起一年内请求人民法院或者仲裁机构撤销。当事人或者其他债权人自合同订立之日起五年内没有行使撤销权的，撤销权消灭。”“法律、行政法规对典当经营另有规定的，依照其规定。”

于动产质权，也可适用于以交付权利凭证为成立要件的权利质权。依学理通说，转质依其是否经出质人同意，分为“承诺转质”和“责任转质”。承诺转质是指经出质人同意，质权人在占有的质物上为第三人设定质权的行为。责任转质，是指质权人未经出质人同意而以自己的责任将质物转质于第三人的行为。各个国家和地区对于转质及转质的类型有不同的规定：有的未对转质作明确规定，如德国、法国；有的只规定“承诺转质”，如瑞士；也有的仅规定“责任转质”，如我国台湾地区；还有的同时规定“承诺转质”和“责任转质”，如日本〔7〕。我国《担保法》没有规定转质问题，《最高人民法院关于适用〈中华人民共和国担保法〉若干问题的解释》（法释〔2000〕44号，以下简称《担保法解释》）第94条肯定了承诺转质而否定了责任转质，〔8〕这一态度，似有不妥；并且，该条规定中将承诺转质中所担保的债权范围限定为“应当在原质权所担保的债权范围之内”，将转质的目的限于“为担保自己的债务”，这些限制规定，是否妥当和必要，亦值得检讨〔9〕。

《物权法》第217条规定：“质权人在质权存续期间，未经出质人同意转质，造成质押财产毁损、灭失的，应当向出质人承担赔偿责任。”就该条规定的精神而言，应系肯定了责任转质的效力〔10〕；〔11〕。该条文中并未限定质权人转质的原因系“为担保自己的债务”，此点亦值得赞同。举重以明轻，承诺转质自然亦应有效，但《物权法》中对此未作明确规定，应属缺憾。另外，就该条规定的内容而言，也不太精确。例如其中“未经出质人同意转质，造成质押财产毁损、灭失的”表述，在文义上容易使人误以为须是因转质所造成的财产损失才构成赔偿责任，而这显然是对传统规则的错误限缩。因此，建议参考其他立法例作出相应的补充、修改，对承诺转质与责任转质作出完整规定；取消对转质的不必要限制；在条文表述上，力求简洁明了、清晰明确。具体建议条文如下：

“在质权存续期间，质权人经出质人同意，以其所占有的质押财产转质于第三人的，转质权的效力优于原质权。

在质权存续期间，质权人未经出质人同意转质的，转质财产毁损、灭失的风险由质权人承担。”

---

〔7〕胡康生：《中华人民共和国物权法释义》，法律出版社2017年版，第466页。

〔8〕该条规定：“质权人在质权存续期间，为担保自己的债务，经出质人同意，以其所占有的质物为第三人设定质权的，应当在原质权所担保的债权范围之内，超过的部分不具有优先受偿的效力。转质权的效力优于原质权。”“质权人在质权存续期间，未经出质人同意，为担保自己的债务，在其所占有的质物上为第三人设定质权的无效。质权人对因转质而发生的损害承担赔偿责任。”

〔9〕刘保玉：《物权法学》，中国法制出版社2007年版。

〔10〕胡康生：《中华人民共和国物权法释义》，法律出版社2017年版，第466页。

〔11〕最高人民法院物权法编纂小组：《中华人民共和国物权法条文理解与适用》，人民法院出版社2007年版；第521~522页。

三、动态质押的肯认与规则创设

传统担保法理论上，动产质押的客体须为特定的物，且须为质权人实际占有。但近年来随着金融创新的发展，动产质押呈现出多样化态势。其中所谓“动态质押”（又称存货动态质押、流动质押、滚动质押、浮动质押等）的盛行，尤其值得关注。动态质押与浮动抵押有相似之处，但又有所不同，它是指借款方以其所有的、价值或数量控制在一定合理区间内的、于动态质押权实现前可在正常经营过程中处分的库存货物作为动产质押物，向贷款方申请贷款的一种融资担保形式[12]。

实践中，以一定数量和质量的油料、燃料、煤炭、钢材、车辆等设定质押时，为适应出质人经营的需要、便于质押财产的仓储并防止过期、贬值，出质人经质权人同意（或事先约定）在处分该质押财产的同时，以同种类、数量和质量的财产替代原质押财产的“动产质押模式”在企业融资中普遍存在。以企业的存货、原材料、成品、半成品等动产设定存货动态质押的担保方式为例，此种质押关系中的质物通过委托第三方监管，凭相应凭证办理质物出入库手续，质押财产在一定警戒线（价值控制线）基础上可以进行动态置换、出旧补新。其主要操作模式是：（1）银行根据融资债权余额确定质物的最低价值。（2）质押期间，如质物的实际价值超出质权人要求的最低价值，出质人可申请就超出部分提货，仓储监管单位凭质权人出具的《放货通知书》办理放货手续；如提取后质物的实际价值低于质权人规定的最低要求，在提货之前，出质人应补交相应保证金，或归还相应融资款项，或补充同类质物。（3）融资到期后，如债务人不能按时还清本息，银行有权以公开拍卖、变卖方式对质物进行处置。存货动态质押的特点在于质押的动产处于滚动状态，并不绝对的特定化，且通常并不移转给债权人实际占有而是委托第三方在出质人处或其他仓储地对质押财产予以监管、控制。由于我国《物权法》中对此类质押方式及其效力问题并未涉及，此种质押担保的法律效力问题不仅在学理上存在争议，在司法实践中，法院的态度也有不一：有的认为质物有条件的更换不影响原质权的成立和存续，也有的认为此种情况下前一质权消灭，后来移交的质物系成立新的质权，质权设立期间亦以后者为准。[13]我们经调研后认为，此种“动产质押”的经营、担保模式系由交易实践中产生且符合有关经营者需要的质押模式，其本身具有合理性，

〔12〕 黄荣霞、王同顺：《动态质押的法律困境与出路》，载《北京政法职业学院学报》2016 年第 1 期。

〔13〕 参见杜洪芳：《动产浮动质押 + 第三人监管模式下质权是否有效设立》，https：//mp. weixin. qq. com/s/Bcf8m01w4Lb5Ej1fxYQFpg，最后访问日期：2017 年 5 月 31 日。

并非规避法律的脱法行为〔14〕；且这种虽以占有改定的方式设立质权但将质押财产委托第三方监管、控制的质押模式，也并不违反法律关于质权成立要件的规定，有必要加以肯定〔15〕。虽然该模式尚未被法律及相关司法解释所明认，但相关金融主管部门已经表态支持此种模式的发展。〔16〕我们认为，在民法物权编的编纂中，有必要肯定此种新型的质押担保形式并设定相关规则，以保障动态质押的交易安全、推进相关交易的顺利进行。具体建议是，在《物权法》第212条“质权自出质人交付质押财产时设立”后增加一款作为第2款，表述为：

“企业、个体工商户、农业生产经营者以可以替代的生产设备、原材料、半成品、产品出质后，又以同种类物替代原质押财产的，质权不受影响。”

作此建议条文的考虑是：一方面，对动产质押或混动质押持肯定态度，明确其成立的时间和效力；另一方面，鉴于动产质押是商事主体的一种特殊经营模式，故也应当有所限制而不宜全面放开，以防止滥用或规避法律的情况发生。具体限制如下：首先，在质押的主体上应当限于“企业、个体工商户、农业生产经营者”，以方便商事主体进行融资与经营，并与《物权法》第181、189条所规定的浮动抵押的主体相对应；其次，在质押的客体上限于“生产设备、原材料、半成品、产品”这些能以同等数量、质量的财产替换的种类物，并与《物权法》第181、189条所规定的浮动抵押的客体范围相对应，以满足实践的需要并方便质押财产的管理。关于是否允许以占有改定但委托第三方监管、控制质押财产设定质权的问题，无须在此处明确规定（参见本文第七部分）。至于实践中出现的非以同种类物替代原质物的“质物更换”的做法，则应属于“旧质权不断丧失，新质权不断产生”的质权更新问题，应另行厘定新质权的成立要件和成立时间；而债权银行委托的监管企业放弃对质物的直接占有和控制而仅以“占有改定+报表式监管”的方式设定质权的，应界定为纯粹是以占有改定的方式设立质权，有规避法律之嫌，依立法通例和我国相关法律、司法解释的规定，此种情况下质权不能成立〔17〕。

---

〔14〕 在2017年6月21日于中国人民大学法学院召开的“中法民法典物权编与合同编编纂研讨会”上，法国学者在对笔者介绍中国当下存在的动态质押情况作出回应时，提到法国也有类似情况且为学界和实务界所肯定，尤其是以诸如库存葡萄酒、香槟酒等作质押财产的情况下，需要特定的存储条件，而唯有作为出质人的酒厂具备存储条件。此种情况下，质押财产仍存储于出质人的库窖但债权人派人加以监管的，无碍质权的成立。

〔15〕 孙超、景光强：《动产质押中监管人的义务及责任》，载《人民司法·应用》2014年第10期。

〔16〕《中国银监会关于全面做好2012年农村金融服务工作的通知》第五项：“积极推行存货、应收账款、仓单、动产浮动质押等多种形式的抵（质）押贷款品种。”《中国人民银行杭州中心支行关于金融支持浙江舟山群岛新区建设的指导意见》第（八）项：“进一步探索开办存货浮动质押、动态质押、未来提货权质押等创新业务。”

〔17〕 陆晓燕：《动产“动态质押+第三人监管”模式下权利冲突的解决路径》，载《人民司法·应用》2016年第1期。

四、权利质权客体的开放

《物权法》第223条中规定："债务人或者第三人有权处分的下列权利可以出质：……（七）法律、行政法规规定可以出质的其他财产权利。"此一封闭式兜底条款的规定与金融实践的发展的需要有所脱节，窒碍了权利质权类型的发展，并且，本条及其他相关规定中也均未涉及附有担保的财产权利出质情况下权利质权的效力范围问题。有鉴于此，建议对其作出修改。具体建议修改为：

"……债务人或者第三人有权处分的下列权利可以出质：

（七）法律、行政法规未禁止转让、出质的其他财产权利。

出质的财产权利有担保的，质权的效力及于该从权利。"

兹将两处修订的具体思路和考量因素阐述如下：

其一，确立法无禁止即可出质的权利质权设立原则。本条原条文是关于可以出质的权利范围的规定。出质人供作为担保的权利，须是具有可让与性且适于设质的财产权[18]。由于权利质权的设立在很多方面须参照权利转让的规定（参见本文第八部分中有关第229条的修订意见），因此，依照其性质及相关法律、法规的规定不得转让的权利不得出质，这些不得出质的权利主要指具有人身专属性的权利，如扶养费、赡养费、人身伤害赔偿请求权等。鉴于法律、行政法规较少专门针对不得出质的财产进行规定，所涉及者多为"禁止转让的财产"的规定，而其原理是相同的，因此，建议将原条文第（七）项修改为"法律、行政法规未禁止转让、出质的其他财产权利"。将原来的封闭式的兜底条款修改为开放性的兜底条款的原因在于，在金融创新背景下，以各种法律规定之外的财产权利设定担保权的情形层出不穷，而对适合经济发展需要的新的权利质权类型，民法典应持开放的立场。若要等到法律或者行政法规明确将其列为权利质权的客体方予认可，既不经济，也无效率；此项开放性的兜底条款，也与《物权法》第180条第（七）项的规定保持了一致。在此需要一并提及的是，《物权法》第2条及《民法总则》第115条中关于"法律规定权利作为物权客体的，依照其规定"的表述，将"行政法规"排除在外，过于狭窄、严苛，殊有不妥。首先，《物权法》第10、12、55、61、62、68、137、149、180、184、209、246条等均将法源定位在"法律、行政法规"；《民法总则》第92、94、99、100、103、135、143、153条等也都规定了行政法规的法源地位，第10条中甚至规定不违背公序良俗的习惯也可以作为处理民事纠纷的依据；《合同法》及其他现行法中也有大量关于行政法法规的法源地位之规定。故此，《物权法》第2条及《民法总则》第115条中将确认权利作为物权客体的法源位阶

〔18〕 胡康生：《中华人民共和国物权法释义》，法律出版社2017年版，第476页。

限于法律，与既有的其他相关规定有所脱节。其次，金融实践的需要是：在有形的不动产和动产之外，只要具有财产价值、能够变现且未被法律、行政法规明文禁止转让的财产权利，都可以经当事人协商作为出质财产。而《物权法》第2条及《民法总则》第115条中的限定，并无足够的理由，且明显脱离了金融实践的现实需要。故此，我们建议在最终汇编完成民法典时对该条规定予以修改，表述为“法律、行政法规规定权利等作为物权客体的，依照其规定。”此为关于权利作为物权客体的一般规定，而我们建议在现行《物权法》第223条增设的开放性兜底条款，可以作为特别规定来定位。

其二，增加权利质权效力范围的规定。本条中增加的第二款，是为了明确权利质权的效力范围及于出质的财产权利的从权利。现行《合同法》第81条中虽对债权人转让权利时受让人一并取得与债权有关的从权利的问题作了规定，但在出质权利本身附有担保的情形下，质权人是否可以参照此项规定而取得对出质权利自身的担保权，不无疑问。《德国民法典》1274条第1款、1275条，《日本民法典》第362条第2款，我国台湾地区“民法”第902条等，均明确规定权利质权的设立可以参照权利让与的规定，即肯定了权利质权的设立与权利让与存在相似性。《欧洲示范民法典草案》还专设一条（第Ⅸ-2：301条）规定“金钱债权的担保物权”，其第四项规定：“金钱债权之上的担保物权的效力及于任何对该金钱债权进行担保的保证担保或担保物权。”参酌上述立法例和学理通说，我们认为，应肯定权利质权的效力及于出质权利的担保权等从权利。实践中，在以票据、债券、基金份额、应收账款等权利出质的情况下，时常存在出质的财产权利本身附有担保的情形，而出质的权利是否附有担保，对于债权人是否愿意接受该质权及决定贷款额度等有直接的影响。最高法院调研后发现对此问题有明确加以规定的必要，因此在《关于审理担保物权纠纷案件适用法律若干问题的解释》（2012年内部讨论稿）中对该问题有所涉及。[19]我们认为，这一司法解释草案中的规定和其初步方案，值得肯定，故在此基础上加以改进而增加了此款规定。

另应说明的是，由于本条条名为“可以出质的权利范围”，而增加的第二款内容实为“权利质权的效力范围”问题，与条名似有所不符，故更佳的规范方式，似是将增加的此款规定单列为一条。唯考虑到不作大的改动之修订原则，暂且将其“挂靠”的本条之中。

五、应收账款出质的规则增补

《物权法》第228条规定：“以应收账款出质的，当事人应当订立书面合同。质

〔19〕 该草案第87条规定：“应收账款质押的效力及于应收账款的保证、抵押和质押等从权利。”

权自信贷征信机构办理出质登记时设立。”“应收账款出质后，不得转让，但经出质人与质权人协商同意的除外。出质人转让应收账款所得的价款，应当向质权人提前清偿债务或者提存。”针对本条规定，我们提出的建议修改为：

“以应收账款出质的，当事人应当订立书面合同。质权自依法设立的征信机构办理出质登记时设立。

应收账款出质后，经质权人同意，出质人可以转让应收账款，转让应收账款所得的价款，应当向质权人提前清偿债务或者提存。出质人擅自转让应收账款的，质权不受影响。

以应收账款出质的，应收账款债务人有权向质权人主张基础合同中对出质人的抗辩权，但应收账款债务人与出质人恶意串通损害质权人利益的除外。”

应当说明的事项如下：

其一，关于应收账款的范围界定问题。我国没有采纳比较法上普遍承认的“债权质权”概念，而是采用了外延上相对狭窄的“应收账款”概念，即“权利人因提供一定的货物、服务或设施而获得的要求义务人付款的权利，包括现有的和未来的金钱债权及其产生的收益，但不包括因票据或其他有价证券而产生的付款请求权。”〔20〕而在金融实践中，出现了对诸多其他经营收益权（如股权收益权、出口退税权、港口或码头收费权、公墓经营权和收费权等）是否属于应收账款以及能否办理质押登记并成立权利质权的争议。司法实践中对此则多是通过个案认定的方式进行处理，〔21〕如此虽然可以部分地解决实际问题，但有违司法的安定性。鉴于应收账款的种类和范围等应由有关行政法规和登记办法等在既有规定的基础上加以完善，在民法典物权编中不宜对此问题进行具体规定。故此，本条中并未对应收账款的范围问题提出具体的修改意见，而只是指出需要完善的问题。

其二，根据《物权法》第228条第1款的规定，应收账款质权的公示方式采取登记模式，此与德国及我国台湾地区等的“债权让与通知”模式有所不同〔22〕。原条文中所称的“信贷征信机构”，特指中国人民银行设立的征信中心。但与《物权法》刚颁行时的情况有所不同的是，目前法律、行政法规对信贷征信机构的设立有所放开，不再仅限于中国人民银行的征信中心。〔23〕据此，有必要对办理应收账款出

〔20〕 中国人民银行令〔2007〕第4号：《应收账款质押登记办法》第4条。

〔21〕 例如（2014）佛城法民三初字第1618号判决书中，即对“出口退税”是否属于应收账款进行了界定，认定出口退税属于应收账款的范畴；（2014）珠中法民二终字第130号判决书中，对转让股权的收益进行了界定，认定其属于应收账款。

〔22〕 高圣平：《应收账款质权登记的法理——以〈应收账款质押登记办法〉的修改为中心》，载《当代法学》2015年第6期。

〔23〕 国务院2012年12月26日公布、2013年3月15日起施行的《征信业管理条例》第5条规定：“本条例所称征信机构，是指依法设立，主要经营征信业务的机构。”

质登记的征信机构在表述上作出相应的修改，故此将原条文第1款后句修改为："质权自依法设立的征信机构办理出质登记时设立。"

第三，修改了第2款中应收账款出质后转让的规则。关于此一修改的理由，在本文第六部分一并阐释，此处从略。

第四，增加第3款，规定应收账款债务人的抗辩权。应收账款质押除涉及出质人与质权人之间的质押关系外，还涉及应收账款债权人与债务人之间的基础法律关系，法律上应对不同当事人之间利益关系加以平衡，而现行《物权法》及中国人民银行制定的《应收账款质押登记办法》中均未涉及应收账款质押的基础合同问题。由于应收账款债务人与债权人（出质人）之间的基础合同关系对应收账款质权的实现有重大影响，因此建议在此增设一款，规定应收账款的基础法律关系中的抗辩权问题。

鉴于应收账款质押的原理与债权让与规则具有共通性，故应参照债权让与的规则而肯定应收账款的债务人有权向质权人主张基础合同中对应收账款债权人（出质人）的抗辩权。由于应收账款债务人并非质押合同的当事人，因此，应收账款质权设立后，应当通知应收账款债务人，该通知为该质权对应收账款债务人之生效要件。应收账款的债权人以应收账款出质时或出质后，应收账款的债务人并不负有承诺不再变更基础合同的义务（其以确认函等方式作出明确承诺的除外），故应收账款债务人与出质人仍有可能变更基础合同（尤其是尚未履行完毕的合同或未来的应收账款等）。此基础合同的变更如果对应收账款质权人并无不利影响的，自无问题；纵使对质权人有不利影响，应收账款债务人原则上亦有权向质权人主张基础合同中对出质人的抗辩权，唯当出现"应收账款债务人与出质人恶意串通损害质权人利益"的情形时，因符合《合同法》第52条第2款及《民法总则》第154条规定的导致合同无效的事由，应收账款债务人不能基于变更后的合同向质权人提出抗辩。由于实践中应收账款债务人通常并不出具确认函，加之对应收账款债务人与出质人恶意串通变更基础合同内容、签订虚假合同以及是否实质性地损害质权人的利益等在举证上的困难，应收账款质押的风险相对较高。立法上警示这一风险，对于当事人妥善设立应收账款质权、维护各方的应有权益，具有积极意义。

六、出质权利的擅自处分与质权的追及效力

《物权法》第226条第2款、第227条第2款及第228条第2款分别对出质人在权利出质后的处分问题进行了规定，其所采行的规则是：出质人以基金份额、股权、知识产权中的财产权、应收账款等财产权利出质后，未经质权人同意，对已出质的财产权利"不得转让""不得许可他人使用"；经质权人同意而转让、许可他人使用的，应将转让或许可使用所得的价款向质权人提前清偿债务或者提存。《物

权法》第191条关于抵押财产的处分问题，也采行的是相同的规则。

关于担保财产设立担保后，担保人可否处分担保财产，涉及担保物权的追及效力问题，学理上对此多有讨论并基本形成了担保物权具有追及效力的共识。而我国现行法的上列规定中，均采用了"转让价金上的代位主义"而舍弃了担保物权的追及效力规则。依据《物权法》的立场，除担保设定人与担保权人协商同意外，转让设立担保的财产，必须消除该财产上的担保权利。此时受让人取得的是没有物上负担的财产，因而不再涉及物上追及问题。采行这一作法的主要理由是为减少担保财产流转过程中的风险，避免担保人利用制度设计的漏洞取得不当利益，更好地保护担保物权人和受让人的合法权益，减少因担保财产的流转而造成担保物权实现时的不确定因素，节省经济运行的成本，减少纠纷〔24〕;〔25〕。

但是，"非经同意不得转让"的规定及否定担保物权的追及效力而仅承认转让价金上的代位主义的弊端十分明显，因为担保财产财产的市场价值经常处于变动状态，尤其是在以古玩、基金份额、股权为典型的金融交易中，权利价值与交易机会的瞬息万变对交易的快捷性与便利性提出了迫切需求。现行规定殊不利于实现"物尽其用""货畅其流"的物权法立法目的，因而广遭诟病。依学理共识，对于设立了担保物权的财产，担保财产的所有权人并不丧失处分权，同时，担保物权具有追及效力也是物权公示公信原则符合逻辑的推论〔26〕。在最高人民法院办公厅2011年印发的《全国民事审判工作会议纪要》（法办〔2011〕442号）中，已经对《物权法》191条关于抵押人处分抵押财产的规定精神予以了变通，而登记设立的质权应与之保持规则的一致〔27〕，物权编修订时亦应对此予以回应。故此，建议修改既有的规定，回归赋予担保物权以追及效力的传统规则。修改后的建议条文如下：

第226条第2款——"基金份额、股权出质后，经质权人同意，出质人可以转让基金份额、股权，转让基金份额、股权所得的价款，应当向质权人提前清偿债务或者提存。出质人擅自转让基金份额、股权的，质权不受影响。"

第227条第2款——"知识产权中的财产权出质后，经质权人同意，出质人可以转让或者许可他人使用出质的知识产权中的财产权，所得的价款应当向质权人提前清偿债务或者提存。出质人擅自转让或者许可他人使用出质的知识产权中的财产权的，质权不受影响。"

第228条第2款——"应收账款出质后，经质权人同意，出质人可以转让应收账款，转让应收账款所得的价款，应当向质权人提前清偿债务或者提存。出质人擅

〔24〕胡康生：《中华人民共和国物权法释义》，法律出版社2017年版，第466页。

〔25〕刘保玉：《物权法学》，中国法制出版社2007年版，第18～490页。

〔26〕高圣平：《应收账款质权登记的法理——以〈应收账款质押登记办法〉的修改为中心》，载《当代法学》2015年第6期。

〔27〕刘保玉：《我国担保物权制度的立法改进与规则完善》，载《公民与法》2012年第7期。

自转让应收账款的，质权不受影响。”

兹有以下几点需进一步说明：

第一，以登记为成立要件的权利质权与不动产抵押权规则类似，因此应比照抵押权之追及效力进行规定。至于涤除权问题，《担保法解释》第67条关于“取得抵押物所有权的受让人，可以代替债务人清偿其全部债务，使抵押权消灭”有其正当性[28]，但不予规定也无不可，因为此属于取得担保物权标的的受让人应有的权利，自应予以允许。

第二，以登记作为公示方式的抵押权、权利质权，抵押人、出质人对供作担保的财产或财产权利进行处分时，受让人当然应知悉其上的担保权负担，受让人权利的保护自应劣后于质权人。如此，既能担保人、担保财产的受让人的利益，也无碍债权人的担保物权之实现，应属妥当的规则设计。

第三，基于注册商标专用权、专利权、著作权等知识产权的特点，此类财产权出质后，还存在出质人许可他人使用这一特殊问题。在出质人擅自许可他人使用而所得价款也未用于偿还债务或提存的情况下，可能会导致该知识产权中的财产权价值的下降，由此会损害到质权人的利益。此种情况下，质权人可以参照《物权法》第193条规定的救济方式寻求权利保障（参见本文第七部分的阐释）。

第四，关于登记设立的担保物权中担保人对担保财产的处分及担保物权人的追及权问题，在立法技术上可有以下几种处理方案：（1）将权利质权部分的相应条款及抵押权部分的第191条一同删除，对该问题不予明确规定，留归学理上依据物权的效力规则予以解释或留待司法解释加以规定；（2）如本文目前的建议，在既有的条文上加以修改，在抵押权及权利质权的相关规定中，对担保人处分担保财产的效力问题分别规定；（3）为节省立法笔墨，可在担保物权的一般规定中，对登记设立的担保物权中担保人处分担保财产的效力问题一体规定。笔者更倾向于第（3）种方案。

七、其他问题的修改建议

除上述几个重要问题外，建议对质权制度其他几个具体规定也作出相应的修改。

（一）修改设立质权的合同之名称与内容

关于设立抵押权、质权的合同的名称，《物权法》中的称谓并不统一：关于抵押权的第185条、第188条中均采用了“抵押合同”的表述，而第210条关于设立

[28] 王利明：《抵押财产转让的法律规制》，载《法学》2014年第1期。

质权的合同却采用了“质权合同”的表述。根据《合同法》关于合同名称的一般表述模式和学界、实务界关于担保合同通常采用的称谓，建议将《物权法》第210条中所称“质权合同”修改为“质押合同”。

质押合同是明确质权人与出质人权利义务的协议，也是将来处理当事人之间纠纷的重要依据。因此，当事人在订立质押合同时，对其之间的权利义务应尽可能约定清楚、明确。《物权法》第210条第2款中关于质押合同内容一般规定，整体看是合适的、必要的，故建议保留。但值得注意的是，交易实践中，动产质押中的交付方式较为灵活，不仅包括现实交付的方式，也包括简易交付、指示交付（《物权法》第25条、第26条、《担保法解释》第88条）的方式，还存在诸如动态质押中的“委托第三方监管质押财产”（即虽不移转占有但质权人派人现场监管、控制质物）等情形。因此，建议在质押合同中明确质押财产交付的方式，以便判定其是否符合法律规定的精神、质权是能否成立以及成立的确切时间。另外，出质人交付质押的动产，同样属于合同的履行问题，故应与《合同法》的相关规定保持一致，而《合同法》第12条第1款关于合同内容的一般条款规定的第（六）项中包括了“履行的方式”。因此，我们认为，宜将《物权法》第210条第2款第（五）项的规定修改为“质押财产交付的时间、方式”；同时，还应明确不得单纯以占有改定的方式设立质权的规则：“债权人许可出质人或债务人代其占有质押财产的，质权不成立，但质权人以适当方式控制质押财产、表彰质权的除外。”〔29〕

（二）增补质物返还的法律后果之规定

《物权法》在担保物权一般规定中设置了担保物权消灭的诸种情形（第177条），但未涉及质权人返还质物的情形。立法例上多将质权人任意返还质物作为动产质权消灭的原因之一。〔30〕我国的《担保法解释》第87条第1款后句中也规定：“质权人将质物返还于出质人后，以其质权对抗第三人的，人民法院不予支持。”

---

〔29〕《物权法》第23条规定：“动产物权的设立和转让，自交付时发生效力，但法律另有规定的除外。”第27条规定“动产物权转让时，双方又约定由出让人继续占有该动产的，物权自该约定生效时发生效力。”比较此两个条文的表述，可以发现第27条的规定中只允许以“占有改定”的方式“转让”动产物权，而未包含“设立动产质权”的情形，立法本意上应认为已否认以占有改定的方式设立质权。不过，依本文第三部分的论述，在“动态质押”的情形下以占有改定的方式设立质权但质权人或其委托的第三人以适当的方式监管质物的，不影响质权的成立。此外，在实践中，经销车辆的4S店将库存车辆质押的情形下，所质押并待售的车辆通常也仍存放在4S店的仓库内，债权银行委派第三方公司加以监管，同时控制车辆的合格证。此种情况下，同样应当认为无碍质权的成立。有鉴于此，我们在对以占有改定的方式设立质权持否定态度的同时，特设了“但书”。

〔30〕如《德国民法典》第1253条规定：“质权人将质物返还于出质人或者所有权人时，质权消灭。保留质权存续的为无效。”我国台湾地区“民法”第897条规定：“动产质权，因质权人将质物返还於出质人或交付於债务人而消灭。返还或交付质物时，为质权继续存在之保留者，其保留无效。”

鉴于《物权法》第218条对质权的放弃及其后果作了规定，[31]为尽量保持现有规定的格局，建议在该条后增加一款，将质权人任意返还质物的情形视为放弃质权，进而可以适用本条及第177条之规定。具体表述为："在质权存续期间，质权人将质押财产返还出质人的，视为放弃质权。"其中所称的"将质押财产返还出质人"是指出于质权人的意思而返还（即学理所称的"质物的任意返还"）；至于返还的方式，则应作宽泛理解，不仅包括直接返还出质人的情形，也包括交付给债务人、交付给出质人的代理人等变相返还出质人的情形。但因出质人的侵夺或其他不可归责于质权人的事由而丧失对质物的占有，则不产生质权消灭的效果。[32]

另外，比较法上也存在质权人丧失对质物的占有且不能回复而导致质权消灭的情形[33]。对此是否需要予以明确规定，尚可斟酌。

（三）增加质押财产协议折价时债权人的撤销权之规定

《物权法》第219条对质权实现作了规定，其中第2款规定："债务人不履行到期债务或者发生当事人约定的实现质权的情形，质权人可以与出质人协议以质押财产折价，也可以就拍卖、变卖质押财产所得的价款优先受偿。"此条款中并未规定协议折价损害其他债权人利益时的撤销权问题。而《物权法》第195条第1款规定了抵押权人与抵押人协议折价损害其他债权人利益时时，其他债权人享有撤销权。由于抵押权与质权在协议折价的实现方式上类同，法律不应厚此薄彼，而应采用同样的规则。因此，建议根据第195条第1款的规定和本文第一部分中关于第211条的修改意见，对本条第2款进行部分修改，以保持规则的一致性。具体修改建议如下："债务人不履行到期债务或者发生当事人约定的实现质权的情形，质权人可以与出质人协议以质押财产折价，也可以就拍卖、变卖质押财产所得的价款优先受偿。协议损害其他债权人利益的，其他债权人可以在知道或者应当知道撤销事由之日起一年内请求人民法院或者仲裁机构撤销该协议。其他债权人自合同订立之日起五年内没有行使撤销权的，撤销权消灭。"

另有必要提及的是，由于担保物权的实现方式、程序大致相同，为了节约立法成本，也可考虑将担保物权的实现方式、程序等提炼之后一并规定于担保物权一般规定部分。

---

〔31〕《物权法》第218条规定："质权人可以放弃质权。债务人以自己的财产出质，质权人放弃该质权的，其他担保人在质权人丧失优先受偿权益的范围内免除担保责任，但其他担保人承诺仍然提供担保的除外。"

〔32〕《担保法解释》第87条第2款规定："因不可归责于质权人的事由而丧失对质物的占有，质权人可以向不当占有人请求停止侵害、恢复原状、返还质物。"

〔33〕刘保玉：《物权法学》，中国法制出版社2007年版，第359页。

（四）补正票据质权的设立规则

《物权法》第224条规定："以汇票、支票、本票、债券、存款单、仓单、提单的，当事人应当订立书面合同。质权自权利凭证交付质权人时设立；没有权利凭证的，质权自有关部门办理出质登记时设立。"据此，以票据等权利凭证出质的，均以交付或者登记为设立要件。

但对于"汇票、支票、本票"以及法律法规中规定以"背书"作为设立质权要件或转让要件的证券，其质权设立规则与无记名证券相比具有特殊性。我国《票据法》第35条第2款以及《担保法解释》第98条、《最高人民法院关于审理票据纠纷案件若干问题的规定》（法释〔2000〕32号）第55条对票据质押均有"背书"的特殊规定；《海商法》第79条对指示提单转让设有背书要求；《合同法》第387条对仓单转让也设有背书要求。依据特别法优于普通法的规则，在设立质权的规则上应当与特别法的规定保持一致。故此，建议在第224条中增设除外条款，以体现对特别法规定的肯定态度。修改后的表述为："以汇票、支票、本票、债券、存款单、仓单、提单出质的，当事人应当订立书面合同。除法律另有规定外，质权自权利凭证交付质权人时设立；没有权利凭证的，质权自有关部门办理出质登记时设立。"

（五）修改、完善权利质权准用其他相关规定的规则

《物权法》第229条规定："权利质权除适用本节规定外，适用本章第一节动产质权的规定。"对本条规定，我们建议修改为：

"权利质权除适用本章规定外，参照本法第十六章抵押权的规定。

权利质权的设立除适用本节规定外，参照本法和其他法律关于权利转让的规定。"

作此修改的理由如下：

第一，权利质权当然适用动产质权的规定。权利质权与动产质权都是以其客体的交换价值的取得为目的的担保物权，并不因其客体是有体动产还是财产权利而在性质上有所不同。两者共同构成质权的组成部分，在诸多内容上和规则适用方面是相同的。但权利质权的客体为权利，而动产质权的客体为动产，因此两者在某些具体方面（如成立要件等）也存在一定的差异。因此，本章第一节是将动产质权作为质权的一般形式加以规定的，第二节对权利质权仅在某些内容上作了特殊规定，其他没有规定的内容可以适用动产质权的规定，如质押合同的一般条款、流质条款的效力问题、质权人的义务、质权的实现方式和最高额质权等[34]。因此，权利质权

---

〔34〕 胡康生：《中华人民共和国物权法释义》，法律出版社2017年版，第490～491页。

当然应适用本章（包括第一节关于动产质权）的规定。

第二，登记设立的权利质权应参照适用抵押权的规定。以登记为设立要件的权利质权，与权利抵押并无实质差异，如多重质押中质权人的顺位问题、质押财产让与后质权的追及效力问题、权利质权的行使期间问题〔35〕、质押财产权利价值不当降低时的质权人的救济措施等，自应有参照适用第十六章抵押权有关规定的空间〔36〕，故第一款后句提出“参照本法第十六章抵押权的规定”之修改意见。

第三，权利质权的设立还应参照适用法律关于权利转让的规定。因权利质权设立中的诸多问题与权利转让中的相应问题存在相似性，故应参照适用本法及其他法律关于权利转让的规定。而关于权利转让的规定，目前散见于《合同法》《商标法》《专利法》《著作权法》《公司法》《证券法》《票据法》等法律以及有关司法解释中。诸如何种权利禁止设立质权、权利质权设立后对债务人的通知义务及其效力、有禁止让与约定的债权能否出质、可撤销债权出质的效力等问题，均可参照适用法律关于权利转让方面的规定。但出于节约立法笔墨和立法技术方面的考虑，在权利质权部分无须对这些具体问题作出规定，因此，建议条文表述为“参照本法和其他法律关于权利转让的规定”。

---

〔35〕关于担保物权的行使期间问题，《担保法解释》第12条第2款规定：“担保物权所担保的债权的诉讼时效结束后，担保权人在诉讼时效结束后的二年内行使担保物权的，人民法院应当予以支持。”而《物权法》第202条规定：“抵押权人应当在主债权诉讼时效期间行使抵押权；未行使的，人民法院不予保护。”对于质权和留置权的行使期间问题，该法则未设明文规定。《物权法》在这一问题的规定的精神上，应系整体上废弃了《担保法解释》第12条第2款的规定，但遗留问题是：《物权法》第202条中所规定的期间在性质上是抵押权的行使期间还是抵押权的诉讼时效期间？抵押权人未在主债权诉讼时效期间内行使抵押权的后果如何？在质权及留置权关系中，有无权利行使的期间问题？关于担保物权的行使期间问题，笔者的认识是：由于担保物权本身不应存在诉讼时效问题，《物权法》第202条规定的应系抵押权的行使期间，只是该期间依附于主债权的诉讼时效期间而已，抵押权行使期间届满的后果应是抵押权消灭，抵押人有权申请涂销抵押登记。故此，纵使保留现行《物权法》第202条的规定精神，在条文表述上也有加以改进的必要；而以登记方式设立的权利质权，应准用抵押权行使期间的规定。但动产质权、留置权和以移转权利凭证的占有为成立要件的权利质权关系中，如何解释权利的行使期间或时效问题（尤其是在担保人长期未请求质权人、留置权人及时行使权利，而后者既未实行担保物权但亦未放弃对担保财产占有的情形下），颇有疑问。包括笔者在内的多数学者认为，在担保物权的行使期间问题上，《担保法解释》第12条第2款中所采用的方案更为可取，建议民法物权编中在此基础上加以修改、完善。

〔36〕刘保玉：《我国担保物权制度的立法改进与规则完善》，载《公民与法》2012年第7期。

民法典物权编“留置权”的修改

孙 鹏*

目 次

抵押权、质押权、留置权三类传统担保物权中，无论立法重视度或理论关注度，留置权均难与前二者比肩。各国立法形式上的留置权本存在重大差异，力图对留置权进行统一建构，加剧了留置权立法之混沌与理论之迷失。我国现行留置权立法时理论研究不太充分，适用中已暴露出不少问题，也引发了若干困惑。时值我国民法典编纂之际，应对留置权的基本范畴和争议事项进行认真而深入的研究。

一、留置权担保债权之范围

《担保法》第84条第1款规定：“因保管合同、运输合同、加工承揽合同发生的债权，债务人不履行债务的，债权人有留置权。法律规定可以留置的其他合同，适用前款规定”。《担保法解释》第109条规定：“债权人的债权已届清偿期，债权人对动产的占有与其债权的发生有牵连关系，债权人可以留置其所占有的动产。”《物权法》第231条则规定“债权人留置的动产，应当与债权属于同一法律关系”。针对留置动产与债权之关联性，《物权法》以“同一法律关系”替代了《担保法解

* 西南政法大学民商法学院教授、博士生导师，法学博士。

释》中的“牵连关系”，并将担保债权范围从承揽、运输、保管、行纪等有限的合同债权扩充到各种约定或法定债权。

为避免债权人任意留置其占有的债务人动产，逾越债权关系相对性，伤害债权人平等原则，债权与留置动产之间必须有牵连关系。在牵连关系的解释上，经历了从“一元说”到“二元说”的演进历程。“一元说”认为动产为债权发生的直接原因时，始能认定二者之牵连关系。“二元说”认为，不论动产为债权发生的直接或间接原因，均应认定二者之牵连关系。其并将牵连关系总结为债权因动产而发生、债权与动产返还义务因同一法律关系而发生、债权与动产返还义务因同一事实关系而发生三种情形[1]。但近年来，又出现了向“一元说”回流之迹象，不少学者认为牵连关系应仅限于物与债权之直接结合，包括因在物上投入费用而产生的偿还请求权以及由物引起的损害赔偿请求权[2]，即被担保债权为留置物价值（或反价值，指因留置物瑕疵而受到的损失）的一部分时，可认定债权与留置物之间的牵连关系[3]。留置权本质为“标的物自身承担偿还占有人支出的费用，或者赔偿致他人损害的责任”[4]，如果债权得不到清偿，债权人就不让标的物离开。

问题在于，《物权法》之“同一法律关系”，以及“一元说”“二元说”等牵连关系的界定标准是否合理，留置权担保的债权范围究竟应如何确定呢？

一般认为，留置权源于罗马法上之恶意抗辩，该抗辩仅能对特定人行使，不具有任何物权上的效力。法国、德国法上的留置权亦仅有债权效力，本质上为拒绝返还的抗辩权；日本法将留置权规定为担保物权，赋予其广泛的对抗力，但并无优先受偿权；瑞士和我国法律将留置权规定为担保物权，赋予其优先受偿权能。前述比较法上债权性留置权和物权性留置权都要求债权与留置物间存在牵连关系，但其牵连程度显然有别。遗憾的是，我国立法和学说没有深刻意识到两种“留置权”牵连程度之差异，将债权性留置权的牵连性混用于物权性留置权，从而产生了一系列不公平之后果。由于我国民事立法中留置权专指物权性留置权，故除非特别说明，本文中的留置权即物权性留置权，而所谓债权性留置权，下文称为留置抗辩权。

（一）留置权中动产与债权的牵连性

留置权包含了留置、变价、优先受偿三项权能，且其优先受偿效力“超级强大”，能优先于意定担保物权。通说认为，留置权之所以优显尊彰，源于债权人对动产投入成本、施以劳务、提供技术或供给材料，保全或增加了动产之价值。债权

---

〔1〕 谢在全：《民法物权论》，中国政法大学2011年版。

〔2〕 ［日］清水元：《留置权概念的再构成》，一粒社1998年版，第155～166页。

〔3〕 ［日］道垣内弘人：《担保物权法》有斐閣2005年版，第20页。

〔4〕 ［日］我妻荣：《新订担保物权法》，申政武译，中国法制出版社，2008年版，第41页。

人之给付使标的动产之价值包含了原归属于债务人之价值和债权人“添附”之价值，从而形成了类似于“共有”之关系〔5〕。若债权人不能通过该动产价值优先受偿，相当于以其劳动和投入为债务人清偿债务，殊非妥当。法律创设留置权旨在防止劳而无获，鼓励创造价值〔6〕。然而，无论是“一元说”“二元说”之理论阐述，抑或《物权法》上“同一法律关系”之立法表达，与留置权的制度本旨皆不契合，均不当扩大了留置权的适用范围。

“二元说”认为债权与动产返还义务因同一事实关系而生时，债权人可行使留置权。其常设案型为甲、乙二人误拿对方雨伞，任何一方的返还请求权与对方的雨伞之间都存在牵连关系，均可留置对方雨伞以担保自身返还请求权的实现。姑且不论该返还请求权并非债权，将其作为留置权担保对象有失妥当。也无论双方误拿对方雨伞且均未返还时，任何一方均未先履行自己的义务，根本不存在留置权的适用前提（债权人行使留置权，须自己已履行义务），而双方均可留置对方雨伞也不符合留置权单向担保特定债权人的制度逻辑。尤为重要的是，双方误拿对方雨伞，双方均负担返还义务，且任何一方均不负担先行返还义务，若仅因对方尚未返还，即变卖对方雨伞，一旦对方返还，何以向对方履行返还义务？何况，一方变卖对方雨伞以“受偿”（收回自身雨伞价值），无异于两雨伞的强制互换，当事人何以拥有互换之强力？若双方在对方返还前均主张留置权并均变卖对方雨伞，与其说双方因留置权而“优先受偿”，不如说双方合意将错就错互换雨伞。实际上，双方均不享有担保物权意义上的留置权，而仅能行使留置抗辩权。相对于对方的一般债权人，进行留置抗辩一方并非也不可能通过对方雨伞优先受偿，而仅仅借助抗辩迫使对方返还雨伞，并在对方返还前，以所有权人身份排除对方债权人对其雨伞的权利请求。

“二元说”中债权与动产返还义务因同一法律关系而生之情形，与《物权法》上“同一法律关系”之表达并无不同。然而，债权与动产返还义务因同一法律关系而生之外延太过广阔，债权人之给付未必使标的动产保值增值，债权人皆通过标的动产价值优先受偿不具有正当性。例如，乙公司欠付甲公司设备款，法院调解书确认乙将设备折价交还甲。此前乙将该设备置于从丙处承租的厂房内，且在租期届满后未取回，乙欠付丙租金。丙对乙之租金债权与对乙之设备返还义务均基于租赁合同而生，丙占有的设备与债权属于“同一法律关系”。甲申请执行调解书，丙以留置权为由提出异议，当真可否？再如，乙租车行向甲银行借款购车，以所购车辆设立抵押并办理登记。后乙将该车出租给丙，丙向乙支付了租赁保证金。租期届满，乙不能退还租赁保证金。丙之保证金债权与租赁车辆属于“同一法律关系”，丙据以对车辆行使留置权，并优先于甲的抵押权，孰能认同？试想，甲之价款债权与丙之租金债权本无优劣之

---

〔5〕李锡鹤：《民法原理论稿》，法律出版社2012年版，第496页。

〔6〕高圣平：《担保法论》，法律出版社2009年版，第562~563页。

分，丙出租厂房未使设备保值增值，允许丙成立留置权，排除生效调解书的效力，何言公平？甲的贷款偿还请求权与丙之保证金退还请求权也本无贵贱之别，在丙对标的车辆“未建寸功”的情况下，丙的保证金退还请求权何以优先于抵押担保的甲之贷款偿还请求权？而在双务合同因无效、解除等事由互负返还义务的情形，如租赁合同无效后，承租人要求出租人退还租金的债权与其占有的出租人之动产显然也属于“同一法律关系”，若因出租人未退还租金，承租人即可留置租赁物并通过其价值优先受偿，无异于使无效合同一方当事人的权利优先于对方而实现，倘租赁物上设有抵押权，承租人债权甚至优先于该抵押权。此种制度设计的正当性安在？

“二元说”中债权因动产而发生之情形，与“一元说”之主张实无不同。有学者将此种情形下的债权称为“物因性”债权，包括因致物价值增加（积极增加或消极增加）而发生的债权，以及因物致人损害而发生的债权。此种债权具有明显的“对物性”，“对人性”不过是“对物性”债因的外在表现而已〔7〕。“物因性”债权人能对作为其债因之物行使留置权，似乎非常符合人们朴素的法律情感，但该“朴素”其实具有极大的欺骗性。试想，在因物而致人损害的情形，受害人的损害赔偿请求权何以能取得优先受偿的地位？例如，甲的狗咬伤乙的猪后滞留于乙之猪圈，乙缘何留置该狗而优先于甲的其他债权人甚至抵押权人受偿？特别是，甲的狗咬伤丙的猪后，再咬伤乙的猪并滞留于猪圈，乙、丙二人所受损害本无不同，乙留置该狗并优先于丙受偿更是不伦不类！

前述因《物权法》“同一法律关系”以及“一元说”“二元说”等牵连关系学说扩大适用的“留置权”中，占有动产的债权人相对于其他债权人的唯一“优势”是其占有动产的事实。诚然，留置权以债权人占有动产为基础，但占有仅仅是留置权的必要条件而非充分条件，甚至仅为留置权的形式要件而非实质要件。留置权的实质要件为动产本身因债权人之给付而受益，表现为保值、增值，或至少处于较债权人给付前更为有利的状态（如动产被运送到其权利人期待之处所），且债权人之给付必须包含劳务成分，留置权本就潜流着优遇劳务之情怀。比较法上，法国的优先权、德国的法定质权、日本的先取特权，尽管字面表达有别，但其法律效力与留置权无异。而这些国家都严格限定了前述权利的适用范围。法国法仅赋予保管人、承运人、行纪人、来料加工人优先权〔8〕；德国法仅认可承揽人、仓储人、经纪人、承运（搬运）人之法定质权〔9〕；《意大利民法典》规定只有债权人主张动产的保存、改良等费用时，始能享有优先受偿权〔10〕。在前述承揽、保管、运输、行纪等

〔7〕 张家勇：《承运人对第三人货物的留置权》，载《法学研究》2009年第3期。

〔8〕 沈达明：《法国、德国担保法》，中国法制出版社2000年版，第125~128页。

〔9〕 蒋新苗：《留置权制度比较研究》，知识产权出版社2007年版，第28页。

〔10〕［意］马西米利亚诺·文奇：《论留置权制度的历史发展》，载《厦门大学学报》，2013年第2期。

合同关系外，无因管理人、遗失物拾得人、善意占有人等亦可因其包含劳务性之投入而对其占有之动产行使留置权。前述合同外之合同类型，如租赁合同，虽然一些国家允许出租人对承租人置于租赁物中的动产行使留置权，但批评之声不绝于耳，不少英美法系国家更在立法上明确废除了出租人留置权[11]；即便在劳动合同，劳动者占有用工方的动产，与其工资债权属于同一劳动合同关系，只要动产本身未因劳务给付而受益，也不能为担保工资债权而对占有的动产行使留置权[12]。至于因动产而引发的侵权损害赔偿请求权，在我国目前尚无支持债权人对该动产行使留置权之判例[13]。

综上，建议将《物权法》第231条修改为：

“承揽、运输、保管、行纪等法律规定的合同债权人以及无因管理人、遗失物拾得人可留置其占有的动产，但留置因相互持续性经营关系占有的动产不受前述限制。”

（二）留置抗辩权中财产与权利的牵连性

之所以出现留置权适用之泛化，皆因在法律继受和理论研究时未仔细甄别留置抗辩权与留置权之差异，在两种截然不同的语境下混用同一牵连性系属，从而在漫不经心中发生了牵连性“混沌”。如前所述，留置抗辩权仅有拒绝返还的抗辩功能，其旨在维系当事人双边权利义务之均衡，根本不具有变价权、优先受偿权等实体效力，也不能对抗其他债权人的强制执行，故对牵连性程度不能要求太高。“二元说”列举的三种情形在留置抗辩权皆能成立。无论财产与债权直接关联或间接关联，也无论债权与债权人占有之财产属于同一法律关系或事实关系，甚至无论物权请求权或债权请求权，只要不顾其中一项请求权而实现另一项请求权违背诚实信用，占有对方财产的权利人均可主张留置抗辩。虽然《担保法解释》“债权人对动产的占有与其债权的发生有牵连关系”以及《物权法》“债权人留置的动产，应当与债权属于同一法律关系”之规定对留置权失之于宽，但对留置抗辩权则明显过窄。例如，甲将汽车出租给乙，约定甲负担投保义务，后车辆发生事故，乙将车辆送至甲指定机构维修，因甲未投保，乙垫付了全部维修费。乙基于租赁合同而占有甲之车辆，基于垫付维修费事实而对甲享有债权，乙对车辆的占有与其债权的发生并非基于同一法律关系，但租期届满且甲未支付维修费的情况下，不允许乙留置抗辩显有不公。再如乙向甲供应设备并负责安装，约定竣工验收后甲退还质保金。甲竣工验收后未退还质保金，后甲将该设备交到乙处保养。乙占有设备与质保金债权显然不属

---

[11] 周珺：《论我国出租人留置权制度的存废》，载《政治与法律》，2012年第8期。

[12] 姜丽丽：《基于劳动关系产生的债权不能适用留置权》，载《人民司法·案例》，2015年第8期。

[13] 徐银波：《物权法留置权规则的解释适用与立法反思》，载《法律科学》，2017年第2期。

于同一法律关系，但考虑到质保金旨在确保设备无瑕疵，与设备存在直接关联，应认容乙之留置抗辩。故权利人行使留置抗辩时，财产与权利之牵连性应依“二元说”的各种情形进行灵活判断。

与留置权仅适用于动产不同，留置抗辩权在不动产亦能适用。《法国民法典》第2286条、《德国民法典》第273条所规定的形式上的留置权（留置抗辩权），也均可适用于不动产。同时，因留置抗辩权旨在维系当事人双边利益均衡，其原则上不能对抗债务人之外的所有权人。但在物之瑕疵致损时，债权人得例外以留置抗辩权对抗所有权人。如甲将汽车交由乙车行运营，乙将该车租给丙使用，因甲怠于检修，汽车出现瑕疵并使丙遭受损害。在损害获得赔偿前，丙得对甲主张留置抗辩权，不过此刻甲不仅为所有权人，事实上也已成为丙之债务人。

二、债权人留置第三人动产之路径与界限

（一）债权人留置第三人动产的理论争议述评

《担保法》第82条、《物权法》第230条都将留置物限定为“债务人的动产”，问题在于，解释论上应如何解释“债务人的动产”，立法论上又应否将留置物限定为“债务人的动产”？对此，理论上存在巨大争议，形成了几种代表性观点：第一，在解释论上作通常性文义解释，“债务人的动产”即“属于债务人所有的动产”；在立法论上反对将留置物扩及于第三人动产。因为留置权旨在平衡债权人与债务人之利益，留置第三人动产以担保债权，逾越了留置权规范目的和利益平衡之限度，反失公平〔14〕。而且，留置第三人动产未必形成对债务人的心理强制，未必能敦促债务人履行债务进而实现留置权的立法目的〔15〕。第二，在解释论上作广义文义解释，“债务人的动产”指“债务人交付债权人占有的动产”；在立法论上主张无视留置物的所有权归属，只要债权人基于正常经营活动占有动产，且满足留置权的其他成立要件，即便债权人明知动产非债务人所有，亦能行使留置权〔16〕。因为，留置权旨在保全使动产保值增值的特定债权，只要对动产施加了保值增值的行为，债权人即可留置该动产以担保债权之实现，至于动产之权属，则与留置权的成立与行使毫无关联〔17〕。若将留置物限于债务人所有之动产，明显背离交易习惯和人情常理〔18〕。第三，在解释论上将“债务人动产”解释为“属于债务人所有的动产”，同时将《担保法》

---

〔14〕［日］関胡武志：《留置权的研究》，信山社2001年版，第387页。

〔15〕谢在全：《民法物权论》，中国政法大学出版社1999年版，第857页。

〔16〕胡康生：《中华人民共和国物权法释义》，人民法院出版社2007年版，第509页。

〔17〕高圣平：《留置权不应限于债务人自己的动产》，载《民主与法制时报》，2007年第5期。

〔18〕尹田：《留置权若干问题研究》，载《中国政法大学学报》，2013年第5期。

第82条、《物权法》第230条理解为设立留置权之“常态”和一般规范，在该一般规范外，作为留置权之“变态”设立方式，解释论和立法论上均承认债权人对第三人之动产善意取得留置权[19]。该观点为我国学界之通说，并对司法产生了持续影响。

第一种观点将留置物限定于债务人所有的动产毫无价值正当性。因为，同为担保物权的抵押权和动产质权，即不仅可以由债权债务关系外的第三人设立，而且在抵押人和出质人对担保物不享有所有权时还能以善意取得的方式设定。就债权人占有担保物以迫使债务人履行债务而言，留置权与动产质权如出一辙，而在第三人出质特别是善意取得动产质权时，尽管质押物非债务人所有，但从来无人质疑此种质权对债务人的心理强制和担保债权实现的能力。第二种观点概括允许债权人在第三人动产上成立留置权，未必符合交易习惯与人情常理。留置担保的债权并不具有超越于所有权保护的价值，仅仅为了确保债权实现，就毫无节制地牺牲与债权债务无关的第三人，在利益衡量上并不合理。衡诸民法上的债权保护制度，在涉及债权债务关系外的第三人特别是将对第三人发生不利影响时，要么是基于该第三人的自由意志（如保证和物上保证），要么是基于弱者保护等特别的社会政策（如买卖不破租赁），要么是第三人本已危及债权之实现（如第三人以诈害债权人的方式从债务人处取得财产），除此以外，债权保护不得以牺牲第三人利益为代价。就与其他法定担保物权之对比而言，《合同法》《海商法》《破产法》上的建设工程承包人优先权、船舶优先权、破产企业职工工资、福利优先权，其优先受偿的对象分别为发包人的工程、债务人的船舶、破产企业的财产，无不为债务人自己的财产，而同样作为法定担保物权的留置权，其担保的债权未必具备前述优先权担保的债权那样高的保护价值，又岂能直接在第三人动产上成立？若债权人可无条件留置第三人之动产，必将破坏担保物权乃至整个债权保护制度之体系性和均衡性。尤为重要的是，盗贼将偷来的汽车送交改装并对改装人实情相告，若盗贼不支付改装费时允许改装人留置汽车，将对车辆所有人至为不公，且完全背离了交易习惯和人情常理。

第三种观点基于善意取得本身之要件为留置第三人动产划定了相应的界限，可谓第一种与第二种观点的折中。然而，无论在技术逻辑层面，抑或价值判断层面，留置权善意取得论均难以自洽。就技术逻辑而言，善意取得旨在保护交易安全，而留置权乃法定物权，彼此间无对接管道[20]。第一，产生留置权的基础关系包括无因管理、拾得遗失物等情形，这些基础关系本非交易行为，既非交易，当然不存在交易安全保护问题，善意取得无用武之地。第二，即便留置权的基础关系为承揽、运送等交易行为，设立留置权无须债权人与债务人之意思合致，此等交易行为的目

[19] 常鹏翱：《留置权善意取得的解释论》，载《法商研究》，2014年第6期。

[20] 姚瑞光：《民法物权论》，海宇文化事业有限公司1995年版，第364页。

的也并非设立留置权，与无权处分人、相对人移转所有权或设立他物权之交易判然有别。在无权处分人与相对人通过法律行为移转所有权或设立他物权时，双方之目的为发生相应的物权变动，为成就善意相对人交易预期，法律通过善意取得制度使其取得本欲取得之物权，以克服无权处分之瑕疵。而在承揽、运送等留置权基础关系中，债权人缔结此等基础关系时缺乏取得留置权之意思，从债权人善意取得占有之事实推不出善意取得留置权的结论，占有公示及权利推定效果无法为留置权善意取得提供正当性说明。第三，在技术逻辑上为善意取得和留置权铺设对接管道的努力并不成功。有学者指出，当留置权的基础关系为合同关系时，留置权虽为法定担保物权，但本质上为约定担保物权的替代手段，以设立担保物权为目的的意思因素事实上隐身于留置权当中，而该隐含的物权变动之意思正好构成了善意取得与留置权之间的接轨通道。何况，即便将留置权作为纯粹的法定物权，全然不考虑当事人间隐含的设立担保物权的意愿，由于留置权刚性附着于基础交易关系，当事人展开此等交易时，只要债权人确信其占有的动产为债务人所有，就必然将该动产的担保价值计算入成本收益关系，留置权已成为基础交易之一环，发挥了促成交易和减少成本的积极作用〔21〕，与善意取得保障交易安全的法理并无不同。然而，认为留置权中隐含了当事人设立担保物权的合意，乃纯粹的主观想象，混淆了法律规定与当事人意思之界线。何况，所谓隐含的意思充其量为债权人单方面设立担保物权的意思，试想，债务人连抵押等效力更弱的担保物权都不愿设定，何以推定其愿意向债权人设定效力“超级强大”的留置权呢？只要推定不出双方设定担保物权的意思，在善意取得与留置权间就依然存在一道不可跨越的天堑！就价值判断而言，仅债权人善意时才成立留置权未必正当。在可能发生留置权的交易关系中，要求债权人事先审查债务人送交之动产是否为其所有或有无处分权，显然与常理相悖。债权人一旦得知动产非债务人所有或其无权处分，因不能成立留置权而拒绝交易或要求所有人亲自送交，也与基本的商业规则不相吻合。例如，修伞匠对顾客送修之雨伞，只管修好后收取修理费，根本不在意、不过问该雨伞的实际权属。留置权善意取得严重脱离生活实际，与闭门造车无异〔22〕。而为了使债权人明知动产非债务人所有时仍可成立留置权，留置权善意取得论者不得不扩张善意的判断标准。在第三人因借用、租赁、保管等合同将动产交付债务人，而后债务人又送交债权人之情形，解释为第三人有授权债务人将动产以特定目的送交债权人的意图，进而证成债权人受领动产时之善意。然而循此解释，债务人与债权人乃基于交易惯例进行正常交易，债务人之行为构成“有权处分”，又何须牵强附会地认定债权人善意？综上，与其煞费苦心甚或指鹿为马地将法律规定拟制为当事人设立担保之合意、将债权人参与正

〔21〕　苏永钦：《民法物权争议问题研究》，五南图书出版有限公司1999年版，第295～296页。

〔22〕　刘保玉：《留置权成立要件规定中的三个争议问题解析》，载《法学》，2009年第5期。

常交易解释为对“无权处分”善意不知情，不如直接承认留置权善意取得论之不足。债权人对第三人动产行使留置权，要么与善意取得彻底绝缘，要么仅仅在局部类推善意取得之法理，而绝非全盘地、直接地适用善意取得制度。

（二）债权人留置第三人动产的立法构造

1. 债务人为履行对第三人的义务而将其占有的动产交付债权人时，债权人可直接对该动产行使留置权

当债务人为履行对第三人的义务而将其占有的动产交付债权人时，债务人与债权人之间系正常交易，无论债权人是否知悉动产之权属，皆可对该动产行使留置权。因为：第一，当债务人为履行对第三人的义务而将动产交付债权人时，债权人留置该动产不会损害第三人利益。例如 A 将其汽车借给 B 使用，B 在使用中致汽车受损，B 对 A 负担修复汽车之义务，若 B 不为修复，A 只能自行修复并向 B 主张修复费用（进而承担 B 不支付或不能支付之风险）。若 B 将汽车交给 C 修理，C 将汽车修好后 B 却拒不支付修理费，即便 C 明知该汽车属 A 所有，C 仍可行使留置权，A 若要取回汽车需向 C 支付修理费，其后再向 B 追偿。此时 A 的利益状态与 B 不为修复时并无不同。相反，若 C 不能行使留置权，A 可在不向 C 支付修理费的情况下取回汽车，无异于 A 将 B 不履行义务之风险转嫁给 C，A 也因 B 之主动送修而处于更优越的利益状态。又如，A 与物流服务企业（承揽运送人）B 签订承揽运送合同（在承揽运送合同中，物流服务企业可能自己运送货物，也可能将货物交由其他承运人运输，货物所有人并不在意谁实际运输），B 将其承揽运送的 A 之货物交由实际承运人 C 运输。后 B 拒绝向 C 支付运费，无论 C 是否知悉货物权属，均可对货物行使留置权。若 A 未向 B 支付运费，其直接替 B 向 C 支付运费（基于承揽运送之特点，B 对 C 之运费将低于 B 从 A 处收取之运费）即可取回货物，A 不会因 C 之留置而遭受损失。若 A 已向 B 支付运费，A 从 C 处取回货物必须向 C 再次支付运费，表面上看 A 为一次运输支付了双重运费，但 A 向 C 支付运费后，可要求 B 返还先前支付的运费，这与 B 不为运送而由 A 委托他人运送时，A 只能请求 B 返还运费并无不同。第二，债务人为履行对第三人的义务而将其占有的动产交付债权人，并不违反第三人的意思或可得推知的意思。债务人通过租赁、借用、运输等合同关系占有第三人动产，为实现这些合同之目的，将其占有的动产交付债权人修理、运输时，依社会一般观念，第三人因特殊合同目的将动产交付给债务人，相当于授权债务人将动产交给债权人运输、修理。承揽运送例中，A 虽未参与 B、C 之间的货运合同，但该货运合同之订立显然系基于 A 之意思或至少为 A 合理预见。借用例中，B 损害汽车非 A 所欲，但 A 肯定期待借用期满时 B 能返还完好的汽车，B 将汽车送 C 修理完全符合 A 之意愿。既然债务人为履行对第三人义务将动产交付债权人，本就处于第三人意志的延长线上，第三人自当受自身意志拘束，若其要求

债权人返还动产将有违“客观诚信”，构成权利滥用。第三，债务人为履行对第三人义务而将其占有的动产交付债权人，第三人事实上因债权人给付而获益。承揽运送例中A的货物因C之给付而被运至目的地，借用例中A之汽车因C之给付而修复。虽C履行与B之合同不构成无因管理，A因B履行义务获利不构成不当得利，但在A与C的关系上，因彼此间不存在法律关系，却多少有些不当得利或无因管理之色彩。亦即C对A居于债权人之地位，A、B在对C的关系上，类似于负担不真正连带债务，B为终局责任人。依此解释，债权人对第三人动产行使留置权仅系表现形式，其内在本质仍为债权人留置债务人动产。

尚需强调两点：第一，只要债务人为履行对第三人之义务而将其占有的动产交付债权人，即便该动产为盗赃物、遗失物等占有脱离物，亦不会违背第三人之意思，第三人也因债权人之给付而获益，债权人和第三人间的利益衡量与动产为占有委托物时并无不同，故债权人仍可对该占有脱离物行使留置权。第二，有学者认为，为担保“物因性”债权，债权人可直接留置第三人之动产。该观点值得商榷，因为运费等非“物因性”债权人亦可留置第三人动产，故“物因性”债权不能替代债务人为履行对第三人义务而将其占有的动产交付债权人这一要件。

2. 债权人占有动产非因债务人履行对第三人之义务，类推善意取得法理成立留置权

债权人占有动产非因债务人履行对第三人之义务，如A将汽车借给B使用，B擅自将汽车交与C改装，或A与B明确约定由A维修车辆，B无权维修，但B仍将车辆交与C维修。再如甲地A之货物被B盗取，B委托C将货物运至乙地。B将A之动产交与C，均非履行其对A之义务，C之给付并不处于A的意志延长线上，也未给A带来利益甚至可能产生不利益。若B未向C支付相关费用，原则上应由C负担B履行不能之风险，而不能以行使留置权的方式，将B对自己所负担的，与A毫无关联的债务不履行风险转嫁于A，从而使A沦为B之保证人。考虑到B、C之间有交易关系，虽如前文所述不能直接适用善意取得，但可类推善意取得之法理，使C例外地对A之动产成立留置权。具体而言，若C误信借用人B为车辆所有人，则无论B以维修或改装的名义将车辆交与C，C均可对A的车辆“善意取得”留置权。若C知道或者应当知道B为车辆借用人，但不知道A、B之间B无权维修车辆之约定，B以维修名义将车辆交与C，C有理由认为借用人B之送修合情合理，也能对A的车辆“善意取得”留置权。若C知道或者应当知道B为车辆借用人，B以改装名义将车辆交与C，C应当知道借用人无权擅自改装车辆，主观上非善意，不能对A的车辆行使留置权。B将从A处盗取的货物交与C运输，无论C是否知道货物之权属，也无论其是否善意无过失，因货物为占有脱离物，C不能对A之货物“善意取得”留置权。

综上，建议将《物权法》第230条修改为：债务人不履行到期债务，债权人可以留置其已经占有的债务人的动产，并有权就该动产优先受偿，但债权人故意实施

不法行为取得占有的动产除外。

债务人因履行对第三人之义务而将其占有之动产交付债权人，或者债权人占有动产非因债务人履行对第三人之义务但债权人取得动产时善意的，适用前款规定，但因相互持续性经营关系占有的动产除外。

三、商事留置权之特殊规则

《物权法》第231条规定“债权人留置的动产，应当与债权属于同一法律关系，但企业之间留置的除外”，该条但书系对商事留置权之立法表达。就法条文义而言，《物权法》上商事留置权的特殊性为两点：一是发生于企业之间，二是不受动产与债权属于“同一法律关系”之限制。有学者指出，《物权法》第231条之简陋但书，对商事留置权孜孜以求的维护商人信用、确保交易安全的价值目标及其客观上需要的精巧配套规范而言，恐为不能承受之重[23]。问题在于，《物权法》第231条但书中简陋的商事留置权，在民法典中应如何完善？

（一）商事留置权的主体不限于企业

比较法上，商事留置权的主体为商人，即各类从事经营性活动的主体。我国立法中素无商人概念，理论上对商人之界定也未形成共识，《物权法》第231条未采用商人概念，也未采纳物权立法时有人提出的“经营者”概念[24]，而使用了“企业”一词。企业包括个人独资企业、合伙企业、三资企业（中外合资、合作与外商独资企业）、国有企业、集体企业、农民专业合作社等，其既可能是法人，也可能是非法人组织。企业都从事经营性活动，都是商人。但企业为商人的下位概念，其范围较商人为窄[25]。

将商事留置权的主体限定于企业，不当限缩了商事留置权的适用范围，而且也产生了不公正的后果。例如，丙公司持续为甲公司和乙自然人运输货物，丙对甲、乙从事相同的行为，债权的性质也无任何差别，缘何对乙之货物行使留置权须受“同一法律关系”限制，而对甲之货物行使留置权却无此要求？再如，甲汽修公司持续为个人独资企业乙维修机动车，且在乙企业注销后，不知情的甲仍为乙之业主提供维修服务并占有了车辆，甲能否留置该车辆以担保乙注销前已发生的维修费债权？按照《物权法》之规定，甲占有车辆时乙已非企业，甲主张留置权必须以汽车和债权属于“同一

---

〔23〕 曾大鹏：《商事留置权的法律构造》，载《法学》，2010年第2期。

〔24〕 全国人大常委会法工委民法室：《物权法立法背景与观点全集》，法律出版社2007年版，第184页。

〔25〕 刘凯湘：《比较法视觉下的商事留置权制度》，载《暨南学报》，2015年第8期。

法律关系”为前提，不能留置乙注销后才占有的车辆以担保注销前产生之债权。然而，仅因债权人主张债权时间的偶然差异，就影响能否行使留置权，岂不荒谬？即便允许甲留置汽车担保乙被注销前已经发生的债权，依旧会出现尴尬的场景：A债权为被注销前一天发生的债权，B债权为乙被注销后一天发生的债权，C车在B债权发生后为甲占有。若仅允许甲留置C车担A债权而不允许担保B债权，则甲对事实上之同一业主（个人独资企业与投资者实为同一法律人格）提供同样内容的服务并享有同样性质的债权，缘何因业主法律形态的变化而影响债权的效力强度？特别是前述A、B两债权在发生时间上如此之近，赋予A、B两项债权以不同的法律效力实在是匪夷所思！为消除将商事留置权主体限定为企业之缺陷，学者们普遍主张将商事留置权主体扩张到一切从事经营活动者，包括个体工商户、达到一定经营规模或经登记的农村承包经营户，以及出版社、电视台等从事部分营业活动的事业单位；或者在立法中确立商人概念，将商事留置权的主体直接规定为商人[26]。

即便将《物权法》第231条“企业之间留置”替换为“商人之间留置”，也不意味着商事留置权之界定大功告成。商事留置权的核心不在于双方当事人为商人，而在于通过商人间权利义务之交付计算，实现双方在多次经营中形成的债权债务关系（即往来账）的整体利益平衡。具体而言，在商人间从事持续性交易时，双方互有请求权，这些请求权不限于某一具体之债，而是涵盖了商人间因持续经营形成的请求权集合体。债权人对债务人的一项或数项请求权构成债权集合体，债务人对债权人的一宗或数宗返还请求权构成另一个请求权集合体，这两个请求权集合体在宏观和动态的层面体现了债权和留置物之间的相关性。因为这种相关性，债权人可就其债权集合体中任何一项债权，对其占有的债务人动产集合体中任何一宗动产行使商事留置权。据此，即便双方当事人均为商人，若彼此间未发生持续性经营活动，不存在交付计算的必要性，商事留置权即无用武之地，一方欲留置对方动产以实现债权，仍必须满足民事留置权的全部要件。

（二）商事留置权牵连性之缓和

《物权法》第231条从消极角度规定商事留置权不受“同一法律关系”限制，给人商事留置权无“底线”、舍牵连性而取“无因性”之印象。果真如此，无异于将“特殊规则”升格为“一般规则”，本末倒置，可能动摇留置权制度之根基。商事留置权“无因性”导致其适用无限扩张甚至被滥用，其在维护特定商人“此笔”交易的安全之际，却破坏了债务人与其他债权人之间“他笔”交易的安全[27]。例

〔26〕 熊丙万：《论商事留置权》，载《法学家》，2011年第4期。

〔27〕 董学立：《形在而神移—论〈物权法〉担保物权编的新发展》，转引自梁慧星：《民商法论丛》，法律出版社2008版，第176页。

如，甲公司占有乙公司动产后，收购其他公司对乙公司的到期债权，并将这些收购债权纳入所占有动产的担保范围。如此不仅债权收购双方可能因此而牟利，而且担保债权之增加也势必损害债务人其他债权人的利益。再如乙公司无法回收对甲公司之货款，故意借用甲之设备，并通过行使商事留置权而受偿。若前例中可留置借用设备，将大量诱发双方当事人恶意串通，以出租、出借方式肆意为本无担保的债权“设立”效力强大的商事留置权。而且，迫于“无因”的商事留置权的巨大压力，债务企业一旦欠其他企业债务，均担心自己的动产因各种原因被债权企业占有而发生留置权，在双方未预先约定排除留置权的情况下，债务企业为谨防前述情形，将拒绝与债权企业展开以物之交付为内容的法律关系。如此一来，旨在促进交易之商事留置权“无因性”，反倒阻碍了交易之进行，可谓事与愿违。

为追求交易效率、强化商业信用、促进交易发展、确保交易安全，比较法上的商事留置权普遍缓和了债权与留置动产的牵连性，但并非对牵连性全无要求。例如，《瑞士民法典》第895条规定，商人因相互间交易关系而取得物的占有和债权，即认为存在实质性关联。台湾地区“民法”第929条规定，商人间因营业关系而占有之动产，与其因营业关系所生之债权，视为有牵连关系。如前所述，商事留置权当事人双方存在持续经营关系，并在持续经营过程中分别形成了一个债权集合体和返还请求权集合体，这两个集合体因产生于同一持续经营关系而相互牵连。就债权集合体而言，仅须债权因持续性经营关系发生，而无论其为合同之债或侵权之债、无因管理之债、不当得利之债（侵权之债等法定之债也可能发生于持续性经营关系）[28]，也无论债权之发生与动产占有时间之先后[29]。但债权人从第三人处受让之债权，不应纳入债权集合体中。因为，受让之债权本无担保，将其纳入担保债权集合体，可能减少其他债权人的责任财产，从而有违公平与安全。就返还请求权集合体而言，债权人占有债务人之动产，也必须基于其与债务人之间的持续性经营关系。即便基于经营关系而占有，但并非产生债权集合体之同一持续性经营关系，该动产也不能成为商事留置权之对象。例如，食品生产企业甲与冷藏保管企业乙签订冷藏保管合同，乙履行合同过程中冷藏库发生事故，将甲之食品转交给丙冷藏保管企业保管，此前甲曾委托丙运输数批货物未支付运费，因丙占有甲之食品非基于其与甲之持续性经营关系（运输），不能对该食品行使商事留置权。

综上，“相互持续性经营关系”本就揭示了商事留置权之牵连性，在我国立法中无商人概念，社会中亦无独立商人阶层的背景下，这一表达有效回避了界定商事留置权主体之不便。故前文对《物权法》第231条修改建议中，以“但留置因相互持续性经营关系占有的动产不受前述限制”替换了原条文中的但书事项。

---

[28] 孟强：《论我国〈物权法〉上的商事留置权》，载《政治与法律》2008年第10期。

[29] 史尚宽：《物权法论》，中国政法大学出版社2000年版，第500页。

（三）债权人不得对第三人动产行使商事留置权

从商事留置权之制度价值出发，债权人似乎可更广泛地对第三人动产行使留置权，但实际情况并非如此，《德国商法典》第369条第1款、《日本商法典》第521条都将商事留置权的标的物限制于债务人之物。如前所述，债权人留置第三人动产有两条路径：一是债务人为履行对第三人的义务而将其占有的动产交付债权人时，债权人可直接对该动产行使留置权；二是债权人占有动产非因债务人履行对第三人之义务，类推善意取得法理成立留置权。两条路径在商事留置权皆不可行。第一，债务人为履行对第三人的义务而将其占有的动产交付债权人时，债权人之所以可直接对该动产行使留置权，乃因债务人将动产交付债权人占有不违反第三人之意思或可得推知之意思，且第三人从债权人之给付中受益，债权人留置动产不会给第三人造成不利影响。但在商事留置权，其担保的债权与第三人动产无具体的牵连关系，若与该动产存在具体牵连的债权债务已经清结，仍允许债权人以其所占有的第三人动产，清偿债权人占有该动产前后发生的、与该动产不属于“同一法律关系”之债权，因第三人与该债权无任何关联，也未通过债权人之给付而受益，必将严重损害第三人之利益。例如，甲航空公司分别租赁了乙、丙、丁公司的飞机，先将丙、丁之飞机交戊公司维修后未支付维修费，后甲将乙之飞机交与戊维修后破产。若戊留置乙的飞机以担保丙、丁飞机之维修费，相当于乙一人负担了与自己无关、却与甲、丙、丁有关的债务风险，这对乙明显不公！第二，债权人占有动产非因债务人履行对第三人之义务，之所以可类推善意取得法理成立留置权，乃因第三人将动产托付与债务人占有，债权人善意无过失地误信债务人为所有权人或误信债务人有对第三人动产进行维修、改装等处置的权利，法律为保护债权人之误信而强制牺牲与债权存在牵连的动产所有权人（第三人）之利益。但在商事留置权之场域，若与第三人有关的债权债务已经清结，债权人仍留置第三人动产以担保其对债务人享有的其他债权，债权人无误信事实和主观善意可言，加之第三人并未涉足也无法预测债务人与债权人之其他权利义务关系，仍牺牲第三人利益以确保债权实现，第三人与债权人间的利益关系已完全扭曲，不仅使第三人蒙受了“窦娥之冤”，商业诚信体系亦饱受破坏！故前文建议修改《物权法》第230条，规定债权人对第三人动产行使留置权时，特别但书“因相互持续性经营关系占有的动产除外”。

（四）商事留置权其他特殊规则

1. 不完全受“不与债权人义务相抵触”规则之限制

债权人行使留置权不得与其承担的义务相抵触，乃留置权消极要件之一。该消极要件在民事留置权不可或缺，乃因若债权人未作出对待给付而留置债务人动产并变价受偿，将致其对待给付义务无法履行，从而获得不当利益。但在商事留置权，债权人基于相互间持续性经营关系已享有债权且未获清偿，纵使直接留置后续占有的债务人动产并变价受偿，也不会导致债权人和债务人之间的利益畸形。相反，若债权人每次都必须先履行其对待给付义务，则未获清偿的债权不断膨胀，债权实现之风险不断加大，商事留置权之交付计算功能大打折扣。例如承运商已数次为托运商运送货物，相关运费债权均未实现，承运商再次因运输而占有托运商货物，直接留置货物并变价受偿有助于尽量回收前期运费。若必须在完成运送后行使留置权，在货物价值有限的情况下，一方面新的运费债权将沦为无担保债权而难以实现；另一方面运送后即留置该批货物变价受偿对债务人也无实益，仅徒增债务累积之烦恼。不过，若持续经营关系为承揽等增值活动，债权人（承揽人）对后续占有之动产仍不得径行留置，其仍应先履行义务，盖承揽增值部分对债务人意义重大，而且原则上也大于新增债权金额，不会增大债权风险。故商事留置权是否受“不与债权人义务相抵触”规则之限制，不能一概而论。

2. 不受“比例原则”之拘束

基于留置权的法定性以及标的物价值通常远高于被担保债权的事实，立法普遍要求留置财产的价值尽量与债权金额相当。不仅如此，在留置权成立后，只要留置物事实上可以分割，在其担保的债权金额因清偿等原因而减少时，债务人也有权要求债权人减少留置财产的数量，也可另行提供相当的担保以置换被留置的财产。在实行留置权时，债权人也只能拍卖、变卖相当于债权金额的财产。此即留置权中与抵押权、质押权不可分原则相对立的比例原则。但在商事留置权，相互间持续性经营关系中债权债务之发生绵延不绝，债权金额处于不断变动之中，即便债权人占有的财产价值暂时高于债权金额，该超额价值也可为后续之债权担保。在特定孤立时点比较债权金额与财产价值之大小，并要求债权人返还超额价值不符合商事留置权之特征，也与商事留置权通过交互计算增进交易便捷和效益的价值目标背道而驰。故比例原则只能适用于民事留置权，商事留置权中应坚持不可分原则。

四、留置权立法中的其他问题

（一）债权人占有动产的合法性

《物权法》第230条从积极角度要求债权人“合法占有”动产，与其他大陆法系国家和地区从消极角度规定债权人占有动产之要件不同。《德国民法典》第273条第2款规定债务人因故意实施不法行为而取得标的物时不得留置，《日本民法典》第295条规定留置权不适用于占有因侵权行为而开始之情形。比较而言，从消极角度规定更为可取，而且，相对于“因侵权行为而取得占有”，“因故意实施不法行为而取得占有”不仅覆盖面宽，也更精准妥当，宜为我国民法典立法所采。因为，第一，有利于更公平地分配占有合法性之举证责任。从积极角度规定，债权人将负担占有合法的举证责任，尽管债权人依承揽、运输、保管、行纪等合同占有动产时，证明占有合法并非难事。但在拾得遗失物、无因管理等情形，债权人均不能证明占有之合法性，其对动产的占有事实上也缺乏正当权原。若拾得人、无因管理人因无法证明占有之合法而不能对动产行使留置权，将不当限制留置权的适用范围。与此相反，从消极角度规定，可将债权人从占有合法性的举证中解放出来，债权人无须证明其对动产之占有合法，而应由留置物所有人（债务人或第三人）证明债权人故意实施不法行为而取得占有，只要留置物所有人不能完成前述举证，则债权人可以留置其占有之动产，这与民法学上占有之合法性推定原则亦相吻合。第二，从消极角度规定债权人“因故意实施不法行为而取得占有”时不能留置，也有利于实现法律的教育功能。债权人已履行对待给付义务且合法占有动产时，法律鼓励其以留置动产的方式进行私力救济。同时，法律旗帜鲜明地强调“因故意实施不法行为而取得占有”时债权人不能行使留置权，能有效消除私力救济之泛化，避免债权人为实现债权而“以暴制暴”。故前文对《物权法》第230条的修改建议中，将占有“合法”之正面要求置换为“债权人故意实施不法行为取得占有的动产除外”之但书。

（二）留置权之紧急行使

在债务人确定无清偿能力时，即使债权未届清偿期，为救济债权人，亦可成立留置权。债务人被宣告破产时，未到期的债权被视为已届期，可以发生留置权应无疑问。即便在破产程序外，债务人已确定丧失清偿能力，若仅因债权尚未届期而否认债权人的留置权，将使债权人承担债权不能受偿的确定风险，对债权人显失公平。故此，很多国家和地区的立法均特别规定纵然此刻债权尚未届期，仍可行使留置权，此即紧急留置权。有学者认为紧急留置权缺乏实际意义，因为债权到期前债权人可行使不安抗辩权拒绝交还动产，待债权到期后再行使留置权[30]。该观点甚值商榷，在债务人受破产宣告时，债权人必须行使留置之优先受偿权能固不待论，即便债务人在破产程序外确定丧失清偿能力，债权人也不能仅仅依不安抗辩权拒绝返还其占有之动产，因为其他债权人期待通过留置动产的剩余价值受偿，倘债权人不紧急行使留置权，将辜负其他债权人之合理期待。建议民法典承认紧急留置权，规定“债务人丧失清偿能力而债权未届清偿期时，债权人可以留置其占有的动产并直接变价受偿”。

有学者认为，在债务人丧失清偿能力时，纵使债权人留置占有的动产将违反其承担的义务，或违反债权人与债务人之约定或债务人交付动产时的指示，也不妨碍

〔30〕王利明：《物权法研究》（下卷），中国人民大学出版社2007年版，第657页。

债权人紧急行使留置权[31]。该观点通常以后述设例证明其立场，即债务人委托债权人将货物运送至某地交付给第三人，并约定只有将货物交付第三人后才享有运费请求权，若债权人将货物运送至该地后交付第三人前债务人丧失清偿能力，债权人仍可行使紧急留置权，从而突破了双方事先约定不得行使留置权之限制，而且债权人行使留置权后显然也无法再履行将货物交付给第三人之约定义务。然而，本例中排除约定不得行使留置权之限制，乃因债务人交付标的物后始丧失清偿债务的能力，而各国立法普遍规定，若债务人在双方明示或默示约定排除留置权后丧失清偿能力或其丧失清偿能力之事实始为债权人知晓，则债权人承诺不行使留置权之基础并不存在，债权人仍可对其占有之动产行使留置权。若在交付标的物前债务人即已丧失清偿债务之能力且债权人对此知情，双方仍约定排除留置权，债权人绝无再行使留置权之余地。而该例中债权人行使留置权导致其不能履行将货物交付第三人之约定义务，与正常情况下债权人行使留置权后不能再将动产交还留置物所有人并无本质区别，并不属于"违反债权人承担义务"的情形。故前述观点不宜为民法典立法采纳。

（三）相当担保之提出

债务人向债权人发出另行提供担保的要约，是否即能消灭留置权?《担保法》第 88 条、《物权法》第 240 条规定唯有债权人接受时，债务人另行提出的担保才能消灭留置权。有学者认为"数量"上相当"物保"之提出，应视为债务人行使形成权，留置权当即消灭；而"数量"上相当"人保"之提出，因以"人保"置换"物保"对债权人不利，只能视为债务人行使请求权，须债权人接受始能消灭留置权[32]。然而，"物保"与"人保"并无天然"质量"优劣之分，即便均为"物保"，债务人和债权人对"数量"（担保物价值）之认识也未必一致。这就必然产生一个问题，即便债务人提出的担保相当，债权人无正当理由拒绝接受，则债务人另行提出担保以消灭留置权的权利无以为继。对此，一种可能的思路是，债权人只能以担保不相当为由而拒绝接受（若债权人接受，表明其认为是相当的），如果债务人提出的担保客观上是相当的，则债权人负担必须接受的义务。若债权人无正当理由而拒绝接受，则构成权利滥用，债务人可将其诉至法院，并以胜诉之判决代替债权人之承诺。建议将《物权法》第 240 条修改为："留置权人对留置动产丧失占有或债务人提供相当之担保，留置权消灭。"

---

〔31〕 曹士兵：《中国担保制度与担保方法》，中国法制出版社 2014 年版第 386 页。

〔32〕 董学立：《论留置权的特殊消灭原因》，载《法学论坛》2004 年版第 3 期。

股票担保业务在民事规则适用方面的特殊性及解决思路

杨　光*

目　次

“依法治市”是保证资本市场平稳、持续、健康、长期发展的前提和基础。在中国证监会“依法、从严、全面”的监管理念指导下，资本市场中的任何业务都应当首先符合法治的基本要求。这里的“法治”，必须是良法、善法，是符合基本经济规律的法治。然而，作为我国经济领域法治根基的民事规则在制定时更多着眼于简单商品经济中的民事法律关系，对金融领域中民事法律关系的特殊性关注不足，从而导致民事担保制度存在漏洞、亟待完善。完善金融担保中民事规则的适用，是法律制度变革符合经济发展现实的必然结果。

随着我国从简单商品经济逐步发展到发达商品经济（包括市场经济），〔1〕投资者需求日益多元化，导致金融市场逐渐形成并在经济生活中占据核心地位。金融

---

* 中国证券监督管理委员会博士后科研工作站与中国社会科学院法学所联合培养博士后科研人员。本文所有内容仅代表作者本人的观点，不代表作者所在单位、部门的意见和建议，也不表明或暗示作者所在单位会以此为决策依据。

〔1〕 高德步、王珏：《世界经济史》，中国人民大学出版社2016年版，第8页。

市场的主要功能在于促进资金在需求方与供给方之间有效流转，实现资金最优配置。[2]但需求方与供给方之间的信息不对称使得资金流转存在风险，金融市场的高流动性需求以及科技发展导致的交易模式创新又进一步增强了前述风险的传导效应和乘数效应。在此背景下，以担保制度为核心的风险防范制度就显得尤为重要。以1986年《民法通则》、1995年《担保法》、2000年《担保法司法解释》以及2007年《物权法》为核心构建而成的我国担保制度已在经济生活中发挥着重要作用，这些法律规范虽在一定程度上反映了金融担保的需求（如《物权法》第181条规定了浮动抵押制度，第231条为企业间留置预留了空间），但大多数条文仍以传统民事担保制度为基础，与金融市场实践并不完全相符。本文认为，民法作为规范国民经济的根本大法，《物权法》作为确认我国财产权属制度的纲领性法律规范，应当切实符合金融市场发展现实，关注金融担保的特殊性。股票担保是近年来发展较为迅速的金融担保形式之一，与信贷担保和保证保险等金融担保形式相比具有较强的特殊性和代表性，同时，在2015年我国股市异常波动期间及2016年“宝万之争”中引起了较大争议。因此，本文拟以股票担保为例，以点带面，对金融担保在民事规则适用方面的特殊性及其解决思路进行阐述。

一、股票担保在我国的发展现状

（一）我国股票担保的类型

股票担保本质上是权利质权。对于我国股票担保的类型，有学者从学理角度将股票担保分为“担保物权型股票担保”以及“权利转移型股票担保”，前者包括证券公司股票质押以及融资融券中的股票担保，后者包括约定式回购、股票质押式回购以及股票场外配资。[3]本文认为，股票质押及融资融券中的股票担保属于股票担保自不待言，但对于“权利转移型股票担保”则有进一步探讨的必要，其并非股票担保或者并非独立的股票担保类型。

第一，约定式回购是指符合条件的资金融入方向资金融出方卖出特定股票以获得资金，并约定在未来某一时刻以约定价格买回特定股票从而偿还资金（包括融资利息）的业务。该业务本质上存在两个买卖合同（初始交易和回购交易）：（1）在初始交易中，资金融入方为出卖人，卖出特定股票并获得资金，资金融出方为买受

---

〔2〕［美］弗雷德里克·S·米什金：《货币金融学》（第9版），郑艳文等译，中国人民大学出版社2011年版，第3页。

〔3〕王乐兵：《系统性风险视角下的股票担保融资》，载《中国商法学研究会2016年年会论文集》（上册），第384～401页。

人，买入特定股票并支付资金；（2）在回购交易中，资金融入方为买受人，买入特定股票并偿还资金（包括融资利息），资金融出方为出卖人，卖出特定股票并收回资金（包括融资利息）（图表1）。因此，约定式回购实为特定股票的买卖，只是在不同买卖合同中出卖人与买受人发生了互换，并且不同买受人支付的资金数额存在差异，其并非权利质权，因此不属于股票担保。

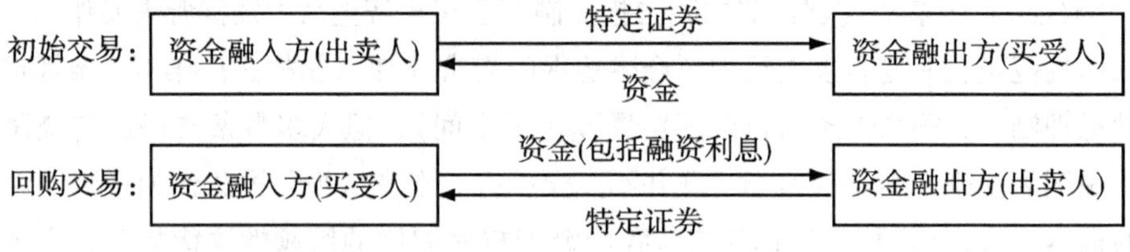

图表1：股票约定式回购业务模式分析

第二，股票质押式回购是在传统股票质押基础上进行的业务创新，是指符合条件的资金融入方将其持有的特定股票向资金融出方设定质押以获得资金，并约定在未来某一时刻返还资金（包括融资利息）、解除质押的业务。该业务本质上存在两个合同，一个是借款合同，一个是质押合同：（1）在初始交易中，资金融入方为借款人，借入资金并以其持有的特定股票设定质押，资金融出方为出借人，借出资金并接受特定股票作为质押；（2）在回购交易中，资金融入方仍为借款人，偿还资金（包括融资利息）并解除质押，资金融出方仍为出借人，收回资金（包括融资利息）并返还特定股票（图表2）。因此，股票质押式回购中所谓的“回购”，其实是资金融入方向资金融出方履行还款义务后并解除质押合同，并非买回质押的股票，因为股票并没有被“卖给”资金融出方。股票质押式回购的基本法律关系与传统股票质押相同，并非独立的股票担保类型，只是在业务便捷性、公正手续、违约处置、质押率和利率等方面[4]通过业务规则设计降低了资金融入方的融资成本，拓宽了融资渠道。

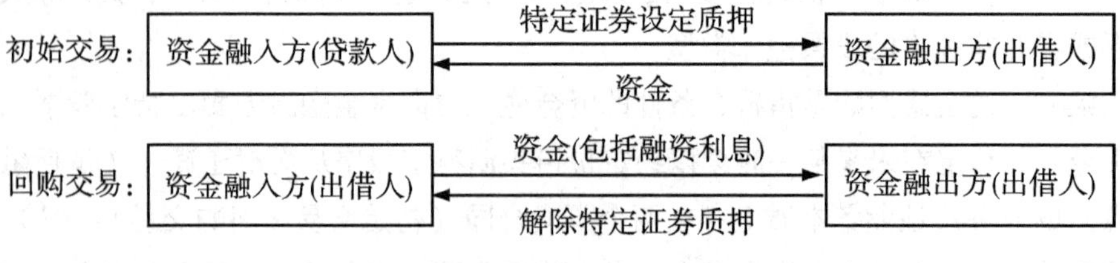

图表2：股票质押式回购业务模式分析

〔4〕 高伟生、许培源：《证券公司股票质押式回购业务的现状、问题及对策》，载《证券市场导报》2014年第7期。

第三，股票场外配资的本质是在场外市场通过股票担保以获得资金，基本法律关系与传统股票质押相同，并非独立的股票担保类型，只是由于其无法像场内股票担保一样及时进行信息披露和数据统计，因此在金融监管方面存在"盲区"。解决此问题的思路包括建立不同金融监管机构之间的信息共享平台或者规定股票场外配资必须在证券登记结算机构进行登记等，但无论如何均不妨碍其本身所具有的权利质权属性。

综上，本文认为，股票担保在我国可分为两种类型：一类是股票质押（包括传统股票质押、股票质押式回购等），另一类是融资融券中的股票担保。二者所担保的法律关系均为借贷法律关系，但不同之处在于所担保的借贷法律关系性质不同：(1) 股票质押所担保的借贷法律关系主要为借款合同，而融资融券中的股票担保所担保的借贷法律关系既可以是借款合同（"融资"），也可以是借券合同（"融券"）；(2) 股票质押所担保的借贷法律关系本身并非证券交易业务，而融资融券中的股票担保所担保的借贷法律关系本身即属于狭义的证券信用交易业务，[5]并且主要是保证金交易业务（margin trading）。

（二）我国股票担保的特点分析

在明晰我国股票担保类型的基础上，通过数据分析，可知目前我国股票担保存在以下特点：

第一，从不同市场的角度观之，场内市场股票担保的透明度更高。虽然场外市场的交易活跃度和交易总量有可能大于场内市场，但场内市场的数据较场外市场更易获取，因此场内市场的股票担保较为规范，透明度更高，风险相对可控。目前，上海证券交易所、深圳证券交易所和中国证券登记结算有限公司均有针对股票担保的市场数据统计专栏，一般将股票质押与融资融券分开，并定期（一般为每周）公布相关数据。股票质押公布的内容主要包括股票质押回购总量（包括初始交易金额与购回交易金额等）、单一证券质押回购总量（包括证券代码、证券简称、初始交易数量、购回交易数量、待购回无限售条件证券余量以及待购回有限售条件证券余量）、平均质押率等。融资融券公布的内容主要包括融资买入额、融资余额、融券卖出量、融券余量等。

第二，场内市场股票担保的标的主要为在中小板和创业板上市的股票，即大多数为中小盘股。比如，对于股票质押，万德（Wind）数据显示，交易活跃的2015年5月31日至2016年5月31日，沪深两市共有1423只股票用于场内市场股票质押，其中沪市367只（占25.8%），深市1056只（占74.2%）。在深市1056只股票中，主板184只（占17.4%），中小板514只（占48.7%），创业板358只（占

---

[5] 广义的证券信用交易业务除融资融券业务外，还包括期货交易和期权交易等。

33.9%），后两者占比合计为82.6%。对于融资融券，以深市为例，在可作为融资融券标的的395只股票中，主板162只（占41.0%），中小板170只（占43.0%），创业板57只（占14.4%），后两者占比合计为57.4%。

第三，场内市场股票担保业务呈现出明显的“非对称性”。对于股票质押，股票质押式回购业务远远超过传统股票质押业务，占比为90%以上，而在股票质押式回购业务中，大股东（持股5%以上的股东）的股票质押式回购业务同样占比为90%以上。对于融资融券，融资业务远远超过融券业务，以沪市2016年5月31日为例，当日融资买入额为29 411 838 246元，而融券卖出量仅为33 599 650股。从参与主体方面来看，股票担保业务的参与主体主要是机构投资者和具有一定投资经验及资金实力的个人投资者，专业化程度较高。同时，与商业银行和信托公司相比，股票质押对于证券公司而言是一种创新业务，仍有较大发展空间。

第四，股票担保是信贷市场与资本市场的“连接器”，并同时受两个市场影响。比如，若央行宣布降息降准，则市场上资金供给量增加，获得资金的难度降低，通过股票担保获得资金的动力减少，股票担保业务出现萎缩。又如，资本市场处于下跌周期时，通过股票担保获得资金的成本增加，股票担保业务同样出现萎缩。同时，融资余额增加代表投资者对资本市场的“看多”，将促进资金借贷；而融券余额增加代表投资者对资本市场的“看空”，将导致资金逃离资本市场。

第五，股票担保有可能成为规避法律法规的工具。比如，投资者可通过融资融券的普通账户和信用账户进行“对敲”和“对倒”，也可通过融券业务变相实施“T+0”。同时，还可通过股票质押实现在创业板借壳上市。具体方式是大股东将足够导致控制权变更的大部分股票通过场外质押形式质押给某资产管理公司，而该资产管理公司为借壳主体的全资子公司，并签署相关协议、进行公证。随后，大股东故意违约，资产管理公司随后凭公证协议向法院起诉，在法院判决后，资产管理公司去登记结算机构划转股权并公告。由于证监会无权干预司法判决，所以能够通过股票质押实现股票所有权的移转。

二、股票担保在设立方面的特殊性

股票担保在设立方面的特殊性体现在三个方面，一是标的物价值的变动方面，二是合同条款的内容方面，三是股东名册的公示公信方面。

（一）标的物价值的变动需要注意

担保本质上是以担保标的物的价值保证债权的实现，若担保标的物的价值很小或者不易确定，则无疑等于担保人向担保权人开了一张“空头支票”，无法实现担保制度的目的，因此担保标的物价值的确定在担保制度中就显得尤为重要。

股票担保的标的物即为股票，与传统民事担保的标的物相比，其价值具有较强的变动性，需要注意。股票是虚拟资本的载体，本身并无价值，其交换价值或市场价格来源于其能够产生的未来收益。[6]因此，股票的市场价格反映了市场参与者对该股票未来收益能力的评估。市场价格基本围绕股票的内在价值形成。内在价值是一种相对“客观”的价格，由股票自身的内在属性或者基本因素决定，不受外在因素（比如短期供求关系变动、投资者情绪波动等）影响。在资本市场完全有效[7]的情况下，股票的市场价格和内在价值一致，但现实中资本市场并非完全有效，[8]因此市场价格总是高于或者低于内在价值。股票的市场价格低于其内在价值的部分，被称为“安全边际（Margin－of－safety）”，是任何投资活动的基础。[9]

仅以市场价格衡量股票价值不完全可靠，因为有些情况下，某种股票可能没有活跃的市场价格（比如停牌股票）；有些情况下，即使发生交易，交易价格也未必真实。鉴于此，估值模型被引入股票价值评估中。但仅以模型定价衡量股票价值也不完全可靠，因为估值模型千差万别，变量和假设各异，导致股票价值不具有唯一性。因此，应在衡量股票价值时将市场价格和模型定价相结合，并引入公允价值。详言之，如果设质股票存在活跃交易市场，则以市场报价作为其公允价值；否则，采用模型定价确定公允价值。

我国场内市场股票担保的标的主要为中小板和在创业板上市的股票，大多数为中小盘股，由于体量小，因此极易被操纵，导致股票价值变动较大。同时，从总体情况着眼，我国股票普遍被高估值，存在着“虚高”现象。鉴于此，可以考虑在规则中明确设定股票担保时降低股票的折算率，同时增加作为标的物的大盘股种类（比如规定蓝筹股所占的比例），从而确保标的物价值的稳定。

（二）合同条款的内容应包括相关业务规则

股票担保合同多为格式合同，但对于合同条款所包括的内容存在争议。例如，

---

〔6〕 William Sharpe, Capital Asset Price: A Theory of Market Equilibrium under Conditions of Risk, 19 Journal of Finance 425（1964）.

〔7〕 证券市场的有效性表现为证券价格能否反映所有相关信息。在一个完善的市场、交易成本为零的情况下，证券市场的价格一定会反映所有的相关信息。按照证券价格对信息的反映程度，可分为弱势有效市场（即证券价格反映所有历史价格信息）；准强势有效市场（即证券价格反映所有公开信息）；强势有效市场（即证券价格反映所有信息，无论是否公开）。所谓证券市场完全有效是指强势有效市场。Eugene Fama, Efficient Capital Markets: A Review of Theory and Empirical Work, 25 Journal of Finance 283（1970）.

〔8〕 检验证明，美国纽约交易所和纳斯达克市场基本达到了准强势有效市场。对我国证券市场是否达到弱势有效，目前还有争议。胡亦春、周颖刚：《中国股市弱势有效吗?》，载《金融研究》2001年第3期；张兵：《中国股票市场有效性分析》，南京大学出版社2004年版，第185页。

〔9〕［美］本杰明·格雷厄姆、戴维·多德：《证券分析》，巴曙松、陈剑等译，中国人民大学出版社2013年版，第267页。

对于融资融券而言，虽然证券业协会公布了《融资融券合同必备条款》（以下简称《必备条款》），但《必备条款》并未包括所有的融资融券业务规则，从而产生相关业务规则是否属于股票担保合同条款的问题。

对于上述问题，本文的回答持肯定态度，即认为股票担保业务规则，无论是否被明确规定于股票担保合同条款中，都是股票担保合同的重要组成部分，属于合同条款的内容。从解释论角度着眼，法律依据在于“附和缔约理论”的适用。

所谓附和缔约，是指合同条款由当事人一方预先拟定，对方只有附和该条款（意思）方能成立合同的缔约方式。附和缔约可分为商业性合同中的附和缔约与消费性合同中的附和缔约两类，二者缔约规则不同。对商业性合同中的附和缔约，适用“共同了解理论”，[10]即若合同相对人“了解”格式条款的使用人是以“某种特定的格式条款”作为合同内容，即使双方当事人“以往没有交易惯例”或“虽有交易而不频仍”，格式条款仍因“共同了解”而订入合同。此时，除非格式条款被明示排除，否则不待约定即当然订入合同。[11]交易所的业务规则无疑属于格式条款，股票担保合同属于商业性合同，双方当事人均为资本市场的主要参与者，具有相当的经验及知识，有足够的注意能力和交涉能力，当然知晓交易所规则的存在，符合“共同了解理论”，因此股票担保业务规则不待约定即当然订入合同。

从立法论角度着眼，则应明确股票担保业务规则不待约定即当然订入股票担保合同。

（三）股东名册的公示公信效力有待加强

《物权法》第226条规定，以“证券登记结算机构登记的股权出质的，质权自证券登记结算机构办理出质登记时设立”。结合《物权法》第二章第二节关于“动产交付”的规定，可知对于股票担保，实际上是通过在“证券登记结算机构办理出质登记”来代替“交付”作为公示公信的方式，以使得其他交易参与人在与出质人进行交易时，知晓出质人的特定股票上已经设立了权利质权，可能有被质权人优先受偿的风险，需要对该特定股票特别注意，以实现自身收益的最大化。但实践中，在“证券登记结算机构办理出质登记”无法实现公示公信的目的。

《物权法》虽然规定在“证券登记结算机构办理出质登记”，但对于具体在哪个文本上办理出质登记语焉不详。结合公司法和证券法的相关规定，可知在股东名册上办理出质登记最符合本条的立法原意。[12]我国上市公司的股东名册由中国证券

[10] 刘宗荣：《免责条款之订入定型化契约》，载郑玉波主编：《民法债编论文选辑》上册，台北五南图书出版有限公司1984年版，第270页。虽然该理论是针对免责条款提出的，但对于格式条款同样适用。

[11] 崔建远：《合同法》，法律出版社2010年版，第65页。

[12] 范中超：《证券无纸化的法律问题》，中国政法大学出版社2009年版，第92页。

登记结算有限公司负责办理登记，但由于目前实行股票无纸化，因此并不存在一个被称为“股东名册”的常备纸质文本或者电子文本，所存在的只有每个账户的账户信息。每个账户的账户信息记载着投资者通过该账户持有股票的名称、数量等，当需要某个上市公司的股东名册时，可以输入相关上市公司的信息（如上市公司名称或者股票代码等），即可得知持有该上市公司股票的投资者信息，并在此基础上生成 EXCEL 或者 PDF 格式的股东名册。因此，股东名册是临时生成的。鉴于此，在进行出质登记时，实际上是登记在投资者的个人账户中，而非股东名册上，登记的方式是对设质股票进行标记，或/并放入质押库中，融资融券则是放在单独开立的客户信用交易担保证券账户中。由于个人账户内的信息属于个人商业信息，受到保密条款的保护，因此现在公众无法随时通过中国证券登记结算有限公司直接获知相关股票的质押情况。从立法论角度着眼，为保障公示公信目的的实现，建议未来应设置常备的股东名册电子文本，同时可供公众随时查阅，但为了保护商业信息，可以对查阅的内容进行合理限制。

同时，公示公信原则还要求明确股票的实际持有人，但对于股票担保而言可能难以达成。比如，融资融券中，放在客户信用交易担保证券账户中用于担保的股票的实际持有人一般为投资者，但由于客户信用交易担保证券账户以证券公司的名义开立，因此股东名册记载的持有人为名义持有人——证券公司（并非投资者），这实际上已经突破了我国关于证券直接持有制度的规定，而采用了证券间接持有制度，建议立法上对此予以明确。

三、股票担保在效力方面的特殊性

（一）所担保的债权范围不包括质物保管费用

权利质权所担保的债权范围原本主要包括主债权及利息、违约金、损害赔偿金、质物保管费用和实现质权费用。但从股票担保角度着眼，质物保管费用是否应纳入所担保的债权范围值得进一步讨论。

目前，我国实行股票托管、存管制度。托管是指投资者将其持有的股票委托给证券公司保管，并由后者代为处理有关股票权益事务的行为；存管是指证券公司将投资者交给其保管的股票以及其自身持有的股票统一交给证券登记结算机构保管，并由后者代为处理有关股票权益事务的行为。在账户记录方面，由于实现了无纸化，证券登记结算机构一般以证券公司为单位，采用电脑记账方式记载证券公司交给的股票；证券公司也采用电脑记账方式记载投资者交给的股票。股票转移则通过账面划转实现。

质物保管费用应是质权人固有利益的损失，如此才能纳入所担保债权的范围。

然而，在股票担保中，质物保管费用实际上就是股票保管费用。由于股票托管、存管制度的采用，在证券公司开立资金账户一般不收管理费，开立沪深股市股票账户则要收取管理费，转托管也要收取一定费用。但这些费用均由股票持有人（即出质人）承担，而非由质权人承担，并不属于质权人固有利益的损失。因此，股票担保所担保的债权范围不应包括质物保管费用。

（二）股票担保所及的标的物范围包括分红派息，但不包括配股

股票担保所及的标的物范围是指权利质权在股票上产生的效力边界，研究的是“量”的问题。一般而言，权利质权所及的标的物范围应包括从物、孳息、代位物和添附物。但在股票担保中则需要具体分析。

1. 分红派息

股票担保所及的标的物范围会涉及分红派息。分红派息主要是上市公司向其股东派发股利的过程，也是股东实现自己权益的过程。分红派息的主要形式包括现金股利（也可称为“现金红利”）和股票股利（也可称为“红股”）。本质上，分红派息是因某种法律关系所产生的收益，因此属于股票的法定孳息。根据《物权法》第213条的规定：“除合同另有约定外，质权人有权收取质押财产的孳息。但股票担保的实际情况却并非如此。”

虽然股票设定质权后应转移至质权人特别席位下存放，但股东名册上股票的实际持有人仍为购买该股票的出质人。根据交易所相关规则，上市公司董事会根据股东大会审议的分红派息方案，向社会公告，并规定股权登记日。随后向中国结算公司位于上海、深圳的分公司以及上海、深圳证券交易所提交申请材料和公告申请日。分红派息主要通过中国结算公司的交易清算系统进行，投资者领取现金红利和股票股利无须办理其他申请手续，将由交易清算系统自动派发到股东名册记载的投资者账户上。若T日为公告刊登日，则A股现金股利于T+8日发放；B股现金股利于T+11日发放；A股股票股利于T+3日发放；B股股票股利于T+6日发放。因此，按照既有规则，分红派息根据股东名册进行发放，股票担保中的法定孳息（分红派息）直接进入出质人账户，而非质权人账户。

对这一矛盾，从解释论角度着眼，可采用以下思路解决。第一，交易所的分红派息规则无疑属于格式条款，股票担保合同属于商业性合同，双方当事人均为资本市场的主要参与者，具有相当的经验及知识，有足够的注意能力和交涉能力，当然知晓交易所规则的存在，交易所规则属于该商业性合同的组成部分，因此满足《物权法》第213条中的“合同另有约定”。第二，《物权法》第116条的适用。该条规定：“法定孳息，当事人有约定的，按照约定取得；没有约定或者约定不明确的，按照交易习惯取得”。其中“取得”一词表明该条规定的是法定孳息的所有权人，而第213条中的用语是“收取”，与“取得”的含义显然不同。因此，可将交易所

规则视为对法定孳息所有权人的规定，而非对收取权人的规定，此时可适用的请求权基础为《物权法》第116条，而非第213条，从而解决上述矛盾。

当然，从立法论角度着眼，为明确分红派息的归属，将来应同时从两方面对相关法律进行修订。首先，在证券法中明确规定“股票设质的，该股票产生的分红派息由出质人收取”；其次，将《物权法》第213条第1款“除合同另有约定外”修改为“除法律另有规定或合同另有约定外”。

2. 配股

配股是上市公司向原股东发行新股、筹集资金的行为。按照惯例，公司配股时新股的认购权按照原有股权比例在原股东之间分配，即原股东拥有优先认购权。配股以股东已经持有的股份为基础，但配股所得股份并非原有股份的代位物；同时，由于配股所得股份未常助原有股份之效用，因此不是原有股份的从物；配股所得股份并非依照原有股份的自然性能或变化规律而取得，与原有股份缺乏从属性法律关系，亦并非是让渡原有股份一定期限内的使用权而得到的收益，因此不是原有股份的孳息；最后，配股所得股份与原有股份之间缺乏结合为一个物或共同因加工而成为新物的情形，因此不是原有股份的添附物。总之，应明确配股不属于股票担保所及的标的物范围。

（三）股票担保的转质应当允许

《物权法》第217条规定了质权人的转质权。所谓转质，是指质权人在质权存续期间，为担保自己或者他人的债务，将质物移交给第三人，在该质物上设立新质权的行为，包括责任转质和承诺转质两种。但无论何种转质，本质上都是质权人将其直接支配的交换价值赋予转质权人，故转质权人取得的乃是质权人所得支配交换价值内的另一优先支配权，实际上是质押物再次出质。[13]据此，对于股票担保中的转质应就该股票在证券登记结算机构再次进行出质登记。

但《证券质押登记业务实施细则》（以下简称《实施细则》）第12条规定“证券一经质押登记，在解除质押登记前不得重复设置质押”，似乎对股票担保的转质持否定态度，我国关于融资融券的相关规则更是明确禁止对作为担保物的股票进行转质。对此，从立法论角度着眼，本文认为应从以下角度进行理解：

首先应当允许股票担保转质。实际上，《实施细则》第12条的规定主要是为了避免多重设质情况下因股票价格不断变化，导致担保物价值显著低于债权总额，无法发挥担保功效。但出质人重复设置质押与质权人转质毕竟不同。第一，出质人重复设质时，其原本已受限制的权利进一步受到限制，担保负担加重；而转质情况

---

〔13〕［日］我妻荣：《民法讲义Ⅲ·新订担保物权法》，申政武等译，中国法制出版社2008年版，第136～140页。

下，原质权人（而非出质人）通过原质权所支配的同一担保价值的一部分为自己的债权进行担保，并可在其他权利未受限的部分为自己的债务附加限制，担保负担是从无到有的过程。第二，转质权人在订立质押合同时亦知晓其取得占有的是转质物，应承担因自己选择而带来的不利益。因此，股票担保转质不应被禁止。

其次应明确转质的性质。对于转质的性质，见解不同："质权债权共同入质说"认为转质是以质权及其担保的债权一同入质之行为，由此可以说明质权人为何可自由处分质权；"附解除条件的质权让与说"认为质权附解除条件（该条件为转质权所担保的债权消灭时质权复归于原质权人）转移于转质权人；"质权设质说"认为转质是质权人为担保自己或他人的债务，在自己的质权上设质；"质物上质权之再度设定说"认为转质是质权人为担保自己或他人的债务，在质物上设质。[14]

上述学说中，"质物上质权之再度设定说"最为合理。"质权债权共同入质说"的不足在于若被担保的债权一同入质，则产生债权质，而非转质。"附解除条件的质权让与说"混淆了质权转让和以质权提供担保，前者质权人丧失质权，而后者质权人仍然保有质权。"质权设质说"的不足在于质权的标的物应为可转让的财产权，但质权具有附随性，不能与被担保的债权分离让与，只能一同转让，[15]无法作为质权标的物。因此，股票担保的转质是在设质股票上再度设定质权。

最后应对"重复设置质押"进行限缩解释。《实施细则》第12条中的"重复设置质押"可包含两种情形，第一类是出质人重复设置质押，即出质人就设质股票对质权人以外的人再度设质，比如甲将自己持有的股票向乙设质后，再就该股票向丙、丁……设质；第二类是质权人转质，即甲将自己持有的股票向乙设质后，乙再就该股票向丙设质，丙再就该股票向丁设质……第12条是否完全禁止上述两种情况，不得而知。因此，若对第12条进行限缩解释，即仅禁止第一类情况，则股票担保可以转质。由此也可以说明即便存在《实施细则》第12条的规定，股票担保转质仍存在解释空间。但由于股票价格的不稳定性，股票担保中出质人重复设置质押应受到限制。当然，从长远看，应对《实施细则》第12条及融资融券相关规则进行修改，明确股票担保转质的合法性。

实践中，质权人如何将其特别席位下存放的设质股票足额、及时转移至转质权人的特别席位，并保证原有质权不消灭，需要交易所和证券登记结算机构出台具体的业务规则予以明确，目前看来以特别标记的方法分别标记原质权和转质权较为可行。

---

[14] 史尚宽：《物权法论》，中国政法大学出版社2000年版，第364～366页。

[15] ［德］鲍尔·施蒂尔纳：《德国物权法》下册，申卫星、王洪亮译，法律出版社2006年版，第541～542页。

四、股票担保在实现方面的特殊性

（一）基本规定

股票担保实现的条件包括债务履行期限届满，债务人不履行债务以及发生当事人约定实现质权的情形。实现方式包括折价、拍卖和变卖证券三种。根据境外立法例，若为无记名股票，其实现与一般权利质权的实现方式类似；若为记名股票，其实现也适用一般权利质权的方法，但需要注意的是，由于拍卖、变卖本质上属于股票转让，因此记名股票担保实现时，如果其他法律对其转让有特殊规定的，则必须遵守这些特殊规定。[16]日本商法对记名股票的规定则较为特殊，即将其区分为股份略式股票和股份登记质，主要区别在于对前者允许适用流质条款，从而允许债权到期后，质权人可依其与出质人之前达成的协议取得设质股票或就设质股票折价受偿，并退回超过债权的部分。[17]但由于我国现行《物权法》第 211 条明确禁止“流质条款”，因此上述区分将在下文进一步考察。

需要提及的是，有观点认为，若担保权人在股票担保实现前已从公司取得一定的分红、股息等财产，则应在拍卖或变卖股票时从清偿额中扣除。[18]本文认为，该观点从理论上讲无可厚非，但正如前述，公司的分红派息一般直接进入出质人（而非质权人）的资金账户或者证券账户，质权人无法在股票担保实现前取得分红、股息，因此不会发生清偿额扣除问题。

（二）实现方式宜以拍卖为主，协商为辅

股票是一种特殊的标的物，在股票担保实现时，应确保设质股票估值定价的公允性。除遵循公允价值的定价方法外，应明确以拍卖作为优先适用的实现方式，同时允许当事人理性协议定价。《物权法》第 219 条将折价、拍卖和变卖三种方式并列，但拍卖的特点在于公开竞价，折价、变卖的特点在于非公开竞价的买卖方式（如多家询价、竞争性谈判和单一买主出卖等）。[19]拍卖方式作为公开市场竞价手段，有助于发现股票的最优价格，使出质人获得最高买价，同时大幅提高质权人的优先受偿率，堪称“一举三得”。因此，应明确规定除非出质人和质权人合意采取其他方式，否则股票担保的实现方式原则上应为拍卖，实践中即为通过交易所集中

---

〔16〕 徐海燕，李莉：《物权担保前沿理论与实务探讨》，中国法制出版社 2012 年版，第 347 页。

〔17〕 胡开忠：《权利质权制度研究》，中国政法大学出版社 2004 年版，第 321 页。

〔18〕 林建伟：《股权质押制度研究》，法律出版社 2005 年版，第 220 页。

〔19〕 刘俊海：《现代公司法》，法律出版社 2015 年版，第 334 页。

竞价交易或者大宗交易确定拍卖价格。

即使采用拍卖以外的方式，质权人也有权聘请具有法定资质的资产评估机构对设质股票的价值进行公允评估，以发现合理转让价格，实现出质人与质权人利益共赢。世界上没有绝对公平、绝对合理的价格，资产评估机构的估价也未必绝对公允。公允价值作为买卖双方的心理感受，由买卖双方在信息对称、谈判平等的基础上协商确定。因此，应允许买卖双方在设质股票公允价值的基础上协商确定转让价格。

（三）证券结算原则导致的特殊性

证券结算包括清算与交收。清算是指每一营业日中对每个结算参与人的证券和资金的应收、应付数量或金额进行计算的处理过程；交收是指依据清算结果现实进行证券与价款的收付，从而结束整个交易过程。清算是交收的基础和保证；交收是清算的后续与完成。但清算不发生财产实际转移，仅确定应转移数额；而交收则发生财产实际转移。

证券结算需要遵循净额清算、货银对付（Delivery Versus Payment，DVP）等原则。股票担保实现时，需变更股东名册，同时将设质股票从质权人特别席位登记过户至买受人[20]证券账户。此过程中，需要注意以下问题：

第一，传统民事质权实现时，质权人所得资金额基本等于买受人取得设质标的物的价值，[21]但根据净额清算原则进行的股票担保实现则不然。

净额清算原则是指在一个清算期（比如一天）中，对每个交易结算人价款的清算只计其各笔应收、应付款项相抵后的净额，对证券的清算只计其每一种证券应收、应付相抵后的净额。目前，交易所和证券登记结算公司多采用多边净额清算方式，即指将结算参与人所有达成交易的应收、应付证券或资金予以充抵轧差，计算出该相对人相对于所有交收对手方累积的应收、应付证券或资金的净额。

股票担保实现时，由于多边净额清算在当天交易结束后才开始，因此质权人当日所得资金额除卖出该设质股票所得金额外，还包括与其他各笔应收、应付款项相抵后的净额，并不必然等于买受人取得设质股票的价值。买受人所得该设质股票的数额除买入的设质股票外，还包括通过其他途径买入、卖出的该类股票，因此并不等于质权人所卖出的设质股票。总之，在多边净额清算方式，质权人所得资金额与买受人取得设质标的物的价值之间不存在必然的相等关系。

第二，传统民事质权实现时，基本可以实现资金与质物之间的同时交付（虽然

---

〔20〕 这里的买受人是指折价、拍卖和变卖等实现方式中的买受人，既可以是出质人、质权人，也可以是第三人。

〔21〕 谢在全：《民法物权论》，中国政法大学出版社2011年版，第1047～1050页。

时间上不可能完全一致)，但根据当前货银对付原则进行的股票担保实现则不然。

货银对付原则又称款券两讫或钱货两清，是指证券登记结算机构与结算参与人在交收过程中，当且仅当资金交付时给付证券，证券交付时给付资金。通俗来说就是“一手交钱，一手交货”。该原则通过实现资金和证券的同时划转，可以有效规避结算参与人交收违约带来的风险，提高证券交易的安全性。现行证券法与证监会2006年发布的《证券登记结算管理办法》已经要求在实行净额清算的证券品种中贯彻货银对付原则。但实践中，除权证、ETF等一些创新产品实行了货银对付外，A股、基金等老品种的货银对付制度尚在推行中。因此，建议规定对于以老品种股票为标的物的股票担保实现时，应当在股票交收日（T+1日或T+3日）再通过银行转账给付价款，而不应先行转账，从而实现“货银对付”，避免对方违约风险。同时，守约方还应有效利用同时履行抗辩权制度，积极维护自身合法权益。

（四）强制平仓权与“禁止流质条款”的有限缓和

2015年股市异常波动前后引发出的一个问题便是对于股票担保是否可以行使强制平仓权。所谓强制平仓权，是指当资金融入方提供的股票担保价值低于警戒线时，资金融出方直接处分担保股票的权利。反对的理由主要包括：

第一，强制平仓权与传统民事担保制度中的“禁止流质条款”相悖。所谓“禁止流质条款”，是指“质权人在债务履行期届满前，不得与出质人约定债务人不履行到期债务时质押财产归债权人所有”，只有在债务履行期限届满，债务人不履行债务以及发生当事人约定实现质权的情形时，才可以先经过协商，再决定采用拍卖、变卖或者折价的方式实现质权。“禁止流质条款”的主要目的在于避免给债务人施加过重压力，促使其尽最大可能履行债务。[22]但强制平仓权的行使没有经过协商环节，直接处分了担保物，给债务人造成了损失。

第二，强制平仓权加剧了市场下跌。强制平仓权行使的宏观经济背景一般为股市下跌导致作为担保物的股票价值无法维持在警戒线以上，但强制平仓权行使后卖出股票将增加市场的“看空”预期，致使市场继续下跌，从而引发下一轮强制平仓，如此循环，助长了市场加剧下跌，并未起到及时止损的效果。

第三，强制平仓权的行使侵蚀了证监会的监管权。[23]此次股市异常波动期间，除证券公司因持有证券经营牌照而进行强制平仓之外，HOMES系统等配资软件的使用者（比如信托公司、私募基金等）虽没有证券经营牌照，但均进行强制平仓，这一协同效应使得资本市场出现“千股跌停”的惨象。

---

〔22〕 高圣平：《担保法论》，法律出版社2009年版，第303~304页。

〔23〕 刘燕：《场外配资纠纷处理的司法进路与突破——兼评深圳中院的〈裁判指引〉》，载《法学》2016年第4期。

本文认为，上述理由均具有合理性，但仍然需要有限缓和“禁止流质条款”，赋予证券公司在特定情况下享有强制平仓权。强制平仓权在美国和我国香港地区被称为“特殊经纪权”，其行使的前提是“持有相应证券经营牌照+担保物价值降至警戒线之下+无法将担保物价值维持在警戒线之上”。因此，除证监会核准发放证券经营牌照以及从事股票担保业务牌照的证券公司以外，其他机构和个人无权行使强制平仓权。同时，在担保物价值降至警戒线之下时，强制平仓权并不能立刻行使，而是需要看债务人能否继续将担保物价值维持在警戒线之上，若否，则可行使强制平仓权，如此规定与资本市场行情的快速变化特点密切相关，否则可能导致更大的损失。

五、一个初步的结论

金融担保是金融创新的重要组成部分之一。但正是这种“创新”，使金融担保在某些方面存在特殊性，并与我国物权法、担保法的相关规定产生了矛盾。本文针对这些特殊性和矛盾，以极具代表性的股票担保为中心展开论述，在现有法律法规框架内，从解释论和立法论的角度提出了解决思路。但若要彻底解决问题，则需要在以下三个方面进一步研究。第一，构建证券间接持有制度（名义持有制度）。在目前证券直接持有制度下，质权人在质权设立、孳息收取和质权实现等方面存在诸多不便，因此，质权人名义持有制度势在必行。我国目前的股票质押和融资融券制度实际上已经实现了证券间接持有，下一步需要通过法律予以确认。第二，完善非典型性担保。在物权法定原则下，物权的种类和内容只能由法律规定。由于我国物权法规定的担保物权种类较少，相关条文与金融担保实践并不相符，从而阻碍了金融担保制度保障下金融市场融资功能的发挥。因此，应在现有担保物权种类的基础上完善非典型性担保物权，满足市场参与主体需要，激发投融资活力。第三，金融创新理念与金融风险防控的平衡协调。金融担保是市场发挥资源配置作用的结果，来源于市场主体为满足自身融资需要而进行的金融创新，值得提倡。但同时，金融担保也存在担保率设定不合理、风险系数高、审查不严格和金融机构内控机制不健全等风险。如何在有效预防风险的基础上发挥金融担保的制度优势，将是未来重要的研究课题。

结合当前正在制定的《民法典》，本文初步认为金融担保的特殊性在民法典物权编中应有所体现，但不宜独立成章。原因在于，金融担保与传统民事担保相比，虽然在设立、效力及实现等方面均存在特殊性，但本质上仍然以传统民事担保制度为基础，与传统民事担保制度是特别法与一般法的关系。上文对股票担保的论述，均从传统民事权利质权制度的基本原理与规则出发展开，然后结合股票担保的特殊性从解释论和立法论的角度指明规则完善的方向，便很好地说明了这一点。《美国统一商法典》第 9 章，欧盟金融担保协议指令（Directive 2002/47）虽然对金融担保进行了单独规定，但一方面上述国家和地区没有明确的民法、商法、经济法等部门划分，另一方面即便在上述法律规范中也同样以传统的合同、物权、担保基本规则为基础。而同属大陆法律的德国、日本的民法典和我国台湾地区的“民法”则直接反映出金融担保的特殊性，对此不可不察。因此，在未来民法典物权编中“担保物权”一章中，可以考虑采用除外条款或者单条规定的方式指明金融担保的特殊性，但不宜将金融担保独立成章，否则会人为割裂金融担保与传统民事担保制度之间特别法与一般法的关系，造成法律适用上的掣肘。

不完整契约理论对契约法和组织法的启示

王文宇 *

目　次

一、序论

论及现代型商业交易，市场中具有许多长期而复杂的交易安排，如从法律的角度观之，法律对于交易当事人的各种合约安排，赋予相当大的自治空间。简言之，法律允许交易当事人依照契约法订定契约，或是依照组织法设立公司、合伙或信托等，亦即在不违反法律强行规定或影响市场机能等前提下，交易当事人享有充分的“交易自治”，也就是契约自治和组织自治。

诚然，交易当事人享有契约自治和组织自治，唯依照传统法释义学，“契约法”与“组织法”向来属于不同的法学领域（一为民法、一为商法），是以契约法和组织法两者间的关联性与替代性，一向为传统法释义学所忽视。再者，不完整契约理论的核心概念，如何在契约法和组织法的框架中发挥作用？不完整契约理论对于真

* 台湾大学法律学院教授。

实世界的复杂契约安排，例如高科技产业的合作创新合约和策略联盟，能如何运用、分析及解释？市场契约与组织间的内在关联和互动关系，近年已有数位诺贝尔经济学奖得主为文讨论，华人世界的法律人如自外于此领域，为免可惜。

法律人如能有更深的自我期许，实应跳脱传统法释义学分门概念的桎梏，宜从跨领域的角度（诸如：法学、经济学和组织学等），审视契约机制的本质，以及契约与商业组织的内在关联。本文尝试透过不完整契约理论的介绍，希能在契约法和组织法中架起一道桥梁，并就此议题达抛砖引玉之效。

二、契约法的经济分析观点

法律经济分析特征，在于将经济学的研究方法融入法学研究当中，并将经济学的观点，作为契约设计与解释提供借鉴参考的工具。本节主要透过契约法的经济分析观点，逐步讨论当事人缔结契约的经济动机，并进而分析契约的成立、解释和执行。

（一）契约背后的经济动机（economic motive）

交易当事人在自由市场经济自由地缔结契约，透过契约带来的交换利益，能够提高个人或整体交易的剩余（surplus）利益。在新古典经济学派（neoclassical economics）观点中，现货市场（spot markets）的交易当事人可以直接在现货交易中取得交换利益，因此交易当事人较无诱因签订正式契约。相反的，如交易客体或服务提供本身需要时间生产或预备，交易当事人为降低他方届期未履行承诺的风险，此时即有诱因签订正式契约。

契约当事人之所以会“允诺”（commitment）进入契约，实涉及契约机制背后的经济动机，而契约作为当事人承诺机制的限制为何，亦值得探讨。

1. 协调机能（coordination）

交易当事人从各自的利益角度出发，在交易当中可能产生数个纳什均衡点（Nash equilibrium），然因个体的选择与整体理性利益的选择往往不一致，致使整体交易未能达到最佳效率。

因此，经济学者提出交易当事人允诺进入契约的最直接动机，在于契约可以有效协调交易当事人达到最佳效率。此外，相较于空口白话（cheap - talk）和单纯宣告（mere announcements），契约因为具有记录性，能够提供交易当事人更稳定的协调机能。

2. 确保交换的履行（implementing exchange over time）

交易当事人运用契约的第二个经济动机，在于契约标的可能因为时间进行而产生不确定性，而契约机制可以确保交换（exchange）的履行。举例而言，保险契约是典型的射幸契约，鉴于保险事故的不确定性，保险契约的交易当事人，有充足诱因透过契约机制以确保对方将来的履行，以避免任一方事后（ex post）反悔。

3. 确保生产的履行（implementing production over time）

交易当事人得借由契约机制，促成交易前的事前生产（advance production）。值得注意的是，事前生产虽然能增加交易当事人的剩余利益，唯当契约预期的交易未能顺利完成时，一方当事人之投资往往成为不可回复的沉没成本。有鉴于此，除非交易当事人能确保该等投资能在事后（ex post）回复，否则会极不愿意在事前投入成本，以避免相对人的“拿翘”（hold－up）的敲竹杠行为。

4. 契约作为承诺机制（commitment devices）的限制

依照传统契约理论，契约是由缔约双方因要约、承诺意思表示一致而成立，换句话说，契约是交易当事人履行承诺的重要机制。然而，契约机制受限于特定成本、执行成本、事件是否可验证及动态不一致等本质上的限制，致使契约效力可能会不如预期。

（1）特定成本（specification cost）：由于契约当事人难以预测未来所有的情事变化，若欲将所有设想的状况均拟定于契约中，通常需耗费极高成本，当事人因为成本考量，可能选择制定“不完整契约”（incomplete contract）。由于不完整契约并无涵括未来所有可能发生的情事，因此当该等情事发生时，往往需要由第三人（例如诉诸法院或仲裁）或缔约当事人自行决定如何处理。

（2）执行成本（enforcement cost）：当允诺方拒绝履行契约义务时，诉请法院、聘请律师及搜集证据等均为可能的执行成本。此外，当事人亦需考量冗长诉讼的时间成本。

（3）不可验证行为（unobservable and unverifiable actions）：当契约涉及高度专业性时，契约的受益人很难验证允诺人是否依约履行，纵使发现允诺人可能未依约履行，亦很难用合理的成本（reasonable cost）向第三人证明允诺人违约。当契约的受益人没有能力验证契约是否确实履行时，契约将成为不具效力的允诺机制。

（4）动态不一致（dynamic inconsistency）：当契约涉及专用性投资（specific investment）时，交易相对人可能会出现投机主义，在专用性资产建置完成后，选择不遵守契约并造成他方伤害，即损人利己的行为。此外，当双方均预期契约会出现动态不一致或有机会重新协商（renegotiation）时，任一方均不愿意事前（ex ante）布局或预作投资。

（二）契约自由原则（freedom of contract）

所谓契约自由原则，是指交易当事人选择运用契约作为承诺机制，除非强制缔约等特殊公益考量的情况外，契约当事人享有选择契约相对人、决定契约内容及缔结契约方式的自由。至于契约自由原则的例外，例如违反要式性要求的契约、出于单方诈欺或通谋虚伪意思表示的契约、对契约修改的胁迫或限制（duress and restrictions on contractual modifications）、不正当影响（undue influence）、违反公序良俗（unconscionability and public policy）的契约，等等。

（三）契约的成立

从契约法的经济分析观点，前契约行为（pre－contractual behavior）会影响交易的效率，契约成立的法律原则亦会影响当事人对要约的承诺、及是否愿意进行信息交换。

1. 前契约行为（pre－contractual behavior）

前契约行为可能对整体交易带来正面或负面的外部性，常见的前契约行为，包括：搜寻潜在缔约方（例如广告费、通讯费、交通费及时间成本）、信息取得和揭露、前契约投资（例如交易对象的搜寻和谈判）以及拟定议价策略（strategic behavior in bargaining）等等。

2. 契约成立的法律原则

（1）要约和承诺（offer and acceptance）：契约法认为契约成立的基础，在于缔约方基于共识（mutual assent）而愿意承担具有拘束力的契约义务，在此原则下，契约系经缔约方要约与承诺意思表示一致而成立。

（2）禁反言原则（promissory estoppel and analogous doctrines）：禁反言原则的主要目的是为了避免个案中出现不正义结果，而经济分析观点就禁反言原则的讨论，则着重于关系专用性投资（relation－specific investment）中的运用。

（3）揭露义务（duty to disclose）：此原则系指缔约方于缔结契约的过程中，就重要交易信息负有揭露义务。唯此义务并非无限上纲到缔约方须揭露所有关联信息，而是审视“不揭露信息”或“陈述该信息不存在”时，两者对交易结果的影响是否相同。

（四）契约的解释和不完整契约

当事人对契约文字的不同解读，往往是导致争端的最主要原因。从而，契约当事人或法院如何妥适解释不完整契约，不仅是重要法律争点，亦是个体经济学家近年来关心的议题。简言之，经济学家认为契约之所以不完整，主要可归因于信息不对称（informational asymmetry），而法律学家则认为，契约的不完整性来自于日常语言不可避免的模糊性（inevitable ambiguities），以及契约当事人在草拟契约时的有限理性（bounded rationality）。

1. 契约事件的观察与验证

一般而言，拟定契约可以先列出所有“可验证事件”（verifiable events）和契约“结果”（outcomes）。又所谓“可验证”，并非单指契约当事人可加以验证，尚需定讼止争的第三人（例如：法官或仲裁人）亦能加以验证。例如，财产保险契约中的保险事故是可验证事件，保险金支付是契约结果。然而，不完整契约中的事件，往往系属于可观察（observable），但当事人或第三人无法验证（unverifiable）[2]，致使契约日后的执行产生困难。

2. 文义上不完整和经济上不完整

不完整契约可区分为“文义上的不完整”（literal incompleteness）和“经济上的不完整”（economic incompleteness）。所谓“文义上的不完整”，系指契约当事人未能预见所有偶然事故，或未将所有可预见的事故列入约款，当该等事故发生时，因为没有载明相应的处理方案，契约只能保持沉默（silent）。

值得注意的是，经济学家讨论的不完整契约，多数聚焦于“经济上的不完整”。所谓经济上的不完整，是指契约内的“可验证事件”，不同于“可观察事件”；在这种情况下，契约当事人如就契约义务加上更细化的条件（condition），虽在理论上得因此受惠，唯因该等条件在执行上或验证上存在困难，导致契约经济上的不完整。

举例而言，当事人如约定一方之契约义务达到“商业上不切实际”（commercial impractical）时，该方之契约义务可被豁免，但法院往往没有能力区辨契约义务是否达到“商业上不切实际”，或仅仅是当事人的“单纯不合作”（mere recalcitrance），此条件即属不可验证事件。

3. 不完整契约的法律争点

法学家处理不完整契约时，常见的法律争点有以下三种：

（1）任意规定的适用：法律和经济学家就任意规定的适用，提出三种可能的类型：

①交易费用减少类型：适用任意规定时，应选择能最小化契约当事人累积交易成本（cumulative transaction costs）的条文。

②中央命令（central - command）类型：因为缔约成本等考量，导致当事人倾向选择并非最适的任意规定，故此类型建议应选择对契约当事人最具实质效率的条文。此类型的当事人，往往因为网络外部性（network externality）、逆选择或有限理性等种种因素，致使其不愿意离开熟悉或产业内被广为运用的任意规定。

③信息强制（information - forcing）类型：此类型认为，适用任意规定的目的在于鼓励享有信息优势的一方，在缔约前尽可能向他方揭露信息。此类型强调“不利解释原则”（*contra proferentem*），即当契约条款不明时，契约撰拟者应承担解释上的不利益。

---

[2] 所谓无法验证，包括因几近天价的验证费用而事实上无法验证。此外，经济学家假设的“可观察事件”包括“可验证事件”，亦即“可观察事件”包括以下两类子集：（1）契约当事人可观察、但无法验证的事件；和（2）契约当事人可观察且可验证的事件。

（2）形式主义或实质主义：解释不完整契约时，究应该适用形式主义（对于文本的解释应限于直白的意思）或实质主义（解释契约应尽量考量全体面向），虽然形式主义的解释会较有效率，但普遍认为不宜一体适用形式主义或实质主义，而应视个案情况而区辨。详言之，实质主义的解释方法，宜适用在小型企业或不具产业经验的契约当事人；相反的，契约当事人如属于大型企业或熟悉产业者，因为缔约双方均是老练的经纪人，则宜采用形式主义来解释不完整契约。

（3）主观解释或客观解释：契约的客观解释，系指由合理的外部人对契约的解读，而契约的主观解释，则是指契约当事人对契约的解读。然而，主观解释和客观解释的适用时机和界线，在实务与学说中尚未出现明确的定义。

（五）契约的执行

1. 透过法院或公权力机关执行

契约当事人违反契约义务时，最常见的方式为诉请法院执行，以确保契约利益的实现。

2. 当事人自力执行（self - enforcing）

当事人不透过法院，而选择自力执行的原因，主要是因为事后执行成本过高而无法执行，常见的情形包括：（1）契约违反法律强行规定，而属于违法的契约；（2）法院无法或难以验证当事人是否履行契约义务，或偶然事件是否发生；（3）诉讼费用过高；（4）违约方破产或不具有履行契约的能力；（5）当事人不愿意破坏成功建立的关系；（6）法院系统或执行机关的贪污腐败。

此外，当缔约双方是长期或继续性合作关系，例如竞争厂商间的暗中勾结（tacit collusion）、缔约双方构成关系性契约（relational contract）时，当事人亦会倾向自力执行契约，而不会诉诸法院或公权力机关。

三、不完整契约理论

（一）无所不在的契约机制

1. 法社会学下的契约类型

契约不仅仅存在于法学概念，亦存在社会学、政治学、心理学、人类学和经济学。以社会学观点为例，“契约”机制的最主要作用在于反映“社会分工”，从而个人、组织或与其他社会团体的交往互动中，即便双方并没有明确以语言或文字表达缔结契约的意思表示，但只要双方有协商一致或分工的行为，就足以构成社会学意义下的“契约”。例如，社会学家认为，即便是两个正在玩耍的幼童（法学家认为不具有行为能力），亦可能构成社会学意义下的契约关系。

法社会学下的契约类型，主要是依据当事人间的“信任程度”作为区别标准，由以下几种主要类型：（1）同时进行给付的交换契约；（2）契约当事人非同时给付的交换契约；（3）长期合作关系的契约；（4）组织契约（以设立社团或协会为目的）。

2. 契约理论的蜕变

法律人应如何正确看待契约机制和契约法？著名美国契约法学者 Llewellyn 曾提出契约作为一种“结构”（Contract as framework）：“法律意义上的契约，最重要的是为几乎每一种群体组织，以及每一类个体和群体之间过去的或持久的关联，提供了一个结构性的框架。”著名契约法学者 Macneil 亦提出“关系契约”（relational contract）理论，他指出契约除了法律约定外，尚会形成一层非正式法律关系，一旦双方当事人发生争执时，契约当事人不需要依靠法律强制执行的机制，而是借着其他争端解决机制来处理歧见。此外，Hart 与 Sacks 亦提出“私人调节机制”（private ordering），强调商业交易的安排往往透过各种社会调节机制，而非仰赖法条或法院来确保交易运作的顺畅。

相较于传统契约理论所定义的狭义契约，现代契约实具有多元化与多样性，除了常见的有名契约、无名契约、混合契约，以及多方当事人契约、组织性契约，乃至于具有共识的商业安排，都可能是契约的一环。从而，本文并非否认传统契约法下对契约的要求（例如契约成立的必要之点），而是希提醒如能跨领域的思考契约机制，诸如契约背后的经济逻辑、社会规范及商业习惯等，可能会带来与传统途径不同的慧见。

（二）契约法下的契约窄门

依照传统契约理论，契约是由缔约双方当事人因要约、承诺意思表示一致而成立。一方面，契约的成立须符合严格的法律要求，一旦契约成立生效后，当事人必须依照契约形式上所拟定的条款履行契约义务；另一方面，形式主义的契约法学者多认为，契约法的研究应以法律条文为中心，即从实体法的角度来解释契约运作，契约法（包括原本仅供参考的任意规定）往往被赋予类似强制规定的效果。

（三）法经济学的不完整契约理论

1. 交易成本和寇斯的厂商理论

所谓“交易成本”，是指当事人在市场经济中达成交易所需支出的成本，简言之，交易成本是为了在公开市场进行交易，利用市场价格机能所需支付的一切成本，包括“搜寻与信息成本”（search and information costs）、“议价与决策成本”（bargaining and decision costs）、“管制与执行成本”（police and enforcement costs）。

寇斯（Ronald Coase）的厂商理论，除了由交易成本出发说明厂商为何存在，以及反面讨论交易成本之外，更进一步将交易成本的概念应用在解释法律上，他提出解决纷争的目的，在于追求整体社会的最高效率（或最少损害），因此法律规定的方式应使得解决纷争所需的交易成本越低越好，也就是将权利归属于交易成本较高的一方，并由交易成本较低的一方负起积极改变现状的责任。

2. 交易成本和不完整契约

Scott 等著名契约法学者，认为交易成本的概念可进一步运用在契约的拟定上。由于世事多变化，尤其是充满不确定的跨期性交易，当事人极难约定所有的权利义务，和巨细靡遗的将未来风险作妥适分配，从而当事人必须退而求其次，缔结“不完整契约”。

当事人在撰写契约时，必须预测未来情事并设想情事发生时权利义务关系而负“前端成本”（front - end cost），而于契约约定的情事发生时，必须付出监控双方履约情形，以及透过诉讼确保履行的“后端成本”（back - end cost）。当事人为解决事前及事后的效率冲突，当风险分配的成本，大于分配损失的成本乘以形成损失的概率，则当事人会选择缔结不完整契约。

3. 组织内的不完整契约

经济学家 Williamson 和 Scott 等学者，进一步将交易成本的概念运用在组织和典章制度。经济学者对于契约采取较广易的定义，在传统法学家观点可能不能被定义为契约的商业安排，例如当事人投资成立公司的“共识”，就可能构成契约（或合约）。

经济学家将此种不同于传统法学定义中的“契约”和“组织”产生连结，认为每一个治理架构都类似一个契约，而当组织内契约特性出现内部纠纷时，并不会诉诸法院解决，而是透过组织内上下隶属关系解决纠纷。

四、不完整契约理论对契约法的启示

（一）契约的解释方法和任意规定

1. 民事契约和商事契约的异质性

承前章节所述，传统法律学者和经济学者对于契约的定义有广义和狭义之不同。再者，契约有短期和长期、民事和商事契约的区分，当交易参与者是属于企业对企业（business-to-business，“B to B”）的长期商事契约，契约条文往往充满弹性和不确定性，正本清源之道，契约法学者即应正视商事契约和民事契约的异质性交易，方为稳妥。

2. 厘清契约解释和任意规定

当交易参与者不同，法律规范和适用法规自不应等量齐观，“B to B”商事契约的当事人往往是精打细算的企业厂商，有较高的谈判能力、风险预估及承受能力，从而商事契约当事人因为交易成本考量和准确预测未来过于困难，选择制定较为简单、模糊、保留弹性的不完整契约时，法院自不应无视交易背后的商业考虑，而任意适用任意规定。

本文强调，法院在解释商事契约时，是否应仍引用任意规定有时不易判断，但稍有不慎可能使任意规定变成“黏稠的任意规定”（sticky defaults），产生“宁可误引条文，回避适切解释”的不当后果。此外，传统契约法对于长期契约着墨不多，而契约法大量的任意规定，多数系作为解释民事契约的参考，对于商事契约的制定和解释帮助有限，若法院忽略对契约当事人商业考虑的了解，而一味依赖抽象的“探求当事人真意”或任意适用任意规定时，即有可能做出背于当事人经济逻辑的解释。

（二）契约的漏洞填补和经济分析观点

所谓契约漏洞，是指当事人依照其契约目的与计划，本应约定却漏未约定的情形。当契约出现漏洞时，法律学者多认为法院应依照衡平法理判断，并可采用“任意规定”或“契约补充解释”（即假设的当事人意思）加以填补。

然而，法院就契约漏洞的填补，本文认为除进行类比论证外，应理解契约当事人缔结契约之目的往往在于极大化自身利益，确保缔约前的投资和缔约后交易的进行，都能以最有效率的方式为之。是以，契约漏洞的填补不妨采取经济分析观点，引进经济分析的工具，例如“信息不对称”“逆选择”“道德危险”“特定性资产”等，亦即从当事人缔结契约背后的经济目的和逻辑出发，始能厘清、还原个别契约之本质，以求更加符合商事契约的特性及需求，并合理的解释契约漏洞。

（三）履约机制的省思

对于许多长期复杂的商业交易（含契约）而言，缔约双方信息地位平等，注重契约自治和当事人自治原则，此类契约的设计、交易框架及条件，往往包含分散或规避风险的机制，是以传统契约法条文和有名契约的规定，可能仅具参考价值。

就契约当事人而言，确保约定事项的履行无疑是最终目标，然而，商业交易（含契约）的履行机制，尤其是在长期契约和简要契约中，除了法律（例如强制履行或透过法院请求损害赔偿外）的介入外，尚可仰赖其他非正式的履约机制，例如诱因机制、商誉、产业习惯、长期往来、互利等来维持契约的履行。

五、不完整契约理论对组织法的启示

企业是社会组织的一种，然而依照传统法释义学的主张，认为“组织法”主要在于研究法条（如公司法）和判决的解释与适用，而未讨论到组织存在的理由、组织间利弊得失等基本议题。

组织和法人是提供自然人共同经营管理、进行商业交易，并享受利益及负担损失的机制，传统法释义学既然无法对组织的存在提出合理解释，本文认为应参考法律经济学者根据交易成本、不完整契约等观点，认为法人等“组织”——事实上即为各种利害关系人，例如：投资人、经营者、债权人、员工和供应商等，以生产商品或提供服务为目的，从而产生的诸多契约关系的结合。详言之，组织和法人乃是结合与社会大众的契约，并对当事人间之权利义务关系加以规范，而契约与法人组织的内在关联为何，更是现代法学的重要研究课题。

（一）解构组织和法人

现代经济社会中，组织和法人已迈向高度专业化、分工化，从法律经济学的角度观察，组织和法人的存在实益，就在于相较于透过市场交易机制个别缔结契约，组织和法人可以节省个别磋商契约的诸多成本。如进一步从功能面向观察，组织和法人之“核心法则”通常包括三个面向，第一点是合意面向“共识基础”（合约基础），第二点是治理面向“治理与分权”，第三点是财产面向“资产分割”。

1. 法人的合意面向——共识基础

法人组织的利害关系人之间往往具有共同目标，例如追求法人组织的利润最大化或股东权益最大化，进而基于此“共识基础”而成立法人组织法律经济学者自20世纪70年代、20世纪80年代，逐步提出组织之间即由无数的契约所组成的论点，并根据此论点将组织称为“契约之束”（a nexus of contracts）。如果从法律术语来描述这个“共识基础”，就是“契约关系”，也就是利害关系人间透过契约来明定彼此与法人组织间的权利义务关系，并透过契约架构，以建立与法人组织间的经济与商业合作关系。

2. 法人的治理面向——代理与分权

代理机制是法人组织的重要基础，从治理面向观察，代理关系亦是受托关系（fiduciary relationship）之一环。为了避免公司和组织经营的无效率，股东必须将决策权赋予少数人，以追求经营效率，在“代理理论”（agency theory）中，股东被视为“本人”，经营者被视为“代理人”，为避免法人组织的经营者牺牲股东利益，股东监督经营者是否尽职的成本，即为“代理成本”。

3. 法人的财产面向——资产分割

法人组织之所以与自然人并列为民法中主体的概念，根本原因在于其具有独立的资产，虽有部分合伙制度或组织形式的例外，但在本质上，独立资产是法人组织的核心要素。所谓“资产分割”，是指为达经济上特定的目的，依据法律规定将特定资产划分出来，使得该特定资产之权利义务关系和该主体本身的权利义务关系分离；资产分割的实益在于，法人组织得以自己名义持有资产，且法人组织的债权人对于该资产，相较于法律主体之股东之债权人有优先地位，从而能借由资产分割达到隔绝破产风险之目的。

值得注意的是，如从经济角度观察，各种商业组织（诸如合伙、公司、信托三者）往往仅具有类似光谱上程度之差异，因此资产分割贯彻之程度即企业在选择组织形态上最核心须考量的共同之处。

（二）商业组织的解释论

1. 契约连锁理论

著名经济学者寇斯以较广义的法人组织为讨论中心，而提出“契约连锁理论”（Nexus of Contracts），以此理论探究契约关系与公司组织，并确定彼此间的权利义务。契约连锁理论将企业视为以生产商品或提供服务为目的的各种输入活动（input）的结合体；例如员工提供劳务、股东及债权人提供资本等，而这些输入活动均可纳入契约观点中，而法人组织即是将各种不同的输入活动，形成彼此间复杂的契约关系，并以法律的概念加以呈现。

2. 以治理为组织核心

法人组织具有“阶层化”及“组织权威”的特性，从而相较于市场交易机制（也就是透过市场机制个别磋商契约）所产生的诸多成本，法人组织得以透过由上而下、层层控制、环环相扣等集中事权的经济功能，以及活动效率化与精简化等“管理机制”（governance mechanism）的安排，以“集中事权”的经济功能取代“市场价格机能”并达到降低交易成本之目的。

此外，组织经济学家并指出，法人组织为了降低经营成本，可以选择大小不同的组织规模，也可以选择“水平/垂直”两个极端中间的组织形态。依此观点，市场参与者基于理性自利的考量，多会预见商业活动所产生的各种风险，并对各种交易形态的利弊得失加以精打细算，然后据以选择妥适的组织类型，并设定形态不一的组织架构与契约条款。

（三）运用不完整契约理论解释商业组织

1. 组织内的不完整契约架构

基于有限理性和机会主意等原因，交易当事人为在事前风险和事后损失间作权衡，会无可避免地制定不完整契约，并伴随道德风险、逆选择、欺骗、拿翘等风险。此外，组织内的“不完整”，亦可能来自于复杂的多方当事人关系、利害关系人的协调问题，以及长期继续性契约的不确定性等等。

2. 法人组织和管理架构的妥适选择

问题点在于，法人组织应运用何种管理架构，去解决组织内部不完整契约的风险？经济学家Williamson提出应以厂商作为治理的架构，他认为过去法律经济学理论将研究重心放在生产计划和消费理论之上，因此无法揭穿“商业组织”的神秘面纱，如将法律学上“契约的科学”和“不完整契约”的概念援用于法人组织内，即可以此为基础来进行组织性的分析和比较。

Williamson 等组织经济学家认为每一个治理架构都类似一个契约，而“专用性资产”“交易频率”和“不确定性”等因素除影响交易成本，亦会影响到组织类型和管理模式的选择。Williamson 并将交易关系依照交易频率（frequency）以及交易属性（investment characteristics）的不同，而区分成市场形态（market governance）、科层形态（hierarchy）以及混合型态（hybrid）的治理组织。其中，混合型态的组织包括三方治理架构（trilateral governance）和双边治理架构（bilateral governance），系一种介于市场与组织之间的体制，既具市场的特点，亦有组织的特点。

申言之，组织经济学家认为资产专用性、交易频率、不确定性等因素，会影响交易成本的高低，并无可避免地造成组织内“不完整契约”（即不完整的治理架构）。从而，有远见的交易当事人会依据交易特性，透过“架构性分析法”（即将组织的利弊比较，纳入不完整契约、专用性资产、道德风险、逆选择等概念），能事前选择适当的组织管理架构，一方面降低交易成本而达成效率的极大化，另一方面也可降低营运风险。

六、高科技产业的创新合作合约和策略联盟

在创新导向为主的时代，高科技产业的厂商如欲取得外部专业知识，不须完全仰赖冗长的收购或整并程序，而能透过灵活的契约安排和产业布局，诸如签订创新合作合约或建立策略联盟，一方面迅速获得外部专门知识，并得以在市场竞争中取得先机。鉴于研发新技术的高度不确定，这些合作合约反映出厂商间“且战且走”及不完整契约的特性。再者，这些合作合约虽以“契约”称之，但往往兼具“契约”与“组织”的特征，诸如在合约中约定成立“协调委员会”或以层级程序处理争端等。

高科技产业间的合作合约和策略联盟，首要议题即是如何运用契约机制降低双方间尔虞我诈的自利行为，以及特定性资产带来的敲竹杠风险。法律经济学者指出，高科技产业为约束厂商间的自利行为，发展出融合正式契约和非正式契约的特殊治理机制。详言之，高科技产业选择透过产业间的软性规范、诱因机制或长期合作来维持契约的履行，另一方面也积极建立信息分享机制，当纷争发生时，厂商间能透过磋商谈判或自力执行解决冲突，而不倾向诉诸法院。

值得注意的是，近年亦有法律经济学家从实证研究中指出，高科技产业的合作合约实具有多元性，除了前述“特定性资产”外，尚应考虑智慧财产权的“外溢效应”和“协调机制”等面向。此外，亦不宜将高科技产业视为通篇一律，而应正视产业的多样化和特殊性，始能正确解析形色万千的合作合约。如以美国生物制药为例，相较于半导体产业的合作合约，绝大多数的生物制药厂商系约定以仲裁作为争端解决方式，且厂商间的合作合约多采用双岔机制（bifurcated system），即将

有关智慧财产权的争端类型独立切割，约定另交由联邦法院审理。事实上，正由于这些生动反映产业多元性和多样性的合作合约，使得各个厂商间得以在创新导向的时代相互依赖、共存共荣。

七、结语

本文首先对契约法基础原则及法律经济分析理论作回顾，指出契约法的经济分析观点，可作为讨论当事人缔结契约的经济动机，以及契约成立、解释和执行的借鉴参考工具。其次，本文提出契约并不仅仅为法学概念下的“契约窄门”，如跨领域的从社会学、政治学、心理学、人类学和经济学等角度观察，现代契约具有多元化与多样性，多方当事人契约、组织性契约，乃至于具有共识的商业安排，都可能是契约（合约）的一环。

本文接续提出，由于世事多变化而充满不确定性，交易当事人为追求最大经济效率，尤其是精打细算的“B to B”商事契约的当事人，为解决事前及事后的效率冲突，往往会选择制定较为简单、模糊、保留弹性的“不完整契约”。

不完整契约理论对契约法的启示，除了艰深的立法论或解释论之外，尚包括规划论、设计论等传统法学忽视的面向。鉴于商事契约具有迥异于民事契约的特殊性，不完整契约理论对契约法的启示之处，即在于法院对契约解释和契约漏洞的填补，宜优先考虑交易当事人的经济逻辑和商业考虑，并参考经济分析工具或跨领域的观点，如此始能避免“黏稠的任意规定”（sticky defaults）的滥用，产生“宁可误引条文，回避适切解释”的不当后果。

再者，不完整契约理论亦影响组织法和组织规划。从功能面向观察，法人组织具有“共识基础”“治理与分权”及“资产分割”这三个核心概念。值得注意的是，组织经济学家对于契约采用广义的定义，一方面认为当事人只要具有一定共识基础，即可能构成契约（合约）关系，另一方面借由“架构性分析法”，将组织的利弊比较纳入不完整契约、专用性资产、道德风险、逆选择等概念，交易当事人遂能依据交易特性，选择适当的组织管理架构以极大化利益和降低风险。

最后，组织和法人迈向高度专业化、分工化的复杂型商业交易，交易参与者或透过契约委托他人，或选择在组织内自行为之，种种交易安排，涉及契约和组织间的替代运用。以高科技产业间的创新合作合约和策略联盟为例，这些合作合约充分反映产业的多元性和多样化，部分合约甚至兼具“契约”与“组织”的特征。诚然，不完整契约理论为商业契约与组织的研究注入活水，我们一方面得以重新审思“组织法”和“契约法”间的内在关联，体会“长期”和“短期”契约的分际，以及“大型”和“小型”组织的界线。另外，此理论亦使我们能从更宏观角度，解析创新产业的组织架构和契约安排。

让与返还请求权

——台湾地区“高等法院”2014 年度上字第 1419 号民事判决

郑冠宇*

目　次

一、事实及裁判摘要

上诉人（出卖人）甲本于买卖契约，请求被上诉人（买受人）乙支付买卖价金，并主张该买卖目标物之动产模具在第三人丙之保管中，其已将对丙之返还请求权让与买受人。买受人则抗辩，模具在第三人丙之占有中，已无从取得，而拒绝付款。台湾地区“高等法院”2014 年度上字第 1419 号民事判决认为：“于让与动产物权情形，如其动产由第三人占有时，让与人得以对于第三人之返还请求权，让与于受让人，而为指示交付以代交付，故指示交付亦为交付方式之一种。唯指示交付既系由动产物权之让与人使受让人对目标物取得返还请求权，以代替该目标物现实移转占有之交付，核属交付方法之变形，是让与人以此观念交付代替现实交付自须经当事人即受让人之同意，且依‘民法’第 297 条第 1 项规定，亦应通知该占有动产之第三人，否则对之不生效力。”

---

* 东吴大学法律学系教授。德国哥廷根大学法学博士。

二、让与返还请求权之客体

所谓让与返还请求权，又称为指示交付，乃指让与之动产由第三人占有时，让与人得将对该第三人之返还请求权，让与于受让人，以代交付（§761Ⅲ）。由于以指示交付方式所让与之返还请求权，多系基于债之关系所发生，例如出租人于租约终了后，对于承租人之租赁物返还请求权（§455）、贷与人对于借用人之借用物返还请求权（§470）、寄托人对于受寄人之返还请求权（§597）等，其让与性质上乃为债权让与，而应依债权让与之方式为之。

（一）让与人为间接占有人

本案甲指示为其开发制作模具之厂商丁，将丁所开发制成之系争模具交付予丙保管占有，以便丙就该模具代为加工生产产品，甲并已支付丁之开发制作费用。其后甲将该模具出卖与乙，并以让与其对丙之返还请求权方式为该模具之所有权移转。在此首应审究，甲是否为该模具之所有权人？亦即丁是否已将该模具所有权移转与甲？

本案丁提供材料为甲开发模具，丁与甲间之法律关系，性质上应属制作物供给契约，若系重在买卖，则须丁将该模具依买卖契约移转与甲后，甲始取得该模具所有权[1]。而甲指示丁将该模具交由丙为保管占有，以便丙就该模具代为加工生产产品，此种方式，若符合将应交付之物向受让人之占有媒介人或占有辅助人为交付者，即属现实交付，可使得甲因此而取得该模具之所有权[2]。因此，本案丙是否为甲之占有媒介人或占有辅助人，将决定甲之所有权取得。而由丙所出具之模具保管证明条，其上所为之记载“兹证明贵方所有容量18.9公升、带手把与带出水龙头配套之异型水桶模具一副，由我厂妥善保管无误，并保证除非有贵方书面委托否则绝对不私自接受其他单位或个人之订单或代为加工，若有故违愿接受贵方处置。”其内容既未经当事人双方所否认，亦经承审法院相信为真，估不论甲丙间具体之法律关系为何，唯丙既表示受托为甲保管该模具，当可认为甲丙间确实存有占有媒介关系，丙可认定为甲之占有媒介人，则丁依甲之指示将该模具交由丙为保管占有，即属对甲之现实交付，甲因而取得该模具所有权。甲即有权以指示交付之方式，将对丙之返还请求权让与乙以代交付。

---

〔1〕“最高法院”2013年台上字第553号民事判决参照。

〔2〕可参考郑冠宇：《民法物权》，2017年版，第87页；Baur Stürner, Sachenrecht, 18. Aufl. 2009, §51 C Ⅱ, Rn. 16。

（二）让与人非让与物之占有人

然若让与人未占有其动产，该动产亦未在他人占有中，让与人之所有权即无从行使，其虽有物上请求权（§767 I），但并无得请求之对象，例如沉没在海底之物等。相类似之疑问，亦发生于所有人之物遭窃后，在不知窃贼为何人的情形下，所有权人是否仍得基于物上返还请求权，或基于侵权行为或不当得利所生之返还请求权，将其对该窃贼之返还请求权，以指示交付的方式，让与该物所有权？纵然在认为所有权人之物上请求权仅为权能而非权利，且不得与所有权分离之前提下，通说仍认为让与人此时可让与所有权人之物上返还请求权，盖此时所有物返还请求权并非与所有权分离而为让与，让与人系以让与所有权之合意为动产所有权之让与，并以让与返还请求权之方式而代交付，物上返还请求权系随同所有权而为移转，受让人取得物上返还请求权之同时亦取得所有权[3]。德国学界多数则认为，所有权人之物上请求权不得与所有权分离，且仅所有权人始得行使物上请求权。于让与所有权之情形，受让人仅能在取得所有权后，始得行使所有权人物上请求权，而非先经由受让物上请求权，再成为所有权人，并据以实行物上请求权。因此所有权人于丧失所有物之占有后，欲将其所有权让与第三人，理论上仅得以单纯之让与合意完成动产物权之变动，此一结果，已非属现行法所规定之动产物权变动形态[4]。本案之模具，由于尚在丙之占有中，自与此情形无关。

三、本案所为让与之效力

本案出卖人甲虽主张已为返还请求权之让与以代模具之交付，但经买受人乙抗辩并未取得该模具。此则涉及甲可否片面主张让与返还请求权以代交付，以及甲所主张之返还请求权之让与是否可发生效力：

（一）缔约后之让与返还请求权

买卖契约缔结后，物之出卖人，依“民法”第348条第1项之规定，负交付其物于买受人，并使其取得该物所有权之义务。本条所谓交付，其方式如何，学说上多认为，现行法既未有所规定，自应依“民法”第761条之规定为之，亦即除现实

---

〔3〕 谢在全：《民法物权论（上）》，2014年版，第97页；王泽鉴：《民法物权》，2010年版，第123－124页；蔡明诚：《现实交付与返还请求权之让与》，载《本土法学》总第18期。

〔4〕 详细讨论及参考数据，可参考，郑冠宇：《民法物权》，2017年版，第102－103页；MüKoBGB/Oechsler, 7. Aufl. 2017, §931, Rn. 11；此外，尚可参考Baur/Stürner, Sachenrecht, 18. Aufl. 2009, §51 F II, Rn. 37；Vieweg/Werner, Sachenrecht, 7. Aufl. 2015, §4 II 6, Rn. 51；Westermann/H. p. Westermann, Sachenrecht, 8. Aufl. 2011, §40 II, Rn. 4 ff. 。

交付外，尚得以观念交付方式为之，包括简易交付（§761Ⅰ但）、占有改定（§761Ⅱ）以及让与返还请求权（§761Ⅲ）[5]。至于出卖人于缔约后欲以占有改定或让与返还请求权之方式代替现实交付者，最高法院判例有谓："'民法'第三百四十八条所谓交付其物于买受人，即移转其物之占有于买受人之谓。占有之移转，依'民法'第九百四十六条第二项准用第七百六十一条之规定，如买卖目标物由第三人占有时，出卖人得以对于第三人之返还请求权，让与于买受人以代交付。故除有出卖人之交付义务在第三人返还前，仍不消灭之特约外，出卖人让与其返还请求权于买受人时，其交付义务即为已经履行，买受人不得以未受第三人返还，为拒绝交付价金之理由。[6]"似采肯定之见解。但学说上多数则认为，出卖人主张让与返还请求权以代交付，应得到买受人之同意，否则对买受人权益之保护显然不周[7]。此一见解，与买受人缔结买卖契约之目的，若未有特别之约定，乃在取得买卖目标物所有权，以及就目标物享有直接使用收益之权限相符合，实值赞同。因此，出卖人于缔结买卖契约后片面主张，以让与返还请求权之方式代替现实交付，以履行其买卖契约之义务，已有擅自变更买卖契约主给付义务之内容，自不应在未征得买受人同意之情形下，而能允许其恣意为之[8]。

本案甲将该模具出卖与乙，并主张以让与其对丙之返还请求权方式为模具之所有权移转，代替现实交付。然甲乙间既未于缔结买卖契约时有任何关于模具交付方式之特别约定，甲于缔约后未经乙之同意，任意主张以让与返还请求权方式代替现实交付，自不应允许，高等法院之见解，应可赞同。

（二）债权让与之要件

纵然本案如上述最高法院判例所言，可允许以让与返还请求权之方式以代交付，但甲欲主张其所为之让与返还请求权有效，仍须具备债权让与之生效要件。所谓债权让与，乃债权人将债权移转与受让人之行为，依我现行民法之规定，权利之变动，除法律另有规定外，须由权利变动之当事人间为变动之行为，其基本要件为让与人须愿意对该权利为让与，而受让人亦须愿意取得该权利，意即当事人双方均须有让与该权利之合意存在，动产物权变动之让与合意（§761Ⅰ但）及不动产物

---

〔5〕"最高法院"1958年台上字第511号民事判例；林诚二，债编各论新解（上），2010年版，第97~98页。

〔6〕"最高法院"1943年上字第5455号、1958年上字第511号民事判例。

〔7〕邱聪智：《新订债法各论（上）》，2008年版，第87~88页；黄茂荣：《买卖法》，1992年版，第242页；刘春堂：《民法债编各论（上）》，2006年版，第27页；黄立、杨芳贤：《民法债编各论（上）》，2002年版，第32页。

〔8〕此亦为德国通说之见解，可参考Larenz，Schuldrecht II/1，13. Aufl. 1986，§40 I，S. 22 f.；MüKoBGB/Westermann，7. Aufl. 2016，§433，Rn. 43。

权变动之书面（§758 II）即为适例。债权让与人间是否须具有让与合意存在，现行法并未有明文规定，可参考的相关规定，例如台湾地区“民法”第300条关于债务承担规定：“第三人与债权人订立契约承担债务人之债务者，其债务于契约成立时，移转于该第三人。”本条所谓契约，乃指使债务移转之承担契约，即为第三人与债权人间之债务移转合意〔9〕，债权让与在意义上与债务承担相同，均为债之主体的变更，应以移转合意之契约为之。至于债权让与之合意是否尚须具备其他形式要件，立法者既未加以规定，自应为不要式行为，因此债权让与仅须让与人与受让人为让与合意，即生债权移转之效力，其为准物权契约，性质上则为处分行为〔10〕。

债权让与既为处分行为，让与人自应具有处分权限，债权让与始得发生权利变动之效力。较有疑问者系就他人之债权为让与，其处分行为之效力如何？有认为此时受让人均系受让以让与人为债权人之债权，受让人并未有受让以他人为债权人之债权的意思，因此以让与人为债权人之债权自始并未存在，以让与人为债权人之债权即无从让与，其让与应为无效〔11〕。反对者则认为，让与人所让与之债权，虽系以自己为债权人之名义，但所让与之内容均属特定之债权，而该债权实属他人之债权，故其性质上应为无权处分，乃效力未定之法律行为，而非无效之法律行为〔12〕，此亦为“最高法院”2016年第15次民事庭会议决议所采纳。然若让与人不具有处分权限，但受让人善意信赖让与人之权限，其善意信赖则不受法律之保护，不得主张善意取得被让与之债权。盖民法关于善意信赖保护之规定，首重信赖之外观，在动产系以占有为信赖外观，在不动产则以登记为其信赖外观，但由于债权让与未有任何形式要件，债权移转不存在任何得以信赖之形式外观，因此学说上均认为，原则上债权让与不适用关于善意信赖之保护规定〔13〕。

本案甲所让与者，乃其对丙之模具返还请求权，而非他人之权利，其为有权处分。然甲主张以让与返还请求权以代交付，既为乙所否认，当事人间即未达成债权让与之合意，自不发生债权让与之效力。

---

〔9〕 邱聪智：《新订民法债编通则（下）》，2013年版，第293～294页；郑玉波、陈荣隆：《债法总论新解（下）》，2008年版，第584页；郑冠宇：《民法债编总论》，2017年版，第273～274页。

〔10〕 孙森焱：《民法债编总论（下）》，2010年版，第935页；林诚二：《债法总论新解（下）》，2010年3月版，390页参照；邱聪智：《新订民法债编通则》（下），2013年9月版，第276页。

〔11〕 孙森焱：《民法债编总论（下）》，2010年版，第955页；邱聪智：《新订民法债编通则（下）》，2013年版，第288页。

〔12〕 BGH BB 1961, 881; Brox/Walker, SchuldR AT, 35. Aufl. 2011, §34 Ⅲ, Rn. 10; MüKoBGB/Roth/Kieninger, 7. Aufl. 2016, §398, Rn. 28；王泽鉴：《法律思维与民法实例——请求权基础理论体系》，2011年8月版，第427～428页。

〔13〕 Medicus/Lorenz, SchuldR I, 19. Aufl. 2010, §63 I, Rn. 758; Koziel－Welser, Bürgerliches Recht Band II, 13. Aufl. 2007, 6. Kapitel V C 5, S. 123.

四、对债务人所为让与之通知

由于债权让与并未使债之内容发生变更，债务人所负担者仍为原债务，同一内容之债务原则上并未增加债务人之给付义务，且权利人本可自由处分其权利，因此债权让与仅须让与人与受让人间为让与合意，无须债务人之知情与介入，即可发生债权移转之效力。然而，债权让与之结果，却可能使得债务人之法律地位因此而受影响，例如清偿地将可能因此而改变，尤其使得债务人陷于对非真正债权人清偿之危险，债务人此一法律地位，自不应受到债权让与本身不具公示外观，而得由债权人任意让与之影响〔14〕。为达到对债务人保护之目的，因此法律遂有债权让与通知债务人之规定，使得债务人得以知悉债权让与之事实。台湾地区“民法”第297条规定：“债权之让与，非经让与人或受让人通知债务人，对于债务人不生效力。但法律另有规定者，不在此限。受让人将让与人所立之让与字据提示于债务人者，与通知有同一之效力。”即具有此种对债务人保护之功能，然而债权让与之通知究竟有何效力？何谓未经通知对于债务人不生效力？债权让与之通知在债权人、受让人及债务人间具有何意义？

（一）债务人之保护规定

1. 避免二次或错误清偿

台湾地区“民法”第297条第1项明定，债权之让与，非经让与人或受让人通知债务人，对于债务人不生效力。所谓不生效力，通说认为，债权让与在债务人未受通知之情形下，仅在让与人及受让人间发生效力，但对于债务人则不发生效力，其效果有如相对无效般〔15〕。然而此种不生效力之规定，对于债务人而言，究竟具有何意义？台湾地区“民法”第297条之立法理由谓：“谨按债权之让与，在当事人间，于契约完成时即生效力，无须通知于债务人。然债务人究未知有债权让与之事，为保护债务人之利益起见，故使让与人或受让人负通知之义务。在未通知以前，其让与行为仅当事人间发生效力，对于债务人不生效力……”由此可知债权让

---

〔14〕 Erman/H. p. Westermann, §407, 13. Aufl. 2011, Rn. 1; Koziel – Welser, Bürgerliches Recht Band II, 13. Aufl. 2007, 6. Kapitel V C 2, S. 120.

〔15〕 “最高法院”1998年度台上字第280号民事判决：“‘民法’第二百九十七条第一项固规定债权让与非经让与人或受让人通知债务人，对于债务人不生效力，唯该项所称之“对于债务人不生效力”者，系指相对之效力而言，亦即让与人与受让间就债权之让与，如未通知债务人，仅对债务人不生效力而已，其于让与人与受让间所为之债权让与初不因之受影响而失其效力。”相类似之见解，孙森焱：《民法债编总论（下）》，2010年3月版，950页；林诚二：《债法总论新解》（下），2010年版，第402～403页；邱聪智：《新订民法债编通则（下）》，2013年版，第284～285页。

与未经通知债务人，对于债务人不生效力之规定，并非系赋予债务人对于债权人之请求有拒绝清偿之权利，而系出于保护债务人，使其知有债权让与之事实，避免对其有不利益之事项，其最终之目的，即为避免债务人有重复清偿之危险，于其未经债权让与通知时，得拒绝对债权人以外之人为清偿。

债权让与之通知，既系出于保护债务人，避免债务人有重复清偿之危险。因此，债权人所为之意思表示，纵未具有债权让与通知之内容与形式，但足以达到使债务人知悉债权让与之事实者，即与保护债务人之目的相符。实务上向来认为，债权经让与后，纵未通知债务人，受让人即本于债权人身份，于清偿期届至直接对债务人请求清偿债务者，此时受让人既系以债权人之身份为请求，性质上即属于债权让与之通知〔16〕，债务人自不能以未受通知而拒绝清偿债务。法律虽明文规定，债权让与须通知债务人始对债务人发生效力，但究竟应于何时以何种方式，或在诉讼上或诉讼外为通知，则未有任何限制。受让人以债权人之身份请求清偿债务，即已符合使债务人知悉债权让与之事实，并未有违反法律保护债务人规定之目的，性质上即为债权让与之通知。因此，受让人若于清偿期届至后直接对债务人起诉请求清偿债务，性质上自应与对债务人通知具有相同之法律效果，法院自不得驳回其请求。台湾地区“民法”第 297 条第 1 项关于债务人拒绝清偿之规定，实无法适用在债权已届清偿期，债务人虽未受债权让与之通知，但受让人本于债权人身份向债务人请求清偿之情形！而应适用在债权已届清偿期，债务人先向原债权人为清偿债务或发生与清偿相关之效果后，例如债之更改、代物清偿、抵销、缓期清偿或分期给付之约定等，受让人始向债务人请求清偿之情形〔17〕，避免债务人二次清偿或错误清偿。

2. 债务人明知

债权让与虽须通知债务人，始对债务人发生效力，然若债务人自行知悉债权让与之事实，而对受让人为债务之清偿，自当发生清偿之效力，否则即与保护债务人之规范目的相违背〔18〕，更何况债权让与纵未通知债务人，仍在让与人及受让人间发生效力，债务人系向真正债权人为清偿，债务人既已知债权让与，而主动向受让

〔16〕“最高法院”1933 年上字第 1162 号民事判例：“债权之让与，依台湾地区‘民法’第二百九十七条第一项之规定，非经让与人或受让人通知债务人，对于债务人固不生效力，唯法律设此规定之本旨，无非使债务人知有债权让与之事实，受让人对于债务人主张受让事实行使债权时，既足使债务人知有债权让与之事实，即应认为兼有通知之效力。”“最高法院”1986 年台上字第 2293 号民事判决；“最高法院”2009 年台上字第 56 号民事判决参照。

〔17〕第 297 条之规定，系对于债务人保护，因此原债权人对于债务人所为之行为，并非对于债务人有利者，对于债务人自不发生效力，例如原债权人对债务人所为终止或催告之意思表示，Erman/H. p. Westermann，§407，13. Aufl. 2011，Rn. 1。

〔18〕黄茂荣，《债法总论（三）》，2010 年版，第 319 页。

人为清偿，实含有抛弃法律保护，而承认债权让与之效力，自不得事后再对受让人主张未受通知，债权让与对其不生效力，而向受让人请求返还所为之给付。

较有疑问者系，债务人虽未受债权让与之通知，却明知债权已经让与，是否得对受让人之请求拒绝清偿？若债务人仍向原债权人为清偿者，是否对于其后受让人之请求清偿，仍得以台湾地区“民法”第297条第1项为拒绝清偿之抗辩？有认为“在通知以前，债权让与契约仅于让与人与受让人之间发生效力，债务人即使知悉其事实，受让人亦不得对于债务人主张债权，因而债务人对于受让人得拒绝给付。[19]”理论上，债务人无须对传言负有了解之义务，亦无义务对于债权人法律地位之变化加以详细了解，其纵因重大过失而不知债权让与，亦不得令其承担债权让与未经通知之危险。然而如上所述，债权让与经由通知对债务人始生效力，其目的乃在于使得债务人知悉债权让与之事实，以避免债务人有再次清偿或其他之不利益，债务人若已明确知悉债权让与之事实，对其可能产生不利益之情形已不存在，自不应再以未受通知为由，拒绝清偿债务[20]。尤其在债务人明知债权已为让与，却执意对于原债权人为清偿者，除其自愿甘受不利益外，其恶意更无再受保护之必要，台湾地区“民法”第297条第1项之规定实应包含债务人若已知悉即不得再对原债权人给付之意义在内，此乃恶意不保护之法理，故而纵未经通知，但债务人已明知债权让与者，自不应对原债权人再为给付，否则其给付应对受让人不生效力[21]。

（二）债务人之选择权限

台湾地区“民法”第297条第1项关于未经通知对于债务人不生效力之规定，

---

〔19〕 孙森焱：《民法债编总论（下）》，2010年3月版，951页。

〔20〕 “最高法院”2010年台上字第2292号民事判决：“按债权之让与，非经让与人或受让人通知债务人，对于债务人不生效力。但法律另有规定者，不在此限。‘民法’第二百九十七条第一项定有明文。唯‘民法’第二百九十七条第一项之通知，系属观念通知，使债务人知有债权移转之事实，免误向原债权人清偿而已，倘债务人既知债权已移转于第三人，不容藉词债权之移转尚未通知，拒绝对受让人履行债务。”

〔21〕《德国民法》第407条关于债权让与对于债务人与受让人间效力的规定，即系出于对债务人信赖之保护，不以通知债务人为必要，而以债务人不知情为要件，债务人明知之恶意情形，即不受法律之保护，MüKoBGB/Roth/Kieninger, 7. Aufl. 2016，§407，Rn. 1；§407 I BGB：Der neue Gläubiger muβ eine Leistung, die der Schuldner nach der Abtretung an den bisherigen Gläubiger bewirkt, sowie jedes Rechtsgeschäft, das nach der Abtretung zwischen dem Schuldner und dem bisherigen Gläubiger in Ansehung der Forderung vorgenommen wird, gegen sich gelten lassen, es sei denn, daβ der Schuldner die Abtretung bei der Leistung oder der Vornahme des Rechtsgeschäfts kennt. 与德国法相类似之规定，如《奥地利民法》（ABGB）第1395条：Durch den Abtretungsvertrag entsteht nur zwischen dem Überträger（Zedent）und dem Übernehmer der Forderung（Zessionar）; nicht aber zwischen dem letzten und dem übernommenen Schuldner（Zessus）eine neue Verbindlichkeit. Daher ist der Schuldner, solange ihm der Übernehmer nicht bekannt wird, berechtigt, den ersten Gläubiger zu bezahlen, oder sich sonst mit ihm abzufinden。

虽可解释为具有相对无效之效果，然由于其仅系对特定之人不发生效力，且法律之规范目的既为对该特定人之保护，而不涉及公共利益，应使该特定之人有权选择不受法律之保护。亦即债权让与若未通知债务人，虽对债务人不发生效力，但债务人仍可选择是否接受该让与行为之法律效果〔22〕。因此债务人若已对原债权人为清偿者，可选择台湾地区“民法”第297条第1项之抗辩，主张其对原债权人所为之清偿，对受让人发生效力，而拒绝受让人清偿之请求，此时受让人仅得对原债权人主张不当得利，请求返还所受领之给付。然若债务人选择不行使“民法”第297条第1项之抗辩，不主张其对原债权人清偿之效力，而选择接受债权让与之效力，即可对受让债权之新债权人再为清偿，以消灭该债务，其后再向原债权人依不当得利之规定，请求偿还所为之给付〔23〕。债务人放弃法律之保护，主张其对原债权人之清偿并未对受让人发生效力，非但未有涉及违反公共利益，有时可能对债务人更为有利，例如债务人若对受让人亦享有债权，而得本其对受让人之债权与受让人对其之债权主张抵销（§334）；尤其是在受让人破产时，债务人选择依破产法之规定主张抵销（破产法§§113、114），更能贯彻保护债务人之目的，而可避免债务人仅被限制在依台湾地区“民法”第297条第1项主张其对于债权人之清偿对受让人发生效力时，无法就其对受让人之债权受偿之不利益〔24〕。因此台湾地区“民法”第297条第1项关于债权让与通知之保护规定，仅在债务人自行主张其法律效果时，始有适用之必要，亦即此规定应为债务人行使抗辩之事由〔25〕。

（三）抗辩权之行使

债权让与之通知，既非债权让与之生效要件，仅为债务人得否行使抗辩之事由，且债务人本有选择行使抗辩与否之权限，因此是否为抗辩，自不得于债务人未为主张时，由他人代为主张。此外，债务人之抗辩内容，乃系针对其未受通知但已对原债权人为清偿者，拒绝对受让人再为清偿，并非就受让人之请求，单纯以未为通知为抗辩，盖受让人之请求，本即具有通知之效力。因此受让人本于债权人之身份，对债务人行使其请求权时，由于请求行为即具有通知之性质，实无须再证明其已对债务人为让与之通知，尤其在以诉讼对债务人为请求时，债务人纵然已对原债权人为给付，但在诉讼中并未就未受通知提出抗辩而拒绝清偿者，法院自不得依职

---

〔22〕 Köhler, BGB AT, 34. Aufl. 2010, §15 III, Rn. 23; MüKoBGB/Roth/Kieninger, 7. Aufl. 2016, §408, Rn. 2.

〔23〕 此为德国之通说，Erman/H. p. Westermann, §407, 13. Aufl. 2011, Rn. 2; Jauernig/Stürner, §407, 16. Aufl. 2015, Rn. 3; Medicus/Lorenz, SchuldR I, 19. Aufl. 2010, §64 IV, Rn. 779。

〔24〕 Brox/Walker, SchuldR AT, 35. Aufl. 2011, §34 V, Rn. 24; Nörr/Scheyhing, Sukzessionen, 1983, §7 IV 4 d, S. 115; MüKoBGB/Roth/Kieninger, 7. Aufl. 2016, §407, Rn. 10 f.

〔25〕 BGHZ 52, 150, 153; Medicus/Lorenz, SchuldR I, 19. Aufl. 2010, §64 IV, Rn. 779.

权就通知与否自行审酌，并以未为通知为由，驳回受让人之请求，否则即有擅自代债务人为抗辩之不当。

五、让与通知所衍生之法律问题

本案承审法院在判决中并谓：“且依台湾地区‘民法’第297条第1项规定，亦应通知该占有动产之第三人，否则对之不生效力。”此一说明究竟具有何意义，则涉及债权与之通知所衍生之相关法律问题：

（一）表见让与

关于债权让与之通知对于债务人的保护，除有台湾地区‘民法’第297条第1项之规定外，尚有第298条第1项之规定：“让与人已将债权之让与通知债务人者，纵未为让与或让与无效，债务人仍得以其对抗受让人之事由，对抗让与人。”系针对债务人信赖债权让与之通知所为之清偿，通称为表见让与。其所代表之意义，亦在于债务人得以通知为抗辩事由，但债权让与并未因债务人之信赖通知而发生效力，债权人之通知并未有积极创设债权让与之效力，其仅具有对债务人保护之功能[26]。表见让与系以债务人受让与人之通知为要件，债务人对于让与人之通知，有足够之信赖理由，而让与人亦应对其所造成之信赖外观负责。至于受让人对债务人为债权让与之通知，并无表见让与之适用，盖受让人之通知是否真实，债务人本应斟酌各种信息详加判断，以决定是否应为给付。然若债务人经受让人通知，于询问债权人后，无论债权人积极承认或消极不否认债权让与，而对受让人为清偿者，纵然其让与无效或并未让与，应有第298条第1项之适用。又若债务人信赖受让人所为之通知，系由于受让人出具让与人之债权让与证明，或出具债权证明者，则由于此些证明，原则上与债权人所为之通知，均具有相同之功能（§297 II），而足以使债务人信赖债权让与之有效，故应认为此种信赖应受法律之保护，而得适用第298条第1项之规定。

台湾地区“民法”第298条第1项关于表见让与之规定，原则上仅须债务人于受债权人之通知后，对于受让人而为清偿，纵使债权让与不发生效力，债务人仍得以其清偿对抗原债权人。然而债务人亦得不对让与人为抗辩，承认让与人仍为债权人，并本于不当得利之规定向受让人请求返还所为之给付[27]。尤其当债务人对让与人亦享有债权，而让与人破产时，债务人选择依破产法之规定对让与人主张抵销

---

〔26〕 BGHZ 64, 117, 119 = NJW 1975, 1160; Erman/H. p. Westermann, §409, 13. Aufl. 2011, Rn. 1; Jauernig/Stürner, §409, 16. Aufl. 2015, Rn. 2; MüKoBGB/Roth/Kieninger, 7. Aufl. 2016, §409, Rn. 8.

〔27〕 Nörr/Scheyhing, Sukzessionen, 1983, §7 IV 4 c, S. 115.

时，对债务人更为有利。

至于债务人受债权人为让与通知之情形下，明知债权让与无效，而仍向受让人为清偿者，是否仍发生清偿效力？有认为“债权人让与债权之通知，牵涉受让人之利益，债务人既受债权人之通知，唯有向受让人履行义务，至于让与契约是否有效，为让与人与受让人间利害关系之认定问题，不宜因债务人对让与事实之存否有所认识而负担危险。[28]”亦有认为债务人受债权人为让与之通知后，明知让与无效，却仍对受让人为清偿者，不应适用表见让与之规定，使该清偿发生效力[29]。然而，债权人既已通知债务人，债务人实不须再对债权让与产生任何疑虑，表见让与规定之适用，并不以债务人是否善意为要件，尤其债务人在受债权人通知后，纵然知悉债权让与无效，但在受让人向债务人为请求清偿时，债务人究竟应该如何处置，将会陷于两难，且有增加债务人查证该债权让与效力之困扰，此种由债权人通知所产生之不利益，自不应由债务人承担[30]。至于债务人有恶意之情形，已不存在有信赖之外观，自不应受法律之保护[31]。

（二）债权双重让与之通知

1. 优先原则

债权人为债权之双重让与者，实务认为：“先订立让与契约之第一受让人依‘债权让与优先性’原则虽取得让与之债权，但第二受让人之让与契约，并非受让不存在之债权，而系经债权人处分现存在之他人（第一受让人）债权，性质上乃无权处分，依‘民法’第一百十八条规定，应属效力未定。[32]”此时第2受让人，纵为善意不知情，其善意信赖亦不受保护，而不得主张善意取得该受让之债权。

---

〔28〕 孙森焱：《民法债编总论》（下），2010年3月版，第951页。

〔29〕 林诚二：《债法总论新解》（下），2010年3月版，第409页。

〔30〕 德国通说 BGHZ 40，297，304 = NJW 1964，654；Nörr/Scheyhing，Sukzessionen，1983，§7 IV 4 c，S. 114；Larenz，SchuldR I，14. Aufl. 1987，§34 IV，S. 593；Erman/H. p. Westermann，§409，13. Aufl. 2011，Rn. 3；MüKoBGB/Roth/Kieninger，7. Aufl. 2016，§409，Rn. 2；Soegel/Zeiss，12. Aufl.，§409，Rn. 2。

〔31〕 BGHZ 56，339；BGH DB 1995，603；Palandt/Grüneberg，71. Aufl. 2016，§409，Rn. 5；MüKoBGB/Roth/Kieninger，7. Aufl. 2016，§409，Rn. 11 f.；邱聪智：《新订民法债编通则》（下），2013年9月版，第286页注13参照。

〔32〕 “最高法院”2016年台上字第1834号特别精选民事判决，此亦为德国之通说，BGH BB 1961，881；MüKoBGB/Roth/Kieninger，7. Aufl. 2016，§398，Rn. 27 f.；但反对意见则认为，由于第1次之让与，已生债权移转之效力，让与人因而丧失其收取权与处分权，对该债权已不具处分之权限，故债权人为双重让与时，第2受让人系受让不存在之债权，原属目标不能，第2次债权让与契约应类推适用第246条第1项之规定而为无效，可参考“最高法院”2013年台上字第1825号民事判决；“最高法院”2013年台上字第1825号民事判决；“最高法院”2004年度台上字第1950号民事判决；孙森焱：《民法债编总论》（下），2010年3月版，第955页。

2. 让与人之通知

债务人因让与人之通知，而对受让人为清偿时，即生清偿之效力，无论受清偿之人是否为先受让债权之人。例如：甲将其对乙之债权先后让与A及B，甲对乙为债权让与A之通知，乙若因而向A清偿，即生清偿之效力，盖A为先受让与之真正债权人。然若甲对乙为债权让与B之通知者，则乙仅认B乃受让人，而向B为给付，其给付应生效力。盖让与人就债权让与为通知时，虽其已非债权人，该通知本不应有表见让与之适用，但由于第1次之债权让与未通知债务人，债务人自应受第297条规定之保护，而仍以原债权人为其债权人，并依据其所为之通知为清偿，进而主张对第2受让人之清偿发生效力〔33〕。债务人善意以为债权让与有效，并非创设第2受让人取得有权受领之地位，而系由于债务人本应受让与通知之保护，让与人之通知仅创设债务人信赖外观，债权并未因此可成为善意取得之客体。唯此时B究无债权，却得受清偿之利益，故A可以依不当得利之规定向B请求返还所受利益，而B与甲间若系以买卖为让与之原因者，则得对甲主张债务不履行（§350）。此外，此法律效果乃出于对债务人之保护，故债务人同样得享有选择权限，其亦得选择重新对第1受让人A为给付后，再本于不当得利之规定，请求B返还所受之给付〔34〕。至于第1次让与无效，债权人对债务人为债权让与之通知后，复将该债权为第2次有效让与者，债务人若依通知对第1受让人为清偿者，此时则应有表见让与之适用。

3. 第2受让人先为通知

债务人先受第2受让人之让与通知，而对其为清偿，实务上有认为其清偿应发生效力者〔35〕，债务人得依台湾地区“民法”第297条第1项之规定拒绝对第1受让人再为清偿〔36〕。此一见解，有下述之疑虑：

（1）第2次让与应不生效力

债务人受第2受让人通知所为之清偿，若可对第1受让人发生效力，将忽略第1次之让与纵因未为通知，对债务人不发生效力，但并不表示第2次让与即为有效，

---

〔33〕《德国民法》第408条对此则有明文之规定，可参考MüKoBGB/Roth/Kieninger，7. Aufl. 2016，§408，Rn. 1 ff.。

〔34〕MüKoBGB/Roth/Kieninger，7. Aufl. 2016，§408，Rn. 2.

〔35〕“最高法院”1988年台上字第24号民事判决：“债权之让与，非经让与人或受让人通知债务人，对于债务人不生效力，‘民法’第二百九十七条第一项前段定有明文。故在债权之双重让与，第二受让人之让与通知先于第一受让人之让与通知到达债务人时，债务人得依其选择认第二受让人为债权人，或以其危险向第一受让人为清偿。”

〔36〕此亦为国内通说，孙森焱：《民法债编总论》（下），2010年3月版，956页；王泽鉴：《法律思维与民法实例－请求权基础理论体系》，2011年8月版，第428页；邱聪智：《新订民法债编通则》（下），2013年9月版，288及次页；郑玉波、陈荣隆：《民法债编总论》，2008年7月版，第582页；黄立：《民法债编总论》，2009年9月版，第608页。

盖债权人在第 2 次让与时已非具有处分权限，第 2 次让与并未发生效力，债务人受第 2 受让人之通知所为之清偿，其信赖通知应依据第 298 条第 1 项之规定，既非受真正债权人所为之通知，其清偿不得主张发生效力。且先受让人既已取得所受让之债权，亦不能因为其未对债务人为通知，对己身之权利有所怠惰，而作为债务人得任意对通知之后受让人为清偿，而主张免责之依据，否则即对债务人过度加以保护，而与第 297 条之规定，在利益衡量上不相符合。

（2）与现行法之规定不符

台湾地区"民法"第 297 条第 1 项之规定，应以债权让与在债权人及受让人间发生效力，而债务人未受该让与人或受让人之通知为前提；然若债权让与不生效力者，债务人仅受受让人之通知，所为之清偿，应依据台湾地区"民法"第 298 条第 1 项之规定，不得主张得对抗让与人。此乃由于债务人未受让与之通知者，本应对于债权人以外之人之请求加以拒绝，债务人单纯之信赖，实不足以作为法律对其信赖之保护的唯一理由，盖此时债务人任意信赖第三人之通知，对己身清偿义务之履行，未为其应当之注意，法律对其实无保护之必要，此何以第 297 条第 1 项赋予债务人拒绝清偿之权利，以及第 298 条第 1 项表见让与之规定，系以让与人之通知为限，债务人因而信赖债权让与，纵然让与无效，亦得就其对受让人所为之清偿，受法律之保护。

（3）有违债务人信赖保护之目的

债务人明知第 1 次让与为有效，却以先受受让人之让与通知为由，仍向第 2 受让人为清偿者，其自愿甘受不利益，当然不受法律保护。债权双重让与所应保护者，并非积极信赖不生效力的第 2 次债权让与，而系债务人对于第 1 次债权让与的发生效力不知情〔37〕。更何况无论是否为债权之双重让与，就债务人之立场而言，均为受让人所为之通知，其判断基础及注意立场均属相同而未有所改变，但何以在仅为单次让与时，若债权让与不发生效力，债务人基于受让人所为之通知，而对受让人为清偿者，不得依第 298 条第 1 项对让与人为抗辩；而在双重让与时，债务人基于第 2 受让人之通知，而对之为清偿后，反得依"民法"第 297 条第 1 项对抗让与人之继受人（第 1 受让人）？

（三）让与通知与强制执行之申请

关于债权让与之受让人申请对债务人为强制执行，实务上向来认为，债权之让与，如未通知债务人，依台湾地区"民法"第 297 条第 1 项前段规定，对债务人尚不发生效力，该受让人即非债务人之债权人，不得对该债务人行使债权人之权

---

〔37〕 MüKoBGB/Roth/Kieninger, 7. Aufl. 2016, §408, Rn. 4.

利[38]。债权受让人申请强制执行时，自承并未依法通知债务人关于债权让与一事，执行法院即得命债权受让人应定期补正通知事宜，并于期限届满未补正后，以不备程序要件为由，裁定驳回其强制执行申请[39]。因此债权之受让人申请强制执行，自应证明其已得对债务人主张执行名义表彰之债权，此乃强制执行程序开始之要件，而非强制执行程序得否续行之问题。债务人在受通知之前，债权受让人并不具执行债权人之适格，不得开始强制执行程序[40]。债权之受让人于开始强制执行程序前，既必须提出债务人已知悉其就该债权因辗转受让而成为现债权人之证明文件，即不得责由执行法院以送达书状或让与证明文件予债务人之方式为通知[41]。实务上采此见解之目的，乃有使该尚不具执行事件债务人身份之人，不致无端遭到程序上之不利益，并避免受让人就其取得权利应尽之实体法上义务，利用有限司法资源代其履行[42]。

然而，在债之关系为确定前，债权受让人以债权人之身份，向债务人为起诉之请求，诉讼法院非但无须对是否通知债务人为形式审查，亦不能以债权让与未对债务人为通知而不得提起诉讼为由予以驳回，何以在以债之关系已确定的执行程序中，执行法院却须对是否对债务人为让与通知加以审查？更何况“债权人依‘强制执行法’第4条之2规定申请强制执行，应提出证明其本人或债务人为执行名义效力所及之人之相当证据，执行法院并应为必要之调查”，为办理强制执行事件应行注意事项第2项第16目所明定。足见执行法院就“强制执行法”第4条之2所定执行名义执行力究及于何人，仍应依职权就事实及相关证据为必要之调查。另依“强制执行法”第9条之反面解释，执行法院于开始强制执行前，倘因调查关于强制执行之法定要件，自得传讯当事人。执行法院得否在未依职权为调查前，以受让人未遵期补正已为“债权让与通知”之必要证明文件，即认开始强制执行之要件不备，径予驳回受让人强制执行之申请？已非无疑。且此举已与“最高法院”1974年台抗字第376号民事判例：“强制执行事件之当事人，依执行名义之记载定之。应为如何之执行，则依执行名义之内容定之。至于执行事件之债权人有无执行名义所载之请求权，执行法院无审认判断之权。”有相抵触之嫌[43]。况债权让与之通

---

〔38〕“最高法院”2010年台抗字第848号民事裁定；“最高法院”2010年台抗字第643号民事裁定参照。

〔39〕2009年6月22日“最高法院”2009年第3次民事庭会议（一）；“最高法院”2009年台抗字第374号民事裁定；“最高法院”2009年台抗字第791号民事裁定。

〔40〕2008年11月12日台湾地区“高等法院”“暨所属法院”2008年法律座谈会民执类提案第3号；2012年11月12日台湾地区“高等法院”“暨所属法院”2012年法律座谈会民事类提案第4号参照。

〔41〕“最高法院”2009年台抗字第949号民事裁定。

〔42〕“最高法院”2009年台抗字第791号民事裁定。

〔43〕学者更批评执行机关要求补正，否则即予驳回，有“司法造法”之嫌，可参考，王宝辉，《受让执行名义债权之执行》，载《月旦法学教室》，总第134期。

知，性质上仅为观念通知。苟执行法院就受让人强制执行之申请，于开始为强制执行前，依职权调查关于强制执行之法定要件，而传讯当事人时，是否不足以使债务人知有债权让与之事实，而应认为兼有通知之效力〔44〕？亦非无再事斟酌之余地〔45〕。执行法院纵然得以不备形式为由，驳回债权人之申请，但债权人可否依“强制执行法”第14条之1第2项之规定，向法院提起许可执行之诉？此一异议诉讼之进行，系以债务人为被告，法院应将诉状送达于债务人，此时债务人即有受债权让与之通知，果如此，执行法院驳回之意义何在？

债权让与之通知，系为保护债务人，赋予债务人抗辩事由之规定，既非债权让与之生效要件，亦非债权让与人之义务。债务人未受让与之通知，虽得以此为抗辩事由并拒绝受让人之请求，但并未排除债务人得选择接受该让与之效力。执行法院主动代债务人主张其抗辩事由，径认为该债权让与对债务人为无效，实已逾越其权限，且有将债权让与之通知，认定为债权让与之生效要件，而为实体之审查。台湾地区“民法典”第297条第1项之规定，乃出于保护债务人之目的，避免因债权让与而造成债务人法律地位不利益，尤应适用在避免债务人重复清偿，使其得本此规定而拒绝再为清偿债务。然若债务人尚未清偿债务，受让人既已受让该债权，其本于债权人之身份向债务人为给付之请求，乃在行使其债权人之权利，并无造成债务人之法律地位有不利益之情形，实务上亦认为受让人直接对于债务人之请求，兼含有通知之效力，其直接以债权人之身份，对于债务人为执行之申请，更难谓有程序上之不利益。至于“最高法院”认为此系避免受让人就其取得权利应尽之实体法上义务，利用有限司法资源代其履行，而以形式上之审查，驳回受让人强制执行之申请。此一观点对于已具有确定判决执行名义之债权人实非妥适，盖债务人不清偿债务，其自身实已陷于给付迟延，法律规定让与通知所欲保护者，乃在避免债务人有重复清偿之危险，而非赋予债务人不清偿债务之权限。若许执行法院以未通知债务人为由，驳回受让人之请求，使得受让人须先对债务人为让与通知后，再次对债务人申请强制执行，其结果造成受让人必须经过2次申请执行，使得原本1次申请即可发动之强制执行程序，形式上却须经由再次重复申请。法院以债权让与未经通知债务人为由，驳回受让人申请之举，仅徒具形式意义而已，非但未能达到保护债务人之目的，且亦不符合经济效益，更为司法资源之浪费！

四、结语

债权让与虽为处分行为，然由于其并非如同对物权之处分般，具有可以公示之

〔44〕“最高法院”1933年上字第1162号民事判例。

〔45〕“最高法院”2009年台抗字第188号民事裁定参照。

外观，因此债权让与之通知就扮演相当重要之地位。债权让与之通知与其效力，在理论上及实务上至今仍有相当不同之见解存在，对当事人之影响，不可谓不巨。尤其在现今金融实务上，将数笔债权一并让与资产管理公司之情形，更属经常，若不对其所生之效力明确厘清，将造成此一制度适用上之困难，而有碍于现代之交易！本文认为，债权让与不以通知债务人为生效要件，台湾地区“民法典”第297条第1项关于债权让与通知之规定，乃以保护债务人为目的，主要在避免债务人为二次清偿，债权让与若未通知债务人，债务人仅得在已对原债权人清偿之前提下，拒绝对受让人为清偿，其为债务人拒绝给付之抗辩。且由于债权让与通知之规定，纯系针对债务人个人利益之保护，并非具有公益之性质，因此债务人应有选择之权限，债务人若不为拒绝给付之抗辩，法院自不应代其为主张，以债权让与未经通知债务人为由，驳回受让人之请求。尤其在受让具有执行名义之债权者，于申请对债务人为强制执行时，执行法院更不应以未经通知债务人为由，命执行债权人应就通知债务人为补正，逾期不补正者，驳回其强制执行之申请！

公共工程工作物之受领

黄　立*

目　次

1. 承揽概说

1.1　德、瑞民法与台湾地区“民法”对承揽之定义

《德国民法典》第631条规定：“（1）因承揽契约，承揽人负担完成约定工作之义务，定作人负担支付约定报酬之义务。（2）承揽契约之标的，得为物之制作或变更，亦得为其他因劳动或服务所可产生之结果。”

《瑞士债务法》第363条规定：“A. 概念 基于承揽契约承揽人有义务制作工作物，定作人有义务对给付给予报酬。”

台湾地区“民法”第490条规定：“称承揽者，谓当事人约定，一方为他方完成一定之工作，他方俟工作完成，给付报酬之契约。约定由承揽人供给材料者，其材料之价额，推定为报酬之一部[1]。”

---

* 台湾政治大学教授。

〔1〕 修正理由所指之：承揽契约约定由承揽人供给材料之情形，其材料之价额，在无反证时，宜计入为报酬之一部。如有反证时，可另外计算，爰增订第二项

1.2 承揽契约之标的

《德国民法典》第631条规定，承揽契约之标的，得为物之制作或变更，亦得为其他因劳动或服务所可产生之结果。瑞士民法虽未有相同规定。不过通说也认为，有待完成之工作不以有体物为限，智慧财产之给付如鉴定报告、建筑设计或土地或房屋的量测等均包括在内[2]。就承揽契约之标的在台湾地区与德、瑞法上并无不同。

德、瑞民法虽规定承揽契约之定义，却没有规定定作人给付报酬之时机；台湾地区“民法”第490条的规范方式与德、瑞民法不同；要求承揽人须先“完成一定工作”，负先为给付之义务，为台湾地区“民法”第264条但书：“因契约互负债务者，于他方当事人未为对待给付前，得拒绝自己之给付。但自己有先为给付之义务者，不在此限。”之情形[3]。德、瑞民法则未规范要工作完成才给付报酬。相反的，《德国民法典》第632条a（部分付款）：“承揽人得向定作人就工作完成之独立部分，请求就已依契约所为给付为部分付款。就必要之材料或组件，为此目的而制作或交付者亦同。仅于将工作部分、材料或组件的所有权移转或就此提供担保给定作人者，才有此一请求权[4]。”

“完成一定之工作”指明了报酬以成果为要件，却没有部分付款之规定，也就是说，契约失败的风险全部由承揽人负担。此种规范模式毫无弹性，产生两种问题：

---

〔2〕 BGE 109 II 37：Regeste" 1. Gegenstand des Werkvertrags kann ein körperliches oder ein unkörperliches Werk sein（Präzisierung der Rechtsprechung）（E. 3b）. Die Vereinbarung, mit der sich ein Geometer verpflichtet, ein Grundstück zu vermessen und die Messwerte in einen Situationsplan einzutragen, untersteht den Regeln des Werkvertrags（E. 3c）. https：//www. bger. ch/ext/eurospider/live/de/php/clir/http/index. php？ lang = de&type = highlight_ simple_ query&page = 1&from_ date = &to_ date = &from_ year = 1954&to_ year = 2017&sort = relevance&insertion_ date = &from_ date_ push = &top_ subcollection_ clir = bge&query_ words = BGE + 109 + II + 37&part = all&de_ fr = &de_ it = &fr_ de = &fr_ it = &it_ de = &it_ fr = &orig = &translation = &rank = 1&highlight_ docid = atf%3A%2F%2F109 – II – 34%3Ade&number_ of_ ranks = 9&azaclir = clir，最后访问日期：2017年8月25日。

〔3〕 我国台湾地区“最高法院”1961年台上第2705号判例：“按承揽人完成之工作，依工作之性质有须交付者，有不须交付者，大凡工作之为有形的结果者，原则上承揽人于完成工作后，更应将完成物交付于定作人，且承揽人此项交付完成物之义务，与定作人给付报酬之义务，并非当然同时履行，承揽人非得于定作人未为给付报酬前，遽行拒绝交付完成物，本件上诉人早已完成系争其余八栋店铺，为其所不争执，则被上诉人请求上诉人交出该八栋店铺由渠验收，依上说明，要无不当。”

〔4〕 BGB § 632a Abschlagszahlungen：" Der Unternehmer kann von dem Besteller für in sich abgeschlossene Teile des Werkes Abschlagszahlungen für die erbrachten vertragsmäßigen Leistungen verlangen. Dies gilt auch für erforderlich Stoffe oder Bauteile, die eigens angefertigt oder angeliefert sind. Der Anspruch besteht nur, wenn dem Besteller Eigentum an den Teilen des Werkes, an den Stoffen oder Bauteilen übertragen oder Sicherheit hierfür geleistet wird. "

其一，对于工程定作契约，要承揽厂商垫付所有工程款，对于资金普遍不足的台湾地区营造厂并非可能。因此台湾地区公共工程委员会设计了估验付款的制度[5]，部分解决了法条规定僵化对于工程定作契约在实务上的障碍[6]。

其二，智能财产之给付如计算机软件之定作，如当年学校在计算机普遍采用Window95 架构时，定作教育行政支持软件，承揽人在约定交付期限如期完成，但Window 作业软件已经更改为 Win98，教育行政支持软件在新的架构下无法运作。“完成一定之工作”指明了报酬以成果为要件，此一成果如何认定常有争议，定作人会认为软件在其新计算机上无法运作，不能认为有成果。承揽人认为，此种情形当初并无约定，若依照定作人之想法解读，此一规定就是要消灭软件产业。而且承揽人所投入之人力、物力、时间等，均将血本无归。

2. 工程工作物受领问题

2.1. 《德国民法典》有受领义务之规范

对于工作物的受领，在德国不仅在民法中有规定，在德国工程定作采购与契约规范中也有规定。德国法上，受领（Abnahme）之前通常要经过检验的程序（验收），确认此物及其个别零组件符合特定的受领规范（条件、要求、应有之特性），此种情形被称为要式受领（förmliche Abnahme）；当然《德国民法典》上也有各种

---

〔5〕《工程采购契约模板》（2017. 4. 6 修正）第 5 条　契约价金之给付条件：（一）除契约另有约定外，依下列条件办理付款：……2. □估验款（由机关视个案情形于招标时勾选；未勾选者，表示无估验款）：（1）厂商自开工日起，每_ 日历天或每半月或每月（由机关于招标时载明；未载明者，为每月）得申请估验计价 1 次，并依工程会订定之“公共工程估验付款作业程序”提出必要文件，以供估验。机关于15 工作天（含技术服务厂商之审查时间）内完成审核程序后，通知厂商提出请款单据，并于接到厂商请款单据后 15 工作天内付款。但涉及向补助机关申请核拨补助款者，付款期限为 30 工作天。（2）竣工后估验：确定竣工后，如有依契约所定估验期程可办理估验而尚未办理估验之项目或数量，厂商得依工程会订定之“公共工程估验付款作业程序”提出必要文件，办理末期估验计价。未纳入估验者，并尾款给付。机关于 15 工作天（含技术服务厂商之审查时间）内完成审核程序后，通知厂商提出请款单据，并于接到厂商请款单据后 15 工作天内付款。但涉及向补助机关申请核拨补助款者，付款期限为 30 工作天。（3）估验以完成施工者为限，如另有规定其半成品或进场材料得以估验计价者，从其规定。该项估验款每期均应扣除 5% 作为保留款（有预付款之扣回时一并扣除）。半成品或进场材料得以估验计价之情形（由机关于招标时载明；未载明者无）：□钢构项目：钢材运至加工处所，得就该项目单价之______%（由机关于招标时载明；未载明者，为 20%）先行估验计价；加工、假组立完成后，得就该项目单价之_ %（由机关于招标时载明；未载明者，为 30%）先行估验计价。估验计价前，须经监造单位/工程司检验合格，确定属本工程使用。已估验计价之钢构项目由厂商负责保管，不得以任何理由要求加价。□其他项目：______。

〔6〕 制度设计上的不妥之处当另文探讨。

受领的形态（详后述之）。《德国民法典》对于受领的规定见诸买卖[7]与承揽契约中。买卖契约中买受物的受领义务较为宽松，也就是说买卖标的物瑕疵纵然微小，在瑕疵被排除前，买受人可拒绝支付全额买卖价金[8]；在承揽契约依据《德国民法典》第640条，课定作人的受领义务较为严苛，定作人负有受领依契约所完成之工作之义务……不得因细微之瑕疵拒绝受领[9]。重大瑕疵（Ein wesentlicher Mangel）指工作物在使用上或功能上有严重的影响，或者要排除瑕疵需蒙受财物上重大不利者[10]。

2.2 《瑞士债务法》对于工作受领之规定

《瑞士债务法》第370条："1. 如交付之工作由定作人明示或默示接受，承揽人除在定作人受领及依规定检验无法发现之瑕疵或承揽人故意不告知瑕疵者外，免除其义务之责任。2. 如定作人不为法律规定之检验及通知者，视为默示受领。3. 若瑕疵在其后之时点才被发现，必须于发现后立即通知，否则此一工作之瑕疵视为被接

---

〔7〕《德国民法典》第433条规定："（1）出卖人因买卖契约负有将目标物交付买受人并使其取得所有权之义务。出卖人应使买受人取得之物无物之瑕疵及权利瑕疵。（2）买受人有义务给付合意之价金并受领买卖目标物。""（1）Durch den Kaufvertrag wird der Verkäufer einer Sache verpflichtet, dem Käufer die Sache zu übergeben und das Eigentum an der Sache zu verschaffen. Der Verkäufer hat dem Käufer die Sache frei von Sach- und Rechtsmängeln zu verschaffen.（2）Der Käufer ist verpflichtet, dem Verkäufer den vereinbarten Kaufpreis zu zahlen und die gekaufte Sache abzunehmen."

〔8〕德国2016年联邦法院判决指出："卖方有义务供应没有物和权利瑕疵的货物，买受人在出卖人交付有瑕疵之物，纵然瑕疵微小，在瑕疵被排除前，仍可依照《德国民法典》第320条第1项规定拒绝支付（全额）买卖价金，并根据《德国民法典》第273条第1项，拒绝接受购买的物品；除非此一留置权（das Zurückbehaltungsrecht）之行使，因为特殊情况而违反诚信（§242 BGB）。BGH, Urteil vom 26. 10. 2016 - VIII ZR 211/15; LG Ravensburg（lexe tius. com/2016, 3694），最后访问日期：2017年8月26日。

〔9〕《德国民法典》第640条（受领义务）第1项："（1）定作人负有受领依契约所完成之工作之义务，但工作之性质无须受领者，不在此限。定作人不得因细微之瑕疵拒绝受领。如定作人虽有义务，却不在承揽人指定之一定适当期限内受领者，视同受领。" BGB § 640 Abnahme:"（1）Der Besteller ist verpflichtet, das vertragsmäßig hergestellte Werk abzunehmen, sofern nicht nach der Beschaffenheit des Werkes die Abnahme ausgeschlossen ist. Wegen unwesentlicher Mängel kann die Abnahme nicht verweigert werden. Der Abnahme steht es gleich, wenn der Besteller das Werk nicht innerhalb einer ihm vom Unternehmer bestimmten angemessenen Frist abnimmt, obwohl er dazu verpflichtet ist. "《德国民法典》第646条（竣工替代受领）："依工作之性质，无须受领者，于第638条（减价）、第641条、第644条及第645条之情形，以工作之竣工，代替受领。"

〔10〕BGH Urteil vom 08. 11. 2007 - VII ZR 183/05,（IBR 2008, 77）http://lexetius. com/2007, 3374，最后访问日期：2017年8月27日。给付在受领时如具备约定之特性且符合公认之技术规则者，无物之瑕疵。Die Leistung ist zur Zeit der Abnahme frei von Sachmängeln, wenn sie die vereinbarte Beschaffenheit hat und den anerkannten Regeln der Technik entspricht.. Ob ein Mangel „ wesentlich" ist und deshalb zur Verweigerung der Abnahme nach § 12 Nr. 3 VOB/B berechtigt, bestimmt sich nach der Rechtsprechung des BGH anhand der Art des Mangels, seines Umfangs und vor allem seiner Auswirkungen, wobei dies unter Berücksichtigung der Umstände des jeweiligen Einzelfalles zu entscheiden ist. http://lexetius. com/2000, 1566，最后访问日期：2017年8月27日。

受[11]”瑞士法的规范较为简略。

2.3 德国工程定作采购与契约规范

德国工程政府采购与契约委员会（Der Deutsche Vergabe-und Vertragsausschuss fuer Bauleistungen；以下简称为 DVA）于其章程中规定，订定工程定作之采购与契约规范（Vergabe-und Vertragsordnung für Bauleistungen；以下简称为 VOB）为其职掌范围。德国工程定作之采购与契约规范 2016[12]，在《德国民法典》第 308 条第 5 项及第 309 条第 8 项 b 款享有之特别待遇[13]，并未因为此次的修正有所变更。也就是说，依据《德国民法典》规定，不论工程定作之采购与契约规范如何修订均在其涵摄之范围。

DVA 的任务是就公共工程契约能有专业的发包与进行。另一个目的在于以电子方式将营造工程的管理架构合理化。此种任务与目的明定在 DVA 的章程中。DVA 的成员包括了所有重要公共工程的定作人、联邦与各邦的主管部会、其他公

---

〔11〕 Art. 370（Genehmigung des Werkes）:" 1. Wird das abgelieferte Werk vom Besteller ausdrücklich oder stillschweigend genehmigt, so ist der Unternehmer von seiner Haftpflicht befreit, soweit es sich nicht um Mängel handelt, die bei der Abnahme und ordnungsmässigen Prüfung nicht erkennbar waren oder vom Unternehmer absichtlich verschwiegen wurden. 2 Stillschweigende Genehmigung wird angenommen, wenn der Besteller die gesetzlich vorgesehene Prüfung und Anzeige unterlässt. 3 Treten die Mängel erst später zu Tage, so muss die Anzeige sofort nach der Entdeckung erfolgen, widrigenfalls das Werk auch dieser Mängel als genehmigt gilt. " https：//www. admin. ch/opc/de/classified - compilation/19110009/201704010000/220. pdf

〔12〕 德国 2016 年工程定作采购与契约规范（Vergabe-und Vertragsordnung für Bauleistungen Teil B（VOB/B）Ausgabe 2016, https：//dejure. org/gesetze/VOB - B/，最后访问日期：2017 年 9 月 21 日。

〔13〕《德国民法典》修正条文第 308 条［有评价机会之条款禁令］规定：“定型化契约条款尤应无效：5.［拟制之意思表示］依条款之规定，约款使用人之契约相对人的意思表示，于从事或不为一定之作为时，视为已为或不为表示，但（a）就意思之明确表示，给与契约相对人以相当期限，且（b）约款使用人负有义务，在期限开始时，特别提醒契约相对人就其行为所规定之意义者，不在此限；但工程定作采购与契约规范 B 编全部纳入之契约不在此限。”《德国民法典》第 309 条［无评价机会之条款禁令］规定：“纵然背离法律规范原被容许，在定型化契约条款中仍然无效：8.［其他义务违反之责任排除］……b）（瑕疵）经由交付新制之物及经由承揽给付约定：aa）（排除及对第三人之指示）排除对约款使用人因瑕疵之请求权全部或一部，而以转让对第三人之请求权为限，或自始以先对第三人以诉讼请求为前提；bb）（限于补为履行）除非相对人未明示保留在补为履行失败时减价，或于瑕疵担保之目标物并非建筑给付者，得选择解除契约外，将对约款使用人之请求权全部或一部，限于补为履行请求权 cc）（补为履行之费用）约款使用人就补为履行目的所必要之费用，特别是支付运输、过路、加工及材料费用之义务，被排除或限制；dd）（补为履行之排除）约款使用人就补为履行以相对人事先给付全部对价，或与瑕疵相较不成比例之高额对价为前提者；ee）（瑕疵通知之除斥期间）约款使用人给予相对人就隐藏之瑕疵之通知，订定之期间较 ff 目容许之期间为短者；ff）（消灭时效期间之缩短）于第 438 条第 1 项第 2 款及第 634 条 a 第 1 项第 2 款之情形，约定对约款使用人因瑕疵所生请求权，缩短其消灭时效期间，或在其他情形，约定自法定消灭时效起算时起，不满一年之期间时效即已完成者；但在工程定作采购与契约规范 B 所包括之契约不适用之。”

共工程的定作人、地方重要协会、经济与技术重要组织按比例组成〔14〕。

工程定作之采购与契约规范 A 编（Vergabe-und Vertragsordnung für Bauleistungen; VOB Teil A; VOB/A）〔15〕，是公共工程发包之一般规定。工程定作之采购与契约规范 B 编（以下简称 VOB/B）是施工的一般契约条款（ Allgemeine Vertrags bedingung-en）。工程定作之采购与契约规范 C 是一般技术条款，对执行及计算个别建筑给付之行业特定之技术规范。用于在特殊情况下，对工程定作之采购与契约规范 C 之补充及特定技术条款，规范于（Zusätzlichen Technischen Vertragsbedingungen; ZTV）。至于财物采购与契约规范（Vergabe-und Vertragsordnung für Leistungen; VOL）含括了财物或劳务（Lieferungs-und Dienstleistungen）的采购；至于对于自由业（如建筑师、工程师等）服务之采购，规定于自由业技术服务采购与契约规范（Vergabeordnung für freiberufliche Leistungen; VOF）。本文之讨论限于 VOB/B 部分。

由于《德国民法典》承揽篇对于工程领域发生的许多问题，并未提供解决方案，而且承揽篇的规范基本上是静态的规范〔16〕，在工程施作上常常遭遇情事的变更，或定作人想修正原先的想法，需作动态的规范。因此有必要制定工程定作之采购与契约规范 B 编，此定型化契约条款在公共工程中必须纳入。不过实务上许多私人的契约也采用 VOB/B〔17〕。

德国《工程定作采购与契约规范》第 12 条对于受领有比较细致之规定："1. 承揽人在完工后，且通常在约定工期经过前，得请求工作物之受领；定作人应在 12 个工作天内受领。双方亦得协议另一期间。2. 承揽人得请求定作人就部分完成之工作，分别受领。3. 在（工作之）重大瑕疵被排除前得拒绝受领。4. （1）如当事人一方要求时，应为要式受领〔18〕。任一当事人得以自己之费用委任一鉴定人。其鉴定意见应由双方于共同会议中以书面确认。在签名时得注记保留对于已知瑕疵及违约金之事实，以及承揽人相关之抗辩。报告应给予任一当事人。（2）如受领原约定有日期，或者定作人于足够之期间前通知承揽人者，承揽人纵不出席仍得为要式受领受领。受领结果应立即通知承揽人。5. （1）未要求受领时，在书面通知完工

---

〔14〕 http://www.bmub.bund.de/themen/bauen/bauwesen/bauauftragsvergabe/vergabe-und-vertragsausschuss-dva/，最后访问日期：2017 年 9 月 25 日。

〔15〕 于 2002 年修正时，在第 2 章至第 4 章之修正，主要由于要配合欧体 2001/78/EG 关于公告政府采购使用标准格式准则（Richtlinie 2001/78/EG der Kommission vom 13. Sept. 2001, Abl. Nr. 285 vom 29. Okt. 2001.），因此对此三章附件重新制订，并修正相关之引据条款。除了债法修正案施行后所为必要文字修正外，并无其他修正。

〔16〕 例外如《德国民法典》第 313 条情事变更条款。

〔17〕 实务上要求将 VOB/B 条文交付给定作人。台湾地区的情形与德国并无不同，因此各种采购契约模板也经常修订，较能掌握社会脉动；民法的修正旷日废时，无法有此弹性。

〔18〕 此处之受领 Abnahme 方式为验收。

后12工作天内，其工作视为已经受领[19]。（2）未要求受领，而定作人开始使用全部或部分工作者，在开始使用后6个工作天后，除另有协议外，其工作视为已经受领。使用部分建筑设施进行其他工作不视为受领。（3）除因已知之瑕疵或因违约金，定作人至迟应依第1项及第2项所定期间内为主张。6. 工作物毁损灭失之风险，除定作人已依据第7条承担外，因受领而移转给定作人。[20]"

2.3.1. 要式受领（förmliche Abnahme）：指承揽人要求定作人受领后，双方当事人共同检视工地，做成验收纪录并由双方签名[21]。

2.3.2. 完工替代受领：《德国民法典》第646条："依工作之性质，无须受领者，于第638条（减价）、第641条、第644条及第645条之情形，以工作之完工，代替受领。"例如堤防、清除淤泥等，基本上完工时功能即已发挥，无须受领[22]。

2.3.3. 部分受领：VOB/B第12条第2项，承揽人得请求定作人就部分完成之工作，分别受领。此一约定赋予承揽人部分交付之权利，对承揽人而言，可先取得部分报酬，且可降低债务不履行之风险[23]。

2.3.4. 拟制受领：承揽人在工期内完工得请求定作人受领工作物；除另有约定外，定作人应在12个工作天内受领。若在VOB/B施工契约中明文约定要式受领，

---

〔19〕 参见前引之《德国民法典》第646条（竣工替代受领）。

〔20〕 § 12 VOB B 2017 Abnahme;" 1) Verlangt der Auftragnehmer nach der Fertigstellung-gegebenenfalls auch vor Ablauf der vereinbarten Ausführungsfrist-die Abnahme der Leistung, so hat sie der Auftraggeber binnen 12 Werktagen durchzuführen; eine andere Frist kann vereinbart werden. (2) Auf Verlangen sind in sich abgeschlossene Teile der Leistung besonders abzunehmen. (3) Wegen wesentlicher Mängel kann die Abnahme bis zur Beseitigung verweigert werden. (4) 1. 1Eine förmliche Abnahme hat stattzufinden, wenn eine Vertragspartei es verlangt. 2JedePartei kann auf ihre Kosten einen Sachverständigen zuziehen. 3Der Befund ist in gemeinsamer Verhandlung schriftlich niederzulegen. 4In die Niederschrift sind etwaige Vorbehalte wegen bekannter Mängel und wegen Vertragsstrafen aufzunehmen, ebenso etwaige Einwendungen des Auftragnehmers. 5Jede Partei erhält eine Ausfertigung. 2. 1 Die förmliche Abnahme kann in Abwesenheit des Auftragnehmers stattfinden, wenn der Termin vereinbart war oder der Auftraggeber mit genügender Frist dazu eingeladen hatte. 2Das Ergebnis der Abnahme ist dem Auftragnehmer alsbald mitzuteilen. (5) 1. Wird keine Abnahme verlangt, so gilt die Leistung als abgenommen mit Ablauf von 12 Werktagen nach schriftlicher Mitteilung über die Fertigstellung der Leistung. 2. 1Wird keine Abnahme verlangt und hat der Auftraggeber die Leistung oder einen Teil der Leistung in Benutzung genommen, so gilt die Abnahme nach Ablauf von 6 Werktagen nach Beginn der Benutzung als erfolgt, wenn nichts anderes vereinbart ist. 2DieBenutzung von Teilen einer baulichen Anlage zur Weiterführung der Arbeiten gilt nicht als Abnahme. 3. Vorbehalte wegen bekannter Mängel oder wegen Vertragsstrafen hat der Auftraggeber spätestens zu den in den Nummern 1 und 2 bezeichneten Zeitpunkten geltend zu machen. (6) Mit der Abnahme geht die Gefahr auf den Auftraggeber über, soweit er sie nicht schon nach § 7trägt

〔21〕 https://ww w. ra - dp. de/media/modelfield_ files/dokumente/dokument/ datei/BR - Abnahme. pdf，最后访问日期：2017年8月25日。

〔22〕 台湾地区"民法"第510条："前二条所定之受领，如依工作之性质，无须交付者，以工作完成时视为受领。"

〔23〕 参考台湾地区"民法"第251条（一部履行之酌减）："债务已为一部履行者，法院得比照债权人因一部履行所受之利益，减少违约金。"

任一方当事人均无须依据 VOB/B 第 12 条第 4 项第 1 目第 1 句之规定提出要求。然而在 VOB/B 第 12 条第 5 项第 1 目规定期限内，未要求受领时，在书面通知完工后 12 工作天内，其工作视为已经受领。

2.3.5. 先行使用（拟制受领的一种）：未要求受领，而定作人开始使用全部或部分工作者，在开始使用后 6 个工作天后，除另有协议外，其工作视为已经受领。于终止契约时不适用本项规定〔24〕。定作人或其他承揽厂商使用部分建筑设施进行其他工作不视为受领，规范事先订定避免了不必要的纷争〔25〕。

2.3.6. 拒绝受领：基于重大瑕疵而拒绝受领〔26〕，瑕疵是否重大依据联邦法院判决〔27〕见解，应视瑕疵之种类、其范围及其后果而定，且只能考虑个案情况下认定，若认定有重大瑕疵，定作人才能依据 VOB/B 第 12 条第 3 项拒绝受领。至于排除瑕疵之预估费用虽然重要，也仅是评估瑕疵是否重大因素之一。

将承揽报酬以排除瑕疵之同时履行方式（Die Abhängigkeit der Zahlung Zug um Zug von der Mängelbeseitigung）不应该包括全部请求金额；依据《德国民法典》第 320 条第 2 项规定，若承揽人已为部分给付，若拒绝给附有违诚信原则，不能拒绝对待给付〔28〕。

2.4 新红皮书对受领之规范

国际工程顾问联盟（法文名称 Federation Internationale des Ingenieurs-Conseils,

---

〔24〕“…e) Eine fiktive Abnahme nach § 12 Nr. 5 VOB/B kommt bei einem gekündigten VOB/B – Vertrag nicht in Betracht.” f) 承揽人指出对建筑图说之疑虑，原则上仅在契约约定之建筑图说就有瑕疵时，才能使承揽人免责。反之，建筑师对于原无瑕疵之图说，作违反契约之变更，导致瑕疵产生，对承揽人径自违反约定图说施作，不能免责。BGH, Urteil vom 19. 12. 2002 - VII ZR 103/00；KG Berlin lexetius. com/2002, 3152，最后访问日期：2017 年 9 月 25 日。

〔25〕我国台湾地区“最高法院”2017 年台上字第 1065 号民事判决：“按新建房屋之定作人或买受人，通常系于承揽人交付房屋由定作人受领后，方始进入房屋内装潢，故定作人或买受人进入屋内为装潢之行为似可认为定作人已为验收新建房屋并予受领。查王顺一等四人及被上诉人已雇工装潢系争房屋，为原审所确定之事实（见原判决第十七页），原审竟认王顺一等四人及被上诉人之先行使用，尚不得谓系验收程序完成，自强公司请求甲○○○等四人给付交屋完成款五十七万六千元，尚属无据等情，是否允当，尚非无疑；”见解与德国不同。

〔26〕https：//dejure. org/dienste/vernetzung/rechtsprechung? Gericht = OLG%20Hamburg&Datum = 10. 06. 2003&Aktenzeichen = 9%20U%20121/00

〔27〕BGH, Urteil vom 15. Juni 2000 - VII ZR 30/99, https：//openjur. de/u/64566. html，最后访问日期：2017 年 9 月 25 日。

〔28〕BGH 13. 07. 1970 - VII ZR 176/68, https：//www. jurion. de/urteile/bgh/1970 – 07 – 13/vii – zr – 176_ 68，最后访问日期：2017 年 9 月 25 日。

以下简称 FIDIC）施工契约条款[29]（通称新红皮书，以下简称新红皮书）

新红皮书第 10.1 条（整体工程与分项工程之受领）[30]：除依第 9.4 条（未能通过完工检验）情形外，若工程已依契约完成，包括第 8.2 条“完工期限”所述事项，及已发给本工程接管证书，或视同已发给者，定作人应受领工程，但下述第（a）项容许之情形不在此限。

若承揽人认为本工程即将完成，应在预定受领日 14 日前向工程司发出受领证书之申请通知。若整体工程分成数个分项工程时，承揽人得采类似方式，个别申请受领证书。

工程司收到承揽人申请通知后 28 日内，应：

（a）核发受领证书予承揽人，载明整体工程或分项工程契约规定的完工日期，（但不实质影响本工程或部分工程使用于其原兴建目的之任何次要未完工作及瑕疵除外）；或

（b）驳回申请，说明理由并具体指出核发受领证书前，承揽人尚需完成的工作。承揽人应于再次依本条款发出申请通知前，完成此项工作。

若工程司在接到通知后 28 日内未发出受领证书亦未驳回承揽人申请，而整体工程或分项工程（视情况）已实质符合契约规定，则受领证书应视为已在前述期限最后一日核发（拟制受领）。[31]

新红皮书第 10.2. 条部分工程之受领：“工程司得依定作人之自行决定，对永久工程其中一部分核发受领证书。

工程司未针对某部分工程发出受领证书前，定作人不得使用该部分工程（经双方协议或依契约规定之临时措施除外）。但若定作人在发出受领证书前使用该部分工程，则：

（a）该使用之部分工程视为自使用日起已被定作人受领；

（b）承揽人自使用日起不再对该部分工程之照管负责，转由定作人负责；且

（c）工程司应依承揽人要求核发该部分之受领证书（先行使用）。

工程司发出工程某部分之受领证书后，应视需要要求承揽人速执行尚未办理之完工检验。承揽人应尽早在瑕疵通知期期限内办理该完工检验。

除契约规定或经承揽人同意外，承揽人若因定作人受领及（或）因使用部分工程

---

〔29〕 Conditions of contract for construction，1999 第 1 版，译文引自台湾地区工程顾问公司协会之译本。其用语与大陆之用语略有差异，参见张水波、何柏森：《FIDIC 新版合同条件导读与解析》，中国建筑工业出版社 2003 年版。

〔30〕 1987 年版红皮书第 48 条，见张水波、何柏森前揭第 311 至 312 页对照表。

〔31〕 张水波、何柏森前揭第 93 页指出，此时无法决定何时竣工，其实若承揽人在预定受领日 14 日前向工程司发出受领证书之申请通知，当然在发出通知后 14 日视为竣工日，否则由其通知上载明之竣工日判定也无困难。

以致增加费用，则承揽人应（i）通知工程司，并（ii）依第20.1条［承揽人之索赔］的规定，有权要求给付该项费用加上合理利润，且应纳入契约价金。工程司收到此通知后，应依据第3.5条［决定］的规定，同意或决定该成本与利润之金额。

工程若有部分（非分项工程）收到受领证书，其他部分日后若发生延误，则整体工程之逾期损失赔偿应扣减已受领部分；同理，分项工程（若有）如有部分已收到受领证书，该分项工程其他部分日后若发生延误，则分项工程之逾期损失赔偿亦应扣减已受领部分。延迟若发生于受领证书上所载日期之后，其逾期损失赔偿金之扣减，亦应按已受领部分之价值与整体工程或分项工程（视情况）之价值比例计算。工程司应依据第3.5条〔决定〕的规定，同意或决定扣减比例。

本段规定仅适用于依据第8.7条［逾期赔偿］规定之每日逾期损失赔偿费率，且不得影响损失赔偿之上限。"

新红皮书10.3完工检验之干扰："若因可归责于定作人之原因，致承揽人无法进行完工检验逾14日以上，则应视为定作人已于原订完工检验完成日期，受领整体工程或分项工程。

工程司应据此状况核发受领证书，则承揽人应尽早在瑕疵通知期限内办理完工检验。工程司应依契约相关条文规定，于14日前通知执行完工检验。

若承揽人因执行完工检验延迟而延误工期及（或）衍生费用，则承揽人应通知工程司并依据第20.1条［承揽人索赔］规定，有权要求：

（a）若完工时程已或将受到延误，依据第8.4条［工期展延］规定，对该项延误要求延长期限；

（b）所增费用和合理利润应计入契约价金计付。

工程司收到此通知后，应依据第3.5条［决定］规定作出同意或决定。"

学者指出：如承揽人通知，他将于8.1.可开始完工检验，工程司应该在8.15.前进行完工检验，逾此期限，承揽人可以索赔[32]。

新红皮书10.4表面复原："除受领证书另有注记外，分项工程或部分工程之受领证书不得作为需复原之原外表或地表已完成复原之证明。"

2.5. 我国台湾地区"民法"对承揽工作物未规定定作人有受领义务

我国台湾地区学说认为，台湾地区"民法"关于定作人之受领义务，并无一般之规定，仅就以个人技能为契约要素之契约，对于工作已完成之部分，于定作人为有用者，特别规定定作人有受领及给付相当报酬之义务（"民法"第512条第2项）。因此除当事人以特约订立定作人受领义务外，不能径认为定作人有此义务，只可认为其有

〔32〕张水波、何柏森前揭第93页。

此权利[33]。此种规范方式并非妥适，但在公共工程由于法律明定定作人应限期验收，问题不大。

2.6. 定作人依据台湾地区“政府采购法”有受领义务

台湾地区“政府采购法”第 71 条：“机关办理工程、财物采购，应限期办理验收，并得办理部分验收。验收时应由机关首长或其授权人员指派适当人员主验，通知接管单位或使用单位会验。机关承办采购单位之人员不得为所办采购之主验人或样品及材料之检验人。前三项之规定，于劳务采购准用之。”同法第 72 条：“机关办理验收时应制作纪录，由参加人员会同签认。验收结果与契约、图说、货样规定不符者，应通知厂商限期改善、拆除、重作、退货或换货。其验收结果不符部分非属重要，而其他部分能先行使用，并经机关检讨认为确有先行使用之必要者，得经机关首长或其授权人员核准，就其他部分办理验收并支付部分价金。验收结果与规定不符，而不妨碍安全及使用需求，亦无减少通常效用或契约预定效用，经机关检讨不必拆换或拆换确有困难者，得于必要时减价收受。其在查核金额以上之采购，应先报经上级机关核准；未达查核金额之采购，应经机关首长或其授权人员核准。验收人对工程、财物隐蔽部分，于必要时得拆验或化验。”同法第 73 条：“工程、财物采购经验收完毕后，应由验收及监验人员于结算验收证明书上分别签认。前项规定，于劳务验收准用之。”

“最高法院”2008 年台上字第 360 号民事判决：“按民法第 235 条及第 507 条第 1 项规定，债务人之给付兼需债权人之行为，或承揽人之工作需定作人之行为始能完成而不为其行为之‘协力行为’，原则上仅系对己义务或不真正义务，并非具有债务人或定作人给付义务之性质。于此情形，债权人或定作人祇系权利之不行使而受领迟延，除有民法第 240 条之适用，债务人或承揽人得请求赔偿提出及保管给付物之必要费用，或承揽人具有完成工作之利益，并经当事人另以契约特别约定，使定作人负担应为特定行为之法律上义务外，殊不负任何之赔偿责任。”此一判决从台湾地区“民法”观点并无问题，不过依据台湾地区“政府采购法”第 3 条规定：“政府机关、学校、公营事业（以下简称机关）办理采购，依本法之规定；本法未规定者，适用其他法律之规定。”本案定作人是公立的台湾地区大学，有本法之适用，依据台湾地区“政府采购法”第 71 条应限期办理验收就是定作人的法定义务。

2.6.1. 限期办理验收的意义

台湾地区“政府采购法”第 71 条第 1 项规定，机关办理工程、财物采购，应

---

〔33〕 可以从明示其一者，视为排斥其他原则解读。史尚宽：《民法债编各论》，第 324 页；邱聪智：《民法债编各论》，第 118 页；郑着，第 388 页。反对说认为定作人仍有受领义务，如杨芳贤，承揽，收录于黄立主编，《民法债编各论》，元照出版社。

限期办理验收，……指的当然是期限，而非条件。期限 Befristung，指当事人就法律关系所为之时间上限制，使法律关系之效力，自一定时点开始（始期 Anfangstermin），或至一定之时点而结束（终期 Endtermin）。其不确定性不在于“是否”，而在于“何时”，所以期限是必来的时点。条件与期限最大的不同在于，条件之到来不确定，而期限则到来确定〔34〕。由于该法施行细则第 92 条第 2 项规定，工程完工后，除契约另有规定者外，……机关应于收受全部资料之日起三十日内办理初验，并作成初验纪录。“除契约另有规定者外”，却被无限上纲的解读，即使验收不是期限而是条件也可以〔35〕。

该法施行细则第 92 条规定：“厂商应于工程预定完工日前或完工当日，将完工日期书面通知监造单位及机关。除契约另有规定者外，机关应于收到该书面通知之日起七日内会同监造单位及厂商，依据契约、图说或货样核对完工之项目及数量，确定是否完工；厂商未依机关通知派代表参加者，仍得予确定。工程完工后，除契约另有规定者外，监造单位应于完工后七日内，将完工图表、工程结算明细表及契约规定之其他数据，送请机关审核。有初验程序者，机关应于收受全部资料之日起三十日内办理初验，并作成初验纪录。财物或劳务采购有初验程序者，准用前二项规定。”

2. 6. 2. 受领不等同验收

“民法”第 508 条第 1 项之规定：工作毁损、灭失之危险，于定作人“受领”前，由承揽人负担。受领本来是中立的用语，参考“民法”第 373 条的危险分配原则，本应由实际管领工作物者承受危险。不过许多契约却将受领解读为验收。此种以人为方式将受领事实与形式上的验收挂钩，造成风险分配的不当。

“政府采购法施行细则”第 99 条规定，应先就该部分办理验收或分段查验供验收之用，并得就该部分支付价金及起算保固期间。区分为验收或分段查验两块，法律效果则给予机关裁量空间。不过此种裁量对厂商相当不利，机关为避免图利厂商嫌疑，多半不会部分支付价金及起算保固期间。尤其是范本规定：“并就办理部分验收者支付价金及起算保固期”，明文排除了分段查验依据“政府采购法”施行细则第 99 条可以有的法律效果。参照“民法”第 373 条规定之精神也可知道，较能控制风险者即应负责，此种规范并非公道。

---

〔34〕 黄立：《民法总则》，元照出版公司 2006 年版，第 389 页。

〔35〕 例如公共工程技术服务契约模板第 7 条第 2 款对履约期限规定：“乙方对监造服务工作之责任以甲方书面通知开始日起，至本契约全部工程验收合格止。”本契约全部工程（施工标工程）验收合格止，因为非必然到来，其实是一种条件而非期限，可能会产生非当事人可期待的结果。例如台湾地区“最高法院”2010 年度台上字第 333 号判决，土木标原定施工期限为 1 440 天，却展延工期共计 1 746 天。法院即以，定作机关于系争工程委托营建管理及监造服务参选须知第 5 条第 6 款说明，已预先主动提醒各参选技术顾问机构关于本服务工作应至本工程竣工验收为止，判决甲工程顾问公司增加报酬给付之请求败诉。造成极端不公的结果。

2.6.3. 完工的认定

如前所述，新红皮书10.1. 第3款的规定，工程司收到承揽人申请通知后28日内，应：（a）核发受领证书予承揽人，载明整体工程或分项工程契约规定的完工日期，（但不实质影响本工程或部分工程使用于其原兴建目的之任何次要未完工作及瑕疵除外）；《德国民法典》第640条（受领义务）第1项，定作人负有受领依契约所完成之工作之义务，但工作之性质无须受领者，不在此限。定作人不得因细微之瑕疵拒绝受领。二者均认为定作人不得因不实质影响本工程或部分工程使用于其原兴建目的之任何次要未完工作及瑕疵或细微之瑕疵拒绝受领[36]。均未涉及完工认定的问题。其实此二规范所采取的也是与美国法相同的实质完工的观念。

在台湾地区因为“民法”中没有相关规范，在工程实务上对于此点也常有争议，因为只要有瑕疵存在，法学者可能就认为未依债之本旨提出给付，不能认为完工。台湾地区公共工程实务上，厂商申报完工后，机关接受完工申请，并不表示工作物没有瑕疵，而是采初验与复验的制度，初验时发现有瑕疵后，通知厂商限期改正瑕疵，改善完成后通知机关复验，若合格就是正式验收。此种方式就是采取了美国法上实质完工（substantial completion）的观念。

“在美国法上，正式完工与实质完工有所不同，实质完工系指已经完成契约之主要义务而言，若已达实质完工的程度，但尚有些微瑕疵需要修补，必须等瑕疵修补完成后才能构成正式完工。而正式完工则指完成契约所约定之所有义务，包括完成修补工作、文件交付等义务而言。其实，早在美国普通法中即有所谓的实质履行原则（substantial performance）存在，即在未完全依据契约条款履行，但未履行部分仅属细微时，认为并不构成债务之不履行。美国法院认为，在营建契约中，虽然不允许承包商未按图施工，但若施工的误差仅为细微者，尚不构成可以拒绝给付报酬之债务不履行，仅能扣除相关费用。……在实务上，许多法院会援引AIA的条款做为认定实质完工的标准。但在不以占有使用为目的的契约中，亦有以设备是否能运作作为认定标准。美国法院在认定是否构成实质完工时，通常会考虑以下因素：一、工作物的瑕疵程度；二、瑕疵修补的容易性与否；三、契约目的无法达成的程度及四、已完成之工作对定作人的利益及能否使用等[37]。”

---

〔36〕 此种规定对承揽人的好处是：1. 自完工日起不计算工期，免于逾期罚款。2. 免于债务不履行之责任。对于未完成或修改部分，契约通常另订瑕疵修改期间，在检验及通知并给予承揽人之修改期间不计工期，若逾越修改期间而契约有逾期罚金约定者从其约定。

〔37〕 张南熏：《工程完工、验收与报酬请求权关系之研究》，载《高雄大学法学论丛》第10卷第1期，http：//lawjournal. nuk. edu. tw/attach/1001 -2. pdf。

实务上认同以设备是否能运作作为认定完工标准的观念[38]。如台湾地区“台北地方法院”2001年度诉字第4150号民事判决指出：“集保公司（定作人）1990年3月15日函载明：超越公司分别于1989年12月17日、12月27日提出完工报告单，中兴顾问公司均因各项未完工事实俱在而未认定完工，直至2000年12月30日第三次申报完工，该公司始认定为完工……故贵公司逾期13日完工并无疑义。有关空调主机部分零件缺料，无法备便待测；造成空调系统无法发挥基本功能，未达实质完工程度，既未达完工程度，自属未完工而与工程逾期条文有关……。”

3. 我国台湾地区“采购法”上先行使用的问题

台湾地区“民法”第508条第1项之规定：“工作毁损、灭失之危险，于定作人受领前，由承揽人负担，如定作人受领迟延者，其危险由定作人负担。”

台湾地区“民法”第510条：“前二条所定之受领，如依工作之性质，无须交付者，以工作完成时视为受领。[39]”

3.1 将受领约定为验收

台湾地区“民法”第508条用语为“受领”原系中立之用语，在未有特别约定下，先行使用就是受领（对于工作物的事实上管领）。但所有政府采购契约均将验收解读为受领。造成了对承商不公平的后果。综合营造险虽然相当程度内弥补了“民法”第508条风险全部转嫁给承商的问题，但是一旦先行使用，保险公司认为就是对于工作物的事实上管领，保险自动停止。在先行使用日起至验收日止，承商

---

〔38〕我国台湾地区“最高法院”2017年台抗字第234号民事裁定、台湾地区“最高法院”2016年台上字第1374号民事判决、台湾地区“最高法院”2015年度台上字第941号民事判决、台湾地区“最高法院”2012年台簡抗字第32号民事裁定、台湾地区“最高法院”2009年台上字第1278号民事判决、台湾地区“最高法院”2000年台上字第2677号民事判决均有引用實質完工，但均未提及其內涵。

〔39〕《德国民法典》第646条（完成替代受领）：“依工作之性质，无须受领者，于第638条（减价）、第641条、第644条及第645条之情形，以工作之完成，代替受领。”台中高分院100年度建上字第58号判决指出：“本工程性质较特殊，开工后，因天然灾害、河性不易掌握等因素，本案抢修工作断断续续进行中，1994年4月底，九曲堂抽水站已陆续启动抽水，并已完成整条引水道填筑及部分蛇笼保护工事等（总进度53.4%），……因1994年5月13日起南部地区下起大豪雨，以致工地淤泥坍塌，承商无法进场继续施工，而报请停工；……为尽快引进足够原水量，于天气放晴后，即电话通知承商迅速抢修施工等语，足见定作人于系争第二阶段工程完工后，已先行受领使用该引水道引水。…即为先行疏浚引水道，再为土堤增高、放置蛇笼保护土堤，承揽人疏浚水道后，水道水位逐渐升高，并筑堤使水位增高后，定作人始得陆续启动九曲堂抽水站抽水系统抽水，且于大雨致工地淤泥后，为引进足够水量，须请承揽人迅速抢修，足见定作人确已受领、利用系争工程疏浚水道之成果及修筑完成之土堤。是按之民法第508条第1项规定，系争工作毁损、灭失之危险，应由定作人负担”。

曝置于无保险状态中[40]。因此“最高法院”2017 年台上字第 632 号民事判决指出：“系争工程于完成验收前已先行启用，并使厂商因而丧失保险利益而无从向该保险公司申请理赔。而厂商又一再否认有系争路段之路权，无法决定何时启用，衡诸常情，若非机关指示先行启用，厂商当无于验收前即率尔决定启用，致丧失保险利益而自负风险之理。”还给厂商公道。

3.2 紧急抢修工程

台湾地区各地方政府每年在汛期前，以开口契约[41]招标紧急抢修工作。常见之争议为，厂商于紧急抢修工程申报完工后，机关验收前，为了使山区居民早日通行，且物资能双向运输，均会先行使用；若在此期间又发生台风或土石流[42]，会使原已完工之工作物毁损灭失，导致机关无法验收，不愿付款。保险公司又认为，先行使用就是受领工作物，保险自动停止，也拒绝理赔的问题。台湾地区花莲高分院第 91 年度上易字第 41 号判决指出：按民法第 508 条第 1 项关于工作物毁损灭失之危险，规定于定作人“受领”后转由定作人负担。唯于定作人“先行使用却未办理验收”之情形，则应以定作人先行使用时作为危险负担移转时点，始符合危险负担移转之立法理由及诚信原则，此参诸工程会《工程采购契约模板》第 9 条第（七）项第 2 款之规定及最高法院 2017 年台上字第 632 号民事判决意旨自明。因此，本件系争工程在凤凰台风来袭

---

〔40〕“中华产物保险商业同业公会”营造综合保险基本条款第 3 条（保险责任之开始与终止）：“本公司之保险责任，于保险期间内，自承保工程开工或工程材料卸置于施工处所后开始，至启用、接管或验收，或保险期间届满之日终止，并以其先届至者为准。倘承保工程之一部分经启用、接管或验收，本公司对该部分之保险责任即行终止。本公司对施工机具设备之保险责任，自其进驻施工处所并安装完成试验合格后开始，至运离施工处所或保险期间届满之日终止，并以其先届至者为准。”也就是说保险条款的规定比较完整，将启用、接管或验收，或保险期间届满之日终止均列为保险契约之终止事由。

〔41〕“各级政府灾害救助紧急抢救及复建经费处理作业要点”（以下简称作业要点）定义开口契约为：“一定期间内，数量不确定并以一定金额为上限之采购，以价格决标，视实际需要随时通知厂商履约之契约。”作业要点第六点规定：“直辖市政府、县（市）政府或乡（镇、市）公所对于抢险及抢修工作，应事先与厂商签订相关开口契约。如因灾害规模过大，致签订之开口契约无法有效履行，且依政府采购法规定另行办理招标程序未能及时因应时，得依政府采购法第 105 条第 1 项第 2 款与“特别采购招标决标处理办法”及“重大天然灾害抢救复健经费简化会计手续处理要点”等相关规定办理。http：//www. google. com/url? sa = t&rct = j&q = &esrc = s&source = web&cd = 1&cts = 1330700243722&ved = 0CCQQFjAA&url = http%3A% 2F% 2Fwin. dgbas. gov. tw% 2Fdgbas01% 2F97% 2F97hb2% 2F% 25E4% 25B9% 2599% 25E9% 2583%25A8%25E5%2588%2586%255C%25E7%2581%25BD%25E5%25AE%25B3%25E9%2598%25B2%25E6%2595%2591%25E7%25B6%2593%25E8%25B2%25BB%25E8%2599%2595%25E7%2590%2586%25E8%25A6%2581%25E9%25BB%259E（%25E4%25BF%25AE%25E6%25AD%25A3）（11）. doc&ei = p99QT_KUA – ucmQXZkImDCg&usg = AFQjCNE6KW1nhXyDqYXhpYd8XjybxyP4MA&sig2 = m9yIS_ 0owO3mOE6H – cv5aw，最后访问日期：2017 年 9 月 6 日。

〔42〕土石流乃风化土壤、崩积土或溪床堆积物因饱含水分而沿斜坡或溪床发生急速流动之现象。https：//246. swcb. gov. tw/debrisClassInfo/toknew/toknew1. aspx，最后访问日期：2017 年 3 月 2 日。

之前，已经完工，且经权责机关开放通车使用，纵未完成全部路段验收之流程，工作物毁损灭失之危险自应转移由上诉人负担。定作人自不得拒绝此部分工程款之给付。[43]”

4. 工作物受领前因不可抗力灭失而契约无相关约定

4.1. 争议事实

乙公司于1999年参与甲县政府“草岭风景区公共设施整建工程”标案，于1999年2月12日得标

1999年2月17日签约

1999年2月22日开工

1999年7月16日申报完工

1999年9月1日初验、抽查验。

1999年9月21日九二一大地震，草岭断崖春秋段因为走山全部塌陷，及峭壁雄峰遭河水淹没，完工项目约三分之二破坏消失殆尽。

甲机关基于工程契约第15条规定：“工程保管：在工程未经要式验收以前，所有完成工程均由乙方负责保管，倘有任何损坏，仍由乙方负担。”保险公司又以草岭断崖春秋段因走山进入嘉义县界，无须修复或重置，拒绝理赔。“本保险契约所载之承保工程在施工处所，于保险期间内，因突发而不可预料之意外事故所致之毁损或灭失，需予修复或重置时，除约定不保事项外，本公司对被保险人负赔偿之责[44]。”

乙公司表示：“工程已报完工，且经监造公司、县府相关单位现场实地履勘，工程已全部依图、合约承制完成相片、监工日志等相关数据齐全。九二一大地震造成五百公顷土地流失，实在是历史记载以来最大的移山倒海行为，大自然的毁灭力量，实非人力所能负保管之责。”

4.2. 解析

工程契约第15条规定：“工程保管：在工程未经要式验收以前，所有完成工程均由乙方负责保管，倘有任何损坏，仍由乙方负担。”与“民法”第508条第1项

---

[43] 台湾地区“最高法院”2000年度台上字第1008号判决：“经查，造成港区淤泥之原因不一，系争工程系于八十五年九月五日第三次复验始验收通过，被上诉人警艇自八十五年七月间起即多次进出系争码头，究竟对于系争码头海底泥沙有无影响，或造成何种程度之影响，因时过境迁实难由事来年余之鉴定究明，是以上诉人请求由鉴定机关鉴定被上诉人警艇之进出港区是否造成淤泥，即无必要。上诉人以其于第二次复验未通过后，要求被上诉人停止使用系争码头，即于第三次复验获得通过，主张被上诉人事先使用码头为造成其损害之证明，殊无可取。”与此两案之情况不同。

[44] 保单系“财政部”台财保第851854541号函核准。

之规定："工作毁损、灭失之危险，于定作人受领前，由承揽人负担，如定作人受领迟延者，其危险由定作人负担。"由于本案并无先行使用情形，因此并无实质的不同。

依据新红皮书第 17.3 条对于定作人之风险规定为："第 17.4 条所指之风险为：

(a) 战争、敌对行为（无论宣战与否）、入侵、外敌行为，

(b) 当地国内之叛乱、恐怖行动、革命、颠覆、军事或夺权行动或内战，

(c) 承揽人人员、承揽人和分包商的其他员工以外的人于国内所造成的暴动、动乱或骚动，

(d) 于当地国内之军需品、爆炸性材料、核子辐射或放射性污染，但归责于承揽人使用军需品、爆炸物、辐射或放射能者除外，

(e) 飞机或其他航空器以音速或超音速飞行造成之压力波，

(f) 由于定作人使用或占用永久性工程的任何部分，但契约另有规定者除外，

(g) 由定作人人员或定作人负责的其他人员办理本工程任何部分之设计，以及

(h) 一个有经验的承揽人，不能合理预期而适当防范之无法预测或抵抗的自然力作用。"

新红皮书第 17.4 条对定作人风险所造成的结果规定：如上述第 17.3 条所列风险造成本工程、财物或承揽人文件的损失或损害，承揽人应立即通知工程司，且应依工程司要求，修复该损失或损害。

承揽人如因修复该损失或损害而遭受工期延迟及/或产生额外成本，承揽人应提报工程司，并得依据第 20.1 条"承揽人的索赔"规定获得：

(a) 无完工将产生迟延，在第 8.4 条"完工工期的展延"规定下之工期展延，及

(b) 任何上述成本之给付，该项给付应列入契约金额。如系第 17.3 条"定作人之风险"第（f）款及第（g）款规定之情况，应亦包括合理利润。

于收到上述通知后，工程司应依据第 3.5 条"决定"之规定，同意或决定上述事项。[45]"

换言之，本案的情况，依据新红皮书第 17.3 条规定："一个有经验的承揽人，不能合理预期而适当防范之无法预测或抵抗的自然力作用"，属于定作人的风险范围。从而可以依据新红皮书第 17.4 条对定作人求偿工程款。不过在本案情形，台湾地区"民法"第 508 条第 1 项之规定，以及本工程契约第 15 条规定将此工作物定作人"验收"前之风险交由承揽人负担。为了分散承榄人的风险，也规范了以定作人之资金，由承揽人寻觅保险公司投保营造综合保险，将不可抗力事件的风险，

---

[45] 译文大体上引据中兴工程顾问股份有限公司，1999 年 12 月中译本。中英对照版本可参见机械工业出版社于 2002.5. 在北京出版的《菲迪克文献译丛》"施工合同条件"。

交由保险公司承担。表面上看起来似乎也合情合理。不过此一制度的设计，却没有考虑保险契约条款要件上的限制，使风险分摊的效果大打折扣[46]。

5. 结论

台湾地区的“民法”承揽篇自第490条到514条，仅仅24个条文要规范各种各样的承揽契约，从理发到各种大型桥梁、隧道、道路、水坝等工程、从软件到建筑设计，五光十色不一而足，其规范明显地不敷使用。而文字多年也未深入检讨，实有从新修法之必要。

就与本文有关部分，如台湾地区“民法”第490条规定：“称承揽者，谓当事人约定，一方为他方完成一定之工作，他方俟工作完成，给付报酬之契约。约定由承揽人供给材料者，其材料之价额，推定为报酬之一部。”可修正为：“称承揽者，谓当事人约定，一方为他方完成一定之工作，他方负支付约定报酬义务之契约。承揽契约之标的，得为物之制作或变更，亦得为其他因劳动或服务所可产生之结果。约定由承揽人供给材料者，其材料之价额，推定为报酬之一部。”

其次，第492条：“承揽人完成工作，应使其具备约定之质量及无减少或灭失价值或不适于通常或约定使用之瑕疵。”可增列第2项及第3项：“定作人负有受领依契约所完成之工作之义务，但工作之性质无须受领者，不在此限。定作人不得因细微之瑕疵拒绝受领。如定作人虽有义务，却不在承揽人指定之一定适当期限内受领者，视同受领。”

应增列第492条之1[47]：民法第632条a［部分付款］：“承揽人得向定作人就工作完成之独立部分，请求就已依契约所为给付为部分付款。就必要之材料或组件，为此目的而制作或交付者亦同。仅于将工作部分、材料或组件的所有权移转或就此提供担保给定作人者，才有此一请求权[48]。”

承揽篇的规定，对于工程领域既然不足，台湾地区的公共工程委员会乃制定了各种契约范本[49]，台湾地区“政府采购法”第63条：“各类采购契约以采用主管

---

〔46〕 本段文字引自黄立：《工程承揽契约与综合营造保险的关联》，载《月旦法学新论》2013年总第222期。

〔47〕 纳入《德国民法典》第632条a部分付款之规定。

〔48〕 BGB § 632a Abschlagszahlungen：“Der Unternehmer kann von dem Besteller für in sich abgeschlossene Teile des Werkes Abschlagszahlungen für die erbrachten vertragsmäßigen Leistungen verlangen. Dies gilt auch für erforderlich Stoffe oder Bauteile, die eigens angefertigt oder angeliefert sind. Der Anspruch besteht nur, wenn dem Besteller Eigentum an den Teilen des Werkes, an den Stoffen oder Bauteilen übertragen oder Sicherheit hierfür geleistet wird.”

〔49〕 http://www.pcc.gov.tw/pccap2/BIZSfront/MenuContent.do?site=002&bid=BIZS_C09804055，最后访问日期：2017年3月2日。

机关订定之范本为原则，其要项及内容由主管机关参考国际及国内惯例定之。”制订范本时参考之依据，应以国际惯例优先，无国际惯例时才考虑国内惯例。将来修订范本时，FIDIC 将为重要之参考依据。

台湾地区公共工程委员会颁布之《工程采购契约模板》[50]第 12 条（灾害处理）：“……（二）验收前遇台风、地震、豪雨、洪水等不可抗力灾害时，厂商应在灾害发生后，按保险单规定向保险公司申请赔偿，并尽速通知机关派员会勘。其经会勘属实，并确认厂商已善尽防范之责者，厂商得依第 7 条第 3 款规定，申请延长履约期限。其属本契约所载承保范围以外‘应该增列：或经认定无修复或重置之必要者’[51]，依下列情形办理：

1. 厂商已完成之工作项目本身受损时，除已完成部分仍按契约单价计价外，修复或需重做部分由双方协议，但机关供给之材料，仍得由机关核实供给之。

2. 厂商自备施工用机具设备之损失，由厂商自行负责。”

---

〔50〕 2016 年 1 月 12 日修正。

〔51〕 参照新红皮书第 17.3 条规定：“一个有经验的承揽人，不能合理预期而适当防范之无法预测或抵抗的自然力作用”，属于定作人的风险范围。”

代物清偿？新债清偿？
——论休息日工作“补休”之法律性质及相关争议

徐婉宁*

目　次

一、前言

台湾地区“劳基法”于2016年12月21日修正时，为落实周休二日制度，而于同法第36条第1项规定，“劳工每7日中应有2日之休息，其中1日为例假，1日为休息日”，依此创设了“一例一休”制度。

一例一休制度施行以来，相关的适用争议络绎不绝，甚至引发应再为修法之议[1]。其中关于休息日工作之工资及工时计算，“劳基法”第24条就此为较以往延长工时之情形更为严厉的规范。简言之，休息日工作之工资计算的加成比例高于

* 台湾政治大学助理教授。

〔1〕 一例一休争议 台湾竞争力：尽快划上休止符，新头壳，2017年7月13日，https://newtalk.tw/news/view/2017-07-13/92137，最后访问日期：2017.07.14；社会难以承当 赖清德也主张一例一休修法，联合报，2017年7月7日，https://udn.com/news/story/6656/2569343?from=udn-referralnews_ch2artbottom，最后访问日期：2017.07.14；《一例一休修正联盟 拚万人联署》，载《联合报》，2017年6月22日，https://udn.com/news/story/10277/2538759?from=udn-referralnews_ch2artbottom，最后访问日期：2017年7月14日。

一般加班费的计算成数，而休息日工作之工时除须计入每月延长工时，而受到同法第32条每月延长工时上限46小时的限制外，就工资及工时的计算尚采拟制工时制度；亦即四小时以内者，以四小时计；逾四小时至八小时以内者，以八小时计；逾八小时至十二小时以内者，以十二小时计。

因此，当劳工于休息日工作时，雇主依“劳基法”的规定，必须支付高额的延时工资（以下简称加班费）〔2〕，而雇主为了避免高额的加班费支付义务，有时会和劳工协议，以让劳工补休的方式来取代加班费的支付。但此种做法是否违反劳基法，以及协议补休后，若劳工未能及时取得补休时，是否可以要求雇主仍依劳基法的规定支付加班费，即有所争议。关于前者，“劳动部”2017年5月3日劳动条2字第1060130937号函〔3〕虽认为，“雇主经征得劳工同意于休息日出勤工作后，如欲选择补休，尚为法所不禁”，但并未说明其法律性质，及劳工实际上并未补休时后续的权利义务关系为何。故而，本文试图透过探讨以补休取代休息日工作应加给之工资的法律性质，以厘清当补休的权利未获实现时劳雇双方的法律关系为何，俾判断劳工此时是否仍有依劳基法请求加班费之权利。

二、以补休取代休息日工作应加给之工资的法律性质

雇主经征得劳工同意于“劳基法”第36条所定休息日出勤工作后，应依同法第24条第2项及第3项规定计算休息日工作之工资，此为劳基法课予雇主之法定义务。然而，实务上常见劳工于休息日出勤后，雇主和其约定，以补休取代加班费之支付。

---

〔2〕 如后所述，《劳基法》第24条第2项规定，“雇主使劳工于第三十六条所定休息日工作，工作时间在二小时以内者，其工资按平日每小时工资额另再加给一又三分之一以上；工作二小时后再继续工作者，按平日每小时工资额另再加给一又三分之二以上。”

〔3〕 发文单位：台湾地区“劳动部”。

发文字号：劳动条2字第1060130937号函

发文日期：2017年5月3日

要　　旨：雇主经征得劳工同意于休息日出勤工作后，如欲选择补休，尚为法所不禁，唯劳雇双方应妥为约定，雇主如片面规定劳工于休息日出勤工作后仅能选择补休，即不符“劳动基准法”规定，至劳雇双方如就休息日出勤工资之请求权有所争议，应由雇主负举证责任

主　　旨：有关雇主经征得劳工同意于“劳动基准法”第36条所定休息日出勤工作后，劳工得否选择补休及补休相关规定等疑义，请查照转知。

说　　明：一、查雇主经征得劳工同意于“劳动基准法”第36条所定休息日出勤工作后，应依“劳动基准法”第24条第2项及第3项规定给付休息日出勤工资，此为“劳动基准法”课予雇主之法定义务。

二、至劳工于休息日出勤工作“后”，如欲选择补休，尚为法所不禁，唯劳雇双方应在不损及劳工权益及不影响雇主人力因应之前提下，就补休标准、补休期限及届期未休完之时数如何处置等事项，妥为约定。

三、劳工于休息日出勤工作后，如未有选择补休之意思表示，雇主仍应依法给付休息日出勤工资。凡雇主片面规定劳工于休息日出勤工作后仅能选择补休，即不符“劳动基准法”规定。至劳雇双方如就休息日出勤工资之请求权有所争议，应由雇主负举证责任。

如前所述，“劳动部”2017年5月3日劳动条2字第1060130937号函认为以补休取代休息日出勤之加班费的给付，为法所不禁；而于一例一休施行前，关于休假日[4]出勤可否补休，“劳委会”[5]（1998）台劳动二字第037426号函即表示，“劳工于休假工作后，劳雇双方如协商同意择日补休，为法所不禁。但补休时数如何换算，仍应由劳雇双方协商决定。”由此可知，以补休取代加班费的支付，主管机关向来认为并无不法。然关于“劳委会”（1998）台劳动二字第037426号函，有学者认为“劳基法”第24条、第39条为强制规定，且未容许例外，并不宜以补休取代加班费之支付，且补休时数由劳雇双方协商协议之举，亦有架空同法第24条抑制加班功能之虞，而明确地采取反对的见解[6]。唯主管机关的立场并未因此而动摇，于其后之《劳动部》2017年5月3日劳动条2字第1060130937号函仍不改初衷，而同样地引发学者批评[7]。

主管机关虽肯认劳雇双方得协商以补休取代加班费之支付，然关于补休时数之换算，并未进一步加以规范，而认为任由劳雇双方协商决定即为已足；而协商补休后若劳工未能确实地取得补休，则可否请求雇主仍支付依《劳基法》第24条规定所计算

---

〔4〕 休假日指的是“劳基法”第37条之休假与第38条之特别休假，而不包含一例一休之休息日。http：//www. mol. gov. tw/service/19851/19852/19861/14863/，最后访问日期：2017年7月26日。

〔5〕 现已改制为“劳动部”。

〔6〕 王能君：《劳动基准法”上加班法律规范与问题之研究——日本与台湾地区之加班法制与实务》，载《台北大学法学论丛》，2012年总第81期。

〔7〕 于该函释做成之前，邱骏彦教授即明白表示，“新修正法明定休息日加班，雇主必须给予高额度的加班费，目的在于抑制雇主浮滥使劳工在休息日加班，避免周休二日的美意被打折。一旦开放休息日加班也可以补休方式为之，劳工们可能就无法得到高额加班费的慰藉，周休二日的立法目的也会丧失殆尽。”邱骏彦，激情过后，该收拾残局了——劳基法修正后政府的应有作为，报道者，2016年12月9日，ht-tps：//www. twreporter. org/a/opinion – refine – labour – law，最后访问日期：2017年7月26日。而于该函释做成后，邱骏彦教授再次于自己的脸书上张贴网志为文批判，“如果依照这个937号解释函实施，则一例一休制度可谓彻底失败。”并指出“劳基法中未规定的事项，并非即为“法所未禁止”事项。劳基法中没有明定不可以将雇主应给予休息日“加班费”的强制规定以补休来取代，并非表示就可以用合意补休取代雇主应给予加班费的法定义务。……一例一休制度中为何要课予雇主休息日使劳工加班之高额加班费给付义务，一来在避免雇主滥用休息日加班，以期达到完全周休二日的效果，二来也在于藉高额加班费让劳工牺牲休假之余能有较高的工资收入。在工资水平长期低迷不振的台湾地区现状，“劳基法”第24条第2项只明文规定雇主必须给予劳工高额加班费，而未明定可以用补休来替代，立法者一定有其道理所在，即意使劳工有增加工资收入之机会。今主管机关竟以法所未禁止一语，即扩大解释劳雇双方可以合意补休来取代法律所课予雇主给付加班费的义务，甚且透过1比1的补休，实质上降低了法律原始课予雇主休息日应给付高额加班费的义务，难谓无曲解法律、逾越法律规定之嫌。邱骏彦，《“劳动基准法”诸规定中，只要法未禁止，就可以为所欲为吗?》2017年5月20日，https：//www. facebook. com/notes/% E9% 82% B1% E9% A7% BF% E5% BD% A5/% E5% 8B% 9E% E5% 8B% 95% E5% 9F% BA% E6% BA% 96% E6% B3% 95% E8% AB% B8% E8% A6% 8F% E5% AE% 9A% E4% B8% AD% E5% 8F% AA% E8% A6% 81% E6% B3% 95% E6% 9C% AA% E7% A6% 81% E6% AD% A2% E5% B0% B1% E5% 8F% AF% E4% BB% A5% E7% 82% BA% E6% 89% 80% E6% AC% B2% E7% 82% BA% E5% 97% 8E/1344768038941425/，最后访问日期：2017年7月26日。

之加班费，主管机关实未置一词。涉及雇主与个别劳工间之权和义务关系，如劳基法未特别加以规范者，仍应回归到民法的原则，而委由劳雇间个别劳动契约之解释。因此，当补休未获实现时，是否仍可要求加班费的给付，则涉及以补休取代加班费是否为代物清偿或新债清偿，若是前者，依《民法》第319条之规定，“债权人受领他种给付以代原定之给付者，其债之关系消灭。”则雇主应已无支付原定给付即加班费之义务；若是后者，依《民法》第320条之规定，“因清偿债务而对于债权人负担新债务者，除当事人另有意思表示外，若新债务不履行时，其旧债务仍不消灭。”则劳工若未补休时，因雇主支付加班费的旧债务仍不消灭，劳工应可请求。唯补休取代加班费给付之合意究为代物清偿或新债清偿，抑或两者皆非，实有探究之必要，以下即进行检讨。

（一）代物清偿

代物清偿，依当初的立法理由，“谨按债务人之清偿债务，原应依债务之本旨而为履行，不得以他种给付，以代原定之给付。然为事实上之便利，债务人以他种给付代原定之给付，而债权人亦经承诺，且已受领者，是债权人既得达其目的，应使债之关系归于消灭，方为公允，即所谓代物清偿也。”可知系指以他种给付取代原定之给付，亦即给付目标发生变更，故须得到债权人之同意，因此“民法”第319条所称之代物清偿须以债务人与债权人间成立代物清偿之合意为前提〔8〕；实务见解亦认为，“代物清偿系一种消灭债之方法，故债权人与债务人间授受他种给付时，均须有以他种给付代原定给付之合意，代物清偿始能认为成立”〔9〕“债务人欲以他种给付代债务目标之给付者，非得债权人承诺不能强其受领”〔10〕，而“若债务人未得债权人之承诺，自以代原定给付之意思而为他种给付，债权人则以增加担保或其他之意思而受领者，债之关系不能因此消灭。”〔11〕。此外，学说和实务皆认为代物清偿必须债务人现实地提出他种给付方可成立，为要物契约〔12〕。

换言之，代物清偿之成立要件，为以下三者：（1）须有债权之存在，（2）须

---

〔8〕 王千维：《代物清偿与新债清偿：评四十二年台上字第二九〇号判例》，载《月旦法学教室》2010年第92期。

〔9〕 “最高法院”1963年台上字第3696号民事判例。

〔10〕 “最高法院”1930年上字第488号民事判例。

〔11〕 “最高法院”1939年上字第1977号民事判例。

〔12〕 王千维，前注8，页74；陈自强：《论代物清偿：契约变更与结束自由之一考察》，载《政大法学评论》，1997年第58期，第86页。实务见解如“最高法院”1976年台上字第1300号民事判例认为“代物清偿为要物契约，其成立仅当事人之合意尚有未足，必须现实为他种之给付，其他种给付为不动产物权之设定或移转时，非经登记不得成立代物清偿。如仅约定将来应为某他种给付以代原定给付时，则属债务目标之变更，而非代物清偿。”

债务人以他种给付代替原定给付，以及（3）当事人之合意[13]。而代物清偿所提出之他种给付，指与原定给付内容不同之给付而言，给付之内容大体可分为财产、劳务，以及信用三者；而同为财产给付而种类不同者，亦同[14]。此外，并不以有体物为限，权利亦可；故债权自可为代物清偿下所称之他种给付之目标[15]。

因而，劳雇双方以协商合意，以补休的方式取代加班费之支付，若撇开是否有违《劳基法》第24条之强制规定不论，则若当事人双方达成合意，由雇主现实地提出“补休”之他种给付来取代加班费，如补休该当于“债权”则符合代物清偿之要件。唯“补休”是否可谓系劳工之债权，实不无疑义。盖基于劳雇间之劳动契约，劳工有服劳务之义务，而雇主有支付工资之义务，其性质系有偿之双务契约。而雇主准许劳工补休，究其性质，实为雇主免除劳工于特定日服劳务之义务；而关于工资请求权则为劳工基于劳动契约所取得的权利，并非“补休”所赋予之权利。透过补休，劳工无须服劳务，而仍得取得工资，然并不能将补休单纯地解释为工资请求权，否则纵使劳工并未补休，则其可取得因服劳务而依劳动契约而取得之工资外，仍可取得相应于补休时数之工资请求权，则与补休之性质不合。以劳工每日工资新台币（以下同）1200元，平日每小时工资额为150元为例，则其于休息日出勤，工作8小时后，与雇主协商不领取1900元之加班费[16]而以补休1日代之；则劳工若日后择定于某应出勤日补休，则该日其未服劳务仍得取得1200元之工资。然若认为补休系以工资请求权之债权取代支付加班费之原定给付，则无论劳工即使并未补休，亦可请求1200元之工资，与补休之性质不同。则劳雇协商于劳工本应出勤之工作日予以补休之合意，是否该当于代物清偿中所得提出之他种给付，本文持保留看法。

（二）新债清偿

新债清偿虽和代物清偿同为要物契约，而以新债权之现实提出为其成立要件，然与代物清偿不同者为，新债清偿系借由给付者所提出之新债权之变价以符合原定债之本旨，故其债之关系之内容并未发生变更[17]。故而，代物清偿系现实给付，而发生原来债之关系消灭之效力，并非发生债务之契约；相对于此，新债清偿乃间

---

〔13〕 黄立：《货款汇入出卖人账户是否构成代物清偿》，载《月旦法学教室》，2003年第5期，第11页；郑玉波：《论代物清偿与瑕疵担保》，载《法律评论》，1974年第10期。

〔14〕 郑玉波，前注13。

〔15〕 王千维，前注8。

〔16〕 有关加班费之计算，请参照“劳动部”网站，休息日加班费如何计算？https://www.mol.gov.tw/service/19851/19852/19860/30898/，最后访问日期：2017年8月2日。

〔17〕 王千维，前注8。

接给付，系成立新的债务，须待新债务履行后，旧债务始归消灭[18]。换言之，新债清偿系由债权人受领一新债权，而此新债权并不合原定之债之本旨，而须待债权人自此等新债权之变价，而获得合于原定债之本旨之满足后，原定债务始归于消灭[19]。因此，债权人就其所受领之新债权，除有借由将之变价而取得合于原定债之本旨利益之“变价权”外，同时亦负有将新债权与以便价而受满足之“变价义务”[20]。学者指出，此时债权人取得变价权与负担变价义务乃系完成债之清偿的手段，可以解释为债权人乃在为债务人处理事务，因此债权人和债务人之间纵未构成真正的委任关系，至少亦形成一类似委任之关系[21]。故而，债权人应与处理自己事务为同一之注意履行变价义务，迅速而有效率地与以变价；若因过失违反变价义务或其衍生之附随义务，以致作为委任人之债务人本应享有之给付利益未获满足或未获完全之满足，即构成债务人之损害，而得请债权人完全免除或部分免除原定债务[22]。

再者，基于新债清偿契约，原则上债权人负有先就新债权予以变价之义务，故新债权之提出，使得债务人得拒绝履行原定债务[23]。实务见解亦认为，“因清偿债务而对于债权人负担新债务者，除当事人另有意思表示外，若新债务不履行时，其旧债务固不消灭。唯必须于债务人不履行新债务时，债权人始得请求其履行旧债务”[24]。换言之，于下列情形，债权人方得请求原定债务之履行之情形，(1) 当事人间另有意思表示，即约定债权人并无变价义务，(2) 虽有变价义务，但经给付者同意免除，(3) 变价义务已陷于客观上不能履行，或 (4) 债权人已履行变价义务，唯无结果时，债务人拒绝履行原定债务之抗辩权即为消灭[25]。

则劳雇双方间以补休取代加班费支付之合意，若为新债清偿，劳工即负有变价义务，而应迅速地取得补休。若劳工因过失而未取得补休，并因此导致雇主本应享有之给付利益未获满足，则雇主得请求劳工免除其给付加班费之义务。另由于劳工仅于上述 4 种情形方得请求原定给付（加班费），故并非劳工一旦未获得补休即可请求雇主支付加班费，仍须视当事人间之约定，或取得补休已陷于客观不能，抑或是劳工请求补休，但未能实现时。

然而，如前所述，新债清偿系由债权人受领一不合原定之债之本旨之新债权而

---

[18] 郑玉波，前注 13。

[19] 王千维，《新债清偿下债权人之变价义务：兼评“最高法院”九八年度台上字第八九九号民事判决》，载《台湾法学杂志》，2010 年第 158 期。

[20] 王千维，前注 19。

[21] 王千维，前注 19。

[22] 王千维，前注 19。

[23] 王千维，前注 19。

[24] “最高法院”2007 年度台上字第 1607 号民事判决。

[25] 王千维，前注 19。

成立。然而，如前所述，新债清偿系由债权人受领一不合原定之债之本旨新债权而成立，唯“补休”其性质是否为一个新的债权，非无疑义。

（三）检讨

劳雇双方以补休取代加班费支付之合意，主管机关认为此举为法所不禁，因而雇主可免除《劳基法》第24条加班费之给付义务，且无须受到同法第79条之裁罚，然该合意究竟属于代物清偿或新债清偿，因涉及补休未获实现时可否请求雇主仍依同法第24条之规定支付加班费，而有厘清之必要。然而，从上述论述可知，虽然代物清偿或新债清偿之他种给付不限于有体物，权利亦可，然“补休”系于劳动关系中，雇主免除劳工服劳务之义务，而非雇主提出一新债权来取代原先劳工所享有之请求加班费之债权，因此难谓系代物清偿或新债清偿。盖代物清偿与新债清偿，虽为民法债总之规定，既为债之通则，原则上于所有的债之关系皆有适用，然劳动契约为劳务性契约、继续性契约，其性质与财产性契约显有不同之处，则债务人提出之他种给付纵可为劳务，仍与免除债权人服劳务之义务有所不同。

而若以补休取代加班费支付之合意既非代物清偿，亦非新债清偿，则或应将其解释为债之更改。台湾于债之更改虽未设有明文规定，然依“民法”第320条之除外规定，当事人如另有意思表示，基于契约自由原则，债之更改有其私法效果〔26〕。而债之更改，系依当事人之意思表示，以新债务替代旧债务，而旧债务于新债务成立时即消灭〔27〕。则补休虽难谓系工资请求权之新债权，然于继续性契约中，应肯认劳雇双方可为如此之债之更改，而消灭雇主支付加班费之旧债务。

三、其他相关争议之探讨

（一）以补休取代加班费支付之合法性

《劳基法》第24条为强制规定，雇主是否可以透过与劳工之合意来回避加班费之法定支付义务，虽非无疑义，然如前所述，主管机关向来认为为法所不禁，且纵有学者提出批判，主管机关的立场并未见动摇。“劳动部”2017年5月3日劳动条2字第1060130937号函中亦强调，“至劳工于休息日出勤工作‘后’，如欲选择补休，尚为法所不禁”，盖劳工休息日出勤后，依法取得请求加班费之债权，由于劳基法并未禁止劳工抛弃其已取得之债权，则举重以明轻，劳工选择补休自不违法。

再者，关于补休，于劳基法中唯一明文加以规范者，为同法第40条第1项，

〔26〕 郑玉波，前注13；林诚二：《债之更改》，载《月旦法学教室》，2006年第39期。

〔27〕 林诚二，前注26。

“因天灾、事变或突发事件，雇主认有继续工作之必要时，得停止第36条至第38条所定劳工之假期。但停止假期之工资，应加倍发给，并应于事后补假休息。”之规定；而其立法理由为，“因天灾、事变或突发事件，劳工放假期，继续工作，雇主应加倍发给工资，以资补偿。并应于事后补假休息，俾劳工有调节身心，恢复疲劳之机会。”唯须注意者为，《劳基法》第40条并非规定雇主得以补休来取代加倍发给工资之义务，而系除了加倍工资之外，尚须予以补休。依“明示其一，排除其他”之法则，则其他情形使劳工于非工作日出勤者，雇主仅须依法给付加班费即可，而无须予以补休，并无法从同条规定导出可以补休取代加给工资发给之义务。

然而，“劳基法”第40条规定应予补休之目的乃在于使劳工得以休息、调节身心，而当初导入一例一休制度时，当初的立法说明指出，一例一休系为了配合“法定正常工作时间自2016年1月1日起缩减为每周不得超过40小时后，为落实周休2日”所创设。则若对照一例一休的立法目的，其乃系为了落实周休二日，故而若劳工于休息日出勤后，宁愿获得补休而不愿领取加班费时，则允其补休不仅劳工方得以休息，且未违反制定休息日并缩减法定工时、落实周休二日之意旨。然如同“劳动部”2017年5月3日劳动条2字第1060130937号函所示，“劳工于休息日出勤工作后，如未有选择补休之意思表示，雇主仍应依法给付休息日出勤工资。凡雇主片面规定劳工于休息日出勤工作后仅能选择补休，即不符“劳动基准法”规定。”必须劳工出勤后欲亦将其依法请求加班费之债权以补休取代之，方为债之更改之合意。若雇主事先于劳动契约或工作规则等中，与劳工约定休息日出勤仅得补休不得请求加班费之支付，自属违反《劳基法》第24条之强行规定，而有同法第79条罚则之适用。

（二）补休之标准

而关于补休的另一争议问题则为补休之计算标准。依《劳基法》第24条第2项之规定，“雇主使劳工于第36条所定休息日工作，工作时间在二小时以内者，其工资按平日每小时工资额另再加给一又三分之一以上；工作二小时后再继续工作者，按平日每小时工资额另再加给一又三分之二以上。”而同条第3项设有工时拟制之规定，“休息日之工作时间及工资之计算，四小时以内者，以四小时计；逾四小时至八小时以内者，以八小时计；逾八小时至十二小时以内者，以十二小时计。”则若以前述劳工每日工资新台币1200元，平日每小时工资额为150元为例，则其于休息日工作6小时者，依同法第24条之规定，工时须以8小时计，故雇主依法应加给之加班费为1900元，则劳工选择补休时，其可补休的时数为何？

如前所述，由于休息日出勤之补休，劳基法并未为任何规定，而主管机关仅建议“劳雇双方应在不损及劳工权益及不影响雇主人力因应之前提下，就补休标准、补休期限及届期未休完之时数如何处置等事项，妥为约定”[28]。而实务上亦常见，补休标准以1：1的方式为之[29]，而有学者提出批判，认为“透过1比1的补休，实质上降低了法律原始课予雇主休息日应给付高额加班费的义务，难谓无曲解法律、逾越法律规定之嫌。”[30]。

上例中，劳工实际工作6小时，若依1：1之比例，是否仅可换取6小时之补休？或做此解，则对劳工实失之过苛。休息日之规定，既意欲给予劳工休息，则本文以为，劳工于自由意志下，与雇主以补休取代加班费之协商应予尊重，且休息日的日期本即透过劳雇双方之约定定之[31]，且于事后劳雇双方仍可调整、挪移休息日的情形下[32]，则透过补休标准以1：1之比例为之，亦难谓损及劳工权益，唯不可否认无法发挥《劳基法》第24条第2项“以价制量”希望抑制雇主命加班之立法意旨。然劳工既于休息日出勤，则其当日即使仅出勤6小时，然已无法充分运用该休息日，故此时即应给予劳工一日之补休。于一例一休实施前，主管机关亦曾做出函释，认为“劳工于假日工作，即使未满八小时，亦已无法充分运用假日”，故

---

[28] 同注3。

[29] 《一例一休4大争议　加班换补休1：1最吃亏》，载《苹果日报》，2017年3月10日。http：//www.appledaily.com.tw/realtimenews/article/new/20170310/1073264/，最后访问日期：2017年8月2日。休息日出勤可换补休 不必加码给假，联合报，2017年5月4日，https：//udn.com/news/story/7269/2441789，最后访问日期：2017年8月2日。

[30] 邱骏彦，前注7。

[31] 《劳基法施行细则》第7条第2款规定，劳动契约应依劳基法有关规定约定“工作开始与终止之时间、休息时间、休假、例假、休息日、请假及轮班制之换班”；且主管机关亦认为，十、本次修法之例假及休息日如何约定？

答：劳动契约为私法上之契约，因当事人间之意思表示一致而成立，有关劳工应从事之工作、工作开始及终止之时间、休息时间、例假、休息日等有关事项，应于劳动契约中约定，“劳动基准法”施行细则第7条亦有明文，唯其约定之内容仍不得违反“劳动基准法”相关规范。因此，依前开规定，劳工之例假及休息日，仍应由劳资双方于契约订定时或契约履行中，进一步详细约定，以杜争议。”“劳动部”网站，“劳动基准法”修法常见问答集，https：//www.mol.gov.tw/service/19851/19852/19861/30631/，最后访问日期：2017年8月2日。

[32] 二、雇主可否任意于周期内任意更动例假及休息日日期？

答：雇主不得‘任意’调整例假及休息日的日期，如果有调整的需要，必须经过与劳工协商合意才能变更。

“四、休息日经过调移后，是否就不会产生休息日出勤工资的问题？

答：雇主如有于周间更动之需要，除应与劳工协商合意外，变动时，仍应符合‘不得连续工作逾6日’之要件。雇主如再有使劳工于调移后的休息日工作之必要，仍须经劳工同意并应按休息日出勤加成工资的标准给付。”“劳动部”网站，“劳动基准法”修法常见问答集，https：//www.mol.gov.tw/service/19851/19852/19861/30631/，最后访问日期：2017年8月2日。

应加发一日工资[33]。因此，本文以为，劳工既于休息日出勤，如上例中，劳工之加班费虽为1900元，依平日每小时工资额为150元计算，则其补休时数应为12又2/3小时（1900/50＝12.67），即使劳雇双方约定以1：1计算，雇主亦应给予劳工一整天8小时之补休。亦即，即使约定补休之折算标准为1：1，亦应解释为一旦使劳工于休息日出勤，则其选择补休时，即应免除其某个特定工作日之出勤义务，类似休息日挪移的概念，方能落实休息日之立法意旨。若劳工休息日出勤时数超过其正常工时，则于正常工时8小时内的部分故可折算1日补休，至于超过的部分仍应另予补休，方可谓未损及劳工权益。

（三）补休未获实现之法律争议

劳工休息日出勤后，若与雇主协商以补休取代加班费之支付，本文以为应予尊重，然常见之争议则为，若劳工实际未取得补休时，应如何处理的问题。且雇主考虑到劳务管理之需求，实务上对于补休亦常设有期限，则届期未休完的时数，应如何处理，若劳雇双方未事先妥为约定，则将饶生争议。

由于此种情形并不少见，因此方有前述是否将之解为新债清偿，而允许劳工未获补休时，得向雇主请求支付加班费之议。然而，由于补休实乃服劳务义务之免除，与一般财产性契约之概念有所扞格，因此本文认为无法将其解释为新债清偿。然而，劳工仍可以和雇主约定，以劳工实际上取得补休，作为雇主支付加班费义务之解除条件，以确保劳工之权益。

劳工对于其依第24条所取得之请求支付加班费之债权，法律既然未禁止其放弃，则对于其以该债权与雇主协商为债之更改所换得之补休的权利，劳工自然也可以放弃，而非法律所得置喙。故而若劳工与雇主约定补休期限及届期未休完之时数即告消灭，则亦非法所不禁。然而，须注意者为，劳基法对于休息日出勤后以补休取代加班费支付的做法，既无明文规范，则劳雇双方的协商内容与程序，即仅能委由双方自由交涉。考虑到劳基法并未规范此时的协商须经工会或劳资会议为之，则个别劳工于协商时是否真能为自己的权益发声，实不无可议。若雇主透过定型化契约的方式，于劳工出勤后之补休标准、期限及届期未休完之时数达成合意，则该定型化契约条款，自应受到《民法》第247条之1之规范，当约定之内容显失公平者，则该部分约定无效。

---

[33] “行政院”劳工委员会1998年9月14日台87劳动二字第○三九六七五号函曾指出，““劳动基准法”第三十九条规定劳工于休假日工作，工资应加倍发给。所称‘加倍发给’，系指假日当日工资照给外，再加发一日工资，此乃因劳工于假日工作，即使未满八小时，亦已无法充分运用假日之故，与同法第三十二条延长每日工时应依第二十四条按平日每小时工资额加成或加倍发给工资，系于正常工作时间后再继续工作，其精神、体力之负荷有所不同。至于劳工应否延长工时或于休假日工作及该假日须工作多久，均由雇主决定，应属于事业单位内部管理事宜，尚难谓有不合理之处。故劳工假日出勤工作于八小时内，应依前开规定办理；超过八小时部分，应依同法第24条规定办理。”

四、结语

一例一休实施以来，相关规定之适用上，发生许多争议，其中关于劳工休息日出勤后，雇主是否得以补休取代加班费之支付，主管机关虽作成此举并不违法之函释，并强调应取得劳工同意，然却仍招致许多批评。本文以为，《劳基法》虽为强行规定，然于法所不禁之部分，仍应尊重私法自治与契约自由原则，委由劳雇双方就劳动条件加以协商。然现实上，个别劳工之交涉力往往劣于雇主，而台湾地区目前加入工会之劳工亦仅占受雇劳工总人数之33.2%〔34〕，则劳雇协商之结果恐有损及劳工权益之情事。若双方以定型化契约为之，则可适用《民法》第247条之1；若系个别磋商契约，而背于公共秩序或善良风俗时，依《民法》第72条无效，若为暴利行为，则依同法第74条，法院得因利害关系人之声请，撤销其法律行为或减轻其给付。

而为避免相关争议，并落实《劳基法》保护劳工之意旨，不妨参考日本劳基法"代替休假"之规定，将补休明定于台湾地区《劳基法》之中。日本《劳基法》第37条第1项规定，当劳工加班或于例假出勤时，当每月的延长工时超过60小时者，就超过的部分，应依通常的劳动时间之工资加给50%以上之加班费；然同条第3项规定，雇主与该事业场中过半数劳工所组成之工会、无过半数劳工组成之工会时与劳工之过半数代表，以书面协议约定，就该加成50%以上之加班费的支付，得以补休取代之，当劳工取得补休时，即无须支付加班费。日本代替休假的制度，并非强制劳工仅得补休或仅得取得加班费，而是赋予透过工会或过半数劳工代表其雇主协商，以书面协议约定以补休取代之，并明文规定于劳工实际补休后，雇主方得不支付加班费。唯代替休假仅适用于每月延长工时超过60小时的部分，方允许雇主与劳工缔结书面协议以补休取代加班费之支付，而延长工时未超过60小时的部分，则必须支付加班费，而不可以补休代之。

参照日本的制度，台湾地区现行允许就加班费之全部以补休代之的作法，实赋予劳雇双方更多的弹性，而何种做法较能落实对劳工权益之保护，实有待进一步更深入之研究，留待作为日后之课题。

---

〔34〕 依"行政院"网站劳资关系与国际交流之资料，"截至2016年第4季止，依法设立之工会数共计5，485家（其中企业工会924家、产业工会179家、职业工会4，127家、各级总工会及联合会255家），会员人数共计334.8万余人，约占受雇劳工总人数之33.2%。" http：//www.ey.gov.tw/state/News_Content3.aspx? n =85191E9D58C1431D&s =2B867F17BA268FAE，最后访问日期：2017年8月2日。

论保证合同入典及其立法完善*

李 昊** 邓 辉***

目 次

在人类社会中，随着经济往来的不断深入，交易形式逐渐多样，交易中潜在风险的不确定性增加，为了保障债权的实现，担保法律制度应运而生。其中，保证人用自己的一般责任财产担保债权的实现，又被称为“信用担保”，早在古罗马时期就得到了法律的确认，至今仍是世界上大多数国家和地区最受欢迎的担保方式之一。在我国，制定于1995年的《担保法》规定了保证、抵押、质押、留置和定金五种债的担保方式。然而，正如学者所指出的，《担保法》的制定存在解决“三角债”社会问题的深刻背景，没有充分考虑民法典的体系问题。〔1〕在后来的立法中，定金被纳入《合同法》（1999年）违约责任体系中（《合同法》第115条、第116条），抵押、质押和留置则被吸收进《物权法》（2007年）的担保物权体系中。换言之，在将来把《合同法》和《物权法》修订为民法典分则（合同编和物权编）时，无须再对《担保法》中的定金担保和担保物权进行重复规定。但是，对于保

---

* 本文发表于《法治研究》2017年第6期。

** 北京航空航天大学人文与社会科学高等研究院、法学院副教授。

*** 北京大学法学院博士研究生。

〔1〕 参见刘保玉主编：《担保纠纷裁判依据新释新解》，人民法院出版社2014年版，前言第3页。

证，立法上却没有妥善的安置。

保证合同一直被认为是“特别法上的有名合同”，将其纳入民法典合同编，不仅是学界的共识，也是法典体系化、立法科学性和司法实践的要求。[2]因此，保证合同的立法完善应当以既有法律的规范为基础，结合我国民事立法和司法实践的经验，适时调整不合理的规定，增加独立保证合同和人事保证合同的内容，促进我国保证合同的立法，完善民法典合同编的内容，从而适应不断发展的现实生活需求。

一、从属性保证合同的立法完善

1. 保证人的主体资格

对于保证人的主体资格，《担保法》采用了“原则+例外”的规范模式。申言之，《担保法》在原则上允许公民、法人或非法人组织（其他组织）作为保证人的同时，又规定了若干保证人资格的限制条款。这些限制性的规定主要来自两个方面：第一，针对所有主体的概括限制，即只有具备“代为清偿能力”的民事主体才可以作保证人（《担保法》第7条）；第二，针对特殊主体的具体限制，即在通常情况下，国家机关、以公益为目的的事业单位和社会团体、企业法人的分支机构和职能部门不得为保证人（《担保法》第8～10条）。

在2017年通过的《民法总则》中，民事主体制度发生了一些重大的变化：(1) 增加了新的民事主体类型，将“其他组织”明确规定为“非法人组织”；(2) 修改了部分原有民事主体的名称和范围，将“国家机关法人”和“企业法人”分别修改为“机关法人”和“营利法人”。[3]由于《民法总则》是民法典的开篇之作，其规定直接影响着民法典分则各编的具体内容，保证合同的立法修订应当与《民法总则》尤其是组织类民事主体的规定保持一致。在另一方面，作为民事主体的组织之目的和功能，不仅影响着法人的分类模式，[4]还涉及法人权利能力的正当限制，[5]准此而言，非自然人的民事主体（组织类民事主体）能否担任保证人，宜

---

[2] 参见朱广新：《民法典之典型合同类型扩增的体系性思考》，载《交大法学》2017年第1期。

[3] 参见张鸣起：《〈中华人民共和国民法总则〉的制定》，载《中国法学》2017年第2期；李昊、邓辉：《我国〈民法总则〉组织类民事主体制度的释评》，载《法律适用》2017年第13期。

[4] 参见张新宝：《从〈民法通则〉到〈民法总则〉：基于功能主义的法人分类》，载《比较法研究》2017年第4期。

[5] 《担保法》第8～9条所规范的属于公法人，具有目的上的限制，只具有部分权利能力，以实现法人目的之必要范围为限。参见朱庆育：《重访法人权利能力的范围》，载张谷、张双根、田士永、朱庆育、王洪亮等主编：《中德私法研究》（总第9卷），北京大学出版社2013年版，第8～9页。然而，基于民事主体“权利能力一律平等”的规定，将此种限制设计为对法人行为能力的限制更具合理性。参见李昊：《对〈民法通则〉中民事能力的反思》，载《南京大学法律评论》2010年春季卷；蔡立东：《论法人行为能力制度的更生》，载《中外法学》2014年第6期。

依据组织之目的进行判断。

职是之故，本文建议，在对《担保法》第8～10条的规定进行相应修改后，合并为一个法条（共4款）作为对特殊组织担任保证人的限制：其一，《担保法》第8条的用语宜由“国家机关”改为“机关法人”。其二，《担保法》第9条列举了不得为保证人的“学校、幼儿园、医院等以公益为目的的事业单位、社会团体”，而反观《民法总则》的规定，以公益为目的的组织（公益组织）不限于法人，也不限于事业单位和社会团体，换言之，公益组织不仅可以包括事业单位、社会团体在内的非营利法人，也可以包括取得法人资格的基金会和社会服务机构，还可以包括非法人组织。因此，本条规定应修改为“以公益为目的法人和非法人组织，不得为保证人”。其三，《担保法》第10条仅针对企业法人的分支机构和职能部门。但是，由于非企业法人（非营利法人）也可以有分支机构和职能部门，因此，对企业法人（营利法人）的规定可以扩展至对所有法人。结合《担保法》第9条，可以得出结论：不以公益为目的的非营利法人（自益法人）具备成为保证人的资格。除此之外，法人的职能部门不具保证人资格，而法人的分支机构可以在法人书面授权的范围内提供保证，〔6〕两者性质判然有别，因此立法应当将《担保法》第10条的规定分作两款。

另外，立法应当废除“代为清偿能力”作为保证人资格的前提条件。作为保证合同的后果可以是“按照约定履行债务”，也可以是“承担责任”，而“代为清偿能力”是一个相对性的概念，保证人的财产或偿债能力会因时间的经过而发生变化。〔7〕这样看来，缺乏“代为清偿能力”仅影响保证责任承担的实效，不会影响保证人的主体资格和保证合同的订立，《担保法》第7条将保证人资格限于“具备代偿能力”的民事主体，难谓合理。再者，判断保证人是否具有代偿能力，应当通过个案具体考察，不能简单地将代偿能力与行为能力等同而语，也不存在恒定的标准，即便采用综合考量固定财产、无形财产与信用状况等因素的方法，〔8〕也难以解决合同订立事前判断的问题。债权人在与保证人订立保证合同时，如果保证人已经充分履行了提示、告知义务，债权人也已清楚了解了合同订立后、履行时可能发生的风险，债权人就应当承受这种风险。此外，从最高人民法院后续发布的司法解释来看，“具有代为清偿能力”的要求对保证合同的效力和保证责任的承担并无影响。这一规定不属于强制性条款，而应当被理解为“提示性规定”，即仅具备提示债权

〔6〕职能部门作为法人的内设机构，不涉及对外责任的承担，也就不应有保证人资格；相较于职能部门，分支机构更具有相对独立性，有时与法人还有地域上的不一致，适当地允许分支机构在一定权限范围内担任保证人，对于法人的发展和运行很有必要。

〔7〕参见谢慧敏：《论保证人的主体资格》，载《法制与经济》2014年第12期。

〔8〕参见程啸：《保证合同研究》，法律出版社2006年版，第99页。

人在选择保证人时注意保证人清偿能力的功能。[9]由此可见，此项前提条件不仅不具备保障债权人的意义，反而还会妨碍保证担保功能的实际发挥。[10]

2. 保证合同的形式与内容

保证合同的内容，是确立保证合同当事人权利和义务的根据，也是保证合同合法、有效的要件。为指导当事人订立保证合同，立法可以规定保证合同的一般内容，这些规定在属性上为倡导性条文（任意性规范），[11]也就是说，立法列举的条款不必然都属于保证合同的必备条款。按照通常的理解，合同的成立必须就合同的主要条款达成合意，保证合同的主要条款包括合同双方对于保证的合意（即保证人提供保证与债权人接受保证的意思合致）和被担保的债权。[12]

既然保证合意是保证合同的最主要内容，那么，在形式上，保证合同既可以是单独订立的书面合同，也可以是主合同中的保证条款。对于第三人单方以书面形式向债权人出具担保书，债权人接受且未提出异议的，保证合同也可以成立。值得指出的是，第三人向债权人出具安慰函，是否构成保证合同订立中的要约，[13]应当取决于安慰函的内容：如果安慰函只是表明第三人对债务人履行债务的督促或道义支持，并未明确表示在债务人不履行债务时的责任承担，那么此类安慰函不具有保证合同的效力；[14]反之，如果安慰函明确表示第三人在债务人不履行债务时承担保证责任，安慰函则具有保证合同的效力。

因此，《担保法》第15条第1款“保证合同应当包括以下内容”的规定可以修改为“保证合同的内容由当事人约定，一般包括以下条款”，这些条款主要包括：(1) 被保证的主债权种类、数额，这是保证合同应当明确的首要事项。虽然保证合同发生于保证人与债权人之间，属于相对独立的另一项合同，但受制于其担保目的，保证合同仍然从属于主合同。(2) 债务人履行债务的期限，即主合同中债务人

---

〔9〕 参见《最高人民法院关于贯彻执行〈民法通则〉若干问题的意见（试行）》（法发［1988］6号）第106条和《最高人民法院关于适用〈担保法〉若干问题的解释》（法释〔2000〕44号，以下简称《担保法解释》）第14条；曹士兵：《中国担保制度与担保方法》（第三版），中国法制出版社2015年版，第126页。

〔10〕 参见程啸：《保证合同研究》，法律出版社2006年版，第101页。

〔11〕 倡导性规范虽然居于次要和补充的地位，但具备提示风险的功能，因而并非民法典中可有可无的规范类型。参见王轶：《民法典的规范类型及其配置关系》，载《清华法学》2014年第6期。

〔12〕 参见王利明：《合同法研究》（第四卷），中国人民大学出版社2013年版，第267～268页。

〔13〕 “安慰函”的概念来源于英美法系，形成于国际民商事交往中。在法国，安慰函也被称为意图函、赞助函，在2006年担保法改革时引入《法国民法典》。参见李世刚：《安慰函制度的法国经验及其启示》，载《法学杂志》2012年第5期。

〔14〕 在“广东国际信托投资公司破产案”（载《最高人民法院公报》2003年第3期）中，广东省高级人民法院认为：“安慰函从形式上看，不是广东国投公司与特定债权人签订的，而是向不特定的第三人出具的介绍性函件；从内容上看，安慰函并无担保的意思表示，没有约定当债务人不履行债务时，代为履行或承担还债责任。因此，安慰函不能构成中国法律意义上的保证，不具有保证担保的法律效力。”

履行债务的期限。保证合同对主合同的责任承担具有补充性或连带性，所以确定主债务的履行期限，对保证债务的承担与履行意义重大。(3) 保证的方式。保证方式有一般保证与连带责任保证。当事人明确约定保证人对债务人的债务承担连带清偿责任的，为连带责任保证。反之，一般而言，当事人对保证方式没有约定或约定不明的，应当推定为一般保证。(4) 保证担保的范围，即保证责任所担保的债务范围。关于保证担保的范围，民法充分发扬私法自治、意志自由的原则，当事人之间关于保证担保的范围有明确约定的，从其约定。当事人之间对于保证担保的范围没有约定或约定不明的，应当适用法律的规定，即保证担保的范围应当包括主债权、利息、违约金、损害赔偿金、实现债权的费用。(5) 保证期间，即债权人要求保证人承担保证责任的期间。在这一期间内，债权人通过主张权利的方式，使保证人进入一个新的由保证合同诉讼时效期间约束的阶段。(6) 当事人认为需要约定的其他事项。为充分保障当事人之间的意思自治，保证合同的内容应当允许当事人之间根据实际情况进行约定。

此外，保证合同中未约定或约定不明的事项，应当允许当事人之间进行补正，补正的方式既可以是对原合同的补充（协议补充），也可以是拟定新的合同（合同更新）。只有在经历了约定、补正的程序后仍无法确定合同的内容时，才适用法律的规定。

3. 保证方式的推定

按照《担保法》第 16 条和第 19 条的规定，保证的方式有一般保证和连带责任保证，当事人对保证方式没有约定或者约定不明确的，按照连带责任保证承担保证责任。换言之，如果当事人没有将保证方式明确约定为一般保证的话，法律则推定为连带责任保证。因此，保证方式的确定，不仅事关当事人能否享有要求次于被保证人（债务人）承担责任的先诉抗辩权，还涉及程序法上诉讼主体的确定，[15] 对当事人利益的影响不可谓不重大。

《担保法》第 19 条规定的推定规则，据说是立法为了应对当时社会经济秩序混乱、交易诚信严重缺失的困境而倾向于加重保证人的责任、保障债权人利益的决断。[16] 然而，这种做法受到多方面的批评：其一，将保证方式推定为连带责任保证的规定，颠倒了原则和例外的关系。保证是担保债务人在无法向债权人适当履行债

---

〔15〕 保证合同中明确约定保证人承担连带责任的，债权人可以仅起诉保证人。反之，如果保证人承担的是一般保证责任，则应当将被保证人（债务人）作为共同被告。参见“大竹县农村信用合作联社与西藏华西药业集团有限公司保证合同纠纷案”，最高人民法院（2011）民申字第 429 号民事判决书，载《最高人民法院公报》2012 年第 4 期（总第 186 期）。

〔16〕 参见孙礼海主编：《中华人民共和国担保法释义》，法律出版社 1995 年版，第 24 ~ 25 页；董开军主编：《〈中华人民共和国担保法〉原理与条文释义》，中国计划出版社 1995 年版，第 69 页；邹瑜主编：《中华人民共和国法律释义全书（民商法律卷）》，法律出版社 1995 年，第 197 页。

务时创设的制度，因而具有补充债务人履行债务的意义，[17]所以，保证责任具备补充性，而保证责任的连带性是其补充性的例外。其二，这种针对保证方式的推定，违背了保证责任的制度功能。保证责任创设的初衷是为了担保债务的顺利履行，作为权利和义务关系的最初主体，债权人理应首先向合同主债务人请求清偿，只有在债务人无法清偿或无法完全清偿时，保证人才承担责任，这也就是一般保证人享有的先诉抗辩权。其三，作为普遍规则适用的连带责任保证推定，面临着“过度商化”的质疑。在比较法上，连带责任保证是商事保证的基本方式，而民事保证具备从属性和无偿性，“保证人通常难以充分认识其后果，应当以一般保证作为其基本类型”[18]。

因此，未来的立法应当严格遵循保证责任以补充性为原则、以连带性为例外的规则，在没有约定或约定不明的情况下，其保证方式推定为一般保证。[19]易言之，只有在当事双方明确表示保证人与债务人共同承担连带责任时，才为连带责任保证，否则推定为一般保证。

4. 保证期间的性质

按照《担保法》及其司法解释的规定，保证期间是指债权人要求保证人承担保证责任的期间。换言之，保证期间届满，保证人无须再承担保证责任。在保证期间制度中，对于保证期间性质的讨论最为热烈，主要存在四种不同的主张：

（1）诉讼时效说。此种观点着眼于保证期间对债权人请求权的限制作用，保证期间规定的内容是债权人对保证人履行保证责任的请求权，保证期间届满，仅发生保证人的免责抗辩权。再者，《担保法》第25条第2款规定：“保证期间适用诉讼时效中断的规定”。因此，有学者认为，将保证期间解释为针对形成权之除斥期间的做法是不妥当的，应当回归《担保法》的规定。[20]

（2）除斥期间说。这种解释的基础在于，保证期间与除斥期间具备类似的法律效果。一是期间经过的法律效果。一旦保证期间经过，保证人的保证责任消灭，对应的是债权人请求保证人承担保证责任的权利消灭，这与除斥期间经过的法律效果相同，而诉讼时效并不会消灭权利。二是期间的计算。《担保法解释》第31条改变

---

〔17〕 参见李中原：《民法上的补充债务》，载《法学》2010年第9期。

〔18〕 张良：《民法典编纂背景下我国〈合同法〉分则之完善——以民事合同与商事合同的区分为视角》，载《法学杂志》2016年第9期。俗语有言“人呆作保”，意指为他人提供保证（担保）的普通民众往往因此负担额外债务、承受巨大风险，因而被认为是不明智的人。正因如此，立法的设计应当注重民事生活参与者的信息优势和地位均衡，从而实现“弱者的正义”。

〔19〕 参见李明发：《保证责任研究》，法律出版社2006年版，第30～32页；李明发：《关于保证方式的思考与分析》，载《人民司法·应用》2007年第23期。

〔20〕 参见王世贤：《论保证期间的性质》，载《河北法学》2003年第1期；曹士兵：《中国担保制度与担保方法》（第三版），中国法制出版社2015年版，第157页。

了《担保法》第25条第2款的规定，强调保证期间是不变期间，不因任何事由发生中断、中止、延长的法律后果。三是期间的可约定性。《合同法》第95条和第158条分别认可了约定的解除权行使期限和检验期间，由此可见，作为除斥期间的保证期间也可以具备可约定性。[21]

（3）特殊期间说。保证期间是债权人要求保证人承担保证责任的期间，即属于决定当事人能否取得请求权或形成权等权利的期间，不同于对已经存在的请求权进行限制的诉讼时效，也不同于对已经存在的形成权进行限制的除斥期间。[22]此外，保证期间既可以由当事人约定，也可以由法律进行补充性规定，[23]而诉讼时效和除斥期间只能由法律进行规定，由此可见，无论将其定位于诉讼时效还是除斥期间，都具有学理上的障碍。因此，它既不属于诉讼时效，也不属于除斥期间，而是一种特殊的权利行使期间或责任免除期间，可以称之为“或有期间”或“失权期间”。[24]

（4）期限说。与以上三种“期间说”相区别的是，有学者认为保证期间根本不是期间而是期限，具体来说是保证人代为履行债务或承担保证责任的期限，属于保证人承担保证义务的最长时间限制。[25]换言之，保证期间虽取名“期间”，但是，在本体论上却无法自圆其说，属于一个多余的概念。[26]尤其是对于“约定的保证期间”而言，其功能在于当事人对风险的事先控制，应当解释为“保证合同所附的终期”。[27]

本文主张将保证期间的法律性质定位为除斥期间：第一，“诉讼时效说”的观点较为陈旧。如果允许保证期间像诉讼时效那样可以中断、中止或延长，将对保证人权益的保护产生不利影响，而除斥期间的对象既可以是形成权也可以是请求权（比如《物权法》第245条第2款所针对的是“占有物返还请求权”），因此，用除斥期间来解释保证期间和买受人的异议期间并无太大的问题。[28]第二，“特殊期间说”存在生造概念之嫌。按照此种观点的立场，进行新类型期间制度的构造，不仅有助于辨别保证期间与诉讼时效、除斥期间之间的差异，还可以理顺不同期间制度

[21] 甄增水：《解释论视野下保证期间制度的反思与重构》，载《法商研究》2010年第5期；何志：《担保法疑难问题阐释》，中国法制出版社2011年版，第107～109页。

[22] 参见王轶：《民法总则之期间立法研究》，载《法学家》2016年第5期；夏沁：《或有期间三论》，载《北方法学》2017年第1期。

[23] 参见刘铁光：《论补充性任意规范的目的及其实现——以保证期间为例的验证》，载《西南政法大学学报》2014年第4期。

[24] 参见冯永军、徐诚明：《论保证期间与诉讼时效》，载《河南财经政法大学学报》2015年第2期。

[25] 参见姜朋：《保证期间的困扰——兼论法律与司法解释的关系》，载《北方法学》2017年第1期。

[26] 参见王恒：《保证期间的本体论批判》，载《河北法学》2011年第10期。

[27] 参见张谷：《论约定保证期间》，载《中国法学》2006年第4期。

[28] 参见耿林：《论除斥期间》，载《中外法学》2016年第3期。

之间的衔接与配合关系。[29]然而，这种主张在其基本概念的内涵和外延、适用范围及其与其他制度的协调等方面尚有待于经受学说和实践的双重检验。[30]第三，“期限说”不符合既有的立法和实践。期限是指单纯以时间经过为要素对民事关系的发生、变动或消灭的影响，易言之，在期限内的民事关系是确定的，与当事人是否具备某些条件或进行某些行为无关。而按照法律规定，债权人在保证期间内是否对保证人作出请求，将最终地影响保证人对保证责任的承担，因此，这种说法的解释力着实有限。此外，对约定的保证期间和法定的保证期间进行分别定性，不仅有违通常认知，也缺乏实际操作的可能。

5. 共同担保中的相互追偿权

（1）共同保证。在共同保证中，两个以上的保证人就同一债务向债权人共同承担保证责任：共同保证人之间对保证责任的承担，有约定保证份额的，应当按照约定执行；共同保证人之间没有约定保证份额或者约定不明确的，共同保证人之间应当对主合同债务承担连带责任。[31]前者称为“按份共同保证”，后者称为“连带共同保证”。在按份共同保证中，各保证人在承担其约定份额后，可以在该范围内对债务人行使追偿权。在连带共同保证中，由于《物权法》没有对原有的规则作出相反规定，即表明不否定《担保法》第12条以及《担保法解释》第19～20条的规定，[32]因此，各保证人都应向债权人承担全部保证清偿责任，事后有权向债务人行使追偿权。对于连带共同保证，其连带性仅限于对外责任承担，共同保证人内部的承担份额应当由各方共同约定，没有约定的应当平均分担。所以，共同保证人对外承担连带保证责任后，超出其应当承担的份额部分，既有权向债务人追偿（因为债务人是最终责任人），也有权请求其他保证人清偿其应当承担的份额（符合共同保证人内部风险共担的原则）。

（2）混合共同担保。在同一债权上既有人的担保又有物的担保之情形，被称为“混合共同担保”，属于各担保人共同向债权人承担担保责任的一种担保形式。混合担保根据其担保方式的不同，可以具体区分为两种类型，其中的法律关系、法律主体以及责任承担范围等内容有所不同。

第一，在债务人提供物的担保之混合担保中，即使保证人承担的是连带责任保证，其就债务人提供的物的担保亦具有先诉抗辩权，债权人应当先就债务人提供的

---

〔29〕参见王轶：《民法总则之期间立法研究》，载《法学家》2016年第5期。

〔30〕参见冯珏：《或有期间概念之质疑》，载《法商研究》2017年第3期。

〔31〕参见刘保玉：《共同保证的结构形态与保证责任的承担》，载《中国法学》2003年第2期。

〔32〕参见崔建远：《物权法》（第三版），中国人民大学出版社2014年版，第437页。反对观点认为，关于共同保证的规定应当类推适用《物权法》第176条，即共同保证人仅能向债务人进行追偿，而不能要求其余保证人分担保证责任。参见江海、石冠彬：《论共同保证法律规则的重构》，载陈小君主编：《私法研究》（第16卷），法律出版社2014年版，第53页。

物的担保实现债权，之后未清偿的部分再由债务人清偿或选择保证人承担保证责任。这样规定的原因在于，债务人作为最终责任的承担者，应当对债务履行承担最终责任。保证人对债务人债务的承担仅具有暂时性，保证人并非债务的最终承担者。保证人在清偿债务后，即取得债权人的地位，可以向债务人行使追偿权，最终结果仍然是债务人承担清偿责任。所以，当债务人提供物的担保时，优先就物的担保进行受偿，不仅实现了债权人的目的与利益，而且避免了责任承担的来回移转，节约了清偿成本，提高了债权实现的效率与效果。

第二，在第三人提供物的担保之混合担保类型中，保证人不享有先诉抗辩权，无权要求债权人先就第三人提供的物的担保实现其债权。债权人根据自己的利益需要，有权要求保证人或者第三人就其提供的物的担保实现担保责任。混合担保中的各担保人，不得依据其内部的清偿份额约定对抗债权人，该约定仅在各担保人内部具有效力。

关于担保人之间是否存在内部追偿权的问题，《物权法》第176条与《担保法解释》第38条不同，准确地说，属于新法和上位法的《物权法》没有规定担保人之间相互追偿的权利，引发了学说理论的争议和司法实践的混乱。对比地来看：否定这种内部追偿权的话，符合担保人之间的真实意思，[33]无须为追偿权准用连带责任的规范需求坚实的法理依据，在程序上省时省力，具备可操作性，[34]但是，也存在着成立不当得利和诱发道德风险的缺陷。反之，如果采取肯定的态度，不仅有利于担保人，也符合共同担保分散风险的目的与其他利害关系人的利益。因此，应当肯定担保人之间的内部追偿权。[35]担保人承担的保证责任超出其应当承担的份额后，有权选择向债务人或其他保证人在其应承担的份额内进行追偿。

在承认担保人之间内部追偿权的前提下，关于分担的标准和数额，也存在着不同的认识：其一，比例分配说。即追偿的数额应当采取价值比例分配，即按照保证人应负的履行责任与抵押物的价值或限定金额比例确定，应当特别注意的是，担保物价值对物上保证人承担责任的影响，以及同一人既是保证人又是物保

---

〔33〕 有学者指出，仅在当事人有特殊约定的情形下，才可以进行追偿。参见江海、石冠彬：《论共同担保人内部追偿规则构建》，载《法学评论》2013年第6期；李红建、雷新勇：《人保与第三人物保的相互追偿权及担保物权未设立的责任问题探讨》，载《法律适用》2014年第8期。

〔34〕 参见崔建远：《物权法》（第三版），中国人民大学出版社2014年版，第436页。

〔35〕 参见黄忠：《混合共同担保之内部追偿权的证立及其展开》，载《中外法学》2015年第4期；耿林：《比较法视野下的混合共同担保》，载《江汉论坛》2017年第6期。有学者认为，共同担保人之间的内部追偿权的基础在于效率而非公平观念，参见贺剑：《走出共同担保人内部追偿的“公平”误区》，载《法学》2017年第3期。

人的情形。[36]其二，人数分配说。担保责任即按照担保人的人数平均分担。[37]其三，区分说。即按照担保物的价值是否超过担保债务数额作出不同处理。申言之，在担保物的价值等于或超过担保债务数额时，物保人和保证人所承诺的保证责任都是全部数额，两者应当平均分配责任，在抵押物价值小于担保债务数额时，应当根据数额和抵押物价值的比例来确定分担数额。[38]在物保人与保证人为同一人时，若还有其他担保人，应当将其作为物保人和保证人分别应负责之份额加总计算（即采"两人说"的计算方式），承担复合的担保责任，才能顾及其他担保人的权益。[39]本文认为，"区分说"充分考虑了保证和抵押的不同特性以及对于所担保的债务有无责任限额的差异，因而较为合理。

（3）担保物灭失或抛弃的后果。无论是由债务人提供的物的担保，还是由第三人提供的物的担保，担保物因各种原因而无法实现其清偿债权的功能时，债权人无法就该担保物实现债权，这将损害债权人利益。

在抵押的情形，担保物由债务人或提供的第三人占有，担保物的灭失等风险应当由债务人或提供的第三人承担，债权人无须承担此类风险。[40]所以，债权人仍然可就其全部债权向债务人或保证人主张责任承担。此时，保证人不得依先诉抗辩权主张免责，担保物灭失等风险对保证责任造成的不利影响，也属于保证人应当负担的风险范畴。而在质押的情形，担保物本身为债权人所占有，因此担保物灭失的风险应当由债权人承担，担保人在担保物的价值内免责，这一免责效力同时及于混合担保中的保证人。

相对于人的保证，担保物权有利于债权人实现其债权。如果债权人自愿、明确表示其抛弃担保物权的，应当视为对债务人与保证人作出了免除担保物权范围内的责任承担。债权人在主合同履行期届满后怠于行使担保物权，致使担保物权的价值减少或者毁损、灭失的，应当认定债权人具有过错，其结果是保证人部分或全部免除保证责任。[41]

---

〔36〕 参见凌捷：《混合共同担保若干争议问题研究》，载《政治与法律》2016年第6期。此外，台湾地区"民法"第879条也改采物保与人保比例分担原则，参见郑冠宇：《再论担保之竞合》，载《山东科技大学学报》（社会科学版）2010年第5期。

〔37〕 参见程啸：《混合共同担保中担保人的追偿权与代位权》，载《政治与法律》2014年第6期。

〔38〕 参见刘保玉主编：《担保纠纷裁判依据新释新解》，人民法院出版社2014年版，第123页；程啸：《担保物权研究》，中国人民大学出版社2017年版，第159～160页。

〔39〕 参见张剑男：《保证人与物上保证人之内部分担》，载《法令月刊》第62卷第9期（2011年5月）。

〔40〕 参见陈荣传：《代物担保性、抛弃担保与抛弃担保物》，载《台湾法学杂志》总第255期（2014年9月）。

〔41〕 参见叶名怡：《混合担保中债权人过错对保证责任之影响》，载《法商研究》2016年第4期；凌捷：《混合共同担保若干争议问题研究》，载《政治与法律》2016年第6期。

二、独立保证合同的立法构建

1. 独立保证合同的有名化

由于传统从属性保证存在的固有特点，在金融担保和跨国担保中，担保的实现往往耗时耗力，存在着效率上的缺憾。因此，旨在减少权利实现障碍、获得快速偿付的独立保证合同逐渐发展起来。在独立保证合同中，除非存在欺诈等法定事由，保证的效力不受债务人与债权人订立的基础合同的影响，保证人应当在符合约定条件时立即承担保证责任。法律实务中将独立保证称为见索即付保证，因独立保证人多为金融机构（商业银行、非银行金融企业法人）和专业担保机构（担保公司），又称银行保证或金融保证。[42]

《担保法》第5条第1款规定："担保合同是主合同的从合同，主合同无效，担保合同无效。担保合同另有约定的，按照约定。"这为"独立担保"留下了相应的制度空间。但是，根据最高人民法院《担保法解释》起草者的说明，由于独立担保由于其责任的异常严厉性而容易滋生欺诈和滥用，仅应当在涉外商事交易中适用。[43]由此造成了独立担保法律效力"内外有别"的状态，其理由既不充分，对意思自治的限制也缺乏正当性基础，还可能引起巨大的金融风险。[44]而从反面观之，独立保证合同具备独立性、确定性与快捷性的特征，[45]而且具备一定的融资功能，[46]在国内实践中，独立保证的限制逐渐被突破，呈现出有名化和典型化的趋势，[47]因此，"从今后的发展趋势来看，可以适当扩大独立保证的适用范围"[48]。

合同法是市场交易法，随着全球化交往的加深，交易规则日益趋同化。因此，除了立足于本国的国情外，合同立法还应当借鉴国际上的共通性规则。[49]在民法典编纂中，独立保证是单独成为有名合同抑或与"独立的物的担保"合并为"独立担保"，还涉及《担保法》第5条和《物权法》第172条的整合问题，存在着很大

---

〔42〕 参见刘斌：《独立担保：一个概念的界定》，载《清华法学》2016年第1期。

〔43〕 参见王闯：《理论争鸣与制度创新——关于最高法院担保法解释的若干问题》，载梁慧星主编：《民商法论丛》（总第19卷），香港金桥文化出版有限公司2001年版，第412页。

〔44〕 参见王毅纯：《独立担保法律效力研究——兼论独立担保作为担保的一种类型》，载谢进杰主编：《中山大学法律评论》（第13卷第4辑），广西师范大学出版社2015年版，第122～125页。

〔45〕 参见梁慧星主编：《中国民法典草案建议稿附理由·合同编》（下册），法律出版社2013年版，第1283～1284页。

〔46〕 参见王利明：《合同法研究》（第四卷），中国人民大学出版社2013年版，第385页。

〔47〕 参见高圣平：《论独立保证的典型化与类型化》，载《武汉大学学报》（哲学社会科学版）2016年第1期。

〔48〕 王利明：《合同法研究》（第四卷），中国人民大学出版社2013年版，第385页。

〔49〕 参见王利明：《典型合同立法的发展趋势》，载《法制与社会发展》2014年第2期。

争议。[50]值得注意的是，《最高人民法院关于审理独立保函纠纷案件若干问题的规定》（法释〔2016〕24号）第23条明确规定："当事人约定在国内交易中适用独立保函，一方当事人以独立保函不具有涉外因素为由，主张保函独立性的约定无效的，人民法院不予支持。"由此可见，国内交易不得适用独立保证的制度障碍已逐渐破除，为独立保证合同的有名化和进入民法典合同编带来良好的契机。

2. 独立保证合同的形式和内容

（1）独立保证合同的形式。保证合同具有单务性和无偿性，一般情况下，构成保证人的不利益。[51]在切断抗辩的独立保证合同中，尤为如此。因此，为促使当事人谨慎交易、防止仓促决定，并保存证据，适度保护当事人的利益，立法应当要求独立保证合同以书面形式为要件。[52]

独立保证合同采用合同书的形式。债务人以外的第三人出具保证合同书的，独立保证合同应当自债权人接受时成立并生效。此外，独立保证合同虽未采取书面形式，但保证人已经履行保证债务的，独立保证合同成立。[53]如果保证人与债权人特别约定独立保证合同的成立与生效条件，基于私法自治的原则，应当依其约定。

（2）独立保证合同的内容。对于独立保证合同而言，至少应当包括以下内容：一是独立担保合同的当事人，这是确定合同主体的前提。按照《最高人民法院关于适用〈合同法〉若干问题的解释（二）》（法释〔2009〕5号）第1条的规定，独立保证合同写明当事人的姓名和名称即可。二是被担保的基础合同，它是保证合同应当明确的必要事项。三是保证人提供独立担保和债权接受独立保证的合意（对独立保证本质的"合意"），这是独立保证合同中最重要的部分，即明确债权人要求付款的条件，其中必须包含当事人对排除保证合同从属性的意思表示合致。此外，为了缓和独立保证的严厉性，立法应当鼓励当事人在独立保证合同中明确保证人承担保证责任的存续期间和最高限额，值得说明的是，保证责任的存续期间也可以用可能事件的发生来确定，保证责任的最高限额须明确币种与数额。最后，为充分保障当事人之间的意思自治，保证合同的内容应当允许当事人根据实际情况进行约定和补正。

---

〔50〕参见高圣平：《担保物权司法解释起草中的重大争议问题》，载《中国法学》2016年第1期；刘斌：《独立担保：一个概念的界定》，载《清华法学》2016年第1期。

〔51〕参见杨会：《担保法》，北京大学出版社2017年版，第5～6页。

〔52〕Brox / Walker, *Schuldrecht AT*, 37. Aufl., §4, Rn19. 转引自王洪亮：《债法总论》，北京大学出版社2016年版，第45页。学者认为，法律行为除行为人、意思表示和标的之外不存在特别成立要件，书面形式是法律行为的特别生效要件（参见刘凯湘：《民法总论》，北京大学出版社2011年版，第281页、第283页），此说与《民法通则》第108条第1款的规定有所抵牾，因此，应当认为书面形式应当是保证合同的成立要件（参见郭明瑞、房绍坤：《担保法》，中国政法大学出版社2015年版，第38页）。

〔53〕以履行行为补足形式瑕疵的，不妨碍（保证）合同的成立。参见高圣平：《担保法论》，法律出版社2009年版，第103页；朱庆育：《民法总论》，北京大学出版社2013年版，第297页。

3. 独立保证合同中的抗辩权

在传统的保证合同中，针对债权人的请求权，保证人不仅可以基于其债务人的一般地位提出抗辩，也可以基于保证人特有地位提出抗辩（即一般保证中保证人的先诉抗辩权），更可以提出主合同债务人享有的全部抗辩。[54]由于保证人通常可以用各种抗辩权来对抗债权人，跨国担保中也存在着法律制度的国别差异，债权人实现担保权的程序繁琐复杂，效率上不尽如人意，因此，债权人并不乐意接受传统保证。[55]而在独立保证合同中，保证人的抗辩权受到限制，即不得主张先诉抗辩权和属于债务人的抗辩权，[56]保证人仅得基于其债务人的一般地位提出抗辩。

独立保证虽有强大的独立性、确定性特征，但不得因此违背诚实信用原则。因此，立法应当规定独立保证合同独立性的例外，防止一方当事人的恶意或不当行为严重损害他方当事人的利益。在恶意欺诈和不当索赔的情形，保证人可以拒绝付款。[57]再者，如果存在与债务人基础合同义务有关的实质理由，比如法院判决或仲裁机构裁决基础债务无效、债务人已经按约定履行完基础合同的债务或债权人的明显不当行为妨碍了债务人的履行，保证人也可以拒绝承担保证责任。

4. 独立保证合同中的抵销与追偿

在债权实现中，抵销除了可以使债权迅速得到满足（实现债权）、避免当事人不必要的劳费（通过诉讼、判决或强制执行）的功能外，[58]还具备清偿简化和担保的功能，[59]由此可见，保证人对债权人行使抵销权是符合法律规定的。然而，独立保证合同具备独立性和便捷性的特点，保证人不得基于债务人的理由而对抗债权人。抵销权的行使具备消灭请求权的效果，因此，如果保证人对债权人享有的债权与债务人无关（比如保证人对债权人的债权并非来自债务人），立法允许此种债权与保证债权相互抵销，对债权人的利益而言没有害处。换句话说，对于独立保证合同中的抵销，主动债权不应当包括债务人对于债权人的债权。鉴于保证人与债务人之间的债权让与，可以实现规避对独立保证中抗辩权的限制，也应当禁止保证人用受让的债务人对债权人的债权进行抵销。如果当事人约定保证人的抵销权没有限制，则属于意思自治的范畴，应当允许。

---

〔54〕 参见高圣平：《担保法论》，法律出版社 2009 年版，第 150 页；郭明瑞、房绍坤：《担保法》，北京，中国政法大学出版社 2015 年版，第 43～45 页。

〔55〕 参见王毅纯：《独立担保法律效力研究——兼论独立担保作为担保的一种类型》，载谢进杰主编：《中山大学法律评论》（第 13 卷第 4 辑），广西师范大学出版社 2015 年版，第 112 页；刘斌：《独立担保：一个概念的界定》，载《清华法学》2016 年第 1 期。

〔56〕 例外情形是，在债务人已履行基础合同的债务时，独立保证合同的保证人可以主张债务人的抗辩。

〔57〕 参见高翔主编：《独立担保法律问题研究》，中国政法大学出版社 2015 年版，第 96 页。

〔58〕 参见郑冠宇：《民法债编总论》，台湾新学林出版股份公司 2015 年版，第 385 页。

〔59〕 参见王洪亮：《债法总论》，北京大学出版社 2016 年版，第 173～174 页。

在独立保证合同中，保证人按照合同约定支付款项后，取得对债务人的追偿权，与从属性保证（一般保证和连带保证）合同没有区别。不过，因违反独立保证合同而支付的款项，以及因自己行为而产生的违约金，保证人不得向债务人追偿。[60]

三、人事保证合同的制度设计

1. 人事保证合同的合理性

在职务活动中，由于劳动者或劳务提供者在将来可能造成巨额的损害，用人单位或劳务接受者往往要求某种形式的保障。这种由第三人提供的针对将来职务上损害赔偿之债的保证担保，《瑞士债法典》称为“职务保证”，日本称为“身元保证”或“身元引受”，台湾地区“民法”在债编修正时将社会生活中惯常遵行的“人事保证”纳入规定。[61]然而，我国大陆地区的法律没有对此作出明确规定，而理论认识尚未取得一致，法院对相关案件的处理也出现“同案异判”的情形。[62]对于人事保证的态度，大致可以分为三种立场：（1）“效力否定论”认为，虽然人事保证合同在现实中大量存在，但由于人事保证违背了民法上自己责任的原则、不利于劳动就业权保障等原因，人事保证合同应当被认定为无效。[63]（2）“效力维持论”主张，人事保证合同如果不存在违反法律、行政法规的强制性规定的情况，能够为担

---

〔60〕 保证人违反独立保证合同进行付款，但是仍然可以基于保证人的代位权或不当得利请求权，向债务人主张权利。参见梁慧星主编：《中国民法典草案建议稿附理由·合同编》（下册），法律出版社2013年版，第1313页。

〔61〕 参见陈荣文：《人事保证制度若干基本问题研究》，载《东南学术》2004年第6期；谢潇：《论日本民法上的身元保证》，载《重庆交通大学学报》（社会科学版）2012年第5期。

〔62〕 在司法实践中，对于人事保证合同的效力认定存在着不同的做法：（1）在“张×强诉张×平追偿权纠纷案”中，法院认为：“当事人关于人事保证的约定并不违反法律强制性规定，亦不违背公序良俗，故合法有效，且关于人事保证内容与性质与担保法所规定之保证相似，故其法律适用可类推适用担保法有关保证之规定。”参见上海市虹口区人民法院（2011）虹民一（民）初字第5063号民事判决书。（2）在“广州市海珠区珠江贸易发展有限公司与龙健通等财产损害赔偿纠纷案”中，法院认为：“人事保证是带有人身性质的担保……属于人事保证的范畴，不属担保法的调整范围，不适用担保法的规定。”参见广东省高级人民法院（2014）粤高法民申字第1017号民事裁定书。（3）在“彭水县浩博贸易有限公司诉宋海波等不当得利纠纷案”，法院认为：“人事担保合同是具有人身性质的担保，是对尚未发生的侵权之债设定担保，不仅不符合担保法的相关规定，而且可能使用人单位怠于行使管理职责，将管理风险转嫁给担保人，加重劳动者的就业负担，影响了劳动者的就业公平，不符合劳动法和劳动合同法的相关规定，应当认定该担保合同无效。”参见重庆市彭水苗族土家族自治县人民法院（2015）彭法民初字第00381号民事判决书。

〔63〕 尤其是违背了《劳动合同法》第9条“不得要求劳动者提供担保”的规定。参见贾科、王文红：《人事保证合同效力认定及其责任承担》，载《人民司法·案例》2011年第8期；赵翎、侯国跃：《人事保证合同的法律属性与效力认定》，载《中国律师》2012年第2期；景春兰、辜明安：《人事保证制度合理性质疑》，载《社会科学辑刊》2012年第4期。

保法调整，可以认定为有效。[64]（3）在“立法支持论”的学者看来，人事保证合同并不违背《劳动合同法》《担保法》以及相关的司法解释，我国应当借鉴其他立法例的经验和做法，引入人事保证制度，发挥其应有的作用。[65]

作为一种私法制度，人事保证制度具有防范、分散和填补损害、保护用人单位或劳务接受者的信赖利益以及维护社会信用等功能。[66]此外，由于保证人与被保证人之间通常具有私人情谊，基于人情上的考量而提供保证的情况居多，人事保证通常也具备情意性（情义性）的性质。[67]准此而言，人事保证合同的存在具备相当程度的合理性：它不仅植根于东亚地区人情社会的特性，能够在劳动者与用人单位之间建立初步信赖关系，还有助于降低双方之间的信息获取成本，适当分散用人单位的风险，从而完善劳动保障体系，维护和稳定社会秩序。换言之，人事保证适用于建立职务关系或雇佣关系有特别担保需求的工作领域，它能够突破“劳动合同法禁止用工担保”[68]的屏障，改善就业者和用人单位之间信息不对称的情况，在提高就业效率的同时降低交易成本。所以，将人事保证合同纳入到我国合同法的体系之内，既是完善合同法律制度的内在体现，也是切合社会现实状况的必然要求。[69]

2. 人事保证合同的适用范围

借鉴我国台湾地区的立法经验，人事保证的对象是劳动者或劳务提供者应负的将来因职务行为对债权人所造成的损害赔偿之债，比如保证人与债权人（航空公司）订立连带责任保证合同，合同内容包括最低服务期内债务人（航空公司职员）不得自请辞职，否则保证人连带赔偿训练费用及违约金，应当属于人事保证合同。[70]

由于人事保证合同属于继续性合同，损害赔偿责任存在着极大的广泛性和不确定性，[71]立法上有必要将人事保证的范围限制于以下三个方面：

---

〔64〕参见孙鹏主编：《最高人民法院担保法司法解释精释精解》，中国法制出版社2016年版，第3页。此外，基于合同自由的原则，当事人可以使用无名合同的方式订立人事保证合同，其效力认定应当综合公平原则、格式条款规则、无名合同规则和过错责任原则进行判断。参见杨巍：《浅析人事保证合同》，载《法学评论》2008年第4期。

〔65〕参见潘俊、张娇东：《人事保证合同之效力研究》，载《法律适用》2014年第12期。

〔66〕参见刘子平：《人事保证制度研究》，载《私法》2007年2期。

〔67〕参见黄立主编：《民法债编各论（下）》，杜怡静执笔，台湾元照出版有限公司2004年版，第616页。

〔68〕《劳动合同法》第9条规定：“用人单位招用劳动者，不得扣押劳动者的居民身份证和其他证件，不得要求劳动者提供担保或者其他名义向劳动者收取财物。”

〔69〕参见朱凡：《论我国人事保证合同之建构》，载《法律适用》2004年第3期；王瑛、邱景松：《试论人事保证合同》，载《广西大学学报》（哲学社会科学版）2010年第3期。

〔70〕参见台湾地区“最高法院”2014年度台上字第2427号民事判决书，并请参阅陈忠五：《民事类实务导读》，载《台湾法学杂志》总第271期（2015年5月）。

〔71〕参见刘春堂：《民法债编各论（下）》，台北自版2012年版，第416页；林诚二：《债编各论新解——体系化解说（下）》，台湾瑞兴图书股份有限公司2015年版，第403页。

一是人的范围。除债权人之外，保证人是人事保证合同的“一方当事人”，而被保证人是“劳动者”，在我国的立法体系中，人事保证合同规定的被保证人也可以是“劳务提供者”。[72]对应的，债权人通常是用人单位或劳务接受者，但“不以事实上存在典型雇佣契约为限，只要有选任及监督关系而为使用者均属之”[73]。对于公职人员（公务员）而言，其招考和录用须经过法定程序，不考虑公务员本身的社会关系和财产状况，如果公务员在执行职务过程中造成损害，应当适用相关的行政法规范，公务员也可能受到行政处罚或刑事制裁，因此不适用人事保证的规定。[74]

二是行为的范围。人事保证的范围应当限定于“职务上的行为”之内，即客观上足以认为与执行职务有关的行为，比如利用执行职务的机会或恶意利用执行权造成损害的行为均应包括在内，但是，非因职务上的行为造成用人单位或劳务接受者损害，不能适用人事保证合同的规定。[75]此外，立法应当要求被保证人对于致害行为和损害结果具备可归责性，以防止人事保证合同沦为保证人对（与职务行为无关之）所有损害都应负责的“损害担保契约”[76]。

三是损害的范围。与一般保证不同，人事保证人的责任仅是“代负损害赔偿责任”（附条件的损害赔偿责任），而不要求人事保证人“按照约定履行债务”（《担保法》第6条）。劳动者或劳务提供者将来在执行职务过程中造成的损害既包括对债权人造成的损害，也包括对第三人造成的损害。应当指出的是，因执行职务对第三人造成的损害，应当由用人单位或劳务接受者承担赔偿责任（《侵权责任法》第34条和第35条）。劳动者或劳务提供者因故意或重大过失致人损害的，用人单位或劳务接受者可以享有追偿权，[77]但人事保证所担保之损害范围不及于此种追偿权，而应当限制在对用人单位或劳务接受者所造成的损害，对于超出前述范围之职

---

〔72〕我国立法只有“劳动合同”而无“雇佣合同”，因此，在其他立法例中使用的术语“受雇人”应当包括我国语境中的“劳动者”和“劳务提供者”。然而，《最高人民法院关于审理人身损害赔偿案件适用法律若干问题的解释》（法释〔2003〕20号，以下简称《人身损害赔偿司法解释》）使用了“雇员”“雇主”和“雇佣关系”等术语。近年来，部分学者也呼吁民法典合同编中增设“雇佣合同”。参见郑尚元：《民法典编纂与雇佣（劳动）合同规则》，载《中国法学》2016年第4期；谢增毅：《民法典制定中民事雇佣合同与劳动合同之功能与定位》，载《清华法学》2016年第6期。

〔73〕参见黄立主编：《民法债编各论（下）》，杜怡静执笔，台湾元照出版有限公司2004年版，第616页。

〔74〕参见潘俊、张娇东：《人事保证合同之效力研究》，载《法律适用》2014年第12期。

〔75〕参见陈聪富：《人事保证范围与保证人之权利》，载《台湾法学杂志》总第9期（2000年4月）。

〔76〕参见林诚二：《债编各论新解——体系化解说（下）》，台湾瑞兴图书股份有限公司2015年版，第399页。

〔77〕参见《人身损害赔偿司法解释》第9条；程啸：《侵权责任法》（第2版），法律出版社2015年版，第423～424页；张新宝：《侵权责任法》，中国人民大学出版社2016年版，第155页。

务上不法行为造成的损害，人事保证人不负责任。[78]

3. 人事保证合同的形式

人事保证是保证的特殊形式，其成立也应当满足关于保证成立的一般规定，即人事保证合同为要式合同，应采用书面形式订立。但是，同其他的保证合同相比，人事保证合同有其特殊性，它基于劳动者与保证人之间的人身信赖关系订立，具有情意性的特征。故而保证人可能碍于情面而不对保证合同的具体内容过多询问，而用人单位则可能利用其优势地位，为订立不平等的条款留下空间。再者，人事保证合同多系无偿订立，为了加强对保证人利益的保护，明确双方的权利和义务关系，给予保证人谨慎思考和审慎决策的机会、减少纠纷的发生，立法应当要求当事人采用书面的形式订立合同。

4. 人事保证合同的特别规定

（1）人事保证合同的解除。人事保证合同系继续性合同，一般具有较长的存续期限，在此期间内，保证人可能随时会改变自己的想法，又因人事保证合同立足于高度的人身信赖关系，多基于无偿而订立，因此，为使得保证人的自由意志得到尊重，立法有必要赋予保证人单方的任意解除权。[79]

人事保证合同未约定期限的，保证人可随时解除合同。与此同时，为了避免保证人滥用解除权、保护用人单位的合理信赖利益，立法可以给予用人单位以一定的准备时间（合理预告期限），保证人的合同解除权也应受到这一期限的限制。因此，基于现实的考虑，立法可以规定：“保证人行使解除权，应于3个月前通知用人单位。”即使法律规定的合理预告期限为3个月，当事人仍然可以对预告期限做出约定，但是该约定只有在多于3个月的情况下方能产生效力，否则仍然应当以3个月为限。

（2）人事保证合同的终止。人事保证不可能永远存续。人事保证合同作为合同的一种，在合同期满之时，其效力自动终止。因此，当人事保证合同规定的期限届满，人事保证合同终止，人事保证归于消灭。其次，保证合同的订立有赖于合同当事人的信用状况，具备专属性的特征，当保证人死亡、破产或者丧失行为能力时，则信用基础不复存在，保证人因此丧失偿债和保证能力，该责任并不发生继承或移转，故而保证合同也将归于消灭。再次，劳动者死亡、破产或丧失民事行为能力，作为主合同的劳动合同消灭，作为从合同的保证合同也应归于消灭。由于人事保证合同是继续性合同，对于合同消灭前就已经发生的债务，保证人仍应然要承担保证责任。最后，人事保证合同之目的在于：劳动者或劳务提供者在执行职务的过程中

---

〔78〕 参见邱聪智：《新订债法各论（下）》，姚志明校订，中国人民大学出版社2006年版，第437页。

〔79〕 任意解除权背后的法理是，在某些情形中，对自由和效率的考量超过了“严守合同”的原则。参见蔡恒、骆电：《我国〈合同法〉上任意解除权的理解与适用》，载《法律适用》2014年第12期。

因违约或侵权对用人单位或劳务接受者造成损害时，后者能够顺利地通过人事保证实现其损害赔偿请求权。因此，一旦劳动或劳务关系消灭，人事保证合同当然归于消灭。

(3) 人事保证合同的诉讼时效。“法律不保护躺在权利上睡觉的人”，每个人自身都是对自己利益的最佳的判断者和照料者，如果权利人自己不对自己的权利加以照拂，法律可以推定其有放弃该利益的意思，进而撤销对其利益的强制保护。[80]若用人单位在能够行使权利的情况下仍然怠于行使自己的权利，将会使得保证人的责任、地位长期处于不确定的状态，不利于建立确定化的社会关系。因此，从督促用人单位及时行使其权利，提高经济资源的利用率，维护确定化的社会关系的角度考量，与一般保证合同一样，人事保证合同应当适用诉讼时效的规定。而保证人在保证合同中处于相对弱势的地位，为了避免保证人所负责任时间持续过久、影响保证人的利益，应当将人事保证合同限制在较短的诉讼时效内。

5. 保证人的赔偿责任

(1) 人事保证期间。当事人可以约定人事保证合同的期间。如果当事人双方没有约定的话，由于保证合同具有从属性，人事保证合同的期限应当与劳动合同或劳务合同的期限相同，但不能超过3年的最高限制。[81]对于无固定期限的劳动合同，人事保证合同应当设置合同更新制度，即人事保证合同超过3年可以由当事人进行续期。在双方不能达成一致或未作出意思表示时，应当视为拒绝合同期限的延长。这样规定的理由在于：保证期间的时间限制避免了保证人无限期承担保证责任的情形，同时，对于发生在合同期限之外的赔偿事故，保证人不用承担保证责任。

人事保证合同制度的设立初衷是为了能够解决用人单位和劳动者之间的信任问题，在用人单位在决定聘任劳动者之前，对劳动者的信用状况、品德和工作能力不能获得充分的了解，故而引入人事保证制度，减少用人单位对劳动者的疑虑。但是，随着劳动者正式为用人单位工作，在经历了一定的时间段之后，用人单位可以对劳动者的工作能力、品行做出考察与判断，并对存在的风险进行评估和预防，此时，再要求保证人承担保证责任就不合理了。因此，应当对人事保证合同的期限加以限制，结合实际情况，设定最高的考察和了解期限。

(2) 保证人的抗辩权。在一般保证合同中，保证人具有先诉抗辩权。人事保证合同作为一般保证合同的特殊形式，是无偿的单务合同，保证人处于相对弱势的地

---

[80] 参见龙卫球：《民法总论》，中国法制出版社2002年版，第612页。

[81] 参见刘春堂：《人事保证之期间》，载《台湾法学杂志》总第79期（2006年2月）；台湾地区“最高法院”2011年度台上字第1671号民事判决书。

位，亦应赋予其先诉抗辩权，保证人所承担的责任实质上是补充责任。[82]对用人单位而言，其劳动者在执行职务的过程中给其招致的损害，往往有多种救济途径，例如保险、劳动者或者第三人已经就劳动者职务行为导致的损害提供了物的担保，在此情况下，用人单位应当先向劳动者请求损害赔偿或者采用保险、物的担保等方式获得赔偿，在上述方式无力支付、无法支付、不能赔偿或者是赔偿不足的情况下，才能向保证人请求损害赔偿责任。

在人事保证合同中，损害的发生及其后果的大小具有不确定性，如果不对保证人的赔偿责任加以限制，放任保证人责任的无限扩大，在一定程度上会打消人们订立人事保证合同的意愿，从而增加交易成本、降低交易效率。因此，当事人可以约定赔偿限额，在人事保证合同没有约定时，立法也应当增设赔偿限额作为补充规定，[83]使得保证人的赔偿责任与被保证人所取得的利益相适应，也可以让保证人在保证合同订立之时对自己的责任有所预见，防止其承担过大的责任。

（3）保证人责任的减免规定。人事保证合同成立后，有可能发生或加重保证人责任的事由、情形，用人单位或接受劳务者必须尽快通知保证人。这不仅便于保证人及时了解有关劳动者的职务动态，而且直接关系到保证人对保证合同解除权的行使和相关保证关系的处理。用人单位履行通知义务，是保证人有效掌握劳动者基本信息情况的重要途径：如果在有可能引发合同解除或保证责任产生的事实发生时，保证人能够得到及时的通知，便能够获得妥善处理有关事项的机会；如果用人单位已经从对劳动者的请求中获得赔偿，用人单位应当及时将此种情形及时告知保证人，可以防止二次清偿对保证人造成的损害。

保证人之所以愿意承担保证责任，往往基于情意以及其对被保证人职位风险大小的了解。但是，由于工种变动、工作地点转移、职务升迁等情形，劳动者的工作环境发生变化，其致害风险也会有所改变，对保证人而言，这属于风险判断基础的变更。在这些改变可能会加重保证人责任或者保证人难以注意到的情况下，保证人在无形之中需要承担更大的风险和更重的赔偿责任。此时，用人单位应当及时履行通知义务，并征得保证人继续承保的同意。因此，如果用人单位或劳务接受者违反通知义务，致使损害的发生或扩大，可以适用过失相抵，适当减轻保证人的赔偿责任。

在人事保证中，保证人并未能从中获利，相反，还要面对可能持续发生、不断扩大的保证责任，而劳动者处于用人单位的管控和监督之下，用人单位具备较强的

---

〔82〕 参见黄立主编：《民法债编各论（下）》，杜怡静执笔，台湾元照出版有限公司 2004 年版，第 619 页；邱聪智：《新订债法各论（下）》，姚志明校订，中国人民大学出版社 2006 年版，第 434 页。

〔83〕 在损害赔偿的限制和分担中，存在施加责任最高限额、对可能的损害进行投保以及通过考虑经济上的承受力来减轻责任等三种方式。参见［奥地利］海尔姆特·库齐奥：《侵权责任法的基本问题》（第一卷），朱岩译，北京大学出版社 2017 年版，第 298 页。

控制力，可以在使用劳动者的过程中获取回报、享受利益：在招募、选拔和聘用劳动者时，用人单位应当对劳动者的能力做出考察与判断；在劳动者在执行职务的过程之中，用人单位有义务对其行为进行检查和监督，防止其行为造成损害后果。由此看来，如果用人单位因劳动者的行为而受有损害，反而得以凭借人事保证制度获得损害的完全填补，将自己所造成的一部分不利后果转嫁给保证人承担，难有公平可言。换言之，在用人单位没有能够尽到对保证人的告知义务以及对劳动者行为的合理注意义务等情形，法院应当认定其具有过错，债权人应当承担由自己行为造成的不利后果。

（4）保证人的追偿权和代位权。针对人事保证人在代为赔偿之后可否取得对被保证人进行追偿（追偿权）或取得债权人对被保证人的债权（代位权）等问题，有观点认为人事保证往往发生在私人之间，保证责任的承担具备情意性，而且保证责任的数额也有相应的限制，因此，在保证人与被保证人之间不存在追偿关系。[84]然而，人事保证的作出系无偿、单务，应当准用关于一般保证的规定，使得保证人的利益得到更周全的保护。[85]

6. 人事保证合同的法律准用

准用性规则并不具体规定人们的行为模式，而是规定人们在法律适用的过程中可以通过参照或援引其他的法律规则解决问题。人事保证合同具有其特殊性，但同时也符合保证合同的一般特征。因此，除“本质不同”或“重复规定”的事项外，人事保证合同可以准用保证合同的规定。[86]

四、结语

在全球化和法律多元化的背景下，立法者在合同法发展中的角色越来越不重要。[87]然而，对于保证合同的立法完善和修订入典而言，总结既有的法律问题和司法实践，进而进行法律的规范化和体系化建构，立法者仍然发挥着不可替代的作用。在此过程中，面向民法典的合同立法研究，不仅需要关注非典型合同向典型合同的转化问题（保证合同的地位复归以及独立保证合同、人事保证合同的有名化问题），同时也应当着力解决典型合同中的特殊问题（比如保证合同的主体资格、内

---

〔84〕 参见潘俊、张娇东：《人事保证合同之效力研究》，载《法律适用》2014年第12期。

〔85〕 参见林诚二：《债编各论新解——体系化解说（下）》，台湾瑞兴图书股份有限公司2015年版，第435~436页。

〔86〕 参见邱聪智：《新订债法各论（下）》，姚志明校订，中国人民大学出版社2006年版，第458~459页。

〔87〕 *See* Jan M. Smits, ‘The Future of Contract Law in Europe’, in *Christian Twig - Flesner* (*ed.*), *Research Handbook on EU Consumer and Contract Law* (Edward Elgar2016), pp. 550 - 551.

容、保证方式以及共同担保中的追偿权问题)。另一方面，合同编的制定也应当将“总则与分则”“体系内与体系外”的关系纳入考量。[88]在《民法总则》已经正式施行、民法分则各编紧锣密鼓地准备的背景下，作为特殊立法背景产物的《担保法》必将走向解体，而保证合同复归合同法的体系，不仅是整合单行法进入民法典的合理结果，同时也是保证合同内部类型进行更新和扩充的良好时机。

---

〔88〕 参见谢鸿飞:《合同法学的新发展》，中国社会科学出版社2014年版，第646~655页。

医疗合同典型化研究

刘炫麟 *

目　次

引　言

中华人民共和国成立后，我国曾于1954年、1962年、1979年和2001年先后4次启动民法典制定工作，但皆因历史条件限制未能成功。2014年10月20日，中国共产党十八届四中全会在北京召开，首次以全会的形式专题研究部署全面推进依法治国，并审议通过了《中共中央关于全面推进依法治国若干重大问题的决定》。该决定明确指出要“编纂民法典”，为我国民法典的制定提供了前所未有的契机。民法典由总则编和各分编组成，其中分编包括物权编、合同编、侵权责任编、婚姻家庭编和继承编等。根据立法工作的总体部署，民法典的编纂工作分为两个步骤：一是编纂民法典的总则编，即制定《民法总则》；二是编纂民法典各分编，拟于2018年整体提请全国人大常委会审议，争取于2020年形成统一的民法典。2017年3月15日，《中华人民共和国民法总则》由第十二届全国人民代表大会第五次会议通过，并于2017年10月1日开始实施，这标志着民法典编纂第一阶段的工作任务已经完成。接下来的工作重点将是民法典各分编的编纂。在合同编的编纂过程中，如

* 首都医科大学卫生法学系副教授，《中国卫生法制》杂志副编审、副主任。

何重新审视我国于1999年3月15日制定的《合同法》分则中关于15种典型合同（有名合同）的现有容量问题，即诸如医疗合同等是否有必要予以典型化。如果有必要进行典型化，该如何进行具体的制度安排和内容设计，对这一问题的研讨将有助于民法典合同编的科学编纂。

一、医疗合同典型化的必要性

医疗合同，有时称之为医疗服务合同，是一个迄今为止未在理论界形成共识的法律概念。1994年《荷兰医疗服务法案》（Act on Medical Services）中规定，医疗合同是指作为一个自然人或者法人的健康照护提供者，根据其商业活动或者执业活动，与另一方订立的以直接向其提供医疗服务或者向某特定第三人提供医疗服务的合同。该法案于1995年被收录至《荷兰民法典》第七编“具体合同”之中，并易名“医疗服务合同”。我们正在紧锣密鼓地进行民法典合同编的编纂工作，如果将医疗合同典型化，除有效回应当前医疗服务合同极为普遍的现实之外，还具有立法、司法等方面的重要意义。

（一）弥补患者权利分散性规定的需要

我国关于患者权利的规定主要分散在《宪法》《民法总则》《民法通则》《侵权责任法》《执业医师法》《医疗事故处理条例》《医疗机构管理条例》及实施细则、《护士条例》《乡村医生从业管理条例》《病历书写基本规范》《传染病防治法》《职业病防治法》《母婴保健法》《未成年保护法》等各层次法律规范性文件之中。其中，《宪法》《民法总则》《民法通则》《侵权责任法》等主要针对患者作为一般（民事）主体时所享有的权利；《执业医师法》《医疗事故处理条例》《医疗机构管理条例》及实施细则、《护士条例》《乡村医生从业管理条例》《病历书写基本规范》等主要针对患者这一特定身份时所享有的权利；《传染病防治法》《职业病防治法》《母婴保健法》《未成年保护法》等主要针对作为特殊患者时所享有的权利。由此可见，我国现行法律对患者权利的规定主要呈现出以下3个特点：一是具有层次性。具体而言，既包括患者作为一般民事主体所享有的权利，也包括作为患者或者特殊患者所享有的权利；二是患者权利的规定非常分散，且主要由行政法规定，而且从条文的内容考察，很少从正面加以规定，多从医疗机构及医师所负义务的规定间接推定而来；三是在我国现行《合同法》没有明文规定且《基本医疗卫生法》尚未制定的情形下，患者权利始终无法做出集中性规定，不仅不利于法学教育，而且给司法机关的法律适用带来一定的难度。

（二）举证责任分配更为合理性的需要

长期以来，医疗损害纠纷多是按照侵权诉由加以解决。自1987年《医疗事故处理办法》的颁布至2010年《侵权责任法》的出台，医疗损害的举证责任配置导致经历了3个阶段：第一阶段，即1987年6月29日《医疗事故处理办法》出台至2002年4月1日《最高人民法院关于民事诉讼证据的若干规定》的颁布期间，完全由患者举证证明医疗机构存在过错且患者的损害与医疗行为之间存在因果关系，否则，患者将因举证不能而承担败诉的法律后果；第二阶段，即2002年4月1日《最高人民法院关于民事诉讼证据的若干规定》的颁布至2010年6月30日《侵权责任法》实施之前，因医疗行为引起的侵权诉讼，由医疗机构就医疗行为与损害结果之间不存在因果关系及不存在医疗过错承担举证责任。第三阶段，即2010年7月1日《侵权责任法》实施之后，我国在处理医疗损害案件中，坚持了患者承担医疗机构存在过错和因果关系的证明责任作为基本原则，同时在特定条件下实行过错推定，即给予医疗机构提出反证的机会进行抗辩，比如提出法定的免责事由，否则在患者完成了损害、因果关系等初步举证后，医疗机构的侵权责任即告成立。〔1〕尽管我国《合同法》第107条规定："当事人一方不履行合同义务或者履行合同义务不符合约定的，应当承担继续履行、采取补救措施或者赔偿损失等违约责任。"若从此条的内容考察，似乎确立了债务不履行实行严格责任的立法模式，但若从（合同法的）体系上考察，我国对债务不履行的归责原则是以严格责任为主，过错责任为辅。这是因为，我国《合同法》第180条〔2〕、第191条第2款〔3〕、第222条〔4〕、第265条〔5〕、第303条第1款〔6〕等均实行过错责任原则。因此，医疗合同进入民法典合同编分则成为典型合同之后，可以继续保持债务不履行责任实行过错责任作为一般归责原则，与大陆法系国家的立法精神保持一致。按照这一归责原则，患者

〔1〕 刘炫麟：《从医疗侵权举证责任配置的变迁观察立法机关价值取向的调整》，载《卫生软科学》2011年第7期。

〔2〕 我国《合同法》第180条规定："供电人因供电设施计划检修、临时检修、依法限电或者用电人违法用电等原因，需要中断供电时，应当按照国家有关规定事先通知用电人。未事先通知用电人中断供电，造成用电人损失的，应当承担损害赔偿责任。"

〔3〕 我国《合同法》第191条第2款规定："赠与人故意不告知瑕疵或者保证无瑕疵，造成受赠人损失的，应当承担损害赔偿责任。"

〔4〕 我国《合同法》第222条规定："承租人应当妥善保管租赁物，因保管不善造成租赁物毁损、灭失的，应当承担损害赔偿责任。"

〔5〕 我国《合同法》第265条规定："承揽人应当妥善保管定作人提供的材料以及完成的工作成果，因保管不善造成毁损、灭失的，应当承担损害赔偿责任。"

〔6〕 我国《合同法》第303条第1款规定："在运输过程中旅客自带物品毁损、灭失，承运人有过错的，应当承担损害赔偿责任。"

可以就债务不履行或者不完全履行进行初步举证，医疗机构需要就自己的诊疗服务行为无过错或者其诊疗行为与患者的损害之间不存在因果关系进行举证，否则将承担债务不履行的责任。

（三）医患双方私法救济体系完善的需要

长期以来，我国对医疗纠纷的解决过于侧重公法救济，对医患双方私法救济不足。1987 年颁布实施的《医疗事故处理办法》强调卫生行政部门的处理，对卫生行政部门所作的处理不服的，患者及其家属和医疗单位均可在接到结论或者处理通知书之日起 15 日内，向上一级卫生行政部门申请复议，也可以直接向当地人民法院起诉。2002 年的《医疗事故处理条例》全面取代了 1987 年的《医疗事故处理办法》，但由于制度惯性使然，其对医疗纠纷处理同样注重公法上的救济，尤其侧重行政手段的处理，这可以从该条例第 4 章的标题——医疗事故的行政处理与监督——可见一斑，其进步之处主要体现在其从“行政处理”变革为“行政调解”，但其行政干预的本质依然没有扭转和改变。2003 年《最高人民法院关于参照〈医疗事故处理条例〉审理医疗纠纷民事案件的通知》曾明文规定：“条例施行后发生的医疗事故引起的医疗赔偿纠纷，诉到法院的，参照条例的有关规定办理；因医疗事故以外的原因引起的其他军疗赔偿纠纷，适用民法通则的规定。”这在一定程度上缓和了医疗纠纷公法救济和私法救济的失衡局面。2010 年《侵权责任法》的出台，尽管从民事赔偿的法律适用上取代了《医疗事故处理条例》第五章“医疗事故的赔偿”，但是在医疗纠纷的私法救济体系中，侵权法的救济凸显，合同法的救济羸弱，这与我国现行《合同法》缺失对医疗合同的相关规定密切相关。因此，如果能在未来的民法典合同编分则部分将医疗合同典型化，将有助于医患双方选择医疗合同纠纷作为诉由进行救济，有助于司法机关的法律适用，也必将进一步完善医患双方现有的私法救济体系。

二、医疗合同法律关系

医疗合同法律关系作为一种民事法律关系，主要有主体、内容和客体 3 个部分组成。与其他合同的法律关系或者其他民事法律关系相比，具有一定的特殊性。

（一）医疗合同法律关系的主体

1. 医方

1994 年 2 月 26 日，国务院制定了《医疗机构该管理条例》第 2 条明文规定：“本条例适用于从事疾病诊断、治疗活动的医院、卫生院、疗养院、门诊部、诊所、卫生所（室）以及急救站等医疗机构。”1994 年 8 月 19 日颁布、2017 年 4 月 1 日修订的《医疗机构管理条例》第3条规定：“医疗机构的类别：（一）综合医院、中医医院、中西医结合医院、民族医医院、专科医院、康复医院；（二）妇幼保健院、妇幼保健计划生育服务中心；（三）中心卫生院、乡（镇）卫生院、街道卫生院；（四）疗养院；（五）综合门诊部、专科门诊部、中医门诊部、中西医结合门诊部、民族医门诊部；（六）诊所、中医诊所、民族医诊所、卫生所、医务室、卫生保健所、卫生站；（七）村卫生室（所）；（八）急救中心、急救站；（九）临床检验中心；（十）专科疾病防治院、专科疾病防治所、专科疾病防治站；（十一）护理院、护理站；（十二）其他诊疗机构。（十三）医学检验实验室、病理诊断中心、医学影像诊断中心、血液透析中心、安宁疗护中心。”由此可见，在我国可以提供医疗服务的医疗机构至少具有38种类型。近年来，随着互联网医疗的迅猛发展，医疗实践中还出现了网络医院、智慧医院、医生集团等迄今尚未明确定性的新兴事物，其在一定程度上也在提供医疗服务，只是限于当前卫生法律的规制，其提供的多为医疗咨询服务。[7]

1998年6月26日，我国通过了《执业医师法》，并自1999年5月1日开始实施。其明文规定，我国实行医师执业注册制度。取得医师资格的，可以向所在地县级以上人民政府卫生行政部门申请注册。医师经注册后，可以在医疗、预防、保健机构中按照注册的执业地点、执业类别、执业范围执业，从事相应的医疗、预防、保健业务。未经医师注册取得执业证书，不得从事医师执业活动。医师变更执业地点、执业类别、执业范围等注册事项的，应当到准予注册的卫生行政部门依照规定办理变更注册手续。与医师相似，《乡村医生从业管理条例》《护士条例》《执业药师资格制度暂行规定》等卫生立法均规定乡村医生、护士、药师等执业需要按照有关规定进行注册。因此，我国医、药、护、技等医务人员受聘于具体的医疗机构，具有很强的“依附性”特征，难以成为独立的提供医疗服务的“医方”，而是作为医疗机构的履行辅助人。如果患方受到损害，而医方又具有民事法律上的可谴责性，承担民事责任的不是具体的医务人员，而是聘用其工作的医疗机构。这与国外医务人员的行医模式具有较大区别。以美国、英国、荷兰等为典型代表的国家，尽管也有受聘于医疗机构的医师，但更多的是医师的独立行医模式，之所以要做出这样的区分，主要是责任承担上会存在明显差异。例如《荷兰民法典》第7—462条第1项规定：“如果依照医疗服务合同规定的医疗活动在医院实施，虽然医生不是医疗合同的一方当事人，但其应作为一方当事人对医疗过程中出现的任何缺陷共同承担责任。”而如果是医务人员独立执业，其是医疗服务合同法律关系的主体。

2009年3月17日，中共中央、国务院发布了《中共中央 国务院关于深化医药

---

[7] 刘炫麟：《互联网医药法律问题研究》，中国政法大学出版社2017年版，第10～11页。

卫生体制改革的意见》（中发〔2009〕6 号）出台，其明文指出，要稳步推动医务人员的合理流动，促进不同医疗机构之间人才的纵向和横向交流，研究探索注册医师多点执业。这是国家首次明确提出医师多点执业的政策性文件，但并无更为细致的规定予以支撑。自此之后，国家陆续颁布了《卫生部关于医师多点执业有关问题的通知》（2009 年）、《国务院关于建立全科医生制度的指导意见》（2011 年）《卫生部办公厅关于扩大医师多点执业试点范围的通知》（2011 年）《国务院关于印发"十二五"期间深化医药卫生体制改革规划暨实施方案的通知》（2012 年）《国务院关于促进健康服务业发展的若干意见》（2013 年）《关于印发推进和规范医师多点执业的若干意见的通知》（2014 年）《国务院办公厅印发关于促进社会办医加快发展若干政策措施的通知》（2015 年）《医师执业注册管理办法》（2017 年）等鼓励医师多点执业，促进其由"单位人"向"社会人"转变。因此，我国未来医疗合同法律关系的主体既可以是医疗机构，也可以是医师本人，但当前仍是医疗机构。很显然，这需要通过《基本医疗卫生法》等立法来推进医药卫生体制改革，仅是依靠具体的政策难以扭转我国医师长期依附于"医疗机构"的局势。

2. 患方

与医方相对整齐划一不同，作为自然人的患者比较复杂，其中一个核心要素就是其从出生至死亡全生命周期内的行为能力是变动不居的，大致呈现出"纺锤体"结构。由于医疗合同是一种基于双方之间的合意形成的协议，是一种法律行为，其合同订立需要患方具有一定的民事行为能力。我国于 2017 年 10 月 1 日实施的《民法总则》仍然承继了 1986 年《民法通则》基于年龄和智力状况两大维度对自然人的民事行为能力进行划分，但又有所修订，比如将限制民事行为能力的年龄起点由 10 周岁降至 8 周岁等。因此，我们需要具体讨论当患方具有不同行为能力状态时，与医方相对的另一方医疗合同法律关系的主体该如何确定？

（1）患者为完全民事行为能力人

我国《民法总则》第 17 条规定："十八周岁以上的自然人为成年人。不满十八周岁的自然人为未成年人。"第 18 条规定："成年人为完全民事行为能力人，可以独立实施民事法律行为。十六周岁以上的未成年人，以自己的劳动收入为主要生活来源的，视为完全民事行为能力人。"由此可见，在患者为完全民事行为能力人时，其本人为医疗合同法律关系的主体。不过，在临床实践中，有些患者虽为完全民事行为能力人，但是因为各种原因陷入意思不能表达的境地，尤其是在肇事急救等情形下，如何判定与医方相对的医疗合同法律关系的另一方主体？笔者认为，在此种情况下，应当考察其法定代理人是否作出相关意思表示，如果没有，则认为其与医方之间不成立医疗合同，而是构成无因管理法律关系。不过，如此一来就带来另外一个问题，即让该患者受益，否则将难以请求其支付相应的报酬，这与医疗机构自身秉持“救死扶伤”的功能是相适应的[8]，但应当考虑公共财政去填补医疗机构因不能有效治疗而无法请求相应报酬所带来的损失。

（2）患者为限制民事行为能力人

我国《民法总则》第19条规定：“八周岁以上的未成年人为限制民事行为能力人，实施民事法律行为由其法定代理人代理或者经其法定代理人同意、追认，但是可以独立实施纯获利益的民事法律行为或者与其年龄、智力相适应的民事法律行为。”第22条规定：“不能完全辨认自己行为的成年人为限制民事行为能力人，实施民事法律行为由其法定代理人代理或者经其法定代理人同意、追认，但是可以独立实施纯获利益的民事法律行为或者与其智力、精神健康状况相适应的民事法律行为。”限制民事行为能力的患者如果与医疗机构订立的是与年龄、智力相适应的医疗合同，那么该限制民事行为能力的患者为医疗合同法律关系的主体。但是在医疗实践中，有些医疗合同涉及特殊检查、特殊治疗（如手术）等[9]，作为限制民事行为能力的患者一般并不能完全理解其行为性质和行为内容，需要征得其法定代理人的追认，进而补正了医疗合同的效力。除其他法律有特别规定外，在此种情况下，宜将其作为医疗合同法律关系的主体。德国的经验是，作为限制民事行为能力人能够成为医疗合同法律关系的主体，需要综合考察患者的年龄、接受状态、意思表示的场所和时间、关系人先行行为等情形进行综合判断[10]。

（3）患者为无民事行为能力人

我国《民法总则》第20条规定：“不满八周岁的未成年人为无民事行为能力人，由其法定代理人代理实施民事法律行为。”第21条第1款规定：“不能辨认自己行为的成年人为无民事行为能力人，由其法定代理人代理实施民事法律行为。”笔者认为，从保护受害人权益和利于处理医疗纠纷的角度考察，此时将无民事行为能力的患者作为医疗合同法律关系的主体，而是其法定代理人，其处于受益人的地位。换言之，此时无民事行为能力患者的法定代理人与医疗机构订立的是为第三人利益的合同。

---

〔8〕 我国《执业医师法》第24条规定：“对急危患者，医师应当采取紧急措施及时进行诊治；不得拒绝急救处置。”

〔9〕 我国《医疗机构管理条例》第33条规定：“医疗机构施行手术、特殊检查或者特殊治疗时，必须征得患者同意，并应当取得其家属或者关系人同意并签字；无法取得患者意见时，应当取得家属或者关系人同意并签字；无法取得患者意见又无家属或者关系人在场，或者遇到其他特殊情况时，经治医师应当提出医疗处置方案，在取得医疗机构负责人或者被授权负责人员的批准后实施。”我国《侵权责任法》第55条第1款也规定：“医务人员在诊疗活动中应当向患者说明病情和医疗措施。需要实施手术、特殊检查、特殊治疗的，医务人员应当及时向患者说明医疗风险、替代医疗方案等情况，并取得其书面同意；不宜向患者说明的，应当向患者的近亲属说明，并取得其书面同意。”

〔10〕 宁红丽：《大陆法系国家的医疗合同立法及其对中国大陆的借鉴意义》，https：//wenku.baidu.com/view/5249a994dd88d0d233d46aa6.html，最后访问日期：2017年11月12日。

（二）医疗合同法律关系的内容

1. 医方的主要权利和主要义务

（1）医方的主要权利

①诊疗权

诊疗权是医方最重要的一项权利，从权利来源上主要有以下 2 种：一是基于法律的规定，这也会最主要和最通行的方式。比如，我国《执业医师法》第 21 条第 1 款第（一）项的规定：医师有权“在注册的执业范围内，进行医学诊查、疾病调查、医学处置、出具相应的医学证明文件，选择合理的医疗、预防、保健方案。”二是基于意思自治，由医方和患方订立的医疗合同进行具体约定，即在患者同意的范围内行使诊疗权。

②医学研究权

我国《执业医师法》第 21 条第 1 款第（三）项规定：医师有权“从事医学研究、学术交流，参加专业学术团体。”实际上，医学研究权是已经成为世界大多数国家承认的一种权利〔11〕。不过，许多法律对一方享有的医学研究权还进行了一定的限制。例如，2003 年 9 月 1 日实施的《药物临床试验质量管理规范》（局令第 3 号）》第 8 条规定：“在药物临床试验的过程中，必须对受试者的个人权益给予充分的保障，并确保试验的科学性和可靠性。受试者的权益、安全和健康必须高于对科学和社会利益的考虑。伦理委员会与知情同意书是保障受试者权益的主要措施。”

③人身安全和人格尊严权

我国《执业医师法》第 21 条第 1 款第（五）项规定：医师有权“在执业活动中，人格尊严、人身安全不受侵犯。”我国《护士条例》第 3 条规定：“护士人格尊严、人身安全不受侵犯。护士依法履行职责，受法律保护。全社会应当尊重护士。”近些年来，由于社会转型急剧，医患信任受到挑战，各地陆续出现了一些暴力伤医事件，严重侵犯了医疗机构医务人员的人身安全和人格尊严权。

④医疗费用支付请求权

当前，我国医疗机构主要分为营利性医疗机构和非营利性医疗机构，但无论是哪一种类型的医疗机构，通常是有偿的。只有在一些政府购买服务的合同，患方才是不需要支付医疗费用的。从司法实践看，已有医疗机构起诉法院要求患者偿还医

---

〔11〕 例如，《荷兰民法典》第 467 条第 1 项规定：从患者身体分离且匿名的物质或部分，如果患者未表示过反对且以适当注意为之，得用于医疗统计或其他医学研究。

疗费用并获得支持的案例，[12]正是医方享有医疗费用请求权的体现。

（2）医方的主要义务

①亲自诊疗义务

我国《执业医师法》第23条规定："医师实施医疗、预防、保健措施，签署有关医学证明文件，必须亲自诊查、调查，并按照规定及时填写医学文书，不得隐匿、伪造或者销毁医学文书及有关资料。医师不得出具与自己执业范围无关或者与执业类别不相符的医学证明文件。"医疗机构亲自诊疗的义务，也是医方所负最重要的义务。《医疗机构管理条例》第32条规定："未经医师（士）亲自诊查病人，医疗机构不得出具疾病诊断书、健康证明书或者死亡证明书等证明文件；未经医师（士）、助产人员亲自接产，医疗机构不得出具出生证明书或者死产报告书。"而且，医疗机构执业必须严格遵守有关法律、法规和医疗技术规范。

②及时转诊义务

我国《医疗机构管理条例》第31条规定："医疗机构对危重病人应当立即抢救。对限于设备或者技术条件不能诊治的病人，应当及时转诊。"

③说明和告知义务

我国《执业医师法》第26条规定："医师应当如实向患者或者其家属介绍病情，但应注意避免对患者产生不利后果。医师进行实验性临床医疗，应当经医院批准并征得患者本人或者其家属同意。"我国《医疗机构管理条例实施细则》第62条规定："医疗机构应当尊重患者对自己的病情、诊断、治疗的知情权利。在实施手术、特殊检查、特殊治疗时，应当向患者作必要的解释。因实施保护性医疗措施不宜向患者说明情况的，应当将有关情况通知患者家属。"《医疗事故处理条例》第11条规定："在医疗活动中，医疗机构及其医务人员应当将患者的病情、医疗措施、医疗风险等如实告知患者，及时解答其咨询；但是，应当避免对患者产生不利后果。"我国《侵权责任法》第55条第1款规定："医务人员在诊疗活动中应当向患者说明病情和医疗措施。需要实施手术、特殊检查、特殊治疗的，医务人员应当及时向患者说明医疗风险、替代医疗方案等情况，并取得其书面同意；不宜向患者说明的，应当向患者的近亲属说明，并取得其书面同意。"

---

[12] 杨车亚是湖北省孝昌县王店镇村民。2005年7月8日，他乘坐的车辆在312国道唐河段发生交通事故，杨车亚被送往唐河县中医院接受治疗。住院半年多后他出院，但欠费14739.4元。杨车亚的儿子代他在医疗费用证明上签字，承认欠费。考虑到杨车亚当时的家庭经济状况较差，医院同意杨车亚日后偿还。两年来，唐河县中医院不断催要该款均无果，为此向唐河县人民法院起诉。在庭审过程中，法院经原告唐河县中医院申请，依法对被告杨车亚因上述车祸所得的赔偿款45364.3元中的16000元予以冻结，并判决告杨车亚偿还医疗费，并承担本案的诉讼费用。详可参见江大红：《一医院状告患者讨要拖欠医疗费一审胜诉》，载 http://health.sohu.com/20080408/n256160369.shtml，最后访问日期：2017年11月12日。

④保密义务

我国《执业医师法》第22条第1款第（三）项规定：医师应当“关心、爱护、尊重患者，保护患者的隐私；”《侵权责任法》第62条规定：“医疗机构及其医务人员应当对患者的隐私保密。泄露患者隐私或者未经患者同意公开其病历资料，造成患者损害的，应当承担侵权责任。”此外，《乡村医生从业管理条例》第24条、《护士条例》第18条等也对医疗机构及其医务人员负有的保密义务作出明文规定。

⑤制作并保管病历的义务

我国《执业医师法》第23条规定：“医师实施医疗、预防、保健措施，签署有关医学证明文件，必须亲自诊查、调查，并按照规定及时填写医学文书，不得隐匿、伪造或者销毁医学文书及有关资料。医师不得出具与自己执业范围无关或者与执业类别不相符的医学证明文件。”《医疗机构管理条例实施细则》第53条规定：“医疗机构的门诊病历的保存期不得少于十五年；住院病历的保存期不得少于三十年。”《侵权责任法》第61条规定：“医疗机构及其医务人员应当按照规定填写并妥善保管住院志、医嘱单、检验报告、手术及麻醉记录、病理资料、护理记录、医疗费用等病历资料。患者要求查阅、复制前款规定的病历资料的，医疗机构应当提供。”《医疗事故处理条例》第8条规定：“医疗机构应当按照国务院卫生行政部门规定的要求，书写并妥善保管病历资料。因抢救急危患者，未能及时书写病历的，有关医务人员应当在抢救结束后6小时内据实补记，并加以注明。”

⑥保护义务

《医疗事故处理条例》第11条规定：“在医疗活动中，医疗机构及其医务人员应当将患者的病情、医疗措施、医疗风险等如实告知患者，及时解答其咨询；但是，应当避免对患者产生不利后果。”《侵权责任法》第57条规定：“医务人员在诊疗活动中未尽到与当时的医疗水平相应的诊疗义务，造成患者损害的，医疗机构应当承担赔偿责任。”该法第63条规定：“医疗机构及其医务人员不得违反诊疗规范实施不必要的检查。”这2条规定亦从不同的层面体现医疗机构对患者所负的保护义务。《护士条例》第17条规定：“护士在执业活动中，发现患者病情危急，应当立即通知医师；在紧急情况下为抢救垂危患者生命，应当先行实施必要的紧急救护。”

⑦其他义务

除此之外，医疗机构还负有疗养指导义务、安全保障义务等。根据《医院工作制度》的相关规定，经治医师应当在患者出院前告知出院后的相关事项，如用药指导、自我保健、定期复查等。由于医院属于公共场所，按照我国《侵权责任法》第37条的规定，医疗机构对于前来就诊的患者及其相关人员，均负有安全保障义务。

2. 患方的主要权利和主要义务

（1） 患方的主要权利

①获得适当医疗给付的义务

获得适当医疗给付的义务，已经成为患者权利的一项共识，许多国家通过本国的国内法加以确立，比如芬兰、冰岛、丹麦、挪威、塞浦路斯、以色列、比利时、新西兰、罗马尼亚、立陶宛等国家即为适例。[13]

②合理的选择权

当前，我国尚未建立严格的分类及诊疗制度。在不违反相关规定的情况下，患者可以自由地选择不同的医疗机构就诊。在同一所医疗机构内，尽管在现实中常因专家资源短缺等原因而导致患者选择专家的自由度有限，但基本上还是可以保障其选择权的行使。

③知情同意权

《医疗机构管理条例》第33条规定："医疗机构施行手术、特殊检查或者特殊治疗时，必须征得患者同意，并应当取得其家属或者关系人同意并签字；无法取得患者意见时，应当取得家属或者关系人同意并签字；无法取得患者意见又无家属或者关系人在场，或者遇到其他特殊情况时，经治医师应当提出医疗处置方案，在取得医疗机构负责人或者被授权负责人员的批准后实施。"《侵权责任法》第55条第1款规定："医务人员在诊疗活动中应当向患者说明病情和医疗措施。需要实施手术、特殊检查、特殊治疗的，医务人员应当及时向患者说明医疗风险、替代医疗方案等情况，并取得其书面同意；不宜向患者说明的，应当向患者的近亲属说明，并取得其书面同意。"

④隐私权

我国《执业医师法》第22条第1款、《侵权责任法》第62条、《乡村医生从业管理条例》第24条、《护士条例》第18条等均未正面规定患者享有隐私权，但是这些法律规定都是从医疗机构及其义务人员所负义务的角度进行表述，从相反的层面可以推定，患者享有隐私权。我国对于患者隐私的保护由来已久，但民法正式规定隐私权的，则是始于《侵权责任法》。

⑤人格尊严权

我国《民法总则》第109条规定："自然人的人身自由、人格尊严受法律保护。"在医疗活动过程中，患方的人格尊严和民族风俗习惯应当得到尊重。

⑥安全保障权

一般认为，安全保障义务的法理基础源自德国法上的"社会交往安全义务"。这种义务并不是《德国民法典》明文规定的一项义务，而是通过1902年"枯树

---

[13] 唐超编译：《世界各国患者权利立法汇编》，中国政法大学出版社2016年版，第99~265页。

案”、1903 年“道路撒盐案”等一系列判例形成的。[14]我国司法解释和《侵权责任法》规定了安全保障义务责任。在我国，通说认为医疗机构属于公共场所，[15]负有对患方的安全保障义务，从相反的视角即可得出，患方享有安全保障权。

（2）患方的主要义务

①支付医疗费用的义务

医疗费用包括挂号费、检查费、治疗费、化验费、药品费、手术费等。支付医疗费用是患者最主要的义务，也是医疗合同作为双务有偿合同的当然内容。

②配合医疗机构诊疗的义务

在疾病面前，医患双方的利益是一致的，医疗活动的正常进行和良好医疗效果的取得需要患者的配合，否则轻则不利于患者的治疗，重则会因误诊而产生医疗事故。比如，患者主诉的时候应当真实、全面，不得对医务人员有重大隐瞒。另外，患方应当按照遗嘱服药，不得擅自停药甚至加减药量，否则就会治疗无效，甚至产生不良反应或者其他后果。

③遵守医疗机构相关规章制度的义务

早在 1986 年，我国卫生部和公安部就发布了《卫生部、公安部关于维护医院秩序的联合通知》，其明文规定：“医院是救死扶伤、治病救人的重要场所。禁止任何人利用任何手段扰乱医院的医疗秩序，侵犯医务人员的人身安全，损坏国家财产。”2001 年，卫生部和公安部发布了《卫生部、公安部关于维护医疗机构正常医疗秩序的通告》，其第 2 条规定：“患者在医疗机构就诊，其合法权益受法律保护。任何人不得以任何借口或方式侵害患者的合法权益，违者将依法追究其法律责任。患者及家属要遵守医疗机构的有关规章制度。”2012 年，卫生部和公安部又发布了《关于维护医疗机构秩序的通告》，其第 3 条规定：“患者在医疗机构就诊，其合法权益受法律保护。患者及家属应当遵守医疗机构的有关规章制度。”匈牙利《医疗服务法》第二章明确规定患者负有尊重并遵守相关法律规则和医疗机构规章制度。1992 年捷克《医生行为和患者权利准则》规定，患者有权利亦有义务知道并遵守所在医院的规章制度。2007 年特立尼达和多巴哥《患者权利义务约章》规定，患者负有遵守医疗机构规章制度的义务。

④其他义务

患方的其他义务主要包括尊重其他患者的义务、爱惜健康的义务等。从世界范围内考察，许多国家已经通过立法进行了确认，如立陶宛、拉脱维亚等。在立法上确认患者尊重其他患者、爱惜健康等义务，对于良好医患关系的维系具有十分重要的意义。

---

〔14〕 张新宝：《侵权责任法》（第 4 版），中国人民大学出版社 2016 年版，第 170 页。

〔15〕 刘炫麟：《儿童跌伤与医疗机构的安全保障义务》，载《伤害医学》2017 年第 3 期。

（三）医疗合同法律关系的客体

通说认为，合同作为一种债权法律关系，其客体是（给付）行为，这种行为既可以是作为，也可以是不作为。[16]在医疗合同法律关系中，其客体是诊疗行为。不过，医疗合同与其他合同类型不同，其通常属于手段债务，而不属于结果债务（医疗美容等特殊类型除外）。该诊疗行为依据合同订立时临床诊疗水平而定，而不是以医学理论为基准。换言之，医方只要按照相关法律法规和诊疗护理规范尽到善良管理人的义务为患方提供医疗服务，就构成履行，而不必负担治愈的结果义务，这亦在很大程度上说明，医疗行为的本质是健康照护而非医疗消费。

三、医疗合同典型化应当处理的几个难题

（一）医疗合同典型化与精神损害赔偿

与一般的合同类型不同，医疗合同的不履行或者不适当履行会给患者造成人身损害和财产损害，甚至是精神损害。通说认为，我国民事立法仅支持违约诉由下的非财产损害赔偿，不及于人身损害和精神损害，而在侵权诉由下，可以同时支持财产损害赔偿和非财产损害赔偿。这亦是当事人受到损害后，究竟选择哪条路径提供救济的重要考量因素。我国具有大陆法系国家的成文法传统，尽管近来大陆法系部分国家的立法和理论研究动向表明，违约之诉中可以支持非财产性损害赔偿，但均有严格的限制，以防法官的自由裁量权不适当扩张。笔者认为，随着社会的发展与变迁，有必要肯认在医疗合同等因债务不履行或者不完全履行会给患方的人格权造成损害的情况下，可以支持精神损害赔偿。

（二）医疗合同典型化的内容框架

医疗合同如果进入民法典合同编分则中的典型合同，其应当规定哪些基本内容，这是一个值得认真对待和讨论的内容。笔者认为，至少以下几个方面的内容必不可少：

1. 医疗合同的概念

2. 医疗合同的成立

通常而言，患者挂号的行为属于要约，医疗机构发给挂号的行为属于承诺。不过现实中的情况更为复杂，因为对于村卫生室、诊所等医疗机构而言，其往往并不需要挂号，此时应当认为患者进入医疗机构的行为是要约，而医生问诊的行为即构

---

〔16〕 王利明：《民法总则》，中国人民大学出版社2017年版，第90页。

成承诺。未经门诊而直接住院的患者，同样以医生接诊时作为医疗合同成立的标志。

3. 医疗合同的主体

4. 医疗合同的客体

5. 医疗合同的内容

6. 医疗合同的变更

7. 医疗合同的终止

在我国，合同解除是作为合同终止的下位概念来对待的。医患双方订立医疗合同的目的在于恢复患者的健康或减少患者的痛苦，因此医疗合同应当赋予医方和患方不同程度的解除权。对于医方而言，由于其负有强制缔约义务，除法定事由（如因技术设备条件的限制不能诊治）外，其一般不能单方解除。而对于患方而言，其可以随时解除合同，包括中止治疗、出院和转院等。不过，由于医疗行为的专业性和复杂性，患方要做出符合自身利益的决定时，需要医方尽到较好的说明和告知义务。[17]除因解除导致医疗合同终止之外，基于医患双方的合意、患方死亡、医方被解散或被吊销、履行完成等原因，亦可构成医疗合同的终止。

8. 医疗合同的违约责任

以医疗违约责任为主，以医疗侵权责任为辅，并允许受害一方择一选择请求权。

9. 医疗合同的免责

10. 时效

11. 准用条款

如果医疗合同没有做出规定的，可以准用委托合同、承揽合同的有关规定处理。

（三）医疗合同典型化与《消费者权益保护法》的法律适用

前文已述，除医疗美容、医疗整形等特殊类型之外，医疗合同属于手段债务，而非结果债务，具有一定的非营利性特性，其本质是医疗照护而非医疗消费，因此，除了医疗美容、医疗整形之外，一般不适用《消费者权益保护法》关于惩罚性赔偿的规定。此举将具有十分积极的意义，因为它将在很大程度上纠正当前部分地区将“医疗行为视为医疗消费”的错误认识。例如，1995年12月26日，浙江省第八届人民代表大会常务委员会第二十五次会议通过了《浙江省实施〈中华人民共和国消费者权益保护法〉办法》，2000年10月29日浙江省第九届人民代表大会常务委员会第二十三次会议第一次修订，2017年3月30日浙江省第十二届人民代表

[17] 周光涛：《医疗合同的订立、效力及终止》，载《医院管理论坛》2007年第3期。

大会常务委员会第三十九次会议第二次修订。其中2000年修订的办法中规定医疗行为适用于《消费者权益保护法》，而在2017年修订的办法中，仅将医疗行为中医疗美容行为适用于《消费者权益保护法》，可以说是一次正确的回归。

四、结语

从世界各国或地区对医疗合同的立法模式考察，主要存在特别法式和典型合同式2种类型。我国现行立法采取了特别法式。应当说，这两种立法模式代表着不同的价值追求，不过将医疗合同典型化之后，可以有效杜绝其自身性质和法律适用的争议，进一步丰富和完善了医疗纠纷私法救济的途径，对于促进医疗纠纷的协商解决具有至关重要的作用。诚如有的学者所言："非典型合同系因民法一方面采契约自由原则，另一方面又列举典型合同所生产物，因此，无名合同是不可避免的，但对本应在法律上加以确认的合同类型不作出规定，人为地增加无名合同的数量却是不妥当的。"[18]对于医疗合同典型化的立法，需要在医疗合同项下进一步区分不同的类型，包括但不限于以下4种类型：一是以疾病诊疗为目的的一般医疗合同；二是以达到某种效果为指针的医疗美容、医疗整形等特殊医疗合同；三是实验性医疗合同；四是以预防为目的的健康体检合同。针对不同的合同类型，其适用的法律规则是不同的。例如，医疗美容、医疗整形等特殊医疗合同可以适用《消费者权益保护法》的规定，而其他类型的医疗合同原则上不适用《消费者权益保护法》的规定。当前，我们面临最大的问题不是医疗合同是否应当典型化的问题，而是如何进行典型化的问题。关于这一点，学术界的理论研究仍然比较欠缺，难以给予充分的智慧供给！

---

〔18〕 易军：《"中国民法典草案"合同法编分则部分的缺陷及其矫正》，载《浙江社会科学》2007年第2期。

金融秩序与民生稳定
——合同法中民间借贷规范的目标与要求

徐强胜 *

目　次

一、问题

和西方有关国家和地区民法典中的安排不同，1999 年《合同法》第十二章设“借款合同”章，专门规范因借款引起的法律行为。不过，由于该章主要借鉴了 1996 年中国人民银行颁布的《贷款通则》，而该通则系关于金融机构贷款的规定，故《合同法》中“借款合同”部分对于当前盛行的民间借贷规定十分简单。2015 年最高人民法院出台了关于民间借贷的司法解释，对其作了较为详细的规定。但其主要目的是为各地法院树立解决民间借贷纠纷的裁判标准，至于这些标准或者认识是否符合我国民间借贷的实际发展需要及民生的稳定则很值得探讨。

我国民间借贷的实践发展表明，其既关系到整个国家的金融和经济秩序，同时也关系到广大居民的民生。所以，如何在当前合同法编纂中将民间借贷较为科学、合理地予以规范就十分重要。

---

* 河南财经政法大学教授。

二、金融秩序与民生稳定—借款合同中民间借贷立法必须同时兼顾的目标

（一）金融秩序—借款合同中民间借贷立法的首要要求

民间借贷本为社会用语，意指正规金融机构之外的平等主体之间发生的金钱往来。长期以来，我国对于金融活动采较为严格的管制，特别是在市场准入方面更为严厉。因而，除了国家准许的金融机构可以从事相应金融活动外，其他非经准许的企业和个人是不允许从事金融活动的。但在实际生活中，民间居民个人之间，常常会因生活或简单的营生需要而相互之间发生金钱来往，从而形成所谓的民间借贷。也就是说，一般意义上的民间借贷主要指居民之间的金钱往来，而对于企业或其他非金融机构之间，原则上是不允许发生金钱借贷关系的。但随着我国经济体制改革的深入，正规金融机构常常难以为社会经济发展提供足够的资金需求，因而实际生活中不仅居民之间，而且企业之间及居民与企业之间就自然而然地开始进行资金融通。因这些活动系非政府正规金融提供，故均俗称民间借贷。

从社会学或经济学上，将正规金融之外的借贷均称之为民间借贷，具有合理性；从法律意义上，也有其价值，即规范正规金融与民间借贷的法律依据是不同的，前者主要应受金融法规整，后者主要应受合同法规范。但是，这种观察也割裂了正规金融与所谓民间借贷之间的应有的关联性，致使相关法律制度的设计与规范缺乏科学性。

从金融法角度来讲，其主要内容是规范或者说要求，一个国家的所有金融活动须遵守除了合同法专门的借款合同要求外，尚须遵从《中国人民银行法》《商业银行法》等金融法律、法规甚至金融监督管理部门颁布的规章制度和金融政策。金融法是一个较为完整的体系，既包括金融行为法，也包括金融监管法，它们共同构成一个国家以金融效率和安全为二元目标的法律体系。那么，既为一个国家以金融效率和安全为二元目标的法律体系，金融法不仅要规范正规金融机构的行为，也应当同时规范非正规金融机构的金融行为，如此方能保证该二元目标的实现。但是，长期以来，我国的金融法体系主要以规范正规金融机构的行为为己任，而有意无意地忽略了居民、企业之间可能的借贷行为。对于后者，我国法律政策的态度是要么忽略不计，要么简单地压制。所以，长期以来，没有将居民、企业之间的借贷行为纳入金融法体系之中，而仅仅视其为微观意义上的具体合同而已。但随着我国经济体制改革的发展，因正规金融的供给不足，这些长期被忽略或被压制的“民间金融”逐步成为“正规金融的补充”，继而成为我国金融生活中的重要内容。在这种情形下，显然就需要将其正式纳入金融法体系之中，使其既服务于国民经济，又不损害

国家金融秩序的稳定。

但是，由于我国金融体制改革的滞后，所谓的民间借贷长期游离于正规金融体系之外，使其本为正规金融补充地位的功能发生异化。可以说，在相当程度上，民间借贷并不受正规金融体系的影响，其是按照自己的规律对经济和社会发挥着的影响，其轨道运行因其天生的不足而常常偏离应有的主线。作为"正规金融的补充"，其功能自然应以补位为己任，而不能代替、挤压甚至超越正规金融。换言之，民间借贷无论在规模、发展上均须维持在一定的程度并受正规金融的影响。但由于民间借贷完全是金融市场化的产物，其形式更为自由，价格（即利息）也随行就市，因而在正规金融不足之处，其发展可能就会非常迅猛，并对正规金融产生挤出效应。因为在这个时候，民间会选择利率收益更高的市场，而非储蓄，从而冲击正规金融，并进一步影响正规金融对借贷对象的选择。而且，由于信息的不对称及简单地对高额利润的追求，民间借贷更可能被那些次级信用主体所利用，从而形成逆淘汰现象。另外，民间借贷资金在体制外循环，货币当局很难对其进行统计与监测，进而影响货币当局的正确判断，影响国家货币政策的制定。所以，现代各国均对民间借贷有一定程度的管制，通过有关法律和手段将民间借贷纳入国家金融体系之内，要求其须与正规金融保持一定的相关性，从而发挥其应有的补位功能。

正如前述，由于我国长期以来对于民间借贷采取要么忽略不计，要么简单压制的态度，因此对于民间借贷并没有认真考虑是否、及如何将其纳入国家整个金融体系之内，导致民间借贷在得到地方和政府有意无意地默许或明示之下的"疯长"，继而演变为可能严重损害国家金融体系安全的不稳定因素。随着民间借贷对于我国经济及生活的影响越来越大，我国也试图将其纳入国家金融体系之中，如地方版的《温州市民间融资管理条例》已于2013年11月发布，但全国层面的《放贷人条例》则尽管基本成稿，却迟迟未能出台。

（二）民生稳定—借款合同中民间借贷立法的兼顾目标

民生是立国执政之本。党的十八大报告明确提出："加强社会建设，必须以保障和改善民生为重点。"民生体现在人民群众衣食住行、安稳冷暖等方方面面，诸如"学有所教、劳有所得、病有所医、老有所养、住有所居"等。但同时需要注意的是，民生问题不仅要求政府提供积极的财政等支持和保障，还要通过一系列制度保证人民群众合理利益的实现与保障。

民间借贷本为居民之间因日常生活或小营生的需要而发生的双方均能承受的金钱往来，换言之，一般意义上的民间借贷完全是一种有利于社会民生的互助行为。但是，在我国多年的经济高速发展下，广大居民不仅拥有了可观的资产，相应的财产性收入也逐渐成为居民收入的重要来源。随之，传统借助血缘、亲缘或者地缘等熟人之间社会关系发生的偶发性、无偿性、过渡性的民间借贷也开始嬗变，成为以企业、典当行、小贷公司、担保公司、投资公司、寄卖行、P2P互联网金融平台和职业放贷人甚至地下钱庄为载体或形式的专业行为。传统熟人之间的民间借贷演化为以赢利为目的的营业行为。当本以互助为目的的民间借贷转化为以赢利为目的的行为时，追逐利润就成为其首要选择。现代社会，任何人、任何企业追逐利润都无可厚非，但当这种追求超过其能力时，不仅利润追逐不到，相应本金恐怕也难以保全。相比正规金融，作为非正规金融的民间借贷无论是在活动范围还是规模上都处于明显的劣势，从而导致一系列问题：一是范围和规模狭小使得其面临的风险无法通过多样化进行有效分散，导致较高的关联风险；二是导致资金的转移无法在更宽广的空间内进行有效配置，而只能在小范围内流动，从而造成低效率；三是金融是一个很追求规模效益的行业，而民间借贷的小规模经营会使得单笔金融业务的运作成本无法通过规模的扩大分摊，从而无法形成规模优势。而且，民间借贷常常具有一定的蔓延性，尽管这种蔓延不是当事人故意造成的，但因相互的小圈子联系而将有关风险蔓延扩大，进而导致整个社会的债务危机。[1]也就是说，民间借贷在追逐利润的过程中，因其本身能力有限而具有很大的盲目性。特别是普通居民，在高息的诱惑下，常常失去应有的理智而倾其所有，甚至通过向亲戚朋友转借而出借。在借款人无法偿还的情况下，本想通过高息出借资金而致富或摆脱贫困的出借人则将因此陷入生活困境。如果说这种情况仅是个案的话，其对社会并无影响，但很多地区是“十户九贷”“全民放贷”，在这种情形下，其对民生的影响将是非常大的。对于借款人而言，高额的利息也使得其无力还贷，由此催生暴力讨债，“全民放贷”演变为“全民追债”，本想通过借款改善经营的小企业主们只能是“跑路”甚至“自杀”。相应地，因借款纠纷而使得人与人之间的基本信任关系丧失，社会信用整体下降。更为可怕的是，部分债权人通过抢夺、胁迫甚至绑架等暴力方式讨债，严重扰乱了社会秩序。一些企业因还不起债务而被迫停工倒闭，引起职工、放贷人、供货商、销售商集体讨债，进而引起群体事件。

有关研究报告显示，我国的民间借贷规模仅2013年就已超过5万亿。但因监管主体缺位和相关关系长期不能理清，其“地下运转”风险丛生。特别是在银根紧缩和经济下行压力持续的情况下，民间借贷数量和规模又不断扩大。随之，我国的民间借贷市场风险敞口进一步放大，不仅可能危及区域金融生态，压缩实体经济融资空间，还会损害群众利益，影响社会治安。所以，民间借贷不仅关系到借贷双方债权债务关系的稳定，更关系整个社会，处理好有利于民生，处理不好则会有害民生。

---

〔1〕刘民权、徐忠、俞建拖：《信贷市场中的非正规金融》，载《世界经济》2003年第7期。

三、金融安全与民生稳定在借款合同中的规范与要求

作为市场交易规则的合同法，其主要系通过为市场交易提供简洁明了的规范，保证并促进交易，在一定意义上具有价值无涉性。但是，在法律技术上，仍然可以通过一定的制度设计与安排，在某种程度上实现相应的价值需求。

（一）不宜简单地将借贷分为金融机构借贷与民间借贷

长期以来，金融机构借贷与民间借贷的称谓几乎被固化，特别是随着最高人民法院的两个司法解释的出台与应用，民间借贷就被视为一个法律用语了。一些合同法建议稿也以此来区分借款并设计相关制度。这种分类，无疑具有一定的合理性与暂时的中国意义。但是，这种本是基于传统金融体系与金融管制而进行的分类，并没有以有效、有序管制为目标而处理这些不同的借贷。

按照2015年《最高人民法院关于审理民间借贷案件适用法律若干问题的规定》第一条规定，除了经金融监管部门批准设立的从事贷款业务的金融机构及其分支机构外，自然人、法人、其他组织之间及其相互之间进行资金融通的行为均为民间借贷。而除外的金融机构仅包括三种，即金融机构（如各大商业银行和政策银行）、非银行金融机构（如信托公司）和证券公司、保险公司等，除此之外，包括政府金融办批准设立的小额贷款公司、担保公司等的借款行为均为民间借贷。也就是说，我国的民间借贷就是典型的与政府正规金融机构的贷款行为相对应的，且非此即彼。如果按照我国现在关于正规金融与民间金融的认识，且从解决所谓民间借贷纠纷角度来看，这种区分，确实简单明了，在一定程度上可以防止类案不同判。但是，这种区分的科学性与合理性值得商榷，因为它不能正确反映我国正在发生和未来的金融管制及发展要求。

我国现行的金融管制是将前述所谓民间借贷排除在外的，但这种排除在外并非因为不对其进行管制，而是管制过严的结果。一方面，长期以来，我国金融体制改革滞后，所谓的正规金融机构无法为不断发展的我国经济生活提供应有的支持，特别是不能为充满活力的民营经济提供支持。另一方面，对于所谓正规金融机构之外的金融行为采取了严格管制的态度，地方金融与民营金融迟迟不能有效建立。在这种严格管制且供给不足的情况下，“地下金融市场”的产生就是必然。但随着金融管制的放松，我国不仅开始放松存款类金融机构的准入门槛，也开始允许从事一定范围金融活动非存款类的企业和网络金融平台的出现，前者储如担保公司、小额贷款公司、资金互助社等，后者如P2P。尽管这些非存款类企业或网络金融平台被定位于“小额、短期、分散”这一细分市场，服务于“小微”“三农”等群体，但它们的专业性与营业性已无疑义，只不过与传统的金融机构相比，其业务活动范围与

服务定位不同而已。除了这些之外，尚有一些投资咨询公司、财务管理公司、其他网络平台等，也都一定程度上参与着有关金融活动。同时，在民间借贷大潮中成长起来的一些职业放贷人，尽管其并非以专业机构或企业名义出现，但其活动也具有强烈的专业性与营业性，其活动远非一般意义上的自然人借贷。在这种情况下，国家正在或已经拟定了相应的管理办法或条例，以对这些所谓的民间金融进行有效的管制与引导。它们仅因相对于传统金融机构且其活动范围和服务对象的差异被称为“民间借贷”或“民间金融”，绝非是说其可以不受相应金融管制。可以说，随着我国金融管理体制改革的深入，这些“民间金融”的活动都会被纳入相应的管制之中。那么，在这种可以预见的发展情形下，将这些具有专业性和营业性的金融活动简单地以所谓“民间借贷”加以称谓，其科学性与合理性显然就是有问题的。

从能力规则来看，在上述所谓民间借贷的主体范围中，可以分为三种不同能力者：第一种能力者为经政府金融办批准设立的小额贷款公司、担保公司等准金融机构，其系以金融活动为主要活动范围，在金融活动及风险的相应认知、防控等方面均具有相当的专业性。这种机构事实上与正规金融机构无异，只不过批准机构不同。第二种能力者为依法成立的一般法人或非法人组织的企业，它们不能从事金融活动，但可以将多余的资金临时出借于其他企业或个人，这本是企业正常经营所附带的经济行为。尽管这些一般企业并不能如金融机构或准金融机构那样从事专门的借款活动，但它们毕竟是以营利为目的的企业，其利益考量与风险防控能力也是很强的。在一定意义上，如果允许其自由放贷，则因其自身企业性质而会迅速成为准金融机构。第三种能力者为普通民众或者自然人，其本为生活或小营生需要而在熟人之间进行相互帮助为目的的借款，其对金融风险的认知与防控能力可以说是非常不专业的，甚至在很多情况下，他们常常是因为熟人之间的情谊，为了“面子”而出借以保障自己家庭生活为目的的金钱。但随着我国市场经济的深入发展，许多自然人因为熟知借贷市场而逐步成为专业放贷人，他们的专业性使得其能力并不亚于专业机构。也就是说，在自然人借贷中，也可以分为专业与非专业性的。

那么，在如此复杂的情况下，简单地将正规金融机构之外的借贷均称为民间借贷并以所谓同样的规则予以规范和调整，显然是不符合能力规则的，真正地违背类案同判的基本法理。更为重要的是，这种简单划一的区分，人为地将那些所谓非正规金融机构但很专业性的借贷行为隔离于正规金融法律体系之外，使得我国应有的金融管制被人为地被分为两个天地，一个受到严格管制，一个受到约束很少，必将而且事实上已经严重冲击了我国应有的金融秩序。

从经济学意义上将借贷分为所谓金融机构借贷与民间借贷，其本意是强调一个是正规金融，一个为非正规金融，因而对正规金融管制要多，而对非正规金融的管制要相对宽松。但2015年最高人民法院关于民间借贷的司法解释，仅仅是为了解决当时因全民非理性趋利而导致的纷繁复杂的民间借贷乱局，它具有救火性，欠缺体系性与未来金融发展的思考。换言之，最高人民法院的司法解释与所谓正规金融的法律体系不匹配。在一定意义上，该司法解释对于民间借贷市场和民众生活是一种误导。

所以，对于所谓的民间借贷，不宜简单地将其与正规金融机构借贷区分开来，而应根据借贷人的身份并辅之以经营目的标准进行分类，即分为金融机构借贷、企业借贷、自然人借贷三种。其中的金融机构借贷包括准金融机构借贷，同时，如果企业与自然人有经常性的放贷行为，则视其为金融机构借贷。

这种分类的意义在于，明确三种主体作为出借人时的定位，即专业性、非专业性与民间性。亦即，将金融机构借贷作为专业借贷，以专门法律规定为主，且受金融管理机构的必要管制；将企业借贷作为非专业借贷，主要在其有多余的资金时临时性地作为出借人，故其一般不受金融管理机构的管制，但受到本合同法的规制；将自然人借贷作为民间借贷，其借贷主要在于生活互助，或出于理财需要且不影响自身生活的前提下进行出借，受合同法规制。基于此，对于金融机构借贷、企业借贷、自然人借贷设计不同法律规则，保证三种主体基于自身借贷定位而受到不同规则规制，从而实现不同借贷的有效与有序。其中，如果企业与自然人经常性从事借贷行为或以放贷为生，则通过专门的法律，如《放贷人条例》予以规范，即将其纳入整个国家金融体系之中；同时在司法实践中视其为专业放贷人而适用相应法律。

在一定意义上，这种分类是在还原民间借贷，即只有那些自然人之间因生活或小营生需要而产生的以互助性质为主的金钱来往才是真正意义上的民间借贷，小额贷款公司、担保公司、典当行、专业放贷人等以营利为目的的营业性的借贷，则为专业性借贷，应当通过专门的法律将其纳入国家金融法体系之中，受到金融法的规制。这是符合我国当前全国各地所谓的民间借贷市场实际情况的，[2]也是其必然选择。

（二）由国家专门行政管理机关每年发布合理和适当的借贷利率引导其发展，而不宜在合同法中将其固定下来

在一定意义上，利率如何是保证将这些民间借贷纳入国家金融体系的核心，尽管利率市场化是个很时髦的话题，但现代国家没有不对其进行有效管制与调整的。关于利率问题，合同法中主要涉及是将利率在合同法予以明确规定，还是交由金融管理机关每年发布不同利率予以指导。

---

〔2〕 如有学者研究分析了2003年—2011年温州民间借贷利率的变化及相关影响因素发现，温州的民间借贷市场不是传统的民间借贷市场，很多民间借贷机构和专业放贷人的行为具有很强的专业性，因此建议建立真正意义上的民营银行。张雪春、徐忠、秦朵：《民间借贷利率与民间资本的出路：温州案例》，载《金融研究》2013年第3期。

1999年《合同法》中并非没有关于借贷利率的明确规定，其第204条规定："办理贷款业务的金融机构贷款的利率，应当按照中国人民银行规定的贷款利率的上下限确定。"第211条第2款规定："自然人之间的借款合同约定支付利息的，借款的利率不得违反国家有关限制借款利率的规定。"也就是说，1999年《合同法》关于借贷利率如何事实上交给了金融管理机关，遵循了专业上的事由专业方面的人决定的规则。但长期以来，我国金融管理机关仅是对金融机构贷款的利率有相应的指导标准，而对于游离于正规金融之外的所谓民间借贷的利率则一直不肯作出明确的指导。因金融危机而在政府借助于民间资本推动经济发展的思想下，民间资本规模不仅急剧膨胀，利率也持续上升，高者甚至100%。相应地，因民间借贷引起的纠纷也高居不下。由此导致一个司法实践不得不面对的问题，即以多少利率界定相应行为的效力及保护。

早在1991年，最高人民法院颁布的《关于人民法院审理借贷案件的若干意见》第6条规定："民间借贷的利率可以适当高于银行的利率，各地人民法院可根据本地区的实际情况具体掌握，但最高不得超过银行同类贷款利率的四倍（包含利率本数）。超出此限度的，超出部分的利息不予保护。"关于该4倍利率的来源，尽管说法较多，[3]但从当时我国经济发展和民间借贷规模、影响等实际状况来看，其并不过分。因为在一定意义上，这时的民间借贷是一种真正的民间性质的。而且，该规定要求"各地人民法院可根据本地区的实际情况具体掌握"，因此其科学性与合理性是无疑义的。但随着我国社会主义市场经济的提出及深入发展，"办理贷款业务的金融机构"之外的借贷已经远远超出了其民间性，大量的地下钱庄、经批准成立的小额贷款公司、担保公司及其他企业仅仅是利用了民间资本，而其专业性并不亚于正式银行。同时，银行利率开始市场化，政府管制逐步放松。如此再简单地以同期银行利率的4倍来界定这些所谓民间借贷的利息如何，就值得深思了。

但2015年出台的《最高人民法院关于审理民间借贷案件适用法律若干问题的规定》第26条则规定："借贷双方约定的利率未超过年利率24%，出借人请求借款人按照约定的利率支付利息的，人民法院应予支持。""借贷双方约定的利率超过年利率36%，超过部分的利息约定无效。借款人请求出借人返还已支付的超过年利率36%部分的利息的，人民法院应予支持。"亦即将民间借贷利率规定为受保护的24%和不受保护但可以为自然债务的36%两个标准。亦即，该规定仍然沿袭了1991年的解释，并允许高达36%利率的存在。据说这是法院深入调研、比较研究并考虑到历史的结果。从我国过去那些非正常经济高速发展的年代来看，该规定可能具有其合理性。但其没有考虑我国现行的民间借贷实际情况，特别是没有考虑民间借贷与国家金融体系应有的协调。可以说，该规定仍然是从过去那种单纯的如何

---

[3] 王林清：《民间借贷利率的法律规制：比较与借鉴》，载《比较法研究》2015年第4期。

利用民间资本角度思考的结果。从我国现行经济状况及民间投资欲望而言，不用说36%，即使从24%的标准，也足以诱使各个企业与自然人非理性地进入民间借贷市场。随着我国经济发展的回归正常，高额利息的民间借贷将难以维系。特别是民间借贷中的自然人，如果没有应有的知识与谨慎，对于出借资金的风险防控判断能力是十分差的，一旦出现问题，其个人和家庭将陷入生活困境。可以说，过高和过于自由的民间借贷已经严重冲击了我国金融体系，使社会面临着严重的金融混乱和不稳定因素。尽管民间借贷利率的确定需要考虑的因素很多，但其根本是要与国家整体金融体系的一致与协调。因此，民间借贷利率如何，应当交由金融管理机关根据经济形势的发展做出指导规定，而不应由裁判机关决定或在合同法中直接规定，亦即遵循专业的问题交给专业的人和机构处理规则。

金融管理机关在做出有关指导规定的时候，应基于前述金融机构借贷、企业借贷、专业放贷人借贷做出不同的规定，其利率不宜过高，须与国家经济发展相适应。相应地，合同法中可以做如此规定：一是对于经批准设立的金融机构，包括存款类金融机构和非存款类金融机构及专业放贷人，其利率不得高于金融管理机关的指导规定，高于规定的无效；二是对于没有经过批准从事专业放贷的企业和自然人，准用前款规定。

对于纯粹自然人的非经营性借贷，属于传统真正意义上的民间借贷。由于其分散性、偶发性、过渡性而使其无法、也不需要得到管理机关的应有管制。但是，这并非说它们可以自由为之，其仍应遵循基本的规则。从其与国家金融体系的相关性及民生关照来说，是通过在合同法中规定相应明确的利率规则处理的。其原则是当事人没有约定的，则无利息；如有约定，不得超过20%，超过部分无效。该20%标准既符合国际上很多国家和地区的普遍做法，也符合我国历史传统和民间实际情况。重要的是，该标准既可以指导理性的民间借贷，也在一定程度上与国家金融体系的要求相符合。

四、结语

我国目前的民间借贷已经超出了传统意义上的民间借贷，必须基于将其纳入整个国家金融体系及金融法视角考虑相应合同制度设计，而非简单地以暂时解决纠纷为思维而导向。特别是在我国进入经济发展新常态之下，应当合理引导民间资本进入市场，而非放任其自由通行。当然，民间借贷问题的解决，需要的是综合解决方案，既要放开民营银行和金融机构的准入门槛，也要拓宽民间资本的投资渠道。

论作为违约损害赔偿计算方法的替代交易规则[*]

张金海[**]

目　次

替代交易规则是计算期待利益的重要方法，能够准确地体现债权人解除了合同并为了获得与原合同相同的标的与他人缔约场合的实际损失，发挥着市场价格规则、价格减去成本方法不能取代的作用。多个立法例均规定了替代交易规则，但在制度细节上多有争议。该规则在我国现行法上尚付诸阙如。有鉴于此，对替代交易规则的正当性、其与违约损害赔偿限制规则以及其他计算方法的关系、如何认定替代交易、交易的合理性如何判断等问题须加以探讨，为我国未来民事立法对该规则作妥善的规制提供学理支持。

一、替代交易规则及其体系定位

（一）替代交易规则及其正当性

替代交易规则是指在债权人因债务人重大违约享有解除权进而解除合同的情况

---

* 本文发表于《法学》2017年第9期。

** 四川大学法学院副教授。

下，如果债权人为了获得与原合同相同的标的而与他人缔约，该合同的价格与原合同相比不利于债权人，债权人可以请求赔偿原合同与替代交易的价格差。除因不利的价格遭受损失外，债权人还可能遭受其他损失，比如，因进行替代交易而支出的费用；因获得合同标的晚于原合同而遭受的损失；没有因为进行替代交易而被填补的附带损失。[1]如果债务人不违约，债权人会获得合同标的，并且不会因为进行替代交易遭受损失。在进行了不利的替代交易的情况下，债权人也获得了合同标的，从而判令债务人赔偿差额以及可能存在的其他损失会使债权人处于如同债务人未曾违约的状态，从而是计算期待利益的一种典型方式。

债权人与他人订立与原合同标的相同的合同属于私法自治的范畴，可以任意为之，但是法律认可将从事替代交易的不利后果转嫁给债务人须有正当理由。正当性的所在并非如《联合国国际货物销售合同公约》秘书委员会评论所说，在实践中债权人通常会在解除合同后从事替代交易，[2]毕竟实然不能证成应然，而是另有根据。首先，法律确认当事人达成的协议具有拘束力肯定了债权人有权利获得合同标的，但并不要求其必须从对方那里获得。在发生重大违约的情况下，要求债权人固守合同是无意义的或者对于债权人过于苛刻，法律因而赋予债权人以解除权，使其能够免于原给付义务、原对待给付义务的拘束。其次，认可债权人可以在解除合同后另行获得与原合同相同的标的不仅是合同拘束力的一种表现形式，另外也有促进效益最大化，减少甚至消除不利影响的效用。比如，卖方将货物转售他人可以避免资源闲置；买方从其他渠道补购货物能够实际享有货物的利益。因而可以说，如果重售或补购了货物，债权人的实际损失会减少。[3]再次，如果替代交易与原合同相比较为不利，债权人会遭受损失。该损失是债务人引起的，从而应由其承担。简言之，替代交易规则的正当性即在于，有重大违约行为的债务人因合同解除而不再履行其原给付义务，但基于合同关系的拘束力，应当对债权人由于进行替代交易而遭受的损失负责。

由于具有充分的正当性，可准确地填补实际发生的损失，且适用方便，替代交

---

〔1〕 See Vogenauer (ed.), Commentary on PICC, 2nd ed., Oxford University Press, 2015, p. 1000.

〔2〕 See Honnold (ed.), Documentary History of the Uniform Law for International Sales, Kluwer Law and Taxation Publishers, 1989, p. 450.

〔3〕 See Bianca & Bonell (ed.), Commentary on the International Sales Law, Dott. A. Giuffrè Editore, 1987, p. 550.

易规则在多个立法例中得以确立，[4]其中最具示范效应者当属《联合国国际货物销售合同公约》（以下简称《公约》）。其第75条[5]在立法技术上超越了之前的立法例，嗣后成为《国际商事合同通则》（以下简称《通则》）《欧洲合同法原则》（以下简称《原则》）《欧洲示范民法典草案》（以下简称《草案》）等示范法的蓝本，也影响了一些内国法。我国现行法在违约损害赔偿计算方面规定得较为简要，就替代交易规则未设明文，相关研究也较少。[6]但这不妨碍以《合同法》第113条第1款[7]关于期待利益的一般规定为依托，在解释论层面上承认替代交易规则是计算期待利益的一种方法，并借助实务中的应用与理论研讨予以发展和完善。

（二）与违约损害赔偿限制规则的关系

替代交易规则的适用是否以及在多大程度上受违约损害赔偿限制规则的制约，决定了该计算方法的实际价值，故须加以探讨。

---

〔4〕《法国民法典》原第1144条规定："在债务人不履行的情形，债权人亦得请求许可其以债务人的费用，自行完成契约所订的债务。"比利时、卢森堡的民法典受其影响也有类似规定。该条规定的请求权以法院的授权为前提（商事交易或情事急迫两种情形下除外），并且条文较为粗略。2016年债法修订后，《法国民法典》第1222条规定："（1）在催告债务人履约之后，债权人也可以在合理期限内，以合理的成本自行履行该债务，也可以在法官授权的情况下通过毁损恢复原状。由此产生的费用，债权人可以向该债务人索要。（2）债权人也可以通过诉讼途径要求债务人提前支付履行债务所要产生的必要费用"。与原第1144条相比，该条规定无实质性的变化。另外，有些欧陆国家在关于买卖等合同的条文（比如《意大利民法典》第1515条、第1516条，《荷兰民法典》第7：37条）中对替代交易规则有零散的规定。《德国商法典》第376条第3款针对定期商业买卖规定了替代交易规则，但规定得未尽合理。德国的民事法律实务也认可以合同价格与替代交易价格的差额为赔偿额，但判决未发展出细致的规则（关于其相关法律实务，可见 Huber, Leistungsstörungen, Bd. Ⅱ, J. C. B. Mohr, 1999, S. 233 ff, 242 ff.）。在英美法系国家，英国法大致在19世纪中期确立了市场价格规则（英国法上的习惯表述方式是价值减去价格公式），只是在不存在市场的情况下替代交易规则才会得到采用。美国法的立场原与英国法相同，但1952年颁布的《美国统一商法典》第706条、第712条分别针对买方、卖方违约的情形规定了替代交易规则。该规定被有些学者认为是该法典中最有用的创新之一。see Calamari & Perillo, Contract, 7th ed., West Academic Publishing, 2014, p. 540.

〔5〕该条的官方汉语版本是："如果合同被宣告无效，而在宣告无效后一段合理时间内，买方已以合理方式购买替代货物，或者卖方已以合理方式把货物转卖，则要求损害赔偿的一方可以取得合同价格和替代货物交易价格之间的差额以及按照第七十四条规定可以取得的任何其他损害赔偿。"

〔6〕国内少量合同法论著提及在进行了替代交易的情况下可以将差额当作赔偿额。崔建远主编：《合同法》第5版，法律出版社2010年版，第340页；韩世远：《合同法总论》第3版，法律出版社2011年版，第654页；李永军：《合同法》第3版，法律出版社2010年版，第575页；王利明：《合同法研究》（第2卷第2版），中国人民大学出版社2011年版，第650页、第651页。另外，笔者于2017年2月13日在中国知网上以篇名含有"替代交易""具体计算"为检索条件，仅检索到一篇论文，孙良国：《期望损害赔偿的实现：替代交易的研究》，载《当代法学》2009年第6期。

〔7〕我国《合同法》第113条第1款规定："当事人一方不履行合同义务或者履行义务不符合约定，给对方造成损失的，损失赔偿额应当相当于因违约所造成的损失，包括合同履行后可以获得的利益，但不得超过违反合同一方订立合同时预见到或者应当预见到的因违反合同可能造成的损失。"

1. 与可预见性规则的关系

债权人在解除合同后另与他人缔约以获得与原合同相同的标的实属正常，而由于多种原因，替代交易与原合同相比会不利于债权人：市场情况发生了变化，债权人只能以不利的条件与他人缔约；由于时间紧迫债权人无暇获得更好的缔约机会；第三人知道债权人的处境急迫并加以利用。[8]故此，债权人因进行替代交易而遭受的损失对债务人而言是可以预见到的。但是，若缔约后价格结构发生了非常特别的变化，则债务人无法预见，从而不应赔偿。[9]持反对意见者则认为，在市场波动大的情况下，价格变化巨大的风险也应当由违约的债务人而非信守合同的债权人承担，只要替代交易是合理的。[10]相较而言，后说更为合理，价格波动本系市场经济的特点，从而应当是可以预见的。但在价格变化巨大的情况下，从诚信原则角度观之，如果可以借助其他措施实现期待利益，债权人不应进行替代交易；如无其他措施可资利用，债权人仍可进行替代交易，进而请求债务人赔偿这一巨大的差额。

2. 与减损规则的关系

关于替代交易规则与减损规则的关系，学界见解颇有出入。有观点笼统地认为，进行替代交易是典型的减损措施。[11]另有观点对此施加了限制，认为在存在进行替代交易的机会，而且以之为根据计算的赔偿额低于以市场价格为基础计算的赔偿额之时，债权人有借助替代交易减轻损失的义务。[12]笔者认为，这两种观点均不成立。法律肯定债权人对于取得合同标的享有利益，但是并不要求其借助替代交易另行取得相同的标的。如果不进行替代交易，债权人可以根据市场价格规则请求赔偿，进而享有合同标的的价值，从而即使面临优于市场价格的交易机会，债权人也无进行替代交易的（不真正）义务。仅在以下两种意义上，替代交易规则与减损规则相关：第一，就通过使用合同标的取得进一步的利益而言，债权人应当在解除合同后进行替代交易。如不进行替代交易，无从就后果性损失[13]获得赔偿，而是应根据市场价格规则计算损失。[14]第二，虽无进行替代交易的义务，但一旦选择进行

---

〔8〕 Vgl. MüKoHGB/Mankowski (2013), CISG Art. 75, Rn. 11.

〔9〕 Vgl. Staudinger/Magnus (2013), CISG Art. 75, Rn. 3.

〔10〕 See Schwenzer (ed.), Commentary on CISG, 3rd ed., Oxford University Press, 2010, p. 1031.

〔11〕 See Saidov, The Law of Damages in International Sales, Hart Publishing, 2008, p. 133.

〔12〕 See Kröll et al. (ed.), UN Convention on Contracts for the International Sale of Goods, C. H. Beck, 2011, p. 1013.

〔13〕 后果性损失（consequential loss）是指因债务人未履行或履行不符合约定而给债权人造成的损失，例如债权人本可通过进一步的交易获得的利润；因债务人违约致使债权人向第三人承担的责任；因瑕疵履行而给债权人的人身、财产造成的损失等。

〔14〕 See Gabriel, Contracts for the Sale of Goods: A Comparison of Domestic and International Law, Oceana Publications, 2004, p. 211.

替代交易，债权人就应当在合理的时间内以合理的方式为之，以免慷他人之慨，轻率地订立替代合同，进而由债务人赔偿较大的差额。

（三）与其他计算方法的关系

1. 与市场价格规则的关系

市场价格规则作为与替代交易规则平行的违约损害赔偿计算方法，是指债权人因对方重大违约解除合同后，可以请求对方赔偿合同价格与解除时的市场价格的差额。[15]在诸如债权人仅就合同标的的一部分进行了替代交易的例外情况下，这两个规则可以并用。[16]但更具实际意义的问题是，在债权人进行了替代交易的情况下应以何者为计算方法。英国法的立场较为独特。如果合同标的有市场，不适用替代交易规则。债权人以不同于市场价的价格进行了补购或重售无关紧要。仅在不存在市场的情况下方可适用替代交易规则。[17]在学理上，也有论者认为即使债权人进行了替代交易，通常市场价格规则也更为可取。[18]多数立法例的立场则是，在债权人进行了替代交易的情况下优先适用替代交易规则，仅在替代交易不合理的情况下才有可能适用市场价格规则。后一种立场是正确的。在进行了不利的替代交易的情况下，债权人取得了合同标的，其实际遭受的损失为价格差，从而与适用市场价格规则相比更为可靠，[19]另外还有与适用市场价格规则相比举证更为简单、确定的优点。[20]在适用替代交易规则时，债权人应举证其享有解除权，行使了解除权并进行了替代交易。在根据市场价格规则计算赔偿额更为有利的情况下，债权人可能不提及自己进行了替代交易，而是主张适用市场价格规则。此时，债务人可以反证债权人进行了替代交易，但举证难度较大。

---

〔15〕关于市场价格规则，可见张金海：《违约损害赔偿中的抽象计算方法研究》，载《法律科学》2016年第3期。

〔16〕See United Nations Commission on International Trade Law (ed.), Digest of Case Law on the CISG, United Nations, 2012, p. 358.

〔17〕See Treitel, Remedies for Breach of Contract: A Comparative Account, Oxford University Press, 1988, p. 114.

〔18〕Vgl. Kötz, Europäisches Vertragsrecht, 2. Aufl., Mohr Siebeck, 2015, S. 391. 克茨的理由有三：由于债务人主张债权人迟延进行了替代交易致使损失扩大等原因，替代交易规则的适用受到妨碍；为证明所进行的替代交易，债权人要在法庭上提供经营材料，从而给了债务人得知其企业内部事务、核算基础、业务联系的机会；商人身份的债权人在持续的业务往来中就同类的物每天都订立合同，难以证明哪一个是替代交易。其说存有误解。在替代交易不合理的情况下，首先要将价格调整为合理的，无法调整时才适用市场价格规则。在举证方面，债权人也只需要说明其与第三人订立的合同的情况即可，而不需要将经营资料提供给法庭及债务人。另外在进行多个交易的情况下，也有办法确认哪一个是替代交易。

〔19〕See Gabriel, Contracts for the Sale of Goods: A Comparison of Domestic and International Law, p. 210.

〔20〕孙良国：《期望损害赔偿的实现：替代交易的研究》，载《当代法学》2009年第6期。

2. 与价格减去成本方法的关系

在债权人解除合同后另行订立标的相同的合同的情况下，适用替代交易规则未必都是正确的。例如，S将一批货物出售给B，价格为10万元，利润为2万元。嗣后B违约，S在解除合同后将货物卖给X，价格为9万元。[21]对于此例而言，是适用替代交易规则（结果为1万元）抑或采用价格减去成本方法（结果为2万元）可能会引起争议。关键在于，债权人是否丧失了交易量。[22]如果在债务人不违约的情况下，债权人也会与第三人订立标的相同的合同并且有能力都加以履行，则与第三人进行的交易并非替代交易，债权人遭受的损失不是两个合同的价格差，而是可以从与债务人的合同中获得的利润。因此，在丧失了交易量的情况下，不应适用替代交易规则，而应采用价格减去成本方法。在判断系争情形是否为丧失交易量的情形时，着眼点是供求关系。就买卖合同而言，丧失交易量的卖方通常从事生产、批发和零售业务，他们一般有能力生产或获得额外的货物卖给后来的客户以获得额外的利润。[23]相反，独一无二的货物的卖方不属于丧失交易量的卖方。如果卖方无可供的类似货物，也无丧失交易量可言。另外，雇员通常也不是丧失交易量的劳务提供者，除非无论雇主是否违约雇员都会从事一项新工作。例如，轮班式的兼职或在雇员自由支配时间内的兼职，如果没有违反合同，不视为替代的工作。[24]

二、替代交易的认定

作为计算违约损害赔偿额的一种方法，替代交易规则的适用以成立违约责任为前提，另外尚需具备如下要求：债权人解除了合同；债权人进行了替代交易；替代交易是合理的。如不解除合同，债权人最终会从债务人那里获得合同标的，从而只应就迟延履行、瑕疵履行等违约行为形态造成的损失获得赔偿。只有在债权人所从事的交易与被解除的合同具有时间上的和事实上的关联，从而可以被归属于后者时，才存在替代交易，因为没有具体的归属，根据替代交易规则进行差额计算是不可能的。[25]进行了替代交易这一要件的基本要求是债权人与他人进行了交易。如果

---

〔21〕 See Huber & Mullis, The CISG: A New Textbook for Students and Practioners, Sellier European Law Publishers, 2007, p. 335.

〔22〕 美国学者Harris创制了词组lost volume seller。其自1962年起发表了数篇以丧失的交易量为题的论文，开启了该领域的研究，也进而使美国法院系统受到影响，在一些案件中判决买方赔偿卖方的丧失的利润。[美]凯斯勒等：《合同法：案例与材料》（第三版·下册），屈广清等译，中国政法大学出版社2005年版，第1054页；Breen, The Lost Volume Seller and Lost Profits Under U. C. C. 2-708 (2): A Conceptual and Linguistic Critique, 50 U. Miami L. Rev. 779, 1996, n. 4.

〔23〕 [美]费里尔、纳文：《美国合同法精解》，陈彦明译，北京大学出版社2009年版，第564页。

〔24〕 同上注，第545页。

〔25〕 Vgl. Honsell (Hrsg.), Kommentar zum UN-Kaufrecht, 2. Aufl., Springer Verlag, 2010, S. 1026.

债权人自己履行了债务人的义务（比如受托的船厂未履行修理义务，船主于是自己修理），则不存在替代交易；[26]替代交易尝试应当是成功的，否则无从适用替代交易规则，但可以根据减损规则请求赔偿费用损失；[27]用于进行替代交易的合同已经订立即可，不必已经履行。[28]一般来说，通过考察以下要点不难确认系争交易是否旨在取代原合同：债权人订立原合同所拟实现的利益为何；解除合同后债权人进行的哪一交易可用于实现该利益；嗣后的交易类别与内容如何。不过在以下两种情形下，替代交易的认定容有疑问，从而须加辨明。

（一）合同解除前进行的交易

合同解除前尚无法确定债权人最终是否由债务人处获得合同标的，由此推论，作为替代的交易应发生在合同解除之后，《公约》第75条即采此种立场。[29]少数论者也坚持认为，合同解除前的交易不是替代交易。[30]多数论者则试图自不同的角度软化该立场的僵硬性。有论者认为，如果与解除合同的时间相近并且与市场价相比价格合适，合同解除前的交易也可以是替代交易。[31]有论者认为，在债务人认真地、最终地拒绝履行，从而可以确定其无论如何不会履行的情况下，合同解除前的交易可以成立替代交易。在这种情况下，债务人不值得保护，并且其应考虑到债权人会解除合同。[32]有论者认为，债权人可以在发出解除通知的同时进行替代交易，[33]而不是在解除通知到达后方可进行替代交易。另有论者认为，在合理的交易显然被当作嗣后被解除的合同的替代的情况下，不允许以该交易为基础计算赔偿额是不必要的技术化。假设受损害的买方在接到另一个供货商的关于他将不得不替代交易的货物的合理交易要约电话时正打算发出解除通知，应当认可买方在通话时对要约的承诺

---

〔26〕张玉卿主编：《国际统一私法协会国际商事合同通则2010》，中国商务出版社2012年版，第595页。Peter Huber认为，在自己履行的情况下，债权人虽不能根据替代交易规则主张赔偿，但是能要求赔偿自己履行的费用与原合同价格的差额。Vgl. MüKoBGB/Peter Huber（2012），CISG Art. 75，Rn. 9. 该观点不妥。如果自己履行比通过其他途径获得合同标的的成本高，则债权人的行为是不适当的，应根据市场价格规则计算损失。

〔27〕See Schulze（ed.），Common European Sales Law：Commentary，C. H. Beck，2012，p. 653.

〔28〕See Schlechtriem（ed.），Commentary on the UN Convention on the International Sale of Goods，Clarendon Press，1998，p. 574.

〔29〕《通则》《原则》《草案》等示范法规定替代交易应当在合理的时间内进行，但未规定合理的时间的起算点，其官方评论亦未提及之。

〔30〕See Ferrari et al（ed.），The Draft Unicitral Digest and Beyond，Sellier European Law Publishers GmbH，2004，p. 796.

〔31〕Vgl. Staudinger/Magnus（2013），§ 75，Rn. 14；MüKoHGB/Mankowski（2013），CISG Art. 75，Rn. 13.

〔32〕Vgl. MüKoBGB/Peter Huber（2012），CISG Art. 75，Rn. 4.

〔33〕Vgl. Honsell（Hrsg.），Kommentar zum UN－Kaufrecht，2. Aufl.，Springer Verlag，2010，S. 1025.

成立替代交易。如果该买价低于市场价格规则下的时价，不认可成立替代交易则进而应适用市场价格规则，买方会处于比卖方完全履行（full performance）的情况下更好的境地。如果买价高于时价，由于买方是在表示解除合同前明智、诚信地接受要约而否认成立替代交易也是不合理的。[34]

一概地认为只有解除合同后从事的交易方可成立替代交易，这对债权人拘束过紧，有可能使其错失缔约良机，进而最终的结果也不利于债务人，因此对替代交易的认定不应失之严苛。但以上数种具有变通性的见解均有不足。时间相近说的缺陷是时间标准不明晰，未阐述比合同解除早多久算是时间相近，[35]并且没有说明何以早得不久的交易可以成立替代交易。拒绝履行说的缺陷在于区别对待拒绝履行与其他重大违约行为并无充分理由，并且即使债务人拒绝履行，合同关系也并未因此而丧失拘束力，认可债权人不与对方沟通即可着眼于自己的利益作替代安排完全忽略了债务人的利益。发出解除通知说在学理上是成立的，唯不够全面。依通说，解除表示是需要受领的意思表示，故应自到达时生效。不过应允许债权人自发出解除通知时进行替代交易。自通知发出至到达这段时间，债务人尚无确切的根据知道对方不再要求自己履行原给付义务，但由于如下两方面原因，应允许债权人另行缔约：债务人一方成立重大违约，从而债权人的利益更应加以保护；债权人已经作出解除表示，不再有以债务人的利益为代价进行投机之虞。尽管如此，发出解除通知时不宜作为单一的时间认定标准。在如下两种情况下，进行替代交易的时间还可以提前：其一，前述显然被当作替代说的缺陷是，所谓“当作替代”只是债权人的心态，缺乏客观的认定标准，从而应增添约束条件，亦即为了使发生解除通知前的交易成立替代交易，债权人应当在交易后尽快向债务人发出解除通知。如此既表明了交易的替代性，也排除了投机之嫌。为维护债务人的利益，此外还应要求发出解除通知前的交易与当时的市场行情相比更为有利。其二，如果不履行形态为主观不能，债务人的原给付义务自履行不能时起被排除，债权人是否解除合同仅与以替代方法抑或差额方法计算赔偿额有关，[36]从而进行替代交易的时间应当提前至债权人知道主观履行不能时。除此之外，债权人在发出解除通知前进行的交易可谓预防性的交易。此类交易无论发生在重大违约之前或之后，均不应导致替代交易规则的适

---

[34] See Honnold, Uniform Law for International Sales under the 1980 United Nations Convention, 4th ed., Kluwer Law Internaitional, 2009, p. 586.

[35] Magnus 未探讨具体多长时间算是时间相近，只是提及了一个认为早于表示解除合同一个月的交易不是替代交易的案例。Vgl. Staudinger/Magnus (2013), § 75, Rn. 14.

[36] 替代方法（亦称交换方法）是指债权人仍履行原对待给付义务，而将债务人的原给付义务替换为损害赔偿义务。差额方法是指债权人的原对待给付义务与债务人的原给付义务均告消灭，债务人赔偿差额，亦即债权人从与债务人的交易中获得的利益或者本可通过利用债务人提供的给付获得的利益。张金海：《论合同解除与违约损害赔偿的关系》，载《华东政法大学学报》2012 年第 4 期。

用。如果预防性交易的价格优于合同解除后的市场价格，可以将该价格与原合同价格的差额当作赔偿额。但这种差额计算就性质而言不是替代交易规则的适用，而是计算债权人以其解除前获得的财产消除对方违约造成的不利影响而遭受的损失，是具体计算的一种单独表现形式。

（二）多次交易

债权人在发出解除通知后可能订立了多个与原合同标的相同的合同，尤其是在其持续地经营与合同标的相关的业务时。此时何者为替代交易容易引发争议：债权人可能倾向于以其中较差的甚至最糟的为根据计算损失，债务人则可能倾向于以其中较好的甚至最佳的为替代交易。许多论者认为，确认替代交易的着眼点是，债权人在进行交易前是否将交易意图通知了债务人。其中部分论者认为，如果债权人未作通知，则无从确认多个交易中的哪一个是替代交易，进而应适用市场价格规则。[37]另有部分论者认为，不应给债权人施加通知交易意图的义务，但其所作的通知可以被当作有力的证据。[38]关于未作交易意图通知时应如何处理，亦有两说。一种观点主张，合同解除后进行的第一次交易应当被当作替代交易。另一种观点主张，应当以多个交易的平均价格为计算根据。[39]

依本文之见，如果债权人进行了多个与原合同标的相同的交易，在以下两种情形下无替代交易可言：一种情形是债权人能够履行包括被解除的合同在内的多个合同，此时应采用价格减去成本方法计算损失；[40]另外一种情形是债权人与债务人的交易具有独特性，致使看起来相似的交易不构成替代交易。比如，买受人为类似物品的收藏家，购买了其所能购买的物品。在这种情况下，解除合同后进行的任何交易都不是替代交易。此时应当根据市场价格规则计算赔偿额。[41]除这两种情形外，应当确认债权人在解除合同后进行的第一次交易为替代交易，而不应采平均价格说或其他见解，理由有二：首先，在解除合同之后，如果需要进行的同类交易的量大于原合同，债权人应优先考虑将原合同标的转让给他人，或者将从第三人之处获得的标的用于填补因债务人违约而出现的空缺。如此，有助于尽快清理与债务人的法

〔37〕 Vgl. MüKoHGB/Mankowski（2013）, CISG Art. 75, Rn. 7.

〔38〕 See Schlecthriem（ed.）, Commentary on the UN Convention on the International Sale of Goods, p. 575.

〔39〕［美］费里尔、纳文：《美国合同法精解》，陈彦明译，北京大学出版社2009年版，第551页。

〔40〕 多次交易情况下替代交易的确认多数发生在债权人为利益受让人（如买方）的场合，但也有可能发生在债权人为利益出让人（如买方）的场合。但在后一个场合，需要判断究以确认哪一项交易为替代交易为宜，还是以计算丧失的利润为宜。如果债权人的履行能力足以满足债务人以及其他合同当事人的需要，应以丧失的利润为赔偿额。反之，如果债权人与他人签订的多个合同已使其履行能力用尽，则应确认多个交易中何者为替代交易，进而适用替代交易规则计算赔偿额。

〔41〕［美］费里尔、纳文：《美国合同法精解》，陈彦明译，北京大学出版社2009年版，第551页。

律关系，债权人另行获得合同标的的利益也不会受到影响。其次，在一定意义上可以说确认替代交易这一要求的目的是避免债权人将进行较为不利甚至最为不利交易的后果转嫁给债务人。这个目的能够借助“解除后的首次交易”规则得到实现。[42]在明确应当以发出解除通知后的第一次交易为替代交易后，交易意图通知效力的问题也就迎刃而解。该通知应当仅具证据意义。通知后进行的交易未必就是第一次交易。债权人有激励去推动将能够获得最多赔偿的交易确认为替代交易。[43]其于表示解除合同后进行了一次或数次交易的情况下可能不与债务人交流，而是在面临更为不利的交易时才作交易意图通知。故此，如果债务人能够反证债权人在通知自己之前已经进行了替代交易，应以通知前最早的交易为替代交易。

三、替代交易的合理性

《公约》等多个立法例均规定，作为赔偿额计算根据的替代交易应当是在合理的时间内以合理的方式进行的，从而从方式、时间两方面确立了合理性要件。[44]这些要件旨在保护债务人，使其免于因债权人不适当地进行了替代交易而承担更重的赔偿责任。

（一）合理的方式

1.“合理的方式”的意旨

“合理的方式”之用语也许使人以为其强调的是交易的过程或形式，实际上它涵盖了缔约时间之外的全部合理性评价要素。关于该要件的意旨，《通则》的官方评论认为，“合理的方式”要件的意旨在于避免不履行方遭受恶意行为的不利影响。《公约》的秘书委员会评论则认为，为使替代交易是以合理的方式进行的，它必须使重售在具体的情事中以具有合理的可能性的最高价格进行，或者使补购以具有合理的可能性的最低价格进行。[45]《通则》的避免恶意行为说过于狭隘。虽然恶意地进行的替代交易几乎确定地是不合理的，[46]非恶意的行为绝非都是合理的。《公约》

---

〔42〕 See Huber & Mullis, The CISG: A New Textbook for Students and Practioners, p. 285.

〔43〕 See Saidov, The Law of Damages in International Sales, p. 178.

〔44〕 有的立法例未将合理性要求分拆为合理的方式、合理的时间两个要件。比如，《美国统一商法典》第2706条［卖方的重售，包括重售合同］第2款规定，重售的每个方面，包括方法、方式、时间、地点以及条款，都应当是商业上合理的。《德国商法典》第376条［定期商业买卖］则未规定合理性要件，只是第2款第1句规定：“商品有交易所价格或市价的，只有在出卖或买受是在约定的给付时间或给付期间经过后立即进行时，才可以将以其他方法进行的出卖或买受的结果作为赔偿请求权的依据。”

〔45〕 See Honnold (ed.), Documentary History of the Uniform Law for International Sales, Kluwer Law and Taxation Publishers, 1989, p. 450.

〔46〕 See Vogenauer (ed.), Commentary on PICC, 2nd ed., Oxford University Press, 2015, p. 999.

的最优价格说则要求过高。在判断债权人是否以合理的方式行为时，其为无辜的一方应当是一个重要考虑因素，从而合理性标准的门槛不应以过高的水准设定。[47]在寻找进行替代交易的机会时债权人不必想尽一切办法。比如，不能期待必须从别处购买的买方详细地调查如何最有利地购买替代货物。[48]排除避免恶意行为与争取最优价格两个极端之后，可以作为备选项还有自己事务标准与理性人标准。如果采前一个标准，债权人只要依其通常的行为方式进行交易即达到了要求。如果采后一个标准，则债权人应尽客观的理性的人的注意。如果债权人是经营者，则在进行替代交易时，应像仔细的、审慎的商人那样行为，并且遵守所涉及的行业的相关惯例。至于交易的形式，则没有特别要求。[49]比较而言，当以理性人标准为妥。因为替代交易情况下的缔约已经不再单纯地是债权人自己的事务，而最终会由债务人承担损失，即使原合同是债权人任意地订立的，在进行替代交易时也不能再率性而为。

2. 具体判断因素

理性人标准是抽象的要求，在判断替代交易是否以合理的方式进行之时需要以个案的情况为根据，并考虑以下因素。

第一，价格。替代交易的价格是评判合理性的最为重要的因素，前述最优价格说强调的就是交易价格。该说的问题在于对作为守约方的债权人过于严苛，而妥当的观点是，价格不必是有可能最好的，就具体情事而言合理即可。申言之，债权人不需要对可能最为有利的交易进行广泛的调查，尤其是在急迫需要进行替代交易之时，[50]而是只需要采取合理的步骤确定较好的价格，以通常的或有利的购买或出售价格进行替代交易，从而有时替代购买高于市场价格或替代出售低于市场价格的货物也是适当的。[51]相反，如果替代交易与容易获得的同类标的的即时市场价格之间有巨大的差异，该交易不会是以合理的方式进行的。[52]

第二，交易地。债权人不必就交易地进行广泛的调查，而是可以以其关于不同地方的价格形成的交易经验为基础。如果债权人在其与债务人缔约的相同地方订立了合同，一般不能指责其违反了注意义务。[53]为方便起见，债权人也可能在原合同

---

〔47〕 同上注，第999页。

〔48〕 See Schwenzer（ed.）, Commentary on CISG, p. 1030.

〔49〕 See Schlechtriem（ed.）, Commentary on the UN Convention on the International Sale of Goods, p. 576. 关于替代交易的形式有些立法例有要求。比如，《德国商法典》第376条第3款第2句规定："出卖或买受非以公开拍卖的方式进行的，必须由一名经公开授权进行此种出卖或买受的商事居间人或由一名有权进行公开拍卖的人以时价进行。"

〔50〕 See Schulze（ed.）, Common European Sales Law: Commentary, p. 653.

〔51〕 Vgl. Honsell（Hrsg.）, Kommentar zum UN－Kaufrecht, 2. Aufl., Springer Verlag, 2010, S. 1030.

〔52〕 See Honnold, Uniform Law for International Sales under the 1980 United Nations Convention, 4th ed., Kluwer Law Internaitional, 2009, p. 585.

〔53〕 Vgl. Honsell（Hrsg.）, Kommentar zum UN－Kaufrecht, 2. Aufl., Springer Verlag, 2010, S. 1029.

的交付地进行替代交易。如果该地的市场价格状况不特殊，也是合理的交易地。需要注意的是，如果替代交易地与原交易地不同，损害赔偿额应作调整，以体现运输费的增加或减少。

第三，交易类型。《草案》的官方评论认为，债权人订立与原合同类型不同的合同也可以成立替代交易。例如，因为出租人重大违约解除合同后进行的替代交易不一定是新的租赁合同。在个案的情形中，购买用于所租赁货物旨在服务的目的的货物可能有必要，或者至少更为实际与合理。根据租赁合同本应支付的代价的价值必须与根据买卖合同应当支付的代价的价值进行比较。〔54〕该项见解难以成立。相对于原合同而言，不同类别的交易通常不具备替代性，甚至有时无损失可言（比如以买代租），从而无法适用替代交易规则。

第四，标的与质量。为使替代交易是合理的，合同的标的应与原合同相同，并且标的的质量也应当相同。如果标的的质量不同，原则上不成立合理的替代交易，除非在合理的时间内无法获得同等品质的标的。例如，解除购买四速食物搅拌器的合同后，买方购买了质量好得多的八速食物搅拌器，其不能请求赔偿全部的差额，除非无法买到前者。〔55〕如果债权人因标的质量的提升获得了更多的利益，应根据损益相抵规则对赔偿额作相应扣减。但在某些场合，债权人可能未因标的质量的提升获得经济利益（比如买方购买家具自用），此时不应扣减赔偿额。〔56〕

第五，履行期间。如果系争合同为继续性合同，替代交易的履行期间可能不同于原合同。比如，租赁期间可能更长或者是不定期的。〔57〕如果期间的差异不影响价格，成立合理的替代交易，反之则否。

其六，履行模态。替代交易的履行模态（履行的时间、地点与方式等因素）可能与原合同有别，比如付款可以是分期付款或一次缴清，预先付款或嗣后付款等。此类因素的差异如果对价格没有影响，成立合理的替代交易，否则应作调整。比如，原合同要求以每半年支付一次共支付三年的分期付款方式支付 20000 美元（含利息），重售合同要求总额为 12000 美元的现金支付。在三年之内以半年为期六次支付的 20000 美元的现值远远小于 20000 美元。〔58〕因此，该重售不是合理的替代交易，从而不能直接适用替代交易规则。

---

〔54〕［德］巴尔、［英］克莱夫主编：《欧洲私法的原则、定义与示范规则：欧洲示范民法典草案：全译本（第 1 卷、第 2 卷、第 3 卷）》，高圣平等译，法律出版社 2014 年版，第 815 页。

〔55〕See White & Summers, Uniform Commercial Code, 6th ed., Thomson Reuters, 2010, p. 290.

〔56〕同上注，第 291 页。

〔57〕同前注 2，巴尔、克莱夫主编书，第 815 页。

〔58〕同前注 3，White、Summers 书，第 357 页。

（二）合理的时间

1. “合理的时间”的意旨与评价要点

概括而言，替代交易发生在一个时间框架内，该框架起于表示解除合同时，[59]终于需要使用合同标的时。[60]之所以起于表示解除合同时（前文提及的时间可以提前的两种情形例外），一是因为发出解除通知足以表明债权人决意另作安排以替代原合同，二是因为在现实违约场合，发出解除通知的时间已比本应获得符合要求的给付的时间要晚。以需要使用合同标的时为终点，一是因为在该时点之后进行的交易严格来说不具备替代性，二是因为如果债权人有把握在该时点上置办到与原合同相同的标的，进而将其用于生产或转售，于债务人似乎也无不利可言。“合理的时间”是在这个时间框架的基础上提出的进一步要求。关于该要求的意旨为何，有避免草率说与避免拖延说之别。《通则》的官方评论指出，替代交易应在合理的时间内进行，以免不履行方遭受草率行为的不利影响。[61]这表明其顾虑是替代交易在过短而非过长的时间框架内进行。[62]避免拖延说则认为，该要求旨在避免债权人拖延进行替代交易，以债务人的利益为代价进行市场投机。[63]个别持此说者趋于极端，认为债权人应当在知道对方不会履行合同后立即开始行动。尽管有判例认为受害方可以选择置履行拒绝于不顾而等待债务不履行形式的违约行为发生，但更妥当的观点是，受害方应当在履行拒绝后的合理期间内开始行动。如果他没有及时这样做，就要承担迟延期间内市场发生不利变化的风险。[64]

以上两说均有所见，但各执一端，未臻周全。如果债权人表示解除合同后立即与他人缔约，仓促之中可能价格甚为不利，不宜被当作计算根据，故此避免草率行为说有其道理。但该说有严重不足：一是表示解除后立即进行替代交易未必都是草率的。如果债权人急于使用合同标的或者对市场状况有较为充分的了解，替代交易难谓草率。二是该说未对在实务中更为重要的拖延交易情形表态，从而未抓住关键。避免拖延说的合理之处在于：一是表示解除合同后长时间无动于衷难谓理智的

---

〔59〕 See Schwenzer (ed.), Commentary on CISG, p. 1030.

〔60〕 如果债权人在原合同的交付时间到来后立即需要使用合同标的，或者自发生重大违约时起至债权人表示解除合同经历了一段时间，债权人需要使用合同标的的时间会早于发出解除通知时。在这种情况下，合理的时间的认定应以发出解除通知时为着眼点，判断债权人的行为是否草率抑或拖延即可，而无从再考虑进行替代交易的时间比时间框架的终点早多久。

〔61〕 张玉卿主编：《国际统一私法协会国际商事合同通则2010》，中国商务出版社2012年版，第595页。

〔62〕 See Vogenauer (ed.), Commentary on PICC, 2nd ed., Oxford University Press, 2015, p. 999.

〔63〕 See Honnold, Uniform Law for International Sales under the 1980 United Nations Convention, 4th ed., Kluwer Law Internaitional, 2009, p. 585.

〔64〕 [美] 范斯沃思：《美国合同法》，葛云松、丁红艳译，中国政法大学出版社2004年版，第804页。

行为。临近时间框架的末端，置办合同标的的难度可能会增大，甚至届时根本无从置办合同标的。二是时间跨度越大，市场行情越有可能发生波动，而且波动的幅度也会越大。如果债权人在表示解除合同后久拖不决，期待市场行情发生有利于自己的变化，然后进行更为有利的替代交易，倘市场行情不如其所愿，进而只能进行更为不利的替代交易，不加限制地允许将全部的差额转嫁给债务人，实际上是为债权人的投机行为背书。不过避免拖延说也未尽全面：一方面，其顾虑是拖延之后进行的替代交易可能更为不利，强调的是不要太晚，但是未关注不构成拖延的行为是否均为合理，抑或有可能是草率行为的问题。准此以言，作为极端版本的立即行动说误会了“没有不合理的迟延”〔65〕的本意，反而有促成草率行为之嫌，与避免草率说适相反对。另一方面，拖延得越久越有理由被评价为不合理的，但也不必一概否定在时间框架的末端进行的替代交易可以作为计算准据。在法律实务中，也有法院认可买方直到合同下的货物交付给第三人的日期到来时才进行的替代交易。〔66〕但对于临近时间框架终点的交易，债权人应当证明与较早的时间相比，市场行情未发生不利于他的变化。

由上可知，自表示解除合同时起至需要使用合同标的时止，债权人不应草率地进行替代交易，尤其不能拖延不决。在此基础上，应赋予作为守约方的债权人一定的裁量余地。其可以在发出解除通知的同时进行替代交易，也可以稍作推迟，以了解市场状况，征求不同的要约。〔67〕在基调确定下来后，需要明确会影响究以早些时间抑或晚些时间进行替代交易为宜的因素：第一，债权人是否急需使用给付标的。如果债权人急需使用给付标的，否则其订立原合同所拟实现的利益即会落空，或者会引发后果性损失，则其可以在表示解除合同后立即进行替代交易。第二，标的的特点。如果货物是季节性的或独特的，合理的期间可以长一些。在一起案件中，法院认为三个月的时间对于季节性货物的销售来说是合理期间。〔68〕第三，进行替代交易是否困难。如果进行替代交易并不困难，比如货物有商品交易所价格或者市场价格，期间通常应短一些。〔69〕如果进行替代交易困难，应根据债权人大致需要用多久

〔65〕《美国统一商法典》第712条［补购；买方置办替代货物］第1款规定：“发生前条规定的违约后，买方可以通过善意并且在商业上无不合理的迟延的合理购买，或者订立可替代卖方应予交付的货物的购买合同，进行补购。”范斯沃思是以该款所称的没有不合理的迟延（without unreasonable delay）为立论依据的。但该条的官方评论指出，没有不合理的迟延这一要求不是旨在限制买方就如何能够最好地进行补购做调查并且做决定所需要的时间。美国法学会、美国统一州法委员会：《美国〈统一商法典〉及其正式评述》第1卷，孙新强译，中国人民大学出版社2004年版，第228页。

〔66〕 See White & Summers, Uniform Commercial Code, 6th ed., Thomson Reuters, 2010, p. 288.

〔67〕 Vgl. Honsell (Hrsg.), Kommentar zum UN - Kaufrecht, 2. Aufl., Springer Verlag, 2010, S. 1031.

〔68〕 See Kröll et al. (ed.), UN Convention on Contracts for the International Sale of Goods, C. H. Beck, 2011, p. 1018.

〔69〕 Schwenzer (ed.), Commentary on CISG, p. 1031.

时间能进行合理的替代交易确定较长的期间。在一起案件中，法院认为由于市场饱和难以进行替代出售，对于卖方的重售来说两个月的时间是适当的，另外在一起重售一台印刷机难度很大的案件中，法院认为六个月的时间是适当的。[70]第四，价格波动状况。如果合同标的市场价格稳定，合理期间可以长一些。德国的法院在审理公约案件的过程中确定的市场价格变化不大情况下的通常合理期间是两个星期。[71]比如在一起案件中，法院认为卖方既未证明自1994年12月底至1995年1月11日铁钼的价格发生了大的变化，也没有证明由于未采取适当措施进行较为便宜的替代交易，买方违反了减损义务，从而判决两周的时间是合理的。[72]如果相关市场波动较大，则时间应当短一些。在一个替代出售甲醇的案件中，价格波动很大，两天的时间被认为是及时的。[73]

2. 预期违约场合的判断

在预期违约的情况下，如果债权人解除了合同，则解除的时间点早于现实违约场合解除的时间点，由此会产生有无必要调整合理时间的判断标准的问题。《公约》等代表性立法例对此均未作规定，理论上亦少有探讨，由此推论，预期违约情况下进行替代交易的合理时间与现实违约相同，即表示解除合同后的合理时间。Butler则认为，债权人的减损义务决定了什么时候应进行替代交易取决于具体情况。这意味着如果补购的价格将于原定交付时间降低是合理地确定的，买方应等些时间再补购。如果各种指数都表明价格将于原定交付时间上涨，买方应早些补购，除非保管费会超过价格的增长。[74]该观点实际上也不反对时间框架的起点是表示解除合同时，但是把未来的价格趋势当作认定合理时间的唯一标准。这实际上对债权人提出了过高的要求，从而不应采纳：一方面，可靠地判断未来的价格趋势本身就很困难，通常的债权人更无此能力；另一方面，债权人是信守合同者，债务人具有可苛责性，从而不应为了尽量降低赔偿额要求债权人预测将来的价格状况。不过，从Butler的论述可以看出，其把原定给付时间当作时间框架的终点。此项见解可资赞同。一方面，以该时点为终点更能表明债权人所从事的交易旨在替代原合同。另一方面，以该时点为终点也有利于债权人及时获得合同标的，以免遭受迟延损失。

认可在预期违约的情况下表示解除合同后即可进行替代交易会引发一个问题，亦即由于原合同所定的履行时间尚未到来，甚至可能远在将来，有无必要对替代交易的履行时间施以限制。有论者认为，买方应订立交货日期与原合同相同的替代合同。如果即期交易会引起额外的费用（如保管费），或者买方直到原合同的交付时

---

〔70〕 Staudinger/Magnus（2013），CISG Art. 75，Rn. 18.

〔71〕 同前注70。

〔72〕 同前注1。

〔73〕 Staudinger/Magnus（2013），CISG Art. 75，Rn. 18.

〔74〕 See Schlechtriem & Butler，UN Law on International Sales，Springer Verlag，2009，p. 219.

间才需要货物，减损规则也会要求这样做。如果无法进行远期交易，或者只能以高于解除时的即期交易的价格进行，买方应进行即期交易。[75]该说未尽合理。如果即期交易与远期交易的价格并无差异，则债权人可以自行选择。倘选择即期交易，如果债权人因为早于原定时间获得合同标的而享有利益，应作抵扣。倘其因为早于原定时间获得合同标的而多支出了保管费，应由其自负，除非情况表明其应立即进行即期替代交易。相反，如果远期交易的价格更有利，债权人应进行远期交易。

（三）不合理时的处理

通说认为，原告不仅应举证其进行了替代交易，还应举证替代交易是在合理的时间内以合理的方式进行。[76]如果其举证不被采信，或者债务人成功地进行了反证，就此时应如何计算赔偿额见解歧异。多数意见认为，如替代交易未在合理的时间内以合理的方式进行，即如同未发生替代交易，应适用市场价格规则。[77]另有观点认为，如果替代交易不合理，调整债权人所接受的价格以消除不合理因素的影响是适当的。如果调整是不可行的，应根据市场价格规则计算赔偿额。[78]还有论者认为，如果替代交易不合理，应由法庭决定是适用市场价格规则，还是以调整的价格为基础计算赔偿额。[79]

以上诸说，应以调整优先说为优。根据该说计算赔偿额能够更好地发挥合理性要件的作用，而且计算出的赔偿额与实际损失也更为贴近。在作调整时，应以不合理的事项为着眼点。在上文论述合理性的判断时提及的事项中，如果不合理的是标的的质量、履行期间或履行模态，通常调整价格会有较为坚实的根据。例如，出租人期前拒绝履行，承租人解除合同后另行租赁了大小、质量相近的房屋，但租期短很多。如果因租期较短导致房租较高，即应将租金替换为租期相同情况下的较低的租金，然后再计算其与原合同的差额。如果无法进行可靠的调整，应根据市场价格规则计算损失。如此计算的赔偿额可能会少于债权人预期借助替代交易规则获赔的数额，进行不合理的替代交易造成的不利后果由其自己承担。

---

〔75〕 See Schlechtriem, Calculation of Damages in the Event of Anticipatory Breach Under the CISG, http：//ww. cisg. law. pace. edu/cisg/biblio/schlechtriem20. html，2017 年 2 月 13 日访问。该文是德国学者 Schlechtriem 教授为 2007 年出版的瑞典学者 Hellner 教授祝贺文集撰写的论文。此处的引文根据的是 Schlechtriem 教授授权美国佩斯大学法学院主办的《公约》专题网站发表的略作删减的版本。

〔76〕 Vgl. MüKoBGB/Peter Huber（2012），CISG Art. 75，Rn. 22；Schwenzer ed.，Commentary on CISG，p. 1034；Staudinger/Magnus（2013），§75，Rn. 24. 少数说认为，债权人仅须举证其进行了替代交易，交易的不合理性应由债务人主张和举证。同前注 25，Honsell 编书，第 1035 页。

〔77〕 See Bianca & Bonell（ed.），Commentary on the International Sales Law，p. 550.

〔78〕 See Honnold，Uniform Law for International Sales under the 1980 United Nations Convention，4th ed.，Kluwer Law Internaitional，2009，p. 590.

〔79〕 See Vogenauer（ed.），Commentary on PICC，2nd ed.，Oxford University Press，2015，p. 1000.

四、结语

在因债务人重大违约而解除合同的情况下，债权人对于另行获得与原合同相同的标的的利益应受保护。如果与合同相比替代交易的价款不利于债权人，具有可苛责性并且引发了替代交易的债务人应就两个合同的差额负赔偿责任。适用替代交易规则以债权人实际进行了替代交易为前提，在判断系争交易是否为替代交易时，应以该交易是否致力于发挥与原合同相同的功能为着眼点。为兼顾债务人的利益，替代交易应当是在合理的时间内以合理的方式进行的。如果替代交易不合理，应以不合理的要素为准据调整合同价格，然后再计算差额。倘无切实的根据作调整，应适用市场价格规则。由于替代交易规则有充分的正当性，并能准确地计算损失，将来制定民法典债编时应明定之。笔者建议关于替代交易条款规定如下："（1）如果在发出解除表示后合理的时间内以合理的方式进行了替代交易，债权人可以请求赔偿替代交易的价格与原合同价格的差额以及其他损失。（2）如果替代交易不合理，应以合理的替代交易的价格为基础计算赔偿额。如果无法确定合理的价格，应以合同解除时的市场价格为基础计算赔偿额。"

论继续性合同的解除

王文军 *

目 次

继续性合同，是指在存续期间从不中断产生给付义务和保护义务，因此时间因素在其中具有重大意义的合同，其基本特色在于时间的长短决定总给付范围的多寡，因而有别于一次给付即可实现合同内容的一时性合同。[1]继续性合同首先由德国法学家基尔克（Gierke）提出，经由学说与判例的发展，获得广泛的认可，终被纳入《德国债法现代化法》。我国民法理论也继受了这一概念。由于给付的不同特点，继续性合同要求法律适用上的区别对待，而其中殊值重视的便是合同终止。唯在我国，继续性合同仍适用解除，如此，在立法理念、构成要件、法律效果等方面，是否给予了继续性合同充分的关注，颇值检讨。本文结合判例、学说的发展，对照德国立法例，试作进一步的分析讨论，以裨益于我国民法典的编纂。

一、概念用语的差异：解除与终止

需要指出，德国民法区分合同的解除与终止，终止向将来发生效力，解除则也

* 大连海事大学法学院副教授。

〔1〕 王文军：《继续性合同及其类型论》，载《北方法学》2013年第5期。

对过去发生效力，已经履行的部分并不消灭，而是转变为返还性债务关系。[2]终止主要以继续性合同为对象，在继续性合同，将已受领的给付回复清理并不符合当事人的利益，通过终止使继续性合同向将来消灭是适当的。[3]而在我国，终止常与合同消灭同义。《中华人民共和国合同法》（以下简称《合同法》）在第6章“合同的权利义务终止”中使用“终止”概念，意指合同权利关系或者义务关系的结束，[4]第91条规定合同解除为合同权利义务终止的情形之一，于是这种意义上的终止便成为解除的上位概念。另一方面，依《合同法》第224条第2款、第232条、第248条等相关条款中明确无误的表述，《合同法》在租赁合同、融资租赁合同等继续性合同上也无差别地适用解除制度。我国学者崔建远教授认为，经过实践检验证明，把“终止”作为解除的一种类型，把这种意义的“终止”直接称为“解除”，不再用“终止”字样，不致发生不适当的后果。在合同消灭的意义上使用终止，与法人终止、委托终止等一致起来，效果更佳。[5]本文尊重《合同法》的用语及学界长期的术语使用习惯，只在比较分析德国民法而指称其专用术语时使用“终止”，其余场合一律使用解除，而将终止作为解除的上位概念。

二、继续性合同解除的特殊性

《合同法》将德国民法所称的“终止”作为解除的一种类型，势必要重构合同解除制度，将继续性合同在解除方面的特殊性考虑其中，这一特殊性，既反映在合同解除的理念上，也体现于解除的效力中。

（一）理念方面的特殊性

一时性合同的请求权系整体发生，即使附条件或期限，也不影响既有的给付范围；而在继续性合同，债务人的给付随时间的继续不断增加，且经常有部分的情事是当事人在缔约时无法预见的。两相比较，继续性合同的危险无形中被提高，个人自由亦被限制，尤其是长期不得消灭的合同为甚。另一方面，因法律关系持久继续，继续性合同当事人双方相互的依存也远比一时性合同强，通常在继续性合同中并有其计划性的要素存在。[6]不难看出，在继续性合同，防止合同继续性的弊害与

---

〔2〕［德］迪特尔·梅迪库斯：《德国债法总论》，杜景林、卢谌译，法律出版社2004年版，第391～392页。

〔3〕［德］迪尔克·罗歇尔德斯：《德国债法总论》，沈小军、张金海译，中国人民大学出版社2014年版，第286～287页。

〔4〕韩世远：《合同法总论》，法律出版社2011年版，第511页。

〔5〕崔建远：《合同法总论（中卷）》，中国人民大学出版社2012年版，第565页。

〔6〕盛钰：《继续性债之关系》，台湾大学法律学研究所1988年硕士论文。

维持合同关系的安定性，二者之间颇为紧张，反映在合同解除上，便是要在这两个相互矛盾的理念间权衡得当。

一方面，应防止合同继续性的弊害。其理由大致可建立在如下几个方面：一是保护个人自由，长期拘束损害个人自由；二是保持不确实性的均衡，将来的不确定性伴随的风险存在不均衡的分配，合同越长期化，不均衡就会越加扩大；三是与合同订立后的情事变化相适应的要求；四是防止长期合同带来的道德风险，例如，租赁合同期限过长的话，出租人和承租人便都不会对标的物进行改良；五是基于交易的流动性提高带来的社会化利益的增大，竞争促进效率。〔7〕

另一方面，应保护合同关系的安定性。该理念可自如下几个方面证成：一是保护当事人对合同继续的信赖，确保生活、经营的基础；二是抑制合同成立后对方机会主义的行动；三是促进适当投资，信息、经验的积累以及信赖关系的形成，有助于提高相关交易的效率；四是提高交易的安定性以增加社会效益。〔8〕

对上述两个冲突的理念进行协调，反映在规则设计上，就应有这样的安排：关于期间确定的合同，根据当事人的意思，期间届满则合同消灭，但是考虑到合同继续性的弊害，便有在期间尚未届满时因特殊事由而允许的解除，同时，基于保护合同安定性的理由，对特殊事由应有一定的限制；关于期间未定的合同，根据当事人的意思，以及防止合同继续性弊害的理念，任何时候都应允许当事人单方面结束合同，但是根据保护合同关系安定性的要求，单方面结束合同应有预告通知的限制，以便相对人有时间做出安排，适应新的情况。这两种结束合同的情形，德国学理上分别称为“特别终止”与“普通终止”。《合同法》在分则中针对若干有名合同，也设有功能类似的规定，但由于这些规定散见于各个合同类型之间，未形成一体的认识，有待于进一步的梳理和归纳，对此，下文将作专门讨论。

（二）解除效力方面的特殊性

在解除的效力上，继续性合同的解除不溯及既往，合同关系自解除之时向将来归于消灭，不发生回复原状的问题，对此，德国法以“终止”相区别，日本学理称为“告知”，〔9〕《日本民法典》则特别针对租赁、雇佣、委托等合同类型（《日本民法典》第620条、第630条、第652条），规定其解除只向将来发生效力，法国法也对继续性合同解除溯及力的限制加以承认，〔10〕并且早在两次世界大战期间，便成

〔7〕 中田裕康：《継続的契約関係の解消》，载内田貴＝大村敦志（编）《民法の争点》，有斐阁2007年版，第231页。

〔8〕 中田裕康：《継続的契約関係の解消》，载内田貴＝大村敦志（编）《民法の争点》，有斐阁2007年版，第231页。

〔9〕 ［日］星野英一：《日本民法概论Ⅳ契约》，姚荣涛译，五南图书出版公司1998年版，第62页。

〔10〕 张民安：《法国民法》，清华大学出版社2015年版，第329页。

为一般性的理解。[11]继续性合同的解除不溯及既往，主要是因为通过履行已经发生了不能回复的事实，例如，承租人使用、收益的事实，被雇用者劳动的事实都不会消失，没有恢复原状的可能。若坚持溯及既往，也只能以价额偿还，在双方互为给付时，除了增加不必要的迂回外，对当事人并无好处。另一方面，这也是源于继续性合同可以分解为若干"个别给付"的本质，解除时已经履行的"个别给付"，由于可以保持其独立性，因而不必与尚未履行的部分一并消灭。

在我国，依《合同法》第97条，"合同解除后，尚未履行的，终止履行；已经履行的，根据履行情况和合同性质，当事人可以要求恢复原状、采取其他补救措施，并有权要求赔偿。"学者认为，所谓"根据合同性质"，即区分一时性合同与继续性合同。一时性合同解除，具有恢复原状的可能性，可发生恢复原状义务；继续性合同被解除的，或无恢复原状的可能性，或不宜恢复原状，故通常不生恢复原状义务。[12]审判实践一般也认为，合同解除后发生效力终止的法律后果，但继续性合同的解除不具有溯及力，合同解除之前应当履行的给付义务仍应按约履行。[13]可见，关于继续性合同的解除不溯及既往，在我国也已形成了共识。

不过，在法国，有学者提出质疑的观点，颇值关注。学者盖斯旦（Ghestin）认为，为了解除溯及力的限制被正当化，其要件有二：合同的可分性以及维持当事人所要求的给付的总体性均衡。关于后者，比起合同被溯及消灭后重新计算不当得利，原样维持合同的方法更为简便，这一点是事实，最高法院的判例也有这样的趋势。但是，特别是在期间作为合同的一个要素的场合下，合同在中途被解除，就过去部分使合同继续存在的妥当性是个疑问。倒不如说，应该通过全面性的排斥合同条款，返还实物或者根据被交换的各给付的金钱赔偿返还来处理。这或许是困难的，但却是能够真正满足合同正义的唯一解决方式。[14]

上述质疑所言非虚，值得反思。作为事实的"不可能恢复原状"与作为法律评价的"不必清算已经履行的部分"是不同的，对于事实上不可能恢复原状的情形，

---

〔11〕中田裕康《継続的売買の解消》，有斐阁1994年版，第143页。

〔12〕韩世远：《合同法总论》，法律出版社2011年版，第529页。崔建远教授也主张，一时性合同的解除原则上有溯及力，继续性合同的解除原则上无溯及力。崔建远：《合同法总论》（中卷），中国人民大学出版社2012年版，第685～689页。

〔13〕"何国兴与王成合同纠纷申请案"，判决文号：（2014）苏审二民申字第0737号；同样的判旨，见"中亿创联（北京）投资顾问有限公司与王洪洲委托合同纠纷上诉案"，判决文号：（2015）三中民（商）终字第08614号；"温岭市××××公司与丁××租赁合同纠纷案"，判决文号：（2008）浙民一终字第280号；"昆明博迈五金钢模板有限公司与中铁十七局集团第四工程有限公司买卖合同纠纷上诉案"，判决文号：（2013）渝高法民终字第00052号等。

〔14〕Ghestin（J.），L´effet rétroactif de la résolution des contrats à exécution successive, in Mélanges offerts à Paul Raynaud, Dalloz－Sirey, 1985, pp. 221－226. 转引自中田裕康：《継続的売買の解消》，有斐阁1994年版，第157～158页。

也可以想象通过价值清算来处理。事实上，在一时性合同，也可能出现标的物被消耗而不可能恢复原状的情形，一般通过不当得利制度来解决。另外，不能断言已经履行的部分相互间的给付一定是均衡的，尤其是期间作为合同要素的场合，约定的对价关系是建立在“整个合同”之上的，于“个别给付”之间未必适当。例如，以长期居住为前提约定较低费用的房屋租赁合同，承租人在合同履行后不久便解除合同时，若解除只向将来发生效力，便相当于以较低的费用短期租用了房屋。而且，当事人的意思是订立长期合同，中途解除而承认已经履行部分的效力，也有把短期合同强加于有订立长期合同意图的当事人的嫌疑。这样看来，尽管通常认为继续性合同的解除只向将来发生效力，但也许应当附一些保留。相比德国一般性地区别“终止”与“解除”，我国《合同法》第97条的规定，更具弹性，也许更符合现代的趋势。

三、继续性合同的预告解除及其与任意解除的区别

上文指出，在期间未定的继续性合同，为使“防止合同继续性的弊害”与“保护合同关系的安定性”这两个对立的理念得到平衡，应允许当事人单方面通知终结合同。这样的制度在德国被称为“普通终止”。普通终止给予期间未定的继续性债务关系保有终期到来的机能，以免合同关系无止境地延续。〔15〕普通终止通常不需要具有任何原因，换言之，其可以由终止人随意进行。〔16〕与此相关联，普通终止通常附有法定或约定的期限，并在期限届满时产生终止的效力。这是因为，如果单方就能够使相对人脱离债务关系，则相对人至少应获得一定的时间，以便适应新的情况。〔17〕我国《合同法》针对借款、保管、仓储、租赁等合同也设有类似规定。由于《合同法》将德国民法所称的“终止”直接叫作“解除”，这类解除可称为“预告解除”，在期间未定的继续性合同，发挥保有终期到来的机能，以防合同无止境地继续而产生的弊害。不过，许是因为《合同法》对继续性合同理论的认识尚有不足，部分规定表述为“返还”“领取”“提取”等，在外观上与解除有一定的距离，且相关规定与基于其他立法目的而设的任意解除未有明显区分，极易发生混淆，因此，有必要将有关继续性合同预告解除的规定进行梳理，形成整体的认识，并与任意解除相区别。〔18〕

〔15〕盛钰：《继续性债之关系》，台湾大学法律学研究所1988年硕士论文，第144页。

〔16〕［德］迪特尔·梅迪库斯：《德国债法总论》，杜景林、卢谌译，法律出版社2004年版，第409页。

〔17〕［德］迪特尔·梅迪库斯：《德国债法总论》，杜景林、卢谌译，法律出版社2004年版，第391页。

〔18〕笔者在《继续性合同研究》一书中，误将任意解除对应德国法上的“普通终止”，对预告解除及其与任意解除的区别未有清楚的认识，现借本文，对书中观点予以修正。

（一）《合同法》有关预告解除规定的梳理

在借款合同中，依《合同法》第206条，对借款期限没有约定或者约定不明确，不能达成补充协议，且根据合同有关条款和交易习惯仍不能确定的，借款人可以随时返还；贷款人可以催告借款人在合理期限内返还。虽曰“返还”，但不可认其纯系确定返还义务的履行期限，因为借款合同之合同类型上的义务是贷与人在借贷期间内持续允许借款人使用借款，借款人为此支付利息，[19]还款期限到来，即意味着借款合同终止。因此，借款人可以随时返还，意指借款人可以随时使借款合同终止，其还款的行为虽也是履行债务，但不能径认为借款合同因清偿而终止，毋宁说，还款本身也有解除合同以使其终止的意思，否则，贷与人允许使用的义务一直持续，利息的计算相应变动，债务的范围始终无法确定，因而必先有使债务计算终结的法律事实。同样，贷款人可以催告借款人在合理期限内返还，实乃贷与人经预告通知而解除借款合同。可见，这正是应当理解为预告解除的规定。同理，《合同法》第376条、第391条虽表述为“领取”“提取”，也应当理解为系针对保管合同、仓储合同而设的有关预告解除的规定，所谓“领取”“提取”，均系解除合同的具体表现，自不待言。《合同法》第232条关于不定期租赁的解除则较为明显，判定为关于预告解除的规定，当无异议。

虽然预告解除应有预告通知的限制，以便相对人有时间做出安排，适应新的情况，但在若干情形做出变通，亦未尝不可。例如，考虑到借款人随时还款，不会造成贷与人难以期待的不利益，《合同法》第206条并未要求借款人还款前附有预告期限，亦可接受。相反，《合同法》第376条未规定保管人解除时须附预告通知，相比第391条“应当给予必要的准备时间”之规定，略有不足，解释上宜做相同的处理。而在不定期的租赁合同中，解除附有预告期限的要求只针对出租人（《合同法》第232条），体现了偏重承租人方利益保障的立法政策。其实，承租人解除的，出租人也需要一定的时间以适应新的情况，所以本文主张从诚实信用原则延伸，同样要求承租人履行提前通知的义务。

关于预告解除权的行使，有几点需要强调：由于预告解除背后是个人自由的保护与禁止永久合同的理念，与公序良俗相关，因而具有强制性，导致预告解除权的事前放弃或行使限制无效。此其一。其二，为了给相对人一定的时间以便适应新的情况，避免过重的损害，合理期间的预告是必要的。所以，对于不遵守预告期间的

---

〔19〕 贷与人提供借款与借用人返还借款，并非处于互为交换的关系。消费借贷与使用借贷一样，非着重于物之一时的交付及返还，而是交付和返还之间的给付状态。借用人通过取得所有权并支配借用物，以享有借贷期内借用物的使用收益，贷与人则于这段时间内暂时失去所有权的对应价值，消费借贷的继续性正体现在合同存续期间贷与人对借用人的使用允许义务，而允许使用的标的物非为原物，而是物的价值。王文军：《继续性合同研究》，法律出版社2015年版，第38～43页。

"立即解除"，应课以损害赔偿的制裁，因为遵守预告的义务是作为债务，该债务在不履行的场合转变为赔偿损害。其三，禁止权利滥用法理也适用于预告解除权。[20]

（二）预告解除与任意解除之辨析

有必要辨明预告解除与任意解除。依《合同法》第376条第1款，寄存人可以随时领取保管物，从文义及与同条第2款相比较的体系解释上看，即使当事人约定了保管期间，也是如此。上文指出，继续性合同的预告解除，旨在使未定期间的继续性合同保有终期到来的机能，以防合同无止境地继续而产生的弊害，显然，规定寄存人在期间确定时也可以随时领取保管物，并非基于这一思想，而主要是考虑到，保管合同是为寄存人的利益而设，期限利益应归属于寄存人，[21]所以理应允许寄存人放弃期限利益，提前解除合同。可见，虽均可描述为单方面随意地解除合同，两者内在的机理却是完全不同的，本文分别称为"预告解除"与"任意解除"，以示区别。寄存人任意解除的规定，与保管合同的继续性无涉，因而并非继续性合同论的问题。不过，寄存人任意解除的规定，体现出立法本来的构想毋宁以无偿的保管为优先考虑，是否允当，颇值思量。在有偿保管的场合，返还期限未必纯为寄存人的利益而设，在保管费的数额取决于保管时间长短的情况下就是如此，因而我国学者崔建远教授主张，法律在赋予寄存人提前领取保管物的权利同时，令其承担损害赔偿责任，较为衡平。[22]本文认为，未定期限的有偿保管合同，基于防止合同继续性弊害的法理，应允许寄存人预告解除；定有期限的有偿保管合同，宜将寄存人随时领取保管物的规定解释为寄存人放弃其期限利益而非任意解除，换言之，寄存人得在完全给付的情形下放弃请求保管人继续履行保管义务，从而提前领取保管物，保管人的权利则不受影响。

同样有必要辨明的是委托合同的任意解除。一般认为，之所以规定委托合同的任意解除，其原因在于委托合同是以双方信任为存在的条件，如果一方不守信用，失信于另一方，继续履行合同已无必要，法律赋予了双方当事人的权利，即只要一方想终止合同，就可以随时解除合同，而且不须有任何的理由。[23]显然，这并不是从防止合同继续性弊害的角度考虑的，与预告解除的原理并不相同。然而，有学者误将委托合同的任意解除归结为继续性合同的制度，[24]司法实践中也出现了模糊的认识，亟待澄清：在"广州市中怡物业管理有限公司与广东金穗丰实业有限公司物

〔20〕 Azéma (J.), La durée des contrats successifs, thèse, Lyon, L. G. D. J, 1969. 转引自中田裕康：《継続的売買の解消》，有斐阁1994年版，第182～184页。

〔21〕 邱聪智：《新订债法各论》（中），中国人民大学出版社2006年版，第285页。

〔22〕 崔建远：《合同法》，北京大学出版社2016年版，第629页。

〔23〕 胡康生主编：《中华人民共和国合同法释义》，法律出版社1999年版，第579页。

〔24〕 张红：《继续性合同终止制度研究》，湖南大学法学院2011年博士学位论文。

业管理委托合同纠纷再审案”中，广东省人民检察院抗诉认为，物业服务合同任意解除权的基础来源于继续性合同理论，《合同法》第268条、第232条、第308条、第391条、第410条规定的都是继续性合同的任意解除权，这些解除权是对继续性合同的特别规定。[25]不难看出，该观点混淆了预告解除与任意解除，未认清两者内在的机理。事实上，委托合同的一时性或继续性，端视具体的合同内容而定，例如委托他人为财产管理，重在受托人供给的劳务，应为继续性合同，而委托他人为财产登记，重在处理事务的结果，则为一时性合同。[26]《合同法》第410条规定的任意解除，旨在允许当事人结束失去信任的委托关系，并非继续性合同论的问题。应当指出，这一规定也是以无偿的委托为优先考虑的，在有偿委托时不尽妥当。[27]

由上可知，继续性合同的预告解除，发生在无约定期间的继续性合同的场合，旨在给予未定期间的继续性合同保有终期到来的机能，以免合同关系无止境地延续，与《合同法》针对若干合同规定的任意解除，有着不同的作用机理，不可不辨。

四、继续性合同的非任意解除及其一般性理论构建

（一）继续性合同的非任意解除独立于一般法定解除的必要性

上文指出，关于期间确定的合同，根据当事人的意思，期间届满则合同消灭，但是考虑到合同继续性的弊害，便有在期间尚未届满时因特殊事由而允许的解除，同时，基于保护合同安定性的理由，对特殊事由应有一定的限制；在期间未定的合同，因特殊事由发生而解除合同，亦属当然。这样的制度在德国被称为“特别终止”。由于《合同法》将德国民法所称的“终止”直接叫作“解除”，而这类解除须有特殊事由，不可由当事人随意为之，本文称之为“非任意解除”。

---

〔25〕“广州市中怡物业管理有限公司与广东金穗丰实业有限公司物业管理委托合同纠纷再审案”，判决文号：（2011）粤高法审监民提字第124号。类似的认识错误，亦可见“中亿创联（北京）投资顾问有限公司与王洪洲委托合同纠纷上诉案”，判决文号：（2015）三中民（商）终字第08614号。

〔26〕杨佳元：《委任契约不生效力或终止时之相关法律问题》，载《月旦法学杂志》2008年第3期。

〔27〕依《德国民法典》第671条第1款，委托人可以随时撤回委托，受托人可以随时通知终止委托。委托人结束合同为“撤回”，其理论基础在于自己的利害自己负担，受托人结束合同为“通知终止”，理论基础在于委托的无偿性。此种结束方式无须理由，其中隐含的原则是，结束无偿合同相对而言应当比较容易。这是因为，《德国民法典》第622条明定委托的无偿性，如非无偿，则变为雇用、承揽、行纪、运输或者居间等合同，不成其为委托。相反，我国《合同法》不再强调委托合同必须无偿，尊重当事人的约定，可以是有偿的，也可以是无偿的。如此，仍然允许随意结束委托合同，难谓适当。有学者认识到《合同法》第410条规定的不足，结合实务中出现的问题，进行了深刻的论述。崔建远、龙俊：《委托合同的任意解除权及其限制——“上海盘起诉盘起工业案”判决的评释》，载《法学研究》2008年第6期。

由于《合同法》对继续性合同也无差别地适用解除制度，且在解除的效力上，《合同法》第97条已充分考虑了继续性合同的解除不向过去发生效力的特殊性，因而不免产生这样的疑问：所谓继续性合同的非任意解除，是否就是法定解除在继续性合同上的适用？显然，由于效力问题已被统筹兼顾，若法定解除事由再足以涵盖非任意解除的特殊事由，便没有在法定解除之外另行承认继续性合同非任意解除的必要。要对这一问题做出判断，须从我国立法的实际情况出发，检讨现有法定解除事由是否足以应对继续性合同及其特殊性。

依《合同法》第94条，一般法定解除主要发生在因不可抗力或当事人违约达到相当的程度，致使合同目的无法实现的场合。除一般法定解除外，《合同法》在分则中还针对具体的合同类型规定了特殊法定解除。这些规定，学者认为系《合同法》第94条第（五）项“法律规定的其他情形”之所指，[28]这样看来，特殊法定解除的原因有着不拘于一般法定解除事由的可能性。而从实际规定上看，《合同》为继续性合同规定的特殊法定解除包括《合同法》第219条、第224条第2款、第227条、第231条、第248条、第249条等，[29]这些特殊法定解除的原因并非全是《合同法》第94条解除事由的重复或具体化，确不拘于因不可抗力或当事人违约达到相当的程度以致合同目的无法实现的情形。例如，承租人未经出租人同意转租时的合同解除（《合同法》第224条第2款），不能简单地归于当事人违约，而是因为擅自转租的行为破坏了当事人之间的信任；因不可归责于承租人的事由致租赁物毁损灭失以致合同目的不能实现时的合同解除（《合同法》第231条），并不限于因不可抗力造成租赁物毁损灭失，更无法归结于当事人违约，显然有别于一般法定解除的原因。由此可知，一般法定解除无法涵盖所有需要解除合同的情形。那么，《合同法》是否为所有类型的继续性合同都规定了足够的特殊解除事由？显然不是。就笔者的观察来看，《合同法》对继续性合同设有特殊法定解除的主要就是租赁与融资租赁，且《合同法》未以有名合同的方式规定雇用、使用借贷、保证、合伙等继续性合同，根本无法为这些合同设置特殊法定解除的规定。

继续性合同有着不同于一时性合同的特点。继续性合同关系的贯彻，大致需要一个完全信赖的协力，或者要求在自身利益的关心与行为的实施上应特别斟酌和谨慎，因为在长时间拘束下，任何一方对他方均须做出相比平常更多的善意和了解，以落实双方诚信维护的核心义务。而若此种良好和谐受到动摇或破坏，以致约定期间的经过已非当事人可期待时，自应赋予当事人解除合同的权利。[30]可见，继续性

---

〔28〕 崔建远：《合同法总论（中卷）》，中国人民大学出版社2012年版，第643页。

〔29〕 严格以言，预告解除与任意解除也属于特殊法定解除，但由于它们与当下讨论的问题无关，在此不予考虑。

〔30〕 盛钰：《继续性债之关系》，台湾大学法律学研究所1988年硕士论文。

合同的解除，更关注当事人间信赖无以为继、不能期待当事人继续维持合同这样的结果，而非合同目的不能实现，此外，产生这一结果的原因，不限于不可抗力或当事人违约，也可以是其他外部因素的改变。关于此，从上文对《合同法》第224条第2款、第231条的分析，亦可得到印证，例如，转租的行为未必使租赁合同的目的无法实现，因不可归责于承租人的事由致租赁物毁损灭失，也可以由意外事件而发生。因此可以肯定，就继续性合同而言，一般法定解除并不能涵盖所有需要解除合同的情形，有必要承认一般法定解除以外的非任意解除。

（二）以德国法上“特别终止”制度为借镜

在一般法定解除以外，建立非任意解除的一般性理论，可以德国法上“特别终止”制度为借镜。特别终止是为提前结束合同关系这一目的服务的。由于特别终止与当事人的约定发生抵触，故其需要特别理由。特别终止无须附通知期限，因为终止原因不单独应当使债务关系归于消灭，而且也应当使之快速消灭。[31]相对于普通终止的行使，特别终止不属一般处分权限，而是固定合同义务提前免除的企求，所以在有争议的情形，原则上终止权人应负终止理由的说明义务，以检验其地位的合法性。[32]

在债法改革之前，《德国民法典》只是对某些继续性债务关系，例如租赁合同、劳务合同、合伙合同，规定了基于重大事由的特别终止。但是，判例从这些规定的价值内涵以及诚实信用原则中推导出了基于重大事由终止继续性债务关系的一般权利。[33]债法改革之际，立法者认为，在对德国债法的给付障碍法进行大刀阔斧改造的背景下，应当将特别终止继续性债务关系的法律制度订入到《德国民法典》之中，无论从这一制度本身所具有的重大实际意义来看，还是从长期以来始终得到加强的判例来看，似乎都有这样的要求。[34]为此，修正后的《德国民法典》第314条对因重大事由而特别终止继续性债务关系做出了一般性的规定，依其规定，合同当事人任何一方可以由于重大事由而通知终止继续性债务关系，无须遵守通知终止期间。不难看出，行使特别终止权的前提是存在重大事由。至于何谓重大事由，《德国民法典》第314条第1款第2句做出了明确的规定：考虑个案的全部情况并在衡量双方利益后，不能够苛求行使终止权的一方当事人将合同关系继续到约定的终止

---

〔31〕［德］迪特尔·梅迪库斯：《德国债法总论》，杜景林、卢谌译，法律出版社2004年版，第409～410页。

〔32〕盛钰：《继续性债之关系》，台湾大学法律学研究所1988年硕士论文，第145页。

〔33〕［德］迪尔克·罗歇尔德斯：《德国债法总论》，沈小军、张金海译，中国人民大学出版社2014年版，第287页。

〔34〕杜景林、卢谌：《德国新债法研究》，中国政法大学出版社2004年版，第117页。亦可参见朱岩编译：《德国新债法：条文及官方解释》，法律出版社2003年版，第147页。

时间或继续到终止期间届满之时，即存在重大事由。

重大事由通常涉及违反合同义务、包括违反合同保护义务，但是在其他情况下亦可存在。[35]例如，由于外部情事的发展，合同目的不再能够实现。[36]不过，来自终止权一方自己的风险范围内的情事原则上不被考虑，相对人的过错也是不必要的。尽管重大事由同样属于不确定的法律概念，但是进一步的法律特定化是不可能的，因为在具体合同类型中的要件是非常不同的。终止事由必须通过个案中广泛的利益衡量来确定。发生问题的情事应当具有多大的重要性以便成立终止，通常取决于具体合同关系的构造。据此双方当事人对于紧密的个人合作的依赖性越强，人们就越应当考虑信赖关系的障碍。[37]

为避免利益衡量流于恣意，有学者提出下列评价标准，作为重大事由存在与否的判断依据：[38]（1）衡量个案中所有情况。亦即裁量者必须掌握各方面事实，包括事件经过、需评价行为的动机，以及可能产生的不利结果与影响。（2）客观的评价。即终止的妥当性应客观地判断，当事人无故动摇信赖的主观看法则不予斟酌，但这并不意味着在做客观评价时，由当事人人格所生的主观要素，例如过错、信赖危害等，不在考虑范围之内。（3）相对的重大性。即判断应根据具体情事进行，因为终止理由的绝对重大性事实上并不存在，所以裁量时宜有回旋余地。（4）债务关系的特性。一个相同性质的终止理由，在普通继续性合同与具有社会保护作用的继续性合同间，应做不同的考量。（5）终止的难易度。主要针对当事人双方，有否就终止的可能性加以限制而言。（6）债务关系持续性的长短。持续数年的合同与仅为期数日的合同，其要求的终止事由互相迥异。（7）过错的程度。即合同当事人对于重大事由的发生应归责程度多少的问题。（8）综合观察。以上标准，在终止事由中，非意味着个别分离的考察，而是全盘整体的衡量。（9）最后据点。最后应留意的是，裁量者应充分寻求足以替代特别终止的措施，以缓和这一非常的救济手段。以上标准虽出自债法改革前对劳动关系的考察，但《德国债法现代化法》对因重大事由终止继续性债务关系的规定不过是此前判例学说的法典化，且特别终止是继续性债务关系共通的救济手段，因而上述标准仍可供参考。

---

〔35〕 朱岩编译：《德国新债法：条文及官方解释》，法律出版社 2003 年版，第 148 页。

〔36〕 ［德］迪尔克·罗歇尔德斯：《德国债法总论》，沈小军、张金海译，中国人民大学出版社 2014 年版，第 287 页。

〔37〕 ［德］迪尔克·罗歇尔德斯：《德国债法总论》，沈小军、张金海译，中国人民大学出版社 2014 年版，第 287 ~ 288 页。

〔38〕 Vgl. Galperin, Der wichtige Grund zur außerordentlichen Kündigung, in DB 1964, S. 1115ff. 转引自盛钰：《继续性债之关系》，台湾大学法律学研究所 1988 年硕士论文，第 152 ~ 153 页。

（三）继续性合同非任意解除一般化的方法论检讨

既然可以明确一般法定解除无法涵盖继续性合同的非任意解除，民法典编纂时增加类似《德国民法典》第314条的规定，自是理所当然的建议。而在现阶段，以《合同法》分则中现有的继续性合同非任意解除的规定为基础，在方法论上发展出继续性合同非任意解除的一般性理论，便成为行文至此要解决的问题。

鉴于一系列典型继续性合同的法律规范中，设有当事人一方得基于不可抗力或当事人违约以外的事由而解除合同的规定，因此，首先可考虑“整体类推”适用这些特别规定，导出其一般法律原则。所谓“整体类推”，是指将由多数——针对不同的构成要件赋予相同法效果的——法律规定得出“一般的法律原则”，该原则在评价上也同样可以适用到法律并未规范的案件事实上。借“整体类推”获取一般性的法律原则，其基础在于下述认识，即所有被援引的个别规定，其共通的“法律理由”不仅适用于被规范的个别事件，反之，只要某特定要件存在，其即得以使用。[39]

根据拉伦茨教授的观点，思考过程可概括如下：（1）对于一系列的合同，如租赁合同、融资租赁合同，法律规定有基于不可抗力或当事人违约以外的事由而解除合同的权利，这些事由往往与当事人间的信赖破坏有关；（2）这些合同都是继续性合同；（3）继续性合同是指严重介入当事人的生活之中，或者将导致特殊的双方利益交错，因而双方当事人个人的合作、善意的谅解及彼此的信赖是不可或缺的，持续较久的法律关系；（4）法律规定的理由，正存在于继续性合同的此种特质；（5）因此，这项法律理由不仅适用于法律所定的，毋宁可适合于全部的继续性合同；（6）由是，在法秩序中即适用下述的一般法律原则：在所有继续性合同，均得基于与当事人间的信赖破坏相关的事由而解除合同。[40]

另一方面，也可借诚信原则的具体化来实现继续性合同非任意解除的一般化。这种构想主要来自德国债法改革之前的判例见解。起初就有关租赁合同的“特别终止”是否局限于法律有明文规定的重大事由的问题，德国联邦最高法院持否定态度，并认为依诚信原则可确定，若租赁关系的继续为不可期待时，经常构成重大事由而可终止合同，不以法律明文规定为限。后来更发展为，只要是继续性债务关系，即使法定的终止权尚付阙如，也可根据诚信原则，基于重大事由终止合同关系。[41]事实上，整体类推与诚信原则并行不悖，因为整体类推探求的一般原则，在合同关系的继续是不可期待的观点下，具有诚信原则具体化的意义。

---

[39] ［德］卡尔·拉伦茨：《法学方法论》，陈爱娥译，商务印书馆2003年版，第260页。

[40] ［德］卡尔·拉伦茨：《法学方法论》，陈爱娥译，商务印书馆2003年版，第260页。

[41] 盛钰：《继续性债之关系》，台湾大学法律学研究所1988年硕士论文。

（四）继续性合同的非任意解除与情事变更

根据行文至此的观点，有必要将继续性合同的非任意解除一般化，如此，不免产生非任意解除与情事变更原则的关系问题。这是因为，适用非任意解除的情形是发生重大事由致当事人间的信赖破坏，不能期待当事人继续维持合同，而重大事由可以是相对人违反合同义务，也可以是外部情事，若是因外部环境的重大变更致使合同的继续不可期待，也可能满足情事变更的要件，这就意味着两种制度的适用可能存在着一定的重叠。

在德国法上，法律的体系性倾向于把有关交易基础障碍的规定（《德国民法典》第313条，功能相当于我国的情事变更）看作是专门规定，这一专门规定在交易基础障碍的范围内把《德国民法典》第314条排斥在外。〔42〕申言之，从《德国民法典》第313条第3款中可以得出，在此种情况下合同调整优先于出于重大事由终止合同，就此范围第313条关于交易基础障碍的规定优先于第314条出于重大事由终止继续性债务关系的规定。〔43〕也就是说，只有当终止事由不能被合同的调整所排除时，基于重大事由的终止才是可能的。〔44〕这一思路值得借鉴。

不过，首先应当指出，我国的情事变更与德国法上交易基础障碍的效果有所不同。在合同解除的方式上，德国采取赋予一方解除权的方式，而在继续性合同，由只向将来发生效力的终止权代替解除权，这才有基于交易基础障碍的终止与基于重大事由终止继续性合同相互替代的可能性。而在我国，《最高人民法院关于适用〈中华人民共和国合同法〉若干问题的解释（二）》（以下简称《合同法解释二》）第26条规定的情事变更采取的是“当事人请求人民法院变更或者解除合同的，人民法院应当根据公平原则，并结合案件的实际情况确定是否变更或者解除”。显然，这里并没有像德国法那样直接赋予当事人以解除权，而是采取由当事人向法院请求解除，法院最终确定是否解除。这里的判决，不是确认判决，而是形成判决；这里的合同解除是司法解除，而非当事人行使解除权的解除。〔45〕与之不同，继续性合同的非任意解除则由当事人行使解除权的方式运行，无需向法院请求，即使因解除而发生争议，法院的判决也只是确认解除权及其行使的效力。可见，在我国现行法上，并不存在继续性合同的非任意解除与基于情事变更的解除相互替代的可能性，毋宁在二者要件的重叠领域，也分别承认其各自的适用。

但是，相比继续性合同的非任意解除，情事变更原则还有变更而不解除合同的

---

〔42〕［德］迪特尔·施瓦布：《法学导论》，郑冲译，法律出版社2006年版，第461页。

〔43〕朱岩编译：《德国新债法：条文及官方解释》，法律出版社2003年版，第147页。

〔44〕［德］迪尔克·罗歇尔德斯：《德国债法总论》，沈小军、张金海译，中国人民大学出版社2014年版，第289页。

〔45〕韩世远：《情事变更若干问题研究》，载《中外法学》2014年第3期。

效果，这就可能出现，在二者适用的重叠区域，当事人一方基于继续性合同的非任意解除而主张行使解除权，另一方当事人却以情事变更为由诉请法院变更合同的冲突情形。此时，应当如何处理呢？我国法并未如德国法一般，直接规定情事变更的效果上变更优先于解除。根据《合同法解释（二）》第26条，情事变更可区分为两种类型，一是继续履行合同对于一方当事人明显不公平，二是不能实现合同目的。尽管从条文中并未明确反映出来，学者指出在解释上应当认为二者在法律效果上存在差异，在前者场合，有变更或者解除合同的问题，此时优先考虑变更，仅在变更无法解决问题时方予解除合同；而在后者场合，只有解除合同。〔46〕笔者认同这一观点。在情事变更造成对一方当事人明显不公平的情形，优先考虑变更有助于维系合同关系，而合同关系的维系符合当事人订立合同的意图，同时，优先考虑变更而非解除合同，也体现了《合同法》鼓励交易的价值取向，还可以尽可能调和情事变更与合同严守之间的矛盾。所以，我国法上情事变更的效果也应当是变更优先于解除。那么，如果满足继续性合同非任意解除的外部情事改变，同时符合情事变更的要件，自然也同时可以发生情事变更的效果，而情事变更的效果是变更优先于解除，因此变更也就优先于基于重大事由的非任意解除。这在价值上是可取的，在比较法上也有据可循。

综上，在继续性合同，发生情事变更造成对一方当事人明显不公平的情形，若同时满足继续性合同非任意解除的要件，情事变更与继续性合同的非任意解除存在竞合关系，应当优先适用情事变更的规定，由当事人请求法院变更合同，仅在变更无法解决问题时方予解除合同，不允许一方当事人直接行使解除权；而若发生情事变更，致不能实现合同目的，且同时满足继续性合同非任意解除的要件，则不妨承认其各自的适用，由当事人自行选择。

---

〔46〕 韩世远：《情事变更若干问题研究》，载《中外法学》2014年第3期。

论特定物买卖瑕疵履行时的交付替代物*

郝丽燕**

目 次

一、引言

在买卖合同中，当买方提供给付的标的物出现物的瑕疵时，买受人的救济手段一直是民法领域重要问题之一。根据《中华人民共和国合同法》（以下简称《合同法》）第155条联合第111条，买受人可以合理选择让出卖人承担修理、更换、[1]

* 本文发表于《政治与法律》2017年第9期。

** 济南大学讲师。

[1] “更换”在我国又被冠以“代物给付”或者“交付替代物”等类似专业术语，德国民法称其为“再供货”。其中修理和更换在德国民法中被赋予“再履行”（Nacherfuellung）这一专业术语，也翻译成“补正履行”“后续履行”“重新履行”。在美国法中被统称为“补救权”，我国合同法则将其归到“继续履行”中。

退货、减少价款等违约责任。[2]从《合同法》的整体看，我国合同法没有对种类物买卖和特定物买卖进行区分，在逻辑上，上述四项救济手段既可以适用于种类物，也可以适用于特定物。对于修理、退货和减少价款，并无问题，但是对于“更换”，即“交付替代物”，是否可以适用于特定物买卖，则历经了从“无”到“有”的一个发展的过程。在传统的民法理念中，交付替代物只能适用于种类物交易，但是随着法学理念的更新与进步，交付替代物呈现扩大适用于特定物交易的趋势。

另外，我国《合同法》没有直接或者间接规定更换（交付替代物）与修理、退货、减少价款等其他违约责任之间的顺位关系。这与国际立法例中区别买受人第一性的瑕疵救济方式和第二性的瑕疵救济方式不一致，也导致理论中和实践中对救济手段顺位存在观点分歧。鉴于此，本论文首先论证特定物买卖中交付替代物的可能性及适用和限制条件；在此基础上论证交付替代物与消除瑕疵、减少价款、退货等其他救济手段之间的关系。

二、特定物买卖中交付替代物的可能性

罗马法时期，买卖标的物出现物的瑕疵时，买受人仅可以选择提起解约之诉或者提起价金减少之诉。[3]交付替代物尚未作为问题提出，究其原因，很大程度上是因为罗马时期的买卖合同以特定物买卖为中心，并且在大多数情况下买卖标的物是奴隶和牲畜。随着商品经济的发展，种类物买卖占据商品交易的中心，交付替代物逐渐成为种类物买卖中瑕疵担保责任的方式之一。[4]2002年《德国债法现代化法》生效之前，《德国民法典》旧法第480条规定了交付替代物（即再供货）适用于种类物交易。在日本民法中，涉及种类物物买卖时，标的物特定化及受领之后，承认买主有交付替代物的请求权。[5]这是“债务不履行说”支持瑕疵担保责任应当适用于种类物的理由之一，并不能得出交付替代物适用于买卖标的物是特定物的情况。而根据“法定责任说”，瑕疵担保对买受人的保护手段只包括解除合同和损害赔偿，不包括交付替代物。由此可以认为，日本民法也否定对特定物适用交付替代物作为瑕疵担保责任方式。

---

〔2〕关于瑕疵担保责任和违约责任之间的关系存在两者并存的“双轨制”模式和将瑕疵担保责任并入违约责任的“单轨制”模式。德国民法自2002年债法现代化法后，由双轨制转向单轨制。对此问题，我国学界依然存在分歧：崔健远：《物的瑕疵担保责任的定性与定位》，载《中国法学》2006年第6期，第32页以下；韩世远：《出卖人物的瑕疵担保责任与我国合同法》，载《中国法学》2007年第3期第170页。

〔3〕周友军：《论出卖人的物的瑕疵担保责任》，载《法学论坛》2014年第1期。

〔4〕梁慧星：《论出卖人的瑕疵担保责任》，中国社会科学出版社2013年版，第139－140页；韩世远：《合同法总论》，法律出版社2011年版，第608－609页。

〔5〕梁慧星：《论出卖人的瑕疵担保责任》，中国社会科学出版社2013年版，第140页。

德国民法学届对特定物买卖适用交付替代物的探讨始于《债法现代化法》的生效，其主要的契机是现行《德国民法典》不再区别种类物买卖和特定物买卖，这一点与我国现行《合同法》恰好吻合。我国《合同法》第153条要求，出卖人交付的标的物的质量应当符合约定的质量要求，无论买卖标的物是种类物还是特定物，原则上卖方交付的标的物都应当符合约定的质量。[6]据此，当买卖标的物是特定物时，如果交付的标的物的质量不符合约定，出卖人原则上应当根据《合同法》第155条，承担第111条规定的责任。修理、减少价款、退货等无疑是合理的责任方式，存在争议的是，此时的责任方式是否可能包括交付替代物。一方面我国《合同法》并没有否定在特定物买卖中出现物的瑕疵时适用交付替代物，另一方面我国理论中的观点认为交付替代物仅能适用于种类物的瑕疵履行，对特定物不可能适用。[7]从比较法的视角看，对特定物是否可以适用交付替代物观点也有分歧。

（一）特定物概念说

保守的观点严格从特定物买卖的定义出发，认为特定物买卖中的再履行不应当包括交付替代物。特定物出现物之瑕疵时，交付替代物属于给付不能的情况。[8]从特定物买卖的定义上看，特定物从一开始就已经被双方当事人予以具体化，交付替代物则指向的是另外一个物，这个“他物”并不是买卖合同的标的物。换言之，与种类物不同的是，特定物买卖中的出卖人承诺的是某个具体的物，而非“其他物”，即使存在与所承诺的标的物品质相同或者相似的替代物，也不是当事人之间约定的标的物；这样的“他物”不适合引起合同约定给付状态。[9]从交付替代物的本质看，它和消除瑕疵（修理）同属于再履行范围，而再履行请求权被认为是修正了的履行请求权，与原始履行请求权一样，要根据原合同法律关系的内容确定再履行的给付，原买卖合同中没有约定的，不能成为再履行的标的。[10]依照这种观点，再履行的内容也要受到合同内容的限制。特定物买卖中，与所约定的特定物不同的其他的物并不属于合同的内容，因此买受人不能要求提供合同中约定的特定物以外的其他物。或者简单而言，谁买了A物，就不能要求B物，因为B物不是合同的标的

---

〔6〕 崔建远：《合同法》，法律出版社2010年版，第388页；韩世远：《合同法总论》，法律出版社2011年版，第429页。

〔7〕 朱广新：《合同法总则》，人民大学出版社2012年版，第564页；王洪亮：《债法总论》，北京大学出版社2016年版，第298页。

〔8〕 王洪亮：《债法总论》，北京大学出版社2016年版，第298页。

〔9〕 Huber, Peter, In Festschrift fuer Schlechriem, 2003, S. 532.

〔10〕 Ackermann, Thomas, Die Nacherfuellungspflicht des Stueckverkaeufers. In JZ 2002, p. 379.

物，这与给付B物是否不可能无关。[11]虽然用客观替代物也可以满足买受人的给付利益，但是交付替代性的“他物”不属于出卖人的义务范围。

（二）可替代物理论

对特定物的瑕疵履行适用交付替代物的观点源于德国民法，但是无论在理论中还是实践中一直存在争议。根据《德国债法现代化法》之前的旧的《德国民法典》，特定物出卖人有义务提供无权利瑕疵之物，但是其义务并不包括无物之瑕疵，无物之瑕疵义务只针对种类物的出卖人。德国债法改革法不再区别对待种类物买卖和特定物买卖。换言之，无论是种类物买卖，还是特定物买卖，出卖方的瑕疵担保责任既包括无权利之瑕疵，也包括无物之瑕疵。法律条文不再对种类物买卖和特定物买卖进行区分，统一规定瑕疵担保责任方式，这为特定物买卖中交付替代物提供了可能性。

赞同对特定物适用交付替代物作为瑕疵担保责任方式的观点认为，并非所有的特定物买卖中交付替代物（再供货）都不可能，但是各方提出的理论基础并不一致。客观可替代物理论认为，只要合同的标的物在客观上是可代替物（vertretbare Sache），买受人就可以要求再供货。[12]该观点单纯地从可代替物定义出发，认为只要存在交易上按数量、大小或者重量确定的代替物，就可以交付替代物。德国Ellwangen州法院在2002年的一个判决[13]也支持了客观可替代物理论，认为，特定物买卖并不排除交付替代物，只要从经济上看，买卖标的物是可替代物，交付替代物就是可能的继续履行的方式。客观可替代物没有通过具体的特点特定化，可以直接进行互换。

另有观点提出，对于特定物买卖的再履行是否包括再供货问题，既不能简单地从特定物定义出发，也不能从客观可替代物（vertretbare Sache）的定义出发，因为客观可替代物这个概念存在于德国民法中，很多其他立法例对这个概念是陌生的。应当从当事人的假定意思出发，考察是否存在价值和种类相当之物。[14]当买卖的特定物在交易中能寻找到价值、种类相当的其他物时，特别是涉及批量产品时，卖方可以在市场上找到替代履行产品，这时候相当于存在种类物买卖，或者说，这种买卖是非真正的具体债务（unechte Individaualschuld），依当事人的假定意思，买方的再履行请求权可以指向交付替代物。从当事人假定意思的视角分析特定物买卖中是否可以给付替代物，也符合合同自由原则。如果从特定物定义出发，交付“他物”

---

〔11〕 Bitter/Meidt, In ZIP 2001, 2114, 2119.

〔12〕 Pammler, NJW 2003, 1993.

〔13〕 NJW 2003, 517 ff.

〔14〕 Canaris, Claus – Wilhelm, Die Nacherfuellung durch Lieferung einer mangelfreien Sache beim Stueckkauf. In JZ 2003, 831 ff.

从一开始就不能被认定为履行合同，这样的做法不仅对买受人不利，对出卖人同样不利。因为对买受人而言，该观点粗暴地拒绝了他要求给付无瑕疵之物的请求权；对出卖人而言，则是剥夺了他给付的可能性。如果从一个理性的当事人的视角看，存在同等价值、同等形式的他物时，则可以认为该标的物可以被替代，交付替代物符合当事人的假定意思。判断是否具有同等价值的标准是根据物的应然本质（Soll-beschaffenheit），合同的等值关系没有受到触犯。

（三）本文观点

对于特定物买卖中的瑕疵履行的救济手段是否应当包括交付替代物，不能从特定物定义上一概而论。某些情况下虽然买卖合同是特定物买卖，但是标的物可以找到替代物（Ersatzsache），换言之，虽然买卖标的物通过具体的特点成为特定物，但是该特定物可以被另一个同种类的、同等价值的物替换（austauschbar），此时如果一般性地否定买受人的交付替代物请求权，不但不符合买受人的利益，也可能不符合出卖人的利益。当事人订立合同的目的在于实现给付利益，某些情况下出卖人可以通过给付“他物”来实现买受人的给付利益。比如，买受人在“宜家”购买椅子，他自己把挑选好的椅子拿到收银处，这时因为标的物已经被具体化，显然是特定物买卖。如果此时仅仅因为合同从定义上看属于特定物买卖就否定买受人的交付替代物请求权显然有悖于双方的利益。虽然从定义上看，该买卖合同是特定物买卖，但是如果对买受人的意思表示进行解释，买卖标的物并不是仅仅指被买受人拿到收款台的那把椅子，而是“符合这个样本的椅子种类中的一把”。[15]因此，买受人在这种情况下的再履行请求权的内容应当包括交付替代物。

典型的特定物买卖是二手商品买卖。不可否认，买卖标的物是二手商品，大多数情况下不可能交付替代物。德国联邦法院认为，在二手车买卖中，如果当事人在订立买卖合同前亲自对买卖标的物进行了查看，不能适用交付替代物。德国布伦瑞克的洲高等法院（OLG Braunschweig）[16]则提出与联邦法院不同的观点，尽管买方已经通过查看该二手车进行了标的物的特定化，但是仍然可以在例外的情况下适用交付替代物。《欧洲消费品买卖指令》的第16次权衡理由中称：二手商品因为其自身特点通常不能被替代，在这样的商品交易中，消费者“一般情况下”没有交付替代物的请求权。从该理由可以反向得出，如果二手商品“例外地”可以被替代，那么再履行请求权应当包括交付替代物。实践中，二手商品买卖的“例外情况”并不少见，前文提到的德国布伦瑞克州高级法院的裁定就是很

---

〔15〕 Ackermann, Thomas, Die Nacherfuellung des Stueckkaeufers. In JZ 2002, 381.

〔16〕 OLG Braunschweig, Beschluss v. 4. 2. 2003 - 8 W 83/02, In JZ 2003, 863.

好的例子：[17]当二手商品的品质与“新的一样”时，出卖方完全可以在市场上寻找到替代物，或者当存在另一个与该二手商品偏差很小的“他物”时，也不应当完全否定交付替代物。当然，出卖方取得替代物的花费受到比例原则的限制。

以“特定物”的概念为基础判断交付替代物是否可以作为特定物瑕疵履行的救济手段，不必然具有合理性。这样的“一刀切”的解决方法一方面对买受人不利，它拒绝赋予买受人要求提供符合约定的标的物的权利。另一方面对出卖方也不利，因为它同时也剥夺了出卖人通过再供货取得全额价金的可能性。在很多情况下，买受人和出卖人的利益可能恰恰是获得或者提供可替代的标的物。只要从功能和经济的视角看，买卖合同是“准种类物”合同，替代物与原标的物属于相同的种属，价值也具有可比较性，交付替代物就具有可适用的余地。[18]无论是买方还是卖方提出交付替代物，都说明当事人的主观意思在于继续给付。如果实际存在与标的物具有等值性、等类性的替代物，允许交付替代物既可以保障当事人的利益，也可以维护强制履行原则和契约严守原则。当然，判断特定物买卖中是否可以交付替代物在具体的情况中还要考虑其他因素，比如对标的物的私人情感投入等。比如德国法兰克福州高级法院2011年的一个判决涉及的标的物是一匹马，买受人及家人多次亲自看过这匹马，尝试与马建立信赖关系，法院认为在这种情况下不能仅仅考虑标的物的客观价值、种类，还要考虑买受人的个人感情，因此尽管存在相同种类、相同价值的替代物，仍然否定了交付替代物的可能性。[19]我国《合同法》既然为交付替代物适用于特定物交易留有空间，理论也不应该全面对此予以否定。

三、交付替代物作为买卖双方共同的权利

在确定交付替代物可以适用于特定物的瑕疵履行之后，接下来的问题是，作为

---

〔17〕 2003年2月4日德国布伦瑞克高等法院的一个裁定涉及的是“几乎和新的一样”的一辆二手车，该车仅行使了10公里，出卖人对车的配置的描述是“ABS，四个安全气囊”，售价为11390欧元；实际车的配置中没有ABS，气囊只有两个。原告向被告主张再供货，即提供一辆配置有ABS，四个安全气囊的车。Braunschweig高等法院认为原告的再供货请求权成立。法院在判决书中称：“在特定物买卖中再供货不得作为再履行方式，因为提供与合同约定不同的标的物不属于出卖人的义务”的观点不正确，与德国现行民法典的规定不符。现行买卖合同法将提供无瑕疵之物规定为出卖人的义务，并且又规定了再履行请求权，理念就是使出卖人通过提供无瑕疵之物实现买受人的给付利益。只有当出卖人无法获得无瑕疵之物时，再供货才能被排除。这种情况没有出现，因为作为被告的出卖人可以在市场上买到符合配置的类型相同的、价值相当的车，来履行自己的再供货义务。并且，出卖人为了履行自己的再供货义务付出的代价没有超过比例原则的限制。

〔18〕 Canaris, Claus - Wilhelm, Die Nacherfuellung durch Lieferung einer mangelfreien Sache beim Stueckkauf. In JZ 2003, 838.

〔19〕 2011年2月1日法兰克福州高级法院的判决（16 U 119/10）。

再履行方式之一的交付替代物与瑕疵履行的其它救济手段之间的关系如何。

（一）再履行作为卖方的权利或者机会——买受人必须为出卖人提供再履行机会

关于再履行和其他救济方式的顺位关系，我国理论中的观点呈分歧。一种见解认为，这几种责任方式是类似于选择之债的关系，选择人是买受人，即买受人可以在这几种责任方式中任意选择。[20]按照这种观点，标的物有瑕疵，买受人不必须给予出卖人补救履行的机会，可以直接要求退货或者减少价款。但是这样的任选责任方式与合同法中重要的基本原则不能完全契合。不同见解则提出，《合同法》第107条、第111条和第112条的文字表述支持再履行优先于减价、退货、以及损害赔偿。[21]从我国《合同法》第111条规定的瑕疵履行的责任方式的体系安排上看，虽然修理、更换位于退货、减少价款之前，但是在缺乏相关支持条款的情况下，不能确定再履行必然是第一性的救济权利。

我国合同法承认“继续履行”（specific performance）[22]和“契约严守”（pacta sunt servenda）原则，在这两项基本原则下，买受人的利益在于实现自然给付（Leistung in natura）。英国学者特雷特尔认为，继续履行原则要求债权人尽可能获得交易的实际标的物。[23]当出卖方的给付出现瑕疵时，除了给付不能和不成比例的情况，买受人第一性的救济权利应当是请求出卖人提供无瑕疵之给付，包括修理和交付替代物（更换）；而降低价款、退货只是后顺位的，或者说是辅助性的权利。根据“契约严守”原则，即使双务合同中给付交换出现障碍，当事人之间的衡平利益因为债务人的瑕疵履行被打破，合同当事人在符合比例原则及合理性原则的范围内依然要履行合同。基于该理念，出卖人的给付出现瑕疵，除非出现特殊情况，通常应当允许出卖人进行补救。换言之，当出卖人的瑕疵给付可以补救时，他的再次给付的机会也是一种值得保护的利益，只要给付障碍的形式允许，买受人应当为出卖人提供再次履行的机会。合同法除了保障继续履行和契约严守原则，还要平衡双方当事人的利益，尽管出卖人违约在先，仍然不能允许买受人任意选择责任方式。无论是继续履行原则，还是契约严守原则，最终都可以保障实现“自然履行优先”原则。在该原则下，卖方的履行出现瑕疵时，买方的第一性的请求权应当是再履行，而不是解除合同或者损失赔偿。或者应该反向表达——再履行强化了“强制履行”原则和“契约严守”原则，进而促进交易和经济的发展。

现行《德国民法典》虽然也没有直接规定“再履行”是第一性的救济方式，

---

〔20〕 周友军：《论出卖人的物的瑕疵担保责任》，载《法学论坛》2014年第1期。

〔21〕 王洪亮：《债法总论》，北京大学出版社2016年版，第297页。

〔22〕 “specific performance”也被翻译为“强制履行”“实际履行”等术语。

〔23〕 朱广新：《合同法总则》，人民大学出版社2012年版，第558页。

但是债权法中相关的制度支持再履行的强制优先地位。比如《德国民法典》第281条第2款、第323条第2款、第440条第1句，根据上述条款，如果买方意欲主张解除合同、损失赔偿或者降低价款等替代履行，原则上应当首先设定合理宽限期，要求买方在合理期间提供无瑕疵的履行。由此可以得出，当买卖标的物出现物之瑕疵时，买方第一性的权利是请求对方再履行。虽然现行《德国民法典》第439条将再履行表达为买方的请求权，但是这种再履行请求权实际是指在“消除瑕疵”和“交付替代物”之间选择的权利。如果将“再履行”作为一个整体权利看，权利人并不是作为债权人的买受人，因为买受人必须为出卖人设置合理期间，以便为出卖人提供再履行的机会，否则他将失去减少价款、解除合同等第二性的权利，因此再履行可以说是卖方的“第二次供货权”。但是，这种权利并不是主观权利，〔24〕亦言之，为出卖人提供再次履行的机会并不是买受人的真正义务（Pflicht），违反该义务并不产生损害赔偿责任，而是非真正义务（Obliegenheit），违反该义务买受人失去上述第二性的权利。在德国民法中将再履行称为卖方的“二次供货权”并不准确，确切地说，再履行应当是卖方的第二次履行“机会”，如果买受人意欲获得上述第二性的权利，他就必须为出卖人提供再履行得机会。

《德国民法典》将“再履行”规定为买受人的第一性的法律救济的另一个原因是为了适应《欧洲消费品买卖指令》，但是将适用范围扩大到所有的买卖合同中。再履行请求权看似赋予了买方权利，但是实际上买方的利益明显不如旧民法典中规定的，因为买方在没有例外情形发生时，主张减少价款或者解除合同等第二性的权例之前必须为卖方设定再履行的延缓期，这其实是限制了买受人的权利。在日常的大宗交易中只有市场价格上涨或者市场上货物不足的情况下买方的经济上的利益才会是请求卖方再履行，否则买方的利益通常是立刻解除合同，从他处购买标的物。因此再履行请求权实际也符合卖方的法律政策上的要求，借助再履行机会，卖方可以实现自己的买卖价款利益。

美国《统一商法典》与《德国民法典》这种间接规定不同，其中第508条明确规定了补救权是卖方在初次履行不当时的权利，或者说补救权是卖方的“权力”。这种规定的目的是为了避免买方借助完美给付规则滥用解除权。

综上，无论是欧陆法还是英美法，在出现瑕疵履行时，出卖人都可以获得再次提供无瑕疵给付的机会或者权利。我国司法实践在很多情况下也支持再履行相对于其他救济手段具有优先地位，〔25〕遗憾的是，我国《合同法》并没有相关条款直接或

---

〔24〕 Schollmeyer, Mario/Utlu, Alper, Die Nacherfuellung im Kauf. In Jura 2009, p. 722。

〔25〕 比如安徽省长丰县人民法院在（2014）长民二初字第00046号判决中认为，买受人必须先更换部件，仍然有问题再更换货物，之后才允许退货；在江苏省无锡市中级人民法院（2014）锡商终字第0539号民事判决中，法院认为可以通过修理达到合同目的，则不得解除合同。转引自王洪亮：《债法总论》，北京大学出版社2016年版，第297页。

者间接支持再履行的优先地位。《合同法》第94条仅在第三项规定，出现迟延履行的情况时债权人需要为债务人预留履行宽限期。为了实现修理和更换相对于减少价款和退货等替代履行方式的优先地位，并使继续履行原则和契约严守原则在我国合同法中切实得以贯彻，未来应当或者明确规定再履行的优先地位，或者将违约时为债务人采取补救措施设定宽限期规定为解除合同、减少价款以及违约损害赔偿的前提条件。

（二）交付替代物作为买方的选择权

再履行这个上位概念包括“消除瑕疵”（修理）和“交付替代物”（更换）两种救济方式。在这两者之间进行“选择”是出卖人的权利还是买受人的权利，各法律体系给出不同的示范。

根据《合同法》第111条的文字表述“可以合理选择”，“修理”和“更换”之间是类似于选择之债的关系，瑕疵履行时的选择权在买受人。几个单行立法和地方性法规规定了“两次修理无果，始得更换”规则，这实际是确立了修理优先原则，[26]而且，这种观点在理论中也能寻找到支持者。[27]司法裁判中的观点有支持买受人的选择权者，[28]也有支持“修理”优先于“更换”者。“修理优先”这样的规定实际上并不具有合理性基础，履行不符合约定本来就是由出卖人引起的，已经使买受人遭受了一定的不利，修理优先原则在很大程度上使买受人再次遭受更多的不利。即使从保护出卖人利益的视角考量，也并非在任何情况下“修理”都更符合出卖人的利益，实践中很可能出现的情况是，修理的耗费高于交付替代物的耗费，出卖人很可能更愿意交付替代物，这种情况下要求修理优先显然不利于出卖人的利益。

在出卖人没有补救意图时，美国《统一商法典》没有赋予买受人补救的请求权；并且，是选择通过修理，还是通过交付替代物进行补救，在《统一商法典》中也是出卖方的权利，买方对补救的方式同样没有选择权。《统一商法典》规定出卖人的补救权的出发点是为了修正“完美给付规则”。“完美给付规则”为买受人提供了过度的保护，因为买受人在某些情况下会以给付“不完美”为由解除合同，借此规避对自己不利的交易。基于此，《统一商法典》赋予出卖人补救权，使买卖双方的利

---

〔26〕 贺栩栩：《论买卖合同中继续履行规则的完善》，载《政治与法律》2016年第12期。

〔27〕 比如韩世远教授将“更换”定义为：……无修理可能，或修理所需费用过高，或所耗时间过长，债务人交付同种类同质量同数量的标的物的补救措施。韩世远：《合同法总论》法律出版社2011年版，第608页。

〔28〕 浙江省嘉兴市中级人民法院民事判决书（2013）浙嘉商终字第85号；上海市奉贤区人民法院民事判决书（2012）奉民二（商）初字第1447号。转引自缪宇：《论买卖合同中的修理、更换》，载《清华法学》2016年第4期。

益形成实质上的公平。[29]虽然《联合国国际货物销售合同公约》也将再履行方式选择权交给出卖方，但是考虑到出卖人的利益，公约要求交付替代物以“根本违约”为前提，[30]因为在国际商品交易中，更换可能导致出卖人承担过重的经济负担。[31]

根据《德国民法典》中的相关规定，虽然再履行作为整体权利是卖方的第二次履行的“权利”或者“机会”，亦即，卖方的给付的标的物出现瑕疵时，买方必须为卖方提供再履行的机会。但是，选择通过修理消除瑕疵，还是选择交付替代物，则是买受人的权利。《德国民法典》第439条的条文表述体现的就是买方的选择权，即买方可以“依他的选择”要求消除瑕疵或者提供无瑕疵之物。《德国民法典》的这种构建曾经遭遇了批评的声音，原因是在实践中卖方通常对再履行方式的框架条件更为熟悉。我国也有学者持类似观点，认为，将瑕疵履行的责任方式的选择权归属给买受人对出卖人非常不利，出卖人采取任何方式达到无瑕疵之给付不是也不应当是买受人的利益所在，再履行方式的选择权应当归属于出卖人。[32]但是从利益衡量的视角看，合同法需要对买卖双方利益进行平衡，卖方作为违约人不应该受到更多的保护。再履行本身就已经是为了卖方的利益，不应当再允许卖方对再履行的方式进行选择。

除了利益衡量，将再履行方式的选择权赋予买受人的另一个基础是再履行的法律本质属性。德国联邦法院的裁判认为，买方的再履行请求权是“原始的履行请求权”，而学界则将其理解为修正的合同履行请求权（modifizierter vertraglicher Erfuellungsanspruch），[33]因为买方已经尝试进行履行，因此原始的请求权被修正，法教义学则将其理解为非真正瑕疵担保请求权（unechter Gewaehrleistungsanspruch）。[34]再履行被界定为买受人的请求权的理论基础首先是履行理论（Erfuellungstheorie）。在该理论下，买方的履行请求权延伸至无瑕疵给付，包括无权利瑕疵和无物之瑕疵，当卖方供货出现瑕疵时，为了保障买受人的无瑕疵给付利益，法律应当赋予他向出卖人提出再履行请求权。

我国《合同法》领域并没有美国《统一商法典》中的完美给付规则，再履行权的构建不必完全以保护出卖人为出发点。而且，再履行制度本身已经为出卖人提供了充分的保障，当然该制度也是为了保护买受人获得给付的利益。将再履行方式

---

〔29〕 李付雷：《论美国〈统一商法典〉中出卖人的补救权》，载《民商法论丛》第60卷，第635页。

〔30〕 朱广新：《合同法总则》，人民大学出版社2012年版，第564页。

〔31〕 缪宇：《论买卖合同中的修理、更换》，载《清华法学》2016年第4期。

〔32〕 杜景林：《我国合同法买受人再履行请求权的不足与完善》，载《法律科学》2009年第4期。

〔33〕 Huber, Peter, Der Nacherfuellungsanspruch im neuen Kaufrecht. In NJW 2002, 1005; Lorenz/ Riehm, Lehrbuch zum neuen Schuldrecht. 2002, Rn. 504; Schubel, JuS 2002, p. 316.

〔34〕 Jacobs, Mattbias, Die kaufrechtliche Nacherfuellung. In Barbara Dauner - Lieb/Horst Konzen/Karsten Schmidt (Hrsg.), Das neue Schuldrecht in der Praxis. Muenchen 2003. S. 373.

的选择规定为买方的权利更公平。从目的论的视角出发，再履行请求权有两个作用：其一是买方对卖方的主观权利，使买受人能够实现自己的履行利益；其二是赋予卖方第二次机会，通过提供无瑕疵的给付取得买卖价款。[35]可以说，大陆法系的再履行制度兼顾了买方和卖方的利益，对卖方利益的保障体现在买方必须为卖方提供继续履行的机会；对买方利益的保障主要体现在对再履行的方式有选择权，即可以在消除瑕疵和给付替代物之间进行选择。将选择权赋予买受人的另一个理由是，买受人至少不会因为卖方选择消除瑕疵（维修）而承担使用损失的风险（Nutzungsausfall）。对于使用损失，虽然理论上买受人对使用损失可以主张损害赔偿，但是依据我国合同法，使用损失作为可得利益损失，其赔偿以可预见性为限制条件；而且在实践中，对于可得利益损失法院更倾向于以“不确定”为由不支持原告的可得利益损失赔偿，买受人的利益实际很难得到保障。

鉴于利益衡量，在再履行作为整体权利被归属给出卖人的情况下，将具体再履行方式的选择权赋予买受人具有合理性：一方面为出卖人实现自己的买卖价款的利益提供机会，另一方面不会使买受人承受更多不利。

四、比例原则对特定物瑕疵履行时交付替代物的限制

再履行遵循利益衡量规则，在避免买受人遭受不利的同时，也要防止出卖人承受过重的负担。[36]买受人提出交付替代物的请求权，如果卖方为了获得替代物所付出的代价超过其承担的界限，则卖方可以拒绝交付替代物。判断卖方交付替代物的耗费是否超出合理界限的标准被称为比例原则（Verhaeltnismaessigkeitsprinzip）。我国《合同法》承认比例原则对继续履行的限制。根据《合同法》第110条第1项，出现法律上和事实上的履行不能时，对方不能要求继续履行；该条款第2项，履行费用过高的情况下，对方不能要求继续履行非金钱债务，上述两项规定当然适用于交付替代物；《合同法》第111条同样要求买受人在选择救济方式时应当以“合理”为限。

（一）绝对不成比例

比例原则的核心思想是衡量手段和目的，其目的在于禁止“过度”行为。[37]在本文讨论的交付替代物的情况中，手段是出卖方给付代替原标的物的无瑕疵之物，

---

〔35〕 Schollmeyer, Mario, Die Nacherfuellung im Kauf. In Jura 2009, S. 721.

〔36〕 缪宇：《论买卖合同中的修理、更换》，载《清华法学》2016年第4期。

〔37〕 郑晓剑：《比例原则在民法上的适用》，载《中国法学》2016年第2期；纪海龙：《比例原则在私法中的普适性及其例证》，载《政法论坛》2016年第3期。

目的是实现买受人的自然给付利益。如果出卖人为了交付替代物所花费的费用和买受人获得的利益之间超过恰当的比例，则认为手段和目的之间不成比例。

当出卖人为了给付替代物所付出的耗费（Aufwand/Kosten）和买受人的给付利益之间的对比（Kosten - Nutzen - Kalkuel）“严重”不成比例时（grobe Missverhaeltnis），可以认为交付替代物存在法律意义上的“不可能性”（Unmoegliechkeit），此时出卖人可以拒绝买受人提出的交付替代物的要求。耗费和给付利益之间的比例一般通过原标的物（有瑕疵之物）与代替物（无瑕疵之物）之间的价值差额来表达，但这并不是唯一的标准。尽管比例原则的核心是衡量“目的”和“手段”之间的比例关系，同时也是一个综合的利益权衡问题，要综合考量各种因素，其中最重要的因素是“物在无瑕疵状态时的价值”和“瑕疵的重大性”。〔38〕在这个过程中还要考虑买卖合同本身的内容、考虑交易中的诚实信用等因素、还要考虑出卖人是否有过错——虽然再履行请求权本身与出卖人的过错无关。如果一个理性人在同等情况下很明显不会为了得到给付利益而付出相同的耗费，则可以认为耗费和给付利益之间严重不合比例。〔39〕或者，如果买受人的给付要求从经济的视角看是滥用权利，也是严重不成比例。

我们很难抽象出一个普适的规则，借以判断交付替代物的耗费和买受人的给付利益之间的对比是否符合比例原则，这是一个具体情况具体权衡的过程。实践中判断的标准各不相同，比如，当有瑕疵之物和无瑕疵之物之间的价值差严重失调时，可以认为严重不符合比例原则；当再履行的耗费在比例上超过无瑕疵之物的价值时，也认为严重不符合比例原则。也有观点高提出，当再履行的费用与买卖价格不成比例时，存在不合比例的情况。〔40〕但是，如果仅仅是再履行的耗费超过了瑕疵引起的价值的减少，则不能认为“严重”不成比例。德国的司法裁判和理论中一直尝试将不成比例量化，但是并没有形成统一的阙值，理论中有观点提出，当再履行的费用超过无瑕疵之物的价值的100%时，达到阙值。〔41〕另有观点提出一个简单的法则是，当再履行费用超过无瑕疵之物价值150%，或者再履行费用超过物因瑕疵引起的减少的价值的200%时，也可以认为存在绝对不成比例。〔42〕仅仅是出卖人的耗费超过了买受人的收益，则不能认为存在绝对不合比例。〔43〕

---

〔38〕 Schollmeyer, Mario/Utlu, Alper, Die Nacherfuellung im Kauf. In Jura 2009, p. 724.

〔39〕 Muenchener Kommentar, Das Buergerliche Gesetzbuch. § 275, Rn. 89.

〔40〕 OLG Braunschweig, In JZ 2003, p. 864.

〔41〕 Huber, Peter, Der Nacherfuellungsanspruch im neuen Kaufrecht. In NJW 2002, p. 1008.

〔42〕 BGH ZIP 2009, 376.

〔43〕 MuenchenerKommentar/BGB, § 275, Rn. 90.

（二）相对不成比例

还存在的一种情况是，出卖人交付替代物的费用（Kosten）与买受人给付利益之间的比例没有达到不合比例的程度，但是两种再履行方式——消除瑕疵（修理）和交付替代物（更换）——的耗费对比不成比例，此时则出现“相对不成比例”的情况，出卖人可以拒绝交付替代物，退而选择消除瑕疵作为再履行的方式。至于相对不成比例的阙值问题，即买受人选择的再履行方式的费用超过另一种再履行方式的费用的比率，各方也提出了不同的建议，比如交付替代物的耗费超过修理的费用的10%、20%、25%或者30%，可以认为存在相对的不合比例。判断相对不成比例的因素也是多方面的，比如当事人过错等都可能影响相对不成比例的阙值。具体阙值应当在具体情况中进行具体判断，立法很难对此予以规定，我国未来可以通过指导性案例进行确定。

（三）“不成比例”作为抗辩权

出卖人交付替代物的费用和买受人所获利益之间不成比例赋予出卖人拒绝买受人主张的交付替代物请求权。该拒绝权从本质上看是抗辩权，诉讼中法院不能依职权审查交付替代物是否符合比例原则。

五、买受人选择交付替代物的约束性——选择性债务与选择性竞合的观点之争

如前文所述，“再履行”从内容上看包括消除瑕疵（修理）和交付替代物，具体哪种方式，则应当属于买受人的选择权的范围。通过行使这种选择权，买受人取得一个可以实现自己给付利益的手段，且不依赖于卖方的过错。此时面临的另一问题是，买方作出选择后，是否可以任意变更再履行的方式，比如买方已经作出交付替代物的选择，之后将其变更为消除瑕疵。

（一）买方选择交付替代物的约束性

我国《合同法》第111条仅仅规定，买受人可以“合理选择”要求出卖方承担法律允许的责任方式，但是从该条款中不能确定，买受人作出选择后是否可以变更。《德国民法典》第439条同样没有直接规定买受人是否受其选择的约束。解决这个问题的关键是，确定买受人的选择权是选择性债务（Wahlschuld）还是选择性竞合（elektive Konkurrenz）。我国学界通说支持《合同法》第111条规定的是“选

择性债务”。[44]在选择性债务中，权利人的选择权属于形成权，选择权发生效力后，不经对方同意，不得撤回，权利的选择使选择之债转变成单一之债。[45]也有观点支持两者之间为选择性竞合的关系，认为权利人作出选择后可以变更已经选择的救济方式。[46]

选择性债务涉及的是一体请求权，只不过是给付内容可以选择，一旦权利人向对方表示了自己的选择，该意思表示就产生特别的约束效果：被选择的给付被视为自始就应当履行的给付，换言之，如果买受人行使了自己的选择权，选择权就溯及既往地转换成唯一性权利，法律关系通过这种法律拟制如同自始就包含被选择的内容，另一个供选择的内容被视为自始不存在。[47]比如，当买受方向卖方表示自己选择消除瑕疵，则买方的再履行请求权被视为自始就仅仅是该内容，代物给付请求权则被认为自始不存在。在选择之债中，买受人和出卖人之间的法律关系因为选择而得以确定，原则上不得变更。

选择性竞合并非法定规则，而是在德国司法裁判[48]和理论中被予以广泛承认的规则。与选择债务的相同之处是，债权人在多个可能的给付中只能要求债务人履行其中的一个，不同之处在于，权利人的选择权直至债务人实际完全给付才消灭。换言之，在债务人有效履行之前，即使债权人做出了决定，也不受自己的决定的约束，仍然可以通过变更决定来选择其他的给付方式。

对比这两个法律制度，适用选择性竞合似乎对买方更为有利，因为买方在卖方完全履行之前不受他之前做出的决定的约束，可以变更选择，这样更有利于维护买方的利益。德国法学界支持该观点的一个重要的论据是对《欧洲消费品买卖指导方针》的遵守，但是这种观点显然是过分解读了欧洲消费品买卖指导方针。消费者买卖指导方针是为了保护作为消费者的买方，但是《德国民法典》的条款不仅适用于消费品买卖，而是扩大适用于所有的买卖领域，换言之，适用第439条的买方不一定是“消费者”，买方的需保护程度不似消费者那么强。另一方面，即使消费品买卖指导方针的目的在于保护买受人，也不能认为每一个条款都是单方面地保护买受人，出卖人的利益不重要。买方对再履行的方式有选择权，如果再允许他任意变换

---

〔44〕 崔建远：《债法总论》，法律出版社2013年版，第30页；周友军：《论出卖人的物的瑕疵担保责任》，载《法学论坛》2014年第1期。

〔45〕 贺栩栩：《论买卖合同中继续履行规则的完善》，载《政治与法律》2016年第12期。

〔46〕 殷安军：《论违约救济方式选择后的可变更性》，载《华东政法大学学报》2015年第2期。

〔47〕 Buedenbender, Ulrich, Der Nacherfuellungsanspruch des Kaeufers-Wahlschuld oder elektive Konkurrenz? In AcP 2005, p. 390.

〔48〕 BGH JZ 1979, 230; RGZ 109, 184; 102, 262.

自己的选择，则买方享有了双重利益，[49]也是对卖方利益的任意忽略，与合同法中的利益衡量规则相悖。

买受人的选择权是选择性债务，只不过选择权不在债务人，而在债权人。[50]“选择性债务”关乎的是包含不同的给付内容的一个整体的请求权，而在“选择性竞合”中，权利人拥有的是多个供选择的请求权，并且各个请求权在内容上不同。[51]尽管设定再履行请求权的目的之一是为了保障买受人的自然给付的利益，但同时也是为了维护出卖人通过第二次履行而取得买卖价款的利益，换言之，再履行的理念应当同时顾及买卖双方的利益。如果将买受人的选择确定为“选择性竞合”，出卖人的利益将受到严重的损害，比如买受人本来选择了排除瑕疵，出卖人派出员工前往买受人处进行维修，在“选择性竞合”中，出卖人未完全履行之前，买受人可以变更其已经作出的选择。如果买受人在瑕疵被排除之前将自己的再履行请求权变更为交付替代物，那么出卖人此前派出员工的费用无疑浪费了。在“选择性竞合”中，只有当买受人变更再履行方式属于违反诚实信用原则的情况下，出卖人才能拒绝履行，比如出卖人针对买受人已经做出的选择进行了有效的处分，特别是费用上的处分，买受人变更再履行方式可能违反诚实信用原则。但是我们很难判断，费用上到底达到哪个界限才能被认定为违反诚实信用。[52]另外，将买受人的选择界定为选择性竞合导致的另一个不利的法律后果是，出卖人不能对买受人选择的履行方式形成有效的信赖，进而全心全意履行自己的义务。鉴于此，为了使卖方能信赖买方的做出的决定，避免无用的浪费，维护法律的安定，将买受人的选择权认定为“选择性债务”更符合交易安全和交易效率的要求。

（二）选择约束性的例外

从选择性债务的本质上看，如果买受人对再履行方式作出选择，则要受到该选择的约束，即选择的约束效力（Bindungswirkung），但是这种情况仅限于“不受干扰”的情况。反之，如果买受方选择的再履行方式被认为是“不可能的”（unmoeglich）或者是“不合理的”（unzumutbar），亦即存在不合比例的情况时，而另一种再履行方式可行，这是必须允许买受人变更再履行方式。比如买受人选择的是“交付替代物”作为再履行方式，但是对出卖人而言再提供无瑕疵的耗费过高，不符合比例原则，而另一种再履行方式“维修”仍然可行，此时买受人选择的再履行

---

〔49〕 Buedenbender, Ulrich, Der Nacherfuellungsanspruch des Kaeufers-Wahlschuld oder elektive Konkurrenz? In AcP 2005, p. 406.

〔50〕 Schollmeyer, Mario/Utlu, Alper, Die Nacherfuellung im Kauf. In Jura 2009, p. 726.

〔51〕 Schollmeyer, Mario/Utlu, Alper, Die Nacherfuellung im Kauf. In Jura 2009, p. 726.

〔52〕 Buedenbender, Ulrich, Der Nacherfuellungsanspruch des Kaeufers-Wahlschuld oder elektive Konkurrenz? In AcP 2005, pp. 392 – 393.

方式受到干扰（Stoerung der Nacherfuellung）。[53]出现再履行受干扰的情况时，买受人已经作出的选择不应当产生约束效力，换言之，选择性债务的相关条款的适用受到限制。如果在再履行受到干扰的情况中继续认为买受人的选择具有约束效力，这与再履行的优先性形成矛盾，因为再履行方式出现上文中的不成比例的情况时，作为债务人的买受人可以拒绝履行，坚持认为此时买受人的选择不可变更，导致的结果是买受人直接主张减少价款或者解除合同。而根据《德国民法典》第439条第3款第3句，当只有一个再履行的方式“不可能”或者“不合理”时，再履行的优先性仍然适用。[54]基于此，当买受人选择的再履行方式受到干扰时，应当允许买受人变更再履行方式。但是，这种情况只能认为是选择性债务中选择的约束效力的限制适用，并不能认为存在选择性竞合。

我国学界也有观点提出，将选择权界定为“选择之债”的同时，赋予买受人一项变更权也是一个可考虑的解决途径。当然，这种变更权要受到一定的限制，比如买受人为再履行设置了宽限期，在该宽限期内不得任意变更再履行的方式。或者当出卖人对买受人已经作出的再履行方式产生信赖时，不得允许买受人任意变更再履行方式。[55]

六、结论

交付替代物作为瑕疵担保责任或者违约责任方式，产生于种类物买卖。随着交易的发展，法学理念也不断随之更新，交付替代物可以适用于特定物买卖这一观点逐渐被提出，在德国民法中，无论是理论还是司法裁判都对此予以逐渐承认。当事人之间订立买卖合同通常是为了获得对方的给付，对于买受人而言是取得标的物，出卖方是为了获得足额买卖价款。即使标的物是特定物，随着现代社会经济和信息的发展，很多情况下出卖人可以寻找到同等类型、同等价值的替代物，并且获得替代物的费用符合比例原则的要求，此时合同在功能上和经济上相当于种类物买卖（或者称为“准种类物交易”），这时交付替代物是可行的瑕疵履行救济方式。交付替代物可能是买方的利益所在，也可能是卖方的利益所在。在首次给付出现瑕疵时，基于契约严守原则和继续履行原则，出卖人应当获得再次履行的机会，亦即买卖标的物出现物的瑕疵时，买受人第一性的救济权利是要求出卖人排除瑕疵（修理）或者交付替代物，而不是直接主张解除合同或者减少价款。我国《合同法》

---

〔53〕 Buedenbender, Ulrich, Der Nacherfuellungsanspruch des Kaeufers-Wahlschuld oder elektive Konkurrenz? In AcP 2005, p. 418.

〔54〕 Palandt, Das Buergerliche Gesetzbuch. Muenchen 2015, § 439 Rn. 14.

〔55〕 贺栩栩：《论买卖合同中继续履行规则的完善》，载《政治与法律》2016年第12期。

没有区别种类物和特定物交易，其中第 111 条对违约责任方式进行了一体规定，这种规定为理论和实践中进一步承认特定物买卖出现瑕疵履行时可以适用交付替代物提供了可能的空间。但是《合同法》的不足之处是没有直接规定或者通过其他间接条款确定“再履行”（消除瑕疵或者交付替代物）的优先地位，这是《合同法》修订过程中应当予以修正之处，以保障合同法中契约严守原则和继续履行原则的贯彻。另外，对特定物的瑕疵履行适用交付替代物受到比例原则的限制，鉴于比例原则需要考虑的因素很多，不可能在未来的合同法中逐一规定，但是可以通过指导性案例确定不同情况时“合比例”的阙值。

民法典合同法编就商事合同的规则完善*

夏庆锋**

目　次

我国《民法总则》已于2017年10月1日起正式施行，这意味着中国步入民法典的时代即将到来。编纂民法典是我国几代民法学人的共同期盼，具有重要的时代意义。《民法总则》是以《民法通则》为基础对民事行为进行提纲挈领地规定，也涉及对商事行为的安排，如营利法人（第三章）、委托代理（第七章）等。二十年来，我国民商法学界对民法典的制定与商事立法关系的争论从未停止，具体包括民商合一〔1〕、民商分立〔2〕、民法典与商事通则（一说商法通则）〔3〕、民法典与商事

---

* 本文部分内容以《民法典合同法编之商事条文规范设计——以总则条文的修改与完善为视角》为题发表于《江淮论坛》2018年第2期。

** 安徽大学法学院讲师。

〔1〕 王利明：《民商合一体例下我国民法典总则的制定》，载《法商研究》2015年第4期；汪青松：《主体制度民商合一的中国路径》，载《法学研究》，2016年第2期；李永军：《论商法的传统与理性基础——历史传统与形式理性对民商分立的影响》，载《法制与社会发展》，2002年第6期。

〔2〕 范健：《走向〈民法典〉时代的民商分立体制探索》，载《法学》2016年第12期。

〔3〕 赵旭东：《民法典的编纂与商事立法》，载《中国法学》，2016年第4期；王保树：《商事通则：超越民商合一与民商分立》，载《法学研究》，2005年第1期；石少侠：《我国应实行实质商法主义的民商分立——兼论我国的商事立法模式》，载《法制与社会发展》，2003年第5期。

单行法[4]等学说。伴随着总则的施行与各编的起草与制定，民商合一几成定论，但学者对此仍有不同观点，以希冀于未来民商事法律的科学布局与谨慎决策。

一、民商合一背景下对商事合同的立法安排

民商合一，即统一一部民法典规范包括民商事活动在内的一切私行为，强调民法典规范适用于所有民商事关系。大多数民法学者都赞同以民商合一的民法典形式为规范各类民商事行为的根本法则，瑞士、意大利等国也都采用民商合一的立法形式，将商法内容并入民法典。[5]由于民法和商法在调整对象上具有不可区分性且法律性质和属性上具有相同性，如果完全实行民商分立有人为割裂同一法律关系之嫌，既有害于私法体系的统一性，也不利于私法理论的深入发展。而且，民商分立必须以民法的高度民主发达为条件，是在民法发展到一定阶段后，出现新情况使现有的民法规范无力调整纷繁复杂的社会经济关系时才产生对商法的渴求。而目前国内民法本身尚有待完善和弘扬，民法观念也有待于进一步深化。在民事立法尚待进一步发展特别是民法典尚付阙如的情况下实行民商分离，无异于在沙滩上修建摩天大楼。[6]

民商合一学者赞成商事行为与民事行为无本质区别，故以法律行为规范足以，无须特别调整。德国商法学家卡纳里斯认为，尽管商法学家作了很多努力，迄今他们仍未成功地对大量商法规范给出独特而明确的特征。[7]法的形式理性主要是指由理智控制的法律规则的系统化、科学化以及法律制定与适用过程的形式化。[8]形式理性的法律思想代表了高度民主逻辑的普遍性思维，是一种体现“制度化”的思维模式。这种制度化的思维模式在立法上试图制定逻辑清晰、前后一致、可以适用于任何实际情况的完美体系。从商法典形成的历史因素来看，商事规则本来就是民法的“弃儿”，商法典是对游离于民法之外的“散兵游勇”的收容，故其内在联系性远远不如民法，其外在形式上也缺乏理性外观，未体现出需要进行制度化的必要性。[9]

---

[4] 肖海军:《民法典编纂中商事主体立法定位的路径选择》，载《中国法学》，2016 年第 4 期；王玫黎:《通则上的民商合一与各商事单行法独立并行——中国商事立法模式的选择》，载《政治与法律》，2006 年第 3 期。

[5] 殷安军:《瑞士法上民商合一立法模式的形成 兼评“单一法典”理念》，载《中外法学》2014 年第 6 期。

[6] 赵万一:《论民法的商法化与商法的民法化——兼谈我国民法典编纂的基本理念和思路》，载《法学论坛》，2005 年第 4 期。

[7] [德] C·W·卡纳里斯:《德国商法》，杨继译，法律出版社 2006 年版，第 8 页。

[8] 黄金荣:《法的形式理性论》，载《比较法研究》，2000 年第 3 期。

[9] 李永军:《论商法的传统与理性基础——历史传统与形式理性对民商分立的影响》，载《法制与社会发展》，2002 年第 6 期。

民法在漫长的历史发展演变中，固然已形成极其深厚的文化积淀和精神底蕴，培育了博大精深的民法文化，使民法具备巨大的社会适应性与包容性，并奠定民法在私法体系中不可动摇的基础地位与核心作用。但随着经济社会的快速发展，民法已经开始日益商事化，于是民法无法再包含私法的全部。〔10〕商法具有不同于民法的独立性和特殊性，若教条的坚持民商合一，使民法完全囊括商法的内容，这不仅使民法典的体系过于庞杂，而且由于商事关系极强的变动性和时势性导致经常对法典进行修改或补充，进而有损于民法典的稳定性和权威性。王利明教授提出，"如何规定商事一般规则？有两种立法模式可供选择：一是在民法典总则之外制定独立的商法总则，二是通过民法典总则统一规定有关的商事一般规定。……，我国未来的立法应当采取后一种模式"。〔11〕笔者认为，现阶段下只制定一部民法典无疑是规范民商事行为最好的方式，既需要在合同法编对具有典型性商事行为特征的商事合同进行规范，还需要结合《公司法》《保险法》《票据法》《海商法》等商事特别法，共同在规范商事行为方面发挥作用。

二、合同法编拟定商事规则的基本规定

考察合同法编对商事合同的基本规定，要从两方面入手：一则为合同法编对商事主体、商事行为等商事合同必备要素之原则性规定，对经常性商事合同的一般性规定，及对区别于民事合同的任意性规定；二则为对特殊商事合同仍需交由商事单行法规定，如票据交易行为、保险交易行为、公司股权交易行为等，仍应按照《票据法》《保险法》《公司法》等有关商事单行法的规定。正如江平教授所说，"认识民法与商法的关系必须坚持两点论：一是民商融合是趋势；二是民商仍有划分必要"。〔12〕

（一）对商事主体、商事行为的原则性规定

现代意义的商法已不再是单纯的属人法，而是以一切商事活动和商事关系为调整范围的法律部门，商事行为并非只有职业商人才能为之。相反，任何实施了商事行为的人，都可以成为商事主体，都会受到商法的管辖。商事主体、商事行为是商事合同成立并具备履行可能的重要前提，其与民事合同之区辩在于前者是B2B合同（business-to-business，即商事主体之间产生的商业活动），而后者为B2C合同（business-to-customer，即商事主体与普通民事主体之间的商业活动）及普通民事主

---

〔10〕苗延波：《论中国商法的立法模式》（下），载《法学评论》2008年第2期。

〔11〕王利明：《民商合一体例下我国民法典总则的制定》，载《法商研究》2015年第4期。

〔12〕江平：《关于制定民法典的几点意见》，载《法律科学》，1998年第3期。

体之间的以产生、变更、消灭权利义务关系的民事合同。[13]商事主体与民事主体都可以从事商业活动，但其“议约缔约能力”（如法律专业与信息对称程度）要明显优于后者。因此，由于商事合同多为无名合同且具有不完整合同的特性，未必适合套用民法上对民事合同的规定，须更为重视在尊重当事人自治意思前提下，增加对商事主体、商事行为的原则性规定，以符合商业习惯。

（二）对经常性商事合同的一般性规定

所谓经常性商事合同，即在商事活动中长期使用的合同类型，但又未到单独立法予以规范的程度，如我国《合同法》规定的融资租赁合同、委托合同、行纪合同、居间合同等都可由于商事主体的加入或本身即作为商事活动的协议而为合同当事人经常使用。民法典的基本精神，应在于务实、精简、规范上着重纳入对于维护人民基本权利具有重大性、基本性和必要性的内容。[14]因此，对于这些常用的商事合同的一般性规定，在合同法编中应有所体现。衡量民法与商法的性质，民法既为私法之根基，则应务求简要性及原则性，并不随社会经济变化而随时修改。而商法为因应市场瞬息万变，故宜保持弹性，并视不同商业领域之独特需求个别规范，是以比起原则性概念，其施行毋宁更仰赖多元的商事单行法颁布，以满足商业模式不断推陈出新之景况。合同法编是民法典包含商事规则的重要部分，在对经常性商事合同进行一般性规定时更应谨慎。对经常性商事合同的一般性规定主要包括两点，即对意思自治的充分尊重和对合同责任的法律确认。

（三）对区别于民事合同的任意性规定

各种因应新兴需求而发展出的商事合同、商事组织，往往超出民法预设规定之范围，固有必要对之量身打造适当的法律规范。倘若过于拘泥套用民法之旧条文，恐将对商业发展造成过度限制，不利市场创新及企业弹性发展。民法典下合同法编的法条并不特意区分商事合同与民事合同，只有一套共通适用于二者立法论与解释论之合同法制，其规范设计的核心即为强制性规定与任意性规定的安排。强制性规定包括公序良俗与公共秩序的规定、合同法的执行与解释规定、保护合同弱势当事人等规定。而就任意性规定而言，理论上可兼用于民事合同与商事合同，但应更加偏向于对商事合同的适用。相对而言，由于商事合同当事人较有能力保护自己并设计协议条款，且商事合同的需求因案而异，因此必须仔细斟酌缔约目的以及背后的商业习惯，在合同法编对商事合同的规定应较多的采用任意性规定而非强制性，以允许当事人自由意愿的表达及最大限度地发挥合同效力。

---

[13] 我国台湾地区“行政程序法”第135条~149条。

[14] 苏永钦：《民法典的时代意义》，载《月旦民商法杂志》2004年第3期。

三、合同法编拟定商事规则的完善建议

我国《合同法》分则虽然规定了一些典型的商事合同，例如融资租赁合同、仓储合同、行纪合同等，可谓是民商合一的立法范例。但《合同法》对于商事特殊性的照顾仍然严重不足，甚至遭到民法学界自身的批评。例如，关于委托合同的规定，便完全立足于自然人之间基于日常生活形态的委托，赋予委托人随时解除委托合同的权利，这对于商事委托的特殊性完全未加考虑，导致商事实践中因委托人任意解除委托合同而导致受托人的损失难以获得充分的赔偿。此外，《合同法》虽然在代理制度上对《民法通则》有所突破，规定了间接代理制度，但仍然失之过简，对商事代理中的特殊性缺乏呼应。[15]因此，在民法典合同法编的编纂过程中，应适当增加商事合同的专门规定，并确定合理范围。

（一）对违反合同约定所生利息之规定

1. 应允许债权人主张迟延履行所生之债务利息

《〈中华人民共和国商事通则〉建议稿》（以下简称《商事通则建议稿》）第82条规定："因商行为而产生的债务，债权人有权请求债务人支付不低于银行同类贷款利率的利息。"[16]这一规定带有鲜明的商法营利性色彩，与《合同法》中的诸多规定均有所不同，是商法特征的反映。《合同法》第73条第2款及第74条第2款分别规定："代位权的行使范围以债权人的债务为限"及"撤销权的行使范围以债权人的债权为限"。也就是说，法律只允许债权人在行使代位权或撤销权时以其债权为限，而不能加上按照同期贷款利率的本金利息。而根据《商事通则建议稿》的规定，债权人便可在行使代位权或撤销权时径直加上本金之利息作为主张债权的范围。虽然笔者并不赞成现阶段订立商事通则，但民法典合同编在对商事行为所生债务及利息的规定时，应考虑增加《商事通则建议稿》第82条的规定，以体现商事行为的营利性特征。

2. 应认可商事借贷在利息无约定或约定不明时的利息请求权

又如，《合同法》第211条规定："自然人之间的借款合同对支付利息没有约定或者约定不明确的，视为不支付利息。"如果自然人之间进行借贷，而借款人将该借款用于商业投资等商事活动中，即此时的借贷实质为一种商事行为，在当事人之间没有约定利息或约定不明确的情况下，则依《合同法》的该条规定，债务人就可

---

〔15〕 孟强：《经由编纂民法典实现民商合一——兼评〈民法总则专家建议稿〉与〈商事通则立法建议稿〉》，载《社会科学战线》2015年第12期。

〔16〕 王保树主编：《商事法论集》（总第20卷），法律出版社2012年版，第10页。

不支付利息。显然，《合同法》的该条规定对于自然人之间的商事借贷行为无法起到很好的规制作用，更不能对当事人的合法权益进行保护。《合同法》是根据合同主体来区分适用民事规定或商事规定，而《商事通则立法建议稿》第79条根据商行为而非主体身份来区分更为科学。[17]因此，在民法典合同法编编纂过程中，对《合同法》第211条的规定应做修改，不应再以是否为自然人之间的借贷合同作为有无对利息无约定或约定不明时利息请求权的依据，而应先区分是否为商事行为或民事行为。若自然人之间的借贷行为实际上是为其后的商业投资等商事行为募集资金，则应支持出借人对无明确约定利息的请求权，使其更符合商事活动的现实特征。

3. 对商行为所生之债务不应限定利息上限

商行为本质上为营利性行为，以有偿为原则。因此，对商行为所生债务应坚持以下原则：第一，因商行为所生之债务，若无特别约定，债权人均有权按照“有偿”原则请求债务人支付不低于银行同期贷款利率之利息，《最高人民法院关于审理民间借贷案件适用法律若干问题的规定》第26条也作规定：“借贷双方约定的利率未超过年利率24%，出借人请求借款人按照约定的利率支付利息的，人民法院应予支持。”第二，因商行为所生之债，可以约定高于银行同期贷款利率之利息，这在我国民间借贷司法解释中也已认可，但问题在于，如果约定的利率“过高”，该如何确定其效力？按照相关司法解释的规定，“借贷双方约定的利率超过年利率36%，超过部分的利息约定无效”。笔者认为，在商事活动中，不应限定利息上限，应允许商人之间自行约定较高利率进行资金流转。正如Schwartz教授和Scott教授所言，“在商业合同中，商业人士更喜欢正式的、反语境的条款，因为他们珍视确定性和可预见性”。[18]商业借贷与消费借贷存在很大差异，法律对后者给予特别保护，而前者主要依靠商人自己的行为进行保护。商主体之间的商事活动具有明显的营利目的，在借贷合同中即使约定了较高的利率，往往也是基于投入成本与产出获利的计算而做出的决策，既没有扰乱正常的资金使用秩序，也很难涉及刑法上的集资诈骗等犯罪行为，应于法律所承认。例如，西班牙商法典就明确规定，在商业借贷情形，对利息的约定不受任何限制。[19]在商事活动中，商行为所生债务之利息应做有利于债权人利益的计算，尤其在金融贷款利率自由化之后，不应通过限定利息上限来制约企业之间的资金流通权利。

---

〔17〕 王保树主编：《商事法论集》（总第20卷），法律出版社2012年版，第10页。

〔18〕 See Schwartz, A., Scott, R. E. (2003), " Contract theory and the limits of contract law", Yale Law Journal, Vol. 113, pp. 544-548.

〔19〕 潘灯、高远译：《西班牙商法典》，中国政法大学出版社2009年版，第95~96页。

（二）增加商事代理履行利益损失请求权的规定

民事代理之委托人有解约自由，这样的原则被直接适用于商事代理领域，严重损害了以营利为目的之“代理产业”的发展，不符合商事代理之本质。例如，在商事代理行为中，面对委托人随意解约的问题，法院往往倾向于不保护商事代理人的预期利益，只保护其直接损失，这导致商事代理人的求偿权（营利性追求）不能得到充分保护。例如，在上海盘起贸易有限公司与盘起工业（大连）有限公司委托合同纠纷案中，最高人民法院认为，根据《合同法》第410条的规定，委托人或者受托人可以随时解除委托合同。因解除合同给对方造成损失的，除不可归责于该当事人的事由以外，应当赔偿损失。但是，当事人基于解除委托合同而应承担的民事赔偿责任不同于基于故意违约而应当承担的民事责任，前者的责任范围仅限于给对方造成的直接损失，不包括对方的预期利益。〔20〕此种法律思维是没有区分商事代理与民事代理的实质差异，与民事代理主要根据服务或劳动收取代理报酬不同，商事代理往往是一种持续性的营业行为，受委托的代理人通过长期履行而获得订立合同的预期收益。代理收费不同于工资报酬，涉及“商事定价”的问题，往往依据其提供的商业信息、专业服务、完成的商业交易定价收费，收费标准也会更高一些。而且，与代理人劳动力之付出没有太大关系，但与交易市场、交易标的之价值、所完成的营业行为之价值有密切关系。因此，对于商事代理，很难用民法的等价有偿原则去评价，在委托人擅自解除委托合同或者代理合同终止以后，各国商事立法通常还会保护代理人的求偿权或称之为“衡平求偿权”。〔21〕对于盘起案，崔建远教授也认为，《合同法》第410条规定的任意解除权适用范围过宽，应当进行限缩解释，当一个合同既包含委托的因素，又包含其他合同类型的因素从而构成一个无名合同的时候，不得适用《合同法》第410条解除。《合同法》第410条中规定的“赔偿损失”，不能简单地被认定为“直接损失”，应当区分情况考虑。〔22〕

可见，在商事代理活动中，被代理人与代理人签订合同后，实际上是代理人基于代理合同而实际履行合同项下要求，在特定的地区代理特定的产品或服务。《合同法》第410条允许当事人，尤其是委托人（在代理合同中为被代理人）任意解除合同，如若不同时赋予守约方（在代理合同中为代理人）的履行利益损失请求权，而仅仅是直接损失的请求权，则极大的侵害了商事代理中的代理人的正当权益。《合同法》第410条的规定没有区分民事委托与商事委托，在民法典合同

---

〔20〕 最高人民法院（2005）民二终字第143号民事判决书。

〔21〕 吴日焕译：《韩国商法》，中国政法大学出版社1999年版，第21页。

〔22〕 参见崔建远、龙俊：《委托合同的任意解除权及其限制——“上海盘起诉盘起工业案”判决的评释》，载《法学研究》2008年第6期。

法编的委托合同一章中，应区分民事委托与商事委托。[23]对于民事委托合同，继续保持现行《合同法》第410条的规定，对于商事委托合同，虽也不承认当事人的任意解除权，但此处应对违约者做更为严厉的处罚，即承认代理人对履行利益损失的请求权。

（三）允许商事合同双方约定流质流押条款

我国《物权法》第186条规定："抵押权人在债务履行期届满前，不得与抵押人约定债务人不履行到期债务时抵押财产归债权人所有。"该法第211条规定："质权人在债务履行期届满前，不得与出质人约定债务人不履行到期债务时质押财产归债权人所有。"可以看出，我国现行法律全面、明确地禁止流质流押，即在合同的签订过程中，不允许当事人约定在不履行债务的情况下对抵押物、质物所有权的事先处分。制定上述法条的初衷在于立法机关担心合同双方约定债务不履行时担保物的权利归属，会剥夺债务人的议价机会和重新评估价格的机会，由此形成实质上的不公。或债权人直接以不履行债务即变更标的物所有权为由对债务人进行威胁，以实现对债务人的暴利盘剥。[24]笔者认为，对于民事合同而言，禁止流质流押有其使用价值，但对于商事合同而言，此类禁止条款事实上已经对当事人签订合同的意思自治及处分财产的权利进行侵害。在商事活动中，商主体对流质流押条款效力具备完全的认识能力，也深知由此将产生怎样的后果，允许理性的合同双方约定流质流抵条款，将使得担保物权制度更为简洁明了，实现合同债权的成本将会大大较低。例如，《商事通则建议稿》第86条规定："商人之间设定抵押、质押，可以约定债务人不履行债务，抵押物、质物归抵押权人、质权人所有。"[25]这一规定将民法学界存在较大争议的流质流押制度予以合法化，是对既有担保物权制度的一大突破。未来的民法典合同法编应在总则中做类似规定，以去除《物权法》对商事合同流质流押条款的不合理限制。

从保护债务人利益的角度分析，禁止流质流押条款能够起到防止债务人未能履行合同义务时而陷于不利的被动地位。但是，从交易公平来看，流质流押条款并不违反信用交易的公平原则。债权人和债务人双方设立债的关系并进行担保是出于双方各自的需求而自愿约定的条款，债权人的目的并不是要取得担保物的所有权，债务人也并非不想履行合同之义务。[26]立法上有意倾向一端，则必然造成另一端的失衡。禁止流质流押条款固然保障了债务人的权利、实现了所谓经济上弱者的正义，

---

〔23〕 崔建远：《编纂民法典必须摆正几对关系》，载《清华法学》，2014年第6期。

〔24〕 庄加园：《"买卖型担保"与流押条款的效力——〈民间借贷规定〉第24条的解读》，载《清华法学》2016年第3期。

〔25〕 王保树主编：《商事法论集》（总第20卷），法律出版社2012年版，第11页。

〔26〕 王明锁：《禁止流质约款之合理性反思》，载《法律科学（西北政法学院学报）》2006年第1期。

但也降低了担保的效力、增加了债权人实现债权的风险，不利于合同双方权利义务的实现。在商事合同中，债权人与债务人双方对于担保物的价值均能够有较为明确的、稳定的估算与预期，即便出现波动，往往也属于正常商业风险范围。因此，允许商事合同中的理性当事人约定流质流押条款，将使得商事合同与担保物权制度融为一体，更好地发挥各自功能。

四、合同法编拟定商事规则的注意要点

“法书万卷，法典千条，头绪纷繁，莫可究诘，然一言以蔽之，其所研究或所规定者，不外法律关系而已。”[27]立法活动中的编纂，是指将现行法律规范按照法律的技术逻辑予以整理合并，纠正其错误，修正其不一致，使其称为和谐、统一的法律行为。[28]编纂民法典不仅限于提案条文之技术的、表层的问题，而且确乎是要重新审视“法典”以及“法典编纂”的意义。[29]因此，在拟定合同法编的商事规则时，既要根植于中国的生存土壤和条件，又要大胆借鉴发达国家成功的商事立法经验，既要注意消化、吸收和磨合，又要防止“南橘北枳”等不服水土的情形出现。未来的民法典合同编必然包括商事规定，在编纂过程中要注意以下要点。

（一）商化不足的纠正

所谓商化不足，即指民法典或合同法制对于商事合同的规定未体现出商事合同所要调整的经济关系，没有把握当事人订立商事合同的真实意思，致使合同目的不能实现或不合理的侵害当事人一方或双方的利益，与公平、诚信等基本原则相违背。现行《合同法》是一部融合两大法系先进经验、面向中国实际的法律，也是一部适应我国市场经济发展需要的良法。[30]如该法第52条相对于原《经济合同法》第7条所规定的四种无效经济合同的情况，大大缩减了无效合同的范围，起到鼓励交易的作用。[31]但是，随着社会经济的不断发展，《合同法》的一些条文规定已经凸显出其商化不足之问题。上文所涉及的“对商行为所生之债务不应限定利息上限”“允许商事合同双方约定流质流押条款”都为对相关法律的商化不足所进行的探讨。合同法制的商化不足会导致交易成本的提高，无法对订约形式灵活的商事合同进行有效保护，最终不能满足当下生产力发展对法律制度的时代性要求。民法典

---

〔27〕郑玉波：《民法总则》，中国政法大学出版社2003年版，第93页。

〔28〕孙宪忠：《防止立法碎片化——尽快出台民法典》，载《中国政法大学学报》2013年第1期。

〔29〕［日］北居功：《穗积陈重〈法典论〉解题——从现行民法编纂事业眺望法典论之意义》，李求轶译，载《法律史评论》（总第8卷）。

〔30〕王利明：《民法分则合同编立法研究》载《中国法学》2017年第2期。

〔31〕张桂龙：《修改经济合同法的若干意见综述》，载《中外法学》1990年第6期。

合同法编的编纂过程要纠正现行《合同法》出现的商化不足问题，强调商法理念的类型化，保障私法自治及经营自由。

（二）商化过度的避免

合同法的经济意义主要表现在通过提供各种交易规则和标准术语并使当事人根据这些规范和术语来订约，以减少当事人为了达成交易和反复推敲合同条款所需要支付的合同成本。也就是说，合同法的适当商化有利于降低当事人的交易成本，但这里的商化应符合一定条件，并不是在所有领域、对所有主体都可以自治、自由为目的而不作任何限制。如对于商人间签订的以损害国家、集体或他人的利益为内容的商事合同，不可仅为尊重当事人的意思自治而不作限制，而且还应受到经济法甚至刑法之制裁。又如在委托合同中，委托人的任意解释权规定也有商化过度之嫌。虽然我国《合同法》第410条对行使任意解除权的委托人规定有赔偿责任，但这里的责任仅为给对方造成的直接损失，不包括对方的预期利益。这实际上是商化过度给委托合同履行方利益带来的不合理损失，未来合同法编应对此规定进行完善，即视委托合同履行程度赋予守约方履行利益请求权，以避免商化过度带来的不合理损失。此外，在合同双方都为商事主体的消费者合同中，违约责任不仅涉及风险分配，更关乎消费者利益保护，于此也不能允许当事人做出不同于法律规定的约定。[32]民法典合同法编不可过度商化，否则将对普通家庭人身和财产关系造成不理智的打击，势必对家庭秩序产生重大影响。

---

〔32〕 王轶：《民法原理与民法学方法》，法律出版社2009年版，第260页。

民法典合同编编纂背景下商事合同效力规则研究

——以融资合同为中心 *

杨　姗 **

目　次

卡纳里斯认为，“（商法）经常成为法律发展的开路者”。[1]商行为的创新在非传统领域尤为突出，集中于金融、证券、信用、电子化交易，最具代表性的就是各类融资合同。[2]随着金融创新的深化，融资合同的形式被不断丰富，影响广泛的估值调整协议、场外配资协议、网络平台借贷协议以及众筹协议等新的样态陆续出

---

* 本文以《新型商事合同效力认定的裁判思维——以融资合同为中心》为题发表于《法学》2017年第8期。本文受西南政法大学公司治理法律问题研究中心基地项目、2013年西南政法大学青年教师学术创新团队项目《域外商事习惯法律研究》（XZQNCXTD2013－12）、2013年重庆市社会科学规划项目《社会治理体制创新背景下的行业协会商法法制化研究》（2013PYFX03）的资助。

** 西南政法大学民商法学院副教授。

〔1〕［法］伊夫·居荣：《法国商法》（第1卷），罗结珍等译，法律出版社，2004年版，第1页。

〔2〕王保树：《商事法的理念与理念上的商法》，载《商事法论集》（第一卷），法律出版社1998年版，第7～8页。任先行、周林彬：《比较商法导论》，北京大学出版社2000年版，第113～116页。转引自王文宇：《从商法特色论民法典编纂——兼论台湾地区民商合一法制》，载《清华法学》2015年第6期。

现。依据投融资双方最终形成的法律关系，融资合同一般可以分为债权融资合同、股权融资合同和租赁融资合同，进而将《合同法》《物权法》《证券法》《公司法》等法律的相关条款作为基本的适用依据。但是金融创新背景下的商事合同时常会突破一般的法律构造，以传统的理念、规则待之，要么无从裁判，要么结果难以彰显公平，甚至阻碍交易目标的实现。对以融资合同为代表的新型商事合同的效力认定思维进行反思，具有重要的现实意义。

一、商事合同与民事合同之社会原型的差异

“当一个理论被提出时，往往以一定的社会图景为基础，且由该社会图景形成思考的原型。在合同法领域，我国《合同法》的原型是一个理性的、力量平等的、一次性的有体物买卖合同”。〔3〕“民法与商法的关系并不是一个非常复杂的问题，其根本就在于针对不同场景以及不同当事人的交易而设定不同的规则。在商人、经营者、企业在进行经济交往时，法律所赋予前者的私人自治空间、对其干涉自由的程度以及监控交易的程度，都与消费者合同或者其他普通的民事合同完全不同。”〔4〕商事合同的社会原型与民事合同不同，这表现在两者具体构成要素上存在差异。

从缔约主体的能力上看，商事合同主要是平等主体之间的营利性行为，典型模式是 B2B（Businessman to Businessman），民事合同为所谓的 B2C（Businessman to Consumer）。两者的能力、地位不同，即合同当事人“议约缔约能力”（如法律知识与信息对称程度）显著有别，而不仅仅是商事合同涉及商业活动。商事合同的当事人双方对交易本身多具有一定认识，且拥有相当的谈判能力。商事合同的双方当事人都是理性经济人，均是具有商事能力的人，较之于民事合同之当事人，具有更多商业经验和事前评估风险并以适当的机制分散或者规避风险的能力。〔5〕星野英一称商事合同的当事人为“为了达到其营利目的而进行最合理行动的人，因而是不需要依据法律来‘监护’的‘我行我素的人’”。〔6〕因此，商法完全排除无行为能力人从事某些特定的活动，或者拒绝考虑当事人的无能力。〔7〕在商事合同领域，合同

〔3〕 中国人民大学大学法学院朱虎副教授在 2017 年 4 月 11 日中国人民大学第 448 期民商法前沿论坛上的发言，http：//www. civillaw. com. cn/zt/t/？ id =32586，最后访问日期：2017 年 5 月 8 日。

〔4〕 北京大学法学院薛军教授在 2017 年 4 月 11 日中国人民大学第 448 期民商法前沿论坛上的发言，http：//www. civillaw. com. cn/zt/t/？ id =32586，2017 年 5 月 8 日访问。

〔5〕 张良：《民法典编纂背景下我国〈合同法〉分则之完善——以民事合同与商事合同的区分为视角》，载《法学杂志》2016 年第 9 期。

〔6〕 日本学者星野英一引用田中耕太郎博士对“商人”的描述，用于比较“商人”与“民法人”以凸显“近代民法人”的本质特性。［日］ 星野英一：《私法中的人》，中国法制出版社 2004 年版，第 6 页。

〔7〕 ［法］ 伊夫·居荣：《法国商法》（ 第 1 卷），罗结珍等译，法律出版社，2004 年版，第 6 页。

当事人双方或多方应当是势均力敌的理性经济人。

从价值选择来看，商主体讲究效率，为追求利益最大化节约交易成本，商行为体现出竞争性、风险性，从而商事合同就以经济主体的营利性为利益出发点，强调交易迅捷与安全，以达到促进社会经济整体发展的根本目的。民法规定的财产、契约、侵权、婚姻等是具体且带有个性的，民事合同主要以个人权利、自由为利益出发点。商人所进行的商行为的个性则非常淡薄。[8]商人世界是“道德的要素均不得存在的纯粹的法律世界”，保护弱势一方几乎不被考虑。[9]平等和公平，尤其是实体平等——权利义务的对等，较少有适用的空间，使得商事合同与民事合同在价值取向上存在差别。

从标的上来看，民事合同所关注的主要是“人”以及从一个人的（包括资产与负债在内的）“总财产”的角度来考虑的“财富”，归根结底，民事合同所关注的是静态的财富；而商事合同所调整的则是“财富”的生产与销售。[10]又或者，在信息化的社会中，民事合同是在物的基础上进行的交易，商事合同则是在信息的基础上进行的交易。[11]民事合同是市民社会中具体个人以物为主要标的，而商事合同则是市场中经济人以物、信息、资金、技术、权利等形态的优势或“财富”为标的。

商事合同与民事合同以上要素的差别，决定了两者在经济作用和社会功能方面截然不同。民事合同的传统作用在于通过财富的公平流转形成良善的社会伦理秩序；而商事合同则背负着促进财富的快速流转、资金的迅速融通、信息和服务的便利发达等作用，最终达到财富的积累和经济的发展。

金融创新中融资合同就发挥着这样的功能：有效解决融投资双方信息不对称的问题，缓解由于银行信贷不积极导致的企业融资难问题，同时也帮助投资方通过融资企业的良好发展来实现资本的增值目的。处于创业期的民营企业广泛运用这些模式高效、快速地募集资金，以期扩大企业规模，提高影响力，实现高速发展。

二、对融资合同予以特殊考量的必要性

融资合同就是投融资双方设立、变更、终止资金筹集关系的协议。从投资方的角度出发，“风险小、回报大”是其利益出发点；从融资方的角度出发，“低成本、快速筹得资金”是其利益出发点。在现实经济生活中，投资方与融资方都会共同追求快速、有效的融资方式以满足各自利益最大化的需求，为此双方都不遗余力地创

---

[8] 范健：《商事审判独立性研究》，载《南京师范大学学报》2013年第3期。

[9] ［日］星野英一：《私法中的人》，中国法制出版社2004年版，第6页。

[10] ［法］伊夫·居荣：《法国商法》（第1卷），罗结珍等译，法律出版社2004年版，第3页。

[11] ［日］大村敦志：《民法总论》，江溯、张立艳译，北京大学出版社2004年版，第111页。

新融资渠道、融资方式。

依照“有无金融中介机构介入”的标准，融资方式可分为直接融资和间接融资。直接融资是指不经过金融中介机构而由投融资双方直接进行的资金融通，包括公开市场的股权融资与债权融资；间接融资是指通过金融机构为媒介进行的融资活动，银行信贷就是典型。显然，直接融资相对于间接融资更符合投融资双方“快速、有效”融通资金的需求。事实上，亚洲金融危机发生以来，亚洲地区为逐步走出以前的阴影，直接融资渠道成为金融市场发展的重点。然而，我国目前仍是以银行融资的间接方式为主导，虽然一直在进行直接融资的结构改革，不断利用金融工具创新和制度创新来尝试建立多层次的资本市场体系，但距离实践需求还有很远的距离。〔12〕在这样的背景下，融资方只能借助合同的途径实现直接融资的目的，而这类合同往往会受到效力上的质疑。

近年来备受质疑的“对赌协议”本身就是一种以融资为目标的交易安排：私募股权投资领域的投资方与融资方在签订融资协议时，由于对未来的业绩无法确定，便设定一定的条件，投资方在条件成就时有权请求补偿，以弥补企业自身价值被高估的损失；如果条件未成就，则由融资方行使权利，可以请求补偿企业价值被低估的损失。〔13〕因而，“对赌协议”也被称为“估值调整协议”（Valuation Adjustment Mechanism，VAM）。这种合同对目标公司业绩的预测是投资者投资的主要依据，然而目标公司的业绩受到经济社会多方面的因素影响，具有极大的不确定性，为吸引投资方，合同内容中通常会规定保底条款，这种看似“非正义性”的约定实则为投、融资双方自行商议采用的风险分担机制。

融资融券交易也是合同直接融资发展的产物，在我国司法实践中被冠以“股票融资合同”的标签，而对其中场外民间配资机构与融资者之间的交易，深圳市中级人民法院2015年发布的《关于审理场外股票融资合同纠纷案件的裁判指引》称之为“场外股票配资合同”。〔14〕这类交易在法律构造上表现为“融资方提供担保品+配资方（提供资金）的强制平仓权”，该《裁判指引》第一条描述如下：融资方向配资方交纳一定现金或一定市值证券作为保证金，配资方按杠杆比例，将自有资金、信托资金或其他来源的资金出借给融资方用于买卖股票，并固定收取或按盈利比例收取利息及管理费，融资方将买入的股票及保证金让与给配资方作为担保，设定警戒线和平仓线，配资方有权在资产市值达到平仓线后强行卖出股票以偿还本息。这里的“强平权”条款和“对赌协议”一样，又是当事人事先作出的风险安

---

〔12〕 冯俊、袁志刚：《融资合同、信号机制与中国金融结构改革》，载《中国社会科学》2005年第6期。

〔13〕 谢海霞：《对赌协议的法律性质探析》，载《法学杂志》2010年第1期。

〔14〕 刘燕：《场外配资纠纷处理的司法进路与突破——兼评深圳中院的〈裁判指引〉》，载《法学》2016年第4期。

排，实践中对该条款的质疑甚至可能引发对配资协议整体效力的否定。

网络平台借贷和众筹也是随着电子网络科技的发展而悄然兴起的合同直接融资方式。前者通过网络平台来作为商事借款行为的媒介，有人认为其属于影子银行的范畴，更多人认为网络平台借贷是民事借款合同、居间合同在互联网形式下的新发展。[15]众筹则与“一对一”的民间借贷行为不同，尤其投资性众筹是对投资要求回报的商业融资，项目发起人与众多资金提供者存在着“一对多”的法律关系，最常见的债务型投资众筹即为实践中饱受诟病的人人贷（P2P）。[16]

依传统的法律规则审视，上述融资合同（或其主要条款）的有效性均值得商榷：“估值调整协议”因包含“保底条款”，在法律上不符合传统的公平、平等原则；“场外股权融资合同”中为配资方控制风险而订立的“强制平仓条款”被认为类似于流质，构成对持券人的侵权；[17]企业间借贷、网络平台借贷和投资性众筹的合法性也长期受到争议，直到近两年司法态度才渐趋明朗。即便在一些基本的融资合同领域，交易实践也会不断“触碰”法律的底线：有些法律所禁止的合同条款运用广泛。例如售后回租形式的融资租赁合同，在我国行业实践中占据相当大的比重，对部分租赁公司而言占比超过80%，却一度为法律所禁止。[18]另外，融资担保合同中的“流质”“流押”条款也始终禁而未绝，对其效力的认识分歧巨大。[19]这些合同之所以层出不穷且在合法性难以完全确定的情形下依旧得到大量的、反复的运用，归根到底还是因为其交易安排契合了商事主体的现实需求，体现了经济活动所需要的市场理性。那么，司法如何应对创新的商事合同就成为一个棘手的难题，如果将当前的规制体系强加于不断发展的交易模式，一种可能是放任过泛，致使风险累积，损害经济体系的稳定和法律秩序；另一种可能是防之过严，阻碍资源的有效配置，削弱市场的调整作用，进而影响到经济发展。简而言之，在司法裁判的过程中需要充分意识到，作为商事主体的缔约双方，在订立各种存有争议的合同条款时，应当被默认具备市场理性，进而有可能采用合同的形式对渐趋僵化的传统民事规则予以新的发展，以回应经济尤其是金融实践的诉求。对新型商事合同固有的质疑立场应转换为一种开放的、能动的裁判分析范式。

---

〔15〕姚海放：《网络平台借贷的金融法规制路径》，载《法学家》2013年第5期。

〔16〕彭岳：《投资性众筹的法律问题》，载《法学家》2013年第5期。

〔17〕刘燕：《场外配资纠纷处理的司法进路与突破——兼评深圳中院的〈裁判指引〉》，载《法学》2016年第4期。

〔18〕雷继平、袁爽、李志刚：《交易实践与司法回应：融资租赁合同若干法律问题——〈最高人民法院关于审理融资租赁合同纠纷案件适用法律问题的解释〉解读》，载《法律适用》2014年第4期。

〔19〕刘俊：《流质契约的再生》，载《中国法学》2006年第4期；孙鹏、王勤劳：《流质条款效力论》，载《法学》2008年第1期；李媚：《流质契约解禁之反思——以罗马法为视角》，载《比较法研究》2013年第5期。前两篇论文对“流质”条款的效力持肯定态度，最后面一篇则持否定态度。

三、我国融资合同效力认定的司法趋势分析：以“估值调整协议”为例

融资合同灵活多样，创新性显著，关于其效力的司法纠纷也为数众多。近几年来，司法案例较集中、意见分歧较大的融资合同当属“估值调整协议”。考察司法实践对该类合同的基本立场及其演变趋势，有助于把握当前关于融资合同（或其主要条款）效力的实务态度，进而展开评判分析。

“估值调整协议”是业界对该类融资合同的一个统称，具体的行为可以表现为股权转让、股权回购、增资扩股等，纠纷的案由分散、数量众多，很难做出可靠的定量统计。根据法院系统的信息反馈与其他论著中的面上研究，背负“对赌”之名的融资合同大多数难以被司法认同。以2012年最高法院审理了“海富案”为节点，司法实践中渐渐形成了将“对赌”放在金融背景下精细分析的趋势，而不再武断地将其判定为无效。以北大法宝的案例库为样本，如果键入“对赌协议”作为关键词对判决书实施全文检索，可以发现2012年之前并无一例，司法实践中将其作为一般民事合同纠纷加以处置，从理念到规则并不认为有特别考量之必要；从2012年至今则出现了65个判决书中直接分析、论证“对赌协议”的案例；2014年开始，还有17个案例的判决书采用了更为准确、中性的名称“估值调整协议”来表述该等融资合同，这种名称的变化也反映了司法对这类合同的认识更趋客观。而且，受到“海富案”再审结果的影响，越来越多的“估值调整协议”被认定为有效。

（一）认定“估值调整协议”无效的主要理据

虽然，法院对“估值调整协议”的态度已经发生了很大的转变，但在个案分析时仍有一些案例中的融资合同条款被判定无效，用以支持该结论的理由主要包括以下几种。

1. 违反法律或行政法规的强制性规定。样本判决书中援引的强制性规定主要有：（1）《合同法》第52条关于合同无效的规定，法院认为对赌协议使得投资方能够取得固定的收益值，与传统的投资风险共担原则相背离，显失公平，因而认定对赌协议无效。（2）《最高人民法院关于审理联营合同纠纷案件若干问题的解答》第4条第2项关于“企业法人、事业法人作为联营一方向联营体投资，但不参加共同经营，也不承担联营的风险责任，不论盈亏均按期收回本息，或者按期收取固定利润的，是明为联营，实为借贷，违反了有关金融法规，应当确认合同无效”之规定，认定“估值调整协议”无效。（3）《公司法》第20条第1款的规定“公司股东应该遵守法律、行政法规和公司章程，依法行使股东权利，不得滥用股东权利损害公司或其他股东的利益；不得滥用公司法人人格独立地位和股东有限责任损害公

司债权人的利益。”认为“对赌”有损公司或其他股东的利益。（4）《中外合资经营企业法》第8条规定“净利润根据合营各方注册资本的比例进行分配”，“估值调整协议”不符合按比例分配利润的规定，因而不承认其效力。

2. 违反公司资本维持原则和法人财产独立的原则。基于此二原则，在公司存续期间，股东基于其投资，可从公司获得财产之途径仅限于以下两种：依法律或章程分配税后利润；依公司减资程序之退出。“估值调整协议”一般由私募基金或者专业投资公司与未来可能公开上市的公司签订，要求目标公司在未完成约定目标时对投资方进行补偿，投资方在上述两种合法路径之外取得公司财产，有损害公司及其债权人利益之嫌。在“海富案”中，最高院确立了“与股东对赌有效，与公司对赌无效”的裁判标准，即在目标公司未达到约定的条件时，若约定由目标公司履行补偿条款则对赌协议无效，而若约定由目标公司的股东或实际控制人履行补偿条款则对赌协议有效。这一标准被后续诸多法院在处理类似情况时予以适用，[20]反映了司法裁判时对于资本维持、法人财产独立原则的重视。

3. 违反权利义务对等的原则。“估值调整协议”可以是双向或单向的。双向约定即目标公司达到约定要求则私募股权基金投资方应依约向融资方再次注资或给予奖励，若没达到约定则要求融资方向投资方进行补偿；单向约定是目标公司未达到条件时对投资方进行补偿，而不约定达到要求时投资方的激励。单向约定多被法院以违反权利义务对等的原则而否定。

（二）认定“估值调整协议”有效的主要理据

支持（或者部分支持）“估值调整协议”效力的法院的普遍倾向是推定投融资双方都是具有丰富商事经验的主体，缔结协议时往往基于自身的商业判断，在不违反意思自治的前提下，商事交易应当允许对于风险负担的任何约定，法院不宜用传统的投资风险共担原理来判断其有效性。[21]对于一些典型的说理方式，下文以表格形式予以列举。

案号	地区	法院级别	认定结果	判决书说理举要
榕民初字第857号	福建福州	中级人民法院	有效	投资方签订协议的目的是为在目标公司上市时获得更大的利益，融资方的目的则是筹措上市所需的资金，上述安排并未违反法律、行政法规的强制性规定，系当事人真实的意思表示，合法有效

〔20〕浙江省杭州市中级人民法院（2015）浙杭商终字第1276号判决书、上海市闵行区人民法院（2012）闵民二（商）初字第1832号判决书、上海市第一中级人民法院（2013）沪一中民四（商）终字第574号判决书、福建省厦门市中级人民法院（2014）厦民初字第137号判决书。

〔21〕湖北省武汉市中级人民法院（2014）鄂武汉中民商初字第00304号判决书。

续表

案号	地区	法院级别	认定结果	判决书说理举要
(2014) 粤高法民四终字第 12 号	广东	高级人民法院	有效	《股权转让补充协议书》实际上是风险投资中的对赌协议，是双方的真实意思表示，合法有效，对双方均具有法律约束力
(2014) 粤高法民申字第 1663 号	广东	高级人民法院	有效	对赌协议并非赌博行为，双方对此意思表示真实，没有违反法律规定，应确认为有效
京三中民终字第 00923 号	北京	第三中级人民法院	有效	该约定并未损害公司及其债权人的利益，亦不违反法律、行政法规的强制性规定，应属合法有效，对各方当事人具有法律约束力
鄂武汉中民商初字第 00304 号	湖北武汉	中级人民法院	有效	原被告双方均是具有丰富商事经验的商事主体，缔结协议是基于自身的商业判断，对于不违反法律规定的意思自治应当尊重。不存在合同无效或依法主张可变更、可撤销事由的情形下，应当认定协议有效
浙杭商终字第 1276 号	浙江杭州	中级人民法院	股东对赌有效，公司对赌无效	股东与投资方约定的内容并不违反法律规定，对协议各方均具有约束力。但目标公司与投资方的约定使得投资方可以取得相对固定的收益，损害了公司利益和公司债权人利益，应认定为无效
厦民初字第 137 号	福建厦门	中级人民法院	股东对赌有效，公司对赌无效	股东对投资人的补偿承诺并不损害公司及公司债权人的利益，不违反法律法规的禁止性规定，是当事人的真实意思表示，有效。

(三) 对“估值调整协议”司法态度的转变

1. 名称之转变。2012 年以前的“估值调整协议”通常被定性为无名合同，法官将其作为一般民事合同纠纷，主要表现为股权转让协议、股权回购协议、增资协议等形式，依据合同法规则认定其效力。2012 年以后，对赌协议或条款在事实上已经逐步被当作一类专门的合同来处理，法官越发青睐使用“估值调整协议”这样反映交易结构本质的中性名称。

2. 司法立场之转变。随着“估值调整协议”的定型化，其效力认定的司法态度也在发生转变。“海富案”既是这种转变的催化剂，也生动地集中展现了这种变化的过程：该案发生在2010年，在长达四年的时间里经过了甘肃省兰州市中级人民法院第一审，甘肃省高级人民法院二审和最高院的再审，对于该案涉及的“对赌条款”，一审和二审法院都将其认定为无效，而最高法院则总体上认定为有效。一审法院认为，该合同“损害公司及其他债权人的利益，违反了法律、行政法规的强制性规定”，约定无效；二审法院则认为“对赌条款”违反了投资领域风险共担的原则，属“名为投资、实为借贷”，故认定无效；最高院则对“股东与公司对赌”和“公司与公司对赌”作了区分，认定“股东与公司对赌”有效。

3. 裁判理念之转变。2014年由上海市第一中级人民法院审理的上海瑞沨股权投资合伙企业（有限合伙）等股权转让纠纷案中，法官依据意思自治原则和维护公共利益原则，尤其是引入了“鼓励交易原则”作为裁判理由，认定“估值调整协议”有效。该案中的法律关系在很大程度上反映了中国资本市场当前融资渠道创新发展的经济现象，具有相当高的典型性。该案主审法官以“效率”为价值导向，认为股权回购条款为融资渠道的创新方式，起到了促进商事交易、引导公司进行有效经营管理的积极作用。[22]这种分析路径在一定程度上超脱于传统民事法律规则的掣肘，适当地融入了市场理性的要素，令司法裁判发挥出更好的社会评价功能，是值得肯定的有益尝试。

四、裁判新型商事合同效力的合理范式

法官认定“估值调整协议”效力的标准作为“结论”是相对具体的，而其背后支撑的审判逻辑和思维理念作为“方法”却具有“普适性”。我国《合同法》采取的是民商合一的立法模式，分则列举的各种有名合同对民事合同或者一般的商事合同都有着积极的规范作用，然在面临商业实践中灵活多样的“新面孔”时，容易显得“捉襟见肘”，像融资合同这样的问题在司法裁判中就饱受争议，经常导致“案不能决”“同案不同判”的窘境。[23]然其症结在于新型商事合同与民事合同在理论构造上的差别，对两者效力的判定应该遵循差异化的思维。

就理性的规制路径来说，完善的立法是最优选择。《意大利民法典》有关合同效力规则的第1322条[24]就为我们提供了一种借鉴：该条第2款规定，民法典所列典型合同之外的其他合同如果符合“法律保护之利益”，即为有效，否则无效。针对交易实践中出现的新型商事合同或者是突破原有法律框架的合同条款，法官只需

---

〔22〕上海市第一中级人民法院（2014）沪一中民四（商）终字第730号判决书。

〔23〕蒋大兴：《论民法典（民法总则）对商行为之调整》，载《比较法研究》2015年第4期。

〔24〕《意大利民法典》（CODICE CIVILE）第1322条：“当事人意思自治限于法律规定与行业规范的范围之内，当事人缔结未纳入特别规范规定类型的契约以法律保护之利益为限，该类决议内容违法则是对此规定之违反，当属无效。”其中“法律保护之利益”是判断合同效力的标准之一。

根据“利益衡量原则”判断合同或条款所涉利益是否属于法律保护的范围。《意大利民法典》因此能与时俱进，不致被社会经济所淘汰。我国民法典合同编的编撰不妨吸纳此种先进的经验。但是，在立法主动实现变革之前，司法仍然必须回应现实纠纷。司法实践积极地调整理念和思维不失为一种“权宜之计”，这就要求法官充分认识新型商事合同的内在构造和逻辑，[25]确立更为科学的裁判范式。

（一）抽象的指导性原则：“利益衡量”

“没有对赌协议，就没有华尔街的繁荣，也就没有美国科技与金融的世界霸主地位”。[26]显然，对于“估值调整协议”的宽容成就了美国金融的快速发展，法官的裁判在其中起到了举足轻重的作用，而这样的裁判过程少不了利益衡量。法律的解释虽具有很强的技术性，但也是受目的和利益之引导的。司法中的“利益衡量方法，实际上是先有结论后找法律条文工具，以便使结论正当化或合理化，追求的是让法律条文为结论服务，而不是从法律条文中引出结论。法院最终的判决依据不是法律条文，而是利益衡量的初步结论，加经过解释的法律条文。”“如果制度利益已不能反映社会公共利益，对社会公共利益起到阻碍作用，抑制了社会进步和发展。此时，对当事人的具体利益进行衡量时，就应该大胆地抛弃或冲破落后法律制度”[27]。法官应当仔细分析新型商事合同的社会利益，并在社会利益与“效力规则”的制度利益之间进行权衡，将社会利益技术性地融入裁判，牵引法律制度不断完善，达致制度利益与社会利益相一致的结果。“法官应当结合现实，对法律作出符合当下社会需求的解释……利益衡量的最终目的在于完善法律，使法律更契合社会、伦理、经济的发展与变迁”。[28]

判定新型商事合同效力时，法官首先需要考察该等合同在社会中发生的频率以及作用的明显程度，是否普遍发生且具有显著的积极作用；然后反思现有合同效力规则对此类合同是否能起到保障和促进交易发展的功能，是否可以满足现实经济的需求，凸显正面的规范意义；如若不能，就应当充分考虑“利益衡量”的路径。对于融资租赁合同中“售后回租”条款或者“回租合同”的效力，例如，在2014年《最高人民法院关于审理融资租赁合同纠纷案件适用法律问题的解释》实施之前，实践中大量存在的“售后回租”合同被认定为违法，然而这种交易结构的本质是在融资的目标下以租赁物让与的方式设定担保，较为合理地平衡了双方的风险负担，被实践所普遍接受。虽然这种交易模式同既有的部分规则有不契合之处，但却俨然

---

[25] 赵万一：《商法的独立性与商事审判的独立化》，载《法律科学》2012年第1期。

[26] 范健：《商事审判独立性研究》，载《南京师范大学学报》2013年第3期。

[27] 梁上上：《利益衡量的层次结构与利益衡量的展开》，载《法学研究》2002年第1期。

[28] 梁上上：《制度利益衡量的逻辑》，载《中国法学》2012年第4期。

成为融资租赁的双方当事人都愿意采纳的风险控制方式，对行业的发展有重要的影响。鉴于此，最高法院充分运用了“利益衡量”的思维，在上述司法解释的第2条中肯定了一般“售后回租”条款的效力：“承租人将其自有物出卖给出租人，再通过融资租赁合同将租赁物从出租人处租回的，人民法院不应仅以承租人和出卖人系同一人为由认定不构成融资租赁法律关系”。这种将“利益衡量”作为商事裁判原则之一的立场值得推崇。

（二）具体的技术性策略

1. 对交易性规范多作任意解释。商法具有“管制面”与“交易面”的双重结构，对管制面一般做强制性解释，而对交易面一般做任意性解释。“在商事合同中，解释上应避免任意规定强制化而加诸不当限制于商事合同中，宜回归商事合同之目的与商业考量，必要时亦可参酌商事习惯与法理。”〔29〕比如，法官在裁判“估值调整协议”是否违反了法律的强制性规定时，可将“利益与风险对等”“股权平等”等规定作任意性的解释，认定此种协议并未违反法律的强制性规定。

2007年重庆五中院判决的“重庆三和制衣公司诉重庆市商业银行股权纠纷案”也是典型的一例：重庆三和制衣公司以其持有的重庆市商业银行的股份出质，向重庆市商业银行借款，三和制衣公司因未能还款，重庆市商业银行回购了质押股权抵偿借款，并于一年后将该等股权转让给某乡镇企业。该案中重庆市商业银行接受了借款人以自己发行的股份出质，并收购了本公司股份，违反《公司法》的相关规定，但因最终转让给了案外人某乡镇企业，法官为了维护交易安全和现有的交易秩序，对《公司法》第142条作了任意性解释而判定该案中的股权回购合同和转让行为有效。

2. 将“效率和交易安全”确立为优先价值。法律解释中的价值判断问题就是确定法官在自由裁量的过程中应该考虑哪些因素，而且应该如何考虑这些因素。〔30〕这些考量的因素中有一些相对确定的利益或价值表现为法律原则。但正如阿里克西所言，“法律语言难免有模糊，法律规范难免有冲突，法律规则难免存在漏洞，都需要我们适时地运用价值判断加以补充。”〔31〕其中一种情形就是“在法律制度的设计和体例安排本身，常常会采取价值判断‘优于’通行的法教义学原理的路径”。〔32〕这种情形中的价值判断，就是法官并不依据现有的法条或在解释法条后进行裁判，

〔29〕王文宇：《从商法特色论民法典编纂——兼论台湾地区民商合一法制》，载《清华法学》2015年第6期。

〔30〕梁迎修：《法官自由裁量权研究——法理学的视角》，中国法制出版社2005年版，第23～25页。

〔31〕［德］阿里克西：《法律论证理论》，舒国滢译，中国法制出版社2002年版，第17页。转引自许德风：《论法教义学与价值判断——以民法方法为重点》，载《中外法学》2008年第2期。

〔32〕许德风：《论法教义学与价值判断——以民法方法为重点》，载《中外法学》2008年第2期。

而是依据价值——在众多的法律价值中择取其中的“优先”价值适用。有些价值在法律制定时或者在特定的领域中是首要的（例如在传统民事领域，“公平”和“平等”是首要的），而随着社会快速发展、经济形态变革、新兴领域崛起，其他价值也变得更为重要（例如在商事领域，“效率”和“交易安全”就是首要的），法官亦有优先适用其他价值的必要。

价值选择在流质条款的效力问题上体现得十分明显，学界认为流质禁止在维护法律的公平价值目标的同时，抛弃了法律的效率和自由价值目标；而流质许可却全面维护了法律的自由价值、效率价值，并兼顾了公平价值。〔33〕法官在认定“流质条款”的效力时应以效率价值为先。在前述“重庆三和制衣公司诉重庆市商业银行股权纠纷案”中，法官其实也做了“价值判断”，进而优先选择了“交易安全”。法官在做这样的价值判断时只有重视社会的公共意识，使解释的结果尽可能地和普通市民的感觉、期待相一致，才能使判决获得社会的认可，取得必要的公信力。〔34〕在商事合同裁判领域，法官应当主动地选择商事主体所普遍追求的“效率和交易安全”价值，使裁判结论发挥更好的经济效果。

3. 充分尊重交易习惯。交易习惯对交易行为的指导和规范起着重要作用。事实上，传统商法中的商行为乃独立于罗马法体系而由商事习惯发展而来的特殊概念，其与商人密切关联，虽可借助法律行为概念予以解释，但因其独立发展的特性，很多时候无法被法律行为制度涵盖。〔35〕相反，商人在商业活动中更注重的是对商事习惯的熟悉和遵守，司法裁判时对商事合同的解释也理应参照商事习惯。一些新型商事合同的构造在得到法律的认可前，如果长时间反复出现，确实又有相对积极的社会效应，也可能会被当作“交易习惯”来对待，以适用“习惯”的路径被司法所肯定。例如，对于场外股票融资合同中的“强制平仓条款”，证券业界就主张其属于行业惯例，要求法院认定有效。〔36〕

我国《合同法》第60条第2款规定：“当事人应当遵循诚实信用原则，根据合同性质、目的和交易习惯履行通知、协助、保密等义务”；第61条规定：“合同生效后，当事人就质量、价款或报酬、履行地点等内容没有约定或者约定不明确的，

---

〔33〕 刘俊：《流质约款的再生》，载《中国法学》2006年第4期。

〔34〕 ［日］星野英一：《民法論集：第二卷》，有斐阁1970年版；［日］加藤一郎：《民法における論理と利益衡量》，有斐阁1974年版。转引自黄忠：《比例原则下的无效合同判定之展开》，载《法制与社会发展》2012年第4期。

〔35〕 王建文：《论我国〈民法典〉立法背景下商行为的立法定位》，载《南京大学学报》2016年第1期。

〔36〕 阮思宇：《股票融资与强制平仓——无效融资关系及其担保与侵权的法律思考》，载《证券市场导报》1997年第3期。转引自刘燕：《场外配资纠纷处理的司法进路与突破——兼评深圳中院的〈裁判指引〉》，载《法学》2016年第4期。

可以协议补充；不能达成补充协议的，按照合同有关条款或者交易习惯确定。”2017 年 3 月通过的《民法总则》第 10 条也明确，“法律没有规定的，可以适用习惯，但是不得违背公序良俗”，正式确立了“习惯”的法律渊源地位。在认定新型商事合同效力时，应在谨慎识别商业“习惯”的基础上，充分地尊重“习惯”，并以此作为裁判的重要依据。

【专题研究之四：婚姻家庭法、人格权法、侵权责任法编纂】

民法典编纂视域下婚姻家庭法定位之思考*

张　伟**

目　次

一、《婚姻法》及《婚姻法司法解释（三）》的定位及其与民法的关系

中国《最高人民法院关于适用〈中华人民共和国婚姻法〉若干问题的解释（三）》（以下简称《婚姻法司法解释（三）》）施行后，引发社会各界高度关注，至今仍争议不断，长时间成为一个热点和焦点话题。有人说好，有人说不好。特别是该解释第 7 条和第 10 条关于房产的规定，有人认为对男方有利而对女方不利，有人认为对双方都很公允等。可谓见仁见智，意见各异。笔者认为以上观点，均有失偏颇。该解释较以往，确实在很多方面作了一些明确具体的规定，增强了可操作性，有积极可取的一面，同时也存在一些缺憾和不足。究其原因，是因为该解释中

* 本文原载于《中华女子学院学报》2018 年第 1 期。

** 西北政法大学民商法学院教授。

涉及夫妻共同财产和个人财产认定与分割及所有权归属的若干条款是按照物权法的一般原理与规则及相关规定设计的，且过分强调不动产物权变动登记的公示效力，并不适合于具有特殊性质的婚姻家庭法领域。故需全面检视和完善现行婚姻家庭制度，厘清相应法律关系，恪守和明确家事立法的价值取向和定位，审视和重构婚姻法的伦理价值，消除误区，以正本清源，正确和客观理解《婚姻法司法解释（三）》的背景和意义，辩证地看待其中仍存在的问题。

（一）《婚姻法》及其司法解释（三）的性质

至今仍有人将2011年7月出台的《婚姻法司法解释（三）》误认为是施行的新婚姻法。其实新婚姻法指的是2001年《婚姻法》（修正案），是仅次于《宪法》的调整婚姻家庭关系的基本法、部门法、实体法。而《婚姻法司法解释（三）》虽是最高法院发布的有权解释（已发布了两个司法解释），但严格讲，它并非立法，仅是对婚姻法在审判实务中所作的进一步补充和具体说明，仅限于各级法院审理婚姻家庭案件时具体适用，以便于法官操作，但不能与婚姻法相冲突或抵触，不能代替或超越婚姻法，更不能违背婚姻法的价值理念和立法宗旨。

因此，应明确中国婚姻法本质是身份法，而非财产法，其财产关系是基于身份关系所派生，即我国所确立的法定夫妻共同财产制（约定除外），是以夫妻生活共同体为伦理基础的，着重考虑的是要符合婚姻永久共同生活的目的，特别是要有助于夫妻同甘共苦、相互扶助，有助于增强家庭的和睦及凝聚力，照顾和保障子女、女方的合法权益以及有助于实现家庭的各项经济职能。婚姻法的最大特点是伦理性，即利他奉献，而不是利己索取。[1]

（二）婚姻家庭法“回归民法”的法理基础

1. 民法的范畴应该包括亲属关系

“民法”一词来源于罗马市民法，最初包括公法和私法。后随着资本主义经济的发展，罗马法的意义逐步偏重于私法，到公元12世纪，民法成为罗马私法的同义词。市民社会中两个最基本的内容就是财产关系和身份关系，因而在古罗马的私法领域内，作为市民社会反映的市民法中包含了大量调整婚姻家庭等亲属关系的法律，亲属法是市民法（即民法）的重要组成部分。

作为调整“私”的关系的法律，民法以个人权利为本位，与调整政治国家关系的公法相对应。这要求民法将市民社会中的基本关系——财产关系和身份关系纳入自身的调整范围内。无论是继承了《法学阶梯》立法模式的法国民法典还是代表潘德克顿体系的德国民法典，甚至瑞士、日本等大陆法系国家的民法典都有一个内在

---

〔1〕 张伟：《应将社会性别意识纳入立法与政策制定中》，载《中国妇女报》，2011年8月24日。

前提，即亲属法属于私法。法国民法典分为三编：第一编“人”；第二编“财产及对所有权的各种限制”；第三编“取得财产的各种方法”，其中亲属法相关条款主要集中在“人”编中，第二编、第三编也有涉及。而德国民法典则分为总则、物权、债权、亲属和继承五编，这种体系对许多大陆法系国家产生了深远的影响。

1949 年后，由于受苏联立法模式的影响，中国婚姻法作为独立的法律部门的立法模式被我国学界所采纳。但随着社会经济的发展，将婚姻法纳入民法体系的呼声愈来愈强，身份权理论也经发展日趋成熟。1986 年我国《民法通则》中明确规定我国民法的调整对象是平等主体之间的财产关系和人身关系，而这里的“人身关系”尚没有包括亲属身份关系。因此，在《民法通则》颁布后，很多民法学著作中并没有将身份关系作为人身关系的一部分，对人身权的认识十分有限，即没有将身份权即涉及亲属关系的“人身关系”涵盖其中。2017 年 3 月 15 日通过的《民法总则》第 2 条规定民法调整平等主体的自然人、法人和非法人组织之间的人身关系和财产关系。相比较《民法通则》的规定，《民法总则》首次将民法调整对象中的人身关系提到财产关系的前面（将原来的顺序进行了微调），这充分体现“人文主义”的民法观，凸显了对人身关系特别是其中身份关系的关注和重视，注重以人为本与家庭伦理为基础。

2. 婚姻家庭法也具有“私”的本质

婚姻家庭法调整的是婚姻家庭关系，即一定范围内的亲属之间的人身关系及以之为基础的财产关系。

首先，从亲属人身关系角度来看，近代以来，父权、夫权、亲权在婚姻家庭中占主导地位的模式逐渐解体，受社会思潮的影响，自由、平等、法治等精神的指引，夫妻之间、父母子女之间以及其他亲属之间都有了独立的人格和平等的地位。各国法律也明确规定满足法定条件的自然人拥有缔结和解除婚姻关系的自由，国家公权力机关不得随意干涉、介入，除非经当事人申请并符合法定程序。传统家庭本位的婚姻家庭法已逐步被重个人本位、平等自由的现代婚姻家庭法所取代。

其次，从亲属财产关系角度来看。尽管它不能一概适用民法其他有关财产关系的规定，与其他民法规范调整的财产关系有着明显区别，如其财产关系需以一定的身份关系为前提。但实质上，不论亲属财产关系还是其他民法规范所调整的财产关系，均属于平等主体之间的财产关系。

由此可以说，婚姻家庭关系实质上也是一种“私”的关系，虽然也有“公”的元素，但人格独立、地位平等、自由自主仍是其本质特征。当然，由于亲属关系基于人伦秩序，其人身关系及其派生的财产关系所固有的伦理性、身份性等特殊属性，在法律上不能将其与其他民法规范等同视之，而具有鲜明的特质，尤其是处理亲属身份关系及其财产关系的问题上，有必要对其作出相应的特殊规则，这也是婚姻家庭法独立存在的意义和价值。

二、婚姻家庭法凸显伦理身份特殊属性及其相对独立性

作为调整婚姻家庭关系的婚姻法，历经三十多年定位的变迁，可以概括为：从独立法部门到“回归民法”，笔者不反对回归民法，但不赞成过度强调“回归民法”及与民法的同一性、统一性，也不支持在婚姻家庭领域刻意主张私法自治与权利本位。

应注意婚姻法虽属民事法律规范，但由于其自身的情感型、公益性、模糊性、伦理身份性、习俗性或风土性等特点，与民法相比具有明显的本质差异性和特殊性，其主要表现在：

（一）调整对象的特殊性

1. 初级关系与次级关系理论及其相互差异性

社会学界广泛接受的初级关系与次级关系理论〔2〕认为，可以把人们的关系划分为初级关系（primary relationships）与次级关系（secondary relationships）。初级关系是指在初级群体内部形成的一种个人的、情感的，不容置换的关系，包括每个个体的多种角色和利益。与初级关系相对应的组织是初级群体，是指相对小，有多重目的的群体，在那里人们的互动是亲密无间的，并存在强烈的群体认同感。家庭是最重要最常见的初级团体。初级关系具有如下特征：关系的参与者扮演了多种角色，并牵涉多种利益，包括了全面的人格要素；初级关系由于具有多人各的方面，关系不易转移；初级群体的整合程度很高，个别成员的背叛，会遭到非正式的制裁；初级关系的维持和初级群体的控制，主要通过习惯、风俗、伦理道德以及群体意识等非正式手段实现。同初级关系相比，次级关系是缺乏感情深度的关系，其包含的只是人格的某些方面。次级关系存在于次级群体之中。所谓次级群体是指，成员为了某种特定的目标集合在一起，通过明确的规章制度结成正规关系的社会群体。相比之下，初级关系主要以习惯风俗、伦理道德群体意识等非正式手段加以控制和维持，以诉讼方法解决解决纠纷的可能性小，而次级关系主要以正式的，明确的法律、法规和规章加以控制，以诉讼的方式解决纠纷的可能较大。与初级关系与次级关系的分类相似的还有简单关系与复杂关系、人身关系与契约关系等。

2. 凸显婚姻家庭关系的伦理性

婚姻家庭关系作为人类社会关系中的基本关系，使人们全面合作的生活共同体，主要靠道德与情感维系，远不同于市场经济条件下社会上一般的人身关系与财产关系，此乃普通人可感受到的常识。但仍然可以追问，家庭关系为何以伦理为本

---

〔2〕［美］戴维·波谱诺：《社会学》，李强译，中国人民大学出版社1999年版。

质特征？一方面，该伦理规则是人类社会选择的结果。现代法经济学研究认为家庭伦理的利他原则满足了家庭成员利益最大化的需要。利他主义作为家庭的伦理法则，区别于市场交易的利己主义，增强了家庭成员抵御不测事件的能力[3]。另一方面，伦理原则也正是正常家庭生活秩序需要使然。从家庭生活的实际内容看，家庭成员间的合作内容全面而时间恒久，其关系远不同于社会一般人之间的片面短暂的关系。“可怜天下父母心”，正常的父母对幼儿的关爱无须他人监督，如果不是依靠家庭成员自觉自动的付出，则家庭生活将成为“权力的沙场”，而近无以为继。伦理的本质在于对义务的强调和倚重，在于抑己尊他，重在利他奉献，“伦理关系即表示一种义务关系；一个人似不为自己而存在，乃仿佛互为他人而存在着”[4]，其在人我关系上与权利主张方向正好相反。权利的逻辑出发点在于个体各种利益的满足，要求他人为或不为一定行为加以配合实现，既使权利人存在对应的义务，其履行义务的目的归根结底在于为自身权利实现的保障。伦理的出发点则在于为他人着想，尽自己义务为先，并视之为“本分”。

可见，家庭伦理本质与权利本位理念适用的逻辑和原则迥异，一为利己主义，一为利他主义，一为权利本位，一为义务重心，一为个人本位，一为社会关注。婚姻家庭法视为伦理法，其适用的法则是利他奉献原则，以义务为重心，其逻辑与反映商品等价规律的私法自治论所倡导与推进的以权利为本位的法律理论和制度存在根本的对立。[5]

（二）调整方法的特殊性

婚姻家庭关系的公益性、情感性与私密性，决定了调整方法的特殊性。如上所述，家庭关系的常态依靠伦理道德与内部规范调整。在关系确立与破裂时，则需要国家权力的介入，以规制婚姻家庭关系并维护弱者权益。有学者指出，婚姻家庭关系的特殊性决定了婚姻家庭纠纷的特殊性，纠纷的特殊性也就决定了纠纷解决机制的特殊性，其特殊性表现为与身份有关：纠纷表面上是私人问题，实质上则与国家社会的根本利益相关，涉及社会利益和弱者利益保护的范畴，国家因此承担了较多的责任；具有强烈的道德性、伦理性且涉及范围广，现行规范可能无法涵盖这一领域，必须援引道德习惯等特殊规范来解决纠纷。相应地各国对婚姻家庭纠纷的解决机制也大异于一般纠纷的解决，家事纠纷历来是体现国家干预的场所。[6]其表现为：第一，职权主义的司法程序。世界大多数国家和地区通常都有家事特别程序或

---

〔3〕［美］加里·贝克尔：《家庭经济分析》，彭松建译，华夏出版社1987年版。

〔4〕张伟：《婚姻家庭和谐的法哲学思考——以其他学科与法学的交融为视角》，载《河北法学》2009年第5期。

〔5〕巫若枝：《三十年来中国婚姻法“回归民法”的反思》，载《法制与社会发展》2009年第4期。

〔6〕范瑜：《非纠纷解决机制研究》，中国人民大学出版社2000年版。

设立专门的家事法院或家事法庭，如德国、日本、英国等，以区别于行政程序和一般的民事程序，采取较强的职权主义，体现了国家的干预和介入，并自成体系。第二，针对家事纠纷的特点，非诉讼的纠纷解决机制是最有利于问题的解决，尤其是调解，包括人民调解（特别是基层社区调解），社会团体调解，律师调解，法院调解及 ADR 制度〔7〕等。

可见，婚姻家庭关系的特殊性决定了不可能适用一般的民事纠纷解决机制来处理婚姻家庭纠纷。〔8〕

故有学者认为：初级关系与次级关系的根本差异（婚姻家庭关系与一般民事主体之间关系的根本差异），其法律调整手段与纠纷解决手段也应有根本差别〔9〕。

总之，婚姻家庭法律规范浓重的伦理气息弥漫着婚姻家庭法人文关怀的“温情脉脉”，它的触角已伸入民事主体心中的道德、伦理维度，甚至情感世界，它对义务的强调更重于权利，即重在利他与奉献，这是婚姻家庭法伦理性质的突显。婚姻家庭法律规范体现了人伦道德的底线，也是与其他私法领域偏重私法自治及民事主体财产权利严密保障的相异之处。

三、民法典编纂背景下对婚姻家庭法定位的思考

据了解，这次编纂民法典先出台的民法总则采取了“提取公因式”的立法技术。所谓提取“公因式”的立法技术，是指以德国民法典为代表的，在民法总则部分仅针对一些确定的基本法律制度，即法律职业者在债法、物法、亲属法、继承法等各个私法领域中都加以运用的法律制度，高度抽象地以一般化形式对其先行规定，将其作为民法典各编的一般规则，而各编对前述内容不再重复，仅规定例外的立法方式。这种立法方式能够提高法律的逻辑完整性和内涵经济性，避免冗赘重复。〔10〕提取公因式“作为民法典总分体系立法技术的经典表达，体现总则在分则中的普遍适用特征。如何使已出台的民法总则所体现的提取“公因式”的立法技术

〔7〕 ADR（Alternative Dispute Resolution）即替代性纠纷解决方式，其目的在于尊重双方当事人私下协商以平息纠纷，从本质上说属于合意解决纠纷的机制，其结果可以不按照法律要求作出，具有非司法的特征。在法院附设的 ADR 程序中，无论是促进双方和解的中立人，还是作出评价判断或假定性裁决的“法官”，通常都来自于法院之外的律师、退休法官、相关行业专家或法院辅助人员。在 ADR 程序进行中，法院只是监督 ADR 的程序是否符合法律，而不能参与其中。参见任强：《法制现代化进程中的儒家法哲学》，载《南京大学学报》2008 年第 1 期。

〔8〕 梁漱溟：《中国文化要义》，载《梁漱溟选集》，吉林人民出版社 2005 年版。

〔9〕 参见巫若枝：《三十年来中国婚姻法“回归民法”的反思》，载《法制与社会发展》2009 年第 4 期。

〔10〕 苏烨：《如何运用提取“公因式”的立法技术设计民法总则?》，中国民商法律网 http://www.civillaw.com.cn/，最后访问日期：2017 年 7 月 2 日。

在编纂民法典分则时能有效适用和协调好两者的关系，非常值得我们高度关注和认真研究。

（一）应妥善处理好民法总则与民法分则关系的衔接及协调，特别要协调好民法总则与分则婚姻家庭编（亲属编）的关系及法律适用的冲突等

婚姻家庭法回归民法已成为主流之势不可逆的当下，且《民法总则》也已出台，唯愿此过程能坚守婚姻家庭法伦理身份的本性不移，欲实现这一点，在编纂民法典时，应当妥善处理以下几个关系：

1. 要处理好民法总则与民法分则关系的衔接及协调，特别注意要协调好民法总则与分则婚姻家庭编（亲属编）的关系及法律适用的冲突

有学者认为：在《德国民法典》中，第一章第一节的标题是“自然人、消费者、企业者”，关于自然人的规定仅仅有7条，其中第12条关于姓名权的规定，而第13条至第20条规定了死亡宣告制度，后被1951年1月15曰制定的新失踪法取代。《德国民法典》关于自然人的规定主要涉及权利能力、成年以及住所。《民法通则》和2015年4月公布的《中华人民共和国民法典民法总则专家建议稿（征求意见稿）》（简称“最新建议稿”）还包括民事行为能力和监护制度。此外，王利明的《中国民法典草案建议稿》也采用此种做法，即使德国民法色彩较强的梁慧星《中国民法典草案建议稿》也将行为能力制度规定在自然人中，而监护制度仍然在亲属编中。可见将权利能力和行为能力整合成统一的民事能力制度，以及将它和监护制度纳入自然人制度中是我国的立法惯例和主导理论。可是，民事行为能力制度位于《德国民法典》第三章“法律行为”中的第一节，监护位于第四编“亲属法”的第三章。这种现象不禁令人深思，监护制度放入总则编中并不符合“提取公因式”中共性法律规则归纳的立法技术的要求。[11]

《民法总则》虽已于2017年3月通过，但令人遗憾的是仍将监护制度规定在总则里，并存在体系结构不清等问题，有的规定还存在很大硬伤，如第26条的规定，竟将亲权制度与监护制度不分，混为一谈，且将监护制度放入总则编中也不符合“提取公因式”中共性法律规则归纳的立法技术的要求。不管怎样，笔者仍坚持应将监护制度放在民法分则婚姻家庭编（亲属编）里，因为这样的体系结构才更符合法理、更科学，凸显监护制度的身份伦理特质，也符合“提取公因式”中共性法律规则归纳的立法技术的要求。

因监护制度大都发生于亲属关系之间，即以亲属关系为基础，故宜放在民法分则婚姻家庭编（亲属法编）里，很多国家和地区也都是将监护制度放在民法分则亲属编里，且监护如何与父母子女关系中的亲权制度相衔接及协调也值得探讨。

---

〔11〕 李建华等：《论民法典“提取公因式”的立法技术》，《河南社会科学》2015年第9期。

有学者指出：由于亲属身份关系是本质的社会结合关系，身份的内容由人伦秩序确定，因此，在亲属身份法上，处于亲属的身份共同生活关系中的自然人，并不能完全享有民法总则编所规定的私法自治、契约自由，而是受到极大的限制。“提取公因式”立法技术的相对化对民法典总则的影响不仅在于产生共同性规范，同时影响具体的体例安排。分则对于整体性要求更高，因此分则往往代表着典型类型，构成独立的体系，而难以准确定位的非典型就成为骑墙者，给民法典体系带来了难题。如果将其放入分则中，必将破坏合理严密的分则体系，出现不协调；如果将其全部独立成编，将会导致民法体系的松散。最妥善的方法就是将不易纳人分则中的非典型通过合理的方式放人总则编中。如将契约之外的单独行为放在法律行为之后、像“官方草案”那样将无因管理和不当得利放在“民事权利”中等。这样的体系不仅不会打乱，而且符合民法典在总则与分则关系上配置的体系格局，因为与分则相比，总则规定具有一般性，在法律适用上往往后于分则。对于那些不能融入分则的事项，法官在处理案件时，也要先看是不是分则规范的典型，如果不是，再适用总则的相关规定，这同样是先分则后总则。〔12〕

另外，《民法总则》已用了13条来规定监护，即使存在不少问题，但仍需在分则婚姻家庭编里按照查缺补漏、具体细化的要求继续规定监护的内容，可这样就会存在民法总则与分则婚姻家庭编（亲属编）关于监护规定的关系如何协调及法律适用的冲突如何解决的问题，到底是总则还是分则关于监护的规定的效力优先？二者的规定如有冲突该怎么处理？根据提取公因式的立法方式，既然总则已对监护做了不少规定，分则无须再做重复规定，仅可规定例外内容。对此，笔者认为，为了避免总则与分则同时规定监护所产生的体系松散、不严密及关系不协调等矛盾，分则是否还需细化增补规定监护的内容值得商榷；如果分则确需细化增补规定关于监护的内容，那么其效力应优先于总则适用；如果二者的规定不一致或有冲突，笔者建议最好通过全国人大修法或出台立法解释来解决，而不能再动辄依赖出台司法解释。

总之，应明确婚姻家庭法（亲属法）本质上是身份法，至于两者的关系及法律适用冲突该如何衔接和协调？理论界和实务界众说纷纭，见仁见智，据台湾学者〔13〕介绍：目前大致有两个说法，其中之一主张：民法总则的规定应优先适用，无法可用时，才回归到身份法里面找相关类似规定处理；但是民法总则的规定不得抵触身份法的特质。第二种说法主张：身份法的规定自成一个范畴，应优先适用。如果其中没有明文规定，则应类推适用身份法其他规定；若实在没有规定，才回到民法总则中寻找规定，但民法总则的规定，不得抵触身份法的特质，笔者认同第二种主张，

〔12〕 李建华等：《论民法典“提取公因式”的立法技术》，《河南社会科学》2015年第9期。

〔13〕 感谢台湾政治大学法学院王海南教授的智慧见解。

建议民法总则与以后将制定的分则婚姻家庭编（亲属编）的关系及法律适用冲突的衔接与协调，比照该主张处理。

2. 要处理好民法财产法本质与婚姻家庭法身份法本质的关系，不能简单地将婚姻家庭关系适用民法的财产法规则

婚姻家庭关系体现了“真、善、美、爱”，以人伦秩序为基础的婚姻家庭法呈现出“奉献利他”，这恰与市场规则和商品经济交换规律下，民法中追求的等价有偿、利己索取及追求利益最大化等大相径庭，且家事法具有公益性、模糊性、情感性、私密性、风土习俗性、民族传统性等重要特征，与民法相比有明显的本质差异性和特殊性，也决定其难以直接借鉴他国法律，故家事法被视为是法律制度中最具民族精神和传统惯性的部分，也是各国法律变革中最为迟缓也最为艰难的一部法律。民法的权利本位的财产法规则与家事法的特殊的身份性和伦理本质，一个主张个人权利本位和私法自治，一个讲究利他奉献和互惠关爱甚至牺牲，两者在逻辑和构造及原则上有很大冲突，如何协调兼顾，值得我们密切关注、积极思考及认真解决。

3. 要处理好民法典编纂和其他特别法单行法的关系

现在许多应由民法分则或单行法具体规定的内容，如果仅被笼统规定在总则之中，这可能会在总则与分则的体系架构和逻辑关系上产生抵触矛盾及法律适用上的冲突，反而使相关问题在民法架构下得不到很好的解决。以网络虚拟财产为例，它能不能简单纳入民法当中来规制？是否需要由特别法和单行法及其他部门行业自律与管理来规制？这些都需要进一步的论证研究和厘清相应的法律关系。

4. 要处理好最高人民法院颁布的不同类型的司法解释与民法典编纂的关系

司法解释严格讲它并非立法，但现在最高法院出台的一些司法解释甚至与宪法和基本法相冲突抵触，如《婚姻法司法解释（三）》第7条等规定，过分强调与物权法不动产物权变动登记的公示效力规定相衔接，但忽视了婚姻法关于“婚后夫妻所得财产共有制”的原则（约定除外），弱化了婚姻关系的身份性和特殊性以及以夫妻生活共同体为伦理基础，因而在理论和实务上造成很大争议和困惑，甚至至今仍在困扰着理论界和实务界。故建议以后应通过修法或由全国人大常委会出台立法解释来完善相关立法和解决法律适用上的冲突等问题，而不应再由最高法院出台司法解释，这些司法解释应在完成使命后退出历史舞台。

（二）关于民法典立法体例编排的设想

《民法总则》已于2017年3月出台，据了解，全国人大以后在编纂民法典各分编时，初定民法分则基本体例编排顺序是：物权编、合同编、侵权责任编、婚姻家庭编（亲属编）和继承编。但笔者还是比较认同婚姻家庭法前置的立法例，像《法国民法典》《意大利民法典》《荷兰民法典》《奥地利民法典》和《瑞士民法

典》等。而为避免落入“汇编式民法典”，形成统一开放的民法体系同时注重以人为本，注重家庭伦理为基础，在当中，笔者更倾向于瑞士民法典的编排顺序，即总则，第一编人格法、第二编亲属法、第三遍继承法、第四编物权法、尾章、适用及补充规定。

四、结语

笔者虽基本认同婚姻家庭法回归民法，但坚持婚姻法具有伦理身份特殊性的基本论断。婚姻家庭法纳入民法体系，虽是由其平等、自由的“私”属性所决定的，但我们必须认识到，在当今社会转型和经济转轨下，我们更应该做的是恪守和明确家婚姻家庭立法的价值取向和定位，坚守和突出婚姻家庭法的身份性和伦理性，树立和增强社会性别意识，培育和提升契约理念及理性观念。

总之，在目前编纂民法典体系化背景下，笔者认为更应该坚守婚姻家庭法特殊的身份性和伦理性，重构婚姻家庭伦理的核心价值（利他奉献），要妥善处理好民法总则与民法分则关系的衔接及协调，特别注意要协调好民法总则与分则婚姻家庭编（亲属编）的关系及法律适用的冲突等，要避免和防止在市场经济大浪潮的裹挟下的亲属关系由温情脉脉的“人伦”关系全面走向冰冷的“物化”关系，婚姻家庭关系不能商品化、市场化和泛意识形态化！家庭不能成为权利的沙场！家庭成员不能成为权利的斗士！

《婚姻法解释（二）》第24条废除论

——基于实证统计数据的分析*

叶名怡**

目 次

一、据以研究的样本与数据

从未能有哪一个法条像《关于适用〈中华人民共和国婚姻法〉若干问题的解释（二）》第24条（以下简称第24条）[1]那样，同时引发专业人士和普罗大众的强烈关注和质疑。第24条规定，婚内单方负债推定为夫妻共同债务（以下简称共债推定）。关于夫妻共同债务的认定，相对于《婚姻法》第41条（以下简称第41条）确立的"共同生活标准"，第24条确立的是"婚内标准"。据此标

---

* 本文发表于《法学》2017年第6期。

** 上海财经大学法学院教授。

〔1〕 第24条规定："债权人就婚姻关系存续期间夫妻一方以个人名义所负债务主张权利的，应当按夫妻共同债务处理。但夫妻一方能够证明债权人与债务人明确约定为个人债务，或者能够证明属于婚姻法第19条第3款规定情形的除外。"

准，实践中涌现了离异妇女“被巨额负债”的大量离奇事件，[2]从而招致相当大的民意反弹，[3]同时也引发了实务界[4]与学术界对此的诸多批判。[5]尽管如此，最高人民法院（以下简称最高院）2016年3月在其官网发布的《关于“撤销婚姻法司法解释（二）第24条的建议”的答复》（以下简称建议之答复）仍坚持认为第24条正确。[6]不过，2017年2月28日，最高院对第24条增补了第2款与第3款，分别规定，第三人就虚构债务、非法债务向非举债方主张权利的，法院不予支持。同日最高院还下发了《关于依法妥善审理涉及夫妻债务案件有关问题的通知》（以下简称妥善审理之通知），对于相关审判工作若干操作细节给出了进一步的指导意见。

然而，汹汹争议并未就此平息，第24条应否修废，已然是当前家事法领域最重要且最紧迫的问题。本文拟立足于大数据统计资料并结合个案分析回应此问题。本文所依据的样本数据库来源于中国裁判文书网，以关键词“关于适用《中华人民共和国婚姻法》若干问题的解释（二）第二十四条”＋“《婚姻法》第四十一条”进行“全文检索”，以“2004年1月1日至2016年12月31日”为检索期间，共获得4979份民事判决书，其中认定为共同债务的判决4418份，认定为个人债务的判决499份，认定部分为共同债务、部分为个人债务的判决62份。

表1　年度判决书数量变化表

年度	共同债务	百分比	个人债务	百分比	共同/个人	百分比	总数
2004－2011	68	87.18%	9	11.54%	1	1.28%	78
2012	83	90.22%	5	5.43%	4	4.35%	92
2013	344	87.31%	48	12.18%	2	0.51%	394
2014	1310	91.10%	113	7.86%	15	1.04%	1438
2015	1215	88.56%	135	9.84%	22	1.6%	1372
2016	1398	87.10%	189	11.78%	18	1.12%	1605
共计	4418	88.73%	499	10.02%	62	1.25%	4979

〔2〕参见《婚姻法司法解释第24条引争议 离婚“被负债”纠纷频发》，http：//news.xinhuanet.com/legal/2017－01/17/c_ 1120323551_ 3.htm，最后访问日期：2017年1月17日。

〔3〕一方面，民间自发成立诸如“第24条受害者同盟”这样的组织，另一方面，自2013年始，全国人大代表每年都会提交相关提案。参见“全国人大代表：希望尽快修正婚姻法司法解释（二）第24条”，http：//www.maxlaw.cn/l/20150610/820594017911.shtml，最后访问日期：2017年1月17日。

〔4〕湖北省宜昌市中级人民法院王礼仁法官曾以“婚姻法解释二第24条属于‘国家一级法律错误’”为题发文，参见http：//www.law－lib.com/lw/lw_ view.asp？no＝26290，最后访问日期：2017年1月17日。

〔5〕代表性论文参见马忆南、周征：《〈婚姻法〉司法解释（二）的解读与评论》，《法律适用》2004年第10期；夏吟兰：《我国夫妻共同债务推定规则之检讨》，载《西南政法大学学报》2011年第1期；贺剑：《论婚姻法回归民法的基本思路》，《中外法学》2014年第6期；陈法：《我国夫妻共同债务认定规则之检讨与重构》，载《法商研究》2017年第1期。

〔6〕参见http：//www.court.gov.cn/zixun－xiangqing－18292.html，最后访问日期：2017年1月17日。

由上表1可知，自2013年开始，适用第24条的案件数暴涨。或是因为近几年来民间借贷案件激增，离婚率也在上升，夫妻共同债务纠纷随之增多；同时，这也与近几年来判决书上网制度的重大推进有关。另外，在分年度数据中，每年判决为个人债务的案件数占该年度相关案件总数的比例基本保持在稳定的低位，平均为10.02%。适用第24条后如此低的个人债务判决率自然会引发非举债方的不满。这种不满可从相关案件的上诉率与再审率中获得印证（见下表2）。

表2 判决书的来源法院与结案审级

法院层级	数量	审判程序	数量
基层法院	3715	一审	3762
中级法院	1240	二审	1158
高级法院	24	再审	59
中院、高院判决比例	25.4%	二审、再审审结率	24.4%

在全部4979份判决书中，由中院、高院判决的比例为25.4%，二审与再审审结率为24.4%。值得注意的是，在全部样本中，有1461个案件是缺席判决，扣除后剩余3518个案例，据此计算出的二审和再审审结率为34.6%。这个数据与另一位作者进行相关统计得出的结果（35.6%）几乎相同。[7]高涨的上诉率与再审率表明，适用第24条的社会效果十分不理想，其立法目的与规则设计值得反思。下文拟针对最高院作出第24条规定的各项理由，结合相关实证统计数据对其予以一一辩驳，由此得出结论并提出相关完善建议。

二、家事代理理论无法支撑“共债推定论”

关于第24条的理论基础，最高院首先给出的是家事代理理论。其称：将夫妻一方在婚内以个人名义所负债务推定为夫妻共同债务，“既能减轻财产交易的成本，便于及时、合理地解决纠纷，又符合日常家事代理的基本法理”。[8]日常家事代理是指夫妻一方因日常事务与第三人交往时，所为法律行为应当视为夫妻共同的意思表示，并由另一方承担连带责任的制度。学界一般认为，《最高人民法院关于适用〈中华人民共和国婚姻法〉若干问题的解释（一）》（以下简称《婚姻法解释（一）》）第17条是对家事代理权的首次明确认可，该条既规定了狭义的日常家事

〔7〕同前注5，陈法文。

〔8〕最高人民法院民事审判第一庭编著：《最高人民法院婚姻法司法解释（二）的理解与适用》，人民法院出版社2015年版，第257页。

代理，又规定了表见的日常家事代理。

夫妻一方所为交易，法律为何要推定另一方同意？盖因其系为夫妻日常共同生活所必需，故推定另一方同意并不会损及其利益，更有便捷交易、节省交易成本之功能。日常家事代理制度的关键点在于，夫妻一方所从事的交易是否属于满足夫妻日常生活需要的合理范围。

实践中发生纠纷的夫妻共同债务案件，绝大多数情况下，其数额均超出了日常家事代理范围。夫妻日常生活所需交易，数额大者不过几万，但本文样本数据显示，大部分债务的数额均远超此数。

表3　共同债务之判决（4418）理由说明

判决理由	数量	占判决总数百分比
A. 债务发生于婚内	4384	99.23%
B. 非举债方未能证明解释二第24条例外情形	1519	34.38%
C. 非举债方缺席或与举债方共同缺席	1461	33.07%
D. 非举债方未能证明举债未用于夫妻共同生活	1361	30.81%
E. 离婚裁判或离婚协议分割不能对抗债权人	368	8.33%
F. 借款用于经营或清偿旧债也使夫妻共同受益	245	5.55%
G. 债权人有理由相信用于共同生活或属于家事代理	125	2.83%

如表3所示，在认定为夫妻共同债务的4418个判决中，只有125个判决，因为交易数额足够小，债权人有理由相信债务用于夫妻共同生活或属于家事代理，仅占共同债务判决数的2.83%，相对于样本总数4979例而言，仅占2.51%。这项数据也印证了如下判断，"家事代理所涉事项价值微末、不会引起纠纷，假若夫妻共同债务仅限于或主要限于日常家事的范畴，实践中就不会有或很少有夫妻共同债务的纠纷。"[9]上述数据还表明，作为"共债推定"理论基础的日常家事代理理论，在判定共同债务的案件中，几乎没有得到应用，倘若果真只运用该理论，则没有几个案件应该判为夫妻共同债务。

在认定夫妻共同债务的标准上，《婚姻法》第41条"共同生活标准"较家事代理制度的"日常生活标准"要宽松很多，[10]因此，在本文样本数据中，单纯以债务数额超出日常家事代理范围为由，认定系争债务为个人债务的判决数量也极少。

---

〔9〕同前注5，贺剑文。

〔10〕我国台湾地区学者就认为，日常家务代理权范围过窄，台湾法对其规定仅有学理意义，无助于实际问题之解决，立法论上应将其以删除。参见林秀雄：《亲属法讲义》，元照出版有限公司2013年版，第120页。

表4　个人债务判决（499）之理由说明

判决理由	数量	占判决数比例
a. 债务发生于婚前或离婚后	83	16.63%
b. 无合意、未受益或未用于共同生活	305	61.12%
c. 感情破裂或分居期间举债	167	33.47%
d. 数额巨大显超日常生活所需或家事代理范围	105	21.04%
e. 举证责任转移后，债权人未能反证	88	17.64%
f. 财政稳健无举债必要	63	12.63%
g. 举债方有吸毒或赌博等恶习	62	12.42%
h. 借贷双方有特约或债权人明知系个人用途	32	6.41%
i. 担保之债	19	3.81%
j. 侵权之债	2	0.4%

如表4所示，在总计499例个人债务判决中，“数额巨大显超日常生活所需或家事代理范围”的为105个，占个人债务判决总数的21.04%，占样本总数（4979个）的比例仅为2.1%。可见，“日常生活标准”尺度严格，大多数涉讼夫妻债务数额均远超家事代理范围。

既然现实债务纠纷情形如此，那么将第24条无数额限制的共债推定，建立在范围极其有限的家事代理理论上，显然是说不通的。家事代理本质上是基于交易性质和数额而对非举债方意思表示的合理推定，而“共债推定”则将“婚内单方举债”与“日常家事代理”简单等同起来，这不啻是对非举债方意志的强行歪曲。因此，理论界大多主张，将“共债推定”限于夫妻日常生活所需的合理限度内。“在夫妻日常家事代理权限范围内的单方负债，应以交易安全为重，倾向于保护债权人利益。对于巨额单方负债，应优先保护婚姻关系中的无辜方。”〔11〕“对于属于‘日常生活需要’之内的债务，适用第24条的规定。”〔12〕“除债权人能够证明债务人的负债行为没有超出日常家事代理范围或者确属夫妻共同债务外，应按夫妻个人债务处理。”〔13〕还有学者直言，第24条“不考虑夫妻一方所欠债务是否用于夫妻共同生活，是否属于日常家事代理的范畴。其结果是：夫妻一方与第三人恶意串通，以虚假债务损害另一方配偶利益的情况，在离婚分割夫妻共同财产时屡见不鲜”。〔14〕

事实上，将“共债推定”限定在日常家事代理或为夫妻日常生活范围内，也是

〔11〕张驰、翟冠慧：《我国夫妻共同债务的界定与清偿论》，载《政治与法律》2012年第6期。

〔12〕李洪祥：《夫妻一方以个人名义所负债务清偿规则之解构》，载《政法论丛》2015年第2期。

〔13〕刘雁冰：《关于确认夫妻共同债务的审判思考》，载《法律适用》2006年第5期。

〔14〕同前注5，夏吟兰文。

比较法上的共识，例如《德国民法典》第1357条规定，配偶任何一方均有权缔结旨在“适当满足家庭生活需要”的交易，该交易对另一方配偶亦有拘束力。该条规范目的不在于保护债权人，而是基于平等原则之夫妻相互家事代理权的当然结果；所有职业性债务或纯属一方配偶财产权领域的交易不适用本条，关于实物或服务的借贷可适用本条，但金钱借贷不适用本条，因为它不属于直接满足家计需要的交易（如日用品采购）。[15]

《法国民法典》第220条也将日常家事代理范围限定在“以维持家庭日常生活与教育子女为目的”的合同，且不适用于明显过分的开支。特别应予注意的是，作为强制性规定的《法国民法典》第1415条，将单方向他人借贷与为他人提供担保相提并论，这两种交易所生之债不仅不构成连带债务（dette solidaire），而且也不构成夫妻共同债务（dette conjointe），举债方不得以共同财产、而仅能以其个人财产来清偿。因为立法者认为，这两类交易特别危险，而且债务人的配偶们未必总能在其缔结时就意识到其严重性。[16]判例还对该条中的“借贷”采广义，包括一切类似的危险交易方式，如信用卡透支等；另外，该第1415条可被夫妻双方任何一方（包括举债方）援用。[17]若借贷交易之债权人打算扣押举债方财产，其要证明被扣押财产属于举债方个人财产（法民1402条）。除上述德、法两国外，《瑞士民法典》第166条、[18]《日本民法典》第761条、[19]以及我国台湾地区“民法”第1003条亦有相同规定。[20]

综上，范围极其有限的日常家事代理法则，根本推导不出第24条这种没有边际的“共债推定”，最高院为第24条提供的第一项立法理由不能成立。

三、“共同生活标准”被“婚内标准”篡位

“共债推定论”不仅在主观上构成对非举债方意志的强制扭曲，而且在客观上，也使得《婚姻法》第41条所确立的“共同生活标准”被“婚内标准”架空并取代。

---

〔15〕 Vgl. , Münchener Kommentar zum BGB, 6. Aufl. 2013, Roth, §1357, Rn 1, 24, 27.

〔16〕 V. JurisClasseur Civil Code > Art. 1409 à 1420, Fasc. unique : COMMUNAUTÉ LÉGALE , 15 Avril 2016, no 42 – 54.

〔17〕 V. Cass. 1re civ. , 15 mai 2002, n° 00 – 15. 298.

〔18〕 该条规定：共债推定仅限于满足家庭日常所需，否则应获得他方授权，或事关共同利益且事出紧急。

〔19〕 该条规定：夫妻一方因日常生活同第三人发生法律行为的，另一方对由此而产生的债务承担连带责任。预先告知不承担责任者除外。参见王爱群译：《日本民法典》，法律出版社第2014年版，第120页。

〔20〕 该条规定：“夫妻于日常家务，互为代理人。”

最高院《建议之答复》为第24条辩护首段称，“从《婚姻法》第19条第3款中可以解读出的含义有……胡康生主编的《中华人民共和国婚姻法释义》一书中的相关解释是，‘……如何判断第三人是否知道该约定，夫妻一方或双方负有举证责任，夫妻应当证明发生债权债务关系时，第三人确已知道该约定。’由此可知，婚姻法司法解释二第24条是符合婚姻法立法精神的。”

本文认为，此辩解犯了一个极其低级的错误。《婚姻法》第19条第3款规定：“夫妻对婚姻关系存续期间所得的财产约定归各自所有的，夫或妻一方对外所负的债务，第三人知道该约定的，以夫或妻一方所有的财产清偿。”可见，该条规定的是夫妻约定财产制下，一方婚内个人举债应如何认定和处理，其适用范围是非常明确的，即仅适用于约定财产制的场合。而第24条规定的是，“债权人就婚姻关系存续期间夫妻一方以个人名义所负债务主张权利的，应当按夫妻共同债务处理。”很明显，它完全抛开了《婚姻法》第19条第3款的适用范围限定，成为一条同样适用于法定共同财产制下婚内单方举债的一般性规则。因此，最高院称“第24条符合婚姻法立法精神”，完全站不住脚。

《建议之答复》第二段辩护词称，“目前，现行司法解释有关夫妻共同债务的认定和判决遵循的原则没有问题。我国婚姻法规定的夫妻财产制是以婚后所得共同制为普遍原则。现实中多数中国家庭实行的也是婚后所得共同制。实行约定财产制的夫妻较少。既然结婚后夫妻的收入是共同的，那么为共同生活所负债务也就应当共同偿还。”

为共同生活所负债务当然应共同偿还，这也正是《婚姻法》第41条所确立的标准，但第24条对“共同生活”只字未提；不能因为中国大多数家庭实行婚后所得共同制，就想当然认为，婚内单方举债均系为夫妻共同生活。“共同生活标准”与“婚内标准”二者迥异，前者探究的是系争债务是否惠及夫妻双方，后者追问的是债务是否发生于婚姻持续期间，从《婚姻法》第41条无论如何也推导不出《婚姻法解释（二）》第24条。

更严重的是，自第24条施行后，《婚姻法》第41条的“共同生活标准”几乎已被审判实务废弃。表现形式之一是奉行“适用依据内外有别论”，即对于夫妻之间的债务诉讼，适用《婚姻法》第41条；对于第三人（债权人）起诉债务人配偶的诉讼，适用《婚姻法解释（二）》第24条。表现形式之二，对于债权人作为原告的诉讼，名义上仍遵从《婚姻法》第41条，但实质上只适用第24条。

从若干省级人民法院发布的审判指导意见可清楚看出这种法条的“篡位”。例如《上海市高级人民法院关于审理民间借贷合同纠纷案件若干意见》（沪高法民一〔2007〕第18号）第3条规定：“此类案件处理中，首先应当将最高人民法院关于婚姻法司法解释（二）第24条的规定作为一个基本处理原则。”《江苏省高级人民法院关于审理民间借贷纠纷案件的会议纪要（2013）1号》指出：“婚姻关系存续期间，夫妻一方以个人名义向他人借款所形成的债务，原则上应当认定为夫妻共同债务。”更极端的是2007年《重庆市高级人民法院关于当前民事审判若干法律问题的指导意见》第28条：“夫妻关系存续期间一方对外债务是否属于共同债务的认定和处理。一般作为夫妻共同债务……夫妻一方只要不能证明该债务属于（第24条）两种情形，即使举证该债务未用于夫妻共同生活或法定抚养义务，也不能免除另一方的偿还责任，但能证明该债务属于赌债等非法债务的除外。”

审判实务深受上述解释和指导意见的影响。如上文表3所示，在4418个认定共同债务的判决中，有4384个径自以债务发生在婚内作为判决理由，占比高达99.23%。从表5可看出第24条架空第41条的大致图景。

表5　判决书主文所援引的判决依据（4917）

判决结果	只援引24条	只援引41条	同时引用24条和41条	排除适用41条
个人债务	40	88	409	6
共同债务	517	25	3838	17
总计及占比	557；11.3%	113；2.3%	4247；86.4%	23；0.5%

如表5所示，在4979个判决中，排除62个判决结果为“部分共同债务部分个人债务”不计，共有4917个判决。其中有23个判决明确排除第41条的适用，即奉行“适用依据内外有别论”。例如徐州中院在某案中认为，“《婚姻法》第41条系夫妻双方内部在离婚时针对对外债务负担应遵循的规范。在夫妻作为一方与其他债权人的外部关系上，如债权人针对夫妻双方主张权利的，仍应按照《婚姻法解释（二）》第24条来认定是否构成夫妻共同债务。”〔21〕

另有557份判决书在判决主文之前以及说理部分，仅对第24条或/和最高法院“（2014）民一他字第10号答复”（以下简称“《第10号答复》”）进行阐述，而对《婚姻法》第41条直接忽略和无视。例如山东高院在某案中认为，“根据《婚姻法解释（二）》第24条，债权人就一方婚内以个人名义所负债务主张权利的，应按夫妻共同债务处理。根据《第10号答复》的意见，赵X应举证证明所借款项没有用于夫妻共同生活，否则应承担共同还款责任。”〔22〕在此，完全没有对《婚姻法》第41条作援引和分析。

最多见的情形是，判决书在判决主文前虽一并援引第24条和《婚姻法》第41条（共4247例），但在说理部分同样看不见第41条的身影。例如甘肃高院在某判

〔21〕参见江苏省徐州市中级人民法院（2015）徐民终字第4378号民事判决书。相同立场亦可参见四川省德阳市中级人民法院（2015）德民一终字第55号民事判决书、云南省西双版纳傣族自治州中级人民法院（2015）西民二终字第52号民事判决书。

〔22〕参见山东省高级人民法院（2016）鲁民终1171号民事判决书。

决书主文前虽同时援引这两个条文，但在说理部分却只援用第24条，“根据《婚姻法解释（二）》第24条……作为夫妻一方的齐娥，应当对是否存在（第24条）两种法定例外情形承担举证责任。”〔23〕在这里，第41条实质上仍被排除适用。

由上可见，第24条实实在在地取代了《婚姻法》第41条，最高院关于第24条的“法官造法”，已经直接违反了其上位法——全国人大制定的《婚姻法》。有法官就此认定，以《婚姻法解释（二）》第24条架空《婚姻法》第41条是“法律适用上的硬伤”。〔24〕不仅如此，第24条也与最高院颁行的《关于适用〈中华人民共和国婚姻法〉若干问题的解释（三）》（以下简称“《婚姻法解释（三）》”）遵循的个人主义基本观念完全相悖。

家庭在传统上被视为情感和伦理的结合，具有一元性，个体尤其是女性湮没在家庭庞大的身影之下。然而，自启蒙运动以来，个人主义开始勃兴；及至20世纪，女性主义革命兴起，男女平等思想逐渐被各国接受，〔25〕家庭对外的一元性逐渐演变为夫妻意志的二元性。同时，家庭形式的多元化实现了对婚姻神圣性的去魅，个人主义和自由主义的兴盛导致传统婚姻价值观逐渐式微。关于家庭，“与其说是作为一个本身具有价值的制度，毋宁是一个为每个人提供其个性充分发展的制度”。〔26〕另外，日益深化的社会分工带来了个人社会关系的变化与个体本身的变化，〔27〕由于国家职能和社会机能的发达和完善，家庭作为生产单位的意义以及家庭的社会功能显著减弱。〔28〕这些因素共同作用，导致奉行夫妻一体主义的传统婚姻家庭观念，逐渐让位于强调个体和个性、平权和自由的现代家庭观念，〔29〕各国立法也多改采“罗马式之分立主义，以保证夫妻身份及财产个别之独立”。〔30〕

在这种大背景下，我国婚姻法也呈现了一些顺应时代潮流的变化。尤其是《婚姻法解释（三）》，更是个人主义盛行的典范。赵晓力教授甚至将其痛斥为“个人主义和资本主义对中国家庭的侵入”：

“它把‘解释二’开始引入婚姻法的‘谁投资，谁收益’的资本主义原则，从

---

〔23〕 参见甘肃省高级人民法院（2015）甘民提字第12号民事判决书。

〔24〕 王家乾、王礼仁：《适用婚姻法解释（二）第24条的前提条件》，载万鄂湘主编：《司法解决的对策与机制》，人民法院出版社2007年版，第378页。

〔25〕［美］罗兰·斯特龙伯格：《西方现代思想史》，刘北成、赵国新译，中央编译出版社2005年版，第568页。

〔26〕 J. Carbonnier, *Essais sur les lois*, *Répertoire du notariat*, Defrénois, Paris, 1979, p. 171.

〔27〕 参见［德］诺贝特·埃利亚斯：《个体的社会》，翟三江、陆兴华译，译林出版社2003年版，第160页。

〔28〕 参见［美］加里S贝克尔：《家庭论》，王献生等译，商务印书馆2014年版，第421页。

〔29〕 参见［法］吉尔·利波维茨基：《空虚时代·论当代个人主义》，方仁杰、倪复生译，中国人民大学出版社2007年版，序言第3~4页。

〔30〕［日］栗生武夫：《婚姻法之近代化》，胡长清译，中国政法大学出版社2003年版，第11页。

家庭之外的企业注入了家庭之内的房产……更大的愚蠢，是像‘解释三’这样，通过将家庭大宗财产（尤其是房产）界定为出资者所有的方式，彻底抛弃‘夫妻共同财产’这个家产制仅存的法律概念。”[31]

且不论这种批评是否正确，单单说一个判断，那就是《婚姻法解释（三）》的确是个人主义主宰下的产物。其第7条很突兀地改变了“一方父母赠与给该方的财产推定为赠与给夫妻双方”的既有规则（《婚姻法解释（二）》第22条第2款），并作了完全相反的推定。

于是，《婚姻法解释（二）》第24条的“共债推定论”与《婚姻法解释三》”的“房产各别投资论”之间的深刻裂痕便清晰可见。前者对婚内个人意志直接无视，采夫妻捆绑主义，无论债务数额大小一律推定为共同债务；后者则将夫妻视为各自独立的个体，对于婚内一方父母或双方父母出资购房，设计了清晰的份额计算规则，采取投资者所有的按份共有理念，体现出鲜明的个人主义。若说房产是中国家庭的大宗财产，甚至是很多中国人一辈子的财富，不得不计算清楚，那么，很多巨额债务的数额远超一套房产价值，此时，第24条“共债推定论”的正当性何在？

共同债务的本质在于债务缔结系为了夫妻共同利益，比较法上对于夫妻共同债务的这种本质有广泛共识。对于夫妻一方担任管财人的情形，德民第1438条规定，非管财方未经管财方同意单方举债时，只有为共同财产之利益所负债务才是共同财产之债务；而对于重大交易，管财方未经另一方同意即缔结者，法律行为无效，债务视为不存在。[32]对于夫妻双方共同管财的情形，德民第1460条规定，夫妻一方未经另一方同意单方举债时，只有为夫妻共同财产之利益所负债务才是共同财产之债务。同样，法民第1416条规定，所有只为夫妻一方个人利益所缔结的债务，若被认定为共同债务（并非连带债务），则在共同财产先行清偿债务后，另一方配偶有追偿权。

综上所述，第24条以“婚内标准”取代《婚姻法》第41条的“共同生活标准”，实质上是以司法解释僭越法律；同时，其粗糙的夫妻捆绑主义，不仅违背夫妻共同债务本质，而且也与《婚姻法解散（三）》奉行的个人主义背道而驰。最高院关于“第24条符合婚姻法立法精神”的辩解，完全不能成立。

四、几乎无法推翻的“共债推定”缺乏正当性

第24条“共债推定”规定了两种例外情形：“债权人与债务人明确约定为个人债务”和“债权人知道债务人与其配偶采约定财产制”。理论上，非举债方可通过

---

〔31〕 赵晓力：《中国家庭资本主义化的号角》，载《文化纵横》2011年第1期。

〔32〕 Vgl.，Münchener Kommentar zum BGB，6. Aufl. 2013，Kanzleiter，§ 1437，Rn3.

举证推翻推定。《第10号答复》事实上又增加了第三种例外情形，即非举债方“证明所借债务并非用于夫妻共同生活”。[33]实证统计数据表明，非举债方几乎无法通过证明这些例外情形来推翻推定。

表6 非举债方因举证不能、无法推翻“共债推定”而败诉的判决统计（4917）

判决理由	案件数量	相对于共同债务判决数（2957）的占比	相对于判决总数（3456）的占比
B. 非举债方未能证明存在《解释二》第24条两种例外情形	1519	51.4%	44%
D. 非举债方未能证明举债并非用于夫妻共同生活	1361	46%	39.3%
总数	2880	97.4%	83.3%

如表6所示，在2957个经口头辩论最终认定为共同债务的判决（不计缺席判决）中，有1519例判决理由是“非举债方未能证明存在《解释二》第24条两种例外情形”，占比51.4%；有1361例判决理由是“非举债方未能证明举债并非用于夫妻共同生活”，占比46%。二者相加，案例数达2880例，占比高达97.4%。这表明，非举债方被判承担连带责任几乎全因无法推翻第24条“共债推定”。同时，这两类情形占经口头辩论而审结的案例总数（3456）的83.3%。这意味着，非举债方因举证不能、无法推翻“共债推定”而败诉的比例高达八到九成。

由此可见，第24条“共债推定”虽名义上属于“可推翻的推定”，但在实际效果上，已接近于“不可推翻的推定”或“法律拟制”。另外，我们还可以从非举债方成功推翻推定的统计数据进一步审视第24条推定的实践运行情况（参见表7）。

表7 非举债方完成证明责任、推翻共债推定的案例统计

判决理由	数量	占个人债务判决数（416）比例	占案件总数（4979）比例
b. 无合意、未受益或未用于共同生活	305	73.3%	6.1%
c. 感情破裂或分居期间举债	167	40.1%	3.3%
d. 数额巨大显超日常生活所需或家事代理范围	105	25.2%	2.1%
f. 家庭财政稳健无举债必要	63	15.1%	1.3%

〔33〕 参见人民法院报 http：//rmfyb.chinacourt.org/paper/html/2017－01/05/content_ 120527.htm？div＝－1，最后访问日期：2017年1月22日。

续表

判决理由	数量	占个人债务判决数（416）比例	占案件总数（4979）比例
g. 举债方有吸毒或赌博等恶习	62	14.9%	1.2%
h. 借贷双方有特约或债权人明知系个人用途	32	7.7%	0.6%
i. 担保之债	19	4.6%	0.3%
j. 侵权之债	2	0.48%	0.04%

如表7所示，在总共499份个人债务的判决中，去掉83个“债务发生于婚前或者离婚后”的案例，共有416个案例。判决书中概括指明“举债未用于夫妻共同生活”的案例有305个。更具体的事实理由，按照出现频次高低排列，分别是：(1)“感情破裂或分居期间配偶一方举债”(40.1%)；(2)“数额巨大显超日常生活所需”(25.2%)；(3)“家庭财政稳健无举债必要”(15.1%)；(4)“举债方有吸毒或赌博等恶习”(14.9%)；(5)“借贷双方有特约或债权人明知借款系个人用途”；(6)担保之债；(7)侵权之债。

其中，第5项“借贷双方有特约或债权人明知借款系个人用途”属于《婚姻法解释（二）》第24条规定的两种例外情形之一，仅有32例，占样本总数的比例为0.6%；符合第24条另外一种例外情形的判决数是0，可见，第24条规定的例外情形对于非举债方几乎无实际意义。第6项担保之债不适用第24条，已有最高院对福建省高院的明确复函，[34]比例也极低。另有2例侵权之债被判为个人债务，不过，无论从理论层面，[35]还是从实务角度来看，[36]侵权之债都不是定性为个人债务的充分条件。

综合来看，非举债方能成功推翻“共债推定”的，基本上都属于极少数典型而极端的情形：即证明举债方吸毒、赌博或者债务发生于夫妻感情显著破裂期间，以及数额特别巨大且对于家庭生活非属必要。[37]但这些极端事例发生概率相对于夫妻一方婚内单方举债而言，实在是太低。因此，才有高达九成以上的相关案件判决结果为夫妻共同债务。显而易见，第24条“共债推定”之证明责任对非举债方来说是不可承受之重。诚如夏吟兰教授所言，“这种举证责任对不知情的配偶一方而言

〔34〕《最高人民法院民一庭关于夫妻一方对外担保之债能否认定为夫妻共同债务的复函》（〔2015〕民一他字第9号）。

〔35〕同前注11，张驰、翟冠慧文。

〔36〕在全部4979份判决书中，涉侵权之债的共有6例，其中有4例判为共同债务，主要涉及机动车肇事。

〔37〕即便数额巨大亦未必被判为个人债务。参见《离婚后天降2800万“共同债务”女教师被判连带还》，http://news.xinhuanet.com/legal/2012-11/24/c_123997070.htm，最后访问日期：2017年1月17日。

过于严苛，几乎是不可能完成的任务。”[38]

因诉讼当事人不能完成客观证明责任的证明而遭受败诉，构成所谓的“客观证明责任判决”，它是指事实问题不清但仍要对争议作出的裁决。[39]客观证明责任原本是帮助法官克服真伪不明而设计的制度，客观证明责任判决是法官为了“履行不得逃避审判之义务”而被迫作出的“最后选择”。[40]但在第24条的司法实践中，客观证明责任判决却令人惊讶地被法官作为判案首选甚至是唯一的招数，其所占比例之高（83.3%）令人瞠目，可称得上是一种畸形病态。

本文认为，造成这种困局至少有两个原因。第一，“共债推定论”的证明责任分配不合理。最高院在《建议之答复》中为第24条辩称，“相对于举证责任分配给债务人的配偶来说，分配给债权人则更不合理。”这种辩解似是而非。首先，债权人在交易时理应以债务人的财力和信誉作为交易决策基础，而不应着眼于该人是否有配偶，以及其配偶是否有足够财产。对于大额债务，债权人即便无法证明用于夫妻共同生活，系争债务因而被认定为个人债务，这也是债权人应承受的合理结果，不该将这种证明上的困难悉数转嫁给非举债方。

其次，相对于债务关系的双方（债权人和举债方），非举债方才是借贷合同关系之合同外第三人。如果说债权人很难知道举债方借债后用于何处，那么，非举债方更难知道其配偶有没有举债，何时何地为何举债，以及举债数额。这些风险根本不是非举债方所能防控。

最后，消极性事实的证明原本就更难完成。德国民事诉讼法理论认为，证明某些消极要件是困难的，立法者也尽量避免规定难以证明的消极要件事实，并且，这样做似乎已经是潮流。[41]举例来说，妻子如何证明丈夫个人借入的十万元没有用于夫妻共同生活？唯一无漏洞的做法是“穷尽枚举排除法”，即，将丈夫所有的财务支出记录一一呈现。显然，如此完整的直接证据在现实中几乎不可能提供。最高院在《建议之答复》中称，“债务人的配偶只能设法证明债务人所借款项没有用于其家庭共同生活。提供这种证据对于债务人的配偶来说也是有一定难度的，但并非不可能，实践中不乏成功的例子。”本文统计数据表明，最高院在刻意淡化这种证明难度。

第二个原因是，我国审判实务部门对于证明责任理论存在认识误区。首先，很多法官将主观证明责任和客观证明责任混为一谈。前者是指一方当事人为了避免败诉而对有争议的事实加以证明的责任，后者则是指事实真伪不明时谁承担不利诉讼

---

〔38〕 同前注5，夏吟兰文。

〔39〕 参见［德］汉斯·普维庭：《现代证明责任问题》，吴越译，法律出版社2000年版，第27页。

〔40〕 参见［德］莱奥·罗森贝克：《证明责任论》，庄敬华译，中国法制出版社2002年版，第66页。

〔41〕 同前注38，汉斯·普维庭书，第364、371页。

后果。客观证明责任是一种法定的抽象的风险分配形式，在诉讼过程中不存在转移可能；而个案中，双方当事人都有具体的主观证明责任，它取决于法官的证明评价，并可在双方当事人之间反复转移。[42]

表8　主观证明责任转移的案例统计

原因	数量	占个人债务判决数比例	占判决总数比例
举证责任转移后债权人未能反证	88	17.6%	1.76%

如表8所示，在本文样本数据中，其中明确提及“举证责任转移后债权人未能反证”而最终判决系争债务为个人债务的仅有88例，占个人债务判决总数（499）的17.6%，占本文样本总数（4979）的1.76%。结合比例高达九成的客观证明责任判决可知，审判实务很可能未能区分客观证明责任和主观证明责任，对它们各自的功能认识不清。

其次，法院在查明事实和形成心证方面消极懈怠，当为不为。从技术角度说，若法官对事实已经形成了一定的心证，则当事人即使完全不作为，法官也不会依据客观证明责任来裁决。法官应从各种证明手段、证明标志和情势证明的综合联系中求得心证，竭力克服真伪不明。这是法官的职权，也是其职责。客观证明责任判决出现概率大小直接取决于法官形成心证的难易程度，证明尺度要求越低，客观证明责任判决数量就越少，反之亦然。在审判实务中，法官对于非举债方的证明尺度要求普遍较高。例如在某案中，非举债方已证明举债方多次往来澳门赌博，并提供“户名为被告甘海耀（举债方）的《个人账户交易明细清单》，证明其在拿到贷款后即通过POS机在澳门套现”，举债方对此也予以自认，但法院仍认定非举债方举证不能。[43]

显然，很多法官不愿或不敢形成自己的自由心证，他们宁愿轻易就作出客观证明责任判决。个中原因既可能是审判任务繁重，无暇他顾，也可能是害怕承担风险和责任。对此，有学者批评道，“证明责任分配实际上已部分地成为法官卸责的一个借口，只要当事人不能举证，法官便依证明责任的分配判其败诉，而不愿意花时间精力去发现真实，甚至不顾及案件的具体情况。”[44]“用举证责任作判决是法官不得已而为之，是在穷尽一切发现真实的方法后才采取的措施，如果高频率地使用、过度地使用，就难免会背离通过诉讼发现真实的目的。”[45]

其实，法官在通往克服真伪不明的道路上有很多种方法，如不负担证明责任一

[42] 同前注38，汉斯·普维庭书，第16、45页。

[43] 参见上海市静安区人民法院（2014）静民四（商）初字第16号民事判决书。

[44] 徐昕：《法官为什么不相信证人》，载《中外法学》2006年第3期。

[45] 李浩：《回归民事诉讼法——法院依职权调查取证的再改革》，载《法学家》2011年第3期。

方的释明义务、证明尺度的降低等等。[46]改变第24条适用现状除了根本上废除“共债推定”外，还可采取以下措施：其一，区分主观/客观证明责任，明确债权人亦有主观证明责任；其二，允许和鼓励法官运用经验法则形成自由心证，[47]适当降低非举债方的证明尺度；其三，尽可能应非举债方申请或根据法官职权进行调查取证。最高院2017年2月28日下发的《妥善审理之通知》，对于前述改进措施第二点和第三点已经有所提及。[48]但也必须指出，上述要求并非司法解释的一部分，它并未改变第24条“共债推定”的原则性规定；同时，这些要求弹性极大，法官自由裁量权极其宽泛，作为当事人的非举债方实际上并无可靠的法律手段去检验和确保法官会严格遵守上述要求。

综上所述，第24条“共债推定”之证明责任分配欠缺合理性，加之法院对于证明责任规则的误解和误用，导致此推定在实践中几乎无法推翻，最高院刻意淡化非举债方证明难度的辩解不成立。

五、自我割裂的“证明责任内外有别论”

《第10号答复》与《建议之答复》称：“在不涉及他人的离婚案件中，由以个人名义举债的配偶一方负责举证证明所借债务用于夫妻共同生活，如证据不足，则其配偶一方不承担偿还责任……在债权人以夫妻一方为被告起诉的债务纠纷中，对于案涉债务是否属于夫妻共同债务，应当按照《解释（二）》第24条规定认定。如果举债方的配偶举证证明所借债务并非用于夫妻共同生活，则其不承担偿还责任。”此即“证明责任内外有别论”。

事实上，从第24条解释不出来“证明责任内外有别论”。故有个别学者主张，若允许夫妻一方通过举证证明“债务实际未用于夫妻共同生活”来推翻夫妻共同债务推定，则会置善意债权人于不测之风险中，故不宜将此作为除外情形。[49]这种对非举债方最严苛的立场当然不值一驳。但至少表明，“证明责任内外有别论”实质上是最高法院通过两个“答复”，对第24条进行了法律续造，其理论上有利于非举债方，值得肯定。但这种针对同一事实、仅因诉讼当事人不同就人为地作相反的证明责任分配的立场，本身自我割裂，存在严重缺陷。

第一，违背形式逻辑上的同一律。婚内一方以个人名义举债，必然都涉及债权

---

〔46〕 同前注38，汉斯·普维庭书，第199页及以下。

〔47〕 林晓燕：《婚姻关系存续期间夫妻一方以个人名义所负债务》，载《人民司法》2006年第9期。

〔48〕 该通知要求，法院在审理夫妻婚内单方举债案中，原则上应传唤夫妻双方本人和案件其他当事人本人到庭；非举债方不能提供证据，但能提供证据线索的，应根据当事人的申请进行调查取证；应结合案件各种具体情况综合判断债务是否发生。防止仅凭借条、借据等债权凭证就认定存在债务的简单做法。

〔49〕 李红玲：《论夫妻单方举债的定性规则》，载《政治与法律》2010年第2期。

人，故“证明责任内外有别论”实际上针对同一生活事实，却给出了两种可能的法律真实（诉讼结果）。

第二，导致不可调和的裁判冲突。假设先有“内部诉讼”，举债方无法证明系争债务用于夫妻共同生活，则非举债方依据该理论“不承担偿还责任”。之后，若债权人起诉债务人配偶双方，非举债方无法证明系争债务并非用于夫妻共同生活，则后者依据该理论又必须承担连带清偿责任。于是，对于同一笔债务，在先后内外两个诉讼中，若举债方和非举债方均无法完成证明责任（完全有此可能），则将出现相互冲突的矛盾判决。

第三，诱使举债方怂恿债权人起诉，使得该理论前半段对非举债方有利的证明责任分配形同具文。基于趋利避害的本能，举债方在离婚债务分割诉讼之前或同时，为避免败诉，必然会积极撺掇债权人另行起诉。即便是非法债务、恶意债务，举债方也会用此法尽可能减轻自己的负担。债权人为最大程度实现自身债权，也有动力及时起诉债务人夫妻双方。因此，“证明责任内外有别论”对非举债方看似有利有弊，但其实非举债方易受其害，难享其利。

第四，绝大部分夫妻共同债务纠纷均系债权人起诉债务人夫妻，夫妻内部就债务性质成讼数量较少。截至2017年2月20日，在中国裁判文书网“全文检索”“《中华人民共和国婚姻法》第四十一条”＋“离婚”，仅得15597份裁决书，而检索“关于适用《中华人民共和国婚姻法》若干问题的解释（二）第二十四条”，则有裁决书344294份。内外债务纠纷数量百分比分别为4.33%和95.67%。可见，在因婚内单方举债所致诉讼中，绝大多数均涉及外部第三方债权人。这也从实践统计数据的角度证实了上一点理论推演，即“证明责任内外有别论”仅有后半段有意义，前半段止于修辞。

第五，审判实践中还存在一种并不罕见的做法，即在夫妻离婚诉讼中，对涉及夫妻共同债务的争议直接不予审理，告知当事人另行诉讼解决，此举实际上剥夺了非举债方基于“证明责任内外有别论”所享有的举证利益。例如，湛江市中院在某判决中称，“关于夫妻共同债务的认定问题。由于债务涉及案外人陈X，本院无法确认该债务的真实性，故应由债权人凭借款凭证另行向债务人主张权利，本院在本案中对该债务不予认定。”[50]同样，温州市中院在某判决中亦称，“关于夫妻共同债务。对于是否存在欠廖X150000元的事实，双方尚存争议，可由债权人另行主张。”[51]显然，此种并非毫无道理的做法既是对“证明责任内外有别论”的阉割，也是对其的否定。

第六，证明责任分配的逻辑存在问题。“证明责任内外有别论”针对同一个生

---

〔50〕参见广东省湛江市中级人民法院（2014）湛中法民一终字第702号民事判决书。

〔51〕参见浙江省温州市中级人民法院（2015）浙温民终字第2794号民事判决书。

活事件，仅仅根据非举债方配偶是当原告还是被告，是被其配偶起诉还是被第三方债权人起诉，就作出迥然不同的证明责任分配，这种思维过分简陋，欠缺理性和逻辑。同时，因其缺乏说服力，故也导致审判实务在此类案件中的证明责任分配并不统一。

表9　客观证明责任分配总表（有效样本4758）

证明方	非举债方	举债方	配偶双方	债权人
数量	3975	143	556	84
百分比	83.54%	3%	11.69%	1.77%

如表9所示，在总共4979个判决里，有159例因举债方及其配偶有举债合意，法院直接认定为共同债务，故不涉及证明责任分配问题，另有62个案例判决结果为部分共同债务部分个人债务，扣除后剩余有效样本4758例。其中，有3975个案例遵循“证明责任内外有别论”，将证明责任课与非举债方，占比83.54%，分配给举债方、债权人或债务人配偶双方的合计占比16.46%。

表10　客观证明责任分配细表（有效样本4758）

债务类型	共同债务之判决（4259）				个人债务之判决（499）			
证明方	非举债方	举债方	双方	债权人	非举债方	举债方	双方	债权人
数量	3625	37	545	52	350[52]	106	11	32
百分比	85.11%	0.87%	12.8%	1.22%	70.14%	21.2%	2.2%	6.41%

如表10所示，在共同债务之判决里，令非举债方承担证明责任者数量最多，占比85.11%，令举债方承担证明责任者数量最少，占比0.87%；在个人债务之判决里，仍然是令非举债方承担证明责任者最多，比例为70.14%，但令举债方承担证明责任者却高居次席，占比21.2%。

由上可知，法院迫于第24条的拘束力，不得不在大部分案件中适用“证明责任内外有别论”，但出于对证明责任合理分配的坚持，也在少量案件中作出不同的证明责任分配。

关于民事证明责任分配，我国通说采罗森贝克的规范说，其要旨是“原告只需对所谓的权利产生的事实加以证明，而被告则只须对权利妨碍和权利消灭的事实加以证明。”[53]此项法则也规定在最高院《关于适用〈中华人民共和国民事诉讼法〉

[52]　前文叙及“主观证明责任转移”的88例判决书，在本次统计时，分别并入总表中“非举债方”一栏和细表中“个人债务之判决”中的“非举债方”一栏。

[53]　同前注39，莱奥·罗森贝克书，第103～111页。

的解释》第90条第1款和第91条。据此，依据《婚姻法》第41条，当举债方要求非举债方承担连带清偿责任时，应由举债方就系争债务“原为夫妻共同生活所负”事实承担证明责任；当债权人欲令非举债方对举债方所负债务承担连带清偿责任时，也应就此事实承担证明责任。

持相同见解者认为，“债权人作为原告，以夫妻双方作为共同被告主张权利时，如果举债方不能证明其举债用于夫妻共同生活时，债权人也不能举证证明其借款属于夫妻共同债务。非举债方不承担连带偿还责任。”〔54〕“婚内一方对外借款的性质判定，不能机械适用第24条，对借款用途的事实应根据举证责任分配原则确定，一般应由举债方承担举证责任，由债权人承担替补举证责任。”〔55〕

事实上，从风险防控和事实远近角度来说，由举债方和债权人就系争债务为前者夫妻共同生活而发生，乃最佳设定。“《德国民法典》通常要求能对特殊的个人情况提供最好答复之人承担证明责任。这尤其表现在重视当事人的特殊利益时，或在当事人的财产关系起决定性作用时。”〔56〕举债方和债权人决定了相关债务的发生，举债方或/和债权人对于超出夫妻日常生活范围的债务要求非举债方承担连带清偿责任，对于这种特殊的情况，前者可以提供“最好的答复”，由他们承担证明责任显然更合理。另外，从待证事实积极性、消极性等角度考虑，也可得出相同结论。在德国法上，主张单方举债属于家事代理范围并要求夫妻承担连带责任的人，应证明债务发生系为了“适当”满足家庭生活所需。〔57〕对于非管财方未经另一方同意单独缔结之债，主张此债务为夫妻共同债务的债权人承担证明责任。〔58〕在夫妻共同管财时，对于一方擅自缔结之债，同样由主张夫妻承担连带责任的债权人承担证明责任。〔59〕

总之，“证明责任内外有别论”看似公允持平，但其内部存在严重割裂，会导致判决冲突，同时对非举债方有弊无利。最高院为缓解第24条严苛性而发明的“证明责任内外有别论”应予废除。

六、不应承担的“假离婚真逃债”防范使命

最高院审判委员会专委杜万华大法官2016年3月在阐述第24条的制订理由时称，

“2003年在制定婚姻法解释（二）时，出现一个情况，夫妻双方联合对付债权

〔54〕同前注23，王家乾、王礼仁文。

〔55〕林振通：《夫妻一方对外举债纠纷裁判方法的选择与适用》，载《人民司法》2010年第22期。

〔56〕同前注39，莱奥·罗森贝克书，第387页及以下。

〔57〕Münchener Kommentar zum BGB, 6. Aufl. 2013, Roth, BGB § 1357, Rn 55.

〔58〕Münchener Kommentar zum BGB, 6. Aufl. 2013, Kanzleiter, BGB § 1438, Rn 5.

〔59〕Münchener Kommentar zum BGB, 6. Aufl. 2013, Kanzleiter, BGB § 1460, Rn 5.

人，以作假的方式通过离婚将财产转移到一方，借以逃避债务。根据这个情况当时反复讨论，婚姻法解释（二）第24条在把握度的程度上争论了很长时间。确定第24条的表述之后，夫妻双方恶意对付债权人的现象得到遏制。”[60]最高院在《建议之答复》中为第24条辩解时亦称，“实践中不仅存在夫妻一方以个人名义在婚姻关系存续期间举债给其配偶造成损害的情况，也存在夫妻合谋以离婚为手段，将共同财产分配给一方，将债务分给另一方，借以达到逃避债务、损害债权人利益目的的情形。”

可见，在最高院看来，第24条很重要的一个正当性依据是，为了打击“假离婚、真逃债”。本文认为，利用第24条来解决“假离婚、真逃债”问题，是用极端错误的手段取得了少许正面结果，与此同时带来其他更严重的负面效果。“假离婚、真逃债”的操作通常是：举债方通过离婚协议书或法院生效裁判文书，将夫妻共同财产甚至其个人财产悉数转移给另一方配偶。假如系争债务被判为举债方个人债务，则债权人将因举债方名下无任何财产而无法实现其债权；倘若将系争债务定性为共同债务，则债权人之债权实现可获得最充分的保障。表面上看，“共债推定”确有防范“假离婚、真逃债”之功效。但这种逻辑存在许多硬伤，分述如下。

首先，为何要无条件保障债权人的债权实现？此项前提条件其实并不成立。任何交易都有正常的市场风险，每个交易者都应承受此类风险。也正因为市场有风险，旨在降低风险的担保制度才有意义。但“共债推定”却完全抛弃了这个市场经济基本法则，它令债务人的配偶无条件成为债务人的连带保证人，而不论债务数额有多大。这种逻辑显然大有问题。无视风险而有过错的债权人，或是非法之债或恶意之债的债权人，不值得或不值得以牺牲无辜的债务人配偶的方式来保护。

其次，若债务并非为夫妻共同生活而发生，并被认定为举债方个人债务；之后，举债方通过离婚财产分割协议或相关裁判文书，将其财产恶意转移给非举债方以逃避债务，则此时可以（至少是类推）适用债权保全制度上的撤销权（《合同法》第74条）。试想，若举债方不是通过离婚财产分割协议将财产转移给非举债方，而是（通过或不通过离婚财产分割协议）无偿将自己的财产转移给其子女，债权人还是要依赖撤销权来保护自身债权。两种场合差别仅在于，通过假离婚转移财产，无非是有了“离婚夫妻财产分割”这个外在形式。但在应然层面，无法定事由时，夫妻财产分割应大体相当，当夫妻共同财产分割严重不成比例甚至举债方“净身出户”时，适用撤销权制度来保护债权人的利益具有充分的正当性，不应通过创立数额无限的共债推定来打击“假离婚、真逃债”。

再次，即便司法解释想要通过“共债推定”来打击“利用离婚转移夫妻共同

[60] 参见《家事审判改革为相关立法提供实践依据——专访最高人民法院审判委员会专委杜万华》，http：//www.chinacourt.org/article/detail/2016/03/id/1814753.html，最后访问日期：2017年1月24日。

财产”，也不能规定夫妻双方对被认定的“共同债务”承担无限连带责任。“即便夫妻双方约定将共同财产全部分给非债务人一方，后者也仅应以其所（多）接收的夫妻共同财产为限承担连带责任，而不应承担无限的连带责任”。〔61〕另有人认为，至少对于经营性负债，“即便是夫妻共同债务，非举债方的责任也仅限于以夫妻共同财产为限，而不应承担无限连带责任。”〔62〕法国法明确区分夫妻连带债务和共同债务的做法，也体现了非举债方之个人责任应受到严格限制的思想：只有维持日常家事生活需要而缔结的债才是连带债务，对于共同债务仅以共同财产清偿，非举债方不以个人财产承担责任。〔63〕

最后，第24条“共债推定”带来的最大恶果是近年来恶意债务、非法债务以及虚假债务呈井喷式爆发，〔64〕严重损害非举债方的利益。恶意债务是举债人通过举债获得财产，并将之转移，债务留给非举债一方配偶。非法债务指的是赌债或为毒资、嫖资而举债。虚假债务则是虚构根本未发生的债。

杜万华大法官针对“一些妇女反映没有证据证明丈夫所借债务是恶意债务、非法债务或虚假债务”的问题，回应说，“债务关系存在和合法性的证明责任在债权人，若配偶一方与债权人恶意串通，非举债方配偶完全可以根据民间借贷司法解释第19条关于判定虚假诉讼的十项规定，要求对方证明债权存在并具有合法性。”但事实上，此方案几乎不具有实用性。

具体而言，第一，债权债务关系的存在及其合法性，债权人极易证明。串通双方只要提交借条或合同，再加上一次与系争债务无关的其他交易上的银行流水记录即可。第二，《民间借贷司法解释》第19条只适用于民间借贷场合，对于以买卖或者租赁等名义产生的其他合意债务无法适用。第三，它针对的是法院和法官，要求法官在遇到第19条所列举情形（如出借人明显不具备借贷能力、借贷事实和理由明显不符合常理等）时，应主动查明相关细节，至于法官是否做以及做到何种程度，非举债方无可置喙，亦即，第19条并未给虚假债务的受害人以任何的实体权利或有效控制手段。〔65〕第四，本文样本统计数据表明，在《民间借贷司法解释》自

---

〔61〕 同前注5，贺剑文。

〔62〕 杨晓蓉、吴艳：《夫妻共同债务的认定标准和责任范围》，载《法律适用》2015年第9期。

〔63〕 V. JurisClasseur Civil Code > Art. 1409 à 1420, Fasc. unique : COMMUNAUTÉ LÉGALE , 15 Avril 2016, no. 83.

〔64〕 参见王礼仁：《2016年井喷式爆发虚假违法夫妻债务案件原因分析》，北大法宝 http：//www. pkulaw. cn/fulltext_ form. aspx? Gid＝335642957，最后访问日期：2017年2月2日。

〔65〕 以某案为例，非举债方提供多份证据证明：债权人没有出借能力、短期内连续发生多笔债务且旧债未还又添新债等事实，主张“上述情形完全符合《民间借贷司法解释》第19条第（一）、（二）、（三）、（五）、（六）款的规定，属于典型的虚假民事诉讼”，但最终仍败诉。参见福建省高级人民法院“（2015）闽民申字第2442号”民事裁定书。类似案例亦可参见滁州市中级人民法院（2016）皖11民终141号民事判决书。

2015年9月1日施行以来，在夫妻共同债务纠纷案件中适用该解释第19条的情形极其罕见，非举债方能成功证明举债方与第三人虚构夫妻共同债务的，更是屈指可数。

表11　夫妻共同债务纠纷中援用“民间借贷司法解释”第19条的判决

虚假债务/虚假诉讼（83）	指控成功：19（22.9%）	个人债务（举债方自认）[66]	7	8.4%
		债务不存在	12	14.4%
	指控失败：64（77.1%）	共同债务	52	62.7%
		个人债务	12	14.5%

如表11所示，在中国裁判文书网，以“《最高人民法院关于审理民间借贷案件适用法律若干问题的规定》第十九条”为检索关键词，以“2015年9月1日至2017年2月20日”为检索期间，共得结果821例，检索词再加上“夫妻共同债务”，共有94例，除去重复判决书11例，实际有效样本为83例。其中非举债方指控虚假债务成功的仅有19例，这与2015年之后每年动辄几万件的夫妻共同债务纠纷总数相比，其比例可以忽略不计。虚假债务、虚假诉讼被戳穿的困难程度由此可见一斑，也难怪《刑法修正案（九）》为此专门增设新罪名。

从这个角度看，第24条新增第2款和第3款几乎没有任何实际意义。因为无论是虚假债务还是非法债务，依据原先的规定，原本就不可能得到法律保护。问题的关键不在于要不要保护虚假债务和非法债务，而在于非举债方难以证明对方配偶与第三人之间的债务是虚假债务或非法债务。第24条新增两款规定对于此问题的解决并无任何助益。

综上所述，最高院以第24条作为打击“假离婚、真逃债”的手段，的确开错了药方，不仅其无条件保障债权人实现债权的前提条件不能成立，而且其负面效果惊人，导致恶意债务、非法债务及虚假债务泛滥，与此同时，《民间借贷司法解释》第19条也无法成为非举债方反击虚假夫妻债务的武器。

七、结论及制度改革方向

夫妻一方婚内以个人名义举债本为人类生活典型事态，各国民法均有相关规范条文，在维持债权人和非举债方利益平衡方面，虽手段各异，但旨趣相同。简单粗暴且偏颇如我国《婚姻法解释二》第24条者，却是世所未见。基于实证统计数据，

[66] 在指控虚假债务成功的19个案件中，有7个案件，法院认定系争债务真实性存疑，但同时称“既然债权人和举债一方配偶对借贷事实无争议，则系争债务应为举债方个人债务”。例如河南省郑州市中级人民法院（2016）豫01民终11492号民事判决书。

综合前文论述，本文认为第24条理当废除，理由如下：

第一，日常家事代理法则仅限于满足夫妻日常生活所需的举债，根本无法支撑没有任何数额限制和目的限制的第24条“共债推定”。

第二，第24条使债务性质完全取决于是否发生于婚姻持续期间，此“婚内标准”架空并取代《婚姻法》第41条的“共同生活标准”，既违反了上位法的规定，也违背夫妻共同债务的本质，婚内举债与夫妻共同利益之间无任何必然性。

第三，第24条“共债推定”在实践中几乎无法推翻，导致九成以上的相关案件全被认定为夫妻共同债务。根本原因在于此“共债推定”所设定的证明责任分配欠缺正当合理性，同时也因为审判实务对于证明责任理论存在误解，以及怠于查明事实所致。

第四，由第24条所衍生的“证明责任内外有别论”，对同一生活事实或给予两种不同法律真实，不仅违背同一律，也会导致判决冲突。此理论还会对举债方产生负面激励，使其撺掇债权人起诉，从而令非举债方易受其害，难享其利。实证统计数据也证实了这一点。

第五，打击假离婚真逃债不能成为第24条的正当理由，其无条件保障债权人债权实现的前提不成立，且此等手段过于极端，负面效果惊人，导致大量恶意债务、非法债务以及虚假债务滋生，严重损害非举债方利益。同时，《民间借贷司法解释》第19条也无法成为非举债方应对虚假夫妻共同债务的有效武器。

夫妻共同债务的认定是婚姻法与合同法乃至物权法交叉领域的重点问题，不能单纯在婚姻法内强行造法，以径自认准的“一刀切”简单思维去解决，相反，应回归民法基本原理。具体规则可以繁复细致，但核心原则不外乎以下几条：

其一，将“共债推定”限于日常家庭生活所需范围之内，除非债权人存在合理信赖。这是便利家庭生活、尊重个人意思自治以及保护交易安全三者之间保持平衡的需要。日常家事代理既是法定代理，本质上也是一种默示代理，所代理的行为应符合推定得出的本人意志，客观上应有利于本人，无条件符合这两项要求的只能是“满足日常夫妻常生活所需的交易”。这是国内学界和实务界的主流见解，同时也是比较法上的共识。

其二，超出前述范围的婚内举债，原则上应取得夫妻双方一致同意，所谓“共债共签”也不过是“重大交易应取得其他共有人同意”之民法基本原则的必然要求。《物权法》第97条规定，处分共有财产或对共有财产作重大修缮的，应当经绝对多数的按份共有人或者全体共同共有人同意。同法第76条规定，筹集和使用建筑物及其附属设施的维修资金、改建、重建建筑物及其附属设施以及有关共有和共同管理权利的其他重大事项，应当由全体小区业主的绝对多数表决通过。另外《公司法》第43条、103条、121条分别对有限责任公司、股份有限公司以及上市公司关于重大事项应经股东（答）会绝对多数表决通过作出规定。这些规定虽然适用领域不同，但基本思想完全相同，即在（广义）共有场合下，凡是重大交易或重大事项的处置都应当经绝大多数共有人（按份共有）或全体共有人（共同共有）同意方可实施。这是私法的一般原理，其源于所有权绝对和权利人意思自治。《婚姻法》第17条第2款规定，夫妻对共同所有的财产，有平等的处理权。《婚姻法解释（一）》第17条对“平等的处理权”作出进一步解释性规定：夫或妻非因日常生活需要对夫妻共同财产做重要处理决定，夫妻双方应当平等协商，取得一致意见。虽然法条措辞上仅限于“对夫妻共同财产作重要处理决定”，但从交易重要性上考量，当然也包括对夫妻共同财产有重大影响的其他重要事项，如大额借贷、大额担保等。夫妻作为财产共同共有的共同体，在关乎此共同体利益的重大交易时，理应先取得合意方可实施。

其三，存在重大事由（如情况紧急等）时，一方配偶可不经另一方同意而为夫妻共同利益举债，此债务亦为夫妻共同债务，但应由举债方和债权人承担证明责任。这种可称之为配偶一方的紧急举债权。在某些场合，一方配偶需要举债（如为自己治病）但又无法及时联系到另一方配偶（如后者出国等），或是另一方不同意，此时，赋予该方一定范围内的紧急举债权，有助于缓解弱势一方配偶的举债困难。这种权利本质上源于夫妻任何一方对夫妻财产享有共同所有权，共同所有权派生出一定程度的紧急举债权。《婚姻法解释（三）》第4条规定，当配偶一方负有法定扶养义务的人患重大疾病需要医治，另一方不同意支付相关医疗费用的，夫妻一方可以不诉请离婚而只诉请分割共同财产。该规定实际上也是相同的原理，共同共有期间，基于重大事由，可以分割财产并对该财产进行处置和支配。从另外一个角度说，夫妻一方的身体健康也属于夫妻共同利益，因而为此原因而单方举债，也不违反另一方可推得的意思，或者法律上符合另一方利益，因此，夫妻一方的紧急举债权也符合家事代理的规则范围。

另外，对于经营性债务、侵权之债等特殊债务，可根据举债意志和共同利益这两项基本标准，设计更具体的甄别细则。当然，在系争债务为个人债务的场合，针对假离婚真逃债行为，债权人可以运用债权保全之撤销权来应对，立法也可以对此进一步予以明确。

婚姻和家庭是一种生活秩序，法律要提供相应的制度保障，[67]而不能反其道而行之，使其成为一种令人恐惧的风险发生器。最高院关于第24条的立法，具有强烈的短期政策性和工具性色彩，致使人人自危，对当前婚姻家庭秩序已然造成了巨大的冲击和破坏。因第24条“共债推定”存在根本性谬误，欠缺实益的小修小补无济于事，故回归《婚姻法》第41条基本立场并对其予以细化和完善，已经刻不容缓。最高院在《建议之答复》中称，“待条件成熟时，我们将就夫妻

---

〔67〕参见［德］迪特尔施瓦布：《德国家庭法》，王宝蕤莳译，法律出版社2010年版，第9页。

共同债务问题制定新的司法解释，为更好地保护婚姻案件中各方当事人的合法权益提供依据。”可依照目前的发案率，第24条每多存在一天，深受其害的债务人配偶数量不知要新增几何。所谓去就有序，变化有时，倘若说第24条曾担负过什么使命的话，现在也早已世易时移，最高院应因时制宜，立即废除《婚姻法解释二》第24条。

人格权法与合同法的互动探讨*

罗　昆**

目　次

一、引言

目前学界对人格权法的重要性以及民法典中应就实质意义的人格权法进行规定渐成共识，但对于人格权法的具体表现形式则存在不同观点。[1]有关学术讨论中已经反复论及，人格权法或应直接表现为侵权责任法、民法总则中的主体制度，或应独立成编但需与宪法、民事主体制度和侵权责任法相衔接。[2]人格权法与合同法的关系则相对讨论不多。已有讨论主要涉及部分损害人格尊严的合同如代孕、器官买卖的效力问题，或者在关于人格权商品化的有关讨论中提及合同法的调整。[3]事实

---

* 本文发表于《东方法学》2017 年第 6 期。

** 武汉大学法学院副教授。

〔1〕 龙卫球：《人格权的立法论思考：困惑与对策》，载《法商研究》2012 年第 1 期。

〔2〕 参见王利明：《论民法总则不宜全面规定人格权制度——兼论人格权独立成编》，载《现代法学》2015 年第 3 期；尹田：《论人格权独立成编的技术障碍》，载《政法论丛》2016 年第 1 期。

〔3〕 王叶刚：《人格权中经济价值法律保护模式探讨》，载《比较法研究》2014 年第 1 期。

上，人格权法与合同法关系密切，并在现有合同法律制度中已有所体现，例如免除人身损害赔偿责任的免责条款无效等。民法典是一个严谨的体系，在人格权法不断发展的今天制定民法典，内容越来越丰富的人格权法可能对民法典的既有体系造成冲击。本文拟围绕四个典型问题合理评估人格权法与合同法的相互影响并提出妥善处理这些问题的若干建议，以期为制定人格权法提供一种新的观察视角。

二、人格尊严保护与消极缔约自由的冲突平衡

《民法通则》和《侵权责任法》均将人格尊严保护置于名誉权保护的框架下；合同法则将人格尊严保护纳入公序良俗的规制范围，只能解决在内容上有违人格尊严的合同应属无效的问题。[4]《民法总则》第109条确立了人格尊严保护的一般条款，在人格权法将进一步提升人格尊严保护的背景下，民众的人格尊严保护意识将随之高涨。意欲缔结合同的当事人在相同缔约条件下一旦被拒绝，很可能联想到遭遇了歧视待遇，可能根据人格权法关于人格尊严保护的一般条款和侵权责任法寻求救济。选择性拒绝缔约这一“歧视”行为的私法规制本质上涉及消极缔约自由与人格尊严保护的平衡，我国民法理论和民事立法应该为将来司法实践中可能面临的问题做好准备。

（一）消极缔约自由的合同法保护

合同自由是合同法上最为重要的原则和目标，具体包括是否缔结合同的自由、选择相对人的自由等不同内容。其中是否缔结合同的自由又被称为“缔约自由”。[5]理论上往往将是否缔结合同的自由与选择相对人的自由相区分，而实践中当事人是否愿意缔约往往是针对特定相对人而言的，因此本文中将这两种自由统称为缔约自由。缔约自由有积极与消极之分，后者比前者甚至更加重要。[6]合同的订立需要双方合意，任何一方不愿意订立合同，合同就无法成立。因此一方当事人行使缔结合同的自由并不一定能导致合同缔结；但是任何一方不愿意缔结合同则足以导致合同无法订立。就此而言，消极缔约自由才是真正意义上的自由。在德国，消极缔约自由同样是受到《基本法》保护的合同自由，任何对消极缔约自由的限制都必须通过特别目的予以合法化。[7]

---

〔4〕参见赵万一、吴晓峰：《契约自由与公序良俗》，载《现代法学》2003年第3期。

〔5〕参见崔建远：《合同法》，法律出版社2016年版，第7~8页。

〔6〕也有学者认为消极自由是“为当事人排除外力干预的消极方面的自由。”参见姚新华：《契约自由论》，载《比较法研究》1997年第1期。

〔7〕参见［德］迪尔克·罗歇尔德斯：《德国债法总论》，沈小军等译，中国人民大学出版社2014年版，第45~46页。

消极缔约自由具体包括两个方面的含义：第一，拒绝缔结合同的自由，包括拒绝与任何人缔结合同的自由和拒绝与特定人缔结合同的自由，我国合同法目前主要以强制缔约对后者进行规制。第二，缔约过程中无责任地退出合同的自由，主要涉及合同成立包括必要条款制度、预约合同制度、缔约过失责任制度等。[8]以上自由中，拒绝与特定人缔结合同的自由涉及交易活动中的歧视规制与人格尊严保护。

（二）我国交易中人格尊严保护的法律规定和实践

交易中的人格尊严保护涉及关于人格尊严保护的直接规定以及禁止歧视的间接规定。相关法律和司法实践具有以下三个特征。

1. 交易中人格尊严保护的法律规定过于原则。我国保护人格尊严的法律规定存在于诸多法律中，与交易中人格尊严保护有关、可能引申出平等和不受歧视地获得缔约机会的法律规定主要是《宪法》第38条、《民法总则》第109条、《旅游法》第10条、《消费者权益保护法》第14条。但是这些法律都只原则性地规定了相关主体的“人格尊严受法律保护”，都未规定相应的法律后果，并非完全性规范而难以直接适用。[9]《合同法》第289条关于承运人强制缔约义务的规定仅适用于公共运输一种交易情形，且存在多重价值考量而非专为解决人格尊严保护而设。[10]

2. 我国现行法律对交易中的歧视行为进行规制主要不是为了保护人格尊严而是基于规制不正当竞争的目的，不是针对拒绝缔约的歧视行为而是重点针对不合理的差别待遇。如《政府采购法》第22条和《招标投标法》第18条规定采购人或招标人不得对潜在投标人实行歧视待遇、《价格法》第14条规定经营者不得实行价格歧视等。与人格尊严保护有关的现行反歧视法律制度主要是《劳动法》第15条关于劳动者就业不因民族、种族、性别、宗教信仰不同而受歧视的规定。

3. 司法实践中认定一方当事人的缔约行为究竟属于合同自由还是构成歧视时通常缺乏分析论证，因而很难发现裁判思路上的规律性。例如在“马士基（中国）航运有限公司及其厦门分公司与厦门瀛海实业发展有限公司等再审案”中，人民法院认为马士基公司拒绝与瀛海公司交易属于马士基公司享有的订立合同的自由特别是选择相对人的自由，不构成歧视。[11]在陈文诉中国铁路总公司等被告案中，人民法院认为“12306官网”在购票时需通过图片进行验证不构成对视障人士

---

〔8〕 我国《合同法》与《德国民法典》在要约的生效、撤回、撤销等问题上属于两种不同立法例。参见朱广新：《合同法总则》（第二版），中国人民大学出版社2012年版，第52页。

〔9〕 可能正是这个原因，笔者在“北大法宝”网“司法案例”数据库以上述法条进行全文检索，未找到援引上述法律就交易中人格尊严保护主张权利、进行抗辩、做出裁判的案例。

〔10〕 参见易军、宁红丽：《强制缔约制度研究——兼论近代民法的嬗变与革新》，载《法学家》2003年第3期。

〔11〕 参见《最高人民法院公报》2011年第10期（总第180期）。

的歧视。[12]在“邓某某诉某速递公司、某劳务公司一般人格权纠纷案”中，人民法院认为某速递公司对邓某某实施了性别歧视，酌情支持邓某某精神损害抚慰金2000元。[13]在“张五、张大民诉中国平安人寿保险合同纠纷案”中，人民法院认为以被保险人属于“五保户”、经济状况不好为由来拒绝公民参加人身保险是对公民人格地位的一种歧视。[14] 以上四个案例依次涉及法人歧视、间接歧视与残障歧视、性别歧视、贫困歧视，但因裁判缺乏说理因此并不能很好地呈现歧视的概念、类型和构成要件。

根据以上梳理可知，我国现行法律和司法实践对交易中人格尊严的保护较为有限。

（三）消极缔约自由与人格尊严保护的平衡

目前关于平等对待及反歧视的理论探讨往往系从公法或社会法规制的视角出发。[15]私法理论上关于合同自由的限制，包括合同自由与诚实信用原则、公序良俗原则的关系早有讨论。[16]但缔约自由与人格尊严保护的潜在冲突绝非简单地认为人格尊严比缔约自由价值位阶更高、因而前者的保护必然具有优先性可解，而是需妥善处理以求达致二者的合理平衡。对此，德国《一般平等待遇法》和《欧洲示范民法典草案》中关于“禁止歧视”的规定或可提供可资借鉴的域外经验。[17]

德国为落实欧盟相关指令于2006年制定了《一般平等待遇法》，规定在特定交易类型中禁止基于种族、人种来源、性别、宗教、身体障碍、年龄或性倾向等实施差别性的不利待遇，该法自制定之始便因可能危及缔约自由而引发了学界的极大争议。[18]与理论上的激烈争议不同，在该法颁布后的十年间，却并没有与民事交易关系相关的案件进入到德国联邦宪法法院。“这在某种程度上反映了《一般平等待遇

---

〔12〕 案例源自中国网 http：//www. china. com. cn/shehui/2016 - 10/03/content_ 39419454. htm，最后访问日期：2017年6月28日。

〔13〕 案例源自北大法宝网 http：//www. pkulaw. cn/case_ es/pal_ 21110623278413808. html，最后访问日期：2017年6月28日。

〔14〕 参见黑龙江省克东县人民法院（2015）克东商初字第231号民事判决书。

〔15〕 参见李薇薇：《平等原则在反歧视法中的适用和发展——兼谈我国的反歧视立法》，载《政法论坛》2009年第1期；丁晓东：《探寻反歧视与平等保护的法律标准——从“差别性影响标准”切入》，载《中外法学》2014年第4期。

〔16〕 参见袁文全：《论公共政策对契约自由原则的矫正》，载《法学评论》2009年第5期。

〔17〕 参见王利明：《人格权法研究》，中国人民大学出版社2005年版，第211～215页。

〔18〕 参见［德］Eduard Picker：《反歧视纳入民法?》，周友军译，《判解研究》2005年第5期；周伯峰：《“禁止歧视”作为私法自治的限制？兼评德国〈一般平等对待法〉中的民事上歧视禁止规定》，载《月旦法学杂志》2014年第1期。

法》所规定的民法反歧视机制实际上并没有带来私人自治终结的问题”。[19]另一个值得关注的法例是《欧洲示范民法典草案》，其关于合同正义方面最明显的表现是以5个条文专章规定“禁止歧视”。德国《一般平等待遇法》和《欧洲示范民法典草案》都体现了以人格尊严保护限制缔约自由的审慎态度，二者都试图通过明确列举歧视表征、适用范围、歧视的含义和类型、正当化事由从而对歧视进行界定和限制，都规定了歧视行为在私法上的法律效果以期制度的明确可用。但人格尊严保护与缔约自由的具体制度构建属于立法价值判断问题，不同法例极难统一。我国人格尊严保护与缔约自由平衡的私法制度构建还需充分考虑我国现有制度基础和实践状况，具体包括以下内容：

第一，歧视表征。《欧洲示范民法典草案》仅列举了三项歧视表征，而德国《一般平等待遇法》列举了八项歧视表征。除性别、民族或种族歧视三项公认的歧视表征外，其他歧视表征是否应受法律规制，这是一个立法政策问题。[20]在我国，歧视表征的确定主要还需考虑两层因素：一是目前已有的人格尊严保护和反歧视具体法制例如《劳动法》《残疾人权益保护法》中的相关规定，因此现行法已经规定的宗教、残障和年龄歧视也应纳入歧视表征范围之内；二是我国现实中的具体歧视情形，实践中因穿着、相貌、传染病、性倾向、地域、身高、甚至基因引发的歧视比种族歧视更为常见，似更应纳入歧视表征范围。[21]

第二，适用范围和类型。德国《一般平等待遇法》和《欧洲示范民法典草案》均规定大众交易是反歧视最为典型的交易情境。相比之下前者的规定更加清晰具体，包括将“大众交易”具体界定为“通常不考虑相对人的个别特性而以相同条件大量成立者”，使基于人格尊严保护限制合同自由更具合理性和可操作性。但是在类型上，后者明确将歧视分为直接歧视与间接歧视，则更值得借鉴。

第三，正当事由。大众交易中的区别对待包括选择性拒绝缔约应以“合理必要”作为正当事由。合同自由是合同法最为重要的原则，“在没有足够充分且正当理由的情况下，不得限制民事主体的自由”。[22]通过损害赔偿间接限制缔约自由或者赋予受到差别待遇的一方请求强制性缔约的权利直接限制缔约自由，需要充分且正当的理由，而不能有明显的争议。然而生活中一些选择性拒绝缔约往往能够找到

---

〔19〕刘征峰：《从“反歧视原则”进入民事交易关系观察当代民法理念的革新》，载《法制与社会发展》2017年第1期。

〔20〕叶启洲：《契约法上歧视行为之规范》，载《民商法的国际性与地域性——第六届（2016）两岸民商法前沿论坛论文集》（下），第934页。

〔21〕在“百度”搜索“歧视第一案”，前三页网页链接指向的主要是以上歧视表征，但不包含种族歧视，最后访问日期：2017年7月5日。

〔22〕王轶：《民法价值判断问题的实体性论证规则——以中国民法学的学术实践为背景》，载《中国社会科学》2004年第6期。

某种“理由”。例如在“周某诉北京罗杰斯餐饮有限公司名誉权纠纷案”中，人民法院认为罗杰斯公司所公示的店堂告示（“衣冠不整者禁止入内”）在规范行为人尊重社会公德方面具有合理性，因此驳回了周某要求罗杰斯公司赔礼道歉、拆除告示、赔偿损失的全部诉讼请求。[23] 而在“秋子诉上海昂立教育投资管理咨询有限公司案”中，迫于强大的舆论压力，被诉的用人单位很快与天生大头的秋子达成调解协议，为其提供了一份为期三年的劳动合同且“无须上岗就能领取基本工资”。[24] 这一案例不仅不能说明培训机构因拟聘教师容貌怪异而拒绝缔约构成歧视，被诉用人单位看似非常不理性的行为反而还恰恰折射了媒体、主管机构在这一问题上很可能反应过度。我国不仅应规定概括性的正当化事由，还应对正当化事由的认定秉持较为宽松的标准。即便是在大众化交易中，选择性缔约的不合理性即歧视的认定需达到确定的标准，而合理性的认定无须确定。

第四，责任形式。交易中歧视的私法上效果主要包括除去侵害、损害赔偿、请求缔约三种形式。除去侵害应做狭义解释，仅指除去歧视性的宣传标语、店堂告示等，不包含请求缔约。损害赔偿系对缔约自由的间接限制，而请求缔约属于对消极缔约自由的直接限制。人格尊严保护在责任形式上亦需符合比例原则，对缔约自由的限制以合理必要为限，因此应以损害赔偿的间接限制为主要方式。比较法上有“人格权之被侵害法律上有特别规定者，始得请求损害赔偿或抚慰金”之规定。[25] 此种规则在大力提倡人格尊严保护之今日或已不合时宜。我国台湾地区“民法”债编修正时，通过扩张其第195条第1项所列举的法益类型，并增订“不法侵害其他人格法益而情节重大”等文字，从而兼顾人格权保护的充分性和避免引发民众好讼之风。[26] 在选择性拒绝缔约行为符合歧视表征且缺乏正当化事由、后果较为严重且符合侵权损害赔偿责任构成要件的情况下，受害人可主张赔偿损失。而只有在被歧视的一方确需救济且以除去侵害、赔偿损失的方式无法对其进行足够有效救济的例外情况下，才能赋予被歧视一方请求缔约的权利。

三、人格权益的限制、转让、行使与合同效力

（一）目前人格权益的限制、转让、行使合同的效力判断

目前关于人格权的限制、转让、行使的一般“规则”其实都只是围绕人格权的

---

〔23〕 参见北京市高级人民法院编：《审判前沿》，法律出版社2004年版，第157页。

〔24〕 周伟等编著：《平等、自由与反歧视的公益诉讼》，山东人民出版社2011年版，第397页。

〔25〕 郑玉波：《民法总则》，中国政法大学出版社2003年版，第143页。

〔26〕 王泽鉴：《民法总则》，中国政法大学出版社2001年版，第127页。

固有性、专属性所派生的各种理论学说，虽大体相同但并不完全一致；其余就是零星的具体制度且一般效力层级较低。除例外性的构成违法无效外，相关合同通常只能以违反公序良俗的名义被认定无效——合同内容损害人格尊严被认为是违反公序良俗的一种典型类型。[27]但是对于实践中人格权益的各种限制、转让、行使行为，哪些是有损人格尊严、有悖于公序良俗的，界限则并不清晰。人格权法的制定必然需要吸收理论共识，对人格权益的限制、转让、行使进行规定以形成相对明确的规则，或者在可能的范围内至少使一部分规则明确化。此种理论向法律制度的转化，可能对既有的合同效力判断造成一定影响。

（二）人格权法关于人格权的限制与转让的规范模式

人格权的固有性与专属性决定了除非法律另有规定，否则人格权不可被限制和剥夺，不得转让和抛弃。[28]特殊情况下有关人格权益的限制、转让的规定是作为人格权专有性、固有性的例外而存在的，因此人格权的限制与转让的规范模式必然表现为一般性禁止再加特别许可转让或限制。中国法学会民法研究会组织起草的《民法典·人格权编专家建议稿》（以下简称《建议稿》）第5条和第6条便分别规定："非依法律规定和法定程序，人格权益不受限制。""人格权益不得转让、继承、抛弃，但法律另有规定的除外。"这是典型的一般性禁止但又包含但书作为例外的规范模式。《建议稿》规定只有依据法律规定并经由法定程序才能对人格权益进行限制，其目的可能主要在于排除公权力对私人人格权益的非法侵害等，但同时也一般性地排除了当事人通过约定对人格权益进行限制。此外该《建议稿》就名称权的转让做出了特别规定，构成人格权益得转让的例外许可。

（三）人格权法对合同违法无效判断路径的影响

首先，鉴于社会公共利益和公序良俗的不确定性，合同无效认定的路径上，违法无效较之于损害社会公共利益或违背公序良俗具有优先性。人格权法制定后，上述规则和规范模式一旦进入民法典，就意味着限制和转让人格权益的合同效力将主要依据违法无效的路径而非损害社会公共利益、违背公序良俗来进行判断。[29]

其次，就违法无效的判断而言，人格权限制与转让的特殊规范模式决定了此类合同的违法无效判断在思维方式上与一般的违法无效判断有所不同。我国现有法律、行政法规、司法解释中导致合同违法无效的强制性规定通常都是不包含但书

---

〔27〕 参见梁慧星：《民法学说判例与立法研究（二）》，国家行政学院出版社1999年版，第17页。

〔28〕 参见王利明：《人格权法研究》，中国人民大学出版社2005年版，第32～33页。

〔29〕《民法总则》之后合同违法无效是否仍需区分效力性与管理性强制性规定，在理论上不无争议。但一般认为此种区分主要针对公法规范，对于私法中的强制性规范没有意义，故与本文论题无关。

的，或者包含但书但并非此种引致性规定。以人体器官买卖合同为例，此类合同的效力判断均需援引《合同法》第52条第5项“违反法律、行政法规的强制性规定”、相关司法解释以及《人体器官移植条例》第3条中的禁止性行政法规，进而确定地认定此类买卖合同违法无效。民事基本法上规定的禁止私人自由约定对人身权益的限制、禁止转让人格权益之规定，因包含“但法律另有规定的除外”之但书，并不足以据此绝对的认定合同违法无效，只能推定合同无效。基于人格尊严保护之目的，主张存在法律的特别规定、允许对人格权益进行限制和转让的一方当事人应该对存在此种特别规定承担举证责任。

最后，此处所称的“法律的特别规定”或“法律另有规定”中的“法律”不能限于司法解释规定的“全国人大及其常委会制定的法律和国务院制定的行政法规”。根据《立法法》第8条的规定，“对公民政治权利的剥夺、限制人身自由的强制措施和处罚”只能制定法律，而不能是行政法规。不管是授权国家公权机关还是允许私人对他人的自由或其他人格权益进行限制，均需由全国人大及其常委会制定法律。

四、债务不履行侵害人格权时的损害赔偿

合同法的损害赔偿制度并非主要瞄准人身损害赔偿，而是瞄准财产损失或经济损失。在即将制定民法典和人格尊严保护意识大张的背景下，人格权法或民法典的体系化应就债务不履行侵害人格权时的损害赔偿做出更加明确具体的规定。

（一）债务不履行侵害人格权的赔偿项目确定

人身损害赔偿其实主要是人格权受侵害的损害赔偿，人身损害赔偿在赔偿项目确定上较财产损害赔偿更为复杂。《侵权责任法》第16、17、20、22条详细规定了人身伤害的一般赔偿项目（医疗费、护理费、交通费、误工费）、残疾赔偿、死亡赔偿、精神损害赔偿的具体制度。合同法的损害赔偿制度明显缺乏此种具体细致规定，导致债务不履行而侵害人格权时的违约损害赔偿计算存在困难，实践中要么主要依侵权责任法对受害人进行救济，导致侵害人格权的责任竞合形同虚设；要么只能部分借鉴侵权责任法的规定，但由此带来许多理论争议例如违约责任中能否适用精神损害赔偿。[30]我国解决这一问题可以有两种基本路径。一是借鉴我国台湾地区的做法，通过在合同法中规定一般准用条款的方式解决债务不履行侵害人格权的损害计算问题。我国台湾地区法上曾增设“民法”第227条之一明确规定：“债务人因债务不履行，致债权人之人格权受侵害者，准用第192条至第195条及第197条

---

〔30〕 参见陆青：《违约精神损害赔偿问题研究》，载《清华法学》2011年第5期。

之规定，负损害赔偿责任。"[31]我国台湾地区"债法"还明确规定违约侵害人格权时的精神损害赔偿。我国合同法应就是否认可违约精神损害赔偿做出明确规定以统一裁判。如需构建这一制度，则应考虑我国违约责任归责原则上的特殊性。精神损害赔偿应以加害人具有故意或过失为要件，不宜采无过错责任原则。二是规定统一的民事责任制度，就违约和侵权导致人身权和财产权的损害赔偿项目进行集中规定。鉴于我国《民法通则》曾专章规定民事责任制度，未来的民法典中将"民事责任"单独设编存在较大可能性。但是既然名为"民事责任"而非"侵权责任"，就必须兼顾违约、侵权两种损害赔偿责任上的共同规则和各自的特殊规则。

（二）债务不履行侵害人格权与可预见性规则

为鼓励交易，法律需对当事人介入交易后所可能承担的风险进行合理限制。[32]为此我国《合同法》第113条第1款规定了可预见性规则，债务人仅需对订立合同时所可能预见到的违约损失负责。可预见性规则虽系违约损害赔偿责任范围限制的一般规则，但可否统一适用于违约导致的人身损害和财产损害则不无疑问。首先，该规则主要是借鉴《国际商事合同通则》第7.4.4条和《联合国国际货物销售合同公约》第74条。而国际货物贸易中人身损害赔偿的救济并非典型情形。因此从法源上来说，该项规则主要用来解决违约导致的经济损失而非固有人格权益损害赔偿范围难以确定的问题。其次，我国《合同法》第113条规定违约损失赔偿额"包括合同履行后可以获得的利益，但不得超过违反合同一方订立合同时预见到或者可能预见到的因违反合同可能造成的损失"。从条文表述看，"这种表达方式传达了可预见性规则主要是用来限制所失利益赔偿的意图"。[33]最后，人格权受侵害的大部分赔偿项目对于恢复、维持债权人及其近亲属的基本生存发展具有关键意义。此类损失的填补一旦受到可预见性规则的限制，可能会对债权人及其近亲属的生存、生活造成严重影响。因此从公平角度而言，可预见性规则不宜一般性地限制债务不履行致人格权受侵害时的赔偿范围。

人格权，尤其是可以商业化利用的人格权受到侵害也有可能导致财产损失或者经济损失，这是一种获益损失即可得利益的丧失，实践中较难认定其范围。按照我国《侵权责任法》第20条的规定，此时侵权人的损失和被侵权人的获益均有可能"难以确定"。因债务不履行侵害可商业化利用的人格权造成的财产损失应适用可预见性规则对赔偿范围进行限制。

---

〔31〕 王泽鉴：《人格权法》，北京大学出版社2013年版，第7页。

〔32〕 参见王利明：《合同法研究（第二卷）》，中国人民大学出版社2015年版，第666页。

〔33〕 参见朱广新：《合同法总则》，中国人民大学出版社2012年版，第593页。

五、人格权商业化利用的规制路径

“人格权商品化是人格权在市场经济语境中的必然发展”，构成人格权法独立成编的一个重要理由。[34]但细思之下可以发现，人格权的商业化利用不能在民事主体制度中规定，却也并不意味着就必然设置独立成编的人格权法。人格权的商业化利用无非被动的侵权利用与主动的许可利用两途，前者或可由侵权责任法规制，后者可否由合同法进行调整尚需检讨。

（一）人格权商业化利用的主要法律制度

虽然目前关于人格权商业化利用的讨论已有不少，但是人格权商业化利用的民法制度构造则并无定论。目前人格权法《建议稿》中关于“人格要素的许可使用”部分仅设三个条文规定了四项制度，依次为一般规定、许可使用约定不明的特别解释规则、非经权益人同意不得再次许可或转让、合同解除。其余制度分散存在于各种可商业化利用的具体人格权制度和人格权保护制度中。并非所有的人格权均存在商业化利用的可能，法律应该规定或确认可商业化利用的具体人格权类型；人格权商业化利用至少在转让、解释、解除、赔偿范围计算等制度上存在特殊性应做出特别规定。因此，人格权的商业化利用制度主要包括可商业化利用的具体人格权益类型确认制度、人格权商业化利用的许可合同制度、可商业化利用的人格权或人格要素经济价值的责任救济制度。[35]

（二）人格权商业化利用的规制路径选择

依内容决定形式的一般观念，人格权商业化利用法律制度的主要内容决定其法律表达形式或规制路径。首先，就可商业化利用的具体人格权类型确认制度而言，《侵权责任法》第20条只能解决人格权被侵害后的损害赔偿范围问题，而可商业化利用的具体人格权类型确认制度除需解决类型确认外，还需间接解决人格权商业化利用合同是否合法有效、是否可以履行的问题。划定可商业化利用的人格权益范围存在正面确认与反面排除两种模式，后者对于充分发挥人格权的财产价值作用以及适应人格权的发展更为有利。[36]为彰显民法的时代精神、以及解决具体人格权商业化利用合同的效力判断问题，划定可商业化利用的人格权范围应以人格权法积极确

---

〔34〕王利明：《论人格权商品化》，载《法律科学》2013年第4期。

〔35〕参见姚辉：《关于人格权商业化利用的若干问题》，载《法学论坛》2011年第6期。

〔36〕参见王叶刚：《论可商业化利用的人格权益的范围》，载《暨南学报》（哲学社会科学版）2016年第11期。

权加反面排除的方式为佳。[37]其次，人格权商业化利用许可合同制度有人格权法和合同法两条可能路径。《建议稿》关于人格权许可使用的四项制度中，除第一项一般规定外，后三项制度均属典型的合同法规则，完全可以考虑在合同法分则设“人格权商业化利用许可合同”的有名合同类型。但是这一类合同也并非不能由人格权法进行规定，我国《物权法》中就针对建设用地使用权合同、地役权合同、抵押合同直接做出相关规定。从法律适用的便利来看，人格权商业化利用许可合同制度由人格权法进行规定比合同法更为合适。最后，可商业化利用的人格权或人格要素经济价值的责任救济制度包含多种责任形式，包括人格权请求权、合同责任、侵权责任、不当得利等，原则上可以分别适用或并用各种救济制度的相应规定，人格权法无须专门规定。例如我国《侵权责任法》第 20 条已经规定侵害人身权益造成财产损失的损害赔偿制度，且该种赔偿制度其实还存在于知识产权损害赔偿中，因此人格权法没有必要重复。我国民法中的人格权商业化利用制度以采用独立的人格权法的规制路径为宜，主要应就可商业化利用的具体人格权类型确认制度、人格权商业化利用的许可合同制度进行规定。

六、结语

民法典中人格权法是否应独立成编至今仍存在一定争议，立法机关对此尚未有明确态度。但无论是否独立成编，人格权法在体量和具体内容上都会成为我国民法典的重大创新。也正因为如此，此种从内容到形式的重大创新如何才能为高度体系化、牵一发而动全身的民法典所容纳，是人格权立法中必须妥善解决的一个重大问题。人格权立法与民法典中其他部分的制定不同，没有足够成例可循，因而此种制度创新更需慎之又慎。人格权法与民法其他制度包括合同法是一种互动的关系，必须相互衔接。本文中重点讨论的四个问题在一定程度上已对此有所展示。人格权立法既要充分吸收合同法司法实践中的成熟做法，又要充分考虑其可能给民法其他制度包括合同法带来的影响；既要担负形塑社会价值、彰显人格尊严保护的重任，又不能对既有正常合理的生活秩序、交易秩序造成大的冲击。唯其如此，我国的人格权立法才能真正实现创新，我国的民法典才能真正实现民事基本法律制度的体系化。

---

〔37〕 参见王利明：《人格权的积极确权模式探讨——兼论人格权法与侵权法之关系》，载《法学家》2016 年第 2 期。

论被遗忘权的法理定位与保护范围之限定*

梅夏英**

目　次

被遗忘权问题目前在理论上已受到国内法律理论界的关注。学者除了关注欧盟委员会1995年提出“被遗忘权”概念的背景，以及欧盟2016年对《一般数据保护条例》（GDPR）的修正过程，还关注两个令人瞩目的案件，即2014年欧盟法院受理的“冈波雷斯诉《先锋报》和谷歌”案，及我国第一例被遗忘权“任某某诉百度”案。[1]现有研究主要围绕这些背景展开，并构成被遗忘权法律问题的讨论之基。被遗忘权乃信息时代所出现的新生事物，其涉及的理论维度较多，讨论的出发点不一，决非运用某一既有理论路径即能得出科学结论。本文在考察上述立法和案例的基础上，尝试在现有的法律理论地图中对被遗忘权进行范畴界定，在此前提下对其保护的可能性和法律保护进路进行理论定位分析，并具体探讨对其保护范围的限定。

---

* 本文原载于《法律适用（司法案例）》2017年第16期。

** 对外经济贸易大学法学院教授。

[1] 2014年5月，欧盟就“冈波雷斯诉《先锋报》和谷歌”案作出判决，判决谷歌删除以冈萨雷斯名字搜索显现出的与其历史上拍卖信息有关的条目，但同时未对《先锋报》作出删除的判决；我国首例被遗忘权案“任某某诉百度案”，是指2015年任某某因百度搜索涉及其过去的工作经历，认为该结果会给其带来不利影响，要求百度删除搜索结果相关条目，一审海淀法院驳回了其请求，二审法院维持了一审法院的判决。

一、被遗忘权的内涵界定和适用情形之厘清

被遗忘权在法律上是一个相当模糊的概念，甚至说不上一个严谨的法律概念，它暂时还不能归入现有的既定权利体系中。它的产生可能受法国法上的“遗忘权”的影响，但法国法上的遗忘权针对的是特定的情形，与犯罪记录有关，并没有普遍意义。〔2〕欧盟《一般数据保护条例》所称的遗忘权主要体现在个人信息保护领域，但似乎又不成为个人信息保护法的主要内容，最多算是个人信息法领域的衍生内容。因为在此之前的个人数据保护法聚焦在数据的收集、使用或交易的合规性上，而没有顾及在诸环节合规的情形下，还要满足个人信息主体需要世人遗忘的问题。另外，欧盟对于个人数据的保护受隐私权等基本人权的直接影响，而采取了严苛的态度，这一点与被遗忘权所指向信息的非隐私性具有很大的区别。因此将被遗忘权直接视为个人数据保护法的基本内容并不完全妥当。从语义上分析，“被遗忘权”虽被称为“权利”，但并不具有现代私法上主观权利的自由基因或独立性，它只体现为一种对数据控制方的要求或一种行为方式，更像私法上的技术性权利，而非权利谱系中的权利。即使就技术性权利（如支配、请求等）而言，它们也常常依赖于类型化的独立权利，如物权或债权等，而被遗忘权所依赖的背后权利或法益一直不明。也许正是基于被遗忘权的内涵模糊性，欧盟在 2014 年修正了《一般数据保护条例》，将被遗忘权纳入删除权所包含的内容之中予以定位，以弱化其带来的语文上的歧义和纷争。〔3〕

将被遗忘权作为信息删除制度的一部分比较接近事物的真相，它无非就是一个信息社会的客观公共删除规则，以此来满足信息主体想要其相关信息被世人忘却的需要。但显而易见的是，这种删除的请求并不符合个人信息保护法中“删除”制度的基本法理。各国对于个人信息保护中的删除制度主要体现在用户和信息收集方的关系上，其主要内容是指用户对于未经其同意而被收集的个人信息，或虽然经其同意但已没必要保留的信息有要求信息控制者删除的权利。〔4〕而被遗忘权所涉及的删除情形并非限于处理用户与收集方的关系，而是扩大到抽象的信息控制者，甚

〔2〕 关于法国法上“遗忘权”的来源，参见郑远明、李志春：《被遗忘权的概念分析》，载《长春师范大学学报》2015 年第 1 期。

〔3〕 2012 年 11 月出台的《一般数据保护条例》在第 17 条正式增加了“被遗忘和删的权利（Right to be forgotten and to erasure）”，2014 年再次修正，而将第 17 条表述为“删除权”。而 2016 年修订并将于 2018 年生效的《一般数据保护条例》则在第 17 条采用了“删除（被遗忘权）”的表述。

〔4〕 对于个人信息删除权的作用范围，相关法律一直局限于个人与搜集方的关系，即使欧盟最后一次修正个人数据保护条例之前，也是采用这种做法。对于他人合法发布的信息，并不属于删除权的范围。“冈波雷斯诉《先锋报》和谷歌”案的意义即在于扩大了删除的范围，而成为被遗忘权保护的开端。

至主要是非收集方（如搜索引擎）；另外被遗忘权所指向的信息也并非通常意义上由网络服务提供者收集的“用户网络行为数据”，而是包括宽泛意义上的表达信息或公共发布信息。因此，被遗忘权所指向的删除权并不能由个人信息保护法原理而推导出来，它与个人信息保护中的删除权有重合之外，也有超越之处。这使得被遗忘权保护的理论基础不能完全立足于个人信息保护法理，应有理论上的延伸认证。因此，被遗忘权不完全是个人信息私法保护的范畴，其背后的法益很复杂，甚至不排除需要公法资源的支持，这是讨论被遗忘权的内涵界定时需要厘清的问题。

对被遗忘权的内涵界定有助于理论上定位对其保护的适用情形，正是在适用情形的界定中被遗忘权与个人信息保护出现了交错，这也是目前理论上对被遗忘权难以把握的主要原因之一。现只能依目前世界上唯一立法例即2016年欧盟《一般数据保护条例》第17条和欧盟关于冈萨雷斯案的判决，来探讨其保护的适用情形。[5]大致说来被遗忘权的适用情形有三个特点：第一，被遗忘权人所要求删除的信息是合法流通的网络信息。如果该信息本身存在收集不当或存在侵权情形，便适用既有规则调整，而不适用被遗忘权的保护方式；第二，被遗忘权人申请删除的相对人原则上是所指向信息的信息控制者。这在理论上包括原始信息收集者，信息发布控制者和信息搜索控制者等。但在实际操作中，申请人大多只是对搜索网络提出上述要求并一定程度上能获得支持。对于信息控制者如何界定，以符合实际适用情形，值得思考；第三，删除所针对的信息是“不必要的、不相关的、过时的”信息。这种抽象的表达在实践中确实难以操作，姑且不论欧盟数据保护机构专门发布的执行判决的指南文件所作的指引，就是通常意义下对此标准进行判断就是一项繁重的工作，遑论其他诸多例外情形。[6]对被遗忘权适用情形的审视是我们研究被遗忘权的前提，它使我们能将问题局限在一定的范围，而在理论探讨上与相关的理论范畴（如隐私、侵权甚至个人信息权益）等区分开来。

欧盟对被遗忘权的保护代表了互联网时代个人信息流通控制的立法尝试，但毋庸讳言这种尝试过于简单化了，它企图象隐私保护一样来抑制个人信息的流通对个人带来的困扰，而忽视了信息时代信息流通的力量以及以此相适应的法律调整规律的探寻。有学者认为欧盟的这种做法是因为欧盟没有谷歌或百度这样的巨型企业，

---

[5] 被遗忘权在2016年欧盟《一般数据保护条例》第17条中主要体现在第二款，即如果控制者已将个人数据公开，并且根据第1款有义务删除这些个人信息，控制者在考虑现有技术和实施成本后，应当采取合理步骤，包括技术措施，通过正当处理个人数据的数据控制者，数据主体已经要求这些控制者删除该个人数据的链接、副本或复制件。

[6] 欧盟判决发布后引发了极大争议，为解决实践中的困惑，欧盟数据保护机构——第29条工作组专门为此发布了执行判决的指南文件，明确了“被遗忘权”效力所及范围，以及各国DPAS（数据保护机构）受理数据主体申诉的标准，这些标准纷繁复杂，很难构成一个可执行的标准。

这种分析客观上是有道理的，但深层的原因还是与将个人信息的流通与隐私暴露的恐惧直接联系的社会心理相关。[7]

二、被遗忘权法律保护可能性的价值判断

被遗忘权的提出背景是汹涌而来的互联网信息爆炸对当代人产生的眩晕，对于人类对信息的掌控尚在探索中，无成规可依循，这使被遗忘权的保护所对应的理论话题和价值衡量非常敏感和复杂。对被遗忘权保护必要性目前看来主要有两个因素：一是信息时代数据已被设计成记忆模式而使人们脱离了“遗忘”这一生活本能，人们有可能被信息控制技术所裹胁。美国学者维克托·迈尔·舍恩伯格在其所著《删除》一书，被认为是关于数据遗忘权的开创性作品，它提出了当遗忘成为例外、记忆成为常态，人类将面临没有安全与时间的未来。其中关于“没有时间的未来”，指的即是永恒的过去和被忽略的现在之间的矛盾，也即被遗忘权的必要性。[8]这种预言无疑对我们有警示作用；二是现实生活中由于网络信息的过度保存，的确使人们受过去不良信息的困扰，无法开始新的生活。如前文所述欧盟冈波雷斯诉谷歌案中，这种拍卖信息确已过时，且拍卖机构目的已达到，没有必要再保留这些信息。2006 年加拿大人安德鲁·费尔德玛就因为 40 年前曾服用过致幻剂 LSD，而被边境人员的搜索引擎上收到而被拒绝入境美国。[9]这种长时期保留的信息确实需要通过被遗忘权来解决。

但是在一个信息世界开始形成，且其发展前景尚不能完全探知的情形下，是否基于人们对部分信息被遗忘权的现实客观需要，就对被遗忘权采取传统基于物质或能量为主体的世界中形成的权利保护模式来予以法律干预，需要理论上的慎重对待。在动态的社会发展状态以及由此导致的诸种价值冲突的情形下，法律理论应结合信息社会、行业、政府干预或人格利益的发展规律进行有效的考量。

被遗忘权面临的第一个困境是，信息技术的工具性与权利人对信息掌控失灵的矛盾。信息与传统民法权利的客体不同在于，物质或能量是以稀缺性为前提，而天

---

〔7〕 陈昶屹：《现有法律体系下“被遗忘权”案件的审理思路及保护路径》，载《法律适用》2017 年第 2 期。

〔8〕 维克托·迈尔·舍恩伯格：《删除：大数据取舍之道》，浙江人民出版社会 2013 年版，第 135 ~ 150 页。

〔9〕 安德鲁·费尔德玛是一位生活在温哥华的 60 多岁的心理咨询师。2006 年的一天，安德鲁·费尔德玛打算穿过美国与加拿大的边境去接一位从西雅图国际机场赶来看望他的朋友，边境卫兵用互联网搜索引擎搜索了一下费尔德玛，搜索结果显示出一篇费尔德玛在 2001 年时为一本交叉学科杂志所写的的文章，在文中他提到自己在 20 世纪 60 年代曾服用过致幻剂。就因为这篇文章，费尔德玛被扣留了 4 个小时，也因此不被准许再进入美国境内。

然带有归属性，而信息是以充沛性为表征，信息无论如何传播，均无损于其自身完整，由此决定了信息不能归某一主体所有，即便是关于某人的信息，某人并没有传统意义上的支配权。这或许是信息与传统意义财产最大的不同，也因此造成了个人对信息的失控。基于此种前提，被遗忘权面临的对抗对象是整个互联网系统，这个系统之高效、精确令人难以想象。加之信息系统带有工具中立性的表征，其使命是传播信息，通过信息自由流动以填平信息鸿沟，而被遗忘权却要求阻止比特流中的某一小段的流动，在这种情况下如果没有违法性的因素存在，这种努力就如从流动的河流里舀出先前注入的特定的一瓢水一样，其力量天然地无法与信息流的力量相抗衡。由信息饥渴时代骤然过渡到信息过剩时代的当代人类，如何面对这种信息潮流的冲击，并不仅仅是法学工作者的任务。

被遗忘权还面临互联网行业发展的抵抗。若在现有条件下对被遗忘权进行充分保护，则无异于阻止互联网行业的发展。数据作为信息时代的基础资源，使未来行业几乎都涉及数据交易，这几乎成为共识。被遗忘权对互联网企业的冲击首先体现在其所承受的巨大负担上。如在欧盟最高法院裁定允许用户从搜索引擎中删除自己的名字所相关联的历史事件之后，谷歌为执行该裁决，动用技术力量进行调整，当月中旬即收到近5万个请求，却只能处理一小部分，其中的审查 和评估的工作量难以估量。[10]如若将其扩大到一般的数据控制者，则意味着各网站将其发布的相当数量的信息重新删除，而发布成本低廉的互联网优势将被删除的巨大成本所抵消。另外，即使通过隐藏搜索引擎的特定条目来控制信息，也不能根本上消除信息，原网站的信息仍然存在，甚或原网站的信息被删除，网页的缓冲版本依然还会被其他各类搜索引擎捕捉，须知信息技术的主要功能和天然使命就是尽可能收集、保存和传递信息。申请人之所以对搜索引擎提出请求，而不刻意请求信息发布网站，或许是基于其信息很容易被搜索引擎翻出来，但搜索引擎带有工具中立性，如要真正地使自己某种信息被遗忘，也应首先要求原始信息网站删除，这种方式从成本和效果来看，更为彻底。故通过限制搜索引擎的条目隐藏来保护被遗忘权，是一件远远没有完成的作品，这种做法也不利于互联网行业的发展。

被遗忘权还涉及与言论自由的冲突。一般情形下，当事人要求删除的信息体现为表达信息和公共信息。对于自己发布的信息要求删除，并不完全是被遗忘权着力处理的对象，它通过信息保护的一般规则即可实现。如美国加州通过的“橡皮擦”法律（2015年生效），即是要求科技公司（如Facebook、twitter等社交网络巨头）

---

〔10〕参见中国科技网：《谷歌开始删除特定链接 执行用户被遗忘权》，http：//h. wokeji. com/kjwh/whzx/201406/t20140627_ 757906. shtml，最后访问日期：2014年6月27日。

应用户要求删除自己（未成年人）提供的涉及个人隐私的信息。[11]如若要求删除的是他人的表达信息，就涉及言论自由。美国正是基于宪法第一修正案，认为被遗忘权违背美国宪法所规定的言论自由和出版自由，排斥被遗忘权的适用。欧盟则在言论自由和隐私保护的权衡上，倾向保护隐私。但被遗忘权所涉及的信息删除是否真正与言论自由相冲突，还值得探讨。言论自由是公民可以按照个人意愿表达意见和想法，而不用受政府的审查及限制，也无须担心受到政府报复。这种基本权利指向的主要是政府或立法机构。但就互联网平台而言，此处的信息发布是否类似传统媒体构成严格意义上的发表，值得商榷。传统媒体的意见发表受言论自由保护主要是因为传统媒体的审查制度和信息来源保密制度的存在，并且传统媒体负有相应的公共职能和公共责任。而互联网平台去中心化的信息发布方式，使平台很难认定为信息发布者，它只是用户共享信息的多媒体工具，属于虚拟空间用户的非正式发表工具。这种私人主体的特性使其与用户的关系限定在信息服务领域，并不承担传统媒体的公共职能。故平台对有关信息的删除处理不一定能上升到言论自由的高度，它不限制用户表达的自由和方式，也不干涉用户行为性质的判断，只是在自身私主体的操作权限内行使信息的处置权。

三、被遗忘权保护的法律进路分析

上述对被遗忘权所涉及的价值冲突的分析，使其在法律上保护的必要性和保护程度问题愈显微妙。但这不影响对于被遗忘权保护的法律进路的分析。设若我国对被遗忘权进行保护，那么应采取何种法律方式呢？就现有的理论观点而言，代表性的主要有隐私权保护和个人信息权保护两种主张。[12]这是典型的私法救济进路。就“隐私权保护”进路而言，其面临的最大问题是，被遗忘权所请求删除的对象是公开信息，而非不宜公开的隐私信息或敏感信息。既然公开信息不构成隐私，自无适用隐私保护的必要。但是这里似乎又涉及对“隐私”概念的理解，如美国法律中所采取的代表个人私域“大隐私”观念，似乎又可以涵摄被遗忘权，但由于其隐私概念与大陆法系的隐私权类型存在较大差别，故不会产生类型化权利之间的冲突问题。但欧盟国家对于个人信息的保护却是从基本权利或人权的角度来理解的，其中隐私作为特定化的基本权利包括私域安宁和信息自主两项重要内容，由此似乎信息

---

〔11〕 美国加利福尼亚州州长杰瑞·布朗日前签署了加州参议院第568号法案，即“橡皮擦”法案。该法案要求脸谱网、推特网、谷歌等社交媒体巨头允许未成年人擦除自己的上网痕迹，以避免因网络防范意识不足而在以后面临网络痕迹带来的问题。这项新的法令没有强制企业从他们的服务器中删除数据，只要求他们从网站删除，以尊重最初贴出图片、消息、发送的信息或博文的未成年用户的请求。

〔12〕 梁辰曦、董天策：《试论大数据背景下“被遗忘权”的属性及其边界》，载《学术研究》2015年第9期。

自主又可归入隐私权的范围。[13]但欧盟并没有在隐私法律中加入个人信息自决的部分，而是通过单独制定个人数据保护的法律来进行调整。

欧盟的上述做法明显地区分了隐私和个人信息自决，后者并不依附于前者。[14]因为传统隐私权的界定标准针对的是隐私信息，而个人信息自决针对的却是非隐私信息控制行为，理论上可以认为两者都是对个人私域安宁保护的体现，但在法律构成上却不能混为一谈，隐私信息保护和非隐私个人信息的控制很难在一个概念上统一起来。况且被遗忘权所指向的公开信息已超越了个人信息自决权中的核心内容，即个人自主决定是否以及如何公开其个人的资料。但欧盟对于个人信息和被遗忘权的保护明显受到了隐私权的深刻影响，这体现在个人数据保护之严苛上。但能否基于“通知—删除规则”的相似之外，对被遗忘权的保护比照《侵权责任法》第36条来予以救济呢？应当认为，被遗忘权的保护并不存在隐私侵权的前提，这和该第36条存在本质的区别，其请求权基础也因此完全不同。

第二种进路即“个人信息权”保护的进路目前获得大多数学者的支持。基于此种观点，被遗忘权可纳入个人信息权保护的射程，或作为个人信息权的权能而体现出来。[15]这种主张面临两个问题，一是个人信息权是否属于人格权中的框架性权利还是同时具有支配性的财产权利：二是被遗忘权能否为个人信息权所涵盖。第一个问题现在已经在理论上混乱不堪，同一个理论名称既指人格要素，又指向财产权利，又或两者兼而有之。限于篇幅，在此不能展开讨论。但理论上将个人信息作为财产权的标的，既无可能又无必要。因为对于“信息”赋予某种财产权利的企图，迄今为止只有知识产权得以实现，此外生活中或者历史上一直客观存在的信息交易或信息服务，毫无例外地属于合同法的范畴，个人信息同样亦不具备财产化的理由。个人信息之所以具有价值，在于现实中客观存在的“信息鸿沟”，而非信息本身，且其价值实现是通过信息服务，而非信息客体的“交付”来完成的。如若将隐私之外的个人信息视为新型人格利益，则应服从人格的防御特性，其范围应受到严格限制。基于信息自决的原则，个人信息的人格法保护应限于在同意规则基础上的数据最小化努力。除此之外，应不属于个人信息权的既有内容。但现有的个人信息保护并没有限于上述范围，其射程远远超过上述领域，如个人信息主体除了享有信息自主权外，还享有知悉个人信息被处理、个人信息正确和完整及信息使用符合特定目的等利益。信息主体不仅可以公开自己信息，还可以参与信息公开之后的维

---

〔13〕 梁辰曦、董天荣：《试论大数据背景下“被遗忘权”的属性及其边界》，载《学术研究》2015年第9期。

〔14〕 关于隐私和个人信息之间区别的详细论述，参见杨立新、韩煦：《被遗忘权的中国本土化及法律适用》，载《法律适用》2016年第2期。

〔15〕 李倩：《被遗忘权在我国人格权法中的定位和适用》，载《重庆邮电大学学报哲学社会科学版）》2016年第3期。

护，在公开的信息被不当使用或超出特定目的时，信息可以要求使用人承担侵权责任。[16] 这些内容某种程度上超越了基于隐私保护的信息自决的范畴，似乎假定信息主体对公开的个人信息还有重大利益，最高人民法院在法释2014年11号12条第2款规定："网络用户或者网络服务提供者发布已公开的个人信息侵害信息主体值得保护的重大利益，信息主体请求网络用户或者网络服务提供者承担侵权责任的，人民法院应予支持。"

上述"重大利益"所指利益显然不是隐私性的利益，也不是信息自主公开的利益，这两种利益都未受到侵害，那么所指究竟为何种利益呢？这种利益除了体现为个人的利益处，同时因深刻地楔入社会而带有公共利益的属性，即脱离了人格领域的利益——社会安全。[17] 实际上个人信息保护并不全然是个人信息自主这一人格法益的理论延伸，它更多地涉及社会安全这一公共价值。目前在信息领域对个人和社会的侵害不仅仅体现为人格的侵害，而是更多地体现为因造成社会安全隐患而可能给个人带来的侵害。如从近年来频发的信息泄露所带来的后果来看，最大的损害是信息泄露扩大了个人被侵害的可能性，而非信息本身的侵害。强调信息带来的安全隐患，是为了说明个人信息保护制度决非仅针对人格保护而设，由此也可以推论以人格利益为内核的"个人信息权"并不能完整覆盖个人信息保护的内容，信息保护的相关制度也就不能完全从个人信息权的人格属性中得到解释。

在此基础上，被遗忘权是否能被纳入个人信息权的保护范畴就比较清楚了。被遗忘权和个人信息权的功能和目的具有本质的不同，这体现在被遗忘权强调个人意志的作用，仅仅解决信息的历史清除问题，而个人信息权强调信息使用的个人控制问题，某种程度上历史清除与控制使用之间是存在冲突的。被遗忘权在引导信息合理使用上并没有建树，它没有建立起被遗忘权与现实生活中人的遗忘规律之间的科学联系，也因此使个人信息权的合理内核被很大程度上抛弃；其次，被遗忘权是否属于人格利益的延伸，也值得思考。海淀区法院就中国首例被遗忘权案所作的判决结论是合理的，但其中关于被遗忘权属于人格法益的论述则值得商榷。[18] 仔细考察被遗忘权所赖以存在的制度环境，可看出人格因素已因信息的合法公开化而荡然无存，严格说来在互联网产生之前的历史上在传统媒介上的公开信息都不涉及人格问题，其带来的不适后果应属于个人容忍的范围，如果被遗忘权属于人格法益，那么传统公开发行的报刊、电视或书籍也存在被遗忘的问题，但为何现在所讨论的被遗

---

〔16〕 李承亮：《个人信息保护的界限——以在线平台评价为例》，载《武汉大学学报（哲学社会科学版）》2016年第4期。

〔17〕 梅夏英、杨晓娜：《网络服务提供者信息安全保障义务的公共性基础》，载《烟台大学学报》2014第6期。

〔18〕 陈昶屹：《现有法律体系下"被遗忘权"案件的审理思路及保护路径》，载《法律适用》2017年第2期。

忘权仅限于网络过时信息？这只能说明被遗忘权的产生不是人格保护在起作用，而是立法机关基于公共安全或公民社会生活或发展的某种需要而特别规定的。立法对公共利益的整体衡量是被遗忘权得以产生的根本因素，而这种考量正是公共立法机关有针对性的考察互联网信息流通的现实情况所作的制度上的创新尝试。

基于以上分析，被遗忘权不属于隐私权或个人信息权的范畴，它是公共利益和个人法益的混合体，且个人法益是因该制度的建立而产生的，而非相反。这样对于被遗忘权的保护进路就开始明晰，即被遗忘权不能通过私法来保护，而只能通过信息保护法来直接向个人赋权来实现。通过个人信息保护法来给个人赋权和建立制度上的框架性法益，正是欧盟所作的立法选择。遵循这种理解，被遗忘权的保护就不能适用《侵权责任法》第36条的规定，因为该条有两个适用的前提：一是存在违法事实；二是存在被侵害的私法上的权利。显然被遗忘权的保护完全不符合上述两个条件，即它既不存在违法事实，也不存在私权的依托，由此一旦建立遗忘删除制度，其可能产生的私法保护方式只能通过侵权法一般条款解决。《德国民法典》第823条设立了“违反以保护他人为目的的法律”这一违法情形，针对性地解决了上述类型的框架性法益，我国《侵权责任法》没有采用如此立法模式，从而使被遗忘权的请求权基础与侵权责任法之间缺少一个联系的桥梁，进而使制度性的、非私权性的法益不能得到有效保护，这也是我国目前《侵权责任法》修订中需要考虑的一个问题。

四 被遗忘权保护范围之限定

欧盟和我国首例被遗忘权案件所作的相反的判决，表明被遗忘权既没有确定的法律构成来支持，亦无可靠的判断标准来遵循。但两案例裁决的逻辑存有不同之处。海淀法院的判决书是以被遗忘权属于人格利益，并在判决理由中否定了当事人所主张人格利益受保护的正当性和必要性；欧盟法院则是根据2012年《一般数据保护条例》（GDPR）第17条关于遗忘删除的规定进行判决。并在判决中确定了“不好的、不相关的、过分的”等信息判断标准，通过这一判例，抽象、模糊的被遗忘权才成为一项在司法实务中可操作的一项权利。依照上文分析，被遗忘权的建立并非完全基于人格利益保护的维度，而带有显著的公共利益的衡量，故从私人人格利益角度进行的分析判断并不能具有完全的说明力。欧盟是以《一般数据保护条例》中的删除权制度为前提而作出的细化裁判，是在既有制度的前提下使被遗忘权显露出来，且删除权系列制度的建立并未有任何确定的理由显示其一定是保护个人的人格利益。因此，我国法院完全可以以中国没有数据保护法中的遗忘删除制度直接驳回原告的请求。

被遗忘权本质上是公开数据删除制度的反映，基于公开信息的非隐私特性和一般删除制度不及于已由他人公开的信息的特点，为所谓遗忘而进行的删除应当具有非常严格且充分的理由，亦即被遗忘权应当属于公开信息流通中断的极其例外的情况，应受到严格的限制。其原因在于：第一，网络信息时代的遗忘决非一删了之，在网络信息可以被无限复制和全球分享的情形下，绝对遗忘几乎是不可能的，最多只是减少信息分享的机会。简单、武断地规定个人可以请求所有信息控制者删除某类信息，甚至要求被请求的信息控制者告之相关的信息控制者一同删除信息，是不尊重网络信息流通规律和删除之技术可能性的表现；第二，被遗忘权所要解决的真正问题是什么目前仍很模糊。对于真实和合法公开的信息，应该具有公共性，无论信息所涉及主体是否感到不适，都不影响信息本身的客观存在。就“冈萨雷斯诉《先锋报》和谷歌案”而言，历史上的信息被谷歌搜索到到底能代表什么呢？这不正是信息时代的技术优势吗？案件起诉人究竟有什么利益受到损害呢？某种程度上讲，被遗忘权的实际需求代表了传统社会的一种本能反应，即信息过于充分，且跨越时空限制，使人类不适应长期曝光这一事实。事实上，近当代的隐私权也是担心被近现代传媒过度曝光的反应。如果说隐私权还可以以个人与国家和社会之间的界限来定义，被遗忘权作为此种社会心理的自然延伸，如何来定义或界定它，我们暂时还找不到可靠的参照物。从另外一面讲，人们是否也应在信息海洋里学会适应它或是容忍它，也应同时相信其他个体对于过去信息的判断也会渐趋理性。正如人们担心此前的人肉搜索会泛滥成灾而要求严厉控制，但现今趋于理性的用户并没有使其向恶性方向发展一样，被遗忘权也许只是网络信息社会迅猛发展中的一个插曲。第三，被遗忘权所蕴含的历史清除理念与信息时代数据的社会价值是直接冲突的。在此姑且不论其与言论自由或知情权的微妙冲突，仅从信息价值和作用的发挥角度讲，信息系统与物质世界不同，它是以无限的信息饥渴状态来摄取信息，以求达到社会全息的效果，在此基础上努力排除传统的样本思维，力图创造出准确和及时的社会预期。[19]某种程度上说，个人信息即是对社会全息化的一种贡献。在此前提下，除非是基于必要的价值（如隐私保护）而对信息控制以外，其他对公开信息的干涉都会干扰信息系统的上述使命。故基于遗忘的删除应慎之又慎，它不能着眼于历史清除的动机，而应服务于传统数据保护中的数据最小化目的。在相对遗忘和数据分享之间形成一个良性的平衡，这正是欧盟法院判决对谷歌课以删除义务，而对来源网站不作如此要求的原因。

关于遗忘权保护范围的限定，现有的欧盟《一般数据保护条例》（GDPR）第17条以及首例案件判决都有详细规定或说明。这些标准都代表了被遗忘权对传统法律和社会诸领域价值的顾及和体系衔接，以达到界定被遗忘权适用情形的目

〔19〕 维克托·迈尔·舍恩伯格、肯尼·迪库克耶：《大数据时代：生活、工作与思维的大变革》，浙江人民出版社2012年版，第20~30页。

的。但这种努力丝毫没有内在的成就，也没有形成固有的逻辑，这里不作具体标准的分析，仅作一大致的判断。被遗忘权如果目前在法律上不能完全被否认的话，那么立法者就需要从最必要的情形着手，以此建立和扩展其自身的法律地盘。

首先，被遗忘权解决的主要问题不是信息应否存在，而是信息应以何种方式被分享。任何信息都脱离不了信息传递的语境，可以认为，只有在一个合适的语境或情境中信息才能真正具有传递和分享的价值。如朋友的聊天记录被转发以后就失去了相互分享的价值，同样，一个公司的活动信息只对活动的相关参与人有沟通价值，对他人也没有必然的价值。但一般情形下，脱离情境的分享并不具有被特别关注的意义，但被遗忘权要解决的则是因历时日久而脱离了当时的具体情境，现在看来失真变形，且对个人形象有较大损害的信息。这种信息仍存在于网络中，但已不值得由他人分享。这应该是被遗忘权保护的首要判断标准。基于此，被遗忘权并不针对所谓的过时的、不必要的甚至不当的信息，而是因脱离情境而失真变形的信息。在“冈萨雷斯诉《先锋报》和谷歌案”中，拍卖信息可以归为此列，而在“任某某诉百度”案中，所涉及之前信息则因具体情境并未根本改变而不符合被遗忘权的适用条件。

其次，被遗忘权针对的是历史信息必须是对信息主体带来较大负面影响的信息，这也是当事人希冀信息被遗忘的直接原因。如何判断负面信息属于被遗忘权针对的对象，至少应考虑三个方面的标准：一是信息存在的时间需要足够长，以至于确定无疑地脱离了信息产生时的情境。存在时间较短的信息一般连现实生活中人的本身遗忘周期都没达到，就没有必要轻易动用被遗忘权。被遗忘权主要是斩断现实生活中普通人本应已遗忘之事的延续记忆之链，故保留的信息应存在的一个相当时间方可适用遗忘删除方式；二是历史信息本身对个人的负面影响应该足够大。通常意义上的某种不利影响不应该采用被遗忘的方式。这是因为过去存在的信息多少都对现在有不同程度的影响，但如果通过“过时的、不必要的或不相关的”这些标准来一概适用被遗忘删除制度，则会产生上文所述之诸种不利，这些抽象标准所指向的个人信息只能通过被遗忘权之外的制度（如信息定期删除制度）来解决。个人的负面影响主要是指对个人人格有重大贬损的影响，如犯罪、失信、个人私生活不端或道德污点等带来的精神负担；三是历史信息主要属于个人生活领域的敏感信息，且不过多涉及公共事务或公共利益。一旦信息本身涉及到公共利益，或其影响到公共利益，被遗忘权便无适用的余地。

最后，被遗忘权改变信息分享的方式，目前只能停留在对搜索网站的删除请求上，不宜及于一般的信息控制者。因为网络时代绝对的遗忘是不存在的，我们不能企图使沉淀的网络的天量个人负面信息消失，但却可能尝试不被随时轻易搜索到。尽管这种安排只能解决一部分问题，但仍应对此作出限定，即只限于隐藏姓名与信息对应的条目，对于以其他方式搜索到相关信息，则仍然不能通过被遗忘权予以限制。

对被遗忘权进行合理的理论定位和保护范围的限定的研究，是意图揭示被遗忘权是一个传统隐私权和个人信息自决之外的一个独立问题，它是由网络信息的永续性引出的理论课题，传统私法的人格利益理论并不能完全解释和调整此项制度。被遗忘权蕴含的法益本质上是保护性法律的创造，是社会利益和个人利益的高度统一，这也决定了被遗忘权必须通过个案来发展和完善相关理论，在未来一定时期内，被遗忘权的理论仍然会是支离破碎的，甚至其最终的命运现在仍无法预知。

关于侵犯个人信息民事侵权责任的统计分析

——以168个民事判决为样本*

朱宣烨**　王明志***

目　次

一、问题的提出

随着技术的进步，大数据已经成为经济发展的新动力，个人信息则是最有价值的数据。对于个人信息的合理利用有利于增进个人生活幸福，增进社会福祉。与此同时，个人信息有人格权属性，对个人信息非法或不当地收集、处理、利用都可能影响个人自由选择的权利、损害信息主体的自由发展的权利。而近期facebook个人信息泄露事件又一次在全球范围内引发了对个人信息保护问题的思考和讨论。在我国，侵害个人信息的情况同样十分普遍，侵害个人信息的事件时有发生。值得注意的是，现实中发生的维权案件并不多，和个人信息被侵害的严重程度不符。鉴于民事侵权责任制度在保护个人信息领域的特有价值[1]，为探讨现有制度框架下现行

* 基金项目：本文系国家社会科学基金重大项目“信息法基础”（项目编号16ZDA075）的阶段性成果。

** 北京航空航天大学法学院民商法博士研究生，北京植德律师事务所合伙人。

*** 北京航空航天大学法学院2017级法律硕士。

[1] 分析民事侵权案件的典型意义在于：首先，民事救济作为三大救济途径（民事、行政、刑事）具有不可替代性。其次，侵权责任不同于合同责任，合同责任受相对性所限，无法一般性地满足信息主体的救济需求，侵权责任则没有这一局限，因而成为信息主体维护其权利的主要途径。从下文统计的数据可知，合同纠纷仅占所有涉个人信息纠纷中的1.18%。

的侵权责任规范是否足以保障个人信息保护的需求，本文以选取的涉个人信息的民事侵权责任[2]案件为研究对象，统计分析现有此类案件反映的问题，并提出相应的解决思路。

（一）涉个人信息案件侵权法规制的现有规范背景

个人信息应当受到保护已经成为共识。目前我国个人信息保护体系由法律、行政法规、部门规章、地方性法规、司法解释、国家标准等各类规范性文件组成[3]，涉及多个立法位阶，内容分散，体系庞杂。这些法律规范逻辑结构，体现出如下的特点：

1. 个人信息保护的行为边界逐步清晰但内容分散

我国的个人信息保护已经脱离了无“规矩”可以遵循的状态，正处于由粗及细、逐步明确边界的过程中。尤其是《全国人民代表大会常务委员会关于加强网络信息保护的决定》（以下简称《加强网络信息保护的决定》）《消费者权益保护法》《刑法修正案（七）》《刑法修正案（九）》《民法总则》《最高人民法院、最高人民检察院关于办理侵犯公民个人信息刑事案件适用法律若干问题的解释》（以下简称《侵犯公民个人信息刑事案件司法解释》）《网络安全法》以及推荐性的国家标准《个人信息安全规范》逐步勾勒出了保护个人信息应当遵循的行为规范。但是目前各个规范规定的保护理念、原则、规则并不统一，存在互相冲突、不协调的情况。相较于法律法规，部门规章、国家标准走在了前面，很多规定比法律法规更细致详尽，具有可执行性，但该类规范位阶低、适用范围窄。

2. 没有关于民事侵权责任的针对性规定

现有规范关于个人信息刑事案件的规定已经比较完整，此外，很大部分规范规定有行政监管的内容以及违反规范所带来的行政处罚，但没有专门针对个人信息保护的民事侵权责任的规定，更没有对涉个人信息的侵权案件所表现出的特点作出特别规定。有零星文件规定，民事权益受到损害的应当赔偿。所以目前信息主体遇个人信息受到侵害寻求侵权责任的救济[4]时，或直接通过一般人格权纠纷依据侵权责任的一般民事责任条款寻求保护（尤其是在《民法总则》将个人信息规定在人格权项下之后），或通过其他相关案由来获得保护。

---

[2] 之所以选择民事侵权案件作为考察对象，是因为侵权责任较之合同责任更具有普适性，合同相对性的特质缩小了合同责任的适用范围。而且司法实际数据也显示，截至目前，涉个人信息的合同案件数量相对较少。笔者认为，这与此前没有关于个人信息收集处理利用的统一标准有关，各个公司通过格式条款可以框定十分宽泛的权利范围，信息主体很难基于双方之间的用户协议或隐私协议获得胜诉。但是随着《个人信息安全规范》的出台，这一状况可能会有所改善。

[3] 笔者以“个人信息”或与其密切联系的“隐私权”“用户资料”为关键词检索获得。

[4] 实践中亦存在信息主体依据合同纠纷主张救济的案件，本文不再赘述。

（二）涉个人信息侵权案件样本选择

本文笔者研究的样本系根据如下条件，从裁判文书网、北大法宝和威科先行三个法律数据库检索得到的涉个人信息侵权案件的裁判文书。

1. 样本选取的时间段：2015年5月1日至2018年3月1日。2012年12月28日通过的《加强网络信息保护的决定》，首次在法律这一效力等级的规范文件层面明确提出个人信息保护。但在该法律规范中并未使用“个人信息”的概念，而是使用了“公民个人电子信息”的概念。2014年之后，与个人信息保护相关或涉个人信息保护的法律规范，诸如《刑法修正案（七）》（2009）《征信业管理条例》（2013）《刑法修正案（九）》（2014）《网络安全法》（2016）《民法总则》（2017）《侵犯公民个人信息刑事案件司法解释》（2017）《个人信息安全规范》（2017）等规范密集出台，个人信息逐渐成为一个有特定内涵的法律概念。考虑规范内容传递体现到司法领域有其延迟性等因素，笔者将2015年5月1日至2018年3月1日作为样本选取的时间段。

2. 样本选取的类型：信息主体为原告的涉个人信息的侵权案件。涉及侵犯个人信息的案件并不局限于侵权案件，有案件表现为合同纠纷〔5〕或企业之间的反不正当竞争案件。〔6〕而本文取选的是最为普遍的以信息主体为原告的涉个人信息侵权案件。

3. 具体步骤。通过检索“2015年5月1日至2018年3月1日”时间段内涉及“个人信息”的民事侵权案件，共获得320件案件。再通过比对的方式排除不相关的、重复的案件，得到本案的样本168件。

二、侵犯个人信息侵权民事案件的统计分析

为分析现有制度框架下，探讨现行的侵权责任规范是否足以保障个人信息保护的需求，本文以选取的侵犯个人信息民事侵权案件为研究对象，分析现有案件体现出来的特点。

---

〔5〕 由于个人信息是信息主体购买商品和服务的一个重要环节，所以有一部分涉个人信息的案件选择合同纠纷这一案由来解决纠纷，比如《周盛春与阿里巴巴（中国）有限公司计算机软件著作权权属纠纷、计算机软件著作权许可使用合同纠纷案》（杭州市西湖区人民法院〔2015〕杭西知民初字第667号民事判决书），《黄广伟诉中国东方航空股份有限公司航空旅客运输合同纠纷案》（上海市第一中级人民法院〔2016〕沪01民终5263号）等。

〔6〕 由于个人信息是重要的商业资源，企业间也就客户的个人信息展开争夺战，比如新浪微博诉脉脉案件，菜鸟和顺丰互断接口事件，腾讯和华为关于微信数据归属的争议均因争夺用户个人信息而起。

（一）样本案件整体情况

1. 样本案件分布的行业

样本案件分布的行业比较集中，其中金融行业所涉的案件数最多，其次是互联网领域。

表 1　样本案件行业分布

行业领域	案件数量（件）
金融	82
互联网	50
媒体	11
其他	30

金融和互联网行业都是个人信息收集、交换和使用非常频繁、活跃的领域，且用户的个人信息对于行业的经营者具有重要的意义，这两个行业自然也成为个人信息侵害事件易发的重点领域。

2. 样本案件的数量趋势

三年来，个人信息保护受到的关注度日益高涨，个人信息侵害事件频繁爆出，但是如表 2 所示，民事侵权案件一直处于比较稳定的状态，没有爆发，也没有戛然而止。需要说明的是，由于统计日期截至 2018 年 3 月，绝大部分新立案件仍在审理过程中因而无法检索到，所以表中体现的 2018 年 3 月案件数量不具有典型性。

表 2　样本案件年份数量分布

年度	2015 年	2016 年	2017 年	2018 年前 3 月
案件数量	42	54	70	2

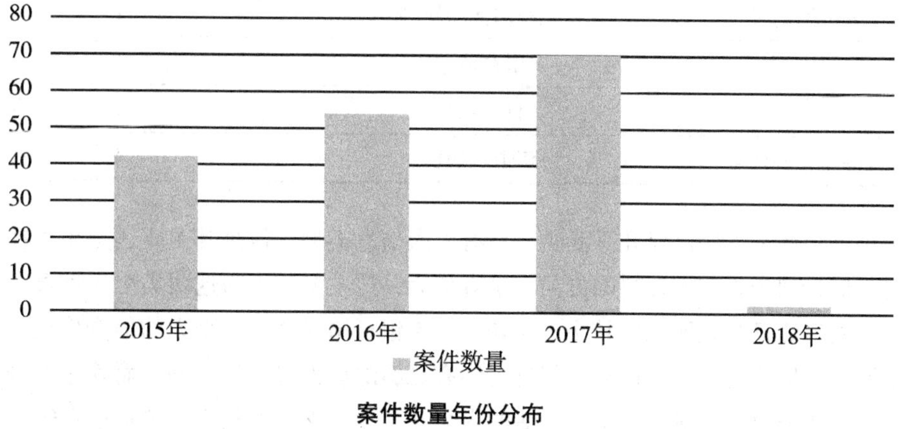

案件数量年份分布

（三）样本案件涉及的个人信息类型

目前，我国立法机构对于“个人信息”的概念在法律层面没有统一的规定。但是近期发布的《个人信息安全规范》将个人信息定义为“以电子或者其他方式记录的能够单独或者与其他信息结合识别特定自然人身份或者反映特定自然人活动情况的各种信息”。通过对样本案件的分析，我们可以看出，涉案的个人信息类型非常广泛，具体而言分布如下（依据《个人信息安全规范》的个人信息分类标准）：

表3　样本案件所涉个人信息类型

信息类型	具体信息	涉及案件数量（件）
个人财产信息	中国人民银行个人信息数据库中的不良记录、欠款记录、贷款记录	64
	购物订单信息	1
	银行卡历史明细	1
个人基本资料	姓名、职业、工作单位、住址等	56
	电话号码	6
	QQ号码、微博、邮箱	1
个人身份信息	身份证号	6
个人位置信息	开房登记及宾馆监控录像	5
	机票信息	1
个人生物识别信息	个人照片	14
个人教育工作信息	职业、工作单位等	56
	学籍信息	1
	工作关系	1
个人上网记录	互联网活动轨迹	2
其他	婚育信息	1
	日记照片	1
个人健康生理信息	病情、病历	4

可见，样本案例已经几乎涵盖了所有个人信息类型，但是其主要还是集中在个人财产信息和个人基本资料两方面，笔者认为，这主要是因为这两类个人信息直接影响个人生活且其证明难度较小。比如，如果银行错误登记了个人的信贷信息，将直接给个人生活造成重大影响，信息主体有足够的动力去维护权利。而其他一些个人信息，从表面上看对个人工作生活的损害并不大，如机票信息、位置信息等，而

且证明被告侵权的难度又很大，直接抑制了信息主体的起诉动力。

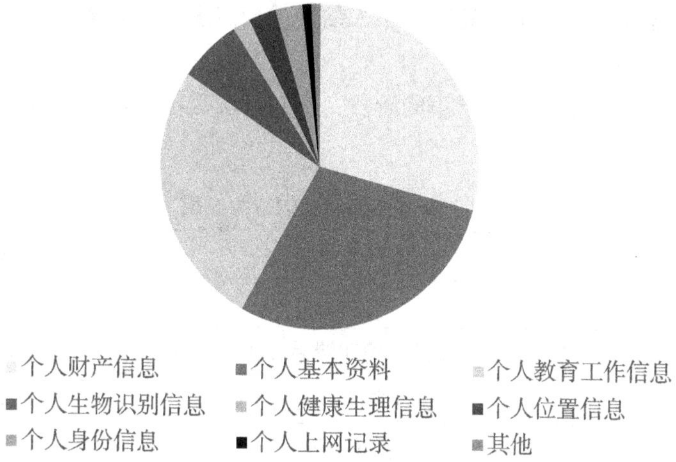

涉及纠纷的个人信息类型

（四）样本案件涉及的案由及具体行为类型

1. 案由分布。

如前所述，目前尚没有专门的侵犯个人信息的案由，所以现有的涉个人信息侵权案件都通过其他案由获得保护。

表4　不同案由的案件比例

案由种类	案件数量（件）	所占比例（%）
姓名权纠纷	44	26.2%
名誉权纠纷	34	20.2%
隐私权纠纷	28	16.7%
人格权纠纷	50	29.7%
肖像权纠纷	4	2.4%
其他	8	4.8%

可见姓名权、名誉权、隐私权和人格权纠纷是涉个人信息侵权案件的四大主要案由。其中前三者所涉及的权利和个人信息之间存在很大的重合，所以被选来规制个人信息侵权行为。需要说明的是，姓名权纠纷之所以占的比例最高，主要是由于有一个系列案件[7]，这有其偶然性；应该说隐私权纠纷仍然是目前与个人信息保护最为密切的案由。而选择人格权纠纷作为案由的，则更多地看到了个人信息独立

〔7〕 某几家金融机构违法违规操作造成的同类案件。

于隐私权等既有权利的特殊性，尤其是在《民法总则》颁布之后，人格权纠纷作为兜底的案由，解决了案由的制定晚于个人信息保护需求的实际情况。

2. 行为类型

个人信息的利用过程中包含不同阶段，不同阶段、不同行为都涉及是否侵害个人信息的争议。

表5　样本案件涉及的行为类型

行为种类	具体行为类型	涉及案件数量（件）
收集	–	2
保存	个人敏感信息的传输和储存（造成泄露）	21
	个人信息保存的时间最小化	1
使用	个人信息更正	85
	个人信息删除	64
	个人信息展示限制（应去标识化，新闻报纸电视期刊等）	13
	个人信息访问控制/个人信息访问	6
	个人信息使用限制	4
委托处理、共享、转让，公开披露	个人信息公开披露	48
	个人信息委托处理、共享、转让	2

具体而言，现有样本案件主要集中在单个的个人信息被违法收集、披露、错误描述等情形。但是通过对涉个人信息案件立案情况的持续关注，笔者发现，已经提起但是尚未结案的案件进一步展现出了新的特点，即单个案件背后体现的是对被告规模化收集、使用个人信息的行为合法性的质疑。这一特点在已审结的案件中初见端倪，比如样本案件中朱烨诉百度案、庞理鹏诉去哪儿网及东航案等。一批尚无法从公开渠道找到生效判决的案件进入公共视线，江苏消保委诉百度案〔8〕、今日头条海淀法院被诉案、俞某诉支付宝、淘宝、天猫〔9〕等。这类案件具有典型性和代表性，笔者称之为个人信息侵权案件的2.0版。其争议焦点表现为个人信息流动与个人信息保护的平衡问题，商业活动中的一些在1.0时代被忽视的或者新出现的行为是否涉及侵权备受关注，其裁判结果会直接影响到某种商业模式是否可行。这是在技术发展，大数据等产业兴起，海量数据的收集、使用已经成为常态的背景下发生的。对此笔者将持续关注。

---

〔8〕 http：//cj. sina. com. cn/article/detail/6289104432/567816，最后访问日期：2018年6月27日。

〔9〕 http：//news. qudong. com/article/473655. shtml，最后访问日期：2018年6月27日。

3. 不同案由涉及的具体个人信息侵害行为。

（1）隐私权纠纷所针对的行为。样本案件中，信息主体援引隐私权纠纷主张救济所针对的行为主要有以下类型：

表6 隐私权纠纷中个人信息侵害争议行为类型及具体行为表现

序号	争议行为类型	案件数	具体的争议行为表现（典型案例）
1	是否合法收集个人信息	2	1. 搜索引擎网站利用cookie技术记录跟踪搜索过的关键词进行广告投放的行为。[10] 2. 未经同意，擅自使用应用软件筛选、调查信息主体的个人信息的行为。[11]
2	个人信息遭遇泄露	20	机票信息、酒店信息等泄露。
3	违法查询、披露个人信息	8	违规或未经同意查询信息主体的个人信息，并且披露给第三方。[12]
4	未经同意向信息主体的个人手机等通信工具上发送推销信息	1	快递经营者向快递服务过程中收集到的手机号码发送自身电商业务信息。[13]
5	盗用身份信息开立账户	2	银行及其工作人员利用信息主体的身份开立账户的行为。[14]

（2）名誉权纠纷

个人信息是个人与社会进行沟通的媒介，个人信息直接影响着社会评价。所以，在侵犯个人信息可能导致名誉受损的情况下，信息主体也有以侵犯名誉权[15]为由主张侵权的。

---

〔10〕北京百度网讯科技有限公司与朱烨隐私权纠纷案，江苏省南京市中级人民法院（2014）宁民终字第5028号民事判决书。

〔11〕比如，孙旭东与平安银行股份有限公司、深圳市鑫富源投资咨询有限公司隐私权纠纷案，广东省深圳市福田区人民法院（2016）粤0304民初24741号民事判决书。

〔12〕比如，杨劲秋与中国邮政储蓄银行深圳分行隐私权纠纷案，广东省深圳市福田区人民法院（2015）深福法民一初字第4278号民事判决书。

〔13〕李枚加与顺丰速递有限公司侵权责任纠纷案，四川省乐山市市中区人民法院（2015）乐中民初字第3090号民事判决书。

〔14〕马×与盛京银行股份有限公司北京五棵松支行等隐私权纠纷案，北京市海淀区人民法院（2016）京0108民初8187号民事判决书。

〔15〕《最高人民法院关于贯彻执行〈中华人民共和国民法通则〉若干问题的意见（试行）》第140条规定：以书面、口头等形式宣扬他人的隐私，或者捏造事实公然丑化他人人格，以及用侮辱、诽谤等方式损害他人名誉，造成一定影响的，应当认定为侵害公民名誉权的行为。

表7　名誉权纠纷中个人信息侵害争议行为类型及具体行为表现

序号	争议行为类型	案件数	具体的争议行为表现（典型案例）
1	征信信息错误	7	信息主体与银行之间没有借款合同关系，但在征信中心却存有信息主体该笔借款的信用不良记录。[16]
2	征信信息虽属实，但是违反依法披露的规定	4	信息主体有过失信行为，但相关业务所涉银行未按规定时间、程序提供给征信机构，导致信息主体不良信用记录未能尽早消除，造成损害，属于侵犯名誉权行为。[17]
3	未经同意公开个人信息并伴有侮辱诽谤行为	23	被告在微信朋友圈发布原告欠钱不还的消息，并发布了原告及其妻女的照片。[18]

（3）姓名权

姓名和信息主体联系紧密，是一项重要的个人信息。同时姓名权也是一项独立的民事权利。而且大量个人信息和姓名相联系，又反过来对信息主体进行标签。目前涉及个人信息的姓名权纠纷集中在身份盗窃和信息主体的信息错误两种情况。

表8　姓名权纠纷中个人信息侵害争议行为类型及具体行为表现

序号	争议行为类型	案件数	具体的争议行为表现（典型案例）
1	个人信息和姓名被冒用	43	1. 冒名卖书。[19] 2. 冒名发放贷款，导致原告个人征信存在不良记录。[20] 3. 冒名参加中招考试。[21] 4. 工作关系冒名导致原告无法领取低保。[22] 5. 冒名买房。[23]

---

〔16〕 原告李进旺诉被告大同县农村信用合作联社名誉权纠纷案件，山西省大同县人民法院（2016）晋0227民初63号民事判决书。

〔17〕 肖根与中国农业银行股份有限公司安远县支行（以下简称安远支行）名誉权纠纷案，江西省安远县人民法院（2015）安民一初字第177号民事判决书。

〔18〕 武智慧与沈强军名誉权纠纷案，内蒙古自治区乌海市中级人民法院（2018）内03民终23号民事判决书。

〔19〕《赵洪艳诉亚马逊卓越有限公司、北京世纪卓越信息技术有限公司、安徽大学出版社有限责任公司、搜房投资管理（北京）有限公司姓名权纠纷案》北京市第三中级人民法院（2016）京03民终9367号民事判决书。

〔20〕《赵某某与宁陵县某联社姓名权纠纷案》河南省宁陵县人民法院（2017）豫1423民初768号民事判决书。

〔21〕《田春荣姓名权纠纷》河南省中牟县人民法院（2016）豫0122民初3800号民事判决书。

〔22〕《王文华与毛淑芹姓名权纠纷》黑龙江省建三江农垦法院（2016）黑8102民初265号民事判决书。

〔23〕《张青与晏益阶、虞来春姓名权纠纷》江苏省南京市鼓楼区人民法院（2016）苏0106民初4286号民事判决书。

续表

序号	争议行为类型	案件数	具体的争议行为表现（典型案例）
2	征信报告上的内容错误	39	金融机构违法违规操作以原告的名义发放贷款致使原告在银行征信系统存在不良信用记录。[24]

（4）人格权纠纷

其他包括一般人格权纠纷、其他人格权纠纷、网络侵权责任纠纷、侵权责任纠纷。实践中，具体有以下几类：

表9 人格权纠纷中个人信息侵害争议行为类型及具体行为表现

序号	争议行为类型	案件数	具体的争议行为表现（典型案例）
1	未经同意发送信息，侵犯生活安宁	3	电商服务平台用用户在购物时留存的手机信息，给用户手机发送商业短信。[25]
			因银行录入电话号码错误，向与借款无关的原告发送催促还款短信。[26]
			银行通过格式条款约定可以向用户发送与信用卡相关信息并实际发送。[27]
2	个人信息泄露	27	网站系统漏洞导致信息泄漏。[28]
3	遗忘权	1	百度“相关搜索”显示出原告曾经的职业对原告不利。[29]

4. 案由选择的特点

针对可能涉嫌侵犯个人信息的行为，信息主体选择的案由体现了如下的特点：一是对同一类型行为选择不同的案由进行诉讼。比如，未经同意发送消息的做法既有根据隐私权起诉的，也有依据一般人格权起诉的。个人信息错误既有依据名誉权

---

〔24〕《李某某与宁陵县某联社姓名权纠纷案》河南省宁陵县人民法院（2017）豫1423民初765号民事判决书。

〔25〕 赵帏与纽海电子商务（上海）有限公司（1号店）其他侵权责任纠纷案，上海市浦东新区人民法院（2016）沪0115民初2998号民事判决书。

〔26〕《杨南光与中国农业银行股份有限公司钦州明珠支行、中国农业银行股份有限公司钦州分行一般人格权纠纷案》广西壮族自治区钦州市中级人民法院（2016）桂07民终230号民事裁定书。

〔27〕《刘春泉、中国工商银行股份有限公司上海市分行侵权责任纠纷案》上海市第一中级人民法院（2015）沪一中民六（商）终字第107号民事判决书。

〔28〕《周新营与中国保险监督管理委员会、北京中科汇联科技股份有限公司网络侵权责任纠纷案》海南省三亚市中级人民法院（2016）琼02民终375号民事判决书。

〔29〕《任甲玉与北京百度网讯科技有限公司名誉权、姓名权、一般人格权纠纷案》北京市海淀区人民法院（2015）海民初字第17417号民事判决书。

起诉的，也有依据姓名权起诉的。二是隐私权目前仍是适用涉个人信息侵害行为最广的案由。虽然姓名权和名誉权在数量上占有优势，但是其适用范围较窄，隐私权与个人信息之间联系紧密，更易成为选择案由时的优选。而随着个人信息权作为人格权写入《民法总则》，一般人格权纠纷作为兜底案由，也被越来越多地选择。

（五）样本案件中民事责任的认定情况

无救济则无权利，所以最后责任的落实情况直接反映了制度的有效性和合理性。

1. 责任有无的认定

样本案件中，对于责任有无的认定主要从以下两个方面进行分析，一是是否侵权事实认定，二是损害事实的认定。具体而言，有118件案件法院认定存在侵权事实，另外50件不存在侵权事实。这50件不存在侵权事实的案件中，有26件案件，法院认定原告主张的事实存在，只是其主张的事实不构成侵权。而另外24件案件，则是因原告不能证明主张的侵权事实存在，而被法院认定证据不足，侵权事实不存在。需要特别注意的是，在上述所有案件中，仅3件案件法庭判令由被告承担举证责任，即李小功与中国银行股份有限公司东营东城支行名誉权纠纷[30]，庞理鹏案[31]，林念平案[32]。其余165件中，法庭均要求原告承担举证责任。

在构成侵权的118件案件中，其中81件认定造成一定损害并且确定赔偿数额（其中象征性赔偿两件：一件0.01元，一件100元）。118件中的另外37起案件认定没有造成损害或者损害极其轻微，没有判决赔偿。

<table>
<tr><td colspan="2">侵权</td><td>不构成侵权</td></tr>
<tr><td colspan="2">118</td><td rowspan="3">50</td></tr>
<tr><td>确定了赔偿数额</td><td>没有判决赔偿</td></tr>
<tr><td>81（其中两件象征性赔偿）</td><td>37</td></tr>
</table>

2. 责任的承担方式

样本案件所涉及的责任承担方式，集中表现为下表中的几种措施。其中损失赔偿的数额普遍较小，集中在1000元至4000元之间。

---

〔30〕《李小功与中国银行股份有限公司东营东城支行名誉权纠纷案》东营经济技术开发区人民法院（2017）鲁0591民初2294号民事判决书。

〔31〕《庞理鹏与北京趣拿信息技术有限公司等隐私权纠纷案》北京市海淀区人民法院（2015）海民初字第17417号民事判决书。

〔32〕《林念平与四川航空股份有限公司侵权责任纠纷案》四川省成都市中级人民法院（2015）成民终字第1634号民事判决书。

停止侵害消除影响	63 件
赔礼道歉	44 件
赔偿损失	81 件[33]
精神损害	68 件

3. 精神损害赔偿的认定

样本案件中，有 68 件案件支持了精神损害赔偿，精神损害赔偿的金额范围如下表。

5 万元	1 件
2 万元	1 件
1 万元	7 件
5000 元	38 件
低于 5000 元	21 件

三、样本数据反应的情况分析

总体而言，上述对样本案件的统计反映出如下特点。一是进入民事诉讼领域的整体案件数与现实中个人信息遭受的严重程度没有形成正相关关系。近年来个人信息大规模泄露、个人信息受到侵害的事件时有发生。仅就个人信息泄露而言，据中国互联网协会发布的《中国网民权益保护调查报告（2015）》显示，78.2%的网民个人身份信息曾被泄露，包括姓名、学历、家庭住址、身份证号及工作单位等，63.4%的网民个人上网活动信息被泄露，包括通话记录、网购记录、网站浏览痕迹、IP 地址、软件使用痕迹及地理位置等。49.9%的网民个人信息（即时通信记录、手机短信等）被泄露。个人信息泄漏仅仅是烦恼的开始，个人信息被违法收集、违法使用的情况也频繁见诸报道。但是从我们的样本案件中可以看出，涉及个人信息的侵权案件并不多，三年的时间 100 多件。二是大部分案件与传统的隐私权纠纷、名誉权纠纷、姓名权纠纷高度重合。如果争议行为能够完全落入上述案由的固有调整范围内，则该部分诉讼请求得到法院支持的比例较高。但是如果争议行为涉及的客体或行为模式不完全在传统案由固有调整范围内，则或者难以被支持，或者法官为了借用该案由进行调整而作了大篇幅的论述。要对这部分行为追责并不那么简单明了。三是单个案件的社会影响力巨大。涉及个人信息的单个案件不仅具有个案的效力，很多情况下有着代表这类案件

〔33〕 此处的 81 件包含有精神损害的 68 件。

的典型意义。比如朱烨诉百度案，庞理鹏诉去哪儿网及东航案都具有巨大的社会影响力，掀起社会对于个人信息保护的进一步讨论。整体而言，上述特点的出现，归根到底是由于以下几个矛盾没有得到很好的解决。

（一）个人信息保护需求强烈与现有案由的局限性之间的矛盾

上文中的各类案由，都在一定程度上能够回应个人信息保护的需求，但是各类制度自有其自身的侧重，虽有与个人信息保护重合的成分，但不能全面满足个人信息保护制度体现的各项需求和制度价值。比如隐私权，由于个人信息和隐私权的范围并不完全相同，如果选择隐私权纠纷保护个人信息，则可能出现诉讼请求不被支持的情况，比如朱烨诉百度案一二审判决不同最大的原因在于一二审对于 cookie 是否属于隐私权的认知不同。再比如选择名誉权纠纷保护个人信息，无法解决不对外公开的画像、评级等问题。至于一般人格权纠纷、其他人格权纠纷、网络侵权责任纠纷这三个案由是口袋案由，其本身更多的是在新型案由尚未类型化之前用以避免找不到规范依据的问题，不能体现侵犯个人信息案件的特殊性。再比如，现行规范中确定的泄漏通知义务等，都很难找到合适的案由加以对应。

（二）谁主张谁举证的责任原则与个人信息侵权案件信息不对称这一特性之间的矛盾

个人信息处理的流程不透明，操作无法追踪了解，信息主体在证明侵权事实存在的能力与被告方相比差距巨大。这一问题在机票泄露类案件中体现得尤为突出。样本中涉及机票泄露的案件共计 4 件，其中有两件案件〔34〕均以原告未举证证明被告存在泄露个人信息的行为而驳回了原告的起诉。而剩余两件案件，其实质是依据《证据规则》，法官个案酌定重新分配了举证责任，才认定被告存在泄露个人信息的侵权行为，但是这类个案判断不具有普遍的适用和指导意义。

（三）单个信息主体损失有限、间接和维权成本高昂之间的矛盾

个人信息作为一种人格权益，其受到侵害时，信息主体直接遭受的财产损失非常有限，甚至可能没有，而即便有间接的财产损失，比如由于个人信息泄露导致被精准诈骗遭受的损失很难被认定与信息泄露之间存在因果关系。同样地，个人信息遭受损害并不必然导致信息主体严重的精神伤害，所以精神损害也难以被支持。典型的案例是周新营诉保监会网络侵犯人格权纠纷一案，法院认为保监会的网站漏洞导致信息泄漏存在侵权行为，但是周新营所称的财产损失，与其因保险消费而和保

---

〔34〕《马春艳与中国南方航空股份有限公司网络侵权责任纠纷案》《刘某某与被告昆明某某航空运输服务有限公司、云南某某航空有限责任公司、北京某某信息技术有限公司财产损害赔偿纠纷案》。

险公司发生纠纷有关，与本案中国保监会泄露信息行为之间没有因果关系，不予认定。至于周新营以担心信息被别人利用造成经济损失为由，主张精神受到损害要求赔偿，法院认为，对于精神损害赔偿来说，其前提是有损害事实，并且必须是确定的，即损害后果在客观上是可以认定的，而周新营以难以确定的、臆测将来可能发生的事件作为精神损害事实根据，没有法律依据；其次，这种精神损害造成的后果周新营没有举证证明。[35]可见此类案件获得赔偿的可能性比较小，而且即便获得赔偿，其金额有限。与此相对的，则是诉讼程序必须付出的时间、金钱等各种成本，从而导致信息主体出于理性的考虑放弃了诉讼。

（四）信息流经主体多元与各主体之间义务责任规范缺失之间的矛盾

在大数据时代，个人信息流经主体多元，而且各主体之间关于个人信息处理的关系多由双方之间的合同进行约束，信息主体难以知情。所以很难选择合适的责任承担主体。与此同时，现行法律规范关于多个主体之间民事责任分配的规范不足以应对个人信息侵权案件的特殊情况。一方面，多个主体的存在直接加大了信息主体举证证明侵权主体的难度，另一方面，现有制度容易导致各方主体利用法律规定来规避自身应当承担的个人信息保护义务。其中典型的是机票信息泄露案件。

四、一些建议

任何一项法律制度都承载着时代的价值，都需要对时代的需求进行回应。同时，任何一项法律都有其生效运行的文化土壤和政治制度环境，任何一项外来的制度都有本土化的过程。个人信息保护制度根源于我国社会的发展和人民的福祉对于个人信息保护客观需求，同时个人信息保护制度亦是一项舶来品，其需要在分析我国现有法律制度、现有实践经验的基础上，做出符合我国实际的系统性的制度安排。根据目前的法律规范现状和司法实践经验的整理分析，笔者认为，应针对侵害个人信息行为设立专门的责任制度，并就其中一些方面提出如下建议。

（一）细化归责原则，合理分配举证责任

由于个人信息的使用规范日益细化，侵害个人信息的方式也多种多样，涉及不同的主体，但整体而言，信息主体对于个人信息没有实际掌控能力。而且，个人信息极易受到损害，损害发生后后果难以控制，且企业等信息控制者有明显的技术优势。如此种种，笔者建议针对某些类型化的侵害个人信息行为规定专门的归责原

---

〔35〕《周新营与中国保险监督管理委员会、北京中科汇联科技股份有限公司网络侵权责任纠纷案》海南省三亚市中级人民法院（2016）琼02民终375号。

则。比如，对于数据控制方泄漏个人信息，在信息主体初步举证的情况下，应当赋予数据控制方证明其已经尽到注意义务和安全保障义务的举证责任；再比如，对于数据处理方（外包方），也应当对于自己安全保障义务的履行负有举证责任。

为解决信息主体举证困难的问题，在其他国家或地区的个人信息保护立法中，出现了过错推定原则的身影，即数据的控制者通过证明其已经尽到了数据安全的义务，借此来免除责任。比如，欧盟《通用数据保护条例》规定，如果一个以上的信息控制者、处理者涉及侵权，则共同承担连带责任，除非其能证明其对损害没有责任。中国台湾的《个人资料保护法案》也赋予了信息控制者证明自己已经尽到了安全保障义务的证明责任。也即采取了举证责任倒置的方式。再比如美国FTC的透明性的建议，其实质上也起到了帮助取证、降低证明责任的作用。

（二）明确损害事实认定及赔偿范围确定的基本规则

就损害事实的认定，应当以一般人的客观标准来评价权利被侵害造成的实质性损害后果。一方面，公开或者非法获取个人信息等行为本身即是对人格尊严的损害，既可能给信息主体造成不安、羞辱等精神上的痛苦，也存在减损个人发展机会，也可能存在潜在的经济损失，所以笔者认为存在违反法律规定的侵害个人信息的行为，则应当认为存在损害事实。另一方面，损害事实的认定以国家标准、行业标准或基于所处行业的一般水平可以认知为限，不同主体对于损害事实的认知、对于防止损害结果发生的能力是不一样的。所以笔者以为，侵犯个人信息的损害事实也应当具有可预见性和客观性，并为科技创新留有空间，如果动辄得咎，必然影响到企业创新的步伐。

就损害赔偿数额的问题，《最高人民法院关于审理利用信息网络侵害人身权益民事纠纷案件适用法律若干问题的规定》已经明确网络侵犯人身权利，无法确定损失的，可以在50万以下判赔。对于个人信息案件而言，其最大的特点是量大。比如一个信息泄漏案件，其受害人是数以万计的。所以对于个人的赔偿，需要综合考虑财产利益的损害和精神层面的损害，寻求个人信息主体权利保护和信息处理者自由创新发展之间的平衡。综合考虑维权成本、过错程度、获利情况、侵权人对于损害后果的预见情况等进行判断，以期平衡信息主体的个人利益和信息产业发展创新之间的平衡。具体的制度选择包括，可以设定判罚的下限、对于某些严重侵犯个人信息的行为设立惩罚性赔偿标准，同时为避免诉累，推荐集体诉讼，但是可以为集体诉讼设立合理的上限。比如，在中国台湾，如被害人不易或不能证明其实际损害额时，须请求法院依侵害情节，赔偿额以每人每一事件不超过500台币以上2万台币以下计算。对于同一原因事实造成多数当事人权利受到侵害事件，经当事人团体诉讼请求赔偿损害的，合计最高总额以2亿台币为限。

（三）实现民事程序和行政程序、刑事程序的有效对接

民事责任追究程序虽然给予信息主体自诉的权利和维护自身利益的途径，但是基于信息社会个人信息的收集、分析、使用的特点，个人从举证到赔偿都有其难点、维权能力非常弱。行政监管、刑事程序则有国家强制力的支持，其专业性、取证能力都强于个人。对于个人信息的保护在预防层面相较于事后弥补矫正显得更为必要，民事程序本身在整个个人信息保护立法中，应该是处于补充配合的作用，这在各国也是同样的情况。无论是美国的 FCT，还是欧盟独立设置的机构，行政监管机构都起到了主导的作用。笔者建议，做好几个程序的衔接，比如，在行政监管阶段设置一些民事和解、人民调解的程序；同时由行政监管部门定期公开其查处的案件，以便公众能借此获得民事上的赔偿；甚至可以提供相应的法律援助，比如香港的个人资料保护公署。

（四）细化公益诉讼制度

个人信息保护的民事案件举证难、赔偿低、专业性强等特点，信息主体单枪匹马的诉讼并不是经济有效的维权选择。针对这种特点，美国有其践行多年的集团诉讼制度，韩国、中国台湾均设立团体诉讼制度。中国台湾认可“利他的团体诉讼制度”，《个人资料保护法》对于有资格提起团体诉讼的财团法人或公益法人的要件、提起团体诉讼的条件、当事人对财团法人或公益法人的授权与撤销授权的方式以及财团法人或公益法人在诉讼中的权利都做了规定。甚至通过规定团体诉讼案件标的价额超过 60 万台币者，超过部分暂免征裁判费。[36]而我国现有制度中，具有类似功能的，见诸 2017 年新修改的《民事诉讼法》第 55 条规定，对污染环境、侵害众多消费者合法权益等损害社会公共利益的行为，法律规定的机关和有关组织可以向人民法院提起诉讼。但是具体的机关组织、权限范围、手续流程均未有细化的规定。从 2015 年至今，主要有两个主体在试水这一制度。一个是消费者协会，至今已经提起了多起公益诉讼。另一个是检察院，由于其掌握有公权力，而且很多个人信息保护案件涉及刑事犯罪，也便于联动。

综上，从我国近三年侵犯个人信息的侵权责任案件的分析可知：我国没有专门针对个人信息的侵权责任条款，现有的涉个人信息的侵权案件都是借由侵犯隐私权、名誉权、姓名权等案由进行维权，且案件的数量和现实中个人信息被侵害的严重程度不符。在涉个人信息的侵权案件中，信息主体在侵权事实认定、损害结果认定以及损害赔偿等方面都处于弱势地位。现有的侵权制度无法发挥有效的作用。所以基于个人信息案件的特殊性，制定专门的个人信息侵权责任规范，以期改变双方力量强弱差异明显的问题，保护个人信息主体的合法权益。

---

〔36〕 我国台湾地区“个人资料保护法”第 32、34、35、37、38、39、40 条。

论侵害英雄烈士等人格权益的民事责任*

——以《民法总则》第185条为中心

王叶刚**

目 次

一、问题的缘起

2017年3月15日，十二届全国人大五次会议审议通过了《中华人民共和国民法总则》（以下简称“《民法总则》”），该法第185条对英雄烈士等的人格利益保护规则作出了规定：“侵害英雄烈士等的姓名、肖像、名誉、荣誉，损害社会公共利益的，应当承担民事责任。”该规则对于维护民族精神、弘扬社会公共道德、有效保护英雄烈士人格利益具有重要意义。但该规则制定后也引发了诸多争议，其中争议之一在于，该条是否属于死者人格利益保护规则？其保护范围是否限于英雄烈士，以及与英雄烈士类似的人？[1] 换言之，如果行为人侵害了英雄烈士以外的人的人格利益，同时损害了社会公共利益，其是否需要依据该条承担责任？与此相关的

* 本文载《中国人民大学学报》2017年第4期，为2017年度中央民族大学青年学术团队引领计划项目“民法总则制定与商事立法疑难问题研究”成果。

** 中央民族大学法学院讲师。

[1] 王利明主编：《中华人民共和国民法总则详解》（下册），中国法制出版社2017年版，第858页。

问题在于，如果行为人侵害了英雄烈士的人格利益，但没有损害社会公共利益，行为人是否需要依据该条规定承担民事责任？

要回答上述问题，首先需要确定《民法总则》第185条的规范目的，即该条的立法目的究竟在于保护英雄烈士等的人格利益？还是在于保护社会公共利益？如果将该条的规范目的界定为保护英雄烈士等的人格利益，则行为人在侵害英雄烈士等人格利益但未损害社会公共利益时，其也应当依据本条承担责任；〔2〕但如果将该条的规范目的界定为保护社会公共利益，则行为人在侵害英雄烈士等人格利益未损害社会公共利益时，其无须依据本条承担民事责任，反之，行为人在损害英雄烈士以外的人的人格利益、同时损害社会公共利益的，则应当将受害人纳入本条中"英雄烈士等"的范畴，行为人也应当依据本条规定承担民事责任。可见，探求该条的立法目的不仅有利于回应上述争议，而且还有利于该规则的准确适用。关于该条的规范目的，有学者认为，该条属于对英雄烈士进行特别保护的规定，本条虽然规定了"损害社会公共利益"，但行为人依据本条承担民事责任并不以"损害社会公共利益"为必要。〔3〕还有学者认为，该条属于死者人格利益保护条款，其主要目的是为了保护死者人格利益，而不是为了保护社会公共利益，"即使本条文特别强调对英雄烈士的姓名、肖像、名誉、荣誉进行的保护，是弘扬社会主义核心价值观，是扬善抑恶，仍然是对死者人格利益的保护，适用的是同样的民法法理"。〔4〕本文拟从《民法总则》第185条出发，对该规则的规范目的进行探讨，并在此基础上对该规则进行解释，以求为该规则的准确适用提供参考。

二、《民法总则》第185条的规范目的在于保护社会公共利益

从《民法总则》第185条的规定来看，其一方面强调对"英雄烈士等"的人格利益进行保护，另一方面又以"损害社会公共利益"作为行为人承担民事责任的条件，这就给准确界定该条的规范目的带来了困难，这也是学者对该条的理解产生争议的重要原因。本文认为，《民法总则》第185条并不是专门的死者人格利益保护条款，其规范目的也不仅仅是为了保护英雄烈士等的人格利益，而在于保护社会公共利益，主要理由在于。

第一，从该条的文义来看，其并没有对英雄烈士等人格利益进行全面列举，同时将损害社会公共利益作为行为人承担民事责任的条件，表明其主要目的在于保护

〔2〕 张新宝：《〈中华人民共和国民法总则〉释义》，中国人民大学出版社2017年版，第402页。

〔3〕 张新宝：《〈中华人民共和国民法总则〉释义》，中国人民大学出版社2017年版，第401～403页。

〔4〕 杨立新：《英烈与其他死者人格利益的平等保护》，载 http：//www. legaldaily. com. cn/fxjy/content/2017－03/16/content_ 7056376. htm？node＝70948，2017年4月15日浏览。

社会公共利益。具体而言：一方面，如果将该条的立法目的认定为保护英雄烈士等的人格利益，则该条应当对英雄烈士等所享有的人格利益进行全面列举，但该条只是列举了英雄烈士等的姓名、肖像、名誉、荣誉四项人格利益，而没有对隐私等其他人格利益进行保护。[5]可见，该条主要对英雄烈士等与公共利益密切相关的人格利益提供保护，[6]而没有对其他人格利益进行保护，这也在一定程度上反映出该条的规范目的并不在于保护英雄烈士等的人格利益，而在于保护社会公共利益。另一方面，该条以“损害社会公共利益”作为行为人依据本条规定承担民事责任的条件，也意在强调该条保护社会公共利益的规范目的。如果将该条的规范目的界定为保护英雄烈士等的人格利益，则不应当额外增加“损害社会公共利益”这一责任成立条件。例如，行为人将某英雄的肖像用于某国庆纪念品的包装上，客观上起到了宣传英雄事迹的作用，而没有损害社会风气，在此情形下，行为人未经许可利用该英雄人物的肖像，应当构成对该英雄人物肖像权的侵害，但由于该行为并没有损害社会公共利益，因此，行为人也无须依据《民法总则》第185条的规定承担民事责任。

第二，从历史解释看，应当认定该规则的规范目的在于保护社会公共利益。从《民法总则》的立法过程来看，“民法总则草案”从历次审议稿都未出现英雄烈士人格利益保护的条文，该条文是在十二届全国人大五次会议审议“民法总则草案”时所增加的条文，之所以增加该条文，是因为当时“有的代表提出，现实生活中，一些人利用歪曲事实、诽谤抹黑等方式恶意诋毁侮辱英烈的名誉、荣誉等，损害了社会公共利益，社会影响很恶劣，应对此予以规范。全国人大法律委员会经研究认为，英雄和烈士是一个国家和民族精神的体现，是引领社会风尚的标杆，加强对英烈姓名、名誉、荣誉等的法律保护，对于促进社会尊崇英烈，扬善抑恶，弘扬社会主义核心价值观意义重大”，因此建议增加本条。[7]从该条的制定过程可以看出，立法机关增加该规则的直接诱因是实践中发生的“邱少云案”[8]“狼牙山五壮士案”[9]等侵害英雄烈士纠纷，而且该条有强化英雄烈士人格利益保护的立法意图，但其主要规范目的应当是为了“促进社会尊崇英烈，扬善抑恶，弘扬社会主义核心

---

[5] 从最高人民法院于2001年颁行的《关于确定民事侵权精神损害赔偿责任若干问题的解释》（以下简称“《精神损害赔偿司法解释》”）第3条的规定来看，死者也应当享有隐私利益。

[6] 从我国司法实践来看，在侵害英雄烈士等人格利益的纠纷中，影响社会道德风尚的行为主要体现为侵害英雄烈士的姓名、肖像、名誉、荣誉的行为。

[7] 石宏：《中华人民共和国民法总则条文说明、立法理由及相关规定》，北京大学出版社2017年版，第440页。

[8] 参见“邱少云烈士之弟诉孙杰、加多宝公司案”，北京市大兴区人民法院（2015）大民初字第10012号民事判决书。

[9] 参见“葛长生、宋福宝分别诉洪振快名誉权侵权纠纷系列案”，北京市第二中级人民法院民事判决书，（2016）京02民终6272号。

价值观”，主要是为了引领社会风气，保护社会公共利益。

第三，将该条的立法目的界定为死者人格利益保护条款，可能弱化死者人格利益的保护。《民法总则》颁行前，我国立法并没有专门对死者人格利益保护作出规定，而只是通过司法解释和最高人民法院的相关批复对死者人格利益进行保护，〔10〕其中最为重要的规范性文件是《精神损害赔偿司法解释》，依据该司法解释第3条的规定，在行为人以侮辱、诽谤等方式侵害死者姓名、肖像、名誉、荣誉、隐私等人格利益时，死者近亲属有权请求行为人承担侵权责任。如果将《民法总则》第185条解释为死者人格利益保护规则，由于《民法总则》的效力位阶高于司法解释，这是否意味着《民法总则》第185条取代了《精神损害赔偿司法解释》的上述规定？如果采此种见解，则将弱化死者人格利益保护：一方面，《民法总则》缩小了死者人格利益保护的范围。从《精神损害赔偿司法解释》第3条的规定来看，其所保护的死者人格利益范围主要包括姓名、肖像、名誉、荣誉、隐私等人格利益，而《民法总则》第185条仅列举了姓名、肖像、名誉、荣誉这四项人格利益，其保护范围显然小于《精神损害赔偿司法解释》。另一方面，《民法总则》提高了死者人格利益保护的条件。《精神损害赔偿司法解释》第3条虽然也使用了“违反社会公共利益”这一表述，但其只是行为人侵害死者人格利益的方式之一，并非死者人格利益保护的条件。例如，依据该条第2项的规定，行为人“非法披露、利用死者隐私”即构成对死者隐私的侵害，此种侵权责任的成立并不需要损害社会公共利益。而《民法总则》第185条将“损害社会公共利益”作为行为人承担民事责任的条件，显然是提高了责任成立条件，这可能不利于保护死者人格利益。因为在许多情形下，行为人侵害死者人格利益并不当然损害社会公共利益，此时，该行为将难以受到《民法总则》第185条的规范。可见，将《民法总则》第185条解释为死者人格利益保护规则，不仅不利于保护死者人格利益，反而可能弱化死者人格利益保护。还应当看到，死者人格利益保护虽然可能与社会公共利益相关，如侵害英雄烈士等的人格利益，同时可能影响社会风气，但并非所有侵害死者人格利益的行为都当然损害社会公共利益，因此，“损害社会公共利益”不应当成为侵害死者人格利益民事责任的成立条件，将《民法总则》第185条解释为死者人格利益保护规则并不妥当。

第四，将该条理解为对英雄烈士进行特别保护的规定，在规范层面和价值层面均存在一定的问题。从规范层面看，将该条理解为仅保护英雄烈士等的人格利益，就需要明确英雄、烈士的认定标准，我国虽然对烈士的评定标准有一定的规定，但何为英雄，则很难认定，只要是作出了显著成绩和特殊贡献的，都可以被称为“英雄”，〔11〕

〔10〕 张新宝：《〈中华人民共和国民法总则〉释义》，中国人民大学出版社2017年版，第401页。

〔11〕 张新宝：《〈中华人民共和国民法总则〉释义》，中国人民大学出版社2017年版，第400页。

这将带来法律适用方面的难题。同时，英雄并不要求已经牺牲，对于仍处于生存状态的英雄而言，其享有各项具体人格权和人格利益。因此，如果将《民法总则》第185条解释为英雄烈士等人格利益保护规则，可能使其中关于英雄人格利益保护的规则沦为具文，为避免这一结果，只能将该条中的“英雄”理解为已经牺牲的英雄，此时，《民法总则》第185条将属于死者人格利益保护规则，而且其保护范围限于“英雄烈士等”，而不包括一般的死者人格利益，[12]这在价值层面有违人格平等原则。我国立法历来重视对个人人格的平等保护，1982年《宪法》第38条规定：“中华人民共和国公民的人格尊严不受侵犯。禁止用任何方法对公民进行侮辱、诽谤和诬告陷害。”该条规定每个公民的人格尊严都受法律保护，意在宣示人格平等的价值理念。[13]此后，1986年《民法通则》第101条也作出了类似规定。[14]《民法总则》第4条规定了平等原则，第109条强调对个人人格尊严的保护，都意在强化个人人格的平等保护。有学者认为，民事主体法律地位的平等不仅体现为民事活动中的地位平等，还体现为死亡后的平等保护。[15]此种观点值得赞同，如果法律对死者的人格利益进行保护，则每个人死亡后都应当受到法律保护，这也应当是人格平等的重要内容，将《民法总则》第185条仅理解为保护英雄烈士等死者的人格利益，显然有违我国立法所一贯坚持的人格平等的原则。

反之，如果将《民法总则》第185条的规范目的界定为保护社会公共利益，则不会出现上述规范层面和价值层面的问题：从我国现行立法来看，除《民法总则》第185条外，其他人格权保护规范都着眼于保护个人利益，而非保护社会公共利益，而《民法总则》第185条仅调整侵害个人人格权益同时损害社会公共利益的行为，这就可以有效区分该条与其他人格权保护规范，不会出现前述规范交叉与冲突等问题。同时，从我国司法实践来看，侵害个人人格权益同时损害社会公共利益的情形主要是侵害英雄烈士人格利益的情形，因为英雄烈士等“是一个国家和民族精神的体现，是引领社会风尚的标杆”，其与社会公共利益的关联更为密切，出于保护社会公共利益的需要对其进行明确列举，并不会违反人格平等原则。还应当看到，该条使用“英雄烈士等”这一表述，也为规范侵害英雄烈士以外的人的人格利益、同时损害社会公共利益的行为提供了依据，而非一概排除其他英雄烈士以外的人的人格利益保护。因此，将《民法总则》第185条的规范目的界定为保护社会公共利益，可以使该条获得价值上的妥当性。

---

〔12〕王利明主编：《中华人民共和国民法总则详解》（下册），中国法制出版社2017年版，第858页。

〔13〕郑贤君：《宪法“人格尊严”条款的规范地位之辨》，载《中国法学》，2012年第2期。

〔14〕该条规定：“公民、法人享有名誉权，公民的人格尊严受法律保护，禁止用侮辱、诽谤等方式损害公民、法人的名誉。”

〔15〕杨立新：《英烈与其他死者人格利益的平等保护》，载 http://www.legaldaily.com.cn/fxjy/content/2017-03/16/content_7056376.htm?node=70948，最后访问日期：2017年4月15日。

三、公共利益保护视野下《民法总则》第185条民事责任之构成

（一）侵害对象是“英雄烈士等”

依据《民法总则》第185条的规定，该条所规定民事责任的成立要求必须是侵害了“英雄烈士等”的人格利益。关于何为烈士，《烈士褒扬条例》和《中华人民共和国民政部军人抚恤优待条例》分别对公民被评定为烈士的条件和现役军人被批准为烈士的条件作出了规定，[16]如在依法查处违法犯罪行为、执行国家安全工作任务、执行反恐怖任务和处置突发事件中牺牲的公民，以及在执行外交任务或者国家派遣的对外援助、维持国际和平任务中牺牲的公民等。因此，该条中“烈士”的内涵和范围相对明确。但关于如何理解该条中“英雄”的含义，学者存在一定的分歧：一种观点认为，该条中的“英雄”属于形容词用于修饰“烈士”，即应当将该条的“英雄烈士”解释为“具有英雄品质的烈士”，此种观点认为，如果将此处的“英雄”理解为名词，“则在其人格权益被侵害但尚未达到损害社会公共利益的程度时，应当由其自主决定是否要求侵权人承担民事责任，这是民法尊重意思自治的基本要求。只有在英雄烈士已经牺牲，其在事实上已经无法要求侵权人承担民事责任时，才需要本条特别规定该侵权人仍然需要承担民事责任”。[17]另一种观点认为，该条中的“英雄”属于名词，即属于与烈士并列的人，此种观点又可以细分为两种不同的观点：一是认为“英雄”可以是生存的英雄，也可以是已经去世的英雄人物；[18]二是认为，此处的“英雄”应当指已经去世的英雄人物。[19]

本文认为，本条中的“英雄”应当属于名词，而且其不限于已经去世的英雄人物。将该条中的“英雄”解释为修饰“烈士”的形容词并不妥当，因为一方面，从《烈士褒扬条例》和《中华人民共和国民政部军人抚恤优待条例》关于烈士评定和批准的规定来看，能够被认定为烈士的公民或者现役军人基本都是“英雄的”，将《民法总则》第185条中的“英雄”解释为形容词，用于修饰烈士，在客观上并不必要。而且将“英雄”理解为形容词用于形容“烈士”，是否意味着不具有英雄特征的烈士就不受本条保护？另一方面，在将本条中的“英雄”解释为名词时，并不意味着该条没有意义。如前所述，《民法总则》颁行前，我国立法虽然也保

---

〔16〕 参见《烈士褒扬条例》第8条、《中华人民共和国民政部军人抚恤优待条例》第8条。

〔17〕 张新宝：《侵害英烈人格权益应当承担侵权责任的规定解读》，载 http：//www. legaldaily. com. cn/fxjy/content/2017－03/22/content_ 7063445. htm，最后访问日期：2017年4月12日。

〔18〕 王利明主编：《中华人民共和国民法总则详解》（下册），中国法制出版社2017年版，第857页。

〔19〕 杨立新：《英烈与其他死者人格利益的平等保护》，载 http：//www. legaldaily. com. cn/fxjy/content/2017－03/16/content_ 7056376. htm？ node＝70948，最后访问日期：2017年4月15日。

护人格权，但其主要着眼于保护个人利益，而没有对侵害个人人格权益同时损害社会公共利益的行为进行规范。此时，《民法总则》第185条强调对公共利益的保护，仍然具有重要意义，因为在行为人侵害英雄人物的人格权益且损害社会公共利益的情形下，英雄人物本人仍然可能放弃请求行为人承担侵权责任，社会公共利益也将难以维护，[20]这就有必要借助《民法总则》第185条的规定追究行为人的民事责任。此外，由于该条的规范目的在于保护社会公共利益，对英雄人物而言，不论其是否已经去世，对其人格利益的侵害均有损害社会公共利益的可能，而且从该条的文义来看，其并没有规定保护范围限定为已经去世的英雄。因此，该条中的"英雄"可以是仍处于生存状态的英雄人物，也可以是已经去世的英雄人物。

关于本条中"等"字的理解，存在不同观点，一种观点认为，应当采用同类解释规则，将其解释为与英雄、烈士具有同等地位的人，[21]但关于何为"与英雄、烈士具有同等地位的人"，此种观点并没有作出明确说明。另一种观点认为，该条所规定的"等"具有特定的指向，其是指"在我国近现代历史上，为争取民族独立和人民自由幸福、国家繁荣富强作出了突出贡献的楷模"，"只要是能够作为民族精神的代表、民族文化的旗帜的人，都可以纳入本条保护的主体范围"。[22]本文赞成第一种观点，即应当采用同类解释规则解释该条中"等"字的含义，所谓同类解释规则，是指如果法律上列举了具体的人或物，并将其归入"一般性的类别"，则该"一般性的类别"应当与具体列举的人或物属于同一类型。[23]从《民法总则》第185条的规定来看，其使用"英雄烈士等"这一表述，意在扩大保护范围，但按照立法者的观点，其并没有无限扩大保护范围的意思。[24]本文认为，在运用同类解释规则确定本条中"等"字的含义时，需要考虑该条保护社会公共利益的规范目的，即对某人而言，凡是侵害其人格权益能够产生同侵害英雄烈士人格利益相似的结果（即损害社会公共利益），则应当将其纳入本条中"等"字的范畴，反之，则不应当纳入"等"字的范畴。此种解释方案实际上要求在个案中对本条中"等"字的含义进行具体判断：如果行为人侵害了他人的人格权益，同时损害了社会公共利益，则不论受害人是否属于与英雄烈士具有同等品质的人，其都应当纳入本条中"等"字的范畴；反之，如果行为人侵害他人的人格权益，但没有损害社会公共利

---

[20] 而且即便该英雄人物请求行为人承担侵权责任，也只是对其个人利益的救济，而没有对遭受损害的社会公共利益进行救济。

[21] 王利明主编：《中华人民共和国民法总则详解》（下册），中国法制出版社2017年版，第858页。

[22] 张新宝：《〈中华人民共和国民法总则〉释义》，中国人民大学出版社2017年版，第402页。

[23] 王利明：《法学方法论》，中国人民大学出版社2012年版，第395页。

[24] 石宏：《中华人民共和国民法总则条文说明、立法理由及相关规定》，北京大学出版社2017年版，第440页。

益，即便受害人属于“民族精神的代表、民族文化的旗帜”，其也不应当纳入本条中“等”字的范畴。

（二）侵害了英雄烈士等的姓名、肖像、名誉、荣誉

从《民法总则》第185条的规定来看，其在规定所保护的人格利益范围时采用了具体列举的方式，即仅列举了姓名、肖像、名誉、荣誉这四项人格利益，而且没有采用兜底性的规定。也就是说，行为人只有侵害了英雄烈士等的姓名、肖像、名誉、荣誉时，其才需要依据该条规定承担民事责任。

问题在于，如果行为人侵害了英雄烈士等的其他人格权益，同时损害了社会公共利益，此时，行为人是否需要依据该条规定承担民事责任？例如，行为人披露英雄烈士等隐私，同时造成了不良的社会影响，此时，其是否需要依据《民法总则》第185条承担民事责任？本文认为，本条的规范目的在于保护社会公共利益，其主要规范侵害他人人格利益同时损害社会公共利益的行为，因此，不论是侵害英雄烈士等的姓名、肖像、名誉、荣誉，还是侵害其隐私等其他人格利益，只要损害了社会公共利益，原则上都应当受到法律的同等评价。从我国现行立法来看，虽然《侵权责任法》《精神损害赔偿司法解释》等也规范侵害人格权益的行为，但其规范目的在于保护个人利益，而非公共利益。《民法总则》第185条仅列举了姓名、肖像、名誉、荣誉四项人格利益，而没有规定其他类型的人格权益，导致了不同人格利益在价值评价上的失衡，应当构成法律漏洞。对此，可以考虑运用类推适用的方法填补该法律漏洞。也就是说，如果行为人的行为侵害了英雄烈士等的其他人格利益，同时损害社会公共利益的，可以考虑类推适用《民法总则》第185条的规定追究行为人的民事责任。

（三）损害社会公共利益

从《民法总则》第185条的规定来看，行为人侵害英雄烈士等的人格利益必须同时损害社会公共利益时，其才需要依据该条规定承担民事责任。公共利益是由法律和行政法规规定的，有关国家安全、促进国民经济和社会发展等方面的利益。[25]公共利益应当与国家、社会的整体利益保持一致，应当是社会成员多数人的利益，而不应当是某一个小团体、极少数人甚至个别人的利益。[26]该条将损害公共利益作为此种民事责任的构成要件，有利于凸显该条的规范目的，并可以为该规则的解释提供价值指引。但公共利益在性质上属于不确定概念，其在内涵和外延上都具有广

---

〔25〕王轶：《论物权法的规范配置》，载《中国法学》，2007年第6期。

〔26〕赵震江：《法律社会学》，北京大学出版社1998年版，第244－245页。

泛的不确定性，[27]将其作为行为人承担民事责任的条件也会产生一定的问题：一方面，可能赋予法官过大的自由裁量权。由于公共利益的内涵和外延不确定，不同法官对公共利益的认识可能存在一定的差别，即便在同一案件中，在判断某一行为是否损害社会公共利益时，不同法官也得出相反的结论，这就可能导致司法的不统一，影响司法的权威性与公信力。另一方面，可能影响个人的行为自由。由于公共利益的内涵不确定，个人的行为一旦涉及英雄烈士等人格利益的保护，即便是纯粹的学术研究或者新闻报道，其也有可能需要依据《民法总则》第185条承担责任，这将降低人们行为的可预期性，对个人的行为自由构成重大妨害。

正是基于上述原因，为保障《民法总则》第185条的准确适用，需要准确界定该条中公共利益的范围，从而为法官的裁判提供具体的指引，以保障类似案件得到类似处理。就公共利益这一概念而言，其内涵具有不确定性和开放性，在不同领域内和不同情形下，其内涵会存在一定的差别。[28]例如，在征收、征用中，公共利益主要体现为建设国防设施，发展交通、水利、卫生、教育等公共事业；[29]而在政府信息公开领域，公共利益可能体现为国家秘密、公务员工作秘密等。[30]因此，在界定公共利益的范围时，应当考虑其所处的语境和情境，尤其考虑具体法律规则中使用该概念的立法背景和立法目的。从《民法总则》第185条的立法背景来看，制定该规则的主要诱因是实践中发生的“邱少云案”“狼牙山五壮士案”等侵害英雄烈士人格利益纠纷，制定该规则的主要目的是为了促进社会尊崇英烈，扬善抑恶，弘扬社会主义核心价值观。据此，应当将该条中的“社会公共利益”界定为维护社会风气与社会公共道德。也就是说，即便行为人的行为侵害了英雄烈士等的人格利益，但如果其没有损害社会风气以及社会公共道德，其也不应当依据该条承担民事责任。例如，在前文所举案例中，行为人未经许可将某英雄人物的肖像用于自己的产品包装，该行为不仅没有影响社会风气和公共道德，反而宣传了英雄事迹，取得了良好的社会反响，在此情形下，行为人的行为并没有损害社会公共利益，其不应当依据《民法总则》第185条承担民事责任。

从我国司法实践来看，在确定《民法总则》第185条所规定的公共利益的范围时，需要妥当处理其与学术研究之间的关系，也就是说，如果行为人在进行学术研究时，客观上影响了英雄烈士等的人格利益，如行为人通过学术考证证明相关的英雄烈士史实存在一定偏差，并导致某英雄烈士的形象受损，此时，行为人是否需要依据《民法总则》第185条承担民事责任？本文认为，如果行为人假借学术研究为

[27] 胡鸿高：《论公共利益的法律界定——从要素解释的路径》，载《中国法学》2008年第4期。

[28] 胡鸿高：《论公共利益的法律界定——从要素解释的路径》，载《中国法学》2008年第4期。

[29] 参见《国有土地上房屋征收与补偿条例》第8条。

[30] 王敬波：《政府信息公开中的公共利益衡量》，载《中国社会科学》2014年第9期。

名，实则传播谣言，恶意侵害英雄烈士等的人格利益，并损害社会公共利益的，则其应当依据《民法总则》第185条承担民事责任。但如果行为人只是对历史史实进行细节考证，在考证过程中并没有进行个人的主观评价，则该行为并没有超出学术研究的范畴，此时，即便客观上影响了英雄烈士等的人格利益，也不应当认定其损害了社会公共利益，行为人也不应当依据《民法总则》第185条承担民事责任。

此外，还需要探讨的是，《民法总则》第185条在规定侵害英雄烈士等人格利益的民事责任时，将损害社会公共利益作为责任构成要件，这是否意味着，如果行为人侵害英雄烈士等人格利益，并未损害社会公共利益时，其就无须承担民事责任？本文认为，此种理解并不妥当，《民法总则》第185条的规范目的在于保护保护社会公共利益，因此在行为人侵害英雄烈士等的人格利益并未损害社会公共利益时，其虽然不需要依据本条规定承担民事责任，但这并不意味着该行为不构成侵权。在行为人侵害英雄烈士等人格利益符合侵权责任的构成要件时，其仍然需要承担侵权责任，具体而言：对仍然生存的英雄等人，其人格权益受法律保护，在行为人侵害其人格权益时，其有权依据《民法总则》《侵权责任法》等法律的规定请求行为人承担侵权责任。对已经去世的英雄烈士等人，如果行为人侵害其人格利益，其近亲属有权依据《精神损害赔偿司法解释》第3条的规定请求行为人承担侵权责任。[31]同时，由于《民法总则》第185条意在保护社会公共利益，因此，行为人在侵害英雄烈士等人格利益、同时损害社会公共利益的情形下，其除了需要依据《民法总则》第185条规定承担损害社会公共利益的民事责任外，受害人本人或者其近亲属仍有权请求行为人承担侵害人格权益的侵权责任。

四、结语

《民法总则》第185条对英雄烈士等人格利益保护规则作出了规定，该规定对于维护民族精神、弘扬社会公共道德具有重要意义，同时，该规则着眼于保护社会公共利益，而不再局限于私权保护，这也是我国法上侵害人格权益民事责任制度的重大发展。但从该条规定来看，其只是规定了侵害英雄烈士等人格利益损

〔31〕 当然，从《精神损害赔偿司法解释》第3条的规定来看，其在死者人格利益保护方面仍存在一些不足，例如，其仅规定了精神损害赔偿这一责任承担方式，而没有规定其他责任承担方式，保护的范围也仅限于姓名、肖像、名誉、荣誉、隐私等几种人格利益；再如，其所规范的行为仅限于侮辱、诽谤、贬损、丑化等方式，而没有规定未经许可的利用等行为。我国《民法总则》并未专门对死者人格利益保护作出规定，死者人格利益保护问题仍有待于我国民法典人格权编的系统规定。

害社会公共利益民事责任的构成要件，至于何种主体有权向行为人提出请求[1]、行为人应当承担何种民事责任以及此种民事责任与其他责任如何有效衔接等，该条均没有作出细化规定，期待我国民法典分则人格权编或者侵权责任编对此作出细化规定。

---

〔1〕 如前所述，在行为人侵害英雄烈士等人格权益时，受害人或者其近亲属虽有权请求行为人承担侵权责任，但由于《民法总则》第185条的规范目的在于保护社会公共利益，因此，受害人及其近亲属应无权依据本条向行为人提出请求。有学者主张，在损害社会公共利益的情形下，可以由有关机关或者组织提起公益诉讼，此种观点值得赞同。参见王利明主编：《中华人民共和国民法总则详解》（下册），中国法制出版社2017年版，第859页；张新宝：《〈中华人民共和国民法总则〉释义》，中国人民大学出版社2017年版，第403页。

D. 47. 10. 1. 5：volenti non fit iniuria 的起源？

——兼论罗马法中的 volenti non fit iniuria

李　超*

目　次

Volenti non fit iniuria 是一个古老的法律格言，其基本含义是指某人同意了他人对其实施的伤害行为，那么之后就不能再针对该行为提起诉讼。现代侵权法理论一般将其作为一种免责或者减责事由。在侵权责任法立法过程中学者也试图将其纳入我国的侵权责任法体系，但最终因为分歧巨大而未被立法者所采纳。值得注意的是，虽然 *volenti non fit iniuria* 是两大法系共有的理论之一，但其在两大法系有着完全不同的含义[1]，因此尽管学者谈的都是 *volenti non fit iniuria*，谈的却可能是两个不同的问题。值得庆幸的是，无论英美法还是大陆法上的 *volenti non fit iniuria*，二者都来源于罗马法，因此通过罗马法来还原其原貌，考察其在两大法系不同的演变过程，或许可以帮助我们弥合理论上的分歧，理解其在法律体系中的作用和地位。

---

* 北京化工大学副教授。

[1] 关于 *volenti non fit iniuria* 具体对应受害人同意和自甘冒险的那种理论，学者之间的认识并不一致。英美法系区分受害人同意和自甘冒险，认为二者并不相同，法谚 *volenti non fit iniuria* 一般适用于自甘冒险；大陆法系的德国一开始并未区分受害人同意和自甘冒险，二者都属于受害人同意的范畴，后来理论将二者予以区分，有学者认为该法谚对应于受害人同意，有学者认为对应于自甘冒险，学者对此存在争议。由于该问题较为复杂，留待后文专门展开。

一、D. 47. 10. 1. 5 片段解读

一般认为，法谚 *volenti non fit iniuria* 最早可以追溯至古罗马法学家乌尔比安，其在巨著《告示评注》第56卷“关于侵辱”编，即优士丁尼《学说汇纂》D. 47. 10. 1. 5 中写道：

D. 47. 10. 1. 5 Usque adeo autem iniuria, quae fit liberis nostris, nostrum pudorem pertingit, ut etiamsi volentem filium quis vendiderit, patri suo quidem nomine competit iniuriarum actio, filii vero nomine non competit, quia nulla iniuria est, quae in volentem fiat。

在该片段中，乌尔比安告诉我们：对我们子女实施的侵辱行为也会影响到我们的名誉：如果一个人按照家子的意愿将该家子出卖，他的父亲仍然可以自己的名誉受损为由而对出卖人提出侵辱之诉，但却不能以家子的名义提起该诉讼，因为按照被侵辱人的意愿实施的侵辱是不存在的。[2]

读完该片段，我们至少可以提出三个问题：

1. 我们知道，在奴隶制社会中，自由人和奴隶有着天壤之别，而乌尔比安在该片段中讨论的案件却是一个自由人自愿成为他人的奴隶，这是笔误，还是真的存在？如果是真的，那么一个自由人何以会自愿“沦落”为他人的奴隶？其目的究竟如何？

2. 在该片段中，乌尔比安告诉我们，家子允许自己被作为奴隶出卖将使其家父可以提起侵辱之诉，但被卖的家子却无权通过诉讼获得救济。而之所以如此，乌尔比安给出的理由是，对我们子女的侵辱行为也会影响到我们的荣誉。如果沿着这个逻辑，我们得到的结论当然是“对我们子女的侵辱行为”是“我们荣誉受损”的前提条件。质言之，如果我们的子女没有受到侵辱，那我们的荣誉也就不存在受损的情况。由此我们可以质问的是：在该片段的结尾，乌尔比安以“按照被侵辱人的意愿实施的侵辱是不存在的”为由否决了家子提起侵辱之诉的权利，这意味着其事实上认为家子并没有受到侵辱，那依照我们之前所分析的逻辑，他理应也否决家父的侵辱之诉才对，但其为何没有否认，反而肯定了家父的侵辱之诉呢？这是不是自相矛盾了，是不是有逻辑错误？

3. 即便我们忽略前面两个问题，那至少值得讨论的是，为什么在乌尔比安看来，受害人的同意可以阻却侵辱之诉的提起，其理由是什么？根据是什么？

由以上三个问题可见，D. 47. 10. 1. 5 看似平淡，但其背后却隐含了很多的问

---

〔2〕 由于 *iniuria* 一词含义广泛，不同的语境往往会有不同的含义，如徐国栋教授将其理解为不法侵害、侵辱等，而黄风教授将其译为侵辱。就该片段而言，笔者倾向于采侵辱含义。参见［意］桑德罗·斯奇巴尼选编：《民法大全选译·债·私犯之债和犯罪》，徐国栋译，中国政法大学出版社 1998 年版，第 95 页；［意］彭梵得：《罗马法教科书》，黄风译，中国政法大学出版社，2005 年版，第 310 页。

题，而如果我们认为 *volenti non fit iniuria* 源自乌尔比安的该片段，那么需要强调的是，如果该片段果真“有误”，那我们岂不是在跟着一个错误的逻辑？然事实究竟如何呢，是否真的存在错误呢？下面笔者试析之。

（一）自由人自愿出卖自己为奴隶，笔误还是事实？

在古罗马时期，人类被人为[3]的分为自由人和奴隶，二者有着截然不同的政治、经济和社会地位[4]，因此一个自由人如果被他人视为奴隶，可以说是一种极大的侮辱，事实上罗马法规定最大的人格减等即是从自由人沦为奴隶。在乌尔比安生活的年代，自由人买卖原则上是非法的[5]，而片段 D. 47. 10. 1. 5 中的家子正是一个自由人。因此本案中的家子，并不仅仅是按照自己的意愿被出卖那么简单，其隐藏的信息是，该家子是被作为一个奴隶来出卖，即家子明知自己是一个自由人，却同意或允许他人把其当作一个奴隶出卖，这才是片段中提及的案件事实。尽管这听起有点荒唐，甚至有点难以置信，但在罗马社会中，这似乎并不少见，事实上，根据 D. 28. 3. 6. 5[6]片段的记载，古罗马社会中至少存在着分享价金买卖和管理他人事务买卖两种形式：

D. 28. 3. 6. 5：Ulpianus 10 ad sab. Irritum fit testamentum, quotiens ipsi testatori aliquid contigit, puta si civitatem amittat persubitam servitutem, ab hostibus verbi gratia captus, vel si maior annis viginti venum se dari passus sit ad actum gerendum pretiumve participandum.

需要注意的是，D. 28. 3. 6. 5 同样摘自乌尔比安《告示评注》，这与 D. 47. 10. 1. 5 摘自同一著作。然而有意思的是，尽管乌尔比安在 D. 28. 3. 6. 5 中明确提及了两种自由人买卖的方式，但在片段 D. 47. 10. 1. 5 中却仅是泛泛而谈，并未明确自

---

〔3〕 尽管古罗马社会中的确存在自由人和奴隶之分，但很多受到自然法影响的古罗马法学家认为自然法上人都是一样的，只是在制定法上，人被分为自由人和奴隶。参见［意］彭梵得：《罗马法教科书》，黄风译，中国政法大学出版社 2005 年版，第 24～27 页。

〔4〕 I. 1. 3. 1pr；D. 1. 5. 5；

〔5〕 Vanzetti, *Vendita ed esposizione degli infanti da Costantino a Giustiniano*, in *SDHI*, vol. 49, 1983, p. 187ss。

〔6〕 D. 28. 3. 6. 5。值得注意的是，在 D. 28. 3. 6. 5 中，乌尔比安已经提到管理他人事务买卖，但学者普遍认为该片段并非原文，而是《学说汇纂》编者篡改的产物。对这种观点的论述，Reggi 做了详细的整理，参见 Roberto Reggi, *Liber homo bona fide serviens*, Milano, 1958, p. 318, nt. 65. 所谓编纂的产物（*interpolazione*），是罗马法研究中的一种方式。在很长一段时间内，人们对优士丁尼《国法大全》中的罗马法片段不加区别的直接使用，不去考虑每个法学家所处的社会环境和历史背景，也不去考虑是否是“真迹”的问题。后来一些罗马法学者研究认为，《国法大全》的编纂者们在筛选古罗马法学家的著作时，为了与优士丁尼时代的生活相适应，或者符合优士丁尼时代的法律，在编入国法大全时可能篡改了原来的文献：有时增加了一些内容，有时删减了一些内容，有时是将不同的内容拼接起来。因此，我们看到的罗马法《学说汇纂》虽然看似是古罗马法学家的言论（如片段中是乌尔比安），但该片段的内容却有可能是编纂者借该法学家之口来表达自己的观点。

由人买卖属于那种情况。由此产生的疑问是：乌尔比安在 D. 47. 10. 1. 5 中，究竟谈的是那种情形？“*quia nulla iniuria est, quae in volentem fiat*”这一规则，究竟是有所特指，还是对所有的自由人买卖都适用？为了解决这些疑问，我们首先需要了解古罗马社会中自由人出卖自己的情况。

1. 分享价金买卖

在罗马法中，关于出卖自由人的情况，法律的规制经历了一个漫长的过程。众所周知，从公元前3世纪，罗马共和国开始向四周扩张，随着征服战争的不断胜利，罗马共和国获得了大量的奴隶，这使得奴隶充斥社会生活的各个角落，成为经济运行必不可少的成分。此时，奴隶市场繁荣发展，奴隶的获得并不难。但值得注意的是，罗马社会等级森严，依照古老的“艾博亚法”〔7〕，罗马自由人不能沦为其他自由人的奴隶，如果这样不幸的事情发生了，那么任何人都可以针对该自由人提起恢复自由之诉，待裁判官查明后，将重新恢复其自由人的身份。该制度无疑对保障自由人的权利有着重要的意义，但同时也给某些不法之徒留下了钻法律漏洞的空间：在罗马社会，尽管人被分为自由人和奴隶，但二者表面上并无明显区别，这就给了人们利用法律谋利的机会，而分享价金买卖（*vendere ad pretium participandum*）也正由此而来。

所谓分享价金买卖，是指一个自由人假装自己是一个奴隶，然后由他的一个朋友将其作为奴隶出卖，过了一段时间之后，另一个朋友就会出面指认该“奴隶”是自由人，并向法官申请恢复其自由身份，在其恢复自由后，该自由人与其朋友分享价金。

起初，假扮奴隶出卖自己的事例并不多，但在经历了公元前一世纪的数次动荡后，罗马的社会和经济受到重创，奴隶开始减少，随之而来的是奴隶的价格越来越高，这给假扮奴隶的欺诈活动提供了相当的获利空间。在利益的驱使下，“分享价金买卖”在帝国逐渐增加，甚至开始影响到帝国的社会秩序。在这一背景下，分享价金买卖引起了统治者的注意，并着手对其进行规制。一般认为，根据 D. 40. 14. 2pr 的记载，历史上第一个对分享价金买卖进行规制的是哈德良皇帝〔8〕，在该片段中，古罗马法学家 Saturnino 记载了哈德良皇帝的一个谕令。该谕令规定：

如果一个人明知道自己是奴隶并且自愿将自己作为一个奴隶出卖，那么之后如果有人提起恢复自由之诉，且被卖的自由人返还了相应的价金，可以恢复其自由人

〔7〕 该法废除了所谓的债务奴隶制度，宣称一个罗马人不能成为另一个罗马人的奴隶。

〔8〕 也有学者认为对分享价金买卖的讨论最早可以追溯至昆图斯·穆齐·斯凯沃拉，但最近的研究对该理论予以批判，将分享价金买卖的规制追溯至哈德良皇帝时代。Roberto Reggi, *Liber homo bona fide serviens*, cit., pp. 311－312, nt. 47; O. Robleda, *Il diritto degli schiavi nell' antica roma*, Roma, 1976, pp. 37－38; Lucio de Giovanni, *Per uno studio delle institutiones di Marciano*, in *SDHI*, vol. 49, 1983, p. 102。另外，对分享价金买卖的记载，罗马法文献中并不少见，相关记载可参见 D. 40. 12。

的身份〔9〕。

哈德良皇帝的规定具有重要的意义，因为他首次对这一现象作出规范，并明确将“分享价金”作为否决恢复自由之诉的要件。质言之，在该谕令颁布之前，一个自由人明知自己是自由人却同意自己被作为一个奴隶卖掉，即便其分享了价金，那么仍可通过恢复自由之诉恢复自由人身份，而随着哈德良皇帝谕令的颁布，相同情况下裁判官将否决其恢复自由之诉。由此导致的结果就是，尽管其在法律上是一个自由人，但其事实上将处于奴隶的状态。

尽管如此，哈德良皇帝仍保留了当事人恢复自由的机会，即返还价金，这体现了哈德良的仁慈〔10〕。

然而，哈德良皇帝的谕令并未解决问题，特别是随着帝国人口的下降，奴隶变成了稀缺资源，购买人在对奴隶的渴求下，已经顾不得对奴隶本身进行深入的调查，这也使得自由人假装奴隶出卖的勾当变得日益猖獗〔11〕。最终，在公元2世纪，帝国的统治者开始重视分享价金买卖这一社会现象，为了惩罚那些为了获利而欺诈的人，公元3世纪的某个年代，原有的规则被彻底改变。根据 D. 1. 5. 5. 1 的记载，在这一时期，如果一个年满20岁自由人自愿将自己出卖，并且与他人分享了价金，那么其将沦为奴隶〔12〕。质言之，其不仅在事实上成为奴隶，而且在法律上成为奴隶，并且无论其是否返还价金，都将沦为奴隶。由此，分享价金买卖正式成为奴隶的一种来源。

从 D. 40. 14. 2. pr 和 D. 1. 5. 5. 1 可以看出，在乌尔比安生活的年代，自由人分享价金买卖这一社会现象已经存在，而且为许多罗马法学家所探讨。〔13〕

2. 管理他人事务买卖

值得讨论的是管理他人事务买卖的情形。所谓的管理他人事务的买卖是指一个自由人明知自己的自由人身份，但为了管理他人事务的目的，同意他人将自己作为奴隶出卖。尽管在 D. 28. 3. 6. 5 中，乌尔比安将管理他人事务的买卖与分享价金买卖区分

---

〔9〕 *D. 40. 14. 2pr: Saturn. 1 de off. procons. Qui se venire passus esset maiorem, scilicet ut pretium ad ipsum perveniret, prohibendum de libertate contendere divus hadrianus constituit: sed interdum ita contendendum permisit, si pretium suum reddidisset.*

〔10〕 这种仁慈是与后世的规定相比较而言的。在下文中我们看到，同样是分享价金买卖，哈德良皇帝给被卖的自由人保留了恢复自由人的机会，但根据 D. 1. 5. 5. 1 的记载，在公元3世纪时，无论是否返还价金，被卖的自由人都将沦为奴隶。

〔11〕 Lucio de Giovanni, *Per uno studio delle institutiones di Marciano*, cit., p. 102。

〔12〕 *D. 1. 5. 5. 1 Marcianus 1 inst. Servi autem in dominium nostrum rediguntur aut iure civili aut gentium: iure civili, si quis se maior viginti annis ad pretium participandum venire passus est: iure gentium servi nostri sunt, qui ab hostibus capiuntur aut qui ex ancillis nostris nascuntur.*

〔13〕 参见 D. 40. 12. 33。

开来，并且将二者相提并论，但多数学者[14]对该片段的真实性表示怀疑，他们认为该片段并非乌尔比安的原文，而是优士丁尼的编纂者们对乌尔比安的原文进行的添加。事实上，最近的研究认为，所谓的管理他人事务买卖制度应追溯至乌尔比安之后的君士坦丁时代[15]。因此，更可能的情况是，在乌尔比安生活的年代，尚不存在管理他人事务买卖制度，因此乌尔比安也不可能去探讨所谓的管理他人事务买卖。

回到我们 D. 47. 10. 1. 5，乌尔比安所讨论的是那种情形？对此，其并没有明确。似乎我们应当认为其谈论的是分享价金买卖。然而，需要注意的是，无论是从构成要件，还是从法律后果来看，分享价金买卖在古罗马法中是一种非常特别的情况，因此，笔者认为，如果乌尔比安探讨的真的是分享价金买卖，那么其不可能不予以强调和明确[16]，而在本片段中，没有任何言辞与分享价金存在关联，据此，笔者认为乌尔比安讨论的并非某种特定的情况，而是一种泛泛的情况。这也意味着，即便被卖的自由人没有分享出卖自己的价金，但只要其同意别人把自己作为奴隶出卖，那么他就不能再提起侵辱之诉。而如果这种观点是正确的，那么我们可以得出的结论当然就是：是当事人自己的意愿（同意）——而非分享价金——使其丧失了寻求救济的权利。

（二）*actio iniuriarum* 和 *quia nulla iniuria est, quae in volentem fiat*：一个逻辑矛盾？

如前所述，在 D. 47. 10. 1. 5 中，乌尔比安告诉我们，家子允许自己被作为奴隶出卖将使其家父可以提起侵辱之诉，但被卖的家子却无权提起诉讼。而之所以如此，乌尔比安给出的理由是，对我们子女的侵辱行为也会影响到我们的荣誉。如果沿着这个逻辑，我们得到的结论当然是“对我们子女的侵辱行为”是“我们荣誉受损”的前提条件。质言之，如果我们的子女没有受到侵辱，那我们的荣誉也就不存在受损的情况。由此我们似乎可以质疑的是：在该片段的结尾，乌尔比安以“按照被侵辱人的意愿实施的侵辱是不存在的”为由否决了家子提起侵辱之诉的权利，这意味着其事实上认为家子并没有受到侵辱，那依照我们之前所分析的，那他也应否决家父的侵辱之诉才对，但其为何没有否认，反而肯定了家父的侵辱之诉呢？这

---

〔14〕 U. Coli, *Saggi critici sulle fonti del diritto romano. I. Capitis deminutio*, Firenze, 1922, p. 16, ora in *Scritti di diritto romano*, *I*, Milano, 1973, p. 164。这种观点得到了不少学者的认同，如 U. Ratti, *Studi sulla captivitas. I. Libertà e cittadinanza*, in *RISG*, 1, 1926, p. 205, nt. 51; L. Amirante, *Captivitas e postliminium*, Napoli, 1950, p. 30。但也有学者认为该片段未受篡改，如 M. G. Nicolau, *Causa liberalis*, Paris, 1933, p. 265。

〔15〕 R. Reggi, *Liber homo bona fide serviens*, cit., p. 298 ss. e p. 318。

〔16〕 事实上，正如 W. W. Buckland, *The Roman law of slavery*, Cambridge, 1908, p. 432，指出的那样，尽管在优士丁尼的文献中，分享价金是使自由人沦为奴隶的核心要素，但与乌尔比安同一时代的法学家保罗在其论述中几乎未曾提到过分享价金这一要素，该作者宣称“it is possible that the actual limitation of the rule to share in price is due to Ulpian”。

是不是自相矛盾呢？

对此，一种观点认为，在 D. 47. 10. 1. 5 中，乌尔比安讨论的案件属于 *editcum ne quid infamandi causa fiat* 的管辖，而 *pudor* 一词并非仅指玷污他人的好名声〔17〕。由此其解释说〔18〕：根据罗马法，一个年满 20 岁的人如果明知自己是自由人并放任自己被出卖，那么他将沦为奴隶，而如果他没有沦为奴隶，那裁判官也将对其施加刑罚。因此，即便我的家子无法对你提起诉讼，但我仍然可以对你提起诉讼，理由是什么呢？因为你们的行为玷污了我的名誉，人们可能会私下认为我也参与了这一欺诈性的交易，由此会降低人们对我的评价。质言之，家父之所以能够提起侵辱之诉，并非其家子被当成一个奴隶出卖，而是因为这一事件可能会使人们认为其参与了这一欺诈行为，为了消除这些误会，捍卫自己的名誉，家父通过这样的诉讼来撇清自己的关系。〔19〕

这一解释看起来不无道理，但其他学者对其表示异议。如 Marrone〔20〕认为，家父以自己名义提起的侵辱之诉并非捍卫自己的荣誉，而是因为家子被作为奴隶出卖受到了伤害，家父的诉讼捍卫的是家子的荣誉（*pudore*）。还有学者认为〔21〕，家父以自己名义提起的诉讼并非是捍卫家子的利益，而是由于自己的利益受到了损害，它是一种通过子女实施伤害的方式来对家父进行侵辱。

笔者认为，最后一种解释更有说服力。事实上，依罗马法，所谓的侵辱是指生理或精神上（即对名誉）对"人"〔22〕造成侵害的行为，它可以表现为语言或行为；可以是直接的，即直接对特定人造成，也可以是间接的，即通过对特定关系人，如妻子、子女及奴隶等〔23〕。因此，在 D. 47. 10. 1. 5 的片段中，一个家子被当作奴隶出卖的行为将产生两个伤害，一个是对被卖的家子而言，另一个是对家父而言。对此，D. 40. 12. 1 提供了有力的佐证，在该片段中，乌尔比安指出：即便我们的某个家族成

---

〔17〕 A. D. Manfredini, *La diffamazione verbale nel diritto romano*, *I*, Milano, 1979, pp. 199 – 200, 认为，"*laedere fama*" 并不仅指损害名誉，还包括任何影响荣誉感，可以引起耻辱感的行为。

〔18〕 D. Daube, *Ne quid infamandi causa fiat. The Roman Law of Defamation*, in G. Moschetti (a cura di), *Atti del Congresso internazionale di diritto romano e storia del diritto* (*Verona* 27 – 29 *settembre* 1948), Milano, 1951, p. 421ss.

〔19〕 类似的情况在我们生活中也常见，即面对别人的指控，选择通过报警或诉讼的方式证明自己不怕调查，或暗示该指控是诽谤。

〔20〕 M. Marrone, *Considerazione in tema di iniuria*, in *Synteleia Vincenzo Arangio – Ruiz*, *I*, Napoli, 1964, p. 482, nt. 44.

〔21〕 M. Guerrero Lebron, *La injuria indirecta en Derecho Romano*, Madrid, 2005, p. 142, 认为 D. 47. 10. 1. 5 中出卖人出卖家子的行为，侵犯了家父对家子享有的家父权，因此其可以提起侵辱之诉。又如 M. Kurylowicz, *Paul*, *D.* 47. 10. 26 *und die Tatbestände der römischen iniuria*, in *Labeo*, vol. 33, 1987, p. 301, 认为这是一种间接侵辱；M. F. Cursi, *Iniuria cum damno*, Milano, 2002, p. 259, 同样认为片段 D. 47. 10. 1. 5 中裁判官授予的侵辱之诉是为了保护家父而非家子的利益。

〔22〕 这里的人仅限于自由人，不包括奴隶。

〔23〕 D. 47. 10. 1. 3

员自愿作为一个奴隶而生活，任何一个人都可以——忽略其本人的意愿——提起诉讼来恢复其自由。至于其法理依据，优士丁尼《学说汇纂》的编纂者援引盖尤斯的话进行了解释〔24〕——即我们的亲人处于奴隶状态会给我们带来感情上的痛苦：

D. 40. 12. 2 Gaius 7 ad ed. praet. urb. tit. de liberali c. Quoniam servitus eorum ad dolorem nostrum iniuriamque nostram porrigitur.

由上面的分析可知，家父的侵辱之诉是独立于家子的侵辱之诉的，因此所谓的逻辑混乱是一个伪命题。

（三）***quia nulla iniuria est, quae in volentem fiat*** 的法理探究

1. *iniuria* 的含义

如前所述，在 D. 47. 10. 1. 5 中，乌尔比安告诉我们，家子允许自己被作为奴隶出卖将使其家父可以提起侵辱之诉，但被卖的家子却无权提起诉讼，而否决家子诉权的理由就是"*quia nulla niuria est, quae in volentm fiat*"。毫无疑问，"*iniuria*"一词是该片段的核心，如何理解将直接决定古罗马法中是否存在 *volenti non fit iniuria* 规则，因此有必要展开探讨。

iniuria 在罗马法中有着悠久的历史，早在十二表法中既已存在，而由于其词源的广义性，也使得其本身含义具有多元性，因此不同人对其有不同的理解。鉴于此，乌尔比安在其《告示评注》第56卷"关于侵辱"的起始部分，先对 *iniuria* 一词的含义进行了概括阐述：

D. 47. 10. 1pr〔25〕：人们说，*iniuria* 从不依法发生的事情而来。因为一切不依法

---

〔24〕 虽然片段 D. 40. 12. 1 和 D. 40. 12. 2 出自不同时期的不同作者，但优士丁尼《学说汇纂》的编纂者将其统一放在 D. 40. 12 下，并前后排列。笔者认为，这种安排并非任意为之，而是反应了编纂者的逻辑，即编纂者希望用 D. 40. 12. 2 中盖尤斯的观点来补充或者解释 D. 40. 12. 1 中乌尔比安的观点。

〔25〕 对该片段，部分学者认为系篡改的产物，如 E. Polay, *Iniuria types in roman law*, Budapest, 1986, p. 125 ss；F. Gallo, *Diritto e giustizia nel titolo primo del Digesto*, in *SDHI*, vol. 54, 1988, p. 15；C. A. Cannata, *Sul testo della lex Aquilia e la sua portata originaria*, in *L. Vacca* (*a cura di*), *La responsabilità civile da atto illecito nella prospettiva storico-comparatistica*, Torino, 1995, p. 37 ss；F. L. Rosa, *Il valore originario di iniuria nella lex Aquilia*, in *Labeo*, vol. 44, 1998, p. 369 s. 尽管如此，认为片段是原文未受篡改的学者亦不在少数，如 S. Schipani, *Responsabilità ex lege Aquilia. Criteri di imputazione e problema della culpa*, Torino, 1969, p. 299 ss；F. Schulz, *Storia della giurisprudenza romana*, trad. it, Firenze, 1968, p. 353, nt. 5；D. Pugsley, *Damni injuria*, in *Tijdschrift voor Rechtsgeschiedenis*, vol. 36, 1968, p. 375；A. D. Manfredini, *Contributi allo studio dell' iniuria in età repubblicana*, Milano, 1977, p. 2；B. Albanese, *Una congettura sul significato di iniuria in XII tab.* 8. 4, in *IURA*, vol. 31, 1980, p. 21 e nt. 2 - 4；p. Birks, *A point of Aquilian pleading*, in *IURA*, vol. 36, 1985, p. 101；F. De Martino, *Litem suam facere*, in *BIDR*, vol. 91, 1988, p. 12；A. Rodger, *Introducing iniuria*, in *Tijdschrift voor Rechtsgeschiedenis*, vol. 59, 1991, p. 5；A. Mantello, *Le classi nominali per i giuristi romani. Il caso d' Ulpiano*, in *SDHI*, vol. 61, 1995, p. 223；O. F. Robinson, *The Iudex qui litem suam facerit explained*, in *ZSS*, vol. 116, 1999, p. 198；M. F. Cursi, *Iniuria cum damno*, cit., p. 30 s, e nt. 2；p. Huvelin, *La notion de iniuria dans le très ancient droit romain*, Paris, 1903, rist. anast. Roma, 1971；G. Pugliese, *Studi sull' iniuria*, Milano, 1941；p. Cerami, *D.* 39. 5. 21. 1, in *SDHI*, vol. 44, 1978, p. 170。

发生的事，都被说成发生了不法。这是一般而言。但特别而言，*iniuria* 指的是侮辱（*contumelia*）。有时，*iniuria* 也被用于指有过错的实施的损害，如阿奎利亚法中的 *iniuria*；有时我们也把不公正叫做 *iniuria*，如某人遭到了错误或不公正的判决，之所以如此是因为这种判决是在违反法律的基础上得出的判决，因此是不合法的。

由该片段可知，乌尔比安在论述侵辱之前已对 *iniuria* 的含义做了界定，因此我们对 D. 47. 10. 1. 5 中 *iniuria* 的理解也应限定在上述范围内。显然，过失损害和不公正的判决〔26〕在本片段中并不存在，那么乌尔比安在此所用的 *iniuria* 究竟是指广义上的 *non iure*〔27〕，还是特定意义上（技术意义）的侵辱？

对此，一部分学者认为乌尔比安在此指的是狭义上的侵辱〔28〕，而另一部分学者则持反对意见，认为这种观点难以接受，因为在他们看来，乌尔比安在该片段中使用的 *iniuria* 是指广义的 *iniuria*（即不法）〔29〕。

笔者认为，对该句中的 *iniuria* 一词当做狭义解释，理由如下：

首先，该片段被置于《学说汇纂》第 47 卷第 10 章，而本章讨论的就是私犯“*iniuria*”（侵辱），因此，片段中的用词更可能是在技术意义上使用的；

其次，片段 D. 47. 10. 1. 5 中，乌尔比安一方面肯定了家父可以提起侵辱之诉，其理由是“*iniuria*, *quae fit liberis notris*, *nostrum pudorem pertingit*”，同时又以“*quia nulla iniuria est*, *quae in volentem fiat*”为由否定了家子的侵辱之诉。显而易见的是，在论述家父的诉权时乌尔比安是在狭义上使用 *iniuria*。笔者认为，根据一致性原则，乌尔比安在结尾谈论家子的诉讼时也应是同样的意义，即在狭义上适用 *iniuria* 一词；

最后，如果将 *iniuria* 理解为不法行为，那么该句的含义即为“对志愿者实施的不法行为是不存在”的，这意味着其具有了排除违法性的效力。这固然可以解释 D. 47. 10. 1. 5 的疑问，但同时也将产生一个新的问题，即：如果乌尔比安在《告示

---

〔26〕 A. D. Manfredini, *Contributi allo studio dell' iniuria in età repubblicana*, cit., p. 3, nt. 4.

〔27〕 对 *non iure* 的含义，理论界事实上也存在广泛的争议，一部分学者认为其是不公正的，不正当的（*ingiustamente*），还有一部分学者认为其是指违法的（*contra ius*）。对此，请参见 S. Schipani, *Responsabilità ex lege Aquilia. Criteri di imputazione e problema della culpa*, cit., p. 303; A. D. Manfredini, *Contributi allo studio dell' iniuria in età repubblicana*, cit., p. 4, nt. 4, e p. 132 s.

〔28〕 F. Carrara, *Programma del corso di diritto criminale*, Lucca, 1868, p. 145，认为此处乌尔比安讲的是狭义的侵辱；C. Ferrini, *Diritto penale romano. Esposizione storica e dottrinale*, *estratto dall' Enciclopedia del diritto penale italiano*, diretta da E. Pessina, I, Milano, 1905, citato dall' ed. anast. Roma, 1976, p. 79; R. Lambertini, *Plagium*, Milano, 1980, p. 20, nt. 27，宣称这里的 *iniuria* 指的是“l' omonimo delitto privato concreto, non l' antigiuridicità in astratto”（即私犯侵辱的同义词，而非抽象的违法性）。除此之外，另参见 R. Riz, *Il consenso dell' avente diritto*, Padova, 1979, p. 11, nt. 23。

〔29〕 参见 R. Riz, *Il consenso dell' avente diritto*, cit., p. 11，作者对相关学者的意见做了详细的梳理。另参见 A. F. Abdou, *Le consentement de la victime*, Paris, 1971, p. 15。

评注》第56卷已经肯定了 *volenti non fit iniuria* 这一正当化事由，为何其在《告示评注》第71卷中（即 D. 43. 29. 3. 5），面对几乎相同的情况，乌尔比安却忽略了 *volenti non fit iniuria* 这一正当化事由，反而给出了一个新的解释：对意愿者不存在恶意（*dolo malo*）〔30〕。基于以上理由，笔者更倾向于认为，乌尔比安在 D. 47. 10. 1. 5 中，其使用的 *iniuria* 指的是私犯侵辱。

2. 对“*quia nulla iniuria est, quae in volentem fiat*”可能的解释

尽管乌尔比安在 D. 47. 10. 1. 5 中明确了 *quia nulla iniuria est, quae in volentem fiat*，也即乌尔比安确认了当事人的同意可以导致责任的免除。然而有意思的是，乌尔比安该论断背后的理由是什么？在古罗马法时期，是否存在一个理论支撑？这个理论支撑是什么？

对此，有学者认为，乌尔比安之所以会作出该论断，是因为在罗马法上，侵辱的必要条件之一是行为人违背当事人的意愿。因此，当某人对他人的侵犯表示同意甚至自愿承受他人的侵犯时，由于不满足侵辱的构成要件，故而不构成侵辱。〔31〕

这一解释看起来不无道理，而且简单有力。但笔者认为，对此不能轻下结论，仍有待进一步探究。不可否认的是，乌尔比安对其结论未做任何解释，也未提供任何线索，但这种毫不怀疑斩钉截铁的语气似乎表明，在乌尔比安的时代，*volenti non fit iniuria* 似乎是一项广为熟知的普遍规则〔32〕，正是由于为人们广为接受，因此在适用时无须做过多解释。因此，尽管在本片段中我们无法窥探究竟，但可以从乌尔比安的其他论述中找到痕迹。如：

D. 43. 29. 3. 5 Ulpianus libro 71 ad ed. Si quis volentem retineat, non videtur dolo malo retinere. sed quid si volentem quidem retineat, non tamen sine calliditate circumventum vel seductum vel sollicitatum, neque bona vel probabili ratione hoc facit? recte dicetur dolo malo retinere. 〔33〕

---

〔30〕关于 D. 43. 29. 3. 5，见下文。

〔31〕J. Plescia, *The development of iniuria*, in *Labeo*, vol. 23, 1977, p. 272.

〔32〕需要强调的是，尽管在 D. 47. 10. 1. 5 中，乌尔比安的表述与法谚 *volenti non fit iniuria* 非常相似，但我们并不能因此就确定该片段就是法谚的起源。事实上，罗马法文献表明，除了乌尔比安外，其他法学家也知道和论及该规则。而近现代的一些学者也认为，法谚 *volenti non fit iniuria* 最早可以追溯至亚里士多德的《尼各马可伦理学》，相关论述参见：S. v. Pufendorf, *De iure naturae et gentium*, 1. 7. 17, Londini Scanorum, 1673; D. Daube, “*Ne quid infamandi causa fiat*”. *The roman Law of Defamation*, cit., p. 422; p. W. Young, *The law of consent*, Sydney, 1986, p. 89; J. Feinberg, *Harm to others*, *I*, Oxford, 1984, p. 120 s; O. Langholm, *The legacy of scholasticism in Economic thought: antecedents of choice and power*, Cambridge University Press, 1998, p. 33。

〔33〕围绕该片段是否受到篡改，学者之间不无争议，但这些争议对本文的研究意义不大。相关的争议可参见：A. Pernice, *Labeo. Römisches Privatrecht im ersten Jahrhunderte der Kaiserzeit*, *II.* 1^2, Halle, 1895, rist. Aalen, 1963, p. 78, nt. 1, 认为片段是篡改的产物；C. Ferrini, *Diritto penale romano*, cit., p. 81; R. Lambertini, *Plagium*, cit., p. 19, nt. 26, 认为片段未受篡改。

片段 D. 43. 29. 3. 5 摘自乌尔比安的《告示评注》第 71 卷，该片段探讨的问题是"*homine libero exhibendo*"，这种罪行的构成要件之一是行为人具备恶意（*dolo malo*）。在该片段中，乌尔比安告诉我们，如果某人经对方同意后将其绑缚，那么不能对其提起出示自由人之诉（*homine libero exhibendo*），因为此时行为人不存在恶意（*dolus malus*）。但是，如果这种同意是通过欺诈或胁迫而获得的，那么公平的做法是认为行为人存在恶意。由此，在本片段中，乌尔比安似乎在被害人的同意和行为人的恶意之间构建了某种联系：即被害人的同意可以排除行为人的恶意。

这种关联似乎还可以从乌尔比安的另一论述中得到印证：

D. 50. 17. 145 *Ulpianus* 66 *ad ed. Nemo videtur fraudare eos*, *qui sciunt et consentiunt.* [34]

如前所述，在 D. 43. 29. 3. 5 中，被害人的同意可以排除"*interdictum de hominum libero exhibendo*"（自由人出示令），理由在于，对乌尔比安而言，当存在受害人的同意时，很难再认定行为人的行为是基于恶意。由此，我们似乎可以推论，乌尔比安的上述判断也同样适用于 D. 47. 10. 1. 5 的情形：根据罗马法，要构成私犯侵辱，其必要条件之一是行为人具有恶意[35]，因此，当行为人的侵犯行为是基于被侵犯的人意志而实施的时，如同在 D. 43. 29. 3. 5 的情形那样，乌尔比安认为此时行为人的行为并非基于恶意，由此而导致的结果当然就是行为人的行为不构成侵辱。

二、保罗关于 *volenti non fit iniuria* 的论断

如前所述，笔者认为在乌尔比尔的时代，*volenti non fit iniuria* 已经成为罗马法的一项规则，并且广为接受，那么事实是否如此？笔者认为这似乎可以从乌尔比安同时代另一伟大的法学家保罗的论述中得到答案。事实上，根据 D. 47. 10. 26 记载，保罗在其《告示评注》第 19 卷中曾做过如下论述：如果行为人怀着侵辱的目的而诱惑某人的家子或奴隶从事一些违反善良风俗的行为[36]，并且明知该家子的家父是谁，那么即便家子或奴隶对行为人明确表示了同意，但其家父仍有权提起侵辱之诉，反之，如果行为人并不知道家父是谁，那么仅可对其提起腐蚀奴隶之诉。

显而易见，D. 47. 10. 26 谈论的情况与 D. 47. 10. 1. 5 非常相似，即对家子的侵辱行为会对家父产生侵辱，家父因此可以提起侵辱之诉，而且家父的侵辱之诉不受

---

〔34〕 即，对知道和同意之人不构成欺诈。

〔35〕 D. 47. 10. 3. 1、D. 47. 10. 3. 2. 另参见：W. A. Hunter, *A systematic and historical exposition of Roman law in the order of a code*, London, 1903, p. 145 – 146; B. Albanese, *Una congettura sul significato di iniuria in XII tab.* 8. 4, cit., p. 21, nt. 3; J. Plescia, *The development of iniuria*, cit., p. 272。

〔36〕 参见 B. Bonfiglio, *Corruptio servi*, Milano, 1998, p. 159; M. Guerrero Lebron, *La injuria indirecta en Derecho Romano*, cit., p. 148 s.

家子同意与否的影响。然而，与 D. 47. 10. 1. 5 中乌尔比安明确指出家子的同意使其丧失侵辱之诉不同的是，在 D. 47. 10. 26 中，保罗并未就家子的侵辱之诉表达任何意见。因此，单从字面来看，我们无法知道保罗对家子的侵辱之诉的态度，我们似乎可以质问，保罗是否与乌尔比安一样，认为家子的同意会导致其侵辱之诉的消灭？

对此，笔者以为，尽管保罗没有提及 *volenti non fit iniuria*，但之所以如此，是因为保罗写该片段时是用来论述腐蚀奴隶之诉的，因此其可能无意对侵辱之诉花费过多的笔墨。然而，正如其他学者〔37〕指出的那样，这种省略应该并非出于过失，而是因为如同乌尔比安一样，保罗也知道并且认可 *volenti non fit iniuria* 这一规则，事实上，保罗对该问题的忽略就好像这个问题根本不值一提或不存在一样，正如乌尔比安认为无需对"*quia nulla iniuria est, quae in volentm fiat*"再做解释一样，这种态度恰恰证明该规则获得了人们广泛的认可。

当然，上述理解仅仅是笔者的猜测，但这种猜测也可以从保罗的其它论述中得到印证，如：D. 47. 10. 23〔38〕、D. 2. 4. 11〔39〕、D. 39. 3. 9. 1 等。

在上述片段中，特别值得注意的是 D. 39. 3. 9. 1。在该片段中，保罗写道"*nullam enim potest videri iniuriam accipere, qui semel voluit*"。可见，与乌尔比安相同，保罗也知道并认可 volenti non fit iniuria 规则。但值得一提的是，在 D. 39. 3. 9. 1 中，*iniuria* 一词并非指的是狭义的侵辱，而是广义上的 *non iure*〔40〕。这种词义上的变化，显然使 *volenti non fit iniuria* 超越了一个规则的功能，使其上升为一个法律原则。以上这些文献表明，我们可以肯定我们之前的猜测，即保罗与乌尔比安一样，知道 *volenti non fit iniuria*。

总之，尽管乌尔比安在 D. 47. 10. 1. 5 中的论述太过简略，我们无法确切地知晓其背后的考量，然而我们的分析可以肯定的表明，在罗马法中，当存在被害人的同意时，行为人的侵犯行为不会构成侵辱，*volenti non fit iniuria* 在侵辱这一私犯中完全适用。

---

〔37〕 M. Kurylowicz, *Paul, D. 47. 10. 26 und die Tatbestände der römischen iniuria*, cit, p. 300 ss

〔38〕 在 D. 47. 10. 23 中，保罗转引了法学家 Ofilius 的观点，指出：如果未经主人同意而进入他人的领地，即便是为了传唤其参加诉讼，那么这种情况下主人仍可提起侵辱之诉。

〔39〕 在罗马法上，自由人可以分为生来自由人和解放自由人。解放自由人由奴隶解放而来，其在成为自由人后，对原来的主人具有特定的义务，包括不能对原来的主人提起诉讼，否则将构成侵辱。在 D. 2. 4. 11 中，保罗指出，如果原来的主人同意解放自由人提起诉讼，那么这时提起诉讼的解放自由人的行为不构成私犯侵辱。这个片段虽然与 D. 47. 10. 26、D. 47. 10. 1. 5 讨论的具体情形不同，但其背后的思想却并无本质区别。对该片段，Ferrini 总结说"*è escluso il reato di ingiuria, se il soggetto passivo acconsente all' atto*"。有关 Ferrini 的论述，参见 C. Ferrini, *Diritto penale romano*, cit. , p. 79。

〔40〕 Accursii, *gl. iniuriam l. In diem addicto praedio*（*D.* 39. 3. 9. 1）: *ius iniquum*; A. Berger, *Encyclopedic dictionary of roman law*, cit. , p. 502，将该段话翻译为："There is no *iniuria* done to those who wished it（to be done）" .

三、*volenti non fit iniuria* 在不法损害责任中的适用

在罗马法中，私犯有抢劫、盗窃、不法损害和侵辱四种形式，我们在前面的分析中已经得出明确的结论，即 *volenti non fit iniuria* 完全适用于侵辱，但在其它私犯中情况如何呢？我们知道，盗窃是指未经所有权人同意而侵占他人财物的行为，由于盗窃是以违背所有人的意愿为前提，因此如果有所有权人的同意，自然不是盗窃，这也意味着受害人同意是当然适用的。罗马法中的抢劫源自于盗窃，从盗窃中分离而来，因此，需要我们讨论的主要就是不法损害的情况了。

首先我们来看片段 D. 47. 10. 17. pr：

D. 47. 10. 17. pr Ulpianus 57 ad ed. Sed si unius permissu id fecero, si quidem solius eius esse putavi, nulli competit iniuriarum actio. plane si scii plurium, ei quidem, qui permisit, non competit iniuriarum actio, ceteris competit.

该片段同样源自乌尔比安《告示评注》。在该片段中，乌尔比安告诉我们，如果一个奴隶为多个人共有，其中一个主人同意我鞭打这个奴隶，而我也认为他就是这个奴隶的唯一的主人，此时不应认为我实施了侵辱行为。反之，如果我明知还有其他主人但仍鞭打了奴隶，那么此时同意我鞭打奴隶的人不能对我提起侵辱之诉，但其他人仍可对我提起侵辱之诉。

一方面，这个片段再次表明我们之前的判断，即受害人的同意可以排除侵辱，但另一方面，该片段也给我们带来了一个疑问，即对鞭打作出同意的主人虽然不能提起侵辱之诉，那他是否还可以提起不法损害之诉[41]呢？之所以如此，是因为在罗马法中，如果未经主人的同意而鞭打他人的奴隶，视为是对奴隶主人的侵犯，奴隶的主人可以对鞭打者提起侵辱之诉；但另一方面，奴隶被视为财产，是一种特殊的物，因此对其损害也被视为对奴隶主财产的损害，对此奴隶主可以提起阿奎利亚法诉讼，要求侵权人进行损害赔偿。质言之，D. 47. 10. 17. pr 中鞭打奴隶的事实实际上可以产生两个诉讼，即侵辱之诉和阿奎利亚法之诉[42]，乌尔比安仅免除了行为人的侵辱责任，但对损害赔偿责任却未予明确，其结果就是对之前的疑问我们无法得出明确的答案，只能通过其它文献来寻找线索，如：

D. 9. 2. 7. 4 Ulpianus 18 ad ed. Si quis in colluctatione vel in pancratio, vel pugiles

---

〔41〕 不法损害之诉，也被称为阿奎利亚法之诉，主要是在《学说汇纂》第 9 卷。

〔42〕 D. 47. 10. 15. 46。值得注意的是，对侵辱之诉和阿奎利亚法之诉究竟是责任聚合还是责任竞合，理论界存在广泛的争议。本文无意在此对该问题展开论述，因为无论是聚合还是竞合对我们的问题研究没有实质的影响：如果是聚合，那么受害人的同意排除了侵辱之诉后，当然需要进一步研究其是否可以排除阿奎利亚法诉讼；反之，如果是竞合，也需要对该问题予以明确，否则排除了侵辱之诉而不排除阿奎利亚法诉讼，那就意味着当事人可以选择对其最有利的诉讼。

dum inter se exercentur alius alium occiderit, si quidem in publico certamine alius alium occiderit, cessat Aquilia, quia gloriae causa et virtutis, non iniuriae gratia videtur damnum datum. hoc autem in servo non procedit, quoniam ingenui solent certare: in filio familias vulnerato procedit. plane si cedentem vulneraverit, erit Aquiliae locus, aut si non in certamine servum occidit, nisi si domino committente hoc factum sit: tunc enim Aquilia cessat. 〔43〕

在该片段中，乌尔比安向我们提出了一个体育运动受害的赔偿问题。在前半段，乌尔比安给我们提供了一个解决的基本规则，即侵权人无须为其在体育比赛中给对手造成的损害进行赔偿，其理由是“*gloriae causa et virtutis*”，而这似乎构成一个正当化事由，然而其法理依据是什么？对此，乌尔比安没有明确回答，这也使得现代的学者产生了分歧，如一部分学者认为其理论依据是自甘冒险〔44〕，而另一部分学者则认为是由于加害人并无加害的故意〔45〕；最后，还有一种更为普遍的观点，他们认为 *gloriae causa et virtutis*〔46〕与当事人的主观态度没有任何关系，乌尔比安之所以如此表述，因为在其看来这些体育运动本身就是正当化事由，这些损害是体育运动本身固有的〔47〕。

笔者认为，上述三种理论都不无道理，为现代体育运动侵权提供了借鉴，但相较而言，最后一种理论似乎更为可信。但需要指出的是，即便如此，也不能排除某些运

---

〔43〕 译文：“如果在厮打、角斗或拳击中，一人将他人杀死，而这事发生于公开的竞赛里，则不适用《阿奎利亚法》，因为这种损害乃由于声誉和勇敢而被导致，并不是不法实施。但这不得适用于奴隶，因为只有生来自由人才进行公开竞赛；但如果参加竞赛的受伤者是个家子则可适用。不过如果某人伤害了退阵者，则可以适用阿奎利亚法诉讼；这同样适用于某人不是在竞赛中将一个奴隶杀死，但如果经过了其主人的同意，则不能提起阿奎利亚法诉讼。”关于片段的译文，参见《罗马法民法大全翻译系列》（第九卷），米健、李钧译，纪蔚民校，中国政法大学出版社，2012年版，第21页。

〔44〕 J. Anderson, *The legality of boxing*, Oxford, 2007, p. 5。

〔45〕 A. Wacke, *Incidenti nello sport e nel gioco in diritto romano e moderno*, in *Index*, 19, 1991, p. 370，宣称“Ulpiano nega infatti l' antigiuridicità della lesione, perché, manca l' intenzione di danneggiare…. mancava l' intenzione dell' illiceità, mancava l' *animus iniuriandi*”（直译为：乌尔比安否决了损害的违法性，因为其认为不存在加害的意图……没有违法意图，没有违法的意思）。

〔46〕 与现代社会中的奥运冠军相似，在古罗马，体育冠军有着崇高的社会地位和荣誉，可以获得很多奖励和特权。相关论述参见 M. Amelotti, *La posizione degli atleti di fronte al diritto romano*, in *SDHI*, vol. 21, 1955, p. 147；U. Gualazzini, *Premesse storiche al diritto sportivo*, Milano, 1965, p. 24 ss.

〔47〕 持该观点的主要是斯奇巴尼教授，在其看来，行为人主观态度在该片段的情形中无关紧要。这个片段是一种特殊的情形，在这种情形中，法律为特定的活动提供了便利。具体的论述参见 S. Schipani, *Responsabilità ex lege Aquilia. Criteri di imputazione e problema della culpa*, p. 321, nt. 13。斯奇巴尼教授的观点赢得了相当多的追随者，如：G. Valditara, *Superamento dell' aestimatio rei nella valutazione del danno aquiliano ed estensione della tutela ai non domini*, Milano, 1992, p. 355；C. A. Cannata, *In tema di aestimatio rei nell' azione aquiliana*, in *SDHI*, vol. 58, 1992, p. 402。另持有类似观点的还有 C. Ferrini, *Diritto penale romano*, cit. , p. 260。

动员明明知道体育项目的危险，但在胜利奖励的激励下，怀着必胜的信心[48]，进而参加比赛并接受该项体育运动的风险。质言之，其用接受潜在风险为代价，来争取可能的胜利。

值得我们关注的是，在该片段结尾，乌尔比安指出，如果某人不是在竞赛中将一个奴隶杀死，但如果经过了其主人的同意，也不能提起阿奎利亚法诉讼[49]。由此可知，在乌尔比安看来，如果主人同意自己的奴隶与他人进行比赛，而奴隶在比赛中被杀死，那么主人将不能提起阿奎利亚法诉讼。

有意思的是，乌尔比安的理由是什么呢？对此，理论界现有讨论不多，只有少数学者给我们提供了一些线索：

如 Ferrini[50]认为，奴隶主的同意排除了私犯 *damnum iniuria datum*（不法损害）[51]，因为损害是由他自己的原因引起的。而 Pacchioni[52]则诉诸“庞氏规则”，认为奴隶主同意自己的奴隶与一个自由人进行比赛，很有可能是因为他觉得自己的奴隶有可能会赢得比赛，因此应认为其自愿承担了自己的奴隶可能被杀死的风险，其自己的过错使得行为人无须承担责任。

显而易见的是，尽管 Ferrini 和 Pacchioni 都试图用 *volenti non fit iniuria* 来对片段进行解释，但二者之间存在细微的不同：在 Pacchioni 看来，奴隶主的同意应理解为是其自己的过错，而正是这种过错使其承担相应的损害，在这个意义上，其将 *volenti non fit iniuria* 等同于 D. 50. 17. 203 的规则，即所谓的庞氏规则（现代过失相抵制度的罗马法渊源）；相反，在 Ferrini 看来，奴隶主的同意应被视为对自己利益的放弃，这种利益的放弃排除了行为人加害行为的可惩罚性。对此，笔者认为，Ferrini 的观点似乎更为可信，之所以如此，是因为乌尔比安似乎认为本案根本就不属于阿奎利亚法的适用范围。事实上，奴隶是一种特殊的物，因此奴隶主的同意更像是一种对自己利益的放弃。

除上述片段外，D. 9. 2. 27. 29 也值得我们展开分析。

D. 9. 2. 27. 29 Ulpianus 18 ad ed. Si calicem diatretum faciendum dedisti, si quidem

---

〔48〕 虽然我们经常说“友谊第一，比赛第二”，以此鼓励人们参加竞赛，但现实中，哪个参赛者不希望自己能够赢得比赛，获得冠军呢？更何况在事关生死的比赛中，输掉的不仅是比赛，更可能是生命。事实上，正如 Pacchioni 指出的那样，在 D. 9. 2. 7. 4 中，奴隶主可能正是觉得自己的奴隶有比赛的优势，有赢得比赛的可能，所以才会同意自己的奴隶去参加比赛，与自由人决斗，并自愿承担奴隶在决斗中被杀死的风险。

〔49〕 一些学者对片段结尾部分的真实性提出质疑，认为是优士丁尼学说汇纂编辑者的“添加”，而非乌尔比安的原话，其理由是认为奴隶不可能被允许参加自由人才能参加的公开的比赛。对此，Wacke 予以反驳，其认为尽管自由人原则上不会与奴隶一起竞赛，但有可能在私下的训练场中，让奴隶与自由人一起进行训练。具体参见 A. Wacke, *Incidenti nello sport e nel gioco in diritto romano e moderno*, cit., p. 371。

〔50〕 C. Ferrini, *Diritto penale romano*, cit., p. 79。

〔51〕 下文简称为不法损害。

〔52〕 G. Pacchioni, *Delitti e quasi delitti*, Torino, 1940, p. 156.

imperitia fregit, damni iniuria tenebitur: si vero non imperitia fregit, sed rimas habebat vitiosas, potest esse excusatus: et ideo plerumque artifices convenire solent, cum eiusmodi materiae dantur, non periculo suo se facere, quae res ex locato tollit actionem et Aquiliae. [53]

该片段讲的是一个租赁[54]合同，内容是说某人将自己的玻璃委托给某个人进行加工，由于该项工作非常精细，因此需要受托人具备相应的资质和必要的技术能力。这意味着，如果损害是因受托人技艺不精而导致的，那么受托人应为自己技艺不精（*imperizia*[55]）而导致的损害承担赔偿责任。在这个意义上，可以说承揽人承担了材质损害的风险（*periculum*）[56]。但是，乌尔比安同时指出，如果损害是因材质本身固有的缺陷而造成的时，那么受托人则无须担责。但正如本片段结尾部分所指出的那样，为了避免材质缺陷的风险，受托人往往要求委托人与自己签订一份免责协议，约定因加工而造成损害的风险由委托人承担。

与本片段形成鲜明对比的是 D. 19. 2. 13. 5：

D. 19. 2. 13. 5 *Ulpianus* 32 *ad ed. Si gemma includenda aut insculpenda data sit eaque fracta sit, si quidem vitio materiae fractum sit, non erit ex locato actio, si imperitia facientis, erit. huic sententiae addendum est, nisi periculum quoque in se artifex receperat: tunc enim etsi vitio materiae id evenit, erit ex locato actio.*

在该片段中，乌尔比尔告诉我们，当某人出于加工的目的而将一个贵重的宝石交给工匠，但宝石却因故受损，那么这时：如果是由于材质本身的缺陷而导致的，那么不能对工匠提起租赁之诉；但如果是由于工匠自身技艺不精导致的，那么可以对其提起租赁之诉。但需注意“工匠自愿承担风险的情形”，因为此时，即便损害是由于材质自身的缺陷所致，仍可对其提起租赁之诉。

---

[53] 译文：“如果你将一个杯子交付加工，而工匠由于不熟练将其弄碎。那么他因不法损害负责。但是如果这不是由于他的不熟练，而是由于你杯子本身有瑕疵所造成，那么他不负责。所以，假如将这类材料交付加工，工匠大多约定不承担风险，由此排除租赁之诉或阿奎利亚法诉讼。”参见［古罗马］优士丁尼：《学说汇纂》（第九卷），米健、李钧译，纪蔚民校，中国政法大学出版社 2012 年版，第 57 页。

[54] 罗马法中的租赁合同分为物的租赁、雇佣租赁合承揽租赁，包括现代法上的租赁合同和承揽合同，这里的租赁事实上是现代法上的加工承揽合同。关于罗马法中的租赁合同，参见［意］彭梵得：《罗马法教科书》，黄风译，中国政法大学出版社 2005 年版，第 288 ~ 290 页。

[55] 关于 *imperizia*, cfr. V. Arangio – Ruiz, *Responsabilità contrattuale*, 1958, Napoli, rist. 1987, p. 193 ss; S. Schipani, *Responsabilità ex lege Aquilia. Criteri di imputazione e problema della culpa*, cit., p. 243 ss; S. D. Martin, *Imperitia: the responsibility of skilled workers in classical roman law*, in *The American Journal of Philology*, vol. 122, 2001, p. 107ss,; A. Wacke, *Si artifex calicem diatretum faciendum imperitia fregit. Danni derivanti dalla rottura di gemme e di bicchieri preziosi: le clausole di sopportazione del rischio nell' artigianato romano*, in *SDHI*, vol. 69, 2003, p. 579。

[56] C. A. Cannata, *Per uno studio della responsabilità per colpa nel diritto romano classico*, cit., p. 241ss; L. Vacca, *Considerazione in tema di risoluzione del contratto per impossibilità della prestazione e di ripartizione del rischio nella locatio conductio*, Napoli, 2001, p. 247 ss。

显而易见的是，同样都是租赁合同，但 D. 19. 2. 13. 5 和 D. 9. 2. 27. 29 中的权利义务关系形成了鲜明的对比：一方面，在 D. 19. 2. 13. 5 中，受托人通过约定的方式，扩大了自己担责的范围；而 D. 9. 2. 27. 29 中，委托人则试图规避或者限制[57]自己的风险，因为其约定自己接受委托的前提条件是自己不承担任何风险，而且这种行为似乎并不少见，用乌尔比安的话说，这是一种通常（*plerumque*）的做法。

尽管二者有所不同，但这两个相互矛盾的表述恰恰向我们表明，在罗马法上，租赁合同的当事人可以在工作展开前，通过协商的方式来约定各自的责任和风险范围，甚至可以通过免责条款完全免除自己未来可能承担的风险。在 D. 9. 2. 27. 29 中，一旦当事人作出了同意免责的表示，那么即使事后自己的材质受到了损害，其将丧失提起诉讼的权利。这表明，在乌尔比安看来，当事人的同意可以导致阿奎利亚之诉的消灭，这又进一步表明，*volenti non fit iniuria* 可以适用于阿奎利亚法之诉。

总之，上述分析向我们表明，尽管我们不知道乌尔比安具体的考量是什么，但可以肯定的是，在罗马法上，至少在乌尔比安看来，如果某人同意他人对自己的物实施加害行为，那么即使其财产果真遭受了损害，其也无权通过阿奎利亚之诉来请求赔偿。

四、结语

通过我们以上的分析，我们可以看到，除了我们熟悉的 D. 47. 10. 1. 5 外，罗马法文献中事实上还存在很多关于 *volenti non fit iniuria* 的片段，如：

Nulla iniuria est, quae in volentem fiat；[58]

Nullam enim potest videri iniuriam accipere, qui semel voluit；[59]

Nemo enim videtur fraudare eos, qui scient et consentient；[60]

Nemo videtur fraudare eos, qui sciunt et consentiunt；[61]

这些片段的表述有的与 *volenti non fit iniuria* 较为相似，但有些却与 *volenti non fit iniuria* 相去甚远，尽管表述方式各异，但其表达的规则并无不同，即当事人的意愿可以产生免责的效果。

由此我们可以得出以下几个结论：

---

[57] 对这种差异，不同学者给出了不同的解释。具体参见 V. Arangio－Ruiz, *Responsabilità contrattuale*, cit., p. 195 ss; S. D. Martin, *Imperitia: the responsibility of skilled workers in classical roman law*, cit., p. 119 s; A. Wacke, *Si artifex calicem diatretum faciendum imperitia fregit. Danni derivanti dalla rottura di gemme e di bicchieri preziosi: le clausole di sopportazione del rischio nell' artigianato romano*, cit., p. 576 ss.

[58] D. 47. 10. 1. 5.

[59] D. 39. 3. 9. 1.

[60] D. 42. 8. 6. 9.

[61] D. 50. 17. 145, D. 42. 8. 6. 9.

首先，可以肯定的是，在乌尔比安生活的年代，罗马法学家已经认识到了 *volenti non fit iniuria*，注意到当事人的同意与责任免除之间的关系；

其次，关于 *volenti non fit iniuria* 罗马法文献的丰富性提示我们，尽管在 D. 47. 10. 1. 5 中，乌尔比安的表述与法谚 *volenti non fit iniuria* 非常相似，但我们并不能因此确定该片段就是法谚的起源。恰恰相反的是，罗马法文献表明，除了乌尔比安外，其他法学家也知道和论及该规则。这种普遍认知似乎暗示该规则产生于乌尔比安之前。事实上，一些学者就认为[62]，法谚 *volenti non fit iniuria* 最早可以追溯至亚里士多德的《尼各马可伦理学》[63]，而如果果真如此，那一方面可以肯定受害人同意与过错之间的关联，另一方面则可以将 *volenti non fit iniuria* 与"禁止自相矛盾"原则联系起来，而这又可以解释为什么罗马法学家很少对 *volenti non fit iniuria* 进行解释：基于自然理性，不允许自相矛盾，因而无须解释。

再次，尽管古罗马法学家已经认识到"*volenti non fit iniuria*"，也有相关的表述，但这些表述与我们现代的法谚"*volenti non fit iniuria*"并非同等含义，相较于现代的法谚，罗马法学家对 *volenti non fit iniuria* 的适用限于特定的案件，如侵辱、不法损害、盗窃等，其具体的含义也并非明确。需要注意的是，并非所有的情况下受害人的同意都可以产生免责的效果，特别是在刑事案件中，*volenti non fit iniuria* 的适用受到了一定程度的限制，如 D. 48. 8. 4. 2 的记载，哈德良皇帝的一个谕令就曾规定，任何人不得阉割他人，也不得同意他人阉割自己。否则，无论当事人是否同意，实施阉割手术的医生将被判处极刑。

最后，需要特别强调的是，尽管古罗马法学家给我们留下了 D. 47. 10. 1. 5 中"*Nulla iniuria est, quae in volentem fiat*"和 D. 39. 3. 9. 1 中"*Nullam enim potest videri iniuriam accipere, qui semel voluit*"这样精炼的语言，而且以坚定的语气进行了肯定，但其背后的考量，古罗马法学家却鲜有论及，这给我们留下遗憾的同时，也为后世法学家，包括我们，留下了解释、发挥和创新的空间，也使得 *volenti non fit iniuria* 保持了高度的开放性和包容性。

---

〔62〕 参见：S. v. Pufendorf, *De iure naturae et gentium*, 1. 7. 17, Londini Scanorum, 1673; D. Daube,《*Ne quid infamandi causa fiat*》. *The roman Law of Defamation*, cit., p. 422; p. W. Young, *The law of consent*, Sydney, 1986, p. 89; J. Feinberg, *Harm to others*, I, Oxford, 1984, p. 120 s: "《perhaps the earliest arguments for it are found in Aristotle' s Nicomachean Ethics. One person wrongs another, according to Aristotle, when he inflicts harm on him voluntarily, and a harmful infliction is voluntary when it is not the result of compulsion, and is performed in full awareness of all the relevant circumstances including the fact that the action is contrary to the wish of the person acted upon. Therefore it is impossible for a person to consent to being treated unjustly (wronged) by another, for this would be to consent to being – treated – contrary – to – one' s – wishes, which is absurd》"; O. Langholm, *The legacy of scholasticism in Economic thought: antecedents of choice and power*, Cambridge University Press, 1998, p. 33。

〔63〕 参见［古希腊］亚里士多德：《尼各马可伦理学》，廖申白译注，商务印书馆2003年版，第5卷关于公正部分，特别是第8节。

论环境潜伏性毒物侵权责任中科学证据的采信规则

——以美国经验为视角

杨垠红[*]　许小琴[**]

目　次

一、问题的提出

典型的环境潜伏性毒物侵权情形是石棉致害，暴露于石棉工作环境或者暴露不久的工人并没有表现出与石棉有关的疾病临床反应。很多工人是在岗位上十几年，甚至是离开岗位后，才表现出石棉肺（长期吸入石棉粉尘引起的慢性、进行性、弥漫性、不可逆肺间质纤维化、胸膜斑形成和胸膜肥厚）等临床反应，而出现严重石棉肺的人，其患肺、胸膜恶性肿瘤的概率会显著增加。由于这种环境潜伏性毒物侵权相对一般的环境侵权来说，其损害结果发生得极缓、潜伏期极长，当受害人要提起诉讼时往往囿于与侵权有关的记录丢失或者相关当事人的记忆不确定等，而导致要收集符合传统诉讼证明要求的证据十分困难，进而无法证明潜伏性毒物与其损害

* 福建师范大学法学院教授。
** 福建师范大学法学院民商法硕士研究生。

结果间复杂的因果关系。因此双方当事人开始求助于科学证据，一种由专家运用流行病学、毒理学等方法得出的可以帮助法官了解待解决争议事实的证据。科学证据可谓是一把双刃剑，其接近案件真相的手段新颖且高明，但亦易造成法官为快速明晰事实过度迷信科学、信赖科学，没有考虑科学证据是否有充分的数据和理论支撑、专家是否因为种种原因给出伪科学证据等情况，不加甄别地采信“科学证据”。因此为使法官面对科学证据时不盲从、不盲信，建立一套行之有效的科学证据采信规则显得尤为重要。

然而遗憾的是从目前我国关于环境保护的法律和司法解释来看，我国暂无关于潜伏性毒物侵权的可操作性的科学证据采信规则。目前我国多数使用鉴定意见来证明一般环境侵权中的各种因果关系，而并未有关于环境潜伏性毒物侵权行为的专门规定，也未如美国般建立专家证言制度。也就是说，现行规定都是针对一般环境侵权行为，而且很多都是从行政处分、刑事责任角度处理环境侵权行为，不利于解决个人因环境侵权请求救济的问题。但也不能说我国立法对环境侵权的特殊性毫无认识，在《侵权责任法》第66条规定了环境侵权诉讼中采用无过错责任原则，且举证责任分配在污染者和受害者有明显的倾斜，适用举证责任倒置，以试图弥补多数情况下诉讼双方之间的财力、物力、人力等的不平等。只是说仅仅有此认识并不够，这一简单的规定甚至无法完全解决一般的环境侵权问题，更何况是解决复杂许多的环境潜伏性毒物侵权问题。在以后不断涌现的日益多样化的环境侵权诉讼中，如果仍延续如今的一般环境侵权诉讼规则可能已无法满足司法实践的需求；另外，当事人在诉讼中仍会提供很多鉴定意见材料支持自己的主张，法官面对各式各样的材料急需有一套明确且科学的采信规则，以指导他们做出正确的裁决。

正如中国政法大学的王灿发教授在点评“中华环保联合会诉江苏江阴长泾梁平生猪专业合作社等养殖污染民事公益诉讼案”（最高人民法院公布的环境公益诉讼典型案例之一）时说到，环境诉讼案件的审判特点就是技术问题归技术、法律问题归法律，法官很难做到对审判中涉及的技术问题都足够了解，也很难判断案件中的科学性问题。[1] 所以法官需要在科学技术机构和专家对这些技术问题作了判断的基础上再考虑法律适用问题，以此来保证诉讼结果的科学性、公平公正性。换言之，如今我们讨论建立中国式的环境潜伏性毒物侵权诉讼制度并明确诉讼中科学证据的采信规则是有其必要性。

首先，如今人们对生活环境质量的要求几乎与社会的发展水平同步提高，环境污染问题已经引起人们的广泛关注，科学界在很多环境毒物对于人类的影响机理上并没有明确结论，这更引起人们的恐慌。从全球范围内的环境侵权看，许多环境毒

---

〔1〕 http：//www. chinacourt. org/article/detail/2017/03/id/2574339. shtml，最后访问日期：2017年10月5日。

物对人体的影响并非如一般侵权行为造成损害结果那般直接明了，它们的负影响会在人体慢慢积累，甚至会久到受害人已经分不清是何原因所致时才表现出损害结果，更可怕的是甚至会对下一代造成不可逆的伤害。这种侵权特点，在于其损害结果的复杂性和潜伏性，这是一般侵权责任构成要件——损害事实（即环境侵权行为客观上已经造成国家、集体财产或公民人身财产遭受损害）无法概括的。我们应该接受环境潜伏性毒物侵权的观念，将环境侵权所造成的危险作为民事责任的构成要件之一，囊括环境污染的损害事实和侵权行为发生但未造成严重后果之前潜伏的危险。[2]

其次，在环境侵权诉讼中英美法系国家以专家证言为主要的科学证据形式，我国则以鉴定意见为主要的科学证据形式。科学证据的存在是为了证明那些复杂的一般因果关系和个别因果关系，例如我们需要运用法医毒物学的理论和方法，结合当下的仪器分析技术，对体内、体外未知毒物进行定性、定量分析，并通过对毒物毒性、中毒机理、代谢功能的研究，结合中毒表现、尸检所见，综合作出毒物中毒的鉴定。[3]我们也需要通过流行病学研究确定某一特定环境潜伏性毒物和某种疾病的发生之间联系的概率以证明环境侵权中的一般因果关系。正是因为科学证据在环境侵权诉讼中有不可替代的作用，不管是当事人还是司法工作者都希望对此有一套合理且科学的采信规则以保证司法公正性和权威性。但就目前我国的环境侵权司法实践看，对于鉴定意见的采信还存在比较大的问题：第一，隔行如隔山，法官审查鉴定意见时难免都带着对科学和真理的敬畏，这种意识导致很多法官对鉴定意见的审查流于形式，甚至是不加审查。这种结果导致法官盲目赋予鉴定意见过高的证据地位，而这种没有规则约束的自由裁量权不仅使法官惶恐，更使当事人对鉴定制度和法官无法产生信任；第二，专家提供鉴定意见的过程主要受其掌握的科学原理或科学方法控制，但也不能否认专家主观上的非理性因素对结果也有不可忽视的影响，比如专家主观上的偏见或私利、专家的品性、专家所处的制度和人文环境等。[4]这些问题都会导致鉴定制度无法实现其预期目标，无法在环境侵权的复杂因果关系证明中起到剥茧抽丝的作用。

正因为如此，我们急需建立一套完整且科学的对以鉴定意见为主要形式的科学证据的采信规则，以改变法官迫于环境侵权所涉利益广泛而将压力转交鉴定第三方的情况，也打破法官对科学的过度迷信而不加筛选地适用鉴定意见的非理性局面，更重要的是剔除那些鉴定过程掺杂鉴定人非理性因素得出的意见。这对环境侵权诉讼十分重要，用科学的鉴定意见证明侵权中的因果关系，保证法官能据此作出较公正的判决结果。就此美国已可借鉴的科学证据采信规则，他山之石可以攻玉。

---

〔2〕涂永前：《潜伏性毒物致害侵权问题研究》，知识产权出版社 2014 年版，第 100 页。

〔3〕邱爱民：《科学证据基础理论研究》，知识产权出版社 2013 年版，第 102 页。

〔4〕张南宁：《科学证据基本问题研究》，中国政法大学出版社 2013 年版，第 300 页。

二、美国科学证据采信规则的嬗变

（一）1923年的Frye规则

“Frye案”[5]是指1923年哥伦比亚特区上诉法院审理的弗莱伊诉合众国一案。诉讼中被告弗莱伊的辩护律师为证明其无罪而提供了专家对被告的测谎结果（心脏收缩压测谎）。测谎结果显示弗莱伊没有撒谎，但是控方律师对以该结果作为证据提出异议，一审法院支持控方的异议，判决弗莱伊构成二级谋杀罪，弗莱伊不服，提出上诉。哥伦比亚特区上诉法院维持原判，且在判决书中说明：“……虽然在采纳从公认的科学原理或者发现中推演出的专家证言方面，法官将发挥很大作用，但是据以进行推演的事情必须得到了充分确立，在其所属特定领域获得了普遍接受……”。[6]自此通过Frye案确立了Frye规则，即普遍接受规则：当事人在法庭上提供由专家证人根据科学的理论或者数据作出的证言，该证言有且只有在所依据的理论或者数据已得到所属领域普遍接受时才能有被采信的可能。

（二）1975年的《美国联邦证据规则》第702条

Frye规则很长一段时间内被法官广泛运用于审查专家证人是否具有可采性，不可否认这一规则给了法官比较直观的审查标准，如果专家证人提供的专家证言所依据的理论或者数据尚未被所属科学领域广泛接受，那么就会被认定为不具有证据的可采性。但是随着对司法判例的不断总结，越来越多人对Frye规则提出质疑，其中主要的质疑声有：Frye规则允许科学家“代替”法官行使采信科学证据的权力；有些新的科学理论或者数据要得到同行认可需要时间，但对受害者的救济又是迫在眉睫的等等。

在这种形势下，1975年《联邦证据规则》开始实施，第702条针对专家证言有了另一番规定：“如果科学、技术或其他专业知识有助于案件审理者理解证据或者裁决争议事实，则凭借知识、技术、经验、训练或教育而有资格以专家身份作证的证人，可以以其意见或其他方式作证。”[7]从这一条规定来看，可采信的专家证言需满足：其一专家证言必须依据一定的科学、技术或其他专业知识；其二是专家证言需能使案件审理者更易理解证据或者裁决争议事实；其三是证人必须具备特殊知识、技术、经验或者教育背景才有以专家作证的资格。但是司法工作者、学者、

---

[5] Frye v. United States, 293 F. 1013 (D. C. Cir. 1923).

[6] 王进喜编译：《证据科学读本：美国“Daubert”三部曲》，中国政法大学出版社2015年版，第9页。

[7] http://federalevidence.com/pdf/FRE_ Amendments/1975_ Orig_ Enact/1975 - Pub. L. _ 93 - 595 _ FRE. pdf，最后访问日期：2017年10月5日。

普通群众对第702条与之前盛行的Frye规则间到底有什么关系充满疑问，从字面理解第702条并没有吸收Frye规则，也没有直接否定Frye规则。这就导致在案件审理过程中，会出现不同法官根据自己的理解适用第702条或Frye规则。这种司法窘境在审理了1993年的“Daubert案”及之后两个相关案例后得以破解，并经过这三个经典案例形成了一套较为完整的专家证言采信规则。

（三）1993年的Daubert规则

“Daubert案”〔8〕是指1993年美国联邦最高法院审理的多伯特诉梅里尔·道药品公司一案。诉讼中原告为证明其人体先天不足是由于其母亲在怀孕期间服用过被告所售抗呕吐药引起的，向法庭提交了一份由八位行业资深专家根据流行病学研究成果再分析、体内及体外动物实验、对该抗呕吐药的化学分析而作出的孕妇服用该抗呕吐药会导致婴儿人体先天不足的证言；同时被告则提交了一份由一位流行病学家通过查阅涉及上万患者的几十种已发表的研究而总结出的目前尚无证据证实孕妇服用该抗呕吐药会导致婴儿人体先天不足的证言。

该案先前在加利福尼亚州南区法庭审理时，原告提出的专家证言由于所依据的方法和理论并未被所在科学领域普遍接受而没被采信。原告上诉后，联邦第九巡回法庭仍以科学证据的采信应适用普遍接受规则而维持原判。之后原告又向联邦最高法院提起上诉，最终联邦最高法院作出发回重审的裁决。裁决书中给出他们的理由：由于普遍接受规则中体现的严苛的证据采信标准与《美国联邦证据规则》体现的“放宽对意见证言之传统限制的一般方法”不符，且“美国联邦最高法院引用了曾参与起草《美国联邦证据规则》的委员会的报告人Edward Cleary教授的话：‘从原则上讲，根据《美国联邦证据规则》，并没有保留关于证据的普通法’。”〔9〕以此表示认同普遍接受规则已经被取代的观点。但这并不意味着法官可以不经审查便采信科学证据，第702条赋予了法官某些证据“守门人”责任，只有具备相关性和可靠性的证据才有被采信的可能。科学证据要能通过预备性评估，可帮助事实审理者更易理解证据或者裁决争议事实，使之具备相关性要求；科学证据还要依据科学方法和理论（最高法院认为第702条主要是审查科学证据背后的原理和方法，而非他们产生的结论），可进行证伪、反驳和验证，可评估错误率，已经过同行审查、已发表，或已被广泛接受，这些都是科学证据是否具备可靠性的相关考量因素，但非决定性因素。换言之，法官在判断科学证据是否可靠时有相当的灵活性。这就是最初形成的Daubert规则。

---

〔8〕 Daubert v. Merrell Dow Pharm., Inc., 509 U. S. 579 (1993).

〔9〕 王进喜编译：《证据科学读本：美国“Daubert”三部曲》，中国政法大学出版社2015年版，第IV页。

之后联邦最高法院又通过“Joiner 案”[10]和“Kumho 案”[11]这两个案例进一步完善了 Daubert 规则。在前一案中联邦最高法院表示，首先上诉法院应用“滥用自由裁量权标准”审查地区法院采信科学证据的决定是否合理合法，且上诉法院一般都要尊重地区法院的决定，除了地区法院在采信科学证据时存在明显的错误；再者地区法院在审查证据时不再仅仅是审查科学证据背后的原理和方法，还要考量出示的专家证言本身是否合理可信，如果结论不可信，所依据的原理和方法再可靠也不具可采信性。而在后一案中联邦最高法院则明确将 Daubert 规则的适用范围从狭义的科学知识拓展到技术、经验领域，使得 Daubert 规则能在更大范围内被适用，而且地区法院法官的守门员角色变得更加清晰和突出。

（四）2011 年最新修订的《美国联邦证据规则》第 702 条

《美国联邦证据规则》中的科学证据采信规则在 Daubert 规则两次发展后有了回应性的修订，并于 2000 年 12 月生效。这一次的修订明确规定，专家提供的证言或文献等需使案件审理者更易理解证据或者裁决争议事实外，还需要满足以下条件才有被采信可能：（1）专家证言所依据的应是充分的事实或数据；（2）专家证言应是可靠的规则和方法的产物；（3）专家需要可靠地运用此原则和方法于案件事实中。咨询委员会强调：这一次的修订并非旨在限制陪审团的权力，也不是允许对每一个专家的证言提出挑战，也不是排除专家基于经验作出的证言，也不是禁止采信基于专业领域内的竞争方法作出的证言，而且根据《美国联邦证据规则》第 702 条进行的可靠性调查并不一定意味着只考量单一因素。[12]

2000 年的第 702 条将科学证据的相关性和可靠性分开说明，2011 年的《美国联邦证据规则》第 702 条则是将二者同时列在四个项里。也就是说两个版本所表达科学证据的相关性和可靠性标准一样，但是语句风格有差异。[13]

三、对美国科学证据采信规则的评析

（一）科学证据采信规则于环境潜伏性毒物侵权诉讼之必要性

美国侵权诉讼中对于因果关系作了两分：事实上的因果关系和法律上的因果关

---

〔10〕 Joiner v. General Elec. Co., 522 U. S. 136 (1997).

〔11〕 Kumho Tire Co. v. Carmichael. 526 U. S. 137 (1999).

〔12〕 http://www.law.harvard.edu/publications/evidenceiii/rules/702.htm，最后访问日期：2017 年 10 月 5 日。

〔13〕 http://federalevidence.com/pdf/2011/04 - Apr/FRE.Restyling.4 - 26 - 11SCT，最后访问日期：2017 年 10 月 5 日。

系，就环境潜伏性毒物侵权诉讼看，事实上的因果关系就是证明被告的环境侵权行为与原告所受损害结果之间存在客观联系，这种判断不含任何的法律价值考量，而只是一种纯粹的事实判断；法律上的因果关系则是对被告是否承担侵权责任的确认。对于事实上的因果关系又二分为一般因果关系和个别因果关系，一般因果关系中原告要证明一般人群暴露在其所暴露的环境潜伏性毒物中也会发生同样的损害；个别因果关系中原告则需要证明该环境潜伏性毒物确实是引起其损害的原因。这种在普通侵权诉讼中较明了的因果关系证明，在环境潜伏性毒物侵权诉讼中显得尤为困难。一来这类侵权的损害结果具有较长的潜伏期，不管从证据很难再收集，甚至已经消失看，还是从外界其他因素介入使情况复杂看，这种长潜伏期容易割裂了环境潜伏性毒物与损害结果之间原先可能存在的因果关系；二来有些疾病与特定环境潜伏性毒物间的联系，这种极具科学难度的问题，甚至连医学家都不知道，何况是一般人群。这种特殊的侵权诉讼特点使得当事人和法官不得不放弃一般的诉讼证据思路，转而寻找拥有他们掌握之外的专业性极强的知识的人帮忙。所以科学证据对于这类特殊侵权诉讼的当事人至关重要，但是具备专业知识的专家提供证言是一个主客观并存的过程，主观上专家可能因为私利驱使等而提供不实的证言，客观上专家可能因为科学误差等而提供错误证言，所以如何辨别满足诉讼证明标准的科学证据显得尤为重要。一套合理合法的科学证据采信规则能帮助法官更理性地使用科学证据这把双刃剑，既实现当事人更易证明侵权间因果关系的目的，又保证法律的公平正义，树立法律权威。

（二）不同采信规则于环境潜伏性毒物侵权诉讼之适用

1. Frye 规则与环境潜伏性毒物侵权诉讼

在 Frye 规则之前，美国判例对环境潜伏性毒物侵权诉讼中如何采信科学证据无较统一的认识，所以当一个专家在法庭上提出这样的证据就会造成法官理解上的冲突。Frye 规则通过顺从科学团体的判断来解决这一冲突，当专家证言背后的理论和方法已经被专家领域广泛接受，则该专家证言具有可采性。[14]这种规则使得法官自己不用判断专家基于流行病学研究或者毒理学研究提供的证言内容是否可靠，而直接看证言所依据的原理或方法是否已被同领域的专家普遍接受，便可确认该专家证言能否用于环境潜伏性毒物侵权中的因果关系证明。然而这种证据采信方式对法官来说是便捷的，但对当事人来说证据的入门槛太高，很多新型的环境潜伏性毒物或者临床新发现的疾病要从科学角度考察其可能引发的临床反应或其真实病因，还要使这种考察过程中涉及的原理和方法得到所属领域专家的广泛接受，这很难实

〔14〕 Harvey Brown, Melissa Davis. Eight Gates for Expert Witnesses: Fifteen Years Later. 52Hours. Houston Law Review, 2014: 43.

现，而当事人也将因此失去原有的证据支持。

2. Daubert 规则与环境潜伏性毒物侵权诉讼

Daubert 规则弥补了 Frye 规则的不足，将“守门人”责任很大程度上从科学团体转移到了法官上。[15]法官被要求独立地判断专家提供证言过程中每一步的可靠性，包括其中的方法论、专家证言背后的事实、侵权事实与损害结果之间的联系等等。如果一个环境潜伏性毒物侵权诉讼当事人提供了一份由专家根据流行病学研究得来的证言，想要证明某一特定环境潜伏性毒物和他的疾病的发生之间联系的概率。那么法官再不能只根据 Frye 规则就可以决定专家证言是否可信，而只能视其为考量因素之一，还要考虑专家证言本身是否有效；专家在研究设计上是否受了当事人诉讼目的影响而有失偏颇；研究对象数量是否足够大，而且合理评估了误差；当损害结果可能是多因作用下产生的，是否能够明确排除混淆因素的影响等等。总之，虽然 Daubert 规则能在多大程度上适用于依据经验作出的专家证言我们尚不知，但是有一个优点我们已经看到：依据有限的观察工具和以经验为主的研究领域开始更严格地检验他们的科学假设和技术的熟练程度。[16]

3.《美国联邦证据规则》第 702 条与环境潜伏性毒物侵权诉讼

2011 年修订的《美国联邦证据规则》第 702 条给法官提供了四个明确的标准以审查科学证据的可采性。如果一个环境潜伏性毒物侵权诉讼的当事人向法庭提供了一份专家由动物研究得来的证据，这是一种比较有争议的实验室研究。法官确认这个证据确实有助于其理解证据或者裁决这起侵权诉讼中专业性强的争议事实外，还要考虑专家得此证据是否运用了可靠的原理和方法，由动物向人类推导时的数据是否充分又科学合理，且可靠地将之适用于案件的事实。如果法院认为通过动物研究得来的数据无法充分证明原告的疾病和特定暴露的物质有关，则原告需要从流行病学或临床研究等其他途径证明其中的因果关系。

四、美国科学证据采信规则对我国的启示

如前所述，凡是具备事实裁判者不具备的知识、技术、经验、训练或者教育背景，且利用这些作出有利于事实裁判者理解案件证据和裁决案件争议事实的证言的人都可以成为专家，其所作的证言都是专家证言。如果没有一套合法科学的采信规则，那么法官面对呈现在法庭上五花八门的专家证言无从辨别。既没法保证专家提供了合乎科学和诉讼证明标准的证言时能及时采纳，也没法保证专家由于一己私利

---

〔15〕 Faigman D L. The Daubert Revolution and the Birth of Modernity: Managing Scientific Evidence in the Age of Science. Social Science Electronic Publishing, 2013: 904.

〔16〕 刘晓丹：《论科学证据》，中国检察出版社 2010 年版，第 74 页。

或者研究方法不当等提供有失偏颇的证言时能明确排除。美国经近一个世纪在一系列判例中形成和完善了一套关于专家证言的采信规则，最终在《美国联邦证据规则》第702条完整体现。这很大程度上解决了美国关于环境潜伏性毒物侵权诉讼中专家证言采信规则不明的窘境，使得这类具有明显专业性和科技性特点的诉讼不再如烫手山芋般让法官畏惧。美国这一个世纪的经验值得我们借鉴，尤其是在我们尚未建立专门的环境潜伏性毒物侵权诉讼制度和科学证据制度的时候。

（一）我国环境潜伏性毒物侵权诉讼中科学证据采信规则的可行性分析

既然我们有需要建立环境侵权诉讼中科学证据的采信规则，那我们的法治环境是否允许建立呢？答案是肯定的，笔者将从理念、技术、制度三个角度分析建立该规则的可行性。

首先是理念支持，科学证据的采信规则不是英美法系的法治环境里才有的制度，我国民事诉讼正在经历现代化改革，民事诉讼模式正在经历转型，正从职权干预型诉讼模式向当事人主导型诉讼模式转化。法官要和诉讼当事人一起发现和认定案件事实，而不能一手包办。我们在此之前已经或借鉴或移植了不少其他种类证据的采信规则，而且司法实践也证明这对规范法官采信证据，适当约束法官自由裁量权，保障司法公正有着积极意义。这种积极建立科学诉讼程序，明确证据采信规则的理念为我们接下来建立科学证据的采信规则提供良好的基础。

其次是技术支持，如前所述，环境侵权诉讼所涉知识专业性很强，明确其污染成因、认定其损害结果、分配其举证责任、证明其因果关系都是非常复杂的，诉讼中被高频使用的鉴定意见与普通民事诉讼中的证据也差异甚多。但司法实践中已有地方较为成熟地利用专家帮助法官理性采信科学证据：2010年3月贵阳市中院公布了《贵阳市中级人民法院、清镇市人民法院关于大力推进环境公益诉讼、促进生态文明建设的实施意见》，其中明确规定法院在审理环境公益诉讼的时候，应视具体案件情况适时召开环保审判专家咨询委员会或聘请相关专家就案件涉及的污染行为认定、因果关系证明、损害结果确认等进行论证，充分听取专家意见，依照法律规定采信鉴定意见，依法作出公正判决。这种成熟的司法实践为我们在更大范围内建立利用专家咨询等形式帮助法官采信科学证据的制度提供了强大的技术支持。

最后是制度支持，2005年10月最高人民法院发布《人民法院第二个五年改革纲要》（2004—2008），其中第八点明确规定要规范对证据的技术审查工作，此项作为改革和完善诉讼程序制度的重要内容，为建立人民法院合法严谨地审查、采信科学证据规则提供了制度支持，也对探索、完善我国科学证据适用规则有着深远影响。还有2014年12月最高人民法院发布的《最高人民法院关于审理环境民事公益诉讼案件适用法律若干问题的解释》亦是如此，其中第15条也规定法院可以准许当事人申请有专门知识的人出庭针对已提交的鉴定意见、待证明的因果关系等专门性问题提出意见。

（二）建立我国环境潜伏性毒物侵权诉讼中科学证据采信规则的路径分析

从历史经验看，尽管如今美国在环境潜伏性毒物侵权中已经形成了一套行之有效的科学证据采信规则，但我们不能运用国家强制力简单地移植美国的法律制度。中国的法治之路必须注重利用中国本土的资源，注重中国法律文化的传统和实际。[17]但是美国环境潜伏性毒物侵权诉讼中体现的科学证据采信规则理念及其发展过程仍然为我们提供了宝贵的经验，笔者认为可以从以下几个方面着手，建立中国式环境潜伏性毒物侵权诉讼中科学证据的采信规则。

1. 对科学证据本身的审查

由于科学证据和民事诉讼上其他一般证据相比具有更强的科学性和技术性，法庭上对其审查不能拘泥传统的三性——客观性、关联性、合法性，笔者认为可以从以下三点入手。

（1）有益性

对科学证据的有益性审查包括两个方面，首先是确定其与案件事实相关，其二是其能帮助法官理解证据或者裁决案件的争议事实。具体来说，一般证据的相关性是指诉讼证据与案件的待证事实之间有客观的联系。这种相关性要求诉讼证据应该能够全部或者一部分地证明案件的有关事实是存在还是不存在。[18]而科学证据的相关性则是其进入实体领域的一张门票，指的是科学证据所反应的事实与案件事实存在实质或者逻辑上的关联。[19]相关性审查一方面将与案件事实相关的证据提交法庭，供法官参考，另一方面又将与案件事实无关的证据剔除在外，保证审判效率，提高司法公正。目前我国对科学证据的相关性审查缺乏可操作性，而《美国联邦证据规则》第401条给证据的相关性设置了两个条件：①这个证据有种使某一事实更可能或者更不可能存在的倾向，相比于没有这个证据时；②该事实决定了诉讼的结果。美国咨询委员会指出，相关性不是每一个证据项固有的特征，而是只存在于一个证据项与一个案件中待适当证明的事实间的一种联系。第401条将证据的相关性总结为一种使某一事实存在变得更可能或者更不可能的倾向，相比统一证据规则1（2）将相关性的关键归纳为“理性倾向”而言，前者的总结也许过分强调逻辑过程而忽略了借助经验或者科学去验证特定情况下的相关性判断所依据的一般规律的

[17] 苏力：《法治及其本土资源》，北京大学出版社2015年版，第3~6页。

[18] 江伟：《证据法学》，法律出版社1999年版，第210页。

[19] 张南宁：《科学证据基本问题研究》，中国政法大学出版社2013年版，第295页。

必要性。[20]美国的经验告诉我们，对于证据的相关性标准我们似乎无法给出一个严格而又明确的标准，但是可以肯定的是法官至少需要先判断证据会不会使任何一项影响案件诉讼结果的事实的存在变得更有可能或者更无可能，再利用自由裁量权评估其他有关证据相关性的问题。

在环境潜伏性侵权诉讼中，法官审查科学证据相关性的时候会同时考虑其帮助性，这是科学证据最主要的功能。在该类诉讼中往往会涉及的一些事项超过人们对一般生活经验的认识，法官需要通过蕴涵专门知识和特殊经验的科学证据来弥补自己在该问题上认识能力的不足。比如一个审理环境潜伏性毒物侵权案件的法官，需要一份流行病学研究（让专家对所假设的病因或流行因素进一步在选择的人群中发现疾病发生的条件和规律，验证其所提出的假说）[21]帮助自己理解证据或者判断案件事实，这就是证据的帮助性。再以鉴定意见为例，其帮助性就是当事人或者司法机关申请或者委托鉴定的前提，如果某案件事实在一个普通理性人的认知范围内，既亦在法官独立使用职权判断的范围内，则鉴定意见就没有帮助性。这种情况下开启鉴定程序，既是篡夺了法官的独立判断权，也浪费了诉讼资源。[22]

（2）可靠性

科学证据的可靠性本质上是与一个特定的判决环境联系，也因此和判决的目标或意图相联系。其核心内容是对被提供的专业知识真实性的关注，必然地还有对控制采信这种专业知识的规则的关注。这种真实性指的是产生专业知识实质上的真相或者规制性规则。[23]在诉讼中我们可以为辨别科学证据的可靠性设计一系列问题：首先是某一具体案件中专业知识指向的目标问题是什么？其二是某一具体案件中专业知识被用于主张什么？其三是我们可以从保证这份专业知识所指的特定主张具有可靠性的理性信仰中得到什么可利用的消息？最后是考虑到案件的类型、涉及的问题、案件的举证责任分配、运用到专业知识的问题所涉及的证据的证明标准，什么才是前述理性信仰保证应适用的确定且合适的标准？[24]

结合我国现有的规定看，可靠性主要是指科学证据所依据的理论和方法、技术是准确可靠的。《司法鉴定程序通则》第 32 条要求委托的鉴定事项完成后，司法鉴定机构可以指定专人对该项鉴定是否采用符合规定的技术标准和技术规范等情况进行复核。经过复核可以最大限度地保证鉴定所依据的理论和方法是可靠的，所用的

---

〔20〕 https：//www. law. cornell. edu/rules/fre/rule_ 401，最后访问日期：2017 年 10 月 5 日。

〔21〕 涂永前：《潜伏性毒物致害侵权问题研究》，知识产权出版社 2014 年版，第 154 页。

〔22〕 刘晓丹：《论科学证据》，中国检察出版社 2010 年版，第 123 页。

〔23〕 Dale A. Nance, Reliability and the Admissibility of Experts. Seton Hall Law Review, Vol. 34. 2003; pp. 193 – 194.

〔24〕 D. Michael Risinger, The Irrelevance , and Central Relevance, of the Boundary between Science and Non – Science in the Evaluation of Expert Witness Reliability. Villanova Law Review, Vol. 52. 2007; 720.

鉴定设备是完善的。《司法鉴定程序通则（试行）》第33条也明确规定，原鉴定使用的原理、方法或者仪器设备不当，导致原鉴定结论不科学、不准确的，可以进行重新鉴定。《最高人民法院关于民事诉讼证据的若干规定》第27条第1款第（三）项也规定鉴定意见明显依据不足的，应当准许重新鉴定。除此之外，对于科学证据背后的理论我们可以通过类似美国Daubert规则的检验标准，审查该理论是否已发表或被同行广泛接受、是否可反驳可验证等来评估该理论的可靠性。另外我们在检验鉴定操作规范性和设备完善性时可以采用质量确认标准。“质量确认标准是指规范实验操作和实验室管理的标准，它使任何一次的检验或操作的条件尽量保持一致，最大限度地控制与检验或操作目的无关变量的影响，只有这样才能保证对检验的结果进行分析和比较，它是鉴定结论正确、一致的可靠保证。”〔25〕这种多方面的审查有助于我们较全面地评估当事人提交的科学证据的可靠性。

（3）合法性

合法性是每种有效证据都需具备的特性，指用于认定案件事实的证据必须符合法律的规定。这一点对于以鉴定意见为主要形式的科学证据来说，便是审查其产生程序是否合法：

首先关于申请程序，《最高人民法院关于民事诉讼证据的若干规定》第25条规定：“当事人申请鉴定，应当在举证期限内提出。符合本规定第27条规定的情形，当事人申请重新鉴定的除外。对需要鉴定的事项负有举证责任的当事人，在人民法院指定的期限内无正当理由不提出鉴定申请或者不预交鉴定费用或者拒不提供相关材料，致使对案件争议的事实无法通过鉴定结论予以认定的，应当对该事实承担举证不能的法律后果。”其次关于启动程序，我国现行规定中包括两种方式，一个是法院依当事人申请启动，一个是法院自行启动。《民事诉讼法》第76条规定：“当事人可以就查明事实的专门性问题向人民法院申请鉴定。当事人申请鉴定的，由双方当事人协商确定具备资格的鉴定人；协商不成的，由人民法院指定。当事人未申请鉴定，人民法院对专门性问题认为需要鉴定的，应当委托具备资格的鉴定人进行鉴定。”最后是关于鉴定本身的过程，对于这一部分《司法鉴定程序通则》里有完整鉴定实施的规定。比如鉴定人应当回避的就要回避；鉴定人数应当符合规定（《司法鉴定程序通则》第19条〔26〕）；鉴定文书的书写要包含必备要素等等。这是关于鉴定意见合法性审查的内容，如果随着诉讼证据的不断发展，我们接受了更多形式的科学证据，我们对新形式证据的合法性审查也许会有具体程序上的不同，但是从内容上看不会脱离对证据主体合法、形式合法、取得方法合法、程序合法等几

---

〔25〕 方道茂：《司法鉴定结论科学性的采信标准》，载《法学杂志》2006年第6期。

〔26〕“司法鉴定机构对同一鉴定事项，应当指定或者选择二名司法鉴定人共同进行鉴定；对疑难、复杂或者特殊的鉴定事项，可以指定或者选择多名司法鉴定人进行鉴定。”

个主要方面的审查。

2. 对科学证据之外的审查

上述内容都是基于科学证据本身的审查，属于内在要求；下文则是基于科学证据之外、但又与科学证据的可采性紧密相关的内容的审查。包括以下两点：

（1）对科学证据作出者的可信度审查

以鉴定意见为例，这一点就是要求其一对鉴定主体进行鉴定资格审查，其二是鉴定主体执行此次鉴定的品性审查。对于第一点，根据现行规定，如果鉴定机构的资质不符合法律的相关规定或者鉴定委托事项超出鉴定机构的执业范围，再或参加鉴定的人不具有鉴定职业资格的，都属于鉴定主体不具有鉴定资格，鉴定意见将不予采纳。鉴定主体资格的确认存在两种基本原则：一种是鉴定人主义，一种是鉴定权主义。前者指的是有关法律或者权力机关并不明确规定哪些人或哪些机构具有鉴定人资格，并不将鉴定权固定地授予特定的人或机构。后者则指的是有关法律或者权力机关明确规定哪些人或者哪些机构具有鉴定主体资格，或者将鉴定权固定地授予特定的人或机构。我国现行的是鉴定权主义，所以对鉴定意见审查时就要看鉴定主体是否满足我国三大诉讼以及《司法鉴定机构登记管理办法》等的要求。

而对于鉴定主体的品性审查，主要看鉴定主体在鉴定中是否受个人因素和外部因素干扰。个人因素主要包括鉴定过程是否不当地掺杂了个人的喜好成见或者是个人私利，是否视鉴定过程中的不确定因素或者误差率不存在而不加以避免等；而外部因素则包括鉴定人是否受媒体炒作或者鉴定机构的影响，我们知道环境侵权中受害群体很广泛，受损利益有时也不可估量，一旦案件暴露在媒体下，各种新闻报道铺天盖地地袭来，这不仅会给法官带来舆论压力，也可能给鉴定人带来不当影响。

（2）对科学证据审查辅助者的准入审查

专家辅助人是指在科学、技术以及其他专业知识方面具有特殊的专门知识或经验的人员。[27]《民事诉讼法》第79条规定：“当事人可以申请人民法院通知有专门知识的人出庭，就鉴定人作出的鉴定意见或者专业问题提出意见。”《最高人民法院关于民事诉讼证据的若干规定》第61条规定：“当事人可以向人民法院申请由一至二名具有专门知识的人员出庭就案件的专门性问题进行说明。人民法院准许其申请的，有关费用由提出申请的当事人负担。审判人员和当事人可以对出庭的具有专门知识的人员进行询问。经人民法院准许，可以由当事人各自申请的具有专门知识的人员就有案件中的问题进行对质。具有专门知识的人员可以对鉴定人进行询问。”我国在法律和司法解释中都规定了专家辅助人制度，虽尚不完善，但足以见其重要性。法官和案件当事人对涉案专业问题了解有限，对提供鉴定意见的鉴定人的质询往往只停留在一些表面的程序问题上：如鉴定人的资格是否具备、鉴定结论所依据

[27] 邱爱民：《科学证据基础理论研究》，知识产权出版社2013年版，第284页。

的材料是否充分和真实可靠、鉴定的设备和方法是否完备和科学等，而对纯粹技术上的问题，既存在不知道怎么质询的情况，更存在鉴定人回答被质询的问题后法官和当事人无从判断虚实的情况。所以设立专业人出庭制度，一方面可以提高当事人对专门知识的认识能力，另一方面有利于法官对证据作出正确判断。〔28〕

既然专家辅助人对于法官采信科学证据有很大影响，那么对专家辅助人资格的审查也应纳入建立科学证据采信规则的考量里。目前我国民事诉讼中没有对专家辅助人资格审查应该考虑哪些因素有规定，但是《最高人民法院关于行政诉讼证据若干问题的规定》第48条规定："当事人对出庭的专业人员是否具备相应专业知识、学历、资历等专业资格等有异议的，可以进行询问。由法庭决定其是否可以作为专业人员出庭。"专家辅助人制度在三大诉讼中建立的目的是一样的，所以民事诉讼中审查专家辅助人的资格可以参照该规定。当然除此之外，法官还需用自由裁量权合理评估专家辅助人其他有关其资质的事项。

我国在环境潜伏性毒物侵权诉讼中有关科学证据的问题不仅仅是急需建立采信规则；还有扩大科学证据范围的问题，目前我们主要以鉴定意见为主要科学证据形式，2013年最高人民法院和最高人民检察院联合发布了《关于办理环境污染刑事案件适用法律若干问题的解释》第11条扩大了科学证据范围，包括了鉴定意见、检验报告或者是监测数据。〔29〕但这依然无法满足司法实践的需要，我们可以让鉴定机构多与高校、科研单位、大型企事业单位合作，在技术条件成熟且可接受较高的情况下逐步再扩大科学证据范围；还有科学证据运用的程序，包括审前开示、质证等。这些问题都有待于我们进一步明确，以更好地利用科学证据解决环境潜伏性毒物侵权中的复杂因果关系证明问题。

五、结语

很多时候由于环境潜伏性毒物侵权的潜伏期太长，受害人提起诉讼时往往囿于举证难而无法证明环境侵权行为和其受损害结果间的因果关系。对于一般的诉讼证据，确实经过这么长的时间或因时过境迁而无法收集，或即使能收集到也因后来介入因素过多而难以识别最初侵权行为的现今损害结果间的因果关系。故很多原告开始放弃一般诉讼证据思路转而寻找一些新奇的科学理论（科学证据）支持自己的

---

〔28〕李国光主编：《最高人民法院〈关于行政诉讼证据若干问题的规定〉释义与适用》，人民法院出版社2002年版，第305～306页。

〔29〕《最高人民法院、最高人民检察院关于办理环境污染刑事案件适用法律若干问题的解释》第11条规定，对案件所涉的环境污染专门性问题难以确定的，由司法机构出具鉴定意见，或者由国务院环境保护部门指定的机构出具检验报告。县级以上环境保护部门及其所属检测机构出具的检测数据，经省级以上环境保护部门认可的，可以作为证据使用。

主张。一些批评者将一些新奇的科学理论（并非全部）称为“垃圾科学”，并鼓吹在法庭中对所有的新奇理论设置障碍，重点审查它们的科学知识是否真实、可靠，且与案件相关与否。[30] 还有一些科学的忠实支持者则显得更为盲目地接受科学理论的证据能力。正因为科学证据的出现引起人们的热议，且其对环境潜伏性毒物侵权这种特殊侵权中复杂因果关系的证明有着普通证据无法替代的作用（当然前提是该科学证据是真实可靠），所以建立一套对科学证据采信的规则显得尤为重要。

文章的中心思想就是我们可以借鉴美国近一个世纪的经验，建立我国对科学证据的审慎审查规则。现今我们的司法实践中出现越来越多环境侵权案件，随之而来的是科学证据日益频繁地被适用于这类案件中，法官不仅需要从科学证据本身审查其有益性、可靠性、合法性，还要从跳出科学证据看科学证据提供者是否具备资格作证，是否本着科学理性原则作证。当法官一人无法确定地辨别涉案科学证据的证据能力，则需要专家辅助人提供意见以供参考，当然这个专家提供参考意见之前要先经过准入资格审查。所以关于科学证据的采信是涉及对该证据的多方审查，只有这样，我们才能保证这份真正发挥其科学性、可靠性帮助法官理解案件证据和判断案件事实。

---

〔30〕［美］吉恩·马基雅弗利·艾根著：《毒物侵权法精要》，李冰强译，南开大学出版社2016年版，第236～237页。

间接正犯理论的私法构造：提供第三方插件行为侵犯软件修改权的证成*

石冠彬**

目　次

一、扣扣保镖事件回顾及问题的再思考

2010年10月29日，北京奇虎科技有限公司、奇智软件（北京）有限公司（以下简称奇虎公司）针对腾讯科技（深圳）有限公司、深圳市腾讯计算机系统有限公司（以下简称腾讯公司）的QQ软件专门开发了"360扣扣保镖"软件，在相关网站上宣传扣扣保镖软件全面保护腾讯QQ软件用户安全，并提供下载。[1]腾讯QQ软件用户安装扣扣保镖软件后，该软件则会自动对QQ软件进行体检，并以红色

* 基金项目：本文获海南大学高层次人才科研启动基金项目资助，项目编号：kyqd（sk）1713。

** 海南大学法学院教授、硕士生导师，国家2011司法文明协同创新中心南方基地研究人员。

[1] 准确而言，本文所涉及到的"360扣扣保镖软件"由北京奇虎科技有限公司开发、奇智软件（北京）有限公司正式发行，下载的链接即在北京奇虎科技有限公司运营的网站www.360.cn上；而腾讯科技（深圳）有限公司为QQ软件著作权人，深圳市腾讯计算机系统有限公司为QQ软件实际控制人，两公司共同运营QQ即时通信软件。参见最高人民法院（2013）民三终字第4号民事判决书以及最高人民法院（2013）民三终字第5号民事判决书。

字体警示用户 QQ 存在严重的健康问题，以绿色字体提供一键修复帮助，用户选择一键修复时扣扣保镖软件则会直接禁止 QQ 软件 31 个插件中的 11 个运行，同时将“没有安装360 安全卫士，电脑处于危险之中；升级 QQ 安全中心；阻止 QQ 扫描我的文件”列为危险项目。查杀 QQ 木马时，显示“如果您不安装 360 安全卫士，将无法使用木马查杀功能”，并以绿色功能键提供 360 安全卫士的安装及下载服务；经过一键修复，扣扣保镖将 QQ 软件的安全沟通界面替换成扣扣保镖界面。〔2〕作为反击措施，腾讯公司宣布奇虎公司开发的 360 杀毒软件与腾讯 QQ 软件不兼容，用户只能选择其一，最终因为国家相关职能部门的介入，才调停了这场被称为“3Q 大战”的纷争（亦称扣扣保镖事件）。该场争端牵扯到诸多法律问题，专家们的看法也大相径庭，腾讯公司与奇虎公司也分别就是否存在不正当竞争、是否存在滥用市场支配地位等诉诸法院，最终均由最高人民法院做出相应的终审判决。〔3〕

就本文所探讨的第三方插件与软件修改权关系而言，扣扣保镖事件可以简单概括如下：奇虎公司未经腾讯 QQ 软件这一软件著作权人的同意，擅自提供给腾讯 QQ 软件合法复制品所有人（即广大 QQ 软件用户）一款可禁用 QQ 软件自带插件的扣扣保镖软件，这一行为是否侵犯到 QQ 软件著作权人的软件修改权？对此，本文拟首先对第三方插件与软件修改权的法律属性予以界定，在考察提供第三方插件行为的理论研究和司法实务立场的基础上，阐释认定提供第三方插件行为构成侵权的必要性以及可行性，最终提出参照刑法学“间接正犯理论”在民事侵权理论中构建“工具性侵权理论”，从而将“利用他人合法行为实施侵权”认定为独立的侵权类型。

二、第三方插件与软件修改权的内容及法律属性

（一）第三方插件的内涵及法律属性

“插件，也称为扩展，是一种遵循一定规范的应用程序接口编写出来的程序，主要是用来扩展目标软件。”〔4〕换言之，“插件是一个具有独立功能的二进制文件，主要用来扩充主程序的功能，可以自由调入和退出，插件存在与否，都不会影响主

---

〔2〕 参见最高人民法院（2013）民三终字第 5 号民事判决书。

〔3〕 “北京奇虎科技有限公司诉腾讯科技（深圳）有限公司、深圳市腾讯计算机系统有限公司滥用市场支配地位纠纷案”，参见最高人民法院（2013）民三终字第 4 号民事判决书；“北京奇虎科技有限公司等与腾讯科技（深圳）有限公司等不正当竞争纠纷上诉案”，参见最高人民法院（2013）民三终字第 5 号民事判决书。

〔4〕 周洪涛、单晓光：《第三方插件与软件著作权保护——以珊瑚虫版 QQ 案为视角》，载《东方法学》2008 年第 5 期。

程序的运行。”[5]由此可见，虽然我国现行《计算机软件保护条例》对插件的内涵并未予以界定，但对于插件这个程序并非独立发挥功能、其具有从属性这一点并不存在争议。概言之，插件即一个从属于主程序软件的计算机程序，主程序软件也称为目标软件或宿主软件（本文以下对于第三方插件所依附的软件统称主程序软件）。[6]

1. 第三方插件的内涵

就第三方插件而言，有观点主张此处的“第三方”是相对于主程序软件著作权人以外的组织或个人而言的，其内涵等同于前述“插件”，[7]即第三方插件中的“第三方”是相对于软件著作权人与软件用户作为第一方和第二方而言的。[8]本文认为这一界定虽然从整体上把握了第三方插件的内涵但并不周延，因为插件根据开发者的不同应分为三种类型：第一，主程序软件著作权人开发的插件；第二，主程序软件用户开发且仅限于自身使用的插件；第三，主程序软件著作权人和软件用户之外的第三方开发且提供给开发者之外的人所使用的插件。[9]上述第三种类型的插件即本文所称的第三方插件，其具有依附于主程序软件发挥效能的从属性特征，其开发者不能是主程序软件的著作权人，但可以是主程序软件合法复制品的所有人（即主程序软件用户）；但当主程序软件合法复制品的所有人是插件开发者时，只有当插件使用者是开发者之外的其他主程序软件合法复制品的所有人时方可称其为第三方插件。

除此之外，因为本文意在探讨提供第三方插件是否可能侵犯主程序软件修改权的问题，所以本文所探讨的第三方插件限定为未经主程序软件著作权人同意而开发的插件，且该插件必须是尚未结合主程序软件的独立软件，同时使用该插件必须具备改变主程序软件代码化指令序列的功能。[10]

2. 第三方插件的法律属性

就本文所界定的第三方插件的法律属性而言，学界的争论主要集中在是否可将其等同于“外挂”这一点上。根据维基百科的定义，插件又译为“外挂”，均是通过与应用程序（如网页浏览器、电子邮件服务器）在运行中的互动来替应用程序增

---

[5] 于珊珊：《软件插件技术及其应用研究》，载《电脑学习》2007年第4期。

[6] 类似诸如主程序也称为宿主程序的表述，参见周天汉：《第三方插件侵犯著作权问题研究》，载《安庆师范学院学报（社会科学版）》2012年第1期。

[7] 参见齐爱民、周伟萌：《第三方软件法律问题剖析——从“腾讯与360之争”谈起》，载《法学杂志》2011年第11期。

[8] 参见袁彬：《从珊瑚虫QQ案谈第三方插件的性质及刑法保护》，载《国家检察官学院学报》2008年第4期。

[9] 参见姚志伟、刘润涛：《第三方插件与宿主软件著作权问题探讨——兼评腾讯与奇虎之争》，载《知识产权》2011年第3期。

[10] 参见《计算机软件保护条例》第2条、第3条，以及第8条关于“修改权”的规定。

加特定功能的软件。[11]换言之，有观点认为插件的内涵本身就等同于“外挂”，只是表述的不同而已，[12]司法实务中也曾有类似主张。[13]

在“扣扣保镖事件”出来后，瑞星杀毒软件曾发布独立的第三方报告，认定扣扣保镖软件还存在屏蔽QQ软件升级、劫持腾讯浏览器、屏蔽QQ启动的特定进程列表、备份并恢复QQ软件等4个隐藏功能，从而认定该软件具有注入其他进程、修改主程序软件正常功能运行方式的外挂特性，也即该第三方插件属于“外挂”。[14]但这一定性过于笼统，前已述及的我国现行《计算机软件保护条例》对于“外挂”虽然也没有明确的界定，但我国相关行政性规范将“外挂”等同于网络游戏的第三方插件并予以明文禁止。[15]从这一角度来考量，本文主张类似扣扣保镖这样的第三方插件并不等同于狭义上的“外挂软件”（即网络游戏插件），因为腾讯QQ软件并不等同于网络游戏软件而属于即时通信工具，但其确实属于广义上的“外挂”（即插件）。

（二）软件修改权的内涵及法律属性

前述《计算机软件保护条例》第8条第3款明确规定：“修改权，即对软件进行增补、删节，或者改变指令、语句顺序的权利。”概言之，软件的修改即指对于软件已设定程序的更改，只要是对软件所自带的程序功能进行了变更，即可认定修改了软件。对于软件修改权，有两个问题需要予以解决：第一，软件修改权是否包含“自用权”这一权能在内？第二，软件修改权属于著作权中的人身性权利还是财产性权利？

1. 软件修改权的内涵

对于软件修改权的内涵这一问题，争议主要在于是否包含“自用权”这一点上。学界一般认为著作权中的修改权包含了“自用权”和“禁止权”两个方面的

---

〔11〕 参见徐彦冰：《论软件修改权在第三方插件侵权中的适用——兼评〈著作权法（修订草案送审稿）〉第13条第3款第8项》，载《交大法学》2015年第1期。

〔12〕 参见齐爱民、周伟萌：《第三方软件法律问题剖析——从“腾讯与360之争”谈起》，载《法学杂志》2011年第11期。

〔13〕 在“腾讯科技（深圳）有限公司诉陈寿福著作权侵权及不正当竞争纠纷案”中，腾讯就曾主张陈寿福开发的“珊瑚虫增强包”属于“外挂”，参见北京市海淀区人民法院（2006）海民初字第25301号民事判决书。

〔14〕 参见《瑞星第三方研究报告：360扣扣保镖为何激怒腾讯》，http：//it. souhu. com/20101105/n277162399. shtml，最后访问日期：2017年8月4日。

〔15〕 新闻出版总署、信息产业部、国家工商行政管理总局、国家版权局、全国“扫黄”“打非”工作小组办公室 五部门所发布的《关于开展对“私服”“外挂”专项治理的通知》中指出：“‘私服’、‘外挂’违法行为是指未经许可或授权，破坏合法出版、他人享有著作权的互联网游戏作品的技术保护措施、修改作品数据、私自架设服务器、制作游戏充值卡（点卡），运营或挂接运营合法出版、他人享有著作权的互联网游戏作品，从而谋取利益、侵害他人利益。‘私服’‘外挂’违法行为属于非法互联网出版活动，应依法予以严厉打击。”

内容，前者指著作权人有权利用自己的智力成果，后者指他人修改作品必须经过著作权人的授权。[16]但有论者主张著作权中的专有权利应该理解为“禁止权”而非“自用权”，从而主张软件修改权并非指软件著作权人有权修改自己的作品，而只能理解为软件著作权人有权禁止他人未经自己许可而擅自修改作品。[17]准确来说，该论者主张的是知识产权权能不包含自用权在内，即知识产权的权能本质上在于禁止他人实施侵权行为而非权利人自身行使权利。原因是：首先，特定作品的著作权人在《著作权法》颁布之前，也同样可以复制、表演自己的作品，但此时并不存在著作权法意义上的复制权和表演权，故著作权包含自用权的权能这一结论是经不起推敲的；其次，现行《著作权法》对于违禁作品肯定其也有著作权但是依法禁止著作权人将该类作品进行出版、传播，如果认为著作权包含自用权的内容，则意味着违禁作品的著作权人仍能行使发行之类权利，这与现行立法相悖，但将知识产权理解为仅包含禁止权则上述悖论可迎刃而解。[18]

对此，本文认为著作权之类知识产权权能包含“自用权”和“禁止权”两大权能这一论断并不存在上述论者所言的逻辑悖论。其原因为：首先，虽然知识产权相对于传统物权之类而言具有更多的政策性的立法特性，但这并不意味着凡是知识产权立法之前作者已经在日常生活中行使的权利就不能被立法所吸收，这两者在逻辑上是自洽的，知识产权的相关立法对公众所公认的权能加以肯定并无不妥之处；其次，虽然现行《著作权法》第4条对违禁作品的著作权行使加以了限制，但这并不能成为认定知识产权权能不包含“自用权”的结论，基于国家利益与公共利益的考量，立法限定乃至剥夺知识产权人的“自用权”并无不妥之处，这跟知识产权是否包含“自用权”这一权能无任何联系，以此否定知识产权权能包含“自用权”这一结论难以令人信服。相反，一项民事权利的存在就意味着权利人自己可以行使相应权利同时以此对抗他人侵权，此乃权利理论的基本要求之所在，也符合公众对于权利的普遍理解。[19]是故，认定软件修改权含了自用权以及禁止权的双重权能这一结论显然是更为妥当的。

---

〔16〕 相关论述，参见吴汉东主编：《知识产权法》，法律出版社2011年版，第74页；参见冯晓青：《著作权法》，法律出版社2010年版，第88页。

〔17〕 参见王迁：《论软件作品修改权——兼评“彩虹显案”等近期案例》，载《法学家》2013年第1期。

〔18〕 参见王迁：《知识产权法学教程》，中国人民大学出版社2016年版，第8~9页；参见王迁：《论软件作品修改权——兼评“彩虹显案”等近期案例》，载《法学家》2013年第1期。

〔19〕 当然，权利包含这两个层面的结论在财产权中一般不存在什么争议，至于人身权是否也可以这样表述则是值得探讨的，比如生命权的概念若成立，我们似乎并不能说自然人有权结束自己的生命，这存在一个伦理性的判断问题。

2. 软件修改权的法律属性

对于软件修改权究竟属于人身权利还是财产权利这一点，学界也存有争议：有观点认为《计算机软件保护条例》是《著作权法》的特别法，从法条设置的位置来看，软件修改权自然与《著作权法》中的修改权是保持一致的，所以其自然应当归属为人身权利，也即软件修改权所保护的不是著作权人的财产性利益而是精神性权利。[20]司法实务一般也持该立场：在曾经轰动一时的“彩虹显案”中，两级法院也先后认定修改权属著作人身权的范畴；[21]在“珊瑚虫 QQ 案”的刑事程序中，法院也将《计算机软件保护条例》中所规定的“软件修改权”作为《著作权法》第10 条“修改权”的具体规定加以对待，也即将其认定为人身权利。[22] 但是对于软件修改权的法律属性这一问题，本文认为软件修改权宜认定为财产性权利：

首先，软件修改权的可让与性不符合著作人身权的特征。我国《著作权法》第10 条区别了人身权利和财产权利，并明确了只有财产权利方能转让，但是《计算机软件保护条例》并未区分这两者而是统一规定计算机软件上的权利均能转让。不仅如此，《计算机软件保护条例》还明确了软件合法复制品所有人享有必要修改权，这与人身权利不能转让的现行规定显然是不相一致的。

其次，软件修改权的域外立法例均将其规定为财产性权利。《伯尔尼公约》第 12 条被公认为所规定的是“演绎权”，欧共体 1991 年的《计算机程序保护指令》第 4 条则采用了相同的用语，也就是说《计算机程序保护指令》第 4 条规定的也是“演绎权”，而该条文就将计算机程序的改动归入了计算机软件著作权人的“演绎权”之中。《计算机程序保护指令》是我国制定《计算机软件保护条例》时的重要参考，由此可知软件修改权在法律属性上乃著作财产权利中的“演绎权”。[23]

最后，我国现行《著作权法》与《计算机软件保护条例》在权利事项的列举中，将修改权置于相同的地位，似乎暗示软件修改权就是对应著作权修改权的精神

---

[20] 参见田恬：《第三方软件提供者著作权侵权问题研究》，华东政法大学 2014 年硕士学位论文；参见齐爱民、周伟萌：《第三方软件法律问题剖析——从“腾讯与 360 之争”谈起》，载《法学杂志》2011 年第 11 期；参见袁彬：《从珊瑚虫 QQ 案谈第三方插件的性质及刑法保护》，载《国家检察官学院学报》2008 年第 4 期。

[21] 参见湖北省武汉市江岸区人民法院（2009）岸知民初字第 4 号民事判决书；参见湖北省武汉市中级人民法院（2011）武知终字第 00006 号民事判决书。

[22] 参见深圳市中级人民法院（2008）深中法刑二终字第 425 号刑事判决书。

[23] 参见王迁：《论软件作品修改权——兼评“彩虹显案”等近期案例》，载《法学家》2013 年第 1 期。

性权利。[24]又基于修改权与保护作品完整权之间的关系，[25]不仅理论界有论者倾向于从修改权和保护作品完整权两个角度一并来探讨第三方插件的侵权问题，[26]司法实务中亦如此。[27]但是，立法之所以规定著作人身权的理由在于相关权利可能涉及作者的声誉问题，而软件修改权的行使与作者的声誉并无关联。[28]是故，我国立法已经实行自我纠错，著作权法的修改草案已经明确采纳软件修改权定性为财产权的立场，由国家版权局2012年10月公布的《中华人民共和国著作权法（修改草案第三稿)》第11条第3款第（8）项加以了确认，也就是最新立法动态认为“改编权”包含了“对计算机程序进行增补、删节，改变指令、语句顺序或者其他变动的权利”。

综上所述，将软件修改权界定为财产性权利是较为妥当的。[29]

三、提供第三方插件行为如何定性的理论与实务立场

根据我国《计算机软件保护条例》第16条第（3）项的规定，软件的合法复制品所有人拥有“为了把该软件用于实际的计算机应用环境或者改进其功能、性能而进行必要的修改”这一法定权利，该条款同时规定除非合同另有约定，否则上述软件的合法复制品所有人在未经该软件著作权人的许可时不得向任何第三方提供修改后的软件。概言之，我国现行行政法规赋予了软件合法复制品所有人以法定修改权，只要软件用户没有将修改后的软件提供给第三方，那么修改软件的行为本身就

〔24〕 参见阮开欣：《软件修改权对于第三方软件的适用问题——以美国司法实践为借鉴》，载《中国版权》2012年第5期。

〔25〕 学界多认为修改权与保护作品完整权只是一个权利的两个侧面，侵犯修改权往往会侵犯保护作品完整权，参见郑成思：《版权法》，中国人民大学出版社1999年版，第147页；参见胡康生主编：《中华人民共和国著作权法释义》，法律出版社2002年版，第44页。

〔26〕 参见袁彬：《从珊瑚虫QQ案谈第三方插件的性质及刑法保护》，载《国家检察官学院学报》2008年第4期。

〔27〕 如在扣扣保镖事件中，腾讯公司在与奇虎公司的不正当竞争纠纷中，腾讯公司即认为奇虎公司提供的扣扣保镖软件使腾讯公司的“产品和服务的完整性和安全性遭到严重破坏”（即QQ软件系统的完整性)，而《计算机软件保护条例》只规定了修改权而未规定保护作品完整权，腾讯公司的这一主张本质上就是将修改权和保护作品完整权等同，从而主张奇虎公司这一行为是对腾讯公司修改权的破坏；而奇虎公司在抗辩中只是主张“根据《计算机软件保护条例》第十六条规定，软件的合法复制品所有人有权为了改进其功能、性能而进行必要的修改。因此，软件用户有权对QQ软件进行修改，而扣扣保镖协助用户实现该权利显然不构成著作权意义上的‘破坏软件完整性’。”参见最高人民法院（2013）民三终字第5号民事判决书。

〔28〕 参见阮开欣：《软件修改权对于第三方软件的适用问题——以美国司法实践为借鉴》，载《中国版权》2012年第5期。

〔29〕 关于软件修改权应当属于著作财产权中“改编权”的其它论证，参见张佳佳：《论软件修改权》，华东政法大学2013年硕士学位论文。

不会构成侵权。

也正是因为这一条款的存在，理论界与实务界对于单纯提供第三方插件行为是否侵犯软件修改权存在激烈的争论。

（一）“不侵犯软件修改权”的主张及理由

“不侵权论”的立场即“制作并提供‘修改工具’者只要未提供修改后的软件，也未教唆或帮助直接侵权，其行为并不直接或间接侵犯‘修改权’。”〔30〕支持该观点的论证主要从如下几方面进行：

首先，第三方插件是独立于主程序软件外的软件，所以开发、提供第三方插件的行为并不直接修改主程序软件，故即使提供第三方插件的行为导致主程序软件著作权人遭受了严重的损失，也不能就此认定该行为构成“直接侵权”。换言之，诸如“360 扣扣保镖”之类第三方插件，因为没有直接修改主程序软件，故并不侵犯主程序软件的著作权。〔31〕

其次，我国现行立法虽未明文使用“间接侵权”的概念，但是最高人民法院早在《关于贯彻执行〈民法通则〉若干问题的意见》第 148 条就明确规定了“教唆、帮助他人实施侵权行为”也属于侵权行为，最高人民法院《关于审理设计计算机网络著作权纠纷案件适用法律若干问题的解释》第 4 条及《侵权责任法》第九条对此也均有规定。根据“间接侵权”的基本理论，行为人故意教唆、帮助他人实施直接侵权行为的，则属于共同侵权，行为人需要与侵权者承担连带责任。〔32〕是故，只要第三方插件的使用行为可以评价为侵权行为，则提供者的行为自然可以评价为“教唆、帮助”的“间接侵权”，因为其提供就意味着教唆、帮助主程序软件用户实施相应修改行为。但是，前述《计算机软件保护条例》第 16 条第（3）项赋予了软件合法复制品所有人以法定必要修改权，所以教唆、帮助其使用该第三方插件的行为也难以评价为“间接侵权”。〔33〕也就是说，即使第三方插件行为修改了主程序软件的代码，属于对主程序软件的修改行为，只要主程序软件用户的使用行为属于法定必要修改权的行使，则使用行为并不属于侵权，提供第三方插件的行为也就

〔30〕 王迁：《论软件作品修改权——兼评“彩虹显案”等近期案例》，载《法学家》2013 年第 1 期。

〔31〕 参见齐爱民、周伟萌：《第三方软件法律问题剖析——从“腾讯与 360 之争”谈起》，载《法学杂志》2011 年第 11 期。

〔32〕 参见王迁：《论“网络传播行为”的界定及其侵权认定》，载《法学》2006 年第 5 期。

〔33〕 参见田恬：《第三方软件提供者著作权侵权问题研究》，华东政法大学 2014 年硕士学位论文，第 30～32 页。对此，有律师认为提供用以修改软件的程序或插件的行为可以被视为“帮助侵行为”，但这一结论显然是不妥当的，具体参见《周宾卿称：扣扣保镖确系侵权行为》。http：//www. donews. com/net/201309/1601589. shtm，最后访问日期：2017 年 8 月 4 日。

难以评价为侵权。〔34〕

最后，由《计算机软件保护条例》第16条可知，享有必要修改权的唯一限制是不允许软件合法复制品的所有人私自将修改过的软件交给别人。所以，当第三方插件的提供者只是将获取链接放在网站上，软件合法复制品所有人必须自行下载并安装、运行，实际的修改行为可谓与提供者并无关联。而我国现行法律对提供第三方插件的行为又无明文规定，将其定性为侵权行为明显缺乏法律依据，为了保障公民的行为自由，根据私法领域“法无禁止即可行”的基本理念，不宜将法律做扩大解释，不应认定提供第三方插件是对宿主软件著作权的侵犯。〔35〕

就我国目前的司法实务而言，第三方插件提供者也多从用户享有法定必要修改权着手主张自身行为的合法性，奇虎公司就曾就扣扣保镖软件提出如下抗辩：“根据《计算机软件保护条例》第16条规定：“软件的合法复制品所有人有权为了改进其功能、性能而进行必要的修改。”因此，软件用户有权对QQ软件进行修改，而扣扣保镖协助用户实现该权利显然不构成著作权意义上的‘破坏软件完整性’。”〔36〕在扣扣保镖事件发生后，也有多名律师发表了类似观点。〔37〕

（二）“侵犯软件修改权”的主张及理由

就提供第三方插件行为构成侵权而言，有论者直接提出“软件的开发、传播和使用，应当建立在充分尊重他人知识产权的基础上，未经许可擅自行使软件著作权人的著作权利或妨碍软件著作权人正当行使权利，都构成对他人著作权的侵犯。”〔38〕也有论者在没有解释理由的情况下做出了“‘珊瑚虫工作室’的‘腾讯QQ珊瑚虫增强包’虽然增加了腾讯QQ的功能，但同时它对腾讯QQ原来所具有的广告、搜索功能进行删除。因此，从民事的角度，‘珊瑚虫工作室’的‘腾讯QQ珊瑚虫增强包’对腾讯QQ构成民事侵权是肯定的。”〔39〕

就提供第三方插件构成侵权的说理论证而言，从现有法律规定出发进行论证的

---

〔34〕参见姚志伟、刘润涛：《第三方插件与宿主软件著作权问题探讨——兼评腾讯与奇虎之争》，载《知识产权》2011年第3期。

〔35〕参见陈晓东：《第三方插件侵犯软件修改权的法律认定》，西南政法大学2014年硕士学位论文。

〔36〕参见最高人民法院（2013）民三终字第5号民事判决书。

〔37〕参见崔纽藏：《律师认为“扣扣保镖”与珊瑚虫QQ有本质区别》，http：//www.360doc.com/content/10/1111/00/607082_68370759.shtml，最后访问日期：2017年9月18日；参见熊立：《律师称360扣扣保镖针对QQ不涉及侵权》，http：//tech.163.com/10/1029/13/6K5Q7T8D000915BF.html，最后访问日期：2017年9月18日。

〔38〕夏露：《第三方软件侵犯主程序软件修改权及构成不正当竞争的法律认定——彩虹显IP软件侵犯QQ软件著作权及不正当竞争纠纷案评析》，载《科技与法律》2012年第4期。

〔39〕袁彬：《从珊瑚虫QQ案谈第三方插件的性质及刑法保护》，载《国家检察官学院学报》2008年第4期。

主要有如下两种思路：1. “兜底条款侵权解释论”。因为现行《计算机软件保护条例》第8条在列举了具体的八项权利之后，规定了第（9）项兜底权利，即“应当由软件著作权人享有的其他权利”。[40]所以该论者主张根据《计算机软件保护条例》第8条的“兜底性权利条款”来认定提供第三方插件行为构成侵权，实际上即将“提供具有修改主程序软件功能的第三方插件”视为《计算机软件保护条例》第8条所没有明文列举的独立权利。2. “法定必要修改权但书条款的扩大解释论”。笔者曾提出可将前述《计算机软件保护条例》第16条的“法定必要修改权但书条款”做扩大解释，也即该条款第（3）项“……，未经该软件著作权人许可，不得向任何第三方提供修改后的软件”应当包含“不得向任何第三方提供用于修改主程序软件的插件的行为”在内，从而将提供第三方插件的行为扩大解释为上述但书条款中的“提供修改后的软件”这一行为。这一解释结论是从提供第三方插件的实际效果来判断的，因为“软件合法复制品所有人得到用于修改主程序软件的插件”与“软件合法复制品所有人直接得到修改后的软件”两者之间并不存在实质差异。[41]

就我国司法实务而言，与扣扣保镖事件这一提供第三方插件纠纷最为相似的就是2008年曾出现的“彩虹显”软件。在该案中，一审法院认定彩虹显IP软件属于腾讯QQ软件的插件，其在运行过程中可修改腾讯QQ软件目标程序、破坏腾讯QQ隐IP、隐身等功能，恶意开发、传播该软件就侵犯了原告腾讯科技（深圳）有限公司的著作权之修改权。[42]二审法院也支持了一审法院的判决结果，其认为彩虹显IP软件所改变的正是QQ软件目标程序中必备的相关代码、指令及其顺序，而正是由于彩虹显软件修改了QQ软件目标程序，才导致QQ软件的部分功能缺失或发生变化，故针对腾讯QQ软件开发彩虹显IP软件的行为侵犯了QQ软件著作权人腾讯科技公司对其软件作品的修改权。[43]很显然，该案的裁判结果是基于一种价值判断而做出的，其并没有解释为什么在软件用户有权修改主程序软件的情况下，提供用于修改插件的行为会构成侵权。也正因此，前已述及的论者针对该案进行评析时，单纯的制作并提供“修改工具”的行为并不构成件侵权。[44]

---

〔40〕参见周洪涛、单晓光：《第三方插件与软件著作权保护——以珊瑚虫版QQ案为视角》，载《东方法学》2008年底5期。

〔41〕参见江海，石冠彬：《论第三方插件与软件著作权保护——以扣扣保镖事件为视角》，载《中国矿业大学学报（社会科学版）》2012年第4期。

〔42〕参见武汉市江岸区人民法院（2009）岸知民初字第4号民事判决书。

〔43〕参见湖北省武汉市中级人民法院（2011）武知终字第00006民事判决书。

〔44〕参见王迁：《论软件作品修改权——兼评“彩虹显案”等近期案例》，载《法学家》2013年第1期。

四、认定提供第三方插件行为侵犯软件修改权的必要性与可行性

（一）提供第三方插件行为认定为侵权行为的必要性

早在“珊瑚虫QQ案”发生之后，就有论者指出“对于仅提供第三方插件的这种行为，如果不加以约束和限制，显然对原软件著作权人是不公平的，因为第三方插件经用户下载打包后，改变了原软件的功能，可能删除或更换原软件广告，可能会损害原软件著作权人的利益。”[45]以扣扣保镖为例，单“过滤QQ广告”这一项功能就能给腾讯造成重大经济损失。

与此同时，不经软件著作权人同意肆意提供第三方插件的行为明显违背了软件著作权人的意志，如果不对该类行为进行规制，很容易打击软件开发者的积极性，最终不利于整个民族在软件行业的开发、创新。我国现行《计算机软件保护条例》第16条赋予软件合法复制品所有人以法定必要修改权，这是《著作权法》合理使用制度的延伸；而基于软件著作权人合法权益保障及软件用户权益的平衡考量，该条款在法定必要修改权的规定后明确禁止软件合法复制品所有人向他人提供修改后的软件复制品。从立法目的和理由来看，法律是不会允许软件合法复制品所有人擅自提供第三方插件的。是故，前述有论者主张“软件的开发、传播和使用，应当建立在充分尊重他人知识产权的基础上，未经许可擅自行使软件著作权人的著作权利或妨碍软件著作权人正当行使权利，都构成对他人著作权的侵犯。”[46]

此外，相对于2006年引发著作权与不正当竞争纠纷、2008年涉嫌侵犯著作权罪的“珊瑚虫QQ案”，[47]扣扣保镖类第三方插件提供者的主观仍具有非难谴责性。在珊瑚虫QQ案中，被告人陈某除了提供“QQ珊瑚虫增强包”这一第三方插件之外，还直接提供了加载该插件后的珊瑚虫版QQ程序，直接违反了前述《计算机软件保护条例》第16条“不得提供修改后的软件”这一规定。应该说，第三方插件开发者直接提供经过修改的加载插件的主程序软件和单纯提供插件的行为在本质上是一致的，行为人实施这两个行为主观上也均对软件用户使用修改后的主程序软件持积极态度。从某种层面上而言，单纯提供第三方插件的行为意图借助软件合法复制品所有人的法定修改权而逃避责任，其主观上更值得谴责。前已述及的

---

[45] 周洪涛、单晓光：《第三方插件与软件著作权保护——以珊瑚虫版QQ案为视角》，载《东方法学》2008年第5期。

[46] 夏露：《第三方软件侵犯主程序软件修改权及构成不正当竞争的法律认定——彩虹显IP软件侵犯QQ软件著作权及不正当竞争纠纷案评析》，载《科技与法律》2012年第4期。

[47] 参见北京市海淀区人民法院（2006）海民初字第25301号民事判决书；参见深圳市中级人民法院（2008）深中法刑二终字第425号刑事判决书。

“彩虹显案”就发生在“珊瑚虫案”之后，该案中的行为人即只实施了提供第三方插件的行为，最终两级法院均认定提供“彩虹显”这一插件的行为侵犯了 QQ 软件的修改权。[48]

综上所述，单纯提供第三方插件的行为已经不能为《著作权法》的合理使用制度所涵盖，不论在法益侵犯层面还是行为人主观层面均有追究其侵权责任的必要性。

（二）提供第三方插件行为不能认定为间接侵权

在扣扣保镖事件中，如果说腾讯 QQ 软件合法复制品的所有人对软件的修改属于侵犯软件著作权人修改权的行为，那么很显然奇虎公司提供第三方插件行为的行为就属于帮助侵权行为。但扣扣保镖事件之类案件处理的关键之处在于软件用户的法定必要修改权，根据前述《计算机软件保护条例》第 16 条的规定，软件的合法复制品所有人有权为了改进软件功能、性能而对其进行必要的修改，也就是说如果 QQ 软件用户通过使用扣扣保镖软件从而禁止 QQ 软件自带的诸如“QQ 广告”等插件的运行，可以被评价为不属于侵犯软件修改权的“法定必要修改权的行使”，此时奇虎公司提供第三方插件的行为自然也没法被评价为间接侵权。那么，QQ 软件用户使用扣扣保镖软件更改腾讯 QQ 软件设置的行为是否能够被评价为合法行为呢？对此，本文认为答案是肯定的。

首先，使用扣扣保镖软件禁止腾讯 QQ 相关自带插件确实属于对腾讯 QQ 软件的修改。根据《计算机软件保护条例》第 8 条的规定，修改权指“对软件进行增补、删节，或者改变指令、语句顺序的权利。”同时，该行政法规第 2 条的规定，计算机软件即指“计算机程序及其有关文档”；第 3 条规定“计算机程序，是指为了得到某种结果而可以由计算机等具有信息处理能力的装置执行的代码化指令序列，或者可以被自动转换成代码化指令序列的符号化指令序列或者符号化语句序列。”根据上述三个条文对计算机软件、计算机程序以及修改权内涵的定义，可知我国现行立法中的软件修改权所保护的计算机软件仅限于“代码化指令序列”这一计算机程序，而不包含计算机软件中的文档（数据）等。简单说，一切根据指令运行的程序都属于软件的组成部分，只要是对软件的运行程序进行了修改就属于软件修改权的调整范围。在扣扣保镖案件中，诸如 QQ 广告之类被禁止的 11 个插件都是腾讯 QQ 软件“代码化指令序列”所设置好的程序，司法实务对去除广告功能属于修改软件也曾已加以确认。[49]由此可知，扣扣保镖软件在禁止腾讯 QQ 软件自带

---

〔48〕 参见湖北省武汉市江岸区人民法院（2009）岸知民初字第 4 号民事判决书；参见湖北省武汉市中级人民法院（2011）武知终字第 00006 号民事判决书。

〔49〕 参见广州市天河区人民法院（2008）天法知民初字第 96 号民事判决书。

插件运行这一点上，属于对主程序软件腾讯QQ的修改。

其次，软件合法复制品所有人针对软件的必要修改权是法定权利，不允许腾讯公司通过格式条款予以排除。诚如前述，《计算机软件保护条例》第16条规定软件的合法复制品所有人有权为了改进软件的功能和性能而对软件进行必要的修改，由此可知，腾讯QQ软件合法复制品所有人自行禁止插件运行的行为并不会构成侵权。问题在于，主程序软件著作权人是否可以与软件用户达成放弃必要修改权的协议，对此本文认为还值得进一步研究，但主程序软件著作权人在软件用户安装合法复制品过程中通过格式条款的方式让软件用户放弃法定必要修改权则应当是无效的。在腾讯QQ软件的安装过程中，软件用户权利条款中并无“法定必要修改权”这一项，同时安装协议还设置了“未授明的其他一切权利仍归腾讯所有”的条款，从文义解释层面来看，可知相当于软件用户放弃了针对腾讯QQ所享有的法定必要修改权。本文认为，根据《合同法》第40条的规定：“若提供格式条款一方排除对方主要权利的，则该格式条款无效。”所以说腾讯QQ软件的合法复制品所有人对软件所享有的法定修改权不会因为QQ软件安装协议这一格式文本的存在而无效。

综上所述，腾讯QQ软件用户利用扣扣保镖这一第三方插件修改腾讯QQ软件属于法定必要修改权的行使，并不属于侵权行为，故奇虎公司提供该插件的行为也就不能被评价为间接侵权。那么，提供第三方插件的行为是否可以通过其他途径认定为直接侵权呢?

（三）提供第三方插件行为认定为直接侵权的可能路径

1. 提供第三方插件行为认定为侵权行为的解释学路径

诚如前述，将提供第三方插件行为认定为侵犯主程序软件修改权从现行法律规定来看至少存在着“兜底条款侵权解释论”和“法定必要修改权但书条款的扩大解释论”两条解释学路径。本文认为，不论哪一种解释方法，都不存在明显的不妥当之处，其解释结论也符合著作权合理使用权制度的初衷，因为较好地平衡了各方权利人的利益。但是，这两种解释论确实也存在值得进一步探讨之处：

就“兜底条款侵权解释论”而言，其将“提供第三方插件”作为一项独立的权利存在，立法规定“其他权利”自然是为了防止立法漏洞的出现，但也正因为如此，其欠缺一个明确性，该兜底条款的适用就必须更加谨慎，否则很有可能会导致司法裁判人员自由裁量权的过分扩张。

就“法定必要修改权但书条款的扩大解释论”而言，其将“提供第三方插件行为”解释为“提供‘利用第三方插件进行修改后的’软件行为”，该解释结论虽然也有弥补法律漏洞、实现实质公平的作用，但其同样存在容易导致自由裁量权扩张的问题。

综上所述，虽然现行立法在妥当运用法律解释学的情况下，也可以将提供第三方插件的行为定性为侵犯软件修改权。但是，若能从立法角度进行明确规定，或者从理论上进行一项新制度的构建，应当是更为合适的。

2. “工具性侵权理论”的提倡：间接正犯理论的私法构造

就间接正犯而言，事实上我国刑法也从未明文规定过这一概念，但其在刑法学理论界一直被使用。“构成要件行为，不一定只限于行为人自身的直接的身体动作，如利用动物、工具一样，将他人作为媒介实行犯罪，既有可能，也不罕见。这种通过利用他人实现犯罪的情况，就是间接正犯。”〔50〕简单说，刑法学间接正犯理论的内涵即行为人自身并未直接实施侵犯他人法益的犯罪行为，而其同时也不属于教唆犯、帮助犯这类狭义共犯，〔51〕其特征即在于行为人支配了他人实施犯罪的行为。根据刑法学理论的通说，“利用他人的合法行为”属于间接正犯的一个类型。〔52〕那么，提供第三方插件的这类行为能否借助“利用他人合法行为”这一情形的间接正犯而认定为侵权行为呢？对此，本文持赞成态度：

首先，民法与刑法的关系一定程度上仅仅是法益侵犯程度的区别而已，比如侵权损害赔偿责任是否上升到刑事附带民事赔偿的唯一决定因素即相应的侵权行为是否严重到已经构成犯罪的程度。也就是说，民法与刑法两个部门法实质上都是对特定法益的保护，并无根本的区别，民事侵权理论与刑事犯罪构成要件论应具有内在互通性。如果真的要分析两者之间的区别，则主要在于刑事责任理论坚持“责任自负原则”，而民事侵权责任理论则存在替代责任这一种责任类型。基于此，民事侵权责任中无民事行为能力人和限制民事行为能力人侵犯他人权益时也会存在一个侵权责任的承担者，而刑法中只要行为人没有达到刑事责任年龄就不可能存在追究其法定代理人刑事责任的问题。

其次，相对于刑法学理论而言，我国民事侵权理论在这方面略显不足，虽然民事侵权理论也存在“间接侵权”这一概念，但其与“间接正犯”的概念相去甚远，对应的乃是教唆犯、帮助犯这一组概念，现行民事侵权理论中并无与刑法理论“间接正犯”相对应的概念。但事实上，民事侵权情形中也存在利用他人实施侵权行为却又不能认定为共同侵权的情形，比如现行《侵权责任法》第 9 条第 1 款在规定“教唆、帮助他人实施侵权行为的，应当与行为人承担连带责任”之后，就特别规定了“教唆、帮助无民事行为能力人、限制民事行为能力人实施侵权行为的，应当承担侵权责任”这一种特殊的教唆、帮助侵权情形。也就是说，在监护人不存在过错的情况下，如果行为人教唆、帮助无民事行为人或限制民事行为能力人实施侵权行为的，

---

〔50〕 张明楷：《刑法学》，法律出版社 2016 年版，第 401 页。

〔51〕 关于狭义共犯的论述，参见张明楷：《刑法学》，法律出版社 2016 年版，第 406 ~ 414 页。

〔52〕 参见张明楷：《刑法学》，法律出版社 2016 年版，第 403 页；参见李仲民：《间接正犯概念演变及其情境》，载《重庆理工大学学报（社会科学）》2014 年第 11 期。

只能由行为人承担侵权责任，这跟刑法里“利用无责任能力者的行为”[53]这一类间接正犯情形是一致的。

最后，相比较刑法学理论中“利用他人的合法行为”这一间接正犯的情形而言，利用他人的合法行为实施民事侵权行为在行为结构上是完全一致的。所以说，只要行为人主观上是值得法律可谴责的，就理应在理论上承认“利用他人合法行为实施侵权行为”的这一种侵权行为类型，本文暂且将其称为“工具性侵权理论”。

综上所述，对于提供第三方插件这类具有认定侵权必要性的行为，虽然主程序软件合法复制品所有人利用插件修改主程序软件的行为属于行使法定必要修改权的合法行为，仍可以将刑法学的间接正犯理论加以私法构造，在民事侵权理论中构建“工具性侵权理论”：行为人将他人作为工具实施具体的侵权行为，只要不能将行为人与被利用者认定为共同侵权，也不存在法定责任分摊的特别规定，则应当由行为人承担相应的侵权责任，“利用他人合法行为实施侵权”就是该理论适用中的一种独立的侵权类型。

五、余论：“工具性侵权理论”的价值

除了本文所探讨的近些年来比较热门的第三方插件问题，互联网法治领域近些年还出现过网站提供影视资源、文库等案例，很多网站还会特地标明“本网站所提供的资源仅供个人学习、研究欣赏使用”，也即行为人明确表示提供资源仅是为了帮助他人合理使用相关作品，从而意图说明自己不构成侵权行为（上传到网络的行为涉嫌侵犯著作权人的复制权、信息网络传播权等）。若本文所主张的“工具性侵权理论”能够得到认定与丰富，则该类情形均能借助“利用他人的合法行为”这一侵权类型加以解决。同时，该理论的发展对于进一步完善民事侵权理论、协调民刑关系在司法实务中的适用均能提供充分的说理依据。

[53] 关于这一间接正犯情形的论证，参见张明楷：《刑法学》，法律出版社2016年版，第405页。

【专题研究之五：商法完善与适用】

《商法通则》的可能空间?
——再论商法与民法规范内容的差异性

蒋大兴*

目　次

商法学界的主流观点一直主张制定《商法通则》或《商事通则》[1]（以下若

* 北京大学法学院教授。

〔1〕 从可查文献来看，最早提出制定《商事通则》的似乎是江平教授。江平：《关于制定民法典的几点意见》，载《法律科学》1998 年第 3 期。其他类似文献，雷兴虎：《商事通则：中国商事立法的基本形式》，载《湖南社会科学》2004 年第 6 期；王保树：《商事通则：超越民商合一与民商分立》，载《法学研究》2005 年第 1 期；杨继：《商法通则统一立法的必要性和可行性》，载《法学》2006 年第 4 期；宁金成：《〈商事通则〉的立法体系与基本原则》，载《国家检察官学院学报》2008 年第 1 期；赵旭东：《制定"商法通则"的五大理由》，载《中国商法年刊（2007）》；赵旭东：《〈商法通则〉立法的法理基础与现实根据》，载《吉林大学社会科学学报》2008 年第 2 期；王建文：《中国〈商法通则〉立法研究——中国商法立法模式与立法体系的宏观思考》南京大学博士学位论文（2007）；蒋大兴：《商人，抑或企业？——制定〈商法通则〉的前提性疑问》，载《清华法学》2008 年第 3 期；范健：《论我国商事立法的体系化——制定〈商法通则〉之理论思考》，载《清华法学》2008 年第 4 期；范健：《我国〈商法通则〉立法中的几个问题》，载《南京大学学报》2009 年第 1 期；李建伟：《制定商法通则的缘起及其立法价值的再认识》，载《社会科学战线》2015 年第 12 期；范健：《民法典编纂背景下商事立法体系与商法通则立法研究》，载《中国法律评论》2017 年第 1 期。

无特别说明，统称《商法通则》[2]），为此，还形成了若干《商法通则》的建议稿[3]。但也有人对此提出明确反对意见，认为《商法通则》的条件并不成熟[4]；民法学界一些学者还认为，商法没有什么太多特殊的制度需用一部专门法律去囊括。例如，王利明教授认为："民法典总则可以有效地指导商事特别法。民商合一体例的核心在于强调以民法总则统一适用于所有民商事关系，统辖商事特别法，……这就需要极大地充实和完善民法典总则的内容。这也意味着，我们不宜制定商法总则以统辖各商事法律，而主要应当通过完善的民法典总则来调整传统商法的内容。……通过民法典统一调整民商事活动可以节约立法成本，无须另行制定独立的商法总则。"[5]

因此，商法学界若要证明《商法通则》是有意义的，就需要说明《民法总则》以及《民法典》不能涵括的商法内容有哪些？也即，若《商法通则》是可行的，其制度空间到底有多大？传统商法总则的内容，哪些遗落在《民法总则》及《民法典》之外需以《商法通则》去补充规范？本文拟从文本比较及裁判或社会需求角度，解释《商法通则》的可能空间及必要性，为将来中国制订《商法通则》甚至《商法典》提供理论依据[6]。

---

〔2〕 赵旭东教授专门解释了《商法通则》的称呼为何更优。因为，"商事"一词较之于"商法"，除学界较为熟悉外，普通大众较为陌生。而以《商法通则》命名，与《民法通则》相对应，给人一种同属法律范畴的直观感受，更符合法律概念的逻辑和大众的理解与接受，本人也认同这样的解释。赵旭东：《〈商法通则〉立法的法理基础与现实根据》，载《吉林大学社会科学学报》2008年第2期；蒋大兴：《商人，抑或企业？——制定〈商法通则〉的前提性疑问》，载《清华法学》2008年第3期。

〔3〕 例如，2003年3月，王填等33名人大代表提出：2005年流通业将履行入世承诺，全面对外开放，但目前国内流通业存在商业网点重复建设、布局散乱、行业发展无序等问题，建议制定商法通则，规范流通秩序。参见"关于制定商法通则的议案"，载中国人大新闻网 http://www.chinaelections.org/NewsInfo.asp?NewsID=29053，最后访问日期：2008年5月27日。其后，早在2008年，王保树教授就组织起草了《中华人民共和国商事通则》（建议稿），其后，又有若干类似学者建议稿出台。例如，苗延波草拟了《中华人民共和国商法通则草案建议稿》（苗延波：《论中国"商法通则"的体系结构——附：中华人民共和国商法通则草案建议稿》，载《当代法学论坛》2008年第3辑）；樊涛草拟了《中华人民共和国商法通则》（建议稿）樊涛：《商法通则：中国商事立法的应然选择（附：《中华人民共和国商法通则》建议稿），载《河南大学学报（哲学社会科学版）》2008年第3期，等等。

〔4〕 例如，有人指出，单独制定商法典缺乏很多条件，例如，缺乏关键性条件——政治支持；缺乏重要条件—商法基础理论薄弱，自身问题众多；以及缺乏根源性条件—没有商事法律发展的历史。因此，反对制定单独的商法典。张永强：《论我国商法典单独制定欠缺的条件》，载《法制博览》2016年第15期。

〔5〕 王利明：《民商合一体例下我国民法典总则的制定》，载《法商研究》2015年第4期。还有人认为："制定《商法典》既不符合实际状况，也不符合时代潮流。……制定《商事通则》欠缺智识、立法技术与政治意愿。"董翠香、魏振华：《商事行为在民法总则中的契入与展开》，载《烟台大学学报（哲学社会科学版）》2017年第1期。

〔6〕 笔者一直坚持认为，中国对商事关系最佳的法典化调控模式是制定商法典，《商法通则》只是其中的过渡状态。蒋大兴：《论民法典（民法总则）对商行为之调整——透视法观念、法技术与商行为之特殊性》，载《比较法研究》2015年第4期；蒋大兴：《〈民法总则〉的商法意义——以法人类型区分及规范构造为中心》，载《比较法研究》2017年第3期。

一、传统商法总则的空间体系

学者认为，在形式意义民商分立的大陆法系国家，《商法通则》的内容一般规定于《商法典》之中，主要涉及商事主体（商人）身份、商事登记、商号、商事簿记、商事代理及经理权、商事辅助人（如代理商、经销商、行纪商等）、商行为的一般规定和特别商行为等。事实上，即便在有形式意义《商法典》的国家，是否具有商法总则以及传统商法总则的规范体系之宽窄并不完全一致，以下选择法国、韩国以及澳门等若干国家/地区的立法描述如下。

（一）法国

法国《商法典》第一卷为《商事总则》，共分四编，包括：商事行为、商人的一般规定，以及居间商、行纪商、承运人、商业代理人与独立的上门销售人、营业资产等内容。在法国，“商事行为”（acte de commerce）也称“商行为”，与“民事行为”（acte civil）相对应，是法律行为在商法中的体现。在法国商法里，商事行为是指因其“性质”或“形式”以及（或者）因“行为人本身的（身份）资格”而应当适用商法的行为。“商事行为”的概念反映了法国商事立法的中心原则：任何主体（即使非商人）从事的以“获取利润”（营利）为目的的行为，均构成商事行为。[7]而商人则被视为“实施商行为并以其为经常职业的人”。在法国法上，农业、手工业、教学活动、保证行为不属于商事行为（但如保证人，不论其是否有商人身份，对清偿受担保的债务有财产利益，则另当别论，即使其并不直接或间接参与债务人的活动）[8]。

总则编名称	分章内容	分节内容
第一编　商事行为	列举了10种商事行为	为再卖而买进动产；为再卖而买进不动产；为买进、认购或卖出不动产、营业资产、不动产公司的股票或股份而进行的任何中介活动；各种动产租赁业；各种制造业、行纪业、陆路或水路运输业；各种供货、代理、商业事务所、拍卖机构、公众演出业务；各种汇兑、银行与居间业务、电子货币发行与管理活动以及所有的支付服务活动；公立银行的各种业务；批发商、零售商和银行业者之间的各种债权债务关系；任何人之间的汇票。

〔7〕 罗结珍译：《法国商法典》（上册），北京大学出版社2015年版，第3页。

〔8〕 罗结珍译：《法国商法典》（上册），北京大学出版社2015年版，第8～10页。

续表

总则编名称	分章内容	分节内容
第二编　商人	第一章　商人定义及地位	第一节　商人资格 第二节　在家庭企业里工作的企业主的配偶或与企业主订立“紧密关系民事协议”的伙伴
	第二章 外国商人	
	第三章　商人的一般义务	第一节　商事及公司注册登记簿 第二节　商人的财会制度
	第四章　零售商合作社	
	第五章　独立商人同名商店	第一节　同名商店的开设 第二节　同名商店的行政管理 第三节　成员的认可与开除 第四节　独立上任同名商店的解散
	第六章　合作担保公司	
	第七章　对创业或回复经济活动的企业计划提供扶持的合同	
	第八章　全国被禁止担任管理职务的人员的信息检索系统	
	第九章　有报酬的企业监管制度	
第三编　居间商、行纪商、承运人、商业代理人与独立的上门销售人	第一章　居间商	第一节　居间商总则 第二节　经宣誓的商品居间商
	第二章　行纪商	第一节　行纪商通则 第二节　运输行纪商
	第三章　承运人	
	第四章　商业代理人	
	第五章　独立的上门销售人	

续表

总则编名称	分章内容	分节内容
第四编　营业资产	第一章　营业资产的买卖	第一节　买卖文书 第二节　出卖人的优先权
		第三节　用工人数不到50人的企业里，在转让营业资产的情况下，为薪金雇员设置的提出要约的期限
	第二章　营业资产的设质	
	第三章　营业资产的买卖与质押的共同规定	
	第四章　营业资产的租赁经营	
	第五章　商业租约	第一节　适用范围 第二节　商业租约的期限 第三节　租约的延展 第四节　拒绝延展租约 第五节　转租 第六节　租金 第七节　场所的状态、租赁负担与税收 第八节　租约的解除 第九节　承租人经营活动的非专业化 第十节　诉讼程序
	第六章　委托经营管理人	

从法国《商法典》中《商事总则》部分的设计安排来看，主要旨在描述《商法典》的适用范围。为此，需要明确商行为及商人的含义及范畴。可见，法国《商法典》总则的主要功能是确定其适用范围，故对商主体（商人）、商行为等基本范畴予以界定，但居间商、行纪商、承运人、商业代理人等在法国既做商主体进行规范，又做商行为进行规范。而且，有意思的是，其《商事总则》部分还专门设立一编，规范“营业资产”，根据资产的运动空间不同（在商事交易中运动，还是在普通民事生活中运动），分别适用不同的法律规范，凸显商事营业对资产/物的特别要求。

（二）澳门

澳门《商法典》第一卷为“经营商业企业之一般规则”，基本上相当于该法典的总则部分。该部分共设十编，分别涉及商业企业主、商业企业及商行为；商业名称；商业记账；登记；经营企业之代理；因经营企业而承担之责任；商业企业主之民事责任；商业企业；企业主之间的竞争规则等内容。同样，我们表列如下：

总则编名称	分章的内容	分节的内容
第一编　商业企业主、商业企业及商行为	第一章　一般规定 第二章　商事能力 第三章　经营上企业之障碍及抵触 第四章　已婚商业企业主之正当性 第五章　商业企业主之义务	
第二编　商业名称	第一章　一般规定 第二章　特别规定 第三章　商业名称之取消	
第三编　商业记账	第一章　一般规定 第二章　记账方式 第三章　年度账目或营业年度账目	
第四编　登记		
第五编　账目之提交		
第六编　经营企业之代理	第一章　经理 第二章　企业主之辅助人员	
第七编　因经营企业而承担之责任		
第八编　商业企业主之民事责任		
第九编　商业企业	第一章　一般规定	
	第二章　与商业企业有关之法律行为	第一节　一般规定 第二节　商业企业之转让 第三节　商业企业之租赁
	第三章　企业之用益权	
	第四章　企业质权	
第十编　企业主之间之竞争规则	第一章　企业主之间竞争之一般规则	
	第二章　不正当竞争	

澳门《商法典》基本是以“企业”为中心构造的法典，其总则部分主要以企业为逻辑展开，如同其商法典本身载明的那样，即“本法典将商业企业确定为基本概念，并以此建立商业活动之整套新规则。除商业企业外，商业企业主此概念亦占有特别重要之地位。就重要性而言，此两概念所扮演之角色与1888年之《商法典》

之商行为及商人之概念相同。在新法典中虽然仍存有商行为及商人之概念，但该等概念已处于次要之层次。新法典在此方面亦跟随了最现代之比较法之趋势，从而使本地区立足于最现代化之商法体系之列”[9]因为以企业为中心，澳门《商法典》十分突出企业名称的规定，大约以24个条文规范企业名称的构成及其商业流转，充分凸显了主体标识在商事经营中的重要意义。而且，特别有意思的是，该《商法典》还以两章内容规范企业的竞争行为，这在传统上被视为经济法的领域。可见，法典编纂以“便于适用”的实用主义思维为核心，在以企业为中心的逻辑下，法典包含竞争法的规则是明智的，具有极高的便利性。

（三）韩国

韩国《商法典》专设总则部分，规范商法的通则内容。其总则部分共45个条文，分别涉及通则、商人、商业使用人、商号、商业账簿、商业登记及营业转让等7章内容。与其他国家不同，韩国将商行为作为与总则并列的内容单独规定，以大约123条的内容，对买卖、抵销、匿名合伙、代理商、居间、行纪、运输代办业、运输业、公共接待业、仓储业等各种商行为进行规制，这些商行为其实从某种意义上来说，也可以理解为商主体的内容。但在韩国《商法典》中是作为商行为进行规制的。可见，商法对商人行为之规范是可以采取“主体模式”和“行为模式”两种不同的规范路径的。同样，为便于理解，可以将上述基本内容表列如下：

总则编名称	分章内容
第一编　总则	第一章　通则；第二章　商人；第三章　商业使用人；第四章　商号；第五章　商业账簿；第六章　商业登记；第七章　营业的转让
第二编　商行为	第一章　通则；第二章　买卖；第三章　抵销；第四章　匿名合伙；第五章　代理商；第六章　居间；第七章　行纪；第八章　运输代办业；第九章　运输业（第一节　货物运输；第二节　旅客运输）；第十章　公共接待业；第十一章　仓储业

二、《民法总则》或《民法典》未解决的商法总则内容

传统商法总则所调整的内容，确实有些在现代民事立法中已经解决，对于民法已收编的内容，是承认现实让其留在民法的怀抱，还是坚持更理性的逻辑，让其回

[9] 参见韦奇立：《澳门政府法令》第40/99/M号；转引自赵秉志：《澳门商法典》，中国人民大学出版社1999年版，第2页。

归《商法通则》？鉴于民法学界目前强大的立法影响力，以及商法学界参与民法典制定发声力量之弱小，答案是明显的。因此，从实用主义维度，如果存在独立的《商法通则》，主要也是发挥其“补缺功能”——对于《民法总则》或《民法典》未能充分关注之内容，以《商法通则》进行必要的“体系性填补”。从法典规整的完备性而言，这种体系性填补同样是不可或缺的，是在民法规整之外，追求“法典完美”之必由途径。如同多年前王保树教授提及的那样，制定商法通则应满足“通、统、补”的要求[10]。

（一）民法已规整的商法总则内容

以前述法国、韩国及我国澳门地区商法总则内容为例，我们发现，确实现代民法已经解决了部分商法总则曾经调整/解决的问题。按照“补缺式”《商法通则》的逻辑，这些民法已经调整或解决的内容，似无必要也很难在《商法通则》中予以安排。例如，居间、行纪、承运，在各国商法典中，有些是以商人方式进行调整的，还有些是以商行为方式进行调整的，在我国《合同法》中也有相应规定，基本类似商行为的调整逻辑。虽然以“合同法方式”调整该类行为未必最为合理，但从制度供给来说，已提供了相应的裁判规范或行为规范，至于在何种法典当中以何种形式予以具体安排，其对商事交易实践的影响可能并不像我们想象的那么大。再如，商事代理的规则在《民法总则》中也有部分安排，虽其未能充分凸显商事活动对代理的需求[11]，尤其是未注意独立代理商及组织性代理的特殊性，对与商事代理相关的“商业使用人”等，在现行立法中地位也并不十分清晰，但退求其次，也算已有类似规范可用。只是，对民法规整不足之部分，似仍可在未来的民法规范修正中或者在《商法通则》中以补缺方式完善。

（二）民法未及规整的商法总则内容

即使在《民法总则》或《民法典》已出台之情形，仍会遗留一些属于《商法总则》的内容未能及时规整，这些内容需以《商法通则》予以及时填补，以避免商事关系法律调整漏洞之产生。如同石少侠教授所言：“民法不可能涵盖商法的全部内容，亦不可能完全无视商法与民法的共通性。因此，在编纂民法典时，应当将商法规范与民法规范融为一体的，就应当合为一体，如合同法；不宜融为一体的，

---

〔10〕王保树：《商事通则：超越民商合一与民商分立》，载《法学研究》2005年第1期。

〔11〕蒋大兴：《〈民法总则〉的商法意义——以法人类型区分及规范构造为中心》，载《比较法研究》2017年第3期。

就应当给商事立法预留空间，用商事立法来为民法拾遗补阙。”[12]

但对这些“未被规整”的内容到底包括哪些？如何形成《商法通则》的规范体系？学者之间存在明显的认识差异。例如，王保树教授组织起草的《中华人民共和国商事通则》（建议稿）主张，《商事通则》的体系包括以下十章共九十二条：第一章总则；第二章商人；第三章商事登记；第四章商号；第五章营业转让；第六章商业账簿；第七章经理权与其他商事代理权；第八章代理商；第九章商行为；第十章 附则。[13]在苗延波起草的《中华人民共和国商法通则》（建议稿）中，《商法通则》的体系被设计为以下七章共一百四十六条：第一章总则；第二章商主体；第三章商行为；第四章商业登记；第五章商业账簿；第六章商事责任；第七章附则[14]。在樊涛起草的《中华人民共和国商法通则》（建议稿）中，《商法通则》的体系包括

---

〔12〕 例如，石少侠教授认为，商法通则应当包括以下八章内容：第一，商事活动的基本原则。针对商事活动的特点，应当突出规定主体类型法定原则、营业自由原则、交易公平原则、交易敏捷原则和交易安全原 则。第二，商事主体制度。应当明确规定主体类型法定，应当确认商法人、商合伙、商个人以及商业中间人和商业辅助人的概念，进一步明确各类主体的权利义务。第三，商事代理制度。明确商事代理与民事代理的不 同，以及代理商的法律地位与法律责任。同时，将我国外贸代理制度进一步法制化。第四，商行为制度。除引进商行为的一般规则外，还应采用列举式方法，明定应受通则调整的范围。第五，商业登记制度。建议除对特殊主体适用严格准则原则外，对一般商事主体的登记应一律实行准则原则。第六，商号制度。明确规定商号的种类、商号的取得与废除、商号的登记、商号的转让以及对商号权的保护。第七，商业账簿制度。确定商业账簿的设置、种类、记载、效力及保管，以及违反商业账簿制作义务的法律后果。第八，商业秘密制度。明定商业秘密的构成和保护，以及违反商业秘密义务的法律责任等。石少侠：《编纂民法典应当正确处理民商法关系》，载《中国检察官》2017年第1期。

再如，范健教授认为：“我国的《商法通则》虽然不必追求商法典完整的体例结构，但是在法律的制定过程中也应当遵循一定程度的体系性：以商主体和商行为两大阵营，再抽象商主体和商行为的共同规则作为《商法通则》的总则，辅之以商事责任和商事诉讼的基本规定，形成总则—商主体—商行为—商事责任—商事诉讼五编。”（参见范健：《民法典编纂背景下商事立法体系与商法通则立法研究》，载《中国法律评论》2017年第1期。）在《走向〈民法典〉时代的民商分立体制探索》一文中，范健教授重申了此种五编制的安排，即：“《商事通则》至少应该包含五编的内容。第一编总则，规定立法目的、调整对象、法律原则、法律渊源以及法律冲突或法律空白下的法律适用等。第二编商主体，规定商事人格、营业、商事登记、商号、商事账簿、雇员、代理商、中间商、经理人等与商人相关的制度。第三编商行为，规定商行为的概念、分类、特殊商行为、商行为适用等。第四编商事责任，规定商事责任的一般规则、商事责任的承担主体、承担方式、商事责任种类、归责原则、免责等。第五编商事纠纷的解决，规定商事诉讼、仲裁、调解、时效等特殊原则与规则。”范健：《走向〈民法典〉时代的民商分立体制探索》，载《法学》2016年第12期。

此外，雷兴虎教授在论及《民法总则》如何包容商事关系时，认为：“未来《民法总则》调整商事关系一章，应包括一般规定、商主体、商行为、商事代理、商事登记、商业账簿、商号七方面内容。”雷兴虎、薛波：《〈民法总则〉包容商事关系模式研究》，载《甘肃政法学院学报》2017年第1期。

〔13〕 《商事通则》调研组：《中华人民共和国商事通则》（建议稿）。

〔14〕 苗延波：《论中国“商法通则”的体系结构——附：中华人民共和国商法通则草案建议稿》，载《当代法学论坛》2008年第3辑。

十一章共一百零三条。〔15〕此外，在理论上，还有一些学者对《商法通则》的体系进行了理论设计。〔16〕这些探讨见仁见智，仍将继续下去。但笔者认为，根据对民法规整的补缺规则，初步考虑，《商法通则》在体系结构上，至少应当包括以下七编内容：

商法通则的建议体系（七编制）

第一编　立法目的及原则（涉及商法通则的立法目的、商事交易效率原则及交易规制原则等）

第二编　商人及商号（涉及商主体的一般条款及商号、商人的权利规范）

第三编　营业行为（涉及商行为的一般条款及营业、营业行为的界定；以及特别营业资产的运用——不动产租赁、企业租赁、营业转让，以及组织性代理、代理商等特别商行为规则）

第四编　商事登记/备案（包括主体性登记、行为性登记及特定商事主体及交易行为的备案制度，涉及登记机关、登记行为类型、登记行为的效力）

第五编　不正当交易规制（涉及不正当竞争、反垄断等商事交易规制）

第六编　纠纷解决（涉及商事调解、商事仲裁及商事法院/法庭的一般规则）

第七编　附则（涉及商法通则的生效及解释等规范）

以下针对上述《商法通则》体系中的具体内容，诸如商法的特别原则、商主体的一般条款、商行为的一般条款、特别商行为的有关内容等无法为《民法总则》所包容的规范略作解释。

1. 商法的特别原则

商法学界对商法原则的研究很不统一。笔者认为，《商法通则》所需规范的“商法的特别原则”（也即商法的原则），是相对于普通私法原则而言的，指规范商主体及商行为的、不同于一般私法要求的特别原则条款或弹性规范，是规范商事关系主导方向、核心内容的基本规则。虽然，商法基本原则在范围上仍属于民法基本原则的范畴〔17〕，但商法的特别原则更具体地体现为交易效率（自由）与交易规制（安全）原则，这些原则可能体现在主体法领域，也可能体现在行为法领域，但在商主体及商行为的不同区域，商法特别原则的表现重心可能存在差异。

首先，在主体法领域，交易效率与交易安全原则虽然都有具体体现，但二者可能在不同区域的表现侧重不同，商主体法领域的规制色彩明显重于效率色彩。虽然促进营业自由或企业设立自由的规范体现了交易效率原则，但商主体/企业形态法

---

〔15〕樊涛：《商法通则：中国商事立法的应然选择（附：《中华人民共和国商法通则》建议稿）》，载《河南大学学报（哲学社会科学版）》2008年第3期。

〔16〕石少侠：《编纂民法典应当正确处理民商法关系》，载《中国检察官》2017年第1期。

〔17〕孟强：《经由编纂民法典实现民商合一——兼评〈民法总则专家建议稿〉与〈商事通则立法建议稿〉》，载《社会科学战线》2015年第12期。

定、企业维持则体现了交易规制原则的要求，二者分别规范商主体的不同领域，体现商主体在不同区域的设立/存续自由度的差异，但很明显交易规制不仅存在于商主体设立过程中，还存在于商主体存续、解散过程中。这是因为，营利事业是一项关涉众多利益主体的事业，法律在支持市场自由的同时，会考虑营利主体的负面影响，规制因此成为主体法的重要内容，这与法律对待非营利主体通常有更为宽容的态度不同。虽然《民法总则》也规范法人制度，但其主要是从法人设立、组织管理等一般维度进行规范/设计一般条款，此种设计不仅要关照营利法人的需求，还要关照非营利法人的需求，并不能专门或特别考虑营利法人的特别需要及规制差异，由此，这些商法原则的内容，在普通民事立法中很难成为规范之重点。

其次，在商行为法领域，交易效率与交易安全原则也有体现，但该领域中促进交易效率的色彩要重于规制的色彩。例如，在商行为法领域通常要贯彻交易自由原则，但却无交易行为法定原则，交易行为的规制主要体现为交易公平、信息公开的要求，但此二者其实也旨在实现交易效率，规制也是为了实现效率，这是商行为法领域的特殊性。商行为法领域的这些原则虽也可能溯源到民法原则，例如，交易自由与合同自由或鼓励交易。但《合同法》上的合同自由、鼓励交易本身是民法规范的商化表现，传统民事行为仍然有众多不自由之安排，最典型的就是民法上对家庭行为、无对价赠与行为、物权行为的强迫干预，使其少有自由空间。而且，民法上的合同自由等效率原则的设计重心、设计目的可能与商法存在差异。例如，民法可能从主体地位平等此种一般维度出发考虑交易自由问题，但商法则更直接地从商人的营利需求角度考虑该等特别原则的规范。商法的交易效率或交易规制原则主要服务于商人的营利行为，旨在促进商人的营业自由、营业维持；同时，避免商事交易对竞争对手的不公平影响。这种原则的规范内容、规范重心相较于民法上的相关原则而言，其规范对象、规范目的更为直接、具体。

2. 商人或商主体的一般条款

商主体的一般条款是对商人的界定〔18〕。《民法总则》虽然采用了“营利—非营利”的法人区分标准，从而第一次以基本法的形式明确了商法的核心范畴——营利，但不能完全取代商法对商人或商主体或企业的一般条款的需求，尤其是对从事营业行为的商自然人的规范以及对公共商行为的规范明显不足。

首先，《民法总则》对个体工商户的规范极为简略，导致实践中对个体工商户法律地位的确立产生争议，该类主体到底是企业还是自然人，是商主体还是普通民事主

〔18〕 虽然对《商法通则》的主体条款设计应当以商人为中心，还是应当以企业为中心存在争议，但在《商法通则》中应当设计商主体的一般条款，在商法学界争议不大。有关争议可参见 蒋大兴：《商人，抑或企业？——制定〈商法通则〉的前提性疑问》，载《清华法学》2008 年第 3 期；王建文：《从商人到企业：商人制度变革的依据与取向》，载《法律科学》2009 年第 5 期；柳洁：《对用“企业”概念代替“商人”概念之观点的探讨》，载《法制与社会》2009 年第 15 期。

体？需要重新以条例方式予以补充安排。例如，《民法总则》在其民事主体“自然人部分”对个体工商户进行规范，该法第54条规定：“自然人从事工商业经营，经依法登记，为个体工商户。个体工商户可以起字号。”个体工商户并未被安置在非法人组织部分，可见，立法者并不将其视为非法人组织（包括独资企业）。《个体工商户条例》（修订草案）第二条规定：“有经营能力的自然人，依照本条例规定经工商行政管理部门登记，从事工商业经营的，为个体工商户。”在实践中，又如何判断某自然人是否有经营能力？个体工商户本质上就是个体商人或自然人商人——是指以个人或者家庭名义、持续从事营业行为的自然人。可是，由于我们缺乏关于商主体或商人的一般条款，使得立法对商人的规范呈现出“半条腿”的不完备现象。我们需要在每一部涉及商人的法律规范中，去单独界定该类商人的概念。例如，在《个体工商户条例》中需要界定个体商人的概念，在各种不同类型的企业法中，需要界定该类特殊企业的概念，而这些界定的标准又不统一，未充分凸显商人最主要的本质——持续营业的特点〔19〕，而在其他有商法典的国家，这样的问题可以相对轻松地予以解决。例如，韩国《商法典》第4条规定，商人，是指以自己的名义从事商行为的人。由此，建立了“商人”的一般标准，为商人适用商法设定了一般规则，无论该商人是自然人商人，还是组织体商人。这样的问题，显然是《民法总则》所无法也未予解决的。

其次，《民法总则》未能考虑对公法主体的商行为单独规范的问题。例如，公法人从事商行为时，是否属于商主体，如何适用法律？是优先适用公法，还是商法或者民法？《民法总则》根本未予考虑。而一些国家则建立了“特别法优先规则”，例如，《韩国商法》第2条规定：“关于公法人的商行为，只有在法令中另无规定时，可适用本法。”可见，对公法人的商行为原则上可能不适用商法典的规定，对此，民法不可能予以规定。事实上，在本次《民法总则》制定过程中，公法人也完全被排除在法人的一级分类之中，而是以“特别法人”的形式予以简单规范，例如，《民法总则》第97条规定：“有独立经费的机关和承担行政职能的法定机构从成立之日起，具有机关法人资格，可以从事为履行职能所需要的民事活动。”第98条规定：“机关法人被撤销的，法人终止，其民事权利和义务由继任的机关法人享有和承担；没有继任的机关法人的，由作出撤销决定的机关法人享有和承担。”上述简略安排，并未对公法人的商行为《民法总则》予以特别调整，没有关注到公法人商行为在法律适用上优先适用其他法令的特殊之处。这些问题，现行《民法总则》等规范显然并不能解决。

在实践中，广泛存在的招商引资合同性质的争论就与此相关——该类合同在属性上到底属于行政合同、民事合同抑或公共商事合同？实务中并无一致认识，而类

---

〔19〕蒋大兴：《商人，抑或企业？——制定〈商法通则〉的前提性疑问》，载《清华法学》2008年第3期。

似问题在《韩国商法》等国家商法典中有明确规定，公法人的商行为，原则上不适用普通商法，采取特别法令优先原则处理。因此，由于欠缺一般商主体条款，偶尔从事商行为的公法人是否属于商主体进而令其受商法的管辖就存在空白，这需要商法另行作出规范。现行立法对公共商事行为规制欠缺调整思维导致商事合同经常被行政化，以行政手段去决定其是否或如何履行，契约严守的原则受到很大影响。而且，因司法立场不统一，也产生了大量错判、误判，引发了集中“矫正司法”的怪象。例如，最高法院在《关于依法妥善处理历史形成的产权案件工作实施意见》（法发〔2016〕28号）中特别指出：“依法妥善处理与政府行为有关的产权申诉案件。甄别和再审产权案件时，对于在招商引资、政府与社会资本合作等活动中与投资主体依法签订的各类合同，因政府换届、领导人员更替而违约毁约侵犯投资主体合法权益的，或者因法定事由改变政府承诺和合同约定，对投资主体受到的财产损失没有依法补偿的，人民法院应当依法再审和改判。”〔20〕可见，公共商事合同行政化的直接后果，是导致政府不尊重其参与订立的契约之履行，公共商事合同中的商事基因被抽离——当事人地位平等、等价有偿、契约严守等原则都被打破，公共商事合同完全只凸显其公共性的一面，甚至直接异化为行政合同。凡此种种，都与立法对公法主体的公共商行为规范不足有关。

3. 商行为的一般条款：营业或营利行为

商行为的一般条款也是《商法通则》通常规范之内容，虽商行为属民事行为之范畴（严格来说应是私法行为之范畴），但民事行为未必能全部涵括商行为之特殊内容。尤其是，对创新性商行为，需要设置一般条款将其囊括在商法的调整之内，然《民法总则》等民法规范并不能满足此种需求〔21〕。商行为的一般条款在中国语境下，可以转化为有关“营业”或者“营利”行为的一般条款。

首先，虽然《民法总则》建立了“营利”这一商法的核心范畴，但并未进一步对“营业”此种“持续性营利行为”进行界定。这涉及商人、营业转让、营业租赁等具体制度的规范基础，也给《商法通则》留下了很大的想象空间。例如，因“营业”范畴的缺失，导致我们对何谓营业行为以及如何规制营业行为存在模糊认识。比较典型的是“如何管理小商人的营业行为”，尤其是在中国当下，城管与小商人的矛盾、无照无证经营泛滥，都反映了营业自由与营业管制的紧张关系。这与缺乏《商法通则》，缺乏对营业行为的一般规制有密切关系。其中最核心的问题是，“营业”是否需要有固定经营场所？无固定经营场所的持续营利行为，是否构成营业？或者当其构成营业时，是否需要与有固定经营场所之持续营利行为“等同规制”，例如，是否需

---

〔20〕《最高人民法院关于依法妥善处理历史形成的产权案件工作实施意见》（法发〔2016〕28号）。

〔21〕蒋大兴：《论民法典（民法总则）对商行为之调整——透视法观念、法技术与商行为之特殊性》，载《比较法研究》2015年第4期。

要进行工商登记、领取营业执照并进行企业信息年度公示、甚至是否减免税收[22]？等等，这些问题是中国当下的核心问题，但因为欠缺营业的基本范畴，在法政策上一直徘徊不前，我们一直未能开放走街串巷的小商人的营业自由，未予一般性地认可不需固定经营场所的营业行为的合法性，从而引发了巨大的社会矛盾。《民法总则》在论及个体工商户时，也对其是否需要固定经营场所保持沉默。

其次，欠缺商行为一般条款的另一个问题是，不能及时规范创新性商行为。当创新性商行为及与此相关的商业模式出现时，法律无法及时应对，甚至无法确认其是否属于营业行为。例如，对目前广泛存在的无固定经营场所的微商营销，其是否属于营业行为并应进行营业规制包括税法规制，法律上欠缺明确的依据，实务中是否需对其进行规制以及如何规制产生了较大争议[23]。再如，各种共享经济形式，例如，共享房屋、共享单车、共享车辆等，是否属于营业行为？并如同传统商行为一样应受法律规制？因为欠缺商行为的一般条款，也存在众说纷纭的问题，这些因立法态度不明而产生的规制模糊状态，直接影响了商人的交易预期，阻碍了商行为的创新，甚至还产生了合法性风险，例如，在上海发生了擅自经营短租房屋被警察拘留的个案[24]。此外，对于广泛存在的未登记的农家乐餐饮、民宿客栈等创新商业形式，是否需要如同法律对待农产品销售一样，采取适当区分的营业规制政策？等等，因为欠缺商行为的一般条款及豁免规则，在实践中若采取等同规制的政策，就与国务院有关鼓励发展政策发生冲突[25]，民生与营业如何协调，这已经成为中国现时代的重大问题，但很显然民法规范对此考量不足。

4. 商行为的特别规范

除此以外，还存在一些特别的商行为，例如，不动产商事租赁、企业租赁、营业转让、企业商号等等，要么在民法规范中有所涉及，但未能凸显商事的特性，要

---

〔22〕 蒋大兴：《商人，抑或企业？——制定〈商法通则〉的前提性疑问》，载《清华法学》2008年第3期。

〔23〕《国家工商总局出台微商法律法规，微商是否正式合法化?》，微商世界网，最后访问日期：2016年10月21日；资料来源：http：//www. weishangshijie. com/newsh/3774. html；访问时间：2017年10月6日。另可参见《微商，你的代理商品合法吗?》，商务部网站，2015年3月18日；资料来源：http：//news. hexun. com/2015－03－18/174162203. html；最后访问日期：2017年10月6日。南冥一鲨：《微商：非法传销还是电商颠覆者》，网易财经2014年10月10日；资料来源：http：//money. 163. com/14/1010/07/A868L9K3002551G6. html；最后访问日期：2017年10月6日。贾敬华：《微商：披着合法外衣的传销骗局》，2015年3月30日；资料来源：https：//baijia. baidu. com/s? old_ id＝51641；最后访问日期：2017年10月6日。

〔24〕 参见劲旅网的博客：《一个被拘留短租业者的迷茫：房屋共享经济到底合不合法?》，资料来源：http：//blog. sina. com. cn/s/blog_ 71958c670102z6s4. html；最后访问日期：2017年10月6日。

〔25〕 例如，2015年，国务院办公厅印发的《关于加快发展生活性服务业促进消费结构升级的指导意见》中提出：积极发展绿色饭店、主题饭店、客栈民宿、短租公寓、长租公寓、有机餐饮、快餐团餐、特色餐饮、农家乐等满足广大人民群众消费需求的细分业态。

么在民法规范中尚属空白，需以《商法通则》补充规整。当然，这些特别的商行为未来若能在《民法典》中全部收编，或能修改相应的民法规范，凸显其对商行为的特别考量，则其可能未必需要重新进入《商法通则》，但其中有些内容，例如企业商号等，可能很难在《民法典》当中予以充分调整，若通过各单行企业法进行调整，又难免造成立法重复，浪费资源，似仍有必要以集中的商法规范予以专门调整。

（1）不动产商事租赁

不动产的民事租赁与商事租赁存在巨大差别。在法国，对不动产的民事租赁与民事租赁采取不同规则予以规范，视租赁房屋供居住之用还是作商业用途，法律规定了两种不同的规则。[26]我国现行《合同法》关于不动产租赁的规定，主要是民事租赁的思维，欠缺对不动产商事租赁的规定。这些欠缺主要体现在以下方面：

其一，承租人使用租赁场所的自由度欠缺。在民事租赁中，承租人往往是为了居住而租赁不动产，需要按照不动产的通常用途使用，但商事租赁以营业为目的，基于营业自由原则，承租人对不动产的使用灵活度要更高。在法国，订立民事租赁合同，要考虑承租人的个人人格，原则上，承租人不得变更其承租场所的用途。若承租人承租房屋的唯一目的旨在居住，则不得在该场所内从事职业性活动。相反，商事租赁承租人则可在其主要活动之外附带从事其他辅助性或补充性活动。例如，面包店可以同时是糕点店，书店可以出售纸张，等等。而且，在某些情况下，商用场所承租人还可完全改变其所从事的活动，并不需实现得到出租人的同意[27]。可是，在我国《合同法》中，对租赁合同承租人的不动产使用权有严格限制，承租人自由使用的空间很小。例如，《合同法》第217条规定："承租人应当按照约定的方法使用租赁物。对租赁物的使用方法没有约定或者约定不明确，依照本法第61条的规定仍不能确定的，应当按照租赁物的性质使用。"

其二，承租人延展租约的权限不够。在民事租赁中，租赁合同到期，出租人可以拒绝续签房屋租赁合同，且不需承担任何赔偿责任。因此，承租人的权利是有时间界限的临时性权利。但商事租赁租约到期后，承租人享有租约延展权，或者若出租人拒绝延展，其有权要求给予补偿，以弥补其由于迁移商业资产而带来顾客流失的损失。因此，商事租赁承租人享有一定程度上的"永久性权利"，可以据此无限期地占有、使用商业不动产。这在法国甚至被称为"商业所有权"，因此，使承租人的权利带有"准物权"性质[28]。这种准物权富裕商事租赁承租人几乎如同其本人就是该场所所有权人一样重要的特权。这是为了保障商人营业安定性所需。我国《合同法》完全

---

〔26〕［法］伊夫·居荣：《法国商法》（第1卷），罗结珍、赵海峰译，法律出版社2004年版，第4页。

〔27〕［法］伊夫·居荣：《法国商法》（第1卷），罗结珍、赵海峰译，法律出版社2004年版，第4页。

〔28〕［法］伊夫·居荣：《法国商法》（第1卷），罗结珍、赵海峰译，法律出版社2004年版，第4～5页。

没有考虑商事租赁的此种永久性保有经营场所的需求。租赁合同到期，法律强制要求承租人返还租赁物[29]，虽然，允许承租人继续单方决定无定期租赁[30]，但没有明确规定出租人拒绝续签合同时，承租人是否拥有赔偿请求权。而且，该法还对过长的租赁期限约定，做了强制无效的处理。[31]这显然不利于商事营业的稳定性。

（2）企业租赁

民事租赁以不动产为主要规整对象，因此，商法总则部分的企业租赁，在《合同法》有关租赁部分基本未予考虑，而企业租赁涉及很多具体或特别的问题，是现行民事立法所不能包容的。

以澳门《商法典》为例，其总则部分所规范的商业企业的租赁涉及18条，完全不能为民法所涵括。该法所谓商业企业租赁，系指一方有义务将其商业企业之全部或部分供他方暂时享益而收取回报之合同。[32]澳门《商法典》对企业租赁的期间；民法候补适用制度；经营商业企业之义务（承租人必须按照善良管理人之规则经营商业企业，不改变其所营事业，以维持组织之有效运作；非属不可抗力，承租人不得以关闭或终止企业之经营）；承租人的权力（承租人享有在经营有关种类之商业企业方面固有之技术及经济上的自由裁量权）；承租人对企业财产之处分及设定负担之行为控制；承租人的竞业禁止义务；合同期满返还出租企业的义务；出租人的交付义务；出租人的不竞业义务；租赁企业债权人请求立即清偿债务的权利；出租人对承租人经营企业而发生的债务承担连带责任；法院指定管理人的责任；租赁企业的让与限制（除非另有约定，未经出租人许可，承租人不得将企业转租，亦不得将其合同地位让与第三人或以任何方式容许第三人完全或部分享受有关企业利益）；企业租赁合同的继受、终止及终止事宜的登记公开，等等进行了规范。

上述内容，在我国《合同法》有关租赁合同部分没有任何规定，其直接后果是导致企业实践中租赁经营无章可循，企业租赁经营市场因此也不发达，这种法律反应的迟钝，给企业多元化重组、去产能的中央政策、破产重整法的实施带来直接障碍，增加了合同谈判成本。

（3）企业商号

另一个《民法总则》或《民法典》可能未能充分调整的是商号制度。各国关于商号法的规定大多采取两种模式：其一，在《商法典》部分对商人的商号制度进

[29]　例如，《合同法》第235条规定："租赁期间届满，承租人应当返还租赁物。返还的租赁物应当符合按照约定或者租赁物的性质使用后的状态。"

[30]　例如，《合同法》第236条规定："租赁期间届满，承租人继续使用租赁物，出租人没有提出异议的，原租赁合同继续有效，但租赁期限为不定期。"

[31]　例如，《合同法》第214条规定："租赁期限不得超过二十年。超过二十年的，超过部分无效。租赁期间届满，当事人可以续订租赁合同，但约定的租赁期限自续订之日起不得超过二十年。"

[32]　澳门《商法典》第114条。

行规定，例如，法国、澳门地区、韩国等均是如此；其二，在《公司法》部分对公司商号予以进一步的特别规范；还有一些国家制定专门的商号法予以规定。澳门“商法典”有关商业名称的规定比较详尽，该法典在其商法相当于总则的部分，对商业名称专设一编予以规定，共24条。分别涉及商业名称的强制使用（第14条）；名称真实原则（第15条）；名称新颖原则（第16条）；葡文及中文的强制使用（第17条）；商业名称的其他要件（第18条，例如，不得违背公共到底及善良风俗；必须尊重历史、科学、机构、文化方面的原因或其他值得考虑的原因而其名称或意义应予保护之本地区徽号、人士、时期或机构；不得使用任何表示特点或优点而贬抑他人之语）；本地区以外登记的商业名称的规制（第19条）；商业名称的专用权（第20条）；商业名称的违法使用（第21条）；商业名称的组成（第22条到第30条）；商业名称的移转（第31条）；股东或社员退出或死亡时商业名称的使用（第32条）；商业名称的取消（第33条到第37条，包括商业名称的无效、撤销、失效、失效宣告、商业名称的放弃等）。

我国《民法总则》关于法人及非法人组织名称的规定仅有简略的两条〔33〕，《公司法》部分关于公司名称的规定也基本缺失，仅在行政法规和规章中有关于公司名称的集中规定〔34〕，这导致公司名称的立法安排层级很低。《语言文字法》第十四条关于企业名称用语用字的安排，还在坚持“语言主权”的陈旧逻辑，忽略了语言作为交流工具的基本意义。

在商事交往中，相对人一般根据企业名称和产品或服务的商标来识别交易主体或交易对象，我们有发达的商标法与系统的商标争议处理机制，但却缺乏基本的企业名称法律规定，这导致实践中重视商标等客体识别标识，而人为淡化了企业名称或商号等主体识别标识。这就如同一个自然人，你是根据其名字来识别该自然人，还是根据其身体特征来识别更为容易？显然因为名称标志比身体特征标志简单，根据前者识别要相对容易一些，识别成本也相对较低。尤其对企业来说，还存在企业名称唯一原则以及企业名称冲突规则，在同一登记机关辖区内，禁止同行业的企业名称相同或者近似，这不同于商标的复数性。因此，根据企业名称去识别主体、产

---

〔33〕 例如，《民法总则》第58条第2款规定：“法人应当有自己的名称、组织机构、住所、财产或者经费。法人成立的具体条件和程序，依照法律、行政法规的规定。”第101条规定：“自然人享有生命权、身体权、健康权、姓名权、肖像权、名誉权、荣誉权、隐私权、婚姻自主权等权利。法人、非法人组织享有名称权、名誉权、荣誉权等权利。”

〔34〕 例如，《企业名称登记管理规定》（国务院令第628号/2012.11.09发布 / 1991.09.01实施）；《企业名称登记管理实施办法》（国家工商行政管理总局令第10号/ 2004.06.14发布/ 2004.07.01实施）；工商总局关于印发《企业名称禁限用规则》《企业名称相同相近比对规则》的通知（工商企注字［2017］133号/ 2017.07.31发布 / 2017.07.31实施）；《工商总局关于开放企业名称库有序推进企业名称登记管理改革的指导意见》（工商企注字［2016］203号/ 2016.10.18发布/ 2016.10.18实施）；《国家工商行政管理局关于进一步清理企业名称中不良文化现象的通知》（工商企字［1996］第301号 /1996.09.02发布/1996.09.02实施）。

品及服务，可能比根据客体标识去识别主体、产品及服务要更好。但遗憾的是，正是因为企业名称制度基本法的缺失，导致我国企业主体标识制度不发达，这还直接影响到企业名称的流转及财产性利用。

（4）竞争性规制

所谓竞争性规制，是指商人参与商事竞争的负向规制。法律对商人权利的保护通常采取两种方式：一种是正向规制，通过赋予商人法定权利的方式实现；另一种是负向规制，即通过约束商人的不正当竞争行为，从反面实现对商人的权利授予。在学理上，这通常被视为“经济法”的范畴，且多以单行法形式出现。但从对商行为的规制效率而言，将对商人的负向规制规则统一置于《商法典》或《商法通则》中是明智之举，更便于该类规范的适用，同时，此种“法典妥当性”的考量或主张并不意味着要否定经济法的“学科独立性”。以商法典调整竞争关系的立法典范是《澳门商法典》与《法国商法典》，这是一种极有实践理性的法典化技术，但在学术研究中却常常被忽略。

澳门《商法典》在其总则部分第十编“企业主之间之竞争规则”中专设两章“企业主之间竞争之一般规则”与“不正当竞争”分别对竞争行为之“法定限制”“合同限制”“订立合同之义务”以及不正当竞争行为的“适用客体范围”“适用之主体范围”“一般条款”“混淆行为”“欺骗行为”“馈赠”“诋毁行为”“比较行为”“模仿行为”“他人声誉之利用”“侵犯秘密”“促使他人违反合同及利用他人对合同之违反”“依赖关系之利用”“亏本出售”“不正当竞争之诉讼”“制裁”“损害赔偿”等进行了全面规制，包括几乎所有不正当竞争行为的规范内容，充分体现了其“以企业为中心的”法律设计宗旨。

法国《商法典》则在其分则部分对竞争行为进行规制，《商法典》第四卷为“价格与竞争自由”，分别以七编规范了竞争行为。包括“一般规定”“各种反竞争行为”“经济集中”“透明度、限制竞争的行为与其他受禁止的行为”“调查权力”“竞争主管机关”“其他规定”等内容。与澳门不同，法国《商法典》还对各种集中垄断行为进行了规制，而澳门《商法典》则重在规范不正当竞争行为。但无论如何，我们不难看出，将竞争规则置于商法典中是最合逻辑安排的设计，充分体现了商法的双重规制结构——正向规制与负向规制相结合，也是商法公法化、私法公法化的法典反应。这些内容，同样是民法不感兴趣以及事实上并未予以重点规范的内容。

如果需要继续列举，我们还能举出若干立法例，表明现行《民法总则》以及其他民事立法并不能涵括所有商法的规则。例如，商事登记、商业特许（连锁）经营、营业转让还有金融商法、非给付性担保行为等等，这些内容在现行《民法总则》中，没有也不可能充分表达，民法学者没有足够的兴趣和能力去设计相关领域的规则——无论如何说民法现代化、民法商化，我们都没有在相关民事规范中找到足够的裁判依据和行为规范，这也就意味着，《商法通则》或甚至是商法典作为“补缺规范”，本身有其独立存在的价值。

三、《商法通则》为何可能：实践与理论的回应

很显然，如果实践有需求，《民法总则》或《民法典》不能完全容纳商事关系法律调整的需求，就应当允许《商法通则》的独立存在——但商法的独特性，是否已经强大到需要独立的《商法通则》，目前仍然存在不同声音[35]，本部分拟从实践的维度观察《商法通则》独立化的意义，兼及回应理论界的不同声音，以证明《商法通则》单独立法的重要意义，发现中国独立制定《商法通则》之必要与可能。

（一）《商法通则》之必要：回应实践需求

立法只是社会生活需求的表达。中国需要制定《商法通则》，这既非我国居于第二大经济体进行国际经济交往“守住脸面”的需求，也非商法学者为抢夺学术地盘、实现商法理论的完整性刻意需求，而是商业实践本身的客观需求——此乃中国制定《商法通则》的根本所在，也是《商法通则》的生命力所在。所谓商业实践的需求，体现为固化商事制度改革成果的需要、适应法院的裁判的需要、当事人从事商事交易的需要，以及维护健康商事交易秩序所需。《商法通则》的制定有助于法院形成统一的裁判规范，有助于当事人形成妥当的行为规范，最终有助于形成良好的商事交易秩序。商业实践对《商法通则》的需求，体现在以下诸方面。

1. 商事交易的维度

商人从事商事交易的实践表明，亟须形成独立的商法思维，制定《商法通则》，填补商事交易的制度需求。对此，可举两例说明如下。

首先，民事代理的法律构造不足以满足商事交易实践的需求。民法中的代理多是个别化代理、单层次的代理行为，《民法总则》及其他民法规范对集团化、多层次的商事代理欠缺规范[36]。而商事代理，通常有两种基本类型：一是外部的独立性代理，比较典型的是代理商。代理商拥有相当独立的代理权，甚至可以以自己名义直接实施代理行为，代理商是商事代理独立化、甚至成为营业的直接结果；二是与商事主体相关的内部组织性代理，该种代理大量属于“不完全代理”——代理人并不拥有完整的代理权，其代理实施交易行为往往受到法律或章程限制。如，总经理对外的签约代理权，往往保留了董事会的最终决定方能生效，部门经理对外的职业代理签约权也多受到限制；再如，国有资产交易，往往需作为股东或出资人的主

〔35〕 魏振瀛：《中国的民事立法与法典化》，载《中外法学》1995 年第 3 期；王利明：《民商合一体例下我国民法典总则的制定》，载《法商研究》2015 年第 4 期；王利明：《民商合一体例下我国民法典总则的制定》，载《法商研究》2015 年第 4 期。

〔36〕 蒋大兴、王首杰：《论民法总则对商事代理的调整——比较法与规范分析的逻辑》，载《广东社会科学》2016 年第 1 期。

体同意，草签的交易契约才能最终生效。这两种代理尤其是“不完全代理”，在实务中容易引发纠纷，内部行为限制如何产生外部效力。例如，如何确定某一行为是否构成公司行为？如何确定公司违反章程限制的行为之效力，包括违反公司法第16条的对外担保行为的效果如何，等等。这几乎是商事公司法的核心构造，但除了公司法第16条在学界引发了巨大争议外，“不完全代理”的基本范畴、其构成要件、在意思表示上所产生的法效果如何，等等问题尚未引起学界足够关注，既有研究仍多坚持传统的民法思维，主要回到《合同法》第52条及第50条、《民法通则》第48条等，按照否属于效力性强制规范、是否构成表见代理的逻辑展开讨论，少有从更原初的意思表示本身的形成过程方面进行探讨。不完全代理的存在意味着在商事代理中，大量的代理行为之授权是不完整的、初步的、需要经过最终确认。不完全代理是商人旨在实现交易效率，又关注风险控制而创设出来的交易安全保障方式，这是民法在讨论代理问题时，不会过多关注的。民法特别注意委托人和代理人作为不同主体的独立性，这是以个人主义或原子主义方式设计代理制度的结果。然而，现代商人的重要组织形式是公司，在公司体制下，职务代理行为的非独立性呈现出新的特点，这是传统及现代民法欠缺足够关注的一面。

其次，新型商事活动欠缺总括性的商事规范供给。一种观点认为，《商法通则》的制订会阻碍商人的创新。例如，王利明教授认为：“商业活动要求不断创新，这导致商法规则也随之变动。而制定商法总则需要对商业活动的规则进行抽象性规定，可能难以适应商事交易规则的变动，其规则很可能被单行法架空。因此，独立的商法总则将制约商法规范的新发展。相比较而言，单行商法立法模式便于及时做出修正，也能够更好地适应商事交易规则频繁变化的特点。”〔37〕

《商法总则》是否会阻碍创新，取决于我们用什么样的规范技术去应对日新月异的创新性商行为。实际上，恰好相反，正是由于欠缺总括性的商事规范，而商业行为又经常居于创新过程中，这就导致对商业创新行为的规制，经常出现“制度供给短缺”的现象，这就意味着我们需要弹性的、总括性的商法规则〔38〕。彰显创新性商业实践需求《商法通则》的典型事例是电子交易的发展对传统民法规制带来的挑战。电子交易使得传统商事关系、商法规范逻辑发生了重大变化，这对现行法律提出了新的挑战。例如，电商、电子交易以及电子联系方式的流行，使传统民法中法人登记制度、法人及非法人的住所构成及其法律意义发生了明显变化，现行法律（包括《民法总则》）明显呈现出一种反应迟滞的现象，未能完全因应此种变化需求〔39〕。

---

〔37〕王利明：《民商合一体例下我国民法典总则的制定》，载《法商研究》2015年第4期。

〔38〕蒋大兴：《论民法典（民法总则）对商行为之调整——透视法观念、法技术与商行为之特殊性》，载《比较法研究》2015年第4期。

〔39〕蒋大兴：《〈民法总则〉的商法意义——以法人类型区分及规范构造为中心》，载《比较法研究》2017年第3期。

此种不能因应电子交易需求的现象是普遍的，例如，最近工商总局关于“失联企业”的定义，就是一种非常陈旧的界定逻辑，根本未考虑现代电子联系方式对失联企业界定的影响，用传统邮件寄送方式（专用信函）确定企业是否失联〔40〕，结果导致大量“虚假失联”企业存在，不能实现法律规制失联企业的原初目的；再如，电子化缔约对合同缔结及其履行产生了全方位的影响，电子代理人、电子合同的订立、电子结算体系及支付方式等均发生了巨大变化，但民法仍然遵循比较传统的住所规则，坚持比较传统的“意思表示”规则，甚至对电子交易主体的注册登记的意义与功能仍存巨大争议，缺乏立法的及时表态。《合同法》关于电子合同订立的简单规则明显也不能满足电子交易的需要，不能因应商事交易电子化发展的规范需求。

2. 商事规制的维度

最近几年来，在国务院统一部署下〔41〕，工商总局进行了涉及资本认缴制〔42〕、

---

〔40〕 例如，《企业经营异常名录管理暂行办法》（2014 年 8 月 19 日国家工商行政管理总局令第 68 号公布）第 9 条规定：“工商行政管理部门在依法履职过程中通过登记的住所或者经营场所无法与企业取得联系的，应当自查实之日起 10 个工作日内作出将其列入经营异常名录的决定，并予以公示。工商行政管理部门可以通过邮寄专用信函的方式与企业联系。经向企业登记的住所或者经营场所两次邮寄无人签收的，视为通过登记的住所或者经营场所无法取得联系。两次邮寄间隔时间不得少于 15 日，不得超过 30 日。”

〔41〕 例如，《国务院关于印发 2015 年推进简政放权放管结合转变政府职能工作方案的通知》（国发〔2015〕29 号）规定：“（五）深入推进商事制度改革。推进工商营业执照、组织机构代码证、税务登记证“三证合一”，年内出台推进“三证合一”登记制度改革的意见，实现“一照一码”。全面清理涉及注册资本登记制度改革的部门规章和规范性文件。制定落实“先照后证”改革严格执行工商登记前置审批事项的意见。公开决定保留的前置审批事项目录。加快推进与“先照后证”改革相配套的管理规定修订工作。总结自由贸易试验区外商投资企业备案管理工作经验，加快在全国推进外商投资审批体制改革，进一步简化外商投资企业设立程序。建设小微企业名录，建立支持小微企业发展的信息互联互通机制，实现政策集中公示、扶持申请导航、享受扶持信息公示等。推进企业信用信息公示“全国一张网”建设。加快推进“信用中国”网站和统一的信用信息共享交换平台建设。继续创新优化登记方式，研究制定进一步放宽新注册企业场所登记条件限制的指导意见，指导督促地方制定出台、修改完善住所（经营场所）管理规定。组织开展企业名称登记管理改革试点。修订《企业经营范围登记管理规定》。简化和完善注销流程，开展个体工商户、未开业企业、无债权债务企业简易注销登记试点。制定进一步推进电子营业执照试点工作的意见，建设全国统一的电子营业执照系统。研究制定全国企业登记全程电子化实施方案。”再如，《国务院关于大力推进大众创业万众创新若干政策措施的意见》（国发〔2015〕32 号）提到：“（二）深化商事制度改革。加快实施工商营业执照、组织机构代码证、税务登记证“三证合一”“一照一码”，落实“先照后证”改革，推进全程电子化登记和电子营业执照应用。支持各地结合实际放宽新注册企业场所登记条件限制，推动“一址多照”、集群注册等住所登记改革，为创业创新提供便利的工商登记服务。建立市场准入等负面清单，破除不合理的行业准入限制。开展企业简易注销试点，建立便捷的市场退出机制。依托企业信用信息公示系统建立小微企业名录，增强创业企业信息透明度。”

〔42〕 例如，《工商总局关于贯彻落实国家国民经济和社会发展“十二五”规划的意见》（工商办字〔2011〕198 号）提到：“探索推进注册资本登记制度改革，强化企业和社会的信用意识，选择部分地方开展注册资本认缴制登记试点。”

三证（多证）合一[43]、先照后证[44]、公司住所[45]、公司名称、全程电子化等诸多商事制度改革。改革实践表明：营商环境得到了巨大改善，商事组织的设立效率得到根本提升，市场主体的数量极大丰富，我国市场主体数量极大丰富，总数已接近1亿户。然而，如此复杂、规模庞大的改革基本都是以政策、规章方式推行，改革成果亟须立法予以固化，避免改革成果“行政化”“短期化”“偶然化”“非法治化”的倾向。然而，我们也发现，以民法典为核心的市场调整规范并不能完全满足商业实践需求。尤其是，经过近期商事制度改革，如此多元复杂的市场主体规模，同时还存在大量需退出市场的僵尸企业，总体上“偏于静态”的民法显然无法适应商事规制的动态要求，众多的单行商事立法也存在挂一漏万、无法解决一般制度供给不足的问题，因此，需尽快以专门的通则立法方式予以补充调整。可以说，商事主体数量的极大丰富，以及因此而导致商事行为的复杂性，是商事立法需求的现实基础，也是我们之所以需要《商法通则》的重要原因。

3. 商事裁判的维度

法院实践中反映，商法规范的欠缺以及由此导致的商事审判思维的欠缺，或者

---

〔43〕 例如，《国务院办公厅关于加快推进“三证合一”登记制度改革的意见》（国办发〔2015〕50号）规定：“‘三证合一’登记制度是指将企业登记时依次申请，分别由工商行政管理部门核发工商营业执照、质量技术监督部门核发组织机构代码证、税务部门核发税务登记证，改为一次申请、由工商行政管理部门核发一个营业执照的登记制度。”再如，《国务院办公厅关于加快推进“五证合一、一照一码”登记制度改革的通知》（国办发〔2016〕53号）规定：“从2016年10月1日起正式实施‘五证合一、一照一码’，在更大范围、更深层次实现信息共享和业务协同，巩固和扩大‘三证合一’登记制度改革成果，进一步为企业开办和成长提供便利化服务，降低创业准入的制度性成本，优化营商环境，激发企业活力，推进大众创业、万众创新，促进就业增加和经济社会持续健康发展。……改革后，原要求企业使用社会保险登记证和统计登记证办理相关业务的，一律改为使用营业执照办理，各级政府部门、企事业单位及中介机构等均要予以认可，不得要求企业提供其他身份证明材料，各行业主管部门要加强指导和督促。积极推进电子营业执照的应用。”

〔44〕 例如，《国务院关于“先照后证”改革后加强事中事后监管的意见》（国发〔2015〕62号）规定：“工商总局负责公布工商登记前置审批事项目录。法律、行政法规、国务院决定新增前置审批事项、取消行政审批事项、将前置审批事项改为后置审批事项的，实施审批的国务院相关部门应当及时通知工商总局对目录进行更新，并向社会公布，方便企业、群众办事和监督。除法律、行政法规和国务院决定外，一律不得设定工商登记前置审批事项，也不得通过备案等方式实施变相前置审批。经营者从事工商登记前置审批事项目录中事项的，应当依法报经相关审批部门审批后，凭许可文件、证件向工商部门申请登记注册，工商部门依法核发营业执照。经营者从事工商登记前置审批事项目录外事项的，直接向工商部门申请登记注册，工商部门依法核发营业执照。省级人民政府应当于2015年底前依法制定工商登记后置审批事项目录，并向社会公布。”

〔45〕 例如，《工商总局关于促进中关村国家自主创新示范区创新发展的若干意见》（2015.09.29）规定：“探索企业住所和经营场所分离的登记管理模式。科技类、文化创意类企业在北京市行政区域内设置的与住所分离的经营场所应当记载于营业执照上，可以不再办理分支机构营业执照。许可审批文件、证件记载的经营场所和企业住所不一致的，无需办理变更或设立分支机构手续。企业应当通过企业信用信息公示系统主动公示经营场所信息。”例如，《国务院关于印发中国（四川）自由贸易试验区总体方案的通知》（国发〔2017〕20号）提到：“放宽企业住所登记条件，探索以邮政通信地址作为企业住所的登记方式”。

民商事审判思维的混乱，已经导致很严重的问题。兹举数例说明如下。

（1）金融商法纠纷之裁判局限

金融商法因其复杂、变化极快的状况，在中国已形成复杂规范系统，但却缺乏基本的逻辑，规制思维发达，交易思维不昌。尤其是，金融商法的基础规则直接援用民法规范，忽略其商法上的特殊性。例如，交易外观主义的贯彻不彻底、商人（金融）机构的严格义务设计不足，其直接的反应是有关金融合同的研究、金融交易的成立、金融法律行为的效力等规范不足，不能体现对金融消费者的充分保护，金融商法的制订未能充分凸显对交易客户的保护。

例如，最近几年银行广泛存在的“飞单”问题〔46〕，可能与商事代理观念不发达、不重视外观法理的运用，片面考虑金融机构的真实意思有关。银行工作人员接受业务订单并将订单打飞以后，银行是否应作为被代理人承担相应责任？这涉及银行工作人员的法律地位和行为性质，是商事辅助人，还是职务代理人？这样的问题，单纯依靠民法规则去解决，显得比较困难。在韩国《商法》第17条“商业使用人的义务”中规定：“1. 商业使用人未经业主的同意，不得为自己或者为第三人进行属于业主营业领域内的交易；或者不得担任公司的无限责任股东、董事或者其他商人的使用人。2. 商业使用人违反欠款之规定进行交易时，若该交易属于为自己作出的交易时，业主可以将其视为是为业主进行的交易；若该交易属于为第三人进行的交易时，业主可以请求使用人返还其利益。3. 前款之规定不影响业主对使用人的解约或者损害赔偿的请求。”〔47〕

再如，银行设计的理财产品中随意确定“预期收益率”“年化率”而产生的欺诈交易或交易引诱，设计理财产品的金融机构是否需要承担某种责任？这显然单独以民法中的“平等原则”无法解释和调整，若任其存在，则最终将导致对消费者利益的损害。法院在审判实践中若要“加重金融机构责任”〔48〕，又缺乏十分明确的依

---

〔46〕 所谓飞单，是指销售业务员拿到订单后，不将订单交由自己公司做，却将订单放在别的公司做。就银行的“飞单”简单说，就是银行工作人员利用投资者对银行的信任，卖不属于银行自己的理财产品，从中获得高额的佣金提成。对于客户来说，资金失去了银行严格风控的保护就很容易“打水漂”。参见百度词条“飞单”，资料来源：https：//baike. baidu. com/item/飞单/411847？fr = aladdin。最后访问日期：2017年9月11日。

〔47〕 吴日焕译：《韩国商法》，中国政法大学出版社1999年版，第5~6页。

〔48〕 例如，最高人民法院在《商事审判工作会议纪要》（草稿）（2016年10月18日）中曾试图规范金融机构的此种责任，该会议纪要草稿规定：“金融商品的销售服务业者因违反金融消费者适格审查、信息披露及风险揭示义务所应承担的赔偿责任，应当以实际损失为基础，根据过错程度、公平原则和诚实信用原则予以确定。金融消费者的实际损失为其为获取该金融商品或服务而支付的对价总额扣除已收回部分的剩余金额。但金融商品的销售服务业者在广告宣传或者合同文本中明确载明了预期收益率，而未对不能按照预期收益率偿付的风险作出足以引起金融消费者注意的显著提示及充分说明，金融消费者请求按照预期收益率的计息标准赔偿损失的，人民法院可以以预期收益为基础，根据各方当事人的过错程度，确定损失赔偿金额。”

据，仅有《合同法》中的“格式合同规则”可用，可按照该规则，也只能否定格式合同效力，并不能彻底解决赔偿问题，既有法律工具似明显不足。因此，仅仅依托“民法商事化”的思维去解决商事关系的调整，存在显然的“规范短缺”问题，而商法上的严格责任原则，可能能为现行规范的改进以及裁判方向提供思路/支持。

（2）公司内部纠纷之裁判局限

公司法是商法理念集中体现的领域，但因为欠缺独立的商法思维，公司法司法解释呈现出很多“民法思维”，这直接影响到公司治理及股东权利的有效展开，这方面的例证是非常多的。

首先，公司法纠纷裁判不太重视外观法理的贯彻，这直接导致保障商事交易效率与安全的制度基石被打破。比较典型的是《公司法解释（三）》第 25 条、第 26 条关于商事外观主义贯彻的不彻底。

其次，法院裁判过程中，对公司内部治理中的程序正义坚持不彻底。对此，除涉及《公司法》第 16 条所引发的不重视公司内部程序正义的争论外，比较典型的还有对公司内部决议程序效力的要求，微小的决议程序瑕疵是否应影响公司决议行为的效力？从民法理念来看，比较关注决议结果是否会受影响，但对决议程序的意义关注相对较少。而从商法角度而言，可能恰好是“程序重于结果”——程序正义是判断商行为是否妥当的重要依据，也是关于商业决策是否免责（运用商业判断原则）的重要依据——这就导致民法学者与商法学者看待微小程序瑕疵是否属于可撤销决议方面，可能存在明显的立场差异。《公司法解释（四）》第 4 条规定：“股东请求撤销股东会或者股东大会、董事会决议，符合《公司法》第 22 条第 2 款规定的，人民法院应当予以支持，但会议召集程序或者表决方式仅有轻微瑕疵，且对决议未产生实质影响的，人民法院不予支持。”这样的解释规则虽然有比较法上的依据（例如，日本、韩国公司法上都有类似安排），但其内涵的“实质重于形式”或“结果重于程序”的理念，可能未必吻合公司内部治理对程序意义的特别倚重，按此逻辑，当某公司存在“一股独大”之情形，公司会议通知程序将因此变得无足轻重，甚至直接导致公司内部集体决议程序的废止，从规范构造的必要来说，这可能是荒谬的。

再次，滥用弱者保护制度，对债权人存在保护过度，忽略公司及股东正当权益维护的现象。受民法平等主义及弱者保护思维的影响，法院在公司法案件审理过程中，有意无意的原因弱者保护政策，忽略公司法将公司利益排在首位的立法安排，从而对个别债权人利益存在保护过度倾向。例如，在公司清算过程中，对股东怠于履行义务的责任安排，完全基于对公司外部债权人的优越/特殊保护政策，给未控制公司、从而无权利可滥用、无义务可怠于履行的小股东的权利保护十分不利。这是民法思维对弱者保护理念的过度滥用，罔顾公司法对小股东利益予以特别保护的基本政策而造成的。这也提示了，公司法上的弱者与合同法上的弱者保护之间到底应如何平衡？如果维持目前此种对债权人不加区分的特别保护政策，可能对社会上的公正交易秩序造成更为严重的影响。

（3）夫妻单独或共同商行为之裁判局限

虽然中国历史上一直存在男主外、女主内的传统。但很有意思的是，可能是现代妇女解放了，越来越多的商行为表现为“夫唱妇随”。夫妻商行为始终是现代中国商事行为中非常重要的类型。这当然也可能与民法上已经建立的“户”的概念，并以此作为有限资源分配的工具有关。实务当中，夫妻商行为主要表现为共同设立公司、夫妻股东互为代理参与公司治理、夫妻股权之转让、离婚股权分割，等等，多种法律形式。在这些法律形式中，尖锐地产生了夫妻共同财产与商法外观主义、家事代理与商事代理、股权转让与无权处分等问题的纠结，坚持民法的思维，主要表现为公平原则、真实意思、弱者保护等，就可能与商法上的财产权、交易效力等产生直接冲突，民法学者与商法学者讨论类似问题，存在明显的“鸡同鸭讲”“各说各话”等问题，双方都觉得无法理解对方的观点，这种理论理解的差异已经直接影响到司法裁判，在法院实务中产生了重大争议。

首先，夫妻共同设立公司，股权比例的约定是否直接构成夫妻对投资行为/股权的个别财产制的证据？工商总局曾经要求，夫妻设立公司应当提交分割共同财产的书面证明，但何者构成该书面证明？公司章程、股东名册或工商登记中的股权比例约定，是否已经足以构成证明？民事审判实践中，对此存在不同见解，侧重于保护女方利益的民事法官往往倾向于忽视工商登记、公司章程、股东名册上的上述单独约定，这直接挑战了商法上关于股东资格的认定规则。例如，北京市高级法院出台的《关于审理婚姻纠纷案件若干疑难问题的参考意见》第22规定：“……上述有限责任公司工商登记中注明的夫妻双方股权份额不构成夫妻间财产约定；但如设立公司时根据相关规定提交财产分割书面证明或协议的，构成财产约定。”

其次，夫妻共同设立的公司，能否以家事代理权解释一方对另一方参与公司治理等行为的授权？商事行为，尤其是身份性商事行为，是否有家事代理的空间？法院经常习惯以民法思维中的家事代理权，扩张解释夫妻之间商事代理行为的有效，轻易认定夫或妻之瑕疵代理行为对第三人成立表见代理，以此软化公司内部治理规则，从而实质上影响到另一方商事权利的独立性，甚至直接影响公司治理体制，经常引发纠纷。例如，在“干峰与宁波市凤凰谷旅游开发有限公司股东会决议效力确认纠纷上诉案”中，一审法院认为：“因干峰与凤凰谷公司的执行董事陈飞系夫妻关系，该公司原系干峰夫妻所投资设立的公司，夫妻作为公司的股东，夫妻之间口头通知召开股东会理属正常，干峰称凤凰谷公司未正式书面通知干峰召开股东会的意见显然不符合常理；虽然双方确认是陈飞代表干峰在股东会决议上签字表示同意，对于事先是否征得过干峰同意双方存在争议，但所加盖的干峰私章确实是干峰所有的，干峰称自2006年开始未再使用，无相关证据印证，从该股东会决议的形式判断，有干峰的签名及盖章，与公司成立时干峰的签名及盖章相符，即使陈飞确实未征得干峰同意，基于陈飞与干峰之间的特殊关系即夫妻之间的家事代理关系，仍构成表见代理。”[49]

与此相关的还有，夫妻一方所持股权之转让，是否需如同一方所持不动产之转让那样，按夫妻共同财产对待，须经配偶一方同意？实务中一些法院持肯定见解。如此，事实上导致公司法上的股权认定规则或外观主义彻底被打破，股权之转让自由、交易效率原则也被事实废弃，这显然不利于商法的健康发展。但非常庆幸的是，最高法院似乎开始举起商法独立的大旗。例如，在关于艾某、张某某与刘某某股权转让纠纷上诉案中，最高法院出具（2014）民二终字第48号判决书，驳回艾某、张某某的上诉，维持原判。即，张某某与艾某认为的“张某某将婚后取得的股权在未经配偶艾某同意的情况下转让给刘某某应当是无效的”观点没有得到最高法院的支持。在该案中，最高法院认为：“股权作为一项特殊的财产权，除其具有的财产权益内容外，还具有与股东个人的社会属性及其特质、品格密不可分的人格权、身份权等内容。如无特别约定，对于自然人股东而言，股权仍属于商法规范内的私权范畴，其各项具体权能应由股东本人独立行使，不受他人干涉。在股权流转方面，我国《公司法》确认的合法转让主体也是股东本人，而不是其所在的家庭。本案中，张新田因转让其持有的工贸公司的股权事宜，与刘小平签订了股权转让协议，双方从事该项民事交易活动，其民事主体适格，意思表示真实、明确，协议内容不违反我国《合同法》《公司法》的强制性规定，该股权转让协议应认定有效。艾梅、张新田的该项上诉理由没有法律依据，本院不予支持。”[50] 但这样的观点并非没有争议，对该案的批评一直不绝于耳[51]。

再次，还有夫妻离婚时的股权分割，如何平衡民法中的公平原则以及商法的促进企业维持、促进商事经营效率的原则？夫妻离婚时的财产分割，如何考虑生产经营的需要？尤其是，当夫或妻一方为上市公司实际控制人，而采取均分原则可能影响到上市公司控制权的稳定性以及经营政策的稳定性时，是以公平原则为主导，优秀考虑财产均分；还是以企业维持原则为主导，优先考虑公司稳定，在实务中经常发生争议。因离婚案件为民事案件，在民事审判庭，法官更容易倾向于均分处理。在北京市高级法院《关于审理婚姻纠纷案件若干疑难问题的参考意见》中，对于夫妻双方均为公司股东、双方都主张股权且对股权分割无法协商一致时，采取按比例分割股权的方法进行处理，何为按比例分割，实务中多理解为均分。这可能主要考

[49] 参考宁波市鄞州区人民法院（2009）甬鄞商初字第493号民事判决书；浙江省宁波市中级人民法院（2009）浙甬商终字第491号民事判决书。

[50] 参考最高人民法院（2014）民二终字第48号民事判决书。

[51] 《婚后取得股权仍为个人财产？——被误解的最高人民法院“48号案件”》，资料来源：http://www.360doc.com/content/16/0605/00/29351598_565114754.shtml；最后访问日期：2017年9月16日。

了财产分配的公平性，未侧重考虑如何分配有助于公司稳定经营，比较偏重民法思维而忽略商事思维。

（4）对商人自治之裁判局限

商事裁判中对商人自治思维之支持不足几乎是全面的，诸如博彩性交易的法律效力、隐名出资的股东效力、违约金的调整权、行政行为对商事交易效力的影响，等等。

首先，法院对博彩性交易的法律效力认识存在偏差。对博彩性商事交易行为，民法通常会以违反“善良风俗”原则予以否定，但在商事交易中，博彩性安排可能是一种风险控制措施。比较典型的是“对赌协议”法律效力的判断，商事交易始终伴随风险，可以说二者是孪生兄弟，所以，我们经常说商场与战场，竞争、风险是商事交易的核心。换言之，这使得商事交易天生具有博彩性，最典型的是证券交易，交易的投机性得到法律确认，吴敬琏先生将其称为赌场。如果不能理解商人之间交易行为的博彩性，我们就无法将其与传统赌博行为予以区分。事实上，现在越来越多的仲裁机构和法院开始理解商人以赌博作为风险控制的策略，很多案件法院最终都逐渐支持了。这实际上是对商法自治思维的重新人士。

其次，法院对隐名出资行为之股东效力保护过度。对商人自治思维之裁判支持不足，还表现在对各种违规隐名出资行为的裁判规制上，不能简单地套用民法规则予以处理，若不区分其商法上与民法上的效力，就会从基础上摧毁商法的制度，最终会损害正当交易秩序的形成。但遗憾的是，目前《公司法司法解释三》若干条款均未能很好地协调商人自治与国家强制的关系。常以民法上的自治思维打破公司法上的外观强制，对商事交易的外观预期产生了非常不好的影响。

再次，法院对违约金的司法调整权运用不当。商事自治思维还体现在违约金安排方面，学界对此已有很多讨论，商人基于其自身理性，对其约定的违约金，没有必要如同对待普通民事关系一样，进行过高或者过低的调整〔52〕。

最后，法院对行政行为的商法效力判断不妥。商法自治思维之不足，还体现在如何评价诸多行政行为的商法效力上，即如何评价行政行为对商事交易行为效力的影响〔53〕。在商事交易纠纷处理中，法院经常面临如何判断行政行为对交易效力的影响的问题。例如，如何识别影响合同效力的与行政权相关的强制性规范之类型；再如，如何处理商事交易法与税法的冲突。商法以外观主义为原则，商人在此基础上设计交易结构，而税法坚持“实质课税”原则，从根本上打破商法上的外观主义，这使商法上精心设计的交易结构通常难以得到税务机关认同，直接影响商人在

---

〔52〕 蒋大兴：《论民法典（民法总则）对商行为之调整——透视法观念、法技术与商行为之特殊性》，载《比较法研究》2015 年第 4 期。

〔53〕 蔡立东：《行政审批与权利转让合同的效力》，载《中国法学》2013 年第 1 期。

交易过程中的心理及利益预期。尤其是，在商事审判过程中，商事法庭是否需要以及是否能够对税收问题（计税及征税合法性）进行表态？还包括，商事法庭如何在商事案件审理过程中对涉及其他行政行为效力判断的问题进行表态。例如，法庭能否直接评价商事登记机关的登记行为的效力，抑或需要另行以行政诉讼程序予以解决该效力问题？以及，出资人在行政解散程序过程中的对公承诺，能否以及如何有公开的效力，是单方允诺还是推定的强制缔约？等等，这些问题都涉及商事自治与公共强制之间的关系，显然，很难轻易地从现有的民法规范中找到答案。

总之，商事裁判的种种纷争表明，我们需要设定专门的商事法院，一体化地解决商事纠纷问题，这也是处于创新转型过程中的中国发展商法规范、高效调整商事关系、妥当处理商事纠纷的最佳途径。

4. 良性社会竞争秩序的维度

商事交易缺乏统一规则，导致模糊地带欠缺裁判规则，直接影响商人预期，影响社会竞争秩序。目前商事制度放松改革如火如荼，但立法跟进非常缓慢，工商总局规范制定权有限，导致大量的改革措施以“政策方式推行”，欠缺对改革效果的公开与固化，商事立法滞后，也直接导致社会秩序混乱，部门事中事后监管权限不清，甚至存在相互推诿的现象发生。例如，对“先照后证”改革过程中存在的无证企业，如何协同监管？牌照具有何种法律意义和功能？等等，这些问题，都缺乏理论上和规范上的跟进。

民法主要对市场社会进行正向调整、原子化调整。例如，民法以权利思维为主导，重在宣誓各种权利。而商业实践要求建立各种竞争规则，存在诸多负向/消极的调整规范，这与以宣誓权利为核心的民法规范存在明显不同。如前所述，一些国家/地区商法典明确将“企业竞争规则”作为其商法典的核心内容，例如，澳门“商法典”第十编规定了“企业主之间之竞争规则”，以商法典统一竞争法的规范，即表明了商法的此种“负向规制”思维。为建立正常的交易秩序，商法需要以“否定规制”“规制负面清单”的方式划定正当竞争权的范畴。相反，民法仍是比较关注静态权利的调整，对权利的动态流转关注不若商法迫切，正向权利授予模式实际上压缩了“私法自治—交易创新”的空间，自然而然会影响到商事交易的创新以及商业增值行为的拓展。

如果中国未来有可能制订商法典，竞争法/反垄断法都必须进入《商法典》，在法典化方面，现行的经济法将作为商法典的核心内容。商法典不调整商人之间的竞争规则，这是很难想象的。事实上，竞争法/反垄断法进入商法典是传统商法理论所谓“商法公法化”重要表现，是商法的“现代性重生”。

（二）《商法通则》之可能：回应个别理论质疑

商业实践的需求，只是宣示了对商事关系进行及时调整的意义，但具体以何种规范方式予以调整，仍取决于一国国内法之安排。换言之，若商业实践之立法需求已通过制定《民法总则》及发展其他民法规范得以满足，则《商法通则》亦无独立存在之意义——若修改或补充民法规范能满足商业实践之需求，反而是一种低成本的“法律回应”方式，故无必要单独制定《商法通则》。除非该种法律回应产生了极不便利的后果，需重新编纂法典以改进立法调整的效果。从现有《民法总则》的规范内容及民法典分则的设计来看，商业实践的客观需求并未得到完整回应，《商法通则》仍有其独立存在的意义。

1. 质疑之一：《民法总则》已足以导引商事特别法

一种反对独立制订《商法通则》的观点认为，民商合一体例的核心在于强调以《民法总则》统一适用于所有民商事关系，统辖商事特别法，我们不宜制定商法总则以统辖各商事法律，而主要应当通过完善的民法典总则来调整传统商法的内容。[54]一方面，通过《民法总则》的指导，使各商事特别法与民法典共同构成统一的民商法体系，有利于实现民商事立法的体系化。另一方面，通过民法典统一调整民商事活动可以节约立法成本，无须另行制定独立的商法总则。例如，民法的主体制度是对商品经济活动的主体资格的一般规定，公司只是民法中典型的法人形式，自应适用法人制度的具体规定。[55]问题是，如果确有完善的《民法总则》或《民法典》充分考虑了商事特别法的调整需求，那么，从法律适用角度，独立制订《商法通则》的意义确实不大。可事实上《民法总则》只是举起了“民商合一”的旗帜，并未设计出妥当的合一规范，如前所述，《民法总则》对商人及商行为之调整极为不足，并不能发挥对商事特别法的导引功能。

以商事主体法为例，现行《民法总则》虽采取大量“复制公司法”的立法技术，强化了对营利法人之调整，尤其是建立了商法的核心范畴，首次以立法确认了“营利”的概念。但《民法总则》乃采凸显民事权利的调整思维，在主体部分，并未建立“商人/企业”的一般范畴，营利标准的运用也未拓展到非法人组织，缺乏关于商人的一般条款[56]；在法律行为部分，也缺乏对营利行为/商行为的一般调整规则，以民事权利方式规整商事权利显得捉襟见肘。一些创新性商事行为，尚未形成权利范畴，难以用《民法总则》进行规整。而且，《民法总则》有关法律行为效力的规定存在过多的否定情形，不利于保护商人确定的预期、维护商事交易的稳定[57]。这在很大程度上是因为，《民法总则》的制定过程虽已进行了“商事关注”，

---

〔54〕 魏振瀛：《中国的民事立法与法典化》，载《中外法学》1995年第3期。

〔55〕 王利明：《民商合一体例下我国民法典总则的制定》，载《法商研究》2015年第4期。

〔56〕 蒋大兴：《〈民法总则〉的商法意义——以法人类型区分及规范构造为中心》，载《比较法研究》2017年第4期。

〔57〕 蒋大兴：《〈民法总则〉的商法意义——以法人类型区分及规范构造为中心》，载《比较法研究》2017年第4期。

但仍“商事关注不足”仍相当不足。因此，似不能乐观地认为《民法总则》已经能有效地指导商事特别法，从而当然排除《商法通则》甚至商法典制定之可能。

2. 质疑之二：独立的《商法通则》会分裂民法的基本制度

还有人担心《商法通则》的制定会分裂现有的民法的基本制度，进而对现行民法体系造成伤害，这是对《商法通则》功能的误解。其实，制定独立的《商法通则》，并非要人为地割裂基本的民事制度，更非要抛弃《民法总则》而予以单独适用。相反，即便在制定了独立商法典的国家，也并未完全否定民法典对商事关系补充适用之可能，虽然对此在理论上还存在或激进或温和的争议。

《商法通则》只是采取“补缺技术”，对《民法总则》并未也不能完全关注到的“商事一般问题”予以补缺，以满足在民法安排沉默时，完善商事关系法律调整之迫切需求。事实上，因民事与商事目的所存根本差异，民事关系与商事关系在现实生活中的确存在明显不同，忽略此种不同，统一以“不加区分”的民法制度予以调整，只是形式上维持了“民法体系”的完整性，却未必有利于社会关系的有效调整。以代理为例，如果为了维持民法调整代理关系之特权而放弃对商事代理特殊性之填补，则可能难以满足商事实践的需求。因为，《民法总则》虽然规范了部分商事代理行为，但却并未充分注意到商事代理与民事代理之不同，诸多制度设计并不符合商事代理之需求〔58〕。此时，是追求维护民法传统体系的完整性更重要，还是对商事关系进行妥当调整或改造更重要？答案可能不言自明。

所以，制定《商法通则》，只是实事求是地认可普通民事交易与商事交易所存在的实质差别，以在《民法总则》应接不暇之现实情况下，实现对社会关系特殊点之有效调整。例如，对商人或商行为课以更严格的义务，对商人的违约行为，严格实行约定违约金制度，不允许以违约金过高予以调减。从而，有助于形成更诚信的商业社会。所以，《商法通则》不是扼杀民法基本制度的敌人，而是补充民法基本制度不足之兄弟。

3. 质疑之三：民商事区分困难无法制定《商法通则》

否定《商法通则》单独立法的另一项理由是很难区分民事与商事关系，因此，单独立法会带来很大的“区分困难”。例如，王利明教授认为：“民商分立体例强调形成民法和商法两套不同的法律规则和制度。而问题是，在判断某一法律规则究竟应属于民事规则还是商事规则时存在困难。因为在现代社会，每个人都可能参与市场交易，这就使得区分商人和非商人、商事行为和民事行为、商事代理和民事代理、商法上的时效与民法上的时效变得越来越困难。民商分立的立法模式将调整平

---

〔58〕 蒋大兴、王首杰：《论民法总则对商事代理的调整——比较法与规范分析的逻辑》，载《广东社会科学》2016年第1期；孟强：《经由编纂民法典实现民商合一———兼评〈民法总则专家建议稿〉与〈商事通则立法建议稿〉》，载《社会科学战线》2015年第12期。

等主体关系的法律规则人为地区分为两套规则，这就难免导致民法与商法在内容上的矛盾和重叠，并增加法律适用上的困难。而同样一种交易行为，因交易当事人的身份和交易的动机不同而适用不同的法律，显然是不妥当的。”〔59〕可见，“若制定商法总则，就要对商行为及其构成要素、特征和法律后果作出规定。然而，抽象的商行为究竟如何定义，其在性质上是否为法律行为，是否以意思表示为构成要素，如何产生特定的法律效果，与民法的法律行为如何区分等，都是立法和司法实践中一直没有厘清的问题。……商业活动丰富多彩，，商行为的表现形式复杂多样，商法总则很难从这些具体的商行为中抽象出商行为的一般规则。”〔60〕可见，商法很难形成不同于民法的基本范畴，因此，制定《商法通则》无疑存在明显的“技术困难”。

虽然现代社会有些国家确因民事与商事“区分困难”，而最终放弃独立商法典的模式，采取民商统一立法，但“区分困难”不应是拒绝《商法通则》的充分理由。相反，正是因为我国现行立法中缺乏《商法通则》，未对营利行为或商行为、商人、企业等基本概念在立法中做出明确界定，才会导致法律适用出现困难。最为典型的是，因立法欠缺，我们难以准确区分基于“生活需要”而进行的农产品销售等民事行为，与“经营需要”以持续营利（营业）方式进行的商事行为的不同。这在《无照无证经营查处办法》中表现至为明显，也是长期以来，我们无法解决走街串巷、无证无照经营的小商贩的管理问题的重要原因。其实，商事与民事并非没有区别，二者的最大区分在于“是否以营业方式”持续从事营利行为。偶尔为之的营利行为，虽可能形成商事关系，但商法不必专门予以调整，可让其停留在民法的怀抱之中；只有持续地以营业方式进行的营利行为，商法才有调整必要。在一些有《商法典》的国家，商法总则部分对小商人有豁免规定。例如，韩国《商法》第9条规定：“本法中有关经理、商号、商业账簿及商业登记的规定，不适用于小商人”。我国《无证无照经营查处办法》第2条规定：“任何单位或者个人不得违反法律、法规、国务院决定的规定，从事无证无照经营。”第3条规定：“下列经营活动，不属于无证无照经营：（一）在县级以上地方人民政府指定的场所和时间，销售农副产品、日常生活用品，或者个人利用自己的技能从事依法无须取得许可的便民劳务活动；（二）依照法律、行政法规、国务院决定的规定，从事无须取得许可或者办理注册登记的经营活动。”《无证无照经营查处办法》对部分无证无照经营行为的查处豁免。例如，在指定场所、固定时间销售农副产品、日常生活用品，或者个人利用自己的技能从事依法无须取得许可的便民劳务活动，均不需要取得证

〔59〕 蒋大兴：《〈民法总则〉的商法意义——以法人类型区分及规范构造为中心》，载《比较法研究》2017年第4期。

〔60〕 蒋大兴：《〈民法总则〉的商法意义——以法人类型区分及规范构造为中心》，载《比较法研究》2017年第4期。

照，这基本类似于所谓“小商人豁免”制度，实际上是豁免该类商行为的商法调整，因其“谋生需求”转由民法调整或者根本不将其视为商行为，或者不需要工商登记，仅仅进行备案登记[61]。但是，因为缺乏统一的《商法通则》，对此类小商人问题，在《民法总则》及其分则中根本无从进行处理。

可见，民事商事难以区分，根本不是否定《商法通则》的理由，而是尤其需要《商法通则》予以明确的理由。

4. 质疑之四：独立的《商法通则》存在法技术上的困难

还有一种观点认为，独立的商法总则难以概括出商事特别法的共同规则，很难在总则中安排统一适用于各分则的“总则内容”，商事特别法是对商法各领域进行具体规定的法规集合，很难在商法总则概括出这些特别法的共同规则。因此，所谓商法总则存在过于抽象而难以完全适用所有商事领域的问题。即使强行制定商法总则，其主要也是一些松散的规范的集合，而欠缺内在的体系性与完整性，难以有效协调各商事特别法之间的关系。制定商法总则将导致法律规则的叠加、重复，增加法律适用的难度。[62]例如，孟强教授认为：“商法本身难以抽象出共同规则……随着商事交易专业化与分工细化的发展，商事法律内部彼此间的差异越来越大而共性越来越少。例如一般的商法学者对于海商法知识往往知之甚少，而研究公司法为主的学者对于保险法和票据法也知之不多。商事法律内部差异性过大导致的一个后果，就是在整个商法领域能够进行理论抽象、形成 通则性规定的内容极少，即很难有足够的、总则性的规定能够普遍适用于公司、合伙、破产、证券、票据、海商等各个商事部门法领域。”[63]王利明教授认为：商法总则难以概括出商事特别法的共同规则。从具体制度来看，商法总则的共性规则主要是有关商主体、商誉、商事登记、商业账簿、商行为、商事代理等的规则。但事实上，《民法通则》和《公司法》《合伙企业法》等民事特别法律已经对这些内容作了一些规定。……在这一背景下，若仍制定商法总则，必将引发总则性规定与这些商事规则之间的矛盾。相对于民法而言，商事特别法的许多特殊规则缺乏抽象性和概括性，商事特别法大都是就商事领域中的特殊问题所作的具体规定，其个性远远大于共性，很难适用一般的总则性规定[64]。例如，“商业账簿”主要在公司法中有较大的适用余地，而在票据法、保险法和海商法中则很难适用。再如，要制定一个商法总则，势必要规定所谓商主体的设立规则和运行制度，但是，不同企业的设立条件和运作模式存在巨大的差异，要想抽象出统一的规则是十分困难的。这些规则只能由公司法、合伙企业法

---

〔61〕 李丹丹：《试论小商贩地位的合法化》，载《商》2016年第3期。

〔62〕 王利明：《民商合一体例下我国民法典总则的制定》，载《法商研究》2015年第4期。

〔63〕 孟强：《经由编纂民法典实现民商合一———兼评〈民法总则专家建议稿〉与〈商事通则立法建议稿〉》，载《社会科学战线》2015年第12期。

〔64〕 王利明：《民商合一体例下我国民法典总则的制定》，载《法商研究》2015年第4期。

等商事特别法分别作出规定。如保险、证券、海商等具有自己特殊的规范，在这种情况下，无法归纳出商事领域的一般通则[65]。

对《商法通则》独立性的上述怀疑，显然不能否定《商法通则》独立立法的价值和意义。上述质疑逻辑，在是否需要以及能否需要《民法总则》的过程中，同样存在。

首先，如前所述，各国商事立法的实践表明，在有独立《商法典》的国家，基本都存在类似《商法通则》的内容。这些立法例本身也表明，商事特别法能够概括出其统一的规则。例如，交易效率与交易安全原则或多或少地适用于所有商事部门法领域。赵旭东教授也指出："从既有的商事法律制度来看，虽然各单行 商事法各有偏重、各不相同，但它们毕竟都遵循相同的法律原则，如效率原则、交易安全原则、交易公平原则等；共享一些基本的概念，如商人、商行为、商事权利义务、商事责任等；也适用 一些基本的交易规则，如登记、公告、短期时效、设立会计账簿等。这些内容将构成《商法通则》的一般性规定 。"[66]因此，体系化难度不应成为否定《商法通则》的主要理由。民法本身也存在体系化困难，在任何一次、任何一个国家民法典制定过程中，民法学者对民法典应当如何排编布局、人格权应否独立成编，甚至是否需要总则部分，等，都曾产生过争议。但这种体系化的难度似乎并未成为否定单独制定《民法总则》的理由，恰恰相反，这是民法法典化过程中的正常状态。

其次，《商法通则》的内容是否需要适用于全部商事特别法？答案是否定。这就如同《民法总则》中的内容，未必一体适用于所有分则内容一样。例如，《民法总则》中的法人制度，主要适用于民事主体法部分，其适用于合同法、婚姻法、物权法、继承法、侵权责任法等分则编的可能空间并不大，此种情形并不意味着《民法总则》对法人制度无规定必要，更不意味着制定《民法总则》没有可能。因此，不能以《商法通则》中某些内容，例如"商业账簿"不能适用于所有商事特别法，进而否定对其进行"总则化处理"之可能。再则，也不能以"不同企业的设立条件和运作模式存在巨大的差异，要想抽象出统一的规则是十分困难的"来否定《商法通则》对商主体进行规制的可能，如果这样的逻辑是正确的，也同样意味着《民法总则》没有必要，也不可能对不同企业类型进行统一规范，而事实上《民法总则》甚至更早的《民法通则》早已对此进行了法典化的尝试。各国商法典对商人的规定也基本印证了这一判断。

再次，担心《商法通则》的法典化会导致法律规则的叠加、重复，增加法律适

[65] 王利明：《民商合一体例下我国民法典总则的制定》，载《法商研究》2015 年第 4 期。

[66] 赵旭东：《〈商法通则〉立法的法理基础与现实根据》，载《吉林大学社会科学学报》2008 年第 2 期。

用的难度，并以此作为否定《商法通则》的理由，说服力也不是十分充分。任何法典的总则作为统摄分则的内容，都有可能在实质内容上与分则产生所谓“叠加、重复”，但是否因此增加了法律适用的难度，则是仁智各见的问题。例如，《民法总则》甚至采取“复印公司法”的方式设计其法人章〔67〕，由此导致的法律规则的叠加、重复在中国民事立法上是史无前例的。若按上述逻辑，《民法总则》的制定是否也是一个错误？法典总则的存在是否会导致法律规则的叠加、重复，取决于在法技术上如何安排总则之内容。总则并非分则的简单重复，而是提取公因式的凝，是一种在法的精神上统领分则、规范上相对独立的存在。对此，恐怕刑法总则的设定技术更值得我们研究和学习。而且，《商法总则》的最大意义，在于通过设定商法的核心范畴（营利、营业、企业、商人、交易等）、规范商法的原则、设计商主体及商行为的一般条款，面对创新性商行为/商事交易/商事主体，以及法院处理的前所未见的疑案/难案，发挥其弹性规制的作用，从而统一商事纠纷的裁判准据、尺度，提升商人的交易预期。这不是增加了法律适用难度，而是降低了法律适用难度，提升了裁判行为、商事规制的透明度。

总之，任何法典的制定都可能存在某方面立法技术上的困难，因此，法技术困难不应当成为否定《商法通则》独立立法的理由。《商法通则》的制定是否会导致法律规则的叠加、重复，取决于采用何种总则制定技术，换言之，《商法通则》的制定未必一定会导致上述叠加、重复现象发生。而且，《商法通则》的制定有助于规范商事创新行为，有助于法院处理相应疑难案件，也有助于提升商人的交易预期，由此，势必增加法律适用的便利性。因此，以总则出台会增加法律适用的难度进而否定总则的存在价值，是可以商榷的。

四、结论

若要否定单独制定《商法通则》的意义，我们可以找出很多理由来支持。这些理由可能涉及国外，例如，日本、德国等国家都在消解商法总则或商法典的内容。商法在传统大陆法系国家已经或者正在或即将成为历史，是已经或正在/即将走向没落的法律贵族。这些理由也可能来自于国内，例如，在全民经商及法律面前人人平等的时代，商人作为一种特殊阶层，已丧失其独立存在的意义和价值；商法作为特权法，也已失去其历史功能和意义。又或者，商法没有完全不同于民法的价值、原则和制度，商事特别法没有特别到需要《商法通则》或《商法典》的程度，因为，《民法总则》或《民法典》已能独立导引商事特别法，商事特别法很难抽象出

〔67〕 蒋大兴：《〈民法总则〉的商法意义——以法人类型区分及规范构造为中心》，载《比较法研究》2017年第4期。

共同的、统一的规则形成《商法通则》；或者《商法通则》会分裂民法的基本制度；甚至会导致法律规则的叠加、重复，增加法律适用的难度，等等，不一而足。

然而，通过观察法国、韩国、我国澳门特别行政区等国家和地区商法典的总则部分，我们可以发现，纷繁复杂的商事特别法并非不可形成总则或通则，传统大陆法系国家商法典总则部分的安排虽存在差异，但多涉及商人、商行为、商号、企业租赁、竞争规则等难以为普通民法所涵盖的内容。虽然，现代民法的发展呈现出商化的一面，传统商法总则中的部分内容已经被现代民法所包容，但仍有部分属传统商法总则的内容游离在现代民法的规整之外。这些未被现代民法所规整的内容，形成未来《商法通则》的可能空间。这些内容涉及商法的原则、商主体及商行为的一般条款及不动产商事租赁、商号、企业租赁、商事竞争规则，等等。商法家族的这些流亡贵族目前的散落立法状态不利于对商事关系的统一调整，也不利于实现法典化所追求的“法典完美”目标。

一些学者主张，以《民法总则》统摄商事特别法是最佳模式，制定《商法通则》会导致民法基本制度的分裂、导致法律规则的叠加、重复，增加法律适用难度。而且，民事商事难以区分，以及商事特别法的共性提炼困难等等，这些均难以成为否定《商法通则》独立存在的理由。无论理论上反对《商法通则》的声音有多么强烈、理由多么充分，都无法否定以下基本事实，中国现行商事实践需要我们制定统一、独立的《商法通则》甚至《商法典》。法典虽是精巧的理论设计，但法典的生命力来自实践，商事实践的需求才是我们需要商法法典化，需要《商法通则》的是因为无论是商事交易实践还是商事规制、商事裁判实践都充分证明，民商混合的思维带来了极大不便，影响了商事关系的优化调整，甚至影响了法院的妥当裁判。凡此种种，最终都损害了商人的交易预期，影响了“商事国家”的形成。除此之外，我们也不应忘记另一个事实，法典化之可能在于相关单行法已具备相当规模，《民法通则》或《民法总则》甚至《民法典》的制定逻辑如此，《商法通则》甚至《商法典》的制定逻辑同样也应如此。“己所不欲，勿施于人”，只要我们回想一下民法典在中国是如何形成的，我们就不会在讨论《商法通则》或者《商法典》时轻易地举起反对的大旗，正是因为经过长期立法及司法实践积累，中国已有了丰富、零散的民法/民事规范，才需要统一的《民法总则》/甚至《民法典》去统摄。同理，没有人会否认中国今天已经存在丰富的商法规范，为何我们不能编纂《商法通则》甚至《商法典》？

商法的方法
——兼论我国商事规范的创设

樊　涛 *

目　次

一、“商法过度”与“商法不足”并存的民商立法

尽管我国政府从国家层面已经公开承认并使用“商事制度”的称谓。但是，我国立法上并未规定“商事”的概念，“……我国立法秉持民商合一的传统，通过编纂民法典，完善我国民商事领域的基本规则，为民商事活动提供基本遵循……”[1]我国《民法总则》《物权法》《合同编》（草案）《侵权责任法》等均未根据主体或行为的性质来区分民事主体和商主体、民事行为和商行为，并在此基础上规定不同的行为规则。

（一）民法商法化抑或商法过度

当今各国均处在“商法时代”“商法时代”的到来、“像商人一样生活”。换句话说，要求所有的市场主体均要像商人一样生活，提高所有的市场主体的注意义务，将过去仅商人承担的高度注意义务普遍施加于所有的市场主体。法国学者居荣认为：“我们有一种现象，普通个人可以直接运用商法的某些特有技术，属于‘商

* 河南大学法学院副教授。

〔1〕 李建国：《关于〈中华人民共和国民法总则〉（草案）的说明》，2017年3月8日在第十二届全国人民代表大会第五次会议上。

人之法’的商法正在得到恢复与重建。”〔2〕全民皆商、营业行为的全民化和民事行为的泛商化使得现代民法典的规范中心转为“重商主义”，即现代民法的价值应奉行“效率与安全”、民事主体转为商主体、民事行为转为商行为等。〔3〕从而导致，商事交易逐步在扩张，并渐成为现代各国民法规范的常态，传统民法交易逐步萎缩、传统民法的功能也逐渐减弱。毋容置疑，“重商主义”“共享经济”的时代已经悄然到来。因此，“民法的商法化”“商法色彩”等现代私法的理念和技术已经被我国民商事立法者与民商事裁判者加以借鉴和发扬。例如，《合同编》（草案）关于违约责任采取严格责任，减轻了守约方的举证责任；〔4〕《合同编》（草案）关于“连带保证责任的推定”，〔5〕强化了债权人利益的保护；《合同编》（草案）将委托合同推定为有偿合同，吁求了商事社会奉行“营利性”的有偿判断规则；〔6〕《合同编》（草案）要求民事买受人也负有验货义务，〔7〕强化了民事买受人的注意义务，吁求了商事社会“民法商法化”的现代民法理念；我国《民法总则》中的表见代理制度与我国《物权法》中的善意取得制度均不要求“本人有过错”，客观上有利于交易安全的保护；我国《物权法》中的“民宅商用”、我国《侵权责任法》中的“人格权商品化利用”、我国实践中的“微商”“专车”等制度均认可民事主体无须办理商事登记，也可以从事经营活动，迎合了“共享经济”背景下的私法的新需求等。

客观上说，《民法总则》对于商事规范的内容存在“过度加入”的弊端，例如在民法的理念上奉行“交易优先”，反而忽略了民法本应秉承的“公平”“弱势群体保护”等理念；〔8〕将《公司法》中作为例外条款的“公司人格否认”制度上升

〔2〕［法］伊夫·居荣：《法国商法》（第1卷），罗结珍、赵海峰等译，法律出版社2004年版，第70页。

〔3〕在当下“商事社会”“共享经济”的背景下，“人人皆商”，营业行为的民事化和民事行为的泛商化，商事行为的规则与民事行为的规则已无根本的不同，商人与非商人都在同一的行为规则和市场规则下进行活动，使得民事主体与商主体、民事行为与商行为的区分已无实质意义，传统商人与民事人、商事行为与民事行为等之间的界限已经或者正在消失。与此相伴的，传统的商法已不复存在。

〔4〕《合同编》（草案）第120条：“当事人一方不履行合同义务或者履行合同义务不符合约定的，应当承担继续履行、采取补救措施或者赔偿损失等违约责任。”

〔5〕《合同编》（草案）第272条：“当事人在保证合同中对保证方式没有约定或者约定不明确的，按照连带责任保证承担保证责任。”

〔6〕《合同编》（草案）第532条：“受托人完成委托事务的，委托人应当向其支付报酬。”

〔7〕《合同编》（草案）第178条：“买受人收到标的物时应当在约定的检验期间内检验。没有约定检验期间的，应当及时检验。”

〔8〕私法大体上可以分为：部门意义的民法、家事法、商事法等不同的私法部门。不同的私法部门有不同的价值追求，例如民法一般注重保护静态的利益、本人的利益；家事法则偏重身份利益；商法则谋求第三人的利益、动态的利益等。从而就形成了不同的审判理念与审判制度，主要包括：传统的民事审判、家事审判及商事审判等。与此相对应，要求裁判者应当选择并适用相适应的审判思维，包括“民事审判”“家事审判”及“商事审判”等不同的诉讼制度。我国《民法总则》作为我国私法的一般法、总则规范，务必针对不同的私法制度，例如传统的民事制度、商事制度、家事制度等，做出异质的理念设计与制度安排，切不可武断地贯彻“交易优先”“交易优先”仅能作为市场交易、商事交易等的理念。

为营利法人的一般规则；针对不同性质的法定代表人逾越职权的行为，未设有差异性的规范，执意无差别的规定为“表见代表有效”；[9]仅仅适用于营利法人的“登记制度”“独立责任制度”“清算制度”等均被扩大为我国法人的一般规则，显属不当。

（二）商法不足

创新性的商业实践通常都是领先于现行的制度与法律。优秀的、聪明的立法者或司法者应当及时更新知识，掌握最新的行业动态，紧跟时代创新的步伐。[10]“……还有一些涉及特殊商事规则，这些法律很难也不宜纳入民法典……”[11]客观上说，我国《民法总则》“已经将伴生于我国特色的市场经济的商事理念、规则乃至制度，不留缝隙地融入其中，实现了民法总则对民事和商事关系的全法域统合。”[12]例如，理念上贯彻“交易优先”、规定了“营利法人”“职务代理”“商事登记”“公告”“惩罚性赔偿”“决议行为”等商事制度。

但是，相比我国商事交易与商事纠纷的吁求，我国《民法总则》显然存在“商法不足”的缺点，例如，我国《民法总则》并未规定“企业（经营者）”的概念；我国《民法总则》并未规定“营业”制度；[13]我国《民法总则》未能一般性地考量商行为的安排，导致在我国，商人可否主张错误、重大误解、显失公平、欺诈等成为疑问，[14]；我国《民法总则》所规定的是民事代理，[15]对商事代理几乎未涉及，例如，未规定“代理商、居间商、行纪商”等职业代理、未规定“间接代理”、妨碍商事交易的“转委托”等；我国《民法总则》固执坚持仅仅规定民事时效制度，严禁商主体对于商事时效做出自由的约定；[16]我国《民法总则》中的

[9] 法人的目的事业，营利法人与非营利法人、特别法人意义不同。为防止特别法人与非营利法人滥用公权与公产，特别法人与非营利法人仅仅具有部分权利能力，任何与之无关的市场交易行为，均超出其目的，应属无效。

[10] 朱克力、张孝荣等编著：《分享经济》，中信出版集团2016年版，第241页。

[11] 李建国：《关于〈中华人民共和国民法总则〉（草案）的说明》，2017年3月8日在第十二届全国人民代表大会第五次会议上。

[12] 邹海林：《民法总则有哪些创新》，载《社科院专刊》2017年第409期。

[13] 营业是商法上所特有的客体，商法基于快捷、便利的出发点，设计了许多民法中所没有的制度。将有体物、无体物，事实关系结合在一起，作为一个整体，不仅反映了商法的营利性的特点，也促进了将营业作为一个整体转让、租赁等的规模价值。中国法学会《民法总则》（草案）第116条：“企业财产是企业用以从事生产经营活动的各项财产的总和，企业财产的部分或全部得依法成为民事权利客体。”

[14] 樊涛：《我国民法典的制定与商事规范的重构》，载《法学杂志》2016年第11期。

[15] 我国《民法总则》的代理仍然是纯粹的、偶然性的、一次性的代理，没有体现商法持续性的、职业性的代理；另外，《民法总则》的代理都是无偿的，未考虑商事代理的有偿性。

[16] 我国《民法总则》第197条：“诉讼时效的期间、计算方法以及中止、中断的事由由法律规定，当事人约定无效。当事人对诉讼时效利益的预先放弃无效。”

"民事责任"仅仅局限于"行为责任"，未规定"主体责任"等。[17]我国《民法总则》中的"无因管理"，作为的传统民法制度在今天应当改进，考虑怎样与商法对接，既保护管理人的报酬请求权又兼顾本人利益的最大化；我国《民法总则》中的"不当得利"，未与商法对接，商事营利是否为不当得利？不当得利和无因管理这两种传统农耕社会的债法规则能否迎合当下商事社会有偿性推定的实际需求；我国《民法总则》中的物权的定义"物权是权利人依法对特定的物享有直接支配和排他的权利，包括所有权、用益物权和担保物权。"过于守旧，背离了分享经济下"重视物权利用，弱化物权支配"的理念，事实上已经成为我国发展新业态的阻碍；我国《民法总则》未单独规定营利法人决议无效的制度，理由是"营利法人权力机构、执行机构作出决议也属于民事法律行为的一种，违反法律、行政法规的强制规定的，可以适用民事法律行为无效的规定，无须再单独作出规定。"[18]，实则忽略了规范营利法人的法律为"团体法"、营利法人决议行为瑕疵，决不可直接适用传统民事法律行为的瑕疵等。

与此同时，2017年8月8日颁布的《合同编》（草案）共27章、559条，从内容上看，除增设了第9章"准合同"调整不当得利与无因管理、同时增设了"保证合同""物业管理合同""商业特许经营合同"与"合伙合同"等4种新类型合同外，在整体框架与内容上几乎照搬照抄了现行《合同法》的全部内容。特别令人不解的是，对于商事合同的内容惜字如金、只字不提；2017年7月28颁布的《继承编》（草案）共5章、48条，是一部纯粹的民事继承法，对于商事继承制度也是只字不提。

二、我国商法方法的创新

（一）商法方法与民法方法的辩证统一

1. 商法应当具有相对独立的解释规则

法律非经解释不得适用，商法应有自己的解释方法。商事行为的双方均为智而强的商人，均拥有事先评估风险、防范风险的能力，均不需要法律的强行保护。商

〔17〕为解决执行难，我国当下采取的"失信被执行人信用惩戒机制"系通过限制失信被执行人出行、投资和消费等方面督促其履行法律文书确定的义务的督促机制，本质上属于一项追究失信被执行人民事主体人格责任的制度。从性质上说，失信惩戒机制所追究的民事责任并非违约责任或者侵权责任，而是对该类特殊民商事主体从事某些民商事行为的限制，是对该类主体进入部分市场交易的主体资格的限制，应当将其规定为民商事主体责任。由此可见，传统"两分法""行为责任"等保守的民事责任类型划分显然已经不能适应商事交易的发展，打破传统民事责任、构建新的商事责任体系，显得尤为急迫。

〔18〕李适时主编：《中华人民共和国民法总则释义》，法律出版社2017年版，第254页。

事行为重点关注交易特殊风险的管控或分配机制，根本不关心其交易法律上如何定性。同时，随着异质性商事交易越来越多，商事任意法根本无法涵盖或者妥帖地适用于各类新业态的商事交易。因此，我们在解释商事行为时，应当摈弃传统民法中民事行为的解释方法，另辟蹊径，寻求更符合商事行为、商事交易目的的特有的解释方法。值得注意的是，我国《民法总则》中意思表示的解释规则，[19]明确区分了民事纠纷应当尽可能“探求当事人真意”，而商事纠纷则应当奉行“外观主义”的商事法理。

针对我国民法典制定过程中“商事规范不足”的窘境，我国的商事裁判者需要借助灵活的“法学方法论”，来“造法”。法律漏洞的填补方法主要有类推适用、目的性限缩、目的性扩张及创造性补充。[20]换句话说，我国的商事裁判者，针对我国民商事立法不分青红皂白的、武断的、固执的未区分民商关系的“同一立法”“混淆立法”的缺陷，聪明的商事裁判者应当灵活的对待我国私法规范中的“同”，通过“法律解释”来“创设”出异质的“私法规范”，即我国的“商事规范”，要求民商事裁判者面对性质迥异的民商事纠纷，就同一私法规范，针对不同的私法纠纷（包括民事纠纷、家事纠纷、商事纠纷）作出不同的解释，从而达到案件处理结果上的“实质公平”。

例如，《民法总则》中的“民事关系”“民事纠纷”等概念应作目的性扩张，包括“商事关系”“商事纠纷”等；为弥补《民法总则》第10条对于“多元商法渊源”规定的欠缺，应当对《民法总则》第10条规定的“法律”，作目的性扩张，[21]包括“商事法规”“商事规章”“商事政策”“商自治法”“商事法理”等；商事裁判者应当实事求是地关注和研究民法基本原则在商法上的变化；[22]现代各国的商法对商人的假设均是“强有力的智者”，商人被推定为在商务方面是有能力、有经验的，商法乃是强者之法[23]，因此，关于行为能力、意思表示瑕疵、对“意思表示自由”等传统民法的制度，均不能适用于商人。[24]因此，《民法总则》中的重大误解、欺诈与胁迫、显失公平[25]等行为的救济方式，原则上不适于商行为，即《民法总则》

---

〔19〕《民法总则》第142条：“有相对人的意思表示的解释，应当按照所使用的词句，结合相关条款、行为的性质和目的、习惯以及诚信原则，确定意思表示的含义。无相对人的意思表示的解释，不能完全拘泥于所使用的词句，而应当结合相关条款、行为的性质和目的、习惯以及诚信原则，确定行为人的真实意思。”

〔20〕孔祥俊：《法官如何裁判》，中国法制出版社2017年版，第382页。

〔21〕李适时主编：《中华人民共和国民法总则释义》，法律出版社2017年版，第34~35页。

〔22〕民法中的“公平原则”在商事纠纷中应当慎用、票据纠纷中不宜适用“诚实信用原则”等。

〔23〕［法］伊夫·居荣：《法国商法》，罗结珍、赵海峰等译，法律出版社2004年版，第36页。

〔24〕樊涛：《中国商法总论》，法律出版社2016年版，第179页。

〔25〕商事交易发生在商主体之间，与传统的民事主体相比，在交易能力、交易信息的获取、交易风险的防范等方面均远远强于民事主体，例如私募领域中的“对赌协议”、委托理财中的“保底条款”等，依据商事行为的“谨慎责任”“风险自担”等原则，不能一概地认定为“显失公平”的判断。

中“民事法律行为瑕疵的救济”应当做目的性限缩，不适于“商事纠纷”；基于“独立承担法律责任”仅仅适用于营利法人，故《民法总则》第60条：“法人以其全部财产独立承担民事责任。”中的法人，仅仅局限为“营利法人”；基于特别法人（公法人）应被新闻舆论、群众监督的需要，公民对特别法人及其工作人员有批评监督权，因此，公法人无名誉权，仅营利法人有名誉权，故《民法总则》第110条：“法人、非法人组织享有名称权、名誉权、荣誉权等权利。”中的法人应当做目的性限缩，仅仅局限为“营利法人”；关于行为的效力解释，民事行为关注于自愿之要素，效力解释上亦反映自愿之效力，而商行为则关注于外观，即使当事人非出于自愿，行为之效力不受影响，因而商法中的“意思表示瑕疵”，奉行“外观主义”，故商事裁判者应当依法排除《民法总则》第143条中：“具备下列条件的民事法律行为有效：……（二）意思表示真实；……”对于商行为的适用；对于《合同编》（草案）第537条委托合同的“任意解除”，应当区分民事委托（无偿）于商事委托（有偿），而作出不同的解释、赔偿损失的范围也不同等。[26]

值得注意的是，我国《立法法》对于法官“造法”似乎采取了严格限制甚至禁止的态度。

2. 商法应当具有相对独立的效力规则

在民商分立的国家，民法典与商法典各有所司、各有其体系架构，[27]商事关系的法律适用不存有困难。与此相反，尽管我国已经迈入了“商事社会”，但是立法上“民商合一”“有民无商”，倒逼我国的商事裁判者在传统的民法方法论之外，另行建构适合商事纠纷的效力规则，绝不应当一味地“唯民法是从”，否则，一味地追求“民商合一”“平等司法”，必然会造成错误的、违背客观规律的司法效果与社会效果。例如，依据我国《担保法》第19条：“当事人对保证方式没有约定或者约定不明确的，按照连带责任保证承担保证责任。”错误的导致自然人担保（民事担保）与企业之间联保（商事担保）一样均须承担连带责任。很多无辜的民事主体作为民事担保人被法院作为“失信被执行人”予以强制执行，连累了很多家庭；同时，在我国，受“民商合一”的立法及“平等司法”的不利影响，将商人等同于民事人、法官简单地以所谓的平等原则来处理商主体与民事主体之间的交易行为，导致不妥甚至是错误的判决，例如，银行卡事件，客户的银行卡在自己手中，结果银行卡上的钱被他人非法、异地盗取，法院的判决竟然认定作为消费者的银行卡客户自己未尽保管责任。

我国真的需要反思一下：当前“民商合一”“民商不分”的立法与司法的弊

---

〔26〕 韩世远：《买卖法的再法典化：区别对待消费者买卖与商事买卖》，载《交大法学》2017年第1期。

〔27〕 王文宇：《公司法论》，台湾元照出版有限公司2016年版，第190页。

端，树立“民商有别”“民商区分”等的理念。令人欣慰的是，《民法总则》中多处已经注意到了“民商有别”“合而不同”，例如区分不同性质的无效，针对民法上的无效，采取自始、确定、绝对之无效，而针对商法上的无效，则另行设计了不同的后果；[28]民法上的撤销，不同于商法上的撤销。[29]商法上的撤销，更强调维护交易安全、交易稳定等。

3. 不可切断与民法方法的联系

商法优先适用、民法补充适用。毋庸置疑，商法作为私法的特别法，在单行商事立法未作出特别规定的情况下，商事关系的调整理应补充适用民事一般法的规范。例如，在“公司证照返还纠纷”中，我国的商事法官采取“类推适用”的方法，[30]依据《物权法》《民法通则》《侵权责任法》等判决被告返还，“……本案中，被告张金钢占有的公司印章，属于非法占有，违反了《物权法》《民法通则》等的规定，……判决被告张金钢在判决生效后立即向原告东方水产公司。……”；[31]还有，在股东会决议不能适用我国《公司法》第22条规定的无效和可撤销的情况时，可以将我国《民法通则》规定的民事法律行为无效制度作为补充。“……在本案中，青岛海泰铝业有限公司的工作人员在实际没有召开股东会议的情况下，制作了股东会决议和公司章程修正案，并自已签上了5位股东的名字，到即墨市工商行政管理局办理了公司注册资本增资登记，使公司注册资本由原来的50万增加到100万元。其股东金红、韩数环、孙文波、刘淑芹、王积芬均确认自己没有在‘股东会决议’和‘公司章程修正案’上签字，也没有委托他人签字，同时也没用出资。可以说，本案的股东会决议没有得到诸位股东的认可，也就是违背了诸位股东的真实意思作出的，是无效的。”[32]“依照《中华人民共和国民法通则》第55条的规定，民事法律行为应当具备的条件之一就是意思表示真实。原告持有泛亚公司50％的股权，公司未通知其参加股东会，在原告未参加股东会的情况下，公司其他股东伪造其签名，违背了其真实意思表示，侵害了其作为股东的合法权益，故上述股东会决议因

---

[28] 我国《民法总则》第157条：“民事法律行为无效、被撤销或者确定不发生效力后，行为人因该行为取得的财产，应当予以返还；不能返还或者没有必要返还的，应当折价补偿。有过错的一方应当赔偿对方由此所受到的损失；各方都有过错的，应当各自承担相应的责任。法律另有规定的，依照其规定。”

[29] 我国《民法总则》第85条：“营利法人的权力机构、执行机构作出决议的会议召集程序、表决方式违反法律、行政法规、法人章程，或者决议内容违反法人章程的，营利法人的出资人可以请求人民法院撤销该决议，但是营利法人依据该决议与善意相对人形成的民事法律关系不受影响。”

[30] 所谓类推适用，是指在对特定的案件缺乏法律规定时，法官比照援引与该案件类似的法律规定，将法律的明文规定适用于法律没有规定、但存在与明文规定相类似的情形。参见黄茂荣：《法学方法与现代民法》，中国政法大学出版社2001年版，第492页。

[31] 参考（2011）沪二中民四（商）终字第1139号判决书。

[32] 参考（2011）青民二商终字第267号判决书。

欠缺股东的真实意思表示而无效。”[33]

我们必须认真的反思：哪些民法的概念、规则、原理可以适用到商事纠纷，哪些不能适用到商事纠纷。决不可“唯民法是从”，坚决反对“民法万能论”。

（二）商法方法的创新

1. 重提“论题学”的思维与方法[34]

论题学的思维与方法不是从特定法律规范出发的三段论式的、封闭式的法律适用模式，而是以问题解决为出发的一种将适用与发展混合一体的法律发现方式。相比体系思维的民法思维，论题学的思维与方法并不看重成文商法或商法典的绝对法源地位，其更适用于商事法律不断发展或变化的商法方法。

论题学是一种问题思维而非体系思维，换句话说是始终围绕问题来展开论断。论题学是一种实践导向的程序，问题思维决定了其不会像体系思维那样以已经固定化的法律规范为导向不折不扣地通过形式演绎的方式进行论证，而是以问题为前提，是一种开放式的寻找大前提的程序，旨在通过打开与问题相关的各种论题资源通过比较权衡最终得出结论。

因此，单纯凭借涵摄方式的法律适用，或者仅凭向来的民法解释方法，[35]并不能找到既对商事个案而言“正当”、同时又符合商事交易的商事裁判。具体到我国，我们务必在商法的方法上进行创新、我国务必重提“论题学”的思维与方法。

2. 商事裁判的功能主义调整

在民事领域，“司法三段论”是民法法学方法论的核心问题，[36]在民事裁判过程中，法官通常将抽象的民法条文运用于具体的案件事实，并作出裁判。同时，也派生出了“法律关系分析法”[37]与“请求权基础分析法”等两种不同的民事裁判方法。于是乎，在我国的商事审判中，商事法官大都依然依据民法中的商事法官审理商事案件，还局限于《民事案件案由规定》僵化地受理、审理商事纠纷。

客观地说，照搬照抄民事案件中“法律关系”“请求权基础”等裁判方法来审理商事纠纷是极其错误的。原因在于，这一僵化的裁判思维方式背离了商法中最基

---

〔33〕 参考（2014）滨民初字第1561号判决书。

〔34〕 德国法学家特奥多尔·菲韦格在1953年以一本《论题学与法学》风靡德国法律界，该理论对体系思维的民法方法论提出了颠覆的批评，突出法律的实践本性。

〔35〕［德］卡尔·拉伦茨：《法学方法论》，陈爱娥译，商务印书馆2003年版，第27页。

〔36〕 王利明：《法学方法论》，中国人民大学出版社2012年版，第69页。

〔37〕 我国《民事案由规定》：“……1、关于案由的确定标准。民事案件案由应当依据当事人主张的民事法律关系的性质来确定……”；我国《人民法院民事裁判文书制作规范》：“……对争议的法律适用问题，应当根据案件的性质、争议的法律关系、认定的事实，依照法律、司法解释规定的法律适用规则进行分析，作出认定，阐明支持或不予支持的理由。”

本的“尊重商事领域的商人自治”的理念。商事交易关系复杂多变，我国民商立法中对于各类民商关系类型的规定，大都是示范性文本、任意性规定。商事关系参加者完全可以自由的设计符合自己需求的、我国现行民商法不禁止的商事交易类型。因此，当商事法官在商事审判中发现涉诉商事合同违反了我国民商立法上规定的合同类型，应当赋予商人之间的合同应有的效力，而不能反过来依据法官自己对于合同种类的定性或者当事人对于合同名称的选择，径行武断的依据我国《合同法》第52条直接否认商人之间订立合同的效力，此类裁判方法属于典型的“削足适履”。

现实情况是，我国商事审判领域几乎每天都在上演着“削足适履”的裁判方法，这在很大程度上挫伤了我国商事交易应有的活力。客观情况是，各种不同的商事交易的商事主体自然存有不同的商业需求、不同的商业交易模型，加之商人自身的风险预知及防范能力（事实上，商人大都配备有专业的风险控制团队、专业的法务人员等），自主交易的“营业自由”。我国的商事审判实践表明，这种照搬照抄民事案件中“法律关系”“请求权基础”等错误的裁判方法，形成了许多“削足适履”的商事判决，严重违背了商人间的意思自治、严重妨碍了我国的商事交易发展。

为了鼓励交易、鼓励创新，为打造“好的营商环境”，我国需要在商事领域奉行“创造性司法”，〔38〕在裁判方法上，需要“功能主义司法”。但是，“功能主义司法”的理念不能过分或者过度，否则，会增加法律适用的随意、会损害法律的确定性和稳定性。〔39〕

三、结语：我国商事一般条款的创设

我国《民法总则》的编纂思路基本框架与《德国民法典》大致相同，即采用“先总后分”的模式。我国《民法典》注定奉行“民商合一”，这就导致了我国《民法典》立法模式选择上的悖论：采用民商分立模式国家的民法典结构，而又没有（执意而为之）商法典或者商法通则的内容。我国《民法总则》中商事规范的内容寥寥数语，远不能成为统帅商事单行法的“总则”，即欠缺“商事一般条款”。我国《民法总则》既然执意没有给予商法应有的位置，倒逼我国的商法学界不得不重新思考我国的商事立法的位置。〔40〕因此，我国《民法总则》颁布后，我国商事立

---

〔38〕为鼓励商事交易、为支持商事创新，优秀的商事裁判者往往是先有结论后再找法律条文，以便使结论正当化或合理化，追求的是让法律条文为结论服务，而不是从法律条文中引出结论。

〔39〕孔祥俊：《司法哲学》，中国法制出版社2017年版，第52页。

〔40〕赵磊、谢晶：《改革开放以来商法学研究回顾、现状与展望》，载《华东政法大学学报》2017年第2期。

法的核心问题是："商事一般条款的完善"。[41]关于我国商事一般条款的完善，大抵上存有下列几种方式：一是继续制定《商法通则》，此种观点主要为我国商法学者所坚持[42]，"我国以《商法通则》的模式构建商人、商行为制度，完善商法体系，既能完成商人制度缺失的填补，又能使凌乱混乱的商事单行法得到整合，同时还能因《民法总则》的立法传统减少《商法通则》制定的立法障碍，是当前国情下的最优选择。"[43]第二，在民法典分编中加入商事一般条款，此种观点为我国立法机关所主张，例如，"间接代理不是真正的代理，在合同法分则中作出规定即可，民法总则没有必要专门作规定。"[44]在物权编中增设"商事担保物权""分享经济"；在合同编中增设"组织合同""商事合同制度"，包括商事合同的效力瑕疵、[45]新类型的商事合同；在继承编中增设"商事限定继承"[46]在侵权编中增设"商事侵权"等；第三，通过"法学方法论"，在法律适用的过程中，创设出商事一般条款。我国《民法总则》颁布之前，允许就我国商事立法的模式进行争论，伴随着奉行"民商合一"模式的我国《民法总则》的颁布与实施，我国只能从法律适用的角度解释民法与商法的关系[47]，"在成文法体制下，发挥成文法的最大效用，很大程度上依赖于法官的解释。解释活动越发达，成文法的生命力就越长久。"[48]没有能力不足的立法者，只有能力不足的解释者，对于新法律的颁布，法律人不应去批评立法者，而应当做好解释工作。"[49]"立法应时而变，固然是使法律适应客观情况变化的根本途径，但修改法律通常是艰难和缓慢的。在法条不变的情况下，司法承担了使法律适合发展法律的重要职责。履行这种职责的重要方式是运用司法解释技术，

---

〔41〕周林彬：《民法总则制定后商法一般条款立法的完善》，2017年4月15日，河南财经政法大学举办的"全国第二届民法与商法的对话学术研讨会"。

〔42〕赵旭东：《民法典的编纂与商事立法》，载《中国法学》2016年第4期。

〔43〕范健、丁凤玲：《中国商人制度与民事主体立法——写在〈民法总则〉创立时的思考》，载《南京大学学报》2017年第3期。

〔44〕李适时主编：《中华人民共和国民法总则释义》，法律出版社2017年版，第508页。

〔45〕区分民事合同效力的商事合同瑕疵制度、严格的违约责任、惩罚性违约金、商事免责条款的有效等。

〔46〕伴随着由继承法赋予各个家庭成员对于遗产的最低份额请求权，对于企业的经营存在着很大的负面影响：对遗产的最低限度的请求权将导致经济上不被希望的后果。统一的财产价值被分割并由此在经济上基本失去其"整体效用"。尤其成问题的是，家族企业过渡到下一代时，继承法规定的碎片效应，在家族企业中，遗产的份额请求权严重威胁到家族企业的存续。但是，家族企业超越企业主的死亡而延续对于一个社会、一个国家的繁荣具有很大的意义。因此，我们需要考虑限制或者降低家庭成员对于遗产的份额请求权以保证企业经营的连续性。

〔47〕北京航空航天大学法学院龙卫球教授，2017年4月15日在河南财经政法大学举办的"全国第二届民法与商法的对话学术研讨会"上的发言。

〔48〕王利明：《民法解释学》（第二版），中国人民大学出版社2016年版，第34页。

〔49〕王轶：《〈民法总则〉的解读与评析》，2017年5月6日在中南财经政法大学的学术报告。

即通过法律解释，调整和改变法条的内涵，使之适应变化了的客观情况。"[50]

笔者认为，基于我国《民法总则》与《民法典分则》执意"有民无商"的无奈、基于我国制定《商事通则》的渺茫，为更好的审理商事纠纷，面对我国"商事规范的不足"，我国商事裁判者只得借助于"法学方法论"，例如法律的解释、法律漏洞的填补等措施，来创设我国的"商事规范"。

---

〔50〕孔祥俊：《司法哲学》，中国法制出版社2017年版，第61页。

论大陆地区不良贷款证券化

詹聪哲[*] 王文杰[**]

目 次

一、问题意识

1994 年《中华人民共和国商业银行法》颁布，明确了商业银行的企业法人地位，并将原先商业银行所负担的政策性任务移转给新成立的三家政策性银行。但从此开始，中国大陆商业银行体系即饱受不良贷款所累，不良率超过 20%〔1〕。

1999 年大陆将 1.39 万亿元的不良资产剥离至新成立四家资产管理公司，之后又陆续再剥离了几批，一度缓释了不良贷款的危况〔2〕。但根据中国银行业监督管

---

* 台湾政治大学法律研究所博士生。

** 台湾政治大学法学院院长、教授。

〔1〕 施华强：《国有商业银行账面不良贷款、调整因素和严重程度：1994－2004》，载《金融研究》2005 年第 12 期。

〔2〕 但应了解，这只是将不良资产自银行体系剥离至资产管理公司，不良资产并未消失。甚至，由于银行持有四家资产管理公司对应定向发行之 8200 亿元之债券，要说不良资产仍在广义银行体系内，也不为过。

理委员会2017年公布之资料[3]显示，目前银行业的不良贷款，又逐渐攀高至16358亿元。

处置不良债权的手段有数种：清收、重组（又可分为重整与债转股）与转让（又可分为直接转让与证券化）。其中，证券化早为各国所采用处置不良债权，但大陆仅在2003年及2005年有两次零星的试验，随即中止，直至2016年才展开新一轮的重启。

本文要处理的问题是：证券化是否为大陆不良债权问题的良方妙解？如果不是，问题何在？在架构上，首先讨论大陆不良贷款的状况，之后简介不良贷款证券化的理论，再概述大陆不良贷款证券化的相关法规以及实践情况，最后探讨大陆不良贷款证券化的问题并提出建议。

二、大陆不良贷款状况

（一）形成、剥离、再形成

1. 形成

在1978年改革开放之前，国有企业之资金均由国家财政无偿划拨，基本上并无债务问题。但自1979年开始，部分地区与行业开始试行“拨改贷”—由原先财政无偿拨款改为银行贷款。1983年7月1日国家宣布停止财政对国有企业流动资金的拨款。因“拨改贷”政策，国有企业的负债率自1978年的11%，一路攀升至1995年的85%。至1999年，中国大陆四大国有商业银行的逾放比，不论是与国际同业相比，或者是与国内其他小型股份制银行相比，均显著过高。

2. 剥离

为处理四大国有商业银行庞大的不良债权，政府[4]于1999年设立了中国信达[5]、

---

[3] http：//www. cbrc. gov. cn/chinese/home/docViewPage/110009&current = 1，最后访问日期：2017年9月27日。

[4] 1999年3月5日总理朱镕基在第九届全国人民代表大会第二次会议上进行《政府工作报告》，其中便提出“逐步建立金融资产管理公司，负责处理银行原有的不良信贷资产，对银行新增贷款质量实行严格的责任制”

[5] 1999年4月4日，国务院办公厅发出《国务院办公厅关于转发人民银行、财政部、证监会关于组建中国信达资产管理公司意见的通知》（国办发［1999］33号）。1999年4月20日，信达资产管理公司正式成立。

华融、长城、东方〔6〕等四家资产管理公司，于2000年分别对应收购中国建设银行人民币2730亿元（以及国家开发银行1000亿元）、中国工商银行4077亿元、中国农业银行3458亿元以及中国银行2647亿元之不良债权。总计收购不良债权为1万3939亿元，均以等值收购。表面上虽有四家资产管理公司，容易使人误认中国大陆是采分散式的资产管理公司模式，但事实上，因资产管理公司系分别对应收购银行之不良债权，等于是四家集中式的资产管理公司。

2003年年底，为进行股份制改造，中国银行核销了1400亿元、中国建设银行核销了569亿元的损失类贷款。在2004年5月22日，上述两银行核销后的不良贷款，分别剥离给信达和东方资产管理公司。2004年6月21日，中国建设银行将1289亿元、中国银行将1498亿元的可疑类不良贷款以封闭式招标之方式由四家资产管理公司竞标，最后由信达资产管理公司以贷款账面价值的30.5%得标。2005年5月中国工商银行将2460亿元的损失类不良贷款等值剥离给华融资产管理公司，次月工商银行再将4590亿元的可疑类贷款，分拆为35个资产包，出售给四大资产管理公司。其中，长城资产管理公司标得17个、东方资产管理公司标得10个、余由信达与华融资产管理公司标得。此次招标规则甚为独特：先将四家资产管理公司投标价加总后除以四，求得均价，再以均价之上下10%为区间，在此区间内之最高价得标。

大陆实务〔7〕及学界多将由资产管理公司向银行以贷款等值收购的剥离，称为政策性剥离，至于有折价收购的，则认为是市场化处置。并进而认为资产管理公司在处置政策性收购与市场性收购的资产包〔8〕，政府应予以差别待遇。

---

〔6〕 1999年7月21日，国务院办公厅发出《国务院办公厅关于转发人民银行、财政部、证监会关于组建中国华融资产管理公司、中国长城资产管理公司和中国东方资产管理公司意见的通知》（国办发［1999］66号）。1999年10月15日，中国东方资产管理公司正式成立；18日，中国长城资产管理公司正式成立；19日，中国华融资产管理公司正式成立。

〔7〕 最高人民法院法发（2009）19号《关于审理涉及金融不良债权转让案件工作座谈会纪要》十二、关于《纪要》的适用范围：“不良债权转让包括金融资产管理公司政策性和商业性不良债权的转让。政策性不良债权是指1999年2000年上述四家金融资产管理公司在国家统一安排下通过再贷款或者财政担保的商业票据形式支付收购成本从中国银行、中国农业银行、中国建设银行、中国工商银行以及国家开发银行收购的不良债权；商业性不良债权是指2004年至2005年上述四家金融资产管理公司在政府主管部门主导下从交通银行、中国银行、中国建设银行和中国工商银行收购的不良债权。”

〔8〕 本文认为以是否为等值收购来区分政策性收购与市场化收购，稍嫌速断。（自由）市场应该是一个不受政府干预和调控的市场，交易主体自由进入，价格全由供给和需求决定，政府只维持最低的市场运作所需职能。资产管理公司以等值自银行剥离之不良贷款，固然为政策性收购，但即便是只以账面价值50%收购之不良贷款，由于“账面价值50%”也是出于政府指令而为，由各该资产管理公司对应各该银行收购，并非资产管理公司自主评估而得，故也应视为是政策性剥离。甚至，后期四家资产管理公司竞标工商银行的35个资产包，也难谓是市场化处置，理由有二：一是即便有四家资产管理公司竞标，但其他民营甚至外资企业均无从取得入场门票，故非属市场化；二是这四家资产管理公司均为国有央企，管理者与实际所有权人之控制鍊相距太远，导致管理者在竞标时，并非全然以供给和需求作为出价的唯一考量，所以才会有“均价上下10%区间内最高价得标”之设计，其目的在排除资产管理公司非基于供需的不理性出价。

3. 再形成

不论是已经剥离至资产管理公司的不良债权，还是仍然在商业银行手中的极高的不良债权，中国大陆似乎并未积极处置。甚至，在2008年金融海啸来袭时，中国大陆为维持经济发展而“大气”地推动四万亿元投资计划，其中大多数又投向了国有企业，又成为不良贷款。

固然，美国在2008年也推出“问题资产救助计划”（Troubled Asset Relief Program，TARP），国会授权总额为7000亿美元，但实际支出仅4310亿美元，且被救助机构后来不仅偿还了TARP资金，甚至反而为美国财政部带来180亿美元的利润。再者，即便以授权之总额7000亿美元计算，亦仅为2007年美国GDP 13万9800亿美元的5%左右，若以实际动支金额4310亿美元计，更仅为3%。

反观中国大陆在2008年11月所推出的四万亿元投资计划，依中国大陆2007年GDP27万0232亿元人民币计算，高达14.8%。而这四万亿元是否能回收，尚是未定之天，更遑论获利。

更值得注意的是，自2011年开始，中国大陆整体银行体系[9]开始大量增加信贷[10]，短短六年半之间，放出多达68万亿元的贷款，一方面因为有这68万亿元加入当分母，使得不良贷款率被稀释，营造出金融体系日趋健全的假象，另一方面，这68万亿元之后必将有一定比例成为不良贷款，而这比例绝不会小。

表一 整体银行业信贷总额与增额

年度	2011	2012	2013	2014	2015	2016	2017 *
余额（亿元）	547946	629909	718961	816770	939540	1066040	1164895
增额（亿元）	68751	81963	89052	97809	122770	126500	98855

* 计至8月底

果然，四万亿元投资计划以及68万亿元的新增信贷，对商业银行不良贷款的影响也很直接，根据中国银行业监督管理委员会公布之资料[11]显示，自2012年起，商业银行的不良贷款余额及比率开始攀升：

---

〔9〕依据银监会的分类，银行体系包括政策性银行、大型商业银行、股份制商业银行、城市商业银行、农村金融机构以及其他类金融机构。

〔10〕http://www.pbc.gov.cn/diaochatongjisi/116219/index.html，最后访问日期：2017年9月27日。

〔11〕http://www.cbrc.gov.cn/chinese/home/docViewPage/110009&current=1，最后访问日期：2017年9月27日。

表二 商业银行不良贷款余额与比率

年度	2011	2012	2013	2014	2015	2016	2017 *
余额（亿元）	4279	4929	5921	8426	12744	15122	16358
增额（亿元）	NA	650	992	2505	4318	2378	1236
比率（%）	1.00	0.95	1.00	1.25	1.67	1.74	1.74

* 2017 为上半年度数据。

各单位借由透过其他公开信息对不良贷款进行侧面估算，显示问题比官方数据更加严重，根据法国外贸银行（Natixis）调查[12]发现，17% 中国企业 EBITDA / interest < 1 ，意味着赚的钱不够支付利息。若以此为标准，商业银行 94 万亿元的信贷中，将有约 16 万亿元为不良贷款，而不良贷款处置的回收率约 30%，其余 70% 为损失，将造成约 11 万 1800 亿元的损失。而 2017 年大陆整体商业银行的资本仅有 13 万 7441 亿元[13]，若冲销损失，资本将所剩无几。

（二）大陆对不良贷款的定义

1. 对贷款的定义

在 1978 年改革开放之前，国有企业之资金均由国家财政无偿划拨，基本上并无债务问题。但自 1979 年开始，部分地区与行业开始试行“拨改贷”—由原先财政无偿拨款改为银行贷款。1983 年 7 月 1 日国家宣布停止财政对国有企业流动资金的拨款。

中国人民银行所制订的《贷款通则》规定，贷款系指贷款人对借款人提供的并按约定的利率和期限还本付息的货币资金。而其中，贷款人又限制为在中国境内依法设立的经营贷款业务的中资金融机构。准此，只有金融机构（主要为银行）所提供的借款，才可称为贷款，其余非金融机构所提供的，只能定性为民间借贷。此一根据主体不同而区别法律行为之规定，对嗣后贷款债权移转时，受让者是否需同样为金融机构，产生了争议。

在商业银行的资产负债表上，资产可以分为国外资产、储备资产、对中央政府债权、对其他部门债权和对非货币金融机构债权等五类，而债权仅有后三项，至于贷款，则是债权中，以贷款呈现的部分，因此，在概念上，资产 > 债权 > 贷款。

---

〔12〕 https://www.research.natixis.com/GlobalResearchWeb/Main/GlobalResearch/GetDocument/RUjXfeT-sjlhG8wHxLLY9g，最后访问日期：2017 年 9 月 27 日。

〔13〕 http://www.cbrc.gov.cn/chinese/home/docView/A6890098E75B461097AAA29535796E3B.html，最后访问日期：2017 年 9 月 27 日。商业银行总资产 183 万 5042 亿元减去总负债 169 万 7601 亿元，即为总资本 13 万 7441 亿元。

2. 对不良的定义

（1）一逾二呆

1988年财政部所制订之《金融保险企业财务制度》规定：贷款本息拖欠超过180天的为“逾期”、拖欠超过三年的为“呆滞”、贷款人破产或死亡则为“坏账损失”或称为呆账，三者合称“一逾二呆”。这是最早的官方对不良贷款的定义。

1996年中国人民银行制订之《贷款通则》仍然维持“一逾二呆”的分类，但是对定义做了调整。只要借款合同到期未归还，即使只是超过1天，也被认定为逾期。2000年9月中国人民银行更颁布了《不良贷款认定暂行办法》，重申要以“一逾二呆”作为不良贷款的分类标准，但是在“逾期”的分类中，又切出逾期90天以内的贷款，并称为“催收贷款”，在逾期贷款项下单独统计和上报。人民银行一直到2012年4月1日才正式废止《不良贷款认定暂行办法》。

（2）五级分类

1999年中国人民银行制订之《贷款风险分类指导原则（试行）》，首度提出与国际接轨，将贷款按风险程度分类，分为五级，即：正常：借款人能够履行合同，没有足够理由怀疑贷款本息不能按时足额偿还；关注：尽管借款人目前有能力偿还贷款本息，但存在一些可能对偿还产生不利影响的因素；次级：借款人的还款能力出现明显问题，完全依靠其正常营业收入无法足额偿还贷款本息，即使执行担保，也可能会造成一定损失；可疑：借款人无法足额偿还贷款本息，即使执行担保，也肯定要造成较大损失；损失：在采取所有可能的措施或一切必要的法律程序之后，本息仍然无法收回，或只能收回极少部分。在2001年12月，中国人民银行正式制定《贷款风险分类指导原则》同时要求银行计提贷款损失准备金。中国银行业监督管理委员会于2007年公布的《贷款风险分类指引》继续使用五级分类。

（3）一逾二呆与五级分类的差异与并行

“一逾二呆”系依据贷款逾期的时间来区别，则只要贷款还没到期，就可以视为正常，这样的分类方法无助于银行和监管机构控制贷款风险。五级分类则是依据贷款能否回收之风险来区别。两者在基本原则上就出现差异，分类方法和分析方式自然更加不同。举例来说，A企业向银行借款五笔，其中一笔已经到期，但A企业无法如期如数偿还，若按“一逾二呆”分类方法，只有到期的那笔贷款会被认定为不良，其余四笔则仍然视为正常贷款。可是若依据五级分类，其余四笔贷款回收风险，已经因为A企业的还款能力出现问题，而应列为不良贷款。

如上所述，“一逾二呆”分类方法一直到2012年才正式停用，而五级分类则在1999年已经大面积试行，两者并行十余年。银行必须依据两种分类方法提供两套不良贷款的数据。无疑，五级分类下的不良贷款率将高于“一逾二呆”分类下的不良贷款率。

(4) 实际运用上的落差

即便采用五级分类，但为避免不良率过高，大陆银行在计算不良债权时，也有故意钻漏洞，例如《贷款风险分类指引》第7条第1款规定："对贷款进行分类时，要以评估借款人的还款能力为核心，把借款人的正常营业收入作为贷款的主要还款来源，贷款的担保作为次要还款来源。"但在实务上，银行却反而将担保视为主要还款来源，以致出现如A公司未向银行支付利息已逾90天，虽依据国际标准及《贷款风险分类指引》，应列入不良债权计算，可因A公司所提供给银行之担保品价值仍高于其向银行借贷之金额，便不计入不良债权计算，因为本息足以偿还。

（三）大陆对不良贷款的处置方式

目前大陆处置不良贷款的方法约可分为五大类：一是清收，由银行或资产管理公司直接向债务人索偿或透过法院强制执行；二是重组，银行或资产管理公司透过变更原贷款合同（如延后清偿期、降低利息、追征担保）等方式，等待日后债务人能清偿贷款；三是债转股，银行或资产管理公司将对债务人之债权转为股权，待债务人营运状况改善后，释出股权，回收现金；四是转让，银行或资产管理公司将贷款债权出售，回收现金；五是证券化，银行或资产管理公司将不良贷款组合为资产包，移转给特殊目的机构[14]，由其发行证券并将发行证券所得转支给银行或资产管理公司。证券化，仍然是一种将债权出售转让的行为，只是其转让之对象为特殊目的信托，而非一真正实体。

三、不良贷款证券化

（一）证券化

证券化的定义是发起机构将资产移转给特殊目的机构，由特殊目的机构以发行证券的方式售予投资人，并将发行证券所得转至给发起机构。由于证券并非直接以发起机构之名义发行，而是中间多了特殊目的机构这个架构（或称结构，structure）并以特殊目的机构之名义发行，故有称此种融资方法为"架构性融资（或结构性融

---

[14] 特殊目的机构（Special Purpose Vehicle，SPV），或有称为特殊目的实体（Special Purpose Entity，SPE），指接受发行人之资产组合并以之为担保而发行证券之特殊实体。此实体之形式，可以为公司，此时称为特殊目的公司（Special Purpose Company，SPC），亦可以是信托，此时称为特殊目的信托（Special Purpose Trust，SPT）。依据中国人民银行、中国银行业监督管理委员会制定的《信贷资产证券化试点管理办法》第二条第一款规定：在中国境内，银行业金融机构作为发起机构，将信贷资产信托给受托机构，由受托机构以资产支持证券的形式向投资机构发行受益证券，以该财产所产生的现金支付资产支援证券收益的结构性融资活动，适用本办法。因此，大陆目前并不允许设立SPC，只允许设立SPT。

资）”（structured financing）。简单表示架构如下：

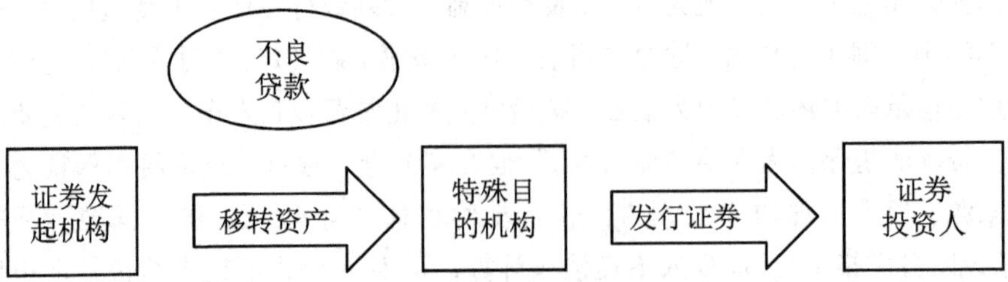

证券化之目的在于将原本不容易变现、但具有可预期收入的资产，换取现金。证券化的理论有四个重点：现金流、资产重组、风险隔离、信用增级。投资人之所以愿意购买此证券，无非期待能借由该证券获得稳定收益——于固定时间、依照固定利率，还本付息。为使投资人收益要稳定，先决条件是资产所能产生的收入必须像流水一般稳定，故称“现金流”（cash flow）。故有称证券化的核心，不是资产，而是现金流。

为确保现金流稳定，首先必须将“资产重组”：使选入资产池中的债务人数量达到一定规模，并具一定的分散性，让资产多样、多元，不致因某一资产发生问题而使现金流中断。其次，必须将“风险隔离”：使发起机构与入池资产间之风险隔离，不致因发起机构破产而让其债权人得对资产声索。最后，必须将“信用增级”：信用增级有两种方式，即内部信用增级与外部信用增级。内部信用增级最常见者为超额抵押以及证券分层。超额抵押是指资产价值超过证券额度，资产足以偿付所有证券；证券分层是将证券分为高级证券与次级证券，当资产所产生的收入不足以同时偿付所有证券时，优先偿付高级证券，等于次级证券为高级证券提供了担保。外部信用增级则是当资产所产生的收入不足以偿付高级证券时，由第三人负责补足。如此一来，或许高级证券投资人并不了解其所投资标的资产之状况，但透过信用增级之设计，使资产在面临亏损时，有人先承受亏损，让高级证券投资人更易于评估其投资之风险，也就更愿意投资。

（二）不良贷款证券化的难题

相较于一般正常信贷资产之证券化，不良贷款要进行证券化，显然困难许多。

不良贷款证券化面临的第一个难题，就是稳定的现金流。既为不良贷款，就表示债务人无法如期如数偿还本金支付利息。因此，必须设计一个“水库”——流动性储备金账户——来调节现金流量。

不良贷款证券化面临的第二个难题是资产必须能产生预期收入。即便是不良贷款，仍有次级、可疑、损失等级之差，若入资产池的均是损失等级，将严重影响未来预期收入，因此必须将相对优质之不良贷款入池。然而，相对优质之不良贷款，未来仍有足额或较高比例回收的可能，一旦入池，其价值将立即出现大幅度贬损，发起机构面临两难。

不良贷款证券化面临的第三个难题是，作为证券发行之担保的资产，因为是不良贷款，易令投资人产生疑虑，担心证券无法获得清偿，故必须进行信用增级。而次级证券买方与外部担保人并不易觅得。

不良贷款证券化面临的第四个难题是发行后不良贷款的管理。正常信贷资产的证券化，借款人均会如期如数缴款，管理者只需做好账务分类并偿付证券本息即可。不良贷款证券化则不然，借款人多已无法还本付息，需要更专业、更有效的方式来管理贷款的催收。

四、大陆不良贷款证券化

（一）相关法令规制

2005 年 4 月，中国人民银行和中国银行业监督管理委员会联合发布《信贷资产证券化试点管理办法》，是大陆第一部就规范信贷资产证券化所发布的法规，亦为以后信贷资产证券化相关业务的基础法规。其主要重点有：排除特殊目的公司，限于采用特殊目的信托之方式设立特殊目的实体；限制证券只能在银行间债券市场上发行与交易；必须在全国性媒体上公告信贷资产转让事实；发起机构可以担任贷款服务机构。同年 11 月，银监会公布《金融机构信贷资产证券化监督管理办法》，针对金融机构进行信贷证券化业务所为规范。

不良贷款亦为信贷资产之一种，其证券化业务，自应受《信贷资产证券化试点管理办法》以及《金融机构信贷资产证券化监督管理办法》之规范。但是，《信贷资产证券化试点管理办法》以及《金融机构信贷资产证券化监督管理办法》之内容，与大陆现行法令存有许多冲突矛盾：

1. 发行证券的资质

依据《信贷资产证券化试点管理办法》第 3 条第 2 款之规定，目前不良资产证券只能在全国银行间债券市场上发行与交易。但为求扩大投资者来源以分散风险，不良资产证券终将走向公开发行。

作为证券的一种，公开发行债券，涉及向社会大众集资，具有公共利益性质，一般均需受主管机关监管。依据《企业债券管理条例》第 2 条规定，必须具有法人资格的企业，才可以发行债券。《证券法》第 15 条规定，公开发行公司债券应当符合“累计债券余额不超过公司净资产的百分之四十”“最近三年平均可分配利润足以支付公司债券一年之利息”。理论上，发行不良贷款证券的，并不是信托投资公司，而是特殊目的信托。但特殊目的信托并不具备法人地位，恐怕与《企业债券管理条例》第2条之规定不符。再者，信托是以不良贷款为资产做担保而发行证券，信托证券的余额不可能不超过净资产的百分之四十；而且，既然为特殊目的而新设，自然也不会有过去三年的利润数据可以供参考。以上两点均与《证券法》第15条之规定不符。

问题的根源在于，资产证券化的证券，其信用来自于作为担保的资产，而非发行证券的主体，然而《证券法》所规范的证券，其信用来自于发行证券的主体，从而，发行证券的主体本身的信用便显得非常重要。《证券法》并不适宜用来规范资产证券化的证券。

2. 信托

学理上，“破产隔离”（bankruptcy remoteness）含有三个层面：第一要与原始权益人的破产风险隔离；第二、要与母体的破产风险隔离；第三、要与自身的破产风险隔离。其中尤以与原始权益人的破产风险隔离为首要。那么，特殊目的信托是否能达到与原始权益人的破产风险隔离呢？

《信托法》第2条规定：“本法所称信托，是指委托人基于对受托人的信任，将其财产权委托给受托人，由受托人按委托人的意愿以自己的名义，为受益人的利益或者特定目的，进行管理或者处分的行为。”第15条则规定：“信托财产与委托人未设立信托的其他财产相区别。设立信托后，委托人死亡或者依法解散、被依法撤销、被宣告破产时，委托人是唯一受益人的，信托终止，信托财产作为其遗产或者清算财产……”从上开条文内容即可得知，信托财产虽然在名义上、形式上移转给了受托人，但实质上，信托财产仍然是属于委托人的。当发生一定事由，亦即委托人死亡、解散、撤销、破产时，信托便即终止，信托财产回归为委托人所有。

《信贷资产证券化试点管理办法》第6条第3款虽然规定：“发起机构、受托机构、贷款服务机构、资金保管机构、证券登记托管机构及其他为证券化交易提供服务的机构因依法解散、被依法撤销或者被依法宣告破产等原因进行清算的，信托财产不属于其清算财产。”但在法律位阶上，《信托法》是法律，而《信贷资产证券化试点管理办法》只是部门规章，依照《立法法》第88条，《信托法》效力高于《信贷资产证券化试点管理办法》，两者相抵触时，应优先适用《信托法》。因此，特殊目的信托并无法达到与原始权益人的破产风险隔离。

3. 贷款让与资质

如前所述，中国人民银行所制订的《贷款通则》规定，贷款系指贷款人对借款人提供的并按约定的利率和期限还本付息的货币资金。而其中，贷款人又限制为在中国境内依法设立的经营贷款业务的中资金融机构。准此，只有金融机构（主要为银行）才可以发放贷款。《贷款通则》第21条并规定，贷款人必须经中国人民银行批准经营贷款业务，持有中国人民银行颁发的《金融机构法人许可证》或《金融机构营业许可证》，并经工商行政管理部门核准登记。换言之，金融业是特许行业。

严格解释，贷款若要转让，受让人应该也要持有许可证，否则便是变相经营贷款业务。2001 年 7 月，中国人民银行《关于商业银行借款合同项下债权转让有关问题的批复》仍然持此看法："根据《合同法》第 79 条关于合同债权转让的规定，商业银行贷款合同项下的债权及其他权利一般原则上是可以转让的，但由于金融业是一种特许行业，金融债权的转让在受让物件上存在一定的限制。按照我国现行法律法规的规定，放贷收息（含罚息）是经营贷款业务的金融机构的一项特许权利。因此，由贷款而形成的债权及其他权利只能在具有贷款业务资格的金融机构之间转让。未经许可，商业银行不得将其债权转让给非金融企业。"

目前大陆就特殊目的机构仅允许以特殊目的信托之形式，信托之受托机构目前均为信托投资公司〔15〕，而信托投资公司为金融机构，故受让不良贷款应无问题。但若系以特殊目的公司之形式，将会面临特殊目的公司是否属于金融机构而得否受让不良贷款的问题。

2009 年中国银行业监督管理委员会《关于商业银行向社会投资者转让贷款债权法律效力有关问题的批复》改变了看法：一、对商业银行向社会投资者转让贷款债权没有禁止性规定，转让合同具有合同法上的效力。二、转让具体的贷款债权，属于债权人将合同的权利转让给第三人，并非像社会不特定物件发放贷款的经营性活动，不涉及从事贷款业务的资格问题，受让人无须具备从事贷款业务的资格。

最高人民法院在 2009 年所发《关于审理涉及金融不良债权转让案件工作座谈会纪要》其中第 12 条关于《纪要》的适用范围："受让人是指非金融资产管理公司法人、自然人"，也承认了贷款债权可以转让给非金融机构的受让人。至此，银行及资产管理公司为将不良贷款证券化而转让给特殊目的机构，不论是采用特殊目的信托或特殊目的公司，均无受让贷款债权资质之障碍。

4. 让与通知方式

《合同法》第 80 条第 1 款规定："债权人转让权利的，应当通知债务人。未经通知，该转让对债务人不发生效力。"发起机构将不良贷款转让给特殊目的信托，亦应当通知债务人，否则不生效力。然而，证券化的不良贷款通常多达上百笔、甚至上万笔，要一一通知债务人，显然窒碍难行。对此，《信贷资产证券化试点管理办法》第 12 条规定："发起机构应在全国性媒体上发布公告，将通过设立特定目的的信托转让信贷资产的事项，告知相关权利人。"不过，所谓"相关权利人"是否指的是债务人，其用语并不明确。再者，在法律位阶上，《合同法》是法律，而《信贷资产证券化试点管理办法》只是部门规章，依照《立法法》第 88 条，《合同法》效力高于《信贷资产证券化试点管理办法》，两者相抵触时，应优先适用《合同

〔15〕《信贷资产证券化试点管理办法》第 16 条规定："受托机构由依法设立的信托投资公司或中国银监会批准的其他机构担任。"故理论上，除信托投资公司外，其他机构也可以担任受托机构。

法》。因此，仍应通知债务人。

台湾地区法律体系与大陆近似，“民法”第297条第1项规定：“债权之让与，非经让与人或受让人通知债务人，对于债务人不生效力。但法律另有规定者，不在此限。”但在大量让与债权时，也同样无法一一通知债务人，故特别在金融机构合并法规定得以公告代替债权让与通知，排除“民法”第297条之适用。

5. 批量

将不良贷款证券化有一先决要件，就是必须使选入资产池中的债务人数量达到一定规模，并具一定的分散性，让资产多样、多元，不致因某一资产发生问题而使现金流中断，以确保现金流稳定。批量，是不良贷款证券化之必然。

批量的不良贷款，为证券化，需转让给特殊目的机构。目前大陆就特殊目的机构仅允许以特殊目的信托之形式，信托之受托机构目前均为信托投资公司，不是资产管理公司。

然而，财政部与银监会于2012年所发《金融企业不良资产批量转让管理办法》第3条第3款规定：“批量转让是指金融企业对一定规模的不良资产（10户/项以上）进行组包，定向转让给资产管理公司的行为。”换言之，若要批量转让不良贷款，只能转让给资产管理公司。如此，则所有不良贷款证券化组包、转让过程，均违反了《金融企业不良资产批量转让管理办法》。甚至，《金融企业不良资产批量转让管理办法》第8条第4项更明白规定，不良的个人贷款（包括向个人发放的购房贷款、购车贷款、教育助学贷款、信用卡透支、其他消费贷款等以个人为借款主体的各类贷款）不得进行批量转让。也为后续不良贷款证券化，增加了阻碍。

（二）历年实践

1. 2003～2004年的实践

2003年当时，相关证券化法规可谓阙如，银行和资产管理公司只能摸索寻路，并非真正意义上的证券化。

首个不良贷款证券化项目为2003年1月23日中国信达资产管理股份有限公司与德意志银行合作，将债权金额合计25.5亿元的20借款户不良贷款抵押给透过离岸模式设立的SPV，再由SPV对美国与东南亚的境外投资人发行证券，证券的本息仍由信达资产管理公司支付。严格而论，信达资产管理公司（透过其所设立之SPV）就是证券的发行人，不良贷款虽经信托，但只是证券之担保，不良贷款与发起机构的破产风险并未完全隔离，并不是真正的不良资产证券化，只能称为“准”证券化。

2003年6月由华融资产管理公司与中信信托有限责任公司合作，将债权金额合计132.5亿元的256借款户不良贷款信托给中信信托公司，作为华融公司发行证券之担保，华融公司再与投资人签订合同，将信托受益权让与给投资人。

2004 年 4 月，中国工商银行与瑞士信贷第一波士顿银行、中信证券有限公司、中诚信托投资有限公司合作，将中国工商银行宁波分行债权金额合计 26.2 亿元的 233 借款户不良贷款交付信托予中诚信托，瑞士信贷第一波士顿银行担任财务顾问、中信证券有限公司担任主承销商，工商银行将所取得的信托受益权转让出售给投资人。

上述两个项目中，投资人均只是依据合同而取得“信托受益权”，并非信托受益凭证，无法随意转让，并非真正意义上的证券，所以同样的，并不是真正的不良资产证券化，只能称为“准”证券化。

2. 2005 ~2008 年的实践

2005 年 4 月 20 日《信贷资产证券化试点管理办法》颁布实施，证券化试点正式启动，之后直至 2008 年因发生金融海啸，不良资产证券化叫停前，共有四单产品问世。这四单产品分别是中国东方资产管理公司发起的“东元 2006 -1 重整资产支持证券”、中国信达资产管理公司发起的“信元 2006 -1 重整资产支持证券”、建设银行发起的“建元 2008 -1 重整资产支持证券”以及中国信达资产管理公司发起的“信元 2008 -1 重整资产支持证券”，综合整理如下表：

表三

	东元 2006 -1	信元 2006 -1	建元 2008 -1	信元 2008 -1
发行日	2006. 12. 18.	2006. 12. 18.	2008. 1. 24.	2008. 12. 26.
发起机构	东方资产	信达资产	建设银行	信达资产
债权本金	60. 2 亿元	210. 37 亿元	95. 5 亿元	150. 25 亿元
总发行金额	10. 5 亿元	48 亿元	27. 65 亿元	48 亿元
受偿比率	17. 4%	22. 8%	28. 9%	32%
优先级金额	7 亿元	30 亿元	21. 5 亿元	20 亿元
次级金额	3. 5 亿元	18 亿元	6. 15 亿元	28 亿元
优先级持有人	全国银行间债券市场公开发行			
次级持有人	发起机构自留	发起机构自留	信达资产	发起机构自留
累计回收现金	21. 85 亿元	33. 11 亿元	30. 44 亿元	21. 91 亿元
优先级受偿	本息均足额受偿			
优先级受偿日	2008. 6. 30.	2008. 5. 19.	2009. 9. 23.	2010. 6. 29.
次级受偿	13. 03 亿元	0. 1897 亿元	4. 83 亿元	0. 0771 亿元
次级受偿比率	372%	1%	78. 5%	0. 3%
总受偿比率	36. 3%	15. 7%	31. 8%	14. 5%

从上表可以看出几个重点：

• 不良贷款回收情形极难预测。若将发行金额视为预期回收金额与最后实际回收现金相互比较，除“建元2008－1”较为接近外，其余差异均很大，“东元2006－1”实际回收金额较发行金额高出一倍，而“信元2008－1”实际回收金额只有发行金额一半不到。

• 次级档证券很难吸引投资人。即便是高级档，风险也不低，从“信元2006－1”“信元2008－1”来看，只要回收现金再少一点点，就会直接影响到高级债券的利息、甚至本金的偿付。

• 发起机构为资产管理公司的，次级档均由发起机构自留；发起机构为银行的，次级档则由其他机构持有。可以推断，就不良贷款证券化，银行重视的是将不良贷款移出资产负债表，若保留次级档证券，则风险并未真正移转，在会计上仍无法出表；而资产管理公司因为并无出表的顾虑，重视的是保留剩余利益。

• 从总受偿比率可以看出，相较于世界各国，大陆不良贷款的质量显著低落。也可借此反映不良贷款的实际市场价值，并由此反推整个银行体系因不良贷款而蒙受的损失。

3. 2016年至今的实践

自2013年开始，不良贷款率又开始逐年增加，虽然以相对值来看，增加的比率仅不到1%，但那是因为信贷总额增加幅度更大，若以绝对值来看，则着实可观，2014年增加了2505亿元、2015年更一举增加了4318亿元。不良贷款恶化的情形到了不能不重视的地步。

然而，原先的四家资产管理公司以及后来开放的省级资产管理公司均无足够资金向银行购买不良贷款，而非资产管理公司又无资质向银行购买，造成不良贷款转让市场紧缩，银行无从去化。

有鉴于此，2016年2月14日中国人民银行等八部委联合发布《关于金融支持工业稳增长调结构增效益的若干意见》，提出了在审慎稳妥的前提下，选择少数符合条件的金融机构探索开展不良资产证券化试点。2016年4月19日，银行间市场交易商协会发布《不良贷款资产支持证券信息披露指引》。中国大陆展开新一轮不良贷款证券化的重启。首批试点银行有六家，即四大国有商业银行以及交通银行和招商银行，试点额度为500亿元。

2016年5月19日，中国银行和招商银行分别发布“中誉2016年第一期不良资产支持证券”“和萃2016年第一期不良资产支持证券”发行说明书，拔得重启发行头筹。

至2016年底，六家试点银行均全部发行了不良贷款证券化产品，共计14单，发行总额156.1亿元，用掉政府规定试点额度500亿元的32%。

2017年4月18日国务院发布《关于2017深化经济体制改革重点工作的意见》，

决定不良资产证券化试点范围进一步扩大，国家开发银行、中信银行、光大银行、华夏银行、民生银行、兴业银行、平安银行、浦发银行、浙商银行、北京银行、江苏银行和杭州银行共 12 家银行入围第二批试点名单，总发行额度仍为 500 亿元。目前 18 家试点银行仅 8 家推出共计 22 单产品，发行总额 211.44 亿元，约试点额度 500 亿元的 42.3%。

由于先前证券化的不良贷款均为对公有企业所发放者，而此次重启，除有对公不良贷款外，尚有对个人的信用卡贷款。中誉 2016 - 1、和萃 2016 - 1 分别是此次重启第一个对公贷款及对个人贷款证券化的案例，故以之为代表，分析如下：

表四

	中誉 2016 - 1	和萃 2016 - 1
发起机构	中国银行	招商银行
基础资产	对公不良贷款	个人信用卡债权
户数	42	60007
债权本金	12.32 亿元	20.98 亿元
总发行金额	3.01 亿元	2.33 亿元
受偿比率	24.4%	11.1%
优先级金额	2.35 亿元	1.88 亿元
次级金额	0.66 亿元	0.45 亿元
次级持有人	发起机构自留 5% 其余出售	发起机构自留 5% 其余出售

将表三与表四相对比，可以看出几个重点：

- 相较于之前的不良贷款证券化，此次重启，规模小了很多，显然银行不想将步伐一次迈得太大。
- 此次重启，受偿比率并无显著提高。在理论上，账龄越短的，回收的债权比例应该要越高。之前的逾期天数多在一年以上。而此次不良贷款的逾期时间，相较于之前，短了很多，中誉 2016 - 1 逾期一个月内贷款占比高达 48%、次级类高达 97%、其余 3% 则为可疑类。
- 之前的不良贷款证券化，均为对企业户的贷款，此次重启，招商银行和萃 2016 - 1 实现首次将个人贷款证券化，突破了财金 6 号文禁止转让个人不良贷款的限制。之后陆续有建设银行的“建鑫 2016 - 3”、工商银行的“工元 2016 - 2”、中国银行的“中誉 2017 - 1”、民生银行的“鸿富 2017 - 1”将信用卡不良贷款证券化。
- 此次重启，银行均依照规定自留 5% 的次级档证券，以同时满足将不良贷款移出资产负债表以及防范道德风险的要求。

五、评析

（一）证券化作为大陆不良贷款处置方式的侷限

1. 证券化资产要求大数法则：产业、地域、人数、金额分布平均；但除了对个人信用卡不良贷款证券化产品符合外，对公不良贷款的证券化产品组合均与大数法则有违，降低了回收的可预期性、增添了回收的风险。实则，对于不良贷款的处置应将资产依照类别细分为更小、更同质的组合，以利掌握资产特点，从而提高处置效率。而这应该是透过资产管理公司来达成，而非证券化。

2. 证券化的目的在分散风险，让愿意承担风险的投资者入场。不良贷款证券的流动性差（无二级市场）、安全性也不高（仍有违约可能），均未必适宜基金、保险等机构投资者投资，更不适宜散户个人投资，所以官方基于担心风险向散户个人扩散的理由，故禁止散户个人购买（银监会82号文）。可是矛盾的是，目前全社会有最多闲置资金投资的人，却正是占储蓄总额83%散户个人（另外就是外资，但外资因为中国市场不透明，不太可能进场）。

3. 证券化的不良贷款未必是真正差的，太差也不能拿来证券化，因为不能产生现金流。将有点差、又不太差的不良贷款证券化，对银行未必有利。从政府核准证券化额度500亿元，但累计2016年发行总额仅163.34亿元，约核准额度的32.6%、2017年迄今发行总额更仅有55.34亿元，合计仅有约210亿元，约核准额度的42%，即可推知银行本身亦并不热衷将不良贷款证券化。探究银行不热衷的原因可能有：

（1）证券化相较于自行清收与转让给资产管理公司，并无成本优势；

（2）若只是为了将不良贷款移出资产负债表，银行有其他许多更便捷的方法；

（3）证券化所收回的资金，并无去处可以贷放；

（4）信用卡不良贷款证券化的虽然不少，但这是因个人贷款因受法令限制不得批量转让予资产管理公司，证券化刚好开了一个漏洞。

（二）大陆信贷资产证券化法规架构设计的问题

1. 应废除《信贷资产证券化试点管理办法》贷款服务商只能是原发起机构的规定，至少要引入特殊服务机构。若贷款服务商仍为原债权银行，很难期待其绩效会比贷款仍在银行时还要好。

2. 应废除《信贷资产证券化试点管理办法》只能在银行间市场交易之规定。因为若只能在银行间市场发行交易，不良贷款的风险仍在银行体系之内，无法达到分散风险、从而稳定金融之目的。

3. 应废除《关于进一步扩大信贷资产证券化试点有关事项的通知》[16]第三条发起机构必须将风险自留一部分、持有最低档证券5%之规定，因为对防止道德风险并无助益，反而银行因为《商业银行资本管理办法（试行）》持有未评级证券而需加计1250%风险权值，而耗用资本，无法达到原本将不良资产移出资产负债表以健全资本结构的目的。

4. 应允许设立特殊目的公司SPC。特殊目的信托无法充分发挥风险隔离的作用。

5.《信贷资产证券化试点管理办法》法律位阶过低。应订定专法，并以特别法优先于普通法法理，解决法规间之冲突矛盾。

六、结论

由于大陆的银行主要为国有银行而银行的借款人主要为国有企业，可以说债务存在于左右手之间，大陆居民在银行的高额储蓄又有银行的刚性担保与政府的隐性担保，因此即便20世纪90年代不良贷款高过银行资本额，银行处于实质破产的状态，仍未出现挤兑（bank run），因此即便现在不良贷款余额再度攀升，也不代表大陆银行体系有流动性风险。然而这不代表金融体系没有问题，相反的，这正代表着资源（资金）一直投注在没有效率的地方（所以借款人才会无法偿还借款），也因此，不良贷款才会如野草般，春风吹又生。

从量的角度来观察，大陆不良贷款的问题可以分为增量与存量两部分。不良贷款的增量问题，有上述更深层的原因，需要透过对政府银行国企关系的改革方能奏效。至于不良贷款的存量问题，则应积极、真正地去处置不良贷款，借由不良贷款的处置，倒逼没有效率的企业（或称僵尸企业），使其破产、倒闭，从而释放出原来被其所占用的土地、人力、信贷资金等稀缺资源，让这些资源透过市场作用，重新分配至有效率的地方。

在各种不良贷款处置方式中，证券化原本就不会是、也不应是主要的处置方式，但却是重要的辅助处置方式。即便要扮演辅助角色，也必须让市场在不良贷款证券化中发挥决定性的作用。

循此思路，重新检视大陆此次重启不良贷款证券化，便能看出由银行间互相持有对方所发行的不良贷款证券、由原发起机构继续担任贷款服务机构，其实是另一种如1999年的政策性剥离不良贷款，仍然是政府主导其运作，只是以比较隐晦的方式来进行。

---

〔16〕 中国人民银行、中国银行业监督管理委员会与财政部于2012年5月17日联合发布，银发〔2012〕127号。

要让市场在不良贷款证券化中发挥决定性的力量，首先要了解证券化的局限，排除不适合证券化的对公不良贷款，让真正适合证券化的不良贷款证券化，建立健全二级市场，让风险交给有能力、有资力的投资者承担。再者，要完善证券化的法规，制订专法处理现有法令的冲突矛盾。如此才能让不良贷款证券化，在不良贷款的处置中，扮演好它的角色。

商业判断法则于台湾地区公司法制适用之若干问题

周振锋*

目　次

一、前言

董事为股份有限公司之法定业务执行机关，并为公司当然负责人，于执行业务时对公司负有受任人义务或称受托义务（fiduciary duty），包括注意义务（duty of care）与忠实义务（duty of loyalty）。注意义务系指董事于执行业务时应负善良管理人之注意，依民法观点，乃指社会上一般诚实、勤勉而有相当经验之人所应具备之注意[1]。而忠实义务则要求董事应追求公司最大利益，尤其在与公司有利益冲突之情形时，不得追求自己或第三人之利益致牺牲公司利益[2]。不论是违反注意义务或忠实义务，董事皆应对公司所生之损害负赔偿责任，或公司得向其行使归入

* 中正大学法学院副教授。

〔1〕 王文宇：《公司法论》，2016 年版，第 133 ~134 页。

〔2〕 王文宇：《公司法论》，2016 年版，第 135 页。

权，将董事为自己或他人为该行为获有之所得视为公司之所得[3]。又因为董事会系公司之权力中枢，其作为关乎公司经营成败，要求董事对公司尽受任人义务，似有合理基础。唯商业情事瞬息万变、错综复杂，而董事所为之经营决定有误在所难免，若以此标准事后审视董事决定似过严苛。尤其于并购场合，并购发动之必要性与并购条件之合理性往往难以明确断定，而后续结果未发生预期之效益时，皆可能让股东产生董事是否尽其义务之质疑。但此时即可能以结果论、事后诸葛之角度审视董事决定，似不公允。若是法律许可股东能动辄挑战董事之经营决定，种种负面影响势必将接踵而至。于并购场合，董事可能为避免事后被诉而不愿做积极决定，不论是自我外部扩张或是被他公司收购皆然，此时可能因此失去为公司或股东创造更多利益之机会。且事后追究决策者责任将降低优秀人才未来至公司担任董事之意愿。甚至董事经营决定之法律效力若可轻易推翻则可能有碍公司顺利运作，股东更可借此干扰公司经营，增加并购活动之法律风险。姑且不论原告起诉是否系“轻率”“恣意”或“无理由”，公司本为持有不同利益与观点之股东所组成，而董事之经营决定未必能令“全体”股东满意，致使董事任何经营决定皆可能面临不满股东之挑战。然而，不论股东之诉讼有无法律理由，董事势必耗费相当时间与精神应诉，如此对公司无异是另一种形态之损失。更有甚者，现行公司法制下并无提供企业经营者一套法律制度而得以架构出事后不轻易受司法推翻之经营决定，因此一旦有股东提出诉讼质疑合法性时，恐将进入冗长之程序，如此一来，企业即无法预先架构出有效率之交易以降低可能之法律风险，同时经营决定所附随之法律成本亦无从事先评估。

为保障董事决定不致动辄遭股东指摘违反受任人义务，美国法院遂发展出商业判断法则或称经营判断原则（business judgment rule），作为保护董事及其经营决定之制度。一般而言，商业判断法则假定经营决定符合以下条件：（1）经营决定（business decision）；（2）无利益关系与独立性（disinterestedness and independence）；（3）正当注意（due care）；（4）善意（good faith）；（5）无滥用裁量（no abuse of discretion）。除非原告（股东）能举证推翻前揭任一个条件，否则法院将拒绝事后审查经营决定[4]。申言之，商业判断法则推定经营判断系由无利益关系、独立且具充分信息之董事所为，且其善意相信该经营决定系符合公司最佳利益。一旦董事经营决定事后遭指摘违反受任人义务时，除非原告举证证明推翻前揭推定，否则法院将不续行诉讼、实

---

〔3〕“公司法”第23条第1项：“公司负责人应忠实执行业务并尽善良管理人之注意义务，如有违反致公司受有损害者，负损害赔偿责任。”第3项：“公司负责人对于违反第一项之规定，为自己或他人为该行为时，股东会得以决议，将该行为之所得视为公司之所得。但自所得产生后逾一年者，不在此限。”

〔4〕 Dennis J. Block, Nancy E. Barton & Stephen A. Radin, The Business Judgment Rule (Vol. I) 39 (5th ed. 1998).

质评价经营决定之优劣，以避免于事后质疑经营决定之妥适性[5]。整体而言，商业判断法则不但避免董事事后被追究法律责任，同时也能保护董事所为之经营决定不致事后轻易遭到挑战[6]。

承前述，指摘董事行为不法之原告需先证明推翻系争行为并非符合商业判断法则推定，一旦成功举证，即由被告董事举证系争决定系属公平（fairness）。由于证明不易，因此应由何人负举证责任往往为决定诉讼胜负之关键[7]。商业判断法则性质上系对董事行为做有利解释之法则，而非仅是一种抗辩事由而已[8]。如美国德拉瓦州法院所言，任何经营决定仅要基于任何理性之商业目的即可受商业判断法则保护[9]。同时，商业判断法则亦可以理解为一种举证法则（rule of evidence），将举证责任由挑战经营判断的原告先负举证责任，一旦原告无法举证推翻，商业判断法则即保护董事及其经营决定[10]。唯若原告举证推翻商业判断法则之推定时，则由被告董事证明系争交易系属公平。准此，虽然美国各州公司法亦要求董事应负如善良管理人之注意义务与忠实义务，但于诉讼上法院并不以此标准审查董事之经营决定，因此有谓商业判断法则性质上是一种对董事之司法审查标准（standard of judicial review），而非行为标准[11]。[12]。

在商业判断法则保护下，实际上股东以诉讼成功挑战董事会决定可说是凤毛麟角，因此商业判断法则可说极端地保护经营者及其决定。但并非所有经营决定应有当然适用商业判断法则之本质，以并购决定为例，并购决定有时涉及目标公司经营者之权力维持，似难客观、中立为之。更有甚者，当经营者本身为当事人或关系人（如管理层收购）[13]或并购交易牵涉控制股东的场合，更难期待其为公司利益建立

---

〔5〕 Id. at 5.

〔6〕 Id. at 6.

〔7〕 Id. at 19.

〔8〕 Id.

〔9〕 Sinclair Oil Corp. v. Levien, 280 A. 2d 717, 720 (Del. 1971).

〔10〕 Block et al., supra note 4, at 25 – 26.

〔11〕 Id. at 4. 但有论者认为此原则应理解为戒绝原则（doctrine of abstention），除非例外合于审查条件，法院不可事后审查董事会之经营决定。See Stephen M. Bainbridge, *The Business Judgment Rule as Abstention Doctrine*, 57 Vand. L. Rev. 83, 87 (2004).

〔12〕 Robert J. Rhee, *The Tort Foundation of Duty of Care and Business Judgment*, 88 Notre Dame L. Rev. 1139, 1193 (2013).

〔13〕 管理层收购通常着眼公司股价被市场低估，而由管理层向外寻觅足够资金（如私募基金）向股东发出收购要约购买公司股份。收购人在收购完成后，即会将目标公司并入他公司（并下市），达到完全私有化的结果，因此收购须取得过半数以上之股份，以顺利通过合并案（参“企并法”第18条第1项与第2项）。而依公开收购公开发行公司有价证券管理办法第11条第1项规定，任何人单独或与他人共同预定于五十日内取得公开发行公司已发行股份总额百分之20以上股份者，应采公开收购方式为之。因此管理层收购案件通常以公开收购为大量取得目标公司股份之途径。参见林进富、卢晓彦：《台湾MBO相关重要规范及实务运作问题分析》，载《月旦财经法杂志》2008年第15期。

公正交易。而如此情形皆与商业判断法则之推定不符，基此，美国法院就各类经营决定发展出不同的审查标准，尤其当有难以期待董事（会）客观行使职权之场合，适用商业判断法则即有所调整或限制，期盼在尊重公司自主决定与保护少数股东间达成理想之平衡。

台湾地区“公司法”未有商业判断法则相关明文规定，因而是否适用商业判断法则不论司法实务与学说见解皆相当分歧。大抵来说，学说持肯定见解主要理由包括（但彼此或许不相互成立）：(1)“公司法”第23条第1项引进英美法制下之忠实义务，将之与注意义务并列，却未有明确的内涵与判断准则，势必需借助美国法之商业判断法则概念，评价董事行为是否合于受任人义务[14]。(2)依民事诉讼举证责任法则，于委任契约债务不履行案件，原则应由被告（即董事）证明已依委任契约之本旨履行，此际董事应负初次举证之责，商业判断法则引进即有保护董事之作用[15]。(3)商业判断法则得以作为原被告于举证责任与活动方向之指引，节省诉讼上资源耗费，减缓诉讼不确定之法律风险[16]。整体而言，肯定说认为商业判断法则似得以“法理”适用之[17]，主要论点与美国判例法采商业判断法则之原因大致相同[18]。

持反对见解学说主张理由如下（但彼此或许不相互成立）：(1)法律并未有推定免责之程序规定，解释上应认为无适用商业判断法则之可能[19]。且似无法证明未有商业判断法则适用下，董事普遍不积极进取、创新而有保守之表现[20]。按目前民事诉讼法制下，即便无商业判断法则适用，不至对董事经营行为产生牵制作

---

[14] 王文宇：《公司法论》，2016年版，第135~136页。

[15] 刘连煜：《现代公司法》，新学林2015年版，第128~129页。

[16] 邵庆平：《商业判断原则的角色与适用—联电案的延伸思考》，载《科技法学评论》2011年第1期。

[17] 陈春山：《并购之董事会决议及其假处分—兼评台新彰银并购案争议》，载《月旦裁判时报》2013年第23期。

[18] 刘连煜：《现代公司法》，新学林2015年版，第128~129页。但应否有必要将商业判断法则明文规定并加以类型化，学者则有不同看法。有认为应以立法加以明文并充实其内涵，以利实务操作。王文宇：《公司法论》，2016年版，第136页；陈锦隆：《美国法上“商业判断原则”之概说，商业判断原则与企业经营责任》，新学林2011年版，第71页；戴志杰：《公司法上“经营判断法则”之研究》，载《月旦法学杂志》2004年第106期。但有学者主张商业判断法则的引入无须法典化，因从商业习惯或公司本质即可推论得出，且指出法典化又如何将相关积极与消极要件融合成有限文字且使实务可操作于不同案件之困难。刘连煜：《董事责任与经营判断法则之运用，公司法理论与判决研究（五）》，元照2009年版，第39~40页。亦有认为“公司法”第23条第1项采美国法受任人义务之立法，即蕴含行为规则与审查规则之意涵，因此即可作为商业判断法则之实定法基础。黄朝琮，受托义务审查规则与举证责任分配，载《中正大学法学集刊》2015年第48期。

[19] 曾宛如：《公司法制基础理论之再建构》，承法数位文化2012年版，第231页。

[20] 廖大颖、陈启垂：《论我国法适用“商业判断原则”与举证责任之分配，商业判断原则与企业经营责任》，新学林2011年版，第238页。

用〔21〕。(2) 采商业判断法则政策立场系鼓励冒险且极端地向经营者倾斜，台湾社经背景并无如美国相似条件，不宜引进〔22〕。

事实上，商业判断法则有举证责任倒置之效果，关系诉讼当事人权益至巨，故司法实务曾以法无明文为由而采否定见解〔23〕。但其后于台湾地区"台北地方法院"2004 年重诉字第 144 号民事判决明确承认有商业判断法则之适用〔24〕，该判决系台湾司法实务第一宗适用商业判断法则之案例，因而备受瞩目〔25〕。自此，司法实务有不少见解认为经营判断应有商业判断法则之适用，如台湾地区"高等法院"2007 年重上字第 145 号民事判决、台湾地区"高等法院"2009 年上字第 1307 号民事判决等。与并购相关者有台湾地区"高等法院"2007 年重上字第 145 号民事判决〔26〕。较近期实务见解如台湾地区"高等法院"台南分院 2015 年重上字第 1 号民事判决〔27〕、台湾地区"高等法院"2015 年上易字第 1255 号民事判决〔28〕亦明确

〔21〕 李维心：《从实务观点谈商业判断法则之引进》，载《中原财经法学》第 22 期。

〔22〕 方嘉麟：《论经营判断法则于我国法下适用之可能——以明基并购西门子手机部门一案为例》，载《政大法学评论》第 128 期。

〔23〕 台湾地区台北"地方法院"2013 年诉字第 4844 号民事判决略谓："又'经营判断法则'包含两项法律原则，一为程序上之推定，一为实体法上之规则，前者指在诉讼程序上推定具有善意与适当注意，后者指公司董事在授权范围内，以善意与适当之注意而为的行为，即便造成公司损害或损失，亦无须承担法律上责任。然我国程序法推定免责，应以法律明文规定者为限，但并无此推定免责之规定，又公司法上之董事系适用民法委任关系为规范，且受任人处理委托事件具有过失或逾越权限，委任人依委任关系得请求赔偿，而公司法无具体排除此项规定适用之明文，是不能采用上开法则，认本件有该法则适用，而使被告等人即可推定为善意，且对公司经营已有适当注意，仍应按原告之举证情形分别审酌之"。

〔24〕 台湾地区台北"地方法院"2014 年重诉字第 144 号民事判决略谓："我国法院在判断公司负责人所为之营业行为是否符合'经营判断法则'，似可采取与美国法院相同之营业标准"。

〔25〕 廖大颖：《公司负责人之注意义务与商业判断原则的适用——"台北地院"2014 年度重诉字第一四四号民事判决》，载《月旦裁判时报》，2010 年第 1 期。

〔26〕 台湾地区"高等法院"2007 年重上字第 145 号民事判决略谓："企业并购法第 6 条规定董事于作成并购决议之前必须委请独立专家提出换股比例等相关意见，而独立专家之委请及价格之评估并非朝夕可及，为免错失并购时机与顾及并购价值，迄至独立专家费时提出评估结果后迅速进行相关并购之协商及决策程序，衡情亦属董事经营判断原则之范畴。"

〔27〕 台湾地区"高等法院"台南分院 2015 年重上字第 1 号民事判决略谓："唯按商业经营管理上，难免有所失误，是否所有之误失，不问情形，均应令董事负其责任？如此对于董事是否过严？是否会造成董事责任过大，令人对于担任董事却步，反而不利于公司经营及管理。因此，为促进企业积极进取之 商业行为，应容许公司在经营上或多或少之冒险，司法应 尊重公司经营专业判断，以缓和企业决策上之错误或严格之法律责任追究，并降低法律对企业经营之负面牵制，此即为美国法上所称"商业判断法则"（business judgment rule)，故当公司董事已被加诸受任人义务，则董事在信息充足且坚信所为决定系为股东最佳利益时，则全体股东即必须共同承担该风险，而不得以事后判断来推翻董事会之决定。"

〔28〕 台湾地区"高等法院"2015 年上易字第 1255 号民事判决略谓："关于注意义务，当董事之行为符合'（一）与该当经营判断事项无利害关系。(二) 在该当情况下，董事等有合理理由相信渠等已于适当程度上，取得该当经营判断事项所需之相关信息。(三) 董事等合理相信其之经营判断符合公司最佳利益。'，并基于善意作出经营判断时，应认其已满足应负之注意义务，而无违其忠实义务"。

承认商业判断法则之适用。由此可知，司法实务似有朝向肯定商业判断法则适用之趋势[29]。但此趋势于个案上并不拘束法官，法官仍得依其法律见解决定是否适用商业判断法则，此乃当然。此时，若司法实务未能统一其法律见解时，似无法避免产生判决结果歧异之现象。质言之，商业判断法则适用与否关乎公司法如何形塑经营者义务与责任内容，与建立事后司法审查之标准，在企业并购且利益冲突的场合，更涉及保护少数股东的问题，而台湾法制就此并未有相关规定，致生诸多疑问。另外，事业活动于法律上亟有安定之需求，若事后股东能动辄指摘经营决定系为不法，恐有违法安定性之原则，因而，法制上宜提供企业可遵循之行为准则，且可预先评估行为将面临之法律风险，较为妥适。

美国判例法就受任人义务与司法审查标准发展完整，但因公司法属于州法层次，各州可能发展出不同的规范内涵。唯德拉瓦州法院被公认为居于公司法的领先地位（the Mother Court of corporate law），且对各州法院亦具相当影响力[30]。有鉴于此，本文拟以德拉瓦州法作为探讨美国法之基础[31]。另外，美国判例法建立商业判断法则之背景多以审理并购案件为主，因此于介绍美国法部分，本文将以并购案件为说明。关于并购决定大致上可区分为：（1）目标公司董事会采取防御措施（如毒药丸）抵抗敌意并购之决定是否能适用商业判断法则，此部分涉及董事为保其权位而可能构筑不合理之防御措施，致使股东无法享有出售公司或更换经营者之利益[32]。（2）董事也可能于协议并购时具有利益冲突关系，致使并购条件之公平性与合理性遭到外界质疑，尤其是在有控制股东的场合更令人高度质疑董事（会）

---

〔29〕 除民事案件外，司法实务亦有承认商业判断法则可作为刑事案件（如刑法之背信罪、证券交易法第171条第1项第2款之非常规交易罪）之阻却违法事由。此可参照最高法院2016年度台上字第2206号刑事判决略谓：“倘公司经营者对于交易行为已尽善良管理人之注意义务，符合商业判断原则，于民事事件已不负损害赔偿责任，基于刑法补充性原则及法秩序一致性之要求，应认与‘违背职务行为’之构成要件尚属有间；但在公司经营者违反善良管理人之注意义务而有悖商业判断原则时，若符合刑事法特别背信之主客观构成要件，自应负刑事责任。”唯商业判断法则本质上并非适用于刑事案件，故学说多认为此属于误用情形。相关讨论可参考廖大颖、林志洁：《“商业判断原则”与董事刑事责任之阻却—台北地院2007年重诉字第115号刑事判决，商业判断原则与企业经营责任》，新学林2011年版，第239～271页；蔡昌宪、温祖德：《论商业判断法则于背信罪之适用妥当性—评高雄高分院2007年金上重诉字第1号判决，商业判断原则与企业经营责任》，新学林2011年版，第309～348页。应说明者，本文系以探讨董事违反受任人义务之民事求偿程序是否适用商业判断法则等问题，至于刑事程序是否能适用该原则并非本文探讨课题，故不拟深论，合先说明。

〔30〕 Block et al., supra note 4, at 3－4（n. 14）.

〔31〕 为方便行文，若无特别说明时，本文之美国法即指德拉瓦州公司法、美国法院即指德拉瓦州法院而言。

〔32〕 对于美国法于并购时董事受任人义务司法审查之讨论，可参阅林国彬：《董事忠诚义务与司法审查标准之研究——以美国德拉瓦州公司法为主要范围》，载《政大法学评论》2007年第100期。另关于讨论敌意并购防御措施文献，可参阅朱德芳：《效率、并购与公司治理—以敌意并购法规范为核心》，载《中原财经法学》2006年第17期。

能否对公司善尽其义务，而间接地侵害公司少数股东之利益。以下先介绍美国法之商业判断法则如何适用于利益冲突之并购场合，并分析商业判断法则于公司法制是否应予引用、与现行法制下是否有所冲突之处等问题。最终于文末提出浅见作为结论，盼能为现行公司法制寻得相对合宜之规范模式。

二、美国德拉瓦州法于利益冲突下之商业判断法则适用与新近发展

（一）董事有利益冲突情形

如前所述，商业判断法则假定经营决定符合以下条件：（1）经营决定；（2）无利益关系与独立性；（3）正当注意；（4）善意；（5）无滥用裁量。除非原告能举证推翻前揭任一个条件，否则法院将拒绝事后审查经营决定。指摘董事行为不法之原告需先证明推翻系争行为并非符合商业判断法则推定，一旦成功举证，即由被告董事举证系争行为系属公平。并非仅要有公司董事具利益冲突即能推翻商业判断法则假定，而系参与系争决定董事过半数具利益冲突（或欠缺独立性）时，始足以推翻商业判断法则推定[33]。甚至当公司过半数董事具利益冲突（或欠缺独立性）时，仅系争决定由不具利益冲突董事过半数或由其组成委员会同意通过时，商业判断法则仍有适用之空间[34]。

除参与表决之董事无利益冲突外，美国判例法亦强调董事需具有独立性（independence）[35]，因而纵使董事本身与其决定无利害冲突关系，但可能基于某些因素受他人（如有利益冲突之董事或控制股东）干扰而未能独立客观行使职权，此时董事不具独立性亦可作为质疑商业判断法则推定之理由。尤其在公司有控制股东且能指派或影响公司过半数董事时，董事与董事会即有可能被认为不具独立性，而其所作成之决定将不受商业判断法则保护，被告董事应负举证交易公平性之责。但控制股东存在并不当然能推论出董事无法客观行使职权，原告必须说明董事基于私人或其他关系致使其对控制股东受有义务（beholden to the controlling shareholders）而无法独立行使董事裁量权[36]。换言之，董事对该请求诉讼判决（或诉讼指摘的交易案）将有影响其利益之虞，而无法期待其为公司作出公正、客观的判断。

而不论利益冲突与缺乏独立性皆应符合“重大性”（materiality）始能推翻商业判

〔33〕 Block et al. , supra note 4, at 42.

〔34〕 Id. at 42 – 43.

〔35〕 Id. at 45.

〔36〕 Id. at 45 – 46.

断法则[37]。申言之，利益冲突需实质（substantial）而非偶然发生（incidental）[38]。至于是否符合“重大性”要件，法院通常仅能依照事实作个案认定。例如，董事与诉讼具经济上或家庭上利益关系、或为被诉董事（或与其利益相通之人）所控制而无法期待能独立行使职权等。不过，法院对常见社会关系如友谊、同学或同事关系，态度则较为保留，不认为会损害董事之独立性[39]。唯独立性的判断标准并非一成不变，德拉瓦州最高法院近期在 Sandys v. Pincus 案认为，与前执行长、控制股东共有私人飞机足以对董事之独立性产生合理质疑，又董事与控制股东具有合资（joint venture capital）关系时亦同[40]。

（二）控制股东有利益冲突情形

当控制股东与公司交易时能透过其影响力争取有利交易条件[41]，而此种情形有如董事与公司交易之情况，亦即控制股东即可代表交易双边，而有严重之利益冲突存在。准此，美国法即要求控制股东应对少数股东负受任人义务，包括注意义务与忠实义务在内。德拉瓦州法院指出，当股东透过持股而能指挥公司活动时，其应承担董事之注意义务与忠实义务[42]。甚至，与董事利益冲突之交易相较，法院将以更严格的标准审查控制股东与公司间之交易[43]。控制股东常借由将公开发行公司私有化（going private）过程将少数股东现金逐出，此际原应保护少数股东之机制（如董事会功能）即可能因利益冲突关系而无法提供适切保护。故美国判例法除要求公司控制股东与董事对少数股东应负受任人义务，且以较严格之标准审查系争交易之合法性。若此类交易遭到少数股东以诉讼挑战时，判例法建立一套司法审查标准，以解决此类利益冲突衍生之法律争议。而判例法就逐出少数股东系以协商合

---

〔37〕 Id. at 47.

〔38〕 Id.

〔39〕 在 Beam v. Stewart 案，德拉瓦法院清楚表示仅与被告董事有“单纯友谊”（personal friendship）与“公司外之商业关系”（outside business relationship），无法合理推论某董事具利害关系、不具独立性。原告必须提出相当证据并合理推论该董事有可能牺牲自己声誉（reputation），而保护被诉董事之可能，标准可谓相当严格。Beam v. Stewart, 845 A. 2d 1040 (Del. 2004).

〔40〕 Sandys v. Pincus, 2016 WL 7094027 (Del. Dec. 5, 2016).

〔41〕 控制股东在公司具有举足轻重的地位，往往可透过影响力直接、间接影响董事会与股东会之决定。控制股东一般系指具有公司股份过半数者，但股东持股未过半却对公司决策有实质影响力时，亦有可能被认为系公司之控制股东。黄朝琮：《公司出售时之受托义务与程序机制——美国德拉瓦州案例法之考察》，载《台北大学法学论丛》2015 年第 95 期。关于控制股东定义与认定并非本文讨论之主要议题，故此处不拟深入论述，合先说明。

〔42〕 *Cinerama, Inc. v. Technicolor, Inc.*, Civ. A. No. 8358, 1991 WL 111134, at *19 (Del. Ch. June 24, 1991).

〔43〕 Jens Dammann, *The Controlling Shareholder's General Duty of Care: A Dogma That Should Be Abandoned*, 2015 U. Ill. L. Rev. 479, 504 (2015).

并与收购后合并两者发展出不同审查基准，本文以下即以此为分类，就数宗德拉瓦州法院重要判决加以说明[44]。

1. 协商合并

德拉瓦州法院早于 Weinberger v. UOP, Inc. 案[45]即指出，虽然系争并购案业经董事会通过，但本案涉及控制股东与公司间之利益冲突争议，且过半数董事受控制股东影响而缺乏独立性，法院即以较严格的完全公平法则（entire fairness）审查，而不适用商业判断法则。本案法院特别强调，若目标公司能指派由外部董事组成的独立磋商委员会，与交易相对人为对等交易时，本案结果将完全不同[46]。也因为受上开法院意见影响，自本案后，当控制股东参与并购时，目标公司通常会另行组成独立委员会协商与决定并购条件，盼能获取法院以较轻度标准审查交易案。其后在 Kahn v. Lynch Communication Systems, Inc. 案[47]中，法院更具体指出，经独立之委员会通过之交易，就交易公平性争议将造成举证责任之转换，由起诉股东负举证责任[48]。此时，系争交易仍用完全公平法则审查，而非商业判断法则[49]，但造成举证责任转移至原告之效果，对被告仍相当有利[50]。

德拉瓦州法院认为，控制股东参与并购时所造成之危险，与董事自我交易相较，实有过之而无不及。因为不论并购结果如何，控制股东仍持续能控制公司，而拒绝交易者将认知事后可能遭到控制股东之报复[51]，审查时易投鼠忌器。准此，法院要求以更高的标准审查此类交易，此时控制股东至多利用独立委员会审查交易而取得举证责任转换之程序利益，但无法取得以商业判断法则审查之程序利益[52]。

2. 公开收购后合并

除协商合并外，控制股东亦能选择公开收购其他在外流通股份的方式，达到逐

---

〔44〕 关于美国判例法就控制股东参与并购交易之司法审查，另可参阅周振锋：《论“我国”（台湾地区）企业并购法中规范之特别委员会制度》，载《中正大学法学集刊》2017 年第 54 期。

〔45〕 *Weinberger v. UOP, Inc.*, 457 A. 2d 701 (Del. 1983).

〔46〕 “Although perfection is not possible, or expected, the result here could have been entirely different if UOP had appointed an independent negotiating committee of its outside directors to deal with Signal at arm’ s length.” *Weinberger*, 457 A. 2d at 709 n. 7.

〔47〕 *Kahn v. Lynch Communication Systems, Inc.*, 638 A. 2d 1110 (Del. 1994).

〔48〕 “[A] n approval of the transaction by an independent committee of directors or an informed majority of minority shareholders shifts the burden of proof on the issue of fairness from the controlling or dominating shareholder to the challenging shareholder – plaintiff.” *Kahn*, 638 A. 2d at 1117.

〔49〕 Stephen M. Bainbridge, Corporate Law 203 (2015).

〔50〕 如此将使得实务上诉讼费用（和解金额）大幅降低。*See* Jeffrey A. Chapman & Benjamin W. James, *The Use of Special Committees in Mergers and Acquisitions*, 42 (3) Texas J. Bus. L. 316, 326 (2008).

〔51〕 *Kahn v. Tremont Corp.*, 694 A. 2d 422, 428 (Del. 1997).

〔52〕 相对地，董事与公司间之交易若得到过半数无利害关系董事同意或股东同意时，法院即会以商业判断法则审查。*See* Dammann, *supra* note 43, at 504 – 05 (2015).

出少数股东之目的。常见之作法系设定应卖股份之最低门槛，使得应卖股份与其原有持股达到目标公司发行股份90%以上，以便利其后续进行简易合并。一般而言，公开收购成功与否（即应卖股份数超过收购人设定之最低门槛）系取决于收购条件是否能使目标公司股东有意愿出售持股，因此，收购价格几乎皆会高于股份市价（即溢价收购），否则股东在证券市场依市价出售持股即可，无庸参加应卖。通常于收购条件为合理与公正时，股东即有诱因选择应卖，且当收购溢价越高，收购成功机会越高。因此，除非股东能确认收购条件未反应持股合理价值，否则通常倾向参加应卖〔53〕。唯目标公司股东既非公司内部人，亦非股份价值评估专家，在缺乏足够信息与专业知识的情况下，甚难想象其能准确作出是否参加应卖之判断，而此时控制股东即占尽交易优势。

德拉瓦州法院在 Solomon v. Pathe Communications Corp. 案〔54〕中明白宣示公开收购人并无义务提出合理收购价格，即便收购人为目标公司控制股东亦同。亦即，只要公开收购本质并非压迫（coercion）〔55〕，且给予少数股东作决定所必需之重大信息时，公开收购即被认为系属自愿（voluntary）〔56〕。在无压迫或违反揭露规范时，控制股东收购价格适当与否并非诉讼可争执之议题〔57〕。

有问题者，若控制股东先借公开收购方式向目标公司股东收购取得目标公司90%以上股份后，再依德拉瓦州“公司法”第253条〔58〕规定进行简易合并时，此时该交易应适用商业判断法则抑或完全公平法则审查？对此问题德拉瓦州法院在 Glassman v. Unocal Exploration Corp. 案〔59〕认为若要求目标公司仍须设置协商委员会等保护少数股东程序，则简易合并规范目的将无法达成，因而依该条进行之简易合并应排除完全公平法则审查〔60〕。从而若无诈欺或不法的情事下，股份收买请求权为少数股东唯一之救济方法。

唯控制股东通常有信息上与时间上的优势，即能借由操作公开收购与简易合并之两阶段并购达到压迫少数股东之目的。因此，德拉瓦州法院在 In re Pure Res. S’

---

〔53〕王文杰、方嘉麟、冯震宇：《台湾管理层收购之法律问题—以复盛与日月光案为例》，载《月旦财经法杂志》2008年第15期。

〔54〕*Solomon v. Pathe Communications Corp.*, 672 A. 2d 35 (Del. 1996).

〔55〕若股东交易非基于经济考量理由，而系基于被告行为而被误导时，即会认为有压迫情事。但被告之行为须对股东决定具重大影响时始构成压迫。*In re Siliconix Inc.*, *S’ holder Litig.*, 2001 Del. Ch. LEXIS 83, at *58.

〔56〕*Solomon*, 672 A. 2d at 39.

〔57〕*Id.* at 40.

〔58〕Del. Code Ann. tit. 8, §253 (2001).

〔59〕*Glassman v. Unocal Exploration Corp.*, 777 A. 2d 242 (Del. 2001).

〔60〕*Id.* at 247 - 248.

holder Litig. 案[61]中回应此疑虑而修正上开原则，认为两阶段收购应符合以下四个条件（即非为强迫要约），否则应以完全公平法则审查：（1）若少数股东多数应卖时不可撤回收购要约；（2）控制股东承诺于取得超过90%公司股份时立即进行简易合并，且价格应与收购价格一致；（3）控制股东并未施加惩罚性威胁；（4）控制股东应给予目标公司独立董事（或特别委员会）权力与充分时间回应其要约，至少应能使其聘任顾问，且提供少数股东建议收购价格之适当性与揭露充足信息供股东参考。目标公司之独立董事此时即有义务善尽上述任务，追求少数股东最大利益[62]。

由此可知，德拉瓦州法院审查协商合并与收购后合并两种交易形态即有差别待遇，于协商合并采完全公平法则之审查标准，而收购后合并若符合一定条件则可采商业判断法则[63]。法院对于公开收购有较宽松的审查标准，且较有机会适用商业判断法则[64]。究其原因为两者性质有所不同所致。易言之，接受或拒绝公开收购要约乃股东个别之决定，其拒绝应卖后仍可继续持有目标公司股份。但在协商合并场合，目标公司少数股东将被迫丧失持股而无法拒绝。另外，目标公司为并购契约主体，而控制股东即能立于交易两边取得有利条件，但在公开收购之目标公司并非公开收购之对象，交易主体仍为少数股东[65]。

3. 统一审查标准

对德拉瓦州法院之差别待遇，学说反对意见认为协商合并若已获得特别委员会同意与少数股东多数决同意时，由于已不具可疑本质，该交易应获得法院尊重，因

---

〔61〕 *In re Pure Res. S' holder Litig.*, 808 A. 2d 421 (Del. Ch. 2002).

〔62〕 *Id.* at 445. (J) 但有批评该些条件并无法真正发挥作用，如此一来即为控制股东确保先购再并时可获得更有利条件，同时避免事后遭完全公平法则审查。*See* Christopher A. Iacono, *Tender Offers and Short-Form Mergers by Controlling Shareholders under Delaware Law: The "800 - POUND GORILLA" Continues Unimpeded - in re Pure Resources, Inc., Shareholders Litigation*, 28 Del. J. Corp. L. 645, 668 - 70 (2003).

〔63〕 张心悌：《逐出少数股东—以资讯揭露义务与受托人义务为中心之美国法比较》，载《政大法学评论》2011年第123期；蔡昌宪：《下市交易中利益冲突之净化机制：从美国Dell公司收购案谈起》，载《台湾大学法学论丛》2015年第2期。

〔64〕 但有学说批评如此将使目标公司董事会纵然面临控制股东不公平收购时，可选择不作为，事后亦不致遭受违反义务之指摘。*See* Kimble Charles Cannon, *Augmenting The Duties of Directors to Protect Minority Shareholders in the Context of Going - Private Transactions: The Case for Obligating Directors to Express A Valuation Opinion in Unilateral Tender Offers after Siliconix, Aquila and Pure Resources*, 2003 Colum. Bus. L. Rev. 191, 195 - 196 (2003).

〔65〕 Siliconix, at 25 - 26. 但是拒绝公开收购应卖股东恐因收购结果而立于流动性更差之交易市场，且也须面临简易合并，而被迫取得较低对价（纵使相同，但收取对价时间延后）。因此有学者认为在有控制股东参与时，收购后合并对少数股东所带来之威胁并不亚于协商合并情形，而主张应以完全公平法则审查之。*See* Ely R. Levy, *Freeze - Out Transactions the Pure Way: Reconciling Judicial Asymmetry between Tender Offers and Negotiated Mergers*, 106 W. Va. L. Rev. 305, 347 - 48 (2004).

而有呼吁法院更改审查规则[66]。数年后，德拉瓦州法院于 In re CNX Gas Corp. S' holder Litig. 案[67]认为在两阶段收购中，若（1）公开收购经独立之特别委员会协商与同意；（2）并同时得到少数股东多数决同意时，则应适用商业判断法则审查，后续之简易合并亦同。但前述两者条件必须同时符合，有其一条件不符合时，系争交易仍应适用完全公平法则审查[68]，即回应前揭学者之呼吁。

德拉瓦州衡平法院后续在 In re MFW S' holder Litig. 案[69]中又再度确认上开原则，且本案发生于协商合并，认为控制股东参与之合并，若自始即经独立董事组成之特别委员会与少数股东多数决同意为交易前提时，系争交易即应受商业判断法则审查。然而，前述 Kahn v. Lynch 案所建立之审查法则（即以完全公平法则审查协商合并交易），并未针对协商合并交易同时受特别委员会同意与少数股东多数决同意为条件来判断，因此无变更判例的问题。

本案经上诉后为 Kahn v. M&F Worldwide Corp. 案（以下称 MFW 案）[70]，德拉瓦州最高法院亦采相同见解，该院更指出完全公平法则能替代董事会与股东会功能，避免受到控制股东不当之影响。本案已建立相当的利益冲突净化机制，不当影响非必然存在，因此使用商业判断法则即具有合理性。该案法院并认为，若符合以下条件时即可适用商业判断法则：（1）控制股东以特别委员会同意与少数股东多数决同意为交易前提；（2）特别委员会须为独立；（3）特别委员会有权选任专家且具有交易否决权；（4）特别委员会确实尽到注意义务协商公平价格；（5）少数股东表决前已被充分告知；（6）未有胁迫少数股东情事[71]。

由以上数点可知，法院相当重视特别委员会之功能是否能真正发挥。首先，特别委员会须能独立行使职权。原则上判例法推定董事或委员具有独立性，因此指摘董事或委员并非独立之原告，须提出该董事具有利益关系或受控制股东影响而削弱其客观判断能力。对于独立性之判断，法院采取重大性标准。董事须被认为与控制股东具有显著关联，致使其无法客观履行义务，亦即对个别董事而言，该关联须足以重大到影响其公正性（impartiality）。再者，特别委员会须握有相当权力且确实行使。特别委员会应有权聘任法律与财务顾问，聘任独立专家一向被认为系特别委员会最基本之权力，若无外部专家协助，殊难想象特别委员会能发挥有效的审议功能。且当特别委员会无否决权时，系争交易即适用完全公平法则审查，并不发生举证责任转换予原告之效果。换言之，特别委员会之所以可成为利益冲突之净化机

---

〔66〕 *See* Guhan Subramanian, *Fixing Freezeouts*, 115 Yale L. J. 2, 60 - 61 (2005).

〔67〕 *In re CNX Gas Corp. S' holder Litig.*, 4 A. 3d 397 (Del. Ch. 2010).

〔68〕 *Id.* at 399 - 400.

〔69〕 *In re MFW S' holder Litig.*, 67 A. 3d 496 (Del. Ch. 2013).

〔70〕 *Kahn v. M&F Worldwide Corp.*, 88 A. 3d 635 (Del. 2014).

〔71〕 Id. at 645.

制，系因具协商权与否决权而来，始可期待其能代表少数股东与控制股东进行对等交易（当然另需少数股东同意始可）；反之，若特别委员会不具有否决权时，则应适用完全公平法则，被告无法受商业判断法则之保护〔72〕。

4. 德拉瓦州法院新近见解

于2016年德拉瓦州法院在Books-A-Million, Inc. 案〔73〕中再度确认MFW案所建立之审查标准。该案系争交易为公司与其控制股东（持表决权股58%）之私有化结合，少数股东因而被逐出。系争交易系遵循MFW案建立之交易架构，即由独立且无利益关系之特别委员会同意与经少数股东多数决的程序通过，借此期盼未来若有诉讼挑战系争交易时能以宽松之商业判断法则审查。具争议者，并购过程中特别委员会将公司出售讯息传递市场，并收到以每股4.21美金收购之条件（此价格超过控制股东出价每股3.25美金），但该出价以控制股东同意出售其持股为条件。由于控制股东拒绝出售，第三人收购条件并无法达成，公司董事会即决定以每股3.25美金之条件售予公司控制股东。合并后股东提起诉讼指摘控制股东与董事违反受任人义务，理由为控制股东与董事会接受低于第三人之出价，系争交易显然构成恶意（bad faith）。但法院认为原告并未具体指出事实而可合理推论MFW判决所建立之条件并未被遵循。反之，法院认为基于以下事由，应认本案应以商业判断法则审查：（1）控制股东出价起初即以特别委员会与无利益关系股东投票为条件；（2）特别委员会由独立董事组成；（3）对市场征询出价者、委员会召集共33次并与控制股东进行超过5个月之协商，更拒绝控制股东首次之出价，最终将价格提升高至2成；（4）未有证明少数股东表决系受到胁迫〔74〕。论者即指出，若系争交易程序上遵守MFW案之架构，股东诉讼相当可能于诉讼前程序即以不合法驳回。

Books-A-Million, Inc. 案除再度确认MFW案所建立之审查原则外，也具体指出两项重要原则。（1）若他人出价系以控制股东出售为条件，控制股东得拒绝他人出价，即使该出价有利于少数股东亦同；（2）于逐出合并控制股东出价得合法折扣

〔72〕 即便是系争交易经特别委员会通过，仍需少数股东同意始可以商业判断法则审查，且此同意须给予少数股东必要充足之信息且未有压迫情事。而仅有特别委员会审查同意虽有将完全公平之举证责任转换予原告之效果，但系争交易仍适用完全公平法则审查。*See* Bernard S. Sharfman, *Kahn v. M&F Worldwide Corporation: A Small but Significant Step Forward in the War Against Frivolous Shareholder Lawsuits*, 40 Iowa J. Corp. L. 197, 209 (2014).

〔73〕 In re Books – A – Million, Inc. Stockholders Litigation, C. A. No. 11343 – VCL (Del. Ch. Oct. 10, 2016).

〔74〕 Books – A – Million Demonstrates the Power of MFW, THE HARVARD LAW SCHOOL CORPORATE GOVERNANCE FORUM ON CORPORATE GOVERNANCE AND FINANCIAL REGULATION (Nov. 17, 2016), https: //corpgov. law. harvard. edu/2016/11/17/books – a – million – demonstrates – the – power – of – mfw/ (last visited Jan. 03, 2017).

（因本案控制股东出价已享有控制权溢价，故其出价虽非最高，亦可能被认为系合理、公平）[75]。

三、台湾地区“公司法”制是否应适用商业判断法则之分析

（一）应否适用商业判断法则的问题

美国德拉瓦州法于股东提起诉讼（derivative suit）适用商业判断法则时对经营者具有相当优势，依德拉瓦州民事审理规则（Delaware Rules of Civil Procedure）第23.1条，股东须具体陈述其已向公司董事会为诉讼之请求或不为该请求之理由，否则其诉讼将不合法而被驳回。职是，该州法要求股东须先向公司董事会为起诉请求（demand requirement），即由董事会先行决定是否对特定董事起诉，在穷尽内部途径后（例如董事会不当拒绝、对起诉请求未为回应或多数董事有利益冲突关系而请求无益），股东始能合法为公司提起诉讼。

董事会受股东请求起诉但作成拒绝决定，仅有在该拒绝系属不当时，股东始得提起后续诉讼。而拒绝股东请求之决定亦受商业判断法则保护，因此若请求股东被董事会拒绝后仍欲自行起诉，其即须于进入实体审理前（pretrial）时举证推翻（rebut）董事会拒绝系不当的决定，否则法院将尊重董事会拒绝诉讼之决定、不做事后判断而驳回股东诉讼。实务上，大多数股东请求董事会起诉的场合，董事会均倾向拒绝股东请求[76]，因此股东必须于诉讼中挑战该拒绝起诉之决定系为不当（wrong refusal），始能顺利提起诉讼，不过由于商业判断法则的保护，股东通常很难挑战成功。所以在实务上欲起诉的股东多数不愿向董事会请求而自陷不利情形，反而技巧上回避董事会请求。对此，德拉瓦州的“请求无益”制度（demand futility）即允许起诉股东直接起诉而无须先行向董事会为起诉请求，但须于诉讼中说明向董事会请求系为无益（futile）[77]。职是之故，诉讼程序搭配商业判断法则使用可提前“过滤”不少之股东诉讼，但实质理由仍是商业判断法则使用，因即便让股东诉讼进

---

〔75〕 Controlling Stockholder M&A Does Not Automatically Trigger Entire Fairness Review, THE HARVARD LAW SCHOOL CORPORATE GOVERNANCE FORUM ON CORPORATE GOVERNANCE AND FINANCIAL REGULATION (Jan. 3, 2017), https://corpgov.law.harvard.edu/2017/01/03/controlling-stockholder-ma-does-not-automatically－trigger－entire－fairness－review/ (last visited Jan. 03, 2017).

〔76〕 Dennis J. Block, Nancy E. Barton & Stephen A. Radin, The Business Judgment Rule (Vol. Ⅱ) 1686－89 (5th ed. 1998).

〔77〕 德拉瓦州法院在著名的Aronson v. Lewis案建立所谓“双叉测试”（two－prong test）。如起诉原告能对：一、过半数董事对系争诉讼请求并无利害关系（disinterested）与独立性（independent）；或二、就系争交易得否受商业判断法则保护，提出“合理怀疑”（reasonable doubt）时，请求即得豁免。Aronson v. Lewis, 473 A.2d 805 (Del. 1984)。

入实体审查，法院仍将使用商业判断法则保护董事。因此，若股东无法于诉讼前阶段提出排除商业判断法则适用之质疑，自无须继续进行诉讼。如此除可免除诉讼程序之耗费外，股东亦较无机会藉起诉企图与被告或公司和解，索取不当利益。

依台湾地区“公司法”规定，仅公司与董事有委任契约关系，因而董事有任何违反契约义务时仅有公司有权向其主张。公司对董事诉讼可分为公司自行起诉与股东代表公司利益起诉（股东代表诉讼）两者。在公司自行对董事诉讼部分，公司法规定得由股东会决议向董事起诉并以监察人为代表机关（“公司法”第212条、第213条参照）。此外监察人受持股继续一年以上、已发行股份总数百分之三以上股东书面请求时，亦能取得向董事起诉之权源（“公司法”第214条第1项参照）。为避免监察人怠于行使其权力，甚至与董事勾结，公司法另规定，股东于符合特定条件时即得代表公司向董事提起诉讼（“公司法”第214条第2项前段参照）。又为防止股东滥行起诉，公司法订有相当严格之诉讼障碍，包括持股期间与持股比例、应先以书面请求监察人起诉、请求后30日后监察人仍未起诉、诉讼担保金等制度，甚至股东败诉时可能需对公司或被告董事负损害赔偿责任，降低股东恶意起诉之可能（“公司法”第214条第2项后段、第215条第1项参照）。再者，公司法并未提供股东起诉诱因，如诉讼费用补偿，使得起诉股东不论胜败诉皆为输家，严格起诉门槛与缺乏起诉诱因致使实务上股东诉讼甚为罕见。

不论是公司自行起诉、监察人代公司起诉或股东代表诉讼在实务上皆不常见，既然如此，董事违反受任人义务而被诉之概率不高，是否有引进商业判断法则之必要即成问题。本文就此问题仍采肯定见解，详述理由如下：

首先，学者大多同意现行公司法对股东代表诉讼设计不良，诸如前述起诉门槛过严、忽略股东起诉诱因等，致使该制于实务效用不彰，而主张应和缓现行起诉要件并提供股东起诉诱因〔78〕。于此思维下，若未来放宽股东提起诉讼，董事被诉之概率即大幅提高，此际商业判断法则引进似为必要之配套〔79〕。

再者，“证券投资人及期货交易人保护法”（以下简称“投保法”）第10条之1，保护机构（下称投保中心）于符合一定要件后，可代上市（柜）公司向其违背义务

〔78〕 王文宇：《公司法论》，2016年版，第133～134页；周振锋：《论股东代表诉讼的变革方向——以美国法为研析基础》，载《政大法学评论》2010年第115期；刘连煜：《现代公司法》，新学林2015年版，第499～503页。

〔79〕 德国亦是放宽股东代表诉讼的提起，乃同时明文商业判断法则，使董事能预先评估行为风险。洪秀芬：《论德国“商业判断原则”之法制化》，载《台湾法学杂志》2011年第188期。关于德国商业判断法则之详细讨论，另可参阅陈彦良：《董事义务责任的解构与建构——德国法制之借镜》，载《月旦法学杂志》2011年第198期；陈丽娟：《从美国公司法制之商业判断原则论德国股份公司机关的责任》，载《东吴法律学报》，2009年第3期；陈彦良：《适用经营判断原则的疑义—评台湾地区“高等法院”台南分院2015年重上字第1号民事判决》，载《月旦裁判时报》2017年第60期。

之董监事提起诉讼，本条部分缓和公司法对股东诉讼之严格要求，因此对公司董事而言被诉机率实已提高，此时即有使用商业判断法则之必要性。投保中心提起代表诉讼的法律障碍并不高，投保中心应先请求监察人起诉并于监察人不起诉时始能为公司利益起诉，但监察人有意起诉时，投保中心即无诉讼实施权，此可谓投保中心提起代表诉讼最大之法律障碍[80]。但整体而言，投保中心欲对上市（柜）公司之董事起诉仍相对容易。若认为不适用商业判断法则，无非使股东可轻易质疑董事（会）之经营决定，如此等同投保中心可任意指摘公司经营决定。虽然投保中心性质属于公益财团法人，且行政官方色彩浓厚，但以此理由作为其可轻易质疑董事经营决定并不充分[81]。虽与一般股东相较，投保中心因有投保法授权而能较容易取得诉讼实施权，但仍不应容许其轻易主张董事会所为之经营判断为不当或违法，否则对公司经营将造成困扰，也势必影响法律安定性。更有甚者，司法实务见解有认为，“因保护机构于诉讼程序上所行使之实体法上权利仍属公司所有，就依法本应对公司负损害赔偿责任之董事或监察人而言，并未增加不可预期之法律上制裁，亦非另创设保护机构新的独立请求权基础”，而无不溯及既往之适用[82]。因此投保中心甚至可指摘本条增订前之经营决定，但此际不免使过去经营决定之合法性再度陷于不稳定之状态。

美国法独立董事或独立委员会之盛行，部分原因在于公司董事遭诉时得受商业判断法则适用之利益，使得其经营决定取得法院尊重而不作事后审查。论者指出，使用商业判断法则之正当性基础部分在于对于公司权利安排之尊重[83]，因而，系争决定若已由（超过董事会席次过半）之独立董事或由独立董事所组成之委员会决定，即可推定该决定系属正当且符合公司最佳利益，如此一方面可借要求公司强化内部决定机制，间接保护公司与股东权益，另一方面法院亦可避免以局外人甚至门外汉之观点为公司决定最佳利益作出决定。台湾法制下之独立董事虽不见得于系争决定无利害关系、具独立性，但“证券交易法”（以下称“证交法”）要求设有独立董事或审计委员会之公司，列举数种公司重大业务财务行为或与董监事有利益冲突之交易应经董事会决议，且授权独立董事可表示不同意见，显然对独立董事所发挥之功能有所期待，甚至设置审计委员会之决定对董事会具有某程度之拘束力（“证交法”第14条之3、第14条之4参照）。暂且不论“实际上”独立董事或审计委员会是否真能发挥把关作用，以法规规范意旨而论，既然经营决定已经独立董

---

〔80〕 周振锋：《论证券投资人及期货交易人保护法第十条之一以股东代表诉讼为中心》，载《法学新论》2010年第27期。

〔81〕 邵庆平：《商业判断原则的角色与适用—联电案的延伸思考》，载《科技法学评论》2011年第1期。

〔82〕 台湾地区“高等法院”台南分院2015年重上字第1号民事判决参照。

〔83〕 Bernard S. Sharfman, The Importance of the Business Judgment Rule (February 8, 2017), 23. Available at SSRN: https: //ssrn. com/abstract = 2888052 (last visited Mar. 13, 2017).

事、审计委员会审查通过，若未给予相当程度之尊重而能轻易指摘其不当，似有失该制度之本旨。另外，独立董事通常为公司外部人，对公司信息不若内部董事熟悉，若未有商业判断法则之保护，不免加诸其可能面临之法律风险，如此对法规欲推行独立董事制度恐将有负面影响。

另以“企业并购法”（以下简称“企并法”）而论，该法第6条要求未设置审计委员会之公开发行股票公司应设置特别委员会就本次并购计划与交易之公平性、合理性进行审议，同时应委请独立专家协助就换股比例或配发股东之现金或其他财产之合理性提供意见。特别委员会组成与审计委员会相似，但更着重成员对于拟审议并购案之利害冲突关系〔84〕，因而，借特别委员会审查作为利益冲突净化机制。另，本条强制公司应聘请独立专家就并购条件之公平性与合理性出具意见，作为特别委员会或审计委员会之参考依据。如此安排无非期盼董事会与其委员会能为公司最大利益决定是否进行并购与相关条件，遇有利益冲突时，如管理层并购或交易相对人为控制股东时，能净化其中之利益冲突，与公司建立公正对等之交易。因而，若依循“企并法”第6条所为之并购决定仍无法获得法院某程度之尊重，不免与该条意旨有所违背。

本文认为，商业判断法则除鼓励董事积极创新、勇于任事外，亦有避免他人（包括股东与法院）以后见之明检验董事之经营决定。商业与市场环境错综复杂、瞬息万变，纵然是专业领域专家亦有马失前蹄之可能，更如何期待董事决定完美无缺，此理由于并购场合更具说服力。况且获利与风险本是相伴相生，何能强求董事决定皆有美好结果。换言之，经营判断与其结果本质上有高度不确定，吾人应给予一定程度之尊重，而非有不理想结果时即追究董事之法律责任，如此将使董事不愿积极任事，甚至降低优秀人才担任董事之意愿，如此长期而言应非符合股东与公司之最大利益。诚如美国德拉瓦州法院所言，商业判断法则可促使董事冒险而能长期地追求股东最佳利益，因其无庸忧虑公司受损失时将被追究个人责任〔85〕。另外，纵然究责诉讼主张之原因未必有理由，董事最终或可无庸负责，唯诉讼程序之耗费乃无可避免，不免将造成董事决定时之无形压力，甚至可能作为股东干扰公司经营之利器。因而，美国法不但适用商业判断法则而不对董事经营决定作实质审查，另于审判前程序要求原告股东应提出推翻商业判断法则之合理基础，否则将依被告声请驳回诉讼（summary judgment），诉讼无法进入实体审判程序。公司亦得另组诉讼委员会（special litigation

〔84〕 可参照“公开发行公司并购特别委员会设置及相关事项办法”第4条：“（第1项）特别委员会成员之人数不得少于三人，其中一人为召集人，公开发行公司设有独立董事者，应由独立董事组成；无独立董事、独立董事未符合第二项资格或独立董事人数不足之部分，由董事会遴选之成员组成。（第2项）特别委员会成员之资格，应符合公开发行公司独立董事设置及应遵循事项办法第二条及第三条规定，且不得与并购交易相对人为关系人，或有利害关系而足以影响独立性。（第3项）前项及第六条第二项所称关系人，依证券发行人财务报告编制准则规定认定之”。

〔85〕 In re Citigroup Inc. S’holder Litig., 964 A.2d 106, 139 (Del. Ch. 2009).

committee）审查股东是否有起诉之理由，该委员会若认为原告之诉不符合公司利益时即可向法院建议驳回诉讼，法院通常认为公司是否对董事进行诉讼系属经营判断一环，原则将尊重该委员会决定而驳回诉讼。准此，美国法为避免经营者动辄被诉而有碍公司经营，故于诉讼前程序即导入商业判断法则，以免过多程序耗费。

观诸公司法规定股东诉讼之滥诉控制要件包括股东持股期间与持股比例、书面请求监察人起诉且监察人怠于起诉、担保金提供等，唯仅要股东符合前揭各项条件，股东起诉即为合法，此际公司意思与利益并非审查起诉是否合法之重心，纵然公司（股东会、董事会或监察人）认为诉讼不符公司最佳利益亦同。但既然公司为诉讼请求之实质权利人，不重视甚至忽略其意思似非合理。此时，公司若循正当程序决定自我意思，法律即无不予尊重之理由。

如美国判例法精神，法院并不适合以其经营判断取代董事之经营判断，此乃司法自我认知其侷限〔86〕，且与公司决策机关相较，承审法院甚至是不具利害关系之局外人，何以能为公司利益作出更佳之决定。美国德拉瓦州法院以公司法专业法院闻名于世，尚有此自我认知〔87〕。而台湾地区并没有专门审理公司法律争议之法院，各个法官就公司法令与商业知识之熟稔程度恐有相当落差，且商业专业度与经验值皆难与德拉瓦州法院相称，若容许法官个案中以其判断替代董事之经营判断，将难令当事人与外界信服。依现行司法实务现状，虽适用商业判断法则之法院有逐渐增多且层级有提升之趋势，唯此个案中并不拘束法官，因而对原被告而言，诉讼结果将取决于承审法官个人之法律见解，唯如此将使商业行为无法预先建立可操作之标准，加深风险评估与管理之困难。于并购场合，诉讼风险亦为应考量的成本之一，但现行法制并未提供可预测性的行为准则，不确定性极高。

本文认为，公司法制亦有如美国判例法采用商业判断法则之理由，纵使法未明文规定，仍应承认有商业判断法则之适用。“投保法”第10条之1实施后，投保中心将有更多机会审视上市（柜）公司之经营决定，但除董事之经营决定有相当事证而能产生合理怀疑外，不应轻易质疑该决定之妥当性。同时，若将来公司法放宽股东代表诉讼提起时，应更有适用商业判断法则之理由。

（二）商业判断法则于现行公司法制操作之疑问

1. 司法实务对商业判断法则之误解

前举台湾“台北地方法院”2004年重诉字第144号民事判决认为：“法院在判断

---

〔86〕 Sharfman, *supra* note 85, at 23 – 24.

〔87〕 “［T］he core rationale of the Rule is that judges are poorly positioned to evaluate the wisdom of business decisions and there is little utility to having them second – guess the determination of impartial decision – makers…” Corwin v. KKR Financial Holdings LLC, 125 A. 3d 304, 313 – 14 (Del. 2015).

公司负责人所为之营业行为是否符合‘经营判断法则’，似可采取与美国法院相同之营业标准，即（1）限于经营决定（a business decision）；（2）不具个人利害关系且独立判断（disinterested and independence）；（3）尽注意义务（due care）；（4）善意（good faith）；（5）未滥用裁量权（no abuse of discretion）。若公司负责人为经营行为当时若具备此五项经营判断法则，则可推定其具善良管理人之注意义务，而无庸对公司及股东负损害赔偿责任。”其中，该判决认为具备五项要件即无庸负赔偿责任等语，显然误解商业判断法则之法律效果，早有学者撰文批评〔88〕。正确理解应为，商业判断法则推定前揭五项要素均属具备，原告应先负举证推翻前揭推定之责任，若未能说服法院对前揭推定有所质疑时，董事及其决定即受保护，法院不做事后审查。与单纯赋予原告负举证责任相较，法院并不对被告所为之经营决定作实质审查，法律效果对被告而言更为保护。

但可惜的是，前揭实务误解并无因此自我更正，经十余年后台湾地区“高等法院”台南分院2015年重上字第1号民事判决仍持“当董事之行为符合：董事对于经营判断之事项不具利害关系。就经营判断事项之知悉程度，为其在当时情况下合理相信为适当者。合理相信其经营判断符合公司最佳利益，而基于善意作出经营判断时，即认其已满足应负之注意义务，即便董事经营决策嗣后造成公司亏损，亦应免负损害赔偿责任”之相似见解。可知目前法院仍误解商业判断法则真正内涵〔89〕，并非董事“合理相信其经营判断符合公司最佳利益，而基于善意作出经营判断时”即满足注意义务要求，而系法院不对其经营决定作事后审查而已。

而且前揭“高院”判决认为“即使该经营决定是一个错误，而且其结果也确实让公司因此遭受亏损，董事会亦不因此而负赔偿责任，除非公司股东可以证明董事（会）于作成行为之当时，系处于‘信息不足’之状况，或系基于‘恶意’所作成，或参与作成决定之董事系具有重大利益冲突之关系等等。”此等论述固然正确，唯如前所论，仍非完全符合美国判例法商业判断法则适用之精神。具体言之，商业判断法则仅推定董事决定已尽相当注意、善意且符合公司最佳利益，并要求原告需先举证推翻前开推定之责，否则法院不予实质审查系争经营决定；唯若原告举证推翻商业判断法则之假设时（例如参与作成决定之董事有利益冲突关系），此时并不意谓被告董事即应负赔偿责任，但董事需证明系争交易之公平性，否则即应受到败诉之判决。换言之，当原告能举证推翻商业判断法则之推定时，就系争交易决定公平性之举证责任即移转至被告董事，此际被告董事通常无法证明交易公平性而

---

〔88〕 刘连煜：《现代公司法》，新学林2015年版，第129页。

〔89〕 但有学者提出不同观点，认为或许是司法人员在适用商业判断法则之调整。参阅廖大颖：《公司负责人之注意义务与商业判断原则的适用——台北地院2004年度重诉字第1440号民事判决》，载《月旦裁判时报》，2010年第1期。

将受败诉判决，但并非原告推翻商业判断法则推定时即可认为被告董事应对系争决定负责[90]。

近期实务见解多有采用商业判断法则之趋势，但误用商业判断法则观念应予以澄清，且适用条件与内涵无法正确掌握，实不妥当。既然核心问题在于应否引进美国判例法之商业判断法则，对象既已明确，对其内涵应有正确认知，任何不精确或错误的理解将不利商业判断法则于法制后续之讨论与发展。纵然或有认为法院不必然完全仿造美国法之商业判断法则，即便如此，法院似应于判决理由详加阐述何以台湾现行法制应与美国法有不同内涵之理由，而非论述美国法之法则，再适用于具体个案时跳跃出迥然不同之内容，实有逻辑上的矛盾。

2. 商业判断法则之推定效果与举证责任

如本文前所论述，本文支持有商业判断法则之适用，唯如此见解将会面临法无明文之问题。如台湾"台北地方法院"2003年诉字第4844号民事判决所言，认为商业判断法则有程序法推定免责之效果，故"应以法律明文规定者为限"。本文认为，除法律明文规定外，推定免责似可依法官造法的方式为之，至于理由则基于尊重经营专业、不事后审查、法院认知之侷限、法秩序安定性等法理，否则将造成诸多负面效果，已如前述。在目前未有明文规范下，司法实务已正面肯定有商业判断法则之适用（虽内容不完全与美国法相同），由此足见法官造法方式于现行法制下尚属可行，但根本之道应以修法解决之，自为当然。应如何立法，尚待学术与实务界凝聚共识。

本文初步见解，在未修法的情形下，透过举证责任倒置之法理，先令原告须负第一次的举证责任，即被告董事执行职务不当系可归责，可归责原因基准则参酌商业判断法则之精神，包含信息不足、具利害冲突、恶意等理由，若原告未能提出合理怀疑，法院将不进一步审酌而判原告败诉。唯如此情形，法院仍对系争经营决定作出相当程度地实质审查，与美国法下之商业判断法则仍有落差。但鉴于现行程序法与相关诉讼制度本与美国法制有所不同，似也无强求引进与美国法内涵完全相同之商业判断法则。至于举证推翻之事由具体内涵，除部分参考美国法院判决外，仅能仰赖司法实务透过案件累积加以充实。

3. 与现行法规矛盾或缺乏配套之处

除法未有明文规定外，承认有商业判断法则之适用于现行法制下仍会面临诸多疑

---

〔90〕 近期实务判决亦有持相似见解者。台湾地区"高等法院"2015年上易字第1255号民事判决认为"关于注意义务，当董事之行为符合'（一）与该当经营判断事项无利害关系。（二）在该当情况下，董事等有合理理由相信渠等已于适当程度上，取得该当经营判断事项所需之相关信息。（三）董事等合理相信其之经营判断符合公司最佳利益。'，并基于善意作出经营判断时，应认其已满足应负之注意义务，而无违其忠实义务。"但该判决并无明确指出本案有适用商业判断法则，而直接将商业判断法则内涵作为审查董事经营判断有无违反义务之基准。另台湾地区"高等法院"2014年重上字第542号民事判决亦持相同见解。

问。前揭高等法院认为董事决定作成若有“信息不足”“恶意”或“重大利益冲突关系”时，即可推翻商业判断法则之推定，如此见解堪称正确，但可惜该判决并无进一步指明各该情状之内涵，建立明确之操作准则，而可供往后类似案件判断之参考。首先，“信息不足”应来自美国德拉瓦州著名之 Smith v. Van Gorkom 判决[91]而来。本案法院采取美国商业判断法则精神，认为“信息不足”可作为推翻商业判断法则推定之原因，而所谓“信息不足”系指董事会作成决定时未尽相当注意义务取得与知悉必要信息而轻率作成经营决定，概念上接近“重大过失”（gross negligence），除有极端情事者外，诉讼上甚难成立。“公司法”第 23 条第 1 项明文要求董事应负尽善良管理人之注意义务，而本判决所指之“信息不足”之“过失程度”所指为何？即值得探究。若以善良管理人之注意义务标准审查，应较符合法条明文规范，但以此标准审查对被告董事极为不利，结果将与商业判断法则之精神相左[92]。由此是否可意谓商业判断法则精神与法明文规范有所冲突？目前司法实务就此问题未进一步厘清，甚为可惜。

再者，“恶意”系指美国判例法之 Bad Faith，但与台湾法普遍使用“恶意”指行为人明知之情形不同，虽然前揭判决将 Bad Faith 译为“恶意”尚无不可，但似应对该名词有清楚定义，以免产生误解。理论上，仅有“善意”（good faith）之经营决定始受商业判断法则保护，但 Bad Faith 并非指单纯之判断错误或过失，反之，系为因不诚实目的或不正直而有意识地从事错误行为（conscious doing of a wrong）[93]。系争交易若非基于为促进公司利益为目的作成，或构成违法行为，将会被认为系“恶意”[94]，而不受商业判断法则保护。个案上若法院认为系争决定偏离合理判断甚远（far beyond the bounds of reasonable judgment），且仅能将被告行为解读为“恶意”始合理时，被告即有可能被认为系“恶意”[95]。虽然“恶意”并非实定法明文之概念，但依民事法诚信原则仍可导出董事“恶意”之经营决定不应享有法律之保护，因而本文认为以被告“恶意”作为推翻商业判断法则事由，于现行法制下尚属可行。

另外，“重大利益冲突关系”系指作成决定董事与系争交易有利益关系，且此关系足至影响董事客观行使职权，此时其是否尽忠实义务即受高度质疑，不应受商业判断法则推定之保护。但依美国判例法，被告董事仍有机会举证系争交易之公平性。台湾地区“高等法院”2009 年上字第 1307 号民事判决曾认“即使依较宽松之美国经营判断法则，亦显然难认符合被上诉人公司最佳利益，且有重大之违反利害关系，自属违反公司负责人应忠实执行业务并尽善良管理人之注意义务，并致公司

---

〔91〕 Smith v. Van Gorkom, 488 A. 2d 858 (Del. 1985).

〔92〕 苏怡慈：《从比较法观点看经营判断法则移植》，载《台湾法学杂志》，2011 年第 186 期。

〔93〕 Block et al., *supra* note 4, at 80.

〔94〕 Id. at 81.

〔95〕 Id. at 82.

受有损害，依“公司法”第23第1项规定，应负损害赔偿责任”。有学者认为该判决系适用商业判断法则，但可惜未作进一步之分析和适用[96]。因此，目前司法实务虽多数见解认为有商业判断法则适用，但对于原告举证推翻后应如何处理，目前并未形成具体见解。

公司法就忠实义务之规定如“公司法”第206条要求董事对于会议之事项，有自身利害关系时，应于当次董事会说明其自身利害关系之重要内容，并应回避表决。因而当有利害关系董事未尽说明义务或未回避参与表决时，即违反公司法对忠实义务之要求，依实务见解认为此时董事会决议应为无效[97]。换言之，依公司法规定与司法实务运作结果，当应说明而未说明或应回避却未回避董事参与表决时，董事会决议无效[98]。此际既然董事会决议无效，该决议所为决定自无受商业判断法则保护之余地，从而也无被告能证明系争交易公平性之后续问题。又，前揭“高院”判决以参与决定董事有“重大利益冲突关系”为不受商业判断法则保护之例外虽为正确见解，但“公司法”第206条第2项似未要求董事有“重大”利害关系时始有说明义务，而系规定“董事对于会议之事项，有自身利害关系时”即须负说明义务，似相当容易启动。基于前述理由，美国判例法之商业判断法则在现行法操作下即有扞格之处。对此，学说认为本条项具体明文规定董事说明义务之立法意旨甚佳，但以董事个人违反忠实义务而导致董事会决议无效有过苛之嫌[99]，似着眼于此。

不过，依“企并法”第18条第6项，在两阶段并购的场合，收购公司或其指派代表人当选目标公司董事者，该董事得行使表决权而无庸回避，但仍应按“企并法”第5条第3项尽说明之义务[100]。当董事应说明而未说明时，董事会并购决议似亦应解为无效。唯基于董事无庸回避规定可知，在并购场合公司法制并未全面接

---

[96] 方元沂：《公司负责人之忠实义务与注意义务——台湾地区“高等法院”2009年度台上字第1307号民事判决》，载《月旦法学杂志》，2011年第197期。

[97] 可参考“公司法”第206条修正理由（2012.01.04）：“二、另董事会召集程序、决议内容违反法律者，应认为当然无效（“最高法院”2008年台上字第925号判决参照）。是以，董事违反修正条文第2项所定之说明义务时，董事会决议因程序瑕疵而当然无效。又董事违反说明义务参与表决者，依修正条文第3项准用第187条规定，董事会决议因决议方法违法而无效。”关于董事应回避未回避时之瑕疵，另可参考最高法院88年台上字第2863号民事判决：“上开规定（按：“公司法”第178条）系属强行规定，故若股份有限公司之股东会之决议，违背上开规定而为决议，其决议方法即属同法第189条所称之决议方法违反法令，而得依该条规定诉请法院撤销其决议。至董事会违背上开规定而为决议，公司法并未如第189条规定得予撤销，自应解为该部分之决议无效，且不必以诉讼方式主张之”。

[98] 除董事会决议无效外，有论者主张为免董事说明义务沦为具文，当董事未向股东会尽说明义务时，股东会决议依“公司法”第191条规定“股东会决议之内容，违反法令或章程者无效”为无效。黄伟峯：《企业并购法》，2016年版，第72页。

[99] 刘连煜：《现代公司法》，新学林2015年版，第535页。

[100] 有谓董事有利害冲突关系虽不见得“致有害于公司利益之虞”，但“企并法”第5条第3项系给予股东与董事“知的权利”。赖源河：《实用企业并购法—理论与实务》，五南2016年版，第20页。

受如美国法下之完全公平审查内涵，似无法以参与决定董事有利益冲突即可将举证责任转向被告董事，否则即明显与“企并法”规范意旨不符。本文以为，“企并法”既已对两阶段合并之董事利益冲突作出价值判断，此时无须仿美国法之完全公平法则由董事举证系争决定系为公平，而仍应以商业判断法则审查之。与此同时，既无董事回避表决问题，董事会决议自然有效。

唯除前开“企并法”有特别规定者外，公司法对董事违反利益冲突时之管制措施，显然和美国判例法不同，而现行实务见解显然更为严格，仅要有利益冲突关系董事应说明而未说明，不问利益冲突关系是否重大、有利益冲突董事人数是否超过参与表决之半数，董事会决议皆有可能被认定无效。但如此操作结果与商业判断法则之精神大异其趣。由此，公司法要求有利害关系董事应尽说明义务与回避表决规定，且搭配实务对于违反董事忠实义务规定即无效之见解，和商业判断法则保护董事及其经营决定之精神不尽符合。

再者，台湾法制缺乏“独立性”的判断标准，无法完整适用商业判断法则。除“公司法”第23条第1项忠实义务外，“公司法”对于董事有利益冲突时亦有不少具体规定，如第196条之董事报酬决定、第206条之说明与回避表决义务、第209条之竞业禁止义务、第223条之董事自我交易代表权行使等，但对于董事受他人影响而未能客观行使职权之情事，则未有明文处置方法。虽然自注意义务与忠实义务之法理仍可推出董事应不受他人影响而独立行使职权，但因缺乏具体规范，司法实务就此未形成相关之审查标准。如前所述，即便是美国法，就董事利害关系、独立性的认定标准亦高度抽象，不论实定法与司法实务对此要件未有明确判断标准似也不难想见。唯此对商业判断法则适用而言或有不完整之缺憾。应特别强调者，即使被告依法令符合独立董事资格，但与个案上是否具备独立性系属二事，不可不辨。依现行规定，董事仅需符合相关法规之选任程序与积极、消极资格，即称“独立董事”，但该“独立董事”是否在做系争决定时具备独立性，即不受他人影响而能独立行使职权，仍需依个案相关情事判断之[101]。

另外，控制股东在公司法下对少数股东并无任何义务，且其纵有利益冲突关系于股东会议决并购案亦无须回避表决。因而，美国法就控制股东所建立之商业判断法则与举证责任规则，就公司法适用而言即无太大作用，甚至与实定法有所扞格。因而，“企并法”第6条要求强制设置独立委员会或有维护少数股东权益的积极功能，但于美国法下另一层意义也有保护董事或控制股东之作用，避免事后遭到股东

[101] 如德拉瓦州法院所言“董事不但身分须独立，其行为亦应独立（Directors must not only be independent, but must act independently）”。Kahn v. Tremont Corp.，694 A.2d 422，429（Del. 1997）.

诉追责任[102]。但此功能在公司法制下的作用似仅限于董事而不及于控制股东。因而，在未明文规定控制股东之义务前，美国法的商业判断法则所发挥的范围仍有相当局限。且“企并法”除允许股东参与表决外，也未有如美国判例法之少数股东多数决等相关配套，如此即无法完全排除利益冲突疑虑，因而适用商业判断法则审查似乎与美国判例法背后之理念有所落差。

四、结论

综合前述分析，本文虽肯定商业判断法则于司法实务应有适用空间，唯不可否认全盘移植美国判例法仍有相当困难，尤其，该法则精神部分与现行法制有冲突与矛盾之处，或许未来可思考修法一并解决。目前商业判断法则适用与否虽学说与实务短时间无法获得共识，但由于股东诉讼（包括投保中心提起）数量不多，故此问题结论对公司与其经营者而言影响仍相当有限（即经营者与其决定受诉讼检验的概率仍不高）。但未来若有放宽股东诉讼的提起，适用商业判断法则似应为必要之配套，否则，股东若能轻易地挑战经营者决定，其负面影响将显而易见。唯应如何发展具有台湾法制特色且能与现行规范相称之商业判断法则，未来仍需各界凝具共识。本文初步见解，在未修法的情形下，透过举证责任倒置之法理，先令原告须负第一次的举证责任，即被告董事执行职务不当系可归责，可归责原因基准则参酌商业判断法则之精神，包含信息不足、具利害冲突、恶意等理由，若原告未能提出合理怀疑，法院将不进一步审酌而判原告败诉。唯如此情形，法院仍对系争经营决定作出相当程度地实质审查，与美国法下之商业判断法则仍有落差。但鉴于程序法与相关诉讼制度本与美国法制有所不同，似也无强求引进与美国法内涵完全相同之商业判断法则。至于举证推翻之事由具体内涵，除部分参考美国法院判决外，仅能仰赖司法实务透过案件累积加以充实。

---

[102] 刘连煜：《企业并购时董事之受任人（受托）义务——农民银行与合库合并案最高法院2010年度台上字第261号判决及其历审判决评析》，载《月旦法学杂志》2011年第195期。

分期付款的股权转让合同解除权的特殊性

——评最高人民法院指导性案例第67号的约束性规范

林斯韦　李建伟*

目　次

一、指导性案例第67号评析的困境、根源及矫正方法

长期以来，就《合同法》第167条规定的“分期合同付款解除权”的性质及其行使存在诸多学术争论，最高人民法院发布的第67号指导性案例〔1〕可谓投入一枚石块而激起新一轮争论，甚有愈演愈烈之势。〔2〕此前争议焦点集中于检讨《合同

---

* 林斯韦，中国政法大学博士研生；李建伟，中国政法大学民商经济法学院教授。

〔1〕 下文统一简称第67号案例。

〔2〕 指导性案例第67号发布之前，有姚欢庆、宁红丽等学者讨论此条款；发布之后，已有万方、孙新宽、钱玉林、吴建斌等学者撰文讨论。姚欢庆：《合同法》第167条规范宗旨之错位及补救》，载《浙江社会科学》2007年第3期；宁红丽：《分期付款买卖法律条款的消费者保护建构》，载《华东政法大学学报》2013年第3期；孙新宽：《分期付款买卖合同解除权的立法目的与行使限制——从最高人民法院指导案例67号切入》，载《法学》2017年第4期；万方：《股权转让合同解除权的司法判断与法理研究》，载《中国法学》2017年第2期；钱玉林：《分期付款股权转让合同的司法裁判——指导案例67号裁判规则质疑》，载《环球法律评论》2017年第4期；吴建斌：《指导性案例裁判要点不能背离原案事实——对最高人民法院指导案例67号的评论与展望》，载《政治与法律》2017年第10期。

法》第167条的价值导向、立法技术是否出现偏差，然“指导性案例应当是……对审理类似案件具有普遍指导意义的案例”，[3]第67号案例的价值在于指导类似的股权转让合同案件的裁判，而非作为《合同法》的立法反思与修法建议，因此，此前的探讨虽具有重要的立法意义，但无助于深化第67号案例的认识。与之相较，现有针对第67号案例的评析虽然聚焦案例，但主张林立，理由各异，结论互相矛盾，总体呈现“挺67号案例”与“反67号案例”两大阵营，就人数而言，质疑声音大于支持声音，[4]然质疑者隔靴搔痒，支持者亦不够有力，皆因脱离指导性案例文本展开解释评述。总之，关于第67号案例的评析看似一片繁荣，但未达成共识，距指导性案例的“统一法律适用标准”的目的更是相差甚远。

上述情形可谓第67号案例的评析困境，困境的根源在于未充分尊重、理解指导性案例的“规范与事实”兼具的属性。在第67号案例规范属性方面，既有评析混淆约束性规范与说理性补充规范，使得约束范围过于宽泛化；而在事实属性方面，既有评析忽视第67号案例关键事实的规范属性，不当扩张约束性规范的前提条件。正是由于这两方面的偏差，导致论者论域过广，脱离第67号案例而展开讨论，最终陷入自说自话的怪圈。

（一）第67号案例规范属性的混淆

《〈最高人民法院关于案例指导工作的规定〉实施细则》第10条确定指导性案例“应当作为裁判理由引述”的地位，正如学者所述，指导性案例以功能正当性、规范正当性与实践正当性获得低于制定法的“准法源”地位。[5]第67号案例形成的“分期付款的股权转让合同解除权裁判规则”由此获得类似于司法解释的规范地位。尽管上述《规定》第11条指出，“裁判文书中引述相关指导性案例的，应在裁判理由部分引述指导性案例的编号和裁判要点”，但并未禁止引用指导性案例文本结构的其余部分，例如裁判理由，且此类引用亦属必要的，因为高度抽象提炼的裁判要点需要结合裁判理由、基本案情等部分予以澄清。但并非所有裁判要点、裁判理由一概均可上升为具有约束力的指导性规范，有的规范仅起增强论证的作用，不能必然的、直接的、决定性的导致裁判结果，因此只能视为不具有约束力的说理性规范。“约束力”的概念取之于英美法，[6]英美法上为排除不具有约束力的判决

---

[3] 最高人民法院印发《〈关于案例指导工作的规定〉实施细则》的通知（法〔2015〕130号）第2条。

[4] 钱玉林、吴建斌等属于彻底反对派，孙新宽属于部分支持派，万方则属于彻底支持派。钱玉林：《分期付款股权转让合同的司法裁判——指导案例67号裁判规则质疑》，载《环球法律评论》2017年第4期；吴建斌：《指导性案例裁判要点不能背离原案事实——对最高人民法院指导案例67号的评论与展望》，载《政治与法律》2017年第10期。

[5] 雷磊：《指导性案例法源地位再反思》，载《中国法学》2015年第1期。

[6] See Randy J. Kozel, The Scope Of Precedent, Michigan Law Review November, 2014, 185.

部分，将判决划分为“具有约束力的裁判意见”和“不具有约束力的裁判附带意见”，前者是从“裁判意见中析出的法理”，[7]后者“只起到论证的说服力，而不具有约束力”。[8]这一区分有利于第67号案例判决理由的恰当聚焦和指导功能的醇化。

混淆拘束性规范和说理性规范的结果是不当扩大第67号案例的约束范围。例如，有论者认为“不存在向受让人要求支付标的物使用费的情况的论点，明显带有依葫芦画瓢之感”，[9]该观点误解了“使用费”裁判理由的性质——“使用费”的裁判观点纵然不能必然的推导出股权转让合同排除适用分期付款解除权的后果，但是能起到增强判决说服力、补充论证之功用，是“不具有约束力的说理性规范”。再比如，有论者认为回购程序、行政登记及审批程序是阻碍《合同法》第167条适用的重要原因，[10]然第67号案例未涉及回购程序、行政登记、审批程序的裁判意见，上述意见至多只能视为学理探讨。

（二）第67号案例事实规范化的遗漏

不同于纯粹规范属性的法律或司法解释，指导性案例的规范效力有赖于指导性案件的基础事实。“只要找出两案在事实方面的差异，甚至是细微的事实差异就可能达到排除指导性案例适用的目的。”[11]因此，第67号案例要发挥其确立的解除权规则的效力尚需要指导性案例事实的规范化，指导性案例的关键案例事实充当法律规范结构中的前提条件角色，其他法院在参照适用第67号案例时，需通过对关键案件事实的归纳、抽象最终生成约束性规范的前提条件。

然而，无论支持者抑或反对者的评析均忽视关键事实规范化，从而造成第67号约束性规范的不当泛化，从下述例子可以看出。支持者如万方认为，“股权转让实际上是采取的协议加登记的方式以实现交付，与传统的买卖合同之交付方式存在巨大差别。”[12]反对者如钱玉林认为：“本案出卖人在2013年10月11日解除合同时，因该合同尚不具备分期买卖合同的特征，自然无权行使《合同法》第167条规

---

〔7〕 Black's Law Dictionary, p. 658 (5th ed. 1979)

〔8〕 See Lawrence B. Solum, How NFIB v. Sebelius Affects the Constitutional Gestalt, 91 Wash. U. L. Rev. 1 (2013)

〔9〕 钱玉林：《分期付款股权转让合同的司法裁判——指导案例67号裁判规则质疑》，载《环球法律评论》2017年第4期。

〔10〕 万方：《股权转让合同解除权的司法判断与法理研究》，载《中国法学》2017年第2期。

〔11〕 最高人民法院研究室：《审判前沿问题研究——最高人民法院重点调研课题报告集》，人民法院出版社2007年版，411页。

〔12〕 万方：《股权转让合同解除权的司法判断与法理研究》，载《中国法学》2017年第2期。

定的解除权。这是本案股权转让合同不适用第167条的根本原因”[13]姑且不论二者观点正确与否，两位论者皆忽视基本案情而评述。股权转让变动模式存在争议，但只要当事人约定选择任一不与现行法相悖的变动模式即应予以支持。在第67号案例中，《股权转让资金分期付款协议》约定周士海将其持有的6.35%股权转让给汤长龙，周士海有义务配合汤长龙办理有关股权转让手续，股权转让款合计710万元，汤长龙在一年内分四期付清。上述合同未明确约定股权转让人完成什么阶段的股权交付，其后股权受让人方履行分期付款的义务，但从合同履行情况看，汤长龙于2013年4月3日先付价款，而此时周士海并尚未做出变更股东名册、工商登记等行为，汤长龙也并未提起异议。由此可推知，第67号案例的分期付款股权转让合同是将“股权转让合同成立生效”作为股权的交付，因此，前者万方“协议加登记”的赞美无意义，后者钱玉林针对“合同尚不具备分期买卖合同”的批评亦无价值。

（三）第67号案例规范醇化与要件补充

针对第67号案例规范性质的混淆和事实规范化的遗漏，需要予以矫正。首先，应厘清辨明第67号案例的约束性规范，遍览《通知》列明第67号案例裁判的裁判意见，有“区别以消费为目的分期付款买卖合同”“合同目的得以实现”“诚实信用”和“维护交易安全”等四点理由。“合同目的得以实现”用于论证股权转让合同排除适用《合同法》第94条第四项根本违约解除权的情况，并非针对《通知》列明的排除适用《合同法》第167条的“裁判要点”“诚实信用”原则的适用遵循“部分有或者部分无”的规则，不是排除适用解除权的决定性因素，只能视为说服性意见。“区别以消费为目的分期付款买卖合同”“维护交易安全”两理由分别从分期付款的股权转让合同解除权行使条件和行使后果的特殊性展开论证，是论证排除适用分期付款解除权的决定性裁判理由。因此，第67号案例约束性规范在于分期付款股权转让解除权行使条件和行使后果的特殊性。

其次，应针对筛选得到的约束性规范，找寻与约束性规范紧密相关、存在直接因果的关键事实，然后将事实脱去具体当事人的色彩，转化为约束性规范的前提要件。只有如此，才能发掘约束性规范之间真实关系。《通知》列出的第67号案例的裁判意见虽呈现并列式的面貌，但付诸严密结构的逻辑分析不难发现，其所罗列的分期付款股权转让合同解除权的诸特性并非平起平坐的关系，也不存在一损俱损、一荣俱荣的逻辑联系。例如，所谓分期付款股权转让合同“解除权的行使破坏交易安全”的特性，应该在“股权转让不具有提前交付”的特性之后呈现，因为只有

[13] 钱玉林：《分期付款股权转让合同的司法裁判——指导案例67号裁判规则质疑》，载《环球法律评论》2017年第4期。

股权已转让至买受人名下，才能形成值得保护的“交易安全”，具备“股权转让不具有提前交付”的特性却不一定具备“破坏交易安全”的特征。如果我们不厘清诸特殊性之间的逻辑关系分析，其直接后果是使得第67号案例陷入“难以指导裁判”的尴尬之处境，因为在面对仅具某一特性、而不具有其他特性的类似股权转让合同纠纷时，司法机关难以抉择是否“应该参照适用”第67号案例。

要件的抽象补充还有利于体系性裁判思路的转变。既有多数评析未能解决未来司法裁判如何参照适用第67号案例的方法问题，至多只是“零散的批评”。退一步而言，即便司法机关认识到分期付款的股权转让合同解除权特殊性是第67号案例的拘束性裁判理由，也不能保证准确地参照适用第67号案例作出裁判。因为分期付款股权转让合同纠纷的案件事实也是复杂多变，各不相同，如何在众多事实中甄别分期付款的股权转让合同解除权的特殊性，进而审查该特殊性是否达到排除第167条关于分期付款买卖合同解除权规定适用的程度，需要洞悉分期付款股权转让合同解除权行使各要件的产生顺序、变化以及例外情形。

规范醇化与要件补充从两不同角度限缩第67号的规范，前者排除约束性规范的数量，后者限制约束性规范的质量——生效的条件，下文便以此方法评析第67号指导性案例。

二、第67号案例的基本案情、指导性裁判要旨

（一）案件基本事实

原告汤长龙与被告周士海于2013年4月3日签订《股权转让协议》及《股权转让资金分期付款协议》，双方约定：周士海将其持有的青岛变压器集团成都双星电器有限公司6.35%股权转让给汤长龙，股权转让款合计710万元，分四期付清，即2013年4月3日付150万元；2013年8月2日付150万元；2013年12月2日付200万元；2014年4月2日付210万元，此协议双方签字生效，永不反悔。协议签订后，汤长龙于2013年4月3日依约向周士海支付第一期股权转让款150万元。因汤长龙逾期未支付约定的第二期股权转让款，周士海于同年10月11日，以公证方式向汤长龙送达了《关于解除协议的通知》，以汤长龙根本违约为由，提出解除双方签订的协议。次日，汤长龙即向周士海转账支付了第二期150万元股权转让款，并按照约定的时间和数额履行了后续第三、四期股权转让款的支付义务。周士海以合同已经解除为由，如数退回汤长龙支付的4笔股权转让款。汤长龙遂向成都市中级人民法院提起诉讼，要求确认周士海发出的解除协议通知无效，并责令其继续履行合同。2013年11月7日，青岛变压器集团成都双星电器有限公司的变更（备

案）登记中，周士海所持有的6.35%股权已经变更登记至汤长龙名下。[14]

该案一审法院认为，汤长龙未按《股权转让资金分期付款协议》约定的期限支付第二笔股权转让款150万元，迟延时间长达两个月，其逾期付款的行为是酿成本案纠纷的主要原因，构成根本违约，应当承担相应的违约责任。《股权转让资金分期付款协议》约定的款项系分期支付，逾期付款超过总价款的五分之一，根据《合同法》第94条、[15]第174条，[16]参照适用《合同法》第167条，[17]周士海有权解除合同，驳回汤长龙的诉讼请求。[18]二审法院则与一审相左，其认为《合同法》第167条规定的分期付款买卖合同最根本特征是标的物先行交付，也即在出卖人交付货物、买受人实际控制货物后，出卖人收回剩余款项的风险加大，法律赋予出卖人在符合特定情形下解除合同或选择要求一次性支付货款的权利。《股权转让资金分期付款协议》没有明确约定股权交付与分期付款的时间先后顺序，故不具备分期付款买卖合同中关于标的物先行交付的基本特征；周士海所举证据不足以证明其尽到合理催告义务，也不符合《合同法》第94条规定的情形，故周士海无权解除合同，遂予以改判，确认周士海解除双方签订的《股权转让资金分期付款协议》行为无效。[19]再审最高人民法院坚持二审裁判立场，补充列举“第167条规定一般适用于经营者和消费者之间”“期款支付时间在工商变更登记之前，股权未转移”“股权价值仍然存在于目标公司”“有违诚实信用原则”“合同目的能够实现”等5点理由，逻辑层次上显得层层递进。[20]《通知》将再审5点理由进行增减合并，删除“标的物交付与价款的先后顺序，期款支付时间在工商变更登记之前，股权未转移”，将“股权价值仍然存在于目标公司”并入“区别以消费为目的分期付款买卖合同”中，增加“维护交易安全”新理由，最终形成第67号指导性案例裁判理由“四足鼎立”的局面。[21]

---

〔14〕 最高人民法院关于发布第14批指导性案例的通知（法〔2016〕311号）。

〔15〕《合同法》第94条：“有下列情形之一的，当事人可以解除合同：

（一）因不可抗力致使不能实现合同目的；

（二）在履行期限届满之前，当事人一方明确表示或者以自己的行为表明不履行主要债务；

（三）当事人一方迟延履行主要债务，经催告后在合理期限内仍未履行；

（四）当事人一方迟延履行债务或者有其他违约行为致使不能实现合同目的；

（五）法律规定的其他情形”。

〔16〕《合同法》第174条：“法律对其他有偿合同有规定的，依照其规定；没有规定的，参照买卖合同的有关规定”。

〔17〕《合同法》第167条：“分期付款的买受人未支付到期价款的金额达到全部价款的五分之一的，出卖人可以要求买受人支付全部价款或者解除合同。

出卖人解除合同的，可以向买受人要求支付该标的物的使用费”。

〔18〕 参见（2013）成民初字第1815号判决书。

〔19〕 参见《2014》川民终字第432号判决书。

〔20〕 参见《2015》民申字第2532号裁定书。

〔21〕 最高人民法院关于发布第14批指导性案例的通知（法〔2016〕311号）。

（二）第67号案例的指导性裁判要旨

如上所述，虽然第67号案例就排除适用分期付款的股权转让合同解除权提出四点裁判理由，但是仅有“区别以消费为目的的分期付款买卖合同”和“维护交易安全”这两点理由具有指导性案例的裁判拘束力。关于“区别以消费为目的的分期付款买卖合同”存在三个论证的要点：要点1，受让股权是为参与公司经营管理并获取经济利益，并非满足生活消费；要点2，股权出让人其所持股权一直存在于目标公司中的特点，其因分期回收股权转让款而承担的风险，与一般以消费为目的的分期付款买卖中出卖人收回价款的风险并不同等；要点3，双方解除股权转让合同，也不存在向受让人要求支付标的物使用费的情况。〔22〕

要点1指明分期付款的股权转让合同与普通的分期付款合同的性质不同，前者为商事合同，后者为消费者合同，然未进一步深入论述，属于商事合同的股权转让合同具有什么特殊性使其排除适用分期付款合同的解除权？因此要点1亦不属于约束性规范；要点2表明，因为股权转让合同的标的物“股权”一直存在于目标公司，所以卖方风险不同于一般分期付款合同的卖方风险。结合再审的裁判意见，要点2的“股权一直存在目标公司”有两层含义，第一层含义是股权转让的“交付”不同于一般分期付款合同的“先交付后付款”，所以股权一直存在目标公司；〔23〕第二层含义是，股权的价值始终在于公司，所以出卖人的价款回收风险不同普通的分期付款买卖合同。要点2是股权转让合同排除分期付款解除权行使条件的最大特殊性，但需要指出，就是这一特殊性尚未引起应有的重视。要点3从《合同法》第167条第2款规定“出卖人解除合同的，可以向买受人要求支付该标的物的使用费”出发，认为股权转让交易不存在“使用费”问题，因此不能适用第167条第1款的解除权，此要点亦属于说理性规范，因为第167条第2款的措辞为“可以”而非“必须”等强制性语词，股权转让人未向受让人要求支付标的物使用费的情况仍在第167条第2款的语义射程内，不能断然得出排除适用的结果。

相较于与解除权行使条件出发的裁判意见，“维护交易安全”是从解除权行使后果论证排除适用的合理性。最高法院则认为“一项有限责任公司的股权交易，关涉诸多方面，如其他股东对受让人汤长龙的接受和信任（过半数同意股权转让），记载到股东名册和在工商部门登记股权，社会成本和影响已经倾注其中。本案中，汤长龙受让股权后已实际参与公司经营管理、股权也已过户登记到其名下，如果不是汤长龙有根本违约行为，动辄撤销合同可能对公司经营管理的稳定产

---

〔22〕 最高人民法院关于发布第14批指导性案例的通知（法〔2016〕311号）。

〔23〕 参见《2015》民申字第2532号裁定书。

生不利影响”。[24]但是，最高人民法院并未具体阐明何事项可能影响交易安全。

三、分期付款股权转让合同交付行为的特殊性

股权转让合同交付行为的特殊性，是排除分期付款买卖合同解除权的规定适用于斯的重要原因。第67号案例的二审法院指出：

“结合双方2013年4月日所签《股权转让资金分期付款协议》的约定，周士海将其持有的青岛变压器集团成都双星电器有限公司6.35%股权转让给汤长龙，股权转让款合计710万元分四次支付，但没有明确约定股权交付与分期付款的时间先后顺序，故本案《股权转让资金分期付款协议》不具备分期付款买卖合同中关于标的物先行交付的基本特征”。[25]

再审法院则认为：

“本案买卖的标的物是股权，在双方没有在当地的工商登记部门进行股权变更登记之前，买受人购买的股权不具有对抗第三人的权利。换言之，如果目标公司没有在股东名册上登记汤长龙的股权，在工商部门变更登记之前，汤长龙就没有获得周士海转让的股权。本案中双方约定的第二期价款支付的时间在工商部门股权变更登记之前”。[26]

可见，二审、再审法院均一致认为，本案不满足“先交付后付款”分期付款买卖合同的基本特征，但无论是二审、再审还是指导性案例裁判理由均未正面阐明的是，股权转让买卖是否存在“交付”行为？假如存在，什么时候发生“先交付后付款”的情形，到底是股权转让合同生效，还是股东名册变动，抑或者工商部门的变更登记？

现行合同法关于买卖合同出卖人交付义务的规范分为两类，一类是直接导致物权变动的交付，即《合同法》第135条“出卖人交付标的物或者交付提取标的物的单证”的义务，另一类是基于约定或者交易习惯向买受人的交付，即《合同法》第136条“出卖人交付提取标的物单证以外的有关单证和资料”的义务。《合同法》第167条分期付款基本特征“先交付后付款”中的“交付”指向的是发生股权权属变动的交付，因此问题可以转换为股权转让合同何时发生满足《合同法》第167条规范特征的“先交付”权属变动？

该问题的答案与股权变动模式紧密相关，然有限公司的股权变动模式偏又存在争议，主要有四种主张。“股权变动的债权形式主义模式”认为，股权出让的效果

---

〔24〕 最高人民法院关于发布第14批指导性案例的通知（法〔2016〕311号）

〔25〕 参见《2014》川民终字第432号判决书。

〔26〕 参见（2015）民申字第2532号裁定书。

在出让人向受让人履行某种“交付”股权手续时方才发生，[27]因此，股权转让或在股东名册或在工商行政登记发生变动时生效，但到底是在股东名册记载变更登记抑或在工商登记变更时生效，又分为两种意见，一种认为股东名册记载变更是股权变动的生效要件，一种则认为工商登记变更是股权变动的生效要件。“股权变动的纯粹意思模式”则认为，股权转让合同生效时即发生股权变动的效果，无须其他公示要件，[28]在此模式下，股权的交付在合同成立生效时即已发生。“股权变动的修正意思主义模式”不排斥股东名册记载变更可以导致股权变动的效力，但又认为股权变动的要件不仅限于股东名册记载变更，认为可以在纯粹意思主义模式框架中嵌入公司受通知与认可程序，任何形式上的公司认可意思表示都可以导致股权变动，与此相对应，股权变动的效力分为多个阶段进行。[29]上述各类模式的理论争议是在应然法意义上展开讨论的，但在实定法依据方面差异很大。首先，“股权变动的债权形式主义模式”论的上述第二种意见，将工商登记记载变动作为股权变动的生效要件，不仅法理上备受质疑，也与现行公司法的规定明显相悖，毕竟《公司法》第33条第3款明确规定工商登记的“对抗”效力。那么该模式的第一种意见将股东名册记载变更作为股权变动的生效要件妥当与否呢？第33条第2款规定“明确记载于股东名册的股东”“可以”依股东名册主张行使股东权利，如单向的正面解读该规定，将股东名册记载变更作为股权变动的生效要件似乎有处分的实定法依据，这也是目前理论界与司法实践中的多数观点。[30]但也有质疑，主要的质疑声音是，第33条第2款规定是否意味着“只有”记载股东名册的股东“才能”主张行使股东权利？这需要进一步的立法解释，比如有人认为，“‘记载于股东名册’仅是受让人‘行使股东权利’的充分条件而非必要条件”，而《公司法》第73条规定更是表明股权受让人在修改股东名册之前已具有股东身份，《公司法解释（三）》第23条更是肯定《公司法》此观点。[31]“股权变动的纯粹意思模式”之所以不足取，主要因为实践理性的缺乏，“虽然纯粹意思主义的股权变动模式可以杜绝公司对于当事人之间股权交易的干预，但公司又被完全置于转让人与受让人的交易之外。”

---

〔27〕 赵旭东：《公司法实例与法理》，法律出版社2007年版，第284页。

〔28〕 刘俊海：《现代公司法》，法律出版社2011年版，第213～214页。

〔29〕 李建伟：《有限责任公司股权变动模式研究——以公司受通知与认可的程序构建为中心》，载《暨南学报》（哲学与社会科学版）2012年第12期。

〔30〕 类似观点：王东敏：《股东名册与公司登记机关的登记对股权确认的意义——对公司法第三十三条的理解与适用》，载《人民司法》2006年第8期；刘俊海：《现代公司法》，法律出版社2011年版，第345页。

〔31〕 李建伟：《有限责任公司股权变动模式研究——以公司受通知与认可的程序构建为中心》，载《暨南学报》（哲学与社会科学版）2012年第12期。

[32]那么，“修正意思主义模式”的提出正是意在弥补上述诸多模式的漏洞，既符合股权转让的现实法律逻辑，又彰显股权转让的实践理性。在“修正意思主义模式”之下，分期付款的股权转让合同的股权原则上在合同成立生效时已经在转让人与受让人之间发生股权变动，但不变动股东名册，不生对抗公司之效力；不变更工商登记，不生对抗善意第三人之效力。

对于分期付款的买卖合同而言，“分期付款买卖使买受人未支付全部价金即取得买卖标的物，出卖人未得到全部价金即需移转买卖标的物，出卖人存在不能取得全部价金的风险”，[33]分期付款买卖“先交付后付款”特征的实质在于出卖人通过转移权属的“交付行为”丧失标的物的控制力，买受人由此控制标的物。通常情况下，“交付”的同时也转移标的物的控制力，但存指示交付等例外情况。与指示交付相似，分期股权转让合同权属的变动时点与控制力的变动时点相分离，但股权的交付行为情形更为复杂，呈现出转让人逐步丧失控制力的状态。具体而言，股权转让过程按照转让人控制力的弱化程度，可以划分为三阶段：第一阶段，股权转让合同成立生效，但股东名册尚未变更；第二阶段，股东名册完成变更，但未完成工商登记的变更；第三阶段，完成股东名册变更，亦完成工商登记变更。与之对应，股权转让合同当事人存在约定于第一阶段后、第二阶段后或者第三阶段后，股权受让人再履行分期价款给付义务的三种可能，此三者是否均满足分期付款“先交付”的特征的特征？详析如下：

在第一阶段，虽然股权转让合同生效之时股权即发生变动，但此时由于股东名册尚未变更，股权转让人仍就合同标的物的股权享有实质支配力，仍享有召集会议、表决、分红等权利。因此在第一阶段，虽然在买卖双方之间已完成移转股权的合意以及交付行为，原则上发生股权变动之事实，但股权受让人未实质控制股权，不符合分期付款“先交付”的特征。在第三阶段，股权的控制权完全转移至股权买受人，此时符合分期付款“先交付”的特征应无疑义。

倒是第二阶段是否符合“先交付”特征，不无讨论的必要。股东名册发生变动，股权受让人取得股权在公司内部的控制力，但此时工商登记尚未变更，转让人可以再次转让股权，信赖工商登记的善意第三人存在再次受让股权的可能，此时股权转让人与出让人分别控制股权对内权能与对外权能，股权的控制力由此一分为二。尽管如此，在此情形下仍应认为符合分期付款“先交付”的要件，理由有二。其一，《公司法解释（三）》第23条明确目标公司是完成股权工商登记变更的义务人，因此，股权转让人配合受让人完成告知股权发生转让的事实、交还出资证明

---

〔32〕李建伟：《有限责任公司股权变动模式研究——以公司受通知与认可的程序构建为中心》，载《暨南学报》（哲学与社会科学版）2012年第12期。

〔33〕胡康生：《中华人民共和国合同法释义》，法律出版社2013年版，第276页。

书、[34]要求公司变更股东名册后，股权出让人的合同义务已告履行完毕；其二，此时股东名册记载的受让人股东与工商登记的原股东所能行使的权利强度并非处于难分伯仲的均衡状态，除了后者再次处分股权（实为无权处分）、通过善意取得方式实现股权的交换价值外[35]，股东名册记载的股东得行使所有的剩余权利，因此，股权受让方应视为就股权享有高度的控制权。

综上，分期付款股权转让合同约定在第一阶段完成后，即股权转让合同成立生效，但股东名册尚未变更之时，受让人需要开始履行分期付款给付义务的，不符合分期付款转让合同“先交付，后付款”的本质特征。但在分期付款股权转让合同约定在第二阶段或者第三阶段完成后，即变更股东名册或者变更工商登记后，受让人需要开始履行分期付款给付义务的，应视为符合分期付款转让合同“先交付，后付款”的本质特征。

四、分期付款股权转让合同标的物价值的特殊性

分期付款股权转让合同标的物价值的特殊性，是排除分期付款解除权适用的另一重要原因。再审法院认为：

“本案中买卖的股权即使在工商部门办理了股权过户变更登记手续，股权的价值仍然存在于目标公司。周士海不存在价款收回的风险”。

《通知》重申了再审最高法院“股权价值仍然存在目标公司”的说法，但措辞较为缓和，其表述为：

“周士海作为有限责任公司的股权出让人，基于其所持股权一直存在于目标公司中的特点，其因分期回收股权转让款而承担的风险，与一般以消费为目的分期付款买卖中出卖人收回价款的风险并不同等”。

再审法院的裁决书与《通知》都坐实了“股权价值始终在于公司”一说，但无论再审法院还是《通知》均未就其含义作进一步的解释。令人疑窦丛生的是，股权价值指的是什么？又缘何股权价值始终在于公司？股权价值是否可能发生转移？我们注意到已有论者对此产生类似的疑惑，并行文论证否认股权转让合同标的物价值的特殊性。如有学者指出，“股权由股东享有，亦可由股东依法转让，股权一般不存在于公

---

〔34〕《公司法》第73条：“依照本法第71条、第72条转让股权后，公司应当注销原股东的出资证明书，向新股东签发出资证明书，并相应修改公司章程和股东名册中有关股东及其出资额的记载。对公司章程的该项修改不需再由股东会表决”。

〔35〕《公司法解释（三）》第27条第1款：“股权转让后尚未向公司登记机关办理变更登记，原股东将仍登记于其名下的股权转让、质押或者以其他方式处分，受让股东以其对于股权享有实际权利为由，请求认定处分股权行为无效的，人民法院可以参照物权法第一百零六条的规定处理。”是为无权处分后的股权善意取得规则。

司，除非特殊情形（如《公司法》第74条、第142条）公司不得收购股权，股权转让的标的是股东持有的股权，而非公司资产，股权转让了公司资产不变，这也是确保'资本维持'原则的要求。可见，股权转让中的股权一直存在于公司的论点缺乏基本的公司法基础，是对公司资产与股权的错误认识。"[36]这一质疑与论证有无道理？需要进一步的研究，但我们认为，上述论证存在两点前提性的误区，一是混淆股权与股权价值的关系，二是脱离第67号案例来泛泛然的探讨分期付款股权转让合同解除权行使条件与价款回收风险问题。首先要指出，股权价值不同于股权，股权是实现股权价值的必要条件而非充分条件，股权价值具有以下三点特殊性：

1. 股权价值的不可参照性。一般而言，买卖合同的有体物标的的价值能参照市场上其他同类标的物的质量、价值，[37]而股权所展现的价值是公司的经营状况的表现，在充分彰显公司法人主体地位的前提下，承认公司主体的个性化是应有之义。公司间的差异犹如人与人间不同的"脾气秉性"，每个公司主体都是独一无二的，由此表征的股权价值也独一无二的，具有不可通约、不可参照、不可模仿的特殊性。因为此特殊性，所以股东难以脱离特定公司，找寻、实现相同意义上可作参照的股权价值。

2. 股权价值实现的外部依赖性。股权价值可以区分为使用价值与交换价值，使用价值指股东参与公司治理的价值，具体体现为参加、召集与主持股东会以及表决、分红等，交换价值指股权在转让过程所生差价利益。股权使用价值的实现依赖于全体股东、管理层决策等众多因素，仅以投票权为例，股东当然能就其所持有的股权行使投票权，但在其他股东应投票而未投票的情况下，仅因股东一人投票亦不能形成有效决议，此时股权负担的投票价值尚未实现。与之相似，股权交换价值的实现同样具有依赖性。不同于有体物买卖的绝对相对性，当事人之间"你情我愿"达成合意足矣，通常不涉及第三人。但是诸如债权转让、股权转让就要涉及第三人，但凡涉及第三人的权利买卖，尚需要通知第三人，否则对第三人不生效力。有限公司股权转让尤其对外转让合同的复杂性在于，非仅必然涉及第三人的权利，如需要取得其他股东过半数的同意以及尊重其优先购买权，而且必然涉及公司的这一拟制集合体的权利，买卖价值的实现更加凸显外部的依赖性，有限责任公司的股权转让能否最终成行也即受让人成功成为新股东，除了在公司章程另有规定等特殊情况下，尚需通知公司以及获得公司的认可，这正是前述"股权变动的修正意思模式"的核心实践理性之所在。

---

[36] 肖雄：《指导案例67号的"创新"与证伪》，载《中国社会科学院法学研究所"商事指导性案例的规范化"学术研讨会论文集》，2017年4月，第140页。

[37]《合同法》第61条第1款第（二）项规定即为明证，其内容为："价款或者报酬不明确的，按照订立合同时履行地的市场价格履行；依法应当执行政府定价或者政府指导价的，按照规定履行。"

3. 股权价值的平等性。虽然不同公司的股权具有不可参照性，但基于同股同权原则，同一公司的股权价值具有平等性特征，该特征对于股权转让合同被解除后的转让人的救济具有重要意义，下述某真实案例或能揭示此意义。

股权转让人甲因受让人乙合同履行不能而解除股权转让合同，乙却已将受让的目标公司股权全数转让给善意第三人丙，所幸乙本人持有目标公司的另一部分股权丁份额（数量、类别上等同于甲与乙之间的股权份额）的股权，此时，是否允许合同的解除效力及于使得甲取得丁份额的股权？[38]

在上述情况下，若遵循解除权的效力仅及于合同标的物的“特定物”主义，那么，甲似乎无法取得乙所属丁份额的股权，因为丁份额股权非股权转让合同的标的物。然，同一公司、同一类别的股权价值具有平等性，无论是甲与乙出卖的股权价值还是乙自己所有丁份额的股权价值，均别无二致，二者并非“双胞胎”，而是“雌雄同体”。因此，丁份额的股权此时亦可视为甲乙出卖合同的标的物，并不违背解除原则的“特定物主义”。至此可做一小结：股权价值的不可参照性、实现的外部依赖性从正面揭示股权价值始终在公司的原因，股权价值的平等性从反面表明一旦脱离特定公司，不存在相同的股权价值，解除合同的股权转让人亦不能得到周延之救济。

依照《合同法》第 167 条规定，分期付款买卖合同的买受人违约金额达到全部价款的五分之一以上时，欲图解除合同的出卖人存在三类价款回收风险：合同标的物损毁灭失的风险、转卖的风险以及买受人陷入破产境地给付不能的风险。股权价值的上述三点特殊性能够治愈前两类价款回收风险，其一，股权价值的不可参照性使得股权价值难以发生普通买卖标的物因为买受人损害造成的价值贬损问题，因为股权价值取决于公司经营状况，受让人自己无法直接贬损其价值，也没有贬损与否的参照标准；退一步而言，即使以缔约之时的股权价值为标准，股权受让人意图恶意行使股权造成公司经营状况恶化、股权价值贬损之后果，股权价值实现的外部依赖性使得股权受让人“犯错成本”远高于一般买卖合同的买受人。其二，股权价值的平等性使得股权出让人得以在受让人转让股权之后，仍得以就受让人的其他股权（当然前提是受让人有其他股权）来填补损失。因此，转卖风险小于其他买卖合同，但也并非不存在，尤其在完成工商登记后的第三阶段。

即便股权价值的特殊性能较大程度地治愈前两种价款回收的风险，但第三类价款给付不能风险，终非股权价值特殊性所能治愈。所以，例外的，在因股权受让人破产等原因造成第三种风险者，仍应允许分期付款解除权适用之可能。回到第 67 号案例，第三种给付不能的风险已被股权受让人汤长龙按期履行付款义务所治愈，

---

[38] 这正是 1950 年发生的谢尔诉桑德勒案的写照。该案的法官认为，解除股权转让合同的后果回复原状仅发生帮助原告夺回因被告错误行为失去的股权，至于股权最初是归原告所有还是被告所有，概非所问。See Sher v. Sandler (1950) – Mass –, 90 NE2d 536, 14 ALR2d 849.

因此，股权转让人周士海确不存价款收回的风险，所以就不存在分期付款买卖合同的卖方单方解除权适用之空间。

五、分期付款股权转让合同解除成本的特殊性

分期付款股权转让合同被解除后，解除成本亦存特殊之处。《通知》认为：

“从维护交易安全的角度，一项有限责任公司的股权交易，关涉诸多方面，如其他股东对受让人汤长龙的接受和信任（过半数同意股权转让），记载到股东名册和在工商部门登记股权，社会成本和影响已经倾注其中。本案中，汤长龙受让股权后已实际参与公司经营管理、股权也已过户登记到其名下，如果不是汤长龙有根本违约行为，动辄撤销（应为解除）合同可能对公司经营管理的稳定产生不利影响”。〔39〕

由此可以看出，按照裁判者的意思，分期付款股权转让合同的解除成本高于普通买卖合同，因为其中涉及其他股东、董事、外部第三人等诸多主体的信赖利益，一旦解约，危及多方交易安全。但需指出的是，虽然上述裁判理由指明解除股权转让涉及的诸多信赖利益，但未就上述众多的信赖利益分门别类，也未结合第67号案情提供更为具体的认定标准。事实上，“可能对公司经营管理的稳定产生不利影响”的措辞表明最高人民法院在判断周士海行使解除权是否对公司经营管理的稳定产生不利影响的谨慎又模糊的态度。为此，必要的类型化分析或是我们进一步深入认识本案所需要的。

以公司内外为界，股权转让合同的解除成本可以区分为内部成本与外部成本，前者指股东等公司内部主体对新股权受让人的接纳信赖，后者指公司外部第三人基于工商行政机关记载所生的善意信赖，二者的信赖基础不同，因此，有必要区分讨论内部成本与外部成本。

解除合同的内部成本因信赖主体的不同，又可以分为其他股东的信赖和管理层的信赖，前者体现在半数以上的股东放弃优先购买权购买股权，第67号指导案例认为，股东放弃优先购买权表示“其他股东对受让人汤长龙的接受和信任”。后者体现在参加、召集与主持股东会以及行使表决权等参与公司事务，在第67号案例中体现为“汤长龙受让股权后已实际参与公司经营管理”。果真存在解除股权转让合同的内部成本么？我们的答案是否定的，不存在股东信赖成本的原因有四。

其一，尽管优先购买权应然的制度设计是为了保证公司的人合性，既有的其他股东可以排除不受欢迎的新人进入公司，但不能由此作反面推论，凡是放弃行使优先购买权的股东即对股权受让人是欢迎与信任的，因为股东放弃行使优先购买权可

---

〔39〕 最高人民法院关于发布第14批指导性案例的通知（法〔2016〕311号）。

能存在资金不足、既有股权的满足等多种现实因素。

其二，股权行使优先购买权关注的重点不在“人”，而在“钱”与“权”，即“同等条件的股权受让价格”与“股权的投票份额”。正如美国明尼苏达州最高法院所言：“如果公司能通过高管、董事或者绝大多数股东随心所欲的向任何人、以任何价格转让新股，那么，该公司这一权力将使得当事人就已有商业利益的剩余财产、商誉进行分割，进而损害旧股的价值。”〔40〕优先购买权的功用在于矫正两类股权不公正交易，是对抗不公平股权交易的“看门狗”：第一类，通过向某一特定股东转让，操控公司控制权；〔41〕第二类，以低于股权应有价值的价款出让股权，稀释其他股东的分红和公司的资产价值。〔42〕因此，无论其余股东行使优先购买权购买权与否，股权受让人的身份特征均被淡化，更罔论信任。

其三，股权转让合同被解除后通过优先购买权程序，使得转让人之外的其他的原始股东再获得公司股权，足以保障公司人合性。在封闭性公司的股东人数有限的情况下，再次解除合同后行使优先购买程序的成本亦不高昂。

其四，尽管封闭公司大股东与小股东之间存在受信义务的可能，但此等信义义务已被公司法立法典范的美国特拉华州所抛弃。美国特拉华州法院认为，创制一项关于保护小股东受信义务的特别司法规则并非恰当司法性造法，法院应鼓励股东通过彼此间的合同扩大法律责任，而非通过一般的公平观念保护股东利益。〔43〕如果说，植根于英美衡平法“公平”理念的而生长的股东信义义务尚且被抛弃，那么，建立在股东优先购买权程序“沙堡”上而形成的股东受信义务又是何其的脆弱。

如果说股东之间的信赖成本不成立，管理层与受让股东之间的信赖成本同样不成立。一方面，全体股东“实际参与公司经营管理”不属于有限公司的正常形态，“所有与管理的分离”的现象对于很多少数股东而言才是常态，在有限责任公司人数较少的情况下，多数股东与管理者的身份集于一身的情况常见，全体股东与管理者的身份重合虽有发生，但终非多数实态，也非应然倡导之态。这样说来，所谓管理层与受让股东之间的信赖成本即使存在，也仅仅针对于多数股东。另一方面，在股权受让人同时具备管理人身份时，股权转让合同的解除仅就受让股东的股东身份产生影响，并未剥夺其作为管理人员的身份，仍可以继续作为管理人员履行法定或

---

〔40〕 Jones v. Morrison, 16 N. W. 854, 861 (Minn. 1883). See also, e. g., Stokes v. Continental Trust Co., 78 N. E. 1090 (N. Y. 1906); Albrecht, Maguire & Co. v. General Plastics, Inc., 9 N. Y. S. 2d 415 (App. Div. 1939), aff'd, 21 N. E. 2d 887 (N. Y. 1939).

〔41〕 Dickson v. Morrison, 187 F. 3d 629 (4th Cir. 1999). 该案的法官认识到，优先购买权是为了避免管理层攫取封闭公司股东的权利而设置的。

〔42〕 See Katzowitz v. Sidler, 249 N. E. 2d 359, 363 (N. Y. 1969). See also Joseph W. Bartlett & Kevin R. Garlitz, Fiduciary Duties In Burnout/Cramdown Financings, 20 J. Corp. L. 593 (1995).

〔43〕 See Nixon v. Blackwall, 626 A. 2d 1366, 1380 - 1381 (Del. 1993).

约定的内部管理义务。

股权转让合同的解除不存在真正意义的内部成本，即便存在，有限公司的特殊治理结构已将解除权的内部成本降至接近于零，分期付款的股权转让合同解除成本的真正特殊性在于外部成本。外部成本是指信赖工商登记的公司外部人第三人与股权受让人展开一系列有关公司的商业活动，却因股权转让合同的解除而丧失的信赖利益，但这一外部成本只有在股权变动第三阶段——变更工商登记才存在。

外部善意第三人往往因为交易对方的股东身份对其报以较仅具公司管理人身份更高的信任，因为股东身份传递两方面讯息：一方面，代表公司对外磋商的股东既是公司的委托人又是受托人，很大程度上减少信息传递环节和错误，也避免委托人与受托人意见相左的情况，减少洽谈后的成本；另一方面，股权彰显个人资产，受让股东所持股权比例越大，个人资产越高，外部善意第三人越有理由信任股权受让人，既因为“有恒产者有恒心”，也因为“跑得了和尚跑不了庙”——股权价值实现的外部依赖性使得股权利益（财产性利益）的实现或者说“变现”，并不如债权、证券等财产性权利那么“灵活”。正因如此，在某些强调非股权受让人与外部善意第三人信任不能达成的交易，股权转让人解除合同，损害外部善意第三人的信赖利益尤甚。

外部善意第三人的信赖利益固然值得保护，但尚不能得出必然排除分期付款买卖合同解除权适用之结论。分期付款的股权转让合同之所以被转让方援用《合同法》第167条解除，过错在受让人，外部善意第三人可以向股权受让人请求赔偿。但是，如外部善意第三人与股权受让人所达成或即将达成的交易关涉公司利益重大，有利益衡量之必要，因合同被解除而使得公司利益遭受重大损失，远超股权转让人的解除利益时，此时应排除分期付款的股权转让合同解除权的适用，促使外部善意第三人履行利益的实现，维护公司之利益。

六、分期付款的股权转让合同解除权的裁判思路

我们已经清楚，分期付款股权转让合同在交付行为、标的物价值、解除后果等方面具有的上述特殊性，但每一个方面的特殊性也存在一些例外。当上述特殊性判断标准存在疑义时，法院裁判支持解除权行使与否，利益衡量的介入是不可或缺的作业。所以，股权转让合同并非“一刀切”的绝对排除适用分期付款买卖合同卖方的解除权，否则，若仅以一般“要件式”的裁判思路审查，缺乏体系方法的甄别、分析，不仅难以实现特殊性审查的目的，而且可能陷入一叶障目、以偏概全的误区。事实上，第67号案例已就审查分期付款股权转让合同解除权的特殊性提供新的阶层化裁判思路。

（一）解除权特殊性审查顺序的阶层化

第67号指导性案例载明的四点裁判理由前至后，分别从交付方式、股权价值的特殊性、解除权行使的后果等三个角度依次展开，确立了阶层化地审查分期付款股权转让合同解除权适用三项特殊性的规则。除了上述三项特殊性在逻辑上具有阶层化的递进关系之外，三项特殊性发生的时间也具有阶层性的特点。具体而言，可以将股权权属变动的时间划分为三阶段，第一阶段是股权转让合同成立生效，但股东名册尚未变更；第二阶段是股东名册完成变更，但未完成工商登记的变更；第三阶段是完成股东名册变更，亦完成工商登记变更。股权转让的解除权行使的阶段亦可以按照上述三阶段划分，此种划分与当事人的纷争处于什么阶段，此时转让方的解除权行使存在什么样的特殊性，司法机关恪守何种原则进行什么样的审查，均密切相关。还有，三项特殊性审查的主要对象是正面要件，其主要指向意在排除转让方单方解除权的行使，但不排除支持行使解除权的特殊情形的事由审查，也即反面要件的审查，此属于“特殊性的例外”。例如，在第一阶段审查股权价值的特殊性时，虽然不存在价值贬损、转卖的风险，但在股权受让人无资力再履行价款义务时，不应再以股权价值的特殊性为由排除解除权的适用。总之，无论是从特殊性要件之间的逻辑关系还是从特殊性显现的时间阶段来观察，阶层化司法审查的要求贯穿分期付款股权转让合同的始终，唯此才能避免挂一漏万。

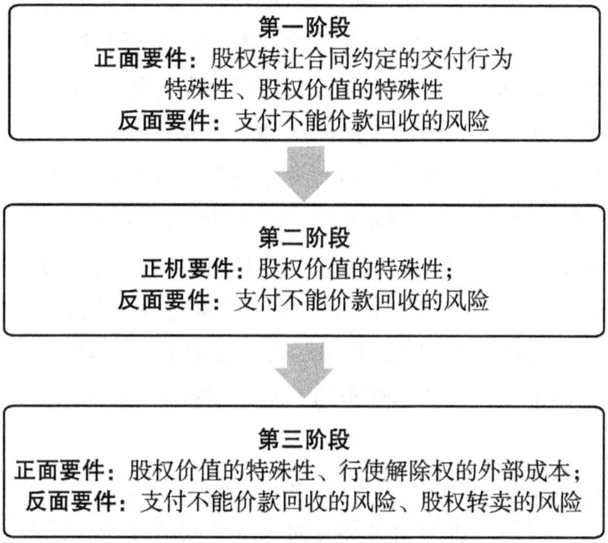

图1　股权转让合同解除权特殊性阶层化审查图

如图1所示，在行使解除权的每一阶段，分期付款股权转让合同解除权的特殊性并非没有任何障碍的绝对排除适用解除权，交付不能价款回收风险、转卖风险等反面审查要件可以赋予解除权行使的正当理由。在上述反面要件中，有的反面要件贯彻股权转让阶段始终，如支付不能价款回收风险；有的只是阶段性出现，如股权转卖的风险。对于贯彻始终的反面审查要件，如案件中确实存在，且不存在其他的正面要件，此时仍应当支持解除权的行使。这是因为，贯穿始终的反面要件构成买受人的根本违约，股权买受人支付不能价款回收的风险已构成《合同法》第94条第2款第（四）项规定根本违约，若股权转让人能援用第94条解除合同，反而不能按照“对总则有关规定的具体化”〔44〕分则规定（第167条）来解除合同，会造成法律规范适用的失当和体系混乱。至于其他阶段性出现的反面审查事由，仅仅相应地阻却个别阶段个别要件的特殊性排除解除权的适用，股权转卖风险是阻止“股权价值的特殊性”所生的效力。

经过上述的正面要件与反面要件的甄别审查与“抵消”，最终的裁判结果可能存在三种可能；1. 仅余下一个或者多个正面要件；2. 仅余下股权受让人给付不能的反面要件；3. 余下多个正面要件与多个反面要件。当出现情况1时，分期付款的股权转让合同解除权应当排除适用；当出现情况2时，阻止分期付款的股权转让合同解除权的适用的事由不再生效，此时应当允许股权转让人行使解除权。当出现情况3时，交付法院进行利益衡量。

（二）解除权行使的阶层化利益衡量

第67号指导性案例在第四点“维护交易安全”的裁判理由中运用了利益衡量的方法，主要适用于“解除成本”这一理由，并未推及至股权转让合同特殊性的所有要件。首先要肯定的是，当发生情况3时，若不进行利益衡量，很难得出应当解除与否的妥适答案。例如，将情况3具体化为下述情况4，当存在股权买受人价款给付不能这一根本违约的反面要件，同时又存在股权价值特殊性（不存在转卖、毁损灭失的风险）与行使解除权外部成本高昂的两个正面要件，法院应否判决解除分期付款的股权转让合同？该问题已经逸出分期付款股权转让合同解除权的规范范畴，因为，法律规范至多列明考量因素，但针对某些考量因素程度上的评估、考量，需要交付个案审理的法院完成。因此，无论支持行使解除权还是排除解除权的适用，法院判决可能都是符合法律规定的，差别仅在于不同案例的各主体之间的利益分配不同。

在上述的情况4中，价款给付不能、股权价值的特殊性、公司遭受重大不利益分别代表不同的利益类型，价款给付不能而导致合同解除的，代表了出卖人的利益立场；股权价值的特殊性，代表了买受人与出卖人共同的合同履行利益立场；解约后，公司可能遭受重大不利益的考量，代表了公司的利益立场。正是出卖人利益、

---

〔44〕 胡康生：《中华人民共和国合同法释义》，法律出版社2013年版，第278页。

共同的合同履行利益和公司利益导致分期付款股权转让合同解除权的行使后的利益分配不同，因此法院裁决需要对此三类利益进行衡量。

解除合同、回收价款不能完全涵盖出卖人的利益内容，出卖人关注的重点不在于股权转让合同解除与否，而在于如何实现己身单方利益的最大化？第67号案例树立的典“出卖人”典型形象是，尽管买受人自觉选择给付全部价款，但出卖人仍拒绝分期付款这一行为，一意孤行的选择解除合同。股权出让人执意解除的真正原因在于解除之时的股权价值高于买受人所应给付的约定价款，由此诱发了股权转让方的“机会解除”行为，《合同法》第167条未增加任何诸如“催告”的前置程序便赋予出卖人的合同解除权，是对股权转让人“机会解除”大开方便之门。耶鲁大学法经济学家理查德教授（Richard R. W.）和亚历山大教授（Alexander Stremitzer）研究发现，尽管机会解除会产生不良后果，但买受人的机会解除亦会具有积极作用，一方面能增加出卖人对合同标的物产品的投资，提高产品质量，另一方面卖方为了避免买方解除，会尽可能地降低合同价款。[45]但上述积极作用在《合同法》第167条规制下的分期付款股权转让合同解除权并未得到体现，障碍有二，一是分期付款股权转让合同的解除权是出卖人的单方解除权，而非买受人解除权，因此，无谓提高股权价值的效用；二是买受人为了避免出卖人解除合同，反而会主动要求提高合同的总价款，有违合同正义。因此，在分期付款股权转让合同中，股权转让人的机会解除的投机利益不值得保护，转让人依据合同约定的履行利益才值得保护。

股权价值特殊性所体现的是合同履行的共同利益，所谓共同利益是指双方在合同中的利益都能相对地实现最大化，而非如同出卖人的单方利益绝对的实现自身利益最大化。基于股权价值特殊性而排除适用分期付款买卖合同解除权的逻辑是：既然股权不存在损毁灭失、转卖的风险，那么，继续履行合同不至于使得买卖双方的磋商成本、履行成本等付之一炬，[46]只有继续履行合同，才能实现买卖双方的共赢。合同共同利益的考量在商事交易中比比皆是，霍诺尔德教授（Honnold）调查特定范围内商事交易的规则，发现价款的调整而非解除合同是解决商事交易中质量瑕疵的标准救济手段。[47]《欧洲统一买卖法建议》更是规定在商事交易中买受人的解除权应让位于出卖人选择治愈瑕疵的权利，[48]其所保护的正是合同的共同利益。

---

〔45〕 Richard R. W. Brooks & Alexander Stremitzer, Remedies on and off Contract, 120 YALE L. J. 693 - 694 (2011)

〔46〕 这些成本已成为“沉没成本”。

〔47〕 Honnold, Buyer's Right of Rejection, 97 U. Pa. L. Rev. 464 -465 (1949).

〔48〕 Art. 106 (2) The Proposed Common European Sales Law: If the buyer is a trader: (a) the buyer' s rights to exercise any remedy except withholding of performance are subject to cure by the seller as set out in Section 2 of this Chapter; and (b) the buyer' s rights to rely on lack of conformity are subject to the requirements of examination and notification set out in Section 7 of this Chapter.

在排除股权转让合同的诸多事由中，公司利益的保护考量处于传统合同法理依据缺失的地带，因为合同间的利益问题应由合同当事人解决，公司既非股权转让合同中的当事人，也非代为履行、代为接受履行的第三人，公司利益遭受重大不利益是解除股权转让合同造成的外部成本，尽管这一成本是由合同标的物——股权的社员权属性所决定的，但并不能以此为由当然地阻止股权转让人为避免价款回收风险而行使的解除权。当公司可能因为遭受重大不利益而阻止股权转让合同的解除时，此时公司可以代股权受让人给付未给付的股权转让款、迟延损害，然后阻止合同解除权的行使，公司再以无因管理为由向股权受让人追偿。这样的方案也利于实现利益的均衡，因为公司所受的合同不解除的利益可能远超合同约定的剩余给付价款。

需要指出，以利益涉及人数多寡为标准划分利益位阶，直观上容易归纳得到“公司利益、合同共同利益、股权转让人利益”的序列，也易于得出“上述序列利益重要性、保护必要性递减”的武断结论。公司利益、合同共同利益的保护，应首先以保护股权转让人利益为前提，在免除股权转让人价款回收的风险后，进而才能排除解除权的适用，因此利益衡量的结果是，什么主体应当支付股权转让人剩余股权价款，什么主体的利益则应当优先保护，否则应允许股权出让人行使法定的解除权。

从合同义务看，股权受让人支付股权受让人价款属于合同主义务，在股权受让人给付不能、公司利益又需保护时，除非公司公司代为给付合同价款，否则实无理由排除分期付款买卖合同解除权的行使，正如图2所示。

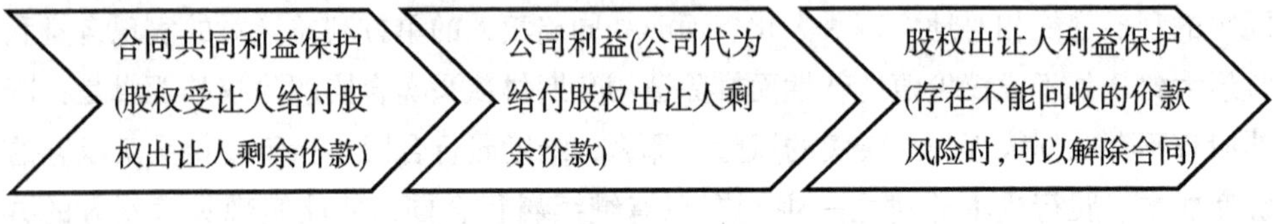

图2　解除权行使利益衡量的阶层化

（三）分期付款解除权行使的谦抑性

结合图1、图2的裁判进路可知，在股权受让人迟延给付价款时，分期付款股权转让合同并非必然的排除转让人行使解除权，只要各方主体能满足股权转让人给付剩余价款的请求，股权转让人的解除权应劣后行使，这是分期付款股权转让合同转让人单方解除权行使的谦抑性原则的体现。第67号案例体现了这一立场，但仅从理由三“诚实信用”的角度体现。事实上，谦抑性是分期付款股权转让合同转让人单方解除权特征的使然。交付行为的特殊性仅是在股权转让生效之后、股东名册变更之前，阻止受让人控制股权；股权价值仅在变更工商登记之前，限制股权受让人的处分权；解除后果仅是在变更工商登记之后，或然出现可能造成公司重大不利益的后果，虽然分期付款股权转让合同解除权的行使存在交付行为、股权价值、解除后果的特殊性，但未有任一特殊性能治愈股权转让人价款不能回收的风险。

此外，分期付款股权转让合同解除权的所有特殊性是股权交易过程中呈现的权利性质的特殊性，不能由此替代股权受让人迟延履行、拒绝履行或不能履行价款的违约责任。正如第 67 号案例的二审法院所言，“至于汤长龙逾期支付第二笔股款构成违约，应承担违约责任，因周士海在本案中未提起反诉，本院在本案中不予处理”。[49]分期付款股权转让合同的转让人解除权本身就是惩罚股权买受人违约过错、救济出卖人的法定手段，因此转让人的解除仅是“妥当适用与否”的问题而非“禁止适用”的问题，在制度定位上，解除权应被认为是股权转让人的“最后一根救命稻草”，这一定位是有实定法依据的。对于买受人违约达到全部价款的五分之一以上时，《合同法》第 167 条赋予转让人“支付全部价款或者解除合同”等两种救济方式，前者属于治愈合同履行瑕疵的权利，也可以理解为单方变更合同权（支付价款的方式由分期付款变更为一次性付款），后者属于从合同关系中“脱离”的权利，也即单方解除权。此两种权利的行使顺序有三种理论模型：1. 优先模式，即治愈合同瑕疵的权利优先于解除合同权利行使，前者未行使，后者不得行使；2. 自由选择模式，即合同解除权的行使与否无需考虑治愈合同瑕疵权利得以行使与否，反之亦然，自由择一行使；3. 竞争模式，即两种权利无论哪一个在时间上优先行使，将不得再行使另一权利。[50]上述的《欧洲统一买卖法建议》即是采用第一种模式。[51]我国《合同法》第 167 条采用“或者”的连结词，本应做竞争模式的解释，但由于第 67 号案例呈现的限制解除权行使的诸多特性，使得《合同法》第 167 条至少在股权转让合同中应作优先模式的解释。

七、结论：分期付款的股权转让合同解除权的规范群

如学者所批评的，英、美、德等国家的案例评析皆偏重教义，而我国部门法上的教义评析多徘徊于案例评析与论文之间，更像是论文的半成品。[52]案例评析与学术论文的最大区别在于其是否基于案件事实与裁判规范为基础抑或予以超越。因指导性案例属性兼具“规范与事实”特征，故其评析更应坚持规范立场，然而遗憾的是，以第 67 号案例评析为例，既有的案例评析“走得太远”，以假设代替案情，以学说代替规范。

---

〔49〕 参考（2014）川民终字第 432 号判决书。

〔50〕 Jonathan Yovel：THE SELLERS RIGHT TO CURE A FAILURE TO PERFORM：AN ANALYTIC COMPARISON OF THE RESPECTIVE PROVISIONS OF THE CISG AND THE PECL，Nordic Journal of Commercial Law issue 2005 #1，6.

〔51〕 Article 106 of The Proposed Common European Sales Law

〔52〕 贺剑：《认真对待案例评析：一个法教义学的立场》，载《比较法研究》2015 年第 2 期。

当我们还原第67号案例的本来面目，就会发现，第67号案例虽然提出因为股权交付行为、股权价值、解除权行使后果等方面的特殊性而排除分期付款买卖合同解除权适用的裁判理由，但并未一概否认该解除权的适用；进言之，第67号案例的案情赋予上述特殊性产生的限定条件（包括正面要件的存在阶段、反面例外要件）限制排除解除权适用效果的产生。因而，关于第67号案例评析形成的排除股权转让合同解除权的约束规范仅在有限的范围内适用，在其余范围内，分期付款的股权转让合同解除权不具有特殊性，仍受《合同法》第94条、第167条，合同法相关司法解释等法律规范的约束，分期付款的股权转让合同解除权规范由此形成“合同法—司法解释—第67号指导性案例”由上至下，一般到特殊，抽象到具体的规范群，法院在审理股权转让合同类似案件时，也应遵此顺序寻法，而非因为绝对化、泛化地解释第67号案例规则，为其障目。

论有限责任公司股东资格认定中的公司意思*

朱晓娟**

目　次

有限责任公司中股权争夺现象较为普遍〔1〕，原因在于《公司法》对于股东资格的认定采取了实质要件和形式要件的双重标准，许多公司没有严格按照法律规定置备相关文件、文书，或者虽然置备却没有规范登记和变更登记程序，常常导致出现实质要件和形式要件不匹配甚至相矛盾的情形。

对于这一问题，理论界和实务界产生不同的认知，并派生出不同的股东资格确认模式，即实质要件标准和形式要件标准〔2〕。前者倾向于考察出资人的实际出资

---

* 本文为中国政法大学青年创新团队的研究成果，中国政法大学2015级民商法学硕士研究生易梦圆承担了资料收集、案例整理、文稿校对等实质性工作，特此致谢。

** 中国政法大学民商经济法学院副教授。

〔1〕 本文主要讨论有限责任公司的股东资格认定，原因在于股份有限公司发行的股份由证券登记结算机构和股份托管机构进行相应的登记与管理，股东资格问题一般不会出现争议和纠纷。如无特别说明，下文中公司均指有限责任公司。

〔2〕［韩］李哲松：《韩国公司法》，吴日焕译，中国政法大学出版社2000年版，第228～230页。赵旭东：《公司法学》，高等教育出版社2003年版，第280～281页。范健、王建文：《公司法》，法律出版社2006年版，第283～287页。

行为，后者出于保护交易安全和信赖利益的目的要求贯彻商事外观主义原则。在我国，多数学者试图折衷上述两种相对立的观点，主张确认股东资格时实质要件和形式要件分别在公司内部关系和公司外部关系中予以适用。[3]当实质要件和形式要件之间发生矛盾和冲突时，人民法院应当按照争议当事人的具体构成，优先选择适用相应的证据，对股东资格做出认定。[4]

一、股东资格认定的前提

股东资格认定的前置性问题是：什么是股东资格？对此，学界对其没有统一定义。有学者认为，“股东资格是指什么样的主体，在什么样的情况下可以向公司投资，成为公司的股东。某一主体具备股东资格说明其具备向公司投资、成为股东的法律条件。”[5]也有学者认为“所谓股东资格，又称股东地位，是投资人取得和行使股东权利、承担股东义务的基础。”[6]这两种定义一个从主体资格的角度出发，关注何人进行何种投资而能够取得股东资格；另一个则将股东视为公司的成员，而将公司对股东身份的承认纳入了考虑范围[7]。笔者认为，股东资格是相对于公司的概念，无公司则无股东，为此，股东资格是指公司承认的、可以向其进行股权投资并因此享有权利、承担义务的主体资格。

对股东资格的不同定义势必会影响股东资格认定的标准和角度，然而，就笔者所掌握的有限资料来看，对于股东资格的定义学界并没有给予太多关注，而是着重研究股东资格的得丧变更以及认定标准上。

股东与股东资格应当是相伴相生的，取得股东资格者谓之为股东，一旦称之为股东，则默认其已经取得了该资格。笔者认为，理解股东的含义对于理解股东资格有所助益。

在法律上，股东包括两层含义：首先，股东是公司的成员，也是相对于公司的一种法律身份。无公司则无股东，反之亦然。[8]其次，笔者认为，股东基于其对公司的地位而享有股权。对于主张类似于“股东是指依法取得公司股权，作为公司组织成员对公司享有权利和承担义务的人。”[9]的定义，笔者认为有本末倒置之嫌。股权的拥有仅可反推股东资格的存在，但它绝非取得股东资格的前提。此外，也须

---

[3] 具体观点的列举见李晓霖：《股东资格确认——以有限责任公司为视角》，吉林大学博士论文。

[4] 王义松：《私人有限公司视野中的股东理论与实证分析》，中国检察出版社2006年版，第61~62页。

[5] 同上书，第2页。

[6] 赵旭东：《新公司法讲义》，人民法院出版社2005年版，第145页。

[7] 如无特别说明，本文在同等含义上使用股东资格和股东身份这两个概念。

[8] 李建伟：《公司法学》，中国人民大学出版社2014年版，第212页。

[9] 赖锦盛：《有限责任公司股东资格确认中的法律问题探讨》，上海：华东政法大学博士论文。

区分股权和股权行使的差别，股权行使是证明股东资格的既不充分也不必要条件，即股权行使并不必然导致股东资格的取得，股东不行使股权也不必然导致股东资格的丧失，股份代持即为例证。因此，理论和实践中用股东权利的行使作为证据探讨股东资格认定问题，是不恰当的。

按照股东对公司是否直接出资，股东资格的取得可分为直接取得与间接取得。[10]

直接取得是指股东基于其股权投资（equity investment）而取得股东身份。公司发起人在公司成立后转换为原始股东，公司成立后也可通过增资吸纳新股东。实践中股东资格纠纷也多集中在原始取得的情形中，以原始股东为典型；间接取得则是指自然人或组织虽没有直接向公司投入资本但通过股权转让、继承、赠与及公司合并取得股东资格。

股东资格因多种原因而丧失，例如自然人股东死亡和法人股东的终止、公司终止、被公司除名、股份转让等。

二、股东资格认定的标准

依据《公司法》的规定，股东资格的认定标准存在双重标准。一是实质要件标准即股东出资；二是形式要件标准，即将股东的姓名或名称记载于公司章程、股东名册、工商登记等能够表彰股东身份之文件上。[11]正常情况下，应当是两者兼备、相互印证的。然而，我国公司设立与运作不规范，导致这两类要件之间常常发生矛盾甚至缺失，导致股东身份认定困难而至纠纷频发。

为解决这一问题，学界对于股东资格认定的标准有以下三种代表性观点，即严格外观主义、实质和外观二分以及划分证据层级与效力。

（一）严格外观主义

随着研究的深入，越来越多的学者意识到，以出资作为股东资格认定的实质要件并不科学，事实上，出资与股东的资格取得之间没有必然的联系。[12]更有观点认为，确认某种事实的存在或某种资格的取得只须满足形式条件的情形在法律上并不鲜见，这在物权法领域以及表见代理制度上均有体现。出于维护交易安全及满足商事交易效率之需要，股东资格的认定完全可以采用“外观主义”，只要符合股东资格的形式条件，即便不具备股东出资的实质条件，也应当确认股东资格的取得。[13]

---

〔10〕 李建伟：《公司法学》，中国人民大学出版社 2014 年版，第 213 ~ 214 页。

〔11〕 周友苏：《试析股东资格认定中的若干法律问题》，载《法学》2006 年 12 期。

〔12〕 楼晓：《论“出资”“股份“ “股权” 及 “股东资格” 间的法律关系——以有限责任公司为论述基点》，载《法学杂志》2009 年 2 期。

〔13〕 周友苏：《试析股东资格认定中的若干法律问题》，载《法学》2006 年 12 期。

这与英美法国家采用的“股东名册主义”似乎不谋而合。考察英美法系各国的立法，一般均规定在没有相反证据的情况下，将股东名册记载作为确认股东资格的证据，除非有相反的证据，能够推翻股东名册的记载。

我国公司法第32条第2款规定：“记载于股东名册的股东，可以依股东名册主张行使股东权利。”一般认为，这一规定体现了股东名册的推定效力。即凡记载在股东名册上者被视为公司股东，可向公司主张权利。除非有相反证据证明记载错误，且由异议者负举证责任。[14]严格外观主义强调了形式记载对认定股东资格时应当是第一位的，但是允许被其他形式要件和实质要件所推翻。然而，是否所有的形式记载均具有类似于股东名册之效力，尚存疑义。从我国审判实例[15]来看，形式要件的考虑非常重要，然而，大部分是基于民事诉讼举证规则的限制，只有少数仅考察形式要件。

2－1　严格外观主义在司法实践中的运用情况表

判例索引	裁判要旨
闫文国等诉山东云宇机械集团有限公司公司盈余分配纠纷案 （2015）泰商终字第351号	……没有在出现在公司章程之中，其也没有证据证明其名字登记在股东名册之中，根据“谁主张谁举证”的原则，其应当承担举证不能的不利后果。
福建省霞浦中信新型建材有限公司与陈晓晖民间借贷纠纷上诉案 （2015）宁民终字第1015号	《股东会议记录》等证据并没有包含被上诉人。公司增资应当及时办理必要的手续，上诉人始终未办理相应的工商变更手续。
林某诉上海某电线电缆有限公司股东出资纠纷案 （2013）金民二（商）初字第563号	被告未为原告办理变更登记、未向原告出具出资证明书、未置备股东名册，也未向原告进行任何分红的前提下，被告的现有举证无法证明原告确实已经成为被告的实际股东。
王会云等诉陕西千里税务师事务（所）有限责任公司公司解散及清算纠纷案 （2006）西民四初字第01号	虽以股东名义起诉，但却都承认未在公司登记机关以股东名义登记，故以股东身份向人民法院起诉，主体不适格。
殷德清与内蒙古恒祥进出口贸易有限责任公司股东资格确认纠纷上诉案 （2014）呼商终字第00079号	股东签署公司章程的行为实质上是股东对于章程效力的确认，包括对其他签署公司章程股东的身份的承认。所以公司章程的记载具有确认股东资格的最高证据效力。其次，记载于股东名册的股东，可以依股东名册主张行使股东权利。

〔14〕［韩］李哲松：《韩国公司法》，吴日焕译，中国政法大学出版社2000年版，第242页。

〔15〕无特别说明，本文案例均引自北大法宝：http：//www. pkulaw. cn. 最后访问日期：2017年5月8日。

续表

判例索引	裁判要旨
万岩标等诉北京城南诚商贸有限公司确认股东资格案 （2004）二中民终字第06770号	股东名册是有限责任公司确认股东身份的法定文件。但实践中，股东名册的设置尚无统一的形式，本案中，可依据股权证明书证明股东身份。

（二）实质与形式的二分

如前文所述，我国存在这样的观点：确认股东资格时实质要件和形式要件分别在公司内部关系和公司外部关系中予以适用。

即当处理公司与股东及股东之间的关系时，主要考虑欲取得股东资格的自然人或组织是否实际或者认缴出资，哪怕缺乏形式要件或记载不相一致，以实际或认缴出资为准；在对外关系上，应当以有明确形式记载的文书为准。考虑到工商登记具有公示公信之效力，其证明力优于其他。采用该标准的案件不在少数。

表2-2 实质与形式的二分法在司法实践中的运用表

判例索引	裁判要旨
沈阳一草生物科技发展有限公司与张振华股东名册记载纠纷上诉案 （2015）沈中民三终字第835号	当公司与公司以外第三人因股东资格发生争议时，应根据具有公示效力的工商登记作为确定股东资格的标准；当公司股东与公司或者其他股东因股东资格发生争议时，应根据当事人意思自治原则确定股东资格。被告虽未将原告的股东身份载入公司章程，但不影响对内股东身份的确定。
陈锦洪诉张家口市东亚建材家具装饰有限公司股权确认纠纷案 （2012）张商终字第281号	确认股东资格的要求分为形式要件和实质要件。形式要件为公司章程、股东名册及工商登记材料的记载；实质要件是出资并实际享有股东权利。在确认股东资格时，应当探求公司构建股东关系的真实意思，而不能以外在表示行为作为判断股东资格的基础。无论公司名义上股东是谁，事实上向公司作出资行为，并愿意加入公司行使公司权利承担公司义务的人才是公司股东。
陈昭阳诉樊坚等民间借贷纠纷案 （2015）合民初字第140号	原告以三被告未将其支付的260万元转为公司注册资本，其本人至今未登记为公司股东为由，认为本案涉款260万元名为投资实为借贷，其与三被告之间是民间借贷法律关系的诉讼意见，与本院查明的案件事实及法律关系不符，本院不予采纳。

（三）区分证据层级和效力[16]

这一标准避开了实质要件和形式要件的取舍，主要站在司法裁判的角度，从证据层级和效力的角度试图解决实务中股东资格认定纠纷的问题。为此，需要将证据分为三类，即为源泉证据、推定证据与对抗证据。

源泉证据也称基础证据，是证明股东取得股权的基础法律关系的法律文件。在股权直接取得的情形下，主要是能够证明股东认缴和（或）实缴出资的各类证据，如公司章程、公司设立协议、股东协议、增资扩股协议中有关股东认缴出资的约定，以及股东向公司实缴出资后公司出具的确认其已收到股东股权投资款的收据、股东向公司银行账号汇款后银行出具的汇款回单等各类相关证据；而在股权间接取得的情形下，包括股权转让合同、赠与合同、遗嘱、遗赠抚养协议、离婚的判决书或调解书、夫妻财产分割协议、共有财产分割协议、国有股权划拨决定等；推定证据则是指能够从中推断出股东资格的公司的行为和相关文件，例如股东名册、公司向股东发出的参会与分配红利通知等；对抗证据主要指在公司登记机关登记在案的章程等登记文件。

以上三类证据相互冲突时，应区分内部法律关系与外部法律关系。在股东与股东、股东与公司之间的股权确认纠纷中，应尽量尊重源泉证据的效力。而在涉及善意第三人的外部关系中，则应尽量尊重对抗证据的效力。该标准的运用在我国法院的实际审判中亦有体现，但较为少见。

表2-3　区分证据层级和效力在司法实践中的运用表

判例索引	裁判要旨
潜江市天驰汽车大市场有限公司诉刘胜股东资格暨股权确认纠纷案 （2013）鄂潜江民初字第01986号	股东资格是投资人取得和行使股东权利，并承担股东义务的基础。有限责任公司股东资格的确认，涉及出资人实际出资数额、股权转让合同、公司章程、股东名册、出资证明书、工商登记等各个方面。认定股东资格的证据，不能仅限于书证，更不能简单地局限于出资证明书、股东名册以及公司登记机关的登记资料。确认股东资格，应当综合考虑多种因素，在具体案件中根据当事人实施民事行为的真实意思表示，选择确认股东资格的标准。为了正确选择确认本案争议的股东资格的标准，本院将上述名目繁多的证据按照源泉证据、推定证据与对抗证据予以归类后，从三个不同的层次对各方当事人的争议焦点剖析。

〔16〕刘俊海：《股权纠纷中如何确认股东资格》，载《经济参考报》2015年06月17日刊。

笔者认为，第二种和第三种标准殊途同归。它们都以内外部关系为区分，将证据分类并评定证明对象和效力层级。“实质要件”的证明对应“源泉证据”“形式要件”的证明对应“推定证据”和“对抗证据”，前者从构成要件的角度出发寻找证据，后者从证据出发反推构成要件，没有实质差异。

三、股东资格认定的理论基础

对股东资格认定不同的标准实际是采纳不同理论的结果。重安全与效率者必采严格外观主义的做法，重公平和保护者会采取第二或第三种做法。为此，我们有必要梳理股东资格认定可能的理论基础，以总结设定标准时的考量因素。

（一）利益相关者理论[17]

“股东是公司的所有者”这一理念在20世纪80年代中期出现了动摇，人们意识到企业应是利益相关者的企业，包括股东在内的所有利益相关者都对企业的生存和发展注入了一定的专用性投资，同时也分担了企业的一定经营风险，或是为企业的经营活动付出了代价，因而都应该拥有企业的所有权，这便是利益相关者理论。

为此，分担企业经营损失者也要享有企业的利益，这种利益不仅包括经济利益，也包括对企业事务的管理权限等。因而，任何公司法上制度的设计如果仅仅只关注利益相关者中少数甚至一方的诉求，该制度设计必然是失败的。

按照利益相关者的合法性、迫切性和影响力，又可以对利益相关者进行等级划分为权威利益相关者、关键利益相关者、从属利益相关者等。以此为标准，股东、债权人、管理层是公司核心的利益相关者，交易相对人等是为关键。

（二）效率与正义

无论是对形式主义的强调还是将外观主义作为司法裁判的重要标准，商法对效率的追求在立法中展露无遗。然而，何谓效率、如何看待效率与正义之关系则不那么明确。

应当说，效率是一个相对概念。卡尔多－希克斯效率强调结果为正值，只要“赢者收益超过输者损失”，就是符合效率的；帕累托改进则是要求至少有一人从中获益而无人遭受损失。波斯纳是卡尔多－希克斯效率的支持者，然而其理论因违反人类朴素的道德情感而受到了批判，相反，丹尼尔对其效率原则提出了修正，主张

---

〔17〕 付俊文、赵红：《利益相关者理论综述》，载《首都经济贸易大学学报》2006年第2期。

效率的适用应当劣后于公正之要求。[18]对此，笔者认同。

效率之追求是建立在公平基础之上的，正如同商法采取外观主义是建立在“外观正确表彰了内在权利和法律关系”的基础之上的，是复杂问题简单化的技术处理。一旦失去内在权利和法律关系的依托，外观徒具空壳。因而，在外观与内在不符时，要抛开外观探求内在真实，就如同股东权利滥用之时刺穿公司面纱。

（三）从上述理论反观标准的合理性

现有的严格外观主义将对效率的追求放在了首要位置，且没有区分内外部关系，有以偏概全、有失公正之危险；实质与形式二分标准、区分证据层级和效力标准对以上两个理论的回应较强，却也远非完美，原因有二：

其一，实质要件和形式要件的表述本身存在混淆。所谓“要件”，即构成某一资格或关系所必须。按照这种理解，实质和形式是缺一不可、相互印证的。然而，一边采用“要件”之称谓，一边讨论二者冲突时的优先效力和解决方法，自相矛盾。并且，商法注重形式主要是由于以下原因：①保护相对人之合理信赖，以维护交易安全；②降低交易相对人的审核成本，以提高交易效率。将形式视为特定商事行为的生效要件，与商法的目的不合。事实上，细查法律规定会发现，我国并未将形式记载视为取得股东资格的要件。公司法31条第1款规定：“有限责任公司成立后，应当向股东签发出资证明书。”第73条规定：“依照本法第71条、第72条转让股权后，公司应当注销原股东的出资证明书，向新股东签发出资证明书，并相应修改公司章程和股东名册中有关股东及其出资额的记载。对公司章程的该项修改不需再由股东会表决。”《公司法司法解释（三）》第23条规定：“当事人依法履行出资义务或者依法继受取得股权后，公司未根据《公司法》第31条、第32条的规定签发出资证明书、记载于股东名册并办理公司登记机关登记，当事人请求公司履行上述义务的，人民法院应予支持。”可见，向公司要求签发出资证明书、修改公司章程是股东的权利而非取得股东资格之前提。有学者提出，将持有股权凭证、股东名册登记、工商登记等视为股东的法律特征，由“要件论”带来的困难会迎刃而解。[19]然而笔者认为，将此类文书认定为典型证据、公司法对其规定认定为证据的适用规则，结合民事诉讼法关于证据类型、证明力之规定，更能够解决实务问题之需要。

其二，现有的三种标准均未能考虑股东资格认定中的重要利益相关者——公司——的利益。股东资格必然以公司成立为前提，公司终止也会导致股东资格的丧

---

〔18〕［美］乔迪·S. 克劳斯、史蒂文·D. 沃特：《公司法和商法的法理基础》，金海军译，北京大学出版社2005年版，第77～91页。

〔19〕李建伟：《公司法学》，中国人民大学出版社2014年版，第215页。

失。股东与公司这种休戚相关、同气连枝之关系，远超其他利益相关者。可以说，股东之于公司与公司之于股东，同等重要。因此，不仅股东有权选择公司，公司亦有权选择股东。

其实，公司选择股东的权利在我国相关司法解释中已有体现，比如股东除名制度。《公司法司法解释（三）》第13条规定："有限责任公司的股东未履行出资义务或者抽逃全部出资，经公司催告缴纳或者返还，其在合理期间内仍未缴纳或者返还出资，公司以股东会决议解除该股东的股东资格，该股东请求确认该解除行为无效的，人民法院不予支持。"从学理上看，股东被公司除名主要是基于严重出资瑕疵、章程规定以及严重滥用股东权利等重大事由。[20]相对于股东权利的限制，股东资格的剥夺是一种非常严厉的救济措施，甚至带有惩罚色彩。然而，股东出现除名事由往往意味着公司、债权人、交易相对人等利益相关者被侵害的危险甚至已经受到侵害的事实，有亡羊补牢之意。那么，为何不在股东资格授予时就赋予公司对股东的选择权呢？实际上，已有的法院裁判中有这种思想的体现。

表3－1 公司意思对认定股东资格的意义表

判例索引	裁判要旨
翁元等诉广东安保信电器制造有限公司股东资格确认纠纷案 （2015）佛顺法勒民初字第833号	股权具有财产权和人身权的双重法律属性，在股东资格认定问题上，投资人与公司之间的合意亦是认定股东资格的重要依据。

四、股东资格认定的规则设计

现有的股东资格认定标准有混淆"要件"与"要件的证明"以及忽视公司意志的问题，因而，笔者主张重新审视股东资格认定的要件，并提出证明该要件的证据规则。

（一）股东资格认定的要件：以意思表示为中心

对于公司与股东之间法律关系的性质，笔者认为，股东资格的取得是潜在股东与公司就股东资格的授予达成一致的过程：首先，自然人或其他组织（以下简称潜在股东）向公司做出欲成为股东之意思表示，其次，公司做出接纳潜在股东成为股东之意思表示，合意达成之时发生两个法律效果：一是潜在股东即刻取得股东资格；二是一个非书面合同成立并生效，根据该合同，股东负有对公司出资或者以合

[20] 李建伟：《有限责任公司的股东除名制度研究》，载《法学评论》2015年第2期。

法方式间接取得股权之义务，公司负有证明股东资格存在之义务。[21]

合意达成之时潜在股东取得股东资格的原因有二。一是股东资格的取得难以适用现行立法关于“交付”之规定。股东资格不是物，物权变动模式的探讨似乎并无助益；它亦非财产性权利，仅在取得股东资格后才有权利享有和行使的问题，因而，也不能类比适用证券法关于证券登记结算的规定。如果要求潜在股东履行一定义务后，公司才将股东资格交付之，在认定上会存在困难。为此，不如略去股东资格取得之交付的问题，直接认定自合意达成时起潜在股东即取得股东资格，再从证据上证明双方形成了真实合意即可；二是这样的观点与公司法之规定相融合。在第三部分第三个小问题中，笔者已论证了形式记载仅是公司对股东负有之义务而非股东资格取得的前提。同样，实际出资或者以间接方式合法取得股权亦非取得股东资格之条件。

《公司法》第23条规定：“设立有限责任公司，应当有符合公司章程规定的全体股东认缴的出资额。”第26条规定：“有限责任公司的注册资本为在公司登记机关登记的全体股东认缴的出资额。”这意味着，实际出资仅为股东的义务而绝非股东资格取得的前提。同时，《公司法司法解释（三）》对于出资瑕疵等行为的法律后果也做出了规定，除严重情形外，无一导致股东资格剥夺。并且，从立法用语来看，出资的主体已经是“股东”。例如第28条规定：“股东应当按期足额缴纳公司章程中规定的各自所认缴的出资额。股东以货币出资的，应当将货币出资足额存入有限责任公司在银行开设的账户；以非货币财产出资的，应当依法办理其财产权的转移手续。股东不按照前款规定缴纳出资的，除应当向公司足额缴纳外，还应当向已按期足额缴纳出资的股东承担违约责任。”

由此，股东资格认定的问题就转换成了对双方真实意思表示的证明问题。所谓意思表示，即将欲发生之法律效果之意思表示于外的行为。[22]包含了“意思”与“表示”两个要素，缺一不可。“意思”即当事人欲以自身行为发生某种法律效果的内心想法，“表示”则是将内心意思表示于外的过程，可明示亦可默示。潜在股东的意思表示很好理解，但是对于公司，其意思如何形成、形成后如何表示于外，谁有资格受领意思表示都是有待明确的问题。

1. 公司意思的形成

要解决这一问题，首先需要明确公司的性质究竟是采“法人拟制说”抑或“法人实在说”。若采“法人拟制说”，公司将没有独立的意思和意志存在，因而公

---

[21] 前文已述，股东资格认定纠纷在股权原始取得和继受取得的情形下均有发生并以前者为主，本文提出的以股东和公司合意作为认定股东资格的标准对两种情形均适用。但在原始取得股东资格的情形下，须注意设立中的公司和成立后的公司具有同质性，设立中的公司与发起人就股东资格达成合意的，发起人能够取得设立后公司的股东资格。

[22] 朱庆育：《民法总论》，北京大学出版社2013年版，第184页。

司的意思就变成了具体问题中享有话语权的公司利益相关者的意思。那么，股东资格认定问题将完全不存在公司的意愿之说，只需要反映与之最为密切的利益相关者——股东的意志即可，为此，若章程无特别约定公司意思将有且仅形成于股东会决议。但如果采“法人实在说”，公司就有独立的意思，这种意思并不拘泥于特定问题中某个机关或个人的意思，而是在任何情况下公司都具有的、可以在任何问题中表达的自由意志。

我们应当坚持“法人实在说”，原因在有二：一是无论哪种学说都承认公司作为法人具有独立人格。意志是人格的构成，而人格是意志与权利的载体，如果没有独立于成员的意思，又何谈独立于成员的人格？若不承认法人意思独立，那么其人格的享有将主要成为成员隔离风险的屏障，公司沦为被股东、董事等操纵的工具，这样不利于公司的自我成长和其社会价值的实现；二是现代社会公司极速发展，其作用已经远不止于参与市场交易，大型公司通过其市场影响力渗透入文化、教育、社会甚至政治生活等各个方面，以至于公司社会责任话题等进入我们的视野，这反映了我们对公司本质、功能认识的不断更新和进步。如今，公司是如此的重要以至于它成为与自然人等同甚至分量超越了自然人的民事主体。在这样的背景下不承认法人人格是客观存在的将与现实格格不入。为此，公司的独立人格是确切存在而非拟制的，它享有且应当享有独立意思。

那么，公司的意思如何形成？应当说，公司的意志由公司的机关通过决议的方式形成。各国一般都规定股东会和董事会具有对公司重要事项的决定权。在我国，股东会作为最高权力机关，是当然的意思决定机关，能够形成公司意志。在设有董事会的公司中，董事会对公司的某些事项也有权做出决定，在不设有董事会的有限责任公司中，执行董事享有董事会的职权。因此，股东会、董事会和执行董事都是公司意思形成机关，相当于公司的“大脑”，股东会和董事会的决议即是公司的意志。

2. 公司意思的表示

公司的意思形成于股东会和董事会的决议，那么，它将如何表达呢？对此，有不同的意见。有学者认为股东会决议的过程同时包含公司意思形成和意思表示，决议本身是法律行为；[23]也有学者持反对意见认为决议仅仅是内部意思的形成，相当于“内心意思”，还需要加上对外表示行为才能构成完整的“意思表示”。[24]

对此，笔者认为，决议本身是法律行为，包含了意思形成和意思表示两个要素。理由在于：从逻辑上说，意思形成主体和意思表示主体总是同一。若意思仅仅

〔23〕 李建伟：《公司法学》，中国人民大学出版社 2014 年版，第 283 页。

〔24〕 陈醇：《商法原理重述》，法律出版社 2010 年版，第 146 页；叶林：《股东会会议决议形成制度》，载《法学杂志》2011 年第 10 期。

形成于内心而未对外表示，该主体外的任何人将无论如何无法得知其内心真意并代为表示，故而不存在意思形成与表示行为相分离的情形，此为其一；采公司意思形成与意思表示相分离的学者认为，决议仅仅是公司意思的形成，还需要对外表示行为诸如法定代表人依据决议对外签订合同。然而，所谓的对外表示行为只是依据意思表示实行特定行为罢了，本身并非新的、独立的意思表示。例如，公司通过股东会作出决议分红，董事会执行此决议是在履行公司分红的允诺而非作出允诺。再例如，公司决议授权法定代表人自主决定50万元以下额度的对外担保。法定代表人以此为依据与第三人签订担保合同担保20万元的债权，为此，他需要为一个新的、独立的意思表示，虽因其法定代表人的身份合同为公司所承受，甚至该意思可以视为公司的意思，但该意思与决议绝非等同——决议所做授权是单方法律行为，而签订合同的行为显然是双方法律行为。决议的“意思形成说”混淆了意思表示的后续履行和意思表示的作出，此为其二；同时，如果决议仅为“内心意思”而缺乏表示行为要素，那么如何可以产生无效、可撤销、有效的效力形态？法律评价意思表示而不评价内心活动，内心活动再违背公序良俗、如何有失公平，非经表示，法律都不会评价。一个人在内心中想了无数遍“我要抛弃我的财产”，但如果没有表示出来，他人侵害财产权时他仍然可以主张权利，只有他真正地通过语言或行动抛弃了财产，才会真正丧失所有权而无法再对他人主张相应的权利。此为其三。

为此，决议行为既包含了意思的形成也包含了表示行为，构成公司的意思表示。同时，法定代表人的意思表示通常也归属于公司，因为在对外的场合，法定代表人与公司视为同一。在基于职务或公司及其法定代表人特别授权而行为的人，其意思表示也在职务或授权范围内产生归属于公司的效果，但是与公司的意思表示并不能划等号，因为其为代理而非代表。

3. 公司意思的受领

由于代理、代表、传达制度的存在，公司对意思表示的受领可以以多种方式完成，而不局限于能够为意思表示的对象。为此，公司的职员或经授权的人可以在职务或授权范围内受领意思表示，法定代表人、股东会、董事会对他人意思表示的受领也构成公司的受领。

从潜在股东与公司形成合意的角度理解股东资格的取得，需要注意以下问题：

首先，无论是潜在股东抑或公司的意思表示，均需指向股东资格。曾经，学界将出资作为直接取得股东资格的前提，随着研究的深入和注册资本认缴制的确立，又认为认缴出资或说出资的承诺成为了取得股东资格的前提。认缴出资之所以重要且必须，在于它对公司形成独立财产以及划定股东有限责任之边界具有重大意义。欲取得股东资格的意思表示是否能与认缴出资完全等同，笔者持保留意见，但从认缴出资可推定潜在股东指向股东资格的意思是毋庸置疑的。对于间接取得股东资格的情形，受让人指向股东资格的意思从股权转让合同、股权赠与合同等可以探知。

对于公司而言，其意思主要形成于股东会及董事会决议，因而其为明示意思表示的情况十分少见，但仍可以从章程之规定、相关文件之记载可以推定公司的意思。对于股东资格的同意亦可以从相关文件中推知，例如收取投资作为股款而非负债，通知某人参加股东会而非董事会等。同时，在认定股东资格这一问题上，超越了一般职务或授权的范畴，因此，除法定代表人外，其他人原则上不得为相关的意思表示，除非股东会、董事会或法定代表人特别授权其为代理或传达，这也可以通过公司章程规定。

其次，表示须为对方所受领。指向股东资格的意思表示是有相对人的意思表示，潜在股东向公司债权人、公司高管、单个股东为意思表示并获得对方同意，均不能取得股东资格，其意思表示必须向公司作出、为公司受领，反之亦然。此处有资格受领的人应当是股东会、董事会、法定代表人及其授权的人。对于潜在股东而言，公司的股东会决议、董事会决议或法定代表人及其授权的人的意思表示到达潜在股东时即被受领。在间接取得股东资格的情形下，除公司合并、分立的情形，公司法规定股权的变动必须经过股东会决议，实质上这是限缩了公司意思表示主体的范围，也是维护股东单一利益的表现。一直以来，有限公司股东资格的得丧变更都强调公司的“封闭性”，主张现有公司股东利益的保护。然而，在股权间接取得的情况下，涉及原股东、潜在股东和公司的三方利益，股东会的意思表示不完全等同于公司的意思表示，应当说董事会、法定代表人在接受股东资格时也有话语权，可以为公司利益决定接受或不接受某人成为公司股东。

需要注意的是，公司接纳股东的意思表示可以明示也可以默示，默示的意思表示亦须对方受领。例如 A 向法定代表人 B 表示欲成为公司股东，B 将其载入股东名册但没有通知 A，为此，A 尚不是公司股东，不负有对公司出资的义务。当出现债权人要求 A 承担责任的情形，由于法律规定股东名册的推定效力，A 需要在其认缴的出资范围内承担责任，之后可以向公司追偿。

再者，意思表示须真实合法。意思表示必须真实、合法，才能发生当事人追求的法律效果。〔25〕公司的意思可以从与公司经营管理的相关文件中探求。一旦这些文件出现了相互不匹配、甚至矛盾、伪造的情形，那么其所反映的公司的意思则会因为不真实或有瑕疵而不能采用。这解释了为何伪造的章程、出资证明书等不能证明股东身份，并非如一些学者所说，是不符合形式要件之缘故，而是因为缺乏公司对股东资格的真实同意而从根本上导致股东资格的不能取得。

最后，意思表示不能约束善意第三人。公司与潜在股东合意的形成与否仅影响其相互之间的法律关系，而不能对不知情的第三人产生影响。对于交易相对人而言，他能信赖的仍然是商事登记的外观。因此，公司与潜在股东均不能以双方之间

---

〔25〕 江平：《民法学》，中国政法大学出版社 2011 年版，第 142 页。

欠缺合意为由，否认特定情形下股东对公司债权人的责任。

此外，还存在一个重要的问题需要说明。由于笔者认可股东会、董事会、法定代表人及其授权的人为公司的意思表示机关，机关的多样性会导致意思表示冲突的可能性，例如董事会同意接纳某人为公司股东，但股东会反对，这种情形应当如何处理？笔者认为，这实际上与公司法的立法理念和模式相关。在采取董事会中心主义的国家，董事会和职业经理人的拥有重大权力，能够对公司的经营管理享有决定权，股东只就公司的重大事项进行表决，从而事实上形成了股东和经营层之间的权力分野，而在采取股东会中心主义的国家，股东会作为公司的“最高权力机关”享有最终决定权。[26]根据我国公司法的规定，董事会的主要角色依然是执行机关，不享有最终决定权，因此，我国采“股东会中心主义”，当股东会、董事会、法定代表人及其授权的人对股东资格认定持冲突意见时，以股东会决议为准。

（二）股东资格认定的证据规则

潜在股东与公司就股东资格取得达成合意即可成为股东，这是股东资格认定的唯一标准。一旦此合意达成，股东即可要求公司对其为各类形式的记载，公司亦可要求股东出资。因而，形式记载并非所谓的“要件”，在认定股东资格时仅具有证明上的意义。这意味着：①证据有证明力大小的不同，在相互冲突时依照证据规则排除即可；②典型记载形式并没有明显优于其他证据的证据力，亦可以被其他证据推翻；③法院在认定证据时不应当拘泥于法定证据形式，凡能证明双方真实意思表示的证据均可适用。

按照证明作用，笔者将这些形式记载分为以下两类：

1. 能证明双方意思表示的证据

能证明双方意思表示的证据是指能从其中推定潜在股东与公司达成合意的证据。这类证据能够证明认缴出资行为以及公司对该行为的承认，多见于直接取得股东资格的情形。

《公司法》在第25条、第31条、第32条对公司章程、出资证明书以及股东名册关于股东资格的记载作了规定。实际上，除了公司章程、出资证明书、股东名册及工商登记，其他非典型证据亦可。例如：股东向公司实缴出资后公司出具的股款收据，或虽没有收据却将出资以“实收资本”入账、以及实际出资合法的验资报告等，只要是真实有效的，均可作为证据使用。实践中，法院也会灵活地运用证据，而不拘泥于法律规定的文件类型。

---

[26] 叶敏、周俊鹏：《从股东会中心主义到董事会中心主义———现代公司法人治理结构的发展与变化》，载《商业经济与管理》2008年第1期。

表 4－1 证明双方意思表示的证据示例表

判例索引	裁判要旨
过振球诉尤菊林等案 （2003）锡民二终字第 408 号[27]	修配厂出具的收款收据注明为投资款，并将该款项作为实收资本入账。
鲁长福与北京金世纪农业发展有限公司等股权确认纠纷案 （2009）二中民终字第 19510 号	……未经依法设立的验资机构验资并出具证明，故不应视为对公司股份的入股行为。……集资款视为公司投资项目借款。

2. 仅能证明单方意思表示的证据

能证明单方意思表示的证据是指仅能证明一方意思表示的证据，这类证据多见于间接取得股东资格的情形，需要相互之间结合使用。例如：股权转让合同、赠与合同、遗嘱、离婚的判决书或调解书、夫妻财产分割协议、共有财产分割协议、国有股权划拨决定等。这些文书的存在仅能证明出让人与受让人之合意，而不能证明公司对股东资格的承认。要产生对抗其他股东的效力需要在股东名册上登记或者有其他证明，如股东会决议、公司对其分派红利的通知等，产生对抗第三人的效力则需要变更置备在公司登记机关的章程等文件。

各类证据相互印证的程度越高，股东资格的证明越可靠。而在证据冲突的情况下，笔者认为应当遵循以下规则：首先，具体案件具体分析。既然将形式记载作为证据，那么其证明力与证明对象、关联性、合法性均相关，因而，不存在所谓的确定的“证据效力等级”，仍应当结合个案进行分析；其次，区分内外关系。所谓内部关系，即股东之间、股东与公司之间的关系；外部关系，则是股东与第三人、公司债权人之关系。考察内部关系要注重考察潜在股东与公司合意，在对外关系上，原则上采用商事外观主义，以公司登记机关的记载为准。再者，证据的推定效力应予以扩大。法律只规定了股东名册推定效力，笔者认为当作扩大解释。凡能证明双方就股东资格达成合意的证据，均具有推定股东身份之效力，除非公司举证证明情况相反。原因在于，在确定股东资格之诉中，原告常处于被动状态。往往正是因为形式记载欠缺或相矛盾，原告才会提起股东资格确认之诉，然而又让原告承担举证责任，十分困难。相反，对于公司而言，谁于何时成为股东是很清楚的。当然，并非所有的证据均可做此种效力推定。仅能证明单方意思的证据仍需结合使用，直至能够证明双方就股东资格形成了合意。最后，在后证据优先。无论是能证明双方意思表示的证据抑或仅能证明单方意思表示的证据，在发生冲突时以在后的有效证据为准。例如，A 转让股权给第三人 B，意思表示到达了公司并获得同意例如股东会决议通过，但公司迟迟不变更股东名册。股东名册的记载与公司的意思表示（可以

[27] 《中国审判案例要览（2005 年商事审判案例卷）》，人民法院出版社 2006 年版，第 222 页。

从会议记录等推知）相悖而意思表示形成在后，对公司与该股东而言，会议记录的证明力优于股东名册。

五、结论

股东资格取得采实质要件和形式要件双重标准的做法混淆了“构成要件”与“构成要件的证明”，不仅难以解决实务问题，甚至误导性地造成了司法裁判的混乱。现有的三种股东资格认定标准均没有意识到这一问题，也未能将公司的意志纳入考量。为此，笔者建议以意思表示为中心重构股东资格的得丧变更，并将形式记载纳入证据的范畴。具体而言：

潜在股东与公司形成关于股东资格取得之合意时，潜在股东即取得股东资格。指向股东资格的合意即为股东资格的构成要件。从而，股东负有对公司出资或者以合法方式间接取得股权之义务，公司负有证明股东资格存在之义务。形成此种合意须遵循意思表示的基本规则，即潜在股东与公司的股东会、董事会或者法定代表人及其授权的人分别作出意思表示并被对方所受领。现有公司法仅承认股东会对股东资格的决定权的做法限缩了公司意思表示的范围，对公司的行为能力大打折扣，也不能兼顾股东、公司和潜在股东的三方利益，不足取也。

至于诸多形式记载，是证明构成要件的证据，可以按照证明作用对其分类而适用不同的证明规则。能证明合意之规则可单独使用并具有推定效力，仅能证明单方意思表示之证据反之。公司法规定的书面记载如股东名册等仅为典型证据，其并不具备绝对的优先效力而可以被推翻，其他具有证明力的非典型证据亦可采用。

《海商法》修改中的民法典因素：制度体系、修法时机及规范设计*

曹兴国** 初北平***

目 次

一、引言

在海洋强国战略和“21 世纪海上丝绸之路”建设对海洋法治提出更高要求的背景下，《海商法》的动向受到了高度重视，并已于近期启动了修法工作。而基于海商法的商法属性，《海商法》的修改必然需要与正在编纂中的，秉持“民商合一”理念的民法典保持联系——《海商法》修改中的民法典因素必须得到妥善回应。尤其是当前我国海商法研究领域存在两种倾向：一种是过分地夸大海商法的特殊性，在客观上使之游离于法律体系之外；另一种是过分地强调海商法对民法的依附性，表现出一种商法虚无主义的倾向。[1]这两种背向而行的倾向凸显出目前学界

---

* 本文部分内容以《作为特别法的〈海商法〉的修改——制度体系、修法时机及规范设计》发表于《政法论丛》2018 年第 1 期。

** 大连海事大学海法研究院助理研究员。

*** 大连海事大学法学院教授。

〔1〕 傅廷中：《海商法》（第二版），法律出版社 2017 年版，序言。

和理论界对海商法属性和定位的认识不一，也彰显出在《海商法》修改中处理好《海商法》与民法典关系的重要性。

《海商法》修改课题组对民法典的编纂进程、研究成果以及相关征求意见稿都高度关注。而在《海商法》修改中众多的民法典因素当中，尤以以下三个方面为重点：第一，海商法的属性存在民法的特别法[2]、商法的特别法[3]、经济法的特别法[4]、独立的法律部门[5]等不同观点，《海商法》在修改中是缩限其制度体系，成为纯粹的民法特别法，还是突破民法平等主体之间人身关系和财产关系的调整范畴，赋予其适当的体系综合性值得思考；第二，虽然《海商法》的修改工作已经启动，而且民法典的分编体系也不涵盖海商法，但《海商法》的修改需要考虑民法典分编的制定进程，《海商法》的修法时机是否应当等待民法典分编的制定需要进行探讨；第三，部分《海商法》规范与民法典规范间存在特别法与一般法的关系不可避免，如何通过规范层面的恰当设计使这种关系更为融洽、明确和合理有待研究。上述三方面的问题事关我国《海商法》修改的范围、时机和内容，在很大程度上关乎《海商法》修改的进程与成败，必须在充分论证的基础上形成共识。

本文即以上述问题为核心，探讨《海商法》修改中民法典因素的妥善回应。

二、《海商法》的制度体系与民法特别法的属性

如前所述，海商法的属性是当前海商法学界面临的一个重大理论问题，特别是民法特别法与商法特别法以及独立法律部门属性认识上的差异使得民法典对《海商法》制度体系的影响成为《海商法》修改中面临的最为根本的民法典因素——根源于上述属性认识的差异，学界对于《海商法》的修改存在两种截然不同的观点：一种观点认为应当在民法体系范畴内修订《海商法》，删除现行《海商法》中存在的程序性规范、涉外关系的法律适用规范以及其他不是调整平等主体之间财产关系和人身关系的规范[6]；另一种观点则认为“当下修改《海商法》不应当再局限于修修补补的微调，而应花相对长的一段时间将具有海上特殊性的与运输或者作业有

---

〔2〕 吴焕宁：《海商法学》，法律出版社2002年版，第15～16页；李海：《关于修订〈海商法〉需要厘清的几个基本问题》，载《中国海商法年刊》2011年第1期；关正义：《民法视野中的海商法制度》，法律出版社2015年版，第12页。

〔3〕 王秀芬：《日本海商法基本理论研究》，载《当代法学》2003年第1期。

〔4〕 贾林青：《海商法》，中国人民大学出版社2008年版，第11页。

〔5〕 司玉琢：《海商法》，法律出版社2012年版，第6页。

〔6〕 李海：《关于修订〈海商法〉需要厘清的几个基本理论问题——从〈海商法〉的第一章“总则”说起》，载《中国海商法年刊》2011年第1期。

关的民事、行政和刑事法律编纂在一起”[7]“从海商法调整的对象、范围及其所发挥的作用看，强调海商法的自体性，将其作为一个独立的整体考虑，十分重要……明确海商法自成体系，是修改《海商法》的基础和前提……不应以其他法律部门的规定为标准来对《海商法》进行剪裁”。[8]在笔者看来，上述不同认识的存在，从根本上来说源自“民商合一”理念对商法独立法律部门地位以及海商法商法属性的侵蚀，需要我们在考察当代海商法体系的基础上，结合我国现实的立法需求和法律环境进行综合分析。

（一）“民商合一”理念对海商法商法属性的侵蚀

从历史渊源的视角出发，海商法无疑应属商法范畴——“商法从一开始就表现出两条不同的发展道路，一条是罗马法的排斥商法的简单商品生产完善法的道路；一条是希腊及其他海港城市通过交易实践自主发展的道路：前者以陆商法为主，后者以海商法为主。”[9]在商人法的发展路径下，海商法并非民法体系在海上的延伸，而是海事商人基于海上运输的实践需求而主导设立的，旨在应对海上运输风险特殊性的一套制度——包括为进行带有危险性航海时所需资金的筹集、维持处于孤立状态的船舶上的秩序和治安、确保船员合格称职、调配航海所需物资、分担由避免危险所采取措施造成的损害、航海失败导致损害发生时限制船舶所有人责任并分担损害，以及救助遇难船舶、保护受损货物等在内的一系列制度都是为了这个目的。[10]这种商法的渊源传统在近代西方国家法典编纂的进程中也得以延续——1807 年的《法国商法典》将海商法并入成为其第二编，并很快被其他大陆法系国家模仿，如 1830 年的《西班牙商法典》（第三编）、1833 年的《葡萄牙商法典》（第三编）、1838 年的《荷兰商法典》（第二编）、1864 年的《比利时商法典》（第二编）、1861 年的《德国普通商法典》（第五编）、1865 年的《意大利商法典》（第二编）等。时至今日，仍有不少大陆法系国家沿用这一立法模式，如现行《德国商法典》（第四编）、《日本商法典》（第三编）以及《韩国商法典》（第五编）等。

就我国而言，海商法的商法属性亦得到民商法学界的广泛认可：在民法的著作中，海商法的内容基本不会被涉及，并多在论述民法与商法的关系时被视为商事单行法一个例证加以列举；而在商法的著作中，海商法通常被作为单独的一编或一章

---

〔7〕 司玉琢、李天生：《中国海法典编纂论纲》，载《国际法研究》2015 年第 4 期。

〔8〕 张永坚：《反思修改中国〈海商法〉之努力》，载《中国海商法研究》2013 年第 3 期。

〔9〕 徐学鹿：《创新是商法的宝贵品格——析从〈民商法〉到现代商法的演进》，转引自王瑞：《商法本质的变迁》，载《政法论坛》2002 年第 6 期。

〔10〕 ［日］中村真澄、箱井崇史著：《日本海商法》，张秀娟、李刚、朴鑫译，法律出版社 2014 年版，第 2 ~ 3 页。

与公司法、证券法、保险法等并列。[11]然而，在近现代“民商合一”理念影响日盛导致商法独立性不断被蚕食的情况下，海商法为民法特别法的观点在海商法学界被更多地提及，其商法特性却有被淡忘的倾向。代表性的观点即为：无论如何强调海商法作为补充型特别民法的现代商人法传统、独立的司法体制、制度的民法背离以及法系交融的特征，在民法典盛行的国家和民族，其基本上可以划归到特别民法或者商法之一部分，其逻辑性和体系性也自然不能突破民法典作为市民社会基本法的体系性和逻辑性基本框架。[12]不可否认，基于现代社会每个人都可能参与市场交易，区分商人和非商人、商事行为和民事行为、商事代理和民事代理、商法上的时效与民法上的时效变得越来越困难，而且作为商法独立基础的独立的商人阶层已不复存在，独立的商事审判观念、程序和规则也被统一于民事审判观念、程序和规则之中的认识[13]，“民商合一”的认识和趋势有其合理性。但从海商法所具有的商法传统和商法理念来看，将海商法认定为民法特别法的认识所带来的潜在弊端同样不可忽视，因为即使认为应当强化海商法民法特别法属性的学者，也承认海商法所具有的自身体系的独立性和复杂性——“（海商法）体系的体量具有现代商人法的属性和自足性，由此导致其具有天然膨胀的特征。”[14]在此基础上，民法特别法观点的扩张对海商法商法属性造成的侵蚀现象应被重视：一方面，海商法与其他商法一样具有的营利性、国际性、管制性等特点会在一味强调民法特别法属性的认识下被削减，导致海商法被民法的同化、虚无化[15]；另一方面，海商法在历史演进过程中基于海商实践而形成的一套不以民法为参照的制度体系将因民法范畴的限制而“削足适履”。

（二）当代海商法制度体系的域外考察

意识到“民商合一”理念对海商法商法属性的侵蚀及其影响，我们不妨再将视线转移到域外，考察一下域外学界和立法实例对当代海商法制度体系的认识和实践。

在英美法系国家，虽然没有法律部门的概念划分，但海商法作为商人法的历史以及现代商法的属性却有广泛的共识。在此共识下，英美法系国家对海商法的认识

---

[11] 如王保树主编：《商法》，北京大学出版社2014年版；范健主编：《商法》，高等教育出版社2011年版；赵万一主编：《商法》，中国人民大学出版社2017年版。

[12] 马得懿：《作为补充型特别民法之海商法的丰富性与体系性》，载《社会科学战线》2016年第8期。

[13] 王利明：《民商合一体例下我国民法典总则的制定》，载《法商研究》2015年第4期。

[14] 马得懿：《作为补充型特别民法之海商法的丰富性与体系性》，载《社会科学战线》2016年第8期。

[15] 这也是所有商法面临的共性问题。

并不局限于平等民事主体间的财产和人身关系，而是包含与海上商事运输密切相关的多种制度。例如在英国，《英国商船航运法》在内容上涵盖了船舶国籍、船舶登记、船长船员、船舶安全、渔船、污染防治、船东的责任、灯塔、海难救助、沉船沉物打捞、执行官及其权力、事故调查和询问以及法律程序等制度，兼具公法和私法、实体法与程序法。类似的，美国学者对于海商法的认识也不局限于民法的范畴，如美国学者 Robert Force 编纂的《海商法》〔16〕教材和 Thomas J. Schoenbaum 所著的《海商法》〔17〕都涉及了海事管辖权、海上人身伤亡、主权豁免及海事诉讼程序这些通常我们认为不属于民法范畴的内容。澳大利亚学者 Michael White 所著的《澳大利亚海商法》一书更是认为澳大利亚的海商法制度包括海事管辖权、海事诉讼程序、租船合同、海上货物运输、旅客运输、海上保险及共同海损、船舶所有权及登记和安全、航行安全、海事劳动法、船舶碰撞及调查、海难救助及海底文化遗产、拖航、引航、海事赔偿责任限制、船舶和离岸平台造成的海洋环境污染、刑事管辖权和海盗及捕获这 17 个部分。〔18〕

而在大陆法系国家，海商法的情形相对复杂。一些国家，如德国、日本，在《商法典》的“海商编”中规定海商法中有关平等主体间的权利义务关系，并通过《船舶法》《船员法》等单行立法规定其他与海上运输密切相关的内容。在此基础上，这些国家对海商法属性及其制度体系的认识呈现复杂的状态。例如在日本，有学者提出从当代法体系的角度考察这个问题时，只有作二元化的理解，即实质意义上的海商法可理解为：将使用船舶从事的海上活动（航运）作为调整对象的法律规范中的，以同商事相关的内容为中心，基于沿革上的理由在一定程度上带有一体性的私法及与此密切相关的公法，且同时具有商法与航运法的双重性质。〔19〕而在另一些国家，海商立法的内容却呈现另一种复合化的趋势。例如，2010 年的《法国运输法》第五编“海商法”共分船舶、海上航行、海港、海上运输、海员、国际船舶登记以及海外岛屿七章罗列了法国的海商法制度，涵盖与海上运输相关的民事、行政，甚至是刑事制度。《俄罗斯联邦商船航运法典》则分二十七章对包括船舶（包括船舶所有权、船旗与船籍、船舶识别、船舶技术检验和船舶文件），船舶与船舶权利登记，船员、船长，港口国监督，海事引航员，海上货物运输合同，海上旅客运输合同，定期租船合同，光船租赁合同，拖航合同，海运代理合同，海上保险合同，共同海损，船舶碰撞损害赔偿，船舶油污的损害赔偿责任，海上运输有害有毒物质的损害赔偿责任，对船舶及其他财产的救助，海事赔偿责任限制，船舶

〔16〕 Robert Force, Admiralty and Maritime Law (Second Edition), Federal Judicial Center, 2013.

〔17〕 Thomas J. Schoenbaum, Admiralty and Maritime Law (Fourth Edition), West Publishing, 2004.

〔18〕 Michael White, Australian Maritime Law (Third Edition), The Federation Press, 2014.

〔19〕 ［日］中村真澄、箱井崇史著：《日本海商法》，张秀娟、李刚、朴鑫译，法律出版社 2014 年版，第 17 ~ 18 页。

优先权、船舶或建造中船舶的抵押权，船舶扣押，海事声明，索赔与诉讼、诉讼时效以及法律适用在内的事项进行了调整，内容同样兼具实体法与程序法、公法与私法。从法国和俄罗斯的立法例来看，显然海商法的制度体系并未被限定于民法的范畴，而具有相当的自足性。此外，值得特别关注的是荷兰有关海商法的立法安排。在“民商合一”立法模式的影响下，1992 年的《荷兰民法典》将海商法作为第八编“运输法及运输方式”的第二章纳入其中[20]，开创了将海商法纳入民法典的先河。显然，在此立法安排下，海商法被视为民法的一部分。但实际从其涵盖的内容来看，却又超过平等民事主体间法律关系的调整范畴，如第八章第 194 条至第 196 条关于船舶登记条件、注销登记之情形以及重复登记的规定，第 260、261 条关于船长权力的规定，第 645 条至第 653 条有关《2001 年国际燃油污染损害民事责任公约》下强制保险或其他财务担保的要求、证书的签发、撤销等事项的规定等属于传统行政法的范畴。

基于上述考察，虽然各国的立法模式各不相同，但可以得出的一个基本结论是当代海商法的制度体系并不限于民法平等主体间财产关系和人身关系的调整范畴。

（三）《海商法》修订超越民法范畴的现实需求与可行性

域外海商法的制度体系为我国《海商法》的修订提供了立法上的参考，但从根本上来说，《海商法》虽具有国际性，但仍是国内法，我国《海商法》未来的制度体系设计仍应以我国海商实践的现实需求为基础。笔者认为，《海商法》应在保留现有体例的基础上，适当扩充与海上运输密切相关的制度内容。具体而言：

首先，《海商法》的修订中不宜删去现有体系中调整非平等主体间法律关系的规范。在现有《海商法》的内容中，第一章“总则”中的后三条的规定[21]以及第三章有关“船员”的规定属于行政法而非民法范畴的规定。这部分内容虽然体量不大，但却具有非常重要的实践意义。例如，《海商法》第 6 条关于授权国务院交通主管部门制定海上运输具体管理办法的规定为交通运输主管制定相关部门规章提供了法律上的授权，这是其开展相关立法活动的合法性来源；再如，第三章有关船员的规定是目前规范船员职责为数不多的法律规范，对于保障航行安全具有重要价值。基于上述规范所体现的价值，《海商法》的修订中不宜将它们删除。其次，《海商法》的修订中应适当扩充与海上运输密切相关的一些制度。《海商法》的修订必须顾及海商立法资源极其有限的现实，将一些与海上运输紧密相关的，分散而急迫的立法需求集中起来，解决实践的急切所需。这其中，有关船员劳动保护以及海上

---

[20] 参见 Dutch Civil Law，http：//www. dutchcivillaw. com/civilcodebook088. htm，最后访问日期：2017 年 8 月 25 日。

[21] 这三条是关于沿海运输资质、中国船籍以及海上运输管理的授权规定。

运输刑法规制的内容应被优先考虑。在船员的劳动法保障方面，《船员条例》是当前我国在这方面最高层次的立法，属行政法规，其他配套的规定都为部门规章或者效力更低的规范性文件。由此带来的问题是由于没有上位法的支持，现有的船员法律制度很难对从事船员职业的人员给予鼓励性和保障性的特别规定，[22]这与我国加入的《2006年海事劳工公约》的要求存在差距。而在有关海上运输的刑法规制方面，刑法典的相关规定并未照顾海上运输的特殊情况，这使得具有海上特殊性的犯罪行为在现有的刑法体系下面临着或无法可依，或适用上水土不服的窘境。以海上交通肇事罪为例，海上交通事故在人员失踪以及事故造成财产损失的标准上与发生于道路上的一般交通事故存在显著的不同，有必要设立单独的海上交通肇事罪的入罪标准以便海事行政机关合理界分海上交通肇事罪与非罪的界限。[23]同时，在海盗、海上恐怖犯罪对船员人身安全构成严重威胁的情况下，我国目前尚缺乏对这些犯罪行为的合理刑法规制——无论是破坏交通工具罪，劫持船只、汽车罪还是其他罪名，都不足以涵盖国际法下的海盗罪。[24]因此，在涉海刑法长期无法得到刑法典特别关注的情况下，在《海商法》的修订中兼顾此种需求无疑更具现实性和时效性。

上述突破民法范畴，适度拓展《海商法》制度体系的立法需求也具有现实的可行性。首先，上述制度内容的规范数量并不多，不会给《海商法》现有的制度体系带来重大调整。值得特别说明的是，对于刑法部分内容，散在型附属刑法的立法模式本就是世界各国刑法立法的重要组成部分[25]，而且正如学者所指出的，“刑法是社会秩序的最后屏障，对于特定的、不具有普遍社会意义的事务，与其由刑法典加以规制，还不如由专门法律以附属刑法条文的方式加以规定，从立法和司法两个层面上减少刑法和其他部门法律规范之间的脱节现象。”[26]在海事法院试点管辖海事刑事案件的背景下，海事司法的整合也需要立法层面的制度整合，《海商法》突破民法范畴的桎梏，适当吸收与海上运输密切相关的刑法内容正是对这种需求的呼应。其次，海商法的商法属性决定了《海商法》对民法范畴的此种适当突破具有法理上的正当性。近代商法整体上经历着一个被学者描述为“冰川的融化”的运动：“在上部，商法不断创新出新的规则；在下部，商法规范流入民法之中。”[27]而在这上部的创新中，公、私法调整方法的混合运用就是其中之一。正如学者所说的，

---

〔22〕 李大泽：《我国适用〈2006年海事劳工公约〉研究》，大连海事大学2015年博士学位论文，第28页。

〔23〕 王赞：《海事行政执法与刑事司法协调之困境解析》，载《求索》2012年第12期。

〔24〕 黄立：《我国刑法与国际刑法的衔接——以海盗罪为研究样本》，载《法学杂志》2009年第4期。

〔25〕 柳忠卫：《刑法立法模式的刑事政策考察》，载《现代法学》2010年第3期。

〔26〕 童德华：《当代中国刑法法典化批判》，载《法学评论》2017年第4期。

〔27〕 ［日］我妻荣著，于敏译：《新订民法总则》，中国政法大学出版社2008年版，第5页。

“民法与商法之间最重要的界分就是商法不同程度地反映着私法的公法化倾向”，[28]“在已经走向‘规制国家’的今天，规制已不仅仅是公法的任务，私法也隐含了社会规制、国家调控的功能”。[29]对于商法属性的海商法来说，适当突破传统公、私法调整方法的界限，依客观需要构建一部具有一定综合性的法律符合商法的整体发展趋势。最后，适度拓展《海商法》的制度体系也与中国海事实践的客观现实相呼应。相比世界上其他航运大国，唯独中国具有专门海事法院体系。而且近年来，无论是最高人民法院开展的海事民事、行政和刑事案件统归海事法院管辖的三审合一海事审判制度改革，还是基于“涉海法律问题本身相互关联交叉，把涉海刑事、行政、民事规定在一个司法解释中，有助于综合理解与适用”[30]的认识而制定的《最高人民法院关于审理发生在我国管辖海域相关案件若干问题的规定（一）》[31]和《最高人民法院关于审理发生在我国管辖海域相关案件若干问题的规定（二）》[32]，都展现出司法层面对涉海法律关系关联性和交叉性的重视。海事司法层面独立体系的构建和审判业务的综合化发展符合我国海洋强国战略及海运强国战略的实际需求，而作为海事司法活动的主要裁判标尺——《海商法》形成与之相适应的，独立的、适当综合化的制度体系不仅符合我国法律文化中实体程序相协调的观念，更有助于海事法律从业人员感到可操作性与便捷性。而且从《海商法》修订的前期调研来看，实务层面对于一部体系自洽，规定细致的《海商法》的需求也是十分强烈的。

三、《海商法》的修法时机与民法典的编纂

基于历史、现实的基础和需求，《海商法》需要构建相对独立与民法典的制度体系，但这并不能否认《海商法》与民法典在制度层面的密切联系：《海商法》下的制度不仅与已经颁布的《民法总则》存在交集（如诉讼时效），而且与正在制定中的民法典分编制度也存在诸多特别法与一般法的关系，包括：1.《海商法》现有第二章有关船舶物权的规定，第四、五、六、七章有关海上货物运输合同、海上旅客运输合同、船舶租用合同和海上拖航合同的规定，第八章有关船舶碰撞的规定与

---

〔28〕 石少侠：《我国应实行实质商法主义的民商分立——兼论我国的商事立法模式》，载《法制与社会发展》，2003年第5期。

〔29〕 蒋大兴：《论民法典（民法总则）对商行为之调整——透视法观念、法技术与商行为之特殊性》，载《比较法研究》2015年第4期。

〔30〕 罗书臻：《依法积极行使海上司法管辖权统一涉海案件裁判尺度——最高法院有关负责人就〈关于审理发生在我国管辖海域相关案件若干问题的规定〉答记者问》，载《人民法院报》2016年8月2日。

〔31〕 法释〔2016〕16号。

〔32〕 法释〔2016〕17号。

已经确定纳入民法典分编的物权编、合同编以及侵权责任编的规定之间；2.《海商法》现有第十四章有关涉外关系法律适用的规定与可能纳入民法典的涉外民事关系法律适用编的规定之间[33]；3.《海商法》修订中拟增加的有关船舶污染损害与赔偿的规定与侵权责任编的规定之间。上述特别法与一般法关系的广泛存在使得《海商法》在衡量其修订时机时必须评估民法典分编对《海商法》的影响，并表现为《海商法》修改的紧迫程度与《海商法》和民法典保持制度协调之间的矛盾。

（一）《海商法》修订的紧迫程度对修法时机的诉求

我国现行《海商法》已经颁行20余年。虽然“《海商法》的立法是一次非常成功的实践”[34]的观点代表了主流评价，但同样应当承认的是，源自以下三方面的“情势变更”使得这部为我国航运发展做出突出贡献的立法亟需修订：

首先，《海商法》落后于国际海事立法的新发展。海上运输的国际性决定了国际性也是海商法的天然属性，《海商法》的规定必须与国际主流实践和立法相协调，否则将给海上运输实践带来法律交易成本的增加。而在《海商法》于1992年颁行之后，相关的国际立法有了很大的发展，如：《海商法》第十章“共同海损”借鉴的《1974年约克—安特卫普规则》在1994年、2004年以及2016年进行了三次修订；第五章“海上旅客运输合同”借鉴的《1974年海上旅客及其行李运输雅典公约》有了“2002年议定书”；第十一章“海事赔偿责任限制”借鉴的《1976年海事索赔责任限制公约》通过了“1996年议定书”；第十二章“海上保险合同”参照的英国《1906年海上保险法》的一些典型制度已被修改；第四章“海上货物运输合同”参考的是《海牙-维斯比规则》和《汉堡规则》，但2008年通过的《全程或部分海上国际货物运输合同公约》（即《鹿特丹规则》）中不乏一些先进、合理的制度值得借鉴。此外，诸如《1996年国际海上运输有毒有害物质损害责任和赔偿公约》[35]、《1999年国际扣船公约》《2001年国际燃油污染损害民事责任公约》《2006年海事劳工公约》《2007年内罗毕国际船舶残骸清除公约》等新公约的出台也对《海商法》形成了压力，使得《海商法》呈现出滞后于国际立法实践的状态。

其次，《海商法》与现行民法制度间存在大量旧的特别法规范与新的一般法规范的制度“裂痕”。《海商法》制定颁布之时，我国尚处于法制建设初期，法律体系的建设尚未成型。例如，当时《民法通则》已经颁行，但《合同法》《物权法》《侵权责任法》等更为细化的民事立法尚未制定。这导致我国《海商法》在制定之时一方面只能更多地借鉴国际立法，并对一些问题做原则化的处理；另一方面，又

---

〔33〕 目前对于民法典中是否加入涉外民事关系法律适用编仍无定论。

〔34〕 张永坚：《反思修改中国〈海商法〉之努力》，载《中国海商法研究》，2013年第3期。

〔35〕 该公约目前尚未生效。

不得不对一些本应属于一般法统筹事项的基本内容进行规定。再加上《合同法》《物权法》《侵权责任法》《保险法》在制定时对于《海商法》这部特别法的兼顾不够充分，便出现了《海商法》中旧的特别法规定与新的一般民事立法规定的重复、差异、甚至冲突，给司法实践带来了许多法律适用上的争议。上述制度“裂痕”的存在需要我们在《民法总则》颁布之后以及民法典各分编制定之际，尽快重新审视《海商法》的有关规定：对于重复的规范，海商法没有必要做出重复规定；对于差异和冲突的内容，需要审慎判断是否维持海商法的不同或特殊规定，从而保持《海商法》与一般民事立法的协调性。

最后，《海商法》无法满足航运实践和海事司法新发展的需求。伴随科技的迅猛发展以及海洋开发的深度化、多元化，《海商法》与航运和海事司法实践的发展呈现脱节的危机，并突出表现在以下几方面：1. 现行《海商法》缺少对海洋污染、电子运输记录、船舶融资租赁、邮轮合同、强制打捞等问题的规定，实践中一旦出现纠纷，缺乏相应的法律支撑。2. 现行《海商法》部分概念、条款的合理性和明确性无法满足日益深入的海商实践的发展，有待进一步完善，如在多式联运快速发展的当下，《海商法》有关多式联运的规范已经显得过于简单。这一点，在“一带一路”倡议下将大大促进海陆统筹下多式联运发展的背景下更显突出。3. 我国海事法院已经试点海事刑事案件的管辖[36]，但涉海刑事立法的完善需求尚未得到回应，能否在《海商法》的修订中兼顾相关刑事立法的需求（如船员犯罪等），为海事刑事司法改革提供完善的实体法保障已经成为《海商法》修改中讨论的重要议题之一。

基于以上述几方面为代表的修法需求，《海商法》的修改无疑应当尽快推进。

（二）《海商法》与民法典的协调性对修法时机的诉求

如果说现有《海商法》存在的诸多缺陷使得《海商法》的修订应尽快完成的话，则考虑到民法典分编对《海商法》的补充价值和“先立一般法，后立特别法”的通常逻辑，《海商法》的修法时机应在民法典相关分编制定完成之后。虽然有观点认为鉴于《海商法》修改的迫切性以及民法典将无法完全替代《海商法》的预见，《海商法》修改的时机不应受到民法典编纂的影响，应在充分考虑到对民法典编纂的原则、体系和内容的预见的基础上适时修改[37]，但在民法典编纂“既不推倒重来，也不照单全收”的总体思路下，上述思路的风险在于对民法典分编内容的

---

〔36〕 2017年8月21日，宁波海事法院对宁波市人民检察院指控被告人艾伦·门多萨·塔布雷（Allan Mendoza Tablate）犯交通肇事罪案做出宣判，这是海事法院历史上审理的第一个刑事案件，标志着海事刑事案件的管辖改革迈出了实质性的一步。

〔37〕 胡正良、孙思琪：《论我国民法典编纂对〈海商法〉修改之影响》，载《烟台大学学报（哲学社会科学版）》2016年第3期。

预见不可能完全准确。事实上，在当前民法典分编的制定中，许多与《海商法》密切相关的内容尚未形成一致意见。例如，侵权责任编对是否引入以及如何规定破坏生态侵权责任以及惩罚性赔偿尚在论证之中，这对《海商法》修订中拟增加的“船舶污染损害与赔偿”一章将带来不确定性；再如，合同编对于运输合同是否规定准用承揽合同或者服务合同的一般规定，以及确立大运输观念，是否需要分别规定陆运、水运以及航空运输的特殊规则仍是研究的课题〔38〕，这也将对《海商法》海上运输合同一章的现有制度以及是否扩大对沿海、内河运输的调整带来影响。因此，民法典分编在颁布前仍将带有很大的不确定性，以对其预见为基础进行的《海商法》修改将不可避免地面临基础不固的风险。

有鉴于此，一种与尽可能快地推进《海商法》修改的观点会是《海商法》的修改需要等待民法典分编的制定颁布，因为民法典分编的相关规定在某种程度上构成《海商法》修改的基础——只有在民法典分编的一般规定确定下来之后，《海商法》才能完整评估其修法需求，才能准确厘清《海商法》在民法典之外需要做出特别规定的事项。在此观点下，相关的担忧可能在于如果《海商法》“赶”在民法典相关分编之前颁布，容易遭遇的尴尬是《海商法》在修订不久之后马上又会因民法典分编的颁布而形成旧的特别法与新的一般法的关系，相关规定上的不一致必然带来法律适用上的争议，并易形成规定间的重复和空白。

（三）《海商法》修改与民法典制定的并行不悖

《海商法》修改的紧迫程度与《海商法》和民法典保持制度协调的需求对《海商法》的修法时机提出了不同的诉求。但笔者认为，这种诉求上的冲突并非不可调和——只要能做到《海商法》与民法典在立法进程上的双向沟通，《海商法》的修改完全可以做到与民法典的制定并行不悖。

事实上，无论是《海商法》依照现有《海商法》所显现的缺陷“独善其身”地修订，还是使《海商法》的修改进程妥协或让位于民法典的编纂进程，上述思路都建立在割裂两个立法过程的基础上：或是隔绝《海商法》与民法典之间的联系，或是将两者间的联系仅仅视为《海商法》向民法典的单向沟通。但是，一般法规范与特别法规范之间的沟通不应当是隔绝或者单向的，而应是互动的、双向的。《海商法》的修订应当与民法典的编纂保持双向的交流，彼此就可能产生交集的立法部分做好沟通和衔接，明确各自的分工和任务。如此，立法时机的谁先谁后可能带来的负面影响将迎刃而解。同时，注重立法过程中的双向交流实际也是对当前研究领域存在的海商法与民法间单向交流的现状的一种纠正。正如学者在对海商法学的研究评价中所指出的：“海商法学和其他部门法学之间的交流往往是单向的，即海商

---

〔38〕 李建伟：《我国民法典合同法编分则的重大立法问题研究》，载《政治与法律》2017年第7期。

法学者越来越注意从一般法汲取营养，一般法的学者越来越忽视海商法的存在。这种局面若不能得到根本改变，海商法学被边缘化的危险就会长期存在。”[39]意识到这种危险，海商法学者不仅应该关注民法典各编的制定进程，吸收民法领域的合理发展，更应当主动加入到民法典的修法进程中，与民法学者就两法间可能存在的交集部分保持沟通，明确彼此在相关问题上是否调整以及调整到何种程度的立场，进而在制度方案设计上做出彼此嵌合的设计。

四、《海商法》与民法典规范的协调与适用关系

在宏观的修法时机以及制度体系之外，《海商法》修改中的民法典因素在微观层面则表现为《海商法》与民法典规范的协调与适用关系。

（一）制度体系的相对独立并不意味着具体规范的背离

对于《海商法》与民法典规范的协调与适用关系，首先必须再次强调的一点是《海商法》在制度体系上的相对独立并不意味着《海商法》在规范层面与民法典的背离。如前所述，基于规范层面两者之间广泛存在的特别法与一般法关系，《海商法》在规范层面的协调与适用关系是《海商法》在修改过程中必须关注的重点。在此过程中，我们应当客观看待有关海商法回归民法的合理性和现实基础，并认真评估以下两方面的问题：海商法在当下航运科技发展的背景下是否还需要一些不同于民法规范的特殊制度？在法律体系整体构建的过程中，《海商法》中具有浓厚公约或外国法背景表述方式（如海上保险中的保证）的法律条文，能否尽量与民法规范的表述相统一？也就是说，《海商法》在历史演进中形成的特殊性并不能当然地一成不变，而应经受新社会环境和法律变革的挑战，在重新论证合理性和必要性的基础上做出是否保留以及如何保留的选择。所以，回归民法的呼声并不必然要肢解海商法，从另一层面来看，它是对具有显著国际性和历史特殊性的海商法的一种再审视，可以让海商法以更合理、更融洽的方式融合到中国特色社会主义法律体系当中，成为整个法律体系中特殊而不孤立的一员。

（二）《海商法》规范与民法典规范的协调

虽然民法典对商事规范的统摄限度只能对商法法理、原理的统一，而不是对具体商事规范的统一，只能对商法宏观、抽象、共通性的规范内容驾驭，而不能染指商法的特殊性[40]，但基于《海商法》中很大一部分内容与民法典构成特别法与一

---

[39] 张文广：《中国海商法学发展评价》，载《国际法研究》2015年第4期。

[40] 彭真明：《论现代民商合一体例下民法典对商事规范的统摄》，载《社会科学》2017年第3期。

般法关系的事实，如何处理《海商法》与民法典规范间的协调性是《海商法》修订中无法回避的问题。正如学者所言，虽然对于法的效力存在“特别法优于一般法”的特殊规则，但是特别法优于一般法规则不仅不能赋予海商法与一般民事法律的不协调以正当性，相反其中更是内在地包含了对于海商法与一般民事法律应有所协调的要求。[41]对此，一方面，《海商法》的修改应该呼应民法典所创设的一些同样应当适用于海商法领域的原则和制度，如《民法总则》第9条所规定的绿色原则。另一方面，考虑到当前很多海商法与一般法的适用问题出在如何判断海商法没有规定这一问题上，即一般法只有当海商法对某一事项完全没有规定时才可以适用还是只要对事项的某一要素没有规定时即可适用[42]，笔者认为，未来《海商法》规范在立法技术层面做到“详略得当”是关键：海商法中具有特殊渊源、价值、目的的制度应尽量规定详尽，使其成为一个自足的制度体系，从而排除一般法律对其的补充适用，达到其特殊性不被同化的目的；而不具有海商特殊性的制度应尽量不规定，直接适用一般法的规定，这既是立法简约的需要，也可从源头上规避法律用语不一致等导致的不必要困扰。而判断海商法某一制度是否具有特殊的渊源、价值或目的，应从海商实践出发，综合考虑海洋环境对海商实践的特殊影响、海商实践的特殊价值取向、海商实践中业已形成的习惯或惯例以及海商实践国际统一的需求等因素。如果在上述方面海商实践具有特殊性，则《海商法》应尽可能地照顾和凸显这些特殊性，不必受与民法典保持协调一致的制约。同时，在必要的时候，基于特意排除适用特定民法典规定的需要，《海商法》可做明确的排除适用规定。以海商法中的迟延交货问题为例，基于航运的惯例以及对承运人利益特殊保护的考虑，通常认为海商法领域承运人与托运人（收货人）事先明确约定交货时间是构成货物迟延交付的前提条件。因此，为避免法官通过适用民法领域承运人没有在合理时间内交付货物也构成迟延交付的一般规则[43]，可以考虑在《海商法》中直接规定海上货物运输合同除当事人事先约定，否则不适用民法（民法典）中有关未在合理时间内交付货物构成迟延交付的规定。

（三）民法典规范的适用位阶——海事惯例的优先性

除了在立法技术层面保障《海商法》与民法典规范的协调性，如何明确民法典规范的适用条件也至关重要。对此，如商法学者所言，在处理商事关系问题上，不

---

〔41〕 胡正良、孙思琪：《论我国民法典编纂对〈海商法〉修改之影响》，载《烟台大学学报（哲学社会科学版）》2016年第3期。

〔42〕 刘子平：《论民法补充海商法的单位》，载《中国海商法研究》2013年第4期。

〔43〕 目前该规定体现于《合同法》第290条：“承运人应当在约定期间或者合理期间内将旅客、货物安全运输到约定地点。”

宜任意回归民法，而罔顾商事规范能够肩负独立法源的担当。[44]《海商法》与民法典之间特别法与一般法的法律适用关系，也不能简单地处理为《海商法》没有明文规定的，就直接适用民法典，而应重视海商法内部的法源担当，尤其是海事惯例的法律渊源地位，将其列为优先于民法典规范适用的法律渊源。

《民法总则》第10条有关“处理民事纠纷，应当依照法律；法律没有规定的，可以适用习惯，但是不得违背公序良俗”的规定明确了习惯的法源地位，但却没有赋予特定场合下某些习惯优先于某些法律的地位。但《民法总则》第11条有关“其他法律对民事关系有特别规定的，依照其规定”的规定为其他商事单行法做出对前述第10条的补充和突破留下了空间。事实上，在商法领域，“商事习惯是商法的本源，对商事习惯的尊重既是对历史商法的继承，也是对未来商法的关注。”[45]海事惯例[46]同样如此，其海商法法源的地位和价值应得到充分肯定：作为经由海事实践主体长期适用和遵守而形成的一种行为规范对于海事活动主体具有相当强的预期指引力和约束力——其为特定领域内的海事活动主体所熟知，已经形成了法律意义上的调整效力，且具有很强的社会适用力，可视为一种“活法”和“软法”。而且相比于民法一般法，海事惯例直接来源于长期反复的海事实践，因而其更能准确体现海事当事方之间的利益平衡，更符合海事活动主体对海上特殊风险的认识和对海商传统的传承，更适应海事领域对调整规范所应当具有的价值取向和制度特性的期待。对此，理论上对《海商法》第268条第2款[47]中“法律”一词理解的不同见解即与此相关：司玉琢教授认为，对涉外海事案件而言，海事国际惯例只有在中国缔结或参加的国际条约、《海商法》和其他一般法，以及次于法律的海事法规都没有规定的情况下才得适用。[48]但郭瑜副教授则认为《海商法》第268条中对法律适用的规定，不是对中国法院应如何适用法律的一般性规定，该条所称中国法律或中国参加的国际条约，都应该是专指海商法方面的法律和条约；而所称的国际惯例，也应该是专指海商国际惯例。因此，对特定海商法问题，应该先用惯例，再用民法一般规定。海事国际惯例应该是海商法没有规定时就可以适用。[49]显然，郭瑜副教授对第268条“法律”进行了缩限解释，这使得海事惯例可在一般法之前适用。笔者认为，从正常文义解释的角度出发，前一种理解无疑更具合理性，但从发

---

〔44〕彭真明：《论现代民商合一体例下民法典对商事规范的统摄》，载《社会科学》2017年第3期。

〔45〕马恩斯：《商事习惯的优先适用条款加入民法典的法经济学分析》，载《社会科学家》2017年第6期。

〔46〕在本文中，对习惯和惯例的用法不做区分。

〔47〕该款规定：中华人民共和国法律和中华人民共和国缔结或者参加的国际条约没有规定的，可以适用国际惯例。

〔48〕司玉琢：《中华人民共和国海商法问答》，人民交通出版社1993年版，第266页。

〔49〕郭瑜：《海商法的精神——中国的实践和理论》，北京大学出版社2005年版，第87页。

挥海事惯例价值，尊重海商法独立法源担当的角度出发，后一种解释却更符合理想状态。而且将特别法领域的惯例置于一般法之前优先适用是有例可循的。例如《日本商法典》第1条第2款即规定："关于商事活动，在本法未规定的事项遵照商习惯；无商习惯法的，适用民法规定。"换言之，在日本，商习惯被视为比民法优先的商法法源，商事交易中形成的商习惯所具有的合理性及进步性获得了立法上的肯定。〔50〕类似的，我国学者也曾提出在商事关系的法律调整上，应将商事惯例视为比民法优先的商法法源，并建议在民法典总则中加入如下条款："有关商人及商行为、商事关系的法律调整适用由其他法律、行政法规另行规定。其他法律、行政法规没有规定的，适用商事惯例，无商事惯例的，参照商法原则并类推适用本法有关规定"。〔51〕虽然该条文建议最终未被采纳，但其体现的理念应当被重视。在此理念下，《海商法》在修订时应将前述第268条第2款的规定调整为"本法和中华人民共和国缔结或者参加的国际条约没有规定的，可以适用海事惯例，无海事惯例的，适用民法典等法律的规定"，并将其从当前调整涉外法律关系的法律适用规则扩展至调整整个海商法与一般法适用关系的法律适用规则，由目前"涉外关系的法律运用"章移至第一章"总则"。

当然，从司法实践的可操作性角度来看，由于惯例更多地存在于人们的日常行动中，有时是一种名副其实的"行动中的规则"、一种"集体无意识"的社会存在，〔52〕因此，不确定性及发展性是海事惯例固有的特征。由此带来的问题是，如果坚持海事惯例的优先性，弃民法或其他成文法律而不用，则可能人为地加大法院查明海事惯例的义务。〔53〕对此，笔者认为可通过对海事惯例查明方法的适当构建加以平衡。具体而言，我国可构建一种以当事人证明为主，法院查明为辅的海事惯例查明模式。其中，当事人可以通过提供国际组织、行业自律性组织做出的关于海事惯例的资料，法律服务机构、海事法律专家出具的意见书，以及相关权威海事法律著述等适当形式证明海事惯例的存在。一方当事人举证的国际惯例应经对方当事人质证：如果对方当事人对其无异议，则人民法院可径直适用；如果对方当事人提出有合理依据的异议，则由法院负责查明。法院对海事惯例的查明可以通过法院掌握的正规信息资料，要求双方专家证人出庭对质，咨询第三方权威专家，征询国际及我国海事组织或机构等方式。通过上述海事惯例的查明方式，可以适当分担和平衡法院对海事惯例的查明义务，使海事惯例的优先适用具有现实的可操作性。

---

〔50〕 刘成杰译注：《日本最新商法典》，中国政法大学出版社2012年版，第8页。

〔51〕 蒋大兴：《论民法典（民法总则）对商行为之调整——透视法观念、法技术与商行为之特殊性》，载《比较法研究》2015年第4期。

〔52〕 杨建军：《惯例的法律适用——基于最高人民法院公报案例的考察》，载《法制与社会发展》2009年第2期。

〔53〕 徐春龙：《论海事国际惯例在中国海商法语境下的适用》，载《中国海商法研究》2013年第3期。

五、结语

修订《海商法》不仅是《海商法》实现自身完善的需求，也是重新梳理海商法与民法关系的良机——《海商法》的修订中的民法典因素必须得到妥善处理。为此，在《海商法》的修订中，一种值得鼓励的态度是：既不否认民法典规范与《海商法》规范间广泛存在的一般法与特别法的关系，《海商法》的修改应该保持与民法典的充分协调，并在修法与立法的进程中无论谁先谁后都必须考虑为彼此预留出嵌合的接口；也应承认海商法基于商法独立发展的历史渊源，具有不同于民法的实践基础、制度体系和价值取向，并在《海商法》的体系和规范设计上适当地突破民法范畴，明确海事惯例优先适用于民法典。

企业联合：法律机理与立法选择

王延川[*] 刘 薇[**]

目 次

问题的提出

按照科斯的理解，市场（契约）交易具有高昂的交易成本，因此，企业得以产生，将契约交易内部化，以降低交易成本。但随着虚拟组织、特许经营、连锁加盟、代理经销、外包、技术合作等介于组织与市场之间的企业联合关系大量出现，传统的契约与组织二分法已不能有效地解释现实经济中资源配置的多样性与复杂性，在法律上，这些交易行为应该进行与传统契约行为和组织行为不同的独特构建。

所谓企业联合，又称为商事联盟，是指两个或两个以上具有资源互补性的独立企业，基于互惠原则而进行相互合作，意图在合理期间内实现所有成员的共享目标，而所有成员仍维持其独立法律个体的合同关系。学理上称为共生契约（hybrid contract）或关系契约（relational contract）。商事联合的形成得益于两个条件：一是为达成两个以上企业的特定阶段的策略性目标，二是双方知识和物质等资源的部分

* 西北工业大学教授。
** 中国人民大学法学院法律硕士。

结合。这些行为的特点是行为双方当事人既有竞争又有合作：比起契约行为来，双方当事人之间更具亲和性，但和组织合约比较起来，又难有利益的高度一致性。另外，这种合作模式经常会伴有垄断问题和不正当竞争问题的发生，而受到经济行政法的规制。按照联合行为与契约与组织不同的亲缘关系，可以将其分为亲契约型联合关系和亲组织型联合关系。比如特许经营就具有更强的组织性，而经销关系就具有较强的契约性。

企业联合具有不同于契约与组织的特质，但是，新出台的《民法总则》和新《合同法草案》对此类企业联合关系并没有过多涉及。此类企业联合的运行机理如何？怎样平衡双方之间的合法权益？这都是值得我们深思的问题。本文尝试解析企业联合关系的特征，并通过对特许联合经营模式的具体分析探寻企业联合关系的法律属性，在此基础上提出该种合同在未来立法上的定位。

一、企业联合的特征

（一）长期交易

商事联合基本上属于长期交易。商事交易需要花费成本，在这些成本中，首先是磋商成本。其次是试错成本。在商事交易中，为了降低成本，一旦选定了交易伙伴，不会轻易更换，而是维持相当长的时间。另外，短期交易也会让双方抱着“一锤子买卖”的心理来实施机会主义行为，而“作为解决机会主义行为的一般问题的第一种方法是某种形式的经济上可行的长期契约。很清楚，短期契约不能解决这个问题。”[1]比如委托经营的时间根据生产周期的具体情况来定，一般为十年、二十年或者更长一些。在经销关系中，经销商为确保在一定期间内能持续向供货商购买一定数量的货物并加以转售，供货商为确保在一定期间内达到预期的商品销售数量。这就决定了经销契约为长期性契约，契约期间动辄数年至数十年，而契约中必定会约定经销商每年度的最低采购量、采购时的付款条件、交货条件和瑕疵担保等规定。这种长期合同会促进二者在利益上保持一致性，这样可以减少投机行为的概率。在经销关系中，经企业同意正式授权的经销商如果未提出解除或终止合约，且其行为并未违反公司各项规定而遭受公司除权时，其经销权终生有效，但经销商如果连续一年内未向公司订货，视同其自动放弃经销商资格。长期合约也被视为是一种降低成本的考虑，因为企业要重新寻找合作伙伴需要成本的付出，当然其中也需要时间的磨合。

---

〔1〕［美］本杰明·克莱茵、罗伯特·克劳福德、阿曼阿尔奇安：《纵向一体化、可挤占租金和竞争性缔约过程》，载盛洪主编：《现代制度经济学》（上），北京大学出版社2003年版，第203页。

（二）关系交易

经销关系并非陌生人之间的交易，往往是长时间试错的结果，但是这种交易模式中，供应商和经销商之间并没有整合至一个企业内部。这种比陌生人更熟悉，但未达到组成一个团体的合同关系具有关系性特质。“尽管有同样的或相近的替代品，但买者却乐意购买旧卖主的物品，而不去‘市场’考虑另一种选择。这种固定的交换或叫‘关系性’契约，同所谓有更直接的竞争性和选择性的环境——市场制度有明显的区别。”[2]这种合同并非组织关系，没有所谓的法律规定模版可以套用，还需要通过协商构建其关系。这种合同也并非“一锤子买卖”，针对合同的复杂性和不完备性，双方通常不会对其内容进行细致刻画，而只是进行框架式规定，合作细节需要双方逐步协议解决。双方之间框架式协议内容的促成因子有二：一是交易成本，因为交易都需要花费搜寻成本，但是锁定一个长期合作伙伴后就不必再支出这笔费用。另一个是交易者之间的信任。在长时间的合作中，会形成信任关系，比如在特许经营中，相互信任就是其运行的基础：一方面，特许商要将其营业系统的使用权转让给受许商则会冒一定的商业风险，没有信任无法进行转让；另一方面，受许商要接受特许商介入到其营业事务中，[3]信任造就了该种特殊的交易关系。

（三）混合性交易

经销合同的本质是买卖合同，但除了财货交易这一基本内容之外，合同中还包括广告宣传、市场调查、商品售后等。另外，经销商要对商品进行贩卖，也应该拥有该商品的商标使用权，所以，经销合同中会包含有商标使用权条款。由于以上的特殊性，使得经销契约无法以典型的买卖、承揽或委任等合同来衡量，而只能归类为混合性合同。所谓混合性合同是指交易中存在性质不同的多个交易关系。正是因为交易的混合性，难以归于任何一种典型的合同类型中，很难用传统的有名合同来解释。

但是，传统的民法体系化思维却要将新事物纳入某种既定的典型合同之中，比如关系供应链就存在性质上的多种说法，王文宇教授认为该种契约属于混合契约，因为里面包含劳务支出、商标权授予，事务处理等。[4]但更多学者认为联合属于民法上的继续性合同。这种观点混淆了混合性交易和继续性交易。继续性合同的标的支付处于继续状态，而标的内容非常单一，但是联合关系则难以用单一的某个内容来表现。

---

〔2〕［美］G. M. 霍奇逊：《现代制度主义经济学宣言》，北京大学出版社 1993 年版，第 211 页。

〔3〕［法］伊夫·居荣：《法国商法（第 1 卷）》，罗结珍、赵海峰译，法律出版社 2004 年版，第 902 页。

〔4〕王文宇：《民商法理论与经济分析》，中国政法大学出版社 2000 年版，210 页。

（四）竞争与合作关系

契约关系更多是双方利益上的冲突关系，组织关系则体现为合作关系。企业联合和契约与组织之间既具有某种相似性，又有一些区别，总体上表现为既有竞争又有合作。比起契约来，双方当事人之间更具亲和性，但和组织行为比较起来，又难有利益的高度一致性。联合双方仍属于两个单独的主体，这一点与契约非常相似，与契约不同的是，双方之间的合作胜于竞争。为了合作之便，双方应签订的众多合约通常会简化为一份合约，以降低交易次数和交易成本。联合双方之间的合作功能与组织非常相似，联合行为与组织行为一样并非营利行为，因此，联合双方之间的合同通常为无偿合同，比如经销合同中经销方得到的收益是其经销商品的价格差额，而非佣金。但是，联合中双方之间的协作具有竞争性。

二、企业联合的具体分析：以特许经营为例

特许经营是指受许商通过合约获得特许商的专有技术以及某些招揽顾客群体的要素的经营模型。[5]与代销、经销一样，特许经营也属于广义的代理范畴，是分工的产物。特许经营的主要特点在于众多小规模的、分散的、经营同类商品和服务的同一品牌的零售店，在总部的组织领导下，采取共同经营方针、一致的营销行动，实行集中采购和分散销售的有机结合，通过规范化的经营实现规模经济效益的联合体。

最早的特许经营属于广义的经销关系，只是后来才成为品牌扩张的工具。第一代特许经营称为商标与商品的加盟连锁，起源于19世纪50年代，以美国A&P茶品公司经营模式为代表。在这种经营模式中，商品通常是由特许商自行制造，受许商成为协助特许商销售其商品的经销商，因此，对于受许商的经营管理制度，特许商通常不会支持，也无权过问，受许商可以自由发挥。所以，特许关系的目的在于扩大产品销售范围。第二代特许经营模式盛行于60年代，以美国肯德基经营模式为代表。在新的模式中，特许商通常并非商品的制造者，其主要提供专业知识和技术、训练、辅导、广告、设备、原料等，而受许商除了沿用特许商的商标之外，必须接受特许商的整套经营模式来提供商品或服务。欧盟法院在Pronuptia一案中表示，特许经营与其说是一个经销模式，倒不如说是利用一组知识更为贴切。[6]该种模式的目的不再是产品的销售，主要是为了营造品牌，受许商逐渐成为企业商誉价

---

〔5〕［法］伊夫·居荣：《法国商法（第1卷）》，罗结珍、赵海峰译，法律出版社2004年版，第902页。

〔6〕学理上认为，特许权的对象是一个组合，其中包括产品、服务、营业技术、商号、标识等。我国学界通说认为这个组合在性质上属于知识产权。

值的提升者。新的特许模式和中间商相比起来，组织性更强一些，比如特许关系拥有共同的商店招牌、共同的营销方法，以给付权利金换取利益的事实存在，这些在经销合约中皆不存在。

特许经营关系中，受许商出卖自己的产品，当然，该商品的生产具有方式上的统一性。使用特许商的商业名称和其他无形财产。出卖产品后的收益归自己，但要向特许人支付费用。受许商除了给特许商支付加盟费之外，还要在事实上帮助特许商获取更大的商誉。特许商只是“坐着收钱”，不进行生产，只出卖生产和经营系统。据资料显示，在美国，特许经营数目以 25% 速度成长，每 10 家电子相关产业公司中，就有 8 个拥有联盟伙伴。单就 IBM 而言，其已有超过一万家加盟商。[7]

按照企业联合的法理，特许关系可以被视为一个准企业概念，只是这个企业内部有交易而已。针对一个品牌的经营，企业可以通过设立分公司和子公司的方式进行，这还属于企业化的范畴。如果每个经营者都属于独立的企业，而且之间不具备控股关系时，这种经营模式就属于特许关系。特许关系和企业关系的相同之处在于经营的统一性要求，特许企业在经营理念、识别系统、商品和服务、经营管理等方面具有高度一致性。因为在统一性的要求下，特许商的商誉和产品的品牌效应会得以极大提升。特许经营和企业之间的不同在于，特许商和受许商之间独立核算，独立经营。特许关系和市场合约不同的是，特许商和受许商之间并非交互关系，而是行动上的一致性关系。所以，特许经营是介乎于企业和市场之间的状态，既带有指令的一些特征，比如特许商一般会指示受许商从特定的企业购买物品，又表现为某种平等的交易关系。

特许经营对内具有利润共分约定，但对外由于在统一的经营模式下进行运作，使其更具有同一性。因为付出了大量的成本，才使得加盟业主研发出一套成功的经营模式，累积了较好的商誉，因此，当加盟业主透过加盟方式将其经营模式教导及授权予加盟者使用的同时，加盟业主必须保护其商标及加盟系统营运之营业秘密和其他有经济价值的信息，以及整个加盟系统的一致性，不会因为将整套的经营模式授权加盟者使用，而使自己丧失竞争优势；要达成保护商标、整体一致性及营业秘密之目的，加盟业主必须能够拥有控制加盟者质量水平及保护其知识产权的权利。

总结起来，特许经营关系具有以下主要特点：

第一，特许商与受许商以合同为联结纽带。特许商为维护自身的权益并追求便利性，通常会使用格式合约，因这些固定合约内容由特许商订立，因此大多数是有利于特许商的而不利于受许商，因而受许商处于较为弱势的地位。

第二，特许关系是一种交换，受许商支付价金而得到特许经营权。受许商支付

---

[7] Charles T. C. Compton. , Corporation, Collaboration and Coalition: a Perspective on the Types and Purposes of Technology Joint Venture, 61 Antitrust L. J. 861, 863, 1993.

的价金通常包括加盟费、权利金和保证金等。在实践中，加盟费一般只缴纳一次，在特许合约届满后，受许商如想继续保持关系，应与特许商重新签订特许合约，如受许商没有违反特许合约规定，续约时不用再缴纳加盟金。权利金一般是持续或者一次性支付，如果是持续的话，一般用月费、广告费和信息费等名称来代替。保证金主要是为了防止受许商损害特许商的利益而设定，是受许商遵守特许合约各项约定的担保，如受许商违反合约以及其他加盟要求，给特许商带来损失或费用，特许商可以扣抵保证金偿还或清偿。保证金通常在合同期满后会返还给受许人。由于经营是一种长期性经营，因此，合约中也会约定，许多费用由双方共同分担。受许商通过支付加盟金，会得到出售该品牌产品权利。但这只是一个形式化的东西，受许商必须在加盟合约中载明特许商在未来将会提供的管理和技术上的支持，涉及企业名称、商标和其他表征，以及选店、装修、进货、人员训练、经营、营销、财务等经营模式，否则使用权就只是买到一个空壳子，而没有实质内容。因此，特许商有义务授予受许商完成经营的信息，知识，技术等一整套经营系统，同时授予加盟店使用店名，商号，商标，服务标记等一定区域的垄断使用权，并在合约期内，持续进行经营指导。

第三，特许合约是混合性合约，该合约和传统合约不同的是，它经常伴随着专利、Know－how、商标权的使用以及经营模式的输入，很难归入某一具体的合约类型，实践中的做法是，依据合约样态的不同，于当事人间约定不足时，类推适用民法上与纠纷问题最接近的合约类型的相关规定。

第四，关于如何经营，受许商必须完全按照与特许商的一系列约定来进行，自己没有独立的经营自主权。但是，受许商对其店铺拥有所有权，也就是说，受许商是自己投资，以自己的名义，为自己的利益从事经营活动。

三、企业联合的法律属性

企业联合关系大量出现，但是法律上依然以古典合同作为参照模型来设计规则，所以，应该构建联合合同法理和法律实践。古典合同法是以理性代替意志，即意志一旦做出，就被完全定格，此后意志的变化将不再被考虑，这是近代各国民法典统一的做法。[8]

契约关注的是交易者个人利益，组织维护的是团体利益，而联合关系保护的则是企业间的一种依赖利益，它是介于契约关系与组织关系的一种新型交易模型。[9]

---

〔8〕［德］克尼佩尔：《法律与历史——论《德国民法典》的形成与变迁》，朱岩译，法律出版社2003年版，第136～137页。

〔9〕王延川：《商事行为类型化及多元立法模式》，载《当代法学》2011年第4期。

以经销关系为例，品牌商和经销商彼此间是相互独立的，它们是竞争对手或潜在的竞争对手，保留着契约关系的某些特质；同时，它们又有技术资源和物质资源的紧密合作，故具备一定的组织性特质。该种合同具有契约与组织的部分特性却又不同于契约与组织，属于第三种交易方式，但是，长期以来，由于此类的特殊性被忽略，其相应的立法设计缺失，司法实践对此类交易关系的处理，通常适用最相类似的委托代理规则。在适用委托代理规则处理时，通常会出现某种不公平的结果发生。2007 年国瑞信公司与万宝龙一案就是一例。之前国瑞信对万宝龙公司的前景非常看好，其在万宝龙公司进入大陆之前充当起代理商，在对市场开拓时投入了大笔成本，但等万宝龙可以进入大陆市场后，单方终止其与国瑞信无期限代理协议，使得国瑞信的前期投入付诸流水。由于订立合同时风险控制意识缺乏，约定过于简单，国瑞信的预期利益无法得到保全。无独有偶，2008 年 3 月，进入中国市场 30 年的法国梦特娇公司开始逐步收回部分产品的代理权。2008 年 5 月，Coach 宣布将分阶段接手目前位于香港、澳门和中国内地的所有的零售业务……。按照民事委托代理法理，其建立在相互信任基础之上，这就产生两种效果：其一，民事委托人与受托人之间的信任足以促使合同产生，当解除合同时，也不存在对受托人的损害问题。其二，当信任关系不再是，委托关系当然可以解除，这等于赋予了委托人单方的解除权。但是联合关系恰好相反，双方关系并非建立在纯粹信任基础之上，而是建立在对受托人的技术与能力认同的基础之上，而要展现所谓特殊的技术与能力，需要支出额外的成本，也就是说，为了建立联合关系，受托人会付出一定的成本，而且这些成本具有专用性，一旦不被委托人所用，投资不能挪作他用，而是处于归零状态。

法院经常会将特许经营中的虚假宣传内容视为被特许人选择加盟意思表示的基础内容，继而以被特许人的意思表示存在瑕疵为由，认定合同应该撤销。[10]这种做法混淆了恶意欺诈与夸大宣传之间的界限，也将企业降格为民事人，[11]不利于联合关系的稳定。特许经营属于特许人和加盟者之间的合同，司法应该尊重双方之间的约定，维持二者之间的合作关系。但在实践中，法院经常会借用我国《商业特许经营管理条例》里规定的“两店一年”[12]、信息披露和备案制度的要求干涉双方之间的合作关系，甚至判定合同无效。岂不知上述规范纯属管理性规定而非效力性规定，因此，即使未具备上述条件的特许商与加盟商之间的合同，法院也不得直接认

〔10〕 参考（2012）朝民初字第 12483 号判决。

〔11〕 当然，这种做法也和我国国情有关。与国际惯例不同的是，我国特许经营中的加盟者多为个体工商户，因此，法院总是先将加盟者视为弱者，在观念上认为应该倾斜保护加盟者的利益，有些学者甚至认为，特许经营合同的一个观念就是“保护弱者原则”。

〔12〕《商业特许经营管理条例》第 7 条第 2 款规定：“特许人从事特许经营活动应当拥有至少 2 个直营店，并且经营时间超过 1 年。”

定为无效。

联合合同表现为企业在交易习惯基础上所做的合约设计，由于企业之间是一种强强联手，因此，国家最好不要干预，即对于联合合同纠纷，法院介入应该有一所节制。譬如，联合合同的可撤销和效力待定在司法实践中应该受到限制。在1972年的德克萨古有限公司诉马尔伯利加油站一案中，关于双方之间的独家经营协议，法院抱之以不干预的态度，法官指出："据我看来，对于具有充分权利和资格订立合同的商人之间所做的商业性决定不加干涉，在原则上这是正确的态度，也符合法庭的传统做法。我认为，这是对贸易限制原则范围内合同自由的恰当承认。"〔13〕XXXX年的XXXX案也说明了体现了这一点。本案中被告是一家铝锭生产商，为了和原告进行合作，将其锻造厂建设在与Alcoa企业相毗邻的地方，由于被告没有可供选择的供应商，因此，双方签订了一份为期15年的合同来保证被告的利益。合同价格是与价格指数挂钩的。1973年原油价格上涨，与此同时对于铝的需求出现反弹。被告的产品销售额大增，原告认为还维持原先约定的价格对其非常不利，于是要求法院调整价格。法院认为合同的目的出现障碍，但是如果撤销合同将对被告不利，于是法院调整了价格，以实现两家企业的利益平衡。但是，后来两家企业对于这个价格也不满意，还是通过协商重新确立了价格。由此可见，法院并非当事人双方利益的最佳判断者，将解纷主导权交还当事人是解决此类问题的最优路径。

四、企业联合的立法选择

如前所述，虽然现实中出现了企业联合形态，但是立法却没有跟上，在这方面的规定非常之少，不能满足实践的需要。现实立法层面，只有委托和买卖的规定，却没有代理商和经销商的规定。对于特许关系的规定没有相应的国家立法支持。在我国，特许经营只有部门规章，却没有商事法律的规定，〔14〕法律的级别过于低下。另外，这些规章也主要是从管理和惩罚角度进行规定，很少对于特许商与受许商之间的权利义务进行规定，而且这些规定也存在许多不足。比如，进入特许经营的门槛具有较大限制，对于特许人而言，注重软实力和硬条件，〔15〕前者注重经营模式和服务能力的考察，其用心良苦，但只具有宣示意义而无可操作性，唯一能发挥作用

〔13〕 转引自［英］彼得·斯坦，约翰·香德：《西方社会的法律价值》，王献平译，中国人民公安大学出版社1990年版，第298页。

〔14〕 现行关于特许经营的规范主要是2007年由国务院颁布的《商业特许经营管理条例》和2012年由商务部颁布的《商业特许经营信息披露管理办法》。

〔15〕《商业特许经营管理条例》第7条规定："特许人从事特许经营活动应当拥有成熟的经营模式，并具备为被特许人持续提供经营指导、技术支持和业务培训等服务的能力。特许人从事特许经营活动应当拥有至少2个直营店，并且经营时间超过1年。"

的就是会成为商务部门管制的借口。

立法上没有相应规定，司法上就难以解决问题，虽然从法理角度而言，针对某项纠纷，如果法律没有明确规定或者规定不足时，可以补充适用交易习惯，但是现实中法院很少会调查和运用交易习惯，这就使得企业联合的纠纷难以得到妥善解决。实践中运用的方法是类推适用民法中关于相似合同的规定，但是企业联合和所谓的契约交易的基础、结构和当事人预期等方面各不相同，难以适用同样的规则，〔16〕因此，现实层面需要引入企业联合法理，并对于典型的企业联合进行立法，而且需要注意的是，在立法的过程中，不能仅仅从行政管理的角度进行，更需要对于典型的企业联合模型进行解析，〔17〕重要的是对于交易者的权利和义务进行较为周详的规定，从而节省缔结联合合约的成本，并且当出现纠纷时，很好地解决纠纷。有些国家将这些联合行为放在民法典里，独立成节。比如，俄罗斯人将特许经营放入《俄罗斯民法典》中进行规范，但由于这些行为与民法关注个人本位的理念不同，也与民法不涉及行政管制的做法相异，因此，在民法典当中规定特许经营并不合适。

企业联合比如特许经营和经销行为，除了当事人的意思自治等因素外，还涉及不正当竞争等问题，难以被统合到民法典中，因此，可以通过单行法的形式，表现其特殊性。针对企业联合，除了通过单行法的方法来进行规范之外，可以通过诚实信用原则和交易习惯来进行补充。

五、结语

现代企业营业最为重要的是用结构性交易代替契约，为了效率的考虑，商事营业本身出现了分工，形成了一个交易链条，原本由商人和消费者之间的直接交易变成生产商、批发商、零售商和消费者之间的链条关系，而且这个链条的中间还穿插着居间商、广告商、行纪商以及运输商等，使得商事交易有了自己的特殊性，即用关系交易代替单个交易。另外，企业规模化也有其弊端，比如企业的运转不够灵活，所以出现了企业扁平化的趋势，这时一些成功的企业开始出售他们的经营模式而非物品和服务，这就产生了另外一种交易类型，即特许经营和专利授权等经营模

〔16〕 比如，我国台湾地区“商标法”原则上禁止商标的授权使用，除非符合“商标法”第 26 条第 1 项但书的规定，“商标专用权人得就其所注册之商品之全部或一部授权他人使用其商标。前项授权应向商标主管机关登记；未经登记者不得对抗第三人。”如此，授权人才能监督支配被授权人的商标商品的质量，但此限制也相当严格，须经商标主管机关核准，才可进行商标授权。

〔17〕 比如我国关于特许经营的法律为《商业特许经营管理条例》，已经 2007 年 1 月 31 日国务院第 167 次常务会议通过，自 2007 年 5 月 1 日起施行。但这部规章的目的是为了对特许经营进行行政管制，而非对于特许经营的运行模式进行法律意义上的设计。

式，这种模式其实是一种企业之间的联合，是通过合约建立起来的准企业关系，是对于市场交易的某种回归。商业联合在一定程度上克服了契约与组织的弊端，两个或两个以上具有资源互补性的企业往往会基于互惠原则而选择进行分工合作，使得企业间在整体上具有某种一体化特质。这种独特的交易模型应该得到重视，也应该在立法层面给予应有的地位，而不能借助于契约或者组织理论去解读，更不能在纠纷中直接适用契约或者组织法律规范。